U0814816

24
years

24年匠心沉淀，虔诚如一
只 为 您 轻 松 过 关

1998-2022
轻松过关成长史

再升级 2022

《轻一》开创「解释区」阅读体验，匠心独运！

飞跃 2016-2021

连续6年蝉联“天猫双11”图书考试行业销量冠军。
2020~2021年，连续2年登顶天猫教育行业榜首，“双11”销量破亿。

驰名 2001-2007

2001年《轻一》发行超千万册，被考生奉为「备考圣经」。
2007年东奥网校上线，书课同频，受百万考生热追。

诞生 1998

东奥诞生。
“轻松过关”品牌图书面世。

历经雕琢，方有绽放

这本《轻一》是如何诞生的？

STEP1 初稿研磨

每年考试结束，名师们就迅速围绕命题和趋势、时事热点，开启为期150余天的研讨，撰写。

STEP2 深度优化

初稿落成后，编著团队结合学员反馈与市场调研，优化内容和体验，迭代超30稿。

STEP3 融入变化

围绕教材变化，名师精解、精编新题。1道紧扣变化的好题，至少需投入6小时。

STEP4 三审三校

融入新变化的书稿，将历经教务团队再次严苛的校对、审核，终成定稿。

翻开这本《轻一》

名师就在您身边

名师将多年的教学经验灌注其中，
让您的备考之旅不再孤单。

「五大模块」

带您跨越沟坎，轻松过关。

1 方法： *学习指南区*

—— 「开篇」分析最新考纲考情，
明确目标，制定规划。

2 重点： *考点精讲区*

—— 「正文」全面渗透考点，
通过图、表、例题等形式，深入解读。

3 独创： *点睛解释区*

—— 「解释区」精妙点拨，
绘制图解，力破症结，应变自如。

4 做题： *同步练习区*

—— 精编「同步练习」，
巩固考点，查漏补缺，高效提升。

5 复盘： *章节“导图课”*

—— 每章结尾处，凝练重点，
「导图」总结，视频讲解，及时复盘。

轻松过关® 1

2022年注册会计师考试
应试指导及全真模拟测试

会 计

（上册）

张志凤 主编
东奥会计在线 编

北京科学技术出版社

本书封面具有正版标识，请认真识别

（1）本书封面附有一枚防伪标签，上有二维码，扫描并激活账户即可获赠正版图书超值专享服务。
（2）本书防伪标签为正版标识，若无此标识即盗版，请广大读者拒绝购买。
（3）盗版举报电话：400-627-5599。

“轻松过关”小程序

扫描右侧的二维码进入“图书伴学”小程序，开启名师课堂、精编试题在线学习。更有轻松拍考点、看解析、图书笔记一键收藏，马上扫码开启“轻松过关”图书伴学之旅。

图书在版编目 (CIP) 数据

2022年注册会计师考试应试指导及全真模拟测试. 会计：上中下册 / 张志凤主编；东奥会计在线编. —北京：北京科学技术出版社，2022.3

（轻松过关 . 1）

ISBN 978-7-5714-2063-5

Ⅰ . ① 2… Ⅱ . ①张… ②东… Ⅲ . ①会计学—资格考试—自学参考资料 Ⅳ . ① F23

中国版本图书馆 CIP 数据核字（2022）第 015471 号

责任编辑：李　鹏
责任校对：贾　荣
装帧设计：韩文静　晓　莉
责任印制：张　良
出 版 人：曾庆宇
出版发行：北京科学技术出版社
社　　址：北京西直门南大街 16 号
邮政编码：100035

电　　话：0431-87635566（编辑部）
010-66135495（总编室）
网　　址：www.bkydw.cn
印　　刷：中教科（保定）印刷股份有限公司
开　　本：787 mm × 1092 mm　1/16
字　　数：1270 千字
印　　张：69
版　　次：2022 年 3 月第 1 版
印　　次：2022 年 3 月第 1 次印刷

ISBN 978-7-5714-2063-5

定　　价：143.00 元（上中下册）

编委会

目录 CONTENTS

上册

第一部分　命题规律总结及趋势预测

第二部分　考点精讲及强化训练

中册

下册

第三部分 跨章节主观题演练

01

第一部分
命题规律总结及趋势预测

命题规律总结及趋势预测

会计是注册会计师资格考试专业阶段考试六门课程之一，其历年考试的合格率都较低。如何顺利通过会计考试，是广大考生尤为关注的问题。首先，考生应熟悉会计课程的命题规律；其次，要在理解的基础上全面深入掌握教材的基本原理和重点内容。因此，分析近几年考试命题规律，预测可能变化的趋势，对考生应考会有一定益处。

一、2022 年重要考试政策

（一）考试科目

专业阶段考试设会计、审计、财务成本管理、公司战略与风险管理、经济法、税法 6 个科目。

各科考试均设置 5 分的英文作答附加分题，鼓励考生使用英文作答。

会计科目考试时间为 3 小时，审计、财务成本管理科目考试时间为 2.5 小时，公司战略与风险管理、经济法、税法科目考试时间为 2 小时。

（二）考试大纲

财政部注册会计师考试委员会印发的《2022 年注册会计师全国统一考试大纲——专业阶段考试》。

（三）考试时间

2022 年 8 月 26–28 日举行专业阶段考试（其中：会计、财务成本管理、经济法、税法 4 个科目将在部分考区安排两场考试）。

（四）考试方式

考试采用闭卷、计算机化考试方式。即，在计算机终端获取试题、作答并提交答题结果。

二、2022 年教材基本情况

按 2022 年教材结构，各章难度、重要性和主要变化如下表所示：

章节	复习难度	考试重要性	主要变化
第一章　总论	★★★	★	本章内容无实质性变化
第二章　存货	★	★★	本章内容无实质性变化
第三章　固定资产	★★	★★	（1）增加“固定资产达到预定可使用状态前或者研发过程中产出的产品或副产品对外销售”的相关表述；（2）修改“固定资产费用化后续支出”相关表述

章节	复习难度	考试重要性	主要变化
第四章 无形资产	★	★★	本章内容无实质性变化
第五章 投资性房地产	★	★★	本章内容无变化
第六章 长期股权投资与合营安排	★★★	★★★	增加“风险投资机构对联营企业或合营企业投资分类”的相关表述
第七章 资产减值	★★	★★	修改“资产的公允价值定义”
第八章 负债	★	★	增加“减免增值税的账务处理”
第九章 职工薪酬	★★	★★	删除“设定受益计划”部分内容及例题
第十章 股份支付	★★	★★	（1）增加“实务中上市公司授予日确定”的相关表述；（2）增加“第二类限制性股票”属于一项股票期权的相关表述；（3）增加“对于股权激励计划中约定员工须服务至企业成功完成首次公开募股”的处理原则；（4）增加“在估计所授予股份的公允价值时是否考虑有些授予条款和条件的因素”的相关表述
第十一章 借款费用	★★	★★	增加“与土地使用权相关应予资本化的借款费用金额”相关表述
第十二章 或有事项	★	★★	（1）增加“履行合同义务不可避免会发生的成本”相关表述；（2）修改原教材错误表述
第十三章 金融工具	★★★	★★★	（1）增加“集团和子公司业务模式判断”的相关表述；（2）增加“以收取合同现金流量为目标的业务模式判断”的相关表述；（3）增加判断以“贷款基准利率”为基础确定利息的金融资产符合本金加利息的合同现金流量特征的相关表述；（4）增加“结构性存款分类”的相关表述；（5）增加“特殊金融工具持有方的会计处理”相关表述；（6）增加“对委托贷款、财务担保或向集团内关联企业提供的资金借贷等进行减值会计处理”的相关表述
第十四章 租赁	★	★	（1）增加“不存在固定付款额及取决于指数或比率的可变付款额时，租赁负债的初始计量及后续计量”的相关表述；（2）增加“承租人发生的租赁资产改良支出及其导致的预计复原支出的会计处理”相关表述；（3）增加“租赁变更导致租赁期缩短至1年以内的”会计处理原则；（4）增加“租赁期为1年，是否为短期租赁的判断”相关表述；（5）补充租赁保证金核算科目；（6）修改融资租赁变更作为单独租赁条件的相关表述

章节	复习难度	考试重要性	主要变化
第十五章 持有待售的非流动资产、处置组和终止经营	★★	★★	本章内容无实质性变化
第十六章 所有者权益	★	★	本章内容无实质性变化
第十七章 收入、费用和利润	★★★	★★★	(1)增加“社会资本方对政府和社会资本合作(PPP)项目合同的会计处理”知识点;(2)增加“研发费用”相关表述;(3)删除财务费用中有关“现金折扣”的内容
第十八章 政府补助	★	★★	(1)政府补助定义部分增加相关说明;(2)增加“计入递延收益的政府补助在资产负债表中列示”的表述
第十九章 所得税	★★★	★★★	增加“合同负债”计税基础相关表述
第二十章 非货币性资产交换	★	★	本章内容无实质性变化
第二十一章 债务重组	★	★★	本章内容无实质性变化
第二十二章 外币折算	★★	★★	增加“外币预收账款和预付账款、合同资产和合同负债外币折算”相关表述
第二十三章 财务报告	★★	★★	(1)增加“与租赁相关情形划分为经营活动现金流出”的相关表述;(2)增加“与租赁相关的情形划分为筹资活动现金流出”的相关表述
第二十四章 会计政策、会计估计及其变更和差错更正	★★	★★	(1)修改会计估计的概述;(2)将“合同完工进度的确定”改为“投入法或产出法的确定”
第二十五章 资产负债表日后事项	★★	★★	增加“日后期间金融资产收回属于非调整事项”的相关表述
第二十六章 企业合并	★★★	★★★	本章内容无变化
第二十七章 合并财务报表	★★★	★★★	删除原“第一节 合并财务报表的合并理论”
第二十八章 每股收益	★★	★	增加一道例题

章节	复习难度	考试重要性	主要变化
第二十九章　公允价值计量	★★	★	本章内容无实质性变化
第三十章　政府及民间非营利组织会计	★	★	(1)修改“财政拨款收支业务”的表述;(2)增加“单位需要向同级财政上缴专项债券对应项目专项收入”的会计处理;(3)增加“单位按规定出资成立非营利法人单位”的会计处理;(4)增加“专用结余的核算”;(5)增加“固定资产由哪个部门进行会计核算”的说明及“调整固定资产暂估价值”的会计处理;(6)修改“自行研发取得的无形资产”的表述;(7)增加“PPP项目合同”;(8)增加“部门(单位)合并财务报表”等

三、最近三年命题规律总结

(一)题目类型及分值

题型＼年度	2021 年		2020 年		2019 年	
	题量	分值	题量	分值	题量	分值
单项选择题	13	26	12	24	12	24
多项选择题	12	24	10	20	10	20
计算分析题	2	18	2	20	2	20
综合题	2	32	2	36	2	36
英文附加题	1	5	1	5	1	5
合计	—	105	—	105	—	105

(二)题目类型特点

会计考题包括客观题和主观题两部分。客观题包括单项选择题和多项选择题，考核考生对会计一书的基本理论、基本概念、基本方法的掌握程度。主观题包括计算分析题和综合题，考核考生对会计一书全部业务方法的综合运用能力、融会贯通能力和紧密联系实际的实务操作能力。

1. 客观题

近三年的客观题均为单项选择题和多项选择题，均为 4 个选项。客观题侧重考核基本理论、概念和方法，从近三年出题情况来看，客观题难度不大，但考点覆盖面广。

2. 计算分析题和综合题

近三年试题为 2 个计算分析题和 2 个综合题。

相对综合题而言，计算分析题量小，考核内容比较单一，如职工薪酬、所得税等，但有的计算分析题有一定难度。

综合题的突出特点是每一题涉及多个相关知识点，知识点之间有比较强的关联性，其与实务紧密相连，以考核考生综合知识的运用能力和实务操作能力。综合题的另一特点是叙述题目的文字较多，阅读量比较大，要求考生能从大量资料中挖掘有用资料后按照题目的要求进行处理。由于每题涉及许多知识点，考生很难从头到尾将每一个知识点的分都拿到手，只能是掌握了哪些知识点，就拿到哪些知识点的分。这就要求考生仔细阅读有关资料，在大量的信息中发掘有用的内容，从题目要求入手，在头脑中构建起一个清晰的场景或事件，然后对有能力解决的问题，一一作出解答。要想在综合题部分得到理想的分数，必须对教材中的基本概念、基本理论及会计处理方法熟练掌握。综合题可以对教材中的内容进行各种各样的组合，一般来说，考试时出现的综合题不可能与市场上的“习题集”中的综合题一致或相似。考生平时做综合题时，应注意掌握知识点，不要去死记硬背。

（三）命题规律总结

从近三年会计的试题来看，有以下几个方面的特点：

1. 覆盖面广，考核全面

试题基本涵盖了考试大纲所确定的考试范围，只要列入考试大纲的内容，都会在题目中有所体现，这就要求考生全面掌握教材的有关内容。

2. 重视考查考生对知识的理解、实际应用、职业判断能力

测试考生是否具有成为一名注册会计师的基本执业能力，是否能从所掌握信息资料中识别相关信息，从复杂情况中发现问题并按一定的工作程序解决问题，能否综合运用多种知识和技能去分析问题和解决问题。以会计实务案例改编而来的试题在考试中占据了较大的比重，体现了“侧重实务操作”的考试原则。

3. 注重热点，突出重点，及时掌握新知识、新内容，实现知识更新的要求

会计考题虽然覆盖面广，但考试重点仍然十分突出，也就是说，在全面考核的同时，做到了重点突出。这些重点内容都与注册会计师执业联系密切，在实际工作中经常使用。例如“金融工具”“收入”“长期股权投资”“股份支付”“租赁”“所得税”“差错更正”“企业合并”“合并财务报表”等，出题概率非常高，作为考试的热点考过多次。今年教材收入一章增加“社会资本方对政府和社会资本合作（PPP）项目合同的会计处理”，考生也应予以关注。

注册会计师在执行业务时要面对企业大量的财务数据，具有较强的综合分析能力也是注册会计师应该具备的基本素质之一，近三年的多项选择题和综合题都具有一定的综合性。

四、高效复习技巧

（一）订立学习计划

不忘初心，方得始终。我们的目标是顺利通过注册会计师资格考试，为了实现这一目标，必须订立计划，并严格执行计划。

订立计划，就是订立学习时间表，每天学习什么内容，看多少页，复习到什么程度，达

到什么要求，自己心中要有数。如果没有计划，三天打鱼，两天晒网，每次看书都只看前几页，到头来只能是竹篮打水一场空，徒劳无获。

（二）全面研读大纲和教材，把握教材之精髓

考试大纲和教材是命题的重要依据。一般来说，考试大纲和教材包含了命题范围和答案标准，考生必须按考试大纲和教材的相关内容回答试题中的问题，否则很难得高分。会计考试的特点是覆盖面广、系统性强，因此考生要进行全面地、系统地学习，一定不能忽视基础知识。在看书时，要仔细做笔记，把重点、难点、疑点加以归纳总结，从而让厚书变薄，并理解其精华所在。对于考试必考的知识点，如长期股权投资、金融工具、收入、所得税和合并财务报表等内容，考生一定要全面掌握，能够举一反三，做到以不变应万变。

研读教材需要投入一定的时间和精力，考生应合理分配工作和学习时间。强调对教材的研读，是真正理解教材中的重要内容，并不是要求考生把教材的全部内容逐字逐句地背下来，要在理解的基础上掌握教材的内容，要知道为什么，要明白问题的根本，丢了“根”，抛了“本”，“根本”不对！研读教材主要是掌握教材内容的本质及不同章节的内在联系，能够从整体上全面、系统地掌握教材的内容，做到知识的融会贯通。研读教材时，要循序渐进，一步一个脚印，不放过每个环节，并认认真真地做好笔记。对每章节内容，哪些问题应该掌握，哪些内容只作为一般了解，哪些要点要熟练精通，都要做到心中有数。

（三）讲究学习方法，善于总结规律，掌握问题的关键点，使复杂问题简单化

教材的很多章节都是根据准则及相关法规编写的，其语言精炼、严密、逻辑性强，提高了教材的档次。不过，这也在一定程度上给考生阅读教材带来了难度，因此，考生在研读教材时应注意掌握教材中重点和难点内容的关键点。

《会计》教材有一定难度，基础薄弱的同学可能不易接受，如果结合课件学习，通常会起到事半功倍的效果。

（四）加强练习

从某种意义上讲，考试就是做题。因此，在平时学习过程中，适当地做一些典型的习题是考试成功必不可少的一个环节。会计涉及的内容十分广泛，仅仅依靠记忆和自身理解是远远不够的，通过做一些典型题目可以更好地掌握教材中的重点内容，逐渐总结出考试的重点与规律，发现自身学习中的薄弱环节，从而不断提高学习成绩。

做习题的目的是更好地掌握教材上的内容，提高应试水平。在这里需要强调的是做一些典型的习题，如历年的考题。实事求是地说，历年考题最值得研究，东奥老师在网络上对近年各科考题均有详细讲解，对大家会有帮助。当然，考生还应在市场上选择一本较好的习题集进行练习，但资料不宜过多，多了容易导致简单或已经掌握的内容重复练习，重难点不够突出，没有掌握到精髓，反而不利于学习和考试。

在考试时，应保持良好的心态，战胜胆怯心理，仔细阅读试卷，认真作答；做题时，合理分配时间，由易到难，由简到繁，尽量做到会做的题一题不错，该得的分一分不丢。

世上无难事，只要肯登攀！一分耕耘一分收获，祝您顺利通过注册会计师资格考试！

第二部分

考点精讲及强化训练

第一章 总 论

CHAPTER-1

本章学习指南

一、学习目标

1. 了解会计的定义、作用、企业会计准则的制定与企业会计准则体系。
2. 理解财务报告目标、会计基本假设和会计基础。
3. 掌握每一会计信息质量要求的含义及其应用。
4. 掌握资产、负债、所有者权益、收入、费用和利润的定义。
5. 掌握会计要素计量属性及其应用原则。
6. 了解财务报告。

二、考情概况

本章考试题型为客观题。分数不高，从试题分数看，属于不重要章节，但是学好本章内容对后续章节的学习会有一定帮助。

三、教材变化

本章内容无实质性变化。

四、考点地图

考点	年份 / 题型
会计基本假设和会计信息质量要求	2021 年多选题
会计信息质量要求	2020 年单选题

核心考点精讲

第一节　会计概述

使用“会计云课堂”App 或“微信”扫码查看本节视频，快速 GET 知识点。

一、会计的定义

会计是以货币为主要计量单位，反映和监督一个单位经济活动的一种经济管理工作。

二、会计的作用（略）

三、企业会计准则的制定与企业会计准则体系

中国现行企业会计准则体系由基本准则、具体准则、应用指南和解释等组成。

- **致亲爱的学员**

本章介绍了企业经济业务会计处理的基本原则，是后续章节账务处理方法的基准。在学习本章的过程中遇到了难以理解的知识点或晦涩的名词，如以公允价值计量且其变动计入当期损益的金融资产、盘盈的存货等。不要被吓到，学完之后的章节，这些问题都会迎刃而解。

刚刚开启备考的您，最需要贴心的指引。为此，本书在“核心考点精讲”各节都分别设置了二维码，扫码即可免费观看前两章对应的名师讲解视频。快快行动起来吧！

- **使用步骤**

01 扫码下载安装最新版“会计云课堂”App

02 登录您的东奥个人账号

03 点击首页右上角“扫一扫”即可听课

第二节 财务报告目标、会计基本假设和会计基础

使用“会计云课堂”App 或“微信”扫码查看本节视频，快速 GET 知识点。

一、财务报告目标

财务报告的目标是向财务报告使用者提供与企业财务状况、经营成果和现金流量等有关的会计信息，反映企业管理层受托责任履行情况，有助于财务报告使用者作出经济决策。

二、会计基本假设

项目	概念	关注事项
会计主体	是指企业会计确认、计量和报告的空间范围	一般来说，法律主体必然是会计主体，但会计主体不一定是法律主体
持续经营	是指在可以预见的将来，企业将会按当前的规模和状态继续经营下去，不会停业，也不会大规模削减业务	持续经营是会计分期的前提
会计分期	是指将一个企业持续经营的生产经营活动划分为一个个连续的、长短相同的期间	由于会计分期，才产生了当期与以前期间、以后期间的差别，才使不同类型的会计主体有了记账的基准，进而出现了折旧、摊销等会计处理方法
货币计量	是指会计主体在会计确认、计量和报告时以货币作为计量尺度，反映会计主体的生产经营活动	业务收支以人民币以外的货币为主的企业，可以选定某种外币作为记账本位币，但是编报的财务会计报告应折算为人民币

相关链接

关于涉及的有限寿命工具，是否符合持续经营假设的理解，参见 P23 本章疑难问题解答 1。

经典题解

【例题 1 · 单选题】甲公司 2×21 年 12 月 15 日与乙公司签订商品销售合同。合同约定，甲公司应于 2×22 年 5 月 20 日前将合同标的商品运抵乙公司并经验收，在商品运抵乙公司前发生毁损、价值变动等风险由甲公司承担。甲公司该项合同中所售商品为库存 W 商品，2×21 年 12 月 25 日，甲公司根据合同向乙公司开具了增值税专用发票并于当日确定了商品销售收入。W 商品于 2×22 年 5 月 10 日发出并于 5 月 15 日运抵乙公司验收合格。对于甲公司 2×21 年 W 商品销售收入确认的恰当性判断，除考虑与会计准则规定的收入确认条件的符合性以外，还应考虑可能违背的会计基本假设是（　　）。

A. 会计主体　　B. 货币计量

C. 会计分期　　D. 持续经营

【解析】在会计分期假设下，企业应当划分会计期间，分期结算账目和编制财务报表。

【答案】C

要点小贴士

(1)企业会计、政府会计中的财务会计和民间非营利组织会计采用权责发生制；

(2)除另有规定外，政府会计中的预算会计采用收付实现制。

三、会计基础

项目	概念
权责发生制	凡是当期已经实现的收入和已经发生或应当负担的费用，无论款项是否收付，都应当作为当期的收入和费用，计入利润表；凡是不属于当期的收入和费用，即使款项已在当期收付，也不应当作为当期的收入和费用
收付实现制	以实际收到或支付的现金及其时点作为确认收入和费用等的依据

第三节 会计信息质量要求

使用“会计云课堂”App或“微信”扫码查看本节视频，快速GET知识点。

项目	概念	关注事项
可靠性	要求企业应当以实际发生的交易或者事项为依据进行确认、计量和报告，如实反映符合确认和计量要求的各项会计要素及其他相关信息，保证会计信息真实可靠、内容完整	—
相关性	要求企业提供的会计信息应当与投资者等财务报告使用者的经济决策需要相关，有助于投资者等财务报告使用者对企业过去、现在或者未来的情况作出评价或者预测	相关性是以可靠性为基础的
可理解性	要求企业提供的会计信息应当清晰明了，便于投资者等财务报告使用者理解和使用	企业信息的可理解性前提是假定使用者具有一定的有关企业经营活动和会计方面知识，并且愿意付出努力去研究这些信息
可比性	(1)同一企业对于不同时期发生的相同或者相似的交易或者事项，应当采用一致的会计政策，不得随意变更 (2)不同企业同一会计期间发生的相同或者相似的交易或者事项，应当采用规定的会计政策，确保会计信息口径一致、相互可比	—

项目	概念	关注事项
实质重于形式	要求企业应当按照交易或者事项的经济实质进行会计确认、计量和报告，不应仅以交易或者事项的法律形式为依据	如母公司编制合并财务报表；将发行的附有强制付息义务的优先股确认为负债；将企业未持有权益但能够控制的结构化主体纳入合并范围；将附有追索权的商业承兑汇票出售确认为质押贷款等
重要性	要求企业提供的会计信息应当反映与企业财务状况、经营成果和现金流量有关的所有重要交易或者事项	如本期发现不重要的前期差错，不进行追溯重述；企业应当披露重要的会计估计，不具有重要性的会计估计可以不披露
谨慎性	要求企业对交易或者事项进行会计确认、计量和报告时应当保持应有的谨慎，不应高估资产或者收益、低估负债或者费用	不允许企业设置秘密准备；对可能发生减值的资产计提减值准备；符合条件的或有应付金额确认为负债等
及时性	要求企业对于已经发生的交易或者事项，应当及时进行确认、计量和报告，不得提前或者延后	满足及时性会计信息质量要求，可能会影响会计信息的可靠性

经典题解

【真题2·多选题】2×20年，甲公司发生的有关交易或事项如下：(1)甲公司持有乙公司60%的股权，其与丙公司签订合同，拟全部出售对乙公司的股权投资，截至2×20年末已办理完成股权过户登记手续，出售股权所得价款已收存银行；(2)甲公司发现应于2×19年确认为当年费用的某项支出未计入2×19年利润表，该费用占2×19年实现净利润的0.2%；(3)自甲公司设立以来，其对销售的商品一贯提供3年内的产品质量保证，但在与客户签订的合同或法律法规中并没有相应的条款；(4)因甲公司对丁公司提供的一批商品存在质量问题，丁公司向法院提起诉讼，向甲公司索赔500万元，截至2×20年12月31日法院仍未作出最终判决。不考虑其他因素，下列各项关于上述交易或事项会计处理的表述中，正确的有（　　）。(2021年)

A. 乙公司虽被甲公司出售，但乙公司的财务报表仍应按持续经营假设对会计要素进行确认、计量和报告

B. 甲公司未经法院最终判决的诉讼事项因资产负债表日未获得全部信息而无需进行会计处理，符合及时性要求

C. 甲公司销售商品提供3年内的产品质量保证属于一项推定义务

D. 甲公司未在2×19年确认的费用因其不重要而无需调整2×19年度的财务报表

【解析】选项B，甲公司应对该未决诉讼进行会计处理，不符合及时性要求。

【答案】ACD

【真题3·单选题】下列各项关于企业应遵循的会计信息质量要求的表述中，正确的是（　　）。（2020年）

A. 企业应当以实际发生的交易或事项为依据进行确认、计量和报告

B. 企业对不同会计期间发生的相同交易或事项可以采用不同的会计政策

C. 企业在资产负债表日对尚未获得全部信息的交易或事项不应进行会计处理

D. 企业对不重要的会计差错无需进行差错更正

【解析】企业对不同会计期间发生的相同交易或事项应当采用相同的会计政策，选项B错误；

如果企业等到与交易或者事项有关的全部信息获得之后再进行会计处理，这样的信息披露虽然提高了信息的可靠性，但可能会由于时效性问题，对于投资者等财务报告使用者决策的有用性将大大降低，违背及时性会计信息质量要求，选项C错误；

企业对不重要的会计差错也应进行差错更正，选项D错误。

【答案】A

【真题4·单选题】2×17年1月1日开始，甲公司按照会计准则的规定采用新的财务报表格式进行列报。因部分财务报表列报项目发生变更，甲公司对2×17年度财务报表可比期间的数据按照变更后的财务报表列报项目进行了调整。甲公司的上述会计处理体现的会计信息质量要求是（　　）。（2018年）

A. 可比性　　B. 权责发生制

C. 实质重于形式　　D. 会计主体

【解析】满足同一企业不同期间可比性会计信息质量要求。

【答案】A

【真题5·单选题】甲公司在编制2×17年度财务报表时，发现2×16年度某项管理用无形资产未摊销，应摊销金额20万元，甲公司将该20万元补记的摊销额计入了2×17年度的管理费用。甲公司2×16年和2×17年实现的净利润分别为20000万元和18000万元。不考虑其他因素，甲公司上述会计处理体现的会计信息质量要求是（　　）。（2017年）

A. 重要性　　B. 相关性

C. 可比性　　D. 及时性

【解析】2×16年无形资产未进行摊销，属于会计差错，同时补记金额相对于2×16年和2×17年实现的净利润而言整体影响不大，应作为不重要的前期差错处理，因此题中在2×17年确认为当期管理费用，体现的是重要性要求。

【答案】A

【真题6·单选题】甲公司销售乙产品，同时对售后3年内因产品质量问题承担免费保修义务。有关产品更换或修理至达到正常使用状态的支出由甲公司负担，2×16年，甲公司共销售乙产品1000件，根据历史经验估计，因履行售后保修承诺预计将发生的支出为600万元，甲公司确认了销售费用，同时确认为预计负债。甲公司该会计处理体现的会计信息质量要求是（　　）。（2017年）

A. 可比性　　B. 实质重于形式

C. 谨慎性　　D. 及时性

【解析】 甲公司根据预计很可能承担的保修义务确认预计负债，体现的是谨慎性要求。

【答案】 C

【真题7·单选题】 甲公司与乙信托公司合资设立丙项目公司，其中甲公司持股比例为30%，乙信托公司持股比例为70%，甲公司与乙信托公司签订的合同约定：丙项目公司的生产经营决策由甲公司决定，按照乙信托公司投入资金及年收益率9%计算确定应支付乙信托公司的投资收益，丙项目公司清算时，首先支付乙信托公司投入的本金及相关合同收益，丙项目公司净资产不足以支付的部分由甲公司提供担保，依据上述条款，甲公司在编制合并财务报表时，将丙项目公司纳入合并范围，并将应付乙信托公司的金额在合并报表中确认为负债，甲公司该会计处理体现的会计原则是（　　）。（2015年）

A. 重要性　　B. 实质重于形式

C. 可理解性　　D. 可比性

【解析】 甲公司虽然持股比例仅为30%，但是由于合同约定丙项目公司的生产经营决策由甲公司决定，所以甲公司对丙项目公司具有实质上的控制权，应将其纳入合并范围，体现实质重于形式的会计原则。

【答案】 B

第四节　会计要素及其确认与计量

使用“会计云课堂”App或“微信”扫码查看本节视频，快速GET知识点。

一、会计要素定义及其确认条件

（一）资产的定义及其确认条件

1. 资产的定义

资产，是指企业过去的交易或者事项形成的、由企业拥有或者控制的、预期会给企业带来经济利益的资源。根据资产的定义，资产具有以下几个方面的特征：

> **相关链接**
> 资产的账面余额、账面净值和账面价值的区别，参见P23本章疑难问题解答2。

（1）过去：资产是由过去的交易或者事项形成的；

（2）现在：资产应为企业拥有或者控制的资源；

（3）未来：资产预期会给企业带来经济利益。

2. 资产的确认条件

将一项资源确认为资产，需要符合资产的定义，并同时满足以下两个条件：

（1）与该资源有关的经济利益很可能流入企业；

（2）该资源的成本或者价值能够可靠地计量。

经典题解

【例题8·多选题】 下列各项中，不符合资产会计要素定义的有（　　）。

A. 约定未来购入的存货　　　　B. 生产成本

C. 筹建期间发生的开办费　　　D. 尚待加工的半成品

【解析】选项A，不是过去交易或事项形成；选项C，预期不会给企业带来经济利益，选项A和选项C不属于企业的资产。

【答案】AC

（二）负债的定义及其确认条件

1. 负债的定义

负债，是指企业过去的交易或者事项形成的、预期会导致经济利益流出企业的现时义务。

负债具有以下几个方面的特征：

（1）负债是企业承担的现时义务；

（2）负债的清偿预期会导致经济利益流出企业；

（3）负债是由企业过去的交易或者事项形成的。

2. 负债的确认条件

将一项义务确认为负债，需要符合负债的定义，并同时满足以下两个条件：

（1）与该义务有关的经济利益很可能流出企业；

（2）未来流出的经济利益的金额能够可靠地计量。

要点小贴士

潜在义务不能确认为负债。

（三）所有者权益的定义及其确认条件

1. 所有者权益的定义

所有者权益，是指企业资产扣除负债后，由所有者享有的剩余权益。公司的所有者权益又称为股东权益。所有者权益是所有者对企业资产的剩余索取权。

2. 所有者权益的来源构成

所有者权益按其来源主要包括所有者投入的资本、直接计入所有者权益的利得和损失（其他综合收益）、留存收益等。

所有者投入的资本，是指所有者投入企业的资本，它既包括构成企业注册资本或者股本部分的金额，也包括投入资本超过注册资本或者股本部分的金额，即资本溢价或者股本溢价。

直接计入所有者权益的利得和损失，是指不应计入当期损益、会导致所有者权益发生增减变动的、与所有者投入资本或者向所有者分配利润无关的利得或者损失。其中，利得是指由企业非日常活动所形成的、会导致所有者权益增加的、与所有者投入资本无关的经济利益的流入。损失是指由企业非日常活动所发生的、会导致所有者权益减少的、与向所有者分配利润无关的经济利益的流出。

名师点拨

直接计入所有者权益的利得和损失，通过“其他综合收益”科目核算。利润表中“净利润”项目之前的项目影响损益，利润表中的“其他综合收益”介于“净利润”和“综合收益总额”之间，不影响损益。

相关链接

关于如何理解利得和损失，参见P24本章疑难问题解答3。

留存收益是企业历年实现的净利润留存于企业的部分，主要包括累计计提的盈余公积和未分配利润。

3. 所有者权益的确认条件

由于所有者权益体现的是所有者在企业中的剩余权益，因此，所有者权益的确认主要依赖于其他会计要素，尤其是资产和负债的确认；所有者权益金额的确定也主要取决于资产和负债的计量。

经典题解

【真题9·多选题】下列交易事项中，能够引起资产和所有者权益同时发生增减变动的有（　　）。（2014年）

A. 分配股票股利

B. 接受现金捐赠

C. 财产清查中固定资产盘盈

D. 以银行存款支付原材料采购价款

【解析】选项A，属于所有者权益内部结转，不影响资产；选项D，属于资产内部增减变动。

【答案】BC

（四）收入的定义及其确认条件

1. 收入的定义

收入，是指企业在日常活动中形成的、会导致所有者权益增加的、与所有者投入资本无关的经济利益的总流入。收入具有以下几个方面的特征：

（1）收入是企业在日常活动中形成的；

（2）收入最终会导致所有者权益的增加；

（3）收入是与所有者投入资本无关的经济利益的总流入。

2. 收入的确认条件

企业应当在履行了合同中的履约义务，即在客户取得相关商品控制权时确认收入。取得相关商品控制权，是指能够主导该商品的使用并从中获得几乎全部的经济利益。

相关链接

收入确认参见“第十七章 收入、费用和利润”。

经典题解

【例题10·单选题】下列事项中，不属于企业收入的是（　　）。

A. 销售商品所取得的收入

B. 提供劳务所取得的收入

C. 出售无形资产取得的净收益

D. 出售投资性房地产取得的收入

【解析】出售无形资产取得的净收益为非日常活动，不属于企业收入。

【答案】C

相关链接

收入与利得、费用与损失的区别与联系，参见P24本章疑难问题解答4。

（五）费用的定义及其确认条件

1. 费用的定义

费用，是指企业在日常活动中发生的、会导致所有者权益减少的、与向所有者分配利润无关的经济利益的总流出。根据费用的定义，费用具有以下几个方面的特征：

名师点拨

收入是总流入，费用是总流出。如将成本为80万元的商品对外出售，售价为100万元，应确认收入100万元，应确认费用80万元。

（1）费用是企业在日常活动中形成的；

（2）费用会导致所有者权益的减少；

（3）费用是与向所有者分配利润无关的经济利益的总流出。

2. 费用的确认条件

费用的确认至少应当符合以下条件：一是与费用相关的经济利益应当很可能流出企业；二是经济利益流出企业的结果会导致资产的减少或者负债的增加；三是经济利益的流出额能够可靠计量。

（六）利润的定义及其确认条件

1. 利润的定义

利润，是指企业在一定会计期间的经营成果。反映的是企业的经营业绩情况，是业绩考核的重要指标。

2. 利润的来源构成

利润包括收入减去费用后的净额、直接计入当期利润的利得和损失等。

名师点拨

利得和损失反映的是净额。如将账面价值为80万元的固定资产对外出售，售价为100万元，应确认利得20万元。

3. 利润的确认条件

利润反映的是收入减去费用、利得减去损失后的净额，因此，利润的确认主要依赖于收入和费用以及利得和损失的确认，其金额的确定也主要取决于收入、费用、利得和损失金额的计量。

经典题解

【例题11·单选题】下列关于费用与损失的表述中，正确的是（　　）。

A. 损失是由企业非日常活动形成的、会导致所有者权益减少的、与向所有者分配利润无关的经济利益的总流出

B. 费用和损失都会导致经济利益的流出并最终导致所有者权益的减少

C. 费用和损失的主要区别在于是否计入企业的当期损益

D. 企业发生的损失在会计上应计入营业外支出

【解析】损失是净流出，选项A错误；费用和损失都可能计入企业的当期损益，选项C错误；企业发生的损失在会计上可能记入“营业外支出”“其他综合收益”等科目，选项D错误。

【答案】B

【例题12·多选题】下列各项中，属于利得的有（　　）。

A. 出租无形资产取得的收益

B. 投资者的出资额大于其在被投资单位注册资本中所占份额的金额

C. 报废固定资产产生的净收益

D. 其他债权投资公允价值上升

【解析】选项A，出租无形资产取得的收益，应计入其他业务收入，不属于利得；

选项B，投资者的出资额大于其在被投资单位注册资本中所占份额的金额，应计入资本公积（资本溢价或股本溢价），不属于利得；

选项C，报废固定资产产生的净收益计入营业外收入，属于计入当期损益的利得；

选项D，其他债权投资公允价值上升计入其他综合收益，属于直接计入所有者权益的利得。

【答案】CD

二、会计要素计量属性及其应用原则

（一）会计要素计量属性

计量属性	概念	关注事项
历史成本	资产按照其购置时支付的现金或者现金等价物的金额，或者按照购置资产时所付出对价的公允价值计量；负债按照其因承担现时义务而实际收到的款项或者资产的金额，或者承担现时义务的合同金额，或者按照日常活动中为偿还负债预期需要支付的现金或者现金等价物的金额计量	取得资产时是按取得时的公允价值计量
重置成本	资产按照现在购买相同或者相似资产所需支付的现金或者现金等价物的金额计量；负债按照现在偿付该项债务所需支付的现金或者现金等价物的金额计量	盘盈的固定资产等实物资产按重置成本计量
可变现净值	资产按照其正常对外销售所能收到现金或者现金等价物的金额扣减该资产至完工时估计将要发生的成本、估计的销售费用以及相关税金后的金额计量	存货期末按成本与可变现净值孰低计量
现值	资产按照预计从其持续使用和最终处置中所产生的未来净现金流入量的折现金额计量；负债按照预计期限内需要偿还的未来净现金流出量的折现金额计量	具有融资性质的分期付款购入资产、分期收款销售商品等，用现值计量
公允价值	是指市场参与者在计量日发生的有序交易中，出售一项资产所能收到或转移一项负债所需支付的价格	以公允价值计量且其变动计入当期损益的金融资产、以公允价值计量且其变动计入其他综合收益的金融资产、采用公允价值模式进行后续计量的投资性房地产以及现金结算的股份支付确认的应付职工薪酬等期末用公允价值计量

要点小贴士

历史成本关注过去发生，重置成本关注现在购置，现值关注折现。

（二）各种计量属性之间的关系

历史成本通常反映的是资产或者负债过去的价值，而重置成本、可变现净值、现值以及公允价值通常反映的是资产或者负债的现时成本或者现时价值，是与历史成本相对应的计量属性。

（三）计量属性的应用原则

企业在对会计要素进行计量时，一般应当采用历史成本。在某些情况下，为了提高会计信息质量，实现财务报告目标，企业会计准则允许采用重置成本、可变现净值、现值、公允价值计量的，应当保证所确定的会计要素金额能够取得并可靠计量；如果这些金额无法取得或者无法可靠计量，则不允许采用其他计量属性。

经典题解

【真题 13 · 多选题】下列各项资产、负债中，应当采用公允价值进行后续计量的有（　　）。（2012 年）

A. 持有以备出售的商品

B. 为交易目的持有的 5 年期债券

C. 远期外汇合同形成的衍生金融负债

D. 实施以现金结算的股份支付计划形成的应付职工薪酬

【解析】存货按照成本与可变现净值孰低进行期末计量，不采用公允价值，选项 A 错误；

为交易目的而持有的债券属于交易性金融资产核算的范围，后续计量采用公允价值，选项 B 正确；

远期外汇合同形成的衍生金融负债属于交易性金融负债，后续计量采用公允价值，选项 C 正确；

实施以现金结算的股份支付计划形成的应付职工薪酬，以股价的公允价值为基础确定，选项 D 正确。

【答案】BCD

【例题 14 · 单选题】在历史成本计量下，下列表述中错误的是（　　）。

A. 负债按预期需要偿还的现金或现金等价物的折现金额计量

B. 负债按因承担现时义务的合同金额计量

C. 资产按购买时支付的现金或现金等价物的金额计量

D. 资产按购置资产时所付出的对价的公允价值计量

【解析】历史成本计量下，资产按照其购置时支付的现金或者现金等价物的金额，或者按照购置资产时所付出的对价的公允价值计量；负债按照因承担现时义务而实际收到的款项或者资产的金额，或者承担现时义务的合同金额，或者按照日常活动中为偿还负债预期需要支付的现金或者现金等价物的金额计量。选项 A 表述不正确。

【答案】A

第五节　财务报告（略）

考试加油站

一、本章小结

下载“会计云课堂”App 学习

您已成功完成“第一章”的学习，本章共 10 个考点，您都学会了吗？

为了让您对章节有更清晰的理解，加倍巩固。本书作者张志凤老师将通过**“视频导图课”**的方式，带您回顾重要考点。

名师点拨，视听结合，高效提分。

※ 欢迎您扫码，免费观看学习。

二、本章疑难问题解答

1.《企业会计准则第 37 号——金融工具列报》(财会〔2017〕14 号）涉及的有限寿命工具，如某些封闭式基金、理财产品、信托计划等寿命固定或可确定的结构化主体，是否符合持续经营假设?

答：根据《企业会计准则——基本准则》及其相关讲解，持续经营，是指在可以预见的将来，企业将会按当前的规模和状态继续经营下去，不会停业，也不会大规模削减业务。在持续经营前提下，会计确认、计量和报告应当以企业持续、正常的生产经营活动为前提。明确这个基本假设，就意味着会计主体将按照既定用途使用资产，按照既定的合约条件清偿债务，并根据企业会计准则进行确认、计量和报告，而不是按照企业破产清算有关会计处理规定处理。因此，有限寿命本身并不影响持续经营假设的成立。

2. 资产的账面余额、账面净值和账面价值有何区别?

答：（1）账面余额是指某账户的账面实际余额，不扣除该账户备抵项目（如累计折旧、摊销及相关资产的减值准备等）金额；

（2）账面净值是指某科目的账面余额减去减值准备以外的备抵项目后的金额；

（3）账面价值是指某科目（通常是资产类科目）的账面余额减去相关备抵项目后的净额。如长期股权投资账面余额减去长期股权投资减值准备即为其账面价值。

固定资产	账面余额 = 固定资产的账面原价 账面净值 = 固定资产的折余价值 = 固定资产原价 - 计提的累计折旧 账面价值 = 固定资产的原价 - 计提的累计折旧 - 计提的减值准备
无形资产	账面余额 = 无形资产的账面原价 账面净值 = 无形资产的摊余价值 = 无形资产原价 - 计提的累计摊销 账面价值 = 无形资产的原价 - 计提的累计摊销 - 计提的减值准备

投资性房地产	采用成本模式进行后续计量的投资性房地产： 账面余额 = 账面原价 账面净值 = 账面余额 - 投资性房地产累计折旧（摊销） 账面价值 = 账面余额 - 投资性房地产累计折旧（摊销）- 投资性房地产减值准备
	采用公允价值模式进行后续计量的投资性房地产： 采用公允价值模式进行后续计量的投资性房地产由于不计提折旧、不摊销、不计提减值准备，所以其账面余额 = 账面净值 = 账面价值（公允价值）

举例说明如下：

（1）某项存货的入账金额为100万元，已计提存货跌价准备20万元，则该项存货的账面余额为100万元，账面价值为80万元（100-20）。

（2）某项无形资产原值为100万元，已累计计提摊销20万元，已计提减值准备30万元，则无形资产的账面余额为100万元，账面净值=100-20=80（万元），账面价值=100-20-30=50（万元）。

3. 如何理解利得和损失？

答：

项目	概念	关注事项
利得	是指由企业非日常活动所形成的、会导致所有者权益增加的、与所有者投入资本无关的经济利益的净流入	①非日常活动；②净流入；③分为直接计入所有者权益的利得（其他综合收益）和直接计入当期损益的利得（如营业外收入、投资收益、公允价值变动收益等）
损失	是指由企业非日常活动所形成的、会导致所有者权益减少的、与向所有者分配利润无关的经济利益的净流出	①非日常活动；②净流出；③分为直接计入所有者权益的损失（其他综合收益）和直接计入当期损益的损失（如营业外支出、投资损失、公允价值变动损失等）

4. 收入与利得、费用与损失有何区别与联系？

答：

项目	区别	联系
收入与利得	（1）收入与日常活动有关，利得与非日常活动有关 （2）收入是经济利益的总流入，利得是经济利益的净流入	都会导致所有者权益增加且与所有者投入资本无关
费用与损失	（1）费用与日常活动有关，损失与非日常活动有关 （2）费用是经济利益的总流出，损失是经济利益的净流出	都会导致所有者权益减少且与向所有者分配利润无关

5. 什么是权益性交易，有何主要特征？

答： 权益性交易是一个广义的概念，除所有者以其所有者身份与主体之间的交易外，还包括不同所有者之间的交易。

权益性交易的主要特征可以概括如下：

（1）权益性交易的交易对象

权益性交易除所有者以其所有者身份与主体之间的交易外，还包括不同所有者之间的交易，且后者多为合并报表层面不同所有者（母公司与子公司少数股东）之间的交易，如购买少数股东股权、出售部分投资不丧失控制权、因子公司少数股东增资导致母公司股权稀释等。

（2）权益性交易的会计处理结果

权益性交易的结果，不影响当期损益，不影响原商誉。

同步强化练习题

使用"会计云课堂"App或"微信"扫码快速做题、对答案、看解析、掌握解题思路，开启轻松过关之旅。

一、单项选择题

1. 企业会计的确认、计量和报告的会计基础是（　　）。
   A. 收付实现制和权责发生制并存
   B. 收付实现制
   C. 权责发生制
   D. 永续盘存制

2. 甲公司2×21年经批准发行10亿元永续中票。其发行合同约定：（1）采用固定利率，当期票面利率＝当期基准利率＋1.5%，前5年利率保持不变，从第6年开始，每5年重置一次，票面利率最高不超过8%；（2）每年7月支付利息，经提前公告当年应予发放的利息可递延，但付息前12个月，如遇公司向普通股股东分红或减少注册资本，则利息不能递延，否则递延次数不受限制；（3）自发行之日起5年后，甲公司有权决定是否实施转股；（4）甲公司有权决定是否赎回，赎回前长期存续。根据以上条款，甲公司将该永续中票确认为权益，其所体现的会计信息质量要求是（　　）。
   A. 相关性
   B. 实质重于形式
   C. 可理解性
   D. 谨慎性

3. 下列各项会计信息质量要求中对相关性和可靠性起着制约作用的是（　　）。
   A. 可比性
   B. 谨慎性
   C. 及时性
   D. 实质重于形式

4. 下列各项中，体现谨慎性会计信息质量要求的是（　　）。
A. 因本年实现利润远超过预算，对所有资产大量计提减值准备
B. 期末按预期信用损失法对债权投资计提减值准备
C. 发出存货的计价方法一经确定，不得随意变更
D. 将符合资本化条件的长期借款利息予以资本化

5. 下列各项中，属于企业资产范围的是（　　）。
A. 用于广告营销活动的特定商品
B. 筹建期间发生的开办费
C. 约定未来购入的存货
D. 委托加工物资

6. 下列事项中，不属于企业收入的是（　　）。
A. 为客户建造办公大楼取得的收入
B. 出售原材料取得的收入
C. 出售投资性房地产取得的收入
D. 出售固定资产取得的净收益

7. 下列项目中，能同时引起资产和所有者权益发生变化的是（　　）。
A. 回购公司发行在外的股票
B. 预收客户款项
C. 收回应收账款
D. 银行承兑汇票背书购买存货

8. 下列关于会计要素的表述中，正确的是（　　）。
A. 负债的特征之一是企业承担的潜在义务
B. 所有者权益是指企业资产扣除负债后，由所有者享有的剩余权益
C. 利润是企业一定期间内收入减去费用后的净额
D. 收入是指所有导致所有者权益增加的经济利益的总流入

9. 企业发生的下列各项交易或事项中，影响利润总额的是（　　）。
A. 收到股东投入资本
B. 计提存货跌价准备
C. 产生的外币财务报表折算差额
D. 其他权益工具投资公允价值发生变动

10. 下列关于会计要素计量属性的表述中，错误的是（　　）。
A. 历史成本反映的是资产取得时点的实际成本
B. 资产的重置成本是指按照当前市场条件购买相同或者相似资产所需支付的现金或者现金等价物的金额
C. 现值是取得某项资产在当前需要支付的现金或其他等价物
D. 公允价值是指市场参与者在计量日发生的有序交易中，出售一项资产所能收到或转移一项负债所需支付的价格

11. 下列计价方法中，不符合历史成本计量属性的是（　　）。
A. 发出存货的计量
B. 外购存货的初始计量
C. 以公允价值计量且其变动计入其他综合收益的金融资产期末计量方法
D. 无形资产分期摊销

12. 下列各项关于资产期末计量的表述中，正确的是（　　）。
A. 无形资产期末按照可收回金额计量
B. 固定资产期末按照账面价值与可收回金额孰低计量
C. 远期外汇合同形成的衍生金融负债期末按照历史成本计量
D. 存货期末按照账面价值与可变现净值孰低计量

13. 关于权益性交易，下列说法中错误的是（　　）。
A. 所有者以其所有者身份与主体之间的

交易是权益性交易
B. 不同所有者之间的交易是权益性交易
C. 与权益性交易有关的利得和损失应直接计入所有者权益
D. 权益性交易影响当期利润

二、多项选择题

1. 关于会计基本假设，下列各项表述中正确的有（　　）。
A. 会计主体确定了会计核算的空间范围
B. 货币计量是指会计主体在财务会计确认、计量和报告时以货币作为计量尺度，反映会计主体的生产经营活动
C. 会计分期假设是权责发生制的产生依据
D. 持续经营是会计分期的前提

2. 下列各项关于会计基本假设和会计基础的表述中，正确的有（　　）。
A. 民间非营利组织会计的确认、计量和报告应当以权责发生制为基础
B. 某些封闭式基金、理财产品、信托计划等寿命固定或可确定的结构化主体，不符合持续经营假设
C. 会计主体不一定是法律主体
D. 政府会计中的财务会计采用权责发生制

3. 下列各项交易或事项的会计处理中，体现实质重于形式原则的有（　　）。
A. 将发行的附有强制付息义务的优先股确认为负债
B. 母公司编制合并财务报表
C. 将附有追索权的商业承兑汇票出售确认为质押贷款
D. 承租人将租入固定资产确认为本企业的使用权资产

4. 下列各项中，符合谨慎性会计信息质量要求的有（　　）。
A. 因企业实现利润超过预期，对存货大幅计提减值准备
B. 计提固定资产减值准备
C. 对本期发现前期不重要的差错按当期差错更正
D. 预提产品质量保证费用

5. 下列各项中，体现实质重于形式会计信息质量要求的有（　　）。
A. 符合条件的或有事项确认预计负债
B. 甲公司持有乙公司 40% 股权，能够对乙公司的财务和经营决策实施控制，甲公司采用成本法核算该项长期股权投资
C. 甲公司已经将商品售出，但甲公司为确保到期收回货款而暂时保留商品的法定所有权时，该权利通常不会对客户取得该商品的控制权构成障碍，在满足收入确认的其他条件时，甲公司确认相应的收入
D. 将企业未持有权益但能够控制的结构化主体纳入合并范围

6. 下列各项关于企业会计信息质量要求的表述中，正确的有（　　）。
A. 企业提供的会计信息应当清晰明了，便于财务报告使用者理解和使用，体现的是可理解性要求
B. 同一企业不同时期发生的相同或相似的交易或者事项，应当采用一致的会计政策，不得随意变更，体现的是一致性要求
C. 企业应当按照交易或事项的经济实质进行会计确认、计量和报告，而不仅仅以交易或事项的法律形式为依据，体现的是实质重于形式的要求
D. 企业对于已经发生的交易或事项，应当及时进行确认、计量和报告，不得提前或延后，体现的是及时性要求

7. 下列各项中，属于利得的有（　　）。
A. 房地产开发企业销售商品房取得的收入

B. 投资者的出资额大于其在被投资单位注册资本中所占份额的部分
C. 出售无形资产产生的净收益
D. 其他债权投资公允价值上升

8. 依据企业会计准则的规定，下列有关收入和利得的表述中，正确的有（　　）。
A. 收入和利得都与所有者投入资本无关
B. 收入会影响利润，利得也一定会影响利润
C. 收入源于日常活动，利得源于非日常活动
D. 收入会导致所有者权益增加，利得不一定会导致所有者权益增加

9. 下列事项中能够引起资产总额增加的有（　　）。
A. 坏账准备的转回
B. 以高于账面价值的金额转让以摊余成本计量的金融资产
C. 其他债权投资计提损失准备
D. 长期股权投资权益法核算下实际收到的现金股利

10. 下列各项中，属于会计要素计量属性的有（　　）。
A. 公允价值　　B. 历史成本
C. 可变现净值　　D. 现值

11. 下列各项表述中，正确的有（　　）。
A. 收入不包括为第三方或者客户代收的款项
B. 公允价值变动损失作为会计要素“费用”，会影响当期损益
C. 企业在一定期间发生亏损，则该企业在这一会计期间的所有者权益总额一定减少
D. 会计计量是为了将符合确认条件的会计要素登记入账，并列报于财务报表而确定其金额的过程

12. 下列各项资产、负债中，应当采用公允价值进行后续计量的有（　　）。
A. 将公司生产的产品作为非货币性福利发放给职工
B. 以公允价值计量且其变动计入当期损益的金融负债
C. 以公允价值计量且其变动计入其他综合收益的金融资产
D. 存货期末计量

同步强化练习题参考答案及解析

一、单项选择题

1.【答案】C

【解析】企业会计的确认、计量和报告应当以权责发生制为基础；政府财务会计的确认、计量和报告以权责发生制为基础，预算会计以收付实现制为基础（国务院另有规定的，从其规定）；民间非营利组织会计以权责发生制为基础。

2.【答案】B

【解析】实质重于形式要求企业按照交易或事项的经济实质进行会计确认、计量和报告，而不应当仅仅按照交易或者事项的法律形式作为会计确认、计量和报告的依据。

3.【答案】C

【解析】会计信息的价值在于帮助所有者或者其他会计信息使用者作出经济决策，具有时效性。即使是可靠、相关的会计信息，如果不及时提供，就失去了时效性，对于使用者的效用就大大降低，为了及时提供会计信息，可能需要在有关交易或事项的信息全部获得之前即进行会计处理，这样虽然满足了会计信息的及时性要求，但可能会影响会计信息的可靠性。

4.【答案】B

【解析】选项 A，属于滥用谨慎性要求；选项 C，属于可比性要求；选项 D，按规定执行企业会计准则，但与谨慎性要求无关。

5.【答案】D

【解析】选项 A 和 B，预期不会给企业带来经济利益，不符合资产的定义，不属于企业的资产；选项 C，不是过去的交易或事项形成的，也不符合资产定义，不属于企业的资产。

6.【答案】D

【解析】选项 D，属于非日常活动，因此其取得的净收益为利得，不属于收入。

7.【答案】A

【解析】选项 A，回购公司发行在外的股票通过库存股核算，库存股属于所有者权益，因此会引起资产和所有者权益同时发生变化；选项 B，能同时引起资产和负债发生变化；选项 C 和 D，属于资产内部的变化，不会引起所有者权益发生变化。

8.【答案】B

【解析】负债是企业承担的现时义务，选项 A 错误；利润是指企业在一定会计期间的经营成果，包括收入减去费用后的净额、直接计入当期利润的利得和损失等，选项 C 错误；收入是指企业在日常活动中形成的、会导致所有者权益增加的、与所有者投入资本无关的经济利益的总流入，选项 D 错误。

9.【答案】B

【解析】选项 A，收到股东投入资本，计入股本（实收资本）和资本公积—股本溢价（资本溢价），不影响利润总额；选项 B，计提存货跌价准备，计入资产减值损失，影响利润总额；选项 C，外币报表折算差额，归属于母公司应分担的部分在合并资产负债表和合并所有者权益变动表中所有者权益项目下“其他综合收益”项目列示，属于子公司少数股东应分担的部分应并入“少数股东权益”项目列示，不影响利润总额；选项 D，其他权益工具投资公允价值变动计入其他综合收益，不影响利润总额。

10.【答案】C

【解析】现值是指对未来现金流量以恰当的折现率进行折现后的价值。

11.【答案】C

【解析】以公允价值计量且其变动计入其他综合收益的金融资产期末采用公允价值计量，属于公允价值计量属性，不符合历史成本计量属性。

12.【答案】B

【解析】固定资产减值准备和无形资产减值准备不可转回，期末按照账面价值与可收回金额孰低计量，选项 A 错误，选项 B 正确；远期外汇合同形成的衍生金融负债期末按照公允价值计量，选项 C 错误；因存货跌价准备可以转回，不应按照账面价值与可变现净值孰低计量，而应按照成本与可变现净值孰低计量，如期末计提或转回存货跌价准备前存货账面余额为100万元，存货跌价准备余额为20万元，此时账面价值为80万元，当期期末可变现净值为90万元时（为以前发生减值的因素消失），应转回存货跌价准备10万元，即存货期末按90万元计量，选项D错误。

13.【答案】D

【解析】与权益性交易有关的利得和损失应直接计入权益，不影响当期损益，选项D错误。

二、多项选择题

1.【答案】ABCD

2.【答案】ACD

【解析】持续经营，是指在可以预见的未来，会计主体将按照既定用途使用资产，按照既定的合约条件清偿债务，并根据企业会计准则进行确认、计量和报告，而不是按照企业破产清算有关规定进行会计处理。因此，有限寿命本身并不影响持续经营假设的成立。

3.【答案】ABCD

4.【答案】BD

【解析】谨慎性要求企业对交易或者事项进行会计确认、计量和报告时应当保持应有的谨慎，不应高估资产或收益、低估负债或费用。选项A，属于滥用谨慎性要求；选项C，遵循的是重要性会计信息质量要求。

5.【答案】BCD

【解析】符合条件的或有事项确认预计负债，体现谨慎性会计信息质量要求，选项A错误；从法律形式看，甲公司不能对乙公司实施控制，但从经济实质看，甲公司能够对其实施控制，应采用成本法核算，体现实质重于形式会计信息质量要求，选项B正确；甲公司出售商品，从法律形式看，所有权未转移，但从经济实质上控制权已转移，应确认收入，选项C正确；从法律形式看，对结构化主体不能实施控制，但从经济实质看，甲公司能够对其实施控制，选项D正确。

6.【答案】ACD

【解析】选项B，体现的是可比性要求。

7.【答案】CD

【解析】利得是指因企业非日常活动形成的、会导致所有者权益增加的、与所有者投入资本无关的经济利益净流入。选项A，系房地产开发企业的日常活动，属于收入，不属于利得；选项B，计入资本公积，也不属于企业利得；选项C，计入资产处置损益，属于计入当期损益的利得；选项D，计入其他综合收益，属于直接计入所有者权益的利得。

8.【答案】AC

【解析】利得可能直接计入所有者权益，不一定会影响利润，但一定会导致所有者权益增加，选项B和D表述错误。

9.【答案】AB

【解析】选项A，转回坏账准备，借记“坏账准备”科目，贷记“信用减值损失”科目，使资产总额增加；选项B，增加的资产金额比减少的以摊余成本计量的金融资产账面价值多，资产总额增加；选项C，通过“其他综合收益—信用减值准备”科目核算，借记“信用减值损失”科目，贷记“其他综合收益—信用减值准备”科目，不影响资产的价值；选项D，借记“银行存款”科目，贷记“应收股利”科目，是资产内部发生变化，不影响资产总额。

10.【答案】ABCD

11.【答案】AD

【解析】公允价值变动损失是直接计入当期损益的“损失”，不属于“费用”的范畴，但会影响当期损益，选项B错误；企业在一定期间发生亏损，由此会导致所有者权益的减少，但由于所有者权益中有些是与企业盈亏无关的项目（如实收资本和资本公积），因此企业在一定期间发生亏损，所有者权益总额不一定减少，选项C错误。

12.【答案】ABC

【解析】选项A，应将产品的售价和增值税销项税额计入成本费用，属于公允价值计量；选项B和C，资产负债表日按照公允价值计量；选项D，采用成本与可变现净值孰低计量。

第二章　存　货

CHAPTER-2

本章学习指南

一、学习目标

1. 理解存货的概念和确认条件。
2. 掌握存货的初始计量。
3. 理解发出存货的计量。
4. 熟练掌握期末存货的计量。
5. 理解存货盘盈、盘亏或毁损的会计处理。

二、考情概况

本章属于基础章节，考题一般为客观题，分数虽然不高，但属于比较重要的章节。

三、教材变化

本章内容无实质性变化。

四、考点地图

考点	年份 / 题型
存货的初始计量	2021年多选题
存货跌价准备的会计处理	2021年单选题
存货盘盈、盘亏或毁损的会计处理	2021年多选题
可变现净值的计算	2020年单选题
确定存货的可变现净值时应考虑的因素	2019年多选题
存货跌价准备的计算	2019年单选题

核心考点精讲

第一节 存货的确认和初始计量

使用“会计云课堂”App 或“微信”扫码查看本节视频，快速 GET 知识点。

一、存货的性质与确认条件

（一）存货的概念

存货，是指企业在日常活动中持有以备出售的产成品或商品、处在生产过程中的在产品、在生产过程或提供劳务过程中耗用的材料、物料等。

名师点拨

持有存货的最终目的是出售，但周转材料（包装物和低值易耗品）除外。

【提示】

（1）为建造固定资产等各项工程而储备的各种材料，虽然同属于材料，但是由于是用于建造固定资产等各项工程，属于工程物资，不符合存货的定义，因此不能作为企业的存货进行核算。

（2）下列项目属于企业存货：

①企业接受外来原材料加工制造的代制品和为外单位加工修理的代修品，制造和修理完成验收入库后，应视同企业的产成品（“视同”企业的产成品，即企业为加工或修理产品发生的材料、人工费等作为受托企业存货核算）；②房地产开发企业购入的用于建造商品房的土地使用权属于企业的存货；③已经取得商品所有权，但尚未验收入库的在途物资；④已经发货但存货的控制权并未转移给购买方的发出商品；⑤委托加工物资；⑥以支付手续费方式委托代销的商品等。

（3）对于受托代销商品，由于其所有权未转移至受托方，因而，受托代销的商品不能确认为受托方存货的一部分。所以填列资产负债表“存货”项目时“受托代销商品”与“受托代销商品款”两科目一增一减相互抵销，不列为受托方存货。

（二）存货的确认条件

存货在符合定义情况下，同时满足下列条件的，才能予以确认：

1. 与该存货有关的经济利益很可能流入企业；
2. 该存货的成本能够可靠地计量。

经典题解

【例题1·多选题】下列各种物资中，应当作为企业存货核算的有（　　）。

A. 房地产开发企业建造的用于对外出租的商品房

B. 发出商品

C. 低值易耗品

D. 房地产开发企业建造的用于对外出售的商品房

【解析】房地产开发企业建造的用于对外出租的商品房属于投资性房地产，用于对外出售的商品房属于存货，选项A不属于存货。

【答案】BCD

相关链接

不同方式取得存货计量的总结，参见P48本章疑难问题解答1。

名师点拨

其他成本，如为客户建造办公大楼发生的设计费用等。当然，不是所有的设计费用都计入成本，如大批大量生产产品的设计费用计入管理费用。

二、存货的初始计量

存货应当按照成本进行初始计量。存货成本包括采购成本、加工成本和其他成本。产品成本核算程序如下图所示：

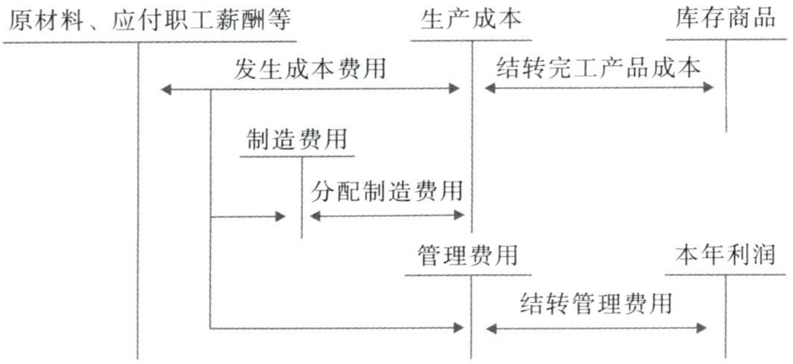

致亲爱的学员

本章系基础章节，内容相对简单，易于理解，如存货的初始计量、发出存货成本等，理解原理的基础上要做题加以巩固练习，且在做题时一定要仔细审题、认真计算，切勿马虎大意，因此而失分。

刚刚开启备考的您，最需要贴心的指引。为此，本书在“核心考点精讲”各节都分别设置了二维码，扫码即可免费观看前两章对应的名师讲解视频。快快行动起来吧！

使用步骤

01 扫码下载安装最新版“会计云课堂”App

02 登录您的东奥个人账号

03 点击首页右上角“扫一扫”即可听课

存货成本
- 采购成本 → 购买价款、相关税费、运输费、装卸费、保险费以及其他可归属于存货采购成本的费用
- 加工成本 → 直接人工以及按照一定方法分配的制造费用
- 其他成本 → 除采购成本、加工成本以外的，使存货达到目前场所和状态所发生的其他支出

（一）外购的存货

外购存货的成本即存货的采购成本，指企业存货从采购到入库前所发生的全部支出，包括购买价款、相关税费、运输费、装卸费、保险费以及其他可归属于存货采购成本的费用。

购买价款	指企业购入材料或商品的发票账单上列明的价款
相关税费	是指企业购买、自制或委托加工存货发生的、应归属于该存货成本的进口关税、消费税、资源税和不能抵扣的增值税进项税额等
其他可归属于存货采购成本的费用	存货采购过程中发生的仓储费、包装费、运输途中的合理损耗、入库前的挑选整理费用等

要点小贴士

（1）小规模纳税人购入货物相关的增值税计入存货成本；

（2）一般纳税人购入货物相关的增值税可以抵扣，不计入存货成本。

名师点拨

（1）运输途中的合理损耗计入存货成本，即不从总成本中扣除，如取得存货的总成本为100万元。其中运输途中合理损耗为5万元，则总成本仍为100万元；

（2）运输途中的非合理损耗要从总成本中扣除。

商品流通企业在采购商品过程中发生的运输费、装卸费、保险费以及其他可归属于存货采购成本的费用等进货费用，应计入所购商品成本。商品流通企业采购商品的进货费用金额较小的，可以在发生时直接计入当期损益（销售费用）。

经典题解

【例题 2·单选题】某企业为增值税一般纳税人，2×21 年 9 月购入一批原材料，增值税专用发票上注明的价款为 200 万元，增值税税额为 26 万元，款项已经支付。另以银行存款支付装卸费 0.6 万元（不考虑增值税），入库时发生挑选整理费 0.4 万元，运输途中发生合理损耗 0.2 万元。不考虑其他因素，该批原材料的入账成本为（　　）万元。

A. 226　　B. 201　　C. 200　　D. 201.2

【解析】存货的采购成本包括购买价款、运输费、装卸费、保险费以及其他可归属于存货采购成本的费用。所以原材料的入账成本 =200+ 0.6+0.4=201（万元）。

【答案】B

（二）加工取得存货的成本

存货的加工成本，包括直接人工以及按照一定方法分配的制造费用。

【提示】

（1）产品成本包括直接材料、直接人工和制造费用。制造费用不是期间费用。

名师点拨

（1）制造费用是构成产品成本的间接费用，不是期间费用；

（2）制造费用一般没有余额，若制造费用有余额，则应在“存货”项目列报。

制造费用：是指企业为生产产品和提供劳务而发生的各项间接费用。包括企业生产部门（如生产车间）管理人员的职工薪酬、折旧费、办公费、水电费、机物料损耗、劳动保护费、季节性和修理期间停工损失等。

（2）某些存货还包括使存货达到目前场所和状态所发生的其他成本，如可直接

认定的产品设计费用等。不属于可直接认定的产品设计费用计入当期损益。

（三）其他方式取得存货的成本

企业取得存货的其他方式主要包括：接受投资者投资、非货币性资产交换、债务重组、企业合并以及存货盘盈等。

1. 投资者投入存货的成本

投资者投入存货的成本，应当按照投资合同或协议约定的价值确定，但合同或协议约定价值不公允的除外。在投资合同或协议约定价值不公允的情况下，按照该项存货的公允价值作为其入账价值。

借：库存商品等

　　应交税费—应交增值税（进项税额）

　贷：实收资本（按投资合同或协议约定的投资者在企业注册资本中所占份额的部分）/ 股本（按每股股票面值 × 发行股数）

　　　资本公积—资本溢价 / 股本溢价（差额）

2. 通过非货币性资产交换、债务重组、企业合并等方式取得存货的成本分别按照相关准则的规定确定

（四）通过提供劳务取得的存货

企业通过提供劳务取得的存货，按所发生的从事劳务提供人员的直接人工和其他直接费用以及可归属于该存货的间接费用等，计入存货成本。

【提示】下列费用应当在发生时确认为当期损益，不计入存货成本：

（1）非正常消耗的直接材料、直接人工和制造费用；

（2）存货在采购入库后领用前所发生的仓储费用，应计入当期损益（管理费用）；

（3）不能归属于使存货达到目前场所和状态的其他支出；

（4）企业采购用于广告营销活动的特定商品，向客户预付货款未取得商品时，应作为预付账款进行会计处理，待取得相关商品时计入当期损益（销售费用）。企业取得广告营销性质的服务比照该原则进行处理。

相关链接

仓储费用的会计处理，参见P49本章疑难问题解答2。

经典题解

【真题3·多选题】下列各项关于企业存货计量的表述中，正确的有（　　）。（2021年）

A. 生产设备发生的日常维修费用应计入存货成本

B. 季节性停工期间生产车间发生的停工损失应计入存货成本

C. 存货入库后发生的仓储费用应计入存货成本

D. 受托加工存货成本中不应包括委托方提供的材料成本

【解析】存货在采购入库后发生的储存费用，应计入当期损益，但是，在生产过程中为达到下一个生产阶段所必需的仓储费用则应计入存货成本，选项C错误。

【答案】ABD

【真题4·单选题】甲公司为啤酒生产企业，为答谢长年经销其产品的代理商，经董事会批准，2×16年为过去3年达到一定销量的代理商每家免费配备一台冰

箱。按照甲公司与代理商的约定，冰箱的所有权归甲公司，在预计使用寿命内免费提供给代理商使用。甲公司不会收回，亦不会转作他用。甲公司共向代理商提供冰箱500台，每台价值1万元，冰箱的预计使用寿命为5年，预计净残值为零。甲公司对本公司使用的同类固定资产采用年限平均法计提折旧。不考虑其他因素，下列各项关于甲公司免费提供给代理商使用冰箱会计处理的表述中，正确的是（　　）。（2017年）

A. 将冰箱的购置成本作为2×16年销售费用计入当期利润表

B. 因无法控制冰箱的实物及其使用，将冰箱的购置成本确认为无形资产并分5年摊销

C. 将冰箱的购置成本作为过去3年的销售费用，追溯调整以前年度损益

D. 作为本公司固定资产，按照年限平均法在预计使用年限内分期计提折旧

【解析】甲公司将冰箱在预计使用寿命内免费提供给代理商使用，且不改变用途，虽然该冰箱所有权归甲公司所有，但实质上属于为过去销售提供的商家奖励，并不能为企业带来未来的经济利益流入，从实质重于形式角度，甲公司不应当作为资产核算，而是在发生当期计入销售费用。

【答案】A

【真题5·单选题】下列各项中，应当计入存货成本的是（　　）。（2017年）

A. 季节性停工损失

B. 超定额的废品损失

C. 新产品研发人员的薪酬

D. 采购材料入库后的储存费用

【解析】选项A，季节性停工损失计入制造费用，影响存货成本；

选项B，超定额的废品损失，计入当期损益，不影响存货成本；

选项C，新产品研发人员的薪酬，资本化的部分，计入产品成本，费用化的部分，计入当期损益，不一定计入存货成本；

选项D，采购材料入库后的储存费用，计入当期损益，不影响存货的成本。

【答案】A

【真题6·单选题】2×15年12月31日，甲公司向乙公司订购的印有甲公司标志、为促销宣传准备的卡通毛绒玩具到货并收到相关购货发票，50万元货款已经支付。该卡通毛绒玩具将按计划于2×16年1月向客户及潜在客户派发，不考虑相关税费及其他因素。下列关于甲公司2×15年对订购卡通毛绒玩具所发生支出的会计处理中，正确的是（　　）。（2016年）

A. 确认为库存商品　　B. 确认为当期管理费用

C. 确认为当期销售成本　　D. 确认为当期销售费用

【解析】企业采购用于广告营销活动的特定商品，向客户预付货款未取得商品时，应作为预付账款进行会计处理，待取得相关商品时计入当期损益（销售费用）。企业取得广告营销性质的服务比照该原则进行处理。

【答案】D

第二节 发出存货的计量

使用“会计云课堂”App或“微信”扫码查看本节视频，快速GET知识点。

一、发出存货成本的计量方法

企业可采用先进先出法、移动加权平均法、月末一次加权平均法和个别计价法确定发出存货的成本。

【提示】

（1）发出存货不能采用后进先出法计量。

（2）期初存货＋本期购货＝本期销货＋期末存货

名师点拨

先进先出法下，当期期末存货成本接近于市价，如果存货的市价呈上升趋势则发出成本偏低，会高估企业当期利润和库存存货价值；反之，会低估企业当期利润和库存存货价值。

（一）先进先出法

先进先出法是指以先购入的存货应先发出（销售或耗用）这样一种存货实物流转假设为前提，对发出存货进行计价的一种方法。

（二）移动加权平均法

移动加权平均法是指以每次进货的成本加上原有库存存货的成本，除以每次进货数量加上原有库存存货的数量，据以计算加权平均单位成本，作为在下次进货前计算各次发出存货成本依据的一种方法。计算公式如下：

存货单位成本＝（原有库存存货的实际成本＋本次进货的实际成本）/（原有库存存货数量＋本次进货数量）

本次发出存货的成本＝本次发出存货的数量×本次发货前的存货单位成本

本月月末库存存货成本＝月末库存存货的数量×本月月末存货单位成本

（三）月末一次加权平均法

月末一次加权平均法是指以本月全部进货数量加上月初存货数量作为权数，去除本月全部进货成本加上月初存货成本，计算出存货的加权平均单位成本，以此为基础计算本月发出存货的成本和期末存货成本的一种方法。计算公式如下：

存货单位成本＝[月初库存存货的实际成本＋Σ（本月某批进货的实际单位成本×本月某批进货的数量）]/（月初库存存货数量＋本月各批进货数量之和）

本月发出存货的成本＝本月发出存货的数量×存货单位成本

本月月末库存存货成本＝月末库存存货的数量×存货单位成本

或：

本月月末库存存货成本＝月初库存存货的实际成本＋本月购入存货的实际成本－本月发出存货的成本

名师点拨

对于不能替代使用的存货、为特定项目专门购入或制造的存货以及为提供某种劳务使用的存货，通常采用个别计价法确定发出存货的成本。

（四）个别计价法

采用这一方法是假设存货具体项目的实物流转与成本流转相一致，逐一辨认各批发出存货和期末存货所属的购进批别或生产批别，分别按其购入或生产时所确定的单位成本计算各批发出存货和期末存货成本。在这种方法下，是把每一批存货的实际成本作为计算发出存货成本和期末存货成本的基础。

经典题解

【例题 7】甲公司 2×21 年 3 月份 A 商品有关收、发、存情况如下：

（1）3 月 1 日结存 300 件，单位成本为 2 万元。

（2）3 月 8 日购入 200 件，单位成本为 2.2 万元。

（3）3 月 10 日发出 400 件。

（4）3 月 20 日购入 300 件，单位成本为 2.3 万元。

（5）3 月 28 日发出 200 件。

（6）3 月 31 日购入 200 件，单位成本为 2.5 万元。

不考虑其他因素。

要求：

（1）采用先进先出法计算 A 商品 2×21 年 3 月份发出存货的成本和 3 月 31 日结存存货的成本。

（2）采用移动加权平均法计算 A 商品 2×21 年 3 月份发出存货的成本和 3 月 31 日结存存货的成本。

（3）采用月末一次加权平均法计算 A 商品 2×21 年 3 月份发出存货的成本和 3 月 31 日结存存货的成本。

【答案】

本月可供发出 A 商品成本 =300×2+200×2.2+300×2.3+200×2.5=2230（万元）。

（1）本月发出 A 商品成本 =（300×2+100×2.2）+（100×2.2+100×2.3）= 1270（万元）；

本月月末结存 A 商品成本 =2230−1270=960（万元）。

（2）3 月 8 日购货后 A 商品的移动加权平均单位成本 =（300×2+200×2.2）÷（300+200）=2.08（万元 / 件）；

3 月 10 日发出 A 商品的成本 =400×2.08=832（万元）；

3 月 20 日购货后 A 商品的移动加权平均单位成本 =（100×2.08+300×2.3）÷（100+300）=2.245（万元 / 件）；

3 月 28 日发出 A 商品的成本 =200×2.245=449（万元）；

本月发出 A 商品成本 =832+449=1281（万元）；

本月月末结存 A 商品成本 =2230−1281=949（万元）。

（3）A 商品月末一次加权平均单位成本 =2230÷（300+200+300+200）=2.23（万元 / 件）；

本月发出 A 商品成本 =（400+200）×2.23=1338（万元）；

本月月末结存 A 商品成本 =2230−1338=892（万元）。

【真题 8·单选题】甲公司库存 A 产成品的月初数量为 1000 台，月初账面余额为 8000 万元；A 在产品的月初数量为 400 台，月初账面余额为 600 万元。当月为生产 A 产品耗用原材料、发生直接人工和制造费用共计 15400 万元，其中包括因台风灾害而发生的停工损失 300 万元。当月，甲公司完成生产并入库 A 产成品 2000 台，销售A产成品2400台。当月末甲公司库存A产成品数量为600台，无在产品。甲公司采用一次加权平均法按月计算发出A产成品的成本。甲公司A产成品当月末的账面余额为（ ）万元。（2011年）

A. 4710　　B. 4740

C. 4800　　D. 5040

【解析】根据一次加权平均法按月计算发出A产成品的单位成本=（8000+600+15400-300）/（1000+2000）=7.9（万元/台）；

A产成品当月末的账面余额=7.9×600=4740（万元）。

【答案】B

二、存货成本的结转

（一）对外销售商品结转成本的会计处理

借：主营业务成本
　　存货跌价准备
　贷：库存商品

名师点拨

因为存货已出售，结转存货跌价准备时不能冲减资产减值损失。

（二）对外销售材料结转成本的会计处理

借：其他业务成本
　　存货跌价准备
　贷：原材料

（三）包装物的会计处理

1. 生产领用的包装物

借：制造费用等
　贷：周转材料—包装物

2. 出借包装物及随同产品出售不单独计价的包装物

借：销售费用
　贷：周转材料—包装物

3. 出租包装物及随同产品出售单独计价的包装物

借：其他业务成本
　贷：周转材料—包装物

经典题解

【例题9·单选题】企业对随同商品出售而不单独计价的包装物进行会计处理时，该包装物的实际成本应结转到（ ）。

A. 制造费用　　B. 销售费用

C. 管理费用　　D. 其他业务成本

【解析】随同商品出售而不单独计价的包装物的实际成本应转入销售费用。

【答案】B

第三节 期末存货的计量

使用“会计云课堂”App 或“微信”扫码查看本节视频，快速 GET 知识点。

一、存货期末计量及存货跌价准备计提原则

资产负债表日，存货应当按照成本与可变现净值孰低计量。存货成本高于其可变现净值的，应当计提存货跌价准备，计入当期损益。

经典题解

【真题 10 · 单选题】甲公司为增值税一般纳税人。2×17 年 1 月 1 日，甲公司库存原材料的账面余额为 2500 万元，账面价值为 2000 万元；当年购入原材料增值税专用发票注明的价款为 3000 万元，增值税进项税额为 510 万元，当年领用原材料按先进先出法计算发出的成本为 2800 万元（不含存货跌价准备）；当年末原材料的成本大于其可变现净值，两者差额为 300 万元。不考虑其他因素，甲公司 2×17 年 12 月 31 日原材料的账面价值是（　　）。（2017 年）

A. 2200 万元　　B. 2400 万元

C. 2710 万元　　D. 3010 万元

【解析】期末原材料的成本 =2500+3000−2800=2700（万元），成本大于可变现净值，差额为 300 万元，其可变现净值 =2700−300=2400（万元），期末存货按照成本与可变现净值孰低进行计量，故原材料的账面价值为 2400 万元，选项 B 正确。

【答案】B

二、存货的可变现净值

存货的可变现净值，是指在日常活动中，存货的估计售价减去至完工时估计将要发生的成本、估计的销售费用以及相关税费后的金额。

（一）可变现净值的基本特征

1. 确定存货可变现净值的前提是企业在进行日常活动

2. 可变现净值为存货的预计未来净现金流入，而不是存货的售价或合同价

3. 不同存货可变现净值的构成不同

（1）产成品、商品和用于出售的材料等直接用于出售的商品存货，其可变现净值为在正常生产经营过程中，该存货的估计售价减去估计的销售费用和相关税费后的金额；

（2）需要经过加工的材料存货，其可变现净值为在正常生产经营过程中，以该材料所生产的产成品的估计售价减去至完工时估计将要发生的成本、估计的销售费用和相关税费后的金额。

要点小贴士

(1) 确凿证据：如合同价格、生产成本资料等；

(2) 持有目的：直接出售还是加工后出售；

(3) 资产负债表日后事项：对资产负债表日存在状况提供进一步证据的事项，才能作为调整事项。

（二）确定存货的可变现净值时应考虑的因素

企业在确定存货的可变现净值时，应当以取得的确凿证据为基础，并且考虑持有存货的目的、资产负债表日后事项的影响等因素。

1. 确凿证据

取得的确凿证据，是指对确定存货的可变现净值和成本有直接影响的客观证明，如产成品或商品的市场销售价格、与企业产成品或商品相同或类似商品的市场销售价格、销售方提供的有关资料和生产成本资料等。

2. 持有存货的目的

直接出售的存货与需要经过进一步加工出售的存货，两者可变现净值的计算是不同的。

3. 资产负债表日后事项的影响

如有确凿证据表明其对资产负债表日存货已经存在的情况提供了新的或进一步的证据，则在确定存货可变现净值时应当予以考虑，否则，不应予以考虑。

经典题解

【真题11·多选题】在确定存货的可变现净值时，应当考虑的因素有（　　）。（2019年）

A. 持有存货的目的　　　　B. 存货的采购成本

C. 存货的市场销售价格　　D. 资产负债表日后事项

【解析】企业在确定存货的可变现净值时，应当以取得的确凿证据为基础，并且考虑持有存货的目的、资产负债表日后事项的影响等因素。存货的采购成本，是存货已发生的成本，与可变现净值计算无关。

【答案】ACD

三、存货期末计量和存货跌价准备的计提

（一）存货估计售价的确定

存货估计售价的确定如下图所示：

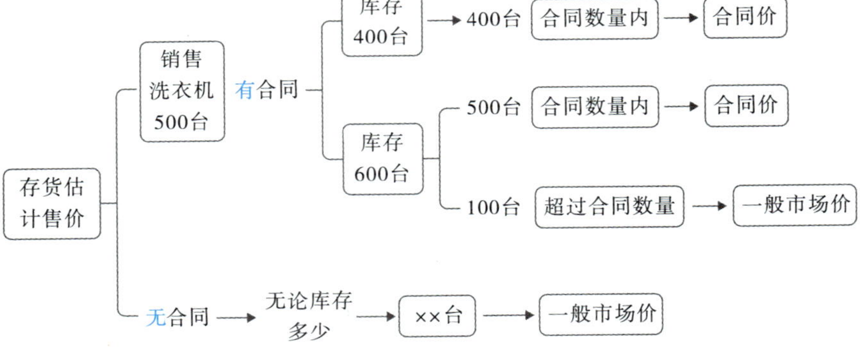

【提示】

（1）如果企业销售合同所规定的标的物还没有生产出来，但持有专门用于该标的物生产的原材料，其可变现净值也应当以合同价格作为计算基础。

（2）如果企业持有存货的数量少于销售合同订购数量，实际持有与该销售合同相关的存货应以销售合同所规定的价格作为可变现净值的计算基础。如果该合同为亏损合同，还应同时按照《企业会计准则第 13 号——或有事项》的规定处理。

（二）材料存货的期末计量

材料存货的期末计量如下图所示：

- 材料期末账面价值的确定
  - 若材料直接出售
    - 材料按成本与可变现净值孰低计量
    - 材料可变现净值 = 材料估计售价 - 材料出售估计的销售费用和相关税费
  - 若材料用于生产产品
    - ①产品没有发生减值：材料按成本计量
    - ②产品发生减值：材料按可变现净值计量
      材料可变现净值 = 产品估计售价 - 至完工估计将要发生的成本 - 产品出售估计的销售费用和相关税费

经典题解

【真题 12·单选题】甲公司为房地产开发企业，20×9 年 1 月通过出让方式取得一宗土地，支付土地出让金 210000 万元。根据土地出让合同的约定，该宗土地拟用于建造住宅，使用期限为 70 年，自 20×9 年 1 月 1 日开始起算。20×9 年末，上述土地尚未开始开发，按照周边土地最新出让价格估计，其市场价格为 195000 万元，如将其开发成住宅并出售，预计售价总额为 650000 万元，预计开发成本为 330000 万元，预计销售费用及相关税费为 98000 万元。不考虑增值税及其他因素，上述土地在甲公司 20×9 年 12 月 31 日资产负债表中列示的金额是（　　）。（2020 年）

A. 195000 万元　　B. 207000 万元

C. 222000 万元　　D. 210000 万元

【解析】房地产开发企业购进的土地使用权的成本为 210000 万元，可变现净值 = 650000−98000−330000=222000（万元），未发生减值，即上述土地使用权在甲公司 20×9 年 12 月 31 日资产负债表中列示的金额为 210000 万元。

【答案】D

【真题 13·单选题】甲公司 20×8 年末库存乙原材料 1000 件，单位成本为 2 万元。甲公司将乙原材料加工成丙产品对外出售，每 2 件乙原材料可加工 1 件丙产品。20×8 年 12 月 31 日，乙原材料的市场价格为 1.8 万元 / 件，用乙原材料加工的丙产品市场价格为 4.7 万元 / 件，将 2 件乙原材料加工成 1 件丙产品的过程中预计发生加工费用 0.6 万元，预计销售每件丙产品发生销售费用及相关税费 0.2 万元。20×9 年 3 月，在甲公司 20×8 年度财务报表经董事会批准对外报出前，乙原材料市场价格为 2.02 万元 / 件。不考虑其他因素，甲公司 20×8 年末乙原材料应当计提

的存货跌价准备是（　　）。（2019 年）

A. 零　　B. 50 万元

C. 450 万元　　D. 200 万元

【解析】丙产品的单位成本 =2×2+0.6=4.6（万元），单位可变现净值 =4.7−0.2=4.5（万元），丙产品的单位成本大于其单位可变现净值，发生减值，所以乙原材料也发生减值。

乙原材料的单位可变现净值 =（4.7−0.2−0.6）/2=1.95（万元），应计提的存货跌价准备的金额 =（2−1.95）×1000=50（万元）。

【答案】B

【真题 14 · 单选题】甲公司主要从事 X 产品的生产和销售，生产 X 产品使用的主要材料 Y 材料全部从外部购入，20×7 年 12 月 31 日，在甲公司财务报表中库存 Y 材料的成本为 5600 万元，若将全部库存 Y 材料加工成 X 产品，甲公司估计还需发生成本 1800 万元。预计加工而成的 X 产品售价总额为 7000 万元，预计的销售费用及相关税费总额为 300 万元，若将库存 Y 材料全部予以出售，其市场价格为 5000 万元。假定甲公司持有 Y 材料的目的系用于 X 产品的生产，不考虑其他因素，甲公司在对 Y 材料进行期末计算时确定的可变现净值是（　　）。（2018 年）

A. 5000 万元　　B. 4900 万元

C. 7000 万元　　D. 5600 万元

【解析】Y 材料的可变现净值 =（7000−300）−1800=4900（万元）。

【答案】B

【真题 15 · 单选题】2×16 年 12 月 31 日，甲公司持有乙原材料 200 吨，单位成本为 20 万元 / 吨。每吨乙原材料可加工生产丙产成品一件，该丙产成品售价为 21.2 万元 / 件，将乙原材料加工至丙产成品过程中发生加工费等相关费用共计 2.6 万元 / 件；当日，乙原材料的市场价格为 19.3 万元 / 吨。甲公司 2×16 年财务报表批准报出前几日，乙原材料及丙产成品的市场价格开始上涨，其中乙原材料价格为 19.6 万元 / 吨，丙产成品的价格为 21.7 万元 / 件，甲公司在 2×16 年以前未计提存货跌价准备。不考虑其他因素，甲公司 2×16 年 12 月 31 日就持有的乙原材料应当计提的存货跌价准备是（　　）。（2017 年）

A. 80 万元　　B. 280 万元　　C. 140 万元　　D. 180 万元

【解析】因 2×16 年 12 月 31 日取得的丙产成品的售价 21.2 万元 / 件是合理估计，并非是会计差错，不属于资产负债表日后调整事项，故在计算 2×16 年 12 月 31 日丙产成品的可变现净值时，应以 21.2 万元 / 件为基础计算。

本题中，200 件丙产成品的可变现净值 =21.2×200=4240（万元），乙原材料生产的 200 件丙产成品的成本 =200×20+2.6×200=4520（万元），丙产成品的成本大于其可变现净值，表明丙产成品发生减值，所以乙原材料发生减值。200 吨乙原材料的可变现净值 =4240−2.6×200=3720（万元），甲公司持有的乙原材料应计提的存货跌价准备 =200×20−3720=280（万元）。

【答案】B

（三）计提存货跌价准备的方法

存货跌价准备通常应当按单个存货项目计提。但是，对于数量繁多、单价较低的存货，可以按照存货类别计提存货跌价准备。与在同一地区生产和销售的产品系列相关、具有相同或类似最终用途或目的，且难以与其他项目分开计量的存货，可以合并计提存货跌价准备。

【提示】期末对存货进行计量时，如果同一类存货，其中一部分是有合同价格约定的，另一部分不存在合同价格约定的，在这种情况下，企业应区分有合同价格约定的和没有合同价格约定的存货，分别确定其期末可变现净值，并与其相对应的成本进行比较，从而分别确定是否需要计提存货跌价准备。

经典题解

【例题 16·单选题】B 公司期末存货采用成本与可变现净值孰低法计量。2×21 年 9 月 20 日 B 公司与 M 公司签订销售合同：由 B 公司于 2×22 年 3 月 3 日向 M 公司销售笔记本电脑 1000 台，销售价格为每台 1.2 万元。2×21 年 12 月 31 日 B 公司库存笔记本电脑 1200 台，单位成本为每台 1 万元，账面成本为 1200 万元，市场销售价格为每台 0.95 万元。预计销售税费为每台 0.05 万元。假定 B 公司的笔记本电脑以前未计提存货跌价准备，不考虑其他因素，2×21 年 12 月 31 日 B 公司的笔记本电脑应计提的存货跌价准备的金额为（　　）万元。

A. 1180　　B. 20　　C. 0　　D. 180

【解析】销售合同约定数量 1000 台，其可变现净值 =1000×1.2−1000×0.05=1150（万元），其成本 =1000×1=1000（万元），未发生减值；超过合同部分的可变现净值 =200×0.95−200×0.05=180（万元），其成本 =200×1=200（万元），发生减值，应计提存货跌价准备 =200−180=20（万元）。

【答案】B

（四）存货跌价准备转回的处理

企业应在每一资产负债表日，比较存货的成本与可变现净值，计算出存货跌价准备应有余额，再与已提数进行比较，若应有余额大于已提数，应予补提。企业计提的存货跌价准备，应计入当期损益（资产减值损失）。

名师点拨

（1）当存货可变现净值小于存货成本时，“存货跌价准备”科目贷方余额 = 存货成本 − 存货可变现净值；

（2）“存货跌价准备”科目不会出现借方余额。

当以前减记存货价值的影响因素已经消失，而不是在当期造成存货可变现净值高于成本的其他影响因素，存货跌价准备在原已计提的存货跌价准备金额内转回，转回的金额计入当期损益（资产减值损失）。

（五）存货跌价准备的结转

借：存货跌价准备

　贷：主营业务成本（或其他业务成本）

相关链接

“存货跌价准备的转回”和“存货跌价准备的结转”的区分，参见 P49 本章疑难问题解答 3。

经典题解

【真题 17·单选题】下列各项关于存货跌价准备相关会计处理的表述中，正确的是（　　）。（2021 年）

A. 生产产品用材料的跌价准备以该材料的市场价格低于成本的金额计量

B. 同一项存货中有一部分有合同价格约定、其他部分不存在合同价格的，应当合并确定其可变现净值

C. 已计提存货跌价准备的存货在对外销售时，应当将原计提的存货跌价准备转回并计入资产减值损失

D. 已过期且无转让价值的存货通常表明应计提的存货跌价准备等于存货账面价值

【解析】生产产品用材料的存货跌价准备，应当以该材料的可变现净值低于成本的金额计量，选项 A 错误；

同一项存货中有一部分有合同价格约定的，其可变现净值以合同价格为基础确定，其他部分不存在合同价格的，其可变现净值以市场价格为基础确定，选项 B 错误；

已计提存货跌价准备的存货在对外销售时，应当将原计提的存货跌价准备结转，冲减营业成本，选项 C 错误。

【答案】D

【例题 18 · 单选题】甲公司（增值税一般纳税人）2×21 年 12 月 31 日 A 库存商品的账面余额为 220 万元，已计提存货跌价准备 30 万元。2×22 年 1 月 20 日，甲公司将上述商品全部对外出售，售价为 200 万元，增值税销项税额为 26 万元，收到款项存入银行。2×22 年 1 月 20 日甲公司出售 A 商品影响利润总额的金额为（　　）万元。

A. 10　　B. -20　　C. 42　　D. 12

【解析】

借：银行存款　226

　贷：主营业务收入　200

　　　应交税费——应交增值税（销项税额）　26

借：主营业务成本　220

　贷：库存商品　220

借：存货跌价准备　30

　贷：主营业务成本　30

甲公司出售 A 商品影响利润总额的金额 =200-（220-30）=10（万元）。

【答案】A

第四节　存货的清查盘点

使用“会计云课堂”App 或“微信”扫码查看本节视频，快速 GET 知识点。

一、存货盘盈的处理

盘盈的存货应按其重置成本作为入账价值，并通过“待处理财产损溢”科目进行会计处理，按管理权限报经批准后，冲减当期管理费用。

二、存货盘亏或毁损的处理

情形	批准前	批准后
自然灾害等非常原因	借：待处理财产损溢 　贷：原材料、库存商品等	借：银行存款（残料变现） 　　原材料（残料入库） 　　其他应收款（应收的赔款） 　　营业外支出（差额） 　贷：待处理财产损溢
计量收发差错原因	借：待处理财产损溢 　贷：原材料、库存商品等	借：银行存款（残料变现） 　　原材料（残料入库） 　　其他应收款（应收的赔款） 　　管理费用（差额） 　贷：待处理财产损溢
管理不善等原因	借：待处理财产损溢 　贷：原材料、库存商品等 　　　应交税费—应交增值税（进项税额转出）	

名师点拨

存货盘亏或毁损涉及的增值税处理：

（1）因非正常原因导致的存货盘亏或毁损，按规定不能抵扣的增值税进项税额应当予以转出；

（2）非正常损失，是指因管理不善造成货物被盗、丢失、霉烂变质，以及因违反法律法规造成货物或者不动产被依法没收、销毁、拆除的情形。

经典题解

【真题 19 · 多选题】甲公司为增值税一般纳税人。2×20 年 12 月 31 日，甲公司存货盘点中发现：（1）原材料收发计量差错盘亏 5 万元，增值税进项税额 0.65 万元；（2）原材料自然溢余盘盈 20 万元；（3）因洪水爆发仓库进水导致原材料毁损 1200 万元，增值税进项税额 156 万元，获得保险公司赔偿 800 万元，出售毁损原材料取得残值收入 200 万元，增值税销项税额为 26 万元；（4）盘盈某产品 10 万元。假定上述存货盘盈、盘亏金额均为成本，存货盘点发现问题已经甲公司管理层批准处理。不考虑存货跌价准备及其他因素，下列各项关于存货盘盈、盘亏在甲公司 2×20 年度会计处理的表述中，正确的有（　　）。（2021 年改编）

A. 洪水爆发导致原材料净损失计入当期营业外支出

B. 原材料自然溢余盘盈计入当期营业外收入

C. 原材料收发计量差错盘亏计入当期管理费用

D. 盘盈某产品计入当期营业收入

【解析】企业发生存货盘盈时，应借记“原材料”“库存商品”等科目，贷记“待处理财产损溢”科目，在按管理权限报经批准后，借记“待处理财产损溢”科目，贷记“管理费用”科目，选项 B 和 D 错误。

【答案】AC

【例题 20 · 多选题】下列有关存货会计处理的表述中，正确的有（　　）。

A. 管理不善造成的存货净损失计入管理费用

B. 因非货币性资产交换换出存货结转的已计提存货跌价准备，不冲减当期资产减值损失

C. 一般纳税人进口原材料交纳的增值税，计入相关原材料的成本

D. 结转商品销售成本时，无须将相关存货跌价准备结转调整主营业务成本

【解析】一般纳税人进口原材料交纳的增值税可以抵扣，不计入相关原材料的成本，选项 C 错误；

结转商品销售成本时，应将相关存货跌价准备结转调整主营业务成本，选项 D 错误。

【答案】AB

考试加油站

一、本章小结

下载“会计云课堂”App 学习

您已成功完成“第二章”的学习，本章共 9 个考点，您都学会了吗？

为了让您对章节有更清晰的理解，加倍巩固。本书作者张志凤老师将通过**“视频导图课”**的方式，带您回顾重要考点。

名师点拨，视听结合，高效提分。

※ 欢迎您扫码，免费观看学习。

二、本章疑难问题解答

1. 企业对于不同方式取得的存货应当如何计量？

答：企业取得存货应当按照成本进行计量。存货成本包括采购成本、加工成本和其他成本三个组成部分。企业外购存货主要包括原材料和商品。

外购存货的成本即存货的采购成本，指企业物资从采购到入库前所发生的全部支出，包括购买价款、相关税费、运输费、装卸费、保险费以及其他可归属于存货采购成本的费用。

企业通过进一步加工取得的存货主要包括产成品、在产品、半成品、委托加工物资等，其成本由采购成本、加工成本构成。

存货加工成本，由直接人工和制造费用构成，其实质是企业在进一步加工存货的过程中追加发生的生产成本，不包括直接由材料存货转移来的价值。其中，直接人工，是指企业在生产产品过程中直接从事产品生产的工人的职工薪酬。直接人工和间接人工的划分依据通常是生产工人是否与所生产的产品直接相关（即可否直接确定其服务的产品对象）。制造费用是指企业为生产产品和提供劳务而发生的各项间接费用。制造费用是一种间接生产成本，包括企业生产部门（如生产车间）管理人员的职工薪酬、折旧费、办公费、水电费、机物料消耗、劳动保护费、季节性和修理期间的停工损失等。

企业取得存货的其他方式主要包括接受投资者投资、非货币性资产交换、债务重组、企业合并以及存货盘盈等。

（1）投资者投入存货的成本应当按照投资合同或协议约定的价值确定，但合同或协议约定价值不公允的除外。在投资合同或协议约定价值不公允的情况下，按照该项存货的公允价值作为其入账价值。

（2）企业通过非货币性资产交换、债务重组、企业合并等方式取得的存货，其成本应当分别按照《企业会计准则第 7 号——非货币性资产交换》《企业会计准则第 12 号——债务重组》《企业会计准则第 20 号——企业合并》等的规定确定。但是，该项存货的后续计量和披露应当执行存货准则的规定。

（3）盘盈的存货应按其重置成本作为入账价值，并通过“待处理财产损溢”科目进行会计处理，按管理权限报经批准后冲减当期管理费用。

2. 如何对仓储费用进行会计处理？

答：①存货在采购的过程中发生的仓储费用，应计入存货的采购成本；②存货在采购入库后领用前所发生的仓储费用，应计入当期损益（管理费用）；③存货在生产过程中为达到下一个生产阶段所必需的仓储费用，应计入生产成本，例如：红酒的存储费，是为了使存货达到下一个生产阶段所必需的费用，计入存货成本。

3. 如何区分存货跌价准备的转回和存货跌价准备的结转？

答：存货跌价准备的转回，是指期末结存的存货因导致其前期计提减值因素消失，存货价值回升，转回以前多计提的存货跌价准备，冲减资产减值损失；存货跌价准备的结转，是指存货销售后，其实物已不存在，转销对外销售部分存货对应的原计提的存货跌价准备，冲减主营业务成本（或其他业务成本）。

同步强化练习题

一、单项选择题

1. 甲公司为增值税一般纳税人，本期购入一批商品，进货价格为 160 万元，增值税进项税额为 20.8 万元，所购商品验收后发现商品短缺 30%，其中合理损失 5%，另外 25% 的短缺尚待查明原因，甲公司该批存货的实际成本为（　　）万元。

A. 112　　B. 120

C. 160　　D. 140.8

2. 乙企业为增值税一般纳税人。本月购进原材料 200 吨，增值税专用发票注明的货款为 6000 万元，增值税税额为 780 万元；发生的运输费用为 350 万元（不含税），运输费发票上注明的增值税税额为 31.5 万元，入库前的挑选整理费用为 130 万元。验收入库时发现数量短缺 10%，经查属于运输途中合理损耗。乙企业该批原材料实际单位成本为每吨（　　）万元。

A. 32.4　　B. 40.51
C. 36.46　　D. 36

3. 某工业企业为小规模纳税人，2×21年8月4日购入一批材料，取得的增值税专用发票上注明的价款为100万元，增值税税额为13万元，材料入库前的挑选整理费为1万元,发生的运输费为3万元(含增值税)，材料已验收入库。则该企业取得的该批材料的入账价值为(　　)万元。
A. 100　　B. 104
C. 117　　D. 103

4. 甲公司以生产、销售玩具为主营业务，2×21年甲公司投资拍摄动漫影视作品，发生支出100万元，投资拍摄动漫影视作品的目的是为了促进玩具销售，不是为了通过销售动漫影视作品著作权、发行权、放映权盈利。为播放影视作品支付给电视台播放费50万元，广告等费用30万元，甲公司2×21年因该事项应计入销售费用的金额为(　　)万元。
A. 150　　B. 180
C. 80　　D. 100

5. 甲公司为制造业企业，其在日常经营活动中发生的下列费用或损失，应当计入存货成本的是(　　)。
A. 研究阶段研发人员的职工薪酬
B. 季节性停工期间发生的制造费用
C. 未使用管理用固定资产计提的折旧
D. 采购运输过程中因自然灾害发生的损失

6. 甲公司系制造业企业，为增值税一般纳税人，2×21年10月5日，购入A原材料一批，支付价款113万元(含增值税税额13万元),另支付运费2.18万元(含增值税税额0.18万元)。A原材料专门用于制造B产品，无法以其他原材料替代。12月1日起，开始专门制造一台B产品。至12月31日，B产品尚未制造完成，领用所购A原材料的60%和其他材料60万元，在B产品制造过程中，所领用的其他材料发生非正常损耗15万元；发生直接人工20万元；发生制造费用10万元。2×21年12月31日B在产品的账面价值为(　　)万元。
A. 144.11　　B. 151.2
C. 136.2　　D. 177

7. 下列发出存货计价方法中，能够准确反映本期发出存货和期末结存存货的实际成本、成本流转与实物流转完全一致的是(　　)。
A. 先进先出法
B. 个别计价法
C. 月末一次加权平均法
D. 移动加权平均法

8. 2×20年12月1日，甲公司与乙公司签订一份不可撤销的H设备销售合同，并为此购入专门用于生产H设备的一批钢材，其初始入账金额为500万元。2×20年12月31日，该批钢材的市场销售价格为470万元，甲公司将其加工成H设备尚需发生加工成本300万元，合同约定H设备的销售价格为790万元，估计的销售费用和相关税费为10万元。不考虑其他因素，2×20年12月31日甲公司对该批钢材应计提存货跌价准备的金额为(　　)万元。
A. 30　　B. 10
C. 20　　D. 40

9. 下列关于存货可变现净值的表述中，正确的是(　　)。
A. 可变现净值是确认存货跌价准备的重要依据之一
B. 可变现净值等于销售存货产生的现金流入
C. 可变现净值等于销售存货产生现金流入的现值
D. 可变现净值等于存货的合同价

10. 长江公司期末存货采用成本与可变现净值孰低计量，并且按单项存货计提存货跌价准备。存货跌价准备期初余额为0。2×21年12月31日，长江公司存货中包括：150件甲产品和50件乙产品，产品单位成本均为24万元。其中，150件甲产品签订有不可撤销的销售合同，每件合同价格（不含增值税，下同）为30万元，每件预期市场价格为26万元；50件乙产品没有签订销售合同，预期每件市场价格为26万元。销售每件甲产品、乙产品预期发生的销售费用及税金为0.2万元。关于存货跌价准备的计提，下列说法中正确的是（　　）。

A. 甲产品和乙产品应分别计提存货跌价准备

B. 应按甲产品和乙产品成本总额大于可变现净值总额的差额计提存货跌价准备

C. 计算每件甲产品可变现净值所用的估计售价为26万元

D. 计算每件乙产品可变现净值所用的估计售价为30万元

11. 2×21年12月31日，甲公司库存丙材料的实际成本为100万元，拟全部用于生产1万件丁产品。将该批材料加工成丁产品尚需投入的成本总额为40万元。2×21年12月31日该批材料的不含税市场销售价格为80万元。由于丙材料市场价格持续下降，丁产品每件不含增值税的市场价格由原160元下降为150元。估计销售该批丁产品将发生销售费用及相关税费合计为2万元。该批材料至2×21年12月31日前未计提过存货跌价准备。不考虑其他因素，2×21年12月31日甲公司该批丙材料的账面价值应为（　　）万元。

A. 68　　B. 80

C. 70　　D. 100

12. M公司期末存货采用成本与可变现净值孰低计量。2×21年12月31日，持有的原材料A材料100吨的实际成本为1500万元，市场销售价格为每吨12万元，A材料将全部用于生产甲产品共计100件。其中60件甲产品已经签订销售合同，合同价为每件19万元，其余40件甲产品未签订销售合同，预计甲产品的市场价格为每件18万元。该材料加工成甲产品还需要发生加工成本为每件4万元，预计销售每件甲产品发生的相关销售费用以及税费合计为1万元。2×21年12月31日前A材料未计提过存货跌价准备。A材料2×21年12月31日应当计提的存货跌价准备为（　　）万元。

A. 140　　B. 0

C. 80　　D. 60

13. 甲公司为从事房地产经营开发的公司，期末存货采用成本与可变现净值孰低计量，按单个项目计提存货跌价准备，2×21年12月31日正在开发的商品住房，其中，土地使用权成本32000万元，另投入其他开发成本4000万元，至完工预计还需要投入材料及人工成本3000万元，由于市场变化，甲公司预计该商品住房项目市场售价为40000万元，销售税费为1500万元。不考虑其他因素，甲公司正在开发的商品住房在2×21年12月31日的资产负债表中应列示为（　　）。

A. 开发支出36000万元

B. 无形资产32000万元和存货4000万元

C. 无形资产32000万元和存货7000万元

D. 存货35500万元

14. 甲公司为增值税一般纳税人，2×21年12月31日A库存商品的账面余额为240万元，已计提存货跌价准备60万元。2×22年1月20日，甲公司将上述商品全部对外出售，售价为200万元，增值税销项税额为26万元，收到款项存入银行，客户已取得商品的控制权。2×22年1月20日甲公司出售A商品影响利润总额的金额为（　　）万元。

A. 40　　B. −40

C. 20　　D. 14

15. 下列会计处理不符合企业会计准则规定的是（　　）。

A. 由于管理不善造成的存货净损失计入管理费用

B. 存货盘盈通过“以前年度损益调整”科目核算

C. 为促进产品销售投资拍摄动漫影视作品发生支出计入销售费用

D. 为特定客户设计产品发生的可直接确定的设计费用计入相关产品成本

二、多项选择题

1. 下列各项中，应当计入企业外购原材料初始入账金额的有（　　）。

A. 入库前的装卸费用

B. 运输途中的保险费

C. 入库前的合理损耗

D. 入库后的仓储费用

2. 下列项目中，应在企业资产负债表“存货”项目列示的有（　　）。

A. 制造费用余额

B. 摊销期限不超过一年的确认为资产的合同履约成本

C. 为包装本企业商品而储备的包装物

D. 为建造固定资产等工程储备的材料

3. 企业期末编制资产负债表时，下列各项应包括在“存货”项目中的有（　　）。

A. 企业超定额的废品损失

B. 已发出但不符合收入确认条件的存货

C. 采用计划成本法核算的企业，“材料成本差异”科目期末余额

D. 生产成本余额

4. 下列项目中，应计入材料采购成本的有（　　）。

A. 季节性和修理期间的停工损失

B. 进口商品支付的关税

C. 材料采购过程中的仓储费

D. 材料入库前发生的挑选整理费用

5. 下列项目中，应计入存货成本的有（　　）。

A. 企业采购用于广告营销活动的特定商品

B. 非正常消耗的直接材料

C. 在生产过程中为达到下一个生产阶段所必需的仓储费用

D. 生产产品发生的直接材料成本

6. 甲公司从事房地产开发与建设业务，2×20年7月1日，甲公司以出让方式取得一宗土地使用权，实际成本为50000万元，预计使用年限为70年，无残值。2×21年5月15日，甲公司在该地块上开始建设住宅小区，建成后对外出售。至2×21年12月31日，住宅小区尚未完工，共发生开发成本30000万元（不包括土地使用权成本）。甲公司下列会计处理中正确的有（　　）。

A. 住宅小区所在地块的土地使用权取得时按照实际成本确认为存货

B. 住宅小区2×21年12月31日作为存货按80000万元计量

C. 住宅小区所在地块的土地使用权在建设期间的摊销金额不计入住宅小区开发成本

D. 住宅小区2×21年12月31日作为在建工程列示，并按照30000万元计量

7. 下列有关存货会计处理的表述中，正确的有（　　）。

A. 购买商品运输途中发生的合理损耗应从存货总成本中扣除

B. 对于盘亏的存货，属于自然灾害等原因造成的存货毁损，应将其净损失计入管理费用

C. 存货的加工成本是指加工过程中实际

发生的人工成本和按照一定方法分配的制造费用

D. 通过提供劳务取得的存货，其成本按从事劳务提供人员的直接人工和其他直接费用以及可归属于该存货的间接费用确定

8. 下列各项中，企业在判断存货成本与可变现净值孰低时，可作为存货成本确凿证据的有（　　）。

A. 外来原始凭证

B. 生产成本资料

C. 成本预算资料

D. 生产成本账簿记录

9. 对于需要加工才能对外销售的在产品，下列各项中，属于在确定其可变现净值时应考虑的因素有（　　）。

A. 在产品已经发生的生产成本

B. 在产品加工成产成品后对外销售的预计销售价格

C. 在产品未来加工成产成品估计将要发生的直接人工

D. 在产品加工成产成品后对外销售预计发生的销售费用

10. 下列有关存货会计处理的表述中，正确的有（　　）。

A. 企业通过提供劳务取得存货的，所发生的从事劳务提供人员的间接费用应计入存货成本

B. 存货采购入库前的挑选整理费用应计入存货成本

C. 小规模纳税人进口原材料发生的增值税计入原材料成本

D. 企业为执行销售合同而持有的存货，其可变现净值为其合同价格

三、计算分析题

甲股份有限公司（以下简称“甲公司”）为一家从事贵金属进口、加工生产及相关产品销售的企业，期末存货按照成本与可变现净值孰低计量，按单项存货计提存货跌价准备。其2×21年发生了下列交易或事项：

（1）为了进一步树立公司产品的品牌形象，甲公司2×21年聘请专业设计机构为本公司品牌设计了卡通形象摆件，并自市场上订制后发放给经销商供展示使用。为此，甲公司以银行存款支付设计机构100万元设计费，共订制黄金卡通形象摆件100件，订制价为每件3.5万元。2×21年11月，甲公司收到所订制的摆件并在年底前派发给经销商。

甲公司在将订制的品牌卡通形象摆件发放给主要经销商供其摆放宣传后，按照双方约定，后续不论经销商是否退出，均不要求返还。

（2）2×21年12月31日，甲公司存货中包括：300件A产品、100件B产品。300件A产品和100件B产品的单位成本均为12万元。其中，300件A产品签订有不可撤销的销售合同，每件合同价格为15万元，市场价格预计为11.8万元；100件B产品没有签订销售合同，每件市场价格预计为11.8万元。销售每件A产品、B产品预计发生的销售费用及税金为0.2万元。

（3）2×20年12月31日甲公司库存电子设备3000台，单位成本为1.4万元。2×20年12月31日市场销售价格为每台1.4万元，预计销售税费为每台0.1万元，已计提存货跌价准备300万元。甲公司于2×21年3月6日向丙公司销售电子设备100台，每台售价为1.2万元，货款已收到。客户取得电子设备的控制权。

本题不考虑增值税等其他相关税费及其他因素。

要求：

（1）根据资料（1），说明甲公司2×21年应进行的会计处理并说明理由（包括应如何确认及相关理由，并编制会

计分录）。

（2）根据资料（2），计算A产品和B产品计提存货跌价准备的金额，并编制相关会计分录。

（3）根据资料（3），编制甲公司2×21年3月6日销售电子设备的相关会计分录。

同步强化练习题参考答案及解析

使用"会计云课堂"App或"微信"扫码对答案、看解析、掌握解题思路，开启轻松过关之旅。

一、单项选择题

1.【答案】B

【解析】尚待查明原因的存货短缺记入"待处理财产损溢"科目，合理损失部分计入商品的实际成本，则甲公司该批存货的实际成本=160×（1-25%）=120（万元）。

2.【答案】D

【解析】购入原材料的实际总成本=6000+350+130=6480（万元），实际入库数量=200×（1-10%）=180（吨），所以乙企业该批原材料实际单位成本=6480/180=36（万元/吨）。

3.【答案】C

【解析】小规模纳税人发生的增值税进项税额不得抵扣，应计入存货成本。该企业取得存货的入账价值=100+13+1+3=117（万元）。

4.【答案】B

【解析】甲公司投资拍摄动漫影视作品的目的是为了促进玩具销售，因此，甲公司应将影视作品制作支出、为播放影视作品支付给电视台的播放费和广告等费用计入当期销售费用。甲公司2×21年因该事项应确认的销售费用=100+50+30=180（万元）。

5.【答案】B

【解析】选项A，研究阶段研发人员的职工薪酬计入管理费用，不影响存货成本；选项B，制造费用是一项间接生产成本，影响存货成本；选项C，未使用管理用固定资产计提的折旧计入管理费用，不影响存货成本；选项D，采购运输过程中因自然灾害发生的损失计入营业外支出，不影响存货成本。

6.【答案】C

【解析】2×21年12月31日B在产品的账面价值=［（113-13）+（2.18-0.18）］×60%+（60-15）+20+10=136.2（万元）。

7.【答案】B

【解析】发出存货计价方法采用个别计价法时，发出存货体现的是该批发出存货的价值，即成本流转与实物流转相一致。

8.【答案】C

【解析】该批钢材专门用于生产H设备，所以应先确定H设备是否发生减值。H设备的可变现净值=790-10=780（万元），H设备的成本=500+300=800（万元），H设备成本大于可变现净值，所以H设备发生减值，据此判断该批钢材发生减值，钢材可变现净值=790-10-300=480（万元），钢材的成本为500万元，该批钢材应计提的存货跌价准备=500-480=20（万元）。

9.【答案】A

【解析】可变现净值，是指在日常活动中，存货的估计售价减去至完工时估计将要发生的成本、估计的销售费用以及相关税费后的金额。资产负债表日，若可变现净值低于存货的成本，则应按二者差额计提存货跌价准备，所以选项B、C和D均不正确。

10.【答案】A

【解析】因长江公司期末按单项存货计提存货跌价准备，所以甲产品与乙产品应分别计提存货跌价准备，选项A正确，选项B错误；计算甲产品可变现净值时所用的估计售价为合同价格每件30万元，选项C错误；计算乙产品可变现净值所用的估计售价为市场价格每件26万元，选项D错误。

11.【答案】D

【解析】丙材料全部用于生产丁产品，计算其账面价值时，应先对其生产的产品进行减值测试，丁产品的可变现净值=150-2=148（万元），成本=100+40=140（万元），可变现净值大于成本，丁产品未发生减值，所以丙材料也未发生减值，应按成本计量。因此，2×21年12月31日丙材料的账面价值为100万元。

12.【答案】A

【解析】①有合同部分：甲产品可变现净值=（19-1）×60=1080（万元），甲产品成本=（15+4）×60=1140（万元），产品发生了减值，该材料应按照可变现净值计量。A材料可变现净值=（19-4-1）×60=840（万元），A材料成本=15×60=900（万元），A材料应计提的存货跌价准备=900-840=60（万元）。②无合同部分：甲产品可变现净值=（18-1）×40=680（万元），甲产品成本=（15+4）×40=760（万元），产品发生了减值，该材料应按照可变现净值计量。A材料可变现净值=（18-4-1）×40=520（万元），A材料成本=15×40=600（万元），A材料应计提的存货跌价准备=600-520=80（万元）。A材料共应计提的存货跌价准备=60+80=140（万元）。

13.【答案】D

【解析】正在开发的商品住房成本=32000+4000=36000（万元），可变现净值=40000-3000-1500=35500（万元），正在开发的商品住房的可变现净值小于成本，期末按照可变现净值计量，资产负债表中应列示为存货35500万元。

14.【答案】C

【解析】甲公司出售A商品影响利润总额的金额=营业收入200-营业成本（240-60）=20（万元）。

分录如下：

借：银行存款 226

　贷：主营业务收入 200

　　应交税费—应交增值税（销项税额） 26

借：主营业务成本 180

　存货跌价准备 60

　贷：库存商品 240

15.【答案】B

【解析】选项B，存货盘盈按管理权限报经批准后，冲减当期管理费用。

二、多项选择题

1.【答案】ABC

【解析】外购原材料的成本包括购买价款、相关税费、运输费、装卸费、保险费以及其他可归属于存货成本的其他费用（包括材料采购过程中的仓储费、包装费、运输途中的合理损耗、入库前的挑选整理费用等），选项A、B和C正确；入库后的仓储费用（不包括在生产过程中为达到下一个生产阶段所必需的仓储费用）计入当期损益，不影响外购原材料成本，选项D错误。

2.【答案】ABC

【解析】选项D，为建造固定资产等工程储备的材料（工程物资），不是企业为日常生产经营活动所持有的，不应在资产负债表“存货”项目中反映。

3.【答案】BCD

【解析】选项A，应计入当期损益；选项B，记入“发出商品”科目，属于存货；选项C，采用计划成本法，通过“材料成本差异”科目将存货计划成本调整为实际成本，存货以实际成本列报；选项D，生产成本余额反映的是在产品，属于存货。

4.【答案】BCD

【解析】选项A，一般计入制造费用，是加工成本，不是采购成本；选项B、C和D，应计入材料采购成本。

5.【答案】CD

【解析】选项A，企业采购用于广告营销活动的特定商品，向客户预付货款未取得商品时，应作为预付账款进行会计处理，待取得相关商品时计入当期损益（销售费用）；选项B，非正常消耗的直接材料，应计入营业外支出。

6.【答案】AB

【解析】房地产开发公司为建造对外出售的商品房（住宅小区）购入的土地使用权计入开发成本，属于存货。选项A正确；住宅小区的土地使用权计入建造房屋建筑物成本，应作为存货列示，2×21年12月31日其应确认的金额=50000+30000=80000（万元），选项B正确，选项D错误；住宅小区所在地块的土地使用权属于存货，不摊销，选项C错误。

7.【答案】CD

【解析】购买商品运输途中发生的合理损耗不应从存货总成本中扣除，选项A错误；对于盘亏的存货，属于自然灾害等原因造成的存货毁损，应将其净损失计入营业外支出，选项B错误。

8.【答案】ABD

【解析】成本预算资料不是生产过程中的进一步加工成本的资料，选项C不能作为存货成本的确凿证据。

9.【答案】BCD

【解析】在产品的可变现净值=在产品加工成产成品对外销售的预计销售价格-预计销售产成品发生的销售费用和相关税费-在产品未来加工成产成品估计还将发生的成本（人工、材料等）。

10.【答案】ABC

【解析】企业为执行销售合同而持有的存货，其可变现净值应以合同价格为基础计算，可变现净值为存货的预计未来现金净流量，而不是简单地等于存货的售价或合同价，选项D错误。

三、计算分析题

【答案】

（1）甲公司对于品牌形象设计费及卡通摆件订制费应当作为期间费用核算。

理由：对于发放给经销商的黄金卡通形象摆件和设计费，因其主要目的在于推广公司品牌，且无法证明未来期间可能带来经济利益流入，亦不会自经销商收回，不符合资产的定义，应当作为当期销售费用核算。

会计分录：

支付设计费

借：销售费用　　100

　贷：银行存款　　100

订制卡通摆件

借：预付账款　　350

　贷：银行存款　　350

取得摆件并派发给经销商

借：销售费用　　350

　贷：预付账款　　350

（2）A 产品成本总额 =300×12=3600（万元），A 产品应按合同价作为估计售价，其可变现净值 =300×（15−0.2）=4440（万元），成本小于可变现净值，不需计提存货跌价准备。

B 产品成本总额 =100×12=1200（万元），B 产品应按市场价格作为估计售价，B 产品可变现净值 =100×（11.8−0.2）=1160（万元），成本大于可变现净值，B 产品应计提存货跌价准备的金额 =1200−1160=40（万元）。

借：资产减值损失　　40

　贷：存货跌价准备　　40

（3）

借：银行存款　　120

　贷：主营业务收入　　120

借：主营业务成本　　140

　贷：库存商品　　140

因销售应结转的存货跌价准备金额 =300×100/3000=10（万元）。

借：存货跌价准备　　10

　贷：主营业务成本　　10

第三章 固定资产

CHAPTER-3

本章学习指南

一、学习目标

1. 理解固定资产性质和确认条件。
2. 掌握外购、自行建造固定资产的初始计量。
3. 理解其他方式取得的固定资产的会计处理。
4. 理解存在弃置费用的固定资产的会计处理。
5. 掌握固定资产折旧的范围、折旧方法及其折旧额的计算，掌握折旧的会计处理。
6. 理解固定资产使用寿命、预计净残值和折旧方法的复核。
7. 能够判断固定资产后续支出的类型，掌握固定资产后续支出的会计处理。
8. 理解固定资产终止确认的条件。
9. 掌握固定资产处置的会计处理。
10. 理解固定资产清查的会计处理。

二、考情概况

本章属于基础章节，考题以客观题为主，试题分数适中，属于比较重要章节。

三、教材变化

（1）增加“固定资产达到预定可使用状态前或者研发过程中产出的产品或副产品对外销售”的相关表述;（2）修改“固定资产费用化后续支出”相关表述。

四、考点地图

考点	年份 / 题型
更新改造后固定资产入账价值的计算	2021 年单选题
固定资产的会计处理	2019 年多选题
固定资产成本的构成	2018 年单选题

核心考点精讲

提示

本章系基础章节，主要介绍了固定资产初始取得、后续计量、报废出售等会计处理，学习难度不大但考查频率较高，其中固定资产更新改造、出售转让等考点在历年的考试中都有出现，因此学习时万不可掉以轻心。扫描二维码听名师讲解，固定资产，一次学通。

第一节 固定资产的确认和初始计量

使用“会计云课堂”App或“微信”扫码查看本节视频，快速GET知识点。

一、固定资产的性质和确认条件

定义	固定资产，是指同时具有下列特征的有形资产： （1）为生产商品、提供劳务、出租或经营管理而持有的 （2）使用寿命超过一个会计年度
确认条件	符合固定资产的定义，同时满足以下条件： （1）与该固定资产有关的经济利益很可能流入企业 （2）该固定资产的成本能够可靠地计量

二、固定资产的初始计量

固定资产应当按照取得成本进行初始计量。

固定资产的成本，是指企业为购建某项固定资产，使其达到预定可使用状态前所发生的可归属于该项固定资产的一切合理必要的支出。这些支出包括直接发生的购买价款、运杂费、保险费、包装费和安装成本等，也包括间接发生的费用，如应承担的借款利息资本化部分、满足资本化条件的外币专门借款汇兑差额以及应分摊的其他间接费用等。

（一）外购固定资产

企业外购固定资产的成本，包括购买价款、相关税费、使固定资产达到预定可使用状态前所发生的可归属于该项资产的运输费、装卸费、安装费和专业人员服务费等。外购固定资产分为不需要安装的固定资产和需要安装的固定资产两类。

要点小贴士

（1）专业人员服务费计入固定资产成本；

（2）员工培训费应于发生时计入当期损益。

1. 购入不需要安装的固定资产

借：固定资产

　　应交税费—应交增值税（进项税额）

　贷：银行存款等

2. 购入需要安装的固定资产

要点小贴士

需要安装的固定资产通过“在建工程”科目核算。

（1）购入时

借：在建工程

　　应交税费—应交增值税（进项税额）

　贷：银行存款等

（2）安装固定资产

借：在建工程

　贷：应付职工薪酬等

（3）达到预定可使用状态后转入固定资产

借：固定资产

　贷：在建工程

经典题解

【真题1·单选题】甲公司2×16年取得一项固定资产，与取得该资产相关的支出包括：（1）支付购买价款300万元、增值税进项税额51万元，另支付购入过程中运输费8万元、相关增值税进项税额0.88万元；（2）为使固定资产符合甲公司特定用途，购入后甲公司对其进行了改造。改造过程中领用本公司原材料6万元，相关增值税1.02万元，发生职工薪酬3万元。甲公司为增值税一般纳税人，不考虑其他因素，甲公司该固定资产的入账价值是（　　）。（2017年）

A. 317万元　　　　B. 369.90万元

C. 317.88万元　　　D. 318.02万元

【解析】固定资产入账价值=300+8+6+3=317（万元），相关增值税不计入固定资产入账价值。

【答案】A

3. 外购固定资产的特殊考虑

（1）企业以一笔款项同时购入多项没有单独标价的固定资产，应当按照各项固定资产的公允价值比例对总成本进行分配，分别确定各项固定资产的成本。

经典题解

【例题2·单选题】甲公司为一家制造型企业（属于增值税一般纳税人）。2×21年4月1日，为降低采购成本，向乙公司一次性购进了三套不同型号且具有不同生产能力的设备X、Y和Z。甲公司以银行存款支付货款880000元、增值税税额114400元、包装费20000元。X设备在安装过程中领用生产用原材料账面成本20000元，支付安装费30000元。假定设备X、Y和Z分别满足固定资产的定义及其确认条件，公允价值分别为300000元、250000元、450000元。假设不考虑其他相关税费，则X设备的入账价值为（　　）元。

A. 320000　　　B. 324590

C. 350000　　　D. 327990

【解析】X 设备的入账价值 =（880000+20000）/（300000+250000+450000）×300000+20000+30000=320000（元）。

【答案】A

（2）企业购买固定资产的价款超过正常信用条件延期支付，实质上具有融资性质的，固定资产的成本以购买价款的现值为基础确定。实际支付的价款与购买价款的现值之间的差额，应当在信用期间内采用实际利率法进行摊销，摊销金额除满足借款费用资本化条件的应当计入固定资产成本外，其余均应当在信用期间内确认为财务费用，计入当期损益。

借：在建工程（或固定资产）（购买价款现值）

　未确认融资费用（未来应付利息）

　贷：长期应付款（未来应付本金和利息）

名师点拨

（1）"未确认融资费用"是"长期应付款"的备抵科目，"未确认融资费用"科目的借方余额，会减少"长期应付款"项目的金额；

（2）未确认融资费用摊销额 = 期初应付本金余额 × 实际利率 =（期初长期应付款余额 - 期初未确认融资费用余额）× 实际利率。

经典题解

【例题 3】A 公司 2×19 年 1 月 1 日从 C 公司购入一台不需要安装的 N 型机器作为固定资产使用，该机器已收到。购货合同约定，N 型机器的总价款为 2000 万元，A 公司分 3 年支付，2×19 年 12 月 31 日支付 1000 万元，2×20 年 12 月 31 日支付 600 万元，2×21 年 12 月 31 日支付 400 万元。假定 A 公司 3 年期银行借款年利率为 6%，不考虑固定资产折旧的计提等其他因素。

已知：（P/F，6%，1）=0.9434；（P/F，6%，2）=0.8900；（P/F，6%，3）=0.8396。

要求：编制 A 公司购入固定资产、2×19 年至 2×21 年未确认融资费用摊销和支付长期应付款的会计分录。

【答案】

2×19 年 1 月 1 日

固定资产入账价值 =1000×0.9434+600×0.8900+400×0.8396=1813.24（万元）;

长期应付款入账价值为 2000 万元；

未确认融资费用金额 =2000-1813.24=186.76（万元）。

借：固定资产	1813.24
未确认融资费用	186.76
贷：长期应付款	2000

【提示】

（1）"长期应付款"科目，反映未来应付本金和利息；

（2）"未确认融资费用"科目，反映未来应付利息，是"长期应付款"的备抵科目，不是资产类科目；

（3）应付本金余额 = 长期应付款余额 - 未确认融资费用余额；

（4）应付本金余额在资产负债表中应作为负债通过下列两个项目列报：

①“一年内到期的非流动负债”项目 = 资产负债表日后一年内到期的应付本金余额 = 一年内减少的长期应付款 – 一年内未确认融资费用摊销数；

②“长期应付款”项目 = 资产负债表日应付本金余额 – 资产负债表日后一年内到期的应付本金余额。

2×19 年 12 月 31 日

未确认融资费用摊销金额

= 期初应付本金余额 × 实际利率

=（期初长期应付款余额 – 期初未确认融资费用余额）× 实际利率

=（2000–186.76）×6%=108.79（万元）。

借：财务费用 108.79

贷：未确认融资费用 108.79

借：长期应付款 1000

贷：银行存款 1000

2×19 年 12 月 31 日应付本金余额 =（2000–1000）–（186.76–108.79）=922.03（万元）。

2×20 年 12 月 31 日

未确认融资费用摊销金额 =922.03×6%=55.32（万元）。

借：财务费用 55.32

贷：未确认融资费用 55.32

借：长期应付款 600

贷：银行存款 600

【提示】2×20 年应付本金减少额 =600–55.32=544.68（万元），在编制 2×19 年 12 月 31 日资产负债表时，该减少额应在“一年内到期的非流动负债”项目列报；2×19 年 12 月 31 日“长期应付款”项目列报金额 =922.03–544.68=377.35（万元）。

2×21 年 12 月 31 日

未确认融资费用摊销金额 =186.76–108.79–55.32=22.65（万元）。

借：财务费用 22.65

贷：未确认融资费用 22.65

借：长期应付款 400

贷：银行存款 400

【提示】若处置固定资产时，合同要求购买方同时承担尚未支付的应付款，则应同时终止确认“长期应付款”和尚未摊销的“未确认融资费用”，否则，应继续作为负债核算。

（二）自行建造固定资产

1. 自营方式建造固定资产

企业如有以自营方式建造的固定资产，其成本应当按照直接材料、直接人工、直接机械施工费等计量。

自营方式建造固定资产的会计处理如下图所示：

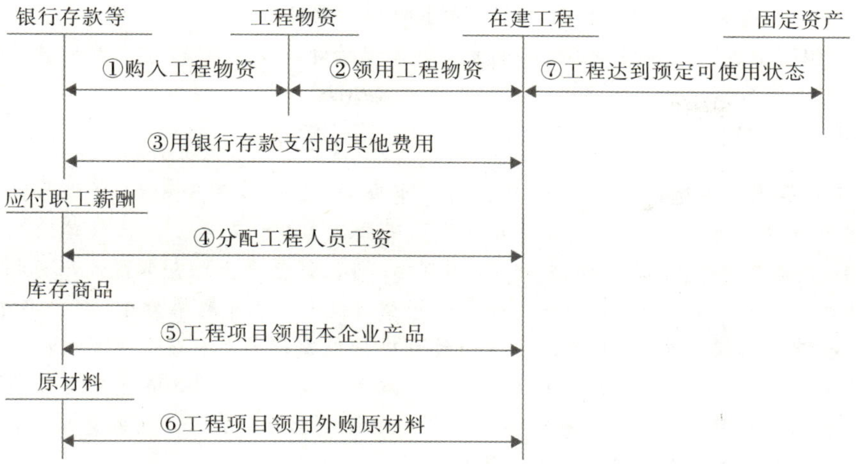

（1）企业为建造固定资产准备的各种物资应当按照实际支付的买价、运输费、保险费等相关税费作为实际成本。用于生产设备的工程物资，其进项税额可以抵扣。

（2）建设期间发生的工程物资盘盈、盘亏、报废及毁损

	盘亏、报废及毁损	盘盈
建设期间	借：在建工程（净损失） 　贷：工程物资 【提示】自然灾害原因导致的净损失，计入营业外支出	借：工程物资 　贷：在建工程（净收益）
工程完工后	借：营业外支出（净损失） 　贷：工程物资	借：工程物资 　贷：营业外收入（净收益）

（3）建造固定资产领用工程物资、原材料或库存商品，应按其实际成本转入所建工程项目成本。自营方式建造固定资产应负担的职工薪酬、辅助生产部门为之提供的水、电、修理、运输等劳务，以及其他必要支出等也应计入所建工程项目的成本。

（4）符合资本化条件，应计入所建造固定资产成本的借款费用按照《企业会计准则第17号——借款费用》的有关规定处理。

（5）企业以自营方式建造固定资产，发生的工程成本应通过“在建工程”科目核算，工程完工达到预定可使用状态时，从“在建工程”科目转入“固定资产”科目。

（6）所建造的固定资产已达到预定可使用状态，但尚未办理竣工决算的，应当自达到预定可使用状态之日起，根据工程预算、造价或者工程实际成本等，按暂估价值转入固定资产，并按有关计提固定资产折旧的规定，计提固定资产折旧。待办理竣工决算手续后再调整原来的暂估价值，但不需要调整原已计提的折旧额。

名师点拨

固定资产计提折旧属于会计估计，会计估计变更采用未来适用法处理，因此，暂估入账的固定资产办理决算手续后不调整原已计提的折旧额。

经典题解

【真题4·单选题】甲公司为增值税一般纳税人，2×17年5月开始建造办公楼。下列各项中，应计入甲公司所建造办公楼成本的是（　　）。（2018年改编）

A. 办公楼建造期间发生的工程物资报废净损失（非自然灾害导致）

B. 办公楼开始建造前借入的专门借款发生的利息费用

C. 为建造办公楼购入的工程物资支付的增值税进项税额

D. 办公楼达到预定可使用状态后发生的相关费用

【解析】选项A，办公楼建造期间发生的工程物资报废净损失（非自然灾害导致），应计入在建工程核算。

【答案】A

【真题5·多选题】甲公司为境内上市公司，2×16年3月10日为筹集生产线建设资金，通过定向增发本公司股票募集资金30000万元。生产线建造工程于2×16年4月1日开工，至2×16年10月31日，募集资金已全部投入。为补充资金缺口，11月1日，甲公司以一般借款（甲公司仅有一笔年利率为6%的一般借款）补充生产线建设资金3000万元。建造过程中，甲公司领用本公司原材料一批，成本为1000万元。至2×16年12月31日，该生产线建造工程仍在进行当中。不考虑税费及其他因素，下列各项甲公司2×16年所发生的支出中，应当资本化并计入所建造生产线成本的有（　　）。（2017年）

A. 领用本公司原材料1000万元

B. 2×16年11月1日至年底占用一般借款所发生的利息

C. 使用募集资金支出30000万元

D. 使用一般借款资金支出3000万元

【解析】领用本公司原材料，属于内部耗用，按照账面价值计入建造资产成本，选项A正确；

2×16年11月1日至年底属于资本化期间，占用的一般借款产生的利息计入资产的成本，选项B正确；

使用募集资金支出30000万元，属于筹建资产支出，故计入资产的成本，选项C正确；

因建造生产线支出一般借款，应计入资产的成本，选项D正确。

【答案】ABCD

名师点拨

（1）提取的安全生产费不能通过"预计负债"科目核算；

（2）"专项储备"科目期末余额在资产负债表所有者权益项目下"其他综合收益"项目和"盈余公积"项目之间增设"专项储备"项目反映。

（7）高危行业企业按照国家规定提取的安全生产费，相关处理如下：

提取安全生产费时	借：生产成本、制造费用（或当期损益） 　贷：专项储备
使用提取的安全生产费时	①属于费用性支出，直接冲减专项储备 借：专项储备 　贷：银行存款 ②形成固定资产的 发生支出时： 借：在建工程 　　应交税费—应交增值税（进项税额） 　贷：银行存款或应付职工薪酬等 达到预定可使用状态时： 借：固定资产 　贷：在建工程 借：专项储备 　贷：累计折旧（按固定资产入账金额一次性计提折旧）

2. 出包方式建造固定资产

企业以出包方式建造固定资产，其成本由建造该项固定资产达到预定可使用状态前所发生的必要支出构成，包括发生的建筑工程支出、安装工程支出、以及需分摊计入各固定资产成本的待摊支出。

待摊支出是指在建设期间发生的，不能直接计入某项固定资产价值、而应由所建造固定资产共同负担的相关费用，包括为建造工程发生的管理费、可行性研究费、临时设施费、公证费、监理费、应负担的税金、符合资本化条件的借款费用、建设期间发生的工程物资盘亏、报废及毁损净损失（自然灾害原因导致除外）等。出包方式建造固定资产相关处理如下图所示：

> **名师点拨**
>
> “待摊支出”属于间接费用，类似一般制造业的“制造费用”。

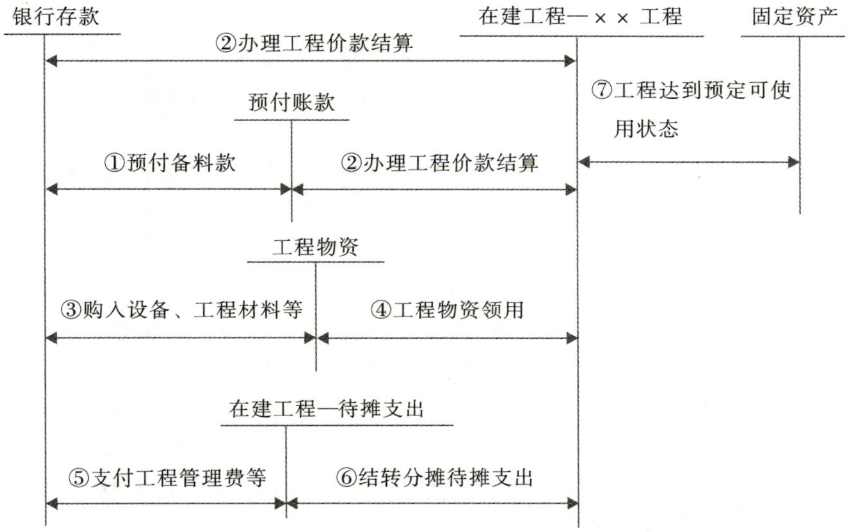

待摊支出分配率 = 累计发生的待摊支出 ÷（建筑工程支出 + 安装工程支出 + 在安装设备支出）× 100%

×× 工程应分配的待摊支出 =（×× 工程的建筑工程支出 +×× 工程的安装工程支出 +×× 工程的在安装设备支出）× 待摊支出分配率

（三）其他方式取得的固定资产的成本

盘盈的固定资产，作为前期会计差错处理，在按管理权限报经批准处理前，应先通过“以前年度损益调整”科目核算。

（四）存在弃置费用的固定资产

> **名师点拨**
>
> 弃置费用会计处理的原理：
>
> （1）将未来发生的弃置费用在使用资产产生收入的期间计入费用；
>
> （2）将弃置费用的现值计入固定资产成本，通过计提折旧的方式计入费用，未来发生的弃置费用和弃置费用现值的差额通过计提利息的方式计入费用。

借：固定资产

　　贷：在建工程（实际发生的建造成本）

　　　　预计负债（弃置费用的现值）

借：财务费用（每期期初预计负债的摊余成本 × 实际利率）

　　贷：预计负债

借：预计负债

　　贷：银行存款等（发生弃置费用支出时）

【提示1】对于特殊行业的特定固定资产，存在弃置费用时需要将弃置费用的现值计入固定资产的入账价值。

【提示2】最终发生的弃置费用金额（终值）与计入固定资产的价值（现值）之间的差额按照实际利率法计算的摊销金额作为整个期间的财务费用计入当期损益。

【提示3】一般工商企业的固定资产发生的报废清理费用不属于弃置费用，应当在发生时作为固定资产的处置费用处理。

【提示4】解释公告第6号：由于技术进步、法律要求或市场环境变化等原因，特定固定资产履行弃置义务可能会发生支出金额、预计弃置时点、折现率等的变动，从而引起原确认的预计负债的变动。此时，应按照以下原则调整该固定资产的成本：

（1）对于预计负债的减少，以该固定资产账面价值为限扣减固定资产成本。如果预计负债的减少额超过该固定资产账面价值，超出部分确认为当期损益。

（2）对于预计负债的增加，增加该固定资产的成本。

按照上述原则调整的固定资产，在资产剩余使用年限内计提折旧。一旦该固定资产的使用寿命结束，预计负债的所有后续变动应在发生时确认为损益。

经典题解

【例题6】甲公司是一家核电能源公司，30年前建成一座核电站，其固定资产原价为50000万元，2×21年12月31日，其账面价值为12500万元。预计尚可使用年限为10年，预计净残值为0，采用年限平均法计提折旧。假定预计负债于2×21年12月31日的账面价值为20000万元。

（1）若2×21年12月31日重新确认的预计负债现值为15000万元，预计负债调减金额=20000-15000=5000（万元），调整后固定资产账面价值=12500-5000=7500（万元），2×22年固定资产计提折旧=7500÷10=750（万元）。

（2）若2×21年12月31日重新确认的预计负债现值为5000万元，预计负债调减金额=20000-5000=15000（万元），调整后固定资产账面价值为零，超出部分2500万元（15000-12500）确认为当期损益。

（3）若2×21年12月31日重新确认的预计负债现值为25000万元，预计负债调增金额=25000-20000=5000（万元），调整后固定资产账面价值=12500+5000=17500（万元），2×22年固定资产计提折旧=17500÷10=1750（万元）。

第二节　固定资产的后续计量

使用“会计云课堂”App或“微信”扫码查看本节视频，快速GET知识点。

一、固定资产折旧

（一）固定资产折旧的定义

折旧，是指在固定资产使用寿命内，按照确定的方法对应计折旧额进行的系统分摊。

应计折旧额，是指固定资产原价扣除其预计净残值后的金额，如果已对固定资产计提减值准备，还应当扣除已计提固定资产减值准备累计金额。

（二）影响固定资产折旧的因素

1. 固定资产原价
2. 预计净残值
3. 固定资产减值准备
4. 固定资产的使用寿命

（三）固定资产折旧范围

企业应当对所有的固定资产计提折旧，但是已提足折旧仍继续使用的固定资产和单独计价入账的土地除外。在确定计提折旧的范围时还应注意以下几点：

1. 固定资产应当按月计提折旧。固定资产应自达到预定可使用状态时开始计提折旧，终止确认时或划分为持有待售非流动资产时停止计提折旧。当月增加的固定资产，当月不计提折旧，从下月起计提折旧；当月减少的固定资产，当月仍计提折旧，从下月起不计提折旧。

2. 固定资产提足折旧后，不论能否继续使用，均不再计提折旧，提前报废的固定资产也不再补提折旧。所谓提足折旧是指已经提足该项固定资产的应计折旧额。

3. 已达到预定可使用状态但尚未办理竣工决算的固定资产，应当按照暂估价值确定其成本，并计提折旧；待办理竣工决算后再按实际成本调整原来的暂估价值，但不需要调整原已计提的折旧额。

4. 处于更新改造过程中的固定资产，应将其账面价值转入在建工程，不再计提折旧。更新改造项目达到预定可使用状态转为固定资产后，再按重新确定的折旧方法、预计净残值和尚可使用寿命计提折旧。

5. 固定资产在定期大修理期间，照提折旧。

经典题解

【真题7·多选题】下列关于固定资产折旧会计处理的表述中，正确的有（　　）。（2015年改编）

A. 处于季节性修理过程中的固定资产在修理期间应当停止计提折旧

B. 已达到预定可使用状态但尚未办理竣工决算的固定资产应当按暂估价值计提折旧

C. 自用固定资产转为成本模式后续计量的投资性房地产后仍应当计提折旧

D. 与固定资产有关的经济利益预期消耗方式发生重大改变的，应当调整折旧方法

【解析】选项A，应该继续计提折旧。

【答案】BCD

【真题8·多选题】下列资产中，不需要计提折旧的有（　　）。（2014年）

A. 已划分为持有待售的固定资产

B. 以公允价值模式进行后续计量的已出租厂房

C. 因产品市场不景气尚未投入使用的外购机器设备

D. 已经完工投入使用但尚未办理竣工决算的自建厂房

【解析】尚未使用的固定资产和已经完工投入使用但尚未办理竣工决算的自建厂房需要计提折旧。

【答案】AB

（四）固定资产折旧方法

企业可选用的折旧方法包括年限平均法、工作量法、双倍余额递减法和年数总和法等。固定资产的折旧方法一经确定，不得随意变更。

企业在选择固定资产折旧方法时，应当根据与固定资产有关的经济利益的预期消耗方式做出决定。由于收入可能受到投入、生产过程、销售等因素的影响，这些因素与固定资产有关经济利益的预期消耗方式无关，因此，企业不应以包括使用固定资产在内的经济活动所产生的收入为基础进行折旧。

要点小贴士

折旧方法应当根据与固定资产有关的经济利益的预期消耗方式（不是预期实现方式）做出决定。

1. 年限平均法

年折旧额 =（原价 − 预计净残值）÷ 预计使用年限

= 原价 ×（1− 预计净残值 / 原价）÷ 预计使用年限

= 原价 × 年折旧率

经典题解

【例题9】甲公司有一幢厂房，原价为5000000元，预计可使用20年，预计报废时的净残值率为2%，采用年限平均法计提折旧。

要求：计算该厂房的年折旧率和折旧额，月折旧率和月折旧额。

【答案】

年折旧率 =（1−2%）/20=4.9%。

年折旧额 =5000000×4.9%=245000（元）。

或：

年折旧额 =（5000000−5000000×2%）/20=245000（元）。

月折旧率 =4.9%/12=0.41%。

月折旧额 =5000000×0.41%=20500（元）。

【例题10·单选题】甲公司为增值税一般纳税人。2×21年2月28日，甲公司购入一台需安装的设备，以银行存款支付设备价款120万元、增值税进项税额15.6万元。3月6日，甲公司以银行存款支付装卸费0.6万元。4月10日，设备开始安装，在安装过程中，甲公司发生安装人员工资0.8万元；领用原材料一批，该批原材料的成本为6万元，相应的增值税进项税额为0.78万元，市场价格（不含增值税）为6.3万元。设备于2×21年6月20日完成安装，达到预定可使用状态。该设备预计使用10年，预计净残值为零，甲公司采用年限平均法计提折旧。甲公司该设备2×21年应计提的折旧是（　　）万元。

A. 6.37　　B. 6.39

C. 6.42　　D. 7.33

【解析】固定资产的入账价值 =120+0.6+0.8+6=127.4（万元），2×21 年应计提的折旧 =127.4÷10÷12×6=6.37（万元）。

【答案】A

2. 工作量法

单位工作量折旧额 =（固定资产原价 – 预计净残值）÷ 预计总工作量

某项固定资产月折旧额 = 该项固定资产当月工作量 × 单位工作量折旧额

经典题解

【例题 11】甲公司的一台机器设备原价为 800000 元，预计生产产品产量为 4000000 个，预计净残值率为 5%，采用工作量法计提折旧，本月生产产品 40000 个；假设甲公司没有对该机器设备计提减值准备。

要求：计算该台机器设备的本月折旧额。

【答案】

单个产品折旧额 =800000×（1–5%）/4000000=0.19（元 / 个）。

本月折旧额 =40000×0.19=7600（元）。

3. 双倍余额递减法

年折旧额 = 期初固定资产净值 ×2/ 预计使用年限

最后两年改为年限平均法计算。

【提示】在改为年限平均法之前，计算折旧额时不考虑预计净残值的影响。

名师点拨

（1）双倍：不考虑净残值年限平均法折旧率的 2 倍，即预计使用年限倒数的 2 倍；

（2）余额：固定资产原值 – 累计折旧；

（3）递减：改为年限平均法前，折旧率不变，折旧基数递减，因此年折旧额递减。

经典题解

【例题 12 · 单选题】甲公司为增值税一般纳税人，2×18 年 11 月 20 日，甲公司购进一台需要安装的 A 设备，取得的增值税专用发票上注明的设备价款为 950 万元，可抵扣增值税进项税额为 123.5 万元，款项已通过银行支付。安装 A 设备时，甲公司领用原材料 36 万元（不含增值税额），支付安装人员工资 14 万元。2×18 年 12 月 30 日，A 设备达到预定可使用状态。A 设备预计使用年限为 5 年，预计净残值率为 5%，甲公司采用双倍余额递减法计提折旧。甲公司 2×21 年度对 A 设备计提的折旧是（　　）万元。

A. 136.8　　B. 144　　C. 187.34　　D. 190

【解析】甲公司 A 设备的入账价值 =950+36+14=1000（万元）。

2×19 年计提的折旧 =1000×2/5=400（万元）。

2×20 年计提的折旧 =（1000–400）×2/5=240（万元）。

2×21 年计提的折旧 =（1000–400–240）×2/5=144（万元）。

【答案】B

4. 年数总和法

年折旧额 =（原价 – 预计净残值）× 年折旧率

年折旧率用一组递减分数来表示，将预计使用寿命逐期年数相加作为递减分数的分母，将逐期年数倒转顺序分别作为各年递减分数的分子。

要点小贴士

双倍余额递减法开始计提折旧时不考虑净残值，但年数总和法应考虑预计净残值的影响。

【举例】比如预计使用年限为5年，折旧率分别为5/（1+2+3+4+5），4/（1+2+3+4+5），3/（1+2+3+4+5），2/（1+2+3+4+5），1/（1+2+3+4+5）。

经典题解

【真题13·单选题】甲公司为增值税一般纳税人，该公司20×6年5月10日购入需安装设备一台，价款为500万元，可抵扣增值税进项税额为85万元。为购买该设备发生运输途中保险费20万元。设备安装过程中，领用材料50万元，相关增值税进项税额为8.5万元；支付安装工人工资12万元。该设备于20×6年12月30日达到预定可使用状态。甲公司对该设备采用年数总和法计提折旧，预计使用10年，预计净残值为零。假定不考虑其他因素，20×7年该设备应计提的折旧额为（　　）。（2012年）

A. 102.18万元　　B. 103.64万元

C. 105.82万元　　D. 120.64万元

【解析】20×6年12月30日甲公司购入固定资产的入账价值=500+20+50+12=582（万元），20×7年该设备应计提的折旧额=582×10/55=105.82（万元）。

【答案】C

（五）固定资产折旧的会计处理

借：制造费用（生产车间计提折旧）
　　管理费用（企业管理部门、未使用的固定资产计提折旧）
　　销售费用（企业专设销售部门计提折旧）
　　其他业务成本（企业出租固定资产计提折旧）
　　研发支出（企业研发无形资产时使用的固定资产计提折旧）
　　在建工程（在建工程中使用的固定资产计提折旧）
　贷：累计折旧

经典题解

【例题14·多选题】下列固定资产中，企业应当计提折旧且应将所计提的折旧额记入“管理费用”科目的有（　　）。

A. 经营出租的机器设备

B. 生产车间使用的机器设备

C. 行政管理部门使用的办公设备

D. 未使用的厂房

【解析】行政管理部门的固定资产和未使用的固定资产计提的折旧应该记入“管理费用”科目，所以选项C和D正确；选项A，应记入“其他业务成本”科目；选项B，应记入“制造费用”科目。

【答案】CD

名师点拨

固定资产使用寿命、预计净残值和折旧方法的改变应按照会计估计变更的有关规定进行处理。

（六）固定资产预计使用寿命、预计净残值和折旧方法的复核

企业至少应当于每年年度终了，对固定资产的使用寿命、预计净残值和折旧方法进行复核：

1. 使用寿命预计数与原先估计数有差异的，应当调整固定资产使用寿命。

2. 预计净残值预计数与原先估计数有差异的，应当调整预计净残值。

3. 与固定资产有关的经济利益预期消耗方式发生重大改变，企业应当改变固定资产折旧方法。

二、固定资产的后续支出

固定资产后续支出，是指固定资产在使用过程中发生的更新改造支出、修理费用等。

（一）资本化的后续支出

与固定资产有关的更新改造等后续支出，符合固定资产确认条件的，应当计入固定资产成本，同时将被替换部分的账面价值扣除。企业对固定资产进行更新改造的，应将相关固定资产的原价、已计提的累计折旧和减值准备转销，将固定资产的账面价值转入在建工程，并停止计提折旧。固定资产发生的可资本化的后续支出，通过“在建工程”科目核算。待完工并达到预定可使用状态时，再从在建工程转为固定资产，并按重新确定的固定资产入账价值、使用寿命、预计净残值和折旧方法计提折旧。

名师点拨

固定资产发生资本化的后续支出和发生减值后，要重新确定使用寿命、预计净残值和折旧方法。

会计分录：

（1）将固定资产账面价值转入在建工程

借：在建工程（按原固定资产的账面价值）

　　累计折旧

　　固定资产减值准备

　贷：固定资产

（2）扣除被替换部分的账面价值

借：银行存款（被替换部件售价）

　　营业外支出（差额）

　贷：在建工程（被替换部分的账面价值）

（3）发生资本化的后续支出时

借：在建工程

　贷：应付职工薪酬、原材料等

（4）达到预定可使用状态时

借：固定资产

　贷：在建工程

经典题解

【真题 15·单选题】甲公司为增值税一般纳税人。2×10 年 12 月，甲公司购入一条生产线，实际发生的成本为 5000 万元，其中控制装置的成本为 800 万元。甲公司对该生产线采用年限平均法计提折旧，预计使用 20 年，预计净残值为零。2×18 年末，甲公司对该生产线进行更新改造，更换控制装置使其具有更高的性能。更换控制装置的成本为 1000 万元，增值税额为 130 万元。另外，更新改造过程中发生人工费用80万元；外购工程物资400万元（全部用于该生产线），增值税额52万元。2×19年10月，生产线完成更新改造达到预定可使用状态。不考虑其他因素，该生产线更新改造后，结转固定资产的入账金额是（　　）。（2021年）

A. 4182万元　　B. 4000万元

C. 5862万元　　D. 5680万元

【解析】更新改造前固定资产账面价值=5000-5000/20×8=3000（万元）；更新改造时被替换装置的账面价值=800-800/20×8=480（万元）；更新改造后固定资产入账价值=3000-480+1000+80+400=4000（万元）。

【答案】B

【例题16·单选题】甲公司为增值税一般纳税人。2×20年12月，甲公司对一条生产线进行改造，该生产线改造时的账面价值为3500万元。其中，拆除原冷却装置部分的账面价值为500万元。生产线改造过程中发生以下费用或支出：（1）购买新的冷却装置1200万元，增值税税额156万元；（2）在资本化期间内发生专门借款利息100万元；（3）生产线改造过程中发生人工费用320万元；（4）领用库存原材料200万元，增值税税额26万元；（5）外购工程物资400万元（全部用于该生产线），增值税税额52万元。该改造工程于2×21年12月达到预定可使用状态。不考虑其他因素，下列各项关于甲公司对该生产线改造达到预定可使用状态结转固定资产时确定的入账价值中，正确的是（　　）。

A. 4020万元　　B. 5526万元

C. 5220万元　　D. 5454万元

【解析】生产线更新改造领用原材料和工程物资的增值税可以抵扣，不计入生产线成本，则甲公司对该生产线改造达到预定可使用状态结转固定资产的入账价值=原账面价值3500-拆除原冷却装置账面价值500+新的冷却装置价值1200+资本化利息100+人工费用320+原材料200+工程物资400=5220（万元）。

【答案】C

【例题17·单选题】企业的某项固定资产原价为4000万元，采用年限平均法计提折旧，使用寿命为10年，预计净残值为0，在第4个折旧年度年末企业对该项固定资产的某一主要部件进行更换，发生支出合计2000万元，符合准则规定的固定资产确认条件，被更换的部件的原价为1600万元。假定不考虑其他因素，固定资产更新改造后的入账价值为（　　）万元。

A. 4400　　B. 2400

C. 3440　　D. 2800

【解析】固定资产进行更新改造后的入账价值=该项固定资产进行更新改造前的账面价值（4000-4000÷10×4）+发生的后续支出2000-该项固定资产被更换部件的账面价值（1600-1600÷10×4）=3440（万元）。

【答案】C

（二）费用化的后续支出

一般情况下，固定资产投入使用之后，由于固定资产磨损、各组成部分耐用程度不同，可能导致固定资产的局部损坏，为了维护固定资产的正常运转和使用，充分发挥其使用效能，企业将对固定资产进行必要的维护。与固定资产有关的修理费用等后续支出，不符合资本化条件的，在发生时应当按照受益对象计入当期损益或计入相关资产的成本，并根据不同情况分别处理：

（1）与存货的生产和加工相关的固定资产的后续支出（如日常修理费用）按照存货成本确定原则进行处理；

（2）与行政管理部门、企业专设的销售机构等发生的固定资产日常修理费用按照功能分类计入管理费用或销售费用。

【提示】企业对固定资产进行定期检查发生的大修理费用，符合资本化条件的，可以计入固定资产成本或其他相关资产的成本；不符合资本化条件的，应当费用化，计入当期损益。

经典题解

【真题 18 · 多选题】下列各项关于固定资产会计处理的表述中，正确的有（　　）。（2019 年）

A. 为提升性能进行更新改造的固定资产停止计提折旧

B. 为保持固定资产使用状态发生的日常修理支出予以资本化计入固定资产成本

C. 已签订不可撤销合同，拟按低于账面价值的价格出售的固定资产，停止计提折旧并按账面价值结转固定资产清理

D. 达到预定可使用状态但尚未办理竣工决算的固定资产以暂估价值为基础计提折旧

【解析】行政管理部门、企业专设的销售机构等固定资产日常修理支出，计入当期损益，与存货的生产和加工相关的固定资产日常修理费用计入制造费用，选项 B 错误；

拟按低于账面价值的价格出售的固定资产，并未实际出售，无须将固定资产账面价值转入固定资产清理，选项 C 错误。

【答案】AD

第三节　固定资产的处置

使用“会计云课堂”App 或“微信”扫码查看本节视频，快速 GET 知识点。

固定资产处置，包括固定资产的出售、转让、报废或毁损、对外投资、非货币性资产交换、债务重组等。

一、固定资产终止确认的条件

固定资产满足下列条件之一的，应当予以终止确认：

（1）该固定资产处于处置状态；

（2）该固定资产预期通过使用或处置不能产生经济利益。

二、固定资产处置的账务处理

企业出售、转让、报废固定资产或发生固定资产毁损，应当将处置收入扣除账面价值和相关税费（不包括确认的增值税销项税额）后的金额计入当期损益。固定资产的账面价值是固定资产成本扣减累计折旧和累计固定资产减值准备后的金额。

固定资产清理完成后产生的清理净损益，依据固定资产处置方式的不同，分别适用不同的处理方法：

> **名师点拨**
>
> （1）报废清理净损益计入营业外收支，不影响营业利润；
>
> （2）出售转让等净损益计入资产处置损益，影响营业利润。

（1）因已丧失使用功能或因自然灾害发生毁损等原因而报废清理产生的利得或损失应计入营业外收支。属于生产经营期间正常报废清理产生的处理净损失，借记“营业外支出—非流动资产报废”科目，贷记“固定资产清理”科目；属于生产经营期间由于自然灾害等非正常原因造成的，借记“营业外支出—非常损失”科目，贷记“固定资产清理”科目；如为净收益，借记“固定资产清理”科目，贷记“营业外收入”科目。

（2）因出售、转让等原因产生的固定资产处置利得或损失应计入资产处置损益。产生处置净损失的，借记“资产处置损益”科目，贷记“固定资产清理”科目；如为净收益，借记“固定资产清理”科目，贷记“资产处置损益”科目。

账务处理图示如下：

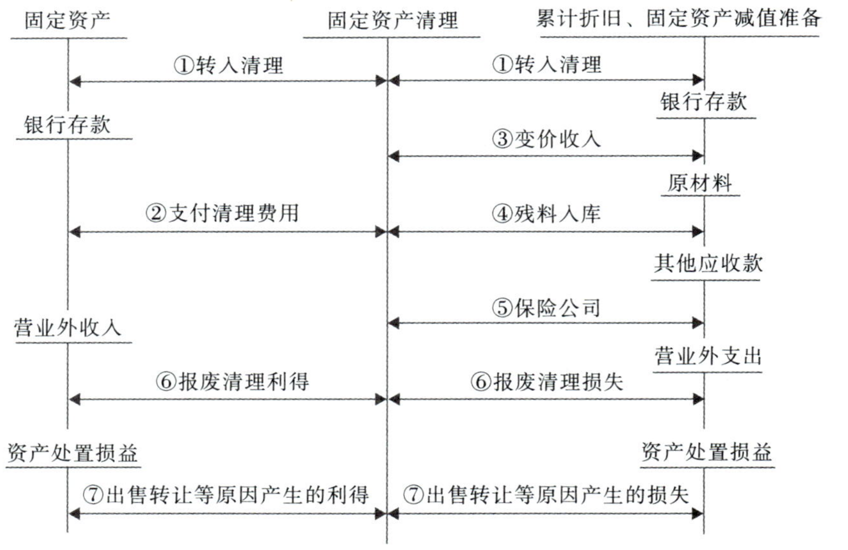

三、固定资产的清查

相关链接

不同财产物资盘盈、毁损的处理，参见P75本章疑难问题解答1。

（一）固定资产盘盈的会计处理

作为前期差错处理：

借：固定资产（按重置成本）

　贷：以前年度损益调整

（二）固定资产盘亏的会计处理

固定资产盘亏造成的净损失，应当计入营业外支出。

考试加油站

一、本章小结

下载“会计云课堂”App 学习

您已成功完成“第三章”的学习，本章共 7 个考点，您都学会了吗？

为了让您对章节有更清晰的理解，加倍巩固。本书作者张志凤老师将通过**“视频导图课”**的方式，带您回顾重要考点。

名师点拨，视听结合，高效提分。

※ 欢迎您扫码，免费观看学习。

二、本章疑难问题解答

1. 不同财产物资盘亏、毁损如何进行会计处理？

答：如下表所示：

项目	原因	处理
存货	计量差错、管理不善的净损失	计入管理费用
工程物资	建设期间盘亏、报废毁损（非自然灾害导致）的净损失	计入在建工程成本
	完工后发生盘亏、报废毁损的净损失	计入营业外支出
固定资产	当期清查中盘亏净损失	计入营业外支出
上述资产	自然灾害等意外净损失	计入营业外支出

2. 企业将固定资产达到预定可使用状态前或者研发过程中产出的产品或副产品对外销售，如何进行会计处理？

答：企业将固定资产达到预定可使用状态前产出的产品或副产品，比如测试固定资产可否正常运转时产出的样品，或者将研发过程中产出的产品或副产品对外销售的（以下统称试运行销售），应当按照《企业会计准则第14号——收入》《企业会计准则第1号——存货》等适用的会计准则对试运行销售相关的收入和成本分别进行会计处理，计入当期损益，不应将试运行销售相关收入抵销相关成本后的净额冲减固定资产成本或者研发支出。固定资产达到预定可使用状态前的必要支出，比如测试固定资产可否正常运转而发生的支出，应计入该固定资产成本。测试固定资产可否正常运转，通常指评估该固定资产的技术和物理性能是否达到生产产品、提供服务、对外出租或用于管理等标准的活动，而非评估固定资产的财务业绩。

企业应当按照《企业会计准则第1号——存货》《企业会计准则第14号——收入》《企业会计准则第30号——财务报表列报》等规定，判断试运行销售是否属于企业的日常活动，并在财务报表中分别日常活动和非日常活动列示试运行销售的相关收入和成本，属于日常活动的，在"营业收入"和"营业成本"项目列示，属于非日常活动的，在"资产处置收益"等项目列示。同时，企业应当在附注中单独披露试运行销售的相关收入和成本金额、具体列报项目以及确定试运行销售相关成本时采用的重要会计估计等相关信息。

3.《固定资产》准则规定，企业应当根据与固定资产有关的经济利益的预期消耗方式，合理选择固定资产折旧方法。可选用的折旧方法包括年限平均法、工作量法、双倍余额递减法和年数总和法等。根据上述规定，企业能否以包括使用固定资产在内的经济活动产生的收入为基础计提折旧？

答：企业在按照《固定资产》准则的上述规定选择固定资产折旧方法时，应当根据与固定资产有关的经济利益的预期消耗方式做出决定。由于收入可能受到投入、生产过程、销售等因素的影响，这些因素与固定资产有关经济利益的预期消耗方式无关，因此，企业不应以包括使用固定资产在内的经济活动所产生的收入为基础进行折旧。

同步强化练习题

使用“会计云课堂”App或“微信”扫码快速做题、对答案、看解析、掌握解题思路，开启轻松过关之旅。

一、单项选择题

1. 下列各项中，不影响在建工程成本的是（　　）。
   A. 工程项目领用工程物资
   B. 在建工程试运行期间生产产品产生的收入
   C. 建造期间工程物资盘亏净损失（非自然灾害造成）
   D. 在建工程人员的职工薪酬

2. 甲公司为一家制造型企业，为增值税一般纳税人。2×21年5月10日，为降低采购成本，向乙公司一次性购入三套不同型号且有不同生产能力的设备A、B、C。甲公司以银行存款支付货款1900万元、增值税税额为247万元、保险费20万元。A设备在安装过程中领用成本为10万元的生产用原材料（未计提存货跌价准备），支付安装工人工资为8万元。A设备于2×21年12月21日达到预定可使用状态。假定A、B、C设备均满足固定资产定义及确认条件，公允价值分别为750万元、600万元、650万元。不考虑其他因素，则A设备的入账价值为（　　）万元。
   A. 600　　B. 738
   C. 685　　D. 750

3. 甲公司为增值税一般纳税人，2×21年3月10日甲公司购入一项设备用于安装某生产线。该设备购买价款为100万元，增值税税额为13万元，当日预付未来一年的设备维修费2万元。该生产线安装期间，领用生产用原材料的实际成本为20万元，增值税税额为2.6万元，发生安装工人工资等费用8万元。假定6月10日该生产线达到预定可使用状态，不考虑其他因素，其入账价值为（　　）万元。
   A. 130　　B. 143.6
   C. 128　　D. 145.6

4. 甲公司为增值税一般纳税人，适用的增值税税率为13%。2×20年12月20日，甲公司与乙公司签订一项购货合同，从乙公司购入一台不需要安装的生产设备，设备的不含税价款为600万元；合同约定，甲公司于2×21年至2×23年每年12月31日支付200万元，销售方在每次收款时开具相应金额的增值税专用发票。2×21年1月1日，甲公司收到设备，另支付保险费5万元（不考虑增值税）。假定甲公司采用6%作为折现率［（P/A，6%，3）=2.6730］，不考虑其他因素。甲公司该生产设备初始入账金额为（　　）万元。
   A. 600　　B. 539.6
   C. 605　　D. 534.6

5. 甲公司为增值税一般纳税人，2×21年1月1日从乙公司购入一台不需要安装的生产设备作为固定资产使用。购货合同约定，该设备的总价款为500万元，增值税进项税额为65万元，2×21年1月1日支付265万元，其中含增值税65万元，余款分3年于每年年末等额支付（第一期于2×21年年末支付）。假定同期银行借款年利率为6%。已知：（P/A，6%，3）=2.6730，（P/A，6%，4）=3.4651。甲公司2×21年末确认融资费用摊销额为（　　）万元。

A. 21.14　　B. 16.04
C. 28.04　　D. 17.1

6. 关于高危行业企业按照国家规定提取和使用的安全生产费，下列说法中错误的是（　　）。

A. 企业使用提取的安全生产费时，属于费用性支出的，支付时会减少专项储备
B. 提取安全生产费时应当计入相关资产成本或当期损益，同时记入"专项储备"科目
C. 提取安全生产费时应计入当期损益，同时确认预计负债
D. 企业使用提取的安全生产费购建的固定资产，使用过程中不再计提折旧

7. 甲公司一台用于生产M产品的设备预计使用年限为5年，预计净残值为零。假定M产品各年产量基本均衡。下列折旧方法中，能够使该设备第一年计提折旧金额最多的是（　　）。

A. 年限平均法　　B. 工作量法
C. 双倍余额递减法　　D. 年数总和法

8. 甲公司为增值税一般纳税人，2×21年2月1日购入需要安装的设备一台，取得的增值税专用发票上注明的设备价款为100万元，增值税进项税额为13万元。购买过程中，以银行存款支付运杂费等费用3万元（不含增值税）。安装时，领用一批外购材料，成本为6万元，该材料购进时的增值税进项税额为0.78万元；支付安装工人工资4.98万元。该设备2×21年3月30日达到预定可使用状态。甲公司对该设备采用年限平均法计提折旧，预计使用年限为10年，预计净残值为零。假定不考虑其他因素，2×21年该设备应计提的折旧额为（　　）万元。

A. 8.55　　B. 8.61
C. 8.1　　D. 9.58

9. 甲公司采用出包方式建造厂房和设备，于2×21年8月30日达到预定可使用状态。发生厂房工程支出200万元，设备及安装支出600万元，支付工程项目管理费、可行性研究费、监理费等共计100万元，符合资本化条件的借款费用20万元。预计厂房使用年限为20年，设备使用年限为10年，预计净残值均为0，按照年限平均法计提折旧，假定不考虑其他因素，2×21年该设备的折旧金额为（　　）万元。

A. 20　　B. 25.34
C. 23　　D. 24

10. 甲公司2×21年9月20日对一条生产线进行更新改造，该生产线原价为2000万元，预计使用年限为8年，至改造日已经使用2年，预计净残值为0，按年限平均法计提折旧。更新改造过程中领用本公司生产的一批产品，成本为184万元，发生人工费用100万元，领用工程用材料280万元；用一台400万元的部件替换生产线中一台已报废原部件，被替换部件原值为450万元。该生产线于当年12月31日达到预定可使用状态并交付使用，不考虑其他因素，该生产线改造后的入账价值为（　　）万元。

A. 2118　　B. 2092.5
C. 2464　　D. 2126.5

11. 甲公司为增值税一般纳税人，2×21年11月20日，甲公司购进一台需要安装的A设备，取得的增值税专用发票上注明的设备价款为200万元，可抵扣增值税进项税额为26万元，款项已通过银行存款支付。安装A设备时，甲公司领用原材料一批，该批原材料成本为20万元，相应的增值税进项税额为2.6万元，公允价值为22万元（不含增值税）。支付安装人员工资8万元。2×21年12月30日，A设备达到预定可使用状态。A设备预计使用年限为5年，预计净残值率为5%，甲公司采用双倍余额递减法计提折旧。不考虑其他因素，甲公司2×22年度对A设备应计提的折旧额为（　　）万元。

A. 102.64　　B. 91.2

C. 36.48　　D. 97.51

12. 甲公司2×19年12月15日购入一台入账价值为200万元的生产设备，购入后即达到预定可使用状态。该设备预计使用寿命为10年，预计净残值为12万元，按照年限平均法计提折旧。2×20年年末因出现减值迹象，甲公司对该设备进行减值测试，预计该设备的公允价值为110万元，处置费用为26万元，如果继续使用，预计未来使用及处置产生的现金流量现值为70万元。假定原预计使用寿命、预计净残值以及折旧方法不变。则2×21年该生产设备应计提折旧额为（　　）万元。

A. 6.35　　B. 8.5

C. 8　　D. 11.06

13. 2×21年3月31日，甲公司采用出包方式对某固定资产进行改良，该固定资产账面原价为900万元，预计使用年限为5年，至改良当日已使用3年，预计净残值为零，采用年限平均法计提折旧，未计提固定资产减值准备。甲公司改良过程中支付出包工程款24万元。2×21年8月31日，改良工程完工，固定资产达到预定可使用状态并投入使用，重新预计其尚可使用年限为4年，预计净残值为零，采用年限平均法计提折旧。2×21年度甲公司对该项固定资产应计提的折旧额为（　　）万元。

A. 90　　B. 96

C. 64　　D. 77

14. 下列关于固定资产后续支出的会计处理中，正确的是（　　）。

A. 固定资产的大修理费用一定予以费用化

B. 固定资产的日常修理费用，金额较大时应采用预提或待摊方式处理

C. 企业行政管理部门发生的固定资产日常修理费用应计入管理费用

D. 更新改造时发生的借款费用应当直接计入当期损益

15. 甲公司系增值税一般纳税人，销售设备适用的增值税税率为13%，2×21年8月31日以不含增值税的价格200万元售出2×12年购入的一台生产用机床，增值税销项税额为26万元，该机床原价为400万元（不含增值税），已计提折旧240万元，已计提减值准备60万元，不考虑其他因素，甲公司处置该机床的利得为（　　）万元。

A. 66　　B. 100

C. 132　　D. 40

二、多项选择题

1. 下列各项中，不影响在建工程项目成本的有（　　）。

A. 固定资产达到预定可使用状态前产出的产品或副产品的售价与成本的差额

B. 工程完工后工程物资盘亏的净损失

C. 专门借款资本化利息

D. 总额法下，在建工程项目取得的财政专项补贴

2. 下列关于建造固定资产会计处理的表述中，正确的有（　　）。

A. 建造工程发生的管理费、可行性研究费计入在建工程成本

B. 固定资产的建造成本包括工程完工前盘亏的工程物资净损失（非自然灾害原因导致）

C. 企业使用提取的安全生产费购建的固定资产在达到预定可使用状态后分期计提折旧

D. 已达到预定可使用状态但未办理竣工决算的固定资产按暂估价值入账

3. 下列支出中应计入企业所建造厂房成本的有（　　）。

A. 建造过程中所占用土地使用权的摊销

B. 建造期间外币一般借款产生的汇兑损益

C. 建造期间发生的工程物资盘亏、报废及毁损（非自然灾害导致），减去残料价值以及保险公司、过失人等赔款后的净损失

D. 建造期间领用的原材料

4. 甲公司以出包方式建造厂房，建造过程中发生的下列支出中，应计入所建造厂房成本的有（　　）。

A. 为建造工程发生的公证费

B. 为取得土地使用权而缴纳的土地出让金

C. 符合资本化条件的借款费用

D. 建造期间因可预见的不可抗力因素导致暂停施工发生的费用

5. 下列有关固定资产初始计量的表述中，正确的有（　　）。

A. 以一笔款项同时购入多项没有单独标价的固定资产，应按各项固定资产公允价值的比例对总成本进行分配，分别确定各单项固定资产的成本

B. 固定资产按照取得成本进行初始计量

C. 投资者投入的固定资产的成本按照投资合同或协议约定的价值确定，但合同或协议约定价值不公允的除外

D. 分期付款购买固定资产，实质上具有融资性质的，其成本以购买价款为基础确定

6. 下列关于固定资产折旧会计处理的表述中，正确的有（　　）。

A. 未使用的机器设备计提折旧计入制造费用

B. 已达到预定可使用状态但尚未办理竣工决算的固定资产应当按暂估价值计提折旧

C. 划分为持有待售非流动资产时停止计提折旧

D. 与固定资产有关的经济利益预期实现方式发生重大改变的，应当调整折旧方法

7. 下列关于企业固定资产会计处理的表述中，正确的有（　　）。

A. 当月增加固定资产，当月计提折旧

B. 当月减少的未提足折旧的固定资产，当月仍计提折旧

C. 处于更新改造过程中的固定资产不计提折旧

D. 暂估价值入账的固定资产，办理竣工决算后，需按实际成本调整原已计提的折旧额

8. 关于固定资产的使用寿命、预计净残值和折旧方法，下列说法中正确的有（　　）。

A. 企业至少应当于每年年度终了，对固定资产的使用寿命、预计净残值和折旧方法进行复核

B. 固定资产折旧方法的改变按会计政策变更处理

C. 预计净残值预计数与原先估计数有差异的，应当调整预计净残值

D. 固定资产使用寿命和预计净残值的改变均属于会计估计变更

9. 关于固定资产，下列说法中正确的有（ ）。

A. 销售部门使用固定资产发生的日常修理费计入销售费用

B. 与存货的生产和加工相关的固定资产的日常修理费用，应当计入管理费用

C. 固定资产盘盈应作为前期差错处理

D. 与固定资产有关的后续支出，符合固定资产确认条件的，应当计入固定资产成本，同时应当终止确认被替换部分的账面价值

10. 下列事项中可能对固定资产账面价值产生影响的有（ ）。

A. 对固定资产计提折旧

B. 发生固定资产更新改造支出

C. 管理部门固定资产日常修理费

D. 调整原暂估入账固定资产的实际成本

11. 下列各项关于固定资产后续计量会计处理的表述中，正确的有（ ）。

A. 因更新改造停止使用的固定资产不再计提折旧

B. 固定资产大修理费用计入当期损益

C. 专设销售机构发生的固定资产日常修理费用计入销售费用

D. 机动车的交通事故责任强制保险费计入当期损益

12. 甲公司2×19年12月购入一台设备，购买价款820万元，预计使用5年，采用年限平均法计提折旧，预计净残值20万元。2×20年年末该设备发生减值迹象，预计可收回金额520万元，假设计提减值准备后，预计使用年限、预计净残值和折旧方法均保持不变。2×21年6月，甲公司出售该设备取得价款400万元，假设不考虑相关税费等其他因素，下列关于甲公司会计处理的叙述正确的有（ ）。

A. 2×20年年末该设备计提减值准备140万元

B. 2×21年该设备计提折旧62.5万元

C. 甲公司出售该设备使得营业利润减少57.5万元

D. 甲公司出售该设备不会影响营业利润

13. 下列关于固定资产会计处理的表述中，正确的有（ ）。

A. 已投入使用的机器设备才能计提折旧

B. 出售固定资产净收益计入营业外收入

C. 固定资产处于处置状态应予终止确认

D. 预期通过使用或处置不能产生经济利益的固定资产应予终止确认

三、计算分析题

甲股份有限公司（以下简称“甲公司”），属于增值税一般纳税人。甲公司2×21年至2×24年与固定资产有关的业务资料如下：

（1）2×21年12月1日，甲公司购入一条需要安装的生产线，取得的增值税专用发票上注明的生产线价款为2000万元，增值税税额为260万元，款项均以银行存款支付，没有发生其他相关税费。

（2）2×21年12月1日，甲公司开始以自营方式安装该生产线。安装期间领用生产用原材料实际成本为20万元，材料购进时的增值税为2.6万元，发生安装工人工资50万元，没有发生其他相关税费。该原材料未计提存货跌价准备。

（3）2×21年12月31日，该生产线达到预定可使用状态，当日投入使用。该生产线预计使用年限为5年，预计净残值为70万元，采用年限平均法计提折旧。

（4）2×22年12月31日，甲公司在对该生产线进行检查时发现其已经发生减值。

甲公司预计该生产线未来4年现金流量的现值为1500万元；该生产线的公允价值减去处置费用后的净额为1580万元。甲公司对该生产线计提减值准备后，该生产线的预计尚可使用年限为4年，预计净残值为20万元，仍采用年限平均法计提折旧。

（5）2×23年6月30日，甲公司采用出包方式对该生产线进行改良。当日，该生产线停止使用，开始进行改良。在改良过程中，甲公司发生职工薪酬56万元，以银行存款支付工程总价款101万元。

（6）2×23年8月20日，改良工程完工验收合格并于当日投入使用，预计尚可使用年限为6年，预计净残值为30万元，采用年限平均法计提折旧。2×23年12月31日，该生产线未发生减值。

（7）2×24年6月30日，甲公司将上述生产线对外出售，售价为1600万元，增值税为208万元，收到款项存入银行。

假定不考虑其他因素。

要求：

（1）编制2×21年12月1日购入该生产线的会计分录。

（2）编制2×21年12月与安装该生产线相关的会计分录。

（3）编制2×21年12月31日该生产线达到预定可使用状态的会计分录。

（4）计算2×22年度该生产线计提的折旧额。

（5）计算2×22年12月31日该生产线应计提的减值准备金额，并编制相应的会计分录。

（6）编制2×23年6月30日该生产线转入改良时的会计分录。

（7）计算2×23年8月20日改良工程达到预定可使用状态后该生产线的成本及2×23年度该生产线改良后计提的折旧额。

（8）编制2×24年6月30日甲公司出售生产线的会计分录。

（答案中涉及“应交税费”科目，必须写出其相应的明细科目及专栏名称）

同步强化练习题参考答案及解析

使用“会计云课堂”App或“微信”扫码对答案、看解析、掌握解题思路，开启轻松过关之旅。

一、单项选择题

1.【答案】B

【解析】选项B，应按收入准则确认收入。

2.【答案】B

【解析】A设备入账价值=（1900+20）×750/（750+600+650）+10+8=738（万元）。

3.【答案】C

【解析】预付未来一年的设备维修费于发生时计入当期损益，该生产线的入账价值=100+20+8=128（万元）。

4.【答案】B

【解析】购买价款的现值 =200× 2.6730=534.6（万元），2×21 年 1 月 1 日该生产设备的入账价值 =534.6+5=539.6(万元)，选项 B 正确。

5.【答案】B

【解析】2×21 年长期应付款期初摊余成本（应付本金余额）=100×2.6730=267.3（万元），2×21 年未确认融资费用摊销额 =267.3×6%=16.04（万元）。会计分录如下：

2×21 年 1 月 1 日

借：固定资产 467.3

应交税费—应交增值税（进项税额） 65

未确认融资费用 32.7

贷：长期应付款 300

银行存款 265

2×21 年 12 月 31 日

借：长期应付款 100

贷：银行存款 100

借：财务费用 16.04

贷：未确认融资费用 16.04

6.【答案】C

【解析】提取安全生产费时，应计入专项储备，不确认预计负债，选项 C 错误。

7.【答案】C

【解析】由于各年产量基本均衡，所以工作量法和年限平均法每年折旧率相同，均为 20%；年数总和法第一年的折旧率 =5/15 ×100%=33.33%；双倍余额递减法第一年折旧率 =2/5×100%=40%，选项 C 正确。

8.【答案】A

【解析】2×21 年该设备应计提的折旧额 =（100+3+6+4.98）÷10×9/12=8.55（万元）。

9.【答案】C

【解析】待摊支出是指在建设期间发生的，不能直接计入某项固定资产价值，应由所建造的固定资产共同负担的相关费用，按照该项目支出占全部工程支出比例进行分摊，设备入账价值 =600+［（100+20）×600/（200+600）］=600+90=690（万元），2×21 年该设备的折旧金额 =690/10×4/12=23（万元）。

10.【答案】D

【解析】改造前该生产线已提折旧 =2000/8×2=500（万元），被替换部件账面价值 =450−450/8×2=337.5（万元），改造后生产线的入账价值 =（2000−500−337.5）+（184+100+280+400）=2126.5（万元）。

11.【答案】B

【解析】甲公司 A 设备的入账价值 =200+20+8=228（万元），2×22 年应计提的折旧额 =228×2/5=91.2（万元）。

12.【答案】C

【解析】2×20 年计提减值准备前该设备账面价值 =200−（200−12）/10=181.2（万元），固定资产期末按照账面价值与可收回金额孰低计量，可收回金额为公允价值减去处置费用后的净额 84 万元（110−26）与预计未来现金流量现值 70 万元两者之间的较高者，故可收回金额为 84 万元，小于该设备的账面价值，2×20 年年末计提减值准备 =181.2−84=97.2（万元），计提减值准备后该设备的账面价值为 84 万元；2×21 年该设备应计提折旧金额 =（84−12）/（10−1）=8（万元）。

13.【答案】D

【解析】2×21 年 1 月至 3 月应计提的折旧额 =900/5×3/12=45（万元），2×21 年 8 月 31 日改良后固定资产的入账价值=900−900/5×3+24=384（万元），2×21年9月至12月应计提折旧额=384/4×4/12=32（万元）。所以2×21年甲公司对该项固定资产应计提折旧额=45+32=77（万元）。

14.【答案】C

【解析】固定资产大修理费用符合固定资产确认条件时应予以资本化，选项A错误；固定资产的日常修理费用，通常不符合固定资产确认条件，应当在发生时计入当期管理费用或销售费用等，不得采用预提或待摊的方式处理，选项B错误；更新改造时发生的借款费用符合资本化条件的应当资本化，计入资产成本，不符合资本化条件的计入当期损益，选项D错误。

15.【答案】B

【解析】甲公司处置该机床的利得=200−（400−240−60）=100（万元）。

二、多项选择题

1.【答案】ABD

【解析】选项A，企业将固定资产达到预定可使用状态前或者研发过程中产出的产品或副产品对外销售（以下统称试运行销售）的，应当按照《企业会计准则第14号——收入》《企业会计准则第1号——存货》等规定，对试运行销售相关的收入和成本分别进行会计处理，计入当期损益，不应将试运行销售相关收入抵销相关成本后的净额冲减固定资产成本或者研发支出；选项B，工程完工后工程物资盘亏的净损失计入营业外支出；选项D，在建工程项目取得的财政专项补贴，属于与资产相关的政府补助，总额法核算的情况下，收到时计入递延收益，自相关资产达到预定可使用状态时起，摊销计入当期损益，不影响在建工程项目成本。

2.【答案】ABD

【解析】选项C，企业使用提取的安全生产费购建的固定资产在达到预定可使用状态时按固定资产入账价值全额计提折旧，以后不再计提折旧。

3.【答案】ACD

【解析】在资本化期间内，外币专门借款本金及利息的汇兑差额，应当予以资本化，计入符合资本化条件的资产成本，而除外币专门借款之外的其他外币借款本金及其利息所产生的汇兑差额应当作为财务费用，计入当期损益，选项B不正确。

4.【答案】ACD

【解析】选项B，甲公司为建造厂房取得土地使用权而缴纳的土地出让金应作为无形资产核算。

5.【答案】ABC

【解析】选项D，分期付款购买固定资产，实质上具有融资性质的，其成本以购买价款的现值为基础确定。

6.【答案】BC

【解析】未使用固定资产计提折旧计入管理费用，选项A错误；与固定资产有关的经济利益预期消耗方式发生重大改变的，应当调整折旧方法，选项D错误。

7.【答案】BC

【解析】选项A，当月增加的固定资产，当月不计提折旧，下月开始计提折旧；选项D，暂估价值入账的固定资产，办理竣工决算后，按实际成本调整原来的暂估价值，但不需要调整原已计提的折旧额。

8.【答案】ACD

【解析】固定资产折旧方法改变属于会计估计变更，选项B错误。

9.【答案】ACD

【解析】与存货的生产和加工相关的固定资产的日常修理费用按照存货成本确定原则处理，选项 B 错误。

10.【答案】ABD

【解析】选项 A，对固定资产计提折旧减少固定资产账面价值；选项 B，可能会增加固定资产账面价值；选项 C，计入管理费用，不影响固定资产账面价值；选项 D，应调整固定资产的账面价值。

11.【答案】ACD

【解析】符合固定资产确认条件的固定资产大修理费用计入固定资产成本，选项 B 错误。

12.【答案】ABC

【解析】2×20 年 12 月 31 日固定资产减值前的账面价值 =820-（820-20）/5 =660（万元），因预计可收回金额为 520 万元，所以 2×20 年年末应计提减值准备 =660-520=140（万元），选项 A 正确；固定资产减值后，应以减值后新的账面价值作为折旧基数，折旧时间应以剩余使用年限计算，2×21 年应计提折旧 =（520-20）/4×6/12=62.5（万元），选项 B 正确；2×21 年出售前的账面价值 =520-62.5=457.5（万元），固定资产出售价款与账面价值的差额计入资产处置损益，影响营业利润，即减少的营业利润 =457.5-400=57.5（万元），选项 C 正确，选项 D 错误。

13.【答案】CD

【解析】已达到预定可使用状态但尚未投入使用的机器设备应计提折旧，选项 A 错误；出售固定资产净损益计入资产处置损益，选项 B 错误。

三、计算分析题

【答案】

（1）

借：在建工程　　2000

　应交税费—应交增值税（进项税额）　　260

　贷：银行存款　　2260

【提示】甲公司购入需要安装的生产线，购入时直接投入工程，故在购入时直接计入在建工程，而不通过工程物资核算。

（2）

借：在建工程　　70

　贷：原材料　　20

　　应付职工薪酬　　50

（3）

借：固定资产　　2070

　贷：在建工程　　2070

（4）2×22 年度该生产线应计提折旧额 =（2070-70）/5=400（万元）。

（5）2×22 年 12 月 31 日该生产线的预计未来现金流量现值为 1500 万元，而公允价值减去处置费用后的净额为 1580 万元，所以，该生产线可收回金额为二者较高者即 1580 万元；该生产线计提减值准备前的账面价值 =2070-400=1670（万元），高于可收回金额，故应计提减值准备金额 =1670-1580=90（万元）。

借：资产减值损失　　90

　贷：固定资产减值准备　　90

（6）2×23 年 6 月 30 日改良前累计计提的折旧额 =400+（1580-20）/4×6/12=595（万元）。

借：在建工程　　1385

　累计折旧　　595

　固定资产减值准备　　90

　贷：固定资产　　2070

（7）改良后该生产线成本 =1385+56+101=1542（万元）。

2×23 年度该生产线改良后应计提折旧

额 =（1542-30）/6 × 4/12=84（万元）。

（8）出售时固定资产原价为 1542 万元，累计折旧 =84+（1542-30）/6 × 6/12=210（万元）。

借：固定资产清理　　1332

　　累计折旧　　210

　贷：固定资产　　1542

借：银行存款　　1808

　贷：固定资产清理　　1600

　　　应交税费—应交增值税（销项税额）　　208

借：固定资产清理　　268

　贷：资产处置损益　　268

第四章 无形资产

CHAPTER-4

本章学习指南

一、学习目标

1. 理解无形资产的定义、内容和确认条件。
2. 掌握无形资产的初始计量。
3. 理解研究与开发阶段的划分。
4. 理解开发阶段有关支出资本化的条件。
5. 掌握内部开发的无形资产的计量及会计处理。
6. 理解无形资产后续计量的原则。
7. 掌握使用寿命有限的无形资产摊销和使用寿命不确定的无形资产的会计处理。
8. 掌握无形资产处置的会计处理。

二、考情概况

本章属于基础章节，考题以客观题为主，与债务重组、所得税、差错更正、合并财务报表等相关的主观题也涉及本章内容。本章试题分数不高，但属于比较重要章节。

三、教材变化

本章内容无实质性变化。

四、考点地图

考点	年份 / 题型
无形资产定义和特征以及会计处理	2021 年多选题
无形资产摊销的会计处理	2021 年单选题、2020 年多选题
土地使用权的会计处理	2020 年单选题、2020 年多选题
无形资产的会计处理	2019 年多选题

核心考点精讲

提示

本章系基础章节，知识点内容并不复杂，可以和“固定资产”章节的相关内容进行对比记忆，本章中涉及到的土地使用权的会计处理是易错易混点，要仔细辨析，另外内部研究开发无形资产的处理也属于本章重要内容。扫描二维码，跟随名师脚步，战果显著。

第一节 无形资产的确认和初始计量

使用“会计云课堂”App或“微信”扫码查看本节视频，快速GET知识点。

一、无形资产的定义与特征

无形资产，是指企业拥有或者控制的没有实物形态的可辨认非货币性资产。

【提示】

（1）计算机控制的机械工具没有特定计算机软件就不能运行时，则说明该软件是构成相关硬件不可缺少的组成部分，该软件应作为固定资产处理；如果计算机软件不是相关硬件不可缺少的组成部分，则该软件应作为无形资产核算。

（2）商誉的存在无法与企业自身分离，不具有可辨认性，不属于本章所指的无形资产。

商誉＝合并成本－被购买方可辨认净资产公允价值的份额

①如甲公司支付对价1100万元从乙公司原股东处取得乙公司全部净资产（吸收合并），其可辨认净资产公允价值为1000万元，乙公司丧失法人资格。甲公司在其个别报表中应确认商誉=1100-1000=100（万元）。

②再如，A公司支付对价820万元从非关联方处取得B公司80%股权，能够对B公司实施控制，B公司可辨认净资产公允价值为1000万元。A公司个别报表中不确认商誉，在合并财务报表中确认商誉=820-1000×80%=20（万元）。

名师点拨

商誉与整体相关：

（1）属于吸收合并，被合并方的资产、负债全部纳入合并方个别报表核算，因此个别报表确认商誉；

（2）属于控股合并，控股合并需要编制合并财务报表，合并财务报表中，无论母公司持股比例多少，都应将子公司所有资产和负债纳入合并财务报表，所以合并财务报表中确认商誉。

二、无形资产的内容

无形资产主要包括专利权、非专利技术、商标权、著作权、土地使用权、特许权等。

经典题解

【真题1·单选题】下列各项中，制造企业应确认为无形资产的是（　　）。（2014年）

A. 自创的商誉

B. 企业合并产生的商誉

C. 内部研究开发项目研究阶段发生的支出

D. 以缴纳土地出让金方式取得的土地使用权

【解析】自创的商誉、企业合并产生的商誉，以及研究开发项目研究阶段发生的支出，不符合无形资产的定义，不确认为无形资产。

【答案】D

三、无形资产的确认条件

无形资产在符合定义的前提下，同时满足下列条件的，才能予以确认：

（一）与该无形资产有关的经济利益很可能流入企业

（二）该无形资产的成本能够可靠地计量

四、无形资产的初始计量

无形资产应当按照实际成本进行初始计量。

（一）外购的无形资产成本

外购的无形资产，其成本包括：购买价款、相关税费（不包含可以抵扣的增值税）以及直接归属于使该项资产达到预定用途所发生的其他支出。其中，直接归属于使该项资产达到预定用途所发生的其他支出包括使无形资产达到预定用途所发生的专业服务费用、测试无形资产是否能够正常发挥作用的费用等。

【提示】下列各项不包括在无形资产初始成本中：

（1）为引入新产品进行宣传发生的广告费、管理费用及其他间接费用；

（2）无形资产已经达到预定用途以后发生的费用。

购买无形资产的价款超过正常信用条件延期支付，实质上具有融资性质的，无形资产的成本应以购买价款的现值为基础确定。合同约定价款与现值之间的差额，除按照本书“借款费用”的有关规定应予资本化的以外，应当在信用期间内采用实际利率法进行摊销，计入当期损益。

名师点拨

未确认融资费用摊销额＝期初应付本金余额×实际利率＝（期初长期应付款余额－期初未确认融资费用余额）×实际利率。

经典题解

【例题2·单选题】2×21年1月1日，A公司购入一项管理用无形资产，双方协议采用分期付款方式支付价款，合同价款为1600万元，每年年末付款400万元，4年付清。假定银行同期贷款年利率为6%，另以现金支付相关税费13.96万元。该项无形资产购入当日即达到预定用途，预计使用寿命为10年，无残值，采用直线法摊销。已知：（P/A，6%，4）=3.4651，假定不考虑其他因素，该项无形资产的有关事项影响2×21年度损益的金额为（　　）万元。（计算结果保留两位小数）

A. 223.16　　B. 140　　C. 213.96　　D. 353.96

【解析】该项无形资产的入账价值=400×3.4651+13.96=1400（万元），未确认融资费用=1600−1386.04=213.96（万元），2×21年未确认融资费用摊销计入财务费用金额=1386.04×6%=83.16（万元），2×21年无形资产摊销计入管理费用金额=1400/10=140（万元）。

该项无形资产的有关事项影响2×21年度损益的金额=83.16+140=223.16（万元）。

【答案】A

（二）投资者投入的无形资产成本

投资者投入无形资产的成本，应当按照投资合同或协议约定的价值确定，但合同或协议约定价值不公允的除外。

（三）企业通过非货币性资产交换、债务重组等方式取得的无形资产成本

企业通过非货币性资产交换、债务重组等方式取得的无形资产，其成本应当分别按照《企业会计准则第7号——非货币性资产交换》和《企业会计准则第12号——债务重组》等的规定确定。

（四）通过政府补助取得的无形资产成本

通过政府补助取得的无形资产成本，应当按照公允价值计量；公允价值不能可靠取得的，按照名义金额计量。

名师点拨

土地使用权可能作为固定资产核算，可能作为无形资产核算，也可能作为投资性房地产核算，房地产开发企业还可能将其计入所建造的房屋建筑物成本，作为存货核算。

（五）土地使用权的处理

企业取得的土地使用权通常应按取得价款和相关税费确认为无形资产。土地使用权用于自行开发建造厂房等地上建筑物时，土地使用权与地上建筑物分别进行摊销和计提折旧。但下列情况除外：

1. 房地产开发企业取得的土地使用权用于建造对外出售的房屋建筑物，相关的土地使用权应当计入所建造的房屋建筑物成本。

2. 企业外购房屋建筑物所支付的价款应当按照合理的方法在地上建筑物与土地使用权之间进行分配；难以合理分配的，应当全部作为固定资产处理。

企业改变土地使用权的用途，停止自用并将土地使用权用于赚取租金或资本增值时，应将其转为投资性房地产。

相关链接

一般企业取得土地使用权用于建造自用建筑物的会计处理，参见P99本章疑难问题解答1。

经典题解

【真题3·多选题】甲公司发生的相关交易或事项如下：（1）经拍卖取得一块土地，甲公司拟在该土地上建造一栋办公楼；（2）经与乙公司交换资产取得土地使用权，甲公司拟在该土地上建造商品房；（3）购入一厂房，厂房和土地的公允价值均能可靠计量；（4）将原自用的土地改为出租。不考虑其他因素，下列各项关于甲公司持有土地会计处理的表述中，正确的有（　　）。（2020年）

A. 购入厂房取得的土地确认为固定资产

B. 交换取得用于建造商品房的土地确认为存货

C. 将自用改为出租的土地从租赁期开始日起确认为投资性房地产

D. 拍卖取得用于建造办公楼的土地确认为无形资产

【解析】甲公司购入的厂房，厂房和土地的公允价值均能可靠计量的，其土地使用权与地上建筑物应分别作为无形资产和固定资产核算，选项A错误；

甲公司取得土地使用权拟在该土地上建造商品房应作为存货核算，选项B正确；

甲公司将自用土地使用权改用于赚取租金或资本增值，其转换日为租赁期开始日或资本增值之日，该日起确认为投资性房地产，选项C正确；

甲公司拟在经拍卖取得的土地上建造办公楼，应将取得土地使用权作为无形资产核算，办公楼建造期间无形资产摊销额计入办公楼成本，选项D正确。

【答案】BCD

【例题4·单选题】甲公司从事土地开发与建设业务，2×21年1月1日与土地使用权及地上建筑物相关的交易或事项有：（1）股东作为出资投入土地使用权的公允价值为2800万元，地上建筑物的公允价值为2500万元，上述土地使用权及地上建筑物供管理部门办公使用，预计使用年限为40年；（2）以支付土地出让金方式取得一宗土地使用权，实际成本为450万元，预计使用年限为50年。甲公司开始在该土地上建造商业设施，建成后作为自营住宿、餐饮的场地；（3）以支付土地出让金方式取得一宗土地使用权，甲公司将在该土地上建设一住宅小区后对外出售，实际成本为700万元，预计使用年限为70年。假定上述土地使用权均无残值，且甲公司采用直线法计提摊销。甲公司2×21年12月31日无形资产（土地使用权）的账面价值为（　　）万元。

A. 3950　　　　B. 1150

C. 2820　　　　D. 3171

【解析】建设住宅小区后对外出售的土地应作为存货核算，无形资产（土地使用权）账面价值＝（2800−2800/40）＋（450−450/50）=3171（万元）。

【答案】D

（六）企业合并中取得的无形资产成本

企业合并中取得的无形资产，按照企业合并的分类，分别处理：

（1）同一控制下吸收合并，按照被合并企业无形资产的账面价值确认为取得时的初始成本；同一控制下控股合并，合并方在合并日编制合并财务报表时，应当按照被合并方无形资产的账面价值作为合并基础。

> **名师点拨**
>
> 同一控制下企业合并中，合并日不会产生新的资产和负债，所以不需要确认被合并方原未确认的无形资产。

（2）非同一控制下的企业合并中，购买方取得的无形资产应以其在购买日的公允价值计量，包括：

①被购买企业原已确认的无形资产。

②被购买企业原未确认的无形资产，但其公允价值能够可靠计量，购买方就应在购买日将其独立于商誉确认为一项无形资产。例如，被购买方正在进行中的一个研究开发项目，符合无形资产的定义且其公允价值能够可靠计量，则购买方应将其独立于商誉确认为一项无形资产。

第二节 内部研究开发支出的确认和计量

使用“会计云课堂”App或“微信”扫码查看本节视频，快速GET知识点。

一、研究阶段和开发阶段的划分

（一）研究阶段

研究阶段是指为获取新的技术和知识等进行的有计划的调研。研究阶段的特点在于：

（1）计划性；（2）探索性。

（二）开发阶段

开发阶段是指在进行商业性生产或使用前，将研究成果或其他知识应用于某项计划或设计，以生产出新的或具有实质性改进的材料、装置、产品等。开发阶段的特点在于：

（1）具有针对性；（2）形成成果的可能性较大。

二、开发阶段有关支出资本化的条件

在开发阶段，判断可以将有关支出资本化计入无形资产成本的条件包括：

（1）完成该无形资产以使其能够使用或出售在技术上具有可行性；（2）具有完成该无形资产并使用或出售的意图；（3）无形资产产生经济利益的方式，包括能够证明运用该无形资产生产的产品存在市场或无形资产自身存在市场，无形资产将在内部使用的，应当证明其有用性；（4）有足够的技术、财务资源和其他资源支持，以完成该无形资产的开发，并有能力使用或出售该无形资产；（5）归属于该无形资产开发阶段的支出能够可靠地计量。

三、内部开发的无形资产的计量

要点小贴士

内部开发无形资产的成本仅包括在满足资本化条件的时点至无形资产达到预定用途前发生的支出总和，对于同一项无形资产在开发过程中达到资本化条件之前已经费用化计入当期损益的支出不再进行调整。

内部研发活动形成的无形资产，其成本由可直接归属于该资产的创造、生产并使该资产能够以管理层预定的方式运作的所有必要支出组成。

可直接归属于该资产的成本包括：开发该无形资产时耗费的材料、劳务成本、注册费、在开发该无形资产过程中使用的其他专利权和特许权的摊销、按照《企业会计准则第17号——借款费用》的规定资本化的利息支出以及为使该无形资产达到预定用途前所发生的其他费用。

在开发无形资产过程中发生的除上述可直接归属于无形资产开发活动的其他销售费用、管理费用等间接费用、无形资产达到预定用途前发生的可辨认的无效和初始运作损失、为运行该无形资产发生的培训支出等，不构成无形资产的开发成本。

四、内部研究开发支出的会计处理

企业发生的研发支出，通过“研发支出”科目归集。

设置“研发支出—费用化支出”科目和“研发支出—资本化支出”科目，“研发支出—资本化支出”科目期末余额记入资产负债表中“开发支出”项目。

1. 企业研究阶段的支出全部费用化，计入当期损益（管理费用）。会计核算时，首先在“研发支出—费用化支出”科目中归集，期末结转到“管理费用”科目，记入利润表中“研发费用”项目。

2. 开发阶段的支出符合条件的才能资本化，记入“研发支出—资本化支出”科目；不符合资本化条件的计入当期损益（首先在“研发支出—费用化支出”科目中归集，期末结转到“管理费用”科目，记入利润表中“研发费用”项目）。

3. 符合资本化条件但尚未完成的开发费用继续保留在“研发支出—资本化支出”科目中，待开发项目达到预定用途时，转入“无形资产”中，“研发支出—资本化支出”科目期末余额记入资产负债表中“开发支出”项目。

内部研究开发支出的会计处理如下图所示：

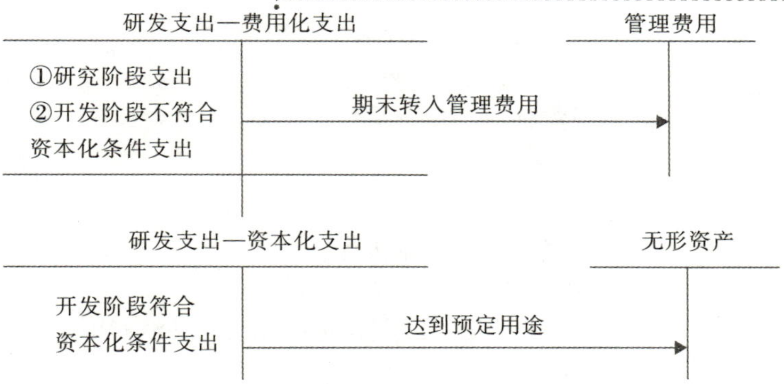

图示记忆

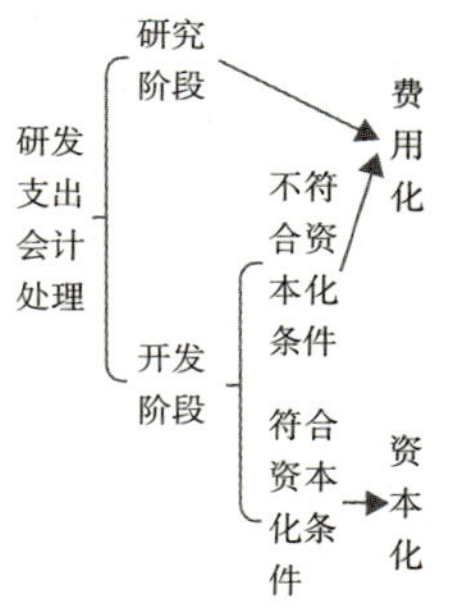

相关链接

“研发支出”如何在报表中列报，参见 P99 本章疑难问题解答 2。

名师点拨

如果确实无法区分研究阶段的支出和开发阶段的支出，应将其所发生的研发支出全部费用化。

第三节 无形资产的后续计量

使用“会计云课堂”App 或“微信”扫码查看本节视频，快速 GET 知识点。

一、无形资产后续计量的原则

无形资产初始确认和计量后，在其后续使用该项无形资产期间内应以成本减去累计摊销额和累计减值损失后的余额计量。

（一）估计无形资产的使用寿命

企业应当于取得无形资产时分析判断其使用寿命。无形资产的使用寿命如为有限的，应当估计该使用寿命的年限或者构成使用寿命的产量等类似计量单位数量。无法预见无形资产为企业带来经济利益期限的，应当视为使用寿命不确定的无形资产。

名师点拨

考试时选择时间短的作为摊销年限。

（二）无形资产使用寿命的确定

某些无形资产的取得源自合同性权利或其他法定权利，其使用寿命不应超过合同性权利或其他法定权利的期限。但如果企业使用资产的预期的期限短于合同性权利或其他法定权利规定的期限的，则应当按照企业预期使用的期限确定其使用寿命。

（三）无形资产使用寿命的复核

1. 企业至少应当于每年年度终了，对使用寿命有限的无形资产的使用寿命及摊销方法进行复核。如果有证据表明无形资产的使用寿命及摊销方法不同于以前的估计，应改变其摊销年限及摊销方法，并按照会计估计变更进行处理。

2. 对于使用寿命不确定的无形资产，如果有证据表明其使用寿命是有限的，则应视为会计估计变更，估计其使用寿命并按照使用寿命有限无形资产的处理原则进行处理。

二、使用寿命有限的无形资产

（一）摊销期和摊销方法

1. 摊销期

无形资产的摊销期，应当自无形资产可供使用（即其达到预定用途）时开始至终止确认时止（当月增加的无形资产，当月开始摊销；当月减少的无形资产，当月不再摊销）。

2. 摊销方法

（1）无形资产摊销方法包括直线法、产量法等。

（2）企业选择的无形资产摊销方法，应当能够反映与该项无形资产有关的经济利益的预期消耗方式，并一致地运用于不同会计期间。无法可靠确定其预期消耗方式的，应当采用直线法进行摊销。

要点小贴士

无形资产摊销方法根据有关的经济利益的预期消耗方式（不是预期实现方式）作出决定，但特殊情形下收入可以成为摊销的合理基础。

（3）企业通常不应以包括使用无形资产在内的经济活动所产生的收入为基础进行摊销，但是，下列极其有限的情况除外：

①企业根据合同约定确定无形资产固有的根本性限制条款（如无形资产的使用时间、使用无形资产生产产品的数量或因使用无形资产而应取得固定的收入总额）的，当该条款为因使用无形资产而应取得的固定的收入总额时，取得的收入可以成为摊销的合理基础。（如企业获得勘探开采黄金的特许权，且合同明确规定该特许权在销售黄金的收入总额达到某固定的金额时失效）

②有确凿的证据表明收入的金额和无形资产经济利益的消耗是高度相关的。

【提示】企业采用车流量法对高速公路经营权进行摊销的，不属于以包括使用无形资产在内的经济活动产生的收入为基础的摊销方法。

（二）残值的确定

除下列情况外，无形资产的残值一般为零：

1. 有第三方承诺在无形资产使用寿命结束时购买该项无形资产；

2. 可以根据活跃市场得到无形资产预计残值信息，并且该市场在该项无形资产使用寿命结束时可能存在。

残值确定以后，在持有无形资产期间，至少应于每年年末进行复核，预计其残值与原估计金额不同的，应按照会计估计变更进行处理。如果无形资产的残值重新估计以后高于其账面价值的，则无形资产不再摊销，直至残值降至低于账面价值时再恢复摊销。

（三）使用寿命有限的无形资产摊销的账务处理

无形资产的摊销金额一般应当计入当期损益（管理费用、其他业务成本等）。但如果某项无形资产包含的经济利益是通过转入到所生产的产品或其他资产实现的，其摊销金额应当计入相关资产的成本。

若无形资产用于生产产品，应将无形资产摊销额计入产品成本，其会计处理与成本核算一致，即若属于直接费用（只生产一种产品），则直接记入“生产成本”科目；若属于间接费用，则先通过“制造费用”科目归集，然后分配记入“生产成本”科目。

具体会计分录如下：

借：管理费用、制造费用等

　贷：累计摊销

持有待售的无形资产不进行摊销，按照账面价值与公允价值减去出售费用后的净额孰低进行计量。

三、使用寿命不确定的无形资产

要点小贴士

使用寿命不确定的无形资产不摊销，但至少每年年度终了要进行减值测试。

根据可获得的相关信息判断，有确凿证据表明无法合理估计其使用寿命的无形资产，应作为使用寿命不确定的无形资产。按照准则规定，对于使用寿命不确定的无形资产，在持有期间内不需要进行摊销，但应当在每年年度终了进行减值测试。发生减值的会计分录为：

借：资产减值损失

　贷：无形资产减值准备

无形资产后续计量的会计处理如下图所示：

- 无形资产的后续计量
  - 使用寿命有限的无形资产
    - 摊销期：可供使用当月起至不再作为无形资产确认时止
    - 摊销方法：与所含经济利益预期消耗方式有关，不一定是直线法
    - 摊销时可能影响当期损益，也可能计入生产成本、制造费用等
    - 可能有残值
    - 可能计提减值准备
  - 使用寿命不确定的无形资产 → 不摊销，每期期末进行减值测试，若发生减值应计提减值准备

经典题解

【真题5·单选题】下列有关无形资产摊销的表述中，正确的是(　　)。（2021年）

A. 使用寿命有限的无形资产，其残值一般应当视为零

B. 划分为持有待售的无形资产应按尚可使用年限摊销

C. 使用寿命不确定的无形资产不需要摊销，当出现减值迹象时，进行减值测试

D. 专门用于生产产品的无形资产，按期摊销计入管理费用

【解析】划分为持有待售的无形资产不计提摊销，选项B错误；

使用寿命不确定的无形资产，无论是否存在减值迹象，均应当在每年年度终了进行减值测试，选项C错误；

专门用于生产产品的无形资产，按期摊销，摊销额计入相关资产成本，选项D错误。

【答案】A

【真题6·多选题】下列各项关于无形资产定义和特征以及会计处理的表述中，正确的有（　　）。（2021年）

A. 对于使用寿命不确定的无形资产不应摊销但应在每个会计期末进行减值测试

B. 无形资产属于非货币性资产

C. 企业为引入新产品进行宣传发生的广告费不应计入无形资产的成本

D. 无形资产的特征之一是具有可辨认性，能够从企业中分离或者划分出来

【答案】ABCD

【真题7·多选题】下列各项资产中，后续计量时不应当进行摊销的有（　　）。（2020年）

A. 持有待售的无形资产

B. 使用寿命不确定的无形资产

C. 非同一控制下企业合并中取得、法律保护期还剩10年的专利权

D. 尚未达到预定用途的开发阶段支出

【解析】非同一控制下企业合并取得的使用寿命有限的无形资产，后续计量应当进行摊销，选项C不符合题意。

【答案】ABD

【真题8·多选题】下列各项关于无形资产会计处理的表述中，错误的有（　　）。（2019年）

A. 使用寿命不确定的无形资产只在存在减值迹象时进行减值测试

B. 无法区分研究阶段和开发阶段的支出，全部费用化计入当期损益

C. 外包无形资产开发活动在实际支付款项时确认无形资产

D. 在无形资产达到预定用途前为宣传新技术而发生的费用计入无形资产的成本

【解析】使用寿命不确定的无形资产，无论是否存在减值迹象，都应当至少于每年年度终了进行减值测试，选项A错误；

外包无形资产应当在其达到预定用途时确认为无形资产，选项C错误；

在无形资产达到预定用途前为宣传新技术而发生的费用计入当期损益，选项D错误。

【答案】ACD

【真题9·单选题】长江公司为一家多元化经营的综合性集团公司，不考虑其他因素，其纳入合并范围的下列子公司对所持有土地使用权的会计处理中，不符合会计准则规定的是（　　）。（2016年）

A. 子公司甲为房地产开发企业，将土地使用权取得成本计入所建造商品房成本

B. 子公司乙将取得的用于建造厂房的土地使用权在建造期间的摊销计入当期管理费用

C. 子公司丙将持有的土地使用权对外出租，租赁期开始日停止摊销并转为采用公允价值进行后续计量

D. 子公司丁将用作办公用房的外购房屋价款按照房屋建筑物和土地使用权的相对公允价值分别确认为固定资产和无形资产，采用不同的年限计提折旧和摊销

【解析】选项 B，厂房建造期间的土地使用权摊销应计入厂房成本，不计入当期管理费用。

【答案】B

【例题 10 · 单选题】甲公司于 2×21 年开始研究开发一项用于制造某大型专用设备的非专利技术，发生研究支出 200 万元，开发支出 6000 万元，其中符合资本化条件的开发支出 4000 万元，在 2×22 年 2 月 1 日正式确认为无形资产。甲公司计划生产该专用设备 200 台，并按生产数量摊销该项无形资产。2×22 年度，甲公司共生产该专用设备 50 台。2×22 年 12 月 31 日，经减值测试，该项无形资产的可收回金额为 2400 万元，2×23 年度，甲公司共生产该专用设备 90 台。甲公司 2×23 年该无形资产摊销额为（　　）万元。

A. 1800　　B. 1440　　C. 600　　D. 1000

【解析】2×22 年无形资产摊销额 =4000×50/200=1000（万元），2×22 年 12 月 31 日计提无形资产减值准备 =（4000-1000）-2400=600（万元），计提减值准备后无形资产账面价值为 2400 万元，2×23 年无形资产摊销额 =2400×90/150=1440（万元）。

【答案】B

第四节　无形资产的处置

使用“会计云课堂”App 或“微信”扫码查看本节视频，快速 GET 知识点。

一、无形资产的出售

企业出售无形资产，应当将取得的价款与该无形资产账面价值及相关税费（不包括确认的增值税销项税额）的差额计入资产处置损益。

借：银行存款

　　无形资产减值准备

　　累计摊销

　贷：无形资产

　　　应交税费—应交增值税（销项税额）

　　　资产处置损益（差额，也可能在借方）

二、无形资产的出租

（一）应当按照有关收入确认原则确认所取得的让渡资产使用权收入

借：银行存款

　贷：其他业务收入

　　应交税费—应交增值税（销项税额）

（二）将发生的与该让渡资产使用权有关的费用计入其他业务成本

借：其他业务成本

　贷：累计摊销

　　银行存款等

名师点拨

无形资产出售影响营业利润，无形资产报废不影响营业利润。

三、无形资产的报废

无形资产预期不能为企业带来未来经济利益的，应当将该无形资产的账面价值予以转销，其账面价值转作当期损益（营业外支出）。

借：营业外支出

　累计摊销

　无形资产减值准备

　贷：无形资产

考试加油站

一、本章小结

下载“会计云课堂”App学习

您已成功完成“第四章”的学习，本章共14个考点，您都学会了吗？

为了让您对章节有更清晰的理解，加倍巩固。本书作者张志凤老师将通过**“视频导图课”**的方式，带您回顾重要考点。

名师点拨，视听结合，高效提分。

※ 欢迎您扫码，免费观看学习。

二、本章疑难问题解答

1. 一般企业取得土地使用权用于建造自用建筑物，如何进行会计处理？

答： 应于取得时作为无形资产入账，土地使用权在厂房等建筑物建设期间的摊销额应计入在建工程成本，所建造的建筑物作为固定资产核算（建筑物成本包括工程建造期间土地使用权的摊销额，但是不包括土地使用权账面价值），工程完工后建筑物的折旧和土地使用权的摊销按用途确认相关成本费用。

2. “研发支出”如何在报表中列报？

答： “研发支出—费用化支出”科目余额期末转入“管理费用—研发费用”科目，研发项目形成无形资产后，无形资产摊销记入“管理费用—无形资产摊销”科目，“管理费用—研发费用”科目以及“管理费用—无形资产摊销”科目发生额在利润表“研发费用”项目列报；“研发支出—资本化支出”科目余额，在未达到预定用途前在资产负债表“开发支出”项目列报，达到预定用途后转入“无形资产”科目，在资产负债表“无形资产”项目列报。

同步强化练习题

使用“会计云课堂”App或“微信”扫码快速做题、对答案、看解析、掌握解题思路，开启轻松过关之旅。

一、单项选择题

1. 下列各项中，企业应确认为无形资产的是（　　）。
   A. 房地产开发企业购入的用于建造商品房的土地
   B. 内部研究开发项目研究阶段发生的支出
   C. 购入的特许权
   D. 企业合并产生的商誉

2. 甲公司为增值税一般纳税人。2×21年2月5日，甲公司以1060万元的价格（含增值税60万元）从产权交易中心竞价获得一项商标权，另支付其他相关税费15万元。为推广该商标，甲公司发生广告宣传费用10万元、展览费5万元，上述款项均用银行存款支付。甲公司取得该项无形资产的入账价值为（　　）万元。
   A. 1015　　B. 1030
   C. 1025　　D. 1075

3. A公司2×20年5月1日开始自行研发一项新工艺，2×20年5月至10月发生的各项研究、调查等费用共计50万元，2×20年11月研究成功，进入开发阶段，发生开发人员工资70万元，福利费20万元，另支付租金10万元，假设开发阶段的支出有90%满足资本化条件。至2×20年12月31日，A公司自行开发成功该项新工艺，并于当日依法申请了专利，支付注册费3万元，律师费2万元，2×21年3月1日为运行该项资产发生培训费4万元，则A公司该项无形资产的入账价值为（　　）万元。

A. 99　　B. 159

C. 155　　D. 95

4. 2×21年1月1日，甲股份有限公司购入一块土地的使用权，以银行存款转账支付12000万元，并在该土地上自行建造厂房等工程，发生材料支出12000万元，工资费用8000万元，其他相关费用2000万元。该工程于2×21年12月31日尚未达到预定可使用状态。假定土地使用权的使用年限为50年，土地使用权采用直线法进行摊销，无残值。不考虑其他相关税费。甲公司2×21年12月31日“在建工程”科目余额为（　　）万元。

A. 20000　　B. 34000

C. 22240　　D. 22000

5. 按照会计准则规定，下列各项中，应计入无形资产成本的是（　　）。

A. 无形资产达到预定用途前发生的可辨认的无效和初始运作损失

B. 广告费

C. 为运行该无形资产发生的培训支出

D. 开发无形资产时耗费的材料、劳务成本、注册费等符合资本化条件的支出

6. 下列关于无形资产的会计处理中正确的是（　　）。

A. 购入无形资产超过正常信用条件分期付款且具有融资性质的，应按购买价款现值为基础确定其取得成本

B. 房地产开发企业取得的土地使用权用于建造对外出售的房屋建筑物时，土地使用权与地上建筑物分别进行摊销和提取折旧

C. 使无形资产达到预定用途所发生的专业服务费用计入管理费用

D. 房地产开发企业持有的用于建造自用办公楼的土地使用权作为存货核算

7. 研究开发活动无法区分研究阶段和开发阶段的，当期发生的研究开发支出应在利润表中确认为（　　）。

A. 其他综合收益

B. 营业外支出

C. 研发费用

D. 管理费用

8. 关于无形资产的摊销，下列会计处理正确的是（　　）。

A. 无形资产摊销方法应当反映其经济利益的预期实现方式

B. 用于研发另一项无形资产的专利权的摊销金额计入管理费用

C. 企业摊销无形资产，应当自无形资产可供使用时起，至不再作为无形资产确认时止

D. 无法预见无形资产为企业带来未来经济利益期限的，应按照10年摊销

9. 长江公司自2×20年年初开始自行研究开发一项新专利技术，2×20年发生相关研发支出280万元，其中，符合资本化条件前发生的开发支出为120万元，符合资本化条件后发生的开发支出为160万元；2×21年至无形资产达到预定用途前发生开发支出420万元（全部符合资本化条件），2×21年7月1日该专利技术获得成功达到预定用途并专门用于生产A产品。申请该专利权发生注册费用20万元，为运行该项无形资产发生培训支出16万元。该项专利技术的法律保护期限为15年，长江公司预计运用该项专利技术生产的产品在未来10年内会为公司带来经济利益。乙公司向长江公司承诺在5年后以120万元（不含增值税）购买该项专利技术。长江公司管理层计

划在5年后将其出售给乙公司。长江公司对该无形资产采用直线法摊销。长江公司自行开发的该项无形资产在2×21年应摊销的金额为（ ）万元。

A. 48　　B. 24
C. 60　　D. 45.6

10. 2×21年7月1日，甲公司用银行存款360万元购入一项专利权并交付给管理部门使用。该专利权预计使用年限为12年，法律上规定有效期为10年，采用直线法摊销，无残值。2×21年12月31日，甲公司估计其可收回金额为300万元，不考虑相关税费等其他因素影响，则该项无形资产减少甲公司2×21年度利润总额的金额为（ ）万元。

A. 18　　B. 36
C. 60　　D. 42

11. 甲公司为增值税一般纳税人，2×21年7月1日，甲公司将某管理用商标权出租给乙公司，租赁期为3年，每年收取租金120万元，增值税税额7.2万元。甲公司在出租期间内不再使用该商标权。该商标权系甲公司2×20年1月1日购入的，初始入账价值为400万元，预计使用年限为10年，采用直线法摊销，无残值。假定不考虑除增值税以外的其他税费，甲公司2×21年度该商标权影响营业利润的金额为（ ）万元。

A. 20　　B. 27.2
C. 40　　D. 60

12. A公司为增值税一般纳税人，2×21年1月4日，A公司与B公司签订商标销售合同，将一项酒类商标出售，A公司开出的增值税专用发票上注明的价款为100万元，增值税税额为6万元，款项已经存入银行。该商标的账面余额为160万元，已累计摊销40万元，已计提减值准备30万元，不考虑其他因素。A公司出售无形资产计入资产处置损益的金额为（ ）万元。

A. 16　　B. 0
C. -60　　D. 10

二、多项选择题

1. 下列各项关于土地使用权的会计处理的表述中，正确的有（ ）。

A. 工业企业持有并准备增值后转让的土地使用权作为无形资产核算
B. 工业企业将购入的用于建造办公楼的土地使用权作为无形资产核算
C. 工业企业将出租的土地使用权作为无形资产核算
D. 房地产开发企业将购入的用于建造商品房的土地使用权作为存货核算

2. A公司是以贵金属的地质勘探、采矿选矿、冶炼加工为主的有色金属公司，2×21年有关业务如下：(1)1月2日，A公司取得甲公司转让的采矿、探矿权；(2)2月1日，A公司因非同一控制吸收合并乙公司形成的商誉；(3)5月1日，接受丙公司投入商标；(4)7月1日以支付土地出让金方式取得一块土地使用权用于建造办公大楼。上述项目中，A公司应确认为无形资产的有（ ）。

A. 取得的采矿、探矿权
B. 合并乙公司形成的商誉
C. 接受丙公司投入的商标
D. 取得的用于建造办公大楼的土地使用权

3. 下列各项中，应确认为企业无形资产的有（ ）。

A. 外购的用于建造自用厂房的土地使用权
B. 内部产生但尚未申请商标权的品牌
C. 外购的专利权
D. 收到投资者投入的非专利技术

4. 长江公司为从事房地产开发的上市公司，2×20年1月1日，外购位于甲地块上的一栋写字楼，作为自用办公楼，甲地块的土地使用权能够单独计量；2×20年3月1日，购入乙地块和丙地块，分别用于开发对外出售的住宅楼和写字楼，至2×21年12月31日，该住宅楼和写字楼尚未开发完成；2×21年1月1日，购入丁地块，作为办公区的绿化用地，至2×21年12月31日，丁地块的绿化已经完成，假定不考虑其他因素，下列各项中，长江公司2×21年12月31日应单独确认为无形资产（土地使用权）的有（　　）。
   A. 甲地块的土地使用权
   B. 乙地块的土地使用权
   C. 丙地块的土地使用权
   D. 丁地块的土地使用权

5. 企业自行研发无形资产发生的下列各项支出中应计入当期损益的有（　　）。
   A. 研究阶段发生的材料支出
   B. 无法区分研究阶段与开发阶段的支出
   C. 开发阶段不符合资本化条件的支出
   D. 研究阶段发生的借款利息支出

6. 关于无形资产使用寿命的确定，下列说法中正确的有（　　）。
   A. 来源于合同性权利的无形资产，其使用寿命不应超过合同性权利的期限
   B. 来源于法定权利的无形资产，其使用寿命不应超过法定权利的期限
   C. 合同规定受益年限，法律也规定了有效年限的，摊销年限选择二者中较短者
   D. 合同性权利或其他法定权利在到期时因续约等延续，有证据表明企业续约不需要付出大额成本的，续约期应当计入使用寿命

7. 下列各项关于无形资产会计处理的表述中，正确的有（　　）。
   A. 企业购买正在进行中的研究开发项目，符合资本化条件的，应记入“研发支出—资本化支出”科目
   B. 房地产开发企业取得的土地使用权用于建造对外出售的房屋建筑物，相关的土地使用权应当计入所建造的房屋建筑物成本
   C. 同一控制下企业合并中，合并方应确认被合并方在该项交易前未确认的无形资产
   D. 非同一控制下企业合并中，购买方应确认被购买方在该项交易前未确认但可单独辨认且公允价值能够可靠计量的无形资产

8. 下列各项关于企业无形资产会计处理的表述中，错误的有（　　）。
   A. 存在残值的使用寿命有限的无形资产，在持有期间至少应于每年年末对残值进行复核
   B. 使用寿命不确定的无形资产只有存在减值迹象时才进行减值测试
   C. 无形资产达到预定用途前，为推广拟用其生产的新产品而发生的支出应计入无形资产的成本
   D. 无法区分研究阶段和开发阶段的研发支出应计入无形资产的成本

9. 下列关于使用寿命有限的无形资产摊销的表述中，正确的有（　　）。
   A. 自达到预定用途的当月起开始摊销
   B. 至少应于每年年末对使用寿命进行复核
   C. 企业外购的有特定产量限制的专利权，应当采用产量法进行摊销
   D. 无法可靠确定与其有关的经济利益预期实现方式的，应采用直线法进行摊销

10. 下列关于无形资产会计处理的表述中，正确的有（　　）。
A. 企业内部产生的品牌不应当确认为无形资产
B. 使用寿命不确定的无形资产在计算减值时应考虑以前的摊销额
C. 当无形资产预期不能为企业带来经济利益时，应当转销其账面价值并计入当期损益
D. 使用寿命有限的无形资产在计算摊销额时应当考虑净残值因素

11. 关于无形资产摊销的会计处理，下列表述中正确的有（　　）。
A. 自用厂房建造期间，其用地的土地使用权摊销额应计入厂房成本
B. 出租无形资产的摊销金额应计入管理费用
C. 企业用于生产某种产品的、已确认为无形资产的非专利技术，其摊销金额应计入当期管理费用
D. 无形资产于取得当月开始摊销

12. 下列关于无形资产的会计处理中，正确的有（　　）。
A. 购入无形资产超过正常信用条件延期支付且具有融资性质的，应按购买价款现值为基础确定其取得成本
B. 使用寿命不确定的无形资产，在持有期间不需要摊销，但至少应于每年年末进行减值测试
C. 外购土地使用权及地上建筑物的价款难以在两者之间进行合理分配时，应全部作为固定资产入账
D. 使用寿命有限的无形资产摊销方法由直线法改为产量法属于会计政策变更

13. 甲公司 2×20 年至 2×21 年为非专利技术研究开发了一项新工艺。2×20 年 10 月 1 日以前发生各项研究、调查、试验等费用 400 万元，在 2×20 年 10 月 1 日，该公司证实该项新工艺研究成功，后续支出应予资本化。2×20 年 10 月至 12 月发生材料费用、直接人工等各项支出共计 200 万元，2×21 年 1 月至 6 月又发生材料费用、直接参与开发人员的工资、场地设备等租金和注册费等支出 800 万元，按照新工艺试生产了产品，2×21 年 6 月 20 日通过鉴定，证明可以达到预定用途，甲公司将该项新工艺作为商业性使用并预计在未来 10 年可以为公司带来经济利益，甲公司采用直线法摊销该项无形资产，无残值。下列关于该项新工艺的会计处理中正确的有（　　）。
A. 2×20 年 12 月 31 日资产负债表上列示无形资产的金额为 200 万元
B. 2×20 年 12 月 31 日因该项新工艺增加利润表上研发费用金额 400 万元
C. 2×21 年 6 月 30 日资产负债表上列示无形资产的金额为 991.67 万元
D. 2×21 年 12 月 31 日资产负债表上列示无形资产的金额为 900 万元

14. 下列交易事项中，会影响企业当期营业利润的有（　　）。
A. 出租无形资产取得租金收入
B. 出售无形资产取得出售收益
C. 报废无形资产的净损失
D. 使用寿命不确定的无形资产计提的减值

15. 下列各项关于企业无形资产减值会计处理的表述中，正确的有（　　）。
A. 使用寿命不确定的无形资产每年都应进行减值测试
B. 计提的无形资产减值准备在以后期间不得转回
C. 处置无形资产时应将原计提的无形资产减值准备冲减资产减值损失
D. 使用寿命有限的无形资产只有存在减值迹象时才需进行减值测试

三、计算分析题

1. 2×19年1月1日，甲公司董事会批准研发专门用于生产新产品（多种新产品）的专利技术，有关资料如下：

（1）2×19年，该研发项目共发生材料费用600万元，人工费用1400万元，均属于研究阶段支出，人工费用以银行存款支付。

（2）2×20年年初，研究阶段结束，进入开发阶段，该项目在技术上已具有可行性，甲公司管理层明确表示将继续为该项目提供足够的资源支持，该新产品专利技术研发成功后，将立即投产。

（3）2×20年度，共发生材料费用1000万元，人工费用2400万元（以银行存款支付），另发生相关设备折旧费用200万元，2×20年发生的支出均符合资本化条件。

（4）2×21年1月1日，该项目研发成功，该项新产品专利技术于当日达到预定用途。

（5）甲公司预计该新产品专利技术的使用寿命为5年，该专利的法律保护期限为10年，甲公司对其采用直线法摊销，无残值；税法规定该项无形资产摊销方法、年限和残值与会计相同。

（6）2×22年1月20日，甲公司将上述无形资产对外出售，售价为4000万元。

假定不考虑其他因素。

要求：

（1）编制2×19年与甲公司无形资产研发项目的相关会计分录。

（2）编制2×20年与甲公司无形资产研发项目的相关会计分录。

（3）编制2×21年与甲公司无形资产研发项目及摊销的相关会计分录。

（4）编制2×22年1月20日甲公司出售无形资产的会计分录。

2. 甲公司2×21年度发生的与土地使用权相关的交易或事项如下：

（1）2×21年1月1日，甲公司购入一块土地的使用权，以银行存款转账支付4000万元，1月10日开始在该土地上自行建造厂房等工程，领用工程物资支出5000万元，工资费用3000万元，用银行存款支付其他相关费用2000万元。该工程于2×21年12月31日完工并达到预定可使用状态。假定土地使用权的使用年限为50年，无残值，采用直线法进行摊销，不考虑增值税及其他税费。

（2）甲公司于2×20年购入土地建造自用的房屋建筑物时，由于开发不及时2×21年被责令缴纳土地闲置费用100万元。

要求：

（1）根据资料（1），说明甲公司如何进行会计处理，编制甲公司2×21年相关业务的会计分录。

（2）根据资料（2），甲公司缴纳的土地闲置费用是否计入房屋建筑物成本，说明理由。

同步强化练习题参考答案及解析

使用"会计云课堂"App或"微信"扫码对答案、看解析、掌握解题思路，开启轻松过关之旅。

一、单项选择题

1.【答案】C

【解析】选项A，房地产开发企业购入的用于建造商品房的土地，应确认为存货；选项B和D，企业合并产生的商誉，以及开发项目研究阶段发生的支出，不符合无形资产的定义，不确认为无形资产。

2.【答案】A

【解析】甲公司取得该项无形资产的入账价值=（1060-60）+15=1015（万元）。

3.【答案】D

【解析】培训支出，是为了员工运行该项无形资产发生的支出，不是为使无形资产达到预定用途发生的支出，应在发生当期确认为费用，不计入无形资产成本。故该无形资产的入账价值=（70+20+10）×90%+3+2=95（万元）。

4.【答案】C

【解析】土地使用权在厂房等建筑物建设期间的摊销额计入在建工程成本，甲公司2×21年12月31日"在建工程"科目余额=12000+8000+2000+12000÷50=22240（万元）。

5.【答案】D

【解析】无形资产达到预定用途前发生的可辨认的无效和初始运作损失、为运行该无形资产发生的培训支出等，不构成无形资产的开发成本，选项A和C错误；广告费应于发生时计入当期销售费用，选项B错误。

6.【答案】A

【解析】选项B，房地产开发企业取得的土地使用权用于建造对外出售的房屋建筑物，土地使用权应当计入所建造房屋建筑物的成本；选项C，使无形资产达到预定用途所发生的专业服务费用应计入无形资产成本；选项D，房地产开发企业持有的用于建造自用办公楼的土地使用权作为无形资产核算。

7.【答案】C

【解析】无法区分研究阶段和开发阶段的支出，应当将其所发生的研发支出全部费用化，记入当期"管理费用"科目，但在利润表中的"研发费用"项目反映。

8.【答案】C

【解析】无形资产摊销方法应当反映其经济利益的预期消耗方式，选项A不正确；符合资本化条件的开发支出，记入"研发支出—资本化支出"科目，待无形资产达到预定用途时转入无形资产，选项B不正确；无法预见无形资产为企业带来经济利益期限的，应当视为使用寿命不确定的无形资产，不应摊销，选项D不正确。

9.【答案】A

【解析】该项专利技术的入账价值 =160+420+20=600（万元），2×21 年应摊销的金额 =（600-120）÷5×6/12=48（万元）。

10.【答案】C

【解析】2×21 年无形资产摊销金额 =360÷10×6/12=18（万元），2×21 年计提减值准备前无形资产账面价值 =360-18=342（万元），2×21 年应计提减值准备金额 =342-300=42（万元），故该项无形资产减少甲公司 2×21 年利润总额金额 =42+18=60（万元）。

11.【答案】A

【解析】甲公司 2×21 年度出租该商标权影响营业利润的金额 =2×21 年下半年租金收入（其他业务收入）（120÷2）-2×21 年商标权摊销（400÷10）=20（万元）。

12.【答案】D

【解析】出售无形资产计入资产处置损益的金额 =100-（160-40-30）=10（万元）。

二、多项选择题

1.【答案】BD

【解析】工业企业持有并准备增值后转让的土地使用权作为投资性房地产核算，选项 A 错误；工业企业将出租的土地使用权作为投资性房地产核算，选项 C 错误。

2.【答案】ACD

【解析】选项 B，商誉不具有可辨认性，不满足无形资产定义，不应确认为无形资产。

3.【答案】ACD

【解析】企业内部产生的品牌、报刊名、刊头、客户名单和实质上类似项目的支出，由于不能与整个业务开发成本区分开来，成本无法可靠计量，不应确认为无形资产，选项 B 错误。

4.【答案】AD

【解析】乙地块和丙地块均用于建造对外出售的房屋建筑物，属于房地产开发企业的存货，这两地块的土地使用权应该计入所建造的房屋建筑物成本，选项 B 和 C 不应确认为无形资产。

5.【答案】ABCD

6.【答案】ABCD

7.【答案】ABD

【解析】选项 C，同一控制下企业合并中，合并日不会产生新的资产和负债，所以不需要确认被合并方在该项交易前未确认的无形资产。

8.【答案】BCD

【解析】使用寿命不确定的无形资产，应当至少在每个会计期末进行减值测试，选项 B 错误；为推广拟用无形资产生产的新产品而发生的支出不应计入无形资产成本，选项 C 错误；无法区分研究阶段和开发阶段的研发支出，应当在发生时费用化，计入当期损益，选项 D 错误。

9.【答案】ABC

【解析】无法可靠确定与其有关的经济利益预期消耗方式的，应采用直线法进行摊销，选项 D 错误。

10.【答案】ACD

【解析】使用寿命不确定的无形资产不摊销，选项 B 错误。

11.【答案】AD

【解析】自用厂房建造期间该土地使用权摊销额计入成本，选项 A 正确；出租的无形资产摊销额应计入其他业务成本，选项B错误；无形资产用于生产某种产品的，其摊销金额应当计入产品的成本，选项C错误；无形资产于取得当月开始摊销，选项D正确。

12.【答案】ABC

【解析】使用寿命有限的无形资产摊销方法由直线法改为产量法属于会计估计变更，选项D错误。

13.【答案】BC

【解析】2×20年12月31日研究开发项目没有达到预定用途，将应资本化的研发支出在资产负债表中"开发支出"项目列示，选项A错误；研发支出不符合资本化条件的支出应计入管理费用，在利润表"研发费用"项目中列示，选项B正确；2×21年6月30日资产负债表上列示无形资产的金额=(200+800)-(200+800)/10×1/12=991.67(万元)，选项C正确；2×21年12月31日资产负债表上列示无形资产的金额=(200+800)-(200+800)/10×7/12=941.67(万元)，选项D错误。

14.【答案】ABD

【解析】选项A，出租无形资产取得租金收入计入其他业务收入(或主营业务收入)；选项B，出售无形资产取得的处置收益计入资产处置损益；选项C，报废无形资产的净损失计入营业外支出，不影响营业利润；选项D，使用寿命不确定的无形资产计提的减值计入资产减值损失。选项A、B和D均影响当期营业利润。

15.【答案】ABD

【解析】处置无形资产时，应将原计提的无形资产减值准备冲减无形资产的原值，再扣除累计摊销后得到无形资产的账面价值，无形资产账面价值与处置净额之间的差额计入资产处置损益，选项C错误。

三、计算分析题

1.【答案】

(1)2×19年

借：研发支出—费用化支出 2000
　贷：原材料 600
　　应付职工薪酬 1400

借：应付职工薪酬 1400
　贷：银行存款 1400

借：管理费用 2000
　贷：研发支出—费用化支出 2000

(2)2×20年

借：研发支出—资本化支出 3600
　贷：原材料 1000
　　累计折旧 200
　　应付职工薪酬 2400

借：应付职工薪酬 2400
　贷：银行存款 2400

(3)2×21年

借：无形资产 3600
　贷：研发支出—资本化支出 3600

借：制造费用 720(3600/5)
　贷：累计摊销 720

(4)2×22年1月20日

借：银行存款 4000
　累计摊销 720
　贷：无形资产 3600
　　资产处置损益 1120

2.【答案】

(1)甲公司将购入的土地使用权作为无形资产核算，在厂房建造期间摊销额计入在建工程成本，建造固定资产过程中发生的支出计入在建工程，达到预定可使用状态时转入固定资产。

会计分录如下：

借：无形资产　　4000
　贷：银行存款　　4000
借：在建工程　　10080
　贷：工程物资　　5000
　　　应付职工薪酬　　3000
　　　银行存款　　2000
　　　累计摊销　　80（4000/50）
借：固定资产　　10080
　贷：在建工程　　10080

（2）甲公司缴纳的土地闲置费用不应计入房屋建筑物成本。

理由：只有为使固定资产、无形资产达到预定可使用状态所必需、合理的相关支出才能计入固定资产和无形资产的成本中。土地闲置费是企业在取得土地使用权之后发生的，而且其并不直接改变该土地及其地上房屋建筑物的状态，也并不是不可避免的支出。土地闲置费的支出并不能给企业带来未来经济利益，应将发生额计入营业外支出。

第五章　投资性房地产

CHAPTER-5

本章学习指南

一、学习目标

1. 理解投资性房地产的定义。
2. 掌握投资性房地产的范围。
3. 掌握投资性房地产的确认和初始计量。
4. 掌握与投资性房地产有关的后续支出的会计处理。
5. 掌握采用成本模式进行后续计量的投资性房地产的会计处理。
6. 掌握采用公允价值模式进行后续计量的投资性房地产的会计处理。
7. 掌握投资性房地产后续计量模式变更的会计处理。
8. 掌握投资性房地产转换的会计处理。
9. 理解投资性房地产处置的会计处理。

二、考情概况

本章属于基础章节，考题以客观题为主，有的主观题和所得税、合并财务报表等内容结合。本章试题分数适中，属于比较重要章节。

三、教材变化

本章内容无变化。

四、考点地图

考点	年份 / 题型
投资性房地产转换日的确定	2020 年单选题
投资性房地产的会计处理	2020 年单选题
投资性房地产转换的会计处理	2019 年单选题

注：2021 年一道综合题涉及本章内容。

核心考点精讲

提示

本章系基础章节，需要注意的是投资性房地产后续计量模式的变更以及投资性房地产的转换，这是本章的易错易混点，需要您区别记忆。整体来看本章的难度和固定资产、无形资产持平，所以只要细心耐心，得分不难。扫描二维码，看名师如何“巧”辨析。

第一节 投资性房地产的特征与范围

使用“会计云课堂”App或“微信”扫码查看本节视频，快速GET知识点。

一、投资性房地产的定义

投资性房地产，是指为赚取租金或资本增值，或两者兼有而持有的房地产。投资性房地产应当能够单独计量和出售。

投资性房地产具有以下特征：（1）投资性房地产是一种经营性活动；（2）投资性房地产在用途、状态、目的等方面区别于作为生产经营场所的房地产和用于销售的房地产。

二、投资性房地产的范围

范围	注意问题
已出租的土地使用权	企业计划用于出租但尚未出租的土地使用权，不属于此类
持有并准备增值后转让的土地使用权	—
已出租的建筑物	（1）是指企业拥有产权并以经营租赁方式出租的建筑物 （2）以经营租赁方式租入再转租的建筑物不属于投资性房地产 （3）对企业持有以备经营出租的空置建筑物或在建建筑物，只要企业管理当局（董事会或类似机构）作出正式书面决议，明确表明将其用于经营出租且持有意图短期内不再发生变化的，即使尚未签订租赁协议，也应视为投资性房地产

【提示1】企业将建筑物出租，按租赁协议向承租人提供的相关辅助服务在整个协议中不重大的，应当将该建筑物确认为投资性房地产。比如，企业将办公楼出

租并向承租人提供保安、维修等辅助服务。

【提示2】下列各项不属于投资性房地产：

（1）自用房地产

自用房地产是指为生产商品、提供劳务或者经营管理而持有的房地产。例如：①企业出租给本企业职工居住的房屋；②企业拥有并自行经营的旅馆、饭店；③企业自用的办公楼、生产车间厂房等。

（2）作为存货的房地产

作为存货的房地产通常是指房地产开发企业在正常经营过程中销售的或为销售而正在开发的商品房和土地。这部分房地产属于房地产开发企业的存货，不属于投资性房地产。

如果某项房地产，部分用于赚取租金或资本增值，部分用于生产商品、提供劳务或经营管理，能够单独计量和出售的、用于赚取租金或资本增值的部分，应当确认为投资性房地产；不能够单独计量和出售的、用于赚取租金或资本增值的部分，不确认为投资性房地产。

名师点拨

房地产自用的部分，以及不能够单独计量和出售的、用于赚取租金或资本增值的部分，应当确认为固定资产或无形资产。

经典题解

【例题1·多选题】下列各项中，属于投资性房地产的有（　　）。

A. 已出租的建筑物

B. 待出租的建筑物

C. 已出租的土地使用权

D. 以经营租赁方式租入后再转租的建筑物

【解析】选项B，待出租的建筑物不属于投资性房地产；选项D，以经营租赁方式租入的建筑物不属于企业持有的资产，不能确认为投资性房地产。

【答案】AC

【例题2·多选题】下列各项关于土地使用权会计处理的表述中，正确的有（　　）。

A. 为建造固定资产购入的土地使用权确认为无形资产

B. 土地使用权在自用地上建筑物达到预定可使用状态时与地上建筑物一并确认为固定资产

C. 已出租的土地使用权及其地上建筑物一并确认为投资性房地产

D. 用于建造厂房的土地使用权摊销金额在厂房建造期间计入管理费用

【解析】土地使用权的账面价值不与自用地上建筑物合并计算其成本，而仍作为无形资产进行核算，选项B错误；用于建造厂房的土地使用权摊销金额在厂房建造期间计入在建工程成本，选项D错误。

【答案】AC

第二节　投资性房地产的确认和初始计量

使用“会计云课堂”App 或“微信”扫码查看本节视频，快速 GET 知识点。

一、投资性房地产的确认和初始计量

将某项资产确认为投资性房地产，首先应当符合投资性房地产的定义，其次要同时满足投资性房地产的两个确认条件：

（1）与该投资性房地产相关的经济利益很可能流入企业；

（2）该投资性房地产的成本能够可靠地计量。

情形	确认时点
①已出租的土地使用权、建筑物	租赁期开始日
②对持有并准备增值后转让的土地使用权	将自用土地使用权停止自用，准备增值后转让的日期
③持有以备经营出租的空置建筑物或在建建筑物	董事会或类似机构作出书面决议的日期

投资性房地产应当按照成本进行初始计量。

名师点拨

采用成本模式和公允价值模式进行后续计量时，投资性房地产均按照取得时的实际成本进行初始计量，二者初始成本的计量原则一致。

（一）外购投资性房地产的确认和初始计量

对于企业外购的房地产，只有在购入房地产的同时（自取得时起，下同）开始对外出租或用于资本增值，才能称之为外购的投资性房地产。外购投资性房地产取得时的实际成本，包括购买价款、相关税费和可直接归属于该资产的其他支出。

企业购入房地产，自用一段时间之后再改为出租或用于资本增值的，应当先将外购的房地产确认为固定资产或无形资产，自租赁期开始日或用于资本增值之日开始，才能从固定资产或无形资产转换为投资性房地产。

（二）自行建造投资性房地产的确认和初始计量

自行建造投资性房地产，其成本由建造该项资产达到预定可使用状态前发生的必要支出构成，包括土地开发费、建筑成本、安装成本、应予以资本化的借款费用、支付的其他费用和分摊的间接费用等。建造过程中发生的非正常性损失，直接计入当期损益，不计入建造成本。

（三）非投资性房地产转换为投资性房地产的确认和初始计量

参见“投资性房地产的转换和处置”部分内容。

二、与投资性房地产有关的后续支出

（一）资本化的后续支出

与投资性房地产有关的后续支出，满足投资性房地产确认条件的，应当计入投资性房地产成本。

企业对某项投资性房地产进行改扩建等再开发且将来仍作为投资性房地产的，在再开发期间应继续将其作为投资性房地产，再开发期间不计提折旧或摊销。转为改扩建时的分录如下：

1. 成本模式

借：投资性房地产—在建

投资性房地产累计折旧（摊销）

投资性房地产减值准备

贷：投资性房地产

2. 公允价值模式

借：投资性房地产—在建

—公允价值变动（或贷方）

贷：投资性房地产—成本

相关链接

资本化的后续支出不记入“在建工程”科目，参见P119本章疑难问题解答1。

（二）费用化的后续支出

与投资性房地产有关的后续支出，不满足投资性房地产确认条件的，应当在发生时计入当期损益（其他业务成本）。

经典题解

【真题3·单选题】2×18年1月20日，甲公司与丙公司签订租赁协议，将原出租给乙公司并即将在2×18年3月1日到期的厂房租赁给丙公司。该协议约定，甲公司2×18年7月1日起将厂房出租给丙公司，租赁期为5年，每月租金为60万元，租赁期首3个月免租金。为满足丙公司租赁厂房的需要，甲公司2×18年3月2日起对厂房进行改扩建，改扩建工程2×18年6月29日完工并达到预定可使用状态。甲公司对出租厂房采用成本模式进行后续计量。不考虑其他因素，下列各项关于甲公司上述交易或事项会计处理的表述中，正确的是（　　）。（2020年）

A. 2×18年确认租金收入180万元

B. 改扩建过程中的厂房确认为投资性房地产

C. 厂房改扩建过程中发生的支出直接计入当期损益

D. 厂房在改扩建期间计提折旧

【解析】出租人提供免租期的，出租人应将租金总额在不扣除免租期的整个租赁期内，按直线法或其他合理的方法进行分配，免租期内应当确认租金收入。2×18年甲公司将厂房租赁给丙公司应确认租金收入=[60×（5×12−3）]/5×6/12=342（万元），选项A错误；

企业对某项投资性房地产进行改扩建等再开发且将来仍作为投资性房地产的，在再开发期间应继续将其作为投资性房地产核算，不转入在建工程，再开发期间不计提折旧或摊销，选项B正确，选项D错误；

与投资性房地产有关的后续支出，满足投资性房地产确认条件的，应当予以资本化计入投资性房地产成本，选项C错误。

【答案】B

【例题4·多选题】下列有关投资性房地产后续支出的表述中，正确的有（　　）。

A. 与投资性房地产有关的满足资本化条件的支出，应当计入投资性房地产成本

B. 投资性房地产改扩建后继续用于出租，改扩建期间资本化支出记入“在建工程”科目

C. 投资性房地产改扩建期间不计提折旧或摊销

D. 投资性房地产日常维修费用通常计入其他业务成本

【解析】投资性房地产改扩建后继续用于出租，改扩建期间资本化支出应记入“投资性房地产—在建”科目，选项B不正确。

【答案】ACD

第三节 投资性房地产的后续计量

使用“会计云课堂”App或“微信”扫码查看本节视频，快速GET知识点。

企业通常应当采用成本模式对投资性房地产进行后续计量，满足特定条件时可以采用公允价值模式对投资性房地产进行后续计量。但是同一企业只能采用一种模式对所有投资性房地产进行后续计量，不得同时采用两种计量模式。

一、采用成本模式进行后续计量的投资性房地产

（一）科目设置

1. 投资性房地产
2. 投资性房地产累计折旧（摊销）
3. 投资性房地产减值准备

（二）会计处理

在成本模式下，应当按照固定资产准则或无形资产准则的有关规定，对投资性房地产进行后续计量，按期（月）计提折旧或摊销；存在减值迹象的，还应当按照《企业会计准则第8号——资产减值》的有关规定对其计提减值。

要点小贴士

投资性房地产的折旧或摊销与固定资产或无形资产的相关规定一致：

（1）当期增加的投资性房地产（建筑物）当期不提折旧，当期减少的投资性房地产（建筑物）当期照提折旧；

（2）当期增加的投资性房地产（土地使用权）当期开始摊销，当期减少的投资性房地产（土地使用权）当期停止摊销；

（3）年末需要对其预计使用寿命进行复核。

1. 计提折旧或摊销

借：其他业务成本

　贷：投资性房地产累计折旧（摊销）

2. 计提减值准备

借：资产减值损失

　贷：投资性房地产减值准备

3. 取得租金收入

借：银行存款

　贷：其他业务收入

　　应交税费—应交增值税（销项税额）

经典题解

【例题5·单选题】甲公司对投资性房地产采用成本模式进行后续计量。自2×21年1月1日起，甲公司将一项投资性房地产出租给某单位，租赁期为

4 年，每年收取租金 1300 万元。该投资性房地产原价为 24000 万元，预计使用年限为 40 年，采用年限平均法计提折旧，预计净残值为零；至 2×21 年 1 月 1 日已使用 10 年，累计折旧 6000 万元。2×21 年 12 月 31 日，甲公司在对该投资性房地产进行减值测试时，发现该投资性房地产的可收回金额为 17300 万元。假定不考虑其他相关税费，该投资性房地产对甲公司 2×21 年利润总额的影响金额为（　　）万元。

A. 600　　B. 700　　C. 900　　D. 1300

【解析】2×21 年计提折旧 =（24000−6000）/（40−10）=600（万元），2×21 年 12 月 31 日计提减值准备前投资性房地产账面价值 =（24000−6000）−600=17400（万元），因可收回金额为 17300 万元，应计提减值准备 =17400−17300=100（万元）。该投资性房地产对甲公司 2×21 年利润总额的影响金额 =1300−600−100=600（万元）。

【答案】A

二、采用公允价值模式进行后续计量的投资性房地产

要点小贴士

企业采用公允价值模式对投资性房地产进行后续计量的，不对投资性房地产计提折旧或摊销，也不计提减值准备。

（一）采用公允价值模式计量的前提条件

企业只有存在确凿证据表明投资性房地产的公允价值能够持续可靠取得的，才可以采用公允价值模式对投资性房地产进行后续计量。

（二）科目设置

1. 投资性房地产—成本

　　　　　　　—公允价值变动

2. 公允价值变动损益

（三）采用公允价值模式进行后续计量的会计处理

1. 公允价值上升

借：投资性房地产—公允价值变动

　贷：公允价值变动损益

2. 公允价值下降

借：公允价值变动损益

　贷：投资性房地产—公允价值变动

3. 取得租金收入

借：银行存款

　贷：其他业务收入

　　应交税费—应交增值税（销项税额）

三、投资性房地产后续计量模式的变更

图示记忆

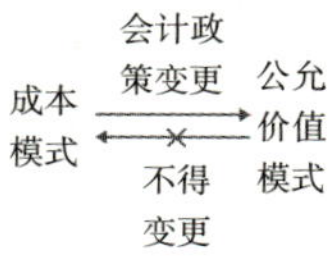

企业对投资性房地产的计量模式一经确定，不得随意变更。从成本模式计量转换为公允价值模式计量的，作为会计政策变更进行追溯调整处理，将变更日公允价值与账面价值的差额，调整期初留存收益（假定不考虑所得税的影响）。

已采用公允价值模式计量的投资性房地产，不得从公允价值模式转换为成本模式。

账务处理：

借：投资性房地产（变更日公允价值）
　　投资性房地产累计折旧（摊销）（原房地产已计提的折旧或摊销）
　　投资性房地产减值准备
　贷：投资性房地产（原价）
　　　利润分配—未分配利润（或借记）
　　　盈余公积（或借记）

名师点拨

涉及所得税影响的，调整递延所得税负债（或递延所得税资产），对应留存收益。

第四节　投资性房地产的转换和处置

使用“会计云课堂”App 或“微信”扫码查看本节视频，快速 GET 知识点。

一、投资性房地产的转换

（一）投资性房地产转换形式和转换日

1. 转换形式

“自用房地产或存货”与“投资性房地产”的转换。

2. 转换日

（1）“自用房地产或存货”转换为“投资性房地产”

租赁期开始日或用于资本增值的日期。“空置建筑物或在建建筑物”用于出租，租赁期开始日为董事会或类似机构作出书面决议的日期。

租赁期开始日是指出租人提供租赁资产使其可供承租人使用的起始日期。

（2）“投资性房地产”转换为“自用房地产”

房地产达到自用状态，即企业开始将其用于生产商品、提供劳务或者经营管理的日期。

（3）“投资性房地产”转换为“存货”

租赁期届满，企业董事会或类似机构作出书面决议明确表明将其重新开发用于对外出售的日期。

经典题解

【例题 6 · 多选题】 关于投资性房地产转换日的确定，下列说法中正确的有（　　）。

A. 作为存货的房地产改为出租，或者自用建筑物或土地使用权停止自用改为出租，其转换日为租赁期开始日

B. 投资性房地产转为自用房地产，其转换日为房地产达到自用状态，企业开始将房地产用于生产商品、提供劳务或者经营管理的日期

C. 自用土地使用权停止自用，改用于资本增值，其转换日为自用土地使用权停止自用后确定用于资本增值的日期

D. 作为存货的房地产改为出租，或者自用建筑物或土地使用权停止自用改为出租，其转换日为合同签订日

【解析】作为存货的房地产改为出租，或者自用建筑物或土地使用权停止自用改为出租，其转换日为租赁期开始日，而不是合同签订日，选项 D 错误。

【答案】ABC

（二）房地产转换的会计处理

1. 成本模式

成本模式计量下，非投资性房地产与投资性房地产转换如下图所示：

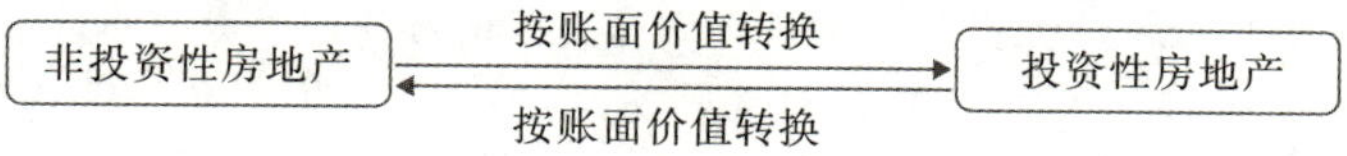

【举例】固定资产和无形资产的转换

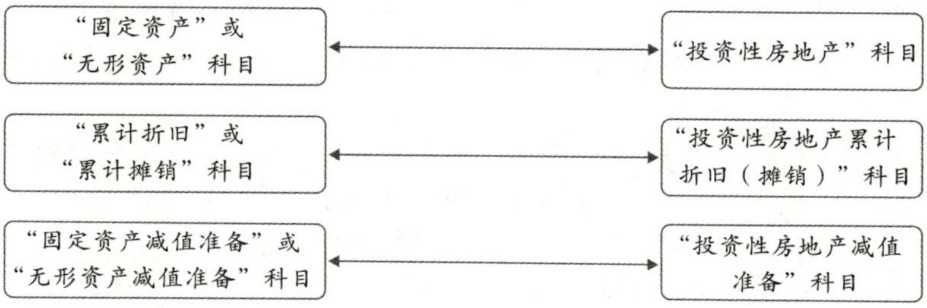

2. 公允价值模式

公允价值模式计量下，非投资性房地产与投资性房地产转换如下图所示：

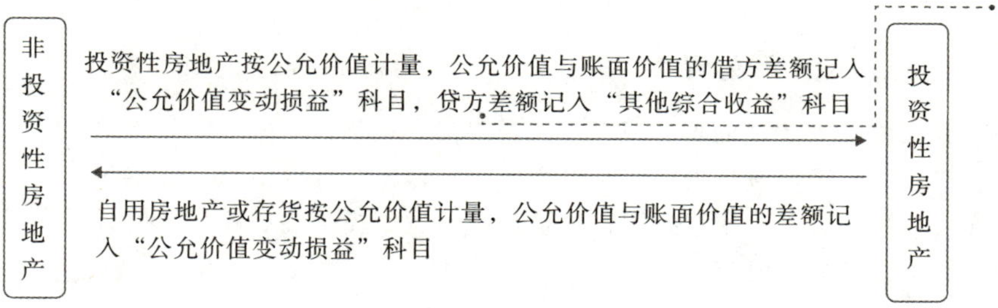

名师点拨

正常情况下，资产价值的变动应先计入损益，进而影响所有者权益，但“自用房地产或存货”转换为采用公允价值模式计量的“投资性房地产”，可能会出现非常大的贷方差额，若计入损益，可能会出现人为调节当期利润的现象，从而使会计信息失真。

经典题解

【真题 7·单选题】甲公司将原自用的办公楼用于出租，以赚取租金收入。租赁期开始日，该办公楼账面原价为 14000 万元，已计提折旧为 5600 万元，公允价值为 12000 万元。甲公司对投资性房地产采用公允价值模式进行后续计量。甲公司上述自用办公楼转换为投资性房地产时公允价值大于原账面价值的差额在财务报表中列示的项目是（　　）。（2019 年）

A. 资本公积　　B. 营业收入

C. 其他综合收益　　D. 公允价值变动收益

【解析】自用房地产转换为采用公允价值模式进行后续计量的投资性房地产，转换日公允价值大于原账面价值的差额计入其他综合收益，公允价值小于原账面价值的差额计入公允价值变动损益。

【答案】C

【例题8·单选题】下列各项有关投资性房地产会计处理的表述中，正确的是（　　）。

A. 采用成本模式后续计量的投资性房地产转换为存货，存货应按转换日的公允价值计量，公允价值大于原账面价值的差额确认为其他综合收益

B. 采用成本模式后续计量的投资性房地产转换为自用固定资产，自用固定资产应按转换日的公允价值计量，公允价值小于原账面价值的差额确认为当期损益

C. 存货转换为采用公允价值模式后续计量的投资性房地产，投资性房地产应按转换日的公允价值计量，公允价值小于存货账面价值的差额确认为当期损益

D. 采用公允价值模式后续计量的投资性房地产转换为自用固定资产，自用固定资产应按转换日的公允价值计量，公允价值大于账面价值的差额确认为其他综合收益

【解析】采用成本模式后续计量的投资性房地产转换为存货，应将该房地产转换前的账面价值作为转换后存货的入账价值，不考虑转换日的公允价值，不产生差额，选项A错误；

采用成本模式后续计量的投资性房地产转换为固定资产，应将该房地产转换前的账面价值作为转换后固定资产的账面价值，而不考虑转换日的公允价值，不产生差额，选项B错误；

采用公允价值模式后续计量的投资性房地产转换为自用房地产时，应当以其转换当日的公允价值作为自用房地产的入账价值，公允价值与原账面价值的差额计入当期损益（公允价值变动损益），无须区分该差额是借方或贷方，选项D错误。

【答案】C

二、投资性房地产的处置

要点小贴士

（1）出售投资性房地产通过“其他业务收入”“其他业务成本”科目核算；

（2）将“其他综合收益”转入“其他业务成本”，使营业利润增加；

（3）将“公允价值变动损益”转入“其他业务成本”，不影响营业利润。

当投资性房地产被处置，或者永久退出使用且预计不能从其处置中取得经济利益时，应当终止确认该项投资性房地产。

企业出售、转让、报废投资性房地产或者发生投资性房地产毁损时，应当将处置收入扣除其账面价值和相关税费后的金额计入当期损益。

（一）采用成本模式计量

借：银行存款

　贷：其他业务收入

　　应交税费—应交增值税（销项税额）

借：其他业务成本

　投资性房地产累计折旧（摊销）

　投资性房地产减值准备

　贷：投资性房地产

（二）采用公允价值模式计量

借：银行存款

　贷：其他业务收入

　　应交税费—应交增值税（销项税额）

借：其他业务成本

　贷：投资性房地产—成本

　　　　　　　　—公允价值变动（或借方）

借：其他综合收益

　贷：其他业务成本

借：公允价值变动损益

　贷：其他业务成本

或作相反分录。

考试加油站

一、本章小结

下载“会计云课堂”App 学习

您已成功完成“第五章”的学习，本章共 9 个考点，您都学会了吗？

为了让您对章节有更清晰的理解，加倍巩固。本书作者张志凤老师将通过**“视频导图课”**的方式，带您回顾重要考点。

名师点拨，视听结合，高效提分。

※ 欢迎您扫码，免费观看学习。

二、本章疑难问题解答

1. 为什么投资性房地产改扩建不通过“在建工程”科目，而是通过“投资性房地产—在建”科目核算？

答：房地产开发企业将存货对外出租形成投资性房地产，其价值很高，若改扩建将其转入在建工程，则会影响报表项目前后各期的可比性。如 2×20 年 12 月对价值 10000 万元的投资性房地产进行改扩建，2×21 年 10 月改扩建完工。若改扩建时将其转入在建工程，2×19 年 12 月 31 日（及以前年度资产负债表日）以“投资性房地产”项目列示，2×20 年 12 月 31 日以“在建工程”项目列示，2×21 年 12 月 31 日以“投资性房地产”项目列示，这样无法进行报表项目纵向分析。若投资性房地产改扩建通过“投资性房地产—在建”科目核算，报表各期均以“投资性房地产”项目列示，不会影响报表纵向分析。

2. 部分出租自建房屋建筑物转入投资性房地产是否应结转无形资产中对应的土地使用权？

答：应将该房屋所占土地使用权价值按照房屋建筑物中自用建筑面积和对外出租建筑面积的比例进行分摊，将分摊到对外出租建筑面积的土地使用权价值一并转入投资性房地产的成本中。

同步强化练习题

使用“会计云课堂”App 或“微信”扫码快速做题、对答案、看解析、掌握解题思路，开启轻松过关之旅。

一、单项选择题

1. 下列关于投资性房地产的确认和计量的表述中，不正确的是（　　）。
   A. 持有以备经营出租的空置建筑物初始确认时点为租赁期开始日
   B. 持有并准备增值后转让的土地使用权初始确认时点为停止自用并准备增值后转让的日期
   C. 在建造投资性房地产过程中发生的自然灾害损失，直接计入当期损益
   D. 与投资性房地产有关的后续支出，满足投资性房地产确认条件的，应当计入投资性房地产成本

2. 2×21 年 12 月 31 日，甲企业与乙企业的一项厂房经营租赁合同到期，甲企业于当日起对厂房进行改扩建，并与乙企业签订了续租合同，约定自改扩建完工时将厂房继续出租给乙企业。2×22 年 12 月 31 日厂房改扩建工程完工，共发生支出 800 万元，符合资本化条件，当日起按照租赁合同约定出租给乙企业。甲企业取得该厂房时的成本为 4000 万元，假设甲企业对投资性房地产采用成本模式计量，截至 2×21 年 12 月 31 日已计提折旧 600 万元。不考虑其他因素，下列说法中错误的是（　　）。
   A. 发生的改扩建支出应计入投资性房地产成本
   B. 改扩建期间不对该厂房计提折旧
   C. 2×21 年 12 月 31 日资产负债表上列示该投资性房地产账面价值为 0
   D. 2×22 年 12 月 31 日资产负债表上列示该投资性房地产账面价值为 4200 万元

3. 企业对其分类为投资性房地产的写字楼进行日常维护所发生的相关支出，应当计入的财务报表项目是（　　）。
   A. 营业成本
   B. 投资收益
   C. 管理费用
   D. 营业外支出

4. 甲公司以 2800 万元取得土地使用权并自建三栋同样设计的厂房，其中一栋作为投资性房地产用于经营租赁，三栋厂房建造工程已经完工，全部成本合计 12000 万元，完工当日土地使用权账面价值为 2400 万元，假定不考虑其他因素，租赁期开始日该投资性房地产的初始成本为（　　）万元。
   A. 14400　　B. 7200
   C. 4000　　D. 4800

5. 2×21 年 2 月 5 日，A 公司资产管理部门建议管理层将一栋闲置办公楼用于出租。2×21 年 2 月 10 日，董事会批准关于出租办公楼的议案，并明确出租办公楼的意图在短期内不会发生变化。2×21 年 2

月20日，A公司与承租方签订办公楼租赁合同，租赁期为自2×21年3月1日起2年。A公司将该闲置办公楼确认为投资性房地产的时点是（ ）。

A. 2×21年2月5日

B. 2×21年2月10日

C. 2×21年2月20日

D. 2×21年3月1日

6. 甲公司从事房地产开发经营业务，2×21年3月5日收回租赁期届满的商铺，并计划对其重新装修后继续用于出租。该商铺成本为3000万元，至重新装修之日，已计提累计折旧500万元，未计提投资性房地产减值准备，其中原装修支出的账面价值为200万元。装修工程于2×21年3月6日开始，于当年年末完工并达到预定可使用状态，共发生装修支出600万元（均符合资本化条件）。装修后预计租金收入将大幅增加，甲公司对该商铺采用成本模式进行后续计量。2×21年12月31日甲公司该项投资性房地产的账面价值为（ ）万元。

A. 1900　　B. 2900

C. 2600　　D. 1800

7. 某企业采用成本模式对投资性房地产进行后续计量。2×21年6月20日，该企业将当日达到预定可使用状态的自行建造的办公楼对外出租，该办公楼建造成本为5200万元，预计使用年限为25年，预计净残值为200万元，采用年限平均法计提折旧。2×21年该办公楼应计提的折旧额为（ ）万元。

A. 100　　B. 50

C. 150　　D. 200

8. 甲公司对投资性房地产采用成本模式进行后续计量。自2×20年12月31日起，甲公司将一栋自用厂房出租给某单位，租赁期为4年，每年年末收取租金5000万元。该厂房原价为24000万元，预计使用年限为40年，预计净残值为零，采用年限平均法计提折旧；至2×20年12月31日已使用10年，已计提累计折旧6000万元。2×21年12月31日，甲公司在对该投资性房地产进行减值测试时，发现该投资性房地产的可收回金额为15000万元。假定不考虑相关税费，该投资性房地产对甲公司2×21年利润总额的影响金额为（ ）万元。

A. 5000　　B. 2000

C. 4400　　D. 600

9. 2×21年7月1日，甲公司外购一栋写字楼并于当日直接租赁给乙公司使用，租赁期为6年，每年租金为120万元。甲公司对投资性房地产采用公允价值模式进行后续计量，该写字楼的实际取得成本为15000万元。2×21年12月31日，该写字楼的公允价值为15200万元。假设不考虑相关税费，则该项投资性房地产对甲公司2×21年度利润总额的影响金额为（ ）万元。

A. 30　　B. 260

C. 230　　D. 320

10. 甲公司将一幢自用办公楼转换为采用公允价值模式进行后续计量的投资性房地产，该办公楼的账面原值为10000万元，至转换日已计提折旧800万元，未计提固定资产减值准备，转换日该办公楼的公允价值为12000万元。不考虑其他因素，转换日影响“其他综合收益”的金额为（ ）万元。

A. 2800　　B. 2100

C. 9200　　D. 12000

11. 2×21年1月1日，甲公司将一项投资性房地产由成本模式转为公允价值模式计量。该投资性房地产原价为40000万元，至转换时点已计提折旧10000万元，未计提减值准备，当日该投资性房地产公允价值为50000万元。甲公司按净利润的10%计提法定盈余公积，不提取任意盈余公积。假定不考虑所得税及其他因素的影响。则转换日影响甲公司2×21年度资产负债表中“盈余公积”项目的年初金额为（　　）万元。

A. 2000　　B. 1500

C. 18000　　D. 13500

12. 甲公司对投资性房地产采用公允价值模式进行后续计量。2×21年6月10日，甲公司将一项固定资产转换为投资性房地产。该固定资产的账面余额为10000万元，已计提折旧1600万元，已计提减值准备400万元。假设该项房地产当日的公允价值为7000万元。不考虑其他因素的影响，关于转换日的处理，下列各项表述中，正确的是（　　）。

A. 该事项属于会计政策变更

B. 转换日计入公允价值变动损益借方的金额为1000万元

C. 投资性房地产的入账价值为8000万元

D. 该项房地产在转换日的处理不影响当期损益

13. 2×21年7月1日，甲公司将一项采用成本模式进行后续计量的投资性房地产转换为固定资产。该资产在转换前的原价为10000万元，已计提折旧2000万元，已计提减值准备800万元，转换日的公允价值为7700万元。假定不考虑其他因素，转换日甲公司应借记“固定资产”科目的金额为（　　）万元。

A. 7700　　B. 8000

C. 10000　　D. 7200

14. 2×19年2月15日，甲公司将一栋自用办公楼对外出租，年租金为360万元。当日，办公楼成本为6400万元，已计提折旧4200万元，未计提减值准备，公允价值为4800万元。甲公司采用公允价值模式对投资性房地产进行后续计量。该办公楼2×19年12月31日的公允价值为5200万元，2×20年12月31日的公允价值为5280万元。2×21年3月1日，甲公司收回租赁期届满的办公楼并对外出售，取得价款5600万元。不考虑其他因素，甲公司2×21年度因出售该办公楼应确认的损益金额为（　　）万元。

A. 2920　　B. 800

C. 320　　D. 3400

15. 某企业对投资性房地产采用公允价值模式进行后续计量。2×20年7月1日购入一幢建筑物，并于当日对外出租。该建筑物的实际取得成本为5100万元，用银行存款付讫，预计使用年限为20年，预计净残值为100万元。2×20年12月31日，该投资性房地产的公允价值为5080万元。2×21年4月30日该企业将此项投资性房地产出售，售价为5500万元，不考虑其他因素，该企业处置投资性房地产时影响营业成本的金额为（　　）万元。

A. 420　　B. 5500

C. 5100　　D. 5080

二、多项选择题

1. 下列项目中，不属于投资性房地产的有（　　）。

A. 已出租的办公楼

B. 房地产开发企业拥有并自行经营的饭店

C. 企业将办公楼出租并向承租人提供保安、维修等辅助服务

D. 房地产开发企业持有以备出售的商品房

2. 长红公司为一家多元化经营的综合性集团公司，对投资性房地产采用公允价值

模式进行后续计量。不考虑其他因素，其纳入合并范围的下列子公司对所持有土地使用权的会计处理中，符合会计准则规定的有（ ）。

A. 子公司甲为房地产开发企业，将土地使用权取得成本计入所建造商品房成本

B. 子公司丁将用作办公用房的外购房屋价款按照房屋和土地使用权的相对公允价值比例分别确认为固定资产和无形资产，采用不同的年限计提折旧和摊销

C. 子公司乙将取得的用于建造厂房的土地使用权在建造期间的摊销计入当期管理费用

D. 子公司丙将持有的土地使用权对外出租，租赁期开始日停止摊销并转为采用公允价值模式进行后续计量

3. A公司（属于房地产开发企业）自行建造一物业，地下共3层，地上共16层，其中地下3层拟建为用于出租的地下停车场，地上16层拟建为用于出售的房产。A公司采用公允价值模式计量投资性房地产。A公司因地下停车场和将用于出售的房产属于同一个项目、部分开发成本需要在出租物业和出售物业之间进行分摊。2×21年6月30日，地下停车场装修完工，A公司根据招商情况（含签订合同、意向书，或者处于洽谈完成待签协议等情形）确定达到预定可使用状态。A公司下列会计处理中正确的有（ ）。

A. 该物业建造时应作为存货核算

B. 地下3层在建造期间应作为投资性房地产核算和列报

C. 地上16层建造期间应作为固定资产核算

D. 地上16层建造期间应作为存货核算

4. 某企业对投资性房地产采用公允价值模式进行后续计量。2×20年12月31日该企业购入一幢建筑物并于当日直接出租，租赁期为5年，每年年末收取租金150万元。该建筑物的购买价格为1000万元，以银行存款支付。税法规定，该建筑物预计使用年限为20年，预计净残值为50万元，采用年限平均法计提折旧。2×21年12月31日，该建筑物的公允价值为1100万元。假定不考虑其他因素，下列表述中正确的有（ ）。

A. 2×21年该项投资性房地产不计提折旧

B. 2×21年该项投资性房地产应计提折旧47.5万元

C. 2×21年该项投资性房地产增加当期营业利润250万元

D. 2×21年年末该项投资性房地产的列报金额为1100万元

5. 甲公司采用成本模式对投资性房地产进行后续计量，2×21年1月10日甲公司取得一项处于建设中的房产，成本为2800万元，甲公司又发生建造和装修支出1000万元（均符合资本化条件），应予资本化的借款利息200万元，该房产于2×21年6月30日达到预定可使用状态，考虑自身生产经营需要，当日甲公司董事会决议将该房产60%留作办公自用，另外40%与A企业签订长期租赁合同。合同规定租赁期开始日为2×21年6月30日，年租金200万元。该项房产预计使用20年，预计净残值为0，采用年限平均法计提折旧，不考虑相关税费等其他因素。甲公司下列会计处理中正确的有（ ）。

A. 2×21年6月30日固定资产初始计量金额为2400万元

B. 2×21年6月30日投资性房地产初始计量金额为1600万元

C. 2×21年应确认租金收入100万元

D. 2×21年甲公司上述业务对利润总额无影响

6. 下列关于投资性房地产后续计量的表述中，正确的有（　　）。
A. 采用公允价值模式进行后续计量的投资性房地产，资产负债表日其公允价值大于账面价值的差额记入“其他综合收益”科目
B. 采用成本模式进行后续计量的投资性房地产，不允许再采用公允价值模式计量
C. 采用公允价值模式进行后续计量的投资性房地产，不计提减值准备
D. 投资性房地产减值准备，一经计提，不得转回

7. 关于投资性房地产转换日的确定，下列说法中正确的有（　　）。
A. 企业将原本用于经营出租的房地产改为用于经营管理的自用房地产，则该房地产的转换日为房地产达到自用状态，即企业开始将房地产用于经营管理的日期
B. 房地产开发企业将其持有的开发产品以经营租赁的方式出租，则该房地产的转换日为租赁期开始日
C. 企业将原本用于生产商品的房地产改为用于出租，则该房地产的转换日为租赁期开始日
D. 企业将原本用于经营管理的土地使用权改用于资本增值，则该房地产的转换日应确定为董事会决定将自用土地使用权停止自用的日期

8. 关于投资性房地产的会计处理，下列表述中正确的有（　　）。
A. 投资性房地产的后续计量由公允价值模式转为成本模式的，应当作为会计政策变更处理
B. 已采用公允价值模式计量的投资性房地产，不得转为非投资性房地产核算
C. 采用公允价值模式计量的投资性房地产转换为自用房地产时，应当以其转换当日的公允价值作为自用房地产的账面价值
D. 同一企业只能采用一种模式对所有投资性房地产进行后续计量，不得同时采用两种计量模式

9. 甲公司采用公允价值模式对投资性房地产进行后续计量，有关投资性房地产的资料如下：2×21年6月30日，甲公司董事会决定将自用办公楼整体出租给乙公司，租期为3年，月租金为400万元。2×21年6月30日为租赁期开始日，当日的公允价值为80000万元。该办公楼原值为80000万元，预计使用年限为40年，至出租时已计提折旧10000万元，未计提减值准备。2×21年年末该房地产的公允价值为96000万元。假定按年确认公允价值变动损益。关于甲公司2×21年的会计处理，下列说法中正确的有（　　）。
A. 2×21年6月30日确认投资性房地产的入账价值为80000万元
B. 2×21年6月30日该房地产转换时的公允价值大于其账面价值的差额10000万元计入其他综合收益
C. 2×21年年末调增投资性房地产的账面价值，并确认公允价值变动收益16000万元
D. 2×21年下半年该业务影响利润表营业利润的金额为18400万元

10. 下列关于投资性房地产会计处理的表述中，正确的有（　　）。
A. 自行建造的投资性房地产，按达到预定可使用状态前所发生的必要支出进行初始计量
B. 采用成本模式进行后续计量的投资性房地产，计提的减值准备以后会计期间不可以转回
C. 投资性房地产后续计量由成本模式转为公允价值模式时，其公允价值与账

面价值的差额应计入当期损益

D. 满足投资性房地产确认条件的后续支出，应予以资本化

11. 企业将成本模式计量的投资性房地产变更为公允价值模式计量，变更日的公允价值与账面价值的差额，可能影响的财务报表项目有（　　）。

A. 盈余公积

B. 其他综合收益

C. 公允价值变动收益

D. 未分配利润

12. 甲公司2×18年12月31日购入一栋办公楼，实际取得成本为6000万元。该办公楼预计使用年限为20年，预计净残值为零，采用年限平均法计提折旧。因公司迁址，2×21年6月30日甲公司与乙公司签订租赁协议。该协议约定：甲公司将上述办公楼租赁给乙公司，租赁期开始日为协议签订日，租期2年，年租金150万元，每半年支付一次。租赁协议签订日该办公楼的公允价值为5800万元。甲公司对投资性房地产采用公允价值模式进行后续计量。2×21年12月31日，该办公楼的公允价值为5900万元。不考虑其他因素，下列各项关于甲公司上述交易或事项会计处理的表述中，错误的有（　　）。

A. 出租该办公楼应于租赁期开始日按其原价6000万元确认投资性房地产

B. 出租该办公楼应于租赁期开始日确认公允价值变动损益550万元

C. 出租该办公楼应于2×21年计提折旧150万元

D. 出租该办公楼2×21年取得的75万元租金应冲减投资性房地产的账面价值

13. 某企业的投资性房地产采用公允价值模式进行后续计量。2×20年12月31日该企业购入一幢建筑物直接用于出租，租赁期为5年，每年租金收入为200万元。该建筑物的购买价格为1200万元，发生相关税费20万元，上述款项均以银行存款支付。税法规定，该建筑物预计使用年限为20年，预计净残值为20万元，采用年限平均法计提折旧。2×21年12月31日，该建筑物的公允价值为1120万元，可收回金额为1110万元。假定不考虑所得税等其他因素，下列表述中，正确的有（　　）。

A. 2×21年该项投资性房地产应计提折旧55万元

B. 2×21年该项投资性房地产增加当期营业利润100万元

C. 2×21年12月31日应计提减值准备10万元

D. 2×21年12月31日该项投资性房地产的列报金额为1120万元

三、计算分析题

2×17年12月10日，甲公司与乙公司签订了一项租赁协议，将一栋经营管理用写字楼出租给乙公司，租赁期为3年，租赁期开始日为2×17年12月31日，年租金为480万元，于每年年初收取。相关资料如下：

（1）2×17年12月31日，甲公司将该写字楼停止自用，出租给乙公司，拟采用成本模式进行后续计量，预计尚可使用年限为46年，预计净残值为40万元，采用年限平均法计提折旧，未计提减值准备。该写字楼于2×13年12月31日达到预定可使用状态时的账面原价为3940万元，预计使用年限为50年，预计净残值为40万元，采用年限平均法计提折旧。

（2）2×18年1月1日，预收当年租金480万元，款项已收存银行。甲公司按月将租金收入确认为其他业务收入，并结转相关成本。

（3）2×19年12月31日，甲公司考虑到所在城市存在活跃的房地产市场，并且能够合理估计该写字楼的公允价值，为提供更相关的会计信息，将投资性房地产的后续计量从成本模式转换为公允价值模式，当日该写字楼的公允价值为4300万元。

（4）2×20年12月31日，该写字楼的公允价值为4400万元。

（5）2×21年1月1日，租赁合同到期，甲公司为解决资金周转困难，将该写字楼出售给丙企业，价款为4500万元，款项已收存银行。

甲公司按净利润的10%提取盈余公积，不考虑相关税费等其他因素。

要求：

（1）编制甲公司2×17年12月31日将该写字楼转换为投资性房地产的会计分录。

（2）编制甲公司2×18年1月1日收取租金、1月31日确认租金收入和结转相关成本的会计分录。

（3）编制甲公司2×19年12月31日将该投资性房地产的后续计量由成本模式转换为公允价值模式的相关会计分录。

（4）编制甲公司2×20年12月31日确认公允价值变动损益的相关会计分录。

（5）编制甲公司2×21年1月1日处置该投资性房地产时的相关会计分录。

同步强化练习题参考答案及解析

使用“会计云课堂”App或“微信”扫码对答案、看解析、掌握解题思路，开启轻松过关之旅。

一、单项选择题

1.【答案】A

【解析】企业持有以备经营出租的空置建筑物或在建建筑物，董事会或类似机构作出书面决议，明确表明将其用于经营出租且持有意图短期内不再发生变化的，即使尚未签订租赁协议，也应视为投资性房地产，选项A错误。

2.【答案】C

【解析】2×21年12月31日，该投资性房地产账面价值=4000-600=3400（万元），投资性房地产改扩建期间仍继续作为投资性房地产核算，应列示金额为3400万元。

3.【答案】A

【解析】企业对其分类为投资性房地产的写字楼进行日常维护所发生的相关支出应计入其他业务成本，对应的报表项目为营业成本。

4.【答案】D

【解析】租赁期开始日该投资性房地产的初始成本=2400÷3+12000÷3=4800（万元）。

5.【答案】B

【解析】对于企业持有以备经营出租的空置建筑物或在建建筑物，如董事会或类似机构作出书面决议，明确表明将其用于经营出租且持有意图短期内不再发生变化的，即使尚未签订租赁协议也应视为投资性房地产，所以该闲置办公楼确认为投资性房地产的日期为董事会或类似机构作出书面决议的日期，即2×21年2月10日。

6.【答案】B

【解析】2×21年12月31日甲公司该项投资性房地产的账面价值=(3000-500)-200+600=2900（万元）。

7.【答案】A

【解析】2×21年该办公楼应计提的折旧额=(5200-200)÷25×6/12=100(万元)。

8.【答案】B

【解析】2×21年该投资性房地产应计提折旧额=(24000-6000)/(40-10)=600(万元)，2×21年12月31日计提减值准备前投资性房地产账面价值=（24000-6000）-600=17400（万元），因可收回金额为15000万元，所以应计提投资性房地产减值准备2400万元(17400-15000)。该投资性房地产对甲公司2×21年利润总额的影响金额=5000-600-2400=2000（万元）。

9.【答案】B

【解析】该项投资性房地产对甲公司2×21年度利润总额的影响金额=120×6/12（当年确认的租金部分）+（15200-15000）（投资性房地产发生的公允价值变动）=260（万元）。

10.【答案】A

【解析】转换日影响“其他综合收益”的金额=12000-（10000-800）=2800（万元）。

11.【答案】A

【解析】将投资性房地产的后续计量由成本模式转为公允价值模式属于会计政策变更，公允价值与原账面价值的差额调整期初留存收益。转换日影响2×21年资产负债表中“盈余公积”项目的年初金额=[50000-（40000-10000）]×10%=2000（万元）。

12.【答案】B

【解析】该事项属于自用房地产与投资性房地产的转换，不属于会计政策变更，选项A不正确；自用房地产转换为采用公允价值模式计量的投资性房地产时，投资性房地产应按照转换当日的公允价值7000万元计量，公允价值小于账面价值的差额1000万元（10000-1600-400-7000）记入借方“公允价值变动损益”科目，选项C和D不正确，选项B正确。

13.【答案】C

【解析】甲公司将采用成本模式后续计量的投资性房地产转换为固定资产，应将投资性房地产原价10000万元转入“固定资产”科目，选项C正确。

14.【答案】A

【解析】甲公司因出售该办公楼应确认的损益金额=（5600-5280）（售价与账面价值差额）+[4800-（6400-4200）]（转换时点计入其他综合收益的部分）=2920（万元）。

【提示】因其他综合收益属于所有者权益项目，所以其他综合收益结转其他业务成本影响出售时的损益，但出售时公允价值变动损益转入其他业务成本属于损益类科目内部结转，不影响损益总额。

15.【答案】C

【解析】出售时，应将该投资性房地产

的账面价值5080万元计入其他业务成本，持有期间公允价值变动损益-20万元（5080-5100）转入其他业务成本，则影响营业成本的金额=5080+20=5100（万元）。

会计分录如下：

借：银行存款　5500

　贷：其他业务收入　5500

借：其他业务成本　5080

　　投资性房地产—公允价值变动　20

　贷：投资性房地产—成本　5100

借：其他业务成本　20

　贷：公允价值变动损益　20

二、多项选择题

1.【答案】BD

【解析】选项B，企业为生产商品、提供劳务或经营管理而持有的房地产，如企业出租给本企业职工居住的房屋、企业拥有并自行经营的旅馆、饭店等属于企业的固定资产，不属于投资性房地产；选项D，房地产开发企业持有以备出售的商品房，属于存货。

2.【答案】ABD

【解析】选项C，厂房建造期间的土地使用权摊销额应计入厂房成本，不计入当期管理费用。

3.【答案】BD

【解析】由于A公司建造地下停车场时已明确为出租目的，符合投资性房地产定义，故应在建造期间地下停车场即应作为投资性房地产核算和列报，选项A错误，选项B正确；地上16层用于出售应作为存货核算，选项C错误，选项D正确。

4.【答案】ACD

【解析】采用公允价值模式进行后续计量的投资性房地产，会计上不计提折旧或摊销，也不计提减值准备，选项A正确，选项B错误；2×21年该项投资性房地产增加营业利润=150（租金收入）+（1100-1000）（公允价值变动收益）=250（万元），选项C正确；2×21年年末该项投资性房地产按其公允价值1100万元列报，选项D正确。

5.【答案】ABCD

【解析】2×21年6月30日固定资产的初始确认金额=（2800+1000+200）×60%=2400（万元），选项A正确；2×21年6月30日投资性房地产的初始确认金额=（2800+1000+200）×40%=1600（万元），选项B正确；2×21年应确认租金收入100万元（200/2），选项C正确；2×21年对利润总额的影响金额=100（租金收入）-（2800+1000+200）/20×6/12（当期折旧金额）=0，选项D正确。

6.【答案】CD

【解析】采用公允价值模式进行后续计量的投资性房地产，资产负债表日其公允价值与账面价值的差额记入“公允价值变动损益”科目，选项A错误；采用成本模式进行后续计量的投资性房地产，满足条件时，允许企业将投资性房地产后续计量模式由成本模式变更为公允价值模式，选项B错误。

7.【答案】ABC

【解析】企业将原本用于经营管理的土地使用权改用于资本增值，则该房地产的转换日为自用土地使用权停止自用后，确定用于资本增值的日期，选项D错误。

8.【答案】CD

【解析】已采用公允价值模式计量的投资性房地产，不得从公允价值模式转为成本模式，但可以由投资性房地产转换为非投资性房地产核算，选项 A 和 B 错误。

9.【答案】ABCD

【解析】2×21 年 6 月 30 日投资性房地产应按公允价值 80000 万元计量，公允价值大于原账面价值 70000 万元（80000-10000）的差额 10000 万元计入其他综合收益，选项 A 和 B 正确；2×21 年 12 月 31 日投资性房地产公允价值上升 16000 万元，应调增投资性房地产账面价值并确认公允价值变动收益 16000 万元，选项 C 正确；2×21 年下半年该业务影响利润表营业利润的金额 =400×6+（96000-80000）=18400（万元），选项 D 正确。

10.【答案】ABD

【解析】选项 C，投资性房地产后续计量由成本模式转为公允价值模式应作为会计政策变更处理，公允价值与账面价值的差额，调整期初留存收益。

11.【答案】AD

【解析】投资性房地产后续计量模式的变更属于会计政策变更，追溯调整期初留存收益，即盈余公积和未分配利润，选项 A 和 D 正确。

12.【答案】ABD

【解析】租赁期开始日按当日的公允价值 5800 万元确认投资性房地产，选项 A 错误；办公楼出租前的账面价值 =6000-6000/20×2.5=5250（万元），公允价值大于账面价值的差额应计入其他综合收益，应确认的其他综合收益 =5800-5250=550（万元），选项 B 错误；2×21 年应计提的折旧额 =6000/20×6/12=150（万元），选项 C 正确；出租办公楼 2×21 年取得的租金收入应当确认为其他业务收入，选项 D 错误。

13.【答案】BD

【解析】采用公允价值模式计量的投资性房地产不计提折旧或摊销，选项 A 错误；2×21 年投资性房地产增加营业利润 = 营业收入 200- 公允价值变动损失（1200+20-1120）=100（万元），选项 B 正确；采用公允价值模式计量的投资性房地产不计提减值准备，选项 C 错误；2×21 年年末该项投资性房地产按其公允价值 1120 万元列报，选项 D 正确。

三、计算分析题

【答案】

（1）2×17 年 12 月 31 日

借：投资性房地产　　3940
　　累计折旧　　312
　贷：固定资产　　3940
　　　投资性房地产累计折旧　　312
　　　　［（3940-40）/50×4］

（2）2×18 年 1 月 1 日预收租金

借：银行存款　　480
　贷：预收账款　　480

【提示】针对预收账款和合同负债简要说明：合同负债只适用于收入准则，比如销售商品、奖励积分等。对于收入准则核算以外的业务，比如投资性房地产业务等，应通过预收账款核算。

2×18 年 1 月 31 日

确认租金收入 =480/12=40（万元）；

计提的折旧金额 =（3940-40）/50/12= 6.5（万元）。

借：预收账款　　40
　贷：其他业务收入　　40

借：其他业务成本　　6.5
　贷：投资性房地产累计折旧　　6.5

（3）2×19年12月31日

借：投资性房地产　4300

　　投资性房地产累计折旧　468

　贷：投资性房地产　3940

　　　盈余公积　82.8

　　　利润分配—未分配利润　745.2

【提示】投资性房地产累计折旧 =（3940－40）/50×6=468（万元）。

（4）2×20年12月31日

借：投资性房地产　100

　贷：公允价值变动损益　100

（5）2×21年1月1日

借：银行存款　4500

　贷：其他业务收入　4500

借：其他业务成本　4400

　贷：投资性房地产　4400

借：公允价值变动损益　100

　贷：其他业务成本　100

第六章　长期股权投资与合营安排

CHAPTER-6

本章学习指南

一、学习目标

1. 理解股权投资的基本概念。
2. 熟练掌握长期股权投资的初始计量。
3. 熟练掌握长期股权投资的后续计量。
4. 掌握长期股权投资核算方法的转换及处置。
5. 理解合营安排的概念及合营安排的认定。
6. 理解共同经营中合营方的会计处理。

二、考情概况

本章考题涉及各种题型，计算分析题以本章内容为主，综合题经常与合并财务报表等内容结合。本章试题分数较高，属于非常重要章节。

三、教材变化

增加“风险投资机构对联营企业或合营企业投资分类”的相关表述。

四、考点地图

考点	年份 / 题型
长期股权投资初始计量	2021 年单选题
合营安排的会计处理	2021 年单选题
长期股权投资入账价值的计算	2020 年单选题
长期股权投资处置的会计处理	2020 年多选题
控制、共同控制和重大影响的判断	2020 年单选题
股权投资转换的会计处理	2020 年多选题
长期股权投资权益法核算及股权投资转换	2019 年计算分析题

注：建议将本章放在“第十三章　金融工具”后或“第二十六章　企业合并”前学习。

核心考点精讲

提示

本章是集难度大、内容多、分值高于"一身"的章节，长期股权投资的初始计量、后续计量及转换，均涉及到多种情况，会计处理易错易混难度大；共同经营和合营企业的辨析也是常考易错点。需各位考生多思考，多总结，逐一击破。扫描二维码，名师助您披荆斩棘。

第一节　基本概念

使用"会计云课堂"App或"微信"扫码查看本节视频，快速GET知识点。

一、股权投资

相关链接

判断某项投资会计处理适用的准则，参见P169本章疑难问题解答1。

项目			适用准则
对外投资	股权投资	控制、共同控制的合营企业和重大影响的联营企业	长期股权投资（特定情况下执行金融工具确认和计量）
		不具有控制、共同控制和重大影响	金融工具确认和计量
	其他投资		金融工具确认和计量

图示记忆

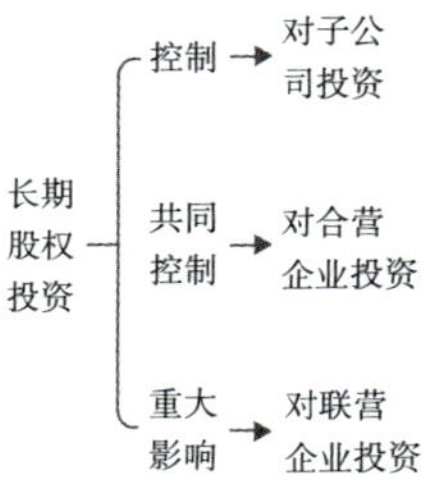

股权投资包括长期股权投资和《企业会计准则第22号——金融工具确认和计量》规范的股权投资。

长期股权投资，是指投资方对被投资单位实施控制（又称控股合并形成的长期股权投资、企业合并形成的长期股权投资、对子公司投资）、重大影响的权益性投资，以及对其合营企业的权益性投资。

【提示1】共同控制的合营企业执行"长期股权投资"准则；共同控制的共同经营执行"合营安排"准则。

【提示2】对被投资单位不具有控制、共同控制或重大影响的权益性投资执行"金融工具确认和计量"准则。

二、联营企业投资

联营企业投资，是指投资方能够对被投资单位施加重大影响的股权投资。重大影响是指投资方对被投资单位的财务和生产经营决策有参与决策的权力，但并不能控制或与其他方一起共同控制这些政策的制定。比如：在被投资单位的董事会中派有代表；参与被投资单位财务和经营决策制定过程；与被投资单位之间发生重要交易；向被投资单位派出管理人员；向被投资单位提供关键技术资料。

投资方直接或是通过子公司间接持有被投资单位20%以上但低于50%的表决权股份时，一般认为对被投资单位具有重大影响，除非有明确的证据表明该种情况下不能参与被投资单位的生产经营决策，不形成重大影响。

在评估投资方对被投资单位是否具有重大影响时，应当考虑潜在表决权的影响（如发行的可转债、认股权证）。

重大影响的判断关键是分析投资方是否有实质性的参与权而不是决定权。

投资方有权力向被投资单位委派董事，一般可认为对被投资单位具有重大影响，除非有明确的证据表明其不能参与被投资单位的财务和经营决策。投资方向被投资单位派驻了董事。但存在明确的证据表明其不能实际参与被投资单位的财务和经营决策时，不应认定为对被投资单位具有重大影响，例如，存在被投资单位控股股东等积极反对投资方欲对其施加影响的事实，可能表明投资方不能实质参与被投资单位的财务和经营决策。

一般而言，在被投资单位的股权结构以及投资方的持股比例等未发生实质变化的情况下，投资方不应在不同的会计期间，就是否对被投资单位具有重大影响，作出不同的会计判断。

【案例1】甲公司于2×21年8月10日以自有资金8亿元参股乙公司并占乙公司增资后总股本的9%，为乙公司的第三大股东。乙公司第一、第二大股东的持股比例分别为15%和12%。甲公司与乙公司的其他股东之间不存在关联方关系，乙公司的其他股东之间也不存在关联方关系。根据乙公司的章程以及合资协议的规定，乙公司董事会共有9名董事，甲公司自投资之日起即有权力向乙公司委派1名董事（即随时有权要求委派）。由于投资恰逢年中，为保持经营的稳定性，且甲公司根据投资前对乙公司的尽职调查认为，乙公司现有董事管理经验丰富，具备决策独立性，可在法律许可的范围内参与乙公司经营决策，维护包括甲公司在内的股东的合法利益，因此甲公司2×21年未实际向乙公司委派董事，而是自2×22年3月10日起才开始正式向乙公司委派了1名董事。

要求：判断甲公司对乙公司是否具有重大影响？从何时开始具有重大影响？

【解析】《企业会计准则》将“重大影响”定义为“对被投资单位的财务和经营决策有参与决策的权力”，其判断的核心应当是投资方是否具备参与并施加重大影响的权力，而投资方是否正在实际行使该权力并不是判断的关键所在。该案例中，甲公司并未在初始投资时派出董事，2×22年3月10日才向乙公司实际派出董事，是出于“投资恰逢年中，保持经营的稳定性，且根据尽职调查认可了现有董事的胜任能力”的考虑，并非受阻于机制上的实质性障碍。

因此，甲公司在2×22年3月10日前较为被动地参与决策的情况，并不改变或者削弱甲公司对乙公司具有重大影响的事实，甲公司自投资日起即对乙公司具有重大影响，应自投资日开始对该投资采用权益法进行核算。

图示记忆

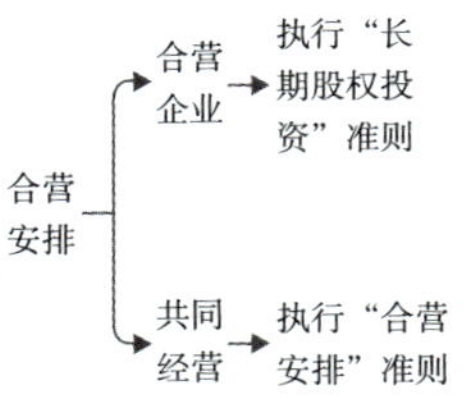

三、合营企业投资

合营企业投资，是指投资方与其他合营方对被投资单位实施共同控制且对被投资单位净资产享有权利的权益性投资。

四、对子公司投资

对子公司投资，是指投资方持有的能够对被投资单位施加控制的权益性投资。

第二节　长期股权投资的初始计量

使用“会计云课堂”App或“微信”扫码查看本节视频，快速GET知识点。

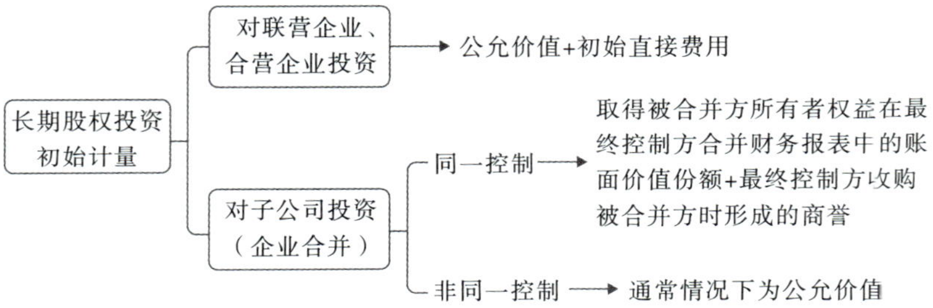

企业合并	同一控制下的企业合并	是指参与合并的企业在合并前后均受同一方或相同的多方最终控制且该控制并非暂时性的
	非同一控制下的企业合并	是指参与合并各方在合并前后不受同一方或相同的多方最终控制的合并交易，即同一控制下企业合并以外的其他企业合并

一、长期股权投资的确认

长期股权投资的确认，是指投资方能够在自身账簿和报表中确认对被投资单位股权投资的时点。对子公司投资应当在企业合并的合并日（或购买日）确认。实务中，对于重大影响、合营企业等长期股权投资的持有，一般应比对子公司长期股权投资的确认条件进行。

名师点拨

同一控制：合并日

非同一控制：购买日

合并日（或购买日）是合并方（或购买方）获得对被合并方（或被购买方）控制权的日期。

同时满足以下条件时，一般可认为实现了控制权的转移，即形成合并日

（或购买日）。有关的条件包括：

（1）已获股东大会等内部权力机构通过的企业合并合同或协议。

（2）按照规定，合并事项需要经过国家有关主管部门审批的，已获得相关部门的批准。

（3）参与合并各方已办理了必要的财产权交接手续。

（4）合并方或购买方已支付了购买价款的大部分（一般应超过50%），并且有能力、有计划支付剩余款项。

（5）合并方或购买方实际上已经控制了被合并方或被购买方的财务和经营决策，享有相应的收益并承担相应的风险。

【案例2】A公司是上市公司。2×20年，A公司向B公司非公开发行股份进行重大资产重组，B公司以其所拥有的15家全资子公司的股权对应的净资产作为认购非公开发行股票的对价，该交易为非同一控制下企业合并。2×20年12月28日得到中国证监会核准后，双方进行了资产交割。

截至2×20年12月31日，B公司投入的15家子公司全部办妥变更后的企业法人营业执照，股东变更为A公司。2×20年12月30日，双方签订移交资产约定书，约定自2×20年12月30日起B公司将标的资产、负债交付A公司，同时，A公司自2×20年12月31日起接收该15家公司的资产与负债并向这些子公司驻派了董事、总经理等高级管理人员，对标的资产、负债开始实施控制。

2×21年1月，会计师事务所对A公司截至2×20年12月31日的注册资本进行了审验，并出具了验资报告。2×21年2月，A公司本次增发的股份在中国证券登记结算有限责任公司上海分公司办理了股权登记手续。

要求：判断购买日是否应该为2×20年12月31日？

【解析】截至2×20年12月31日，该项交易已经取得了所有必要的审批，15家目标公司全部完成了营业执照变更，双方签订了移交资产约定书。上市公司已经向被购买方驻派了董事、总经理等高级管理人员，对被购买方开始实施控制。

虽然作为合并对价增发的股份在2×21年2月才办理了股权登记手续，但由于企业合并交易在2×20年已经完成所有的实质性审批程序，且A公司实质上已经取得了对15家目标公司的控制权，可以合理判断购买日为2×20年12月31日。

【案例3】A公司是上市公司，拟发行股份2000万股收购B公司股权，此项交易为同一控制下企业合并。交易于2×21年3月获得国务院国资委及国家发改委批准，2×21年4月经A上市公司临时股东大会审议通过，2×21年5月获得国家商务部批准，2×21年12月20日收到中国证监会的批复。2×21年12月30日，重组双方签订了《资产交割协议》，以2×21年12月31日作为本次重大资产重组的交割日。B公司高级管理层主要人员于2×21年12月31日变更为由A公司任命。A上市公司将合并日确定为2×21年12月31日。截至财务报告报出日，置入、置出资产工商变更、登记过户手续尚在办理中，但相关资产权属的变更不存在实质性障碍。

要求：判断 A 公司本次交易的合并日是否应该确定为 2×21 年 12 月 31 日？

【解析】该交易为同一控制下企业合并。截至 2×21 年 12 月 31 日，该项交易已经取得了所有必要的审批，重组双方签订了《资产交割协议》，以 2×21 年 12 月 31 日作为本次重大资产重组的交割日，B 公司高级管理层主要人员于 2×21 年 12 月 31 日变更为由 A 公司任命，说明 A 公司已经开始对 B 公司实施控制。

虽然有关财产权属的过户手续尚未办理完毕，但由于权属变更不存在实质性障碍，合并日可以判断为 2×21 年 12 月 31 日。

对于认缴制下尚未出资的股权投资，投资方在未实际出资前是否应确认与所认缴出资相关的股权投资，应结合法律法规规定与具体合同协议确定，若合同协议有具体约定的，按照合同约定进行会计处理；合同协议没有具体约定的，则应根据《中华人民共和国公司法》（以下简称《公司法》）等法律法规的相关规定进行会计处理。

对于投资的初始确认，若合同明确约定认缴出资的时间和金额，且投资方按认缴比例享有相应的股东权益，则投资方应确认一项金融负债及相应的资产；若合同没有明确约定，则属于一项未来的出资承诺，不确认金融负债及相应的资产。

名师点拨

付出对价中包含的被投资单位已宣告但尚未发放的现金股利或利润，作为应收项目。

二、对联营企业、合营企业投资的初始计量

取得方式	初始投资成本确定
以支付现金取得	实际支付的购买价款（包含购买过程中支付的手续费等）
以发行权益性证券取得	权益性证券的公允价值
以债务重组、非货币性资产交换等方式取得	按《债务重组》《非货币性资产交换》等相关准则规定处理

三、对子公司投资的初始计量

相关链接

同一控制下企业合并处理的基本原则是权益结合法，参见 P169 本章疑难问题解答 2。

（一）同一控制下控股合并形成的对子公司长期股权投资

关注：企业会计准则解释第 6 号

根据《企业会计准则第 20 号——企业合并》，在同一控制下的企业合并中，合并方在企业合并中取得的资产和负债，应当按照合并日在被合并方的账面价值计量。在被合并方是最终控制方以前年度从第三方收购来的情况下，合并方在编制财务报表时，应如何确定被合并方资产、负债的账面价值？

答：同一控制下的企业合并，是指参与合并的企业在合并前后均受同一方或相同的多方最终控制，且该控制不是暂时性的。从最终控制方的角度看，其在合并前后实际控制的经济资源并没有发生变化，因此有关交易事项不应视为购买。合并方编制财务报表时，在被合并方是最终控制方以前年度从第三方收购来的情况下，应视同合并后形成的报告主体自最终控制方开始实施控制时起，一直是一体化存续下来的，应以被合并方的资产、负债（包括最终控制方收购被合并方而形成的商誉）在最终控制方合并财务报表中的账面价值为基础，进行相关会计处理。

合并方取得被合并方净资产账面价值份额加上最终控制方收购被合并方时形成

的商誉之和与支付的合并对价账面价值（或发行股份面值总额）的差额，应当调整资本公积（资本溢价或股本溢价）；资本公积（资本溢价或股本溢价）的余额不足的，应当依次冲减盈余公积和未分配利润。

【提示1】同一控制下企业合并中不产生新的资产和负债。

【提示2】原最终控制方取得被合并方时确认的商誉应作为合并方合并中取得的资产确认，但同一控制下企业合并过程中不产生新的商誉。

1. 合并方以支付现金、转让非现金资产或承担债务方式作为合并对价

借：长期股权投资（取得被合并方所有者权益在最终控制方合并财务报表中的账面价值份额 + 最终控制方收购被合并方时形成的商誉）

　贷：负债（承担债务账面价值）

　　资产（投出资产账面价值）

　　资本公积—资本溢价或股本溢价（差额，可能在借方）

借：管理费用（审计、法律服务、评估咨询等中介费用以及其他相关管理费用）

　贷：银行存款

> 相关链接
>
> 为取得一项资产发生的直接相关费用应计入取得资产成本，如对联营企业投资、合营企业投资等，但对子公司投资发生的直接相关费用计入管理费用，其原因参见P170本章疑难问题解答3。

2. 合并方以发行权益性证券作为合并对价

借：长期股权投资（取得被合并方所有者权益在最终控制方合并财务报表中的账面价值份额 + 最终控制方收购被合并方时形成的商誉）

　贷：股本（发行股票的数量 × 每股面值）

　　资本公积—股本溢价（差额）

借：资本公积—股本溢价（权益性证券发行费用）

　贷：银行存款

【案例4】甲公司为上市公司，2×18年甲公司对拟上市的乙公司进行投资，并持有乙公司100%的股权。2×21年9月1日，乙公司首次公开发行并在A股市场上市，发行新股总计10000万股，每股发行价格为8元人民币。2×18年至2×21年期间，乙公司发生的费用包括：2×18年、2×19年和2×20年年报会计师审计费用每年80万元，2×21年申报报表会计师审计费用300万元，券商承销费300万元，保荐费500万元，财经公关费200万元，上市酒会费150万元。

要求：乙公司对上述各项费用如何进行会计处理，并说明理由。

【解析】①乙公司首发申报报表会计师审计费用、券商承销费和保荐费共计1100万元，应自权益性证券的发行溢价中扣减，发行溢价不足扣减或无发行溢价的，应依次冲减盈余公积和未分配利润。

理由：这部分费用属于与发行权益性证券直接相关的新增费用。

②乙公司发行权益性证券过程中发生的财经公关费和上市酒会费共计350万元，应计入发生年度2×21年度损益。

理由：这部分费用与发行权益性证券并不直接相关。

③2×18年至2×20年年度报告审计费用共计240万元，应分别计入2×18年至2×20年各年度管理费用。

理由：这部分费用不属于发行阶段发生的费用，既不是与发行权益性证券直接相关的费用，也不是新增的费用。

【提示1】被合并方在合并日的净资产账面价值为负数的，长期股权投资初始投资成本按零确定，同时在备查簿中予以登记。

【提示2】长期股权投资的初始投资成本与支付的现金、转让的非现金资产及所承担债务账面价值之间的差额，应当调整资本公积（资本溢价或股本溢价）；资本公积（资本溢价或股本溢价）的余额不足冲减的，依次冲减盈余公积和未分配利润。

【提示3】企业合并前合并方与被合并方采用的会计政策不一致的，应基于重要性原则，统一合并方与被合并方的会计政策。在按照合并方的会计政策对被合并方净资产的账面价值进行调整的基础上，计算确定长期股权投资的初始投资成本。

【提示4】在商誉未发生减值的情况下，同一控制下企业合并中，不同母公司编制合并财务报表时，合并财务报表中反映的商誉是相同的。如：甲公司和乙公司属于同一集团，甲公司从本集团外部购入丁公司80%股权（属于非同一控制下企业合并）时，甲公司合并财务报表中确认商誉80万元。两年后，乙公司购入甲公司所持有的丁公司60%股权，乙公司编制合并财务报表时列示的商誉仍为80万元，而不是60万元。

【提示5】被合并方在最终控制方合并财务报表中的净资产账面价值，并非是指被合并方个别财务报表中体现的有关资产、负债的价值，而是从最终控制方的角度，被合并方自最终控制方开始控制时起，其所持有的资产、负债确定对于最终控制方的价值持续计算至合并日的账面价值。

【案例5】甲公司为乙公司的母公司。2×19年1月1日，甲公司从集团外部取得丁公司80%股权（非同一控制下企业合并），实际支付款项4200万元，购买日丁公司可辨认净资产公允价值为5000万元，账面价值为3500万元，差额因一项无形资产导致。当日该无形资产公允价值为2000万元，账面价值为500万元，剩余使用年限为10年，采用直线法摊销，无残值。除此之外丁公司其他可辨认资产、负债的公允价值与账面价值均相等，不考虑所得税等其他因素的影响。

2×19年1月1日至2×20年12月31日，丁公司账面净利润为1500万元，无其他所有者权益变动。

2×21年1月1日，乙公司购入甲公司所持有丁公司的80%股权，实际支付款项6000万元。

要求：计算乙公司购入甲公司所持有丁公司80%股权的长期股权投资初始投资成本。

【解析】至2×20年12月31日，丁公司按购买日可辨认净资产公允价值持续计算的净利润=1500-（2000-500）÷10×2=1200（万元）。

至2×20年12月31日，丁公司按购买日可辨认净资产公允价值持续计算的净资产账面价值=5000+1200=6200（万元）。

2×21年1月1日，乙公司购入甲公司所持有丁公司的80%股权（同一控制下企业合并），长期股权投资初始投资成本=被合并方所有者权益在最终控制方合并财务报表中账面价值的份额（6200×80%）+最终控制方收购被合并方形成的商誉（4200-5000×80%）=5160（万元）。

上例中，确定长期股权投资初始投资成本时的相对于最终控制方而言的被合并方净资产账面价值是6200万元，并非是2×21年1月1日被合并方个别财务报表中体现的净资产的账面价值5000万元（3500+1500）。

经典题解

【例题1·单选题】甲公司为乙公司的母公司。2×20年1月1日，甲公司从集团外部用银行存款3500万元购入丁公司80%股权（属于非同一控制下控股合并），并能够控制丁公司的财务和经营决策。购买日，丁公司可辨认净资产的公允价值为4000万元，账面价值为3800万元，除一项存货外，其他可辨认资产、负债的公允价值与账面价值相等，该项存货的公允价值为500万元，账面价值为300万元，至2×21年7月1日，丁公司将上述存货对外销售60%。2×21年7月1日，乙公司购入甲公司持有的丁公司60%股权，实际支付款项3000万元，形成同一控制下的控股合并。2×20年1月1日至2×21年7月1日，丁公司实现的净利润为800万元，无其他所有者权益变动。不考虑相关税费等因素影响，则2×21年7月1日，乙公司购入丁公司60%股权的初始投资成本为(　　)万元。

A. 2808　　B. 3108

C. 3033　　D. 4300

【解析】乙公司购入丁公司60%股权属于同一控制下的控股合并，2×20年1月1日，甲公司应确认合并商誉=3500-4000×80%=300(万元)，2×21年7月1日，丁公司按购买日可辨认净资产公允价值持续计算的净资产账面价值=4000+［800-（500-300）×60%］=4680（万元），合并日乙公司购入丁公司60%股权的初始投资成本=4680×60%+300=3108（万元）。

【答案】B

3. 多次交换交易形成同一控制下企业合并

合并日长期股权投资的初始投资成本=合并日被合并方在最终控制方合并财务报表中的净资产账面价值份额+最终控制方收购被合并方形成的商誉

新增投资部分初始投资成本=合并日长期股权投资的初始投资成本-原股权投资账面价值

新增投资部分初始投资成本与为取得新增投资部分所支付对价账面价值的差额，调整资本公积（资本溢价或股本溢价），资本公积（资本溢价或股本溢价）不足冲减的，依次冲减盈余公积和未分配利润。

> **名师点拨**
>
> 同一控制下的企业合并，无论是一次、还是多次交易实现的企业合并，合并日初始投资成本的计算相同。

经典题解

【例题2·单选题】2×20年1月1日，甲公司取得A公司25%的股权，实际支付款项6000万元，能够对A公司施加重大影响，同日A公司可辨认净资产公允价值为22000万元（与账面价值相等）。2×20年度，A公司实现净利润1000万元，无其他所有者权益变动。2×21年1月1日，甲公司以定向增发股票的方式购买同一集团内另一企业持有的A公司40%股权。为取得该股权，甲公司增发2000万股普通股，每股面值为1元，每股公允价值为3.5元；另支付承销商佣金50万元。取得该股权时，相对于最终控制方而言的A公司可辨认净资产账面价值为23000

万元，甲公司所在集团最终控制方此前购买 A 公司时确认的商誉为 200 万元（未发生减值）。进一步取得投资后，甲公司能够对 A 公司实施控制。假定甲公司和 A 公司采用的会计政策、会计期间相同。不考虑其他因素，甲公司 2×21 年 1 月 1 日进一步取得股权投资时应确认的资本公积为（　　）万元。

A. 6850　　B. 6900

C. 6950　　D. 6750

【解析】合并日长期股权投资的初始投资成本 =23000×65%+200=15150（万元），原 25% 股权投资在合并日的账面价值 =6000+1000×25%=6250（万元），新增部分长期股权投资初始投资成本 =15150-6250=8900（万元），甲公司 2×21 年 1 月 1 日进一步取得股权投资时应确认的资本公积 =8900- 股本 2000- 发行费用 50=6850（万元）。

【答案】A

名师点拨

非同一控制下企业合并处理的基本原则是购买法。即将企业合并视为购买企业以一定的价款购进被购买企业的机器设备、存货等资产项目，同时承担被购买企业所有负债的行为，从而按合并时的公允价值计量被购买企业的净资产，将合并成本超过应享有被购买企业可辨认净资产公允价值份额的差额确认为商誉的会计方法。

（二）非同一控制下控股合并形成的对子公司长期股权投资

1. 一次交易实现的企业合并

购买方应当按照确定的企业合并成本作为长期股权投资的初始投资成本。

企业合并成本包括购买方为进行企业合并支付的现金或非现金资产、发行或承担的债务、发行的权益性证券等在购买日的公允价值。购买方在购买日对作为企业合并对价付出的资产、发生或承担的负债公允价值与账面价值的差额计入当期损益（或留存收益）。

非同一控制下企业合并中发生的与企业合并相关的费用与同一控制下企业合并中发生的相关费用的会计处理相同。

形成非同一控制下的控股合并，作为对价投出的资产为非货币性资产时，投出资产公允价值与其账面价值的差额应分别不同资产进行会计处理（与出售资产影响损益的会计处理相同）：

投出资产	账务处理
固定资产 / 无形资产	账面价值与公允价值之间的差额计入资产处置损益
存货	符合收入确认条件的，按其公允价值确认主营业务收入或其他业务收入，按其账面价值结转主营业务成本或其他业务成本，若存货计提跌价准备的，应将存货跌价准备一并结转
其他债权投资	公允价值与账面价值的差额计入投资收益，原持有期间因公允价值变动形成的“其他综合收益”应一并转入投资收益

经典题解

【真题 3·单选题】甲公司 2×20 年发生的投资事项包括：（1）以 300 万元购买乙公司 30% 的股权，发生相关交易费用 5 万元，投资日乙公司净资产公允价值为 800 万元，甲公司对乙公司能够施加重大影响；（2）通过发行甲公司股份的方式购买丙公司 20% 的股权，与发行股份相关的交易费用为 8

万元，投资日甲公司发行的股份的公允价值为450万元，丙公司净资产公允价值为1500万元，甲公司对丙公司能够施加重大影响；（3）同一控制下企业合并购买丁公司80%的股权，支付购买价款800万元，发生交易费用10万元，合并日丁公司净资产账面价值为600万元，公允价值为800万元；（4）非同一控制下企业合并购买戊公司60%的股权，支付购买价款1000万元，发生相关交易费用20万元，购买日戊公司可辨认净资产公允价值为1450万元。下列各项关于甲公司上述长期股权投资相关会计处理的表述中，正确的是（　　）。（2021年）

A. 对戊公司长期股权投资的初始投资成本为1000万元

B. 对乙公司长期股权投资的初始投资成本为300万元

C. 对丁公司长期股权投资的初始投资成本为800万元

D. 对丙公司长期股权投资的初始投资成本为458万元

【解析】非同一控制下的企业合并购买戊公司股权，初始投资成本为付出对价的公允价值1000万元，发生的交易费用20万元计入管理费用，不计入成本，选项A正确；购买乙公司股权后对其施加重大影响，属于合并以外的方式取得长期股权投资，初始投资成本=300+5=305（万元），选项B不正确；

同一控制下取得丁公司股权，初始投资成本=600×80%=480（万元），选项C不正确；

购买丙公司股权后对其施加重大影响，属于合并以外的方式取得长期股权投资，初始投资成本为450万元，与发行股份相关的交易费用8万元，冲减溢价发行收入，溢价收入不足冲减的，冲减留存收益，选项D不正确。

【答案】A

【例题4】2×21年5月1日，甲公司以一项以公允价值计量且其变动计入其他综合收益的债权性金融资产向丙公司投资（甲公司和丙公司不属于同一控制下的两家公司），取得丙公司70%有表决权股份，能够控制其生产经营决策。购买日，该金融资产的账面价值为3000万元（其中成本为3200万元，公允价值变动为-200万元），公允价值为3100万元。不考虑其他相关税费等因素。

甲公司会计处理如下：

借：长期股权投资	3100
其他债权投资—公允价值变动	200
贷：其他债权投资—成本	3200
投资收益	100
借：投资收益	200
贷：其他综合收益	200

2. 多次交换交易形成非同一控制下企业合并

（1）原投资为权益法核算的长期股权投资

购买日长期股权投资初始投资成本＝购买日原投资账面价值＋新增投资公允价值

名师点拨

无论长期股权投资采用权益法核算，还是成本法核算，个别报表均以“长期股权投资”项目列报，因此，购买日个别报表层面认定的是原投资账面价值，而不是公允价值，否则违背“历史成本”计量属性。

【提示】购买日之前因权益法核算形成的其他综合收益或资本公积—其他资本公积暂时不作处理，待到处置该项投资时将与其相关的其他综合收益或资本公积—其他资本公积再按处置长期股权投资的规定进行处理。

经典题解

【例题5】甲公司为一上市的集团公司，原持有乙公司30%股权，能够对乙公司施加重大影响。甲公司2×20年及2×21年发生的相关交易事项如下：

（1）2×20年1月1日，甲公司从乙公司的控股股东—丙公司处受让乙公司50%股权，受让价格为13000万元，款项已用银行存款支付，并办理了股东变更登记手续。甲公司受让乙公司50%股权后，共计持有乙公司80%股权，能够对乙公司实施控制。甲公司受让乙公司50%股权时，所持乙公司30%股权的账面价值为5400万元，其中投资成本4500万元，损益调整870万元，其他权益变动30万元；公允价值为6200万元。

（2）2×21年1月1日，甲公司向丁公司转让乙公司70%股权，转让价格为20000万元，款项已经收到，并办理了股东变更登记手续。出售日，甲公司所持乙公司剩余10%股权的公允价值为2500万元。转让乙公司70%股权后，甲公司不能对乙公司实施控制、共同控制和重大影响，改为交易性金融资产核算。

其他相关资料：

甲公司与丙公司、丁公司于交易发生前无任何关联方关系。甲公司受让乙公司50%股权后，甲公司与乙公司无任何内部交易。

不考虑相关税费及其他因素。

要求：

（1）计算甲公司2×20年度个别报表中受让乙公司50%股权后长期股权投资的初始投资成本，并编制与取得该股权相关的会计分录。

（2）根据上述资料，编制甲公司2×21年度个别财务报表中因处置70%股权相关会计分录。

【答案】

（1）长期股权投资的初始投资成本=5400+13000=18400（万元）。

借：长期股权投资　　13000
　贷：银行存款　　13000
借：长期股权投资　　5400
　贷：长期股权投资—投资成本　　4500
　　　　　　　　　—损益调整　　870
　　　　　　　　　—其他权益变动　　30

（2）

借：银行存款　　20000
　贷：长期股权投资　　16100（18400×70%/80%）
　　　投资收益　　3900
借：资本公积—其他资本公积　　30
　贷：投资收益　　30

解题攻略

权益法转换为成本法时，个别报表层面并未认定出售原投资，所以持有30%股权投资期间因被投资方其他权益变动确认的资本公积—其他资本公积30万元不转入投资收益。

【提示1】长期股权投资转为金融工具准则规范的金融资产时，将原权益法核算时确认的全部其他综合收益转入投资收益或留存收益，原权益法核算时确认的全部“资本公积—其他资本公积”转入投资收益。

借：交易性金融资产　　2500
　贷：长期股权投资　　2300（18400×10%/80%）
　　投资收益　　200

【提示 2】

①若 2×21 年 1 月 1 日，甲公司向丁公司转让所持乙公司股权 20%，剩余 60% 股权仍能对乙公司实施控制，则按比例将资本公积转入投资收益。

借：资本公积—其他资本公积　　7.5（30×20%/80%）
　贷：投资收益　　7.5

②若 2×21 年 1 月 1 日，甲公司向丁公司转让所持乙公司股权 40%，剩余 40% 股权能对乙公司实施重大影响，则按比例将资本公积转入投资收益。

借：资本公积—其他资本公积　　15（30×40%/80%）
　贷：投资收益　　15

（2）原投资为以公允价值计量且其变动计入当期损益的金融资产

购买日长期股权投资初始投资成本 = 购买日原投资公允价值 + 新增投资公允价值

（3）原投资为以公允价值计量且其变动计入其他综合收益的非交易性权益工具投资

购买日长期股权投资初始投资成本 = 购买日原投资公允价值 + 新增投资公允价值

名师点拨

原投资为“其他权益工具投资”，其公允价值与账面价值的差额及因公允价值变动形成的其他综合收益应转入留存收益。

（三）投资成本中包含的已宣告但尚未发放的现金股利或利润的处理

取得投资时，对于支付的对价中包含的应享有被投资单位已经宣告但尚未发放的现金股利或利润，均应确认为应收股利。

长期股权投资初始计量小结如下：

<table>
<tr><th>项目</th><th colspan="2">同一控制企业合并（集团内部企业之间合并）</th><th colspan="2">非同一控制企业合并（集团外部非关联方之间合并）</th><th>合并以外其他方式</th></tr>
<tr><td rowspan="2">初始计量</td><td>一次交易</td><td rowspan="2">初始投资成本 = 相对于最终控制方而言的被合并方所有者权益账面价值份额 + 最终控制方收购被合并方形成的商誉</td><td>一次交易</td><td>初始投资成本（合并成本）= 付出对价的公允价值</td><td rowspan="2">初始投资成本 = 付出对价的公允价值 + 初始直接费用</td></tr>
<tr><td>多次交易</td><td>多次交易</td><td>①原投资为公允价值计量的金融资产：初始投资成本 = 原投资于追加投资日的公允价值 + 付出对价的公允价值
②原投资为权益法核算的长期股权投资：初始投资成本 = 原投资于追加投资日的账面价值 + 付出对价的公允价值</td></tr>
<tr><td>付出对价中包含的已宣告但尚未发放的现金股利或利润</td><td colspan="5">不构成长期股权投资成本，单独作为应收项目处理，记入“应收股利”科目</td></tr>
</table>

<table>
<tr><th>项目</th><th>同一控制企业合并（集团内部企业之间合并）</th><th>非同一控制企业合并（集团外部非关联方之间合并）</th><th>合并以外其他方式</th></tr>
<tr><td rowspan="2">支付对价的差额</td><td>支付对价的账面价值与长期股权投资初始投资成本的差额计入资本公积、留存收益等</td><td colspan="2">①付出资产比照处置相关资产处理
②发行权益性证券公允价值与面值的差额计入资本公积</td></tr>
<tr><td colspan="3">【提示】同一控制企业合并，属于同一集团内部事项，是权益性交易，不确认损益，相关差额调整资本公积，资本公积不足冲减的，调整留存收益；非同一控制企业合并和合并以外其他方式取得长期股权投资，视同“购买”，按照付出对价公允价值为基础确认长期股权投资初始投资成本，付出对价为非货币性资产的，视同出售资产后用取得款项购买长期股权投资的原则进行处理</td></tr>
</table>

【提示】与投资有关的相关费用的会计处理如下表所示：

<table>
<tr><th colspan="2">项目</th><th>直接相关的费用、税金</th><th>发行权益性证券支付的手续费、佣金等</th><th>发行债务性证券支付的手续费、佣金等</th></tr>
<tr><td rowspan="3">长期股权投资</td><td>同一控制</td><td>计入管理费用</td><td rowspan="6">应自权益性证券的溢价发行收入中扣除，溢价收入不足冲减的，应依次冲减盈余公积和未分配利润</td><td rowspan="6">计入应付债券初始确认金额，其中债券如为折价发行的，该部分费用增加折价的金额；如为溢价发行的，应减少溢价的金额</td></tr>
<tr><td>非同一控制</td><td>计入管理费用</td></tr>
<tr><td>联营、合营企业投资</td><td>计入成本</td></tr>
<tr><td colspan="2">以公允价值计量且其变动计入当期损益的金融资产</td><td>计入投资收益</td></tr>
<tr><td colspan="2">以摊余成本计量的金融资产</td><td>计入成本</td></tr>
<tr><td colspan="2">以公允价值计量且其变动计入其他综合收益的金融资产</td><td>计入成本</td></tr>
</table>

相关链接

形成控制后再取得对子公司投资，按购买子公司少数股权处理，参见第二十七章第九节“母公司购买子公司少数股东股权”。

（四）一项交易中同时涉及自最终控制方购买股权形成控制及自其他外部独立第三方购买股权的会计处理

某些股权交易中，合并方除自最终控制方取得集团内企业的股权外，还会涉及自外部独立第三方购买被合并方进一步的股权。该类交易中，一般认为自集团内取得的股权能够形成控制的，相关股权投资成本的确定按照同一控制下企业合并的有关规定处理，而自外部独立第三方取得的股权则视为在取得对被投资单位的控制权，形成同一控制下企业合并后少数股权的购买，该部分少数股权的购买不管与形成同一控制下企业合并的交易是否同时进行，在与同一控制下企业合并不构成一揽子交易的情况下，有关股权投资成本即应按照实际支付的购买价款确定。该种情况下，在合并方最终持有对同一被投资单位的股权中，不同部分的计量基础会存在差异。

第三节　长期股权投资的后续计量

使用“会计云课堂”App 或“微信”扫码查看本节视频，快速 GET 知识点。

一、长期股权投资的成本法

（一）成本法的定义及其适用范围

成本法，是指投资按成本计价的方法。

投资方能够对被投资单位实施控制的长期股权投资应当采用成本法核算。控制，是指投资方拥有对被投资方的权力，通过参与被投资方的相关活动而享有可变回报，并且有能力运用对被投资方的权力影响其回报金额。

（二）成本法核算

1.“长期股权投资”科目反映取得时的成本

2. 被投资单位宣告发放现金股利

借：应收股利（享有被投资单位宣告发放的现金股利或利润）

　贷：投资收益

3. 计提减值准备

借：资产减值损失

　贷：长期股权投资减值准备

4. 长期股权投资的处置

处置长期股权投资，应将长期股权投资账面价值与实际取得价款的差额，计入当期损益（投资收益）。

要点小贴士

子公司将未分配利润或盈余公积转增股本（实收资本），且未向投资方提供等值现金股利或利润的选择权时，投资方并没有获得收取现金股利或者利润的权力，该项交易通常属于子公司自身权益结构的重分类，母公司不应确认相关的投资收益。

名师点拨

长期股权投资减值准备，一经计提，持有期间不得转回。

二、长期股权投资的权益法

（一）权益法的定义及其适用范围

权益法，是指投资以初始投资成本计量后，在投资持有期间根据投资企业享有被投资单位所有者权益份额的变动对长期股权投资的账面价值进行调整的方法。

适用范围：共同控制的合营企业；重大影响的联营企业。

【提示】共同控制的共同经营按照《企业会计准则第 40 号——合营安排》的规定处理。

经典题解

【真题 6 · 多选题】甲公司为境内上市的非投资性主体，其持有其他企业股权或权益的情况如下：（1）持有乙公司 30% 的股权并能对其施加重大影响；（2）持有丙公司 50% 股权并能与丙公司的另一投资方共同控制丙公司；（3）持有丁公司 5% 股权但对丁公司不具有控制、共同控制和重大影响；（4）持有戊结构化主体的权益并能对其施加重大影响。下列各项关于甲公司持有其他企业股权或权益会计处理的表述中，正确的有（　　）。（2017 年）

A. 甲公司对乙公司的投资采用权益法进行后续计量

B. 甲公司对丙公司的投资采用成本法进行后续计量

C. 甲公司对丁公司的投资采用公允价值进行后续计量

D. 甲公司对戊结构化主体的投资采用公允价值进行后续计量

【解析】甲公司持有丙公司 50% 股权，能够与其他企业共同控制丙公司，应采用权益法进行后续计量，选项 B 不正确；甲公司持有戊结构化主体的权益，并能够对其施加重大影响，应采用权益法进行后续计量，选项 D 不正确。

【答案】AC

（二）权益法的核算

科目设置：

长期股权投资—投资成本（投资时点）

—损益调整（持有期间被投资单位净损益变动及利润分配）

—其他综合收益（持有期间被投资单位其他综合收益变动）

—其他权益变动（持有期间被投资单位其他权益变动）

> **名师点拨**
>
> 权益法核算的长期股权投资：
>
> （1）“初始投资成本”为实际付出对价的公允价值加上初始直接费用；
>
> （2）“入账价值”为初始投资成本与投资日应享有被投资方可辨认净资产公允价值份额两者较高者。

【提示】

（1）在持有投资期间，被投资单位编制合并财务报表的，投资方应当以合并财务报表中净利润、其他综合收益和其他所有者权益变动中归属于被投资单位的金额为基础进行会计处理。

（2）权益法核算下，长期股权投资代表的是享有被投资单位净资产的份额，投资收益代表的是享有被投资单位净损益的份额。

> **名师点拨**
>
> （1）商誉 = 合并成本 – 投资时享有被投资方可辨认净资产公允价值份额；
>
> （2）长期股权投资的初始投资成本大于投资时应享有被投资单位可辨认净资产公允价值份额，实际上是商誉，而商誉与整体相关，不能在个别报表中确认，只能体现在长期股权投资中。

1. 初始投资成本的调整

（1）长期股权投资的初始投资成本大于投资时应享有被投资单位可辨认净资产公允价值份额：

不调整长期股权投资的初始投资成本。

（2）长期股权投资的初始投资成本小于投资时应享有被投资单位可辨认净资产公允价值份额：

借：长期股权投资—投资成本

　贷：营业外收入

经典题解

【真题 7·单选题】甲公司为一家上市公司，2×19 年 2 月 1 日，甲公司向乙公司股东发行股份 1000 万股（每股面值 1 元）作为支付对价，取得乙公司 20% 的股权。当日，乙公司净资产账面价值为 8000 万元，可辨认净资产公允价值为12000万元，甲公司所发行股份的公允价值为2000万元，为发行该股份，甲公司向证券承销机构支付200万元的佣金和手续费，取得股权后甲公司能够对乙公司施加重大影响。取得股权日甲公司对乙公司长期股权投资的账面价值是(　　)。(2020年)

A. 2200万元　　　　B. 2400万元

C. 2000万元　　　　D. 2600万元

【解析】甲公司取得乙公司的20%股权，能够对乙公司施加重大影响，甲公司应该将其作为权益法核算的长期股权投资进行账务处理；在取得股权日，甲公司按照付出对价的公允价值2000万元确认长期股权投资初始投资成本；

初始投资成本2000万元与投资日应享有乙公司可辨认净资产公允价值的份额2400万元（12000×20%）比较，前者小于后者，应按照差额调整长期股权投资账面价值，因此取得投资日，甲公司长期股权投资的账面价值是2400万元。

相关的账务处理如下：

借：长期股权投资—投资成本　　2000

　贷：股本　　1000

　　　资本公积—股本溢价　　1000

借：长期股权投资—投资成本　　400（12000×20%-2000）

　贷：营业外收入　　400

借：资本公积—股本溢价　　200

　贷：银行存款　　200

【答案】B

2. 投资损益的确认

投资企业取得长期股权投资后，应当按照应享有或应分担的被投资单位实现的净损益的份额，确认投资损益并调整长期股权投资的账面价值。

（1）被投资单位实现净利润

借：长期股权投资—损益调整

　贷：投资收益

（2）被投资单位发生净亏损

借：投资收益

　贷：长期股权投资—损益调整

采用权益法核算的长期股权投资，在确认应享有或应分担被投资单位的净利润或净亏损时，在被投资单位账面净损益的基础上，应考虑以下因素的影响进行适当调整：

①被投资单位采用的会计政策及会计期间与投资方不一致的，应按投资方的会计政策及会计期间对被投资单位的财务报表进行调整。

②投资方在确认应享有被投资单位净损益的份额时，应当以取得投资时被投资单位可辨认净资产的公允价值为基础，对被投资单位的净利润进行调整后确认。

要点小贴士

对被投资单位净损益调整应考虑的因素：

（1）会计政策、会计期间；

（2）投资时点被投资单位净资产公允价值与账面价值的差额对当期损益的影响；

（3）内部交易。

经典题解

【例题8·单选题】某投资方于2×21年1月1日取得对联营企业30%的股权，能够对被投资单位施加重大影响。取得投资时被投资单位的某项管理用固定资产公允价值为1000万元，账面价值为600万元，预计尚可使用年限为10年，预计净残值为零，按照年限平均法计提折旧。被投资单位2×21年度利润表中的净利润为2000万元。不考虑所得税和其他因素的影响，2×21年投资方对该项股权投资应确认的投资收益为（　　）万元。

A. 600　　B. 5821

C. 588　　D. 5401

【解析】2×21年固定资产按公允价值计提的折旧额100万元（1000÷10）比按账面价值计提的折旧额60万元（600÷10）多40万元，应调减净利润40万元，即2×21年投资方因该项股权投资应确认的投资收益=（2000−40）×30%=588（万元）。

【答案】C

【提示】例题8中，若被投资单位2×21年度利润表中的净亏损为2000万元，2×21年固定资产按公允价值计提的折旧额比账面价值多40万元，应调增净亏损40万元，即2×21年投资方应确认的投资损失=（2000+40）×30%=612（万元）。

③在评估投资方对被投资单位是否具有重大影响时，应当考虑潜在表决权的影响，但在确认应享有的被投资单位实现的净损益、其他综合收益和其他所有者权益变动的份额时，潜在表决权所对应的权益份额不应予以考虑。

④在确认应享有或应分担的被投资单位净损益时，法规或章程规定不属于投资方的净损益应当予以剔除后计算，例如，被投资单位发行了分类为权益的可累积优先股等类似权益工具，无论被投资单位是否宣告分配优先股股利，投资方计算应享有被投资单位的净利润时，均应将归属于其他投资方的累积优先股股利予以扣除。

⑤对于投资方或纳入投资方合并财务报表范围的子公司与其联营企业及合营企业之间发生的未实现内部交易损益应予抵销。即，投资方与联营企业及合营企业之间发生的未实现内部交易损益，按照应享有的比例计算归属于投资方的部分予以抵销，在此基础上确认投资损益。投资方与被投资单位发生的内部交易损失，按照资产减值准则等规定属于资产减值损失的，应当全额确认。

名师点拨

投资企业与其联营企业及合营企业之间的未实现内部交易损益抵销，与投资企业与子公司之间的未实现内部交易损益抵销有所不同，母子公司之间的未实现内部交易损益在合并财务报表中是全额抵销的，而投资企业与其联营企业及合营企业之间的未实现内部交易损益抵销，仅仅是投资企业或是纳入投资企业合并财务报表范围的子公司享有联营企业或合营企业的权益份额部分。

投资方与联营、合营企业之间发生投出或出售资产的交易，该资产构成业务的，有关会计处理如下：

①联营、合营企业向投资方出售业务的，投资方应全额确认与交易相关的利得或损失。

②投资方向联营、合营企业投出业务，投资方因此取得长期股权投资但未取得控制权的，应以投出业务的公允价值作为新增长期股权投资的初始投

资成本，初始投资成本与投出业务的账面价值之差，全额计入当期损益。

③投资方向联营、合营企业出售业务取得的对价与业务的账面价值之间的差额，全额计入当期损益。

经典题解

【例题 9】甲公司为某汽车生产厂商。2×21 年 1 月，甲公司以其所拥有的从事汽车配饰生产的一个分公司(构成业务)，向其持股 40% 的联营企业乙公司增资。同时，乙公司的其他投资方（持有乙公司 60% 股权）也以现金 6000 万元向乙公司增资。增资后，甲公司对乙公司的持股比例不变，仍能施加重大影响。上述分公司（构成业务）的净资产（资产与负债的差额）账面价值为 3000 万元，公允价值为 4000 万元。不考虑相关税费等其他因素影响。

本例中，甲公司是将一项业务投给联营企业进行增资。甲公司应当按照所投出分公司（业务）的公允价值 4000 万元作为新取得长期股权投资的初始投资成本，初始投资成本与所投出业务的净资产账面价值 3000 万元之间的差额 1000 万元应全额计入当期损益。

投出或出售的资产不构成业务的，应当分别顺流交易和逆流交易进行会计处理。顺流交易和逆流交易图示如下：

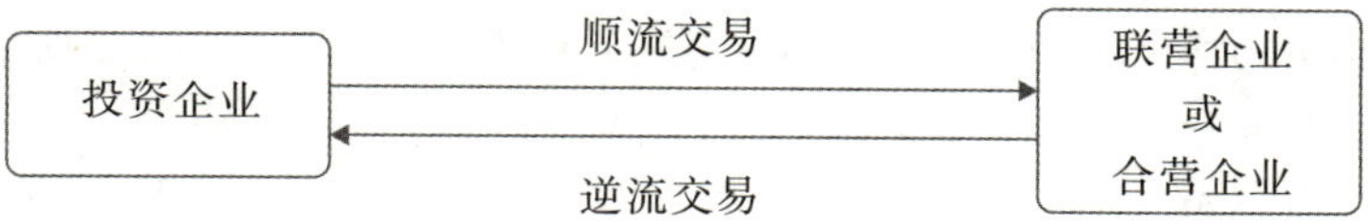

a. 逆流交易

对于联营企业或合营企业向投资企业出售资产的逆流交易，在该交易存在未实现内部交易损益的情况下（即有关资产未对外部独立第三方出售或未被消耗），投资企业在采用权益法计算确认应享有联营企业或合营企业的投资损益时，应抵销该未实现内部交易损益的影响。当投资企业自其联营企业或合营企业购买资产时，在将该资产出售给外部独立第三方之前（或耗用之前），不应确认联营企业或合营企业因该交易产生的损益中本企业应享有的部分。

因逆流交易产生的未实现内部交易损益，在未对外部独立第三方出售或未耗用之前，体现在投资企业持有资产的账面价值当中。投资企业对外编制合并财务报表的，应在合并财务报表中对长期股权投资及包含未实现内部交易损益的资产账面价值进行调整，抵销有关资产账面价值中包含的未实现内部交易损益，并相应调整对联营企业或合营企业的长期股权投资。

应说明的是，无论联营企业或合营企业销售给投资企业的是何种资产，在投资企业个别财务报表中其产生的未实现内部销售利润的消除均反映在长期股权投资中；但从合并财务报表的角度，应消除具体报表项目（如存货、固定资产、无形资产等）的金额。

名师点拨

对与联营企业或合营企业之间的逆流交易，投资方在合并报表中的调整分录如下：

借：长期股权投资

　贷：××资产（结存资产中的未实现内部销售利润×投资方持股比例

相关链接

逆流交易合并财务报表为何进行会计处理，编制调整分录为何要考虑出售比例，参见 P171 本章疑难问题解答 4。

经典题解

【例题10】甲企业于2×21年1月1日取得乙公司20%有表决权股份，能够对乙公司施加重大影响。假定甲企业取得该项投资时，乙公司各项可辨认资产、负债的公允价值与其账面价值均相等。2×21年11月，乙公司将其成本为1200万元（未计提存货跌价准备）的某商品以1800万元的价格出售给甲企业，甲企业将取得的商品作为存货核算。至2×21年12月31日，甲企业未对外出售该存货。乙公司2×21年度实现净利润3200万元。假定不考虑所得税等其他因素的影响。

甲企业在按照权益法确认应享有乙公司2×21年净损益时，应进行以下会计处理：

借：长期股权投资—损益调整　　520［（3200-600）×20%］

　贷：投资收益　　520

上述分录可分解如下：

（1）不考虑内部交易

借：长期股权投资—损益调整　　640（3200×20%）

　贷：投资收益　　640

（2）抵销内部交易

乙公司2×21年实现净利润3200万元中含有销售给甲企业的存货中未实现内部销售利润600万元应予消除，个别财务报表中消除内部交易通过“投资收益”科目和“长期股权投资”科目核算，会计分录如下：

借：投资收益　　120（600×20%）

　贷：长期股权投资—损益调整　　120

进行上述处理后，甲企业如有子公司（乙公司不是甲企业的子公司，不纳入合并范围，只是将该项业务纳入合并范围），从合并财务报表角度，该项业务应抵销甲企业的存货和乙公司的营业收入、营业成本。

借：营业收入

　贷：营业成本

　　存货

因乙公司不纳入合并范围，该项业务涉及乙公司的营业收入和营业成本应用投资收益代替。即该项业务在合并财务报表中的结果：

借：投资收益　　120（600×20%）

　贷：存货　　120

由于个别财务报表中甲企业抵销的是长期股权投资，所以应在合并财务报表中进行以下调整：

借：长期股权投资　　120

　贷：存货　　120

延用【例题10】，若甲企业2×21年将上述存货对外出售60%，至2×21年12月31日结存40%，其他条件不变。

甲企业在按照权益法确认应享有乙公司2×21年净损益时，应进行以下会计处理：

借：长期股权投资—损益调整　　592［（3200-600×40%）×20%］

　贷：投资收益　　592

上述分录可分解如下：

（1）不考虑内部交易

借：长期股权投资—损益调整　　640（3200×20%）

　贷：投资收益　　640

（2）抵销内部交易

借：投资收益　　48（600×40%×20%）

　贷：长期股权投资—损益调整　　48

从合并报表角度应抵销存货48万元（600×40%×20%），而甲企业个别报表抵销的是长期股权投资48万元，所以应在合并财务报表中进行以下调整：

借：长期股权投资　　48

　贷：存货　　48

b. 顺流交易

对于投资企业向联营企业或合营企业出售资产的顺流交易，在该交易存在未实现内部交易损益的情况下（即有关资产未对外部独立第三方出售或未被消耗），投资企业在采用权益法计算确认应享有联营企业或合营企业的投资损益时，应抵销该未实现内部交易损益的影响，同时调整对联营企业或合营企业长期股权投资的账面价值。当投资企业向联营企业或合营企业出资或是将资产出售给联营企业或合营企业，同时有关资产由联营企业或合营企业持有时，投资企业对于投出或出售资产产生的损益确认仅限于归属于联营企业或合营企业其他投资者的部分。即在顺流交易中，投资企业投出资产或出售资产给其联营企业或合营企业产生的损益中，按照持股比例计算确定归属于本企业的部分不予确认。

对与联营企业或合营企业之间的顺流交易，在投资方的个别财务报表中，无论投资方销售给被投资方的是何种资产，其产生的未实现内部销售利润的抵销均反映在投资收益中；但从合并财务报表的角度，应消除具体报表项目（如营业收入、营业成本、资产处置收益）的金额。

名师点拨

对与联营企业或合营企业之间的顺流交易业务，合并报表中的调整分录：

借：营业收入

　贷：营业成本

　　　投资收益

或：

借：资产处置收益

　贷：投资收益

经典题解

【例题11】甲企业2×21年1月1日持有乙公司20%有表决权股份，能够对乙公司生产经营施加重大影响。2×21年11月，甲企业将其账面价值为1200万元的商品以1800万元的价格出售给乙公司，至2×21年12月31日，该批商品尚未对外部独立第三方出售。假定甲企业取得该项投资时，乙公司各项可辨认资产、负债的公允价值与其账面价值均相同，两者在以前期间未发生过内部交易。乙公司2×21年度实现净利润2000万元。不考虑所得税等其他因素的影响。

甲企业在该项顺流交易中实现利润600万元，其中的120万元（600×

20%）是针对本企业持有的对联营企业的权益份额，在采用权益法计算确认投资损益时应予抵销，即2×21年度甲企业应当进行的会计处理如下：

借：长期股权投资—损益调整　　280［（2000-600）×20%］

　贷：投资收益　　280

上述分录可分解如下：

（1）不考虑内部交易时：

借：长期股权投资—损益调整　　400（2000×20%）

　贷：投资收益　　400

（2）抵销内部交易

此项内部顺流交易的抵销可简易理解：甲企业收到的货款1800万元中，一部分是存货的价值1200万元，另一部分是乙公司向甲企业支付的现金股利600万元，权益法核算收到现金股利应冲减长期股权投资，个别财务报表中消除内部交易通过“投资收益”科目和“长期股权投资”科目核算，分录如下：

借：投资收益　　120（600×20%）

　贷：长期股权投资—损益调整　　120

进行上述处理后，甲企业如有子公司（乙公司不是甲企业的子公司，不纳入合并范围，只是将该项销售业务纳入合并范围），从合并财务报表角度，该项销售业务应抵销甲企业的营业收入、营业成本和乙公司的存货。

借：营业收入

　贷：营业成本

　　存货

因乙公司不纳入合并范围，该项销售业务涉及乙公司的存货应用长期股权投资代替。即该项销售业务在合并财务报表中的结果：

借：营业收入　　360（1800×20%）

　贷：营业成本　　240（1200×20%）

　　长期股权投资　　120

由于个别财务报表中甲企业抵销的是投资收益，所以应在合并财务报表中进行以下调整：

借：营业收入　　360（1800×20%）

　贷：营业成本　　240（1200×20%）

　　投资收益　　120

延用【例题11】，若乙公司2×21年将上述存货全部对外出售，其他条件不变。2×21年甲企业个别财务报表应当进行的会计处理：

借：长期股权投资—损益调整　　400（2000×20%）

　贷：投资收益　　400

因营业收入和营业成本在甲企业的个别报表中，从合并报表角度，甲企业和乙公司内部交易产生的营业收入和营业成本应按甲企业持股比例全额抵销，即抵销营业收入360万元（1800×20%），营业成本240万元（1200×20%）。上述存货乙公司对外销售确认营业成本1800万元，从合并报表角度该批存货乙公司对外销售应

相关链接

顺流交易合并财务报表调整分录相关原理，参见P171本章疑难问题解答5。

确认营业成本1200万元，乙公司个别报表多确认的营业成本600万元（1800–1200）使乙公司利润减少600万元，从合并报表角度，对乙公司利润应调增600万元，甲企业应调增投资收益=600×20%=120（万元）。

合并报表调整分录如下：

借：营业收入　　360

　贷：营业成本　　240

　　　投资收益　　120

仍延用【例题11】，若乙公司2×21年将上述存货对外出售60%，至2×21年12月31日结存40%，其他条件不变。

甲企业个别财务报表应当进行的会计处理：

借：长期股权投资—损益调整　　352［（2000–600×40%）×20%］

　贷：投资收益　　352

上述分录可分解如下：

（1）不考虑内部交易

借：长期股权投资—损益调整　　400（2000×20%）

　贷：投资收益　　400

（2）抵销内部交易

借：投资收益　　48（600×40%×20%）

　贷：长期股权投资—损益调整　　48

因营业收入和营业成本在甲企业的个别报表中，从合并报表角度，甲企业和乙公司内部交易产生的营业收入和营业成本应按甲企业持股比例全额抵销，即抵销营业收入360万元（1800×20%），营业成本240万元（1200×20%）。上述存货乙公司对外销售确认营业成本为1080万元（1800×60%），从合并报表角度该批存货乙公司对外销售应确认营业成本为720万元（1200×60%），乙公司个别报表多确认的营业成本360万元（1080–720），使乙公司利润减少360万元，从合并报表角度，对乙公司利润应调增360万元，甲企业应调增投资收益72万元（360×20%），因此合并报表投资收益调增总数=48+72=120（万元）。合并报表调整分录：

借：营业收入　　360

　贷：营业成本　　240

　　　投资收益　　120

解题攻略

无论乙公司2×21年是否出售商品，或者出售多少，合并报表中调整分录相同。

【例题12】A公司2×20年1月取得B公司30%有表决权股份，能够对B公司施加重大影响。假定A公司取得该项投资时，B公司各项可辨认资产、负债的公允价值与其账面价值均相等。2×20年8月20日，B公司将其账面价值为800万元的商品以1000万元的价格出售给A公司，A公司将取得的商品作为存货核算。至2×20年12月31日，A公司将上述商品对外出售40%，2×21年A公司将剩余商品全部对外出售。B公司2×20年度实现净利润2000万元，2×21年度实现净利润2200万元，不考虑所得税等其他因素影响。

A公司的会计处理如下：

2×20年内部交易存货中未实现内部销售利润 =（1000–800）×（1–40%）=120（万元）。

2×20年A公司个别财务报表应确认的投资收益 =（2000–120）×30%=564（万元）。

借：长期股权投资—损益调整　　564

　贷：投资收益　　564

2×20年A公司合并财务报表的调整分录：

借：长期股权投资　　36［（1000–800）×60%×30%］

　贷：存货　　36

2×21年存货全部对外出售，内部交易损益已经实现，2×21年A公司个别财务报表应确认的投资收益 =（2200+120）×30%=696（万元）。

借：长期股权投资—损益调整　　696

　贷：投资收益　　696

2×21年A公司合并财务报表无须进行处理（因上期未实现内部交易损益本期已经实现）。

【例题13】甲公司持有乙公司20%有表决权股份，能够对乙公司生产经营决策施加重大影响。2×21年，甲公司将其账面价值为800万元的商品以640万元的价格出售给乙公司。至2×21年12月31日，该批商品尚未对外部第三方出售。假定甲公司取得该项投资时，乙公司各项可辨认资产、负债的公允价值与其账面价值相等，两者在以前期间未发生过内部交易。乙公司2×21年度实现净利润2000万元，不考虑所得税等其他因素的影响。

上述甲公司在确认应享有乙公司2×21年净损益时，如果有证据表明交易价格640万元与甲公司该商品账面价值800万元之间的差额为该资产发生的减值损失，在确认投资损益时不应予以抵销。甲公司应当进行的会计处理如下：

借：长期股权投资—损益调整　　400（2000×20%）

　贷：投资收益　　400

该种情况下，甲公司在编制合并财务报表时，因向联营企业出售资产表明发生了减值损失，有关的损失应予确认，在合并财务报表中不予调整。

解题攻略

投资企业与其联营企业及合营企业之间发生的无论是顺流交易还是逆流交易产生的未实现内部交易损失，属于所转让资产发生减值损失的，有关的未实现内部交易损失不应予以抵销，应由减值资产全额承担。

应予注意的是，合营方向合营企业投出非货币性资产的交易亦应区分投资方个别财务报表和合并财务报表分别进行处理。投资方按照持股比例计算应予抵销的未实现内部交易损益，在合并财务报表中按合并财务报表相同原则进行抵销或调整。

投资方向联营企业投出非货币性资产产生损益的处理，应比照上述同一原则进行会计处理。

【提示】调整被投资单位净利润时，应考虑投资时点被投资单位资产公允价值和账面价值的差额及内部交易对当期损益的影响，如下表所示（假定不考虑所得税，固定资产折旧和无形资产摊销均影响损益）：

项目	投资时点被投资单位资产公允价值与账面价值差额对当期损益的影响	内部交易对当期损益的影响
存货	调整后的净利润＝被投资单位当期实现净利润－（投资时点存货公允价值－存货账面价值）×当期出售比例 【提示】不需要区分交易发生当期或后续期间	①交易发生当期 调整后的净利润＝被投资单位当期实现净利润－（存货内部交易售价－存货账面价值）×（1－当期出售比例） ②后续期间 调整后的净利润＝被投资单位当期实现净利润＋（存货内部交易售价－存货账面价值）×当期出售比例（即上期尚未出售部分，在本期出售）
固定资产（无形资产）以年限平均法（直线法）为例	调整后的净利润＝被投资单位当期实现净利润－（资产公允价值/尚可使用年限－资产原价/预计使用年限）×（当期折旧、摊销月数/12） 或： 调整后的净利润＝被投资单位当期实现净利润－（资产公允价值－资产账面价值）/尚可使用年限×（当期折旧、摊销月数/12） 【提示】不需要区分交易发生当期或后续期间	①交易发生当期 调整后的净利润＝被投资单位当期实现净利润－（资产售价－资产账面价值）＋（资产售价－资产账面价值）/预计尚可使用年限×（当期折旧、摊销月数/12） ②后续期间 调整后的净利润＝被投资单位当期实现净利润＋（资产售价－资产账面价值）/预计尚可使用年限×（当期折旧、摊销月数/12）

名师点拨

与固定资产（无形资产）相关的未实现内部交易损益的金额是通过在以后期间多计提折旧（摊销）予以实现的，所以在内部交易的以后期间该项资产的售价与账面价值的差额对应的折旧（或摊销）的金额应调整增加后续期间的净利润。

经典题解

【例题14】甲公司2×20年1月1日取得乙公司30%的股权，能够对乙公司施加重大影响。取得投资时乙公司可辨认净资产的公允价值与账面价值相等。2×20年度乙公司实现净利润8000万元，当年6月30日，甲公司将账面价值为600万元的商品以1000万元的价格出售给乙公司，乙公司将其作为管理用固定资产并于当月投入使用，预计尚可使用年限为10年，预计净残值为零，采用年限平均法计提折旧。假定以前期间未发生内部交易，不考虑其他因素的影响。

2×20年度甲公司个别财务报表中因该项投资应确认的投资收益＝［8000－（1000－600）＋（1000－600）/10×6/12］×30%=2286（万元）。

若2×21年度乙公司实现净利润9960万元，2×21年度甲公司个别财务报表中因该项投资应确认的投资收益＝［9960+（1000－600）/10］×30%=3000（万元）。

3. 被投资单位宣告分配现金股利或利润的处理

借：应收股利

　贷：长期股权投资—损益调整

名师点拨

被投资单位宣告分配现金股利，其所有者权益减少，投资方在确认“应收股利”的同时，应按持股比例相应减少“长期股权投资”。

4. 超额亏损的确认

投资企业确认应分担被投资单位发生的净亏损，应当以长期股权投资的账面价值以及其他实质上构成对被投资单位净投资的长期权益减记至零为限，投资企业负有承担额外损失义务的除外。

其他实质上构成对被投资单位净投资的长期权益，通常是指长期应收项目。比如，企业对被投资单位的长期债权，该债权没有明确的清收计划、且在可预见的未来期间不准备收回的，实质上构成对被投资单位的净投资，但不包括投资企业与被投资单位之间因销售商品、提供劳务等日常活动所产生的长期债权。

在确认应分担被投资单位发生的净亏损时，应当按照以下顺序进行处理：

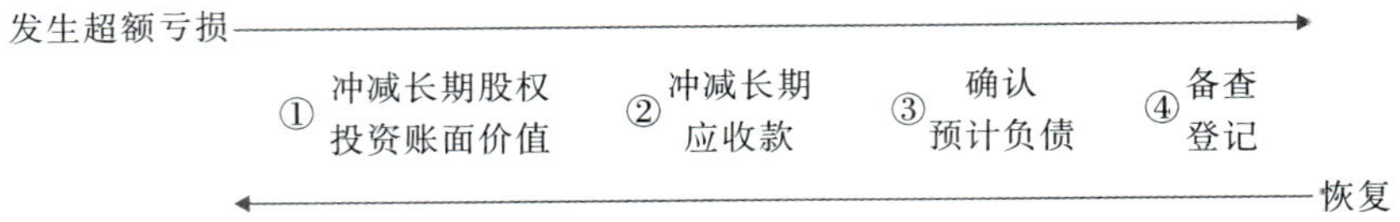

5. 其他综合收益的处理

被投资单位其他综合收益发生变动的，投资方应当按照归属于本企业的部分，相应调整长期股权投资的账面价值，同时增加或减少其他综合收益。

借：长期股权投资—其他综合收益

　贷：其他综合收益

或相反分录。

经典题解

【真题15·单选题】 2×16年1月1日，甲公司以1500万元的价格购入乙公司30%股权，能对乙公司施加重大影响。当日，乙公司可辨认净资产的公允价值为4800万元，与其账面价值相同。2×16年度，乙公司实现净利润800万元，其他综合收益增加300万元；乙公司从甲公司购入某产品并形成年末存货900万元（未发生减值），甲公司销售该产品的毛利率为25%。2×17年度，乙公司分派现金股利400万元，实现净利润1000万元，上年度从甲公司购入的900万元产品全部对外销售。甲公司投资乙公司前，双方不存在关联方关系。不考虑税费及其他因素，甲公司对乙公司股权投资在其2×17年末合并资产负债表中应列示的金额是（　　）。（2018年）

A. 1942.50万元　　B. 2062.50万元

C. 2077.50万元　　D. 2010.00万元

【解析】 甲公司对乙公司股权投资在其2×17年末合并资产负债表中应列示的金额=1500+［（800−900×25%）+300］×30%+［（1000+900×25%）−400］×30%=2010（万元）。

【答案】 D

6. 被投资单位所有者权益其他变动的处理

被投资单位除净损益、其他综合收益以及利润分配以外的所有者权益的其他变动的因素，主要包括被投资方接受其他股东的资本性投入、被投资方发行可转换公司债券中包含的权益成分、以权益结算的股份支付、其他股东对被投资单位增资导致投资方持股比例发生变动等。

投资方应按所持股权比例计算应享有的份额，调整长期股权投资的账面价值，同时计入资本公积（其他资本公积），并在备查簿中予以登记，投资方在后续处置股权投资但对剩余股权仍采用权益法核算时，应按处置比例将这部分资本公积转入当期投资收益；对剩余股权终止采用权益法核算时，将这部分资本公积全部转入当期投资收益。

借：长期股权投资—其他权益变动

贷：资本公积—其他资本公积

或相反分录。

经典题解

【例题 16】2×19 年 3 月 20 日，甲、乙、丙公司分别以现金 200 万元、400 万元和 400 万元出资设立 W 公司，分别持有 W 公司 20%、40%、40% 的股权。甲公司对 W 公司具有重大影响，采用权益法对有关长期股权投资进行核算。W 公司自设立日起至 2×21 年 1 月 1 日实现净损益 1000 万元，除此以外，无其他影响净资产的事项。2×21 年 1 月 1 日，经甲、乙、丙公司协商，乙公司对 W 公司增资 800 万元，增资后 W 公司净资产为 2800 万元，甲、乙、丙公司分别持有 W 公司 15%、50%、35% 的股权。相关手续于当日完成，甲公司仍能对 W 公司施加重大影响。假定甲公司与 W 公司适用的会计政策、会计期间相同，双方在当期及以前期间未发生其他内部交易。不考虑相关税费等其他因素影响。

要求：说明乙公司对 W 公司增资后，甲公司如何进行会计处理并编制相关分录。

【答案】2×21 年 1 月 1 日，乙公司增资前，W 公司的净资产账面价值为 2000 万元，甲公司应享有 W 公司权益的份额为 400 万元（2000×20%）。乙公司单方面增资后，W 公司的净资产增加 800 万元，甲公司应享有 W 公司权益的份额为 420 万元（2800×15%）。甲公司享有的权益变动 20 万元（420-400），属于 W 公司除净损益、其他综合收益和利润分配以外所有者权益的其他变动。甲公司对 W 公司的长期股权投资的账面价值应调增 20 万元，并相应调整“资本公积—其他资本公积”。甲公司应编制如下会计分录：

借：长期股权投资—其他权益变动　　20

贷：资本公积—其他资本公积　　20

7. 股票股利的处理

被投资单位分派股票股利的，投资企业不作会计处理，但应于除权日注明所增加的股数，以反映股份的变化情况。

（三）风险投资机构对联营企业或合营企业投资的分类

风险投资机构、共同基金以及类似主体可以根据长期股权投资准则，将其持有的对联营企业或合营企业投资在初始确认时，确认为以公允价值计量且其变动计入当期损益的金融资产，以向财务报表使用者提供比权益法更有用的信息。风险投资机构、共同基金以及类似主体可将其持有的联营企业或合营企业投资在初始确认时，选择以公允价值计量且其变动计入当期损益的金融资产的处理，仅是长期股权投资准则对于这种特定机构持有的联营企业或合营企业投资的特殊规定，不能指定为以公允价值计量且其变动计入其他综合收益的金融资产。

（四）因被动稀释导致持股比例下降时，“内含商誉”的结转

权益法下，因其他投资方对被投资单位增资而导致投资方的持股比例被稀释，且稀释后投资方仍对被投资单位采用权益法核算的情况下，投资方在调整相关长期股权投资的账面价值时，面临是否应当按比例结转初始投资时形成的“内含商誉”问题。其中，“内含商誉”是指长期股权投资的初始投资成本大于投资时享有的被投资单位可辨认净资产公允价值份额的差额。投资方因股权比例被动稀释而“间接”处置长期股权投资的情况下，相关“内含商誉”的结转应当比照投资方直接处置长期股权投资处理，即应当按比例结转初始投资时形成的“内含商誉”，并将相关股权稀释影响计入资本公积（其他资本公积）。

采用权益法核算的长期股权投资，若因股权被动稀释而使得投资方产生损失，投资方首先应将产生股权稀释损失作为股权投资发生减值的迹象之一，对该笔股权投资进行减值测试。投资方对该笔股权投资进行减值测试后，若发生减值，应先对该笔股权投资确认减值损失并调减长期股权投资账面价值，再计算股权稀释产生的影响并进行相应会计处理。

投资方进行减值测试并确认减值损失（如有）后，应当将相关股权稀释损失计入资本公积（其他资本公积）借方，当资本公积贷方余额不够冲减时，仍应继续计入资本公积借方。

（五）长期股权投资的减值

将长期股权投资的账面价值与可收回金额比较，发生减值时，借记“资产减值损失”科目，贷记“长期股权投资减值准备”科目。长期股权投资减值准备一经计提，持有期间不允许转回。

第四节　长期股权投资核算方法的转换及处置

使用“会计云课堂”App 或“微信”扫码查看本节视频，快速 GET 知识点。

转换情形

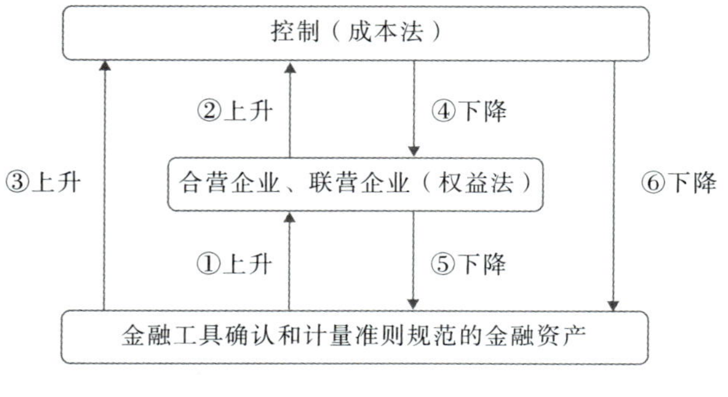

转换原理

将原投资调整到公允价值（不包括形成同一控制下企业合并的情形），即将原投资于转换日按公允价值出售再回购，其中权益法转为成本法在合并报表中调整

上升

转换日

下降

将剩余投资调整到公允价值，即将原投资于转换日按公允价值全部出售再将剩余投资按公允价值回购，其中成本法转为权益法在合并报表中调整

名师点拨

（1）转换时要考虑公允价值，“上升”的转换要将原投资调整到公允价值，“下降”要将剩余投资调整到公允价值。

（2）权益法与成本法的转换，在个别报表调整到公允价值违背历史成本计量属性，因此在合并财务报表中将原投资或剩余投资调整到公允价值。

六种转换情形的会计处理，如下表所示：

	转换形式	个别财务报表	合并财务报表
上升	（1）公允价值计量转换为权益法	原投资调整到公允价值	—
	（2）权益法转换为成本法（非同一控制）	保持原投资账面价值	原投资调整到公允价值
	（3）公允价值计量转换为成本法（非同一控制）	原投资调整到公允价值	因个别报表原投资已经调整为公允价值，所以合并报表无须调整
下降	（4）成本法转换为权益法	剩余投资追溯调整为权益法核算的账面价值	剩余投资调整到公允价值
	（5）权益法转换为公允价值计量	剩余投资调整到公允价值	—
	（6）成本法转换为公允价值计量	剩余投资调整到公允价值	无须调整剩余投资价值

一、成本法转换为权益法

（一）个别财务报表

关键点：剩余持股比例部分应视同取得投资时点即采用权益法核算，即对剩余持股比例投资追溯调整，将其调整到权益法核算的结果。

1. 处置部分

借：银行存款

　　贷：长期股权投资

　　　　投资收益（差额，可能在借方）

2. 剩余部分追溯调整

（1）投资时点商誉的追溯

剩余的长期股权投资初始投资成本大于按照剩余持股比例计算应享有原投资时被投资单位可辨认净资产公允价值份额的，属于投资作价中体现的商誉部分，不调整长期股权投资的账面价值；初始投资成本小于按照剩余持股比例计算应享有原投资时被投资单位可辨认净资产公允价值份额的，在调整长期股权投资成本的同时，通常应调整留存收益。

（2）投资后的追溯调整

借：长期股权投资

贷：留存收益（盈余公积、利润分配—未分配利润）（原投资时至处置投资当期期初被投资单位留存收益变动 × 剩余持股比例）

投资收益（处置投资当期期初至处置日被投资单位的净损益变动 × 剩余持股比例）

其他综合收益（被投资单位其他综合收益变动 × 剩余持股比例）

资本公积—其他资本公积（其他原因导致被投资单位其他所有者权益变动 × 剩余持股比例）

名师点拨

调整留存收益和投资收益时，应自被投资方实现的净损益中扣除已发放或已宣告发放的现金股利或利润。

【提示1】长期股权投资自成本法转为权益法后，未来期间应当按照准则规定计算确认应享有被投资单位实现的净损益、其他综合收益及所有者权益其他变动的份额。

【提示2】投资方因其他投资方对其子公司增资而导致本投资方持股比例下降，从而丧失控制权但能够实施共同控制或施加重大影响的，投资方在个别财务报表中，应当对该项长期股权投资从成本法转为权益法核算。首先，按照新的持股比例确认本投资方应享有的原子公司因增资扩股而增加净资产的份额，与应结转持股比例下降部分所对应的长期股权投资原账面价值之间的差额计入当期损益；然后，按照新的持股比例视同自取得投资时即采用权益法核算进行调整。

相关链接

投资方因其他投资方对被投资单位增资而导致本投资方持股比例下降的处理，参见P172本章疑难问题解答6。

（二）合并财务报表

要点小贴士

因控制权发生改变（由控制转为不再控制），在合并财务报表中剩余股权投资要重新计量，即视为将投资全部出售（售价与账面价值之间的差额计入投资收益），再将剩余部分投资按出售日的公允价值回购。

母公司因处置部分股权投资或其他原因丧失了对原有子公司控制的，在合并财务报表中，对于剩余股权，应当按照丧失控制权日的公允价值进行重新计量。处置股权取得的对价和剩余股权公允价值之和，减去按原持股比例计算应享有原有子公司自购买日开始持续计算的净资产份额与商誉之和的差额，计入丧失控制权当期的投资收益。

此外，与原有子公司股权投资相关的其他综合收益（可转损益部分）、其他所有者权益变动，应当在丧失控制权时一并转入投资收益。

【提示】被投资单位重新计量设定受益计划净负债或净资产变动而产生的其他综合收益以及被投资单位以公允价值计量且其变动计入其他综合收益的金融资产（权益工具）产生的其他综合收益，终止确认相关资产、负债时，其他综合收益在所有者权益内部结转，不转入损益，因此，投资方按权益法核算确认的其他综合收益也不转入损益。

虽然丧失控制权后被投资单位不纳入合并财务报表的合并范围，但投资企业有其他子公司，则仍需编制合并财务报表。在合并财务报表中，对丧失控制权的被投资单位的会计处理与其个别财务报表的会计处理不同，在合并财务报表中需作出调整。

1. 丧失控制权日合并财务报表中的投资收益

合并财务报表中确认的投资收益 = 处置股权取得的对价与剩余股权公允价值之和 − 按原持股比例计算应享有原有子公司自购买日开始持续计算的净资产份额 − 商誉 + 与原有子公司股权投资相关的其他综合收益（可转损益的部分）、其他权益变动

2. 丧失控制权日合并财务报表中的调整分录

（1）将剩余股权投资由个别财务报表中按权益法追溯调整后的账面价值在合并

财务报表中调整到丧失控制权日的公允价值，其调整分录为借记“长期股权投资”科目，贷记“投资收益”科目，或作相反分录。

（2）对个别财务报表中确认的投资收益的归属期间进行调整，其调整分录为借记“投资收益”，贷记“盈余公积”“未分配利润”“其他综合收益”“资本公积”，或作相反分录。

（3）将与原投资有关的其他综合收益（可转损益的部分）、其他所有者权益变动转入投资收益，其调整分录为借记“其他综合收益”“资本公积”科目，贷记“投资收益”科目，或作相反分录。将与原投资相关的其他综合收益（可转留存收益的部分）转入留存收益，其调整分录为借记“其他综合收益”，贷记“盈余公积”“未分配利润”，或作相反分录。

二、公允价值计量或权益法转换为成本法（非同一控制）

（一）个别报表

1. 原投资采用权益法核算

追加投资日长期股权投资初始投资成本 = 转换日原投资账面价值 + 新增投资成本

2. 原投资按公允价值计量

追加投资日长期股权投资初始投资成本 = 转换日原投资公允价值 + 新增投资成本

（二）合并报表

参见合并财务报表章节“通过多次交易分步实现非同一控制下的企业合并”的相关处理。

三、公允价值计量转为权益法核算

追加投资日长期股权投资初始投资成本 = 转换日原投资公允价值 + 新增投资的成本

原持有的股权投资分类为其他权益工具投资的，其公允价值与账面价值之间的差额，以及原计入其他综合收益的累计公允价值变动应当计入留存收益。

经典题解

【真题 17 · 多选题】甲公司持有乙公司 3% 股权，对乙公司不具有重大影响。甲公司在初始确认时将对乙公司股权投资指定为以公允价值计量且其变动计入其他综合收益的金融资产。2×18 年 5 月，甲公司对乙公司进行增资，增资后甲公司持有乙公司 20% 股权，能够对乙公司施加重大影响。不考虑其他因素，下列各项关于甲公司对乙公司股权投资会计处理的表述中，正确的有（　　）。（2020 年）

A. 增资后原持有 3% 股权期间公允价值变动金额从其他综合收益转入增资当期损益

B. 原持有 3% 股权的公允价值与新增投资而支付对价的公允价值之和作为 20% 股权投资的初始投资成本

C. 增资后 20% 股权投资的初始投资成本小于应享有乙公司可辨认净资产公允价值份额的差额计入增资当期损益

D. 对乙公司增资后改按权益法核算

【解析】以公允价值计量且其变动计入其他综合收益的金融资产转为权益法核算的长期股权投资，视同原股权出售，原资产持有期间的公允价值变动金额应转入留存收益，不影响当期损益，20%股权投资初始投资成本为原股权投资公允价值与新增对价之和，选项A错误，选项B正确；

增资后20%股权投资的初始投资成本小于应享有乙公司可辨认净资产公允价值份额的差额计入营业外收入，影响当期损益，选项C正确；

对乙公司增资后能够对其施加重大影响，应按照权益法进行核算，选项D正确。

【答案】BCD

名师点拨

权益法转为公允价值计量的金融资产，视同权益法核算的长期股权投资全部出售，剩余部分再回购，所以应将“其他综合收益”和“资本公积—其他资本公积”全部结转。

四、权益法转为公允价值计量的金融资产

1. 处置部分

借：银行存款

　贷：长期股权投资

　　投资收益（差额，可能在借方）

2. 将原权益法核算时确认的全部其他综合收益转入投资收益或留存收益

借：其他综合收益

　贷：投资收益（可转损益部分）

　　盈余公积（不可转损益部分）

　　利润分配—未分配利润（不可转损益部分）

或作相反分录。

3. 原权益法核算时确认的全部“资本公积—其他资本公积”转入投资收益

借：资本公积—其他资本公积

　贷：投资收益

或作相反分录。

4. 剩余股权投资转为交易性金融资产等

借：交易性金融资产等（转换日公允价值）

　贷：长期股权投资（剩余投资账面价值）

　　投资收益（差额，可能在借方）

五、成本法转为公允价值计量的金融资产

1. 确认有关股权投资的处置损益

借：银行存款

　贷：长期股权投资（出售部分账面价值）

　　投资收益（差额，可能在借方）

2. 剩余股权投资转为以公允价值计量且其变动计入当期损益的金融资产或以公允价值计量且其变动计入其他综合收益的非交易性权益工具投资

借：交易性金融资产或其他权益工具投资（剩余投资转换日公允价值）

　贷：长期股权投资（剩余投资账面价值）

　　投资收益（差额，可能在借方）

经典题解

【真题18·单选题】2×17年1月，甲公司出售所持子公司（乙公司）80%股权，出售后剩余5%股权不能再对乙公司进行控制、共同控制或施加重大影响。下列各项关于甲公司出售乙公司股权时对剩余5%股权进行会计处理的表述中，正确的是（　　）。（2018年）

A. 按成本进行计量

B. 公允价值与其账面价值的差额确认为资本公积

C. 视同取得该股权投资时即采用权益法核算并调整其账面价值

D. 按金融工具确认和计量准则进行分类和计量

【解析】出售后剩余5%股权不能再对乙公司进行控制、共同控制或施加重大影响，应按照金融工具确认和计量准则进行分类和计量，按照该时点公允价值进行计量，其公允价值与账面价值的差额计入投资收益，选项D正确。

【答案】D

六、长期股权投资的处置

出售所得价款与处置长期股权投资账面价值之间的差额，应确认为处置损益。

投资方全部处置权益法核算的长期股权投资时，原权益法核算的相关其他综合收益应当在终止采用权益法核算时采用与被投资单位直接处置相关资产或负债相同的基础进行会计处理，因被投资方除净损益、其他综合收益和利润分配以外的其他所有者权益变动而确认的资本公积—其他资本公积，应当在终止采用权益法核算时全部转入当期投资收益。

投资方部分处置权益法核算的长期股权投资，若剩余股权仍采用权益法核算的，原权益法核算的相关其他综合收益应当采用与被投资单位直接处置相关资产或负债相同的基础处理，并按比例结转，因被投资方除净损益、其他综合收益和利润分配以外的其他所有者权益变动而确认的资本公积—其他资本公积，应按处置比例转入当期投资收益；若剩余股权终止采用权益法核算，即作为公允价值计量的金融资产核算，原权益法核算的相关其他综合收益应当采用与被投资单位直接处置相关资产或负债相同的基础处理并全部结转，因被投资方除净损益、其他综合收益和利润分配以外的其他所有者权益变动而确认的资本公积—其他资本公积，应当全部转入当期投资收益。

要点小贴士

（1）权益法核算投资处置部分后还是权益法核算，“其他综合收益”和“资本公积—其他资本公积”按处置比例结转；

（2）权益法核算投资全部处置或处置部分后转换为金融资产核算，“其他综合收益”和“资本公积—其他资本公积”全部结转。

经典题解

【真题19·多选题】2×18年1月1日，甲公司出售所持联营企业（乙公司）的全部30%股权，出售所得价款1800万元。出售当日，甲公司对乙公司股权投资的账面价值为1200万元，其中投资成本为850万元，损益调整为120万元，因乙公司持有的非交易性权益工具投资公允价值变动应享有其他综合收益的份额为50万元，因乙公司所持丙公司股权被稀释应享有的资本公积份额为180万元。另外，甲公司应收乙公司已宣告但尚未发放的现金股利10万元。不考虑税费及其他因素，下列各项关于甲公司出售乙公司股权会计处理的表述中，正确

的有（　　）。（2020 年）

A. 应收股利 10 万元在出售当期确认为信用减值损失

B. 因乙公司所持丙公司股权被稀释应享有资本公积份额 180 万元从资本公积转入出售当期的投资收益

C. 因乙公司非交易性权益工具投资公允价值变动应享有其他综合收益份额 50 万元从其他综合收益转入出售当期的留存收益

D. 确认出售乙公司股权投资的转让收益 600 万元

【解析】甲公司应收股利 10 万元应从贷方转出，选项 A 不正确；出售乙公司股权投资转让收益 =1800-1200-10+180=770（万元），选项 D 不正确。会计分录如下：

借：银行存款　　1800

　贷：长期股权投资—投资成本　　850

　　　　　　　　—损益调整　　120

　　　　　　　　—其他综合收益　　50

　　　　　　　　—其他权益变动　　180

　　　应收股利　　10

　　　投资收益　　590

借：资本公积—其他资本公积　　180

　贷：投资收益　　180

借：其他综合收益　　50

　贷：盈余公积　　5（假定甲公司按净利润 10% 计提盈余公积）

　　　利润分配—未分配利润　　45

【答案】BC

第五节　合营安排

使用“会计云课堂”App 或“微信”扫码查看本节视频，快速 GET 知识点。

一、概念及合营安排的认定

（一）合营安排

合营安排是指一项由两个或两个以上的参与方共同控制的安排。

合营安排具有下列特征：

1. 各参与方均受到该安排的约束；

2. 两个或两个以上的参与方对该安排实施共同控制。

名师点拨

如果出现两个或两个以上参与方组合，职业经理人不知采纳哪个组合的意见，无法决策，因此不构成共同控制。

（二）共同控制及其判断原则

共同控制，是指按照相关约定对某项安排所共有的控制，并且该安排的相关活动必须经过分享控制权的参与方一致同意后才能决策。

1. 集体控制

如果所有参与方或一组参与方必须一致行动才能决定某项安排的相关活动，则称所有参与方或一组参与方集体控制该安排。

2. 相关活动的决策

主体应当在确定是由参与方组合集体控制该安排，而不是某一参与方单独控制该安排后，再判断这些集体控制该安排的参与方是否共同控制该安排。当且仅当相关活动的决策要求集体控制该安排的参与方一致同意时，才存在共同控制。

如果存在两个或两个以上的参与方组合能够集体控制某项安排的，不构成共同控制。

经典题解

【真题 20 · 单选题】 20×9 年 10 月 12 日，甲公司与乙公司、丙公司共同出资设立丁公司。根据合资合同和丁公司章程的约定，甲公司、乙公司、丙公司分别持有丁公司 55%、25%、20% 的表决权资本；丁公司设股东会，相关活动的决策需要 60% 以上表决权通过才可作出，丁公司不设董事会，仅设一名执行董事，同时兼任总经理，由职业经理人担任，其职责是执行股东会决议，主持经营管理工作。不考虑其他因素，对甲公司而言，丁公司是（ ）。（2020 年）

A. 子公司　　B. 联营企业　　C. 合营企业　　D. 共同经营

【解析】 甲公司持有丁公司 55% 的股权，但丁公司股东会规定，相关活动的决策需要 60% 以上表决权通过才可作出，所以甲公司与乙公司或甲公司与丙公司组合一起，能对丁公司实施共同控制，该安排中存在两个参与方组合集体控制该安排，不构成共同控制，因此，对甲公司而言，丁公司是其联营企业，选项 B 正确。

【答案】 B

【例题 21 · 单选题】 甲企业由 A 公司、B 公司和 C 公司组成，协议规定，相关活动的决策至少需要 75% 表决权通过才能实施。假定 A 公司、B 公司和 C 公司任意两方均可达成一致意见，但三方不可能同时达成一致意见。下列项目中属于共同控制的是（ ）。

A. A 公司、B 公司、C 公司在该甲企业中拥有的表决权分别为 50%、35% 和 15%

B. A 公司、B 公司、C 公司在该甲企业中拥有的表决权分别为 50%、25% 和 25%

C. A 公司、B 公司、C 公司在该甲企业中拥有的表决权分别为 80%、10% 和 10%

D. A 公司、B 公司、C 公司在该甲企业中拥有的表决权分别为 40%、30% 和 30%

【解析】 选项 A，A 公司和 B 公司是能够集体控制该安排的唯一组合，属于共同控制；

选项 B，A 公司和 B 公司、A 公司和 C 公司是能够集体控制该安排的两个组合，如果存在两个或两个以上的参与方组合能够集体控制某项安排的，不构成共同控制；

选项 C，A 公司可以对甲企业实施控制，不属于共同控制范围；

选项 D，A 公司和 B 公司，A 公司和 C 公司，B 公司和 C 公司持股比例都达不到 75%，且三方不可能同时达成一致意见，不属于共同控制。

【答案】 A

3. 争议解决机制

相关约定条款的存在一般不会妨碍某项安排成为合营安排。但是，如果在各方未就相关活动的重大决策达成一致意见的情况下，其中一方具备“一票通过权”或者潜在表决权等特殊权力，则需要仔细分析，很可能具有特殊权力的一方实质上具有控制权，不构成合营安排。

4. 仅享有保护性权利的参与方不享有共同控制

5. 一项安排的不同活动可能分别由不同的参与方或参与方组合主导

6. 综合评估多项相关协议

（三）合营安排中的不同参与方

只要两个或两个以上的参与方对该安排实施共同控制，一项安排就可以被认定为合营安排，并不要求所有参与方都对该安排享有共同控制。对合营安排享有共同控制的参与方（分享控制权的参与方）被称为“合营方”；对合营安排不享有共同控制的参与方被称为“非合营方”。

（四）合营安排的分类

合营安排分为共同经营和合营企业。共同经营，是指合营方享有该安排相关资产且承担该安排相关负债的合营安排。合营企业，是指合营方仅对该安排的净资产享有权利的合营安排。

要点小贴士

（1）共同经营：对资产享有权利，对负债承担义务；

（2）合营企业：对净资产享有权利。

1. 单独主体

单独主体，是指具有单独可辨认的财务架构的主体，包括单独的法人主体和不具备法人主体资格但法律所认可的主体。单独主体并不一定要具备法人资格，但必须具有法律所认可的单独可辨认的财务架构，确认某主体是否属于单独主体必须考虑适用的法律法规。

2. 合营安排未通过单独主体达成

当合营安排未通过单独主体达成时，该合营安排为共同经营。

3. 合营安排通过单独主体达成

如果合营安排通过单独主体达成，该合营安排可能是共同经营也可能是合营企业。合营安排分类的判断如下图所示：

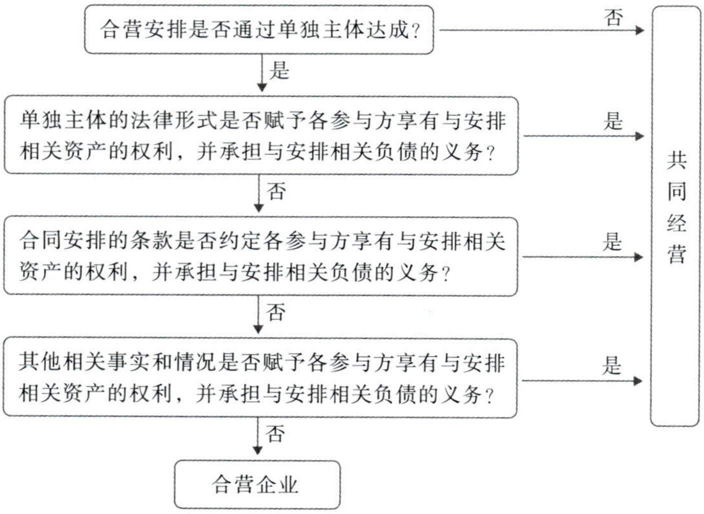

【提示 1】在考虑“共他事实和情况时”只有当该安排产生的负债的清偿持续依赖于合营方的支持时，该安排才为共同经营。即强调参与方实质上是该安排持续经营所需现金流的唯一来源。

【提示 2】(1) 相关事实和情况的变化有时可能导致某一参与方控制该安排，从而使该安排不再是合营安排。

(2) 由于相关事实和情况发生变化，合营安排的分类可能发生变化，可能由合营企业转变为共同经营，或者由共同经营转变为合营企业。

经典题解

【例题 22 · 多选题】不考虑其他因素，下列关于合营安排的表述中，正确的有(　　)。

A. 合营安排要求所有参与方都对该安排实施共同控制

B. 能够对合营企业施加重大影响的参与方，应当对其投资采用权益法核算

C. 两个参与方组合能够集体控制某项安排的，该安排不构成共同控制

D. 合营安排为共同经营的，合营方按一定比例享有该安排相关资产且承担该安排相关负债

【解析】选项 A，合营安排是指一项由两个或两个以上的参与方共同控制的安排，共同控制的前提是集体控制，集体控制的组合是指能够联合起来控制某项安排，又使得参与方数量最少的组合，所以并不要求所有参与方都对该安排实施共同控制；

选项 D，合营安排为共同经营的，合营方享有该安排相关资产且承担该安排相关负债，但并不一定是按比例享有资产或承担负债。

【答案】BC

二、共同经营中合营方的会计处理

(一) 一般会计处理原则

合营方应当确认其与共同经营中利益份额相关的下列项目，并按照相关企业会计准则的规定进行会计处理：

一是确认单独所持有的资产和单独所承担的负债；二是共同经营中的资产、负债、收入和费用按比例确定。

名师点拨

自己归自己，共同部分按比例分。

(二) 合营方向共同经营投出或者出售不构成业务的资产的会计处理

合营方向共同经营投出或出售资产等（该资产构成业务的除外），在共同经营将相关资产出售给第三方或相关资产消耗之前（即，未实现内部利润仍包括在共同经营持有的资产账面价值中时），应当仅确认归属于共同经营其他参与方的利得或损失。如果投出或出售的资产发生符合《企业会计准则第 8 号——资产减值》等规定的资产减值损失的，合营方应当全额确认该损失。

(三) 合营方自共同经营购买不构成业务的资产的会计处理

合营方自共同经营购买资产等（该资产构成业务的除外），在将相关资产等出售给第三方之前（即，未实现内部利润仍包括在合营方持有的资产账面价值中时），

不应当确认因该交易产生的损益中该合营方应享有的部分。即，此时应当仅确认因该交易产生的损益中归属于共同经营其他参与方的部分。

（四）合营方取得构成业务的共同经营的利益份额的会计处理

企业应当按照企业合并准则的相关规定判断该共同经营是否构成业务。该处理原则不仅适用于收购现有的构成业务的共同经营中的利益份额，也适用于与其他参与方一起设立共同经营，且由于有其他参与方注入既存业务，使共同经营设立时即构成业务。

合营方增加其持有的一项构成业务的共同经营的利益份额时，如果合营方对该共同经营仍然是共同控制，则合营方之前持有的共同经营的利益份额不应按照新增投资日的公允价值重新计量。

经典题解

【真题23·单选题】下列各项关于合营安排会计处理的表述中，正确的是（　　）。（2021年）

A. 合营方自共同经营购买不构成业务的资产的，在将该资产出售给第三方前应仅确认该交易产生损益中归属于共同经营其他参与方的部分

B. 共同经营的合营方应按约定的份额比例享有共同经营产生的净资产

C. 共同经营的合营方对共同经营的投资应按摊余成本计量

D. 合营方应对持有的合营企业投资采用成本法核算

【解析】共同经营的合营方应当确认单独所持有的资产以及按其份额确认共同持有的资产；确认单独所承担的负债以及按其份额确认共同承担的负债，不按份额享有净资产，选项B错误；

除合营方对持有合营企业投资应当采用权益法核算以外，其他合营安排中的合营方应当确认自身所承担的以及按比例享有或承担的合营安排中按照合同、协议等的规定归属于本企业的资产、负债、收入及费用，选项C和D错误。

【答案】A

三、对共同经营不享有共同控制的参与方的会计处理原则

对共同经营不享有共同控制的参与方（非合营方），如果享有该共同经营相关资产且承担该共同经营相关负债的，比照合营方进行会计处理。否则，应当按照相关企业会计准则的规定对其利益份额进行会计处理。例如，如果该参与方对于合营安排的净资产享有权利并且具有重大影响，则按照《企业会计准则第2号——长期股权投资》等相关规定进行会计处理；如果该参与方对于合营安排的净资产享有权利并且无重大影响，则按照《企业会计准则第22号——金融工具确认和计量》等相关规定进行会计处理；向共同经营投出构成业务的资产的，以及取得共同经营的利益份额的，则按照合并财务报表及企业合并等相关准则的规定进行会计处理。

考试加油站

一、本章小结

下载“会计云课堂”App 学习

您已成功完成“第六章”的学习，本章共 18 个考点，您都学会了吗？

为了让您对章节有更清晰的理解，加倍巩固。本书作者张志凤老师将通过**“视频导图课”**的方式，带您回顾重要考点。

名师点拨，视听结合，高效提分。

※ 欢迎您扫码，免费观看学习。

二、本章疑难问题解答

1. 企业应当如何判断某项投资的会计处理适用《长期股权投资》准则还是适用《金融工具确认和计量》准则？

答：首先，企业应当判断投资方是否对被投资单位实施控制、共同控制或重大影响，从而使该投资适用长期股权投资准则。其次，如果该投资不适用长期股权投资准则，企业应当根据金融工具确认和计量准则，判断该投资是否为权益工具投资，并进行相应会计处理。

风险投资机构、共同基金以及类似主体持有的、在初始确认时按照金融工具确认和计量准则的规定划分为以公允价值计量且其变动计入当期损益的金融资产以及投资性主体对不纳入合并财务报表的子公司的权益性投资，适用金融工具确认和计量准则。

2. 什么是权益结合法？

答：权益结合法，亦称股权结合法、权益联营法。企业合并业务会计处理方法之一。与购买法基于不同的假设，即视企业合并为参与合并的双方，通过股权的交换形成的所有者权益的联合，而非资产的交易。换言之，它是由两个或两个以上经营主体对一个联合后的企业或集团公司开展经营活动的资产贡献，即经济资源的联合。

在权益结合法中，原所有者权益继续存在，以前会计基础保持不变。参与合并的各企业的资产和负债继续按其原来的账面价值记录，合并后企业的利润包括合并日之前本年度已实现的利润；以前年度累积的留存利润也应予以合并。

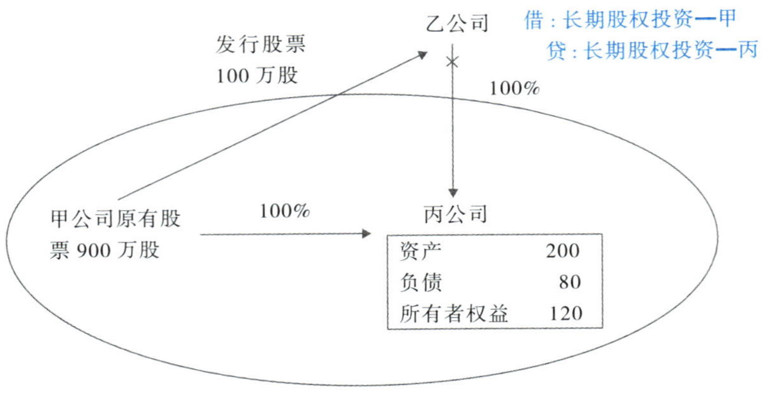

上图中，甲公司发行股票100万股，取得乙公司持有丙公司100%股权，站在乙公司角度体现的是股权换股权。甲公司和丙公司要编制合并财务报表，在合并报表中，甲公司并未流出资产，也未承担乙公司原债务，因此有观点认为，在合并财务报表中被合并方的资产和负债可以按账面价值入账。合并方的长期股权投资代表的是被合并方的净资产或净资产的份额，所以同一控制下企业合并形成的长期股权投资按被合并方净资产账面价值份额入账。

值得说明的是，发行权益性证券取得的子公司，其会计处理当然可以采用购买法。

3. 为什么企业合并发生的审计、法律服务、评估咨询等中介费用以及其他相关管理费用计入当期损益，而不是计入长期股权投资成本？

答：如计入长期股权投资成本，在合并报表中会影响商誉的金额。合并报表中母公司长期股权投资与子公司所有者权益要抵销，如下图所示：

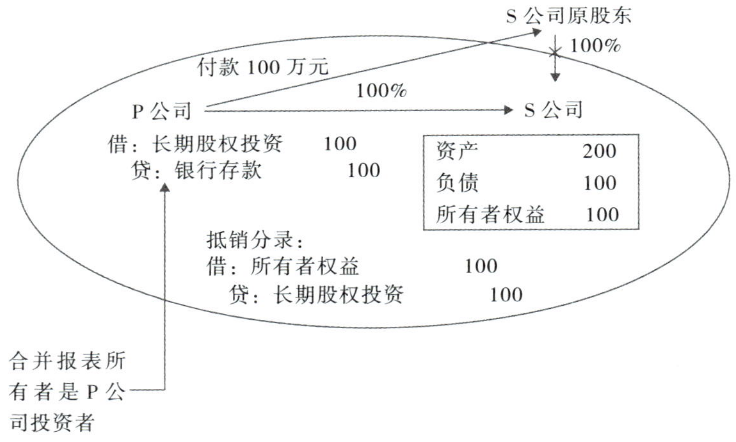

上图中，P公司2×20年12月31日投出100万元货币资金取得S公司100%股权，即P公司向S公司原股东支付100万元货币资金，取得S公司原股东拥有S公司100%股权。为简化，假定S公司资产负债表中资产总额为200万元，负债总额为100万元，所有者权益总额为100万元。作为企业集团整体，合并财务报表中的净资产（含P公司和S公司）的所有者为P公司投资者，不是P公司，而S公司个别报表中净资产的所有者为P公司，在合并报表中应予抵销。

P 公司对 S 公司的长期股权投资代表的是 S 公司的净资产（或资产和负债），而 S 公司的资产和负债会纳入合并报表，无须长期股权投资代表，所以合并报表中应将长期股权投资抵销，即抵销母公司长期股权投资和子公司所有者权益。也可以理解为，站在 P 公司投资者角度，相当于用 100 万元货币资金取得了 S 公司原有的资产和负债（即净资产），P 公司个别财务报表中的长期股权投资和 S 公司个别财务报表中的所有者权益不应存在，应予抵销。

如果 P 公司取得 S 公司股权发生法律服务、评估咨询等中介费用 2 万元计入长期股权投资成本，长期股权投资入账价值为 102 万元，S 公司所有者权益仍为 100 万元，则抵销分录为：

借：所有者权益　　100

　　商誉　　2

　贷：长期股权投资　　102

企业合并发生的审计、法律服务、评估咨询等中介费用与商誉无关，所以其发生时应计入当期损益（管理费用）。

4. 权益法核算没有达到控制，为什么合并报表中还要进行会计处理？为什么逆流交易合并报表编制调整分录时要考虑出售比例？

答：关于第一个问题，联营企业报表项目的数字不会进入投资企业的合并报表，如果投资企业没有子公司或控制的主体，则不存在合并报表编制的问题，当然也就不存在调整分录了。若投资企业有子公司，投资企业与其子公司的报表要合并，但投资企业和联营企业的内部交易影响了投资企业报表项目的数字，如顺流交易的营业收入项目，逆流交易的存货项目等，个别报表内部交易的处理都是通过长期股权投资和投资收益核算，而合并报表要抵销具体项目，如营业收入、存货项目等，所以在合并报表中会有调整分录。

关于第二个问题，对逆流交易，假定内部交易为存货，则影响投资企业报表项目的是存货，抵销的是存货中未实现内部销售利润，如联营企业将存货 600 万元出售给投资企业 1000 万元，投资企业当年全部未出售，未实现内部销售利润为 400 万元，按 20% 的投资持股比例抵销 80 万元。若投资企业当期对外出售 60%，40% 结存，存货中未实现内部销售利润只有 160 万元，按投资方持股比例 20% 抵销 32 万元，因此逆流交易要考虑出售比例。

5. 顺流交易在合并报表中的调整分录是否考虑联营企业当期出售比例？

答：对顺流交易的存货，无论联营企业当年是否出售或出售多少，投资企业合并报表的调整分录都是一样的，即不考虑当期联营企业出售比例。如投资企业将成本为 600 万元的存货以 1000 万元出售给联营企业，联营企业当年全部出售，售价为 1100 万元，从个别报表角度认定的利润是 100 万元，但从合并报表角度认定的是 500 万元，所以要按投资方持股比例调整投资收益。再者无论联营企业当年对外出售多少存货，都不会影响投资企业个别报表已确认的营业收入 1000 万元，如果是母子公司，在合并报表中营业收入 1000 万元一定全部抵销，但对联营企业要按投资方持股比例抵销。因此，如果投资方持股比例为 20%，合并报表调整分录是借记营业收入 200，贷记营业成本 120 和投资收益 80。如果联营企业当年全部未出售，调整分录也是一样的。

6. 投资方因其他投资方对被投资单位增资而导致本投资方持股比例下降如何进行会计处理？

答：如下表所示：

类型	会计分录	会计处理原则	差额的确认
持股比例变化后由成本法转为权益法核算	借：长期股权投资 　贷：投资收益 或相反分录	将持股比例下降部分视同处置长期股权投资	被投资单位增资额 × 新的持股比例 - 持股比例下降部分所对应的长期股权投资原账面价值
持股比例变化前后均为权益法核算	借：长期股权投资 　贷：资本公积 或相反分录		

7. 联营企业发生同一控制下企业合并，投资方如何进行会计处理？

答：《监管规则适用指引——会计类第1号》：当联营企业发生同一控制下企业合并，并调整其财务报表的比较信息时，投资方不应当调整财务报表的比较信息。联营企业发生同一控制下企业合并导致投资方股权被稀释（如联营企业以发行股份作为对价进行企业合并），且稀释后投资方仍采用权益法核算时，投资方应以持股比例变更日（即联营企业的合并日）为界分段进行会计处理：在联营企业的合并日，先按照联营企业重组前的净利润与原股权比例确认投资收益并调整长期股权投资账面价值，再以调整后的长期股权投资账面价值为基础，计算联营企业重组所导致的股权稀释的影响，并将该影响作为联营企业所有者权益的其他变动，计入资本公积（其他资本公积）；变更日之后按照联营企业重组后的净利润与新持股比例确认投资收益。

8. 对被投资单位具有重大影响的股权投资是否一定采用权益法核算？

答：风险投资机构、共同基金以及类似主体持有的、在初始确认时按照《企业会计准则第22号——金融工具确认和计量》的规定划分为以公允价值计量且其变动计入当期损益的金融资产，无论以上主体是否对这部分投资具有重大影响，都应按照《企业会计准则第22号——金融工具确认和计量》的规定进行确认和计量。投资方对联营企业的权益性投资，其中一部分通过风险投资机构、共同基金、信托公司或包括投连险基金在内的类似主体间接持有的，无论以上主体是否对这部分投资具有重大影响，投资方都可以按照《企业会计准则第22号——金融工具确认和计量》的有关规定，对间接持有的该部分投资选择以公允价值计量且其变动计入当期损益，并对其余部分采用权益法核算。

历年经典主观题回顾

使用“会计云课堂”App 或“微信”扫码快速做题、对答案、看解析、掌握解题思路，开启轻松过关之旅。

计算分析题

甲公司没有子公司，不需要编制合并财务报表。甲公司相关年度发生与投资有关的交易或事项如下：

（1）20×7 年 1 月 1 日，甲公司通过发行普通股 2500 万股（每股面值 1 元）取得乙公司 30% 股权，能够对乙公司施加重大影响。甲公司所发行股份的公允价值为 6 元 / 股，甲公司取得投资时乙公司可辨认净资产的账面价值为 50000 万元，公允价值为 55000 万元，除 A 办公楼外，乙公司其他资产及负债的公允价值与其账面价值相同。A 办公楼的账面余额为 30000 万元，已计提折旧 15000 万元，公允价值为 20000 万元。乙公司对 A 办公楼采用年限平均法计提折旧，该办公楼预计使用 40 年，已使用 20 年，自甲公司取得乙公司投资后尚可使用 20 年，预计净残值为零。

（2）20×7 年 6 月 3 日，甲公司以 300 万元的价格向乙公司销售产品一批，该批产品的成本为 250 万元。至 20×7 年末，乙公司已销售上述从甲公司购入产品的 50%，其余 50% 产品尚未销售形成存货。

20×7 年度，乙公司实现净利润 3600 万元，因分类为以公允价值计量且其变动计入其他综合收益的金融资产（债券投资）公允价值变动而确认的其他综合收益 100 万元。

（3）20×8 年 1 月 1 日，甲公司以 12000 万元的价格将所持乙公司 15% 股权予以出售，款项已存入银行。出售上述股权后，甲公司对乙公司不再具有重大影响，将所持乙公司剩余 15% 股权指定为以公允价值计量且其变动计入其他综合收益的金融资产，公允价值为 12000 万元。

（4）20×8 年 12 月 31 日，甲公司所持乙公司 15% 股权的公允价值为 14000 万元。

（5）20×9 年 1 月 1 日，甲公司将所持乙公司 15% 股权予以出售，取得价款 14000 万元。

其他有关资料：第一，甲公司按照年度净利润的 10% 计提法定盈余公积。第二，本题不考虑相关税费及其他因素。

要求：

（1）根据资料（1），计算甲公司对乙公司股权投资的初始投资成本，编制相关会计分录。

（2）根据资料（1）和（2），计算甲公司对乙公司股权投资 20×7 年度应确认的投资损益，编制相关会计分录。

（3）根据资料（3），计算甲公司出售所持乙公司 15% 股权产生的损益，编制相关会计分录。

（4）根据资料（4）和（5），编制甲公司与持有及出售乙公司股权相关的会计分录。（2019 年）

历年经典主观题参考答案及解析

使用“会计云课堂”App 或“微信”扫码对答案、看解析、掌握解题思路，开启轻松过关之旅。

计算分析题

【答案】

（1）甲公司对乙公司股权投资初始投资成本 =2500×6=15000（万元）。

会计分录：

借：长期股权投资—投资成本　　15000（2500×6）

　贷：股本　　2500

　　资本公积—股本溢价　　12500

借：长期股权投资—投资成本　　1500（55000×30%−15000）

　贷：营业外收入　　1500

（2）甲公司对乙公司股权投资 20×7 年度应确认的投资损益 ={3600−［20000−（30000−15000）］/20−（300−250）×50%}×30%=997.5（万元）。

借：长期股权投资—损益调整　　997.5

　贷：投资收益　　997.5

借：长期股权投资—其他综合收益　　30

　贷：其他综合收益　　30

（3）甲公司出售所持乙公司 15% 股权产生的损益 =（12000+12000）−（15000+1500+997.5+30）+30=6502.5（万元）。

借：其他权益工具投资—成本　　12000

　　银行存款　　12000

　贷：长期股权投资—投资成本　　16500

　　　　　　　　—损益调整　　997.5

　　　　　　　　—其他综合收益　　30

　　投资收益　　6472.5

借：其他综合收益　　30

　贷：投资收益　　30

（4）20×8 年 12 月 31 日

借：其他权益工具投资—公允价值变动　　2000

　贷：其他综合收益　　2000

20×9 年 1 月 1 日

借：银行存款　　14000

　贷：其他权益工具投资—成本　　12000

　　　　　　　　　　　—公允价值变动　　2000

借：其他综合收益　　2000

　贷：盈余公积　　200

　　　利润分配—未分配利润　　1800

同步强化练习题

使用“会计云课堂”App 或“微信”扫码快速做题、对答案、看解析、掌握解题思路，开启轻松过关之旅。

一、单项选择题

1. 2×21 年 2 月 1 日，甲公司以增发 1000 万股本公司普通股股票和一台大型设备为对价，取得乙公司 30% 股权。其中，所发行普通股面值为每股 1 元，公允价值为每股 8 元。为增发股份，甲公司向证券承销机构支付佣金和手续费 300 万元。用作对价的设备账面价值为 600 万元，公允价值为 800 万元。当日，乙公司可辨认净资产公允价值为 30000 万元。假定甲公司能够对乙公司施加重大影响。不考虑增值税等其他因素，甲公司该项长期股权投资的初始投资成本为（　　）万元。

A. 9000　　B. 8800

C. 9100　　D. 9300

2. 甲公司为增值税一般纳税人，销售土地使用权适用的增值税税率为 9%。2×21 年 8 月 5 日，甲公司以一项土地使用权取得乙公司 25% 的股权，当日起能够对乙公司实施重大影响。投资时点该土地使用权的账面价值为 1200 万元（原价 2000 万元，累计摊销 800 万元，未计提减值准备），公允价值为 2000 万元；当日，乙公司可辨认净资产的账面价值为 8000 万元，公允价值为 9000 万元。为取得投资，甲公司另支付法律服务费、审计费等 20 万元，假定甲公司与乙公司的会计期间和采用的会计政策相同，不考虑其他因素。甲公司取得该项长期股权投资的入账价值为（　　）万元。

A. 2200　　B. 2000
C. 2020　　D. 2250

3. 2×21年1月1日，甲公司以定向增发股票的方式购买同一集团内乙公司持有的A公司60%股权，能够控制A公司。为取得该股权，甲公司增发1000万股普通股股票，每股面值为1元，每股公允价值为7元；另支付承销商佣金100万元。取得该股权时，A公司在最终控制方合并财务报表中的净资产的账面价值为9000万元，可辨认净资产公允价值为12000万元，甲公司和A公司采用的会计政策及会计期间相同，不考虑其他因素。甲公司取得该股权投资时应确认的“资本公积—股本溢价”为（　　）万元。
A. 7000　　B. 4300
C. 5900　　D. 6000

4. 甲公司和乙公司为非关联方。2×21年5月1日，甲公司按每股6元的价格增发每股面值为1元的普通股股票2000万股，并以此为对价取得乙公司70%的股权，能够对乙公司实施控制。甲公司另以银行存款支付审计费、评估费等共计20万元。乙公司2×21年5月1日可辨认净资产公允价值为14000万元。不考虑其他因素，则甲公司取得乙公司70%股权时的初始投资成本为（　　）万元。
A. 9800　　B. 12000
C. 12200　　D. 9820

5. 2×20年1月1日，甲公司以银行存款1000万元取得乙公司5%的股权，将其划分为以公允价值计量且其变动计入当期损益的金融资产。2×20年12月31日，其公允价值为1100万元。2×21年3月1日，甲公司另支付12000万元取得乙公司48%的股权，能够对乙公司实施控制（非同一控制下企业合并），当日原5%股权投资的公允价值为1200万元。假定不考虑相关税费及其他因素。2×21年3月1日，甲公司对乙公司长期股权投资的初始投资成本为（　　）万元。
A. 12000　　B. 13200
C. 13100　　D. 13000

6. 甲公司2×21年7月1日以3000万元的价格购入乙公司30%有表决权的股份，对乙公司具有重大影响，另支付相关费用10万元。购入时乙公司可辨认净资产的公允价值为11000万元（与账面价值相等）。乙公司2×21年实现净利润1000万元（假定利润均衡发生）。不考虑其他因素，该投资对甲公司2×21年度利润总额的影响金额为（　　）万元。
A. 450　　B. 440
C. 590　　D. 600

7. 甲公司于2×21年1月1日以银行存款8000万元购入乙集团有表决权股份的30%，能够对乙集团施加重大影响。取得该项投资时，乙集团各项可辨认资产、负债的公允价值等于账面价值，双方采用的会计政策、会计期间相同。2×21年度，乙集团中母公司个别报表中的净利润为1000万元，乙集团合并报表中的净利润为1100万元，归属于母公司净利润为1080万元。不考虑其他因素。甲公司2×21年年末因对乙集团的长期股权投资应确认投资收益为（　　）万元。
A. 300　　B. 324
C. 330　　D. 2400

8. 甲公司于2×21年1月1日以银行存款5000万元购入乙公司有表决权股份的40%，能够对乙公司施加重大影响。取得该项投资时，乙公司各项可辨认资产、负债的公允价值等于账面价值，双方采用的会计政策、会计期间相同。2×21年度，乙公司实现净利润500万元。乙公司2×20年12月31日发行了归属于其他投资方分类为权益工具的可累积优先股1000万元，年股息率为10%，2×21年未分配优先股股息。假定不考虑其他因素，甲公司2×21年年末因对乙公司的长期股权投资应确认投资收益为（　　）万元。

A. 160　　B. 200
C. 240　　D. 2160

9. 甲公司于2×21年1月1日取得乙公司30%有表决权股份，能够对乙公司施加重大影响。当日，乙公司一批A产品的公允价值为1000万元，账面价值为800万元，除此之外其他可辨认资产、负债公允价值与账面价值均相等，至2×21年12月31日，乙公司将A产品的30%对外出售。2×21年8月，乙公司将其成本为600万元（未计提存货跌价准备）的B商品以1000万元的价格出售给甲公司，甲公司将取得的商品作为存货，至2×21年12月31日，甲公司将B商品的30%对外出售。2×21年乙公司实现净利润3340万元，不考虑所得税等因素。甲公司2×21年个别财务报表应确认的投资收益为（　　）万元。

A. 1002　　B. 876
C. 900　　D. 948

10. 甲公司和乙公司均为增值税一般纳税人，销售专利权适用的增值税税率均为6%。2×21年1月1日甲公司从乙公司股东处购入乙公司30%有表决权股份，能够对乙公司施加重大影响。2×21年10月1日，乙公司向甲公司销售专利权，账面价值为240万元，销售价格为300万元，增值税税额为18万元，货款已收存银行。甲公司购入专利权后的摊销计入管理费用，预计使用年限为5年，预计净残值为零，采用直线法摊销。乙公司2×21年实现净利润为1000万元，不考虑其他因素，甲公司2×21年应确认的投资收益为（　　）万元。

A. 282.9　　B. 300
C. 278.34　　D. 282

11. 甲公司于2×21年1月1日与乙公司签订协议，以4000万元购入乙公司持有的B公司20%股权，从而对B公司具有重大影响。投资日B公司可辨认净资产账面价值与公允价值均为22000万元。2×21年B公司发生亏损200万元，2×21年10月1日B公司向甲公司销售一批商品，成本为80万元，售价为100万元，至2×21年12月31日，甲公司将上述商品对外销售80%，不考虑其他因素，甲公司2×21年应确认的投资收益为（　　）万元。

A. −40　　B. −40.8
C. −39.2　　D. −43.2

12. 甲公司于2×21年1月1日取得乙公司20%有表决权股份，能够对乙公司施加重大影响。假定甲公司取得该项投资时，乙公司各项可辨认资产、负债的公允价值与其账面价值相等。2×21年8月，乙公司将其成本为600万元的某商品以1000万元的价格出售给甲公司，甲公司将取得的商品作为存货核算。至2×21年年末，甲公司仍未对外出售该存货，该存货未发生减值损失。乙公司2×21年实现净利润为3200万元。假定不考虑增值税和所得税等相关因素及其他交易事项的影响。甲公司2×21年个别财务报表应确认的投资收益为（　　）万元。

A. 640　　B. 560
C. 0　　D. 720

13. 甲企业于2×20年1月取得乙公司20%有表决权股份，能够对乙公司施加重大影响。假定甲企业取得该项投资时，乙公司各项可辨认资产、负债的公允价值与其账面价值相等。2×20年8月，乙公司将成本为600万元（未计提存货跌价准备）的某商品以1000万元的价格出售给甲企业，甲企业将取得的商品作为存货核算。至2×20年12月31日，甲企业仍未对外出售该存货。2×21年甲企业将上述商品对外出售80%，乙公司2×21年实现净利润为2000万元。假定不考虑所得税等其他因素。2×21年甲企业个别报表中因对乙公司的该项股权投资应确认的投资收益为（　　）万元。

A. 384　　B. 360

C. 464　　D. 400

14. 甲公司于2×20年取得乙公司40%股权，实际支付价款为7000万元，投资时乙公司可辨认净资产公允价值为16000万元（各项可辨认资产、负债的公允价值与账面价值相等），取得投资后甲公司能够对乙公司施加重大影响。乙公司2×21年度实现净利润1600万元，其中包括因向甲公司借款而计入当期损益的利息费用160万元，假定不考虑其他因素的影响。2×21年度甲公司对乙公司长期股权投资应确认的投资收益为（　　）万元。

A. 640　　B. 704

C. 680　　D. 576

15. 甲公司持有乙公司30%有表决权股份，能够对乙公司生产经营决策施加重大影响。2×21年1月1日，甲公司将其账面价值为800万元的商品以600万元的价格出售给乙公司（实质上发生了减值损失）。2×21年12月31日，该批商品尚未对外部第三方出售。假定甲公司取得该项投资时，乙公司各项可辨认资产、负债的公允价值与其账面价值相等，双方在以前期间未发生过内部交易。乙公司2×21年实现净利润为2000万元，无其他所有者权益变动。不考虑其他因素，则甲公司2×21年应确认的投资收益为（　　）万元。

A. 600　　B. 660

C. 840　　D. 540

16. 甲公司和乙公司均为增值税一般纳税人，销售商品适用的增值税税率均为13%。2×21年1月1日甲公司从乙公司股东处购入乙公司30%有表决权股份，能够对乙公司施加重大影响。2×21年9月30日，乙公司向甲公司销售一件产品，账面价值为240万元，销售价格为300万元，增值税税额为39万元，货款已收存银行。甲公司购入后将其作为固定资产并于当月投入行政管理部门使用，预计使用年限为5年，预计净残值为零，采用年限平均法计提折旧。若甲公司有子公司丙公司，需要编制合并财务报表，不考虑其他因素，上述业务在甲公司2×21年12月31日合并财务报表中应抵销固定资产的金额为（　　）万元。

A. 17.1　　B. 30.78

C. 18　　D. 57

17. A公司于2×20年1月1日购入B公司普通股股票，占B公司实际发行在外股数的30%，对B公司具有重大影响，A公司采用权益法核算。取得投资时B公司一项管理用固定资产公允价值为300万元，账面价值为200万元，该项固定资产的预计尚可使用年限为10年，预计净残值为零，按照年限平均法计提折旧；一项管理用无形资产公允价值为100万元，账面价值为50万元，该项无形资产的预计尚可使用年限为10年，无残值，按照直线法摊销。除上述固定资产和无形资产外，B公司其他可辨认资产、负债的公允价值与账面价值相等。2×20年5月21日，A公司将其一批存货销售给B公司，售价为200万元，成本为120万元（未计提存货跌价准备）。截至2×20年年末，B公司将该批存货的60%出售给独立的第三方，2×21年B公司将上述存货剩余部分全部对外出售。2×21年度B公司实现净利润1200万元。假设不考虑所得税和其他因素，2×21年A公司因该项股权投资应确认的投资收益为（　　）万元。

A. 358.5　　B. 369.9
C. 345.9　　D. 365.1

18. 2×20年1月1日，A公司以银行存款1000万元取得B公司40%股权，能够对B公司施加重大影响，投资日B公司可辨认净资产账面价值与公允价值均为2400万元。2×20年，B公司实现净利润200万元，B公司持有以公允价值计量且其变动计入其他综合收益的非交易性权益工具投资公允价值上升增加计入其他综合收益的金额为50万元，无其他所有者权益变动。2×21年1月1日，A公司将对B公司投资的1/2对外出售，售价为600万元，出售部分投资后，A公司对B公司仍具有重大影响，2×21年B公司实现净利润300万元，无其他所有者权益变动。假定不考虑其他因素。2×21年度A公司因对B公司投资应确认的投资收益为（　　）万元。

A. 50　　B. 165
C. 90　　D. 110

19. 甲公司持有乙公司60%有表决权股份，能够对乙公司实施控制，对该股权投资采用成本法核算。2×21年10月，甲公司将该项投资中的80%出售给非关联方，取得价款2000万元，相关手续于当日办理完成。处置部分股权后，甲公司无法再对乙公司实施控制，也不能施加共同控制或重大影响，将剩余股权投资转为以公允价值计量且其变动计入当期损益的金融资产。出售时，该项长期股权投资的账面价值为2400万元，剩余股权投资的公允价值为500万元。不考虑相关税费等其他因素影响。甲公司个别报表中因该项业务应确认的投资收益为（　　）万元。

A. 500　　B. 0
C. 400　　D. 100

20. 2×19年1月1日，甲公司支付800万元取得乙公司100%的股权，形成非同一控制下企业合并。购买日乙公司可辨认净资产的公允价值为600万元。2×19年1月1日至2×20年12月31日期间，乙公司以购买日可辨认净资产公允价值为基础持续计算实现的净利润为50万元（未分配现金股利），因投资性房地产转换增加其他综合收益20万元，除上述事项外，乙公司无其他影响所有者权益的事项。2×21年1月1日，甲公司转让所持有乙公司80%的股权，取得转让款项880万元；当日，甲公司持有乙公司剩余20%股权的公允价值为220万元。转让后，甲公司能够对乙公司施加重大影响。不考虑其他因素，假定甲公司有其他子公司，则甲公司因转让乙公司80%股权在其2×21年度合并财务报表中应确认的投资收益金额为（　　）万元。

A. 230　　B. 320
C. 250　　D. 246

21. 2×20年1月1日，甲公司支付银行存款2000万元取得乙公司20%的股权，对乙公司具有重大影响，取得投资时，乙公司可辨认净资产的公允价值为8000万元（与账面价值相等），2×20年甲公司按照权益法核算该股权投资确认的投资收益为120万元，确认的可转至损益的其他综合收益为60万元，确认的资本公积为20万元。2×21年1月1日将上述投资的50%对外出售，售价为1200万元，剩余投资的公允价值为1200万元，出售后，甲公司将剩余投资作为以公允价值计量且其变动计入当期损益的金融资产核算。假定不考虑其他因素的影响，甲公司2×21年1月1日出售投资时应确认的投资收益为（　　）万元。

A. 280　　B. 240
C. 200　　D. 220

22. 2×20年1月1日，甲公司以银行存款300万元取得乙公司60%的股权，能够对乙公司实施控制；当日，乙公司可辨认净资产公允价值为450万元（与账面价值相同）。2×21年10月1日，乙公司向非关联方丙公司定向增发新股，增资270万元，相关手续于当日完成。乙公司增发股票后，甲公司对乙公司持股比例下降为40%，对乙公司丧失控制权但仍具有重大影响。2×20年1月1日至2×21年10月1日期间，乙公司实现净利润150万元，假定无其他所有者权益变动。不考虑相关税费等其他因素影响。2×21年10月1日，甲公司因股权稀释个别财务报表下列会计处理中正确的是（　　）。

A. 确认其他综合收益8万元
B. 确认投资收益−42万元
C. 确认其他综合收益−42万元
D. 确认投资收益8万元

23. 2×21年6月5日，甲公司将其持有的一项以权益法核算的长期股权投资全部出售，取得价款800万元，当日办妥相关手续。出售时，该项长期股权投资的账面价值为700万元，其中投资成本为500万元，损益调整为150万元，可重分类进损益的其他综合收益为50万元，不考虑增值税等相关税费及其他因素。甲公司处置该项股权投资应确认的投资收益为（　　）万元。

A. 100　　B. 50
C. 300　　D. 150

24. 关于共同控制，下列说法中正确的是（　　）。

A. 是指按照相关约定对某项安排所共同的控制，并且该安排的相关活动必须经过分享控制权的参与方一致同意后才能决策
B. 是指按照合同约定对某项安排所共同的控制，并且该安排的相关活动必须经过分享控制权的参与方一致同意后才能决策
C. 是指按照合同约定对某项安排所共同的控制，并且该安排的生产经营活动必须经过分享控制权的参与方一致同意后才能决策
D. 是指按照相关约定对某项经营活动所共同的控制，并且该经营活动必须经过分享控制权的参与方一致同意后才能决策

25. A公司、B公司均为石油公司，双方在D国成立了单独主体C，以共同在D国进行石油及天然气的勘探、开发和生产。A公司、B公司共同控制主体C。主体C的法律形式将主体C的资产、负债与A公司及B公司分隔开来。A公司、B公司及主体C签订协议，规定A公司与B公司按照各自在主体C的出资比例分享主体C的资产，分担主体C的成本、费用及负债。D国法律认可该合同协议。下列说法或会计处理中正确的是（　　）。

A. 该合营安排是合营企业
B. 该合营安排是共同经营
C. A公司将其在主体C净资产中的权利确认为一项长期股权投资，按照权益法进行会计处理
D. B公司将其在主体C净资产中的权利确认为一项长期股权投资，按照权益法进行会计处理

26. 下列关于合营安排的表述中，正确的是（　　）。

A. 合营安排中参与方对合营安排提供担保的，该合营安排为共同经营
B. 当合营安排未通过单独主体达成时，该合营安排为共同经营
C. 两个参与方组合能够集体控制某项安排的，该安排构成合营安排
D. 合营安排为共同经营的，参与方对合营安排有关的净资产享有权利

27. 关于合营安排，下列说法中错误的是（ ）。
A. 存在两个或两个以上的参与方组合能够集体控制某项安排的，则构成共同控制
B. 共同控制，是指按照相关约定对某项安排所共同的控制，并且该安排的相关活动必须经过分享控制权的参与方一致同意后才能决策
C. 如果所有参与方或一组参与方必须一致行动才能决定某项安排的相关活动，则称所有参与方或一组参与方集体控制该安排
D. 仅享有保护性权利的参与方不享有共同控制

二、多项选择题

1. 关于交易费用的会计处理，下列项目中正确的有（ ）。
A. 为进行非同一控制下企业合并发生的审计、法律咨询费等计入长期股权投资成本
B. 为进行同一控制下企业合并发生的审计、法律咨询费等计入管理费用
C. 合并以外其他方式取得长期股权投资发生的审计、法律咨询费等计入长期股权投资成本
D. 以发行股票方式取得长期股权投资，支付的股票发行费用等应冲减溢价发行收入，不足冲减的，依次冲减盈余公积和未分配利润

2. 关于同一控制下的企业合并，在确定长期股权投资的初始投资成本时，对于被合并方账面所有者权益的确定，下列说法中正确的有（ ）。
A. 无论被合并方是否编制合并财务报表，被合并方的账面所有者权益价值应当以其个别财务报表为基础确定
B. 若被合并方需要编制合并财务报表，被合并方的账面所有者权益价值应当以其合并财务报表为基础确定
C. 如果合并前合并方与被合并方的会计政策、会计期间不同的，应首先按照合并方的会计政策、会计期间对被合并方资产、负债的账面价值进行调整，在此基础上计算确定被合并方账面所有者权益
D. 被合并方账面所有者权益是指被合并方在最终控制方合并财务报表中的净资产账面价值

3. 甲公司2×21年1月2日取得乙公司40%的股权，并与其他投资方共同控制乙公司（属于合营企业），甲公司、乙公司2×21年发生的下列交易或事项中，会对甲公司2×21年个别财务报表中确认对乙公司投资收益产生影响的有（ ）。
A. 乙公司股东大会通过发放股票股利的议案
B. 甲公司将成本为50万元的产品以60万元的价格出售给乙公司作为管理用固定资产
C. 乙公司宣告分配现金股利100万元
D. 乙公司将账面价值200万元的专利权作价360万元出售给甲公司作为管理用无形资产

4. A公司为甲公司的子公司。2×20年1月1日，甲公司用银行存款20000万元从集团外部购入B公司80%的股权并能够对B公司实施控制。购买日，B公司可辨认

净资产公允价值为24000万元，账面价值为20000万元。2×21年4月1日，A公司以账面价值为20000万元、公允价值为32000万元的一项无形资产作为对价，取得甲公司持有的B公司60%的股权。2×20年1月1日至2×21年4月1日，B公司按照购买日可辨认净资产公允价值持续计算实现的净利润为5000万元；按照购买日可辨认净资产账面价值持续计算实现的净利润为6000万元。无其他所有者权益变动。假定不考虑其他因素的影响，下列有关A公司2×21年4月1日的会计处理中，正确的有（　　）。

A. 长期股权投资初始投资成本按付出对价的公允价值确定

B. 长期股权投资初始投资成本为18200万元

C. 无形资产的账面价值与初始投资成本的差额调整资本公积

D. 合并日对初始投资成本调整应确认营业外收入200万元

5. 甲公司对乙公司的长期股权投资采用权益法核算。乙公司发生的下列交易事项中，将导致甲公司长期股权投资账面价值发生变动的有（　　）。

A. 提取法定盈余公积

B. 接受其他企业的资本性投入

C. 宣告分派现金股利

D. 发行可转换公司债券

6. 甲公司于2×20年3月1日以银行存款12000万元取得乙公司30%的股权，对其采用权益法核算，取得投资时乙公司可辨认净资产公允价值为42000万元（与账面价值相等）。甲、乙公司均按净利润的10%提取盈余公积。2×20年乙公司实现净利润2400万元（假定各月的利润是均衡实现的），甲公司取得乙公司股权投资后乙公司未分配现金股利，无其他影响所有者权益的事项，投资双方未发生任何内部交易。2×21年1月1日，甲公司又以银行存款15000万元取得乙公司30%的股权，当日乙公司可辨认净资产公允价值为46000万元。取得该部分投资后，甲公司能够对乙公司实施控制，形成非同一控制下企业合并，因此将对乙公司的投资转为成本法核算。甲公司未对持有乙公司的长期股权投资计提减值准备，假定不考虑其他相关因素的影响。下列各项关于甲公司对乙公司长期股权投资的表述中，正确的有（　　）。

A. 甲公司因此项投资对其2×20年度利润总额的影响金额为1200万元

B. 甲公司此项投资由权益法转为成本法核算属于会计政策变更

C. 甲公司2×21年1月1日追加投资后个别财务报表中长期股权投资账面价值为28200万元

D. 甲公司2×21年1月1日追加投资后个别财务报表中长期股权投资账面价值为27000万元

7. 下列有关权益法核算的长期股权投资的会计处理中正确的有（　　）。

A. 初始投资成本小于投资时应享有被投资单位可辨认净资产公允价值份额的，应按其差额计入营业外收入

B. 投资企业与被投资企业之间发生的未实现内部交易损失，属于所转让资产发生减值损失的也应予以抵销

C. 收到被投资单位发放的股票股利，不进行账务处理，但应在备查簿中登记

D. 在确定应享有的被投资单位实现的净损益时应考虑潜在表决权的影响

8. 甲公司于2×21年1月1日取得乙公司20%有表决权股份，能够对乙公司施加重大影响。假定甲公司取得该项投资时，乙公司除一项存货外，其他可辨认资产、负债的公允价值与账面价值均相等，该

存货账面价值为2000万元，公允价值为2400万元，至2×21年12月31日，乙公司将该存货已对外销售80%。2×21年11月，甲公司将其成本为800万元（未计提存货跌价准备）的某商品以1200万元的价格出售给乙公司，乙公司将取得的商品作为存货，至2×21年12月31日，乙公司将上述内部交易存货对外销售40%。乙公司2×21年实现净利润5000万元。假定不考虑所得税等因素影响。甲公司下列会计处理中，正确的有（　　）。

A. 甲公司个别财务报表中2×21年应确认的投资收益888万元

B. 甲公司合并财务报表中2×21年应确认的投资收益968万元

C. 甲公司合并财务报表中应抵销营业收入240万元

D. 甲公司合并财务报表中应抵销存货80万元

9. 2×20年1月1日，甲公司支付价款3300万元取得乙公司发行在外30%的股份，对乙公司具有重大影响，乙公司可辨认净资产公允价值为10000万元(与账面价值相等)，乙公司2×20年实现净利润800万元。2×21年1月1日，乙公司以发行股份作为对价进行同一控制下企业合并增加净资产2500万元，甲公司被稀释后的股权比例为25%，仍对乙公司具有重大影响。2×21年乙公司实现净利润为1000万元。不考虑其他因素，甲公司下列会计处理中正确的有（　　）。

A. 不应当调整财务报表的比较信息

B. 2×20年确认投资收益240万元

C. 2×21年1月1日确认“资本公积—其他资本公积”35万元

D. 2×21年确认投资收益250万元

10. 甲公司2×19年5月以900万元取得100万股乙公司普通股，占乙公司发行在外普通股股份的1%，指定为其他权益工具投资核算。乙公司股票2×19年年末收盘价为每股10元。2×20年7月1日，甲公司又出资21500万元取得乙公司20%的股份，按照乙公司章程规定，自取得该股份之日起，甲公司有权向乙公司董事会派出成员；当日，乙公司股票价格为每股11元。2×21年6月，乙公司经股东大会批准进行重大资产重组（接受其他股东出资），甲公司在该项重大资产重组后持有乙公司的股权比例下降为19%，但仍能向乙公司董事会派出董事并对乙公司施加重大影响。不考虑其他因素，下列关于因持有乙公司股权对甲公司各期间利润影响的表述中，正确的有（　　）。

A. 2×19年持有乙公司股权期末公允价值相对于取得成本的变动额不影响2×19年利润总额

B. 2×20年持有乙公司21%股权应享有乙公司净利润的份额影响2×20年利润总额

C. 2×20年增持股份时，原所持100万股乙公司股票公允价值与账面价值的差额影响2×20年留存收益

D. 2×21年因重大资产重组，相应享有乙公司净资产份额的增加额影响2×21年利润总额

11. 甲公司持有乙公司30%有表决权股份，能够对乙公司施加重大影响，对该股权投资采用权益法核算。2×21年10月，甲公司将该项投资中的50%出售给非关联方，取得价款3600万元。相关手续于当日办理完成。甲公司无法再对乙公司施加重大影响，将剩余股权投资转为交易性金融资产核算。出售时，该项长期股权投资的账面价值为6400万元，其中投资成本5200万元，损益调整600万元，其他综合收益400万元(性质为其他权益工具投资公允价值变动形

成），除净损益、其他综合收益和利润分配外的其他所有者权益变动200万元。处置日剩余股权的公允价值为3600万元。不考虑相关税费等因素影响。关于甲公司出售50%股权，下列会计处理中正确的有（　　）。

A. 应将其他综合收益400万元转入投资收益

B. 应结转资本公积—其他资本公积200万元

C. 剩余股权部分应确认交易性金融资产3600万元

D. 应确认投资收益1000万元

12. 2×19年6月30日，A公司以银行存款9000万元自非关联方处取得B公司60%的股权，能够对B公司实施控制。当日，B公司可辨认净资产账面价值为9500万元，公允价值为10000万元。收购B公司产生商誉3000万元。2×21年6月30日，A公司以8000万元的价格出售B公司40%股权给第三方公司，处置后对B公司的剩余持股比例降为20%。不再对B公司具有控制权，但仍具有重大影响，处置日剩余20%股权的公允价值为4000万元。当日，B公司可辨认净资产账面价值为10200万元，按照购买日可辨认净资产公允价值持续计算的净资产账面价值为10700万元。B公司在2×19年6月30日至2×21年6月30日之间以购买日公允价值为基础计算实现的净利润为600万元，其他综合收益为100万元，无其他所有者权益变动。其他综合收益源自B公司投资性房地产转换形成，A公司原确认的商誉未发生减值，不考虑所得税等因素影响。A公司在2×21年合并财务报表关于对B公司的股权投资的会计处理中正确的有（　　）。

A. 应按出售比例终止确认部分商誉的账面价值

B. 终止确认少数股东权益的账面价值

C. 对剩余20%股权投资在丧失控制权日应按公允价值重新计量

D. 丧失控制权日的投资收益为2580万元

13. 甲公司原持有丙公司60%的股权，其账面余额为3000万元，未计提减值准备。2×21年12月31日，甲公司将其持有的对丙公司长期股权投资中的1/3出售给某企业，出售取得价款1200万元，处置日剩余股权的公允价值为2400万元。出售日，丙公司按购买日公允价值持续计算的净资产为6000万元。在出售20%的股权后，甲公司对丙公司的持股比例为40%，丧失了对丙公司的控制权，但有重大影响。甲公司取得丙公司60%股权时，丙公司可辨认净资产公允价值为4000万元。从购买日至出售日，丙公司以购买日公允价值为基础计算实现净利润1900万元，因其他债权投资公允价值上升使其他综合收益增加100万元。不考虑其他因素，甲公司下列会计处理中，正确的有（　　）。

A. 甲公司个别财务报表中因处置长期股权投资确认投资收益200万元

B. 2×21年12月31日合并财务报表中剩余长期股权投资列报的金额为2400万元

C. 甲公司合并财务报表中应确认的投资收益−540万元

D. 甲公司对丙公司剩余股权投资应采用权益法核算

14. 甲公司和其控股股东M公司以及无关联第三方丙公司签订协议，分别从控股股东M公司处购买其持有乙公司60%的股权，以发行1800万股股票作为对价，发行价6元每股；从丙公司处购买少数股权40%，以银行存款支付7500万元，

2×20年7月1日办理完毕交接手续，改选董事会成员，假设该业务不构成一揽子交易。购入60%股权日乙公司所有者权益在最终控制方M公司合并财务报表中的账面价值为12000万元。假定不考虑其他因素，下列关于甲公司上述业务处理表述正确的有（　　）。

A. 甲公司从M公司处购买其持有乙公司60%的股权属于同一控制下企业合并

B. 甲公司从丙公司处购买乙公司少数股权40%，有关股权投资成本在个别报表中应按照4800万元确定

C. 甲公司对乙公司100%股权投资初始投资成本为14700万元

D. 甲公司合并财务报表确认的商誉为2700万元

15. 关于处置采用权益法核算的长期股权投资，下列说法中正确的有（　　）。

A. 处置部分的账面价值与实际取得价款之间的差额，应当计入当期损益

B. 如果出售后剩余部分股权仍采用权益法核算的，应采用与被投资单位直接处置相关资产或负债相同的基础，按出售比例对原计入其他综合收益的金额进行会计处理

C. 如果出售后剩余部分股权按照金融工具确认和计量准则核算的，应按比例采用与被投资单位直接处置相关资产或负债相同的基础结转其他综合收益

D. 如果出售后剩余部分股权仍采用权益法核算的，按出售比例将原计入“资本公积—其他资本公积”的金额转入投资收益

16. A公司于2×20年1月1日以银行存款5190万元购买B公司40%的股权，并对B公司具有重大影响，另支付相关税费10万元。同日，B公司可辨认净资产公允价值为12500万元，账面价值为10000万元，其差额为一项管理用无形资产所致，该无形资产尚可使用年限为25年，采用直线法进行摊销，无残值。2×20年B公司实现净利润1000万元，B公司因投资性房地产转换计入其他综合收益的金额为400万元，2×20年A公司向B公司销售产品产生的未实现内部销售利润300万元，无其他所有者权益变动。2×21年1月2日A公司以5800万元的价格将该项长期股权投资全部出售。不考虑其他因素，下列说法中正确的有（　　）。

A. 长期股权投资初始投资成本为5200万元

B. 该项股权投资的后续计量应采用权益法核算

C. A公司需调整长期股权投资初始投资成本 –200万元

D. 处置该项股权投资时应确认投资收益200万元

17. A公司、B公司、C公司签订一份合同，设立某法人主体从事汽车的生产和销售。合同中规定，A公司、B公司一致同意即可主导该主体的所有相关活动，并不需要C公司的同意，但若主体资产负债率达到50%，C公司具有对该主体公开发行债券或权益工具的否决权。下列说法中正确的有（　　）。

A. A公司和B公司能够共同控制该主体

B. C公司对该主体不拥有实质性权利

C. C公司不是共同控制该主体的参与方

D. 该主体由A公司、B公司和C公司共同控制

三、计算分析题

1. A公司和B公司按净利润的10%提取法定盈余公积。A公司有关资料如下：

（1）2×20年4月1日，A公司取得B公司10%股权，成本为6200万元，以银行存款支付，A公司将其作为交易性金

融资产核算。2×20年6月30日其公允价值为6300万元。

（2）2×20年7月31日，A公司又支付12700万元的银行存款取得B公司20%股权，当日B公司可辨认净资产公允价值总额为70000万元。取得该部分股权后，按照B公司章程规定，A公司能够派人参与B公司的生产经营决策，将该项股权投资转为长期股权投资并采用权益法核算。当日原10%股权投资的公允价值为6320万元。

2×20年7月31日，B公司除一批存货的公允价值和账面价值不同外，其他可辨认资产、负债的公允价值均与账面价值相等。该批存货的公允价值为1500万元，账面价值为1000万元，2×20年B公司将上述存货对外销售80%，剩余存货在2×21年全部对外销售。

（3）2×20年8月至12月，B公司实现净利润5000万元。

（4）2×20年11月，B公司向A公司销售一批商品，售价为500万元，成本为300万元，未计提存货跌价准备，A公司购入后将其作为存货核算。至2×20年12月31日，A公司将上述商品对外出售80%，2×21年A公司将剩余20%部分商品全部对外出售。

（5）2×21年B公司实现净利润8000万元，宣告分配并发放现金股利1000万元。

假定：

（1）不考虑所得税及其他因素的影响且A公司编制半年报。

（2）除上述事项外，不考虑其他交易或事项的影响。

要求：

（1）编制2×20年A公司与交易性金融资产及长期股权投资有关的会计分录。

（2）编制2×21年A公司与长期股权投资有关的会计分录。

2. 甲股份有限公司（以下简称“甲公司”）2×20年至2×21年与投资业务有关的资料如下：

（1）2×20年1月1日，甲公司以银行存款330万元收购乙公司持有的A公司30%股权，对A公司能够施加重大影响。当日A公司可辨认净资产的公允价值与账面价值均为1000万元。

（2）2×20年5月1日，A公司股东大会通过2×19年度利润分配方案。该分配方案如下：按实现净利润的10%提取盈余公积，宣告分配现金股利120万元。

（3）2×20年5月5日，甲公司收到A公司分配的现金股利。

（4）2×20年7月1日，A公司另一投资者丙公司向A公司增资700万元，导致甲公司持有的A公司股权由30%下降为20%，但仍能对A公司施加重大影响。

（5）2×20年12月1日，甲公司向A公司销售一批商品，成本为60万元，未计提存货跌价准备，售价为100万元，至12月31日，A公司对外销售60%，剩余40%形成期末存货（未发生减值）。

（6）2×20年12月31日，A公司因其他债权投资公允价值变动增加其他综合收益50万元。

2×20年度，A公司实现净利润400万元，其中1月至6月实现净利润180万元。

（7）2×21年5月4日，A公司股东大会通过2×20年度利润分配方案。该方案如下：按实现净利润的10%提取盈余公积，不分配现金股利。

（8）2×21年度，A公司发生净亏损116万元，其他债权投资公允价值变动减少其他综合收益30万元。至2×21年12月31日，A公司将从甲公司购入的存货全部对外销售。

假定不考虑其他因素影响。

要求：

编制甲公司2×20年1月1日至2×21

年12月31日与A公司股权投资有关的会计分录。

四、综合题

甲股份有限公司（以下简称“甲公司”）系一家上市公司，2×19年至2×22年对乙股份有限公司（以下简称“乙公司”）股权投资业务的有关资料如下：

（1）甲公司于2×19年7月1日以银行存款6100万元支付给乙公司的原股东，取得乙公司30%的股权，甲公司对乙公司的相关活动具有重大影响；2×19年7月1日乙公司可辨认净资产的公允价值为20000万元，取得投资时被投资单位仅有一项管理用固定资产的公允价值与账面价值不相等，除此以外，其他可辨认资产、负债的账面价值与公允价值均相等。

该固定资产原值为400万元，已计提折旧80万元，乙公司预计该项固定资产的使用年限为10年，已计提折旧2年，预计净残值为零，按照年限平均法计提折旧；甲公司评估该固定资产公允价值为360万元，预计剩余使用年限为6年，预计净残值为零，按照年限平均法计提折旧。

（2）2×19年12月1日，乙公司将其成本为200万元的库存商品（未计提减值准备）以300万元的价格出售给甲公司，甲公司取得后仍作为库存商品，至2×19年12月31日，甲公司已对外出售40%；2×19年度乙公司实现净利润1570万元，其中上半年实现的净利润为500万元，无其他所有者权益变动。

（3）2×20年3月1日乙公司股东大会批准董事会提出的2×19年利润分配方案，按照2×19年实现净利润的10%提取盈余公积，宣告分配并发放现金股利100万元；2×20年度乙公司实现净利润780万元，2×20年乙公司其他综合收益增加200万元（其中160万元为乙公司其他权益工具投资公允价值变动，40万元为乙公司其他债权投资公允价值变动），其他所有者权益增加50万元。至2×20年12月31日，甲公司将2×19年12月1日从乙公司取得的存货又对外出售40%，仍有20%未对外出售。

（4）2×21年1月5日甲公司出售对乙公司20%的股权（出售所持有乙公司股权的2/3），出售价款为4600万元。出售后甲公司对乙公司的持股比例变为10%，对乙公司无重大影响，且甲公司管理层将其指定为以公允价值计量且其变动计入其他综合收益的金融资产；当日剩余10%的股权投资的公允价值为2300万元。

（5）2×21年12月31日，甲公司所持上述乙公司10%股权的公允价值为2400万元。

（6）2×22年1月10日，甲公司将所持乙公司10%股权予以转让，取得款项2430万元。

其他有关资料：甲公司有子公司丙公司，需要编制合并财务报表；甲、乙公司双方采用的会计政策和会计期间相同，甲公司按净利润的10%计提法定盈余公积，不计提任意盈余公积，且不考虑相关税费及其他因素。

要求：

（1）根据资料（1），说明甲公司所持对乙公司长期股权投资后续计量采用的方法并说明理由，编制2×19年7月1日投资时的相关会计分录。

（2）计算2×19年12月31日甲公司对乙公司长期股权投资应确认的投资收益并编制相关会计分录。

（3）编制2×19年12月31日甲公司合并报表中对和乙公司内部交易的调整分录。

（4）计算2×20年12月31日甲公司对乙公司长期股权投资应确认的投资收益，并计算至2×20年年末长期股权投资的账面价值（列出明细科目的金额），编制相关会计分录。

（5）编制2×20年12月31日甲公司合并报表中对和乙公司内部交易的调整分录。

（6）计算2×21年1月5日甲公司出售对乙公司20%股权确认的投资收益，并编制相关会计分录。

（7）编制甲公司2×21年持有乙公司10%股权相关的会计分录。

（8）计算甲公司处置所持乙公司10%股权对其2×22年度净利润和所有者权益的影响，并说明理由，编制相关会计分录。

同步强化练习题参考答案及解析

使用“会计云课堂”App或“微信”扫码对答案、看解析、掌握解题思路，开启轻松过关之旅。

一、单项选择题

1.【答案】B

【解析】甲公司该项长期股权投资的初始投资成本=1000×8+800=8800（万元）。

【提示1】为发行权益性证券支付给有关证券承销机构等的手续费、佣金等不构成取得长期股权投资的成本。该部分费用应自所发行证券的溢价发行收入中扣除，溢价收入不足冲减的，应依次冲减盈余公积和未分配利润。

【提示2】合并以外其他方式取得的长期股权投资的初始投资成本=付出对价的公允价值+初始直接费用；如果题目问的是入账价值，那么应选择9000万元。

2.【答案】D

【解析】企业合并以外方式取得的长期股权投资初始投资成本=付出对价的公允价值+直接相关费用=2000×（1+9%）+20=2200（万元），因初始投资成本2200万元小于投资日享有被投资单位可辨认净资产公允价值份额2250万元（9000×25%），所以调整后的初始投资成本为2250万元，入账价值为调整后的初始投资成本。

3.【答案】B

【解析】同一控制下企业合并计入资本公积的金额为长期股权投资初始投资成本和发行股票面值之差扣除支付承销商佣金的金额。长期股权投资初始投资成本=9000×60%=5400（万元），甲公司取得该股权投资时应确认的资本公积—股本溢价=5400-1000×1-100=4300（万元）。

分录如下：

借：长期股权投资 5400
　贷：股本 1000
　　资本公积—股本溢价 4400
借：资本公积—股本溢价 100
　贷：银行存款 100

4.【答案】B

【解析】为进行企业合并发生的审计费、

评估费等应计入管理费用，甲公司取得乙公司70%股权时的初始投资成本=2000×6=12000（万元）。

5.【答案】B

【解析】长期股权投资初始投资成本=购买日原投资公允价值+新增投资成本=1200+12000=13200（万元）。

6.【答案】B

【解析】该投资对甲公司2×21年度利润总额的影响金额=[11000×30%-(3000+10)]（调整初始投资成本确认的营业外收入）+1000×6/12×30%=440（万元）。

7.【答案】B

【解析】在持有投资期间，被投资单位编制合并财务报表的，应当以合并财务报表中净利润、其他综合收益和其他所有者权益变动中归属于被投资单位的金额为基础进行会计处理，甲公司2×21年应确认投资收益=1080×30%=324（万元）。

8.【答案】A

【解析】被投资单位发行了分类为权益的可累积优先股等类似权益工具，无论被投资单位是否宣告分配优先股股利，投资方计算应享有被投资单位的净利润时，均应将归属于其他投资方的累积优先股股利予以扣除。甲公司2×21年年末因对乙公司的长期股权投资应确认投资收益=（500-1000×10%）×40%=160（万元）。

9.【答案】C

【解析】（1）投资时点公允价值与账面价值不一致的A产品，出售30%部分调整减少净利润的金额=（1000-800）×30%=60（万元）；（2）内部交易B商品针对未出售的70%部分，未实现内部交易损益调整减少净利润的金额=（1000-600）×（1-30%）=280（万元）。甲公司个别财务报表应确认的投资收益=（3340-60-280）×30%=900（万元）。

10.【答案】A

【解析】2×21年12月31日甲公司专利权中包含的未实现内部销售利润=（300-240）-（300-240）÷5×3/12=57（万元），2×21年甲公司应确认投资收益=（1000-57）×30%=282.9（万元）。

11.【答案】B

【解析】考虑内部交易未实现利润后，会加大B公司亏损，甲公司2×21年应确认的投资收益=-［200+（100-80）×（1-80%）］×20%=-40.8（万元）。

12.【答案】B

【解析】甲公司2×21年个别财务报表中应确认的投资收益=[3200-（1000-600）]×20%=560（万元）。

13.【答案】C

【解析】2×20年内部交易存货中包含的未实现内部销售利润=1000-600=400（万元），该未实现内部销售利润于2×21年实现80%，2×21年甲企业因对乙公司的股权投资个别报表应确认投资收益=（2000+400×80%）×20%=464（万元）。

14.【答案】A

【解析】乙公司因向甲公司借款产生的利息费用160万元在乙公司个别财务报表中已经计入当期损益，甲公司因对乙公司借款产生的利息收入对应也是计入当期损益，一借一贷，不影响整体的损益，故不需要针对利息费用对乙公司净利润进行调整。2×21年度甲公司应确认的投资收益=1600×40%=640（万元）。

【提示】如果乙公司因向甲公司借款产生的利息费用160万元满足资本化条件，计入资产成本，则需要对乙公司净利润进行调整，2×21年度甲公司应确认的投资收益=（1600−160）×40%=576（万元）。

15.【答案】A

【解析】甲公司在确认应享有乙公司2×21年净损益时，如果有证据表明交易价格600万元与该商品账面价值800万元之间的差额是该资产发生了减值损失，在确认投资损益时不应予以抵销。甲公司2×21年应确认的投资收益=2000×30%=600（万元）。

16.【答案】A

【解析】2×21年12月31日甲公司固定资产中包含的未实现内部销售利润=（300−240）−（300−240）÷5×3/12=57（万元），合并财务报表中应抵销固定资产的金额=57×30%=17.1（万元）。

17.【答案】D

【解析】因2×21年B公司将剩余部分的内部交易存货全部出售，所以在调整2×21年B公司净利润时，应将2×20年存货中包含的未实现利润加回。2×21年A公司应确认的投资收益=［1200−（300−200）/10−（100−50）/10+（200−120）×（1−60%）］×30%=365.1（万元）。

18.【答案】D

【解析】A公司2×21年1月1日出售1/2部分股权前长期股权投资的账面价值=1000+200×40%+50×40%=1100(万元)，2×21年出售部分长期股权投资时，原权益法核算确认的其他综合收益按出售比例转入留存收益，不影响投资收益，2×21年出售部分长期股权投资应确认的投资收益=600−1100×1/2=50(万元)，剩余部分长期股权投资2×21年应确认的投资收益=300×20%=60(万元)，2×21年度A公司因对B公司投资应确认的投资收益=50+60=110（万元）。

19.【答案】D

【解析】甲公司此项业务应确认的投资收益=出售部分售价与账面价值的差额（2000−2400×80%）+剩余部分调整到公允价值［500−2400×（1−80%）］=100（万元）。

相关会计分录如下：

借：银行存款	2000	
交易性金融资产—成本	500	
贷：长期股权投资		2400
投资收益		100

20.【答案】C

【解析】甲公司处置80%股权丧失控制权，对剩余20%股权合并报表中按丧失控制权日的公允价值进行重新计量，合并财务报表中应确认的投资收益=（处置股权取得的对价880+剩余股权公允价值220）−［按原持股比例计算应享有原有子公司自购买日开始持续计算的净资产份额（600+50+20）+按原持股比例计算的商誉（800−600）］+与原有股权相关可转损益的其他综合收益20=250（万元）。

21.【答案】A

【解析】权益法核算的长期股权投资，处置部分投资后，剩余部分转为以公允价值计量且其变动计入当期损益的金融资产核算，应将原确认的其他综合收益（可转损益部分）及资本公积全部转入投资收益。甲公司2×21年1月1日出售投资时应确认的投资收益=（1200+1200）−（2000+120+60+20）+60+20=280（万元）。

22.【答案】D

【解析】2×21年10月1日，甲公司应确认投资收益=270×40%（因增资扩股而增加的净资产份额）-300×（60%-40%）/60%（持股比例下降部分对应账面价值）=8（万元）。

23.【答案】D

【解析】甲公司处置该项股权投资应确认的投资收益=（800-700）+50（其他综合收益结转）=150（万元）。

24.【答案】A

【解析】共同控制是指按照相关约定对某项安排所共同的控制，并且该安排的相关活动必须经过分享控制权的参与方一致同意后才能决策，选项 A 正确。

25.【答案】B

【解析】合营安排通过单独主体达成，单独主体的法律形式没有把单独主体资产的权利、负债的义务授予合营方。进一步分析，根据 A 公司、B 公司及主体 C 之间的协议，A 公司、B 公司对主体 C 的相关资产享有权利，并对相关负债承担义务，并且该协议符合相关法律法规的规定，因此，该安排为共同经营，选项 A 错误，选项 B 正确。共同经营的合营方不通过长期股权投资核算，选项 C 和 D 错误。

26.【答案】B

【解析】选项 A，参与方为合营安排提供担保（或提供担保的承诺）的行为本身并不直接导致一项安排被分类为共同经营；选项 C，必须是具有唯一一组集体控制的参与方组合，该安排才构成合营安排；选项 D，合营安排划分为合营企业的，参与方对合营安排相关的净资产享有权利。

27.【答案】A

【解析】如果存在两个或两个以上的参与方组合能够集体控制某项安排的，不构成共同控制，选项 A 错误。

二、多项选择题

1.【答案】BCD

【解析】为进行企业合并（包含同一控制、非同一控制企业合并）发生的审计、法律咨询费等计入管理费用，选项 A 错误，选项 B 正确；合并以外其他方式取得长期股权投资发生的审计、法律咨询费等计入长期股权投资成本，选项 C 正确；以发行股票方式取得长期股权投资，支付的股票发行费用（即手续费、佣金等）应冲减溢价发行收入，溢价收入不足冲减的，依次冲减盈余公积和未分配利润，选项 D 正确。

2.【答案】BCD

【解析】如果被合并方本身编制合并财务报表的，被合并方的账面所有者权益价值应当以其合并财务报表为基础确定，选项 A 错误。

3.【答案】BD

【解析】选项 A，甲公司不作会计处理；选项 B 和 D，属于内部交易，影响乙公司调整后的净利润，因此影响甲公司确认的投资收益；选项 C，乙公司宣告分配现金股利，甲公司按其享有的份额借记应收股利，贷记长期股权投资，不影响投资收益。

4.【答案】BC

【解析】A 公司取得 B 公司股权属于同一控制下的企业合并，不能按照付出对价的公允价值确定长期股权投资成本，选项 A 错误；合并日，B 公司相对于甲公司而言的所有者权益账面价值=24000+5000=29000（万元），原购买日合并商誉=20000-24000×80%=800（万元），故长期股权投资的初始投资成本=29000×60%+800=18200（万元），选项 B 正确；同一控制下的控股合并，不确认无形资产的处置损益，无形资产按照账面价值结转，其账面价值与长期股权投资初始成本的差额调整资本公积，选项C正确；企业合并方式取得的长期股权投资不对初始投资成本进行调整，选项D错误。

5.【答案】BCD

【解析】选项A，提取法定盈余公积，乙公司盈余公积增加，未分配利润减少，属于乙公司所有者权益内部项目发生增减变动，所有者权益总额未发生变化，因此，甲公司无须进行账务处理；选项B，增加乙公司所有者权益，导致甲公司长期股权投资账面价值增加；选项C，减少乙公司所有者权益，导致甲公司长期股权投资账面价值减少；选项D，权益成分公允价值增加乙公司所有者权益，导致甲公司长期股权投资账面价值增加。

6.【答案】AC

【解析】甲公司2×20年3月1日投资时应确认营业外收入的金额=42000×30%-12000=600（万元），2×20年应确认投资收益金额=2400×10/12×30%=600(万元)，甲公司因此项投资对其2×20年利润总额的影响金额=600+600=1200（万元），选项A正确；此项投资由权益法转为成本法属于对不同的业务采用不同的会计处理方法，不属于会计政策变更，选项B错误；2×21年1月1日原投资账面价值=12000+（42000×30%-12000）+2400×10/12×30%=13200（万元），追加投资金额为15000万元，甲公司2×21年1月1日追加投资后达到控制，属于多次交易分步实现非同一控制下控股合并，个别财务报表中长期股权投资账面价值=13200+15000=28200（万元），选项C正确，选项D错误。

7.【答案】AC

【解析】未实现内部交易损失属于所转让资产发生减值损失的，有关的未实现内部交易损失不应予以抵销，选项B错误；在确定应享有的被投资单位实现的净损益、其他综合收益和其他所有者权益变动的份额时，潜在表决权所对应的权益份额不应予以考虑，选项D错误。

8.【答案】ABC

【解析】甲公司个别财务报表中应确认的投资收益=[5000-（2400-2000）×80%-（1200-800）×（1-40%）]×20%=888（万元），选项A正确；无论乙公司当年是否出售存货或出售多少，2×21年合并报表中的调整分录均为：

借：营业收入　　240（1200×20%）
　贷：营业成本　　160（800×20%）
　　　投资收益　　80

甲公司合并财务报表中应确认的投资收益=888+80=968（万元），选项B和C正确，选项D错误。

9.【答案】ABCD

【解析】当联营企业发生同一控制下企业合并，并调整其财务报表的比较信息时，投资方不应当调整财务报表的比较信息，选项A正确；2×20年确认投资收益=800×30%=240（万元），选项B正确；2×21年1月1日稀释前长期股权投资账面价值=3300+240=3540（万元），2×20年1月1日投资时内含商誉=3300-10000×30%=300（万元），稀释后长期股权投资中的内含商誉=300÷30%×25%=250（万元），稀释后享有乙公司净资产的份额=（10000+800+2500）×25%=3325（万元），稀释后长期股权投资账面价值=250+3325=3575（万元），应调增长期股权投资和资本公积=3575-3540=35（万元），选项C正确；2×21年确认投资收益=1000×25%=250（万元），选项D正确。

【提示】选项C，可视同将原投资出售1/6（由30%稀释到25%），售价即为乙公司增加净资产中甲公司按稀释后股权比例享有部分，售价=2500×25%=625（万元），

出售部分账面价值 =（3300+800×30%）/30%×（30%–25%）=590（万元），应调增长期股权投资和资本公积 =625–590=35（万元）。

10.【答案】ABC

【解析】2×19 年对乙公司股权公允价值变动计入其他综合收益，不影响利润总额，选项 A 正确；2×20 年甲公司持有乙公司 21% 股权后，能够对乙公司施加重大影响，对乙公司的股权投资应以权益法核算，享有乙公司净损益的份额计入投资收益，影响利润总额，选项 B 正确；其他权益工具投资，除股利收入计入当期损益外，所有利得或损失均应计入其他综合收益，终止确认时也不能转至当期损益，而是转入留存收益，选项 C 正确；2×21 年因乙公司重大资产重组，甲公司相应享有乙公司净资产份额的增加额计入资本公积，不影响利润总额，选项 D 错误。

11.【答案】BCD

【解析】处置时应将全部其他综合收益 400 万元转入留存收益，选项 A 错误；处置时应将全部资本公积—其他资本公积转入投资收益，选项 B 正确；交易性金融资产按照处置日公允价值计量，选项 C 正确；应确认投资收益金额 = 处置收益（3600–6400×50%）+ 资本公积（其他资本公积）结转金额 200+ 剩余投资公允价值与剩余投资账面价值的差额（3600–6400×50%）=1000（万元），选项 D 正确。

12.【答案】BC

【解析】合并财务报表中，视同在丧失控制权之日处置子公司，所以应终止确认商誉（全部商誉）的账面价值，并终止确认少数股东权益的账面价值等，并按当日剩余 20% 股权的公允价值重新计量该剩余股权，选项 A 错误，选项 B 和 C 正确；丧失控制权日合并报表应确认的投资收益 = 处置股权取得对价 8000+ 剩余股权公允价值 4000–（被投资单位按购买日公允价值持续计算的可辨认净资产份额 10700×60%+ 商誉 3000）+ 其他综合收益（可转损益部分）100×60%=2640（万元），选项 D 错误。

13.【答案】ABCD

【解析】甲公司个别财务报表中处置投资应确认的投资收益 =1200–3000×1/3=200（万元），选项 A 正确；因在年末出售，所以合并财务报表中剩余长期股权投资应当按照其在处置日（即丧失控制权日）的公允价值计量，即 2400 万元，选项 B 正确；甲公司合并财务报表中应确认的投资收益 =（1200+2400）–6000×60%–（3000–4000×60%）+100×60%=–540（万元），选项 C 正确；因剩余投资有重大影响，应采用权益法核算，选项 D 正确。

14.【答案】AC

【解析】甲公司购买乙公司股份之前，其控股股东 M 公司持有乙公司 60% 股权，能够对乙公司达到控制，因此甲公司购买乙公司股权属于同一控制下企业合并，选项 A 正确；自外部独立第三方取得的股权则视为在取得对被投资单位的控制权，形成同一控制下企业合并后少数股权的购买，这部分少数股权的购买不管与形成同一控制下企业合并的交易是否同时进行，在与同一控制下企业合并不构成一揽子交易的情况下，有关股权投资成本在个别报表中应按照实际支付的购买价款确定，选项 B 不正确；甲公司对乙公司 100% 股权投资的初始投资成本 =12000×60%+7500=14700（万元），选项 C 正确；甲公司购买乙公司股权属于同一控制下企业合并，不会产生新的商誉，选项 D 不正确。

15.【答案】ABD

【解析】如果出售后剩余部分股权按照金融工具确认和计量准则核算的，应将全部其他综合收益采用与被投资单位直接处置相关资产或负债相同的基础进行会计处理，选项C错误。

16.【答案】AB

【解析】长期股权投资初始投资成本=5190+10=5200（万元），选项A正确；因对B公司具有重大影响，所以该项股权投资后续计量应采用权益法核算，选项B正确；因长期股权投资初始投资成本5200万元大于投资时享有B公司可辨认净资产公允价值的份额5000万元（12500×40%），所以无须调整长期股权投资初始投资成本，选项C错误；2×20年12月31日该项长期股权投资账面价值=5200+［1000-300-（12500-10000）/25］×40%+400×40%=5600（万元），2×21年1月2日处置该项股权投资时应确认投资收益=5800-5600+400×40%=360（万元），选项D错误。

17.【答案】ABC

【解析】若主体资产负债率达到50%，C公司具有对该主体公开发行债券或权益工具的否决权，属于保护性权利，因此该主体由A公司和B公司共同控制，选项A、B和C正确。

三、计算分析题

1.【答案】

（1）①2×20年4月1日

借：交易性金融资产—成本　　6200

　贷：银行存款　　6200

②2×20年6月30日

借：交易性金融资产—公允价值变动　　100

　贷：公允价值变动损益　　100

③2×20年7月31日

借：长期股权投资—投资成本　　12700

　贷：银行存款　　12700

借：长期股权投资—投资成本　　6320

　贷：交易性金融资产—成本　　6200

　　　　　　　　—公允价值变动　　100

　　投资收益　　20

借：长期股权投资—投资成本　　1980

　［70000×30%-（12700+6320）］

　贷：营业外收入　　1980

④2×20年8月至12月A公司应确认投资收益=［5000-（1500-1000）×80%-（500-300）×（1-80%）］×30%=1368（万元）。

借：长期股权投资—损益调整　　1368

　贷：投资收益　　1368

（2）2×21年A公司应确认的投资收益=［8000-（1500-1000）×20%+（500-300）×（1-80%）］×30%=2382（万元）。

借：长期股权投资—损益调整　　2382

　贷：投资收益　　2382

借：应收股利　　300（1000×30%）

　贷：长期股权投资—损益调整　　300

借：银行存款　　300

　贷：应收股利　　300

2.【答案】

（1）2×20年1月1日

借：长期股权投资—投资成本　　330

　贷：银行存款　　330

（2）2×20年5月1日

借：应收股利　　36（120×30%）

　贷：长期股权投资—损益调整　　36

（3）2×20年5月5日

借：银行存款　　36

　贷：应收股利　　36

（4）2×20年7月1日

股权被动稀释由30%下降为20%时，应视同处置10%股权换取A公司新增资源。稀释前长期股权投资账面价

值 =330-120×30%+180×30%=348（万元），处置部分投资对应的账面价值 =348÷30%×10%=116（万元）（含内含商誉10万元），丙公司增资后甲公司按新的持股比例应享有的份额 =700×20%=140（万元），应确认资本公积 =140-116=24（万元），会计分录为：

借：长期股权投资—其他权益变动　24

　贷：资本公积—其他资本公积　24

（5）2×20年12月31日

借：长期股权投资—其他综合收益　10

（50×20%）

　贷：其他综合收益　10

内部交易存货中包含的未实现利润 =（100-60）×40%=16（万元），甲公司应确认投资收益 =180×30%+（400-180）×20%-16×20%=94.8（万元）。

借：长期股权投资—损益调整　94.8

　贷：投资收益　94.8

（6）2×21年12月31日

借：其他综合收益　6（30×20%）

　贷：长期股权投资—其他综合收益　6

2×20年内部交易存货中包含的未实现利润16万元在2×21年全部实现，应减少2×21年度亏损，甲公司应确认投资收益 =（-116+16）×20%=-20（万元）。

借：投资收益　20

　贷：长期股权投资—损益调整　20

四、综合题

【答案】

（1）甲公司取得乙公司长期股权投资采用权益法进行后续计量。

理由：甲公司取得乙公司股权对乙公司的相关活动具有重大影响。

借：长期股权投资—投资成本　6100

　贷：银行存款　6100

（2）乙公司2×19年7月1日至2×19年12月31日调整后的净利润 =（1570-500）-（360÷6×6/12-400÷10×6/12）-（300-200）×（1-40%）=1000（万元）；2×19年度甲公司持有乙公司股权应确认的投资收益 =1000×30%=300（万元）。

借：长期股权投资—损益调整　300

　贷：投资收益　300

（3）

借：长期股权投资　18

［（300-200）×（1-40%）×30%］

　贷：存货　18

（4）2×20年度乙公司调整后的净利润 =780-（360÷6-400÷10）+（300-200）×40%=800（万元），乙公司应确认的投资收益 =800×30%=240（万元）。

至2×20年年末长期股权投资的账面价值 =6100+300-30+240+60+15=6685（万元），其中："投资成本"明细科目为6100万元，"损益调整"明细科目 =300-30+240=510（万元），"其他综合收益"明细科目为60万元，"其他权益变动"明细科目为15万元。

借：应收股利　30（100×30%）

　贷：长期股权投资—损益调整　30

借：银行存款　30

　贷：应收股利　30

借：长期股权投资—损益调整　240

（800×30%）

　贷：投资收益　240

借：长期股权投资—其他综合收益　60

　贷：其他综合收益　60（200×30%）

借：长期股权投资—其他权益变动　15

　贷：资本公积—其他资本公积　15

（50×30%）

（5）

借：长期股权投资　6

［（300-200）×20%×30%］

　贷：存货　6

（6）2×21年1月5日处置股权时确认的投资收益 =（4600+2300）-6685+40×30%+50×30%=242（万元）。

会计分录：

借：银行存款　4600

　其他权益工具投资—成本　2300

　贷：长期股权投资—投资成本　6100

　　　　—损益调整　510

　　　　—其他综合收益　60

　　　　—其他权益变动　15

　　投资收益　215

借：其他综合收益　12（40×30%）

　资本公积—其他资本公积　15

　贷：投资收益　27

借：其他综合收益　48（160×30%）

　贷：盈余公积　4.8

　　利润分配—未分配利润　43.2

（7）

借：其他权益工具投资—公允价值变动　100（2400−2300）

　贷：其他综合收益　100

（8）对2×22年净利润的影响金额为0，对所有者权益的影响金额=2430−2400=30（万元）。

理由：指定为以公允价值计量且其变动计入其他综合收益的金融资产，终止确认时，其公允价值与账面价值之间的差额，以及之前计入其他综合收益的累计利得或损失应当从其他综合收益中转出，计入留存收益，不影响净利润，且其他综合收益转入留存收益部分属于所有者权益内部结转，不影响所有者权益总额。

会计分录：

借：银行存款　2430

　贷：其他权益工具投资—成本　2300

　　　　—公允价值变动　100

　　盈余公积　3

　　利润分配—未分配利润　27

借：其他综合收益　100

　贷：盈余公积　10

　　利润分配—未分配利润　90

第七章　资产减值

CHAPTER-7

本章学习指南

一、学习目标

1. 理解资产减值的范围以及资产减值的迹象与测试。
2. 掌握资产可收回金额的计量。
3. 掌握资产减值损失的确认与计量。
4. 掌握资产组的认定及减值处理。
5. 掌握商誉减值测试与处理。

二、考情概况

本章考题以客观题为主，试题分数不高，属于不太重要章节。

三、教材变化

修改“资产的公允价值定义”。

四、考点地图

考点	年份 / 题型
估计资产可收回金额的基本方法	2020 年多选题
资产预计未来现金流量现值的估计	2020 年单选题
商誉减值的会计处理	2019 年单选题

核心考点精讲

提示

本章详述了资产、资产组、商誉减值的会计处理，其中包括前述章节提到的固定资产、无形资产、采用成本模式进行后续计量的投资性房地产及长期股权投资减值的确认与计量，本章整体难度不大，但要注意各种资产是否适用本章所讲解的减值准则，即判断相关资产的减值是否可以转回。扫描二维码，听名师精讲，学习思路更清晰。

第一节　资产减值概述

使用“会计云课堂”App或“微信”扫码查看本节视频，快速GET知识点。

一、资产减值的范围

资产减值，是指资产的可收回金额低于其账面价值。本章所指资产，除特别说明外，包括单项资产和资产组。

本章涉及的资产减值对象主要包括以下资产：

名师点拨

资产减值准则规范的是大部分长期资产的减值，不是全部资产，如存货减值在《存货》准则规范等。

（1）长期股权投资；

（2）采用成本模式进行后续计量的投资性房地产；

（3）固定资产；

（4）生产性生物资产；

（5）无形资产；

（6）使用权资产；

（7）商誉；

（8）探明石油天然气矿区权益和井及相关设施等。

二、资产减值的迹象与测试

（一）资产减值迹象的判断

原则：公允价值下降；未来现金流量现值下降。

（二）资产减值的测试

企业在判断资产减值迹象以决定是否需要估计资产可收回金额时，应当遵循重要性原则。根据这一原则企业资产存在下列情况的，可以不估计其可收回金额：

（1）以前报告期间的计算结果表明，资产可收回金额显著高于其账面价值，之后又没有发生消除这一差异的交易或者事项的，资产负债表日可以不重新估计该资产的可收回金额。

（2）以前报告期间的计算与分析表明，资产可收回金额相对于某种减值迹象反应不敏感，在本报告期间又发生了该减值迹象的，可以不因该减值迹象的出现而重新估计该资产的可收回金额。比如，当期市场利率或其他市场投资报酬率上升，对计算资产未来现金流量现值采用的折现率影响不大的，可以不重新估计资产的可收回金额。

【提示】因**企业合并所形成的商誉**和**使用寿命不确定的无形资产**在后续计量中不进行摊销，但是考虑到这两类资产的价值和产生的未来经济利益有较大的不确定性，为了避免资产价值高估，及时确认商誉和使用寿命不确定的无形资产的减值损失，如实反映企业财务状况和经营成果，对于这些资产，企业至少应当于**每年年度终了**进行减值测试。另外，对于**尚未达到预定可使用状态的无形资产**，由于其价值通常具有较大的不确定性，也应当每年进行减值测试。

要点小贴士

下列资产至少应于每年年度终了进行减值测试：
（1）商誉；
（2）使用寿命不确定的无形资产；
（3）尚未达到预定可使用状态的无形资产。

经典题解

【真题1·多选题】下列各项中，无论是否有确凿证据表明资产存在减值迹象，均应至少于每年年末进行减值测试的有（　　）。（2014年）

A. 对联营企业的长期股权投资

B. 使用寿命不确定的专有技术

C. 非同一控制下企业合并产生的商誉

D. 尚未达到预定可使用状态的无形资产

【解析】使用寿命不确定的无形资产和因企业合并所形成的商誉，无论是否存在减值迹象，每年都应当进行减值测试。另外，对于尚未达到预定可使用状态的无形资产，由于其价值具有较大的不确定性，也应当每年进行减值测试。

【答案】BCD

第二节 资产可收回金额的计量

使用“会计云课堂”App或“微信”扫码查看本节视频，快速GET知识点。

一、估计资产可收回金额的基本方法

估计资产可收回金额的基本方法如下图所示：

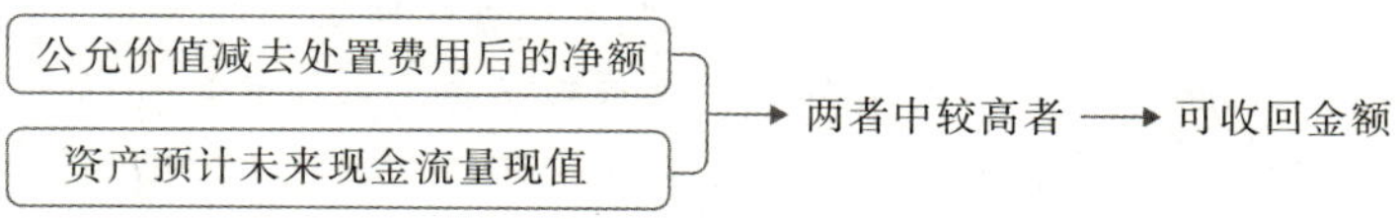

在下列情况下，可以有例外或者作特殊考虑：

（1）资产的公允价值减去处置费用后的净额与资产预计未来现金流量的现值，只要有一项超过了资产的账面价值，就表明资产没有发生减值，不需再估计另一项金额。

（2）没有确凿证据或者理由表明，资产预计未来现金流量现值显著高于其公允

价值减去处置费用后的净额的，可以将资产的公允价值减去处置费用后的净额视为资产的可收回金额。对于企业持有待售的资产往往属于这种情况，即该资产在持有期间（处置之前）所产生的现金流量可能很少，其最终取得的未来现金流量往往就是资产的处置净收入，因此，在这种情况下，以资产公允价值减去处置费用后的净额作为其可收回金额是适宜的，因为资产的未来现金流量现值不大会显著高于其公允价值减去处置费用后的净额。

（3）资产的公允价值减去处置费用后的净额如果无法可靠估计的，应当以该资产预计未来现金流量的现值作为其可收回金额。

要点小贴士

一般以"公允价值减去处置费用后的净额"视为资产的可收回金额，当其无法可靠估计的，应当以该资产预计未来现金流量的现值作为可收回金额。

二、资产的公允价值减去处置费用后的净额的估计

资产的公允价值减去处置费用后的净额，通常反映的是资产如果被出售或者处置时可以收回的净现金收入，其中，资产的公允价值是指市场参与者在计量日发生的有序交易中，出售一项资产所能收到的价格。

处置费用是指可以直接归属于资产处置的增量成本，包括与资产处置有关的法律费用、相关税费、搬运费以及为使资产达到可销售状态所发生的直接费用等，但是，财务费用和所得税费用等不包括在内。

经典题解

【真题 2 · 多选题】甲公司相关固定资产和无形资产减值的会计处理如下：（1）对于尚未达到预定可使用状态的无形资产，在每年末进行减值测试；（2）如果连续 3 年减值测试的结果表明，固定资产的可收回金额超过其账面价值的 20%，且报告期间未发生不利情况，资产负债表日不需重新估计该资产的可收回金额；（3）如果固定资产的公允价值减去处置费用后的净额与该资产预计未来现金流量的现值中，有一项超过了该资产的账面价值，不需再估计另一项金额；（4）如果固定资产的公允价值减去处置费用后的净额无法可靠估计，以该资产预计未来现金流量的现值作为其可收回金额。不考虑其他因素，下列各项关于甲公司固定资产和无形资产减值的会计处理中，正确的有（　　）。（2020 年）

A. 连续 3 年固定资产可收回金额超过其账面价值 20% 时的处理

B. 固定资产的公允价值减去处置费用后的净额无法可靠估计时的处理

C. 固定资产的公允价值减去处置费用后的净额与该资产预计未来现金流量的现值中有一项超过该资产账面价值时的处理

D. 未达到预定可使用状态的无形资产减值测试的处理

【解析】以前报告期间的计算结果表明，资产可收回金额显著高于其账面价值，之后又没有发生消除这一差异的交易或者事项的，资产负债表日可以不重新估计该资产的可收回金额，选项 A 正确；

资产的公允价值减去处置费用后的净额如果无法可靠估计的，应当以该资产预计未来现金流量的现值作为其可收回金额，选项 B 正确；

资产的公允价值减去处置费用后的净额与资产预计未来现金流量的现值，只要有一项超过了资产的账面价值，就表明资产没有发生减值，不需再估计另一项金额，选项 C 正确；

对于尚未达到预定可使用状态的无形资产，由于其价值具有较大的不确定性，应当每年末进行减值测试，选项 D 正确。

【答案】ABCD

三、资产预计未来现金流量的现值的估计

预计资产未来现金流量的现值，主要应当综合考虑以下三个方面的因素：

（1）资产的预计未来现金流量；

（2）资产的使用寿命；

（3）折现率。

其中，资产使用寿命的预计与固定资产、无形资产准则等规定的使用寿命预计方法相同。

资产预计未来现金流量现值的估计如下图所示：

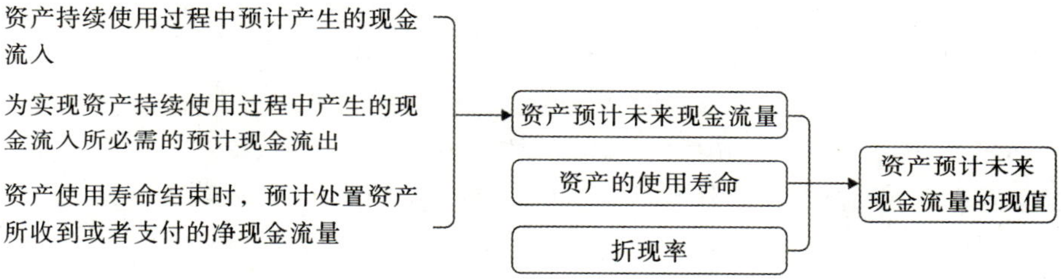

经典题解

【真题 3 · 单选题】为了资产减值测试的目的，企业需要对资产未来现金流量进行预计，并选择恰当的折现率对其进行折现，以确定资产预计未来现金流量的现值。根据企业会计准则的规定，预计资产未来现金流量的期限应当是（　　）。（2020 年）

A. 5 年　　B. 永久

C. 资产剩余使用寿命　　D. 企业经营期限

【解析】在预计了资产的未来现金流量和折现率后，资产未来现金流量的现值只需将该资产的预计未来现金流量按照预计的折现率在预计的资产剩余使用寿命内加以折现即可确定，选项 C 正确。

【答案】C

（一）资产未来现金流量的预计

1. 预计资产未来现金流量的基础

为了预计资产未来现金流量，企业管理层应当在合理和有依据的基础上对资产剩余使用寿命内整个经济状况进行最佳估计，并将资产未来现金流量的预计建立在经企业管理层批准的最近财务预算或者预测数据之上。

2. 资产预计未来现金流量应当包括的内容

预计的资产未来现金流量应当包括下列各项：

（1）资产持续使用过程中预计产生的现金流入；

要点小贴士

对于在建工程、开发过程中的无形资产等，企业在预计其未来现金流量时，应当包括预期为使该类资产达到预定可使用（或者可销售）状态而发生的全部现金流出数。

（2）为实现资产持续使用过程中产生的现金流入所必需的预计现金流出（包括为使资产达到预定可使用状态所发生的现金流出）；

（3）资产使用寿命结束时，处置资产所收到或者支付的净现金流量。

每期净现金流量 = 该期现金流入 – 该期现金流出

经典题解

【例题 4·单选题】2×21 年 12 月 31 日，甲公司某在建工程项目的账面价值为 1300 万元，预计至达到预定可使用状态尚需投入 110 万元。该项目以前未计提减值准备。由于市场发生了变化，甲公司于 2×21 年年末对该在建工程项目进行减值测试，经测试表明：扣除继续建造所需投入因素预计的未来现金流量现值为 1150 万元，未扣除继续建造所需投入因素预计的未来现金流量现值为 1250 万元。2×21 年 12 月 31 日，该项目的公允价值减去处置费用后的净额为 1200 万元。甲公司于 2×21 年年末对该在建工程项目应确认的减值损失金额为（　　）万元。

A. 150　　B. 100　　C. 50　　D. 0

【解析】对于在建工程，企业在预计其未来现金流量时，应当考虑继续建造所需投入因素，所以其预计未来现金流量现值为 1150 万元，公允价值减去处置费用后的净额为 1200 万元，可收回金额为两者之中较高者，即 1200 万元，该在建工程项目应确认的减值损失金额 =1300–1200=100（万元），选项 B 正确。

【答案】B

要点小贴士

预计未来现金流量不应当包括与将来可能会发生的、尚未作出承诺的重组事项或与资产改良有关的预计未来现金流量。已作出承诺的重组事项应当考虑。

3. 预计资产未来现金流量应当考虑的因素

企业预计资产未来现金流量时，应当综合考虑下列因素：

（1）以资产的当前状况为基础预计资产未来现金流量；

（2）预计资产未来现金流量不应当包括筹资活动和所得税收付产生的现金流量；

（3）对通货膨胀因素的考虑应当和折现率相一致；

（4）涉及内部转移价格的需要作调整。

经典题解

【例题 5·单选题】2×21 年 12 月 31 日，甲公司一台原价为 2000 万元、已计提折旧 840 万元、已计提减值准备 80 万元的固定资产出现减值迹象。经减值测试，其未来税前和税后净现金流量的现值分别为 1000 万元和 840 万元，公允价值减去处置费用后的净额为 960 万元。不考虑其他因素，2×21 年 12 月 31 日，甲公司应为该固定资产计提减值准备的金额为（　　）万元。

A. 240　　B. 120　　C. 80　　D. 2000

【解析】2×21 年 12 月 31 日，甲公司该项固定资产账面价值 =2000–840–80=1080（万元）。

可收回金额按照预计未来现金流量现值和公允价值减去处置费用后的净额孰高确认，因预计资产未来现金流量不应当包括与所得税收付有关的现金流量，所以甲公司该资产的预计未来现金流量现值为 1000 万元，故可收回金额为 1000 万元，固定资产的账面价值大于可收回金额，甲公司应计提减值准备的金额 =1080–1000=80（万元）。

【答案】C

【例题 6 · 多选题】下列各项中，属于固定资产减值测试时预计其未来现金流量不应考虑的因素有（　　）。

A. 通货膨胀因素

B. 筹资活动产生的现金流入或者流出

C. 未来年度为改良资产发生的现金流出

D. 与已作出承诺的重组事项有关的预计未来现金流量

【解析】选项 A，对通货膨胀因素的考虑应当和折现率相一致；选项 D，与已作出承诺的重组事项有关的预计未来现金流量应当予以考虑。

【答案】BC

4. 预计资产未来现金流量的方法

（1）传统法

预计资产未来现金流量，通常应当根据资产未来每期最有可能产生的现金流量进行预测。它使用的是单一的未来每期预计现金流量和单一的折现率计算资产未来现金流量的现值。

（2）期望现金流量法

资产未来每期现金流量应当根据每期可能发生情况的概率及其相应的现金流量加权计算确定。

应当注意的是，如果资产未来现金流量的发生时间是不确定的，企业应当根据资产在每一种可能情况下的现值及其发生概率直接加权计算资产未来现金流量的现值。

（二）折现率的预计

为了达到资产减值测试的目的，计算资产未来现金流量现值时所使用的折现率应当是反映**当前市场货币时间价值**和**资产特定风险的税前利率**。

名师点拨

因预计资产未来现金流量是税前的，所以折现率也必须是税前的。

企业在估计资产未来现金流量现值时，通常应当使用**单一**的折现率。但是，如果资产未来现金流量的现值对未来不同期间的风险差异或者利率的期间结构反应敏感的，企业应当在未来各不同期间采用不同的折现率。

（三）资产未来现金流量现值的预计

在预计资产的未来现金流量和折现率的基础上，企业将该资产的预计未来现金流量按照预计折现率在预计使用寿命内予以折现后，即可确定该资产未来现金流量的现值。

计算公式如下：

资产未来现金流量的现值 PV= $\sum$［第 t 年预计资产未来现金流量 NCF_t/（1+ 折现率 R）^{t}］

（四）外币未来现金流量及其现值的预计

企业使用的资产所收到的未来现金流量为外币时，应按以下顺序确定资产未来现金流量的现值：

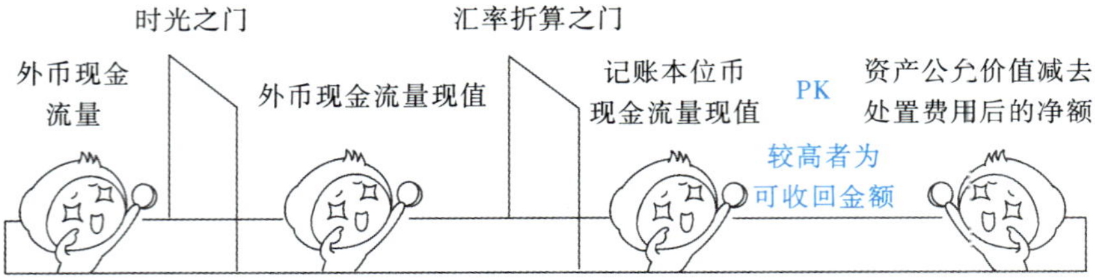

以外币（结算货币）表示的资产未来现金流量现值=Σ［该资产所产生的未来现金流量（结算货币）×该结算货币适用的折现率相对应的折现系数］

以记账本位币表示的资产未来现金流量的现值=以外币（结算货币）表示的资产未来现金流量现值×计算资产未来现金流量现值当日的即期汇率

根据可收回金额与资产账面价值相比较，确定是否需要确认减值损失以及确认多少减值损失。

第三节　资产减值损失的确认与计量

使用“会计云课堂”App或“微信”扫码查看本节视频，快速GET知识点。

一、资产减值损失确认与计量的一般原则

（一）资产减值损失的确认

资产可收回金额确定后，如果可收回金额低于其账面价值的，企业应当将资产的账面价值减记至可收回金额，减记的金额确认为资产减值损失，计入当期损益，同时计提相应的资产减值准备。资产的账面价值是指资产成本扣减累计折旧（或累计摊销）和减值准备后的金额。

（二）确认减值损失后折旧摊销的会计处理

资产减值损失确认后，减值资产的折旧或者摊销费用应当在未来期间作相应调整，以使该资产在剩余使用寿命内，系统地分摊调整后的资产账面价值（扣除预计净残值）。

经典题解

【例题7·单选题】2×19年6月10日，某上市公司（增值税一般纳税人）购入一台不需要安装的生产设备，支付价款200万元，增值税税额26万元，购入后即达到预定可使用状态。该设备的预计使用寿命为10年，预计净残值为16万元，按照年限平均法计提折旧。2×20年12月因出现减值迹象，对该设备进行减值测试，预计该设备的公允价值为90万元，处置费用为6万元；如果继续使用，预计未来使用及处置产生现金流量的现值为70万元，假定设备计提减值准备后原预计使用寿命、预计净残值和计提折旧的方法均不变。该生产设备2×21年应计提的折旧额为（　　）万元。

A. 18.4　　B. 8.5　　C. 8.75　　D. 8

【解析】该生产设备2×20年12月31日计提减值准备前的账面价值=200-（200-16）÷10×1.5=172.4（万元），可收回金额按照预计未来现金流量现值和公允价值减去处置费用后的净额孰高确认，可收回金额为84万元（90-6），账面价值大于可收回金额，计提减值准备后的账面价值为84万元。

2×21年该生产设备应计提的折旧额=（84-16）÷（10-1.5）=8（万元）。

【答案】D

（三）减值准备转回的处理原则

资产减值损失一经确认，在以后会计期间不得转回。但是，如果资产处置（如出售、对外投资、以非货币性资产交换方式换出、在债务重组中抵偿债务等），同时符合资产终止确认条件的，企业应当将相关资产减值准备予以转销。

相关链接

资产减值准备是否可以转回，参见P211本章疑难问题解答1。

二、资产减值损失的账务处理

会计分录：

借：资产减值损失

　贷：××减值准备

第四节　资产组的认定及减值处理

使用“会计云课堂”App或“微信”扫码查看本节视频，快速GET知识点。

一、资产组的认定

如果有迹象表明一项资产可能发生减值的，企业应当以单项资产为基础估计其可收回金额。企业难以对单项资产的可收回金额进行估计的，应当以该资产所属的资产组为基础确定资产组的可收回金额。

经典题解

【真题8·单选题】下列关于固定资产减值的表述中，符合会计准则规定的是（　　）。（2015年）

A. 预计固定资产未来现金流量应当考虑与所得税收付相关的现金流量

B. 固定资产的公允价值减去处置费用后的净额高于其账面价值，但预计未来现金流量现值低于其账面价值的，应当计提减值

C. 在确定固定资产未来现金流量现值时，应当考虑将来可能发生的与改良有关的预计现金流量的影响

D. 单项固定资产本身的可收回金额难以有效估计的，应当以其所在的资产组为基础确定可收回金额

【解析】选项A，不需要考虑与所得税收付相关的现金流量；选项B，公允价值减去处置费用后的净额与预计未来现金流量现值中有一个高于账面价值，则不需

要计提减值；选项C，不需要考虑与改良有关的预计现金流量。

【答案】D

（一）资产组的定义

资产组是指企业可以认定的最小资产组合，其产生的现金流入应当基本上独立于其他资产或资产组。

如某车间有甲设备、乙设备、丙设备和丁设备，甲设备和乙设备生产A产品，丙设备和丁设备生产B产品。A产品和B产品在市场中有公允价值，都可以独立产生现金流入。如下图所示：

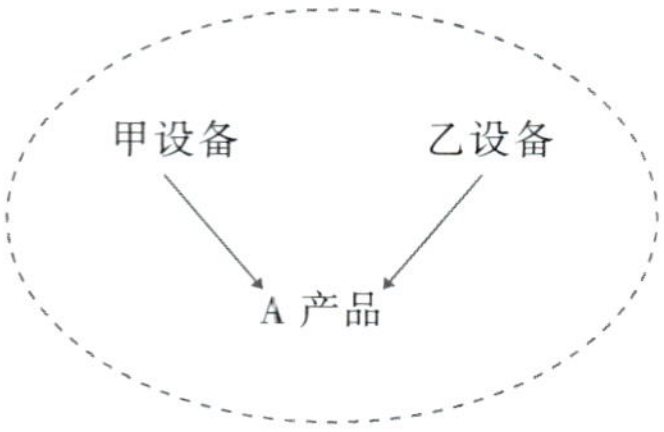

图中，甲设备和乙设备构成一个资产组，丙设备和丁设备构成一个资产组。

（二）认定资产组应当考虑的因素

1. 资产组的认定，应当以资产组产生的主要现金流入是否独立于其他资产或者资产组的现金流入为依据。

2. 资产组的认定，应当考虑企业管理层对生产经营活动的管理或者监控方式（如是按照生产线、业务种类还是按照地区或者区域等）和对资产的持续使用或者处置的决策方式等。比如企业各生产线都是独立生产、管理和监控的，那么各生产线很可能应当认定为单独的资产组；如果某些机器设备是相互关联、互相依存的，其使用和处置是一体化决策的，那么，这些机器设备很可能应当认定为一个资产组。

（三）资产组认定后不得随意变更

资产组一经确定，在各个会计期间应当保持一致，不得随意变更。如需变更，企业管理层应当证明该变更是合理的，并在附注中说明。

二、资产组减值测试

资产组减值测试的原理和单项资产是一致的，即企业需要预计资产组的可收回金额和计算资产组的账面价值，并将两者进行比较，如果资产组的可收回金额低于其账面价值，表明该资产组发生了减值损失，应当予以确认。

（一）资产组账面价值和可收回金额的确定基础

资产组账面价值的确定基础应当与其可收回金额的确定方式相一致，这样的比较才有意义，否则如果两者在不同的基础上进行估计和比较，就难以正确估算资产组的减值损失。资产组的可收回金额，应当按照该资产组的公允价值减去处置费用后的净额与其预计未来现金流量的现值两者之中较高者确定。

名师点拨

因商誉和总部资产也能产生现金流量从而影响可收回金额，所以应将商誉和总部资产分摊到相关的资产组或资产组组合，使得资产组账面价值的确定基础与其可收回金额的确定方式相一致。

（二）资产组减值的会计处理

根据减值测试的结果，资产组（包括资产组组合）的可收回金额如低于其账面价值，应当确认相应的减值损失。减值损失金额应当按照下列顺序进行分摊：

1. 首先抵减分摊至资产组中**商誉的账面价值**；

2. 然后根据资产组中除商誉之外的其他各项资产的**账面价值**所占比重，按比例抵减其他各项资产的账面价值。

以上资产账面价值的抵减，应当作为各单项资产（包括商誉）的减值损失处理，计入当期损益。抵减后的各资产的账面价值不得低于以下三者之中**最高者**：该资产的公允价值减去处置费用后的净额（如可确定的）、该资产预计未来现金流量的现值（如可确定的）和零。因此而导致的未能分摊的减值损失金额，应当按照相关资产组中其他各项资产的账面价值所占比重进行分摊。

经典题解

【真题 9・多选题】2×16 年末，甲公司某项资产组（均为非金融长期资产）存在减值迹象，经减值测试，预计资产组的未来现金流量现值为 4000 万元、公允价值减去处置费用后的净额为 3900 万元；该资产组资产的账面价值为 5500 万元，其中商誉的账面价值为 300 万元。2×17 年末，该资产组的账面价值为 3800 万元，预计未来现金流量现值为 5600 万元、公允价值减去处置费用后的净额为 5000 万元。该资产组 2×16 年前未计提减值准备。不考虑其他因素。下列各项关于甲公司对该资产组减值会计处理的表述中，正确的有（　　）。**（2017 年）**

A. 2×17 年末资产组的账面价值为 3800 万元

B. 2×16 年末应计提资产组减值准备 1500 万元

C. 2×17 年末资产组中商誉的账面价值为 300 万元

D. 2×16 年末应对资产组包含的商誉计提 300 万元的减值准备

【解析】2×16 年计提减值前，该资产组包含商誉的账面价值是 5500 万元，预计未来现金流量现值为 4000 万元，公允价值减去处置费用后的净额为 3900 万元，可收回金额为 4000 万元，2×16 年末应确认的减值金额 =5500-4000=1500（万元），冲减商誉的金额为 300 万元，计提减值后商誉的账面价值为 0，资产组中其他资产减值 1200 万元，合计减值准备金额为 1500 万元，选项 B 和 D 正确；

商誉减值后不可以转回，2×17 年末资产组中商誉的账面价值为 0，选项 C 错误；

2×17 年末资产组的账面价值为 3800 万元，可收回金额为 5600 万元，但甲公司资产组中均为非金融长期资产，表明资产减值不可转回，故 2×17 年末资产组账面价值仍为 3800 万元，选项 A 正确。

【答案】ABD

【例题 10】A 公司在某地拥有一家 C 分公司，该分公司是 A 公司上年吸收合并取得的公司。由于 C 分公司能产生独立于其他分公司的现金流入，所以 A 公司将 C 分公司确定为一个资产组。2×21 年 12 月 31 日，C 分公司经营所处的技术环境发生了重大不利变化，出现减值迹象，需要进行减值测试。进行减值测试时，C 分公司资产组的账面价值为 520 万元（含合并商誉 20 万元）。A 公司计算 C 分公司资产组的可收回金额为 490 万元。C 分公司资产组中包括甲设备、乙设备和一项无形资产，

2×21年12月31日其账面价值分别为250万元、150万元和100万元，各资产的剩余使用年限相同。三项资产的可收回金额均无法确定。资产组的减值损失应首先抵减商誉，然后按资产组中除商誉外各项资产账面价值所占比重进行分配。

不考虑其他因素的影响。

要求：计算C分公司资产组中商誉、甲设备、乙设备和无形资产应分别计提的减值准备金额，并编制有关会计分录（答案中的金额单位用万元表示）。

【答案】本例中，C分公司资产组的账面价值为520万元，可收回金额为490万元，发生减值损失30万元。

C分公司资产组的减值损失金额先冲减商誉20万元，剩余的10万元分配给甲设备、乙设备和无形资产。

甲设备应承担的减值损失金额=10×250÷（250+150+100）=5（万元）；

乙设备应承担的减值损失金额=10×150÷（250+150+100）=3（万元）；

无形资产应承担的减值损失金额=10×100÷（250+150+100）=2（万元）。

会计分录如下：

借：资产减值损失	30
贷：商誉减值准备	20
固定资产减值准备—甲设备	5
—乙设备	3
无形资产减值准备	2

三、总部资产的减值测试

企业总部资产包括企业集团或其事业部的办公楼、电子数据处理设备、研发中心等资产。总部资产的显著特征是难以脱离其他资产或者资产组产生独立的现金流入，而且其账面价值难以完全归属于某一资产组。因此，总部资产通常难以单独进行减值测试，需要结合其他相关资产组或者资产组组合进行。资产组组合，是指由若干个资产组组成的最小资产组组合，包括资产组或者资产组组合，以及按合理方法分摊的总部资产部分。

总部资产的减值测试如下图所示：

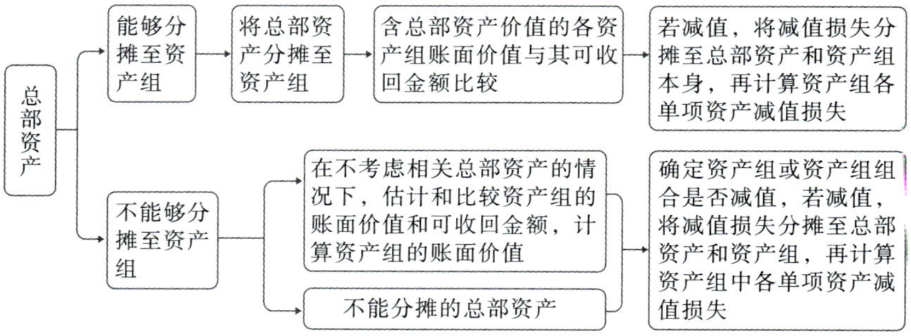

第五节　商誉减值测试与处理

使用“会计云课堂”App 或“微信”扫码查看本节视频，快速 GET 知识点。

一、商誉减值测试的基本要求

企业合并所形成的商誉，至少应当在每年年度终了时进行减值测试。由于商誉难以独立产生现金流量，所以商誉应当结合与其相关的资产组或者资产组组合进行减值测试。相关的资产组或者资产组组合应当是能够从企业合并的协同效应中受益的资产组或者资产组组合，但不应当大于企业所确定的报告分部。

企业进行资产减值测试，对于因企业合并形成的商誉的账面价值，应当自购买日起按照合理的方法分摊至相关的资产组；难以分摊至相关的资产组的，应当将其分摊至相关的资产组组合。

对于已经分摊商誉的资产组或资产组组合，不论是否存在资产组或资产组组合可能发生减值的迹象，每年都应当通过比较包含商誉的资产组或资产组组合的账面价值与可收回金额进行减值测试。

二、商誉减值测试的方法与会计处理

（一）商誉减值测试的方法

企业在对包含商誉的相关资产组或资产组组合进行减值测试时，应当先对不包含商誉的资产组或者资产组组合进行减值测试，计算可收回金额，并与相关账面价值相比较，确认相应的减值损失；然后再对包含商誉的资产组或者资产组组合进行减值测试，比较这些相关资产组或者资产组组合的账面价值（包括所分摊的商誉的账面价值部分）与可收回金额，如果可收回金额低于其账面价值，应当就其差额确认减值损失。

相关链接

对商誉计提减值准备是否要登记账簿，参见 P212 本章疑难问题解答 2。

减值损失金额应当先抵减分摊至资产组或者资产组组合中商誉的账面价值，再根据资产组或者资产组组合中除商誉之外的其他各项资产的账面价值所占比重，按比例抵减其他各项资产的账面价值。相关减值损失的处理顺序和方法与第四节有关资产组减值损失的处理顺序和方法相一致。

（二）存在少数股东权益情况下的商誉减值测试

根据《企业会计准则第 20 号——企业合并》的规定，在合并财务报表中反映的商誉，不包括子公司归属于少数股东权益的商誉。但对相关的资产组（或者资产组组合，下同）进行减值测试时，应当将归属于少数股东权益的商誉包括在内，调整资产组的账面价值（包含完全商誉），然后根据调整后的资产组账面价值与其可收回金额（可收回金额的预计包括了归属于少数股东的商誉价值部分）进行比较，以确定资产组（包括商誉）是否发生了减值。

要点小贴士

资产组账面价值包括：

（1）子公司按购买日公允价值持续计算的可辨认净资产的账面价值；

（2）合并财务报表中确认的归属于母公司的商誉 + 合并财务报表中未确认的归属于少数股东权益的商誉。

上述资产组如已发生减值的，应首先抵减商誉的账面价值，但由于根据上述步骤计算的商誉减值损失包括了应由少数股东权益承担的部分，应当将该减值损失在归属于母公司和少数股东权益之间按比例进行分摊，以确认归属于母公司的商誉减值损失，并在合并财务报表中进行体现。

例如，甲公司拥有乙公司80%股份，假定乙公司完全商誉为200万元，甲公司在合并财务报表中反映的商誉160万元（200×80%），不包括乙公司归属于少数股东的商誉40万元（200×20%），在进行减值测试时，应当将归属于少数股东权益的商誉包括在内，即完全商誉200万元（160÷80%）包括在资产组账面价值中。假定2×21年12月31日，乙公司按购买日公允价值持续计算可辨认净资产的账面价值为5000万元，甲公司将乙公司认定为一个资产组，确定该资产组在2×21年12月31日的可收回金额为5100万元，商誉减值=（5000+200）−5100=100（万元），但合并报表中商誉减值损失=100×80%=80（万元）。

经典题解

【真题11·单选题】甲公司20×8年5月通过非同一控制下企业合并的方式取得乙公司60%的股权，并能够对乙公司实施控制。甲公司因该项企业合并确认了商誉7200万元。20×8年12月31日，乙公司可辨认净资产的账面价值为18000万元，按照购买日的公允价值持续计算的金额为18800万元。甲公司将乙公司认定为一个资产组，确定该资产组在20×8年12月31日的可收回金额为22000万元。经评估，甲公司判断乙公司资产组不存在减值迹象。不考虑其他因素，甲公司在20×8年度合并财务报表中应确认的商誉减值损失金额是（　　）。（2019年）

A. 3200万元　　B. 4000万元

C. 8800万元　　D. 5280万元

【解析】乙公司完全商誉=7200/60%=12000（万元），包含完全商誉的净资产账面价值=18800+12000=30800（万元），可收回金额为22000万元，该资产组应计提减值的金额为8800万元（30800−22000），应全额冲减完全商誉8800万元，合并报表中只反映归属于母公司的商誉，所以合并报表中应确认的商誉的减值损失金额=8800×60%=5280（万元）。

【答案】D

【真题12·单选题】20×9年1月1日，甲公司以非同一控制下企业合并的方式购买了乙公司60%的股权，支付价款1800万元，在购买日，乙公司可辨认资产的账面价值为2300万元，公允价值为2500万元，没有负债和或有负债。20×9年12月31日，乙公司可辨认资产的账面价值为2500万元，按照购买日的公允价值持续计算的金额为2600万元，没有负债和或有负债。甲公司认定乙公司的所有资产为一个资产组，确定该资产组在20×9年12月31日的可收回金额为2700万元。经评估，甲公司判断乙公司资产组不存在减值迹象。不考虑其他因素，甲公司在20×9年度合并利润表中应当列报的资产减值损失金额是（　　）。（2019年）

A. 200万元　　B. 240万元

C. 零　　D. 400万元

【解析】20×9年1月1日，合并报表中确认商誉的金额=1800−2500×60%=300（万元）。20×9年12月31日，完全商誉的金额=300/60%=500（万元），减值测试前乙公司自购买日公允价值持续计算的净资产账面价值 =2600+500=3100（万元），可收回金额是 2700 万元，那么乙公司发生减值的金额 =3100−2700=400（万元），因完全商誉为 500 万元，所以减值应冲减商誉，其他资产不减值。

合并利润表中应当列报的是归属于甲公司承担的减值的部分 =400×60%=240（万元）。

【答案】B

【真题 13 · 多选题】下列关于商誉会计处理的表述中，正确的有（　　）。（2016 年）

A. 商誉应当结合与其相关的资产组或资产组组合进行减值测试

B. 与商誉相关的资产组或资产组组合发生的减值损失首先抵减分摊至资产组或资产组组合中商誉的账面价值

C. 商誉于资产负债表日不存在减值迹象的，无须对其进行减值测试

D. 与商誉相关的资产组或资产组组合存在减值迹象的，首先对不包含商誉的资产组或资产组组合进行减值测试

【解析】选项 C，资产负债表日，无论是否有确凿证据表明商誉存在减值迹象，均应至少于每年年度终了对商誉进行减值测试。

【答案】ABD

考试加油站

一、本章小结

1027698

下载“会计云课堂”App 学习

您已成功完成“第七章”的学习，本章共 12 个考点，您都学会了吗？

为了让您对章节有更清晰的理解，加倍巩固。本书作者张志凤老师将通过**“视频导图课”**的方式，带您回顾重要考点。

名师点拨，视听结合，高效提分。

※ 欢迎您扫码，免费观看学习。

二、本章疑难问题解答

1. 资产减值准备是否可以转回？

答：如下表所示。

资产	执行的会计准则	计提减值的比较基础	减值是否可以转回
存货	存货	可变现净值	可以
固定资产	资产减值	可收回金额	不可以

资产	执行的会计准则	计提减值的比较基础	减值是否可以转回
在建工程	资产减值	可收回金额	不可以
投资性房地产（成本模式）	资产减值	可收回金额	不可以
长期股权投资	资产减值	可收回金额	不可以
无形资产	资产减值	可收回金额	不可以
开发支出	资产减值	可收回金额	不可以
持有待售资产	持有待售的非流动资产、处置组和终止经营	公允价值减去出售费用后的净额	可以（但划分为持有待售前的减值不得转回）
使用权资产	资产减值	可收回金额	不可以
商誉	资产减值	可收回金额	不可以
合同履约成本和合同取得成本	收入	企业因转让与资产相关的商品预期能够取得的剩余对价－为转让相关商品估计将要发生的成本	可以
金融工具（以公允价值计量且其变动计入当期损益的金融资产和以公允价值计量且其变动计入其他综合收益的金融资产中的权益工具投资不计提减值准备）	金融工具确认和计量	以预期信用损失为基础，确认损失准备	可以

2. 对商誉计提减值准备，是否要登记账簿？

答：（1）非同一控制下吸收合并产生的商誉，商誉计提减值准备要登记账簿，在个别财务报表中列示。会计分录为：

借：资产减值损失

　贷：商誉减值准备

（2）非同一控制下控股合并产生的商誉，在合并财务报表中列示，其计提的减值准备在合并财务报表中体现，不登记账簿。合并财务报表中编制的调整分录或抵销分录用报表项目，不是会计科目。会计分录为：

借：资产减值损失

　贷：商誉

同步强化练习题

使用“会计云课堂”App或“微信”扫码快速做题、对答案、看解析、掌握解题思路，开启轻松过关之旅。

一、单项选择题

1. 下列各项资产中，无论是否存在减值迹象，至少应于每年年度终了对其进行减值测试的是（ ）。
   A. 固定资产
   B. 尚未达到预定用途的无形资产
   C. 长期股权投资
   D. 采用成本模式后续计量的投资性房地产

2. 甲公司2×20年年末对W产品生产线进行减值测试，预计2×21年W产品产生销售收入1200万元，2×20年及以前的应收账款于2×20年12月31日前收回。2×21年应收账款将于2×22年收回20万元，其余均在2×21年收回。2×21年甲公司将发生以下支出：购买材料支付现金600万元，以现金支付职工薪酬180万元，其他现金支出100万元。甲公司适用的折现率为5%，甲公司认为5%是W产品生产线的最低必要报酬率，假定2×21年现金流量均在年底发生。不考虑所得税等其他因素，2×20年年末甲公司预计W产品生产线2×21年现金流量的现值为（ ）万元。
   A. 285.71　　B. 304.77
   C. 1042.88　　D. 1123.83

3. 企业在估计资产可收回金额时，下列各项中，不属于预计资产未来现金流量时应考虑的因素或内容的是（ ）。
   A. 处置资产产生的现金流量
   B. 资产持续使用过程中预计产生的现金流入
   C. 与尚未作出承诺的重组事项有关的预计未来现金流量
   D. 未来年度因实施已承诺重组减少的预计现金流出

4. 某公司采用期望现金流量法估计未来现金流量，2×20年12月31日预计A设备在2×21年不同的经营情况下产生的现金流量分别如下：该公司经营好的可能性为30%，产生的现金流量为200万元；经营一般的可能性为50%，产生的现金流量为160万元；经营差的可能性为20%，产生的现金流量为80万元。则该公司A设备2×21年预计的现金流量为（ ）万元。
   A. 200　　B. 160
   C. 156　　D. 80

5. 甲公司的行政管理部门于2×19年12月底购入一台设备，该台设备原值21000元，预计净残值率为5%，预计可使用年限为5年，采用年数总和法计提折旧。2×21年年末，该设备出现减值迹象，在对该设备进行减值测试后，估计其可收回金额为7200元，假设不考虑其他因素，则持有该设备对甲公司2×21年度利润总额的影响金额为（　　）元。

A. 1830　　B. 7150

C. 6100　　D. 780

6. 某上市公司为增值税一般纳税人。2×18年7月1日，购入一项专利权，支付价款和相关税费（不含增值税）总计800万元，增值税税额为48万元。该专利权的预计使用寿命为10年，预计净残值为40万元，按直线法摊销。2×20年12月因出现减值迹象，对该专利权进行减值测试，预计该专利权的公允价值为520万元，处置费用为30万元；如果继续使用，预计未来现金流量的现值为460万元。假定计提减值后原预计使用寿命、预计净残值及摊销方法均不变。不考虑其他因素，2×21年该专利权的摊销额为（　　）万元。

A. 56　　B. 48

C. 76　　D. 60

7. 甲企业于2×21年1月1日支付10000万元货币资金取得乙企业30%的股权，能够对乙企业施加重大影响，取得投资时乙企业的可辨认净资产公允价值为30000万元，其中一项固定资产公允价值为600万元，账面价值为300万元，该固定资产的预计尚可使用年限为10年，预计净残值为零，按照年限平均法计提折旧；除该项固定资产外，乙企业其他可辨认资产、负债的公允价值和账面价值相同。乙企业2×21年度利润表中净利润为-1000万元。乙企业2×21年10月5日向甲企业销售商品一批，售价为60万元，成本为40万元，至2×21年12月31日，甲企业尚未出售上述商品。2×21年12月31日，甲企业该项长期股权投资的可收回金额为9000万元。不考虑其他因素，则2×21年12月31日该项长期股权投资应计提的减值准备金额为（　　）万元。

A. 1000　　B. 9685

C. 685　　D. 715

8. 2×21年12月31日，甲公司自行研发尚未完成但符合资本化条件的开发项目的账面价值为14000万元，预计至开发完成尚需投入1200万元。该项目以前未计提减值准备。由于市场上出现了与其开发相类似的项目，甲公司于当年年末对该项目进行减值测试，经测试表明：扣除继续开发所需投入因素的预计未来现金流量现值为11200万元，未扣除继续开发所需投入因素的预计未来现金流量现值为11800万元。2×21年12月31日，该项目的公允价值减去处置费用后的净额为10000万元。甲公司于2×21年年末对该开发项目应确认的减值损失金额为（　　）万元。

A. 2800　　B. 0

C. 400　　D. 2200

9. 甲企业生产某单一产品，并且只拥有A、B和C三家工厂。三家工厂分别位于三个不同的国家，而三个国家又位于三个不同的洲。工厂A生产一种组件，由工厂B或者C进行组装，最终产品由工厂B或者C销往世界各地，工厂B的产品可以在本地销售，也可以在工厂C所在洲销售（如果将产品从工厂B运到工厂C所在洲更加方便的话）。工厂B和C的生产能力合在一起尚有剩余，并没有被完全利用。工厂B和C生产能力的利用程度依赖于甲企业对于销售产品在两地之间的分配。假定工厂A生产的组件不存在活跃市场，下列分别认定与A、B和C三家工厂有关的资产组说法中正确的是（　　）。

A. 应将A认定为一个单独的资产组，以内部转移价格确定其未来现金流量的现值

B. 应将 A、B 和 C 认定为三个资产组
C. 应将 B 和 C 认定为一个资产组
D. 应将 A、B 和 C 认定为一个资产组

10. 2×20 年 12 月 31 日，甲公司以银行存款 4200 万元从二级市场购入乙公司 80% 的有表决权股份，能控制乙公司并将其作为一个资产组。合并前甲公司和乙公司不存在关联方关系。当日，乙公司可辨认净资产的公允价值和账面价值均为 4000 万元。2×21 年 12 月 31 日，甲公司在合并财务报表层面确定的乙公司按购买日公允价值持续计算的可辨认净资产的账面价值为 5400 万元，乙公司可收回金额为 6000 万元。甲公司合并财务报表中，2×21 年 12 月 31 日对乙公司投资产生商誉确认的减值损失金额为（　　）万元。
A. 1000　　B. 520
C. 650　　D. 0

二、多项选择题

1. 按照《企业会计准则第 8 号——资产减值》的规定，下列表述中正确的有（　　）。
A. 如果企业无法可靠估计资产的公允价值减去处置费用后的净额的，应当以该资产预计未来现金流量的现值作为其可收回金额
B. 在考虑通货膨胀影响因素问题上，预计资产未来现金流量和确定折现率，应当保持一致
C. 因企业合并所形成的商誉和使用寿命不确定的无形资产，无论是否存在减值迹象，每年年末都应当进行减值测试
D. 资产的公允价值减去处置费用后的净额，通常反映的是资产如果被出售或者处置时可以收回的净现金收入；其中，处置费用包括为使资产达到可销售状态所发生的财务费用和所得税费用

2. 甲公司以人民币为记账本位币，国内货物运输采用人民币结算，国际货物运输采用美元结算。甲公司将货轮专门用于国际货物运输，在计算货轮未来现金流量现值时，下列说法中正确的有（　　）。
A. 应当以美元为基础预计其未来现金流量，并按照美元适用的折现率计算货轮按美元表示的现值
B. 将按美元表示的现值按照折现当日的即期汇率进行折算，从而折算成按照人民币表示的货轮未来现金流量的现值
C. 应当以美元为基础预计其未来现金流量，并按照人民币适用的折现率计算货轮按人民币表示的现值
D. 将美元现金流量按预计未来各年年末的汇率折算为按人民币表示的现金流量，并按照人民币适用的折现率计算按人民币表示的现值

3. 对资产进行减值测试时，下列关于折现率的说法中正确的有（　　）。
A. 用于估计折现率的基础应该为税前的利率
B. 用于估计折现率的基础应该为税后的利率
C. 折现率为企业在购置或者投资资产时所要求的必要报酬率
D. 企业通常应当采用单一的折现率对资产未来现金流量折现

4. 企业在资产减值测试时，下列各项关于预计资产未来现金流量的表述中，正确的有（　　）。
A. 包括资产处置时取得的净现金流量
B. 不包括与所得税收付有关的现金流量
C. 包括将来可能会发生的、尚未作出承诺的重组事项
D. 不包括与资产改良支出有关的现金流量

5. 关于资产组的认定，下列说法中正确的有（　　）。

A. 应当以资产组产生的主要现金流入是否独立于其他资产或者资产组的现金流入为依据
B. 应当考虑企业管理层管理生产经营活动的方式
C. 应当考虑对资产的持续使用或者处置的决策方式
D. 资产组一经确定，在各个会计期间应当保持一致，不得随意变更

6. 下列各项关于资产组认定及减值处理的表述中，正确的有（　　）。
A. 企业难以对单项资产的可收回金额进行估计的，应当以该资产所属的资产组为基础确定资产组的可收回金额
B. 资产组账面价值的确定基础应当与其可收回金额的确定方式一致
C. 资产组的认定与企业管理层对生产经营活动的管理或者监控方式密切相关
D. 资产组的减值损失应当首先抵减分摊至该资产组中商誉的账面价值（如有），然后抵减无形资产的账面价值（如有），最后按比例抵减其他资产的账面价值

7. 2×20年年末，甲公司某项资产组（均为非金融长期资产）存在减值迹象，经减值测试，预计资产组的未来现金流量现值为3600万元、公允价值减去处置费用后的净额为3400万元；该资产组资产的账面价值为4000万元（含商誉500万元）。2×21年年末，该资产组的账面价值为3200万元，预计未来现金流量现值为3300万元、公允价值减去处置费用后的净额为3100万元。不考虑其他因素。下列各项关于甲公司对该资产组减值会计处理的表述中正确的有（　　）。
A. 2×20年年末应计提资产组减值准备400万元
B. 2×20年年末应对资产组包含的商誉计提400万元的减值准备
C. 2×21年年末资产组中商誉的账面价值为100万元
D. 2×21年年末资产组的账面价值为3200万元

8. 关于商誉减值，下列说法中正确的有（　　）。
A. 商誉应当结合与其相关的资产组或资产组组合进行减值测试
B. 商誉不能单独产生现金流量
C. 商誉应与资产组内的其他资产一样，按账面价值比例分摊减值损失
D. 与商誉相关的资产组或资产组组合存在减值迹象的，首先对不包含商誉的资产组或资产组组合进行减值测试

三、计算分析题

甲公司是一家能源化工股份有限公司，该公司2×21年与资产减值有关的事项如下：

（1）2×21年1月1日，将2×20年12月31日前计提的在建炼油装置减值准备2000万元转回，调增了年初在建工程和留存收益2000万元。该装置于2×21年5月达到预定可使用状态。

（2）2×21年6月甲公司计划将某炼化分公司进行整合。根据整合计划需要核实资产价值，为此计提了固定资产减值准备8000万元，并在经审计的2×21年半年报中予以披露。由于某些特殊原因，该公司2×21年10月取消了该项整合计划。在编制2×21年年报时，公司认为该项整合计划已经取消，原来导致该固定资产减值的迹象已经消除，且计提固定资产减值准备发生在同一个会计年度内，遂将2×21年6月计提的固定资产减值准备8000万元予以转回。

（3）2×21年11月，甲公司根据环保部门的要求对位于长江边的一套化肥生产装置进行了报废处理，假定处置时已无

剩余价值。该生产装置原价 13000 万元，已计提累计折旧 10000 万元，已计提减值准备 2000 万元（系 2×20 年度计提）。该公司按 3000 万元转入固定资产清理。至 2×21 年 12 月 31 日仍处于清理之中。

（4）2×21 年 6 月 30 日，甲公司以银行存款 6600 万元取得非关联方乙公司 60% 的股份，能够对乙公司实施控制。当日，乙公司可辨认净资产的账面价值为 9000 万元，除一项固定资产公允价值与账面价值不同外，其他资产、负债的公允价值与账面价值相等。该固定资产的成本为 3000 万元，原预计使用 30 年，截至 2×21 年 6 月 30 日已使用 20 年，未计提减值准备，预计尚可使用 10 年，其公允价值为 1500 万元。乙公司对该固定资产采用年限平均法计提折旧，预计净残值为零。

2×21 年 12 月 31 日，甲公司对乙公司的商誉进行减值测试。在对商誉进行减值测试时，甲公司将乙公司的所有资产认定为一个资产组，而且判断该资产组的所有可辨认资产不存在减值迹象。甲公司估计乙公司资产组的可收回金额为 10475 万元。乙公司 2×21 年 7 月 1 日至 12 月 31 日期间实现净利润 500 万元。

假定不考虑所得税等其他因素。

要求：

（1）根据资料（1）至（3），分别判断甲公司各事项的会计处理是否正确，并简述理由。

（2）根据资料（4），①计算甲公司取得乙公司 60% 股权时应当确认的合并商誉；②判断甲公司 2×21 年 12 月 31 日合并报表中是否应当对乙公司的合并商誉计提减值准备，并说明判断依据。

同步强化练习题参考答案及解析

使用“会计云课堂”App 或“微信”扫码对答案、看解析、掌握解题思路，开启轻松过关之旅。

一、单项选择题

1.【答案】B

【解析】商誉和使用寿命不确定的无形资产及尚未达到预定用途的无形资产，无论是否存在减值迹象，都应至少于每年年度终了进行减值测试，选项 B 正确。

2.【答案】A

【解析】甲公司预计 W 产品生产线 2×21 年现金流量的现值 =（1200-20-600-180-100）/（1+5%）= 285.71（万元）。

【提示】因为 2×21 年应收账款中有 20 万元是 2×22 年收回，2×22 年收回部分不构成 2×21 年现金流量，所以应在计算 2×21 年现金流量现值时扣除。

3.【答案】C

【解析】企业预计资产未来现金流量时，不应当包括与将来可能会发生的，尚未作出承诺的重组事项或与资产改良有关的预计未来现金流量，选项 C 正确。

4.【答案】C

【解析】A设备2×21年预计的现金流量=200×30%+160×50%+80×20%=156（万元），选项C正确。

5.【答案】B

【解析】2×20年该设备计提折旧额=21000×（1-5%）×5/15=6650（元），2×21年该设备计提折旧额=21000×（1-5%）×4/15=5320（元），至2×21年年末该设备未计提减值前的账面价值=21000-6650-5320=9030（元），高于估计的可收回金额7200元，则应计提减值准备1830元（9030-7200）。该设备对甲公司2×21年利润总额的影响金额为7150元（管理费用5320+资产减值损失1830）。

2×21年年末分录如下：

借：管理费用　5320
　贷：累计折旧　5320
借：资产减值损失　1830
　贷：固定资产减值准备　1830

6.【答案】D

【解析】该专利权2×20年12月31日计提减值准备前的账面价值=800-（800-40）÷10×2.5=610（万元），可收回金额为490万元（520-30），计提减值准备后的账面价值为490万元；2×21年该专利权摊销额=（490-40）÷（10-2.5）=60（万元）。

7.【答案】C

【解析】甲企业按权益法核算该项长期股权投资，2×21年应确认的投资损失=［1000+（600-300）÷10+（60-40）］×30%=315（万元），2×21年12月31日长期股权投资应计提减值准备=（10000-315）-9000=685（万元）。

8.【答案】A

【解析】开发项目只有达到预定用途后才能产生现金流入，因此，在计算开发项目未来现金流量时，应考虑开发项目达到预定用途前发生的现金流出，即“扣除继续开发所需投入因素计算预计未来现金流量现值”才是开发项目的未来现金流量现值，为11200万元，开发项目公允价值减去处置费用后的净额为10000万元，可收回金额为两者中的较高者11200万元，该开发项目应确认的减值损失=14000-11200=2800（万元）。

9.【答案】D

【解析】因工厂A生产的产品（即组件）不存在活跃市场，所以工厂A不能单独作为一个资产组，由于工厂B和C生产能力的利用程度依赖于甲企业对于销售产品在两地之间的分配，所以将A、B和C三家工厂认定为一个资产组。

10.【答案】B

【解析】2×20年12月31日合并财务报表中确认的商誉=4200-4000×80%=1000（万元），乙公司完全商誉=1000÷80%=1250（万元），2×21年12月31日包含完全商誉的乙公司净资产账面价值=5400+1250=6650（万元），乙公司可收回金额为6000万元，应计提减值准备=6650-6000=650（万元），计提的减值准备首先冲减商誉，因合并财务报表中只反映归属于母公司的商誉，所以2×21年12月31日对乙公司投资产生商誉确认的减值损失金额=650×80%=520（万元）。

二、多项选择题

1.【答案】ABC

【解析】选项D，处置费用包括与资产处置有关的法律费用、相关税费、搬运费以及为使资产达到可销售状态所发生的直接费用等，但是财务费用和所得税费用等不包括在内。

2.【答案】AB

【解析】首先应当以该资产所产生的未来现金流量的结算货币为基础预计其未来现金流量，并按照该货币适用的折现率计算资产预计未来现金流量的现值，选项 A 正确，选项 C 错误；然后将该外币现值按照计算资产未来现金流量现值当日的即期汇率进行折算，从而折算成按照记账本位币表示的资产未来现金流量的现值，选项 B 正确，选项 D 错误。

3.【答案】ACD

【解析】计算资产未来现金流量现值时使用的折现率应当是反映当前市场货币时间价值和资产特定风险的税前利率，选项 B 不正确。

4.【答案】ABD

【解析】资产预计未来现金流量应当考虑的内容有：①资产持续使用过程中预计产生的现金流入；②为实现资产持续使用过程中产生的现金流入所必需的预计现金流出；③资产使用寿命结束时，处置资产所收到或者支付的净现金流量。企业应当以资产的当前状况为基础，不应当包括与将来可能会发生的、尚未作出承诺的重组事项或者与资产改良有关的预计未来现金流量；预计资产未来现金流量不应当包括筹资活动和与所得税收付相关的现金流量。选项 C 错误。

5.【答案】ABCD

6.【答案】ABC

【解析】资产组的减值损失应首先抵减分摊至资产组中商誉的账面价值（如有）；然后根据资产组中除商誉之外的其他各项资产的账面价值所占比重，按比例抵减其他各项资产的账面价值，选项 D 错误。

7.【答案】ABCD

【解析】2×20 年年末计提减值前，该资产组包含商誉的账面价值是 4000 万元，可收回金额为 3600 万元，2×20 年年末应计提的减值准备 =4000−3600=400（万元），选项 A 正确；资产组减值冲减商誉的金额为 400 万元，计提减值后商誉的账面价值为 100 万元，选项 B 正确；商誉减值后不可以转回，2×21 年年末资产组中商誉的账面价值为 100 万元，资产组账面价值仍为 3200 万元，选项 C 和 D 正确。

8.【答案】ABD

【解析】资产组减值损失金额应当先抵减分摊至资产组或者资产组组合中商誉的账面价值，再根据资产组或者资产组组合中除商誉之外的其他各项资产的账面价值所占比重，按比例抵减其他各项资产的账面价值，选项 C 不正确。

三、计算分析题

【答案】

（1）资料（1）甲公司的会计处理不正确。

理由：在建工程减值损失一经确认，在以后会计期间不得转回。

资料（2）甲公司的会计处理不正确。

理由：固定资产减值损失一经确认，在以后会计期间不得转回。

资料（3）甲公司的会计处理不正确。

理由：固定资产报废转入清理时，应按账面价值 1000 万元（13000−10000−2000）进行结转，并将计入固定资产清理的金额转入报废当期营业外支出中。

（2）① 2×21 年 6 月 30 日乙公司固定资产的账面价值 =3000−3000 ÷ 30 × 20=1000（万元），乙公司可辨认净资产公允价值 =9000+（1500−1000）=9500（万元）；合并成本 6600 万元，应确认的商誉 =6600−9500 × 60%=900（万元）。

②甲公司 2×21 年 12 月 31 日合并财务报表中应当对乙公司的商誉计提减值准备。

判断依据：
乙公司可辨认净资产按照购买日的公允价值持续计算的账面价值=9500+500-（1500-1000）/10×6/12=9975（万元）；
包括完全商誉的乙公司净资产的账面价值=9975+900/60%=11475（万元）；
由于可收回金额10475万元小于11475万元，所以乙公司资产组发生了减值1000万元，资产组减值应首先抵减商誉金额。因减值损失总额为1000万元，而完全商誉金额=900÷60%=1500（万元），所以减值损失均应冲减商誉。
因甲公司合并报表中只列示归属于甲公司的商誉，故甲公司应确认的商誉减值的金额=1000×60%=600（万元）。

第八章　负　债

CHAPTER-8

本章学习指南

一、学习目标

1. 理解短期借款、应付票据、应付账款和其他应付款的核算。
2. 掌握应交税费、应付股利的核算。
3. 理解长期借款的核算。
4. 掌握公司债券的核算。

二、考情概况

本章考题以客观题为主，主观题主要涉及应交增值税和可转换公司债券的会计处理。本章试题分数适中，属于比较重要章节。

三、教材变化

增加“减免增值税的账务处理”。

四、考点地图

考点	年份 / 题型
增值税的会计处理	2020 年多选题
增值税税控系统专用设备抵减增值税额的会计处理	2021 年单选题、2020 年多选题

注：2021 年一道计算分析题涉及可转换公司债券的内容，在每股收益章节列示。

核心考点精讲

提示

本章内容看似错综复杂，琐碎的知识点却有着突出的重点和清晰的解题脉络，如应交税费重点学习增值税和消费税；再如公司债券，区分是一般公司债券还是可转换公司债券，对应的学习各自的账务处理等。本章增值税和可转换公司债券考点，有一定的学三难度，扫描二维码，有名师在您身畔，告别学习路上的磕磕绊绊。

第一节　流动负债

使用“会计云课堂”App 或“微信”扫码查看本节视频，快速 GET 知识点。

一、短期借款

短期借款科目核算的是短期借款的本金增减变动的情况，短期借款的利息可以在发生时直接计入财务费用，如果按季支付，可以按月预提，预提时通过“应付利息”科目核算。

二、应付票据

应付票据是由出票人出票，付款人在特定日期无条件支付指定的金额给收款人或者持票人的票据。应付票据按带息与否分为不带息应付票据和带息应付票据两种。

对于带息应付票据，通常应在期末对尚未支付的应付票据计提利息，计入当期财务费用；票据到期支付票款时，尚未计提的利息部分直接计入当期财务费用。

三、应付账款

应付账款一般按应付金额入账，而不按到期应付金额的现值入账。

四、应交税费

应交税费，包括企业依法应交纳的增值税、消费税、所得税、资源税、土地增值税、城市维护建设税、房产税、土地使用税、车船税、教育费附加等税费，以及在上缴国家之前，由企业代扣代缴的个人所得税等。

（一）增值税

增值税是以商品（含货物、加工修理修配劳务、服务、无形资产或不动产，以下统称商品）在流转过程中产生的增值额作为计税依据而征收的一种流转税。

1. 科目设置及核算内容

（1）一般纳税人

一级科目	二级科目	专栏	核算内容
应交税费	应交增值税	进项税额	记录一般纳税人购进货物、加工修理修配劳务、服务、无形资产或不动产而支付或负担的、准予从当期销项税额中抵扣的增值税额
		销项税额抵减	记录一般纳税人按照现行增值税制度规定因扣减销售额而减少的销项税额
		已交税金	记录一般纳税人当月已交纳的应交增值税额
		转出未交增值税	记录一般纳税人月度终了转出当月应交未交的增值税额
		减免税款	记录一般纳税人按现行增值税制度规定准予减免的增值税额
		出口抵减内销产品应纳税额	记录实行"免、抵、退"办法的一般纳税人按规定计算的出口货物的进项税抵减内销产品的应纳税额
		销项税额	记录一般纳税人销售货物、加工修理修配劳务、服务、无形资产或不动产应收取的增值税额
		出口退税	记录一般纳税人出口货物、加工修理修配劳务、服务、无形资产按规定退回的增值税额
		进项税额转出	记录一般纳税人购进货物、加工修理修配劳务、服务、无形资产或不动产等发生非正常损失以及其他原因而不应从销项税额中抵扣、按规定转出的进项税额
		转出多交增值税	记录一般纳税人月度终了转出当月多交的增值税额
	未交增值税	核算一般纳税人月度终了从"应交增值税"或"预交增值税"明细科目转入当月应交未交、多交或预交的增值税额，以及当月交纳以前期间未交的增值税额	
	预交增值税	核算一般纳税人转让不动产、提供建筑服务、采用预收款方式销售自行开发的房地产项目等，以及其他按现行增值税制度规定应预交的增值税额	
	待认证进项税额	核算一般纳税人由于未经税务机关认证而不得从当期销项税额中抵扣的进项税额。包括：一般纳税人已取得增值税扣税凭证、按照现行增值税制度规定准予从销项税额中抵扣，但尚未经税务机关认证的进项税额；一般纳税人已申请稽核但尚未取得稽核相符结果的海关缴款书进项税额	
	待转销项税额	核算一般纳税人销售货物、加工修理修配劳务、服务、无形资产或不动产，已确认相关收入（或利得）但尚未发生增值税纳税义务而需于以后期间确认为销项税额的增值税额	

要点小贴士

增值税一般纳税人通常设置8个二级科目，其中"应交增值税"二级科目设置10个专栏，学习时应掌握二级科目以及专栏的具体核算内容。

名师点拨

销售商品预收款项的增值税部分在纳税义务尚未发生时通过"应交税费—待转销项税额"核算，货款部分通过"合同负债"核算。

一级科目	二级科目	专栏	核算内容
应交税费	简易计税	核算一般纳税人采用简易计税方法发生的增值税计提、扣减、预缴、缴纳等业务	
	转让金融商品应交增值税	核算增值税纳税人转让金融商品发生的增值税额	
	代扣代交增值税	核算纳税人购进在境内未设经营机构的境外单位或个人在境内的应税行为代扣代缴的增值税	

（2）小规模纳税人

小规模纳税人应在“应交税费”科目下，设置三个二级明细科目：“应交增值税”“转让金融商品应交增值税”“代扣代交增值税”。

2. 主要业务账务处理

（1）购销业务的会计处理

①采购等业务进项税额允许抵扣的账务处理

借：库存商品等

　　应交税费—应交增值税（进项税额）（当月已认证的可抵扣增值税额）

　　　　　　—待认证进项税额（当月未认证的可抵扣增值税额）

　贷：银行存款等

②销售业务的账务处理

借：应收账款等

　贷：主营业务收入

　　　应交税费—应交增值税（销项税额）

　　　　　　　—简易计税（采用简易计税方法计算的应纳增值税额）

按照国家统一的会计制度确认收入或利得的时点早于按照增值税制度确认增值税纳税义务发生时点的，应将相关销项税额记入“应交税费—待转销项税额”科目，待实际发生纳税义务时再转入“应交税费—应交增值税（销项税额）”或“应交税费—简易计税”科目。

按照增值税制度确认增值税纳税义务发生时点早于按照国家统一的会计制度确认收入或利得的时点的，应将应纳增值税额，借记“应收账款”科目，贷记“应交税费—应交增值税（销项税额）”或“应交税费—简易计税”科目，按照国家统一的会计制度确认收入或利得时，应按扣除增值税额后的金额确认收入。

（2）小规模纳税人发生的应税行为适用简易计税方法计税

在购买商品时，其支付的增值税税额均不计入进项税额，不得由销项税额抵扣，应计入相关成本费用。销售商品时按照销售额和增值税征收率计算增值税额，不得抵扣进项税额。简易计税方法的销售额不包括其应纳税额，纳税人采用销售额和应纳税额合并定价方法的，按照公式“销售额 = 含税销售额 ÷（1+ 征收率）”还原为不含税销售额计算。

（3）视同销售的账务处理

企业发生税法上视同销售的行为，应当按照企业会计准则制度相关规定进行相应的会计处理，并按照现行增值税制度规定计算的销项税额（或采用简易计税方法计算的应纳增值税额），借记“应付职工薪酬”“利润分配”等科目，贷记“应交税费—应交增值税（销项税额）”或“应交税费—简易计税”科目（小规模纳税人应记入“应交税费—应交增值税”科目）。

（4）进项税额不予抵扣的情况及抵扣情况发生变化的会计处理

按照增值税有关规定，一般纳税人购进货物、加工修理修配劳务、服务、无形资产或不动产，用于简易计税方法的计税项目、免征增值税项目、集体福利或个人消费等，其进项税额不得从销项税额中抵扣的，应当计入相关成本费用，不通过“应交税费—应交增值税（进项税额）”科目核算。

因发生非正常损失或改变用途等，导致原已计入进项税额但按现行增值税制度规定不得从销项税额中抵扣的，应当将进项税额转出，借记“待处理财产损溢”“应付职工薪酬”等科目，贷记“应交税费—应交增值税（进项税额转出）”科目。

（5）差额征税的会计处理

一般纳税企业提供应税服务的，按照营业税改征增值税相关规定允许从销售额中扣除其应支付给其他单位或个人价款的，若采用总额法确认收入，减少的销项税额应借记“应交税费—应交增值税（销项税额抵减）”科目，小规模纳税人应借记“应交税费—应交增值税”科目；若采用净额法确认收入，按照增值税相关规定确定的销售额计算增值税销项税额同时记入“应交税费—应交增值税（销项税额）”。

（6）转出多交增值税和未交增值税的会计处理

月份终了，企业计算出当月应交未交的增值税，借记“应交税费—应交增值税（转出未交增值税）”科目，贷记“应交税费—未交增值税”科目；当月多交的增值税，借记“应交税费—未交增值税”科目，贷记“应交税费—应交增值税（转出多交增值税）”科目。

> **要点小贴士**
>
> 在企业当月交纳当月增值税的情况下，才可能会出现“转出多交增值税”。假定增值税月初无余额，当月增值税销项税额100万元，进项税额80万元，若当月交纳增值税30万元，则会出现当月多交增值税10万元。

（7）交纳增值税的会计处理

企业当月交纳当月的增值税，通过“应交税费—应交增值税（已交税金）”科目核算，借记“应交税费—应交增值税（已交税金）”科目（小规模纳税人应借记“应交税费—应交增值税”科目），贷记“银行存款”科目；当月交纳以前各期未交的增值税，通过“应交税费—未交增值税”科目核算，借记“应交税费—未交增值税”科目，贷记“银行存款”科目。

企业预缴增值税，借记“应交税费—预交增值税”科目，贷记“银行存款”科目。月末，企业应将“预交增值税”明细科目余额转入“未交增值税”明细科目，借记“应交税费—未交增值税”科目，贷记“应交税费—预交增值税”科目。

经典题解

【真题1·多选题】下列各项关于增值税会计处理的表述中，正确的有（　　）。（2020年）

A. 小规模纳税人将自产的产品分配给股东，视同销售货物计算交纳的增值税计入销售成本

B. 一般纳税人购进货物用于免征增值税项目，其进项税额计入相关成本费用

C. 一般纳税人月终计算出当月应交或未交的增值税，在“应交税费—未交增

值税”科目核算

D. 一般纳税人核算使用简易计税方法计算交纳的增值税在“应交税费—简易计税”明细科目核算

【解析】小规模纳税人将自产的产品分配给股东，视同销售货物，计算交纳的增值税记入“应交税费—应交增值税”科目，选项A错误。

【答案】BCD

（8）增值税税控系统专用设备及技术维护费用抵减增值税额的会计处理

财会〔2016〕22号

按增值税有关规定，首次购买增值税税控系统专用设备支付的费用和缴纳的技术维护费允许在增值税应纳税额中全额抵减。

①企业购入增值税税控系统专用设备

1）按实际支付或应付的金额

借：固定资产

　贷：银行存款、应付账款等

2）按规定抵减的增值税应纳税额

借：应交税费—应交增值税（减免税款）（一般纳税人）

　　应交税费—应交增值税（小规模纳税人）

　贷：管理费用

②企业发生技术维护费

1）按实际支付或应付的金额

借：管理费用等

　贷：银行存款等

2）按规定抵减的增值税应纳税额

借：应交税费—应交增值税（减免税款）（一般纳税人）

　　应交税费—应交增值税（小规模纳税人）

　贷：管理费用等

经典题解

【真题2·单选题】甲公司为增值税一般纳税人。2×20年，甲公司发生的有关交易或事项如下：（1）初次购买增值税税控系统专用设备，实际支付200万元；（2）支付增值税税控系统技术维护费用50万元；（3）交纳资源税100万元；（4）交纳印花税80万元。假定税法规定，初次购买增值税税控系统专用设备支付的费用以及缴纳的技术维护费允许在增值税应纳税额中全额抵扣。不考虑其他因素，下列各项关于甲公司上述交易或事项会计处理的表述中，正确的是（　　）。（2021年）

A. 交纳的印花税应直接计入当期管理费用

B. 支付增值税税控系统技术维护费在增值税应纳税额中抵扣时应确认为营业收入

C. 初次购买增值税税控系统专用设备支付的费用在增值税应纳税额中抵扣时应冲减当期管理费用

D. 交纳的资源税应计入生产成本

【解析】交纳的印花税应计入税金及附加，选项 A 错误；

企业初次购买增值税税控系统专用设备支付的费用以及缴纳的技术维护费允许在增值税应纳税额中全额抵减的，按规定抵减的增值税应纳税额，借记“应交税费—应交增值税（减免税款）”科目（一般纳税人）或“应交税费—应交增值税”科目（小规模纳税人），贷记“管理费用”科目，选项 B 错误，选项 C 正确；

企业交纳的资源税，借记“税金及附加”科目，贷记“应交税费—应交资源税”科目，选项 D 错误。

【答案】C

【真题 3 · 多选题】2×18 年 1 月 1 日，甲公司初次购买增值税税控系统专用设备，取得的增值税专用发票注明的价款为 300 万元，增值税额为 39 万元。甲公司将购买的增值税税控系统专用设备作为固定资产核算和管理。当年，甲公司计提增值税税控系统专用设备折旧 80 万元，发生技术维护费 50 万元。不考虑其他因素，下列各项关于甲公司上述交易或事项会计处理的表述中，正确的有（ ）。（2020 年）

A. 发生的 50 万元技术维护费计入当期管理费用

B. 购买增值税税控系统专用设备支付的增值税额 39 万元计入当期管理费用

C. 购买增值税税控系统专用设备支付的价款及增值税额 339 万元计入固定资产的成本

D. 计提的 80 万元折旧计入当期管理费用

【解析】甲公司购买增值税税控系统应支付的增值税额 39 万元应计入固定资产成本，选项 B 错误。

【答案】ACD

（9）减免增值税的账务处理

对于当期直接减免的增值税，借记“应交税费—应交增值税（减免税款）”科目，贷记“其他收益”科目。当期按规定即征即退的增值税，也计入“其他收益”科目。

（二）消费税

1. 产品销售的会计处理

企业对外销售产品应交纳的消费税，记入“税金及附加”科目；在建工程领用自产产品（应税消费品），应交纳的消费税计入在建工程成本。

2. 企业委托加工的应税消费品的会计处理

企业委托加工的应税消费品，委托方收回后以不高于受托方的计税价格出售的，为直接出售，不再缴纳消费税；委托方收回后以高于受托方的计税价格出售的，不属于直接出售，需按照规定申报缴纳消费税，在计税时准予扣除受托方已代收代缴的消费税；委托加工的应税消费品收回后用于连续生产应税消费品，按规定准予抵扣的，记入“应交税费—应交消费税”科目的借方。

> **要点小贴士**
>
> 委托加工物资成本的构成：
>
> （1）发出材料的实际成本；
>
> （2）加工成本；
>
> （3）委托方承担的往返运杂费；
>
> （4）收回后以不高于受托方计税价格直接出售，由受托方代收代缴的消费税。

【提示】支付的用于连续生产应税消费品按规定准予抵扣的消费税，不计入存货成本，应记入“应交税费—应交消费税”科目的借方，用以抵减最终完工产品销售时缴纳的消费税。

（三）其他应交税费

其他应交税费的会计处理如下表所示：

项目		会计处理
资源税（销售资源税应税产品）		借：税金及附加 贷：应交税费—应交资源税 【提示】收购未税矿产品代扣代缴的资源税计入相关资产成本
土地增值税	转让国有土地使用权、地上建筑物及其附着物一并通过“固定资产清理”或“在建工程”科目核算的	借：固定资产清理、在建工程 贷：应交税费—应交土地增值税
土地增值税	转让的土地使用权通过“无形资产”科目核算的	借：银行存款 累计摊销 无形资产减值准备 贷：无形资产 应交税费—应交土地增值税 资产处置损益（或借方）
房产税、土地使用税、车船税和印花税		借：税金及附加 贷：应交税费—应交房产税、土地使用税、车船税 借：税金及附加 贷：银行存款（支付的印花税）
城市维护建设税		借：税金及附加 贷：应交税费—应交城市维护建设税
教育费附加		借：税金及附加 贷：应交税费—应交教育费附加
耕地占用税		借：在建工程 贷：银行存款

要点小贴士

印花税及耕地占用税不通过“应交税费”科目核算。

五、应付股利

应付股利，是指企业经股东大会或类似机构审议批准分配的现金股利或利润。企业股东大会或类似机构审议批准的利润分配方案、宣告分派的现金股利或利润，在实际支付前，形成企业的负债。

要点小贴士

按股东大会或类似机构（不是董事会或类似机构）审议批准分配的现金股利确认应付股利。

审议批准时：

借：利润分配

贷：应付股利

实际支付现金股利或利润时：

借：应付股利

贷：银行存款等

企业董事会或类似机构通过的利润分配方案中拟分配的现金股利或利润，不应确认为负债，但应在附注中披露。

六、其他应付款

其他应付款，是指企业除应付票据、应付账款、预收账款、应付职工薪酬、应付利息、应付股利、应交税费、长期应付款等以外的其他各项应付、暂收款项，如应付租入包装物租金、存入保证金等。

企业采用售后回购方式融入资金的，应按实际收到的金额，借记“银行存款”科目，贷记“其他应付款”“应交税费”等科目。回购价格与原销售价格之间的差额，应在售后回购期间内按期计提利息费用，借记“财务费用”科目，贷记“其他应付款”科目。按照合同约定购回该项商品时，借记“其他应付款”“应交税费”等科目，应按实际支付的金额，贷记“银行存款”科目。

第二节 非流动负债

使用“会计云课堂”App或“微信”扫码查看本节视频，快速GET知识点。

一、长期借款

（一）企业借入长期借款

借：银行存款
　　长期借款—利息调整
　贷：长期借款—本金

（二）资产负债表日

借：在建工程、制造费用、财务费用、研发支出等
　贷：应付利息 / 长期借款—应计利息
　　　长期借款—利息调整

> **要点小贴士**
>
> 到期一次还本付息的长期借款，其利息通过“长期借款—应计利息”科目核算。

（三）归还长期借款

借：长期借款—本金
　　　　　　—应计利息（到期一次还本付息）
　　在建工程、财务费用、制造费用等（差额）
　贷：银行存款
　　　长期借款—利息调整

二、公司债券

（一）一般公司债券

名师点拨

（1）票面利率高于同期银行存款利率，溢价发行；
票面利率低于同期银行存款利率，折价发行；
票面利率等于同期银行存款利率，面值发行。

（2）发行债券的发行费用应计入发行债券的初始成本，反映在"应付债券—利息调整"明细科目中。

1. 发行债券

借：银行存款

　贷：应付债券—面值（债券面值）

　　　　　　—利息调整（差额，或借方）

2. 期末计提利息

每期记入"在建工程""制造费用""财务费用"等科目的利息费用 = 债券期初摊余成本 × 实际利率；每期确认的"应付利息"或"应付债券—应计利息" = 债券面值 × 票面利率。

借：在建工程、制造费用、财务费用等

　　应付债券—利息调整（或贷方）

　贷：应付利息（分期付息债券按票面利率计算确定的利息）

　　　应付债券—应计利息（到期一次还本付息债券按票面利率计算确定的利息）

3. 到期归还本金和利息

借：应付债券—面值

　　　　　　—应计利息（到期一次还本付息债券利息）

　　应付利息（分期付息债券最后一次利息）

　贷：银行存款

经典题解

【例题4·单选题】某股份有限公司于2×20年1月1日发行3年期，每年1月1日付息、到期一次还本的公司债券，债券面值为200万元，票面年利率为5%，实际年利率为6%，发行价格为196.65万元，另支付发行费用2万元。按实际利率法确认利息费用。不考虑其他因素，该债券2×21年度确认的利息费用为（　　）万元。

A. 11.78　　　　B. 12

C. 10　　　　D. 11.68

【解析】该债券2×20年度确认的利息费用 =（196.65−2）×6%=11.68（万元），则2×21年度确认的利息费用 = [（196.65−2）+11.68−200×5%] ×6%=11.78（万元）。

会计分录如下：

2×20年1月1日

借：银行存款	194.65
应付债券—利息调整	5.35
贷：应付债券—面值	200

2×20 年 12 月 31 日

借：财务费用等　11.68

　贷：应付利息　10

　　应付债券—利息调整　1.68

2×21 年 1 月 1 日

借：应付利息　10

　贷：银行存款　10

2×21 年 12 月 31 日

借：财务费用等　11.78

　贷：应付利息　10

　　应付债券—利息调整　1.78

【答案】A

（二）可转换公司债券

1. 发行可转换公司债券

借：银行存款

　应付债券—可转换公司债券（利息调整）（或贷方）

　贷：应付债券—可转换公司债券（面值）

　　其他权益工具（权益成分的公允价值）

要点小贴士

发行可转换公司债券时，“应付债券”科目反映的是负债成分的公允价值，发行收款大于负债成分公允价值部分属于权益成分公允价值，通过“其他权益工具”科目核算。发行费用按负债成分和权益成分的公允价值比例分摊。

经典题解

【例题 5·单选题】甲公司经批准于 2×21 年 1 月 1 日以 20000 万元的价格（不考虑相关税费等其他因素）发行面值总额为 20000 万元的可转换公司债券。该可转换公司债券期限为 5 年，每年 1 月 1 日支付上年利息，票面年利率为 4%，实际年利率为 6%。已知（P/A，6%，5）=4.2124，（P/F，6%，5）=0.7473。2×21 年 1 月 1 日发行可转换公司债券时应确认权益成分的公允价值为（　　）万元。

A. 0　　B. 1684.08　　C. 18315.92　　D. 20000

【解析】可转换公司债券负债成分的公允价值 =20000×0.7473+20000×4%×4.2124=18315.92（万元），权益成分公允价值 =20000−18315.92=1684.08（万元）。

【答案】B

2. 转换股份前

可转换公司债券的负债成分，在转换为股份前，其会计处理与一般公司债券相同，即按照实际利率和摊余成本确认利息费用，按面值和票面利率确认应付利息，差额作为利息调整进行摊销。

3. 转换股份时

借：应付债券—可转换公司债券（面值、利息调整、应计利息）（账面余额）

　其他权益工具（转换部分权益成分的公允价值）

　应付利息（分期付息可转换公司债券转股时尚未支付的利息）

　贷：股本（股票面值 × 转换的股数）

　　资本公积—股本溢价（差额）

企业发行附有赎回选择权的可转换公司债券，其在赎回日可能支付的利息补偿金，即债券约定赎回期届满日应当支付的利息减去应付债券票面利息的差额，应当在债券发行日至债券约定赎回届满日期间计提应付利息，计提的应付利息，分别计入相关资产成本或财务费用。

三、长期应付款（略）

考试加油站

一、本章小结

下载“会计云课堂”App 学习

您已成功完成“第八章”的学习，本章共 9 个考点，您都学会了吗？

为了让您对章节有更清晰的理解，加倍巩固。本书作者张志凤老师将通过**“视频导图课”**的方式，带您回顾重要考点。

名师点拨，视听结合，高效提分。

※ 欢迎您扫码，免费观看学习。

二、本章疑难问题解答

1. 以购销合同方式进行的委托加工如何进行会计处理？

答：按照“监管规则适用指引——会计类第 1 号”意见，公司（委托方）与无关联第三方公司（加工方）通过签订销售合同的形式将原材料“销售”给加工方并委托其进行加工，同时，与加工方签订商品采购合同将加工后的商品购回。在这种情况下，公司应根据合同条款和业务实质判断加工方是否已经取得待加工原材料的控制权，即加工方是否有权主导该原材料的使用并获得几乎全部经济利益，例如原材料的性质是否为委托方的产品所特有、加工方是否有权按照自身意愿使用或处置该原材料、是否承担除因其保管不善之外的原因导致的该原材料毁损灭失的风险、是否承担该原材料价格变动的风险、是否能够取得与该原材料所有权有关的报酬等。如果加工方并未取得待加工原材料的控制权，该原材料仍然属于委托方的存货，委托方不应确认销售原材料的收入，而应将整个业务作为购买委托加工服务进行处理；相应地，加工方实质是为委托方提供受托加工服务，应当按照净额确认受托加工服务费收入。

2. 上市公司按照税法规定需补缴以前年度税款或由上市公司主要股东或实际控制人无偿代为承担或缴纳税款及相应罚金、滞纳金的，应该如何进行会计处理？

答：“中国证监会会计部《上市公司执行企业会计准则监管问题解答》（2010 年第 1 期）”：上市公司应当按照企业会计准则的规定，进行所得税及其他税费的核算。对于上市公司按照税法规定需补缴以前年度税款的，如果属于前期差错，应按照《企业会计准则第 28

号——会计政策、会计估计变更和差错更正》的规定处理，调整以前年度会计报表相关项目；否则，应计入补缴税款当期的损益。因补缴税款应支付的罚金和滞纳金，应计入当期损益。对于主要股东或实际控制人无偿代上市公司缴纳或承担的税款，上市公司取得股东代缴或承担的税款、罚金、滞纳金等应计入所有者权益。

同步强化练习题

使用“会计云课堂”App 或“微信”扫码快速做题、对答案、看解析、掌握解题思路，开启轻松过关之旅。

一、单项选择题

1. 甲公司为增值税一般纳税人，下列各项税费中，应当计入资产成本的是（　　）。
   A. 取得原材料时支付的增值税进项税额
   B. 作为固定资产核算的车辆交纳的车船税
   C. 进口商品交纳的关税
   D. 作为办公用房的固定资产交纳的房产税

2. 某增值税一般纳税人因管理不善导致一批库存原材料被盗，该批原材料实际成本为 200 万元，收回残料变价收入 8 万元，保险公司赔偿 216 万元。企业购入该批原材料的增值税税率为 13%，购入时已全额计入进项税额进行抵扣，不考虑其他因素，该批被盗原材料造成的净损失为（　　）万元。
   A. 24　　B. 10
   C. −24　　D. 2

3. 甲公司为增值税一般纳税人，其发生的下列税费中，不应计入相应资产成本的是（　　）。
   A. 购入作为非货币性福利发放给生产工人的商品支付的增值税
   B. 收购未税矿产品代扣代缴的资源税
   C. 购入商品的进口关税
   D. 购置用于不动产扩建的工程材料支付的增值税

4. 甲公司为增值税一般纳税人。2×21 年 1 月 1 日，甲公司发出一批实际成本为 120 万元的原材料，委托乙公司加工应税消费品，收回后用于继续生产应税消费品。2×21 年 5 月 30 日，甲公司收回委托加工的应税消费品并验收入库。甲公司根据乙公司开具的增值税专用发票向乙公司支付加工费 6 万元、增值税 0.78 万元，另支付消费税 14 万元。假定不考虑其他因素，甲公司收回该批应税消费品的入账价值为（　　）万元。
   A. 140.78　　B. 140
   C. 126.78　　D. 126

5. 甲公司 2×21 年 1 月 1 日按面值发行分期付息、到期还本的公司债券 100 万张，另支付发行手续费 20 万元。该债券每张面值为 100 元，期限为 5 年，票面年利率为 4%，实际年利率为 5%，每年 12 月 31 日支付当年度利息。下列会计处理中正确的是（　　）。

A. 发行公司债券时支付的手续费直接计入财务费用

B. 应付债券初始确认金额为9980万元

C. 2×21年应确认的利息费用为400万元

D. 发行的公司债券按面值总额确认为负债

6. 经相关部门批准，甲公司于2×21年1月1日按面值发行分期付息、到期一次还本的可转换公司债券1000万份，每份面值为100元。可转换公司债券发行价格总额为100000万元，另发生发行费用1600万元，实际募集资金已存入银行。发行时二级市场上与之类似的没有附带转换权的债券市场利率为6%。下列关于可转换公司债券负债成分实际利率的说法中正确的是（　　）。

A. 实际利率为6%

B. 实际利率为各年的票面利率

C. 实际利率应小于6%

D. 实际利率应大于6%

7. 对于增值税一般纳税人，下列经济业务所涉及的增值税，应作进项税额转出处理的是（　　）。

A. 自行建造厂房领用外购原材料

B. 外购原材料因管理不善发生霉烂变质

C. 以自产产品作为福利发放给职工

D. 以自产产品作为对价进行对外投资

8. 甲公司2×19年1月1日发行1000万份可转换公司债券，每份面值为100元、每份发行价格为100.5元，可转换公司债券发行2年后，每份可转换公司债券可以转换4股甲公司普通股（每股面值1元）。甲公司发行该可转换公司债券确认的负债成分初始计量金额为100150万元。2×20年12月31日，与该可转换公司债券相关负债的账面价值为100050万元。2×21年1月2日，该可转换公司债券全部转换为甲公司股份。不考虑其他因素，则甲公司因可转换公司债券的转换应确认的资本公积（股本溢价）为（　　）万元。

A. 96400　　B. 400

C. 96050　　D. 350

9. 某股份有限公司于2×21年1月1日发行3年期，于次年起每年1月1日支付上年利息、到期一次还本的公司债券，债券面值总额为2000万元，票面年利率为5%，考虑发行费用后的实际年利率为4%，发行价格为2075.5万元，另支付发行费用20万元。按实际利率法确认利息费用。假定不考虑其他因素，该债券2×21年12月31日的摊余成本为（　　）万元。

A. 2055.50　　B. 2137.72

C. 2037.72　　D. 2000

10. 甲公司于2×20年1月1日按面值发行3年期、到期一次还本、按年付息的公司债券，每年12月31日支付当年度利息。该公司债券票面年利率为5%，实际年利率为5.38%，面值总额为20000万元，扣除发行费用200万元后的发行收入已经存入银行，该公司采用实际利率法确认利息费用，假定不考虑其他因素，2×21年该债券“应付债券—利息调整”的摊销额为（　　）万元。

A. 68.75　　B. 152.18

C. −6.74　　D. 65.24

二、多项选择题

1. 下列各项中，关于增值税一般纳税人会计处理表述正确的有（　　）。

A. 将已单独确认进项税额的购进货物用于投资，应贷记“应交税费—应交增值税（销项税额）”科目

B. 对于当期直接减免的增值税，应记入“其他收益”科目

C. 已单独确认进项税额的购进货物因管理不善发生非正常损失，应贷记“应交税费—应交增值税（进项税额转出）”科目

D. 企业管理部门领用本企业生产的产品，应贷记“应交税费—应交增值税（销项税额）”科目

2. 关于一般纳税人月末转出多交增值税和未交增值税的账务处理，下列表述中正确的有（　　）。

A. 月度终了，企业应当将当月应交未交或多交的增值税自“应交增值税”明细账户转入“未交增值税”明细账户

B. 月度终了，企业应当将“应交增值税”明细账户借方余额转入“未交增值税”明细账户

C. 对于当月应交未交的增值税，企业应借记“应交税费—应交增值税（转出未交增值税）”科目，贷记“应交税费—未交增值税”科目

D. 对于当月多交的增值税，企业应借记“应交税费—未交增值税”科目，贷记“应交税费—应交增值税（转出多交增值税）”科目

3. 下列企业经营活动发生的各种税费，通过“税金及附加”科目核算的有（　　）。

A. 消费税

B. 土地使用税

C. 车船税

D. 耕地占用税

4. 企业委托加工一批非金银首饰应税消费品，委托方收回后以不高于受托方的计税价格出售。不考虑其他因素，下列各项中，应当计入收回物资的加工成本的有（　　）。

A. 委托加工耗用原材料的实际成本

B. 收回委托加工物资时支付的运杂费

C. 支付给受托方的由其代收代缴的消费税

D. 支付的加工费

5. 关于应付债券，下列说法中错误的有（　　）。

A. 应按面值和票面利率计算确定应付债券的利息费用

B. 应按期初摊余成本和合同约定的名义利率计算确定利息费用

C. 企业发行债券所发生的交易费用，计入财务费用或在建工程

D. 企业发行一般公司债券所发生的交易费用，增加应付债券初始确认金额

6. 下列关于可转换公司债券的表述中，正确的有（　　）。

A. 可转换公司债券属于金融负债

B. 发行时发生的交易费用应当计入当期损益

C. 附有赎回选择权的可转换公司债券在赎回日若需支付利息补偿金，应在债券发行日至约定赎回届满日期间计提

D. 可转换公司债券属于复合金融工具，在初始确认时需将负债成分和权益成分进行分拆

7. 下列关于一般公司债券发行的表述中，正确的有（　　）。

A. 债券面值与实际收到的款项之间的差额，应记入“应付债券—应计利息”科目

B. 溢价或折价摊销是债券发行企业在债券存续期间内对利息费用的一种调整

C. 溢价是企业以后各期多付利息而事先得到的补偿

D. 折价是企业以后各期少付利息而预先给予投资者的补偿

8. 企业发行分期付息、到期一次还本的一般公司债券，采用实际利率法摊销债券折溢价时（不考虑相关交易费用），下列表述中正确的有（　　）。

A. 随着各期债券溢价的摊销，债券的摊余成本逐期减少，利息费用逐期减少

B. 随着各期债券溢价的摊销，债券的摊余成本逐期接近其面值

C. 随着各期债券溢价的摊销，债券的应付利息和利息费用都逐期减少

D. 随着各期债券折价的摊销，债券的应付利息和利息费用各期都保持不变

9. 甲公司2×21年发生的部分交易事项如下：2×21年7月1日，甲公司发行5年期可转换公司债券100万份，每份面值100元，票面年利率5%，利息在每年6月30日支付（第一次支付在2×22年6月30日）。可转换公司债券持有人有权在期满时按每份债券的面值换5股股票的比例将债券转换为甲公司普通股股票。在可转换公司债券发行日，甲公司如果发行同样期限的不附转换权的公司债券，市场年利率为8%。其他条件:（P/A，5%，5）=4.3295;（P/A，8%，5）=3.9927;（P/F，5%，5）=0.7835;（P/F，8%，5）=0.6806。不考虑其他因素，甲公司下列会计处理中正确的有（　　）。

A. 发行可转换公司债券时负债成分的公允价值为8802.35万元

B. 发行可转换公司债券时权益成分公允价值为1197.65万元

C. 2×21年应确认利息费用为352.09万元

D. 可转换公司债券的负债成分在2×21年12月31日的账面价值为8904.44万元

三、计算分析题

甲股份有限公司（以下简称“甲公司”）为上市公司，其相关交易或事项如下：

（1）经相关部门批准，甲公司于2×20年1月1日按面值发行分期付息、到期一次还本的可转换公司债券1000万份，每份面值为100元。可转换公司债券发行价格总额为100000万元，发行费用为1600万元，实际募集资金已存入银行专户。

根据可转换公司债券募集说明书的约定，可转换公司债券的期限为3年，自2×20年1月1日起至2×22年12月31日止；可转换公司债券的票面年利率：第一年1.5%，第二年2%，第三年2.5%；可转换公司债券自发行之日起每年支付一次利息，起息日为可转换公司债券发行之日即2×20年1月1日，付息日为可转换公司债券发行之日起每满一年的当日，即自发行次年起每年的1月1日；可转换公司债券在发行1年后可转换为甲公司普通股股票，初始转股价格为每股10元，每份债券可转换为10股普通股股票（每股面值1元）；发行可转换公司债券募集的资金专门用于生产用厂房的建设。

（2）甲公司将募集资金陆续投入生产用厂房的建设（厂房于2×20年前已经开始建造，2×20年度属于资本化期间），截至2×20年12月31日，募集资金已全部使用完毕。生产用厂房于2×20年12月31日达到预定可使用状态。

（3）2×21年1月1日，甲公司支付2×20年度可转换公司债券利息1500万元。

（4）2×21年7月1日，由于甲公司股票价格涨幅较大，50%债券持有人将其持有的可转换公司债券转换为甲公司普通股股票。

（5）其他资料如下：

①甲公司将发行的可转换公司债券的负债成分划分为以摊余成本计量的金融负债。

②甲公司发行可转换公司债券时无债券发行人赎回和债券持有人回售条款以及变更初始转股价格的条款，发行时二级市场上与之类似的没有附带转换权的债券市场利率为6%。

③在当期付息前转股的，按债券面值及初始转股价格计算转股数量。
④不考虑所得税等其他因素影响。
⑤考虑发行费用后的实际年利率为 6.59%。
⑥（P/F，6%，1）=0.9434，（P/F，6%，2）=0.8900，（P/F，6%，3）=0.8396。

要求：
（1）计算甲公司发行可转换公司债券时负债成分和权益成分的公允价值。
（2）计算甲公司可转换公司债券负债成分和权益成分应分摊的发行费用。
（3）编制甲公司发行可转换公司债券时的会计分录。
（4）计算甲公司可转换公司债券负债成分 2×20 年 12 月 31 日的摊余成本，并编制甲公司确认及支付 2×20 年度利息费用的会计分录。
（5）计算甲公司可转换公司债券负债成分 2×21 年 6 月 30 日的摊余成本，并编制甲公司确认 2×21 年上半年利息费用的会计分录。
（6）编制甲公司 2×21 年 7 月 1 日可转换公司债券转换为普通股股票时的会计分录（计算结果保留两位小数）。

同步强化练习题参考答案及解析

使用“会计云课堂”App 或“微信”扫码对答案、看解析、掌握解题思路，开启轻松过关之旅。

一、单项选择题

1.【答案】C

【解析】选项 A，一般纳税人取得原材料支付的增值税进项税额可以抵扣，不计入原材料成本；选项 B 和 D，车船税和房产税应计入企业当期税金及附加，不计入相关资产成本。

2.【答案】D

【解析】因管理不善原因导致存货损失，相关的增值税进项税额不允许抵扣，则该批因管理不善原因被盗的原材料造成的净损失 =200+200×13%-8-216=2（万元）。

3.【答案】D

【解析】购置用于不动产扩建的工程材料支付的增值税进项税额允许抵扣，不应计入相应的资产成本中。

4.【答案】D

【解析】委托加工物资收回后用于连续生产应税消费品或以高于受托方的计税价格对外出售的，消费税不计入收回物资的成本，应记入“应交税费—应交消费税”科目的借方；如果以不高于受托方的计税价格直接出售或者是用于生产非应税消费品，消费税计入收回委托加工物资成本。甲公司收回该批应税消费品的入账价值 =120+6=126（万元）。

5.【答案】B

【解析】发行公司债券时支付的手续费计入应付债券的初始入账金额，选项A错误；应付债券初始确认金额=100×100-20=9980（万元），选项B正确，选项D错误；2×21年应确认应付利息400万元（面值10000×票面年利率4%），利息费用应按期初摊余成本乘以实际利率计算确认，选项C错误。

6.【答案】D

【解析】甲公司发行债券时二级市场上与之类似的没有附带转换权的债券市场利率为6%，是不考虑发行费用时计算负债公允价值的折现率，考虑发行费用后负债成分的公允价值会减少，负债成分公允价值=Σ[第t年预计的未来现金流量/（1+实际利率）^{t}]，实际利率越大，负债成分的公允价值越小，因此，实际利率会大于6%。

7.【答案】B

【解析】选项A，原材料的进项税额可以抵扣，无须转出；选项C和D，以自产产品作为福利发放给职工或作为对价进行对外投资，应视同销售计算增值税销项税额，不需要作进项税额转出处理。

8.【答案】A

【解析】甲公司因可转换公司债券的转换应确认的资本公积（股本溢价）的金额=转换日负债成分的账面价值100050+其他权益工具的账面价值（1000×100.5-100150）-股本1000×4=96400（万元）。

9.【答案】C

【解析】该债券2×21年12月31日摊余成本=（2075.5-20）+（2075.5-20）×4%-2000×5%=2037.72（万元）。

10.【答案】A

【解析】2×20年1月1日债券摊余成本=实际收到款项=20000-200=19800（万元），2×20年12月31日债券摊余成本=19800+19800×5.38%-20000×5%=19865.24（万元），2×21年当期利息调整的摊销金额=19865.24×5.38%-20000×5%=68.75（万元）。

二、多项选择题

1.【答案】ABC

【解析】外购货物用于投资，应视同销售，确认增值税销项税额，选项A正确；对于当期直接减免的增值税，借记“应交税费—应交增值税（减免税款）”科目，贷记“其他收益”科目，选项B正确；存货发生非正常损失，进项税额不得抵扣，应作进项税额转出，选项C正确；企业管理部门领用自产的产品，不视同销售，按成本领用，选项D不正确。

2.【答案】ACD

【解析】选项B，月度终了，“应交增值税”明细账户借方余额属于增值税留抵税额的，不予结转。

3.【答案】ABC

【解析】“税金及附加”科目，该科目核算企业经营活动发生的消费税、城市维护建设税、资源税、教育费附加及房产税、土地使用税、车船税、印花税等相关税费。企业按规定计算交纳耕地占用税时，借记“在建工程”科目，贷记“银行存款”科目。

4.【答案】ABCD

【解析】委托外单位加工完成的存货，收回后直接用于销售（以不高于受托方计税价格）的，以实际耗用的原材料或半成品、加工费、运输费、装卸费等费用以及按规定应计入成本的税金，作为实际成本。

5.【答案】ABCD

【解析】应付债券后续应按期初摊余成本和实际利率计算确定利息费用，选项 A 和 B 错误；企业发行债券所发生的相关交易费用应计入债券的初始入账金额（减少负债的初始确认金额），选项 C 和 D 错误。

6.【答案】CD

【解析】可转换公司债券属于复合金融工具，选项 A 错误；发行时发生的交易费用应当在负债成分和权益成分之间按照各自的相对公允价值比例进行分摊，分摊后的交易费用分别计入负债成分和权益成分的初始计量成本，选项 B 错误。

7.【答案】BCD

【解析】债券面值与实际收到的款项之间的差额，应记入“应付债券—利息调整”科目，选项 A 错误。

8.【答案】AB

【解析】随着各期债券溢价的摊销，债券的摊余成本逐期减少，接近其面值，利息费用（期初摊余成本 × 实际利率）也随之减少，选项 A 和 B 正确；债券各期确认的应付利息（面值 × 票面利率）不会发生变化，选项 C 错误；随着各期债券折价的摊销，债券的摊余成本逐期增加，接近其面值，利息费用（期初摊余成本 × 实际利率）也随之增加，选项 D 错误。

9.【答案】ABCD

【解析】可转换公司债券负债成分的公允价值 =10000 × 0.6806+10000 × 5% × 3.9927=8802.35（万元），选项 A 正确；可转换公司债券权益成分公允价值 =10000−8802.35=1197.65（万元），选项 B 正确；2 × 21 年应确认的利息费用 =8802.35 × 8% × 6/12=352.09（万元），选项 C 正确；甲公司可转换公司债券的负债成分在 2 × 21 年 12 月 31 日的账面价值 =8802.35+352.09−100 × 100 × 5% × 6/12=8904.44（万元），选项 D 正确。

三、计算分析题

【答案】

（1）不考虑发行费用的情况下，负债成分的公允价值 =100000 × 1.5% × 0.9434+100000 × 2% × 0.8900+100000 ×（1+2.5%）× 0.8396=89254.1（万元），权益成分公允价值 =100000−89254.1=10745.9（万元）。

【提示】因每年票面利率不同，所以每年应确认的现金流出（应付利息）不同，不构成年金，故应按每年现金流量以复利现值系数分别折现计算各年现值，再计算其合计数。

（2）负债成分应分摊的发行费用 =1600 × 89254.1/100000=1428.07（万元）；

权益成分应分摊的发行费用 =1600−1428.07=171.93（万元）。

（3）

借：银行存款 98400（100000−1600）

应付债券—可转换公司债券（利息调整） 12173.97

［100000−（89254.1−1428.07）］

贷：应付债券—可转换公司债券（面值） 100000

其他权益工具 10573.97

（10745.9−171.93）

（4）2 × 20 年 12 月 31 日该可转换公司债券的摊余成本 =（100000−12173.97）×（1+6.59%）−100000 × 1.5%=92113.77（万元）。

确认利息费用：

借：在建工程　5787.74

［(100000－12173.97)×6.59%］

　贷：应付利息　1500（100000×1.5%）

　　应付债券—可转换公司债券（利息调整）　4287.74

2×21年1月1日支付利息：

借：应付利息　1500

　贷：银行存款　1500

（5）2×21年6月30日该可转换公司债券的摊余成本=92113.77+92113.77×6.59%÷2－100000×2%÷2=94148.92（万元）。

确认利息费用：

借：财务费用　3035.15

（92113.77×6.59%÷2）

　贷：应付利息 1000（100000×2%÷2）

　　应付债券—可转换公司债券（利息调整）　2035.15

（6）

借：应付债券—可转换公司债券（面值）

50000（100000÷2）

　其他权益工具　5286.99

（10573.97÷2）

　应付利息　500（1000÷2）

　贷：应付债券—可转换公司债券（利息调整）　2925.54

［(12173.97－4287.74－2035.15)÷2］

　　股本　5000（100000/10÷2）

　　资本公积—股本溢价　47861.45

（差额）

【提示】因付息期为次年1月1日，该项可转换公司债券转股时，2×21年上半年确认的应付利息尚未到付息期，转股后，不再单独支付，故在转股时从借方结转。

第九章　职工薪酬

CHAPTER-9

本章学习指南

一、学习目标

1. 理解职工和职工薪酬的范围及分类。
2. 掌握短期薪酬的确认与计量。
3. 掌握离职后福利的确认与计量。
4. 掌握辞退福利的确认与计量。
5. 了解其他长期职工福利的确认与计量。

二、考情概况

本章考题涉及客观题和计算分析题，试题分数适中，属于比较重要章节。

三、教材变化

删除“设定受益计划”部分内容及例题。

四、考点地图

考点	年份 / 题型
职工薪酬的会计处理	2021 年单选题、2019 年多选题
职工薪酬的内容	2020 年多选题
短期利润分享计划	2020 年单选题
职工薪酬的核算	2021 年计算分析题、2019 年计算分析题

核心考点精讲

提示

本章主要内容为职工薪酬的确认和计量，学习本章要明确区分各种类别的职工薪酬，其中累积带薪缺勤、短期利润分享计划和非货币性福利，是历年考试的高频考点，需要重点掌握。学习本章内容，像职工通过提供劳务获取职工薪酬一样，要相信辛勤付出就会有收获。扫描知识点对应的二维码，听名师为您授业解惑。

第一节　职工和职工薪酬的范围及分类

使用“会计云课堂”App或“微信”扫码查看本节视频，快速GET知识点。

一、职工的概念

职工，是指与企业订立劳动合同的所有人员，含全职、兼职和临时职工，也包括虽未与企业订立劳动合同但由企业正式任命的人员。

二、职工薪酬的概念及分类

职工薪酬，是指企业为获得职工提供的服务或终止劳动合同关系而给予的各种形式的报酬。企业提供给职工配偶、子女、受赡养人、已故员工遗属及其他受益人等的福利，也属于职工薪酬。职工薪酬主要包括短期薪酬、离职后福利、辞退福利和其他长期职工福利。

（一）短期薪酬

是指企业预期在职工提供相关服务的年度报告期间结束后十二个月内需要全部予以支付的职工薪酬，因解除与职工的劳动关系给予的补偿除外。短期薪酬主要包括：

1. 职工工资、奖金、津贴和补贴
2. 职工福利费
3. 医疗保险费、工伤保险费和生育保险费等社会保险费
4. 住房公积金
5. 工会经费和职工教育经费
6. 短期带薪缺勤
7. 短期利润分享计划

要点小贴士

因解除与职工的劳动关系给予的补偿属于辞退福利范畴。

8. 非货币性福利
9. 其他短期薪酬

（二）离职后福利

是指企业为获得职工提供的服务而在职工退休或与企业解除劳动关系后，提供的各种形式的报酬和福利，属于短期薪酬和辞退福利的除外。

（三）辞退福利

是指企业在职工劳动合同到期之前解除与职工的劳动关系，或者为鼓励职工自愿接受裁减而给予职工的补偿。

（四）其他长期职工福利

是指除短期薪酬、离职后福利、辞退福利之外所有的职工薪酬，包括长期带薪缺勤、长期残疾福利、长期利润分享计划等。

经典题解

【真题 1·多选题】 2×18 年，甲公司发生的相关交易或事项如下：（1）为给境外派到境内的 10 名高管人员提供临时住所，租入 10 套住房，每年租金共 120 万元；（2）因业务调整，拟解除 150 名员工的劳动关系，经与被辞退员工协商一致，向每位被辞退员工支付 20 万元补偿；（3）实施员工带薪休假制度，发生员工休假期间的工资 80 万元；（4）为 40 名中层干部团购商品房，2500 万元购房款由甲公司垫付。下列各项中，甲公司应当作为职工薪酬进行会计处理的有（　　）。（2020 年）

A. 为高管人员租房并支付租金
B. 支付员工带薪休假期间的工资
C. 为中层干部团购商品房垫付款项
D. 向被辞退员工支付补偿

【解析】 选项 C，为中层干部团购商品房垫付款项应计入其他应收款，不作为职工薪酬核算。

【答案】 ABD

第二节　短期薪酬的确认与计量

使用“会计云课堂”App 或“微信”扫码查看本节视频，快速 GET 知识点。

企业应当在职工为其提供服务的会计期间，将实际发生的短期薪酬确认为负债，并计入当期损益，其他会计准则要求或允许计入资产成本的除外。

要点小贴士

货币性短期薪酬按受益对象分配计入相关资产成本或费用。

一、货币性短期薪酬

借：生产成本（生产工人）
　　制造费用（车间管理人员）
　　管理费用（行政管理人员）
　　销售费用（销售人员）
　　在建工程（基建人员）
　　研发支出（研发人员）
　贷：应付职工薪酬—工资
　　　　　　　　—职工福利费
　　　　　　　　—社会保险费
　　　　　　　　—住房公积金
　　　　　　　　—工会经费
　　　　　　　　—职工教育经费等

要点小贴士

企业发生的职工福利费，应当在实际发生时根据实际发生额计入当期损益或相关资产成本。

二、带薪缺勤

带薪缺勤应当分为累积带薪缺勤和非累积带薪缺勤两类。

相关链接

累积带薪缺勤如何计量，参见P253本章疑难问题解答。

（一）累积带薪缺勤

累积带薪缺勤是指带薪权利可以结转下期的带薪缺勤，本期尚未用完的带薪缺勤权利可以在未来期间使用。

企业应当在职工提供了服务从而增加了其未来享有的带薪缺勤权利时，确认与累积带薪缺勤相关的职工薪酬，并以累积未行使权利而增加的预期支付金额计量。

经典题解

【例题2·单选题】甲公司共有200名职工，其中50名为总部管理人员，150名为直接生产工人。从2×21年1月1日起，该公司实行累积带薪缺勤制度。该制度规定，每名职工每年可享受5个工作日带薪年休假，未使用的年休假只能向后结转一个日历年度，超过1年未行使的权利作废；职工休年休假时，首先使用当年享受的权利，不足部分再从上年结转的带薪年休假余额中扣除；职工离开公司时，对未使用的累积带薪年休假无权获得现金支付。2×21年12月31日，每名职工当年平均未使用带薪年休假为2天。根据过去的经验并预期该经验将继续适用，甲公司预计2×22年有150名职工将享受不超过5天的带薪年休假，剩余50名总部管理人员每人将平均享受6天带薪年休假，该公司平均每名职工每个工作日工资为400元。甲公司2×21年年末因累积带薪缺勤计入管理费用的金额为（　　）元。

A. 20000　　　　B. 120000

C. 60000　　　　D. 0

【解析】甲公司2×21年年末应当预计由于累积未使用的带薪年休假而导致预期将支付的职工工资，根据甲公司预计2×22年职工的年休假情况，只有50名总部管理人员会使用2×21年的未使用带薪年休假1天（6−5），而其他2×21年累积未使用的带薪年休假都将失效，所以应计入管理费用的金额 =50×（6−5）×400=20000（元）。

【答案】A

【例题 3·单选题】甲公司实行累积带薪休假制度，当年未享受的休假只可结转至下一年度，未行使的权利在职工离开企业时不能获得现金支付。2×20 年年末，甲公司因当年度管理人员未享受休假而预计了将于 2×21 年支付的职工薪酬 20 万元。2×21 年年末，该累积带薪休假尚有 30% 未使用，不考虑其他因素。下列各项中，关于甲公司因其管理人员 2×21 年未享受累积带薪休假而原多预计的 6 万元负债（应付职工薪酬）于 2×21 年的会计处理表述中，正确的是（　　）。

A. 不作账务处理

B. 从应付职工薪酬转出计入其他综合收益

C. 冲减期初留存收益

D. 冲减当期的管理费用

【解析】甲公司规定未使用的休假只能结转至下一年度，因此原 2×20 年年末预计将于 2×21 年使用的带薪休假在 2×21 年未使用的部分应当冲回，冲减当期管理费用。

【答案】D

（二）非累积带薪缺勤

非累积带薪缺勤是指带薪权利不能结转下期的带薪缺勤，本期尚未用完的带薪缺勤权利将予以取消，并且职工离开企业时也无权获得现金支付。

企业应当在职工实际发生缺勤的会计期间确认与非累积带薪缺勤相关的职工薪酬。

三、短期利润分享计划

短期利润分享计划是指企业因职工提供服务而与职工达成的基于利润或其他经营成果提供薪酬的协议。长期利润分享计划属于其他长期职工福利。

经典题解

【真题 4·单选题】20×8 年 9 月 16 日，甲公司发布短期利润分享计划。根据该计划，甲公司将按照 20×8 年度利润总额的 5% 作为奖金，发放给 20×8 年 7 月 1 日至 20×9 年 6 月 30 日在甲公司工作的员工；如果有员工在 20×9 年 6 月 30 日前离职，离职的员工将不能获得奖金；利润分享计划支付总额也将按照离职员工的人数相应降低；该奖金将于 20×9 年 8 月 30 日支付。20×8 年度，在未考虑利润分享计划的情况下，甲公司实现利润总额 20000 万元。20×8 年末，甲公司预计职工离职将使利润分享计划支付总额降低至利润总额的 4.5%。不考虑其他因素，甲公司 20×8 年 12 月 31 日因上述短期利润分享计划应当确认的应付职工薪酬金额是（　　）。（2020 年）

A. 450 万元　　B. 500 万元

C. 1000 万元　　D. 900 万元

【解析】甲公司20×8年12月31日因该短期利润分享计划应当确认的应付职工薪酬金额=20000×4.5%×1/2=450（万元）。

【答案】A

四、非货币性福利

企业向职工提供非货币性福利的，应当按照非货币性资产的公允价值计量。其公允价值不能可靠取得的，企业可以采用成本计量。

企业向职工提供的非货币性福利，应当分别情况处理：

（一）以自产产品或外购商品发放给职工作为福利

1. 以自产产品发放给职工作为福利

名师点拨

（1）工程项目领用本企业自产产品，因产品并未离开会计主体，所以不确认收入；

（2）将自产产品发放给职工，产品已离开会计主体，所以确认收入并结转成本。

（1）决定发放非货币性福利时

借：生产成本

　　管理费用

　　在建工程

　　研发支出等

　贷：应付职工薪酬—非货币性福利

（2）将自产产品实际发放时

借：应付职工薪酬—非货币性福利

　贷：主营业务收入

　　　应交税费—应交增值税（销项税额）

借：主营业务成本

　贷：库存商品

经典题解

【真题5·多选题】2×17年，甲公司发生与职工薪酬有关的交易或事项如下：（1）以甲公司生产的产品作为福利发放给职工，该产品的生产成本为1500万元，市场价格为1800万元；（2）为职工交纳200万元的“五险一金”；（3）根据职工入职期限，分别可以享受5至15天的年休假，当年未用完的带薪休假权利予以取消。甲公司职工平均日工资为120元/人；（4）对管理人员实施2×17年度的利润分享计划，按当年度利润实现情况，相关管理人员可分享利润500万元。不考虑其他因素，下列各项关于甲公司2×17年与职工薪酬有关会计处理的表述中，正确的有（　　）。（2017年）

A. 对于职工未享受的休假权利无须进行会计处理

B. 管理人员应分享的利润确认为当期费用并计入损益

C. 以产品作为福利发放给职工按产品的生产成本计入相关成本费用

D. 为职工交纳的“五险一金”按照职工所在岗位分别确认为相关成本费用

【解析】以产品作为福利发放给职工，应当按照产品的公允价值和相关税费计入相关成本费用，选项C不正确。

【答案】ABD

【例题6·单选题】甲公司为增值税一般纳税人，适用的增值税税率为13%。2×21年12月甲公司董事会决定将本公司生产的100件产品作为福利发放给公司销售人员。该批产品的单位成本为0.6万元，市场销售价格为每件1万元（不含增值税税额）。假定不考虑其他相关税费，甲公司在2×21年因该项业务应计入销售费用的金额为（　　）万元。

A. 100　　B. 60

C. 113　　D. 73

【解析】甲公司以其自产产品作为福利发放给公司销售人员，应视同销售产品处理，甲公司2×21年因该项业务应计入销售费用的金额=100×1×（1+13%）=113（万元）。

【答案】C

2. 以外购商品发放给职工作为福利

> 名师点拨
>
> 外购商品发放给职工，企业没有对其进行加工发生加工成本，因此不能确认收入。

（1）购入时

借：库存商品等

　　应交税费—应交增值税（进项税额）

　贷：银行存款等

（2）决定发放非货币性福利时

借：生产成本

　　管理费用

　　在建工程

　　研发支出等

　贷：应付职工薪酬—非货币性福利

（3）将外购商品实际发放时

借：应付职工薪酬—非货币性福利

　贷：库存商品等

　　　应交税费—应交增值税（进项税额转出）

> 名师点拨
>
> 如果在产品购进之前有明确的目的是作为非货币性福利发放给职工，进项税额可不作抵扣，直接计入资产成本，发放时则不用作进项税额转出处理。

（二）将拥有的房屋等资产无偿提供给职工使用或租赁住房等资产供职工无偿使用

1. 将企业拥有的房屋等资产无偿提供给职工使用，根据受益对象进行处理

借：管理费用等

　贷：应付职工薪酬—非货币性福利

借：应付职工薪酬—非货币性福利

　贷：累计折旧

2. 将租赁住房等资产供职工无偿使用，根据受益对象进行处理

借：管理费用等

　贷：应付职工薪酬—非货币性福利

借：应付职工薪酬—非货币性福利

　贷：其他应付款

（三）向职工提供企业支付了补贴的商品或服务（以提供包含补贴的住房为例）

1. 如果出售住房的合同或协议中规定了职工在购得住房后至少应当提供服务的年限，且如果职工提前离开则应退回部分差价，企业应当将该项差额作为长期待摊费用处理，并在合同或协议规定的服务年限内平均摊销，根据受益对象分别计入相关资产成本或当期损益（不考虑相关税费）。

（1）购入住房时

借：固定资产

　贷：银行存款等

（2）出售住房时

借：银行存款

　　长期待摊费用（差额）

　贷：固定资产

（3）摊销长期待摊费用时

借：管理费用等

　贷：应付职工薪酬—非货币性福利

借：应付职工薪酬—非货币性福利

　贷：长期待摊费用

2. 如果出售住房的合同或协议中未规定职工在购得住房后必须服务的年限，企业应当将该项差额直接计入出售住房当期相关资产成本或当期损益。

（1）购入住房时

借：固定资产

　贷：银行存款等

（2）出售住房时

借：银行存款

　　管理费用等（差额）

　贷：固定资产

经典题解

【真题7·单选题】2×20年，甲公司发生的有关交易或事项如下：（1）甲公司以其生产的产品作为奖品，奖励给20名当年度被评为优秀的生产工人。上述产品的销售价格总额为500万元，销售成本为420万元；（2）根据甲公司确定的利润分享计划，以当年度实现的利润总额为基础，计算的应支付给管理人员利润分享金额为280万元；（3）甲公司于当年起对150名管理人员实施累积带薪年休假制度，每名管理人员每年可享受7个工作日的带薪年休假，未使用的年休假只能向后结转一个日历年度。超过1年未使用的权利作废，也不能得到任何现金补偿。2×20年，有10名管理人员每人未使用带薪年休假2天，预计2×21年该10名管理人员将每人休假9天。甲公司平均每名管理人员每个工作日的工资为300元。不考虑相关税费及其他因素，下列各项关于甲公司上述职工薪酬会计处理的表述中，正确的是（　　）。（2021年）

A. 2×20 年应从工资费用中扣除已享受带薪年休假权利的 140 名管理人员的工资费用 29.4 万元

B. 将自产的产品作为奖品发放应按 420 万元确认应付职工薪酬

C. 根据利润分享计划计算的 2×20 年应支付给管理人员的 280 万元款项应作为利润分配处理

D. 2×20 年应确认 10 名管理人员未使用带薪年休假费用 0.6 万元并计入管理费用

【解析】甲公司对管理人员提供的带薪年休假权利，不可以从工资费用中扣除已享受的带薪年休假工资费用，选项 A 错误；

甲公司以其生产的产品作为非货币性福利提供给职工的，应当按照该产品的公允价值即 500 万元计量应计入成本费用的职工薪酬金额，选项 B 错误；

企业应当将利润分享计划确认相关的应付职工薪酬，不作利润分配处理，选项 C 错误；

甲公司应在职工提供了服务从而增加了其未来享有的带薪缺勤权利时，确认与累积带薪缺勤相关的职工薪酬，并以累积未行使权利而增加的预期支付金额计量，应确认的职工薪酬费用 =10×（9–7）×300/10000=0.6（万元），选项 D 正确。

【答案】D

第三节 离职后福利的确认与计量

使用“会计云课堂”App 或“微信”扫码查看本节视频，快速 GET 知识点。

离职后福利，是指企业为获得职工提供的服务而在职工退休或与企业解除劳动关系后，提供的各种形式的报酬和福利，短期薪酬和辞退福利除外。

离职后福利计划，是指企业与职工就离职后福利达成的协议，或者企业为向职工提供离职后福利制定的规章或办法等。

企业应当将离职后福利计划分类为设定提存计划和设定受益计划两种类型。

一、设定提存计划

设定提存计划，是指向独立的基金缴存固定费用后，企业不再承担进一步支付义务的离职后福利计划。

企业应在资产负债表日确认为换取职工在会计期间内为企业提供的服务而应付给设定提存计划的提存金，并作为一项费用计入当期损益或相关资产成本。

借：管理费用等

　　贷：应付职工薪酬

借：应付职工薪酬

　　贷：其他应付款等

名师点拨

（1）在设定提存计划下，风险实质上要由职工来承担；

（2）在设定受益计划下，风险实质上由企业来承担。

二、设定受益计划

设定受益计划是指除设定提存计划以外的离职后福利计划。

设定受益计划的核算涉及四个步骤：

步骤一：确定设定受益义务现值和当期服务成本。

企业应当通过下列两步确定设定受益义务现值和当期服务成本。

（1）根据预期累计福利单位法，采用无偏且相互一致的精算假设对有关人口统计变量（如职工离职率和死亡率）和财务变量（如未来薪金和医疗费用的增加）等作出估计，计量设定受益计划所产生的义务，并确定相关义务的归属期间。

（2）根据资产负债表日与设定受益计划义务期限和币种相匹配的国债或活跃市场上的高质量公司债券的市场收益率确定折现率，将设定受益计划所产生的义务予以折现，以确定设定受益计划义务的现值和当期服务成本。

步骤二：确定设定受益计划净负债或净资产。

设定受益计划存在资产的，企业应当将设定受益计划义务现值减去设定受益计划资产公允价值所形成的赤字或盈余确认为一项设定受益计划净负债或净资产。

设定受益计划存在盈余的，企业应当以设定受益计划的盈余和资产上限两项的孰低者计量设定受益计划净资产。其中，资产上限，是指企业可从设定受益计划退款或减少未来对设定受益计划缴存资金而获得的经济利益的现值。

步骤三：确定应当计入当期损益的金额。

报告期末，企业应当在损益中确认的设定受益计划产生的职工薪酬成本包括：服务成本和设定受益净负债或净资产的利息净额。

服务成本包括当期服务成本、过去服务成本和结算利得或损失。

步骤四：确定应当计入其他综合收益的金额。

设定受益净负债或净资产的重新计量应当计入其他综合收益，且在后续期间不应重分类计入损益，但是企业可以在权益范围内转移这些在其他综合收益中确认的金额。

经典题解

【真题8·单选题】下列各项有关职工薪酬的会计处理中，正确的是（　　）。（2015年）

A. 与设定受益计划相关的当期服务成本应计入当期损益

B. 与设定受益计划负债相关的利息费用应计入其他综合收益

C. 与设定受益计划相关的过去服务成本应计入期初留存收益

D. 因重新计量设定受益计划净负债产生的精算损失应计入当期损益

【解析】选项B，与设定受益计划负债相关的利息费用应计入当期损益；选项C，与设定受益计划相关的过去服务成本应计入当期损益；选项D，因重新计量设定受益计划净负债产生的精算损失应计入其他综合收益。

【答案】A

第四节　辞退福利的确认与计量

使用“会计云课堂”App或“微信”扫码查看本节视频，快速GET知识点。

辞退福利，是指企业在职工劳动合同到期之前解除与职工的劳动关系，或者为鼓励职工自愿接受裁减而给予职工的补偿。

企业向职工提供辞退福利的，应当在以下两者孰早日确认辞退福利产生的职工薪酬负债，并计入当期损益：

（1）企业不能单方面撤回解除劳动关系计划或裁减建议所提供的辞退福利时。

（2）企业确认涉及支付辞退福利的重组相关的成本或费用时。

当企业同时存在下列情况时，表明承担了重组义务：

（1）企业有详细、正式的重组计划，其中包括重组涉及的业务、主要地点、需要补偿的员工人数及其岗位性质、预计重组支出等；

（2）企业已将该重组计划对外公告。

由于被辞退的职工不再为企业带来未来经济利益，因此，对于所有辞退福利，均应当于辞退计划满足负债确认条件的当期一次计入费用，不计入资产成本。

要点小贴士

辞退福利不能按受益对象计入成本费用，而是计入管理费用，超过1年支付的要计算现值。

借：管理费用

　贷：应付职工薪酬

【提示1】对于企业实施的职工内部退休计划，由于这部分职工不再为企业带来经济利益，企业应当比照辞退福利处理。具体来说，在内退计划符合本准则规定的确认条件时，按照内退计划规定，将自职工停止提供服务日至正常退休日期间、企业拟支付的内退人员工资和缴纳的社会保险费等，确认为预计负债，一次计入当期管理费用，不能在职工内退后各期分期确认因支付内退职工工资和为其缴纳社会保险费而产生的义务。

要点小贴士

该预计负债属于职工薪酬，要通过“应付职工薪酬”科目核算，不通过“预计负债”科目核算。

【提示2】实质性辞退工作在一年内实施完毕但补偿款项超过一年支付的辞退计划，企业应当选择恰当的折现率，以折现后的金额计量应计入当期损益的辞退福利金额。

经典题解

【真题9·多选题】下列各项关于职工薪酬会计处理的表述中，错误的有（　　）。（2019年）

A. 重新计量设定受益计划净负债或净资产而产生的变动计入其他综合收益

B. 将租赁的汽车无偿提供给高级管理人员使用的，按照每期应付的租金计量应付职工薪酬

C. 以本企业生产的产品作为福利提供给职工的，按照该产品的成本和相关税费计量应付职工薪酬

D. 因辞退福利而确认的应付职工薪酬，按照辞退职工提供服务的对象计入相关资产的成本

【解析】以本企业生产的产品作为福利提供给职工的，属于非货币性福利，应该按照相关产品的公允价值和相关税费计量应付职工薪酬，选项C不正确；因辞退福利而确认的应付职工薪酬，应当计入管理费用，不能按受益对象计入成本费用，选项D不正确。

【答案】CD

【例题10·单选题】2×21年12月31日，甲公司董事会作出决议，拟关闭设在某地区的一家分公司，并对该分公司员工进行补偿，涉及员工30人。方案为：从2×22年开始连续5年对上述每位员工每年年末支付10万元。假定折现率为5%，已知（P/A，5%，5）=4.3295。不考虑其他因素，甲公司2×21年因辞退福利计入管理费用的金额为（　　）万元。

A. 1298.85　　B. 43.30

C. 1500　　D. 0

【解析】甲公司2×21年因辞退福利计入管理费用的金额=30×10×4.3295=1298.85（万元）。

【答案】A

第五节　其他长期职工福利的确认与计量

使用“会计云课堂”App或“微信”扫码查看本节视频，快速GET知识点。

其他长期职工福利，指除短期薪酬、离职后福利和辞退福利以外的其他所有职工福利。其他长期职工福利包括以下各项（假设预计在职工提供相关服务的年度报告期末以后12个月内不会全部结算）：长期带薪缺勤，如其他长期服务福利、长期残疾福利、长期利润分享计划和长期奖金计划，以及递延酬劳等。

企业向职工提供的其他长期职工福利，符合设定提存计划条件的，应当按照设定提存计划的有关规定进行会计处理。符合设定受益计划条件的，企业应当按照设定受益计划的有关规定，确认和计量其他长期职工福利净负债或净资产。在报告期末，企业应当将其他长期职工福利产生的职工薪酬成本确认为下列组成部分：

1. 服务成本。

2. 其他长期职工福利净负债或净资产的利息净额。

3. 重新计量其他长期职工福利净负债或净资产所产生的变动。

为了简化相关会计处理，上述项目的总净额应计入当期损益或相关资产成本。

考试加油站

一、本章小结

下载“会计云课堂”App 学习

您已成功完成“第九章”的学习，本章共 10 个考点，您都学会了吗？

为了让您对章节有更清晰的理解，加倍巩固。本书作者张志凤老师将通过**“视频导图课”**的方式，带您回顾重要考点。

名师点拨，视听结合，高效提分。

※ 欢迎您扫码，免费观看学习。

二、本章疑难问题解答

如何对累积带薪缺勤进行确认和计量？

答：假定某职工年休假为 10 天，带薪缺勤权利只累积到下一年，每个工作日工资为 500 元。

本年				下年（上年未使用部分冲减管理费用）	
休假天数	享有权利	预期支付	本期计量金额	上年未使用天数	冲减管理费用
大于等于 10 天	0	0	0	0	0
休假 6 天	4 天	无须支付	0	4 天	0
		3 天	1500 元	4 天（预期使用 3 天，实际只用 2 天）	500 元

历年经典主观题回顾

使用“会计云课堂”App 或“微信”扫码快速做题、对答案、
看解析、掌握解题思路，开启轻松过关之旅。

计算分析题

1. 甲公司 20×8 年度发生与职工薪酬相关的交易或事项如下：

（1）本年度应发工资总额为 8600 万元，其中：生产部门直接人工工资为 6000 万元，生产部门管理人员工资为 1000 万元，公司管理部门人员工资为 600 万元，销售部门人员工资为 1000 万元。按照所在地政府部门的规定，甲公司分别按照员工工资总额的 10%、8%、2% 和 1.5% 计提职工医疗保险、住房公积金、工会经费和职工教育经费。

本年度，甲公司以银行存款支付员工工资 8600 万元，支付医疗保险 860 万元，支付住房公积金 688 万元，支付工会经费 172 万元，支付职工教育经费 129 万元。另外，甲公司向兼职的独立董事支付报酬 120 万元。

（2）甲公司自 20×8 年 1 月 1 日起实行累积带薪缺勤制度，规定：每名员工每年可享受 7 天带薪休假，未使用的休假可向后结转一个年度，超过一个年度的未使用休假作废，员工在离开甲公司时对未使用的休假不能获得现金支付。员工带薪年休假以后进先出为基础，即先从当年可享受的休假权利中扣除，再从上一年结转的带薪年休假余额中扣除。20×8 年 12 月 31 日，甲公司 800 名员工中每名员工当年平均未使用带薪年休假为 3 天。根据同行业公司的经验，甲公司预计 20×9 年度有 700 名员工将享受不超过 7 天的带薪年休假，其余 100 名员工每人将平均享受 10 天带薪年休假，假定其全部为甲公司的管理人员。甲公司每名员工日平均工资为 320 元。

（3）20×8 年 1 月 1 日起，甲公司为总部管理人员提供自建宿舍供免费使用，同时为副总经理以上异地工作人员每人租赁一套住房。按照该政策，甲公司为 60 名管理人员每人提供了一间免费宿舍，按照自建成本计算每间宿舍年折旧额为 1.8 万元，为 8 名副总经理以上异地工作人员每人租赁一套年租金为 3 万元的公寓。本年度公寓的租赁款已用银行存款支付。

其他有关资料：第一，假定甲公司按年度计算发放应付工资。第二，按照国家相关政策，员工工资总额不包括向兼职的独立董事支付的报酬，也不包括员工因未使用带薪年休假而预期将支付的薪酬。第三，本题不考虑相关税费及其他因素。

要求：

根据上述资料，逐项说明上述交易或事项的会计处理，并编制相关的会计分录。（答案中的金额单位用万元）（2019 年）

2. 甲股份有限公司（以下简称“甲公司”）2×16 年发生的与职工薪酬相关的事项如下：

（1）4 月 10 日，甲公司董事会通过决议，以本公司自产产品作为奖品，对乙车间全体员工超额完成第一季度生产任务进行奖励，每名员工奖励一件产品，该车间员工总数为 200 人，其中车间管理人员 30 人，一线生产工人 170 人，发放给员工的本公司产品市场售价为 3000 元 / 件，成本为 1800 元 / 件。4 月 20 日，200 件产品发放完毕。

（2）甲公司共有 2000 名员工，从 2×16 年 1 月 1 日起，该公司实行累积带薪休假制度，规定每名职工每年可享受 7 个工作日带薪休假，未使用的年休假可向后结转 1 个年度，超过期限未使用的作废，员工离职时也不能取得现金支付。2×16 年 12 月 31 日，每名职工当年平均未使用带薪休假为 2 天。根据过去的经验并预期该经验将继续适用，甲公司预计 2×17 年有 1800 名员工将享受不超过 7 天带薪休假，剩余 200 名员工每人将平均享受 8.5 天休假，该 200 名员工中 150 名为销售部门人员，50 名为总部管理人员。甲公司平均每名员工每个工作日工资为 400 元。甲公司职工年休假以后进先出为基础，即有关休假首先从当年可享受的权利中扣除。

（3）甲公司正在开发丙研发项目，2×16 年其发生项目研发人员工资 200 万元，其中自 2×16 年 1 月 1 日研发开始至 6 月 30 日期间发生的研发人员工资 120 万元属于费用化支出，7 月 1 日至 11 月 30 日研发项目达到预定用途前发生的研发人员工资 80 万元属于资本化支出，至年末，已研发完成形成无形资产。有关工资以银行存款支付。

（4）2×16 年 12 月 20 日，甲公司董事会作出决议，拟关闭设在某地区的一家分公司，并对该分公司员工进行补偿，方案如下：对因尚未达到法定退休年龄提前离开公司的员工给予一次性离职补偿 30 万元，另外自其达到法定退休年龄后，按照每月 1000 元的标准给予退休后补偿。涉及员工 80 人，每人 30 万元的一次性补偿 2400 万元已于 12 月 26 日支付。每月 1000 元的退休后补偿将于 2×17 年 1 月 1 日起陆续发放，根据精算结果，甲公司估计该补偿义务的现值为 1200 万元。

其他有关资料：

甲公司为增值税一般纳税人，适用的增值税税率为 17%。本题不考虑其他因素。

要求：

就甲公司 2×16 年发生的与职工薪酬有关的事项，逐项说明其应进行的会计处理并编制相关会计分录。（答案中金额单位用万元表示）（2017 年）

历年经典主观题参考答案及解析

使用“会计云课堂”App或“微信”扫码对答案、看解析、
掌握解题思路，开启轻松过关之旅。

计算分析题

1.【答案】

事项（1）工资总额、与职工工资相关的职工医疗保险、住房公积金、工会经费和职工教育经费，应根据职工所属的部门相应的计提成本费用并确认应付职工薪酬。应计提生产成本=6000+6000×（10%+8%+2%+1.5%）=7290（万元），制造费用=1000+1000×（10%+8%+2%+1.5%）=1215（万元），管理费用=600+600×（10%+8%+2%+1.5%）=729（万元），销售费用=1000+1000×（10%+8%+2%+1.5%）=1215（万元）。

借：生产成本	7290
制造费用	1215
管理费用	729
销售费用	1215
贷：应付职工薪酬	10449
借：管理费用	120
贷：应付职工薪酬	120
借：应付职工薪酬	10569（10449+120）
贷：银行存款	10569

事项（2）累积带薪缺勤，应根据本期剩余预计下期将会被使用的天数相应的确认成本费用。20×8年100名管理人员剩余3天带薪年休假预计20×9年会被使用，所以20×8年因该累积带薪缺勤应确认管理费用=（10−7）×100×320/10000=9.6（万元）。

借：管理费用	9.6
贷：应付职工薪酬	9.6

事项（3）甲公司将自建宿舍免费提供给职工使用，应根据受益对象相应的确认成本费用，同时对该项房屋计提折旧。

借：管理费用	108
贷：应付职工薪酬	108
借：应付职工薪酬	108（1.8×60）
贷：累计折旧	108

甲公司将租赁住房无偿提供给职工使用，应根据受益对象相应的确认成本费用。

借：管理费用　　24（8×3）
　贷：应付职工薪酬　　24
借：应付职工薪酬　　24
　贷：银行存款　　24

2.【答案】

事项（1）甲公司应将发放给员工的本企业产品视同销售，并确认对员工的应付职工薪酬。

借：生产成本　　59.67［170×3000×（1+17%）÷10000］
　　制造费用　　10.53［30×3000×（1+17%）÷10000］
　贷：应付职工薪酬　　70.2
借：应付职工薪酬　　70.2
　贷：主营业务收入　　60（3000×200÷10000）
　　　应交税费—应交增值税（销项税额）　　10.2（3000×200×17%÷10000）
借：主营业务成本　　36（1800×200÷10000）
　贷：库存商品　　36

事项（2）甲公司应将由于职工累积未使用的带薪年休假权利而导致预期将支付的工资在2×16年确认。

2×16年因累积带薪缺勤应确认销售费用=（8.5−7）×150×400÷10000=9（万元），因累积带薪缺勤应确认管理费用=（8.5−7）×50×400÷10000=3（万元）。

借：管理费用　　3
　　销售费用　　9
　贷：应付职工薪酬　　12

事项（3）甲公司为进行研发项目发生的研发人员工资应当按照内部研究开发无形资产的有关条件判断其中应予资本化或费用化的部分，并确认为应付职工薪酬。

借：研发支出—费用化支出　　120
　　　　　　—资本化支出　　80
　贷：应付职工薪酬　　200
借：管理费用　　120
　贷：研发支出—费用化支出　　120
借：无形资产　　80
　贷：研发支出—资本化支出　　80
借：应付职工薪酬　　200
　贷：银行存款　　200

事项（4）甲公司向员工支付每人30万元的补偿款为辞退福利，应于发生时计入当期损益。对于员工在达到退休年龄后所支付的补偿款，虽然其于退休后支付，但由于该补偿与部分员工因分公司关闭离开公司有关，因此该退休后补偿也应于发生时计入当期损益，但超过一年支付的辞退福利，企业应当选择恰当的折现率，以折现后的金额计量计入当期损益的辞退福利金额。

借：管理费用　　3600
　贷：应付职工薪酬　　3600（2400+1200）
借：应付职工薪酬　　2400
　贷：银行存款　　2400

同步强化练习题

使用"会计云课堂"App或"微信"扫码快速做题、对答案、看解析、掌握解题思路，开启轻松过关之旅。

一、单项选择题

1. 下列各项中，企业根据本月"工资费用分配汇总表"分配所列财务部门人员薪酬时，应借记的会计科目是(　　)。

A. 主营业务成本

B. 管理费用

C. 其他业务成本

D. 财务费用

2. 下列各项中，不属于企业职工薪酬组成内容的是(　　)。

A. 为职工代扣代缴的个人所得税

B. 根据设定提存计划计提应向单独主体缴存的提存金

C. 为鼓励职工自愿接受裁减而给予职工的补偿

D. 按国家规定标准提取的职工教育经费

3. 关于职工薪酬的会计处理，下列表述中错误的是(　　)。

A. 企业应当在职工提供服务从而增加其未来享有的带薪缺勤权利时，确认与累积带薪缺勤相关的职工薪酬，并以累积未行使权利而增加的预期支付金额计量

B. 企业应当在职工实际发生缺勤的会计期间确认与非累积带薪缺勤相关的职工薪酬

C. 企业的辞退福利应在职工被辞退时确认和计量

D. 企业发生的职工福利费，应当在实际发生时根据实际发生额计入当期损益或资产成本

4. 2×21年7月，甲公司当月应发工资1000万元，其中：生产部门生产工人工资850万元；生产部门管理人员工资50万元；管理部门管理人员工资100万元。根据甲公司所在地政府规定，甲公司应当按照职工工资总额的10%和8%计提并缴存医疗保险费和住房公积金。甲公司分别按照职工工资总额的2%和1.5%计提工会经费和职工教育经费。假定不考虑其他因素以及所得税影响。甲公司2×21年7月应计入产品成本的职工薪酬金额为(　　)万元。

A. 1215

B. 1093.5

C. 1032.75

D. 121.5

5. 甲公司共有20名总部管理人员，2×21年1月1日甲公司向上述管理人员出售的住房平均每套购买价为280万元，出售的价格为每套160万元。售房协议规定，职工在取得住房后必须在该公司服务满10年(含2×21年1月)，若职工提前离职，则将剩余年限对应的差价补回给公司。2×21年7月15日甲公司将本公司生产的笔记本电脑作为福利发放

给上述管理人员，每人一台，每台电脑的成本为3.6万元，未计提存货跌价准备，每台售价为4万元。假定甲公司采用直线法摊销长期待摊费用，不考虑增值税及其他因素。甲公司2×21年因上述事项计入管理费用的金额为（　　）万元。

A. 880　　B. 240

C. 333.6　　D. 320

6. 企业因在职工劳动合同到期之前解除与职工的劳动关系给予职工补偿而发生的职工薪酬，应借记（　　）科目。

A. 其他综合收益

B. 管理费用

C. 营业外支出

D. 销售费用

7. 2×21年12月20日，甲公司董事会作出决议，拟关闭设在某地区的一家分公司，并对该分公司员工进行补偿，方案为：对因尚未达到法定退休年龄提前离开公司的员工给予一次性离职补偿50万元，另外自其达到法定退休年龄后，按照每月0.2万元的标准给予退休后补偿。涉及员工50人、每人50万元的一次性补偿2500万元已于12月26日支付。每月0.2万元的退休后补偿将于2×22年1月1日起陆续发放，根据精算结果，甲公司估计该补偿义务的现值为2000万元。不考虑其他因素，对甲公司2×21年下列会计处理表述中，正确的是（　　）。

A. 对已支付的补偿款2500万元计入管理费用，尚未支付的补偿款不作会计处理

B. 尚未支付的补偿款按现值2000万元计入长期待摊费用，同时确认其他应付款

C. 对已支付的补偿款2500万元和尚未支付的补偿款的现值2000万元均计入管理费用，同时确认应付职工薪酬

D. 尚未支付的补偿款按现值2000万元计入其他综合收益，同时确认应付职工薪酬

二、多项选择题

1. 下列各项关于企业职工薪酬会计处理的表述中，正确的有（　　）。

A. 车间管理人员的工资应当计入产品成本

B. 生活困难职工的补助应当计入营业外支出

C. 内退职工的工资计入管理费用

D. 营销人员的辞退补偿应当计入管理费用

2. 关于带薪缺勤，下列说法中正确的有（　　）。

A. 带薪缺勤分为累积带薪缺勤和非累积带薪缺勤

B. 确认与累积带薪缺勤相关的应付职工薪酬，应以累积未行使权利而增加的预期支付金额计量

C. 企业应当在职工提供了服务从而增加了其未来享有的带薪缺勤权利时，确认与累积带薪缺勤相关的职工薪酬

D. 企业应当在职工实际发生缺勤的会计期间确认与非累积带薪缺勤相关的职工薪酬

3. 甲公司有一项利润分享计划，要求甲公司将2×20年1月1日至2×20年12月31日止会计年度的税前利润，按照指定比例支付给在2×20年7月1日至2×21年6月30日为甲公司提供服务的职工。该奖金于2×21年6月30日支付。2×20年1月1日至2×20年12月31日止会计年度的税前利润为1000万元。如果甲公司在2×20年7月1日至2×21年6月30日期间没有职工离职，则当年的利润分享支付总额为税前利润的4%。2×20年12月31日，甲公司估计职工离

职将使支付额降低至税前利润的3%（其中，直接参加生产的职工享有1%，总部管理人员享有2%）。2×21年6月30日，甲公司的职工离职使其支付的利润分享金额调整为2×20年度税前利润的3.5%（直接参加生产的职工享有1.2%，总部管理人员享有2.3%），假定不考虑个人所得税影响。甲公司下列会计处理中正确的有（　　）。

A. 2×20年12月31日记入“生产成本”科目金额为5万元

B. 2×20年12月31日记入“管理费用”科目金额为10万元

C. 2×21年6月30日记入“生产成本”科目金额为7万元

D. 2×21年6月30日记入“管理费用”科目金额为13万元

4. 下列各项中，应作为职工薪酬计入相关资产成本或当期损益的有（　　）。

A. 企业以外购的商品作为非货币性福利提供给职工

B. 职工出差报销的差旅费

C. 为职工进行健康检查而支付的体检费

D. 因向管理人员提供住房而支付的租金

5. 下列各项关于职工薪酬会计处理的表述中错误的有（　　）。

A. 与设定受益计划相关的过去服务成本应当计入当期损益

B. 企业向员工提供非货币性福利的，应当按照非货币性资产的账面价值确认薪酬费用

C. 因利润分享计划应支付给员工的薪酬支出应当作为利润分配处理

D. 累积带薪缺勤计划，后进先出法下未享受前期转入的休假时，应当将前期已确认的应付职工薪酬负债冲减休假当期的成本费用

6. 下列各项有关职工薪酬的会计处理表述中，错误的有（　　）。

A. 与设定受益计划相关的当期服务成本应计入当期损益

B. 设定受益净负债或净资产的利息净额应计入其他综合收益

C. 与设定受益计划相关的过去服务成本应计入期初留存收益

D. 因重新计量设定受益计划净负债产生的精算损失应计入当期损益

7. 对于企业实施的职工内部退休计划，企业拟支付的内退人员工资和缴纳的社会保险费等，下列会计处理中错误的有（　　）。

A. 确认为其他应付款，一次计入当期管理费用

B. 在职工内退后各期分期确认管理费用

C. 将未来支付金额计入销售费用

D. 确认为应付职工薪酬，一次计入当期管理费用

8. 关于设定受益计划，下列项目中应计入当期损益的有（　　）。

A. 当期服务成本

B. 过去服务成本

C. 结算利得或损失

D. 设定受益净负债或净资产的重新计量

9. A公司管理层2×21年11月1日决定停止某车间的生产任务，提出职工没有选择权的辞退计划，规定拟辞退生产工人100名、车间管理人员10名，总部管理人员5名，并于2×22年1月1日执行。该辞退计划已经通知相关职工，并经董事会批准，辞退补偿为生产工人每人5万元、车间管理人员每人10万元，总部管理人员每人20万元。A公司2×21年与上述事项有关的会计处理中正确的有（　　）。

A. 借记“生产成本”科目500万元

B. 借记“管理费用”科目700万元

C. 借记“制造费用”科目100万元

D. 贷记“应付职工薪酬”科目700万元

10. 关于辞退福利，下列会计处理表述中正确的有（　　）。

A. 对于所有辞退福利，均应当于辞退计划满足负债确认条件的当期一次计入费用，不计入资产成本

B. 实施职工内部退休计划的，在职工正式退休日期之前，企业应当比照辞退福利处理

C. 职工内退计划符合确认条件时，企业应当按照内退计划规定，在职工内退后各期分期确认因支付内退职工工资和为其缴纳社会保险费而产生的义务

D. 对于自愿接受裁减的建议，应当按照或有事项准则预计将接受裁减建议的职工数量，根据预计的职工数量和每一职位的辞退补偿等计提辞退福利负债

三、计算分析题

甲股份有限公司（以下简称“甲公司”）为多元化发展公司，2×21 年和 2×22 年发生如下业务：

（1）2×21 年 1 月甲公司董事会决定将本公司生产的 100 件产品作为福利发放给公司管理人员，并实际发放。该批产品的单位成本为 0.8 万元，市场销售价格为每件 1 万元。

（2）为调整产品结构，去除冗余产能，2×21 年甲公司推出一项鼓励员工提前离职的计划。该计划范围内涉及的员工共有 50 人，平均距离退休年龄还有 5 年。甲公司董事会于 10 月 20 日通过决议，该计划范围内的员工如果申请提前离职，甲公司将每人一次性地支付补偿款 20 万元。根据计划公布后与员工达成的协议，其中的 30 人将会申请离职。

（3）2×21 年甲公司销售额快速增长，对当年度业绩起到了决定性作用。根据甲公司当年制定并开始实施的利润分享计划，销售部门员工可以分享当年度净利润的 2% 作为奖励。甲公司 2×21 年度实现净利润 2000 万元。

（4）甲公司共有 1000 名职工，从 2×21 年 1 月 1 日起，该公司实行累积带薪缺勤制度。该制度规定，每个职工每年可享受 10 个工作日带薪年休假，未使用的年休假只能向后结转一个日历年度，超过 1 年未使用的权利作废，不能在职工离开公司时获得现金支付；职工休年休假是以后进先出为基础，即首先从当年可享受的权利中扣除，再从上年结转的带薪年休假余额中扣除；2×21 年 12 月 31 日，每个职工当年平均未使用带薪年休假为 6 天。根据过去的经验并预期该经验将继续适用，甲公司预计 2×22 年有 900 名职工将享受不超过 10 天的带薪年休假，剩余 100 名职工每人将平均享受 12 天年休假，假定这 100 名职工全部为总部各部门经理，该公司平均每名职工每个工作日工资为 0.05 万元。假定至 2×22 年 12 月 31 日，上述 100 名部门经理中有 80 名享受了 12 天休假，并随同正常工资以银行存款支付，另外 20 名只享受了 10 天休假。

（5）2×21 年 5 月 20 日，甲公司与 10 名公司高级管理人员分别签订商品房销售合同。合同约定，甲公司将自行开发的 10 套房屋以每套 600 万元的优惠价格销售给 10 名高级管理人员；高级管理人员自取得房屋所有权后必须在甲公司工作 5 年，如果在工作未满 5 年的情况下离职，需根据服务期限补交相关款项。2×21 年 6 月 25 日，甲公司收到 10 名高级管理人员支付的款项 6000 万元。2×21 年 6 月 30 日，甲公司与 10 名高级管理人员办理完毕上述房屋产权过户手续。上述房屋成本为每套 420 万元，市场价格为每套 800 万元。

假定不考虑增值税等相关税费及其他因素的影响。

要求：

（1）根据资料（1）至（3），分别编制相关业务的会计分录。

（2）根据资料（4），①编制甲公司2×21年12月31日与累积带薪缺勤有关的会计分录；②编制甲公司2×22年12月31日确认“应付职工薪酬—累积带薪缺勤”有关的会计分录。

（3）根据资料（5），编制甲公司2×21年有关会计分录。

同步强化练习题参考答案及解析

使用“会计云课堂”App或“微信”扫码对答案、看解析、掌握解题思路，开启轻松过关之旅。

一、单项选择题

1.【答案】B

【解析】企业财务部门人员的薪酬计入管理费用。

2.【答案】A

【解析】职工薪酬主要包括以下内容：（1）短期薪酬，具体包括：①职工工资、奖金、津贴和补贴；②职工福利费；③医疗保险费、工伤保险费和生育保险费等社会保险费；④住房公积金；⑤工会经费和职工教育经费（选项D）；⑥短期带薪缺勤；⑦短期利润分享计划；⑧非货币性福利；⑨其他短期薪酬。（2）离职后福利，分为设定提存计划和设定受益计划（选项B）。（3）辞退福利（选项C）。（4）其他长期职工福利，包括长期带薪缺勤、长期残疾福利、长期利润分享计划等。

3.【答案】C

【解析】企业应当在不能单方面撤回因解除劳动关系计划或裁减建议所提供的辞退福利时，与企业确认涉及支付辞退福利的重组相关的成本或费用时两者孰早日，确认辞退福利产生的职工薪酬负债，并计入当期损益，选项C错误。

4.【答案】B

【解析】甲公司2×21年7月应计入产品成本的职工薪酬金额=（850+50）+（850+50）×（10%+8%+2%+1.5%）=1093.5（万元）。

5.【答案】D

【解析】甲公司2×21年因上述事项计入管理费用的金额=（280×20-160×20）÷10+20×4=320（万元）。

6.【答案】B

【解析】企业因在职工劳动合同到期之前解除与职工的劳动关系给予的补偿而发生的职工薪酬，借记“管理费用”科目，贷记“应付职工薪酬”科目。

7.【答案】C

【解析】甲公司向50名员工支付每人50万元的补偿款为辞退福利，应于发生时计入当期损益。对于员工在达到退休年龄后所支付的补偿款，虽然其于退休后支付，但由于该补偿与部分员工因分公司关闭离开公司有关，因此该退休后补偿也应于发生时计入当期损益，但超过一年支付的辞退福利，以折现后的金额计量，选项 C 正确。

二、多项选择题

1.【答案】ACD

【解析】生活困难职工的补助应根据受益对象计入当期损益或资产成本中，选项 B 不正确。

2.【答案】ABCD

3.【答案】ABCD

【解析】选项 A 和 B，尽管支付额是按照 2×20 年 1 月 1 日至 2×20 年 12 月 31 日止会计年度的税前利润的 4% 计量，但是业绩却是基于职工在 2×20 年 7 月 1 日至 2×21 年 6 月 30 日期间提供的服务。因此，甲公司在 2×20 年 12 月 31 日应按照税前利润的 50% 的 3% 确认负债和成本及费用，金额为 15 万元（1000×50%×3%），其中，计入生产成本的利润分享计划金额 5 万元（1000×50%×1%），计入管理费用的利润分享计划金额 10 万元（1000×50%×2%）。选项 C 和 D，余下的利润分享计划金额，连同针对估计金额与实际支付金额之间的差额作出的调整额，在 2×21 年予以确认。2×21 年 6 月 30 日，甲公司的职工离职使其支付的利润分享计划金额为 2×20 年度税前利润的 3.5%（直接参加生产的职工享有 1.2%，总部管理人员享有 2.3%），在 2×21 年确认余下的利润分享金额，连同针对估计金额与实际支付金额之间的差额作出的调整额合计为 20 万元（1000×3.5%-15），其中，计入生产成本的利润分享计划金额 7 万元（1000×1.2%-5），计入管理费用的利润分享计划金额 13 万元（1000×2.3%-10）。

4.【答案】ACD

【解析】选项 B，差旅费在发生时直接计入管理费用，不属于职工薪酬。

5.【答案】BC

【解析】选项 B，企业向员工提供非货币性福利的，应该以非货币性资产的公允价值为基础计量，公允价值不能可靠取得的，可以采用成本计量；选项 C，因利润分享计划应支付给员工的薪酬支出不作为利润分配处理，应于确认相关的应付职工薪酬时直接计入当期损益或相关资产成本。

6.【答案】BCD

【解析】选项 B，设定受益净负债或净资产的利息净额应计入当期损益；选项 C，与设定受益计划相关的过去服务成本应计入当期损益；选项 D，因重新计量设定受益计划净负债产生的精算损失应计入其他综合收益。

7.【答案】ABC

【解析】由于内退职工不再为企业带来经济利益，将自职工停止提供服务日至正常退休日期间，企业拟支付的内退人员工资和缴纳的社会保险费等，确认为预计负债，但因与职工相关，故应通过“应付职工薪酬”科目核算，并一次计入当期管理费用，不能在职工内退后各期分期确认因支付内退职工工资和为其缴纳社会保险费而产生的义务。

8.【答案】ABC

【解析】当期服务成本、过去服务成本和结算利得或损失和设定受益净负债或净资产的利息净额应计入当期损益，选项 A、B 和 C 正确；设定受益净负债或净资产的重新计量应当计入其他综合收益，选项 D 不正确。

9.【答案】BD

【解析】由于被辞退的职工不再为该公司

带来未来经济利益，因此所有职工辞退福利均一次性计入管理费用，同时确认应付职工薪酬，A公司应支付的补偿总金额=100×5+10×10+5×20=700（万元），选项B和D正确。

10.【答案】ABD

【解析】选项C，企业应当按照内退计划规定，将自职工停止提供服务日至正常退休日期间、企业拟支付的内退职工工资和缴纳的社会保险费等，确认为应付职工薪酬，一次性计入当期损益，不能在职工内退后各期分期确认因支付内退职工工资和为其缴纳社会保险费而产生的义务。

三、计算分析题

【答案】

（1）资料（1）：

借：管理费用 100
　贷：应付职工薪酬 100
借：应付职工薪酬 100
　贷：主营业务收入 100
借：主营业务成本 80
　贷：库存商品 80

资料（2）：

借：管理费用 600（30×20）
　贷：应付职工薪酬 600

资料（3）：

借：销售费用 40（2000×2%）
　贷：应付职工薪酬 40

（2）①甲公司在2×21年12月31日应当预计由于职工累积未使用的带薪年休假权利而导致预期将支付的工资负债，即相当于200天（100×2天）的年休假工资10万元（200×0.05），并作如下账务处理：

借：管理费用 10
　贷：应付职工薪酬—累积带薪缺勤 10

②无论2×22年有多少名职工使用带薪年休假，未使用的年休假只能向后结转一个日历年度，超过1年未使用的权利作废，不能在职工离开公司时获得现金支付，因此，2×22年12月31日应将2×21年确认的与累积带薪缺勤相关的应付职工薪酬冲销，未使用的部分冲减管理费用。

A. 2×22年，20名职工未使用上年剩余带薪年休假，则冲回上年度确认的费用，冲减管理费用的金额=20×2×0.05=2（万元）。

借：应付职工薪酬—累积带薪缺勤 2
　贷：管理费用 2

B. 2×22年，80名职工使用上年剩余带薪年休假，应用银行存款支付，支付金额=80×2×0.05=8（万元）。

借：应付职工薪酬—累积带薪缺勤 8
　贷：银行存款 8

（3）

借：银行存款 6000
　　长期待摊费用 2000
　贷：主营业务收入 8000
借：主营业务成本 4200
　贷：开发产品 4200
借：管理费用 200（2000÷5×1/2）
　贷：应付职工薪酬 200
借：应付职工薪酬 200
　贷：长期待摊费用 200

第十章　股份支付

CHAPTER-10

本章学习指南

一、学习目标

1. 了解股份支付的四个主要环节。
2. 熟练掌握股份支付的主要类型。
3. 熟练掌握股份支付的确认和计量原则。
4. 掌握可行权条件的种类、处理和修改。
5. 了解权益工具公允价值的确定。
6. 熟练掌握股份支付的处理。
7. 掌握集团股份支付的处理。

二、考情概况

本章考试涉及客观题和综合题，综合题涉及限制性股票的会计处理等，可能与差错更正结合出题。本章试题分数适中，属于重要章节。

三、教材变化

（1）增加“实务中上市公司授予日确定”的相关表述；（2）增加“第二类限制性股票”属于一项股票期权的相关表述；（3）增加“对于股权激励计划中约定员工须服务至企业成功完成首次公开募股”的处理原则；（4）增加“在估计所授予股份的公允价值时是否考虑有些授予条款和条件的因素”的相关表述。

四、考点地图

考点	年份 / 题型
集团股份支付的会计处理	2021 年单选题、2019 年单选题
可行权条件的处理	2020 年多选题
属于股份支付的业务	2019 年多选题
限制性股票的会计处理	2019 年综合题

注：2021 年一道综合题涉及股份支付内容，在所得税章节列示。

核心考点精讲

提示

本章知识点内容对于初学者而言较为晦涩，难以理解，学习过程中需要您从不同角度思考问题，认真辨析，由于本章节和其他章节的联系不大，所以在学过本章之后要多练习，勤复习，熟能生巧。扫描二维码，有名师带您精妙剖析，化解疑难。

第一节　股份支付概述

使用“会计云课堂”App或“微信”扫码查看本节视频，快速GET知识点。

股份支付，是指企业为获取职工和其他方提供服务而授予权益工具或者承担以权益工具为基础确定的负债的交易。

特征：（1）是企业与职工或其他方之间发生的交易；（2）是以获取职工或其他方服务为目的的交易；（3）交易的对价或其定价与企业自身权益工具未来的价值密切相关。

企业自身权益工具包括会计主体本身、母公司和同一集团内的其他会计主体的权益工具。

一、股份支付的四个主要环节

相关链接

如何确认授予日，参见P282本章疑难问题解答1。

【授予日】是指股份支付协议获得批准的日期。

实务中，常见上市公司股东大会审议通过股权激励方案，并确定了授予价格，但未确定拟授予股份的激励对象及股份数量，股东大会授权董事会后续确定具体激励对象及股份数量。在此情况下，授予日为董事会后续确定具体激励对象及股份数量，并将经批准的股权激励方案的具体条款或条件与员工进行沟通并达成一致的日期。

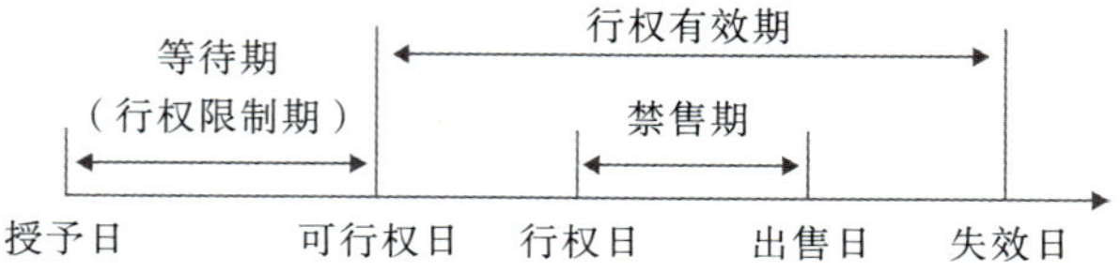

【可行权日】是指可行权条件得到满足、职工或其他方具有从企业取得权益工具或现金权利的日期。

【行权日】是指职工和其他方行使权利、获取现金或权益工具的日期。

【出售日】是指股票的持有人将行使期权所取得的期权股票出售的日期。

要点小贴士

一次授予、分期行权：应将其作为同时授予几个独立的股份支付计划进行会计处理。

对于“一次授予、分期行权”，即在授予日一次授予员工若干权益工具，之后每年分批达到可行权条件。每个批次是否可行权的结果通常是相对独立的，即每一期是否达到可行权条件并不会直接影响其他几期是否能够达到可行权条件。在会计处理时应将其作为同时授予的几个独立的股份支付计划。例如，在一次授予、分三年行权的股份支付计划中，应当将其视同为三个独立的股份支付计划，分别确定每个计划的等待期。企业应根据每个计划在授予日的公允价值估计股份支付费用，在其相应的等待期内，按照各计划在某会计期间内等待期长度占整个等待期长度的比例进行分摊。

【案例】 A 公司为上市公司。2×21 年 1 月 5 日，A 公司进行了限制性股票激励计划的授予，一次性授予 A 公司高级管理人员共计 3600 万股限制性股票，2×21 年至 2×23 年每年年末，在达到当年行权条件的前提下，每年解锁 1200 万股。在解锁时职工应当在职，当年未满足条件不能解锁的股票作废。A 公司拟按照 3600 万股限制性股票计算的股权激励费用在 2×21 年至 2×23 年这三年平均分摊。

问题：A 公司将费用在三年中平均分摊的方法是否恰当？

分析：从本案例中的条款看，该股权激励计划属于一次授予、分期行权的股权激励计划，每期的结果相对独立，即第一期未达到可行权条件并不会直接导致第二期或第三期不能达到可行权条件，因此在会计处理时会将其作为三个独立的股份支付计划处理，即第一个计划的等待期是一年，第二个计划的等待期是两年，第三个计划的等待期是三年，各年应分摊的费用情况如下表所示（按股份数计算）：

股权激励计划各年分摊费用表

分摊	第一期	第二期	第三期	合计
计入 2×21 年	1200	600	400	2200
计入 2×22 年		600	400	1000
计入 2×23 年			400	400
合计	1200	1200	1200	3600

这样处理的原因是，由于要求职工在解锁时仍然在职，则对于第一期的奖励 1200 万股股票要求职工必须在公司服务一年；对于第二期的奖励 1200 万股股票要求职工在第二年末仍在职，即要求职工必须在公司服务两年，因此相应的费用应当在两年内分摊；同理，第三期的奖励 1200 万股股票应当在三年内分摊。从表中可以看到，公司确认的费用成阶梯型下降，即前期比后期要确认更多的费用。前期费用较高的原因是员工在前期为数个具有不同等待期的奖励计划而工作。在各个资产负债表日，公司应根据最新取得的可行权人数变动、业绩指标完成情况等后续信息，修正预计可行权的股票数量，并以此为依据确认各期应分摊的费用。

二、股份支付工具的主要类型

股份支付分为以权益结算的股份支付和以现金结算的股份支付。

要点小贴士

（1）限制性股票和股票期权属于权益结算的股份支付；

（2）模拟股票和现金股票增值权属于现金结算的股份支付。

（一）以权益结算的股份支付，是指企业为获取服务而以股份（如限制性股票）或其他权益工具（如股票期权）作为对价进行结算的交易

实务中，存在名为“第二类限制性股票”的股权激励。激励对象在授予日无须出资购买限制性股票；待满足可行权条件后，激励对象可以选择按原授予价格购买股票，也可以选择不缴纳认股款，放弃取得相应股票。此类安排的实质是公司赋予员工在满足可行权条件后以约定价格（授予价格）购买公司股票的权利，员工可获取行权日股票价格高于授予价格的上行收益，但不承担股价下行风险，实质上也是一项股票期权。

（二）以现金结算的股份支付，是指企业为获取服务而承担的以股份或其他权益工具为基础计算的交付现金或其他资产义务的交易。如模拟股票和现金股票增值权等

经典题解

【真题 1 · 多选题】甲公司在集团内实施了以下员工持股计划：（1）甲公司将其持有的部分对子公司（乙公司）股份以 5 元 / 股的价格出售给乙公司员工持股平台，出售日乙公司股份的市场价值为 20 元 / 股；（2）乙公司授予本公司部分员工股票期权，行权价格为 6 元 / 股，授予日每份股票期权的公允价值为 15 元；（3）甲公司的另一子公司（丙公司）将其持有乙公司 2% 的股份无偿赠予乙公司员工持股平台，赠予日乙公司 2% 股份的公允价值为 800 万元；（4）乙公司授予本公司部分研发人员限制性股票，授予价格为 6 元 / 股，授予日乙公司限制性股票的公允价值为 12 元 / 股。不考虑其他因素，上述交易或事项中，构成乙公司股份支付的有（　　）。（2019 年）

A. 乙公司授予本公司员工股票期权

B. 乙公司授予研发人员限制性股票

C. 甲公司出售给乙公司员工持股平台股份

D. 丙公司赠予乙公司员工持股平台股份

【答案】ABCD

【真题 2 · 多选题】乙公司、丙公司和丁公司均为甲公司的子公司。甲公司及其相关子公司经各自董事会批准，于 2×17 年 1 月 1 日对甲公司以及相关子公司管理人员或员工进行激励：（1）甲公司以自身普通股授予乙公司管理人员；（2）丙公司按照上年实现净利润的 5% 分配给在职员工；（3）丁公司以自身普通股授予其管理人员；（4）甲公司以其生产的产品分配给在职员工。下列各项关于甲公司及其相关子公司对其管理人员或员工进行激励的安排中，应按股份支付会计准则进行会计处理的有（　　）。（2018 年）

A. 甲公司以其生产的产品分配给员工

B. 丙公司按上年净利润的 5% 分配给员工

C. 甲公司以自身普通股授予乙公司管理人员

D. 丁公司以自身普通股授予其管理人员

【解析】丙公司按上年净利润的 5% 分配给在职员工属于利润分享计划，甲公司以其生产的产品分配给员工属于非货币性福利，选项 A 和 B 应按照职工薪酬准则进行会计处理。

【答案】CD

【真题 3 · 单选题】下列各项中，应当作为以现金结算的股份支付进行会计处理的是（　　）。（2014 年）

A. 以低于市价向员工出售限制性股票的计划

B. 授予高管人员低于市价购买公司股票的期权计划

C. 公司承诺达到业绩条件时向员工无对价定向发行股票的计划

D. 授予研发人员以预期股价相对于基准日股价的上涨幅度为基础支付奖励款的计划

【解析】选项 A、B 和 C，是企业为获取职工服务而以股份或其他权益工具作为对价进行结算的交易，属于以权益结算的股份支付；选项 D，是企业为获取服务而承担的以股份或其他权益工具为基础计算的交付现金义务的交易，属于以现金结算的股份支付。

【答案】D

第二节 股份支付的确认和计量

使用“会计云课堂”App 或“微信”扫码查看本节视频，快速 GET 知识点。

一、股份支付的确认和计量原则

（一）权益结算的股份支付的确认和计量原则

1. 换取职工服务的股份支付的确认和计量原则

应按授予日权益工具的公允价值计量，不确认其后续公允价值变动。

对于换取职工服务的股份支付，企业应当以股份支付所授予的权益工具的公允价值计量。企业应在等待期内的每个资产负债表日，以对可行权权益工具数量的最佳估计数为基础，按照权益工具在授予日的公允价值，将当期取得的服务计入相关资产成本或当期费用，同时计入资本公积中的其他资本公积。

对于授予后立即可行权的换取职工提供服务的权益结算的股份支付，应在授予日按照权益工具的公允价值，将取得的服务计入相关资产成本或当期费用，同时计入资本公积中的股本溢价。

2. 换取其他方服务的股份支付的确认和计量原则

对于换取其他方服务的股份支付，企业应当以股份支付所换取的服务的公允价值计量。

经典题解

【真题 4 · 单选题】2×16 年 1 月 1 日，甲公司经股东大会批准与其高管人员签订股份支付协议，协议约定：等待期为 2×16 年 1 月 1 日起两年，两年期满有关高管人员仍在甲公司工作且每年净资产收益率不低于 15% 的，高管人员每人可无偿取得 10 万股甲公司股票。甲公司普通股按董事会批准该股份支付协议前 20 天平均市场价格计算的公允价值为 20 元 / 股，授予日甲公司普通股的公允价值为 18 元 /

股。2×16年12月31日，甲公司普通股的公允价值为15元/股。根据甲公司生产经营情况及市场价格波动等因素综合考虑，甲公司预计该股份支付行权日其普通股的公允价值为24元/股。不考虑其他因素，下列各项中，属于甲公司在计算2×16年因该股份支付确认费用时应使用的普通股的公允价值是（　　）。（2017年）

A. 预计行权日甲公司普通股的公允价值

B. 2×16年1月1日甲公司普通股的公允价值

C. 2×16年12月31日甲公司普通股的公允价值

D. 董事会批准该股份支付协议前20天按甲公司普通股平均市场价格计算的公允价值

【解析】权益结算的股份支付，企业应在等待期内的每个资产负债表日，以对可行权权益工具数量的最佳估计数为基础，按照权益工具在授予日的公允价值，将当期取得的服务计入相关资产成本或当期费用，同时计入资本公积—其他资本公积，选项B正确。

【答案】B

3. 权益工具公允价值无法可靠确定时的处理

在极少数情况下，授予权益工具的公允价值无法可靠计量。在这种情况下，企业应当在获取对方提供服务的时点、后续的每个资产负债表日和结算日，以内在价值计量该权益工具，内在价值的变动计入当期损益。同时，企业应当以最终可行权或实际行权的权益工具数量为基础，确认取得服务的金额。

内在价值是指交易对方有权认购或取得的股份的公允价值，与其按照股份支付协议应当支付的价格间的差额。

企业对上述以内在价值计量的已授予权益工具进行结算，应当遵循以下要求：

（1）结算发生在等待期内的，企业应当将结算作为加速可行权处理，即立即确认本应于剩余等待期内确认的服务金额。

（2）结算时支付的款项应当作为回购该权益工具处理，即减少所有者权益。结算支付的款项高于该权益工具在回购日内在价值的部分，计入当期损益。

（二）现金结算的股份支付的确认和计量原则

1. 企业应当在等待期的每个资产负债表日，以对可行权情况的最佳估计为基础，按照企业承担负债的公允价值，将当期取得的服务计入相关资产成本或当期费用，同时计入负债，并在结算前的每个资产负债表日和结算日对负债的公允价值重新计量，将其变动计入损益。

2. 对于授予后立即可行权的现金结算的股份支付，企业应当在授予日按照企业承担负债的公允价值计入相关资产成本或费用，同时计入负债，并在结算前的每个资产负债表日和结算日对负债的公允价值重新计量，将其变动计入损益。

相关链接

（1）权益结算的股份支付应按授予日权益工具的公允价值计量；

（2）现金结算的股份支付应按每个资产负债表日的公允价值重新计量；

（3）（1）与（2）相关原理参见P282本章疑难问题解答2。

二、可行权条件的种类、处理和修改

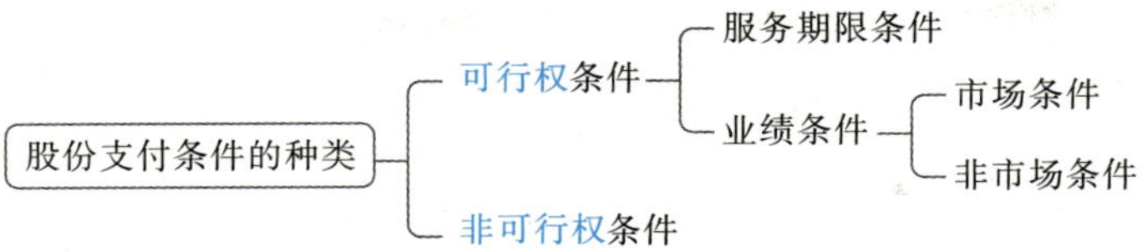

可行权条件是指能够确定企业是否得到职工或其他方提供的服务，且该服务使职工或其他方具有获取股份支付协议规定的权益工具或现金等权利的条件。反之，为非可行权条件。

（一）市场条件和非市场条件及其处理

1. 业绩条件

业绩条件是指职工或其他方完成规定服务期限且企业已经达到特定业绩目标才可行权的条件，具体包括市场条件和非市场条件。

（1）市场条件是指行权价格、可行权条件以及行权可能性与权益工具的市场价格相关的业绩条件，如股份支付协议中关于股价上升至何种水平职工或其他方可相应取得多少股份的规定。

（2）非市场条件是指除市场条件之外的其他业绩条件，如股份支付协议中关于达到最低盈利目标或销售目标才可行权的规定。

要点小贴士

对于可行权条件为业绩条件的股份支付，只要职工满足非市场条件，企业就予以确认相关成本费用，无须考虑市场条件的影响，因市场条件在确认授予日权益工具的公允价值时已考虑。

经典题解

【真题5·多选题】下列各项中，影响企业对股份支付预计可行权情况作出估计的有（　　）。（2020年）

A. 市场条件　　　　B. 非市场条件

C. 非可行权条件　　D. 服务期限条件

【解析】市场条件和非可行权条件是否得到满足，不影响企业对预计可行权情况的估计，选项B和D正确。

【答案】BD

【真题6·多选题】下列关于附等待期的股份支付会计处理的表述中，正确的有（　　）。（2014年）

A. 以权益结算的股份支付，相关权益性工具的公允价值在授予日后不再调整

B. 附市场条件的股份支付，应在市场及非市场条件均满足时确认相关成本费用

C. 现金结算的股份支付在授予日不作会计处理，权益结算的股份支付应予处理

D. 业绩条件为非市场条件的股份支付，等待期内应根据后续信息调整对可行权情况的估计

【解析】选项B，只要满足非市场条件，企业就应当确认相关成本费用；选项C，除立即可行权的股份支付外，现金结算的股份支付以及权益结算的股份支付在授予日均不作处理。

【答案】AD

2. 权益结算股份支付每期成本费用的计算

资产负债表日累计确认成本费用总额 = 预计可行权股票期权数量 × 授予日权益工具的公允价值 ×（授予日至资产负债表日期间 / 等待期）

某一期间确认成本费用 = 期末累计数 – 期初累计数

经典题解

【例题7·单选题】2×20年1月1日，经股东大会批准，甲公司向100名高管人员每人授予2万份股票期权。根据股份支付协议规定，这些高管人员自2×20年1月1日起在甲公司连续服务3年，即可以每股5元的价格购买2万股甲公司普通股。2×20年1月1日（授予日），每份股票期权的公允价值为6元。2×20年没有高管人员离开公司，甲公司预计在未来两年将有5名高管离开公司。2×20年12月31日，甲公司授予高管的股票期权每份公允价值为6.5元。2×21年有4名高管人员离开公司，甲公司预计未来一年将有3名高管离开公司。2×21年12月31日，甲公司授予高管的股票期权每份公允价值为6.6元。甲公司因该股份支付协议在2×21年应计入管理费用金额为（　　）万元。

A. 380　　B. 744　　C. 364　　D. 406.73

【解析】2×20年12月31日预计可行权股票期权数量 =（100–5）×2=190（万份），2×20年应计入管理费用的金额 =190×6×1/3=380（万元）；

2×21年12月31日预计可行权股票期权数量 =（100–4–3）×2=186（万份），至2×21年12月31日累计计入管理费用的金额 =186×6×2/3=744（万元），2×21年应计入管理费用的金额 =744–380=364（万元）。

【答案】C

相关链接

如何对以首次公开募股成功为可行权条件的股份支付进行会计处理，参见P283本章疑难问题解答3。

3. 部分股权激励计划约定员工须服务至企业成功完成首次公开募股的会计处理

实务中，部分股权激励计划约定员工须服务至企业成功完成首次公开募股，否则其持有的股份将以原认购价回售给企业或其实际控制人。该约定表明员工须完成规定的服务期限方可从股权激励计划中获益，属于可行权条件中的服务期限条件，而企业成功完成首次公开募股属于可行权条件中业绩条件的非市场条件，企业应当合理估计未来成功完成首次公开募股的可能性及完成时点，将授予日至该时点的期间作为等待期。并在等待期内每个资产负债表日对预计可行权数量作出估计，确认相应的股权激励费用，等待期内企业估计其成功完成首次公开募股的时点发生变化的。应当根据重估时点确定等待期，截至当期累计应确认的股权激励费用扣减前期累计已确认金额，作为当期应确认的股权激励费用。

图示记忆

有利修改
- 增加权益工具的公允价值 / 增加授予权益工具的数量 → 确认取得服务的增加
- 其他按照有利于职工的方式修改可行权条件，如缩短等待期等（非市场条件）→ 应该考虑修改后的可行权条件

（二）股份支付条件和条款的修改

1. 条款和条件的有利修改

（1）如果修改增加了所授予的权益工具的公允价值，企业应按照权益工具公允价值的增加相应地确认取得服务的增加。

有利修改或不利修改是对激励对象而言的，如股票价格每股 10 元，行权价每股 6 元，则权益工具的公允价值 =10–6=4（元），当行权价修改为 4 元（即行权价减少 2 元，对激励对象是有利修改），则权益工具的公允价值 =10–4=6（元），即权益工具的公允价值增加 2 元。

（2）如果修改增加了所授予的权益工具的数量，企业应将增加的权益工具的公允价值相应地确认为取得服务的增加。

（3）如果企业按照有利于职工的方式修改可行权条件，如缩短等待期、变更或取消业绩条件（非市场条件），企业在处理可行权条件时，应当考虑修改后的可行权条件。

经典题解

【例题 8】甲公司于 2×20 年 1 月 1 日向其 60 名高级管理人员每人授予 10 万份股票期权，行权价为每股 6 元。根据股份支付协议的规定，这些高级管理人员必须自权益工具授予日起在公司连续服务满三年，即自 2×22 年 12 月 31 日起满足可行权条件的员工可以行权。授予日每份期权的公允价值为 5 元。至 2×20 年 12 月 31 日，无高级管理人员离开公司，预计未来两年也不会有人离开公司。假定权益工具的公允价值的增加在新奖励的等待期内摊销。

2×20 年计入管理费用的金额 =60×10×5×1/3=1000（万元）。

（1）若 2×21 年 1 月 1 日将行权价修改为每股 4 元，每份权益工具公允价值增加 2 元

2×21 年 12 月 31 日累计计入管理费用的金额 =60×10×5×2/3+60×10×2×1/2=2600（万元），2×21 年计入管理费用金额 =2600–1000=1600（万元）。

（2）若 2×21 年 1 月 1 日将每人授予股票期权数量增加至 12 万份

2×21 年 12 月 31 日累计计入管理费用的金额 =60×10×5×2/3+60×（12–10）×5×1/2=2300（万元），2×21 年计入管理费用金额 =2300–1000=1300（万元）。

（3）若 2×21 年 1 月 1 日将等待期修改为连续服务满两年

2×21 年 12 月 31 日累计计入管理费用的金额 =60×10×5×2/2=3000（万元），2×21 年计入管理费用金额 =3000–1000=2000（万元）。

2. 条款和条件的不利修改

名师点拨

不利修改是惩罚性规定，所以当成从未发生，以防止企业降低费用，提高利润。

如同该变更从未发生，除非企业取消了部分或全部已授予的权益工具。

（1）如果修改减少了授予的权益工具的公允价值，企业应当继续以权益工具在授予日的公允价值为基础，确认取得服务的金额，而不应考虑权益工具公允价值的减少。

（2）如果修改减少了授予的权益工具的数量，企业应当将减少部分作为已授予的权益工具的取消来进行处理。

（3）如果企业以不利于职工的方式修改了可行权条件，如延长等待期、增加或变更业绩条件（非市场条件），企业在处理可行权条件时，不应考虑修改后的可行权条件。

3. 取消或结算

如果企业在等待期内取消了所授予的权益工具或结算了所授予的权益工具（因未满足可行权条件而被取消的除外），企业应当：

（1）将取消或结算作为加速可行权处理，立即确认原本应在剩余等待期内确认的金额。

（2）在取消或结算时支付给职工的所有款项均应作为权益的回购处理，回购支付的金额高于该权益工具在回购日公允价值的部分，计入当期费用。

（3）如果向职工授予新的权益工具，并在新权益工具授予日认定所授予的新权益工具是用于替代被取消的权益工具的，企业应以与处理原权益工具条款和条件修改相同的方式，对所授予的替代权益工具进行处理。

三、权益工具公允价值的确定

（一）股份

对于授予职工的股份，其公允价值应按企业股份的市场价格计量。如果企业股份未公开交易，则应按估计的市场价格，并考虑授予股份所依据的条款和条件进行调整。

（二）股票期权

对于授予职工的股票期权，因其通常受到一些不同于交易期权的条款和条件的限制，因而在许多情况下难以获得其市场价格。如果不存在条款和条件相似的交易期权，就应通过期权定价模型来估计所授予的期权的公允价值。

估计授予职工期权的定价模型至少应考虑以下因素：（1）期权的行权价格；（2）期权期限；（3）基础股份的现行价格；（4）股价的预计波动率；（5）股份的预计股利；（6）期权期限内的无风险利率。

四、股份支付的处理

（一）授予日

除了立即可行权的股份支付外，无论权益结算的股份支付还是现金结算的股份支付，企业在授予日均不作会计处理。

（二）等待期内每个资产负债表日

企业应当在等待期内的每个资产负债表日，将取得职工或其他方提供的服务计入成本费用，同时确认所有者权益或负债。

1. 对于权益结算的涉及职工的股份支付，应当按照授予日权益工具的公允价值计入成本费用和资本公积（其他资本公积），不确认其后续公允价值变动。

借：管理费用等

　贷：资本公积—其他资本公积

名师点拨

管理费用的金额＝期末累计数－期初累计数。

经典题解

【例题9·单选题】2×21年1月1日，经股东大会批准，甲公司向50名高管人员每人授予1万份股票期权。根据股份支付协议规定，这些高管人员自2×21年1月1日起在甲公司连续服务满3年，即可以每股5元的价格购买1万股甲公司普通股股票。2×21 年 1 月 1 日，每份股票期权的公允价值为 15 元。2×21 年没有高管人员离开公司，甲公司预计在未来两年内将有 5 名高管人员离开公司。2×21 年 12 月 31 日，甲公司授予高管人员的股票期权每份公允价值为 13 元。甲公司因该股份支付协议在 2×21 年应确认的管理费用金额为（ ）万元。

A. 195　　B. 216.67　　C. 225　　D. 250

【解析】甲公司因该股份支付协议在 2×21 年应确认的管理费用金额 =（50−5）×1×15×1/3=225（万元）。

【答案】C

2. 对于现金结算的涉及职工的股份支付，应当按照每个资产负债表日权益工具的公允价值重新计量，确定成本费用和应付职工薪酬。

借：管理费用等

　贷：应付职工薪酬

> **名师点拨**
> "管理费用"的金额 = "应付职工薪酬"期末累计数 + 本期职工行权减少的"应付职工薪酬" − "应付职工薪酬"期初累计数。

（三）可行权日之后

1. 对于权益结算的股份支付，在可行权日之后不再对已确认的成本费用和所有者权益总额进行调整。

2. 对于现金结算的股份支付，企业在可行权日之后不再确认成本费用，负债（应付职工薪酬）公允价值的变动应当计入当期损益（公允价值变动损益）。

借：公允价值变动损益

　贷：应付职工薪酬

或作相反会计分录。

（四）回购股份进行职工期权激励

1. 回购股份

按照回购股份的全部支出，借记"库存股"科目，贷记"银行存款"科目。

> **名师点拨**
> "库存股"属于所有者权益，不是资产。

2. 确认成本费用

按照权益结算股份支付的规定，企业应当在等待期内每个资产负债表日按照授予日权益工具的公允价值计算确定的金额，借记成本费用，贷记"资本公积—其他资本公积"科目。

3. 职工行权

借：银行存款（企业收到的股票价款）

　　资本公积—其他资本公积（等待期内资本公积累计确认的金额）

　贷：库存股（实际交付给职工的库存股成本）

　　　资本公积—股本溢价（差额）

经典题解

【例题 10 · 单选题】2×20 年 1 月 1 日，甲公司向 50 名高管人员每人授予 2 万份股票期权，这些人员从被授予股票期权之日起连续服务满 2 年，即可按每股 6 元的价格购买甲公司 2 万股普通股股票（每股面值 1 元）。该期权在授予日的公允价值为每股 12 元。2×21 年 10 月 20 日，甲公司从二级市场以每股 15 元的价格回购本公司普通股股票100万股，拟用于高管人员股权激励。在等待期内，甲公司没有高管人员离职。2×21年12月31日，高管人员全部行权，当日甲公司普通股市场价格为每股16元。2×21年12月31日，甲公司因高管人员行权应确认资本公积—股本溢价的金额为（　　）万元。

A. 200　　B. 300　　C. 500　　D. 1700

【解析】行权时收到的款项=50×2×6=600（万元），冲减的“资本公积—其他资本公积”=50×2×12=1200（万元），冲减的库存股=100×15=1500（万元），行权应确认的资本公积—股本溢价=600+1200-1500=300（万元）。

【答案】B

（五）授予限制性股票进行股权激励

实务中，上市公司实施限制性股票的股权激励安排中，常见做法是上市公司以非公开发行的方式向激励对象授予一定数量的公司股票，并规定锁定期和解锁期，在锁定期和解锁期内，不得上市流通及转让。达到解锁条件，可以解锁；如果全部或部分股票未被解锁而失效或作废，通常由上市公司按照事先约定的价格立即进行回购。

1. 授予日的会计处理

（1）收到认股款

借：银行存款（企业有关限制性股票按规定履行了增资手续）

　贷：股本

　　资本公积—股本溢价

（2）就回购义务确认负债

借：库存股（按照发行限制性股票的数量以及相应的回购价格计算确定的金额）

　贷：其他应付款—限制性股票回购义务

> **名师点拨**
>
> 从金融工具角度分析，企业发行的限制性股票存在回购义务，所以应确认金融负债（其他应付款）。

2. 等待期内的会计处理

（1）与股份支付有关的会计处理按权益结算股份支付确认与计量原则处理。

①授予日限制性股票的公允价值＝股票市价－出售价格；

②在等待期内的每个资产负债表日，后续信息表明可解锁限制性股票的数量与以前估计不同的，应当进行调整，并在解锁日调整至实际可解锁的限制性股票数量；

③限制性股票分批解锁的，实际上相当于授予了若干个子计划，应当分别根据各子计划的可解锁数量的最佳估计在相应的等待期内确认与股份支付有关的成本费用。

经典题解

【例题11】2×20年1月2日，甲公司与100名高管人员签订股权激励协议并经股东大会批准。协议约定：甲公司向每名高管授予15万份限制性股票。该限制性股票自股权激励协议签订之日起3年内分三期平均解锁，即该股份支付协议包括等待期分别为1年、2年和3年的三项股份支付安排。假定100名高管人员3年内没有人离开，且每年均满足可行权条件。授予日限制性股票的公允价值为6元。

第1个子计划：等待期1年，行权数量5万股。

第2个子计划：等待期2年，行权数量5万股。

第 3 个子计划：等待期 3 年，行权数量 5 万股。

2×20 年计入管理费用金额 =100×5×6+100×5×6×1/2+100×5×6×1/3=5500（万元）。

2×21 年计入管理费用金额 =100×5×6+100×5×6×2/2+100×5×6 ×2/3−5500=2500（万元）。

2×22 年计入管理费用金额 =100×5×6+100×5×6×2/2+100×5× 6×3/3−5500−2500=1000（万元）。

（2）分配现金股利的会计处理

现金股利可撤销与现金股利不可撤销的限制性股票在会计处理上有其共同点：一是都要求对未来解锁条件的满足情况进行合理估计，并且这一估计与上述进行股份支付会计处理时在等待期内每个资产负债表日对可行权权益工具数量进行的估计应当保持一致。二是对于预计未来可解锁限制性股票持有者应分配的现金股利，都视为对股东的利润分配。

现金股利可撤销与现金股利不可撤销的限制性股票的区别主要在于：不满足解锁条件的情况下，被回购限制性股票持有者是否有权享有其在等待期内应收或已收的现金股利，有权享有现金股利的，为现金股利不可撤销的限制性股票，否则为现金股利可撤销的限制性股票。

名师点拨

（1）预计未来可解锁，现金股利通过“利润分配”科目核算；

（2）现金股利可撤销，应减少其他应付款。

项目	预计未来可解锁	预计未来不可解锁
现金股利可撤销	借：利润分配—应付现金股利或利润 贷：应付股利—限制性股票股利 同时，按分配的现金股利金额 借：其他应付款—限制性股票回购义务 贷：库存股 实际支付时 借：应付股利—限制性股票股利 贷：银行存款	借：其他应付款—限制性股票回购义务 贷：应付股利—限制性股票股利 实际支付时 借：应付股利—限制性股票股利 贷：银行存款 后续信息表明不可解锁限制性股票的数量与以前估计不同的，应当作为会计估计变更处理，直到解锁日预计不可解锁限制性股票的数量与实际未解锁限制性股票的数量一致
现金股利不可撤销	借：利润分配—应付现金股利或利润 贷：应付股利—限制性股票股利 实际支付时 借：应付股利—限制性股票股利 贷：银行存款	借：管理费用等 贷：应付股利—限制性股票股利 实际支付时 借：应付股利—限制性股票股利 贷：银行存款 后续信息表明不可解锁限制性股票的数量与以前估计不同的，应当作为会计估计变更处理，直到解锁日预计不可解锁限制性股票的数量与实际未解锁限制性股票的数量一致

3. 解锁日的会计处理

（1）对未达到限制性股票解锁条件而需回购的股票

借：其他应付款—限制性股票回购义务（应支付的金额）

　贷：银行存款

同时：

借：股本

　　资本公积—股本溢价（差额）

　贷：库存股（按照注销的限制性股票数量相对应的库存股的账面价值）

（2）对达到限制性股票解锁条件而无须回购的股票

借：其他应付款—限制性股票回购义务（按照解锁股票相对应的负债的账面价值）

　贷：库存股（按照解锁股票相对应的库存股的账面价值）

经典题解

【例题12】甲公司2×21年发生了下列交易事项：

2×21年1月5日，甲公司股东大会通过向高管人员授予限制性股票的方案：50名高管人员每人以每股10元的价格购买甲公司10万股普通股，自方案通过之日起，高管人员在甲公司服务满3年且3年内公司净资产收益率平均达到12%或以上，3年期满即有权利拥有相关股票，服务期未满或未达到业绩条件的，3年期满后，甲公司将以每股10元的价格回购有关高管人员持有的股票。3年等待期内，高管人员不享有相关股份的股东权利。

2×21年1月5日，甲公司的普通股的市场价格为每股20元。当日，被授予股份的高管人员向甲公司支付价款并登记为相关股票的持有人。

2×21年，该计划涉及的50名高管人员中有2人离开甲公司，预计未来期间还有3名高管人员离开，2×21年甲公司净资产收益率为13%，预计未来期间仍有上升空间，在3年期间内平均净资产收益率达到12%的可能性较大。

不考虑其他因素。

根据上述资料，说明甲公司2×21年进行的会计处理并编制会计分录。

【答案】该限制性股票属于权益结算股份支付，授予日应当按照回购价格确认负债，资产负债表日应当按照授予日权益工具的公允价值确认成本费用及资本公积。

会计分录：

借：银行存款　5000

　贷：股本　500

　　资本公积—股本溢价　4500

同时，就回购义务确认负债

借：库存股　5000

　贷：其他应付款—限制性股票回购义务　5000

2×21年确认成本费用＝（50－2－3）×10×（20－10）×1/3=1500（万元）。

借：管理费用　1500

　贷：资本公积—其他资本公积　1500

五、集团股份支付的处理

企业集团（由母公司和其全部子公司构成）内发生的股份支付交易，应当按照以下规定进行会计处理：

名师点拨

基本的原则是“谁受益，谁确认成本费用”。

（一）结算企业以其本身权益工具结算的，应当将该股份支付交易作为权益结算的股份支付处理；除此之外，应当作为现金结算的股份支付处理

结算企业是接受服务企业的投资者的，应当按照授予日权益工具的公允价值或应承担负债的公允价值确认为对接受服务企业的长期股权投资，同时确认资本公积（其他资本公积）或负债。

（二）接受服务企业没有结算义务或授予本企业职工的是其本身权益工具的，应当将该股份支付交易作为权益结算的股份支付处理；接受服务企业具有结算义务且授予本企业职工的是企业集团内其他企业权益工具的，应当将该股份支付交易作为现金结算的股份支付处理

上述规定图示如下：

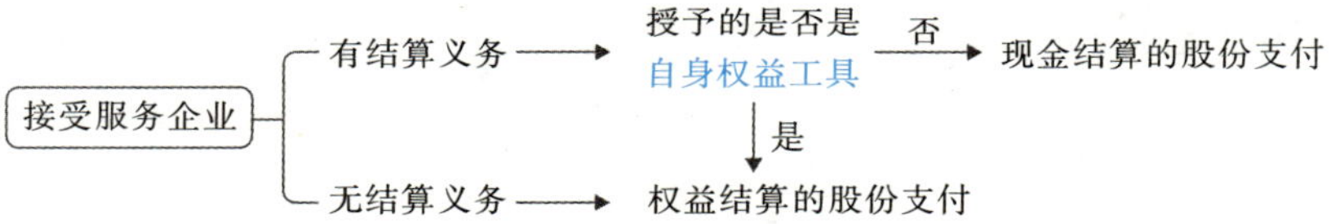

等待期内具体账务处理如下：

1. 结算企业（母公司）以其本身权益工具结算，接受服务企业（子公司）没有结算义务

（1）结算企业

借：长期股权投资

　贷：资本公积—其他资本公积（按权益结算股份支付计量原则确认资本公积）

（2）接受服务企业

借：管理费用等

　贷：资本公积—其他资本公积（按权益结算股份支付计量原则确认资本公积）

2. 结算企业（母公司）不是以其本身权益工具结算，接受服务企业（子公司）没有结算义务

（1）结算企业

借：长期股权投资

　贷：应付职工薪酬（按现金结算股份支付计量原则确认应付职工薪酬）

（2）接受服务企业

借：管理费用等

　贷：资本公积—其他资本公积（按权益结算股份支付计量原则确认资本公积）

3. 结算企业和接受服务企业均为母公司，且授予本公司职工的是其本身权益工具

借：管理费用等

　贷：资本公积—其他资本公积（按权益结算股份支付计量原则确认资本公积）

4. 结算企业和接受服务企业均为母公司，且不是以其本身权益工具结算

借：管理费用等

贷：应付职工薪酬（按现金结算股份支付计量原则确认应付职工薪酬）

（三）集团股份支付的特殊问题

相关链接

计算少数股东损益时，按照子公司的净利润直接计算即可，参见 P283 本章疑难问题解答 4。

1. 母公司向子公司高管授予股份支付时，合并财务报表中少数股东损益的计算

母公司向子公司高管授予股份支付，在合并财务报表中计算子公司少数股东损益时，虽然子公司的股权激励全部是由母公司结算，子公司少数股东损益中应包含按照少数股东持股比例分享的子公司股权激励费用。

2. 受到激励的高管在集团内调动的会计处理

如果受到激励的高管在集团内调动导致接受服务的企业变更，但高管人员应取得的股权激励并未发生实质性变化，则应根据受益情况，在等待期内按照合理的标准（例如按服务时间）在原接受服务的企业与新接受服务的企业间分摊该高管的股权激励费用。即谁受益、谁确认费用。

相关链接

相关案例参见 P283 本章疑难问题解答 5。

3. 非控股股东授予职工公司股份的会计处理

集团内股份支付，包括集团内任何主体的任何股东，并未限定结算的主体为控股股东，非控股股东授予职工公司的权益工具满足股份支付条件时，也应当视同集团内股份支付进行处理。

经典题解

【真题 13 · 单选题】2×20 年 1 月 1 日，甲公司的母公司（乙公司）将其持有的 800 万股甲公司普通股，以每股 8 元的价格转让给甲公司的 8 名高管人员；当日，甲公司的该 8 名高管人员向乙公司支付了 6400 万元，办理完成股权过户登记手续，甲公司当日股票的市场价格为每股 10 元。根据股份转让协议约定，甲公司的该 8 名高管人员自 2×20 年 1 月 1 日起需在甲公司服务满 3 年，否则乙公司将以每股 8 元的价格向该 8 名高管人员回购其股票。2×20 年 12 月 31 日，甲公司股票的市场价格为每股 12 元。截至 2×20 年 12 月 31 日，甲公司该 8 名高管人员均未离职，预计未来 3 年内也不会有人离职。不考虑其他因素，下列各项关于甲公司 2×20 年度对上述交易或事项会计处理的表述中，正确的是（ ）。（2021 年）

A. 因甲公司不承担结算义务，无需进行会计处理

B. 甲公司应按 2×20 年 12 月 31 日的股票市场价格确认相关股份支付费用和应付职工薪酬

C. 甲公司对乙公司转让股份给予其高管人员，应按权益结算的股份支付进行会计处理

D. 甲公司应于 2×20 年 1 月 1 日一次性确认全部的股权激励费用，无需在等待期内分期确认

【解析】乙公司作为母公司，授予子公司（甲公司）高管 800 万股甲公司的普通股，应作为现金结算的股份支付处理。甲公司作为子公司，接受母公司的股权激励，不具有结算义务，应作为权益结算的股份支付处理，以授予日权益工具的公允价值为基础确认管理费用和资本公积，选项 A 和 B 错误，选项 C 正确；

由于可行权条件为服务期限条件，等待期为3年，因此，甲公司应在3年内每个资产负债表日分期确认股权激励费用，选项D错误。

【答案】C

【真题14·单选题】甲公司是一家上市公司，经股东大会批准，向其子公司（乙公司）的高级管理人员授予其自身的股票期权，对于上述股份支付，在甲公司和乙公司的个别财务报表中，正确的会计处理方法是（　　）。（2019年）

A. 均作为以现金结算的股份支付处理

B. 甲公司作为以权益结算的股份支付处理，乙公司作为以现金结算的股份支付处理

C. 均作为以权益结算的股份支付处理

D. 甲公司作为以现金结算的股份支付处理，乙公司作为以权益结算的股份支付处理

【解析】甲公司作为母公司，授予子公司高管自身的股票期权，作为权益结算股份支付处理，乙公司作为子公司，接受母公司的股权激励，不具有结算义务，所以也是作为权益结算股份支付处理。

【答案】C

【例题15】甲公司为境内上市公司，其2×21年度财务报告于2×22年3月20日经董事会批准对外报出。2×21年，甲公司发生的部分交易或事项以及相关的会计处理如下：

2×21年7月1日，甲公司实施一项向乙公司（甲公司的子公司）10名高管人员每人授予10万份股票期权的股权激励计划。甲公司与相关高管人员签订的协议约定，每位高管人员自期权授予之日起在乙公司连续服务4年，即可以从甲公司购买10万股乙公司股票，购买价格为每股6元，该股票期权在授予日（2×21年7月1日）的公允价值为8元/份，2×21年12月31日的公允价值为9元/份，截至2×21年末，10名高管人员中没有人离开乙公司，估计未来3.5年内将有1名高管人员离开乙公司。

甲公司的会计处理如下（以万元为单位）：

借：管理费用　　90

　贷：资本公积—其他资本公积　　90［（10−1）×10×8×1/4×6/12］

要求：

根据上述资料，判断甲公司的会计处理是否正确，并说明理由；如果甲公司的会计处理不正确，编制更正的会计分录（无须通过“以前年度损益调整”科目）。

【答案】甲公司的会计处理不正确。

理由：母公司为子公司的员工授予股份支付，母公司应确认为长期股权投资。甲公司支付的股票为乙公司的股票，站在甲公司的角度，属于使用其他方股票进行股份支付，应作为现金结算的股份支付进行处理；2×21年应确认的股份支付的金额=（10−1）×10×9×1/4×6/12=101.25（万元）。

更正分录：

借：长期股权投资　101.25

　贷：应付职工薪酬　101.25

借：资本公积—其他资本公积　90

　贷：管理费用　90

考试加油站

一、本章小结

下载“会计云课堂”App 学习

您已成功完成“第十章”的学习，本章共 7 个考点，您都学会了吗？

为了让您对章节有更清晰的理解，加倍巩固。本书作者张志凤老师将通过**“视频导图课”**的方式，带您回顾重要考点。

名师点拨，视听结合，高效提分。

※ 欢迎您扫码，免费观看学习。

二、本章疑难问题解答

1. 如何确认授予日？

【案例】上市公司甲公司通过二级市场回购股份的方式实施股权激励计划。2×21 年 10 月 15 日，甲公司股东大会审议通过股权激励方案，并确定了授予价格，但未确定拟授予股份的激励对象及股份数量，股东大会授权董事会确定具体激励对象及股份数量。2×21 年 12 月 1 日，甲公司董事会确定了具体激励对象及股份数量，并将经批准的股权激励方案与员工进行了沟通并达成一致。

答：本案例中，甲公司股权激励方案虽于 2×21 年 10 月 15 日获得股东大会批准，但该日并未确定拟授予股份的激励对象及授予股份数量，不满足授予日定义中“获得批准”的要求，即“企业与职工就股份支付的协议条款或条件已达成一致”。2×21 年 12 月 1 日，甲公司董事会确定了股权激励对象及授予股份数量，该日企业与职工就股份支付的协议条款或条件已达成一致。因此，该股份支付交易的授予日应为 2×21 年 12 月 1 日。

2. 为什么权益结算的股份支付按授予日权益工具的公允价值计量，而现金结算的股份支付按后续每个资产负债表日的公允价值计量？

答：权益结算的股份支付，最终是以公司股票结算，计入成本费用的金额应是公司承担的授予日股票市场价与行权价的差额。如股票期权，假定授予日公司从市场上回购公司的股票价格为 10 元，出售给激励对象的行权价为 6 元，公司为此承担 4 元的支出（授予日权益工具的公允价值），应将其计入成本费用。后续若公司股票价格为 20 元，则权益工具的公允价值为 14 元（20–6），但因公司承担的费用支出 4 元不会发生变化，因此，权益结算的股份支付按授予日权益工具的公允价值计量，不确认后续公允价值变动。

现金结算的股份支付，最终是向激励对象支付现金，支付现金的金额与后续资产负债表日的公允价值有关。如现金股票增值权，假定授予日股票的公允价值为 10 元，后续第 1 个资产负债表日股票价格为 15 元，公司应支付激励对象 5 元（不考虑相关税费的影响），即现金股票增值权的公允价值为 5 元；第 2 个资产负债表日股票价格为 25 元，公司应支付激励对象 15 元（25–10），即现金股票增值权的公允价值为 15 元，所以现金结算的股份支付应按后续每个资产负债表日的公允价值变动重新计量。

3. 如何对以首次公开募股成功为可行权条件的股份支付进行会计处理？

【案例】甲公司实际控制人设立员工持股平台（有限合伙企业）以实施一项股权激励计划。实际控制人作为该持股平台的普通合伙人将其持有的部分甲公司股份以名义价格转让给持股平台，甲公司员工作为该持股平台的有限合伙人以约定价格（认购价）认购持股平台份额，从而间接持有甲公司股份。该股权激励计划及合伙协议未对员工的具体服务期限作出专门约定，但明确约定如果自授予日至甲公司成功完成首次公开募股时员工主动离职，员工不得继续持有持股平台份额，实际控制人将以自有资金按照员工认购价回购员工持有的持股平台份额，回购股份是否再次授予其他员工由实际控制人自行决定。

答：本案例中，甲公司实际控制人通过持股平台将其持有的部分甲公司股份授予甲公司员工，属于企业集团内发生的股份支付交易。接受服务企业（甲公司）没有结算义务，应当将该交易作为权益结算的股份支付处理。根据该股权激励计划的约定，甲公司员工须服务至甲公司成功完成首次公开募股，否则其持有的股份将以原认购价回售给实际控制人。该约定表明，甲公司员工须完成规定的服务期限方可从股权激励计划中获益，属于可行权条件中的服务期限条件，而甲公司成功完成首次公开募股属于可行权条件中业绩条件的非市场条件。甲公司应当合理估计未来成功完成首次公开募股的可能性及完成时点，将授予日至该时点的期间作为等待期，并在等待期内每个资产负债表日对预计可行权数量作出估计，确认相应的股权激励费用。等待期内甲公司估计其成功完成首次公开募股的时点发生变化的，应当根据重估时点确定等待期，截至当期累计应确认的股权激励费用扣减前期累计已确认金额，作为当期应确认的股权激励费用。

4. 母公司向子公司高管授予股份支付时，相关股权激励费用全部是由母公司承担的，在计算子公司少数股东损益时，是否应该从子公司的净利润中剔除该股权激励费用？

答：不需要。少数股东损益反映的是合并财务报表中子公司的净利润中不归属于母公司股东的部分。因此，少数股东损益中应包含按照少数股东的持股比例分享的股权激励费用，即在合并财务报表中计算子公司少数股东损益时，直接按照子公司的净利润计算即可。

5. 非控股股东授予职工公司股份如何进行会计处理？

【案例】A 公司持有联营企业甲公司股权比例为 45%，为甲公司第一大股东。B 公司和 C 公司分别持有甲公司股权比例为 20% 和 15%，其他自然人合计持有甲公司股权比例为 20%。自然人 H 是甲公司的总经理。根据 A 公司、B 公司和 C 公司与 H 的协议约定，如甲公司在未来三年内完成业绩指标，则上述三方股东按各自持有甲公司股权的比例，授予

H 甲公司股份，授予股份合计占甲公司股权的 21%，分三年完成。

问题：非控股股东 A 公司授予总经理 H 甲公司股权的协议，对于甲公司而言是否适用股份支付准则？

答：股份支付准则的适用范围并不局限于财务报告主体转让自身权益结算的交易，还包括以主体的母公司或同一集团下其他主体的权益工具结算的交易。另外，无论转让权益工具的交易是由主体自身作出，还是由股东做出，或由同处于一个企业集团内的其他企业做出均属于股份支付范畴，企业应当对其在相关交易中所取得的服务予以确认。

无论是根据企业会计准则及其相关规定，还是根据国际财务报告准则关于集团内股份支付的规定，股份支付的授予方可以是集团内任何主体及其股东，股东身份并未被局限于控股股东。因此，非控股股东授予集团内企业职工的权益工具，也应当作为集团内股份支付，适用股份支付准则。

在本案例中，甲公司是接受服务企业，由于没有结算义务，应当将 A 公司、B 公司和 C 公司三方非控股股东授予高级管理人员权益工具的交易作为权益结算的股份支付进行会计处理，确认相应股权激励费用和资本公积。

历年经典主观题回顾

使用“会计云课堂”App 或“微信”扫码快速做题、对答案、看解析、掌握解题思路，开启轻松过关之旅。

综合题

1. 甲公司是一家上市公司，为建立长效激励机制，吸引和留住优秀人才，制定和实施了限制性股票激励计划。甲公司发生的与该计划相关的交易或事项如下：

（1）20×6 年 1 月 1 日，甲公司实施经批准的限制性股票激励计划，通过定向发行股票的方式向 20 名管理人员每人授予 50 万股限制性股票，每股面值 1 元，发行所得款项 8000 万元已存入银行，限制性股票的登记手续已办理完成。甲公司以限制性股票授予日公司股票的市价减去授予价格后的金额确定限制性股票在授予日的公允价值为 12 元 / 股。

上述限制性股票激励计划于 20×6 年 1 月 1 日经甲公司股东大会批准。根据该计划，限制性股票的授予价格为 8 元 / 股。限制性股票的限售期为授予的限制性股票登记完成之日起 36 个月，激励对象获授的限制性股票在解除限售前不得转让、用于担保或偿还债务。限制性股票的解锁期为 12 个月，自授予的限制性股票登记完成之日起 36 个月后的首个交易日起，至授予的限制性股票登记完成之日起 48 个月内的最后一个交易日当日止，解锁期内，同时满足下列条件的，激励对象获授的限制性股票方可解除限售：激励对象自授予的限制性股票登记完成之日起工作满 3 年；以上年度营业收入为基数，甲公司 20×6 年度、20×7 年度及 20×8 年度 3 年营业收入增长率的算术平均值不低于 30%，限售期满后，甲公司为满足解除限售条件的激励对象办理解除限售事宜，未满足解除限售条件的激励对象持有的限制性股票由甲公司按照授予价格回购并注销。

（2）20×6 年度，甲公司实际有 1 名管理人员离开，营业收入增长率为 35%。甲公司预计，20×7 年度及 20×8 年度还有 2 名管理人员离开，每年营业收入增长率均能够达到 30%。

（3）20×7 年 5 月 3 日，甲公司股东大会批准董事会制定的利润分配方案，即以 20×6 年 12 月 31 日包括上述限制性股票在内的股份 45000 万股为基数，每股分配现金股利 1 元，共计分配现金股利 45000 万元。根据限制性股票激励计划，甲公司支付给限制性股票持有者的现金股利可撤销，即一旦未达到解锁条件，被回购限制性股票的持有者将无法获得（或需要退回）其在等待期内应收（或已收）的现金股利。

20×7 年 5 月 25 日，甲公司以银行存款支付股利 45000 万元。

（4）20×7 年度，甲公司实际有 1 名管理人员离开，营业收入增长率为 33%。甲公司预计，20×8 年度还有 1 名管理人员离开，营业收入增长率能够达到 30%。

（5）20×8 年度，甲公司没有管理人员离开，营业收入增长率为 31%。

（6）20×9 年 1 月 10 日，甲公司对符合解锁条件的 900 万股限制性股票解除限售，并办理完成相关手续。

20×9 年 1 月 20 日，甲公司对不符合解锁条件的 100 万股限制性股票按照授予价格予以回购，并办理完成相关注销手续。在扣除已支付给相关管理人员股利 100 万元后，回购限制性股票的款项 700 万元已以银行存款支付给相关管理人员。

其他有关资料：第一，甲公司 20×5 年 12 月 31 日发行在外的普通股为 44000 万股。第二，甲公司 20×6 年度、20×7 年度及 20×8 年度实现的净利润分别为 88000 万元、97650 万元、101250 万元。第三，本题不考虑相关税费及其他因素。

要求：

（1）根据资料（1），编制甲公司与定向发行限制性股票相关的会计分录。

（2）根据上述资料，计算甲公司 20×6 年度、20×7 年度及 20×8 年度因限制性股票激励计划分别应予确认的损益，并编制甲公司 20×6 年度相关的会计分录。

（3）根据上述资料，编制甲公司 20×7 年度及 20×8 年度与利润分配相关的会计分录。

（4）根据资料（6），编制甲公司解除限售和回购并注销限制性股票的会计分录。

（5）根据上述资料，计算甲公司 20×6 年度、20×7 年度及 20×8 年度的基本每股收益。（2019 年）

2. 甲股份有限公司（以下简称“甲公司”）于 20×3 年开始对高管人员进行股权激励。具体情况如下：

（1）20×3 年 1 月 2 日，甲公司与 50 名高管人员签订股权激励协议并经股东大会批准。协议约定：甲公司向每名高管授予 120000 份股票期权，每份期权于到期日可以 8 元 / 股的价格购买甲公司 1 股普通股。该股票期权自股权激励协议签订之日起 3 年内分三期平均行权，即该股份支付协议包括等待期分别为 1 年、2 年和 3 年的三项股份支付安排：20×3 年年末甲公司实现的净利润较上一年度增长 8%（含 8%）以上，在职的高管人员持有的股票期权中每人可行权 40000 份；20×4 年年末，如果甲公司 20×3、20×4 连续两年实现的净利润增长率达到 8%（含 8%）以上，在职的高管人员持有的股票期权中每人可行权 40000 份；20×5 年年末，如果甲公司连续三年实现的净利润增长率达到 8%（含 8%）以上，则高管人员持有的剩余股票期权可以行权。当日甲公司估计授予高管人员的股票期权公允价值为 5 元 / 份。

（2）20×3 年，甲公司实现净利润 12000 万元，较 20×2 年增长 9%，预计股份支付剩余等待期内净利润仍能够以同等速度增长。20×3 年甲公司普通股平均市场价格为 12 元 / 股。20×3 年 12 月 31 日，甲公司所授予股票期权的公允价值为 4.5 元 / 份。20×3 年，与甲公司签订了股权激励协议的高管人员没有离职，预计后续期间也不会离职。

（3）20×4 年，甲公司 50 名高管人员将至 20×3 年年末到期可行权的股票期权全部行权。20×4 年，甲公司实现净利润 13200 万元，较 20×3 年增长 10%。20×4 年没有高管人员离职，预计后续期间也不会离职。20×4 年 12 月 31 日，甲公司所授予股票期权的公允价值为 3.5 元 / 份。

其他有关资料：甲公司 20×3 年 1 月 1 日发行在外普通股为 5000 万股，假定各报告期末发生其他影响发行在外普通股股数变动的事项，且公司不存在除普通股外其他权益工具。不考虑相关税费及其他因素。

要求：

（1）确定甲公司该项股份支付的授予日。计算甲公司 20×3 年、20×4 年就该股份支付应确认的费用金额，并编制相关会计分录。

（2）编制甲公司高管人员 20×4 年就该股份支付行权的会计分录。

（3）计算甲公司 20×3 年基本每股收益。（2015 年）

历年经典主观题参考答案及解析

使用“会计云课堂”App 或“微信”扫码对答案、看解析、掌握解题思路，开启轻松过关之旅。

综合题

1.【答案】

（1）

借：银行存款　　8000

　贷：股本　　1000（20×50）

　　　资本公积—股本溢价　　7000

同时，

借：库存股　　8000

　贷：其他应付款—限制性股票回购义务　　8000（20×50×8）

（2）20×6 年度应确认管理费用及资本公积金额 =（20−1−2）×50×12×1/3=3400（万元）。

20×7 年度应确认管理费用及资本公积金额 =（20−1−1−1）×50×12×2/3−3400=3400（万元）。

20×8 年度应确认管理费用及资本公积金额 =（20−1−1）×50×12×3/3−3400−3400=4000（万元）。

20×6 年度确认成本费用的处理

借：管理费用　3400

　贷：资本公积—其他资本公积　3400

（3）① 20×7 年度

预计未来可解锁限制性股票持有者的现金股利 =1×（20-1-1-1）×50=850（万元）。

预计未来不可解锁限制性股票持有者的现金股利 =1×3×50=150（万元）。

借：利润分配—应付现金股利　850

　贷：应付股利—限制性股票股利　850

借：其他应付款—限制性股票回购义务　850

　贷：库存股　850

借：其他应付款—限制性股票回购义务　150

　贷：应付股利—限制性股票股利　150

非限制性股票利润分配

借：利润分配—应付现金股利　44000（45000-850-150）

　贷：应付股利　44000

20×7 年 5 月 25 日支付股利

借：应付股利　45000

　贷：银行存款　45000

② 20×8 年度

因 20×8 年度未宣告分派现金股利，可视同每股宣告分派的现金股利为 0。

预计未来可解锁限制性股票持有者的现金股利 =（0+1）×（20-1-1）×50-850=50（万元）。

预计未来不可解锁限制性股票持有者的现金股利 =（0+1）×2×50-150=-50（万元）。

借：利润分配—应付现金股利　50

　贷：应付股利—限制性股票股利　50

借：其他应付款—限制性股票回购义务　50

　贷：库存股　50

借：应付股利—限制性股票股利　50

　贷：其他应付款—限制性股票回购义务　50

（4）

借：其他应付款　6300（900×8-850-50）

　贷：库存股　6300

借：其他应付款　700（100×8-100）

　贷：银行存款　700

借：资本公积—其他资本公积　10800（3400+3400+4000）

　贷：资本公积—股本溢价　10800

借：股本　100

　　资本公积—股本溢价　700

　贷：库存股　800

（5）20×6 年度基本每股收益 =88000÷44000=2（元/股）。

20×7 年度基本每股收益 =（97650-850）÷44000=2.2（元/股）。

20×8 年度基本每股收益 =（101250-50）÷44000=2.3（元/股）。

2.【答案】

（1）授予日：20×3年1月2日。因为甲公司与高管人员在当日签订了股权激励协议并经股东大会批准。

20×3年，甲公司应确认的管理费用=（50×40000×5×1/1+50×40000×5×1/2+50×40000×5×1/3）/10000=1833.33（万元）。

相关会计分录为：

借：管理费用　1833.33

　贷：资本公积—其他资本公积　1833.33

20×4年，甲公司应确认的管理费用=（50×40000×5×1/1+50×40000×5×2/2+50×40000×5×2/3）/10000−1833.33=833.34（万元）。

相关会计分录为：

借：管理费用　833.34

　贷：资本公积—其他资本公积　833.34

（2）因职工行权增加的股本=50×40000/10000×1=200（万元）；

确认的资本公积—股本溢价金额=（50×40000×5×1/1+50×40000×8）/10000−200=2400（万元）。

借：银行存款　1600（50×40000×8/10000）

　　资本公积—其他资本公积　1000（50×40000×5/10000）

　贷：股本　200

　　　资本公积—股本溢价　2400

（3）甲公司20×3年的基本每股收益=12000/5000=2.4（元/股）。

【提示1】借方冲减资本公积—其他资本公积1000万元，是指在20×4年行权的第一批可行权股票期权（等待期为1年）在20×3年确认的成本费用，而不是所有股票期权在20×3年一共确认的成本费用1833.33万元。

【提示2】本题可以将股份支付理解为等待期分别为1年、2年、3年的三个子股份支付安排，分别进行会计处理。

同步强化练习题

使用“会计云课堂”App或“微信”扫码快速做题、对答案、看解析、掌握解题思路，开启轻松过关之旅。

一、单项选择题

1. 下列各项交易或事项中属于股份支付的是（　　）。

A. 股份有限公司向其高管授予现金股票增值权

B. 股份有限公司向其股东分派股票股利

C. 企业按上年净利润的 2% 分配给员工
D. 企业合并中合并方向被合并方股东定向增发股票作为合并对价

2. 下列项目中，企业应当作为以现金结算的股份支付进行会计处理的是（　　）。
A. 授予高管人员低于市价购买公司股票的期权计划
B. 以低于市价向员工出售限制性股票的计划
C. 授予研发人员模拟股票达到可行权条件后支付现金的计划
D. 公司承诺达到可行权条件时向员工无对价定向发行股票的计划

3. 2×20 年 1 月 1 日，B 公司为其 100 名中层以上管理人员每人授予 20 万份现金股票增值权，根据股份支付协议规定，这些人员从 2×20 年 1 月 1 日起必须在该公司连续服务满 4 年，即可按照当时股价的增长幅度获得现金，该现金股票增值权应在 2×24 年 12 月 31 日之前行使完毕。2×20 年 12 月 31 日因该股份支付确认的“应付职工薪酬”科目贷方余额为 2000 万元。2×21 年 12 月 31 日每份现金股票增值权的公允价值为 5 元，至 2×21 年年末有 20 名管理人员离开 B 公司，B 公司估计未来 2 年还将有 10 名管理人员离开；则 2×21 年计入管理费用的金额为（　　）万元。
A. 1750　　B. 1500
C. 3500　　D. 750

4. 甲公司为一上市公司，2×21 年 1 月 1 日，甲公司向其 100 名管理人员每人授予 20 万份股票期权，根据股份支付协议规定，这些人员自 2×21 年 1 月 1 日起在该公司连续服务满 3 年，即可以每股 10 元的价格购买 20 万股甲公司普通股股票，从而获益，甲公司估计每份期权在授予日的公允价值为 15 元。第一年有 10 名管理人员离开公司，甲公司预计 3 年中离职人员比例将达到 20%。2×21 年 12 月 31 日每份期权的公允价值为 16 元，则 2×21 年年末甲公司因该股份支付确认的“资本公积—其他资本公积”科目贷方发生额为（　　）万元。
A. 8534　　B. 24000
C. 400　　D. 8000

5. 2×20 年 1 月 1 日，甲公司向其 15 名技术骨干合计授予 10 万份股票期权，根据股份支付协议规定，这些技术骨干必须自 2×20 年 1 月 1 日起在甲公司连续服务满三年，服务期满时才能以每股 10 元的价格购买 10 万股甲公司普通股股票。该股票期权在授予日的公允价值为每份 30 元。2×20 年没有技术骨干离开公司。2×21 年 12 月 31 日股票期权的公允价值为每份 33 元。至 2×21 年 12 月 31 日，有 2 名技术骨干离开公司，对应的股票期权为 1 万份，估计 2×22 年离开的技术骨干为 3 人，所对应的股票期权为 2 万份。甲公司 2×21 年 12 月 31 日因该股权激励确认的“资本公积—其他资本公积”科目的余额为（　　）万元。
A. 210　　B. 160
C. 140　　D. 700

6. A 公司为上市公司。2×20 年 1 月 1 日，A 公司向其 50 名管理人员每人授予 10 万份股票期权，股份支付协议规定，这些管理人员从 2×20 年 1 月 1 日起在公司连续服务满 3 年，即可以每股 4 元的价格购买 10 万股 A 公司普通股股票，从而获益。A 公司估计每份期权在授予日的公允价值为 15 元。第一年有 10 名管理人员离开 A 公司，A 公司估计三年中离开的管理人员的比例将达到 25%；第二年又有 5 名管理人员离开 A 公司，A 公司将估计三年中管理人员离职比例修正为 35%。A 公司 2×21 年因该项股份支付应计入管理费用的金额为（　　）万元。

A. 1375　　B. 2750

C. 6000　　D. 4000

7. 2×19年1月1日，甲公司向其100名高管人员每人授予4万份股票期权，这些人员自被授予股票期权之日起连续服务满3年，即可按每股8元的价格购买甲公司增发的4万股普通股股票（每股面值1元）。该期权在授予日的公允价值为每份10元。在等待期内，甲公司有10名高管人员离职。2×21年12月31日，剩余90名高管人员全部行权，当日甲公司普通股市场价格为每股20元。2×21年12月31日，甲公司因高管人员行权应确认的“资本公积—股本溢价”的金额为（　　）万元。

A. 3600　　B. 3240

C. 6800　　D. 6120

8. 2×20年1月1日，甲公司向其20名高管人员每人授予2万份股票期权，根据股份支付协议规定，这些人员自被授予股票期权之日起在甲公司连续服务满2年，每人即可按每股6元的价格购买甲公司2万股普通股股票(每股面值1元)。该股票期权在授予日的公允价值为每份12元。2×21年10月20日，甲公司从二级市场以每股15元的价格回购本公司普通股股票40万股，拟用于高管人员股权激励。在等待期内，甲公司没有高管人员离职。2×21年12月31日，甲公司高管人员全部行权，当日甲公司普通股市场价格为每股16元。2×21年12月31日，甲公司因高管人员行权应确认的“资本公积—股本溢价”科目的金额为（　　）万元。

A. 120　　B. 680

C. 200　　D. 80

9. 甲公司2×21年1月1日股东大会通过了实施股权激励计划，内容如下：（1）激励对象为10名高级管理人员，每人授予30万份股票期权，每份股票期权可在行权日以25元的价格购买一股甲公司股票。（2）行权条件为甲公司当年度的净利润不低于授予日前最近三个会计年度的平均水平。（3）本激励计划有效期为3年，满足行权条件的激励对象可以行权，激励对象应当分三次平均行权，在行权有效期内每年末及时行权的股票期权将作废。根据期权定价模型计算的每份期权在授予日的公允价值为9元。假定三年内均无人离职，各年末均满足行权条件。甲公司2×21年应确认的管理费用为（　　）万元。

A. 900　　B. 450

C. 1650　　D. 300

10. 下列关于以现金结算的股份支付的会计处理中，表述不正确的是（　　）。

A. 可行权日之后相关负债的公允价值变动计入公允价值变动损益

B. 等待期内每个资产负债表日以企业所承担负债的公允价值计量

C. 等待期内每个资产负债表日确认其他综合收益

D. 等待期内按照所确认当期负债的金额计入成本费用

11. 上市公司以非公开发行方式向激励对象授予一定数量的公司限制性股票，下列说法中错误的是（　　）。

A. 在锁定期和解锁期不得上市流通及转让，达到解锁条件，才可以解锁

B. 如果全部或部分股票未被解锁而失效作废，则由上市公司按照事先约定的价格进行回购

C. 在授予日，上市公司应当根据收到职工缴纳的认股款确认股本和资本公积（股本溢价）；同时，就回购义务确认负债（作回购库存股处理）

D. 对达到限制性股票解锁条件而无须回购的股票，应注销股本及资本公积

12. 关于股份支付的会计处理，下列表述中正确的是（ ）。

A. 权益结算的股份支付应在可行权日后根据权益工具公允价值变动对已确认的成本费用和所有者权益进行调整

B. 以回购股份奖励本企业职工的，应作为以权益结算的股份支付进行处理

C. 对于权益结算的股份支付，如果全部或部分权益工具未被行权而失效或作废，应在行权有效期截止日将资本公积（其他资本公积）冲减成本费用

D. 对于现金结算的股份支付，在可行权日之后负债（应付职工薪酬）公允价值的变动应当计入成本费用

13. 关于企业集团内涉及不同企业的股份支付交易的会计处理，下列说法中错误的是（ ）。

A. 结算企业是接受服务企业的投资者的，结算企业若以其本身权益工具结算的，应在其个别财务报表中按授予日权益工具的公允价值确认长期股权投资和股本

B. 结算企业是接受服务企业的投资者的，若不是以其本身权益工具而是以集团内其他企业的权益工具结算的，应当将该股份支付交易作为以现金结算的股份支付处理

C. 接受服务企业没有结算义务或授予本企业职工的是其本身权益工具的，应当将该股份支付交易作为以权益结算的股份支付处理

D. 接受服务企业具有结算义务且授予本企业职工的是企业集团内其他企业权益工具的，应将该股份支付交易作为以现金结算的股份支付处理

14. 甲公司为母公司，其所控制的企业集团内 2×21 年发生以下与股份支付相关的交易或事项：（1）甲公司与其子公司（乙公司）高管签订协议，授予乙公司高管 100 万份股票期权，待满足行权条件时，乙公司高管可以每股 4 元的价格自甲公司购买乙公司股票；（2）乙公司授予其研发人员 20 万份现金股票增值权，这些研发人员在乙公司连续服务满 2 年，即可按照乙公司股价的增值幅度获得现金；（3）乙公司自市场回购本公司股票 100 万股，并与销售人员签订协议，如未来 3 年销售业绩达标，销售人员将无偿取得该部分股票；（4）乙公司向丁公司发行 500 万股本公司股票，作为支付丁公司为乙公司提供咨询服务的价款。不考虑其他因素，下列各项中，乙公司应当作为以现金结算的股份支付的是（ ）。

A. 乙公司与本公司研发人员签订的股份支付协议

B. 乙公司与本公司销售人员签订的股份支付协议

C. 乙公司高管与甲公司签订的股份支付协议

D. 乙公司以定向发行本公司股票取得咨询服务的协议

15. 甲公司为上市公司，2×21 年甲公司按照经批准的股权激励计划向子公司乙公司及孙公司丙公司的高管授予了甲公司现金股票增值权。甲公司持有乙公司 60% 的股权，乙公司持有丙公司 80% 的股权。下列说法中错误的是（ ）。

A. 甲公司个别报表中应作为现金结算的股份支付处理

B. 乙公司个别报表中应作为权益结算的股份支付处理

C. 丙公司个别报表中应作为现金结算的

股份支付处理

D. 甲公司合并报表中应作为现金结算的股份支付处理

16. 甲公司持有乙公司60%的股份，能够对乙公司实施控制。2×21年甲公司授予乙公司高管的限制性股票，乙公司确认管理费用200万元，2×21年乙公司净利润为3000万元。假定不考虑其他因素，甲公司2×21年合并利润表中少数股东损益的金额为（　　）万元。

A. 1120　　B. 1200

C. 1280　　D. 80

二、多项选择题

1. 下列关于甲公司发生的交易或事项中，不属于股份支付的有（　　）。

A. 向债权人发行股票以抵偿所欠货款

B. 向职工授予现金股票增值权

C. 向乙公司原股东定向发行股票取得乙公司100%的股权

D. 向高级管理人员授予股票期权

2. 关于股份支付中的取消或结算（因未满足可行权条件而被取消的除外），下列各项表述中正确的有（　　）。

A. 取消或结算确认费用的方法与以前期间相同

B. 如果向职工授予新的权益工具，并在新权益工具授予日认定所授予的新权益工具是用于替代被取消的权益工具的，企业应以与处理原权益工具条款和条件修改相同的方式，对所授予的替代权益工具进行处理

C. 在取消或结算时支付给职工的所有款项均应作为权益的回购处理，回购支付的金额高于该权益工具在回购日公允价值的部分，计入当期损益

D. 在取消或结算时支付给职工的所有款项均应作为权益的回购处理，回购支付的金额高于该权益工具在回购日公允价值的部分，直接计入所有者权益

3. 2×21年1月，A上市公司（以下简称“A公司”）为奖励并激励高管，与其管理层成员签署股份支付协议，规定若管理层成员在其后3年中都在公司任职服务，并且公司股价每年均提高10%以上，管理层成员即可以低于市价的价格购买一定数量的本公司股票。同时作为协议的补充，公司把全体管理层成员的年薪提高了5万元，但公司将这部分年薪按月存入公司专门建立的内部基金，3年后，管理层成员可用属于其个人的部分抵减未来行权时支付的购买股票款项。如果管理层成员决定退出这项基金，可随时全额提取属于其个人的部分。A公司以期权定价模型估计授予的此项期权在授予日的公允价值为300万元。关于A公司股份支付的条款和条件，下列说法中正确的有（　　）。

A. 公司管理层成员在其后3年中都在公司任职服务不属于可行权条件

B. 股价增长10%的要求是一项非市场业绩条件

C. 公司要求管理层成员将部分薪金存入统一账户保管不属于可行权条件

D. 连续服务满3年是一项服务期限条件

4. 关于行权条件及其处理，下列项目表述中正确的有（　　）。

A. 对于附有市场条件的股份支付，只要职工满足了其他所有非市场条件，企业就应当确认已取得服务的成本费用

B. 非可行权条件影响企业对预计可行权情况的估计

C. 市场条件，不影响企业对预计可行权情况的估计

D. 对于附有市场条件的股份支付，职工满足了所有非市场条件，同时满足市

场条件，企业才能确认已取得服务的成本费用

5. 2×19年1月1日，A公司向其100名管理层人员每人授予100份股票期权，每份期权行权时可无偿获得一股A公司普通股股票，股票面值为每股1元。第一年年末的可行权条件为公司净利润增长率达到20%；第二年年末的可行权条件为公司净利润两年平均增长率达到15%；第三年年末的可行权条件为公司净利润三年平均增长率达到10%。2×19年12月31日，A公司净利润增长了18%，同时有8名管理人员离开，公司预计2×20年净利润将以同样速度增长，即2×19年和2×20年两年净利润平均增长率达到18%，因此预计2×20年12月31日未离职员工将可行权。另外，A公司预计第二年将有8名管理人员离开公司。2×20年12月31日，公司净利润仅增长10%，但公司预计2×19年至2×21年三年净利润平均增长率可达到12%，因此，预计2×21年12月31日未离职员工将可行权。另外，2×20年A公司又有10名管理人员离开，预计第三年将有12名管理人员离开公司。关于预计等待期和可行权数量，下列说法中正确的有（　　）。

A. 2×19年12月31日预计等待期应调整为2年

B. 2×19年12月31日预计可行权期权的数量为8400份

C. 2×20年12月31日预计等待期应调整为3年

D. 2×20年12月31日预计可行权期权的数量为7000份

6. 下列关于股份支付条款和条件修改的表述中，正确的有（　　）。

A. 如果修改增加了所授予的权益工具的公允价值，企业应按照权益工具公允价值的增加相应地确认为取得服务的增加

B. 如果修改增加了所授予的权益工具的数量，企业应将增加的权益工具的公允价值相应地确认为取得服务的增加

C. 如果企业以不利于职工的方式修改条款和条件，企业应按照权益工具公允价值的减少相应地确认为取得服务的减少

D. 如果企业按照有利于职工的方式修改可行权条件，企业在处理可行权条件时，不应当考虑修改后的可行权条件

7. 关于股份支付的计量，下列说法中正确的有（　　）。

A. 以现金结算的股份支付，应按资产负债表日权益工具的公允价值重新计量

B. 以现金结算的股份支付，应按授予日权益工具的公允价值计量，不确认其后续公允价值变动

C. 以权益结算的股份支付，应按授予日权益工具的公允价值计量，不确认其后续公允价值变动

D. 无论是以权益结算的股份支付，还是以现金结算的股份支付，均应按资产负债表日权益工具的公允价值重新计量

8. 下列关于股份支付的会计处理表述中，正确的有（　　）。

A. 以回购股份奖励本企业职工的，应作为以权益结算的股份支付进行处理

B. 权益结算的股份支付在可行权日之后不再对已确认的成本费用和所有者权益总额进行调整

C. 对于权益结算的股份支付，如果全部或部分权益工具未被行权而失效或作废，应在行权有效期截止日将资本公积（其他资本公积）冲减成本费用

D. 对于现金结算的股份支付，在可行权

日之后负债（应付职工薪酬）公允价值的变动应当计入成本费用

9. 下列关于股份支付会计处理的表述中，正确的有（　　）。

A. 股份支付的确认和计量，应以符合相关法规要求、完整有效的股份支付协议为基础

B. 对以权益结算的股份支付换取职工提供服务的，应按所授予权益工具在授予日的公允价值计量

C. 对以现金结算的股份支付，在可行权日之后应将相关负债的公允价值变动计入当期损益

D. 对以权益结算的股份支付，在可行权日之后应将相关的所有者权益按公允价值进行调整

10. 2×21年1月2日，甲公司股东大会通过向高管人员授予限制性股票的方案。方案规定，50名高管人员每人以每股6元的价格购买甲公司10万股普通股，自方案通过之日起，高管人员在甲公司服务满3年且3年内公司净资产收益率平均达到15%或以上，3年期满即有权利拥有相关股票，服务期未满或未达到业绩条件的，3年期满后，甲公司将以每股6元的价格回购有关高管人员持有的股票。3年等待期内，高管人员不享有相关股份的股东权利。2×21年1月2日，甲公司的普通股的市场价格为每股12元。当日，甲公司发行股票，被授予股份的高管人员向甲公司支付价款并登记为相关股票的持有人。2×21年，该计划涉及的50名高管人员中没有人离开甲公司，且预计未来期间不会有高管人员离开，2×21年甲公司净资产收益率为18%，预计未来期间仍有上升空间，在3年期间内平均净资产收益率达到20%的可能性较大。本题不考虑增值税等相关税费及其他因素。甲公司下列会计处理中正确的有（　　）。

A. 授予日每股限制性股票的公允价值为12元

B. 授予日甲公司应当就回购义务确认负债3000万元

C. 授予日确认资本公积2500万元

D. 2×21年应确认成本费用3000万元

11. 甲公司2×21年1月1日实施股权激励计划并经股东大会批准，其主要内容为：甲公司向其子公司乙公司10名管理人员每人授予1万份现金股票增值权，行权条件为乙公司2年内净利润增长率达到8%；满足行权条件的，每份现金股票增值权可以从甲公司获得按股票市场价格计算的现金。乙公司2×21年度实现的净利润较前1年增长6%，本年度有1名管理人员离职。预计乙公司2×22年净利润增长率将达到8%，预计未来1年将有1名管理人员离职。每份现金股票增值权公允价值情况如下：2×21年1月1日为8元；2×21年12月31日为10元；2×22年12月31日为12元。下列关于该股权激励计划对甲公司和乙公司2×21年12月31日个别财务报表项目的影响金额正确的有（　　）。

A. 甲公司应增加长期股权投资25万元，同时增加资本公积25万元

B. 甲公司应增加长期股权投资40万元，同时增加应付职工薪酬40万元

C. 乙公司应增加管理费用25万元，同时增加应付职工薪酬25万元

D. 乙公司应增加管理费用32万元，同时增加资本公积32万元

12. 甲公司实施一项股权激励计划，甲公司按照公允价值从二级市场回购甲公司股票并授予自愿参与该计划的员工，授予价格为授予日股票的公允价值，激励对象在甲公司服务满3年后可以一次性

解锁所授予的股份。该股权激励计划同时约定，甲公司控股股东对员工因解锁日前股票价格变动产生的损失进行兜底，即甲公司股票价格上涨的收益归员工所有，甲公司股票价格下跌的损失由甲公司控股股东承担且以现金支付损失。下列会计处理中正确的有（　　）。

A. 该交易符合股份支付的定义，适用股份支付准则

B. 在控股股东合并报表中，应当将该交易作为现金结算的股份支付处理

C. 甲公司作为接受服务企业，没有结算义务，应当将该交易作为权益结算的股份支付处理

D. 甲公司作为现金结算的股份支付处理

三、计算分析题

1. 甲股份有限公司（以下简称“甲公司”）于2×19年开始对高管人员进行股权激励。具体情况如下：

（1）2×19年1月2日，甲公司股东大会通过向高管人员授予限制性股票的方案。方案规定：60名高管人员每人以每股5元的价格购买甲公司6万股普通股。该限制性股票自股权激励协议签订之日起3年内分三期平均解锁，即该股份支付协议包括等待期分别为1年、2年和3年的三项股份支付安排：2×19年年末甲公司实现的净利润较上一年度增长7%（含7%）以上，在职的高管人员持有的限制性股票中每人可解锁2万股；2×20年年末，如果甲公司2×19年、2×20年连续两年实现的净利润增长率达到7%（含7%）以上，在职的高管人员持有的限制性股票中每人可解锁2万股；2×21年末，如果甲公司连续三年实现的净利润增长率达到7%（含7%）以上，则高管人员持有的限制性股票可以解锁2万股。未达到业绩条件的，甲公司将以每股5元的价格回购有关高管人员持有的股票。2×19年1月2日，甲公司普通股的市场价格为每股10元，甲公司估计授予高管人员的限制性股票的公允价值为5元/份，当日，被授予股份的高管人员向甲公司支付价款并登记为相关股票的持有人。

（2）2×19年，甲公司实现净利润12000万元，较2×18年增长8%，预计股份支付剩余等待期内净利润仍能够以同等速度增长。2×19年，与甲公司签订了股权激励协议的高管人员没有离职，预计后续期间也不会离职。

（3）2×20年年初，甲公司60名高管人员将至2×19年年末可解锁的限制性股票全部解锁。2×20年，甲公司实现净利润13200万元，较2×19年增长10%，预计2×21年净利润仍能够以同等速度增长。2×20年没有高管人员离职，预计后续期间也不会离职。

（4）2×21年年初，甲公司60名高管人员将至2×20年年末可解锁的限制性股票全部解锁。2×21年年末，甲公司有6名高管人员离职，甲公司回购12万股股票并注销。

（5）2×22年年初，甲公司54名高管人员将至2×21年年末可解锁的限制性股票全部解锁。

假定不考虑相关税费及其他因素。

要求：

（1）确定甲公司该项股份支付的授予日，并说明理由；编制授予日的会计分录。

（2）计算甲公司2×19年、2×20年和2×21年就该股份支付应确认的费用金额，并编制相关会计分录。

（3）编制甲公司高管人员2×20年和2×21年就该限制性股票解锁的会计分录。

（4）编制甲公司2×21年注销限制性股票的会计分录。

（5）编制甲公司高管人员2×22年年初可解锁的限制性股票全部解锁的会计分录。

2. 甲集团由甲公司（系上市公司）和乙公司组成，甲公司为乙公司的母公司。2×19年1月1日，经股东大会批准，甲公司与甲公司50名高级管理人员和乙公司10名高级管理人员签署股份支付协议。协议规定：①甲公司向集团60名高级管理人员每人授予10万份股票期权，行权条件为这些高级管理人员从授予股票期权之日起连续服务满3年，甲集团3年平均净利润增长率达到12%；②符合行权条件后，每持有1份股票期权可以自2×22年1月1日起1年内，以每股3元的价格购买1股甲公司普通股股票，在行权有效期内未行权的股票期权将失效。甲公司估计授予日每份股票期权的公允价值为12元。2×19年至2×22年，甲公司与股票期权有关的资料如下：

（1）2×19年，甲公司有2名高级管理人员离开公司，乙公司无高级管理人员离开，本年度甲集团净利润增长率为10%。该年年末，甲集团预计甲公司未来两年将有2名高级管理人员离开公司，乙公司无高级管理人员离开，预计3年平均净利润增长率将达到12%；每份股票期权的公允价值为13元。

（2）2×20年，甲公司有1名高级管理人员离开公司，乙公司无高级管理人员离开，本年净利润增长率为14%。该年年末，甲集团预计甲公司未来1年将有1名高级管理人员离开公司，乙公司无高级管理人员离开，预计3年平均净利润增长率将达到12.5%；每份股票期权的公允价值为14元。

（3）2×21年，甲公司和乙公司均没有高级管理人员离开公司，本年净利润增长率为15%。该年年末，每份投票期权的公允价值为15元。

（4）2×22年1月，剩余57名高级管理人员全部行权，甲公司向57名高级管理人员定向增发股票，共收到款项1710万元。

（5）不考虑其他因素影响。

要求：

（1）编制甲公司2×19年、2×20年、2×21年个别报表中与股份支付有关的会计分录。

（2）编制乙公司2×19年、2×20年、2×21年与股份支付有关的会计分录。

（3）编制甲公司2×22年1月个别报表中高级管理人员行权时的相关会计分录。

同步强化练习题参考答案及解析

使用“会计云课堂”App或“微信”扫码对答案、看解析、掌握解题思路，开启轻松过关之旅。

一、单项选择题

1.【答案】A

【解析】选项B，属于分配股利；选项C，企业按上年净利润的2%分配给员工属于利润分享计划，应按照职工薪酬准则进行会计处理；选项D，是以发行股票为对价的企业合并。

2.【答案】C

【解析】选项 A、B 和 D 在员工满足可行权条件实际行权时，授予的均为股票，故属于以权益结算的股份支付；选项 C，员工满足可行权条件实际行权时，授予的是现金，故属于以现金结算的股份支付。

3.【答案】B

【解析】2×21 年 12 月 31 日 B 公司“应付职工薪酬”科目贷方余额 =（100−20−10）×20×5×2/4=3500（万元），2×21 年计入管理费用的金额 =3500−2000=1500（万元）。

4.【答案】D

【解析】2×21 年年末甲公司因该股份支付确认的“资本公积—其他资本公积”科目贷方发生额 =100×（1−20%）×20×15×1/3=8000（万元）。

5.【答案】C

【解析】2×21 年 12 月 31 日甲公司因该股权激励确认的“资本公积—其他资本公积”科目的余额 =（10−1−2）×30×2/3=140（万元）。

【提示】合计授予的股份期权 10 万份，扣除已离职人员对应的 1 万份股票期权及预计将离职人员对应的 2 万份股票期权，即为行权的最佳估计数，无须再通过人数进行计算。

6.【答案】A

【解析】A 公司 2×21 年因该项股份支付计入管理费用的金额 = 至 2×21 年年末应累计确认的管理费用 50×（1−35%）×10×15×2/3−2×20 年年末确认的管理费用 50×（1−25%）×10×15×1/3=1375（万元）。

7.【答案】D

【解析】行权时甲公司冲减“资本公积—其他资本公积”的金额 =90×4×10=3600（万元），行权时应确认“资本公积—股本溢价”的金额 =90×4×8+3600−90×4=6120（万元）。

会计分录如下：

借：银行存款　　2880（90×4×8）
　　资本公积—其他资本公积　　3600
　贷：股本　　360（90×4）
　　　资本公积—股本溢价　　6120

8.【答案】A

【解析】甲公司因高管人员行权收到的款项 =20×2×6=240（万元），冲减在等待期内累计确认的“资本公积—其他资本公积”科目的金额 =20×2×12×2/2=480（万元），冲减的库存股金额 =40×15=600（万元），故行权时甲公司应确认的“资本公积—股本溢价”科目的金额 =240+480−600=120（万元）。

会计分录如下：

借：银行存款　　240
　　资本公积—其他资本公积　　480
　贷：库存股　　600
　　　资本公积—股本溢价　　120

9.【答案】C

【解析】该股权激励计划属于一次授予、分期行权的股权激励计划，每期的结果相对独立，即第一期未达到可行权条件并不会直接导致第二期或第三期不能达到可行权条件，因此在会计处理时会将其作为三个独立的股份支付计划处理，即第一个计划的等待期是一年，第二个计划的等待期是两年，第三个计划的等待期是三年。甲公司 2×21 年应确认的管理费用 =（30×10×1/3）×9×1/1+（30×10×1/3）×9×1/2+（30×10×1/3）×9×1/3=1650（万元）。

10.【答案】C

【解析】以现金结算的股份支付，应在等待期内每个资产负债表日，按照当期确认的企业承担负债的公允价值，借方计入相关的成本费用，贷方计入应付职工薪酬，不确认其他综合收益，选项C错误。

11.【答案】D

【解析】对达到限制性股票解锁条件而无须回购的股票，应编制的分录为：

借：其他应付款—限制性股票回购义务（按照解锁股票相对应的负债的账面价值）

　贷：库存股（按照解锁股票相对应的库存股的账面价值）

12.【答案】B

【解析】选项A，对于权益结算的股份支付，在可行权日之后不再对已确认的成本费用和所有者权益总额进行调整；选项C，可行权条件为市场条件，对于权益结算的股份支付，如果全部或部分权益工具未被行权而失效或作废，应在行权有效期截止日将其从资本公积（其他资本公积）转入资本公积(股本溢价)，不冲减成本费用；选项D，对于现金结算的股份支付，企业在可行权日之后不再确认成本费用，负债（应付职工薪酬）公允价值的变动应计入当期损益（公允价值变动损益）。

13.【答案】A

【解析】结算企业是接受服务企业的投资者且以其本身权益工具结算的，结算企业应当按照授予日权益工具的公允价值确认为对接受服务企业的长期股权投资，同时确认资本公积（其他资本公积），选项A错误。

14.【答案】A

【解析】乙公司授予本公司研发人员的现金股票增值权属于以现金结算的股份支付，选项A正确；乙公司回购本公司股票授予本公司销售人员和以定向发行本公司股票取得丁公司咨询服务，属于以权益结算的股份支付，选项B和D错误；甲公司授予乙公司高管股票期权，乙公司无结算义务，应当作为以权益结算的股份支付处理，选项C错误。

15.【答案】C

【解析】甲公司向其子公司和孙公司授予的是本企业的现金股票增值权，最终结算企业为甲公司，子公司和孙公司由于没有结算义务，应该作为以权益结算的股份支付进行会计处理，选项B正确，选项C错误；甲公司作为结算企业，授予的是现金股票增值权，在个别报表和合并报表中均应作为现金结算股份支付处理，选项A和D正确。

16.【答案】B

【解析】少数股东损益反映的是合并财务报表中子公司的净利润中归属于少数股东的部分，因此，少数股东损益中应包含按照少数股东的持股比例40%承担的股权激励费用，即少数股东损益按照子公司乙公司的净利润直接计算即可。甲公司2×21年合并利润表中少数股东损益的金额=3000×40%=1200（万元）。

二、多项选择题

1.【答案】AC

【解析】选项A，属于债务重组；选项C，属于购买股权。

2.【答案】BC

【解析】将取消或结算作为加速可行权处理，立即确认原本应在剩余等待期内确认的金额，选项A错误；在取消或结算时支付给职工的所有款项均应作为权益的回购处理，回购支付的金额高于该权益工具在回购日公允价值的部分，计入当期损益，选项D错误。

3.【答案】CD

【解析】如果不同时满足连续服务 3 年和公司股价年增长 10% 以上的要求，管理层成员就无权行使其股票期权，因此二者都属于可行权条件，选项 A 错误；股价增长 10% 的要求是一项市场业绩条件，选项 B 错误；虽然公司要求管理层成员将部分薪金存入统一账户保管，但并不影响其是否可行权，因此该项条款不是可行权条件，选项 C 正确；连续服务满 3 年是一项服务期限条件，选项 D 正确。

4.【答案】AC

【解析】非可行权条件是否得到满足，不影响企业对预计可行权情况的估计，选项 B 错误；对于附有市场条件的股份支付，只要职工满足了其他所有非市场条件，企业就应当确认已取得服务的成本费用，选项 D 错误。

5.【答案】ABCD

【解析】2×19 年年末，虽然没能实现净利润增长 20% 的要求，但 A 公司预计下年将以同样速度增长，因此能实现两年净利润平均增长率达到 15% 的要求，所以 A 公司将其预计等待期调整为 2 年，选项 A 正确；2×19 年年末预计可行权期权的数量 =（100−8−8）×100=8400（份），选项 B 正确；2×20 年年末，虽然 A 公司没有达到净利润两年平均增长 15% 的要求，但 A 公司仍然估计能够在第三年取得较理想的业绩，从而实现净利润 3 年平均增长 10% 的要求，所以 A 公司将其预计等待期调整为 3 年，选项 C 正确；2×20 年年末预计可行权期权的数量 =（100−8−10−12）×100=7000（份），选项 D 正确。

6.【答案】AB

【解析】如果企业以不利于职工的方式修改条款和条件，企业仍应继续对取得的服务进行会计处理，如同该变更从未发生，除非企业取消了部分或全部已授予的权益工具，选项 C 错误；如果企业按照有利于职工的方式修改可行权条件，企业在处理可行权条件时，应当考虑修改后的可行权条件，选项 D 错误。

7.【答案】AC

【解析】以现金结算的股份支付，应按资产负债表日权益工具的公允价值重新计量，选项 A 正确，选项 B 不正确；以权益结算的股份支付，应按授予日权益工具的公允价值计量，不确认其后续公允价值变动，选项 C 正确，选项 D 不正确。

8.【答案】AB

【解析】选项 C，可行权条件为市场条件，对于权益结算的股份支付，如果全部或部分权益工具未被行权而失效或作废，应在行权有效期截止日将其从资本公积（其他资本公积）转入资本公积（股本溢价），不冲减成本费用；选项 D，对于现金结算的股份支付，企业在可行权日之后不再确认成本费用，负债（应付职工薪酬）公允价值的变动应计入当期损益（公允价值变动损益）。

9.【答案】ABC

【解析】以权益结算的股份支付，应当以该权益工具在授予日的公允价值计量，在可行权日之后不再对已确认的成本费用和所有者权益总额进行调整，选项 D 错误。

10.【答案】BC

【解析】授予日每股限制性股票的公允价值 = 授予日每股股票市价 12− 授予日每股购买价格 6=6（元），选项 A 错误；授予日，甲公司应当就回购义务确认负债 =6×50×10=3000（万元），选项 B 正确；授予日确认资本公积 =50×10×6−50×10×1=2500（万元），选项 C 正确；2×21 年确认成本费用 =

6×10×50×1/3=1000（万元），选项D错误。

11.【答案】BD

【解析】甲公司应作为现金结算的股份支付，确认长期股权投资和应付职工薪酬，金额为40万元[（10-1-1）×1×10×1/2]，选项B正确；乙公司应作为权益结算的股份支付，确认管理费用和资本公积，金额为32万元[（10-1-1）×1×8×1/2]，选项D正确。

12.【答案】ABC

【解析】甲公司控股股东承担了甲公司员工因股票价格下跌而产生的损失，属于企业集团与职工之间发生的交易；该交易安排要求员工为获得收益（享有股票增值收益且不承担贬值损失）连续3年为公司提供服务，因此该交易以获取员工服务为目的；该交易的对价与公司股票未来价值密切相关；综上，该交易符合股份支付的定义，适用股份支付准则，选项A正确；控股股东交付现金的金额与甲公司股票价格下跌风险相关，该股份支付属于为获取服务承担以股份为基础计算确定的交付现金的交易，在控股股东合并报表中，应当将该交易作为现金结算的股份支付处理，选项B正确；甲公司作为接受服务企业，没有结算义务，应当将该交易作为权益结算的股份支付处理，选项C正确，选项D错误。

三、计算分析题

1.【答案】

（1）授予日：2×19年1月2日。

理由：2×19年1月2日甲公司股东大会通过向高管人员授予限制性股票的方案。

分录如下：

借：银行存款　　1800（60×6×5）

　贷：股本　　360（60×6）

　　资本公积—股本溢价　　1440

借：库存股　　1800

　贷：其他应付款　　1800

（2）2×19年，甲公司应确认的管理费用=60×2×5×1/1+60×2×5×1/2+60×2×5×1/3=1100（万元）。

会计分录如下：

借：管理费用　　1100

　贷：资本公积—其他资本公积　　1100

2×20年，甲公司应确认的管理费用=（60×2×5×1/1+60×2×5×2/2+60×2×5×2/3）-1100=500（万元）。

会计分录如下：

借：管理费用　　500

　贷：资本公积—其他资本公积　　500

2×21年，甲公司应确认的管理费用=（60×2×5×1/1+60×2×5×2/2+54×2×5×3/3）-1100-500=140（万元）。

借：管理费用　　140

　贷：资本公积—其他资本公积　　140

（3）① 2×20年

借：其他应付款　　600（60×2×5）

　贷：库存股　　600

借：资本公积—其他资本公积　　600

　贷：资本公积—股本溢价　　600

② 2×21年

借：其他应付款　　600（60×2×5）

　贷：库存股　　600

借：资本公积—其他资本公积　　600

　贷：资本公积—股本溢价　　600

（4）

借：其他应付款　　60（12×5）

　贷：银行存款　　60

借：股本　　12

　　资本公积—股本溢价（差额）　　48

　贷：库存股　　60

（5）

借：其他应付款　　540（54×2×5）

　贷：库存股　　540

借：资本公积—其他资本公积　　540

　贷：资本公积—股本溢价　　540

2.【答案】

（1）甲公司会计处理：

① 2×19 年应确认的管理费用和资本公积 =（50−2−2）×10×12×1/3=1840（万元）。

借：管理费用　1840

　贷：资本公积—其他资本公积　1840

2×19 年应确认的长期股权投资和资本公积 =10×10×12×1/3=400（万元）。

借：长期股权投资　400

　贷：资本公积—其他资本公积　400

② 2×20 年应确认的管理费用和资本公积 =（50−2−1−1）×10×12×2/3−1840=1840（万元）。

借：管理费用　1840

　贷：资本公积—其他资本公积　1840

2×20 年应确认的长期股权投资和资本公积 =10×10×12×2/3−400=400（万元）。

借：长期股权投资　400

　贷：资本公积—其他资本公积　400

③ 2×21 年应确认的管理费用和资本公积 =（50−2−1）×10×12×3/3−1840−1840=1960（万元）。

借：管理费用　1960

　贷：资本公积—其他资本公积　1960

2×21 年应确认的长期股权投资和资本公积 = 10 × 10 × 12 × 3/3 − 400 − 400 = 400（万元）。

借：长期股权投资　400

　贷：资本公积—其他资本公积　400

（2）乙公司会计处理：

① 2×19 年应确认的管理费用和资本公积 =10×10×12×1/3=400（万元）。

借：管理费用　400

　贷：资本公积—其他资本公积　400

② 2×20 年应确认的管理费用和资本公积 =10×10×12×2/3−400=400（万元）。

借：管理费用　400

　贷：资本公积—其他资本公积　400

③ 2×21 年应确认的管理费用和资本公积 =10×10×12×3/3−400−400=400（万元）。

借：管理费用　400

　贷：资本公积—其他资本公积　400

（3）甲公司行权日个别报表的会计处理：

借：银行存款　1710

　　资本公积—其他资本公积　6840（57×10×12）

　贷：股本　570（57×10×1）

　　资本公积—股本溢价 7980（倒挤）

第十一章　借款费用

CHAPTER-11

本章学习指南

一、学习目标

1. 理解借款费用的范围、借款的范围、符合资本化条件的资产。
2. 掌握借款费用开始资本化的时点、暂停资本化的时间、停止资本化的时点。
3. 掌握借款费用的计量。

二、考情概况

本章考题以客观题为主，以前年度曾经考过计算分析题，分数适中，属于比较重要章节。

三、教材变化

增加“与土地使用权相关应予资本化的借款费用金额”相关表述。

四、考点地图

考点	年份/题型
专门借款利息资本化金额的计算	2021年单选题、2020年单选题
借款费用的会计处理	2021年多选题
借款费用停止资本化的时点	2020年单选题
一般借款利息资本化金额的计算	2019年单选题
非正常中断的判断	2019年多选题

核心考点精讲

提示

本章用较为简洁的篇幅主要介绍了一般借款和专门借款的会计处理，在做与利息资本化金额相关的计算题时，要注意计算的准确性，切勿马虎大意。另外，找准开始、暂停、停止资本化的时点，也是做题的关键。扫码看名师精讲，不用苦思冥想，也能学精学广。

第一节　借款费用概述

使用“会计云课堂”App 或“微信”扫码查看本节视频，快速 GET 知识点。

一、借款费用的范围

借款费用是企业因借入资金所付出的代价，它包括借款利息费用（包括借款折价或者溢价的摊销和相关辅助费用）以及因外币借款而发生的汇兑差额等。

名师点拨

因辅助费用计入负债的初始确认金额，所以按实际利率法计算确定的利息费用中反映的是辅助费用的摊销数，不是辅助费用的发生额，但以前考题均将发生的辅助费用作为借款费用。

【提示】

（1）对于企业发生的权益性融资费用，不应包括在借款费用中。

（2）承租人根据租赁会计准则确认的融资费用属于借款费用。

经典题解

【真题 1 · 单选题】下列各项中，不属于借款费用的是（　　）。（2018 年改编）

A. 外币借款发生的汇兑收益

B. 承租人因租赁发生的融资费用

C. 以咨询费的名义向银行支付的借款利息

D. 发行股票支付的承销商佣金及手续费

【解析】选项 D，企业发生的权益性融资费用，不属于借款费用。

【答案】D

二、借款的范围

借款费用的借款范围既包括专门借款，也包括一般借款。

三、符合资本化条件的资产

符合资本化条件的资产，是指需要经过相当长时间（通常为一年或一年以上）

的购建或者生产活动才能达到预定可使用或者可销售状态的固定资产、投资性房地产和存货等资产。

【提示】在实务中，如果由于人为或者故意等非正常因素导致资产的购建或生产时间相当长的，该资产不属于符合资本化条件的资产。

经典题解

【例题2·多选题】下列关于资本化的表述中，正确的有（　　）。

A. 不可直接归属于符合资本化条件的资产的购建或者生产的借款费用，应当在发生时根据其发生额确认为财务费用，计入当期损益

B. 在建项目占用一般借款的，其借款利息可以资本化

C. 房地产开发企业不应将用于项目开发的借款费用资本化计入开发成本

D. 符合资本化条件的固定资产是指需要经过相当长时间的购建或者生产活动才能达到预定可使用状态的固定资产

【解析】房地产开发企业用于项目开发的借款费用符合资本化条件的应计入开发成本，选项C错误。

【答案】ABD

第二节　借款费用的确认

使用“会计云课堂”App或“微信”扫码查看本节视频，快速GET知识点。

借款费用的确认主要解决的是将每期发生的借款费用资本化、计入相关资产的成本，还是将有关借款费用费用化、计入当期损益的问题。

企业发生的借款费用，可直接归属于符合资本化条件的资产的购建或者生产的，应当予以资本化，计入符合资本化条件的资产成本。其他借款费用，应当在发生时根据其发生额确认为财务费用，计入当期损益。

企业只有发生在资本化期间内的有关借款费用，才允许资本化，资本化期间的确定是借款费用确认和计量的重要前提。

名师点拨

（1）一般借款利息资本化金额的计算与资产支出挂钩，承担带息债务形式发生的支出，如果不算资产支出，则无法计算一般借款利息资本化金额；

（2）赊购承担不带息债务不涉及利息资本化金额的计算，所以不算资产支出。

一、借款费用开始资本化的时点

资产支出已经发生	包括支付现金、转移非现金资产或者承担带息债务形式发生的支出，赊购但承担的是不带息债务形式发生的支出不属于资产支出
借款费用已经发生	是指已经发生了专门借款费用或者占用了一般借款的借款费用
为使资产达到预定可使用或者可销售状态所必要的购建或者生产活动已经开始	是指符合资本化条件的资产的实体建造或者生产工作已经开始

二、借款费用暂停资本化的时间

符合资本化条件的资产在购建或者生产过程中发生非正常中断、且中断时间连续超过3个月的，应当暂停借款费用的资本化。在暂停资本化期间所发生的借款费用，应当计入当期损益，直至购建或者生产活动重新开始。但是，如果中断是使所购建或者生产的符合资本化条件的资产达到预定可使用或者可销售状态所必要的程序，所发生的借款费用应当继续资本化。

项目	概念	示例
正常中断	是使资产达到预定可使用或者可销售状态所必要的程序、或者事先可预见的不可抗力因素导致的中断	（1）正常测试、调试导致的停工 （2）东北因冬季无法施工导致的停工等
非正常中断	是指企业管理决策上的原因或者其他不可预见的原因等所导致的中断	（1）企业因与施工方发生了质量纠纷 （2）工程、生产用料没有及时供应 （3）资金周转发生了困难 （4）施工、生产发生了安全事故 （5）发生了与资产购建、生产有关的劳动纠纷等

经典题解

【真题3·多选题】根据企业会计准则的规定，符合资本化条件的资产在购建或生产的过程中发生非正常中断且中断时间连续超过3个月的，应当暂停借款费用的资本化。下列各项中，属于资产购建或生产非正常中断的有（　　）。（2019年）

A. 因劳资纠纷导致工程停工

B. 因资金周转困难导致工程停工

C. 因发生安全事故被相关部门责令停工

D. 因工程用料未能及时供应导致工程停工

【解析】非正常中断，通常是由于企业管理决策上的原因或者其他不可预见的原因等所导致的中断。比如，企业因与施工方发生了质量纠纷，或者工程、生产用料没有及时供应，或者资金周转发生了困难，或者施工、生产发生了安全事故，或者发生了与资产购建、生产有关的劳动纠纷等原因，导致资产购建或者生产活动发生中断，均属于非正常中断。

【答案】ABCD

三、借款费用停止资本化的时点

购建或者生产符合资本化条件的资产达到预定可使用或者可销售状态时，借款费用应当停止资本化。

停止资本化时点的判断：

（1）实体建造已经完成（或实质上已经完成）；

（2）基本符合设计要求；

（3）后续支出金额很少（或几乎不再发生）；

（4）试生产出合格产品；

（5）分别建造、分别完工的资产，如果完工部分能够独立使用或销售，完工部分借款费用应当停止资本化；

（6）分别建造、分别完工的资产，必须等到整体完工后才可使用或者对外销售的，应当在该资产整体完工时停止借款费用的资本化。

经典题解

【真题4·单选题】20×8年5月1日，甲公司正式动工兴建一栋厂房。为解决厂房建设需要的资金，20×8年6月1日，甲公司从乙银行专门借款4000万元，期限为1年，20×9年3月30日，厂房工程全部完工。20×9年4月10日，厂房经验收达到预定可使用状态。20×9年5月20日，厂房投入使用。20×9年5月31日，甲公司偿还乙银行上述借款。不考虑其他因素。甲公司厂房工程借款费用停止资本化的时点是（ ）。（2020年）

A. 20×9年3月30日　　B. 20×9年4月10日

C. 20×9年5月31日　　D. 20×9年5月20日

【解析】20×9年3月30日，厂房工程全部完工，表明此时实体建造已经完成，借款费用应停止资本化，选项A正确。

【答案】A

第三节　借款费用的计量

使用“会计云课堂”App或“微信”扫码查看本节视频，快速GET知识点。

一、借款利息资本化金额的确定

在借款费用资本化期间内，每一会计期间的利息（包括折价或溢价的摊销）资本化金额，应当按照下列方法确定：

（一）为购建或者生产符合资本化条件的资产而借入专门借款的，应当以专门借款当期实际发生的利息费用，减去将尚未动用的借款资金存入银行取得的利息收入或进行暂时性投资取得的投资收益后的金额确定

经典题解

【真题5·单选题】2×19年7月1日，甲公司向银行借入3000万元。借款期限2年，年利率4%（类似贷款的市场年利率为5%），该贷款专门用于甲公司办公楼的建造。2×19年10月1日，办公楼开始实体建造。甲公司支付工程款600万元。2×20 年 1 月 1 日、2×20 年 7 月 1 日又分别支付工程款 1500 万元、800 万元。2×20 年 10 月 31 日，经甲公司验收，办公楼达到预定可使用状态。2×20 年 12 月 31 日，甲公司开始使用该办公楼。不考虑其他因素，下列各项关于甲公司建造办公楼会计处理的表述中，正确的是（　　）。（2021 年）

A. 按借款本金 3000 万元、年利率 4% 计算的利息金额作为应付银行的利息金额

B. 借款费用开始资本化的时间为 2×19 年 7 月 1 日

C. 按借款本金 3000 万元、年利率 4% 计算的利息金额在资本化期间内计入建造办公楼的成本

D. 借款费用应予资本化的期间为 2×19 年 7 月 1 日至 2×20 年 12 月 31 日止

【解析】选项 B，借款费用开始资本化时间为 2×19 年 10 月 1 日；选项 C，按市场年利率 5% 计算的利息金额在资本化期间内计入建造办公楼成本；选项 D，借款费用应予资本化的期间为 2×19 年 10 月 1 日至 2×20 年 10 月 31 日。

【答案】A

【真题 6 · 单选题】为建造某大型设备，甲公司 2×18 年 1 月 1 日从银行借入期限为 2 年的专门借款 2000 万元，年利率为 4%（等于实际利率）。2×18 年 4 月 1 日，甲公司开始建造该大型设备。当日，甲公司按合同约定预付工程款 500 万元。2×18 年 7 月 1 日和 10 月 1 日，甲公司分别支付工程物资款和工程进度款 700 万元、400 万元。该大型设备 2×19 年 12 月 31 日完工并达到预定可使用状态。不考虑其他因素，甲公司 2×18 年度为建造该大型设备应予以资本化的借款利息金额是（　　）。（2020 年改编）

A. 48 万元　　　　B. 60 万元

C. 80 万元　　　　D. 33 万元

【解析】甲公司 2×18 年度为建造该大型设备应予以资本化的借款利息金额 = 2000×4%×9/12=60（万元）。

【答案】B

【真题 7 · 单选题】20×6 年 3 月 5 日，甲公司开工建设一栋办公大楼，工期预计为 1.5 年。为筹集办公大楼后续建设所需要的资金，甲公司于 20×7 年 1 月 1 日向银行专门借款 5000 万元，借款期限为 2 年，年利率为 7%（与实际利率相同），借款利息按年支付。20×7 年 4 月 1 日、20×7 年 6 月 1 日、20×7 年 9 月 1 日甲公司使用专门借款分别支付工程进度款 2000 万元、1500 万元、1500 万元。借款资金闲置期间专门用于短期理财，共获得理财收益 60 万元。办公大楼于 20×7 年 10 月 1 日完工，达到预计可使用状态。不考虑其他因素，甲公司 20×7 年度应予以资本化的利息金额是（　　）。（2018 年）

A. 262.50 万元　　　　B. 202.50 万元

C. 350.00 万元　　　　D. 290.00 万元

【解析】甲公司 20×7 年度应予以资本化的利息金额 =5000×7%× 9/12−60=202.50（万元）。

【答案】B

【真题 8 · 多选题】 甲公司为增值税一般纳税人。2×17 年 1 月 1 日，甲公司通过公开拍卖市场以 5000 万元购买一块尚可使用 50 年的土地使用权，用于建造商品房。为建造商品房，甲公司于 2×17 年 3 月 1 日向银行借入专门借款 4000 万元，年利率为 5%（等于实际利率）。2×17 年 3 月 1 日，甲公司正式动工兴建，截至 2×17 年 12 月 31 日，建造商品房累计支出 5000 万元，增值税进项税额 585 万元，商品房尚在建造过程中，专门借款在建造商品房资本化期间获得投资收益 5 万元。不考虑其他因素，下列各项关于甲公司购买土地使用权建造商品房会计处理的表述中，正确的有（ ）。（2017 年改编）

A. 购买土地使用权发生的成本计入所建造商品房的成本

B. 2×17 年专门借款应支付的利息计入所建造商品房的成本

C. 建造商品房所支付的增值税进项税额计入所建造商品房的成本

D. 专门借款在建造商品房资本化期间获得的投资收益冲减所建造商品房的成本

【解析】 甲公司为增值税一般纳税人，进项税额可以抵扣，建造商品房支付的增值税不计入商品房的成本，选项 C 不正确。

【答案】 ABD

> **解题攻略**
>
> （1）对专门借款而言，资本化期间的借款费用全部资本化，费用化期间的借款费用全部费用化；
>
> （2）对费用化金额的计算可比照资本化金额的计算方式处理，即费用化期间的利息费用减去费用化期间尚未动用的借款资金存入银行取得的利息收入或进行暂时性投资取得的投资收益后的金额确定。

【例题 9 · 单选题】 2×19 年 7 月 1 日，乙公司为兴建厂房从银行借入专门借款 5000 万元，借款期限为 2 年，年利率为 5%，借款利息按季支付。乙公司于 2×19 年 10 月 1 日正式开工兴建厂房，预计工期为 1 年零 3 个月，工程采用出包方式建造。乙公司于开工当日、2×19 年 12 月 31 日、2×20 年 5 月 1 日分别支付工程进度款 1200 万元、1000 万元、1500 万元。因可预见的气候原因，工程于 2×20 年 1 月 15 日至 3 月 15 日暂停施工。厂房于 2×20 年 12 月 31 日达到预定可使用状态，乙公司于当日支付剩余款项 800 万元。乙公司自借入款项起，将闲置的借款资金投资于固定收益债券，月收益率为 0.4%。乙公司按期支付前述专门借款利息，并于 2×21 年 7 月 1 日偿还该项借款。乙公司累计计入损益的专门借款利息费用为（ ）万元。

A. 187.5　　B. 115.5

C. 157.17　　D. 53

【解析】 专门借款的费用化期间是 2×19 年 7 月 1 日至 2×19 年 9 月 30 日以及 2×21 年 1 月 1 日至 2×21 年 6 月 30 日，共 9 个月。至 2×19 年 9 月 30 日，未动用专门借款为 5000 万元。至 2×21 年 1 月 1 日，未动用专门借款 =5000−1200−1000−1500−800=500（万元），乙公司累计计入损益的专门借款利息费用 =（5000×5%×9/12）−（5000×0.4%×3+500×0.4%×6）=115.5（万元）。

【答案】 B

（二）为购建或者生产符合资本化条件的资产而占用了一般借款的，企业应当根据累计资产支出超过专门借款部分的资产支出加权平均数乘以所占用一般借款的资本化率，计算确定一般借款应予资本化的利息金额。资本化率应当根据一般借款加权平均利率计算确定

有关计算公式如下：

一般借款利息费用资本化金额 = 累计资产支出超过专门借款部分的资产支出加权平均数 × 所占用一般借款的资本化率

累计资产支出加权平均数 =Σ（每笔资产支出金额 × 该笔资产支出在当期所占用的天数 / 当期天数）

所占用一般借款的资本化率 = 所占用一般借款加权平均利率 = 所占用一般借款利息之和 ÷ 所占用一般借款本金之和 ×100%

相关链接

一般借款加权平均年利率的计算，存在不同的理解，参见 P311 本章疑难问题解答 1。

【提示】一般借款利息费用化金额 = 全部利息费用 − 资本化金额

（三）每一会计期间的利息资本化金额，不应当超过当期相关借款实际发生的利息金额

经典题解

【真题 10 · 单选题】20×8 年 1 月 1 日，甲公司为购建生产线借入 3 年期专门借款 3000 万元，年利率为 6%。当年度发生与购建生产线相关的支出包括：1 月 1 日支付材料款 1800 万元；3 月 1 日支付工程进度款 1600 万元；9 月 1 日支付工程进度款 2000 万元。甲公司将暂时未使用的专门借款用于货币市场投资，月利率为 0.5%，除专门借款外，甲公司尚有两笔流动资金借款：一笔为 20×7 年 10 月借入的 2 年期借款 2000 万元，年利率为 5.5%；另一笔为 20×8 年 1 月 1 日借入的 1 年期借款 3000 万元，年利率为 4.5%。假定上述借款的实际利率与名义利率相同，不考虑其他因素，甲公司 20×8 年度应予资本化的一般借款利息金额是（　　）。（2019 年）

A. 45 万元　　B. 49 万元

C. 60 万元　　D. 55 万元

【解析】一般借款资本化率 =（2000×5.5%+3000×4.5%）/（2000+3000）×100%=4.9%，一般借款利息资本化金额 =（1800+1600−3000）×4.9%×10/12+2000×4/12×4.9%=49（万元）。

【答案】B

【真题 11 · 多选题】甲公司为房地产开发企业，主要从事商品房的开发和销售。2×17 年度，甲公司发生的有关交易或事项如下：（1）1 月 10 日，经拍卖取得一块 70 年使用权的土地，用于建造自用的实验室；（2）为开发商品房占用了一般借款；（3）将未使用的一般借款用于短期投资。甲公司没有专门借款，按开发商品房发生的累计支出加权平均数乘以所占用一般借款的资本化率计算确定资本化利息金额。不考虑其他因素，下列各项中关于甲公司上述交易或事项会计处理的表述中，正确的有（　　）。（2018 年）

A. 将一般借款的资本化利息金额计入所开发商品房的成本

B. 将一般借款用于短期投资获得的收益冲减所开发商品房的成本

C. 将建造自用实验室的土地 2×17 年度的摊销额计入所开发商品房的成本

D. 将建造自用实验室的土地确认为无形资产并按 70 年摊销

【解析】一般借款用于短期投资获得的收益应冲减一般借款利息费用化金额，

不影响开发商品房成本，选项B错误；建造自用实验室的土地2×17年度的摊销额应计入所建造实验室成本或当期损益，选项C错误。

【答案】AD

值得说明的是，自行开发建造厂房等建筑物，土地使用权与建筑物应当分别进行会计处理，土地使用权的账面价值不与地上建筑物合并计算其成本，而仍作为无形资产进行会计处理。在该情形下，土地使用权在取得时通常已达到预定使用状态，土地使用权不满足借款费用准则规定的"符合资本化条件的资产"定义。因此，根据借款费用准则，企业应当以建造支出（包括土地使用权在房屋建造期间计入在建工程的摊销金额）为基础，而不是以土地使用权支出为基础，确定应予资本化的借款费用金额。

房地产开发企业，取得的土地使用权用于建造对外出售的房屋建筑物，相关的土地使用权应当计入所建造的房屋建筑物成本。在该情况下，建造的房屋建筑物满足借款费用准则规定的"符合资本化条件的资产"定义。因此，根据借款费用准则，企业应当以包括土地使用权支出的建造成本为基础，确定应予资本化的借款费用的金额。

二、外币专门借款汇兑差额资本化金额的确定

在资本化期间内，外币专门借款本金及利息的汇兑差额，应当予以资本化，计入符合资本化条件的资产成本。而除外币专门借款之外的其他外币借款本金及其利息所产生的汇兑差额应当作为财务费用，计入当期损益。

要点小贴士

外币一般借款的汇兑差额计入当期损益，不予资本化。

经典题解

【真题12·多选题】在资本化期间，下列各项有关借款费用会计处理的表述中，正确的有（　　）。（2021年）

A. 所购建的符合资本化条件的资产的各部分分别完工，且每个部分可供单独使用，应当停止与该部分资产相关的借款费用资本化

B. 外币借款本金及其利息所产生的汇兑差额应当予以资本化

C. 由于市场行情不景气，企业暂停了房地产开发建设2个月，该2个月内的借款费用应当资本化

D. 专门借款当期实际发生的利息费用减去尚未动用的专门借款进行暂时性投资取得的投资收益后的金额，计入在建工程成本

【解析】除外币专门借款之外的其他外币借款本金及利息所产生的汇兑差额应当作为财务费用计入当期损益，选项B错误。

【答案】ACD

考试加油站

一、本章小结

下载“会计云课堂”App 学习

您已成功完成“第十一章”的学习，本章共 8 个考点，您都学会了吗？

为了让您对章节有更清晰的理解，加倍巩固。本书作者张志凤老师将通过**“视频导图课”**的方式，带您回顾重要考点。

名师点拨，视听结合，高效提分。

※ 欢迎您扫码，免费观看学习。

二、本章疑难问题解答

1. 一般借款如何计算加权平均年利率？

答：假定甲公司 2×20 年 1 月 1 日取得一笔一般借款 1000 万元，年利率为 6%；2×20 年 7 月 1 日又取得一笔一般借款 2000 万元，年利率为 8%。2×20 年 1 月 1 日至 2×20 年 6 月 30 日只占用年利率为 6% 的一般借款，无加权平均利率计算的问题。2×20 年 7 月 1 日开始，占用两笔一般借款，加权平均利率计算如下图所示（假设一年为 360 天）：

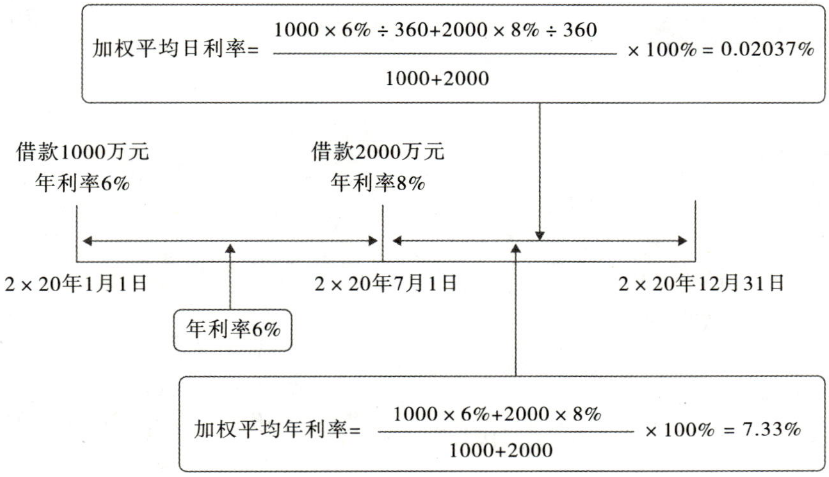

有观点认为，加权平均利率不分段计算，而是以日历年度计算，即 2×20 年加权平均利率 =（1000×6%+2000×8%×6/12）/（1000+2000×6/12）×100%=7%。如果 2×20 年

1月1日占用一笔一般借款800万元，2×20年1月1日至2×20年6月30日是资本化期间，2×20年7月1日至2×20年12月31日是暂停资本化期间，显然计算资本化金额的利率是6%，而不是7%，即2×20年借款利息资本化金额=800×6/12×6%=24（万元），因此，加权平均利率以日历年度计算是不合适的。

2. 如何计算借款费用资本化金额和费用化金额?

答：如下表所示：

	专门借款	一般借款
资本化利息费用	资本化利息费用金额＝资本化期间专门借款本金发生的利息金额－资本化期间闲置资金的投资收益或利息收入（与专门借款的具体支出数无关，资本化期间发生的全部利息均应资本化）	资本化利息费用金额＝累计资产支出超过专门借款部分的资产支出加权平均数×一般借款资本化率
费用化利息费用	费用化利息费用金额＝费用化期间专门借款本金发生的利息金额－费用化期间闲置资金的投资收益或利息收入	费用化利息费用金额＝一般借款利息总额－一般借款资本化利息费用

同步强化练习题

一、单项选择题

1. 2×20年2月1日，甲公司为建造一栋厂房向银行取得一笔专门借款。2×20年3月5日，以该借款支付前期订购的工程物资款。因征地拆迁发生纠纷，该厂房延迟至2×20年7月1日才开工兴建，开始支付其他工程款。2×21年8月31日，该厂房建造完成，达到预定可使用状态。2×21年9月30日，甲公司办理工程竣工决算。不考虑其他因素，甲公司该笔借款费用的资本化期间为（　　）。

A. 2×20年2月1日至2×21年9月30日

B. 2×20年3月5日至2×21年8月31日

C. 2×20年7月1日至2×21年8月31日

D. 2×20年7月1日至2×21年9月30日

2. 甲公司为建造一项固定资产于2×21年1月1日发行5年期公司债券。该债券面值总额为5000万元，票面年利率为6%，发行价格为5216.47万元，每年年末支付当年利息，到期还本。建造工程于2×21年1月1日开工，年末尚未完工。该建造工程在2×21年度发生的资产支出如下：1月1日支出1200万元，6月1日支出1500万元，12月1日支出1500万元。甲公司按照实际利率法确认利息费用，实际年利率为5%。闲置资金均用于固定收益短期债券投资，月收益率为0.3%。假定不考虑其他因素，2×21年度专门借款利息费用资本化金额为（　　）万元。

A. 260.82

B. 152.23

C. 300

D. 200.23

3. 某企业于2×20年1月1日从银行取得一笔专门借款1200万元用于固定资产的建造，年利率为8%，期限为两年。至2×21年1月1日该固定资产建造已发生资产支出1200万元，该企业于2×21年1月1日从银行另取得一笔1年期一般借款600万元，年利率为6%，借入款项存入银行。工程预计于2×21年年底达到预定可使用状态。2×21年2月1日开始占用一般借款，以银行存款支付工程价款300万元，2×21年10月1日用银行存款支付工程价款300万元。工程项目于2×21年4月1日至2×21年7月31日发生非正常中断，2×21年8月1日工程恢复施工，2×21年年末工程完工，建造固定资产达到预定可使用状态。假定工程建造期间企业只有上述一笔一般借款，则该企业2×21年借款费用资本化金额为（　　）万元。

A. 79

B. 64

C. 190

D. 15

4. 甲公司2×21年1月1日发行面值总额为10000万元的债券，取得的款项专门用于建造厂房。该债券系分期付息、到期还本债券，期限为4年，票面年利率为10%，实际年利率为8%，每年12月31日支付当年利息。债券发行价格总额为10662.10万元，款项已存入银行。厂房于2×21年1月1日开工建造并发生相关支出，2×21年度累计发生建造工程支出4907.03万元。经批准，当年甲公司将尚未使用的债券资金投资于国债，取得投资收益760万元。2×21年12月31日工程尚未完工，2×21年年末该在建工程的账面余额为（　　）万元。

A. 4907.03

B. 5147.03

C. 5000

D. 5760

5. 甲公司采用出包方式建设一条生产线。生产线建设工程于2×21年1月1日开工并支付工程款，至2×21年12月31日尚未完工。为该生产线建设筹集资金的情况如下：2×21年1月1日，按每张98元的价格折价发行分期付息、到期还本的公司债券30万张。该债券每张面值为100元，期限为3年，票面年利率为5%，实际年利率为6%，利息于每年年末支付。在扣除手续费20.25万元后，发行债券所得资金2919.75万元已存入银行，专门用于支付工程款。2×21年度尚未占用的债券资金取得的银行存款利息收入为20万元。甲公司2×21年度应予资本化的借款费用为（　　）万元。

A. 175.19

B. 155.19

C. 170.25

D. 155.25

6. 甲公司建造一条生产线，该工程预计工期为两年，建造活动自2×21年7月1日开始，当日预付承包商建造工程款3000万元。10月1日，追加支付工程进度款2000万元。甲公司该生产线建造工程占用借款包括：(1)2×21年6月1日借入的三年期专门借款4000万元，年利率6%；(2)2×21年1月1日借入的两年期一般借款3000万元，年利率7%。甲公司将闲置部分专门借款投资货币市场基金，月收益率为0.6%，不考虑其他因素。2×21年甲公司该生产线建造工程应予资本化的利息费用为(　　)万元。
A．119.5
B．122.5
C．137.5
D．139.5

7. 2×20年1月1日，甲公司取得专门借款2000万元直接用于支付当日开工建造的厂房工程款，2×20年累计发生建造支出1800万元。2×21年1月1日，甲公司又取得一笔一般借款500万元，期限为2年，年利率为6%，当天发生建造支出400万元，以借入款项支付(甲公司无其他一般借款)。甲公司2×21年第一季度末发生其他关于厂房建设的支出，至2×21年第一季度末，该厂房建造尚未完工。不考虑其他因素，甲公司按季计算利息资本化金额。2×21年第一季度甲公司应予资本化的一般借款利息费用为(　　)万元。
A．6
B．3
C．1.5
D．9

8. 甲公司于2×21年7月1日正式动工兴建一栋办公楼，工期预计为2年，工程采用出包方式，甲公司分别于2×21年7月1日和10月1日支付工程进度款2000万元和4000万元。甲公司为建造办公楼占用了两笔一般借款：(1)2×20年8月1日向某商业银行借入长期借款2000万元，期限为3年，年利率为6%，按年支付利息，到期还本；(2)2×20年1月1日按面值发行公司债券20000万元，期限为3年，票面年利率为8%，每年年末支付利息，到期还本。甲公司上述一般借款2×21年计入财务费用的金额为(　　)万元。
A．2000
B．156.4
C．1563.6
D．1720

9. 2×21年7月1日，乙公司为兴建厂房从银行借入专门借款20000万元，借款期限为2年，年利率为5%，借款利息按季支付。乙公司于2×21年10月1日正式开工兴建厂房，预计工期为1年零3个月，工程采用出包方式建造。乙公司于开工当日、2×21年12月31日分别支付工程进度款4800万元和4000万元。乙公司自借入款项起，将闲置的借款资金投资于固定收益债券，月收益率为0.4%。不考虑其他因素，乙公司2×21年计入财务费用的金额为(　　)万元。
A．250
B．125
C．500
D．10

10. 2×21年3月1日，甲公司为购建厂房借入专门借款5000万元，借款期限为2年，年利率10%。2×21年4月1日，甲公司购建活动开始并向施工方支付了第一笔款项2000万元，预计工期为2年。在施工过程中，甲公司与施工方发生了质量纠纷，施工活动从2×21年7

月1日起发生中断。2×21年12月1日，质量纠纷得到解决，施工活动恢复，未发生其他支出。假定甲公司闲置借款资金均用于固定收益债券短期投资，月收益率为0.5%。甲公司该在建厂房2×21年度资本化的利息费用为（　　）万元。

A. 166.67　　B. 106.67

C. 240　　D. 375

11. 在确定借款费用资本化金额时，资本化期间内与一般借款有关的利息收入应（　　）。

A. 冲减当期财务费用

B. 计入营业外收入

C. 冲减借款费用资本化的金额

D. 计入其他综合收益

12. 2×21年7月1日甲公司为新建生产车间而向商业银行借入专门借款4000万元，年利率为4%，款项已存入银行。至2×21年12月31日，因建筑地面上建筑物的拆迁补偿问题尚未解决，建筑地面上原建筑物尚未开始拆迁；该笔借款存入银行所获得的利息收入为39.6万元，不考虑其他因素。甲公司2×21年度就上述借款应予以资本化的利息费用为（　　）万元。

A. 80　　B. 0.4

C. 40.4　　D. 0

二、多项选择题

1. 借款费用准则中的资产支出包括（　　）。

A. 为购建符合资本化条件的资产而支付现金

B. 为购建符合资本化条件的资产而转移非现金资产

C. 为购建符合资本化条件的资产而以承担带息债务形式发生的支出

D. 赊购工程物资（不带息）

2. 下列项目中，属于借款费用应予资本化的资产范围的有（　　）。

A. 经过13个月的购建达到预定可使用状态的投资性房地产

B. 需要18个月的生产活动才能达到可销售状态的存货

C. 经过24个月建造才能达到预定可使用状态的在建工程

D. 经过8个月的建造即可达到预定可使用状态的生产设备

3. 下列关于借款费用暂停资本化或停止资本化的表述中，正确的有（　　）。

A. 资产在购建或者生产过程中发生了非正常中断，且中断时间连续超过3个月的，应当暂停借款费用资本化

B. 资产在购建或者生产过程中发生了正常中断，且中断时间连续超过3个月的，应当暂停借款费用资本化

C. 资产在购建或者生产过程中发生的中断符合资产达到预定可使用或者可销售状态必要的程序，借款费用的资本化应当继续

D. 所建造符合资本化条件的资产的支出基本不再发生时，应停止借款费用资本化

4. A公司于2×20年12月25日动工兴建一栋办公楼，工程采用出包方式建造，预计工程于2×22年6月30日完工并达到预定可使用状态。2×21年3月1日至2×21年5月31日接受正常工程检查停工3个月。其他资料如下：（1）公司为建造办公楼于2×20年12月31日取得专门借款6000万元；（2）办公楼的建造还占用了两笔一般借款；（3）建造工程于2×21年1月1日发生第一笔资产支出4000万元，且工程于2×22年6月30日如期完工。下列关于借款费用资本化时点的说法中，正确的有（　　）。

A. 借款费用开始资本化的时点是2×20年12月25日

B. 借款费用开始资本化的时点是2×21年1月1日

C. 借款费用在2×21年3月1日至2×21年5月31日应暂停资本化

D. 借款费用停止资本化的时点是2×22年6月30日

5. 在确定借款费用暂停资本化的期间时，应当区别正常中断和非正常中断。下列各项中，属于非正常中断的有（　　）。

A. 与工程建设有关的劳动纠纷导致的停工

B. 发生安全事故导致的中断

C. 与施工方发生质量纠纷造成的停工

D. 资金周转困难导致的中断

6. 下列关于借款费用资本化的表述中，正确的有（　　）。

A. 研发支出符合资本化条件，预计再开发1年以上才能达到预定用途，与之相关的借款利息应予资本化

B. 在建项目占用一般借款的，其借款利息符合资本化条件的部分可以资本化

C. 房地产开发企业不应将用于项目开发的借款费用资本化计入开发成本

D. 一般借款应予资本化的利息金额等于累计资产支出超过专门借款部分的资产支出加权平均数乘以所占用的一般借款的资本化率

7. 甲公司于2×19年12月1日正式动工兴建一幢厂房，工期预计为1年零6个月，工程采用出包方式，分别于2×20年1月1日、2×20年7月1日和2×21年1月1日支付工程进度款1500万元、2500万元和1500万元。甲公司为建造厂房于2×20年1月1日取得一笔专门借款2000万元，借款期限为3年，年利率为6%。另外在2×20年7月1日又借入一笔专门借款4000万元，借款期限为5年，年利率为7%。借款利息按年支付（假定借款名义利率与实际利率均相同）。闲置借款资金均用于固定收益债券短期投资，该短期投资月收益率为0.5%。厂房于2×21年6月30日达到预定可使用状态，并于2×21年8月15日办理竣工决算。关于甲公司借款费月的会计处理，下列说法正确的有（　　）。

A. 借款费用开始资本化的时点是2×20年1月1日，借款费用停止资本化的时点是2×21年6月30日

B. 2×20年专门借款发生的利息费用金额为260万元

C. 专门借款利息资本化金额的计算不考虑资产支出

D. 2×20年利息资本化金额为185万元

8. 关于借款费用，下列说法中正确的有（　　）。

A. 在资本化期间内，外币专门借款本金及利息的汇兑差额应计入当期损益

B. 购建固定资产过程中，每一会计期间的利息资本化金额，不应当超过当期相关借款实际发生的利息金额

C. 符合资本化条件的资产，是指需要经过相当长时间的购建或者生产活动才能达到预定可使用或者可销售状态的固定资产、投资性房地产和存货等资产

D. 专门借款的利息资本化金额的计算需要考虑资产支出加权平均数

9. 甲公司于2×21年1月1日动工兴建一栋办公楼，工程采用出包方式。工程于2×22年6月30日完工，达到预定可使用状态。相关资料如下：（1）甲公司为建造办公楼于2×21年1月1日取得专门借款12000万元，借款期限为3年，年利率为5%，按年支付利息。除此之外，无其他专门借款；（2）办公楼的建造还占用两笔一般借款：①2×20年12月1日取得长期借款12000万元，借款期限为3年，年利率为6%，按年支付利息；

②2×21年1月1日取得长期借款8000万元，期限为5年，年利率为7%，按年支付利息；(3)闲置专门借款资金用于固定收益债券短期投资，假定短期投资月收益率为0.5%；(4)建造工程资产支出如下：2×21年1月1日，支出9000万元；2×21年7月1日，支出15000万元；2×21年12月31日，支出2000万元；2×22年1月1日，支出5000万元。假定不考虑其他因素，下列关于2×21年借款利息资本化金额和费用化金额的计算正确的有(　　)。

A. 专门借款利息资本化金额为510万元

B. 一般借款利息资本化金额为384万元

C. 借款费用资本化金额合计为894万元

D. 借款费用费用化金额合计为896万元

10. 甲公司产品已经打入美国市场，为节约生产成本，决定在当地建造生产工厂设立分公司，2×21年1月1日，为该工程项目专门向当地银行借入1000万美元，年利率为8%，期限为3年，假定不考虑与借款有关的辅助费用。合同约定，甲公司于每年末计提利息并于次年1月1日支付上年度借款利息，到期偿还借款本金。工程于2×21年1月1日开始实体建造并以银行存款支付相关工程款，2×22年6月30日完工，达到预定可使用状态。甲公司的记账本位币为人民币，外币业务采用外币业务发生当日即期汇率即市场汇率折算。相关汇率如下：2×21年1月1日，市场汇率为1美元=6.70元人民币；2×21年12月31日，市场汇率为1美元=6.75元人民币。甲公司下列会计处理中正确的有(　　)。

A. 2×21年1月1日长期借款入账金额为6700万元人民币

B. 2×21年12月31日应付利息为540万元人民币

C. 2×21年12月31日外币借款本金的汇兑差额为50万元人民币

D. 2×21年12月31日外币借款利息的汇兑差额为0

三、计算分析题

甲股份有限公司(以下简称“甲公司”)拟自建一条生产线，与该生产线建造相关的情况如下：

(1)2×21年1月1日甲公司按面值发行为期3年、票面年利率为6%的可转换公司债券80万份，每份面值为100元，款项已收存银行。该债券为每年1月1日支付上一年的利息、到期一次还本的可转换公司债券，专门筹集生产线建设资金。每份债券均可在债券发行一年后的任何时间转换为10股甲公司的普通股。甲公司发行债券时，二级市场上与之类似的没有附带转换权的债券市场利率为9%。上述可转债已完成相关登记手续。

(2)甲公司除上述所发行可转换公司债券外，还存在两笔流动资金借款：一笔于2×20年10月1日借入，本金为2000万元，年利率为6%，期限为2年；另一笔于2×20年12月1日借入，本金为3000万元，年利率为7%，期限为1年6个月。

(3)生产线建造工程于2×21年1月1日开工，采用外包方式进行，预计工期为1年半。有关建造支出情况如下：
2×21年1月1日，支付建造商4000万元；
2×21年5月1日，支付建造商2000万元；
2×21年8月1日，支付建造商3000万元。
至2×21年12月31日，该工程尚未完成建造。

(4)甲公司将闲置专门借款资金投资固定收益理财产品并收到款项存入银行，

月收益率为0.5%。

其他资料：

（1）假定不考虑增值税等其他税费的影响；

（2）（P/F，9%,3）=0.7722,（P/A，9%,3）=2.5313。

要求：

（1）计算2×21年1月1日该可转换公司债券的摊余成本，并编制相关会计分录。

（2）计算甲公司2×21年专门借款利息应予资本化的金额，并编制相关会计分录。

（3）计算甲公司2×21年一般借款利息应予资本化的金额，并编制相关会计分录。

同步强化练习题参考答案及解析

使用“会计云课堂”App或“微信”扫码对答案、看解析、掌握解题思路，开启轻松过关之旅。

一、单项选择题

1.【答案】C

【解析】2×20年7月1日借款费用满足开始资本化的条件，2×21年8月31日所建造厂房达到预定可使用状态，应停止借款费用资本化，故借款费用资本化期间为2×20年7月1日至2×21年8月31日。

2.【答案】B

【解析】该专门借款闲置资金分别为：1月1日到5月31日4016.47万元（5216.47-1200），6月1日到11月30日2516.47万元（4016.47-1500），12月1日到12月31日1016.47万元（2516.47-1500）。2×21年度专门借款利息费用资本化金额=5216.47×5%-（4016.47×0.3%×5+2516.47×0.3%×6+1016.47×0.3%×1）=152.23（万元）。

3.【答案】A

【解析】2×21年专门借款资本化期间为8个月，专门借款利息资本化金额=1200×8%×8/12=64（万元）；一般借款资本化期间为7个月（2月1日至3月31日，8月1日至12月31日），一般借款利息资本化金额=300×7/12×6%+300×3/12×6%=15（万元）。2×21年借款费用的资本化金额=64+15=79（万元）。

4.【答案】C

【解析】在资本化期间，专门借款发生的利息费用，扣除尚未动用的专门借款对外投资取得的收益后的金额应当资本化。2×21年年末该在建工程的账面余额=累计发生的工程支出4907.03+专门借款资本化利息费用（10662.10×8%-760）=5000（万元）。

5.【答案】B

【解析】甲公司2×21年度应资本化的借款费用=2919.75×6%-20=155.19（万元）。

6.【答案】A

【解析】2×21年应予资本化的利息费用=（4000×6%×6/12-1000×0.6%×3）+1000×7%×3/12=119.5（万元）。

7.【答案】B

【解析】2×21年1月1日发生的资产支出400万元只占用一般借款200万元（1800+400-2000），2×21年第一季度甲公司应予资本化的一般借款利息费用=200×6%×3/12=3（万元）。

8.【答案】C

【解析】2×21年所占用一般借款的资本化率=(2000×6%+20000×8%)/(2000+20000)×100%=7.82%，2×21年所占用一般借款累计资产支出加权平均数=2000×6/12+4000×3/12=2000（万元），2×21年一般借款利息应予资本化的金额=2000×7.82%=156.4（万元），2×21年计入财务费用的金额=(2000×6%+20000×8%)-156.4=1563.6（万元）。

9.【答案】D

【解析】2×21年费用化期间是7月1日至9月30日，计入财务费用的金额=20000×5%×3/12-20000×0.4%×3=10（万元）。

10.【答案】B

【解析】资本化期间为4个月(4月、5月、6月、12月)，7月1日到11月30日发生非正常中断应暂停借款费用资本化，故该在建厂房2×21年度资本化的利息费用=5000×10%×4/12-（5000-2000）×0.5%×4=106.67（万元）。

11.【答案】A

【解析】无论是资本化期间，还是费用化期间，一般借款的利息收入均冲减财务费用。

12.【答案】D

【解析】资产支出及使资产达到预定可使用或可销售状态所必需的购建或者生产活动均未发生，不符合开始资本化的条件，所以应予以资本化的利息费用为零。

二、多项选择题

1.【答案】ABC

【解析】选项D,赊购工程物资（不带息），由于没有承担利息费用，不属于发生资产支出。

2.【答案】ABC

【解析】符合资本化条件的资产，是指需要经过相当长时间（通常为一年或一年以上）的购建或者生产活动才能达到预定可使用或者可销售状态的固定资产、投资性房地产和存货等资产。

3.【答案】ACD

【解析】资产在购建或者生产过程中发生了非正常中断，且中断时间连续超过3个月的，应当暂停借款费用资本化，选项B错误。

4.【答案】BD

【解析】借款费用开始资本化时点是2×21年1月1日，选项A错误；2×21年3月1日至2×21年5月31日属于正常停工不需要对借款费用暂停资本化，选项C错误。

5.【答案】ABCD

【解析】非正常中断，通常是由于企业管理决策上的原因或者其他不可预见的原因等所导致的中断。例如，企业因与施工方发生质量纠纷、资金周转困难、发生安全事故、发生劳动纠纷等原因导致的中断。

6.【答案】ABD

【解析】房地产开发企业用于项目开发的借款费用符合资本化条件的应计入开发成本，选项 C 错误。

7.【答案】ABCD

【解析】借款费用开始资本化的时点是 2×20 年 1 月 1 日，停止资本化的时点是 2×21 年 6 月 30 日，选项 A 正确；2×20 年专门借款发生的利息支出金额 =2000× 6%+4000×7%×6/12=260（万元），选项 B 正确；一般借款利息资本化金额的计算要考虑资产支出加权平均数，与资产支出挂钩，专门借款不考虑，选项 C 正确；2×20 年度专门借款闲置资金金额分别为 2×20 年 1 月 1 日至 6 月 30 日 500 万元（2000–1500），2×20 年 7 月 1 日至 12 月 31 日 2000 万元（500+4000–2500）。2×20 年短期投资收益 =500×0.5%×6+2000×0.5%×6=75（万元），2×20 年利息资本化金额 =260–75=185（万元），选项 D 正确。

8.【答案】BC

【解析】选项 A，在资本化期间内，外币专门借款本金及利息的汇兑差额，应当予以资本化，计入符合资本化条件的资产成本；选项 D，专门借款利息资本化金额为资本化期间专门借款当期实际发生的利息费用减去尚未动用的专门借款资金存入银行取得的利息收入或进行暂时性投资取得的投资收益后的金额，不需要计算累计资产支出加权平均数。

9.【答案】ABCD

【解析】① 2×21 年专门借款利息资本化金额 =12000×5%– 固定收益债券短期投资收益 3000×6×0.5%=510（万元），费用化金额为 0；② 2×21 年一般借款利息费用金额 =12000×6%+8000×7%=1280（万元），占用一般借款的累计资产支出加权平均数 =（9000+15000–12000）×6/12= 6000（万元），一般借款资本化率 =（12000×6%+8000×7%）/（12000+8000）×100%=6.4%，一般借款利息资本化金额 =6000×6.4%=384（万元），一般借款利息费用化金额 =1280–384=896（万元）；③ 2×21 年借款利息资本化金额合计 =510+384=894（万元），2×21 年借款利息费用化金额合计 =0+896=896（万元）。

10.【答案】ABCD

【解析】2×21 年 1 月 1 日长期借款入账金额 =1000×6.70=6700（万元人民币），选项 A 正确；2×21 年 12 月 31 日应付利息 =1000×8%×6.75=540（万元人民币），选项 B 正确；2×21 年 12 月 31 日外币借款本金的汇兑差额 =1000×（6.75–6.70）=50（万元人民币），选项 C 正确；2×21 年 12 月 31 日外币借款利息的汇兑差额 =1000×8%×（6.75–6.75）=0，选项 D 正确。

三、计算分析题

【答案】

（1）2×21 年 1 月 1 日该可转换公司债券的摊余成本 =80×100×0.7722+80×100×6%×2.5313=7392.62（万元）。

会计分录如下：

2×21 年 1 月 1 日

借：银行存款　8000

　　应付债券—可转换公司债券（利息调整）　607.38

　贷：应付债券—可转换公司债券（面值）　8000

　　　其他权益工具　607.38

（2）2×21 年专门借款应确认的利息费用 =7392.62×9%=665.34（万元），2×21 年专门借款闲置资金用于投资取得的收益 =（7392.62–4000）×0.5%×4+（7392.62–4000–2000）×0.5%×3=88.74

（万元）；2×21 年专门借款利息资本化金额 =665.34–88.74=576.60（万元）。

会计分录如下：

借：在建工程　　576.60

　　银行存款　　88.74

　贷：应付利息　　480（80×100×6%）

　　　应付债券—可转换公司债券（利息调整）　　185.34（665.34–480）

（3）2×21 年一般借款应确认的利息费用 =2000×6%+3000×7%=330（万元）；一般借款平均资本化率 =（2000×6%+3000×7%）/（2000+3000）×100%=6.6%；至 2×21 年 8 月 1 日，发生建造支出 =4000+2000+3000=9000（万元），1 月 1 日和 5 月 1 日发生的支出占用的均为专门借款，8 月 1 日支出占用一般借款 =9000–7392.62=1607.38（万元）；所占用一般借款累计资产支出加权平均数 =1607.38×5/12=669.74（万元），一般借款利息资本化金额 = 669.74×6.6%=44.20（万元），一般借款利息费用化金额 =330–44.2=285.80（万元）。

会计分录如下：

借：在建工程　　44.20

　　财务费用　　285.80

　贷：应付利息　　330

第十二章　或有事项

CHAPTER-12

本章学习指南

一、学习目标

1. 理解或有事项的概念和特征、或有负债和或有资产。
2. 掌握或有事项的确认和计量。
3. 理解未决诉讼或未决仲裁、债务担保的会计处理。
4. 掌握产品质量保证、亏损合同和重组义务的会计处理。
5. 理解或有事项的列报。

二、考情概况

本章考题一般为客观题，分数适中，属于比较重要章节。

三、教材变化

（1）增加“履行合同义务不可避免会发生的成本”相关表述；（2）修改原教材错误表述。

四、考点地图

考点	年份 / 题型
或有事项的会计处理	2021 年单选题、2021 年多选题、2020 年单选题
或有事项确认负债和资产	2019 年多选题
预计负债的计算	2019 年单选题

核心考点精讲

提示

或有事项并不难，包含内容谈一谈。具体内容您再探，认真分数就能赚。本章本身难度不大，却常与资产负债表日后事项、差错更正等章节结合出题。二维码是邀请函，扫扫就能解疑难。

第一节 或有事项概述

使用“会计云课堂”App 或“微信”扫码查看本节视频，快速 GET 知识点。

一、或有事项的概念和特征

或有事项，是指过去的交易或者事项形成的，其结果须由某些未来事项的发生或不发生才能决定的不确定事项。

或有事项具有以下特征：

（1）由过去的交易或事项形成。即或有事项的现存状况是过去交易或事项引起的客观存在。

（2）结果具有不确定性。即或有事项的结果是否发生具有不确定性，或者或有事项的结果预计将会发生，但发生的具体时间或金额具有不确定性。

（3）结果由未来事项决定。即或有事项的结果只能由未来不确定事项的发生或不发生才能决定。

常见的或有事项：未决诉讼或未决仲裁、债务担保、产品质量保证（含产品安全保证）、环境污染整治、承诺、亏损合同、重组义务等。

要点小贴士

未来可能发生的自然灾害、交通事故、经营亏损等事项，不属于企业会计准则规范的或有事项。

名师点拨

固定资产计提折旧、无形资产计提摊销均不属于或有事项。

经典题解

【例题1·多选题】下列事项中，属于或有事项的有（　　）。

A. 对债务单位提起诉讼　　B. 对售出商品提供售后担保

C. 固定资产计提折旧　　D. 为子公司的贷款提供担保

【解析】固定资产计提折旧，其价值最终会转移到成本或费用中是确定的，该事项的结果是确定的，因此固定资产计提折旧不是或有事项。

【答案】ABD

二、或有负债和或有资产

或有负债，是指过去的交易或者事项形成的潜在义务，其存在须通过未来不确定事项的发生或不发生予以证实；或过去的交易或者事项形成的现时义务，履行该义务不是很可能导致经济利益流出企业或该义务的金额不能可靠计量。

或有资产，是指过去的交易或者事项形成的潜在资产，其存在须通过未来不确定事项的发生或不发生予以证实。

或有负债和或有资产不符合负债或资产的定义和确认条件，企业不应当确认或有负债和或有资产，但应在符合条件时进行相应的披露。

经典题解

【例题2·单选题】根据或有事项准则的规定，下列有关或有事项的表述中，正确的是（　　）。

A. 由于担保引起的或有事项随着被担保人债务的全部清偿而消失

B. 只有对本单位产生有利影响的事项，才能作为或有事项

C. 或有资产与或有负债相联系，有或有资产就有或有负债

D. 对于或有事项既要确认或有负债，也要确认或有资产

【解析】由于被担保人债务全部清偿，担保人不再存在或有事项，选项A正确。

【答案】A

或有事项的内容如下图所示：

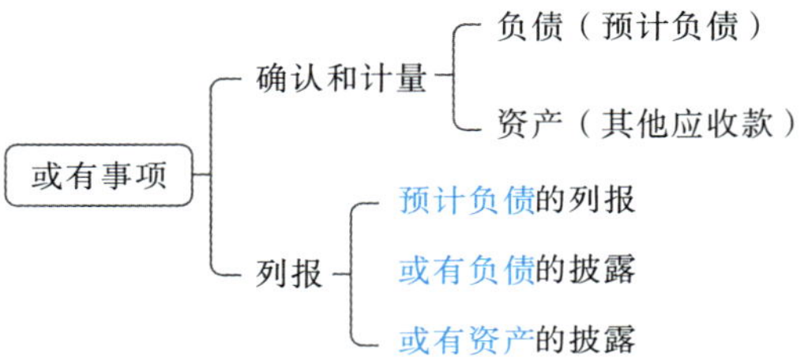

第二节　或有事项的确认和计量

使用"会计云课堂"App或"微信"扫码查看本节视频，快速GET知识点。

一、或有事项的确认

名师点拨

如果或有事项确认负债的三个条件没有同时满足，则属于或有负债。

与或有事项相关的义务同时满足以下条件的，应当确认为预计负债：

（一）该义务是企业承担的现时义务

（二）履行该义务很可能导致经济利益流出企业，即：企业履行与或有事项相关的现时义务将导致经济利益流出企业的可能性应超过50%

履行或有事项相关义务导致经济利益流出的可能性，通常按照下列情况判断：

项目	发生的概率区间
基本确定	95% <发生的可能性< 100%
很可能	50% <发生的可能性≤ 95%
可能	5% <发生的可能性≤ 50%
极小可能	0 <发生的可能性≤ 5%

（三）该义务的金额能够可靠地计量

二、预计负债的计量

或有事项的计量主要涉及两方面：一是对最佳估计数的确定；二是对预期可获得补偿的处理。

（一）最佳估计数的确定

预计负债应当按照履行相关现时义务所需支出的最佳估计数进行初始计量，图示如下：

最佳估计数
- 连续范围、等概率：取中间值（算术平均数）
- 其他情况
  - 单个项目：最可能发生的金额
  - 多个项目：按照各种可能结果及相关概率计算确定（加权平均数）

要点小贴士

在产品质量保证中，企业销售的商品，有些没有质量问题，有些有较小质量问题，有些有较大质量问题，这几个事项同时存在，属于多个项目，要用加权平均数计算最佳估计数（将发生的概率作为权重）。

经典题解

【例题 3】假定 2×21 年销售额为 1000 万元。

	无质量问题	较小质量问题	较大质量问题
保修费占销售额比重	0	2%	7%
发生的概率	90%	8%	2%

加权平均计算的保修费占销售额比重 =0×90%+2%×8%+7%×2%= 0.3%；

预提产品质量保证费用 =1000×0.3%=3（万元）。

【例题 4·单选题】2×21 年 12 月 10 日，甲公司因合同违约而涉及一桩诉讼案件。根据甲公司的法律顾问判断，最终的判决很可能对甲公司不利。2×21 年 12 月 31 日，甲公司尚未接到法院的判决，因诉讼须承担的赔偿的金额也无法准确地确定。不过，据专业人士估计，赔偿金额可能在 190 万元至 200 万元之间（含甲公司将承担的诉讼费 2 万元），且该范围内支付各种赔偿金额的可能性相同。根据《企业会计准则第 13 号——或有事项》准则的规定，甲公司应在 2×21 年利润表中确认的营业外支出金额为（　　）万元。

A. 190　　B. 193

C. 195　　D. 188

【解析】甲公司应确认的预计负债金额 =（190+200）/2=195（万元），其中，诉讼费 2 万元应计入管理费用，计入营业外支出的金额 =195−2=193（万元）。

【答案】B

名师点拨

（1）或有事项确认为资产的前提条件是或有事项已经确认为负债；

（2）或有事项确认为资产通过“其他应收款”科目核算，不能冲减预计负债的账面价值。

（二）对预期可获得补偿的处理

企业清偿预计负债所需支出全部或部分预期由第三方补偿的，补偿金额只有在基本确定能够收到时才能作为资产单独确认。确认的补偿金额不应超过所确认的负债的账面价值。

1. 或有事项确认负债

借：营业外支出等

　贷：预计负债

2. 或有事项确认资产

借：其他应收款

　贷：营业外支出等

经典题解

【真题 5 · 单选题】20×9 年 12 月 17 日，甲公司因合同违约被乙公司起诉。20×9 年 12 月 31 日，甲公司尚未收到法院的判决。在咨询了法律顾问后，甲公司认为其很可能败诉。预计将要支付的赔偿金额在 400 万元至 800 万元之间，而且该区间内每个金额的可能性相同。如果甲公司败诉并向乙公司支付赔偿，甲公司将要求丙公司补偿其因上述诉讼而导致的损失，预计可能获得的补偿金额为其支付乙公司赔偿金额的 50%。不考虑其他因素，甲公司 20×9 年度因上述事项应当确认的损失金额是（　　）。（2020 年）

A. 300 万元　　B. 400 万元

C. 500 万元　　D. 600 万元

【解析】该未决诉讼应确认预计负债 =（400+800）/2=600（万元）。因可能获得补偿，尚未达到基本确定的程度，不能确认资产从而减少损失。

账务处理如下：

借：营业外支出　　600

　贷：预计负债　　600

【答案】D

【真题 6 · 单选题】20×8 年 7 月，甲公司因生产产品使用的非专利技术涉嫌侵权，被乙公司起诉。20×8 年 12 月 31 日，案件仍在审理过程中。律师认为甲公司很可能败诉，预计赔偿金额在 200 万元至 300 万元之间，如果败诉，甲公司需要支付诉讼费 20 万元，甲公司认为，其对非专利技术及其生产的产品已经购买了保险，如果败诉，保险公司按照保险合同的约定很可能对其进行赔偿，预计赔偿金额为 150 万元。不考虑其他因素，甲公司在其 20×8 年度财务报表中对上述诉讼事项应当确认的负债金额是（　　）。（2019 年）

A. 200 万元　　　　B. 250 万元
C. 150 万元　　　　D. 270 万元

【解析】因未决诉讼确认预计负债的金额 =（200+300）/2+20=270（万元）。很可能从保险公司收到的补偿，尚未达到基本确定的程度，无须处理，即使满足了资产确认条件，或有事项确认为资产通过“其他应收款”科目核算，也不能冲减预计负债的金额。

【答案】D

（三）预计负债的计量需要考虑的其他因素

企业在确定最佳估计数时，应当综合考虑与或有事项有关的风险、不确定性、货币时间价值和未来事项等因素。

三、对预计负债账面价值的复核

企业应当在资产负债表日对预计负债的账面价值进行复核。有确凿证据表明该账面价值不能真实反映当前最佳估计数的，应当按照当前最佳估计数对该账面价值进行调整。

经典题解

【真题 7·单选题】下列各项关于或有事项会计处理的表述中，正确的是（　　）。（2021 年）

A. 企业无须对资产负债表日存在并已确认负债的或有事项的账面价值进行复核

B. 因或有事项符合确认条件而确认的资产和负债应在资产负债表中按净额列报

C. 或有事项涉及的潜在义务应按最可能发生的金额确认相关负债

D. 或有事项符合负债确认条件时，应按最佳估计数进行初始计量

【解析】企业应当在资产负债表日对预计负债的账面价值进行复核，选项 A 错误；因或有事项符合确认条件而确认的资产和负债，应分别在资产负债表中单独列报，不能以净额列报，选项 B 错误；或有事项涉及的潜在义务，不符合负债的确认条件，不能确认负债，选项 C 错误。

【答案】D

【真题 8·单选题】下列各项关于或有事项会计处理的表述中，正确的是（　　）。（2020 年）

A. 基于谨慎性原则将具有不确定性的潜在义务确认为负债

B. 或有资产在预期可能给企业带来经济利益时确认为资产

C. 在确定最佳估计数计量预计负债时考虑与或有事项有关的风险、不确定性、货币时间价值和未来事项

D. 因或有事项预期可获得补偿在很可能收到时确认为资产

【解析】负债是指企业过去的交易或者事项形成的、预期会导致经济利益流出

企业的现时义务，具有不确定性的潜在义务不能确认为负债，选项A错误；或有资产只有在基本确定能收到时，才能作为资产单独确认，选项B和D错误。

【答案】C

【真题9·单选题】下列关于或有事项的表述中，正确的是（　　）。（2015年）

A. 或有事项形成的预计负债是企业承担的现时义务

B. 预计负债应当与其相关的或有资产相抵后在资产负债表中以净额列报

C. 或有事项形成的资产应当在很可能收到时予以确认

D. 预计负债计量应考虑与其相关的或有资产预期处置产生的损益

【解析】选项B，在报表列报时，预计负债与相关资产不能相互抵销；选项C，或有事项确认为资产必须同时满足三个条件：

（1）相关义务已确认为负债；

（2）从第三方或其他方得到的补偿基本确定能收到；

（3）补偿的金额能够可靠地计量；

选项D，预计负债计量应当考虑可能影响履行现时义务所需金额的相关未来事项，但不应考虑预期处置相关资产形成的利得。

【答案】A

第三节　或有事项会计处理的具体应用

使用“会计云课堂”App或“微信”扫码查看本节视频，快速GET知识点。

一、未决诉讼或未决仲裁

对于未决诉讼（或未决仲裁），企业当期实际发生的诉讼（或仲裁）损失金额与已计提的相关预计负债之间的差额，应分别以下不同情况进行处理：

相关预计负债	与当期实际发生的诉讼损失金额之间差额的处理
前期已合理计提	直接计入或冲减当期营业外支出
前期未合理计提	按照前期重大差错更正的有关规定进行会计处理
因前期无法合理预计而未计提	在该损失实际发生的当期，直接计入营业外支出
资产负债表日后期间发生的需要调整或说明的未决诉讼	按照资产负债表日后事项的有关规定进行处理

经典题解

【例题10·单选题】2×21年8月1日，甲公司因产品质量不合格而被乙公司起诉。至2×21年12月31日，该起诉讼尚未判决，甲公司估计很可能承担违约赔偿责任，需要赔偿100万元的可能性为80%，需要赔偿120万元的可能性为20%。

甲公司基本确定能够从直接责任人处追偿60万元。2×21年12月31日，甲公司对该起诉讼应确认的预计负债金额为（　　）万元。

A. 40　　B. 44

C. 100　　D. 104

【解析】或有事项涉及单个项目的，最佳估计数按最可能发生的金额确定，最可能发生的赔偿支出金额为100万元。甲公司基本确定能够从直接责任人处追偿的60万元，应通过“其他应收款”科目核算，不能冲减预计负债的账面价值。

【答案】C

二、债务担保

企业对外提供债务担保常常会涉及诉讼，应分别按照以下不同情况进行处理：

诉讼情况	担保企业的处理
企业（被担保企业）已被判决败诉的	应当按照法院判决的应承担的损失金额确认为负债
一审判决败诉，但被担保企业又上诉	通常应在资产负债表日根据已有判决结果合理估计损失金额，并确认为预计负债
法院尚未判决的	若败诉的可能性大于胜诉的可能性，且损失金额能够合理估计，应在资产负债表日根据预计损失金额确认为预计负债

经典题解

【真题11·多选题】20×4年1月1日，甲公司为乙公司的800万元债务提供50%担保。20×4年6月1日，乙公司因无力偿还该笔到期债务被债权人起诉。至20×4年12月31日，法院尚未判决，但经咨询律师，甲公司认为有55%的可能性需要承担全部保证责任，赔偿400万元，并预计承担诉讼费用4万元；有45%的可能无须承担保证责任。20×5年2月10日，法院作出判决，甲公司需承担全部担保责任和诉讼费用4万元。甲公司表示服从法院判决，于当日履行了担保责任，并支付了4万元的诉讼费。20×5年2月20日，20×4年度财务报告经董事会批准报出。不考虑其他因素，下列关于甲公司对该事件的会计处理中，正确的有（　　）。（2015年）

A. 在20×4年的利润表中确认营业外支出400万元

B. 在20×4年的财务报表附注中披露或有负债400万元

C. 在20×5年实际支付担保款项时确认预计负债

D. 在20×4年的利润表中将预计的诉讼费用4万元确认为管理费用

【解析】因该担保事项产生的或有事项在20×4年年末已满足预计负债确认条件，甲公司应于20×4年年末进行会计处理，确认营业外支出400万元，管理费用4万元，预计负债404万元，选项B和C错误。

【答案】AD

名师点拨

《或有事项》准则规范的是法定质保，会计预提产品质量保证费用体现的是收入与费用的配比，而税法规定只有在实际发生时才能计入应纳税所得额，所以会产生暂时性差异，详见所得税章节内容。

三、产品质量保证

1. 计提保修费

借：销售费用

　贷：预计负债

2. 实际发生时

借：预计负债

　贷：银行存款等

在对产品质量保证确认预计负债时，需注意的是：

（1）如果发现产品质量保证费用的实际发生额与预计数相差较大，应及时对预计比例进行调整；

（2）如果企业针对特定批次产品确认预计负债，则在保修期结束时，应将“预计负债—产品质量保证”余额冲销，不留余额；

（3）已对其确认预计负债的产品，若企业不再生产了，那么应在相应的产品质量保证期满后，将“预计负债—产品质量保证”余额冲销，不留余额。

经典题解

【例题 12·单选题】甲公司 2×21 年分别销售 A、B 产品 1 万件和 2 万件，销售单价分别为 100 元和 50 元。公司向购买者承诺提供产品售后 2 年内免费保修服务，预计保修期内将发生的保修费在销售额的 2% 至 8% 之间，且该区间内各结果概率相同。2×21 年实际发生保修费 5 万元，2×21 年 1 月 1 日预计负债的年初数为 3 万元。假定无其他或有事项，则甲公司 2×21 年年末“预计负债”科目的金额为（　　）万元。

A. 8　　B. 13　　C. 5　　D. 0

【解析】甲公司 2×21 年年末“预计负债”科目的金额 =3+（1×100+2×50）×（2%+8%）/2-5=8（万元）。

【答案】A

名师点拨

（1）待执行合同不属于或有事项。但是，待执行合同变为亏损合同的，应当作为或有事项；

（2）预计负债的计量应当反映退出该合同的最低净成本。

四、亏损合同

亏损合同，是指履行合同义务不可避免发生的成本超过预期经济利益的合同。其中，“履行合同义务不可避免会发生的成本”应当反映退出该合同的最低净成本，即履行该合同的成本与未能履行该合同而发生的补偿或处罚两者之中的较低者。企业履行该合同的成本包括履行合同的增量成本和与履行合同直接相关的其他成本的分摊金额。其中，履行合同的增量成本包括直接人工、直接材料等；与履行合同直接相关的其他成本的分摊金额包括用于履行合同的固定资产的折旧费用摊销金额等。

1. 亏损合同存在标的资产的，应当对标的资产进行减值测试并按规定确认减值损失，如果预计亏损超过该减值损失，应将超过部分确认为预计负债；

2. 合同不存在标的资产的，亏损合同相关义务满足预计负债确认条件时，应当确认为预计负债。预计负债的金额应是执行合同发生的损失和撤销合同发生的损失的较低者。

经典题解

【真题 13 · 单选题】2×19 年 12 月 5 日，甲公司与乙公司签订一项不可撤销的销售合同，合同约定，甲公司于 6 个月后交付乙公司一批产品，合同价格（不含增值税额）为 1500 万元，如甲公司违约，将支付违约金 750 万元，因生产该产品的原材料价格上涨，甲公司预计生产该批产品的总成本为 2000 万元，截至 2×19 年 12 月 31 日，甲公司生产该批产品已发生成本 300 万元。不考虑其他因素，2×19 年 12 月 31 日甲公司因该合同应当确认的预计负债是（　　）。（2020 年）

A. 425 万元　　　　B. 500 万元

C. 200 万元　　　　D. 750 万元

【解析】甲公司继续执行合同发生的损失 =2000−1500=500（万元），如违约将支付违约金 750 万元并可能承担已发生成本 300 万元的损失，甲公司应继续执行合同，执行合同发生损失 500 万元。存货成本为 300 万元，可变现净值 = 产品估计售价 1500− 进一步加工成本 1700（2000−300）=−200（万元），可变现净值为负数，应对存货全额计提存货跌价准备，因此应计提存货跌价准备 300 万元，预计损失超过标的资产减值部分确认为预计负债，则应确认预计负债 =500−300=200（万元）。

【答案】C

【例题 14 · 单选题】甲企业是一家大型机床制造企业，2×21 年 12 月 1 日与乙企业签订了一项不可撤销的销售合同，约定于 2×22 年 4 月 1 日以 300 万元的价格向乙企业销售大型机床一台。若不能按期交货，甲企业需按照合同总价款的 10% 支付违约金。至 2×21 年 12 月 31 日，甲企业尚未开始生产该机床，由于原料价格上涨等因素，甲企业预计生产该机床成本不可避免地升至 320 万元。假定不考虑其他因素，2×21 年 12 月 31 日，甲企业的下列处理中，正确的是（　　）。

A. 确认预计负债 20 万元　　　　B. 确认预计负债 30 万元

C. 确认存货跌价准备 20 万元　　D. 确认存货跌价准备 30 万元

【解析】因为标的资产尚未生产，所以不能对标的资产进行减值测试并确认减值损失，执行合同的损失为 20 万元（320−300），不执行合同的损失（支付的违约金）为 30 万元（300×10%），所以应选择执行合同，确认的预计负债为 20 万元。

【答案】A

五、重组义务

（一）重组义务的确认

重组，是指企业制定和控制的，将显著改变企业组织形式、经营范围或经营方式的计划实施行为。

属于重组的事项主要包括：

1. 出售或终止企业的部分业务；
2. 对企业的组织结构进行较大调整；
3. 关闭企业的部分营业场所，或将营业活动由一个国家或地区迁移到其他国家或地区。

企业因重组而承担了重组义务，并且同时满足预计负债的三项确认条件时，才能确认预计负债。

首先，同时存在下列情况的，表明企业承担了重组义务：

（1）有详细、正式的重组计划，包括重组涉及的业务、主要地点、需要补偿的职工人数、预计重组支出、计划实施时间等；

（2）该重组计划已对外公告。

其次，判断重组义务是否同时满足预计负债的三个确认条件。

名师点拨

与重组有关的直接支出包括：

（1）自愿遣散费；

（2）强制遣散费；

（3）不再使用的厂房的租赁撤销费。

（二）重组义务的计量

企业应当按照与重组有关的直接支出确定该预计负债金额。直接支出不包括留用职工岗前培训、市场推广、新系统和营销网络投入等支出。

经典题解

【真题15·多选题】甲公司2×20年发生的有关交易或事项如下：（1）2×20年1月1日，甲公司为乙公司的一笔银行贷款提供全额担保，并从乙公司取得一批质押物。由于乙公司未按期还款，银行向法院提起诉讼。2×20年12月31日，法院判决甲公司承担全额担保责任1500万元；当日，质押物的公允价值为1800万元。（2）计提2×20年度产品质量保证金10万元。（3）2×20年12月，甲公司董事会决定关闭一个分公司，但尚未对外公布也未采取任何实质性措施，甲公司预计关闭该分公司将发生相关支出800万元。不考虑其他因素，甲公司2×20年度对上述交易或事项会计处理的表述中，正确的有（　　）。（2021年）

A. 就担保事项，确认负债1500万元

B. 就关闭分公司事项，确认负债800万元

C. 就担保事项，确认资产1800万元

D. 就产品质量保证金，确认销售费用10万元

【解析】甲公司关闭分公司事项尚未对外公布也未采取任何实质性措施，不应确认为负债，选项B错误；

企业清偿预计负债所需支出全部或部分预期由第三方补偿的，补偿金额只有在基本确定能够收到时才能作为资产单独确认且确认的补偿金额不应超过所确认的负债的账面价值，选项C错误。

【答案】AD

【真题16·多选题】根据《企业会计准则第13号——或有事项》的规定，重组是指企业制定和控制的，将显著改变企业组织形式、经营范围或经营方式的计划实施行为。下列各项中，符合上述重组定义的交易或事项有（　　）。（2018年）

A. 出售企业的部分业务

B. 对于组织结构进行较大调整

C. 营业活动从一个国家迁移到其他国家

D. 为扩大业务链条购买数家子公司

【解析】属于重组的事项主要包括：

①出售或终止企业的部分业务；

②对企业的组织结构进行较大调整；

③关闭企业的部分营业场所，或将营业活动由一个国家或地区迁移到其他国家或地区。

【答案】ABC

【真题 17·多选题】经董事会批准，甲公司于 2×17 年 6 月 30 日至年底期间关闭了部分业务，发生相关费用如下：(1) 将关闭部分业务的设备转移至继续使用地点支付费用 1500 万元；(2) 遣散部分职工支付补偿款 600 万元；(3) 对剩余职工进行再培训发生费用 250 万元；(4) 为提升公司形象而推出新广告发生费用 250 万元。下列各项中，不应作为甲公司与重组相关的直接支出确认预计负债的有(　　)。(2018 年)

A. 遣散部分职工支付补偿

B. 为设备转移至继续使用地点支付的费用

C. 为提升公司形象而推出新广告发生的费用

D. 对剩余职工进行再培训发生的费用

【解析】企业应当按照与重组相关的直接支出确定预计负债的金额，选项 B、C 和 D 均不属于与重组相关的直接支出。

【答案】BCD

第四节　或有事项的列报

使用“会计云课堂”App 或“微信”扫码查看本节视频，快速 GET 知识点。

一、预计负债的列报

企业因或有事项而确认的负债（预计负债）应单独反映，不与其他负债一起反映。如果企业确认的预计负债是由多项或有事项引起的，在报表上则通过“预计负债”项目进行总括反映。

二、或有负债的披露

或有负债（潜在义务和现时义务）不符合负债的确认条件，不确认负债。企业应当在附注中披露有关信息（不包括极小可能导致经济利益流出企业的或有负债）。

在涉及未决诉讼、未决仲裁的情况下，按相关规定披露全部或部分信息预期对企业造成重大不利影响的，企业无须披露这些信息，但应当披露该未决诉讼、未决仲裁的性质，以及没有披露这些信息的事实和原因。

三、或有资产的披露

企业通常不应当披露或有资产。但或有资产很可能会给企业带来经济利益的，应当披露其形成的原因、预计产生的财务影响等。

考试加油站

一、本章小结

下载“会计云课堂”App学习

您已成功完成“第十二章”的学习，本章共13个考点，您都学会了吗？

为了让您对章节有更清晰的理解，加倍巩固。本书作者张志凤老师将通过**“视频导图课”**的方式，带您回顾重要考点。

名师点拨，视听结合，高效提分。

※ 欢迎您扫码，免费观看学习。

二、本章疑难问题解答

1. 辞退福利确认的预计负债是否通过“预计负债”科目核算？

答：辞退福利属于职工薪酬，因辞退福利确认的预计负债通过“应付职工薪酬”科目核算。

（1）预计负债的金额 = 支付员工补偿款 + 租赁撤销费；

（2）记入“预计负债”科目的金额 = 租赁撤销费；

（3）影响利润总额的金额 = 支付员工补偿款 + 租赁撤销费 + 固定资产减值损失。

2. 预计负债对应科目有哪些？

答：参考相关会计分录：

借：管理费用（诉讼费）
　　营业外支出（赔偿及担保支出）
　　销售费用（不构成收入准则规定的单项履约义务的产品质量保证费用）
　　固定资产（弃置费用现值）
　　信用减值损失（金融负债计提损失准备）
　贷：预计负债

同步强化练习题

使用“会计云课堂”App 或“微信”扫码快速做题、对答案、看解析、掌握解题思路，开启轻松过关之旅。

一、单项选择题

1. 下列有关或有事项的表述中，正确的是（　　）。
   A. 或有负债与或有事项相联系，有或有事项就有或有负债
   B. 对于或有事项既要确认负债，也要确认资产
   C. 或有事项指的是未来事项
   D. 或有事项满足负债确认条件时应确认为预计负债

2. 2×21 年 12 月 31 日，甲公司涉及的一项产品质量未决诉讼案，败诉的可能性为 80%。如果胜诉，不需支付任何费用；如果败诉，需支付赔偿金及诉讼费共计 120 万元，同时基本确定可从保险公司获得 90 万元的赔偿。当日，甲公司应确认预计负债的金额为（　　）万元。
   A. 30　　B. 120
   C. 0　　D. 96

3. 2×21 年 12 月 1 日，甲公司因合同违约而被乙公司起诉。至 2×21 年 12 月 31 日，该起诉讼尚未判决，甲公司估计很可能承担该项违约赔偿责任，需要赔偿 200 万元的可能性为 90%，需要赔偿 100 万元的可能性为 10%，同时很可能另外支付诉讼费 2 万元。甲公司基本确定能够从直接责任人处追偿 50 万元。2×21 年 12 月 31 日，甲公司对该起诉讼应确认的预计负债的金额为（　　）万元。
   A. 200　　B. 152
   C. 180　　D. 202

4. 2×21 年 1 月甲公司为丙公司向乙公司借入的借款进行担保，2×21 年 12 月丙公司破产倒闭，乙公司起诉甲公司，要求甲公司偿还为丙公司担保的借款 200 万元。2×21 年年末，根据法律诉讼的进展情况以及律师的意见，甲公司予以赔偿的可能性在 50% 以上，最可能发生的赔偿金额为 200 万元。同时，由于丙公司破产程序已经启动，甲公司从丙公司获得补偿基本确定可以收到，最有可能获得的赔偿金额为 50 万元。根据上述情况，甲公司在 2×21 年年末应确认的资产和负债的金额分别为（　　）万元。
   A. 0 和 150
   B. 0 和 200
   C. 50 和 100
   D. 50 和 200

5. 乙公司因甲公司延期交货而与甲公司发生争议，并于 2×21 年 12 月 6 日向法院提起诉讼，要求甲公司赔偿延迟交货所造成的损失 240 万元。截至 2×21 年 12 月 31 日，法院尚未对此诉讼进行审理。据甲公司法律顾问分析，甲公司很可能败诉，且赔偿金额很可能为 230 万元，另外还需承担诉讼费 6 万元。据查，甲公司向乙公司延期交货是由于丙公司违

约造成的。经与丙公司交涉，基本确定可从丙公司获得赔偿160万元。关于或有事项的确认和计量，下列说法中正确的是（　　）。

A. 甲公司基本确定可从丙公司获得的赔偿款应冲减预计负债

B. 诉讼费应计入管理费用

C. 赔偿支出和诉讼费均应计入营业外支出

D. 2×21年12月31日甲公司确认预计负债的金额为230万元

6. 甲公司从2×20年1月起为售出产品提供“三包”服务，规定产品出售后一定期限内如果出现质量问题，负责退换或免费提供修理。甲公司按照当期该产品销售收入的2%预提产品修理费用。假定甲公司只生产和销售A产品。2×21年年初“预计负债—产品质量保证”科目账面余额为100万元，A产品的“三包”期限为2年。2×21年实现销售收入4000万元，实际发生修理费用60万元（均为人工费用）。2×21年有关产品质量保证的下列表述中，错误的是（　　）。

A. 2×21年实际发生修理费用60万元应冲减预计负债

B. 2×21年年末计提产品质量保证应借记“销售费用”科目80万元

C. 2×21年年末计提产品质量保证应贷记“预计负债”科目80万元

D. 2×21年年末“预计负债”科目余额为40万元

7. 2×21年12月10日，甲公司因合同违约而涉及一桩诉讼案件。根据甲公司的法律顾问判断，最终的判决很可能对甲公司不利。2×21年12月31日，甲公司尚未接到法院的判决，因诉讼需承担的赔偿金额无法准确地确定。不过，据专业人士估计，赔偿金额很可能在200万元至220万元之间（含甲公司将承担的诉讼费5万元），且该范围内支付各种赔偿金额的可能性相同。甲公司上述业务影响2×21年利润表中营业利润的金额为（　　）万元。

A. −205　　B. −215

C. −5　　D. −220

8. 2×21年12月，经董事会批准，甲公司自2×22年1月1日起撤销某营销网点，该业务重组计划已对外公告。为实施该业务重组计划，甲公司预计发生以下支出或损失：因辞退职工将支付补偿款400万元，因撤销门店租赁合同将支付违约金40万元，因处置门店内设备将发生减值损失10万元。该重组计划影响甲公司2×21年12月31日“预计负债”科目金额为（　　）万元。

A. 440　　B. 50

C. 40　　D. 450

9. 下列涉及预计负债的会计处理中，正确的是（　　）。

A. 待执行合同变成亏损合同时，应当立即确认预计负债

B. 重组计划对外公告前不应就重组义务确认预计负债

C. 因某产品质量保证而确认的预计负债，如企业不再生产该产品，应将其余额立即冲销

D. 企业当期实际发生的担保诉讼损失金额与上期合理预计的预计负债相差较大时，应按前期重大差错更正的方法进行调整

二、多项选择题

1. 下列会计事项中，属于或有事项的有（　　）。

A. 待执行合同变为亏损合同

B. 企业与管理人员签订利润分享计划

C. 无形资产摊销

D. 未决诉讼

2. 下列关于企业或有事项会计处理的表述中，正确的有（　　）。
   A. 因或有事项承担的义务，符合负债定义且满足负债确认条件的，应确认预计负债
   B. 因或有事项确认的资产，不能冲减预计负债的账面价值
   C. 因或有事项形成的潜在资产，应单独确认为一项资产
   D. 一项未决诉讼，甲公司未就该事项确认预计负债，但甲公司有 96% 的可能性从乙公司获得赔偿 100 万元，甲公司应将其确认其他应收款 100 万元

3. 下列关于或有事项计量的表述中正确的有（　　）。
   A. 预计负债应当按照履行相关现时义务所需支出的最佳估计数进行初始计量
   B. 企业清偿预计负债所需支出预期能够获得补偿的，扣除可能取得的补偿金额后确认预计负债
   C. 货币时间价值影响重大的，应当通过对相关未来现金流量进行折现后确定最佳估计数
   D. 企业在确定最佳估计数时，应当综合考虑与或有事项有关的风险、不确定性和货币时间价值等因素

4. 如果企业清偿因或有事项而确认的负债所需支出全部或部分预期由第三方补偿，下列表述中正确的有（　　）。
   A. 补偿金额只有在基本确定能够收到时，才能作为资产单独确认，且确认的补偿金额不应超过所确认负债的账面价值
   B. 补偿金额只有在很可能收到时，才能作为资产单独确认，且确认的补偿金额不应超过所确认负债的账面价值
   C. 补偿金额只有在基本确定能够收到时，企业才能按所需支出扣除补偿金额后确认负债
   D. 根据资产和负债不能随意抵销的原则，预期可获得的补偿在基本确定能够收到时应当确认为一项资产

5. 预计负债初始计量和后续计量需要考虑的因素有（　　）。
   A. 风险和不确定性
   B. 货币时间价值
   C. 已发生的事项
   D. 资产负债表日对预计负债账面价值的复核

6. 长江公司为甲公司、乙公司、丙公司和丁公司的银行借款提供了担保，下列各项在金额能够可靠计量的情况下，长江公司不应确认预计负债的有（　　）。
   A. 甲公司运营良好，长江公司极小可能承担连带还款责任
   B. 乙公司发生暂时性财务困难，长江公司可能承担连带还款责任
   C. 丙公司发生财务困难，长江公司很可能承担连带还款责任
   D. 丁公司发生严重财务困难，长江公司基本确定承担连带还款责任

7. 2×21 年 1 月 1 日，甲公司为乙公司的 1600 万元债务提供 50% 担保。2×21 年 6 月 1 日，乙公司因无力偿还该笔到期债务被债权人起诉。至 2×21 年 12 月 31 日，法院尚未判决，但经咨询律师，甲公司认为有 55% 的可能性需要承担全部担保责任，赔偿 800 万元，并预计承担诉讼费用 8 万元；有 45% 的可能性无须承担保证责任。2×22 年 2 月 10 日，法院作出判决，甲公司需承担全部担保责任和诉讼费用 8 万元。甲公司表示服从法院判决，于当日履行了担保责任，并支付了 8 万元的诉讼费。2×22 年 2 月 20 日，2×21 年度财务报告经董事会批准报出。不考虑其他因素，下列关于甲公司对该

事件的会计处理中，正确的有（　　）。

A. 在2×21年的利润表中确认营业外支出800万元

B. 在2×21年的财务报表附注中披露或有负债800万元

C. 在2×22年实际支付担保款项时确认预计负债

D. 在2×21年的利润表中将预计的诉讼费用8万元确认为管理费用

8. 甲公司于2×21年11月3日收到法院通知，被告知工商银行已提起诉讼，要求甲公司清偿到期借款本息5000万元，另支付逾期借款罚息200万元。至2×21年12月31日，法院尚未作出判决。对此项诉讼，甲公司预计除需偿还到期借款本息外，有60%的可能性还需支付逾期借款罚息200万元，并支付诉讼费用5万元。甲公司下列会计处理中正确的有（　　）。

A. 确认预计负债205万元

B. 确认预计负债5205万元

C. 确认营业外支出5200万元

D. 确认管理费用5万元

9. 关于重组义务，下列说法中正确的有（　　）。

A. 企业承担的重组义务满足或有事项确认预计负债条件的，应当确认预计负债

B. 重组是指企业制定和控制的，将显著改变企业组织形式、经营范围或经营方式的计划实施行为

C. 企业应当按照与重组有关的全部支出确定预计负债金额

D. 与重组有关的直接支出不包括留用职工岗前培训、市场推广、新系统和营销网络投入等支出

10. 企业重组时发生的下列各项支出中，不属于与重组有关的直接支出的有（　　）。

A. 撤销设备租赁合同的违约金

B. 留用职工的培训费

C. 设备的迁移费

D. 新系统和营销网络投入

11. 关于或有事项，下列表述中正确的有（　　）。

A. 企业应当在资产负债表日对预计负债的账面价值进行复核

B. 企业清偿因或有事项而确认的负债所需支出全部或部分预期由第三方或其他方补偿，则此补偿金额只有在基本确定能收到时，才能作为资产单独确认，确认的补偿金额不能超过所确认负债的账面价值

C. 如果或有事项不属于连续范围、等概率，涉及多个项目，最佳估计数按照各种可能结果及相关概率加权计算确定

D. 或有资产不符合资产确认条件，因而不能在财务报表中确认

三、计算分析题

1. 甲公司系增值税一般纳税人。2×21年至2×22年与或有事项有关资料如下：

（1）2×21年8月1日，甲公司从乙公司购入一台不需安装的A生产设备并投入使用，已取得增值税专用发票，价款为1000万元，增值税税额为130万元，款项尚未支付，付款期为3个月。

（2）2×21年11月1日，应付乙公司款项到期，甲公司虽有付款能力，但因该设备在使用过程中出现过故障，与乙公司协商未果，所以未按时支付货款。2×21年12月1日，乙公司向人民法院提起诉讼，至当年12月31日，人民法院尚未判决。甲公司法律顾问认为败诉的可能性为80%，预计支付诉讼费2万元，逾期罚款在10万元至20万元之间，且这个区间内每个金额发生的可能性相同。

（3）2×22年5月8日，人民法院判决甲公司败诉，承担诉讼费2万元，并在10日内向乙公司支付欠款1130万元和逾期罚款25万元。甲公司和乙公司均服从判决，甲公司于2×22年5月16日以银行存款支付上述所有款项。

（4）甲公司2×21年度财务报告已于2×22年4月20日报出，不考虑其他因素。

要求：

（1）编制甲公司购进固定资产的相关会计分录。

（2）判断甲公司2×21年年末就该未决诉讼案件是否应当确认预计负债并说明理由；如果应当确认预计负债，编制相关会计分录。

（3）编制甲公司服从判决支付款项的相关会计分录。

2. 甲公司为一家电生产企业，2×21年度有关事项如下：

（1）甲公司管理层于2×21年11月制定了一项重组计划。该重组计划的主要内容如下：从2×22年1月1日起关闭C产品生产线；从事C产品生产的员工共计100人，除部门主管及技术骨干等10人留用转入其他部门外，其余90人都将被辞退。根据被辞退员工的职位、工作年限等因素，甲公司将一次性给予被辞退员工不同标准的补偿；C产品生产线关闭之日，租用的厂房将被腾空，撤销租赁合同并将其移交给出租方，用于C产品生产的固定资产等将转移至甲公司自己的仓库。上述重组计划已于2×21年12月4日经甲公司董事会批准，并于12月5日对外公告。2×21年12月31日，上述重组计划尚未实际实施，员工补偿及相关支出尚未支付。为了实施上述重组计划，甲公司预计发生以下支出或损失：因辞退员工将支付补偿款800万元；因撤销厂房租赁合同将支付违约金20万元；因将用于C产品生产的固定资产等转移至仓库将发生运输费2万元；因对留用员工进行培训将发生支出1万元；因推广新款B产品将发生广告费用100万元；因处置用于C产品生产的固定资产将发生减值损失30万元。

（2）2×21年12月15日，消费者因使用A产品造成财产损失向法院提起诉讼，要求甲公司赔偿损失220万元。12月31日，法院尚未对该案件作出判决。在咨询法律顾问后，甲公司认为该案件很可能败诉。根据专业人士的测算，甲公司的赔偿金额很可能在200万元至220万元之间，且上述区间内每个金额发生的可能性相同。

（3）2×21年12月20日，丙公司（为甲公司的子公司）向银行借款1000万元，期限为3年。经董事会批准，甲公司为丙公司的上述银行借款提供全额担保。12月31日，丙公司经营状况良好，预计不存在还款困难。

要求：

（1）根据资料（1），判断哪些是与甲公司重组义务有关的直接支出，并计算因重组义务应确认的预计负债的金额。

（2）根据资料（1），计算甲公司因重组计划而减少2×21年度利润总额的金额，并编制相关会计分录。

（3）根据资料（2）和（3），判断甲公司是否应当将与或有事项相关的义务确认为预计负债。如确认，计算预计负债的最佳估计数，并编制相关会计分录；如不确认，说明理由。

同步强化练习题参考答案及解析

使用"会计云课堂"App或"微信"扫码对答案、看解析、掌握解题思路，开启轻松过关之旅。

一、单项选择题

1.【答案】D

【解析】或有负债属于或有事项中的一项内容，有或有事项不一定有或有负债，选项A不正确；与或有事项有关的义务在满足预计负债的确认条件时，才应确认为预计负债；或有事项形成的或有资产只有在企业基本确定能够收到的情况下，才能转变为真正的资产，从而应当予以确认，选项B不正确；或有事项指过去的交易或事项形成的，其结果须通过未来不确定事项的发生或不发生予以证实的不确定事项，选项C不正确。

2.【答案】B

【解析】或有事项满足预计负债确认条件应该按照最佳估计数确认预计负债，对于保险公司的赔偿应该在基本确定能够收到时相应的确认其他应收款，不能冲减预计负债的金额。

3.【答案】D

【解析】或有事项只涉及单个项目的，按最可能发生金额确定最佳估计数，最可能发生的赔偿支出200万元计入营业外支出，很可能另外支付的诉讼费2万元计入管理费用，应确认的预计负债的金额为202万元（200+2）。甲公司基本确定能够从直接责任人处追偿50万元，应通过其他应收款核算，不能冲减预计负债的账面价值。

4.【答案】D

【解析】因很可能赔偿且金额确定，故甲公司因该担保事项需要确认预计负债的金额为200万元；又因甲公司从丙公司获得补偿基本确定可以收到，所以甲公司需要确认的资产（其他应收款）金额为50万元，选项D正确。

5.【答案】B

【解析】甲公司基本确定可从丙公司获得的赔偿款应通过"其他应收款"科目核算，选项A错误；预计赔偿支出计入营业外支出，诉讼费计入管理费用，选项B正确，选项C错误；2×21年12月31日甲公司确认预计负债的金额=230+6=236（万元），选项D错误。

6.【答案】D

【解析】当年预提产品质量保证费用=4000×2%=80（万元），"预计负债"科目年末余额=100+80−60=120（万元），选项D错误。

会计分录如下：

2×21年年末计提时

借：销售费用—产品质量保证　　80（4000×2%）

　贷：预计负债—产品质量保证　　80

实际发生时

借：预计负债—产品质量保证　　60

　贷：应付职工薪酬　　60

7.【答案】C

【解析】甲公司应确认的预计负债金额=（200+220）÷2=210（万元），其中，诉讼费5万元应计入管理费用，计入营业外支出的金额=210-5=205（万元），上述业务使营业利润减少5万元。

8.【答案】C

【解析】因辞退员工应支付的补偿款400万元通过“应付职工薪酬”科目核算；因撤销门店租赁合同将支付的违约金40万元通过“预计负债”科目核算；因处置门店内设备将发生减值损失10万元通过“固定资产减值准备”科目核算，选项C正确。

9.【答案】B

【解析】待执行合同变为亏损合同，同时该亏损合同产生的义务满足预计负债确认条件的，应当确认为预计负债，选项A错误；已确认预计负债的产品，如企业不再生产，则应在相应的产品质量保证期满后，将预计负债余额冲销，不留余额，而不是在停止生产该产品的时候立即冲销，选项C错误；企业当期实际发生的担保诉讼损失金额与上期合理预计的预计负债之间的差额，直接计入或冲减营业外支出，不作为前期重大差错处理，选项D错误。

二、多项选择题

1.【答案】AD

【解析】选项B，属于职工薪酬，不属于或有事项；选项C，无形资产摊销虽然涉及对无形资产净残值和使用寿命的估计，具有一定的不确定性，但无形资产原值是确定的，其价值最终会转移到成本或费用中也是确定的，因此无形资产摊销不是或有事项。

2.【答案】AB

【解析】选项C，因或有事项形成的潜在资产，不符合资产的确认条件，不应确认为一项资产；选项D，或有事项确认资产的前提条件是或有事项已经确认负债，该未决诉讼未确认负债，所以不能确认其他应收款。

3.【答案】ACD

【解析】选项B，预期能够获得的补偿应当在基本确定能够收到时作为资产单独确认，不能抵减应确认的预计负债金额。

4.【答案】AD

【解析】如果企业清偿因或有事项而确认的预计负债所需支出全部或部分预期由第三方补偿，补偿金额只有在基本确定能够收到时，才能作为资产单独确认，且确认的补偿金额不应超过所确认负债的账面价值，选项A正确，选项B错误；企业确认因或有事项产生的负债时，不应将从第三方得到的补偿金额从中扣除，选项C错误，选项D正确。

5.【答案】ABD

【解析】选项C，预计负债应考虑未来事项，不是已发生的事项。

6.【答案】AB

【解析】或有事项确认预计负债应同时满足的三个条件：①该义务是企业承担的现时义务；②履行该义务很可能导致经济利益流出企业；③该义务的金额能够可靠地计量。选项A和B不满足第②个条件，不应确认为预计负债。

7.【答案】AD

【解析】因该担保事项在2×21年年末已满足预计负债确认条件，甲公司应于2×21年年末进行会计处理，确认营业外支出800万元，确认管理费用8万元，同时确认预计负债808万元，并对相应的预计负债进行披露，选项B和C错误。

8.【答案】AD

【解析】甲公司应确认预计负债的金额 =200+5=205（万元），选项 A 正确，选项 B 错误；到期借款本息 5000 万元与营业外支出无关，应确认营业外支出 200 万元，选项 C 错误；诉讼费 5 万元计入管理费用，选项 D 正确。

9.【答案】ABD

【解析】企业应当按照与重组有关的直接支出确定预计负债金额，选项 C 错误。

10.【答案】BCD

【解析】与重组有关的直接支出包括支付的辞退员工补偿款以及将不再使用的厂房的租赁撤销费。重组义务的直接支出不包括留用职工岗前培训、市场推广、新系统和营销网络投入、将设备从拟关闭的工厂转移到继续使用的工厂的迁移费等支出。

11.【答案】ABCD

三、计算分析题

1.【答案】

（1）2×21 年 8 月 1 日：

借：固定资产 1000

　　应交税费—应交增值税（进项税额） 130

　贷：应付账款 1130

（2）甲公司 2×21 年年末就该未决诉讼应确认预计负债。

理由：该事项败诉可能性为 80%，履行该义务很可能导致经济利益流出企业，是企业的现时义务，且其金额能够可靠计量，应当确认预计负债。

应确认的预计负债金额 =2+（10+20）/2=17（万元）。

会计分录如下：

借：营业外支出 15

　　管理费用 2

　贷：预计负债 17

（3）2×22 年 5 月 8 日：

借：预计负债 17

　　营业外支出 10

　贷：其他应付款 27

2×22 年 5 月 16 日支付款项时：

借：其他应付款 27

　　应付账款 1130

　贷：银行存款 1157

2.【答案】

（1）因辞退员工将支付补偿款 800 万元和因撤销厂房租赁合同将支付违约金 20 万元属于与重组义务相关的直接支出。因重组义务应确认的预计负债的金额 =800+20=820（万元）。

（2）因重组计划减少 2×21 年度利润总额 =820+30=850（万元）。

会计分录如下：

借：营业外支出 20

　贷：预计负债 20

借：管理费用 800

　贷：应付职工薪酬 800

【提示】企业发生的辞退福利性质上属于预计负债，但在会计处理上不记入“预计负债”科目，根据《企业会计准则第 9 号——职工薪酬》的规定，辞退福利属于职工薪酬，因此辞退福利应通过“应付职工薪酬”科目核算。

借：资产减值损失 30

　贷：固定资产减值准备 30

（3）资料（2）应确认预计负债，预计负债的最佳估计数 =（200+220）÷2=210（万元）。

会计分录如下：

借：营业外支出 210

　贷：预计负债 210

资料（3）不应确认预计负债。

理由：该事项不是很可能导致经济利益流出企业，不符合或有事项确认预计负债的条件。

轻松过关® 1

2022年注册会计师考试
应试指导及全真模拟测试

会 计

(中册)

张志凤 主编
东奥会计在线 编

北京科学技术出版社

目录 CONTENTS

第二部分　考点精讲及强化训练

第十三章　金融工具

CHAPTER-13

本章学习指南

一、学习目标

1. 理解金融资产和衍生工具的概念。
2. 熟练掌握金融资产的分类和重分类，理解金融负债的分类。
3. 掌握金融负债和权益工具的区分。
4. 熟练掌握金融工具的初始计量和后续计量。
5. 掌握金融资产终止确认的判断流程，理解金融资产转移的会计处理。
6. 掌握套期的分类、套期工具和被套期项目的概念，理解公允价值套期和现金流量套期的会计处理。
7. 了解金融工具的披露。

二、考情概况

本章考试涉及各种题型，综合题一般会和其他章节结合。虽然其独立性较强，但仍可与长期股权投资、合并财务报表及差错更正等内容结合出题。分数较高，属于重要章节。

三、教材变化

（1）增加“集团和子公司业务模式判断”的相关表述；（2）增加“以收取合同现金流量为目标的业务模式判断”的相关表述；（3）增加判断以“贷款基准利率”为基础确定利息的金融资产符合本金加利息的合同现金流量特征的相关表述；（4）增加“结构性存款分类”的相关表述；（5）增加“特殊金融工具持有方的会计处理”相关表述；（6）增加“对委托贷款、财务担保或向集团内关联企业提供的资金借贷等进行减值会计处理”的相关表述。

四、考点地图

考点	年份 / 题型
金融资产的分类	2021 年单选题、2021 年多选题
或有对价构成金融资产的会计处理	2020 年单选题
金融资产的分类及重分类	2020 年多选题

考点	年份 / 题型
金融负债的概念	2020 年单选题
确定企业金融资产预期信用损失的方法	2020 年单选题
被套期项目的内容	2020 年多选题
金融资产的终止确认	2020 年单选题
金融资产的分类、其他债权投资的核算、交易性金融资产的核算、金融资产转移的判断及核算等	2019 年计算分析题

注：2020 年一道综合题与持有待售非流动资产相关，在“持有待售的非流动资产、处置组和终止经营”章节列示。

核心考点精讲

提示

本章是重点章节之一，金融资产的分类及其账务处理、金融负债和权益工具的区分、金融工具减值等都是本章要着重学习的内容，初学时这些知识点让人望而生畏，但实际着手去学的时候就会发现“事有必至，理有固然”。扫描知识点对应的二维码，有名师为您“排兵布阵”，助您一臂之力，难点不再难。

第一节　金融工具概述

使用“会计云课堂”App 或“微信”扫码查看本节视频，快速 GET 知识点。

要点小贴士

(1) 金融工具包括金融资产、金融负债和权益工具。

(2) 非合同权利或义务不是金融工具，如应交所得税不是金融负债。

金融工具，是指形成一方的金融资产并形成其他方的金融负债或权益工具的合同。

	发行方	购买方
发行股票	借：银行存款 　贷：股本 　　　资本公积—股本溢价	借：长期股权投资等 　贷：银行存款
发行债券	借：银行存款 　贷：应付债券	借：债权投资等 　贷：银行存款

一、金融资产

金融资产，是指企业持有的现金、其他方的权益工具以及符合下列条件之一的资产：

1. 从其他方收取现金或其他金融资产的合同权利。

2. 在潜在有利条件下，与其他方交换金融资产或金融负债的合同权利。例如，甲公司持有一项以每股 10 元的价格在 6 个月后购买乙上市公司股票的看涨期权。6 个月后标的股票的市价超过 10 元，则甲公司将行使期权。

3. 将来须用或可用企业自身权益工具进行结算的非衍生工具合同，且企业根据该合同将收到可变数量的自身权益工具。

名师点拨

预付账款不是金融资产，因其产生的未来经济利益是商品或服务，不是收取现金或其他金融资产的权利。

经典题解

【例题 1】2×21 年 2 月 1 日，甲企业为上市公司，为回购其普通股股份，与乙企业签订合同，并向其支付 100 万元现金。根据合同，乙企业将于 2×21 年 6 月 30 日向甲企业交付与 100 万元等值的甲企业普通股。甲企业可获取的普通股的具体数量以 2×21 年 6 月 30 日甲企业的股价确定。

甲企业应当确认一项金融资产。

4. 将来须用或可用企业自身权益工具进行结算的衍生工具合同，但以固定数量的自身权益工具交换固定金额的现金或其他金融资产的衍生工具合同除外。

经典题解

【例题 2】甲企业于 2×20 年 2 月 1 日向乙企业支付 5000 元购入以自身普通股为标的的看涨期权。根据该期权合同，甲企业有权以每股 100 元的价格向乙企业购入甲企业普通股 1000 股，行权日为 2×21 年 6 月 30 日。在行权日，期权将以甲企业普通股净额结算。假设行权日甲企业普通股的每股市价为 125 元，则期权的公允价值为 25000 元，则甲企业会收到 200 股（25000/125）自身普通股对看涨期权进行净额结算。

甲企业应当将该看涨期权确认为一项衍生金融资产。

二、衍生工具

要点小贴士

常见的衍生工具包括远期合同、期货合同、互换合同和期权合同等。

衍生工具，是指属于金融工具准则范围并同时具备下列特征的金融工具或其他合同：

1. 其价值随特定利率、金融工具价格、商品价格、汇率、价格指数、费率指数、信用等级、信用指数或其他变量的变动而变动，变量为非金融变量的，该变量不应与合同的任何一方存在特定关系。

2. 不要求初始净投资，或者与对市场因素变化预期有类似反应的其他合同相比，要求较少的初始净投资。

3. 在未来某一日期结算。

第二节　金融资产和金融负债的分类和重分类

使用“会计云课堂”App 或“微信”扫码查看本节视频，快速 GET 知识点。

企业应当根据其管理金融资产的业务模式和金融资产的合同现金流量特征，将金融资产划分为以下三类：（1）以摊余成本计量的金融资产；（2）以公允价值计量且其变动计入其他综合收益的金融资产；（3）以公允价值计量且其变动计入当期损益的金融资产。

企业应当结合自身业务的特点和风险管理要求，对金融负债进行合理分类。企业对所有金融负债均不得进行重分类。

图示记忆

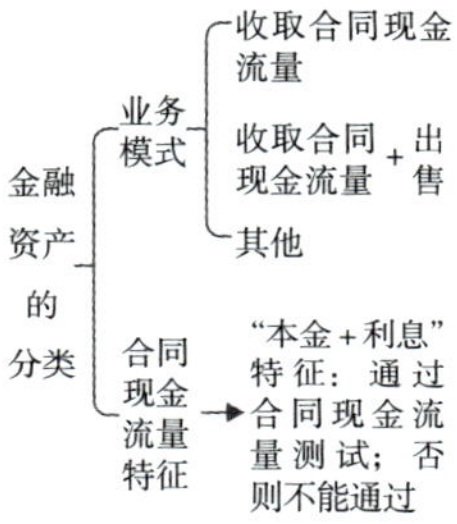

一、金融资产的分类

（一）关于企业管理金融资产的业务模式

1. 业务模式评估

企业管理金融资产的业务模式，是指企业如何管理其金融资产以产生现金流量。业务模式决定企业所管理金融资产现金流量的来源是收取合同现金流量、出售金融资产还是两者兼有。

企业管理金融资产的业务模式，应当以企业关键管理人员决定的对金融资产进行管理的特定业务目标为基础确定，应当以客观事实为依据，不得按照合理预期不会发生的情形为基础确定。

集团及各子公司应当根据各自的实际情况确定其管理金融资产的业务模式。对于同一金融资产组合，集团和子公司对其管理该组合的业务模式的判断通常一致。

2. 以收取合同现金流量为目标的业务模式

在以收取合同现金流量为目标的业务模式下，企业管理金融资产旨在通过在金融资产存续期内收取合同付款来实现现金流量，而不是通过持有并出售金融资产产生整体回报。

即使企业在金融资产的信用风险增加时为减少信用损失而将其出售，金融资产的业务模式仍然可能是以收取合同现金流量为目标的业务模式。

如果企业能够解释出售的原因并且证明出售并不反映业务模式的改变，出售频率或者出售价值在特定时期内增加不一定与以收取合同现金流量为目标的业务模式相矛盾。

3. 以收取合同现金流量和出售金融资产为目标的业务模式

在以收取合同现金流量和出售金融资产为目标的业务模式下，企业的关键管理人员认为收取合同现金流量和出售金融资产对于实现其管理目标而言都是不可或缺的。例如，企业的目标是管理日常流动性需求同时维持特定的收益率，或将金融资产的存续期与相关负债的存续期进行匹配。

4. 其他业务模式

如果企业管理金融资产的业务模式，不是以收取合同现金流量为目标，也不是既以收取合同现金流量又以出售金融资产来实现其目标，则该企业管理金融资产的业务模式是其他业务模式。

（二）关于金融资产的合同现金流量特征

金融资产的合同现金流量特征，是指金融工具合同约定的、反映相关金融资产经济特征的现金流量属性，企业分类为以摊余成本计量的金融资产和以公允价值计量且其变动计入其他综合收益的金融资产，其合同现金流量特征应当与基本借贷安排相一致。即相关金融资产在特定日期产生的合同现金流量仅为对本金和以未偿付本金金额为基础的利息的支付（本金加利息的合同现金流量的特征）。

本金是指金融资产在初始确认时的公允价值，本金金额可能因提前还款等原因在金融资产的存续期内发生变动；利息包括对货币时间价值、与特定时期未偿付本金金额相关的信用风险、以及其他基本借贷风险、成本和利润的对价。

从“贷款基准利率”调整为“贷款市场报价利率”本身不会导致相关金融资产不符合本金加利息的合同现金流量特征。

（三）金融资产的具体分类

具体分类	条件	科目设置	示例
1. 以摊余成本计量的金融资产	同时符合： ①企业管理该金融资产的业务模式是以收取合同现金流量为目标 ②该金融资产的合同条款规定，在特定日期产生的现金流量，仅为对本金和以未偿付本金金额为基础的利息的支付	银行存款 贷款 应收账款 债权投资等	①银行向企业客户发放的固定利率的贷款，在没有其他特殊安排的情况下，贷款的合同现金流量一般情况下可能符合仅为对本金和以未偿付本金金额为基础的利息支付的要求。如果银行管理该贷款的业务模式是以收取合同现金流量为目标，则该贷款应当分类为以摊余成本计量的金融资产 ②普通债券的合同现金流量是到期收回本金及按约定利率在合同期间按时收取固定或浮动利息的权利。在没有其他特殊安排的情况下，普通债券通常可能符合本金加利息的合同现金流量特征。如果企业管理该债券的业务模式是以收取合同现金流量为目标，则该债券可以分类为以摊余成本计量的金融资产 ③企业正常商业往来形成的具有一定信用期限的应收账款，如果企业拟根据应收账款的合同现金流量收取现金，且不打算提前处置应收账款，则该应收账款可以分类为以摊余成本计量的金融资产

名师点拨

应收账款视管理金融资产的业务模式不同，可能分类为任何一类金融资产。

具体分类	条件	科目设置	示例
2. 以公允价值计量且其变动计入其他综合收益的金融资产	同时符合： ①企业管理该金融资产的业务模式既以收取合同现金流量为目标又以出售该金融资产为目标 ②该金融资产的合同条款规定，在特定日期产生的现金流量，仅为对本金和以未偿付本金金额为基础的利息的支付	其他债权投资等	甲企业在销售中通常会给予客户一定期间的信用期。为了盘活存量资产，提高资金使用效率，甲企业与银行签订应收账款无追索权保理总协议，银行向甲企业一次性授信10亿元人民币，甲企业可以在需要时随时向银行出售应收账款。历史上甲企业频繁向银行出售应收账款，且出售金额重大，上述出售满足终止确认的规定 本例中，应收账款的业务模式符合“既以收取合同现金流量为目标又以出售该金融资产为目标”，且该应收账款符合本金加利息的合同现金流量特征，因此应当分类为以公允价值计量且其变动计入其他综合收益的金融资产
3. 以公允价值计量且其变动计入当期损益的金融资产	上述1和2分类之外的金融资产	交易性金融资产	企业常见的下列投资产品通常应当分类为以公允价值计量且其变动计入当期损益的金融资产：股票、基金、可转换债券

名师点拨

满足流动性需求、出售债券投资用于在建工程等，属于“既收取合同现金流量又出售”的业务模式。

要点小贴士

企业持有的直接指定为以公允价值计量且其变动计入当期损益的金融资产也在本科目核算。

在初始确认时，如果能够消除或显著减少会计错配，企业可以将金融资产指定为以公允价值计量且其变动计入当期损益的金融资产。该指定一经作出，不得撤销。

经典题解

【真题3·单选题】下列各项金融资产中，不能以摊余成本计量的是（　　）。（2021年）

A. 现金

B. 与黄金价格挂钩的结构性存款

C. 保本固定收益的银行理财产品

D. 随时可以支取的银行定期存款

相关链接

购入理财产品的分类原则，参见P384本章疑难问题解答1。

【解析】金融资产同时符合下列条件的，应当分类为以摊余成本计量的金融资产：

①企业管理该金融资产的业务模式是以收取合同现金流量为目标。

②该金融资产的合同条款规定，在特定日期产生的现金流量，仅为对本金和以未偿付本金金额为基础的利息的支付。

与黄金价格挂钩的结构性存款，一般情况下不符合金融资产合同现金流量特征，不能以摊余成本计量，应分类为以公允价值计量且其变动计入当期损益的金融资产，选项B正确。

【答案】B

（四）金融资产分类的特殊规定

1. 非交易性权益工具投资

权益工具投资一般不符合本金加利息的合同现金流量特征，因此应当分类为以公允价值计量且其变动计入当期损益的金融资产。然而在初始确认时，企业可以将非交易性权益工具投资指定为以公允价值计量且其变动计入其他综合收益的金融资产，并按照规定确认股利收入。该指定一经作出，不得撤销。企业投资其他上市公司股票或者非上市公司股权的，都可能属于这种情形。

【提示】实务中，优先股协议条款较为复杂，往往存在嵌入衍生条款以及固定股息率的强制分红、强制赎回等条款，导致从发行方角度优先股并非整体满足权益工具定义，相应地从投资方角度不满足指定为以公允价值计量且其变动计入其他综合收益的金融资产的条件。

（1）关于“非交易性”和“权益工具投资”的界定

金融资产或金融负债满足下列条件之一的，表明企业持有该金融资产或承担该金融负债的目的是交易性的：

①取得相关金融资产或承担相关金融负债的目的，主要是为了近期出售或回购。

②相关金融资产或金融负债在初始确认时属于集中管理的可辨认金融工具组合的一部分，且有客观证据表明近期实际存在短期获利模式。在这种情况下，即使组合中有某个组成项目持有的期限稍长也不受影响。

③相关金融资产或金融负债属于衍生工具。但符合财务担保合同定义的衍生工具以及被指定为有效套期工具的衍生工具除外。例如，未作为套期工具的利率互换或外汇期权。

只有不符合上述条件的非交易性权益工具投资才可以进行该指定。

此处权益工具投资中的“权益工具”，是指对于工具发行方来说，满足本章中权益工具定义的工具。

（2）符合金融负债定义但是被分类为权益工具的特殊金融工具（包括可回售工具和发行方仅在清算时才有义务向另一方按比例交付其净资产的金融工具）本身并不符合本章第三节权益工具的定义，因此从投资方的角度也就不符合指定为以公允价值计量且其变动计入其他综合收益的金融资产的条件。

（3）企业持有的符合（银保监办发〔2019〕204号）定义的结构性存款，通常应当分类为以公允价值计量且其变动计入当期损益的金融资产。

2. 基本会计处理原则

初始确认时，企业可基于单项非交易性权益工具投资，将其指定为以公允价值计量且其变动计入其他综合收益的金融资产，其公允价值的后续变动计入其他综合收益，不需计提减值准备。除了获得的股利（明确代表投资成本部分收回的股利收入除外）计入当期损益外，其他相关的利得和损失（包括汇兑损益）均应当计入其他综合收益，且后续不得转入损益。

当金融资产终止确认时，之前计入其他综合收益的累计利得或损失应当从其他综合收益中转出，计入留存收益。

需要注意的是，企业在非同一控制下的企业合并中确认的或有对价构成金融资产的，该金融资产应当分类为以公允价值计量且其变动计入当期损益的金融资产，不得指定为以公允价值计量且其变动计入其他综合收益的金融资产。

名师点拨

非同一控制下或有对价构成金融资产的，通过“交易性金融资产”核算。

经典题解

【真题 4 · 多选题】2×20 年，甲公司发生的有关交易或事项如下：（1）以 200 万元购买结构性存款，该结构性存款与黄金价格挂钩，预计收益率为 6%；（2）买入大豆期货合约，拟在到期前进行平仓；（3）以 600 万元购买乙上市公司发行的可转换公司债券；（4）以 500 万元认购丙合伙企业 10% 的份额，担任有限合伙人，合伙协议约定合伙期限 5 年。不考虑其他因素，下列各项关于甲公司持有的金融资产会计处理的表述中，正确的有（　　）。（2021 年）

A. 将持有的期货合约分类为以公允价值计量且其变动计入当期损益的金融资产

B. 将持有的可转换公司债券分类为以公允价值计量且其变动计入当期损益的金融资产

C. 将持有的丙合伙企业份额指定为以公允价值计量且其变动计入其他综合收益的金融资产

D. 将持有的结构性存款分类为以摊余成本计量的金融资产

【解析】买入大豆期货合约，属于衍生工具，应划分为以公允价值计量且其变动计入当期损益的金融资产，选项 A 正确。

购买乙上市公司发行的可转换公司债券，应划分为以公允价值计量且其变动计入当期损益的金融资产，选项 B 正确。

有限合伙人可以将其股权出质，不符合权益工具的概念，不能将其指定为以公允价值计量且其变动计入其他综合收益的金融资产，选项 C 错误。

结构性存款与黄金价格挂钩，应划分为以公允价值计量且其变动计入当期损益的金融资产，选项 D 错误。

【答案】AB

【真题 5 · 单选题】2×16 年 12 月 30 日，甲公司以发行新股作为对价，购买乙公司所持丙公司 60% 股份。乙公司在股权转让协议中承诺，在本次交易完成后的 3 年内（2×17 年至 2×19 年）丙公司每年净利润不低于 5000 万元，若丙公司实际利润低于承诺利润，乙公司将按照两者之间的差额及甲公司作为对价发行时的股票价格计算应返还给甲公司的股份数量，并在承诺期满后一次性予以返还。2×17 年，丙公司实际利润低于承诺利润，经双方确认，乙公司应返还甲公司相应的股份数量。不考虑其他因素，下列各项关于甲公司应收取乙公司返还的股份在 2×17 年 12 月 31 日合并资产负债表中列示的项目名称是（　　）。（2020 年）

A. 其他债权投资

B. 交易性金融资产

C. 其他权益工具投资

D. 债权投资

【解析】或有对价符合权益工具和金融负债定义的，购买方应当将支付或有对价的义务确认为一项权益或负债；符合资产定义并满足资产确认条件的，购买方应当将符合合并协议约定条件的、可收回的部分已支付合并对价的权利确认为一项资产。

因该预期利润未实现的情况是在购买日后新发生的，在购买日后超过12个月且不属于对购买日已存在状况的进一步证据，应于资产负债表日将该或有对价公允价值的变动计入当期损益。

乙公司对有关利润差额的补偿将以甲公司不固定的股份数量支付，该或有对价属于金融工具，应当按照金融工具的原则进行处理，同时确认其公允价值并计入交易性金融资产核算。

【答案】B

二、金融负债的分类

（一）除下列各项外，企业应当将金融负债分类为以摊余成本计量的金融负债

1. 以公允价值计量且其变动计入当期损益的金融负债，包括交易性金融负债（含属于金融负债的衍生工具）和指定为以公允价值计量且其变动计入当期损益的金融负债。

2. 不符合终止确认条件或继续涉入被转移金融资产所形成的金融负债。对此类金融负债，企业应当按照本章第五节相关规定进行计量。

3. 部分财务担保合同，以及不属于以公允价值计量且其变动计入当期损益的金融负债、以低于市场利率贷款的贷款承诺。

【提示】在非同一控制下的企业合并中，企业作为购买方确认的或有对价形成金融负债的，该金融负债应当按照以公允价值计量且其变动计入当期损益的金融负债进行会计处理。

名师点拨

非同一控制下或有对价构成金融负债的，通过“交易性金融负债”核算。

（二）公允价值选择权

在初始确认时，为了提供更相关的会计信息，企业可以将一项金融资产、一项金融负债或者一组金融工具（金融资产、金融负债或者金融资产及负债）指定为以公允价值计量且其变动计入当期损益，但该指定应当满足下列条件之一：

1. 该指定能够消除或显著减少会计错配。

2. 根据正式书面文件载明的企业风险管理或投资策略，以公允价值为基础对金融负债组合或金融资产和金融负债组合进行管理和业绩评价，并在企业内部以此为基础向关键管理人员报告。

三、金融工具的重分类

（移入本章“第四节　金融工具的计量”讲解）

第三节 金融负债和权益工具的区分

使用“会计云课堂”App 或“微信”扫码查看本节视频，快速 GET 知识点。

要点小贴士

金融负债：
（1）交付现金或其他金融资产；
（2）以自身权益工具结算的非衍生工具合同，股数不固定；
（3）以自身权益工具结算的衍生工具合同，股数或交换的现金（或其他金融资产）金额不固定。

名师点拨

合同负债不是金融负债，因其导致的未来经济利益是商品或服务，不是交付现金或其他金融资产的合同义务。

一、金融负债和权益工具的区分

（一）金融负债和权益工具区分的总体要求

1. 金融负债和权益工具的定义

（1）金融负债是指企业符合下列条件之一的负债：

①向其他方交付现金或其他金融资产的合同义务。例如发行的承诺支付固定利息的公司债券。

②在潜在不利条件下，与其他方交换金融资产或金融负债的合同义务。例如，甲公司向乙公司签出一项在 6 个月后以每股 10 元的价格购买 A 上市公司股票的看涨期权。6 个月后标的股票的市价超过 10 元，则乙公司将行使期权。

③将来须用或可用企业自身权益工具进行结算的非衍生工具合同，且企业根据该合同将交付可变数量的自身权益工具。

例如，企业取得一项金融资产，并承诺两个月后向卖方交付本企业发行的普通股，交付的普通股数量根据交付时的股价确定，则该项承诺是一项金融负债。

再如，甲公司发行了名义金额为 100 元的优先股，合同条款规定甲公司在 3 年后将优先股强制转换为普通股，不考虑股息等因素：

a. 若转股价格为转股日前一工作日的该普通股市场价格，则属于金融负债。

b. 若名义金额为 100 元的优先股转换 10 股普通股，则属于权益工具。

④将来须用或可用企业自身权益工具进行结算的衍生工具合同，但以固定数量的自身权益工具交换固定金额的现金或其他金融资产的衍生工具合同除外。

例如，甲公司于 2×20 年 2 月 1 日向乙公司发行以自身普通股为标的的看涨期权。根据该期权合同，如果乙公司行权（行权价为 102 元），乙公司有权于 2×21 年 1 月 31 日以每股 102 元的价格从甲公司购入普通股 1000 股：

a. 期权将以普通股净额结算，若 2×21 年 1 月 31 日看涨期权的公允价值为 2000 元（每股市价为 104 元），则甲公司交付普通股数量约为 19.23 股（2000/104），则属于金融负债。

b. 期权将以普通股总额结算，即 2×21 年 1 月 31 日甲公司将以固定数量的自身股票 1000 股换取乙公司支付的固定金额现金 102000 元（1000×102），应将该衍生工具确认为权益工具。

经典题解

【**真题 6·单选题**】甲公司为制造企业，下列交易或事项形成的现时义务，属于金融负债的是（ ）。（2020 年）

A. 为已销售产品计提质量保证金 5000 万元

B. 按年度奖金计划计提的应付职工薪酬 30 万元

C. 预收乙公司商品采购款 800 万元

D. 向证券公司借入丙上市公司 100 万股股票对外出售

【解析】选项 A 属于预计负债。选项 B 属于应付职工薪酬，选项 C 属于合同负债，上述三项均不属于金融负债。

【答案】D

【真题 7·多选题】下列各项中，不属于金融负债的有（　　）。（2017 年）

A. 按照销售合同的约定预收的销货款

B. 按照产品质量保证承诺预计的保修费

C. 按照采购合同的约定应支付的设备款

D. 按照劳动合同的约定应支付职工的工资

【解析】金融负债是指以现金或其他金融资产进行偿还的合同义务，所以选项 A 和 B 均不属于金融负债。选项 D，在应付职工薪酬准则规范，不遵循金融工具准则。

【答案】ABD

（2）权益工具

是指能证明拥有某个企业在扣除所有负债后的资产中的剩余权益的合同。在同时满足下列条件的情况下，企业应当将发行的金融工具分类为权益工具：

①该金融工具应当不包括交付现金或其他金融资产给其他方，或在潜在不利条件下与其他方交换金融资产或金融负债的合同义务；

②将来须用或可用企业自身权益工具结算该金融工具。

如为非衍生工具，该金融工具应当不包括交付可变数量的自身权益工具进行结算的合同义务；

如为衍生工具，企业只能通过以固定数量的自身权益工具交换固定金额的现金或其他金融资产结算该金融工具。

企业自身权益工具不包括应按照金融工具准则分类为权益工具的特殊金融工具，也不包括本身就要求在未来收取或交付企业自身权益工具的合同。

> **要点小贴士**
>
> 权益工具：
>
> （1）不包括交付现金或其他金融资产；
>
> （2）以自身权益工具结算的非衍生工具合同，股数固定；
>
> （3）以自身权益工具结算的衍生工具合同，股数和交换的现金（或其他金融资产）金额均固定。

2. 区分金融负债和权益工具需考虑的因素

（1）合同所反映的经济实质

应当以相关合同条款及其所反映的经济实质而非仅以法律形式为依据，运用金融负债和权益工具区分的原则，正确地确定该金融工具或其组成部分的会计分类。（实质重于形式会计信息质量要求）

（2）工具的特征

企业应当全面细致地分析此类金融工具各组成部分的合同条款，以确定其显示的是金融负债还是权益工具的特征，并进行整体评估，以判定整个工具应划分为金融负债或权益工具，还是既包括金融负债成分又包括权益工具成分的复合金融工具。

图示记忆

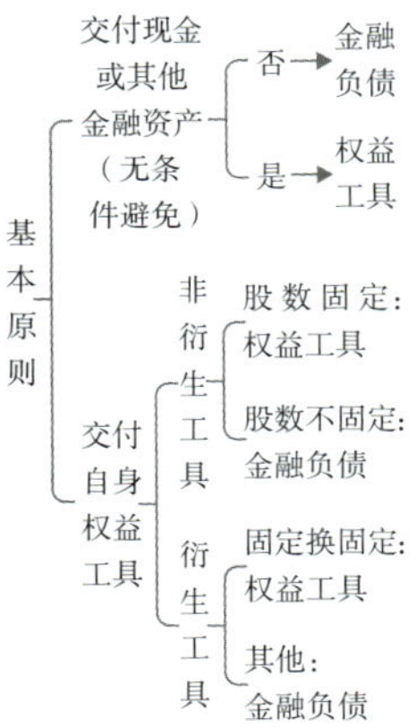

（二）金融负债和权益工具区分的基本原则

1. 是否存在无条件地避免交付现金或其他金融资产的合同义务

（1）如果企业不能无条件地避免以交付现金或其他金融资产来履行一项合同义务，则该合同义务符合金融负债的定义。

①不能无条件地避免赎回，即金融工具发行方不能无条件地避免赎回此金融工具。

如果一项合同使发行方承担了以现金或其他金融资产回购自身权益工具的义务，即使发行方的回购义务取决于合同对手方是否行使回售权，发行方应当在初始确认时将该义务确认为一项金融负债，其金额等于回购所需支付金额的现值。如果发行方最终无须以现金或其他金融资产回购自身权益工具，应当在合同对手方回售权到期时将该项金融负债按照账面价值重分类为权益工具。

②强制付息，即金融工具发行方被要求强制支付利息。

经典题解

【例题8】企业发行面值1亿元的优先股，要求每年按6%的股息率支付优先股股息，则发行方承担了支付未来每年6%股息的合同义务，应当就该强制付息的合同义务确认金融负债。

【例题9】企业发行的一项永续债，无固定还款期限且不可赎回、每年按8%的利率强制付息。尽管该项工具的期限永续且不可赎回，但由于企业承担了以利息形式永续支付现金的合同义务，因此符合金融负债的定义。

（2）如果企业能够无条件地避免交付现金或其他金融资产，则分类为权益工具。

①能够根据相应的议事机制自主决定是否支付股息（即无支付股息的义务），同时所发行的金融工具没有到期日且持有方没有回售权、或虽有固定期限但发行方有权无限期递延（即无支付本金的义务），则此类交付现金或其他金融资产的结算条款不构成金融负债。

②如果发放股利由发行方根据相应的议事机制自主决定，则股利是累积股利还是非累积股利本身均不会影响该金融工具被分类为权益工具。

2. 是否通过交付固定数量的自身权益工具结算

如果一项金融工具须用或可用企业自身权益工具进行结算，需要考虑用于结算该工具的企业自身权益工具，是作为现金或其他金融资产的替代品，还是为了使该工具持有方享有在发行方扣除所有负债后的资产中的剩余权益。如果是前者，该工具是发行方的金融负债；如果是后者，该工具是发行方的权益工具。

名师点拨

所有者权益体现的是剩余权益，若划分为权益工具，在发行金融工具时可确定每股净资产金额。

（三）以外币计价的配股权、期权或认股权证

通常情况下不符合“固定换固定”原则，应分类为金融负债，若企业对全部现有同类别非衍生自身权益工具的持有方同比例发行配股权、期权或认股权证，使之有权按比例以固定金额的任何货币交换固定数量的该企业自身权益工具的，符合“固定换固定”，应分类为权益工具，但属于范围很窄的例外情况。

（四）或有结算条款

对于附有或有结算条款的金融工具，发行方不能无条件地避免交付现金、其他金融资产或以其他导致该工具成为金融负债的方式进行结算的，应当分类为金融负债。

有例外，如只有在发行方清算时，才需以现金、其他金融资产或以其他导致该工具成为金融负债的方式进行结算等，应当分类为权益工具。

（五）结算选择权

对于存在结算选择权的衍生工具（例如，合同规定发行方或持有方能选择以现金净额或以发行股份交换现金等方式进行结算的衍生工具），发行方应当将其确认为金融负债或金融资产，如果可供选择的结算方式均表明该衍生工具应当确认为权益工具，则应当确认为权益工具。

（六）合并财务报表中金融负债和权益工具的区分

在合并财务报表中对金融工具（或其组成部分）进行分类时，企业应考虑集团成员和金融工具的持有方之间达成的所有条款和条件，以确定集团作为一个整体是否由于该工具而承担了交付现金或其他金融资产的义务，或者承担了以其他导致该工具分类为金融负债的方式进行结算的义务。

（七）特殊金融工具的区分

由于将某些可回售工具以及仅在清算时才有义务向另一方按比例交付其净资产的金融工具列报为权益工具而不是金融负债是金融工具列报准则原则的一个例外，即不允许将该例外扩大到发行方母公司合并财务报表中少数股东权益的分类。因此，子公司在个别财务报表中作为权益工具列报的特殊金融工具，在其母公司合并财务报表中对应的少数股东权益部分，应当分类为金融负债。

> **名师点拨**
>
> 母公司在可回售工具中的权益在合并时抵销。对于其他外部投资者持有的子公司发行的可回售工具，其在母公司合并财务报表中不应作为少数股东权益列示，而应作为金融负债列示。

特殊金融工具对于发行方而言不满足权益工具的定义，对于投资方而言也不属于权益工具投资，投资方不能将其指定为以公允价值计量且其变动计入其他综合收益的金融资产。

（八）金融负债和权益工具之间的重分类

由于发行的金融工具原合同条款约定的条件或事项随着时间的推移或经济环境的改变而发生变化，可能会导致已发行金融工具（含特殊金融工具）的重分类。

1. 权益工具重分类为金融负债

金融负债按公允价值计量，权益工具账面价值与金融负债公允价值的差额确认为权益。

2. 金融负债重分类为权益工具

权益工具按重分类日金融负债的账面价值计量，无差额。

经典题解

【真题 10·多选题】下列各项中，应当计入发生当期损益的有（　　）。（2018 年）

A. 以现金结算的股份支付形成的负债在结算前资产负债表日公允价值变动

B. 将分类为权益工具的金融工具重分类为金融负债时公允价值与账面价值的差额

C. 以摊余成本计量的金融资产重分类为以公允价值计量且其变动计入当期损益的金融资产时公允价值与原账面价值的差额

D. 自用房地产转换为采用公允价值模式计量的投资性房地产时公允价值小于原账面价值的差额

【解析】选项A，以现金结算的股份支付形成的负债在结算前资产负债表日公允价值变动计入公允价值变动损益。

选项B，将分类为权益工具的金融工具重分类为金融负债时，公允价值与账面价值的差额计入资本公积—股本溢价，不影响损益。

选项C，以摊余成本计量的金融资产重分类为以公允价值计量且其变动计入当期损益的金融资产时，公允价值与原账面价值的差额计入公允价值变动损益。

选项D，自用房地产转换为采用公允价值模式计量的投资性房地产时公允价值小于原账面价值的差额计入公允价值变动损益。

【答案】ACD

（九）收益和库存股

1. 发行方对利息、股利、利得或损失的处理

（1）属于金融负债：计入当期损益；

（2）属于权益工具：作为权益的变动处理。

2. 库存股

回购自身权益工具（库存股）支付的对价和交易费用，应当减少所有者权益，不得确认为金融资产。

3. 对每股收益计算的影响

参见第二十八章。

相关链接

参见第八章第二节可转换公司债券的会计处理。

二、复合金融工具

企业发行的某些非衍生金融工具（如可转换公司债券等）既含有负债成分，又含有权益成分。对此，企业应当在初始确认时将负债和权益成分进行分拆，分别进行处理。

在进行分拆时，应当先确定负债成分的公允价值并以此作为其初始确认金额，再按照该金融工具整体的发行价格扣除负债成分初始确认金额后的金额确定权益成分的初始确认金额。

三、永续债等类似金融工具的会计处理

（一）永续债等类似金融工具发行方会计分类应当考虑的因素

永续债等类似金融工具（以下简称“永续债”）发行方在确定永续债的会计分类是权益工具还是金融负债（以下简称“会计分类”）时，应当根据第37号准则的规定并同时考虑下列因素：到期日、清偿顺序、利率跳升和间接义务。

1. 关于到期日

永续债发行方在确定永续债会计分类时，应当以合同到期日等条款内含的经济

实质为基础，谨慎判断是否能无条件地避免交付现金或其他金融资产的合同义务。

当永续债合同其他条款未导致发行方承担交付现金或其他金融资产的合同义务时，发行方应当区分下列情况处理：

<table>
<tr><th colspan="2">合同的相关规定</th><th>会计分类</th></tr>
<tr><td colspan="2">永续债合同明确规定无固定到期日且持有方在任何情况下均无权要求发行方赎回该永续债或清算的，通常表明发行方没有交付现金或其他金融资产的合同义务</td><td>权益工具</td></tr>
<tr><td rowspan="2">永续债合同未规定固定到期日且同时规定了未来赎回时间（即“初始期限”）</td><td>当该初始期限仅约定为发行方清算日时，通常表明发行方没有交付现金或其他金融资产的合同义务。但清算确定将会发生且不受发行方控制，或者清算发生与否取决于该永续债持有方的，发行方仍具有交付现金或其他金融资产的合同义务</td><td>金融负债</td></tr>
<tr><td>当该初始期限不是发行方清算日且发行方能自主决定是否赎回永续债时，发行方应当谨慎分析自身是否能无条件地自主决定不行使赎回权。如不能，通常表明发行方有交付现金或其他金融资产的合同义务</td><td>金融负债</td></tr>
</table>

2. 关于清偿顺序

永续债发行方在确定永续债会计分类时，应当考虑合同中关于清偿顺序的条款。当永续债合同其他条款未导致发行方承担交付现金或其他金融资产的合同义务时，发行方应当区分下列情况处理：

合同的相关规定	会计分类
合同规定发行方清算时永续债劣后于发行方发行的普通债券和其他债务，通常表明发行方没有交付现金或其他金融资产的合同义务	权益工具
合同规定发行方清算时永续债与发行方发行的普通债券和其他债务处于相同清偿顺序的，应当审慎考虑此清偿顺序是否会导致持有方对发行方承担交付现金或其他金融资产合同义务的预期，并据此确定其会计分类	金融负债或权益工具

3. 关于利率跳升和间接义务

永续债发行方在确定永续债会计分类时，应当考虑“间接义务”。永续债合同规定没有固定到期日、同时规定了未来赎回时间、发行方有权自主决定未来是否赎回且如果发行方决定不赎回则永续债票息率上浮（即“利率跳升”或“票息递增”）的，发行方应当结合所处实际环境考虑该利率跳升条款是否构成交付现金或其他金融资产的合同义务。

合同的相关规定	间接义务
（1）如果跳升次数有限、有最高票息限制（即“封顶”）且封顶利率未超过同期同行业同类型工具平均的利率水平 （2）跳升总幅度较小且封顶利率未超过同期同行业同类型工具平均的利率水平	可能不构成间接义务
如果永续债合同条款虽然规定了票息封顶，但该封顶票息水平超过同期同行业同类型工具平均的利率水平	通常构成间接义务

（二）关于永续债持有方会计分类的要求

除符合第六章长期股权投资规定适用范围外，永续债持有方应当按下列规定对永续债进行会计处理：

属于权益工具投资	不属于权益工具投资 （持有方应当谨慎考虑永续债中包含的选择权）
（1）分类为以公允价值计量且其变动计入当期损益的金融资产 （2）对非交易性权益工具投资初始指定为以公允价值计量且其变动计入其他综合收益的金融资产（在符合条件时）	分类为： （1）以摊余成本计量的金融资产 （2）以公允价值计量且其变动计入其他综合收益的金融资产 （3）以公允价值计量且其变动计入当期损益的金融资产

第四节　金融工具的计量

使用“会计云课堂”App 或“微信”扫码查看本节视频，快速 GET 知识点。

名师点拨

初始计量关注交易费用的会计处理。

一、金融资产和金融负债的初始计量

分类	初始成本	公允价值与交易价格差额的会计处理
以公允价值计量且其变动计入当期损益的金融资产或金融负债	公允价值	（1）活跃市场报价或可观察输入值确定公允价值：计入当期利得或损失 （2）其他方式确定公允价值：应予递延，后续摊销计入利得或损失
其他类别的金融资产或金融负债	公允价值＋交易费用（资产）－交易费用（负债）	

企业取得金融资产所支付的价款中包含的已宣告但尚未发放的债券利息或现金股利，应当单独确认为应收项目进行处理。

交易费用，是指可直接归属于购买、发行或处置金融工具的增量费用。增量费用是指企业没有发生购买、发行或处置相关金融工具的情形就不会发生的费用，包括支付给代理机构、咨询公司、券商、证券交易所、政府有关部门等的手续费、佣金、相关税费以及其他必要支出，不包括债券溢价、折价、融资费用、内部管理成本和持有成本等与交易不直接相关的费用。

经典题解

【真题 11·单选题】下列各项交易产生的费用中，不应计入相关资产成本或负债初始确认金额的是（　　）。（2018 年改编）

A. 外购无形资产发生的交易费用

B. 企业合并以外其他方式取得长期股权投资发生的审计费用

C. 合并方在非同一控制下的企业合并中发生的中介费用

D. 发行以摊余成本计量的公司债券时发生的交易费用

【解析】合并方在非同一控制下的企业合并中发生的中介费用应计入管理费用。

【答案】C

二、金融资产的后续计量

要点小贴士

金融资产后续计量分为摊余成本计量、公允价值计量且其变动计入其他综合收益和公允价值计量且其变动计入当期损益。

（一）金融资产后续计量原则

金融资产的后续计量与金融资产的分类密切相关。企业应当对不同类别的金融资产，分别以摊余成本、以公允价值计量且其变动计入其他综合收益或以公允价值计量且其变动计入当期损益进行后续计量。

需要注意的是，企业在对金融资产进行后续计量时，如果一项金融工具以前被确认为一项金融资产并以公允价值计量，而现在它的公允价值低于零，企业应将其确认为一项负债。但对于主合同为资产的混合合同，即使整体公允价值可能低于零，企业应当始终将混合合同整体作为一项金融资产进行分类和计量。

（二）以摊余成本计量的金融资产的会计处理

1. 实际利率

实际利率法，是指计算金融资产或金融负债的摊余成本以及将利息收入或利息费用分摊计入各会计期间的方法。

实际利率，是指将金融资产或金融负债在预计存续期的估计未来现金流量，折现为该金融资产账面余额（不考虑减值）或该金融负债摊余成本所使用的利率。

经信用调整的实际利率，是指将购入或源生的已发生信用减值的金融资产在预计存续期的估计未来现金流量，折现为该金融资产摊余成本的利率。

2. 摊余成本

名师点拨

账面余额以初始确认金额经（1）和（2）调整确定；
摊余成本 = 账面余额 -（3）。

金融资产或金融负债的摊余成本，应当以该金融资产或金融负债的初始确认金额经下列调整确定：

（1）扣除已偿还的本金。

（2）加上或减去采用实际利率法将该初始确认金额与到期日金额之间的差额进行摊销形成的累计摊销额。

（3）扣除计提的累计信用减值准备（仅适用于金融资产）。

企业与交易对手方修改或重新议定合同，未导致金融资产终止确认，但导致合同现金流量发生变化的，或者企业修正了对合同现金流量的估计的，应当重新计算该金融资产的账面余额，并将相关利得或损失计入当期损益。

重新计算的该金融资产的账面余额，应当根据将重新议定或修改的合同现金流量按金融资产的原实际利率（或者购买或源生的已发生信用减值的金融资产应按经信用调整的实际利率）折现的现值确定。对于修改或重新议定合同所产生的所有成本或费用，企业应当调整修改后的金融资产账面价值并在修改后金融资产的剩余期限内摊销。

以摊余成本计量且不属于任何套期关系的金融资产所产生的利得或损失，应当在终止确认、重分类、按照实际利率法摊销或确认减值时，计入当期损益。

3. 会计处理（以债权投资为例）

核算科目：债权投资

（1）债权投资的初始计量

借：债权投资—成本（面值）

—利息调整（差额，也可能在贷方）

应收利息（实际支付的款项中包含的利息）

贷：银行存款等

（2）债权投资的后续计量

借：应收利息（分期付息债券按票面利率计算的利息）

债权投资—应计利息（到期一次还本付息债券按票面利率计算的利息）

贷：投资收益（债权投资期初账面余额或期初摊余成本乘以实际利率或经信用调整的实际利率计算确定的利息收入）

债权投资—利息调整（差额，利息调整摊销额，也可能在借方）

（3）出售债权投资

借：银行存款等

债权投资减值准备

贷：债权投资—成本

—利息调整（或借方）

—应计利息

投资收益（差额，也可能在借方）

图表记忆

情形		利息收入的计算
未发生信用减值		期初账面余额 × 实际利率
购入或源生的已发生信用减值		期初摊余成本 × 经信用调整的实际利率
购入或源生的未发生信用减值	后续期间已发生信用减值	期初摊余成本 × 实际利率
	信用风险有所改善而不存在信用减值	期初账面余额 × 实际利率

（三）以公允价值进行后续计量的金融资产的会计处理

1. 对于按照公允价值进行后续计量的金融资产，其公允价值变动形成的利得或损失，除与套期会计有关外，应当按照下列规定处理：

（1）以公允价值计量且其变动计入当期损益的金融资产的利得或损失，应当计入当期损益。

（2）分类为以公允价值计量且其变动计入其他综合收益的金融资产（债权投资）所产生的利得或损失，除减值损失或利得和汇兑损益之外，均应当计入其他综合收益，直至该金融资产终止确认或被重分类。但是采用实际利率法计算的该金融资产的利息应当计入当期损益。该类金融资产计入各期损益的金额应当与视同其一直按摊余成本计量而计入各期损益的金额相等。

该金融资产终止确认时，之前计入其他综合收益的累计利得或损失应当从其他综合收益中转出，计入当期损益。

名师点拨

该类金融资产计提减值：

借：信用减值损失

贷：其他综合收益

从整个分录看，计提减值既影响损益，也影响其他综合收益。教材中的表述，仅考虑计提减值对信用减值损失的影响。

（3）指定为以公允价值计量且其变动计入其他综合收益的非交易性权益工具投资，除了获得的股利（属于投资成本收回部分除外）计入当期损益外，其他相关的利得和损失（包括汇兑损益）均应当计入其他综合收益，且后续不得转入当期损益。当其终止确认时，之前计入其他综合收益的累计利得或损失应当从其他综合收益中转出，计入留存收益。

2. 企业只有在同时符合下列条件时，才能确认股利收入并计入当期损益：

（1）企业收取股利的权利已经确立；

（2）与股利相关的经济利益很可能流入企业；

（3）股利的金额能够可靠计量。

3. 以公允价值计量且其变动计入当期损益的金融资产的会计处理

核算科目：交易性金融资产

（1）企业取得交易性金融资产

借：交易性金融资产—成本（公允价值）

　　投资收益（发生的交易费用）

　　应收股利（已宣告但尚未发放的现金股利）

　　应收利息（已到付息期但尚未领取的利息）

　贷：银行存款等

要点小贴士

交易性金融资产的交易费用不计入初始成本，而是计入投资收益。

（2）持有期间的股利或利息

借：应收股利（被投资单位宣告发放的现金股利 × 投资持股比例）

　　应收利息（资产负债表日计算的应收利息）

　贷：投资收益

（3）资产负债表日公允价值变动

①公允价值上升

借：交易性金融资产—公允价值变动

　贷：公允价值变动损益

②公允价值下降

借：公允价值变动损益

　贷：交易性金融资产—公允价值变动

（4）出售交易性金融资产

相关链接

出售时不将持有期间形成的“公允价值变动损益”转入“投资收益”，参见P384本章疑难问题解答2。

借：银行存款（出售净价，即价款扣除手续费）

　贷：交易性金融资产—成本

　　　　　　　　　　—公允价值变动（或借方）

　　投资收益（差额，也可能在借方）

4. 以公允价值计量且其变动计入其他综合收益的金融资产（债务工具）的会计处理

核算科目：其他债权投资

（1）企业取得金融资产

借：其他债权投资—成本（面值）

　　　　　　　　—利息调整（差额，也可能在贷方）

　　应收利息（已到付息期但尚未领取的利息）

　贷：银行存款等

注：若购买的债券为到期一次还本付息债券，则购买价款中包含的利息，记入“其他债权投资—应计利息”科目。

（2）资产负债表日计算利息

借：应收利息（分期付息债券按票面利率计算的利息）

其他债权投资—应计利息（到期时一次还本付息债券按票面利率计算的利息）

贷：投资收益（其他债权投资的期初账面余额或摊余成本乘以实际利率或经信用调整的实际利率计算确定的利息收入）

其他债权投资—利息调整（差额，也可能在借方）

名师点拨

利息收入的计算与“债权投资”相同。

（3）资产负债表日公允价值变动

①公允价值上升

借：其他债权投资—公允价值变动

贷：其他综合收益—其他债权投资公允价值变动

②公允价值下降

借：其他综合收益—其他债权投资公允价值变动

贷：其他债权投资—公允价值变动

名师点拨

（1）期末“公允价值累计变动”=期末公允价值－期末账面余额；

（2）本期“公允价值变动”=（1）－期初“公允价值累计变动”。

（4）出售其他债权投资

借：银行存款等

贷：其他债权投资（账面价值）

投资收益（差额，也可能在借方）

同时：

借：其他综合收益

贷：投资收益

或相反分录。

5. 指定为以公允价值计量且其变动计入其他综合收益的金融资产（权益工具）的会计处理

核算科目：其他权益工具投资

（1）企业取得金融资产

借：其他权益工具投资—成本（公允价值与交易费用之和）

应收股利（已宣告但尚未发放的现金股利）

贷：银行存款等

（2）资产负债表日公允价值变动

①公允价值上升

借：其他权益工具投资—公允价值变动

贷：其他综合收益

②公允价值下降

借：其他综合收益

贷：其他权益工具投资—公允价值变动

（3）持有期间被投资单位宣告发放现金股利

借：应收股利

贷：投资收益

要点小贴士

只有正常的股利收入影响损益，其他事项不影响损益。

（4）出售其他权益工具投资
借：银行存款等
　贷：其他权益工具投资（账面价值）
　　　盈余公积（差额，或借方）
　　　利润分配—未分配利润（差额，或借方）
同时：
借：其他综合收益
　贷：盈余公积
　　　利润分配—未分配利润
或相反分录。

名师点拨

（1）“其他债权投资”持有期间形成的“其他综合收益”终止确认时转入投资收益；
（2）“其他权益工具投资”持有期间形成的“其他综合收益”终止确认时转入留存收益。

三、金融负债的后续计量

（一）金融负债后续计量原则

企业应当按照以下原则对金融负债后续计量：

1. 以公允价值计量且其变动计入当期损益的金融负债，应当按照公允价值后续计量。

2. 金融资产转移不符合终止确认条件或继续涉入被转移金融资产所形成的金融负债。对此类金融负债，企业应当按照《企业会计准则第 23 号——金融资产转移》相关规定进行计量。

3. 不属于指定为以公允价值计量且其变动计入当期损益的金融负债的财务担保合同或没有指定为以公允价值计量且其变动计入当期损益并将以低于市场利率贷款的贷款承诺，企业作为此类金融负债发行方的，应当在初始确认后按照损失准备金额以及初始确认金额扣除累计摊销额后的余额孰高进行计量。

4. 上述金融负债以外的金融负债，应当按摊余成本后续计量。

（二）金融负债后续计量的会计处理

1. 对于以公允价值进行后续计量的金融负债，其公允价值变动形成利得或损失，除与套期会计有关外，应当计入当期损益。

（1）发行时：
借：银行存款
　贷：交易性金融负债
（2）确认公允价值变动：
①公允价值上升
借：公允价值变动损益
　贷：交易性金融负债
②公允价值下降
借：交易性金融负债
　贷：公允价值变动损益

名师点拨

投资性房地产公允价值变动、交易性金融资产公允价值变动均通过“公允价值变动损益”科目核算。

（3）确认利息费用：

借：财务费用

　贷：应付利息

（4）到期时：

借：交易性金融负债

　贷：银行存款

　　公允价值变动损益（或借方）

2. 以摊余成本计量且不属于任何套期关系的一部分的金融负债所产生的利得或损失，应当在终止确认时计入当期损益或在按照实际利率法摊销时计入相关期间损益。

企业与交易对手方修改或重新议定合同，未导致金融负债终止确认，但导致合同现金流量发生变化的，应当重新计算该金融负债的账面价值，并将相关利得或损失计入当期损益。

重新计算的该金融负债的账面价值，应当根据将重新议定或修改的合同现金流量按金融负债的原实际利率折现的现值确定。对于修改或重新议定合同所产生的所有成本或费用，企业应当调整修改后的金融负债账面价值，并在修改后金融负债的剩余期限内进行摊销。

四、金融工具的减值

（一）金融工具减值概述

本章对金融工具减值的规定称为预期信用损失法。该方法与过去规定的、根据实际已发生减值损失确认损失准备的方法有着根本性不同。在预期信用损失法下，减值准备的计提不以减值的实际发生为前提，而是以未来可能的违约事件造成的损失的期望值来计量当前（资产负债表日）应当确认的损失准备。

企业应当以预期信用损失为基础，对下列项目进行减值会计处理并确认损失准备：

1. 分类为以摊余成本计量的金融资产和以公允价值计量且其变动计入其他综合收益的金融资产。

2. 租赁应收款。

3. 合同资产。合同资产是指《企业会计准则第 14 号——收入》定义的合同资产。

4. 部分贷款承诺和财务担保合同。

损失准备，是指针对按照以摊余成本计量的金融资产、租赁应收款和合同资产的预期信用损失计提的准备，按照以公允价值计量且其变动计入其他综合收益的金融资产的累计减值金额以及针对贷款承诺和财务担保合同的预期信用损失计提的准备。

名师点拨

以公允价值计量且其变动计入其他综合收益的金融资产（权益工具）不计提减值准备。

信用损失，是指企业按照原实际利率折现的、根据合同应收的所有合同现金流量与预期收取的所有现金流量之间的差额，即全部现金短缺的现值。其中，对于企业购买或源生的已发生信用减值的金融资产，应按照该金融资产经信用调整的实际利率折现。由于预期信用损失考虑付款的金额和时间分布，因此即使企业预计可以全额收款但收款时间晚于合同规定的到期期限，也会产生信用损失。

预期信用损失，是指以发生违约的风险为权重的金融工具信用损失的加权平均值。

经典题解

【真题 12 · 单选题】按照企业会计准则的规定，确定企业金融资产预期信用损失的方法是（ ）。（2020 年）

A. 金融资产的预计未来现金流量与其账面价值之间的差额

B. 应收取金融资产的合同现金流量与预期收取的现金流量之间差额的现值

C. 金融资产的公允价值减去处置费用后的净额与其账面价值之间的差额的现值

D. 金融资产的公允价值与其账面价值之间的差额

【解析】信用损失，是指企业按照原实际利率折现的、根据合同应收的所有合同现金流量与预期收取的所有现金流量之间的差额，即全部现金短缺的现值。

【答案】B

（二）金融工具减值的三阶段

一般情况下，企业应当在每个资产负债表日评估相关金融工具的信用风险自初始确认后是否已显著增加，可以将金融工具发生信用减值的过程分为三个阶段，并按照下列情形分别计量其损失准备、确认预期信用损失及其变动：

1. 第一阶段：信用风险自初始确认后未显著增加

对于处于该阶段的金融工具，企业应当按照未来 12 个月的预期信用损失计量损失准备，并按其账面余额（即未扣除减值准备）和实际利率计算利息收入（若该工具为金融资产，下同）。

2. 第二阶段：信用风险自初始确认后已显著增加但尚未发生信用减值

对于处于该阶段的金融工具，企业应当按照该工具整个存续期的预期信用损失计量损失准备，并按其账面余额和实际利率计算利息收入。

3. 第三阶段：初始确认后发生信用减值

> 要点小贴士
>
> 已发生信用减值的金融资产计算利息收入的基数是“期初摊余成本”。

对于处于该阶段的金融工具，企业应当按照该工具整个存续期的预期信用损失计量损失准备，但对利息收入的计算不同于处于前两阶段的金融资产。对于已发生信用减值的金融资产，企业应当按其摊余成本（账面余额减已计提减值准备）和实际利率计算利息收入。

上述三阶段的划分，适用于购买或源生时未发生信用减值的金融工具。对于购买或源生时已发生信用减值的金融资产，企业应当仅将初始确认后整个存续期内预期信用损失的变动确认为损失准备，并按其摊余成本和经信用调整的实际利率计算利息收入。

（三）特殊情形

在以下两类情形下，企业无须就金融工具初始确认时的信用风险与资产负债表日的信用风险进行比较分析。

1. 较低信用风险

如果企业确定金融工具的违约风险较低，借款人在短期内履行其支付合同现金流量义务的能力很强，并且即使较长时期内经济形势和经营环境存在不利变化，也不一定会降低借款人履行其支付合同现金流量义务的能力，那么该金融工具可被视为具有较低的信用风险。

对于在资产负债表日具有较低信用风险的金融工具，企业可以不用与其初始确认时的信用风险进行比较，而直接作出该工具的信用风险自初始确认后未显著增加的假定（企业对这种简化处理有选择权）。

2. 应收款项、租赁应收款和合同资产

企业对于第十七章收入所规定的、不含重大融资成分（包括根据该章不考虑不超过一年的合同中融资成分的情况）的应收款项和合同资产，应当始终按照整个存续期内预期信用损失的金额计量其损失准备（企业对这种简化处理没有选择权）。

除此之外，准则还允许企业作出会计政策选择，对包含重大融资成分的应收款项、合同资产和租赁应收款（可分别对应收款项、合同资产、应收租赁款作出不同的会计政策选择），始终按照相当于整个存续期内预期信用损失的金额计量其损失准备。

名师点拨

对于以公允价值计量且其变动计入其他综合收益的金融资产（债务工具），企业应当在其他综合收益中确认其损失准备，并将减值损失或利得计入当期损益（信用减值损失），且不应减少该金融资产在资产负债表中列示的账面价值。该项业务不影响所有者权益总额。

企业以预期信用损失为基础，对向其他企业提供的委托贷款、财务担保或向集团内关联企业提供的资金借贷等进行减值会计处理时，应当将其发生信用减值的过程分为三个阶段，对不同阶段的预期信用损失采用相应的会计处理方法，不得采用按照整个存续期内预期信用损失的金额计量损失准备的简化处理方法。

（四）预期信用损失的计量

企业计量金融工具预期信用损失的方法应当反映下列各项要素：

1. 通过评价一系列可能的结果而确定的无偏概率加权平均金额。

2. 货币时间价值。

3. 在资产负债表日无须付出不必要的额外成本或努力即可获得的有关过去事项、当前状况以及未来经济状况预测的合理且有依据的信息。

（五）金融工具减值的账务处理

1. 减值准备的计提和转回

（1）计提

相关链接

其他债权投资计提减值准备计入其他综合收益原理，参见P384本章疑难问题解答3。

借：信用减值损失
　贷：贷款损失准备
　　债权投资减值准备
　　坏账准备
　　租赁应收款减值准备
　　其他综合收益—信用减值准备
　　预计负债（用于贷款承诺及财务担保合同）

名师点拨

合同资产减值准备计入“资产减值损失”。

借：资产减值损失
　贷：合同资产减值准备

（2）转回

转回时作相反的分录。

2. 已发生信用损失金融资产的核销

企业实际发生信用损失，认定相关金融资产无法收回，经批准予以核销的，应当根据批准的核销金额，借记“贷款损失准备”等科目，贷记相应的资产科目，如“贷款”“应收账款”等。若核销金额大于已计提的损失准备,还应按其差额借记“信用减值损失”科目。

经典题解

【例题13】2×21年12月15日，甲公司按面值购买了公允价值2000万元的债券，作为以公允价值计量且其变动计入其他综合收益的金融资产核算。该债券的合同期限为10年，票面年利率为5%，实际年利率同为5%。初始确认时，该公司确认该资产不是购买或源生的已发生信用减值的资产。2×21年12月31日（即首个报告日），由于市场利率变化，该债券的公允价值下降至1900万元。该债券的惠誉评级为AA+，通过采用低信用风险简化操作，甲公司确定信用风险自初始确认后没有显著增加，应计量12个月预期信用损失。为了计算预期信用损失，甲公司采用了AA+级中隐含的12个月违约率（假设为2%）和60%的违约损失率，因此12个月预期信用损失为24万元。

要求：

（1）编制甲公司2×21年12月15日购入债券投资的会计分录。

（2）编制甲公司2×21年12月31日确认债券投资公允价值变动及预期损失准备的会计分录。

【答案】

（1）

借：其他债权投资—成本　　2000

　贷：银行存款　　2000

（2）

借：其他综合收益—其他债权投资公允价值变动　　100

　贷：其他债权投资—公允价值变动　　100（2000−1900）

借：信用减值损失　　24

　贷：其他综合收益—信用减值准备　　24

五、金融工具的重分类

（从“第二节　金融资产和金融负债的分类和重分类”移入）

（一）金融工具重分类的原则

企业改变其管理金融资产的业务模式时，应当按照规定对所有受影响的相关金融资产进行重分类。企业对所有金融负债均不得进行重分类。

> **要点小贴士**
> （1）金融资产可以重分类，并采用未来适用法处理；
> （2）金融负债不得重分类。

企业对金融资产进行重分类，应当自重分类日起采用未来适用法进行相关会计处理，不得对以前已经确认的利得、损失（包括减值损失或利得）或利息进行追溯调整。重分类日，是指导致企业对金融资产进行重分类的业务模式发生变更后的首个报告期间的第一天。

例如，甲上市公司决定于2×18年3月22日改变某金融资产的业务模式，则重分类日为2×18年4月1日（即下一个季度会计期间的期初）；乙上市公司决定于2×18年10月15日改变某金融资产的业务模式，则重分类日为2×19年1月1日。

企业管理金融资产业务模式的变更是一种极其少见的情形。该变更源自外部或内部的变化，必须由企业的高级管理层进行决策，且其必须对企业的经营非常重要，并能够向外部各方证实。因此，只有当企业开始或终止某项对其经营影响重大的活动时（例如当企业收购、处置或终止某一业务线时），其管理金融资产的业务模式才会发生变更。

以下情形不属于业务模式变更：

1. 企业持有特定金融资产的意图改变。企业即使在市场状况发生重大变化的情况下改变对特定资产的持有意图，也不属于业务模式变更。

2. 金融资产特定市场暂时性消失从而暂时影响金融资产出售。

3. 金融资产在企业具有不同业务模式的各部门之间转移。

需要注意的是，如果企业管理金融资产的业务模式没有发生变更，而金融资产的条款发生变更但未导致终止确认的，不允许重分类。如果金融资产条款发生变更导致金融资产终止确认的，不涉及重分类问题，企业应当终止确认原金融资产，同时按照变更后的条款确认一项新金融资产。

经典题解

【真题14·多选题】2×18年，甲公司及其子公司发生的相关交易或事项如下：（1）因乙公司的信用等级下降，甲公司将持有并分类为以摊余成本计量的乙公司债券全部出售，同时将该类别的债权投资全部重分类为以公允价值计量且其变动计入其他综合收益的金融资产；（2）因考虑公允价值变动对净利润的影响，甲公司将持有丙公司8%的股权投资从以公允价值计量且其变动计入当期损益的金融资产重分类为以公允价值计量且其变动计入其他综合收益的金融资产；（3）甲公司的子公司（风险投资机构）新取得丁公司36%股权并对其具有重大影响，对其投资采用公允价值计量；（4）甲公司对戊公司增资，所持戊公司股权由30%增加至60%，并能够对戊公司实施控制，甲公司将对戊公司的股权投资核算方法由权益法改为成本法。下列各项关于甲公司及其子公司上述交易或事项会计处理的表述中，正确的有（　　）。（2020年）

A. 风险投资机构对所持丁公司股权投资以公允价值计量

B. 甲公司对戊公司股权投资核算方法由权益法改为成本法

C. 甲公司出售所持乙公司债券后对该类别的债权投资予以重分类

D. 甲公司对所持丙公司股权投资予以重分类

【解析】风险投资机构购买股权主要目的为获取收益，其购买的股权应划分为以公允价值计量且其变动计入当期损益的金融资产，选项A正确。

甲公司对戊公司增资，所持戊公司股权由30%增加至60%，并能够对戊公司实施控制，应由权益法核算转换为成本法核算，选项B正确。

企业改变其管理金融资产的业务模式时，应当按照规定对所有受影响的相关金融资产进行重分类，甲公司相关债券信用等级下降可能发生减值时出售金融资产，并不意味着其改变管理金融资产的业务模式，不应将其进行重分类，选项C不正确。

企业对相关金融资产进行重分类时，应考虑其业务模式是否改变，而不是出于对净利润的影响，选项D不正确。

【答案】AB

（二）金融资产重分类的计量

1. 以摊余成本计量的金融资产的重分类

（1）企业将一项以摊余成本计量的金融资产重分类为以公允价值计量且其变动计入当期损益的金融资产

应当按照该资产在重分类日的公允价值进行计量。原账面价值与公允价值之间的差额计入当期损益。

经典题解

【例题15】A银行于2×20年1月1日以公允价值500000元购入一项债券投资组合，将其分类为以摊余成本计量的金融资产。2×20年12月1日，将其重分类为以公允价值计量且其变动计入当期损益的金融资产。2×21年1月1日，该债券组合的公允价值为490000元，已确认的损失准备为6000元（反映了自初始确认后信用风险显著增加，因此以整个存续期预期信用损失计量）。假定不考虑利息收入的会计处理。

2×21年1月1日，A银行会计处理如下：

借：交易性金融资产	490000
债权投资减值准备	6000
公允价值变动损益	4000
贷：债权投资	500000

要点小贴士

（1）“债权投资”和“其他债权投资”每期按实际利率法确认的利息收入、预期信用损失是相等的，重分类时无须调整影响损益的金额。

（2）重分类时“其他债权投资”按公允价值计量，冲销“债权投资”账面余额，差额记入“其他综合收益—其他债权投资公允价值变动”。

（3）“债权投资”计提减值准备的会计分录：

借：信用减值损失

　贷：债权投资减值准备

“其他债权投资”计提减值准备的会计分录：

借：信用减值损失

　贷：其他综合收益—信用减值准备

因此，重分类时与减值有关的会计分录：

借：债权投资减值准备

　贷：其他综合收益—信用减值准备

（2）企业将一项以摊余成本计量的金融资产重分类为以公允价值计量且其变动计入其他综合收益的金融资产

应当按照该金融资产在重分类日的公允价值进行计量，原账面价值与公允价值之间的差额计入其他综合收益。该金融资产重分类不影响其实际利率和预期信用损失的计量。

经典题解

【例题16】A银行于2×20年1月1日以公允价值500000元购入一项债券投资组合，将其分类为以摊余成本计量的金融资产。2×20年11月1日，将其重分类为以公允价值计量且其变动计入其他综合收益的金融资产。2×21年1月1日，该债券组合的公允价值为490000元，已确认的损失准备为6000元（反映了自初始确认后信用风险显著增加，因此以整个存续期预期信用损失计量）。假定不考虑利息收入的会计处理。

2×21年1月1日，A银行会计处理如下：

借：其他债权投资　490000

　　其他综合收益—其他债权投资公允价值变动　10000

　贷：债权投资　500000

借：债权投资减值准备　6000

　贷：其他综合收益—信用减值准备　6000

2. 以公允价值计量且其变动计入其他综合收益的金融资产的重分类

（1）企业将一项以公允价值计量且其变动计入其他综合收益的金融资产重分类为以摊余成本计量的金融资产

应当将之前计入其他综合收益的累计利得或损失转出，调整该金融资产在重分类日的公允价值，并以调整后的金额作为新的账面价值，即视同该金融资产一直以摊余成本计量。该金融资产重分类不影响其实际利率和预期信用损失的计量。

经典题解

【例题17】A银行于2×20年1月1日以公允价值500000元购入一项债券投资组合，将其分类为以公允价值计量且其变动计入其他综合收益的金融资产。2×20年11月10日，将其重分类为以摊余成本计量的金融资产。2×20年12月31日和2×21年1月1日，该债券组合的公允价值均为490000元，已确认的损失准备为6000元（反映了自初始确认后信用风险显著增加，因此以整个存续期预期信用损失计量）。假定不考虑利息收入的会计处理。

2×21年1月1日，A银行会计处理如下：

借：债权投资　490000

　贷：其他债权投资　490000

借：债权投资　10000

　贷：其他综合收益—其他债权投资公允价值变动　10000

借：其他综合收益—信用减值准备　6000

　贷：债权投资减值准备　6000

（2）企业将一项以公允价值计量且其变动计入其他综合收益的金融资产重分类为以公允价值计量且其变动计入当期损益的金融资产

应当继续以公允价值计量该金融资产。同时，企业应当将之前计入其他综合收益的累计利得或损失从其他综合收益转入当期损益。

经典题解

【例题18】A银行于2×20年1月1日以公允价值500000元购入一项债券投资组合，将其分类为以公允价值计量且其变动计入其他综合收益的金融资产。2×20年11月20日，将其重分类为以公允价值计量且其变动计入当期损益的金融资产。2×20年12月31日和2×21年1月1日，该债券组合的公允价值均为490000元，已确认的损失准备为6000元（反映了自初始确认后信用风险显著增加，因此以整个存续期预期信用损失计量）。假定不考虑利息收入的会计处理。

2×21 年 1 月 1 日，A 银行会计处理如下：

借：交易性金融资产　490000

　贷：其他债权投资　490000

借：投资收益　4000

　　其他综合收益—信用减值准备　6000

　贷：其他综合收益—其他债权投资公允价值变动　10000

3. 以公允价值计量且其变动计入当期损益的金融资产的重分类

（1）企业将一项以公允价值计量且其变动计入当期损益的金融资产重分类为以摊余成本计量的金融资产

应当以其在重分类日的公允价值作为新的账面余额。

经典题解

【例题 19】 A 银行于 2×20 年 1 月 1 日以公允价值 500000 元购入一项债券投资组合，将其分类为以公允价值计量且其变动计入当期损益的金融资产。2×20 年 12 月 15 日，将其重分类为以摊余成本计量的金融资产。2×20 年 12 月 31 日和 2×21 年 1 月 1 日，该债券组合的公允价值均为 490000 元，12 个月预期信用损失为 4000 元。假定不考虑利息收入的会计处理。

2×21 年 1 月 1 日，A 银行会计处理如下：

借：债权投资　490000

　贷：交易性金融资产　490000

借：信用减值损失　4000

　贷：债权投资减值准备　4000

（2）企业将一项以公允价值计量且其变动计入当期损益的金融资产重分类为以公允价值计量且其变动计入其他综合收益的金融资产

应当继续以公允价值计量该金融资产。

经典题解

【例题 20】 A 银行于 2×20 年 1 月 1 日以公允价值 500000 元购入一项债券投资组合，将其分类为以公允价值计量且其变动计入当期损益的金融资产。2×20 年 10 月 25 日，将其重分类为以公允价值计量且其变动计入其他综合收益的金融资产。2×20 年 12 月 31 日和 2×21 年 1 月 1 日，该债券组合的公允价值均为 490000 元，12 个月预期信用损失为 4000 元。假定不考虑利息收入的会计处理。

2×21 年 1 月 1 日，A 银行会计处理如下：

借：其他债权投资　490000

　贷：交易性金融资产　490000

借：信用减值损失　4000

　贷：其他综合收益—信用减值准备　4000

第五节　金融资产转移

使用“会计云课堂”App或“微信”扫码查看本节视频，快速GET知识点。

一、金融资产终止确认的一般原则

金融资产终止确认，是指企业将之前确认的金融资产从其资产负债表中予以转出。金融资产满足下列条件之一的，应当终止确认：（1）收取该金融资产现金流量的合同权利终止。（2）该金融资产已转移，且该转移满足本节关于终止确认的规定。

在第一个条件下，企业收取金融资产现金流量的合同权利终止，如因合同到期而使合同权利终止，金融资产不能再为企业带来经济利益，应当终止确认该金融资产。在第二个条件下，企业收取一项金融资产现金流量的合同权利并未终止，但若企业转移了该项金融资产，同时该转移满足本节关于终止确认的规定，在这种安排下，企业也应当终止确认被转移的金融资产。

名师点拨

金融资产终止确认情形：
（1）收取现金流量的合同权利终止；
（2）转移几乎所有风险和报酬；
（3）没有保留控制。

二、金融资产终止确认的判断流程

本节关于终止确认的相关规定，适用于所有金融资产的终止确认。企业在判断金融资产是否应当终止确认以及在多大程度上终止确认时，应当遵循以下步骤：

（一）确定适用金融资产终止确认规定的报告主体层面

企业（转出方）对金融资产转入方具有控制权的，除在该企业个别财务报表基础上应用本节规定外，在编制合并财务报表时，还应当按照第二十七章合并财务报表的规定合并所有纳入合并范围的子公司（含结构化主体），并在合并财务报表层面应用本节规定。

（二）确定金融资产是部分还是整体适用终止确认原则

本节中的金融资产既可能指一项金融资产或其部分，也可能指一组类似金融资产或其部分。一组类似金融资产通常指金融资产的合同现金流量在金额和时间分布上相似并且具有相似的风险特征，如合同条款类似、到期期限接近的一组住房抵押贷款等。

当且仅当金融资产（或一组金融资产，下同）的一部分满足下列三个条件之一时，终止确认的相关规定适用于该金融资产部分，否则，适用于该金融资产整体：

1. 该金融资产部分仅包括金融资产所产生的特定可辨认现金流量。

2. 该金融资产部分仅包括与该金融资产所产生的全部现金流量完全成比例的现金流量部分。

3. 该金融资产部分仅包括与该金融资产所产生的特定可辨认现金流量完全成比例的现金流量部分。

（三）确定收取金融资产现金流量的合同权利是否终止

企业在确定适用金融资产终止确认规定的报告主体层面（合并财务报表层面或个别财务报表层面）以及对象（金融资产整体或部分）后，即可开始判断是否对金融资产进行终止确认。

收取金融资产现金流量的合同权利已经终止的，企业应当终止确认该金融资产。如一项应收账款的债务人在约定期限内支付了全部款项，或者在期权合同到期时期权持有人未行使期权权利，导致收取金融资产现金流量的合同权利终止，企业应终止确认金融资产。

若收取金融资产的现金流量的合同权利没有终止，企业应当判断是否转移了金融资产，并根据以下有关金融资产转移的相关判断标准确定是否应当终止确认被转移金融资产。

（四）判断企业是否已转移金融资产

企业在判断是否已转移金融资产时，应分以下两种情形作进一步的判断：

1. 企业将收取金融资产现金流量的合同权利转移给其他方

如实务中常见的票据背书转让、商业票据贴现等。

2. 企业保留了收取金融资产现金流量的合同权利，但承担了将收取的该现金流量支付给一个或多个最终收款方的合同义务

这种金融资产转移的情形通常被称为“过手安排”。当且仅当同时符合以下三个条件时，转出方才能按照金融资产转移的情形进行后续分析及处理，否则，被转移金融资产应予以继续确认：

名师点拨

过手安排：不垫付、不挪用和不延误。

（1）企业（转出方）只有从该金融资产收到对等的现金流量时，才有义务将其支付给最终收款方。在有的资产证券化等业务中，如发生由于被转移金融资产的实际收款日期与向最终收款方付款的日期不同而导致款项缺口的情况，转出方需要提供短期垫付款项。在这种情况下，当且仅当转出方有权全额收回该短期垫付款并按照市场利率就该垫款计收利息，方能视同满足这一条件。

（2）转让合同规定禁止企业（转出方）出售或抵押该金融资产，但企业可以将其作为向最终收款方支付现金流量义务的保证。企业不能出售该项金融资产，也不能以该项金融资产作为质押品对外进行担保，意味着转出方不再拥有出售或处置被转移金融资产的权利。但是，由于企业负有向最终收款方支付该项金融资产所产生的现金流量的义务，该项金融资产可以作为企业如期向最终收款方支付现金流量的保证。

（3）企业（转出方）有义务将代表最终收款方收取的所有现金流量及时划转给最终收款方，且无重大延误。企业无权将该现金流量进行再投资。但是，如果企业在收款日和最终收款方要求的划转日之间的短暂结算期内将代为收取的现金流量进行现金或现金等价物投资，并且按照合同约定将此类投资的收益支付给最终收款方，则视同满足本条件。

（五）分析所转移金融资产的风险和报酬转移情况

企业转移收取现金流量的合同权利或者通过符合条件的过手安排方式转移金融资产的，应根据规定进一步对被转移金融资产进行风险和报酬转移分析，以判断是否应终止确认被转移金融资产。

要点小贴士

金融资产所有权上几乎所有风险和报酬转移情形：

（1）企业无条件出售金融资产；

（2）企业出售金融资产，同时约定按回购日该金融资产的公允价值回购；

（3）企业出售金融资产，同时与转入方签订看跌或看涨期权合约，且该看跌或看涨期权为深度价外期权（即到期日之前不大可能变为价内期权），此时可以认定企业已经转移了该项金融资产所有权上几乎所有的风险和报酬，应当终止确认该金融资产。

1. 企业转移了金融资产所有权上几乎所有风险和报酬的，应当终止确认该金融资产，并将转移中产生或保留的权利和义务单独确认为资产或负债

经典题解

【例题21】2×20年2月1日，甲公司将其持有的面值为100万元的国债转让给丙公司，并向丙公司签发看跌期权，约定在出售后的4个月内，丙公司可以60万元价格将国债卖回给甲公司。由于国债信用等级高、预计未来4个月内市场利率将维持稳定，甲公司分析认为该看跌期权属于深度价外期权。在此情况下，甲公司应终止确认被转让的国债。

2. 企业保留了金融资产所有权上几乎所有风险和报酬的，应当继续确认该金融资产

以下情形通常表明企业保留了金融资产所有权上几乎所有的风险和报酬：

（1）企业出售金融资产并与转入方签订回购协议，协议规定企业将按照固定价格或是按照原售价加上合理的资金成本向转入方回购原被转移金融资产，或者与售出的金融资产相同或实质上相同的金融资产。

（2）企业融出证券或进行证券出借。

（3）企业出售金融资产并附有将市场风险敞口转回给企业的总回报互换。

（4）企业出售短期应收款项或信贷资产，并且全额补偿转入方可能因被转移金融资产发生的信用损失。

（5）企业出售金融资产，同时向转入方签订看跌或看涨期权合约，且该看跌期权或看涨期权为一项价内期权。

（6）采用附追索权方式出售金融资产。

3. 企业既没有转移也没有保留金融资产所有权上几乎所有的风险和报酬的，应当判断其是否保留了对金融资产的控制，根据是否保留了控制分别进行处理。

（六）分析企业是否保留了控制

若企业既没有转移也没有保留金融资产所有权上几乎所有的风险和报酬，应当判断企业是否保留了对该金融资产的控制。如果没有保留对该金融资产的控制的，应当终止确认该金融资产。

企业在判断是否保留了对被转移金融资产的控制时，应当重点关注转入方出售被转移金融资产的实际能力。如果转入方有实际能力单方面决定将转入的金融资产整体出售给与其不相关的第三方，且没有额外条件对此项出售加以限制，则表明企业作为转出方未保留对被转移金融资产的控制；在除此之外的其他情况下，则应视为企业保留了对金融资产的控制。

企业既没有转移也没有保留金融资产所有权上几乎所有的风险和报酬，且未放弃对该金融资产控制的，应当按照其继续涉入被转移金融资产的程度确认有关金融资产，并相应确认有关负债。

金融资产是否终止确认的判断流程如下图所示：

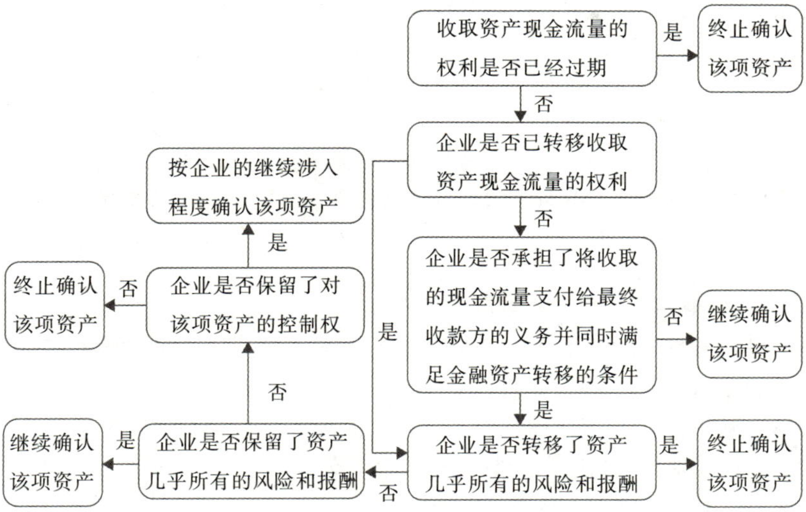

三、金融资产转移的会计处理

（一）满足终止确认条件的金融资产转移的会计处理

对于满足终止确认条件的金融资产转移，企业应当按照被转移的金融资产是金融资产的整体还是金融资产的一部分，分别按照以下方式进行会计处理：

1. 金融资产整体转移的会计处理

金融资产整体转移满足终止确认条件的，应当将下列两项金额的差额计入当期损益：

（1）被转移金融资产在终止确认日的账面价值。

（2）因转移金融资产而收到的对价，与原直接计入其他综合收益的公允价值变动累计额（涉及转移的金融资产为分类为以公允价值计量且其变动计入其他综合收益的金融资产的情形）之和。

2. 金融资产部分转移的会计处理

企业转移了金融资产的一部分，且该被转移部分满足终止确认条件的，应当将转移前金融资产整体的账面价值，在终止确认部分和继续确认部分（在此种情形下，所保留的服务资产应当视同继续确认金融资产的一部分）之间，按照转移日各自的相对公允价值进行分摊，并将下列两项金额的差额计入当期损益：

（1）终止确认部分在终止确认日的账面价值。

（2）终止确认部分收到的对价（包括获得的所有新资产减去承担的所有新负债），与原计入其他综合收益的公允价值变动累计额中对应终止确认部分的金额（涉及部分转移的金融资产为分类为以公允价值计量且其变动计入其他综合收益的金融资产的情形）之和。

名师点拨

参照“其他债权投资”业务会计处理理解。

（二）继续确认被转移金融资产的会计处理

企业保留了被转移金融资产所有权上几乎所有的风险和报酬的，表明企业所转移的金融资产不满足终止确认的条件，不应当将其从企业的资产负债表中转出。此时，企业应当继续确认所转移的金融资产整体，因资产转移而收到的对价，应当在收到时确认为一项金融负债。

需要注意的是，该金融负债与被转移金融资产应当分别确认和计量，不得相互抵销。在后续会计期间，企业应当继续确认该金融资产产生的收入或利得以及该金融负债产生的费用或损失。

（三）继续涉入被转移金融资产的会计处理

企业既没有转移也没有保留金融资产所有权上几乎所有的风险和报酬，且保留了对该金融资产控制的，应当按照其继续涉入被转移金融资产的程度继续确认该被转移金融资产，并相应确认相关负债。企业所确认的被转移的金融资产和相关负债，应当反映企业所保留的权利和承担的义务。

企业应当对因继续涉入被转移金融资产形成的有关资产确认相关收益，对继续涉入形成的有关负债确认相关费用。按继续涉入程度继续确认的被转移金融资产应根据所转移金融资产的原性质及其分类，继续列报于资产负债表中的贷款、应收款项等。

企业通过对被转移金融资产提供担保方式继续涉入的，应当在转移日按照金融资产的账面价值和担保金额两者之中的较低者，按继续涉入的程度继续确认被转移资产，同时按照担保金额和担保合同的公允价值之和确认相关负债。

经典题解

【真题22·单选题】2×18年3月20日，甲公司将所持账面价值为7800万元的5年期国债以8000万元的价格出售给乙公司。按照出售协议的约定，甲公司出售该国债后，与该国债相关的损失或收益均归乙公司承担或享有。该国债出售前，甲公司将其分类为以公允价值计量且其变动计入其他综合收益的金融资产。不考虑其他因素，下列各项关于甲公司出售国债会计处理的表述中，正确的是（　　）。（2020年）

A. 将出售国债取得的价款确认为负债

B. 出售国债取得的价款与其账面价值的差额计入所有者权益

C. 国债持有期间因公允价值变动计入其他综合收益的金额转为留存收益

D. 终止确认所持国债的账面价值

【解析】甲公司持有的国债出售前，甲公司将其分类为以公允价值计量且其变动计入其他综合收益的金融资产，该资产出售时应将取得价款净额记入“银行存款”科目，同时结转资产账面价值，二者之间的差额计入投资收益，持有期间因公允价值变动计入其他综合收益的金额转入投资收益。

【答案】D

金融资产转移的确认

<table>
<tr><th colspan="2">情形</th><th>确认结果</th></tr>
<tr><td colspan="2">已转移金融资产所有权上几乎所有的风险和报酬</td><td rowspan="2">终止确认该金融资产（确认新资产、负债）</td></tr>
<tr><td rowspan="2">既没有转移也没有保留金融资产所有权上几乎所有的风险和报酬</td><td>放弃了对金融资产的控制</td></tr>
<tr><td>未放弃对金融资产的控制</td><td>按照继续涉入所转移金融资产的程度确认有关资产和负债及任何保留权益</td></tr>
<tr><td colspan="2">保留了金融资产所有权上几乎所有的风险和报酬</td><td>继续确认该金融资产，并将收到的对价确认为金融负债</td></tr>
</table>

第六节　套期会计

使用“会计云课堂”App 或“微信”扫码查看本节视频，快速 GET 知识点。

一、套期会计概述

（一）套期概述

套期，是指企业为管理外汇风险、利率风险、价格风险、信用风险等特定风险引起的风险敞口，指定金融工具为套期工具，以使套期工具的公允价值或现金流量变动，预期抵销被套期项目全部或部分公允价值或现金流量变动的风险管理活动。

（二）套期的分类

在套期会计中，套期分为公允价值套期、现金流量套期和境外经营净投资套期。

1. 公允价值套期

是指对已确认资产或负债、尚未确认的确定承诺，或上述项目组成部分的公允价值变动风险敞口进行的套期。

以下是公允价值套期的例子：

（1）某企业签订一项以固定利率换浮动利率的利率互换合约，对其承担的固定利率负债的利率风险引起的公允价值变动风险敞口进行套期。

（2）某石油公司签订一项 6 个月后以固定价格购买原油的合同（尚未确认的确定承诺），为规避原油价格风险，该公司签订一项商品（原油）期货合约，对该确定承诺的价格风险引起的公允价值变动风险敞口进行套期。

（3）某企业购买一项期权合同，对持有的选择以公允价值计量且其变动计入其他综合收益的非交易性权益工具投资的证券价格风险引起的公允价值变动风险敞口进行套期。

2. 现金流量套期

名师点拨

未来现金流量不确定属于现金流量套期，即未来少收现金或多付现金，浮动利率（未来现金流不确定）换固定利率的利率互换属于现金流量套期。

是指对现金流量变动风险敞口进行的套期。该现金流量变动源于与已确认资产或负债、极可能发生的预期交易，或与上述项目组成部分有关的特定风险，且将影响企业的损益。

以下是现金流量套期的例子：

（1）某企业签订一项以浮动利率换固定利率的利率互换合约，对其承担的浮动利率债务的利率风险引起的现金流量变动风险敞口进行套期。

（2）某橡胶制品公司签订一项未来买入橡胶的远期合同，对3个月后预期极可能发生的与购买橡胶相关的价格风险引起的现金流量变动风险敞口进行套期。

（3）某企业签订一项外汇远期合同，对以固定外币价格买入原材料的极可能发生的预期交易的外汇风险引起的现金流量变动风险敞口进行套期。

经典题解

【真题23·多选题】下列各项中，能够作为公允价值套期的被套期项目有（　　）。（2018年）

A. 已确认的负债

B. 尚未确认的确定承诺

C. 已确认资产的组成部分

D. 极可能发生的预期交易

【解析】公允价值套期，是指对已确认资产和负债、尚未确认的确定承诺、或上述项目组成部分的公允价值变动风险敞口进行套期。选项A、B和C正确。

【答案】ABC

3. 境外经营净投资套期

境外经营净投资套期，是指对境外经营净投资外汇风险敞口进行的套期。境外经营净投资套期中的被套期风险是指境外经营的记账本位币与母公司的记账本位币之间的折算差额。

名师点拨

尚未确认的确定承诺的外汇风险，可以作为公允价值套期，也可作为现金流量套期。

此外，企业对确定承诺的外汇风险进行套期的，可以将其作为现金流量套期或公允价值套期处理。例如，某航空公司签订一项3个月后以固定外币金额购买飞机的合同（尚未确认的确定承诺），为规避外汇风险，签订一项外汇远期合同，对该确定承诺的外汇风险引起的公允价值变动或者现金流量变动风险敞口进行套期。

（三）套期会计方法

对于满足一定条件的套期，企业可运用套期会计方法进行处理。套期会计方法，是指企业将套期工具和被套期项目产生的利得或损失在相同会计期间计入当期损益（或其他综合收益）以反映风险管理活动影响的方法。

二、套期工具和被套期项目

（一）套期工具

名师点拨

企业自身权益工具不属于企业的金融资产或金融负债，不能作为套期工具。

1. 符合条件的套期工具

套期工具，是指企业为进行套期而指定的、其公允价值或现金流量变动预期可抵销被套期项目的公允价值或现金流量变动的金融工具。企业可以作为套期工具的金融工具包括：

（1）以公允价值计量且其变动计入当期损益的衍生工具，但签出期权除外。

企业只有在对购入期权（包括嵌入在混合合同中的购入期权）进行套期时，签出期权才可以作为套期工具。嵌入在混合合同中但未分拆的衍生工具不能作为单独的套期工具。

名师点拨

签出期权只收取少量现金，但会承担很大风险，所以作为套期工具有限制。

（2）以公允价值计量且其变动计入当期损益的非衍生金融资产或非衍生金融负债，但指定为以公允价值计量且其变动计入当期损益、且其自身信用风险变动引起的公允价值变动计入其他综合收益的金融负债除外。

对于指定为以公允价值计量且其变动计入当期损益，且其自身信用风险变动引起的公允价值变动计入其他综合收益的金融负债，由于没有将整体公允价值变动计入损益，不能被指定为套期工具。

经典题解

【例题 24】甲公司持有 1 年期的票据，其收益率与黄金价格指数挂钩。甲公司将该票据分类为以公允价值计量且其变动计入当期损益的金融资产。同时，甲公司签订了一项 1 年后以固定价格购买黄金的合同（尚未确认的确定承诺），以满足生产需要。

本例中，该票据作为以公允价值计量且其变动计入当期损益的非衍生金融资产，可以被指定为套期工具，对尚未确认的确定承诺的价格风险引起的公允价值变动风险敞口进行套期。

（3）对于外汇风险套期，企业可以将非衍生金融资产（选择以公允价值计量且其变动计入其他综合收益的非交易性权益工具投资除外）或非衍生金融负债的外汇风险成分指定为套期工具。

经典题解

【例题 25】甲公司的记账本位币为人民币，发行了 5000 万美元、年利率 5% 的固定利率债券，每半年支付一次利息，2 年后到期。甲公司将该债券分类为以摊余成本计量的金融负债。甲公司同时签订了 2 年后到期的、5000 万美元的固定价格销售承诺（尚未确认的确定承诺）。

本例中，甲公司可以将以摊余成本计量的美元负债的外汇风险成分作为套期工具，对固定价格销售承诺的外汇风险引起的公允价值变动或者现金流量变动风险敞口进行套期。

2. 对套期工具的指定

（1）企业在确立套期关系时，应当将前述符合条件的金融工具整体指定为套期工具。但是，由于期权的时间价值、远期合同的远期要素和金融工具的外汇基差通常具备套期成本的特征且可以单独计量，为便于提高某些套期关系的有效性，允许企业在对套期工具进行指定时，作出以下例外处理：

要点小贴士

指定为套期工具的例外情形：

（1）期权的内在价值变动；

（2）远期合同中即期要素的价值变动；

（3）排除外汇基差后的金融工具。

①对于期权，企业可以将期权的内在价值和时间价值分开，只将期权的内在价值变动指定为套期工具。

②对于远期合同，企业可以将远期合同的远期要素和即期要素分开，只将即期

要素的价值变动指定为套期工具。

③对于金融工具，企业可以将金融工具的外汇基差单独分拆，只将排除外汇基差后的金融工具指定为套期工具。外汇基差反映了货币主权信用差异、市场供求等因素所带来的成本。

（2）企业可以将套期工具的一定比例指定为套期工具，但不可以将套期工具剩余期限内某一时段的公允价值变动部分指定为套期工具。

例如，甲公司有一项支付固定利息、收取浮动利息的互换合同，拟将其用于对该公司所发行的浮动利率债券进行套期。该互换合同的剩余期限为10年，而债券的剩余期限为5年。在这种情况下，甲公司不能将该互换合同剩余期限中某5年的互换合同公允价值变动指定为套期工具。

（3）企业可以将两项或两项以上金融工具（或其一定比例）的组合指定为套期工具（包括组合内的金融工具形成风险头寸相互抵销的情形）。

3. 使用单一套期工具对多种风险进行套期

要点小贴士

被套期项目包括：已确认资产或负债、尚未确认的确定承诺、极可能发生的预期交易、境外经营净投资以及上述项目组合或项目组成部分。

（二）被套期项目

1. 符合条件的被套期项目

被套期项目，是指使企业面临公允价值或现金流量变动风险，且被指定为被套期对象的、能够可靠计量的项目。企业可以将下列单个项目、项目组合或其组成部分指定为被套期项目：

（1）已确认资产或负债。

（2）尚未确认的确定承诺。其中，确定承诺，是指在未来某特定日期或期间，以约定价格交换特定数量资源、具有法律约束力的协议；尚未确认，是指尚未在资产负债表中确认。

（3）极可能发生的预期交易。预期交易，是指尚未承诺但预期会发生的交易。

（4）境外经营净投资。

境外经营净投资可以被指定为被套期项目。境外经营净投资，是指企业在境外经营净资产中的权益份额。企业既无计划也无可能在可预见的未来会计期间结算的长期外币货币性应收项目（含贷款），应当视同实质构成境外经营净投资的组成部分。因销售商品或提供劳务等形成的期限较短的应收账款不构成境外经营净投资。

2. 项目组成部分作为被套期项目的规定和要求

企业可以将上述已确认资产或负债、尚未确认的确定承诺、极可能发生的预期交易以及境外经营净投资等单个项目整体或者项目组合指定为被套期项目，企业也可以将上述单个项目或者项目组合的一部分（项目组成部分）指定为被套期项目。

项目组成部分是指小于项目整体公允价值或现金流量变动的部分，它仅反映其所属项目整体面临的某些风险，或仅反映一定程度的风险（例如对某项目的一定比例进行指定时）。

3. 汇总风险敞口作为被套期项目的规定和要求

企业可以将符合被套期项目条件的风险敞口与衍生工具组合形成的汇总风险敞口指定为被套期项目。

4. 被套期项目的组合

当企业出于风险管理目的对一组项目进行组合管理、且组合中的每一个项目（包括其组成部分）单独都属于符合条件的被套期项目时，可以将该项目组合指定为被套期项目。

经典题解

【真题26·多选题】下列各项中，能够作为甲公司套期交易中被套期项目的有（　　）。（2020年）

A. 甲公司在境外子公司净资产中的权益份额

B. 甲公司一笔期限为10年，年利率为6%，按年付息的长期借款产生的前5年应支付的利息

C. 甲公司签订的一份法律上具有约束力的采购协议，约定6个月后以固定的价格采购固定数量的原油

D. 甲公司出口销售收到的200万美元外币存款

【解析】选项A，境外经营净投资可以被指定为被套期项目，境外经营净投资，是指企业在境外经营净资产中的权益份额；

选项B，一项或多项选定的合同现金流量可以被指定为被套期项目；

选项C，属于尚未确认的确定承诺，可以作为被套期项目；

选项D，属于已确认的资产，可以作为被套期项目。

【答案】ABCD

三、套期关系评估

（一）运用套期会计的条件

公允价值套期、现金流量套期或境外经营净投资套期同时满足下列条件的，才能运用套期会计方法进行处理：

1. 套期关系仅由符合条件的套期工具和被套期项目组成。

2. 在套期开始时，企业正式指定了套期工具和被套期项目，并准备了关于套期关系和企业从事套期的风险管理策略和风险管理目标的书面文件。

3. 套期关系符合套期有效性要求。

（二）套期关系再平衡

套期关系由于套期比率的原因而不再符合套期有效性要求，但指定该套期关系的风险管理目标没有改变的，企业应当进行套期关系再平衡。

（三）套期关系的终止

四、确认和计量

（一）公允价值套期

> 名师点拨
>
> 公允价值套期两条腿走路，同时确认套期工具和被套期项目公允价值变动。

公允价值套期满足运用套期会计方法条件的，应当按照下列规定处理：

1. 套期工具

产生的利得或损失应当计入当期损益。如果套期工具是对选择以公允价值计量

且其变动计入其他综合收益的非交易性权益工具投资（或其组成部分）进行套期的，套期工具产生的利得或损失应当计入其他综合收益。

2. 被套期项目

（1）已确认资产或负债

因被套期风险敞口形成的利得或损失应当计入当期损益，同时调整未以公允价值计量的已确认被套期项目的账面价值。

被套期项目为分类为以公允价值计量且其变动计入其他综合收益的金融资产（或其组成部分）的，其因被套期风险敞口形成的利得或损失应当计入当期损益，其账面价值已经按公允价值计量，不需要调整；

被套期项目为企业选择以公允价值计量且其变动计入其他综合收益的非交易性权益工具投资（或其组成部分）的，其因被套期风险敞口形成的利得或损失应当计入其他综合收益，其账面价值已经按公允价值计量，不需要调整。

（2）尚未确认的确定承诺

被套期项目为尚未确认的确定承诺（或其组成部分）的，其在套期关系指定后因被套期风险引起的公允价值累计变动额应当确认为一项资产或负债，相关的利得或损失应当计入各相关期间损益。当履行确定承诺而取得资产或承担负债时，应当调整该资产或负债的初始确认金额，包括已确认的被套期项目的公允价值累计变动额。

名师点拨

现金流量套期单条腿走路，只确认套期工具公允价值变动。

（二）现金流量套期

1. 现金流量套期满足运用套期会计方法条件的，应当按照下列规定处理：

（1）套期工具产生的利得或损失中属于套期有效的部分，作为现金流量套期储备，应当计入其他综合收益。现金流量套期储备的金额，应当按照下列两项的绝对额中较低者确定：

①套期工具自套期开始的累计利得或损失；

②被套期项目自套期开始的预计未来现金流量现值的累计变动额。

每期计入其他综合收益的现金流量套期储备的金额应当为当期现金流量套期储备的变动额。

要点小贴士

现金流量套期中有效套期计入其他综合收益，无效套期计入当期损益。

（2）套期工具产生的利得或损失中属于套期无效的部分（即扣除计入其他综合收益后的其他利得或损失），应当计入当期损益。

2. 现金流量套期储备的金额，应当按照下列规定处理：

（1）被套期项目为预期交易，且该预期交易使企业随后确认一项非金融资产或非金融负债的，或者非金融资产或非金融负债的预期交易形成一项适用于公允价值套期会计的确定承诺时，企业应当将原在其他综合收益中确认的现金流量套期储备金额转出，计入该资产或负债的初始确认金额。

（2）其他现金流量套期，企业应当在被套期的预期现金流量影响损益的相同期间，将原在其他综合收益中确认的现金流量套期储备金额转出，计入当期损益。

（3）如果在其他综合收益中确认的现金流量套期储备金额是一项损失，且该损失全部或部分预计在未来会计期间不能弥补的，企业应当在预计不能弥补时，将预计不能弥补的部分从其他综合收益中转出，计入当期损益。

3. 当企业对现金流量套期终止运用套期会计时，在其他综合收益中确认的累计现金流量套期储备金额，应当按照下列规定进行处理：

（1）被套期的未来现金流量预期仍然会发生的，累计现金流量套期储备的金额应当予以保留，并按照前述现金流量套期储备的后续处理规定进行会计处理。

（2）被套期的未来现金流量预期不再发生的，累计现金流量套期储备的金额应当从其他综合收益中转出，计入当期损益。被套期的未来现金流量预期不再极可能发生但可能预期仍然会发生，在预期仍然会发生的情况下，累计现金流量套期储备的金额应当予以保留，并按照前述现金流量套期储备的后续处理规定进行会计处理。

（三）境外经营净投资套期

要点小贴士

境外经营净投资套期按现金流量套期处理。

对境外经营净投资的套期，包括对作为净投资的一部分进行会计处理的货币性项目的套期，应当按照类似于现金流量套期会计的规定处理：

1. 套期工具形成的利得或损失中属于有效套期的部分，应当计入其他综合收益。

全部或部分处置境外经营时，上述计入其他综合收益的套期工具利得或损失应当相应转出，计入当期损益。

2. 套期工具形成的利得或损失中属于无效套期的部分，应当计入当期损益。

五、信用风险敞口的公允价值选择权

允许企业在一定程度上反映其信用风险管理活动，可以选择以公允价值计量且其变动计入当期损益的方式计量被套期风险敞口的方法替代套期会计。

第七节　金融工具的披露（略）

考试加油站

一、本章小结

下载“会计云课堂”App学习

您已成功完成“第十三章”的学习，本章共22个考点，您都学会了吗？

为了让您对章节有更清晰的理解，加倍巩固。本书作者张志凤老师将通过**“视频导图课”**的方式，带您回顾重要考点。

名师点拨，视听结合，高效提分。

※ 欢迎您扫码，免费观看学习。

二、本章疑难问题解答

1. 企业对购入的银行理财产品应分类为哪一类金融资产?

答：首先判断理财产品底层基础资产产生的现金流量，如果基础资产的合同现金流量特征与基本借贷安排相一致（如基础资产只有贷款），则按照管理金融资产的业务模式可能分类为以摊余成本计量的金融资产（收取合同现金流量为目标）、以公允价值计量且其变动计入其他综合收益的金融资产（收取合同现金流量＋出售为目标）和以公允价值计量且其变动计入当期损益的金融资产（非上述目标）；如果基础资产不能通过合同现金流量测试（如基础资产涉及基金投资、股权投资等），则分类为以公允价值计量且其变动计入当期损益的金融资产。

2. 出售交易性金融资产时，是否将交易性金融资产持有期间形成的公允价值变动损益转入投资收益?

答：此问题有不同观点。如果在同一个年度取得并出售，应该将持有期间形成的公允价值变动损益转入投资收益。如2×21年6月1日取得的交易性金融资产，其成本为100万元，2×21年6月30日其公允价值为110万元，应确认公允价值变动损益10万元，2×21年7月10日将其对外出售，售价为120万元，在2×21年度利润表中应确认投资收益20万元（120–100），但出售交易性金融资产时售价与账面价值差额计入投资收益只有10万元，因此应将6月30日形成的公允价值变动损益10万元转入投资收益。

如果不是在同一个年度取得并出售，不应该将持有期间形成的公允价值变动损益转入投资收益。如2×21年12月1日取得的交易性金融资产，其成本为100万元，2×21年12月31日其公允价值为110万元，应确认公允价值变动损益10万元，年度终了，应将其转入本年利润，公允价值变动损益无余额。2×22年1月10日将其对外出售，售价为120万元，出售交易性金融资产时售价与账面价值差额计入投资收益10万元，如果将公允价值变动损益转入投资收益，虽然2×22年利润表中反映的投资收益为20万元，但会出现一不正常的“公允价值变动收益”–10万元。因此，有人认为不应将公允价值变动损益转入投资收益。

目前，按教材做法，出售交易性金融资产时，不将交易性金融资产持有期间形成的公允价值变动损益转入投资收益。

相关链接：采用公允价值模式后续计量的投资性房地产对外出售时，是否将持有期间的“公允价值变动损益”转入“其他业务成本”也存在争议。争议问题以教材为准，即出售时将“公允价值变动损益”转入“其他业务成本”。

3.“其他债权投资”计提减值准备时，为什么贷记“其他综合收益”?

答：在预期信用损失模型下，对“其他债权投资”要确认预期信用损失，借记“信用减值损失”科目，“其他债权投资”期末按公允价值计量，计提减值时不能影响“其他债权投资”的账面价值，因“其他债权投资”公允价值变动记入“其他综合收益”科目，所以计提减值时应贷记“其他综合收益”科目，即借记“信用减值损失”科目，贷记“其他综合收益—信用减值准备”科目。

4. 附回售条款的股权投资，投资方和被投资方如何进行会计处理？

答："监管规则适用指引——会计类第 1 号"，对于附回售条款的股权投资，投资方除拥有与普通股股东一致的投票权及分红权等权利之外，还拥有一项回售权，例如投资方与被投资方约定，若被投资方未能满足特定目标，投资方有权要求按投资成本加年化 10% 收益（假设代表被投资方在市场上的借款利率水平）的对价将该股权回售给被投资方。该回售条款导致被投资方存在无法避免向投资方交付现金的合同义务。如投资方持有被投资方股权比例为 3%，对被投资方没有重大影响。

从被投资方角度看，由于被投资方存在无法避免的向投资方交付现金的合同义务，应分类为金融负债进行会计处理。

从投资方角度看，投资方对被投资方没有重大影响，该项投资应适用金融工具准则。因该项投资不满足权益工具定义，合同现金流量特征不满足仅为对本金和以未偿付本金金额为基础的利息的支付，应分类为以公允价值计量且其变动计入当期损益的金融资产。

5. 金融资产后续计量是否影响损益和其他综合收益？

答：如下表所示：

<table>
<tr><th colspan="2">类别</th><th>后续计量</th><th>影响损益</th><th>影响其他综合收益</th></tr>
<tr><td colspan="2">以摊余成本计量的金融资产</td><td>摊余成本</td><td>（1）使用实际利率法确认利息收入
（2）减值
（3）外汇利得和损失
（4）终止确认产生的利得或损失</td><td>无</td></tr>
<tr><td rowspan="2">以公允价值计量且其变动计入其他综合收益的金融资产</td><td>债务工具</td><td>公允价值</td><td>（1）使用实际利率法确认利息收入
（2）减值
（3）外汇利得和损失
（4）终止确认产生的利得或损失</td><td>（1）并非在损益中确认的公允价值变动
（2）终止确认时累计金额结转至损益
（3）减值</td></tr>
<tr><td>权益工具</td><td>公允价值</td><td>正常股利收入</td><td>（1）公允价值变动和外汇差额部分
（2）终止确认时累计的金额不得重分类至损益，应转入留存收益</td></tr>
<tr><td colspan="2">以公允价值计量且其变动计入当期损益的金融资产</td><td>公允价值</td><td>（1）公允价值变动
（2）外汇利得或损失
（3）正常股利、利息收入
（4）终止确认产生的利得或损失</td><td>无</td></tr>
</table>

6. “应收票据”和“应收账款”如何在资产负债表中列示？

答：

报表项目	反映内容
应收票据	“应收票据”项目，反映资产负债表日以摊余成本计量的、企业因销售商品、提供服务等收到的商业汇票，包括银行承兑汇票和商业承兑汇票
应收账款	“应收账款”项目，反映资产负债表日以摊余成本计量的、企业因销售商品、提供服务等经营活动应收取的款项
应收款项融资	“应收款项融资”项目，反映资产负债表日以公允价值计量且其变动计入其他综合收益的应收票据和应收账款等
交易性金融资产	“交易性金融资产”项目，反映资产负债表日以公允价值计量且其变动计入当期损益的应收票据和应收账款等

7. 股权投资持有期间被投资单位分配现金股利，投资方如何进行会计处理？

答：长期股权投资成本法核算、交易性金融资产和其他权益工具投资，采用简化的会计处理方法，确认应收股利的同时确认投资收益；长期股权投资权益法核算，被投资单位宣告分配现金股利，其所有者权益减少，投资方应按持股比例减少长期股权投资，即确认应收股利的同时冲减“长期股权投资—损益调整”。

历年经典主观题回顾

使用“会计云课堂”App或“微信”扫码快速做题、对答案、看解析、掌握解题思路，开启轻松过关之旅。

计算分析题

1. 甲公司为一家上市公司，相关年度发生与金融工具有关的交易或事项如下：

（1）20×8年7月1日，甲公司购入了乙公司同日按面值发行的债券50万张，该债券每张面值为100元，面值总额5000万元，款项已以银行存款支付。根据乙公司债券的募集说明书，该债券的年利率为6%（与实际利率相同），自发行之日起开始计息，债券利息每年支付一次，于每年6月30日支付，期限为5年，本金在债券到期时一次性偿还。甲公司管理乙公司债券的目标是保证日常流动性需求的同时，维持固定的收益率。

20×8年12月31日，甲公司所持上述乙公司债券的公允价值为5200万元。

20×9年1月1日，甲公司基于流动性需求将所持乙公司债券全部出售，取得价款5202万元。

（2）20×9 年 7 月 1 日，甲公司从二级市场购入了丙公司发行的 5 年期可转换债券 10 万张，以银行存款支付价款 1050 万元，另支付交易费用 15 万元。根据丙公司可转换债券的募集说明书，该可转换债券每张面值为 100 元；票面年利率为 1.5%，利息每年支付一次，于可转换债券发行之日起每满 1 年的当日支付；可转换债券持有人可于可转换债券发行之日满 3 年后第一个交易日起至到期日止，按照 20 元 / 股的转股价格将持有的可转换债券转换为丙公司的普通股。

20×9 年 12 月 31 日，甲公司所持上述丙公司可转换债券的公允价值为 1090 万元。

（3）20×9 年 9 月 1 日，甲公司向特定的合格投资者按面值发行优先股 1000 万股，每股面值 100 元，扣除发行费用 3000 万元后的发行收入净额已存入银行。根据甲公司发行优先股的募集说明书，本次发行优先股的票面股息率为 5%；甲公司在有可分配利润的情况下，可以向优先股股东派发股息；在支付约定的优先股当期股息前，甲公司不得向普通股股东分配股利；除非股息支付日期前 12 个月发生甲公司向普通股股东支付股利等强制付息事件，甲公司有权取消支付优先股当期股息，且不构成违约；优先股股息不累积；优先股股东按照约定的票面股息率分配股息后，不再同普通股股东一起参加剩余利润分配；甲公司有权按照优先股票面金额加上当期已决议支付但尚未支付的优先股股息之和赎回并注销本次发行的优先股；本次发行的优先股不设置投资者回售条款，也不设置强制转换为普通股的条款；甲公司清算时，优先股股东的清偿顺序劣后于普通债务的债权人，但在普通股股东之前。

甲公司根据相应的议事机制，能够自主决定普通股股利的支付。

本题不考虑相关税费及其他因素。

要求：

（1）根据资料（1），判断甲公司所持乙公司债券应予确认的金融资产类别，从业务模式和合同现金流量特征两个方面说明理由，并编制与购入、持有及出售乙公司债券相关的会计分录。

（2）根据资料（2），判断甲公司所持丙公司可转换债券应予确认的金融资产类别，说明理由，并编制与购入、持有丙公司可转换债券相关的会计分录。

（3）根据资料（3），判断甲公司发行的优先股是负债还是权益工具，说明理由，并编制发行优先股的会计分录。（2019 年）

2. 20×7 年 7 月 10 日，甲公司与乙公司签订股权转让合同，以 2600 万元的价格受让乙公司所持丙公司 2% 股权。同日，甲公司向乙公司支付股权转让款 2600 万元；丙公司的股东变更手续办理完成。受让丙公司股权后，甲公司将其指定为以公允价值计量且其变动计入其他综合收益的金融资产。

20×7 年 8 月 5 日，甲公司从二级市场购入丁公司发行在外的股票 100 万股（占丁公司发行在外有表决权股份的 1%），支付价款 2200 万元，另支付交易费用 1 万元。根据丁公司股票的合同现金流量特征及管理丁公司股票的业务模式，甲公司将购入的丁公司股票作为以公允价值计量且其变动计入当期损益的金融资产核算。

20×7 年 12 月 31 日，甲公司所持上述丙公司股权的公允价值为 2800 万元，所持上述丁公司股票的公允价值为 2700 万元。

20×8 年 5 月 6 日，丙公司股东会批准利润分配方案，向全体股东共计分配现金股利 500 万元，20×8 年 7 月 12 日，甲公司收到丙公司分配的股利 10 万元。

20×8年12月31日，甲公司所持上述丙公司股权的公允价值为3200万元。所持上述丁公司股票的公允价值为2400万元。

20×9年9月6日，甲公司将所持丙公司2%股权予以转让，取得款项3300万元，20×9年12月4日，甲公司将所持上述丁公司股票全部出售，取得款项2450万元。

其他有关资料：（1）甲公司对丙公司和丁公司不具有控制、共同控制或重大影响。（2）甲公司按实现净利润的10%计提法定盈余公积，不计提任意盈余公积。（3）不考虑税费及其他因素。

要求：

（1）根据上述资料，编制甲公司与购入、持有及处置丙公司股权相关的全部会计分录。

（2）根据上述资料，编制甲公司与购入、持有及处置丁公司股票相关的全部会计分录。

（3）根据上述资料，计算甲公司处置所持丙公司股权及丁公司股票对其20×9年度净利润和20×9年12月31日所有者权益的影响。（2018年）

历年经典主观题参考答案及解析

使用“会计云课堂”App或“微信”扫码对答案、看解析、掌握解题思路，开启轻松过关之旅。

计算分析题

1.【答案】

（1）甲公司应将取得的乙公司债券划分为以公允价值计量且其变动计入其他综合收益的金融资产。

理由：由于甲公司管理乙公司债券的目标是在保证日常流动性需求的同时，维持固定的收益率，该种业务模式是以收取合同现金流量和出售金融资产为目标的业务模式；所持乙公司债券的合同现金流量特征与基本借贷安排相一致，即在特定日期产生的现金流量仅为对本金和以未偿付本金金额为基础的利息的支付。

20×8年7月1日

借：其他债权投资—成本 5000

　贷：银行存款 5000

20×8年12月31日

借：应收利息 150（5000×6%×6/12）

　贷：投资收益 150

借：其他债权投资—公允价值变动 200（5200-5000）

　贷：其他综合收益 200

20×9 年 1 月 1 日

借：银行存款　5202

　　投资收益　148

　贷：其他债权投资—成本　5000

　　　　　　　　　—公允价值变动　200

　　　应收利息　150

借：其他综合收益　200

　贷：投资收益　200

（2）甲公司应将取得的丙公司债券划分为以公允价值计量且其变动计入当期损益的金融资产。

理由：由于嵌入了一项转股权，甲公司所持丙公司可转换债券在基本借贷安排的基础上，会产生基于其他因素变动的不确定性，不符合仅为对本金和以未偿付本金金额为基础的利息支付的合同现金流量特征。

20×9 年 7 月 1 日

借：交易性金融资产—成本　1050

　　投资收益　15

　贷：银行存款　1065

20×9 年 12 月 31 日

借：应收利息　7.5（10×100×1.5%×6/12）

　贷：投资收益　7.5

借：交易性金融资产—公允价值变动　40

　贷：公允价值变动损益　40

（3）甲公司发行的优先股应划分为权益工具。

理由：①由于本次发行的优先股不设置投资者回售条款，甲公司能够无条件避免赎回优先股并交付现金或其他金融资产的合同义务；②由于甲公司有权取消支付优先股当期股息，甲公司能够无条件避免交付现金或其他金融资产支付股息的合同义务；③在发生强制付息事件的情况下，甲公司根据相应的议事机制能够决定普通股股利的支付，因此也就能够无条件避免交付现金或其他金融资产支付股息的合同义务。

借：银行存款　97000

　贷：其他权益工具　97000

2.【答案】

（1）20×7 年 7 月 10 日

借：其他权益工具投资—成本　2600

　贷：银行存款　2600

20×7 年 12 月 31 日

借：其他权益工具投资—公允价值变动　200

　贷：其他综合收益　200

20×8 年 5 月 6 日

借：应收股利　10

　贷：投资收益　10

20×8年7月12日

借：银行存款　10

　贷：应收股利　10

20×8年12月31日

借：其他权益工具投资—公允价值变动　400

　贷：其他综合收益　400

20×9年9月6日

借：银行存款　3300

　贷：其他权益工具投资—成本　2600

　　　　　　　　—公允价值变动　600

　　盈余公积　10

　　利润分配—未分配利润　90

借：其他综合收益　600

　贷：盈余公积　60

　　利润分配—未分配利润　540

（2）20×7年8月5日

借：交易性金融资产—成本　2200

　投资收益　1

　贷：银行存款　2201

20×7年12月31日

借：交易性金融资产—公允价值变动　500

　贷：公允价值变动损益　500

20×8年12月31日

借：公允价值变动损益　300

　贷：交易性金融资产—公允价值变动　300

20×9年12月4日

借：银行存款　2450

　贷：交易性金融资产—成本　2200

　　　　　　　—公允价值变动　200

　　投资收益　50

（3）对20×9年净利润的影响金额为50万元，对所有者权益的影响金额=100+50=150（万元）。

同步强化练习题

使用“会计云课堂”App或“微信”扫码快速做题、对答案、看解析、掌握解题思路，开启轻松过关之旅。

一、单项选择题

1. 下列项目中不属于金融资产的是（　　）。
   A. 贷款
   B. 债权投资
   C. 持有的其他方的权益工具
   D. 预付账款

2. 某资产证券化信托计划向投资者发行合同挂钩工具。资产支持证券划分为两层，分别为优先档和次级档，优先档的本息偿付次序优于次级档。优先档有明确的固定票息，而次级档无明确的票息，次级档的收益取决于基础资产的最终收益水平。该计划需将收到的贷款本金和利息回收款优先支付给优先档持有人，即待向优先档持有人按合同条款支付了相应的本金及收益后，才能将剩余的回收款支付给次级档持有人。下列表述中正确的是（　　）。
   A. 若该信托计划投资的基础资产的现金流量仅为对本金和以未偿付本金金额为基础的利息支付的贷款组合，优先档分级的合同现金流量符合基本借贷安排
   B. 若该信托计划投资的基础资产的现金流量仅为对本金和以未偿付本金金额为基础的利息支付的贷款组合，次级档分级的合同现金流量符合基本借贷安排
   C. 若资产支持证券中含有股票投资，优先档分级的合同现金流量符合基本借贷安排
   D. 若资产支持证券中含有股票投资，次级档分级的合同现金流量符合基本借贷安排

3. 2×21年1月10日，甲公司与乙公司签订附回售条款的股权投资的合同，甲公司除拥有与普通股股东一致的投票权及分红权等权利之外，还拥有一项回售权。甲公司与乙公司约定，若乙公司未能满足特定目标，甲公司有权要求按投资成本加年化8%收益（假设代表被投资方在市场上的借款利率水平）的对价将该股权回售给乙公司。甲公司持有乙公司股权比例为1%，对被投资方没有重大影响。假定不考虑其他因素，乙公司接受甲公司投资在初始确认时应当分类为（　　）。
   A. 权益工具
   B. 金融负债
   C. 金融资产
   D. 复合金融工具

4. 甲公司有一个债券和权益工具的投资组合，正式的书面投资和风险管理规定要求该组合中权益工具所占的价值比重应限定在投资组合总价值的25%至40%之间；甲公司授权相关投资管理部门根据这一比例规定，购买或出售债券和权益

工具以平衡该投资组合。如果该投资组合的管理部门被授权购买和出售金融资产以平衡投资组合中的风险，而不存在交易意图，且以往也没有为短期获利进行交易的做法。该组合中的债券和权益工具应分类为（　　）。

A. 以公允价值计量且其变动计入当期损益的金融资产

B. 以摊余成本计量的金融资产

C. 以公允价值计量且其变动计入其他综合收益的金融资产

D. 应收款项

5. 甲公司利用自有资金购买银行理财产品，该理财产品为非保本浮动收益型，期限为9个月，不可转让交易，也不可提前赎回。根据理财产品合约，基础资产为指定的单一固定利率信贷资产，该信贷资产的剩余存续期限和理财产品的存续期限一致，且信贷资产利息收入是该理财产品收入的唯一来源。甲公司购买理财产品的主要目的在于取得理财产品利息收入，一般不会在到期前转让。甲公司应将该理财产品分类为（　　）。

A. 以公允价值计量且其变动计入其他综合收益的金融资产

B. 以公允价值计量且其变动计入当期损益的金融资产

C. 以摊余成本计量的金融资产

D. 以公允价值计量且其变动计入其他综合收益的非交易性权益工具投资

6. 2×21年12月1日，甲公司以3000万元从乙公司购入其发行的3年期资产管理计划的优先级A类资产支持证券，该证券的年收益率为6%。该资产管理计划系乙公司将其所有的股权投资和债权投资作为基础资产履行的资产支持证券，该证券分为优先级A类、优先级B类和次级类三种。按照发行协议的约定，优先级A类和优先级B类按固定收益率每年初支付上一年的收益，到期偿还本金和最后一年的收益，基础资产中每年产生的现金流量，按优先级和次级顺序依次支付优先级A类、优先级B类和次级类持有者的收益。该资产管理计划到期时，基础资产所产生的现金流量按上述顺序依次偿付持有者的本金及最后一年的收益；如果基础资产产生的现金流量不足以支付所有持有者的本金及收益的，按上述顺序依次偿付。不考虑其他因素，甲公司应将购入的资产支持证券分类为（　　）。

A. 以摊余成本计量的金融资产

B. 以公允价值计量且其变动计入当期损益的金融资产

C. 以公允价值计量且其变动计入其他综合收益的金融资产

D. 以公允价值计量且其变动计入其他综合收益的非交易性权益工具投资

7. 甲公司在销售中通常会给予客户一定期间的信用期。为了盘活存量资产，提高资金使用效率，甲公司与银行签订应收账款无追索权保理总协议，银行向甲公司一次性授信10亿元人民币，甲公司可以在需要时随时向银行出售应收账款。以往甲公司频繁向银行出售应收账款，且出售金额重大，上述出售满足金融资产终止确认的规定，对于未出售的应收账款甲公司以收取合同现金流量为目标。甲公司应将该应收账款分类为（　　）。

A. 以摊余成本计量的金融资产

B. 以公允价值计量且其变动计入当期损益的金融资产

C. 以公允价值计量且其变动计入其他综合收益的金融资产

D. 衍生金融资产

8. 下列关于金融资产的说法中，错误的是（　　）。

A. 金融资产包含从其他单位收取现金或其他金融资产的合同权利

B. 金融资产包含持有的其他方的权益工具

C. 将来须用或可用企业自身权益工具进行结算的非衍生工具合同，且企业根据该合同将收到可变数量的自身权益工具，属于金融资产

D. 将来须用或可用企业自身权益工具进行结算的衍生工具合同，以固定数量的自身权益工具交换固定金额的现金或其他金融资产的衍生工具合同，属于金融资产

9. 下列金融工具中，应当分类为权益工具的是（ ）。

A. 甲公司与客户签订合同约定，以1个月后200万元等值自身普通股偿还所欠客户300万元债务

B. 乙公司发行500万元的3年后将转换为普通股的优先股，转股价格为转股前一个月内工作日的普通股平均价

C. 丙公司向子公司发行一份以自身股票为标的的看涨期权，合同约定以现金净额结算

D. 丁公司发行了股利率为5%的不可赎回累积优先股，丁公司可自行决定是否派发股利

10. 甲公司于2×20年2月1日向乙公司发行以自身普通股为标的的看涨期权。根据该期权合同，如果乙公司行权，乙公司有权以每股51元的价格从甲公司购入普通股2000股。合同签订日为2×20年2月1日，行权日为2×21年1月31日。假定期权将以普通股净额结算。下列说法中正确的是（ ）。

A. 甲公司发行的看涨期权属于权益工具

B. 甲公司发行的看涨期权属于复合金融工具

C. 甲公司发行的看涨期权属于金融负债

D. 甲公司发行的看涨期权属于金融资产

11. 某合伙企业甲，新合伙人加入时按确定的金额和持股比例入股，退休或退出时入股资金及累计未分配利润全额退还给合伙人。合伙企业营运资金均来自合伙人入股，合伙人持股期间可按持股比例分得合伙企业的利润。当合伙企业清算时，合伙人可按持股比例获得合伙企业的净资产。该金融工具是（ ）。

A. 权益工具

B. 金融资产

C. 复合金融工具

D. 金融负债

12. 下列各项关于发行复合金融工具发生的交易费用的说法中，正确的是（ ）。

A. 计入财务费用

B. 计入负债

C. 计入其他综合收益

D. 在负债成分和权益成分之间按照各自的相对公允价值比例进行分摊

13. 2×20年1月1日，甲公司自证券市场购入面值总额为2000万元的债券，购入时实际支付价款2078.98万元，另支付交易费用10万元。该债券发行日为2×20年1月1日，系分期付息、到期还本债券，期限为5年，票面年利率为5%，实际年利率为4%，每年12月31日支付当年利息。甲公司将该债券作为以摊余成本计量的金融资产核算。2×20年12月31日，该债券投资的信用风险自初始确认后未显著增加，甲公司由此确认的预期信用损失准备为10万元。假定不考虑其他因素，甲公司持有该债券投资2×21年应确认的投资收益为（ ）万元。

A. 100　　B. 72

C. 82.90　　D. 82.50

14. 2×21年1月1日，甲公司以银行存款2200万元购入乙公司当日发行的面值为2000万元的5年期不可赎回债券，将其划分为以公允价值计量且其变动计入其

他综合收益的金融资产。该债券票面年利率为10%，每年付息一次，实际年利率为7.53%。2×21年12月31日，该债券的公允价值为2180万元，甲公司确认的预期信用损失准备为40万元。假定不考虑其他因素，2×21年12月31日甲公司该债券投资的账面价值为（　　）万元。

A. 2140　　B. 2400
C. 2125.66　　D. 2180

15. 2×20年6月9日，甲公司支付价款855万元（含交易费用5万元）购入乙公司股票100万股，占乙公司有表决权股份的2%，指定为以公允价值计量且其变动计入其他综合收益的金融资产核算。2×20年12月31日，该股票市场价格为每股9元。2×21年2月5日，乙公司宣告并发放现金股利2000万元，甲公司应按持股比例确认现金股利。2×21年8月21日，甲公司以每股8元的价格将乙公司股票全部转让。不考虑其他因素，甲公司2×21年利润表中因该项金融资产应确认的投资收益为（　　）万元。

A. 40　　B. −100
C. −15　　D. −55

16. 甲公司2×20年5月10日以每股5.8元的价格购进乙公司股票100万股作为以公允价值计量且其变动计入当期损益的金融资产核算，另支付相关交易费用0.12万元。2×20年12月31日，该股票收盘价格为每股8元。2×21年5月15日，甲公司以每股9元的价格将该股票全部售出，另支付交易费用0.2万元。2×21年5月15日，甲公司出售该金融资产时应确认的投资收益为（　　）万元。

A. 99.8　　B. 319.68
C. 319.8　　D. 100

17. 甲银行发放了一笔2000万元的10年期分期偿还本金贷款。考虑到对具有相似信用风险的其他金融工具的预期（使用无须付出额外成本或努力即可获得，合理且有依据的信息）、借款人的信用风险，以及未来12个月的经济前景，甲银行估计初始确认时，该贷款在接下来的12个月内的违约率为0.5%。此外，为了确定自初始确认后信用风险是否显著增加，甲银行还确认未来12个月的违约概率变动合理近似于整个存续期的违约概率变动。在报告日（该贷款还款到期之前），未来12个月的违约概率无变化，因此甲银行认为自初始确认后信用风险并无显著增加。甲银行认为如果贷款违约，会损失账面总额的25%（即违约损失率为25%）。甲银行以12个月的违约率0.5%计量12个月预期信用损失的损失准备。甲银行在报告日应确认的预期信用损失的损失准备金额为（　　）万元。

A. 10　　B. 100
C. 0　　D. 2.5

18. 甲公司于2×21年12月15日购入当日发行的一项公允价值为1000万元的债券，该债券期限10年，票面年利率为5%（与购入时的市场利率一致），分类为以公允价值计量且其变动计入其他综合收益的金融资产。该债券初始确认时，甲公司确定其不属于购入或源生的已发生信用减值的金融资产。2×21年12月31日，该债券的公允价值跌至950万元。甲公司认为该债券的信用风险自初始确认后并无显著增加，由此确认的预期信用损失准备为60万元。假设不考虑利息和其他因素，甲公司上述业务对其他综合收益的影响金额为（　　）万元。

A. 60　　B. −50
C. 10　　D. 110

19. 甲股份有限公司于2×21年1月1日以19900万元发行一项3年期、到期还本、按年付息的公司债券，每年1月1日支付上年度利息。该公司债券票面年利率为5%，面值总额为20000万元。该债券实际利率（　　）。

A. 等于5%　　B. 大于5%

C. 小于5%　　D. 等于0

20. 关于金融资产减值，下列会计处理表述中正确的是（　　）。

A. 信用风险自初始确认后未显著增加，企业应当按照未来12个月的预期信用损失计量损失准备，并按其账面余额和票面利率计算利息收入

B. 信用风险自初始确认后已显著增加，但尚未发生信用减值，企业应当按照整个存续期的预期信用损失计量损失准备，并按其摊余成本和实际利率计算利息收入

C. 金融资产初始确认后发生信用减值，企业应当按照整个存续期的预期信用损失计量损失准备，并按其摊余成本和实际利率计算利息收入

D. 对于购买或源生时已发生信用减值的金融资产，企业应当仅将初始确认后整个存续期内预期信用损失的变动确认为损失准备，并按其摊余成本和实际利率计算利息收入

21. 关于金融资产转移，下列表述中错误的是（　　）。

A. 企业已将金融资产所有权上几乎所有的风险和报酬转移给转入方的，应当终止确认该金融资产

B. 企业将金融资产出售，同时与买入方签订协议在约定期限结束时按固定价格回购，则不应终止确认该金融资产

C. 企业将金融资产出售，同时与买入方签订很可能行权的看跌期权合约，则不应终止确认该金融资产

D. 企业保留了金融资产所有权上几乎所有的风险和报酬，应当按照继续涉入规定计量该项金融资产

22. 2×21年6月，甲公司与乙公司签订股权转让框架协议，协议约定将甲公司持有的丁公司20%的股权转让给乙公司，总价款为7亿元，乙公司分为三次支付。2×21年支付了第一笔款项2亿元。为了保证乙公司的利益，甲公司于2×21年11月将其持有的丁公司的5%股权过户给乙公司，但乙公司暂时并不拥有与该5%股权对应的表决权和利润分配权。假定甲公司、乙公司不存在关联方关系，不考虑其他因素。下列关于甲公司对该股权转让于2×21年会计处理的表述中，正确的是（　　）。

A. 将实际收到的价款确认为负债

B. 将实际收到价款与所对应的5%股权投资账面价值的差额确认为股权转让损益

C. 将甲公司与乙公司签订的股权转让协议作为或有事项在财务报表附注中披露

D. 将转让总价款与对丁公司20%股权投资账面价值的差额确认为股权转让损益，未收到的转让款确认为应收款

23. 下列项目中，属于现金流量套期的是（　　）。

A. 用利率互换去对固定利率债券套期

B. 用利率互换去对浮动利率债券套期

C. 某电力公司因签订了一项6个月后以约定价格购买煤炭的合同，对该确定承诺的价格变动风险进行套期

D. 对现有存货价格变动风险进行套期

24. 关于公允价值套期，下列表述中错误的是（　　）。

A. 是指对已确认资产或负债、尚未确认的确定承诺，或上述项目组成部

分的公允价值变动风险敞口进行的套期

B. 该公允价值变动源于特定风险，可能影响企业的损益

C. 该公允价值变动源于特定风险，可能影响企业的其他综合收益，影响其他综合收益的情形，仅限于企业对指定为以公允价值计量且其变动计入其他综合收益的非交易性权益工具投资的公允价值变动风险敞口进行的套期

D. 套期工具有效套期部分计入其他综合收益，无效套期部分计入当期损益

25. 下列项目中，不可指定为被套期项目的是(　　)。

A. 持有库存阴极铜产品1000吨

B. 签订采购阴极铜合约500吨，采购价格10000元/吨

C. 签订销售阴极铜合约300吨，销售价格30000元/吨

D. 预期可能采购阴极铜400吨

26. 关于现金流量套期，下列会计处理表述中，错误的是(　　)。

A. 套期工具产生的利得或损失中属于有效套期的部分，作为现金流量套期储备，应当计入其他综合收益

B. 每期计入其他综合收益的现金流量套期储备的金额应当为当期现金流量套期储备的变动额

C. 套期工具产生的利得或损失中属于无效套期的部分(即扣除计入其他综合收益后的其他利得或损失)，应当计入当期损益

D. 套期工具和被套期项目的期末公允价值变动均计入当期损益

27. 关于套期工具，下列项目表述中错误的是(　　)。

A. 企业的签出期权能够作为套期工具

B. 企业的购入期权能够作为套期工具

C. 对于指定为以公允价值计量且其变动计入当期损益、且其自身信用风险变动引起的公允价值变动计入其他综合收益的金融负债，由于没有将整体公允价值变动计入损益，不能被指定为套期工具

D. 套期工具，是指企业为进行套期而指定的、其公允价值或现金流量变动预期可抵销被套期项目的公允价值或现金流量变动的金融工具

28. 2×21年1月1日，甲公司计划在24个月内采购100万桶A类原油。该公司在现金流量套期中指定一份105万桶A类原油的期货合约为套期工具，以对极可能发生的100万桶A类原油的采购计划进行套期(套期比率为1∶1.05)。2×21年12月31日，被套期项目的公允价值累计变动为200万元，而套期工具的公允价值累计变动为210万元。假定不考虑其他因素，下列会计处理表述中，正确的是(　　)。

A. 该项套期属于公允价值套期

B. 2×21年现金流量套期储备金额为210万元

C. 2×21年现金流量套期储备金额为200万元

D. 2×21年现金流量套期储备金额为10万元

二、多项选择题

1. 下列各项中不属于金融负债的有(　　)。

A. 应付债券

B. 预提产品质量保证费用形成的预计负债

C. 以公允价值计量且其变动计入当期损益的金融负债

D. 应交所得税

2. 甲公司为制造企业，下列交易或事项形成的现时义务中，属于金融负债的有(　　)。

A. 赊购商品产生的应付账款300万元
B. 按年度奖金计划计提的应付职工薪酬30万元
C. 企业收到的合同价款中，分摊至奖励积分的部分
D. 向证券公司借入丙上市公司100万股股票对外出售

3. 关于金融资产的合同现金流量特征，下列表述中正确的有（ ）。
A. 本金是指金融资产在初始确认时的公允价值，在金融资产的存续期内不会发生变动
B. 利息包括对货币时间价值、与特定时期未偿付本金金额相关的信用风险、以及其他基本借贷风险、成本和利润的对价
C. 企业应当使用金融资产的计价货币来评估金融资产的合同现金流量特征
D. 如果一项贷款具有完全追索权并有抵押品作为担保，该事实并不影响企业对其合同现金流量特征的评估

4. 下列各项中，不符合本金加利息的合同现金流量特征的有（ ）。
A. 甲公司持有一项可转换成固定数量的发行人权益工具的债券
B. 随着使用特定收费公路的车辆数目增多，借款合同的利息将增加
C. 乙银行有一项贷款，该贷款的利息支付金额与涉及债务人业绩的一些变量（如债务人的净收益）挂钩或者与权益指数挂钩
D. 企业将符合本金加利息合同现金流量特征的金融资产的利率由“贷款基准利率”调整为“贷款市场报价利率”

5. 关于企业管理金融资产的业务模式，下列表述中正确的有（ ）。
A. 一个企业可能会采用多个业务模式管理其金融资产
B. 企业应当以现金流量管理的特定业务目标为基础，确定管理金融资产的业务模式
C. 对于同一金融资产组合，集团和子公司对其管理该组合的业务模式的判断通常一致
D. 企业应当在金融资产组合的层次上确定管理金融资产的业务模式，而不必按照单项金融资产逐项确定业务模式

6. 下列各项中，通常分类为以公允价值计量且其变动计入当期损益的金融资产的有（ ）。
A. 持有非上市公司0.5%股权投资
B. 企业持有的与某实体的信用情况挂钩的结构性存款
C. 可转换公司债券投资
D. 甲银行持有金融资产组合（满足本金和尚未偿付本金金额为基础的利息的支付）以满足其每日流动性需求。甲银行为了降低其管理流动性需求的成本，高度关注该金融资产组合的回报，包括收取的合同现金流量和出售金融资产的利得或损失

7. 假设合同条款规定，金融资产在特定日期产生的现金流量，仅为对本金和以未偿付本金金额为基础的利息的支付，下列金融资产应当分类为以公允价值计量且其变动计入其他综合收益的金融资产的类别的有（ ）。
A. 甲公司持有某短期债券组合，某支债券到期收回的金额再投资另外的短期债券，以确保能够取得预算内资金的需要，但需要发生预算外支出时可在短期债券到期前处置
B. 乙公司持有一项AAA级的债券投资组合，其预期将收取该债券组合相应的合同现金流量；但在金融资产的信用风险增加时为减少信用损失而将其出售

C. 丙公司将暂时闲置的资金分散投资于长短期金融资产，以便在发生资本性支出时拥有可用资金，在市场机会呈现时出售金融资产再投资于回报率更高的金融资产

D. 丁公司持有金融资产组合以满足其每日流动性需求。为了降低其管理流动性需求的成本，高度关注该金融资产组合的回报。组合回报包括收取的合同付款和出售金融资产的利得或损失

8. 下列情形中，不属于业务模式变更的有(　　)。

A. 企业持有特定金融资产的意图改变

B. 金融资产特定市场暂时性消失从而暂时影响金融资产出售

C. 金融资产在企业具有不同业务模式的各部门之间转移

D. 某银行决定终止其零售抵押贷款业务，该业务线不再接受新业务，并且该银行正在积极寻求出售其抵押贷款组合

9. 关于金融工具的重分类，下列表述中错误的有(　　)。

A. 企业改变其管理金融资产的业务模式时，应当按照准则的规定对所有受影响的相关金融资产进行重分类

B. 金融资产的合同现金流量特征发生改变时，应当对金融资产进行重分类

C. 企业对金融资产进行重分类，应当自重分类日起采用未来适用法进行相关会计处理

D. 在特定条件下，企业可以将以公允价值计量且其变动计入当期损益的金融负债重分类为以摊余成本计量的金融负债

10. 下列投资产品中，通常分类为以公允价值计量且其变动计入当期损益的金融资产的有(　　)。

A. 未通过合同现金流量测试的金融资产

B. 衍生工具

C. 投资于动态管理的资产组合的基金

D. 通过合同现金流量测试，管理金融资产的业务模式是以出售金融资产为目标

11. 下列关于金融资产的分类说法中正确的有(　　)。

A. 企业持有的非重大影响的股权投资通常应当分类为以公允价值计量且其变动计入当期损益的金融资产

B. 企业为消除会计错配，可以将某项金融资产指定为以公允价值计量且其变动计入当期损益的金融资产，且该指定不可撤销

C. 如果取得某项金融资产的合同现金流量不仅限于本金和利息，通常将其划分为以公允价值计量且其变动计入当期损益的金融资产

D. 投资方可以将特殊金融工具指定为以公允价值计量且其变动计入其他综合收益的金融资产

12. 下列项目中，属于金融负债的有(　　)。

A. 甲公司发行了金额为10万元人民币的优先股，合同条款规定甲公司在3年后将优先股强制转换为普通股，转股价格为转股日前一工作日的该普通股市价

B. 乙公司发行了每股面值为100元人民币的优先股100万股，乙公司能够自主决定是否派发优先股股息，当期未派发的股息不会累积至下一年度。该优先股具有一项强制转股条款，即当某些特定触发事件发生时，优先股持有方需将每股优先股转换为10股乙公司的普通股

C. 丙公司发行了一项金融工具，合同约定，该工具存续期间，若丙公司某一会计年度内主营业务收入低于人民币2亿元，则丙公司必须按照原发行价格加上年息6%的金额赎回该工具

D. 中外合作经营企业丁公司成立于2×21年1月1日，其经营期限为10年，丁公司的营运资金及主要固定资产均来自股东投入，经营期间丁公司按照合作经营合同进行运营，其利润按照合作经营合同进行分配。经营到期时，丁公司的净资产按合同规定向合作方归还

13. 下列项目中，属于权益工具的有（　　）。
A. 甲公司发行普通股筹集资金10亿元
B. 乙公司一项以面值人民币2亿元发行的优先股要求每年按5%的股息率支付优先股股息
C. 丙公司发行了股息率为5%的不可赎回累积优先股，丙公司可自行决定是否派发股利
D. 丁公司发行了股息率为6%的非累积优先股，丁公司可自行决定是否派发股利且无回售条款

14. 关于金融资产减值，下列说法中正确的有（　　）。
A. 对于在资产负债表日具有较低信用风险的金融工具，企业可以不用与其初始确认时的信用风险进行比较，而直接作出该工具的信用风险自初始确认后未显著增加的假定
B. 企业对于“收入”准则所规定的、不含重大融资成分（包括根据该章不考虑不超过一年的合同中融资成分的情况）的应收款项和合同资产，应当始终按照整个存续期内预期信用损失的金额计量其损失准备
C. 对包含重大融资成分的应收款项、合同资产和租赁应收款（可分别对应收款项、合同资产、应收租赁款作出不同的会计政策选择），始终按照相当于整个存续期内预期信用损失的金额计量其损失准备
D. 企业对向其他企业提供的委托贷款，应采用按照整个存续期内预期信用损失的金额计量损失准备的简化处理方法计量其损失准备

15. 甲上市公司（以下简称“甲公司”）的全资子公司乙公司向丙信托公司以股权信托的方式进行融资，金额为人民币5亿元，期限3年。该融资款作为丙公司对乙公司的增资，其中人民币1亿元作为实收资本，人民币4亿元作为资本公积。增资后，乙公司实收资本由原来的人民币4亿元增至人民币5亿元，丙公司持股20%。甲公司、乙公司与丙公司同时约定，信托存续期间，丙公司不参与乙公司的具体经营管理，亦无表决权，但享有参与分红的权利。信托期限届满之日，甲公司回购丙公司持有的股权，股权信托计划终止。股权回购款为投资款本金人民币5亿元加上固定回报，并扣除累计已支付的现金股利（如有）。其中，固定回报为按照投资款本金人民币5亿元和年利率8%计算的金额。下列说法中正确的有（　　）。
A. 乙公司个别财务报表层面应作为金融负债进行会计处理
B. 乙公司个别财务报表层面应作为权益工具进行会计处理
C. 甲公司合并财务报表层面应作为金融负债进行会计处理
D. 甲公司合并财务报表层面应作为权益工具进行会计处理

16. 对于不属于权益工具投资的永续债，持有方下列会计处理中正确的有（　　）。
A. 可以将其分类为以摊余成本计量的金融资产
B. 可以将其分类为以公允价值计量且其变动计入其他综合收益的金融资产
C. 可以将其分类为以公允价值计量且其变动计入当期损益的金融资产
D. 指定为以公允价值计量且其变动计入其他综合收益的非交易性权益工具投资

17. 甲公司于2×20年1月1日以3060万元（与公允价值相等）购入某公司同日发行的面值为3000万元的5年期、到期还本、按年付息的一般公司债券，该债券票面年利率为5%，实际年利率为4.28%，甲公司管理层将其作为以摊余成本计量的金融资产核算。2×20年12月31日，甲公司认为该债券投资预期信用损失显著增加，但未发生信用减值，由此确认预期信用损失准备50万元。不考虑其他因素，甲公司下列会计处理中正确的有（　　）。

A. 2×20年1月1日该债券投资的初始计量金额为3060万元

B. 2×20年年末摊余成本为2990.97万元

C. 2×21年应确认投资收益128.01万元

D. 2×21年应确认投资收益130.15万元

18. 2×20年1月1日甲公司支付价款1020万元（与公允价值相等）购入某公司同日发行的3年期公司债券，另支付交易费用8.24万元，该公司债券的面值为1000万元，票面年利率4%，实际年利率为3%，每年12月31日支付本年利息，到期支付本金。甲公司将该公司债券划分为以公允价值计量且其变动计入其他综合收益的金融资产。2×20年12月31日，甲公司收到债券利息40万元，该债券的公允价值为900万元，因债务人发生重大财务困难，该金融资产已发生信用减值，甲公司由此确认预期信用损失准备100万元。不考虑其他因素，甲公司下列会计处理中正确的有（　　）。

A. 2×20年1月1日该项金融资产的初始确认金额为1028.24万元

B. 2×20年应确认信用减值损失119.09万元

C. 2×20年12月31日资产负债表中其他综合收益余额为-19.09万元

D. 2×21年应确认投资收益30.57万元

19. 对以公允价值计量且其变动计入其他综合收益的权益工具投资，下列表述中错误的有（　　）。

A. 符合条件的股利收入应计入投资收益

B. 当该金融资产终止确认时，之前计入其他综合收益的累计利得或损失应当从其他综合收益中转出，计入留存收益

C. 当该金融资产终止确认时，之前计入其他综合收益的累计利得或损失应当从其他综合收益中转出，计入投资收益

D. 当信用风险显著增加时，应确认预期信用损失

20. 2×21年7月1日，甲公司从活跃市场购入丙公司当日发行的5年期债券10万份，该债券面值总额为1000万元，票面年利率为4.5%，每半年支付一次利息。甲公司购买丙公司债券支付款项（包括交易费用10万元）1000万元。甲公司将该债券作为以公允价值计量且其变动计入其他综合收益的金融资产核算。甲公司因需要资金，计划于2×22年出售该债券投资。2×21年12月31日，债券的公允价值为995万元，确认的预期损失准备余额为10万元。不考虑其他因素，甲公司下列会计处理中正确的有（　　）。

A. 2×21年7月1日以公允价值计量且其变动计入其他综合收益的金融资产初始成本为1000万元

B. 交易费用应计入当期损益

C. 持有的丙公司债券投资在2×21年12月31日资产负债表中的列示金额为995万元

D. 因持有的丙公司债券投资在2×21年12月31日资产负债表中其他综合收益项目列示的金额为5万元

21. 2×20年1月1日，甲公司从活跃市场上购入乙公司同日发行的3年期债券30万份，支付价款(含交易费用)3000万元，甲公司将其划分为以摊余成本计量的金融资产。该债券面值总额为3000万元，票面年利率为5%，乙公司于次年年初支付上一年度利息，到期一次偿还本金。2×21年6月，乙公司财务状况出现严重困难，持续经营能力具有重大不确定性。2×21年7月10日甲公司将持有的乙公司债券全部出售，出售所得价款扣除相关交易费用后的净额为2900万元。2×21年12月31日，甲公司仍持有其他公司划分为以摊余成本计量的金融资产的债券投资5000万元。甲公司下列会计处理中正确的有(　　)。

A. 甲公司2×21年出售乙公司债券应确认投资收益-100万元

B. 甲公司2×21年12月31日应将持有其他公司的划分为以摊余成本计量的金融资产的债券投资全部重分类为以公允价值计量且其变动计入当期损益的金融资产

C. 甲公司2×21年12月31日应将持有其他公司的划分为以摊余成本计量的金融资产的债券投资全部重分类为以公允价值计量且其变动计入其他综合收益的金融资产

D. 甲公司2×21年12月31日无须将持有其他公司的划分为以摊余成本计量的金融资产的债券投资进行重分类

22. 甲银行对其发放的贷款以摊余成本计量。2×21年1月1日，甲银行向乙公司发放一笔5年期信用贷款。贷款本金5000万元，年利率4%，每年12月31日付息，2×25年12月31日还本。假设不考虑交易费用，该贷款的实际年利率为4%。2×21年12月31日，乙公司按约支付利息。甲银行评估认为该贷款信用风险自初始确认以来未显著增加，并计算其未来12个月预期信用损失为80万元。2×22年12月31日，乙公司按约支付利息。甲银行评估认为该贷款信用风险自初始确认以来已经显著增加，并计算剩余存续期预期信用损失为300万元。2×23年12月31日，甲银行了解到乙公司面临重大财务困难，认定该贷款已发生减值。同日，甲银行计算剩余存续期预期信用损失为800万元。2×24年12月31日，甲银行以3500万元价格将该贷款所有风险和报酬转让给丙资产管理公司。根据所掌握情况，丙资产管理公司将该贷款认定为已发生信用减值的金融资产，丙资产管理公司计算该贷款经信用调整的实际年利率为3.6%。丙资产管理公司以摊余成本计量该贷款。下列关于甲银行和丙资产管理公司的会计处理中，正确的有(　　)。

A. 甲银行2×22年12月31日应确认信用减值损失220万元

B. 甲银行2×22年12月31日应确认利息收入200万元

C. 甲银行2×23年12月31日应确认利息收入188万元

D. 丙资产管理公司2×25年应确认利息收入126万元

23. 2×20年7月1日，甲公司经批准在全国银行间债券市场以面值公开发行10000万元人民币短期融资券，期限为1年，票面年利率6%，每张面值为100元，到期一次还本付息，所募集资金主要用于公司购买生产经营所需的原材料及配套件等。甲公司将该短期融资券指定为以公允价值计量且其变动计入当期损益的金融负债。假定不考虑发行短期融资券相关的交易费用以及企业自身信用风险变动，每期期末计提利息。2×20年12月31日，该短期融资券市场价格每张 110 元（不含利息）；2×21 年 6 月 30 日，该短期融资券到期兑付完成。甲公司下列会计处理中正确的有（　　）。

A. 2×20 年 7 月 1 日交易性金融负债初始确认金额为 10000 万元

B. 2×20 年 12 月 31 日应确认公允价值变动损益 -1000 万元

C. 2×20 年 12 月 31 日应确认财务费用 300 万元

D. 2×20 年 12 月 31 日交易性金融负债账面价值为 11000 万元

24. 关于金融资产转移，下列说法中正确的有（　　）。

A. 收取金融资产现金流量的合同权利终止，应当终止确认该金融资产

B. 保留了金融资产所有权上几乎所有的风险和报酬，应当继续确认该金融资产

C. 既没有转移也没有保留金融资产所有权上几乎所有的风险和报酬，未放弃对金融资产的控制，应继续确认该金融资产

D. 既没有转移也没有保留金融资产所有权上几乎所有的风险和报酬的，放弃了对该金融资产控制的，应当按照其继续涉入所转移金融资产的程度确认有关金融资产，并相应确认有关金融负债

25. 下列项目中，应对金融资产终止确认的有（　　）。

A. 企业买入一项期权，直到期权到期日仍未行权

B. 企业与交易对手方修改或重新议定合同构成实质性修改情形下的原金融资产

C. 既没有转移也没有保留金融资产所有权上几乎所有的风险和报酬，放弃对金融资产的控制

D. 当企业合理预期金融资产合同现金流量全部不能收回时

26. 下列项目中，甲公司应对金融负债终止确认的有（　　）。

A. 甲公司用银行存款支付前欠账款 200 万元

B. 甲公司将用于偿付金融负债的资产转入某机构或设立信托，但偿付债务的义务仍存在

C. 与债权人签订合同构成实质性修改情形下的甲公司原金融负债

D. 债务工具的发行人甲公司回购了该工具

27. 2×21 年 12 月 1 日，甲公司将某项账面余额为 1000 万元的应收账款（已计提坏账准备 200 万元）转让给丁投资银行，转让价格为当日公允价值 750 万元；同时与丁投资银行签订了应收账款的回购协议。同日，丁投资银行按协议约定支付了 750 万元。假定甲公司按以下不同的回购价格向丁投资银行回购该应收账款，甲公司在转让应收账款时不应终止确认的有（　　）。

A. 以回购日该应收账款的市场价格回购

B. 以转让日该应收账款的市场价格回购

C. 以转让价格加上转让日至回购日期间按照市场利率计算的利息回购

D. 回购日该应收账款的市场价格低于 700 万元的，按照 700 万元回购

28. 下列项目中，甲公司应作为公允价值套期的有（　　）。

A. 甲公司签订一项以固定利率换浮动利率的利率互换合约，对其承担的固定利率负债的利率风险敞口进行套期

B. 甲公司对签订的一项 6 个月后以 1000 万元销售 A 商品的合同进行套期

C. 甲公司购买一项期权合同，对持有的选择以公允价值计量且其变动计入其他综合收益的非交易性权益工具投资的证券价格风险引起的风险敞口进行套期

D. 2×21 年 6 月 1 日，甲公司对预期 2 个月后将购买 200 吨铜进行套期，该 200 吨铜用于 2×21 年 8 月的生产

29. 下列项目中，可作为套期工具的有（　　）。
A. 以公允价值计量且其变动计入当期损益的衍生工具，但签出期权除外
B. 以公允价值计量且其变动计入当期损益的非衍生金融资产
C. 企业自身权益工具
D. 以公允价值计量且其变动计入当期损益的非衍生金融负债，但指定为以公允价值计量且其变动计入当期损益、且其自身信用风险变动引起的公允价值变动计入其他综合收益的金融负债除外

30. 下列各项中，能够作为现金流量套期的被套期项目有（　　）。
A. 已确认的资产
B. 尚未确认的确定承诺（非外币合同）
C. 已确认的负债
D. 极可能发生的预期交易

31. 关于套期会计，下列项目中正确的有（　　）。
A. 套期分为公允价值套期、现金流量套期和境外经营净投资套期
B. 公允价值套期，被套期项目和套期工具期末的公允价值变动一般均计入当期损益
C. 现金流量套期，是指对公允价值变动风险敞口进行的套期
D. 现金流量套期的有效套期计入其他综合收益，无效套期部分计入当期损益

32. 关于境外经营净投资套期，下列会计处理的表述中，正确的有（　　）。
A. 应当按照类似于公允价值套期会计的规定处理
B. 套期工具形成的利得或损失中属于无效套期的部分，应当计入当期损益
C. 套期工具形成的利得或损失，应当计入当期损益
D. 全部或部分处置境外经营时，计入其他综合收益的套期工具利得或损失应当相应转出，计入当期损益

三、计算分析题

1. 2×21 年，甲公司发生的相关交易或事项如下：
（1）1 月 10 日，甲公司与乙公司签订附回售条款的股权投资的合同，甲公司除拥有与普通股股东一致的投票权及分红权等权利之外，还拥有一项回售权。甲公司与乙公司约定，若乙公司未能满足特定目标，甲公司有权要求按投资成本加年化 10% 收益（假设代表被投资方在市场上的借款利率水平）的对价将该股权回售给乙公司。甲公司持有乙公司股权比例为 3%，对乙公司没有重大影响。
（2）2 月 1 日，甲公司购买银行理财产品主要条款如下：①理财产品类型：人民币非保本浮动收益型；②期限：3 个月；③参考年化收益率 4%，不保证本金及收益；④理财产品业务管理费：实际理财收益超过参考收益时，超过部分由银行作为理财业务管理费收取，实际理财收益低于参考收益时，银行不收取理财业务管理费；⑤提前赎回约定：甲公司不得提前赎回。甲公司购买该理财产品的意图是获得一定收益。
（3）5 月 5 日，甲公司从信用状况良好的某客户收到若干由该客户签发的商业承兑汇票和由工商银行承兑的银行承兑汇票，并于当月将上述票据全部背书转让给供应商，并将其全部予以终止确认。甲公司对应收票据进行管理的目标是将应收票据持有到期后收取款项，同时兼顾流动性要求转让应收票据。

本题不考虑税费及其他因素。

要求：

（1）根据资料（1），判断甲公司持有乙公司3%股权投资在初始确认时应当如何分类，并说明理由。

（2）根据资料（2），判断甲公司购入的银行理财产品在初始确认时应当如何分类，并说明理由。

（3）根据资料（3），判断甲公司应收票据在初始确认时应当如何分类，并说明理由；指出甲公司的会计处理是否存在不当之处。如果存在不当之处，提出恰当的处理意见。

2. 为提高闲置资金的使用效率，甲公司进行了以下投资：

（1）2×21年1月1日，购入乙公司于当日发行且可上市交易的债券100万张，支付价款1026万元，另支付手续费1.23万元。该债券期限为3年，每张面值为10元，票面年利率为6%，于每年12月31日支付当年利息，到期一次偿还本金，实际年利率为5%。甲公司管理该金融资产的业务模式是以收取合同现金流量为目标，该金融资产的合同条款规定，在特定日期产生的现金流量，仅为对本金和以未偿付本金金额为基础的利息的支付。

2×21年12月31日，甲公司收到2×21年度利息60万元。甲公司确认预期信用损失准备5万元。当日市场年利率为4.5%。

2×22年12月31日，甲公司收到2×22年度利息60万元，甲公司按整个存续期确认预期信用损失准备余额3万元。当日市场年利率为4.8%。

（2）2×21年4月1日，甲公司购买丙公司的股票100万股，占丙公司发行在外股份的0.1%，共支付价款1000万元，另支付交易费用1万元。甲公司取得丙公司股票后对丙公司不能施加重大影响，也未将其指定为以公允价值计量且其变动计入其他综合收益的金融资产。

2×21年12月31日，丙公司股票公允价值为每股11元。

2×22年5月31日，甲公司将持有的丙公司股票全部出售，售价为每股12元，手续费为1.1万元。

（3）2×21年7月1日，甲公司与W公司签订股权转让合同，以800万元的价格受让W公司所持丁公司4%股权。同日，甲公司向W公司支付股权转让款800万元；丁公司的股东变更手续办理完成。受让丁公司股权后，甲公司将其指定为以公允价值计量且其变动计入其他综合收益的金融资产。2×21年12月31日，甲公司所持上述丁公司股权的公允价值为1000万元，2×22年5月2日，丁公司股东会批准利润分配方案，向全体股东共计分配现金股利200万元，2×22年5月12日，甲公司收到丁公司分配的股利。2×22年12月31日，甲公司所持上述丁公司股权的公允价值为900万元。2×23年3月5日，甲公司将所持丁公司4%股权予以转让，取得款项950万元。甲公司对丁公司不具有控制、共同控制或重大影响。

假定：甲公司按净利润的10%提取法定盈余公积，不考虑中期财务报告、所得税及其他因素影响。

要求：

（1）根据资料（1），①判断甲公司取得乙公司债券应划分的金融资产类别，说明理由，并编制甲公司取得乙公司债券时的会计分录；②计算甲公司2×21年度因持有乙公司债券应确认的利息收入及预期信用损失，并编制相关会计分录；③计算甲公司2×22年度因持有乙公司债券应确认的利息收入及预期信用损失，并编制相关会计分录。

（2）根据资料（2），①判断甲公司取得丙公司股票应划分的金融资产类别，说明理由；②编制甲公司取得、持有及出售丙公司股票的会计分录。

（3）根据资料（3），编制甲公司与购入、持有及处置丁公司股权相关的全部会计分录。

3. 2×21年1月1日，甲公司自证券市场购入乙公司同日发行的面值总额为2000万元的债券，购入时实际支付价款1914万元，另支付交易费用1.75万元。该债券系分期付息、到期还本债券，期限为5年，票面年利率为5%，实际年利率为6%，每年12月31日支付当年利息。甲公司将该债券分类为以公允价值计量且其变动计入其他综合收益的金融资产。甲公司于2×21年12月1日变更了债券管理的业务模式，将其重分类为以摊余成本计量的金融资产。2×21年12月31日和2×22年1月1日，该债券的公允价值均为1920万元，确认的预期信用损失准备为10万元。至2×22年12月31日，甲公司确认的预期信用损失准备余额为15万元。

假定不考虑其他因素。

要求：

（1）编制甲公司2×21年1月1日购入乙公司债券的会计分录。

（2）计算甲公司2×21年应确认的利息收入，并编制相关会计分录。

（3）编制甲公司2×21年12月31日公允价值变动及确认预期信用损失的会计分录。

（4）编制甲公司重分类日的会计分录。

（5）计算甲公司2×22年应确认的利息收入，并编制相关会计分录。

（6）编制甲公司2×22年12月31日确认预期信用损失的会计分录。（计算结果保留两位小数）

4. 甲公司于2×20年11月1日与境外乙公司签订合同，约定于2×21年1月31日以每吨7000美元的价格购入1000吨铜。甲公司为规避购入铜成本的外汇风险，于当日与某金融机构签订一项3个月到期的外汇远期合同，约定汇率为1美元=6.4元人民币，合同金额700万美元，当日该远期合同的公允价值为0。2×21年1月31日，甲公司以净额方式结算该外汇远期合同，并购入铜。

假定：（1）2×20年12月31日，美元对人民币1个月远期汇率为1美元=6.5元人民币；（2）2×21年1月31日，美元对人民币即期汇率为1美元=6.55元人民币；（3）该套期符合运用套期会计的条件；（4）不考虑增值税等相关税费和远期合同的远期要素。

要求：

（1）若甲公司将上述套期划分为公允价值套期，分别编制2×20年11月1日、2×20年12月31日和2×21年1月31日有关会计分录。

（2）若甲公司将上述套期划分为现金流量套期，分别编制2×20年11月1日、2×20年12月31日和2×21年1月31日有关分录。

四、综合题

甲股份有限公司（以下简称“甲公司”）是一家上市公司，2×21年甲公司发生了下列有关交易或事项：

（1）2×21年12月1日，甲公司将其持有的C公司债券（分类为以公允价值计量且其变动计入当期损益的金融资产）出售给丙公司，收取价款3020万元。处置时该金融资产账面价值为3000万元（其中：初始入账金额2960万元，公允价值变动为40万元）。同时，甲公司与丙公司签署协议，约定于2×23年3月31日按回购时该金融资产的公允价值将该金融资产回购。甲公司在出售该债券时未终止确认该金融资产，将收到的款项3020万元确认为预收账款。2×21年12

月31日该债券的公允价值为3025万元，甲公司确认“交易性金融资产”和“公允价值变动损益”25万元。

（2）甲公司于2×21年年末用银行存款1000万元购入D上市公司发行的可转换公司债券，债券期限为5年，票面年利率为4%，债券发行满1年后，甲公司有权以约定转股价格将该债券转换为D上市公司普通股。甲公司将该可转换公司债券初始分类为以摊余成本计量的金融资产，并确认为债权投资。

（3）甲公司于2×21年12月10日购入丁公司股票1000万股，将其作为以公允价值计量且其变动计入当期损益的金融资产核算，每股购入价为5元，另支付相关费用2万元。2×21年12月31日，该股票收盘价为每股6元。甲公司相关会计处理如下：

借：交易性金融资产—成本　5002
　贷：银行存款　5002
借：交易性金融资产—公允价值变动　998
　贷：公允价值变动损益　998

（4）2×21年12月20日，甲公司与M公司签订股权转让框架协议，将甲公司持有的账面价值为2500万元的N公司30%的股权转让给M公司。协议明确此次股权转让标的为N公司30%的股权，总价款4000万元，M公司分两次支付，2×21年12月31日支付了第一笔款项2000万元。为了保证M公司的利益，甲公司在2×21年年末将持有的N公司15%的股权变更登记为M公司，但M公司暂时并不拥有与该15%股权对应的表决权，也不拥有分配该15%股权对应的利润的权利。甲公司相关会计处理如下：

借：银行存款　2000
　贷：长期股权投资　1250
　　　投资收益　750

（5）甲公司2×21年8月5日用银行存款1000万元购买A上市公司股票，对A公司无重大影响，在可预见的未来不打算将其出售，将该股票直接指定为以公允价值计量且其变动计入其他综合收益的金融资产，并确认为其他权益工具投资。甲公司由于某特殊原因，于2×21年12月10日将上述股票全部出售。甲公司将出售股票所收取的款项与其账面价值的差额，计入投资收益60万元，同时，将其他权益工具投资2×21年9月30日计入其他综合收益的累计利得60万元，转入当期投资收益。

（6）2×21年1月3日，甲公司取得W公司3%的股份，实际支付价款200万元，对W公司无重大影响。甲公司与W公司约定，若W公司未能满足特定目标，甲公司有权要求按投资成本加年化10%收益（假设代表被投资方在市场上的借款利率水平）的对价将该股权回售给W公司。2×21年12月31日，甲公司对W公司股权投资的公允价值为215万元。甲公司将该项投资指定为以公允价值计量且其变动计入其他综合收益的非交易性权益工具投资，会计处理如下：

借：其他权益工具投资　200
　贷：银行存款　200
借：其他权益工具投资　15
　贷：其他综合收益　15

甲公司按净利润的10%提取法定盈余公积，不考虑其他因素。

要求：

根据上述资料，逐项分析、判断并指出甲公司对上述事项的会计处理是否正确，并简要说明理由；如不正确，编制有关差错更正的会计分录（有关会计差错更正按当期差错处理，不要求编制结转损益的会计分录）。

同步强化练习题参考答案及解析

使用“会计云课堂”App或“微信”扫码对答案、看解析、掌握解题思路，开启轻松过关之旅。

一、单项选择题

1.【答案】D

【解析】预付账款不是金融资产，因其产生的未来经济利益是商品或服务，不是收取现金或其他金融资产的权利。

2.【答案】A

【解析】选项A，因为优先档本身及其基础资产均符合本金加利息的合同现金流量特征，且优先档的信用风险不高于基础资产的信用风险，从优先档资产支持证券持有人的角度看，其分级的合同现金流量符合基本借贷安排；选项B，因为次级档本身不符合本金加利息的合同现金流量特征，且次级档承担了高于基础资产的信用风险，从次级档资产支持证券持有人的角度看，其分级的合同现金流量不符合基本借贷安排；选项C和D，因基础资产中含有股票投资，不是对本金和以未偿付本金金额为基础的利息支付，所以优先档和次级档分级的合同现金流量均不符合基本借贷安排。

3.【答案】B

【解析】从被投资方角度看，由于被投资方存在无法避免的向投资方交付现金的合同义务，应分类为金融负债进行会计处理。

4.【答案】A

【解析】该组合的合同现金流量特征不是对本金和以未偿付本金金额为基础的利息的支付，即不能通过合同现金流量测试，只能作为以公允价值计量且其变动计入当期损益的金融资产。

5.【答案】C

【解析】该理财产品的基础资产为指定的单一固定利率信贷资产，该信贷资产的剩余存续期限和理财产品的存续期限一致，且信贷资产利息收入是该理财产品收入的唯一来源，基础资产满足本金加利息的合同现金流量特征；甲公司购买理财产品的主要目的在于取得理财产品利息收入，一般不会在到期前转让，甲公司管理理财产品的业务模式为收取合同现金流量。因此，甲公司应将购买的该银行理财产品分类为以摊余成本计量的金融资产。

6.【答案】B

【解析】因甲公司购入的是股权投资和债权投资作为基础资产履行的资产支持证券，不能通过合同现金流量测试，应分类为以公允价值计量且其变动计入当期损益的金融资产。

7.【答案】C

【解析】应收账款的业务模式符合“既以收取合同现金流量为目标又以出售该金融资产为目标”，且该应收账款符合本金加利息的合同现金流量特征，因此应当分类为以公允价值计量且其变动计入其他综合收益的金融资产。

8.【答案】D

【解析】选项D，属于权益工具。

9.【答案】D

【解析】选项A和B，企业以自身权益工具结算，因结算的普通股数量是可变的，所以应分类为金融负债；选项C，合同约定以现金净额结算，企业存在向其他方交付现金的义务，应当分类为金融负债；选项D，丁公司可避免支付股利且该累计优先股不可赎回，属于权益工具。

10.【答案】C

【解析】因期权以普通股净额结算，普通股的数量随着行权日股票公允价值的变动而变动，不是以固定数量的普通股换取固定金额的现金，所以属于金融负债。

11.【答案】A

【解析】该金融工具满足分类为权益工具的可回售工具的特征要求，应当确认为权益工具。

12.【答案】D

【解析】发行复合金融工具（如，可转换公司债券）发生的交易费用，应当在负债成分和权益成分之间按照各自的相对公允价值比例进行分摊。

13.【答案】C

【解析】2×20年12月31日该项以摊余成本计量的金融资产的账面余额=（2078.98+10）×（1+4%）-2000×5%=2072.54（万元），2×21年应确认投资收益=2072.54×4%=82.90（万元）。

14.【答案】D

【解析】2×21年12月31日该债券投资的账面价值为其公允价值，预期信用损失准备通过“其他综合收益”科目核算，不影响其账面价值。

15.【答案】A

【解析】甲公司持有该股票期间被投资单位宣告发放的现金股利计入当期损益，影响投资收益，出售时售价与账面价值的差额计入留存收益，持有期间累计确认的其他综合收益结转至留存收益，不影响投资收益的金额。甲公司2×21年利润表中因该项金融资产应确认的投资收益=2000×2%=40（万元）。

16.【答案】A

【解析】出售金融资产时应确认的投资收益=出售净价-出售时的账面价值=（100×9-0.2）-100×8=99.8（万元）。

17.【答案】D

【解析】甲银行在报告日应确认的预期信用损失的损失准备金额=2000×0.5%×25%+2000×99.5%×0=2.5（万元）。

18.【答案】C

【解析】对于以公允价值计量且其变动计入其他综合收益的金融资产，企业应当在其他综合收益中确认其损失准备，并将减值利得或损失计入当期损益，且不减少该金融资产在资产负债表中列示的账面价值，故考虑减值和公允价值变动后，应确认的其他综合收益的金额=（950-1000）+60=10（万元），选项C正确。

会计分录如下：

借：其他综合收益　　50

　贷：其他债权投资—公允价值变动　50

借：信用减值损失 60
　贷：其他综合收益—信用减值准备 60

19.【答案】B

【解析】实际利率大于票面利率时，会折价发行债券，因此债券的实际利率应大于5%。

【提示】折价发行：实际利率＞票面利率；平价发行：实际利率＝票面利率；溢价发行：实际利率＜票面利率。

20.【答案】C

【解析】利息收入按其账面余额和实际利率计算，选项A错误；因未发生减值，利息收入应按其账面余额（即未扣除减值准备）和实际利率计算利息收入，选项B错误；对于购买或源生时已发生信用减值的金融资产，企业应当仅将初始确认后整个存续期内预期信用损失的变动确认为损失准备，并按其摊余成本和经信用调整的实际利率计算利息收入，选项D错误。

21.【答案】D

【解析】企业保留了金融资产所有权上几乎所有的风险和报酬，应继续确认该金融资产，并将收到的对价确认为金融负债。

22.【答案】A

【解析】因乙公司暂时并不拥有与该5%股权对应的表决权和利润分配权，表明该5%股权的风险和报酬依然保留在甲公司，甲公司不能对该5%股权进行终止确认，收到的款项作为负债，选项A正确。

23.【答案】B

【解析】选项A，属于固定换浮动，利率变动影响公允价值变动，是对公允价值变动风险进行套期，属于公允价值套期；选项B，属于浮动换固定，是对未来现金流量变动风险进行套期，属于现金流量套期；选项C，对尚未确认的确定承诺进行套期，属于公允价值套期；选项D，对现有存货价格变动风险进行套期，属于公允价值套期。

24.【答案】D

【解析】对现金流量套期，套期工具产生的利得或损失中属于无效套期的部分（即扣除计入其他综合收益后的其他利得或损失），应当计入当期损益。

25.【答案】D

【解析】选项A属于已确认资产；选项B和C属于尚未确认的确定承诺，均可指定为被套期项目；选项D不是极可能发生的预期交易，不可指定为被套期项目。

26.【答案】D

【解析】对现金流量套期，不确认被套期项目的期末公允价值变动金额，套期工具产生的利得或损失中属于无效套期的部分（即扣除计入其他综合收益后的其他利得或损失），应当计入当期损益，选项D错误。

27.【答案】A

【解析】企业的签出期权（除非该签出期权指定用于抵销购入期权）不能作为套期工具，因为该期权的潜在损失可能大大超过被套期项目的潜在利得，从而不能有效地对冲被套期项目的风险。而购入期权的一方可能承担的损失最多就是期权费，可能拥有的利得通常等于或大大超过被套期项目的潜在损失，可被用来有效对冲被套期项目的风险，因此购入期权的一方可以将购入的期权作为套期工具。选项A错误。

28.【答案】C

【解析】该项目为预期交易，属于现金流量套期，应按套期工具产生的累计利得或损失210万元和被套期项目公允价值的累计变动200万元两者中较低者确定现金流量套期储备，选项C正确。

二、多项选择题

1.【答案】BD

【解析】金融负债是指以现金或其他金融资产进行偿还的合同义务，所以选项B不属于金融负债；应交所得税不涉及合同，非合同的负债不属于金融工具中的金融负债，所以选项D不属于金融负债。

2.【答案】AD

【解析】选项B属于应付职工薪酬，选项C属于合同负债，上述两项均不属于金融负债。

3.【答案】BCD

【解析】本金是指金融资产在初始确认时的公允价值，本金金额可能因提前还款等原因在金融资产的存续期内发生变动，选项A错误。

4.【答案】ABC

【解析】选项A，因为其回报与发行人的权益价值挂钩，则该债券不符合本金加利息的合同现金流量特征；选项B，此合同产生了与基本借贷安排无关的合同现金流量风险敞口，因此该金融资产不符合本金加利息的合同现金流量特征；选项C，利息支付金额与涉及债务人业绩的一些变量（如债务人的净收益）挂钩或者与权益指数挂钩，则该贷款不符合本金加利息的合同现金流量特征；选项D，从“贷款基准利率”调整为“贷款市场报价利率”本身不会导致相关金融资产不符合本金加利息的合同现金流量特征。

5.【答案】ACD

【解析】选项B，企业应当以企业关键管理人员决定的对金融资产进行管理的特定业务目标为基础，确定管理金融资产的业务模式。

6.【答案】ABC

【解析】选项D，通常分类为以公允价值计量且其变动计入其他综合收益的金融资产。

7.【答案】CD

【解析】甲公司业务模式是持有这些短期债券以收取合同现金流量；乙公司虽然在金融资产的信用风险增加时为减少信用损失而将其出售，但乙公司管理金融资产的业务模式仍视为收取合同现金流量为目标，选项A和B应当分类为以摊余成本计量的金融资产；丙公司和丁公司的业务模式是通过既收取合同现金流量又出售金融资产来实现这些目标，选项C和D分类为以公允价值计量且其变动计入其他综合收益的金融资产。

8.【答案】ABC

【解析】只有企业开始或终止某项对其经营影响重大的活动时（如当企业收购、处置或终止某一业务线时），其管理金融资产的业务模式才会发生变更。选项D，该银行管理其零售抵押贷款的业务模式发生了变更。

9.【答案】BD

【解析】只有符合本金加利息的合同现金流量特征，当企业改变管理金融资产的业务模式时，才能对金融资产进行重分类，选项B错误；企业对所有金融负债均不得进行重分类，选项D错误。

10.【答案】ABCD

【解析】选项A、B和C均不符合本金加利息的合同现金流量特征；选项D，虽然可以通过合同现金流量测试，但管理金融资产的业务模式不是以收取合同现金流量为目标，也不是既以收取合同现金流量又以出售金融资产为目标。

11.【答案】ABC

【解析】特殊金融工具对于发行方而言不满足权益工具定义，对于投资方而言也不属于权益工具投资，投资方不能将其指定为以公允价值计量且其变动计入其他综合收益的金融资产，选项 D 错误。

12.【答案】AC

【解析】选项 A，此合同中的转股条款可视作甲公司将使用自身普通股并按其公允价值履行支付 10 万元人民币的义务，因转股价格为转股日前一工作日普通股市价，则最终结算时支付的自身股票的数量会发生变动，该金融工具应分类为一项金融负债；选项 B，乙公司可自主决定是否支付股息，可避免交付现金或其他金融资产，且若进行转股交付普通股数量固定，故应将该优先股分类为一项权益工具；选项 C，鉴于该金融工具涉及发行方和持有方均无法控制的或有事项，即丙公司的主营业务收入低于人民币 2 亿元有可能发生，且可能导致丙公司在除其清算之外的时间必须交付现金或其他金融资产的义务，该工具应分类为一项金融负债；选项 D，该合作企业仅在清算时才有义务向合作方交付其净资产且其同时具备下列特征：（1）合作方在合作企业发生清算时可按合同规定获得企业净资产；（2）该入股款属于合作企业中最次级类别的工具，因而该金融工具应当确认为权益工具。

13.【答案】ACD

【解析】选项 A，属于权益工具；选项 B，乙公司承担了支付未来 5% 股息的合同义务，属于金融负债；选项 C 和 D，丙公司和丁公司拥有无条件避免以现金支付优先股股利的权利，属于权益工具。

14.【答案】ABC

【解析】企业以预期信用损失为基础，对向其他企业提供的委托贷款、财务担保或向集团内关联企业提供的资金借贷等进行减值会计处理时，应当将其发生信用减值的过程分为三个阶段，对不同阶段的预期信用损失采用相应的会计处理方法，不得采用按照整个存续期内预期信用损失的金额计量损失准备的简化处理方法，选项 D 错误。

15.【答案】BC

【解析】乙公司并未因股权融资承担向丙公司交付现金或其他金融资产的合同义务，亦未承担在潜在不利条件下，与丙公司交换金融资产或金融负债的合同义务，表明股权融资并不满足金融负债的定义，因此在乙公司个别财务报表层面，应当将股权信托融资作为权益工具进行会计处理，选项 A 错误，选项 B 正确；甲公司承担了向丙公司回购股权的义务，表明甲公司存在向丙公司交付现金的合同义务。根据企业会计准则及其相关规定，在甲公司合并财务报表层面，该股权信托融资应作为金融负债进行会计处理，选项 C 正确，选项 D 错误。

16.【答案】ABC

【解析】对于不属于权益工具投资的永续债，持有方可以将其分类为以摊余成本计量的金融资产、以公允价值计量且其变动计入其他综合收益的金融资产，或以公允价值计量且其变动计入当期损益的金融资产，选项 D 错误。

17.【答案】ABD

【解析】因交易价格与公允价值相等，所以 2×20 年 1 月 1 日该债券投资的初始确认金额为 3060 万元，选项 A 正确；2×20 年年末账面余额 =3060×（1+4.28%）－3000×5%=3040.97（万元），摊余成本 =3040.97－50=2990.97（万元），选项 B 正确；因未发生信用减值，所以应以账面余额为基础确认投资收益，2×21年应确认投资收益=3040.97×4.28%=130.15（万元），选项C错误，选项D正确。

18.【答案】AC

【解析】该债券的初始确认金额=1020+8.24=1028.24（万元），选项A正确；2×20年12月31日确认公允价值变动前账面余额=1028.24+1028.24×3%-1000×4%=1019.09（万元），会计分录如下：

2×20年1月1日

借：其他债权投资—成本　1000

　　　　　　　　—利息调整　28.24

　贷：银行存款　1028.24

2×20年12月31日

计提利息：

借：应收利息　40

　贷：投资收益　30.85（1028.24×3%）

　　　其他债权投资—利息调整　9.15

收到利息：

借：银行存款　40

　贷：应收利息　40

确认公允价值变动：

借：其他综合收益—其他债权投资公允价值变动　119.09

　贷：其他债权投资—公允价值变动　119.09

确认预期信用损失：

借：信用减值损失　100

　贷：其他综合收益—信用减值准备　100

选项B错误，选项C正确。

因已发生信用减值，2×21年应确认投资收益=（1019.09-100）×3%=27.57（万元），选项D错误。

19.【答案】CD

【解析】符合条件的股利收入应计入投资收益，选项A正确；当该金融资产终止确认时，之前计入其他综合收益的累计利得或损失应当从其他综合收益中转出，计入留存收益，选项B正确，选项C错误；以公允价值计量且其变动计入其他综合收益的非交易性权益工具投资，不确认预期信用损失准备，选项D错误。

20.【答案】ACD

【解析】2×21年7月1日，以公允价值计量且其变动计入其他综合收益的金融资产的初始成本应包括交易费用，即1000万元，选项A正确，选项B错误；甲公司购入的丙公司债券投资应按公允价值计量，故在2×21年12月31日资产负债表列示的金额为995万元，选项C正确；选项D，会计分录如下：

借：其他综合收益　5

　贷：其他债权投资—公允价值变动　5

借：信用减值损失　10

　贷：其他综合收益—信用减值准备　10

因持有的丙公司债券投资在资产负债表中列示的其他综合收益的金额=-5+10=5（万元），选项D正确。

21.【答案】AD

【解析】出售乙公司债券应确认投资收益=2900-3000=-100（万元），选项A正确；甲公司出售乙公司债券主要是由于其自身无法控制的原因所导致的，没有改变其管理金融资产的业务模式，不会影响对其他以摊余成本计量的金融资产的分类，选项D正确。

22.【答案】ABD

【解析】甲银行2×22年12月31日应确认信用减值损失=300-80=220（万元），选项A正确；甲银行2×22年12月31日应确认利息收入=期初账面余额×实际利率=5000×4%=200(万元)，选项B正确；因2×22年该金融资产未发生减值，则甲银行2×23年12月31日应确认利息收入=期初账面余额×

实际利率 =5000×4%=200（万元），选项 C 错误；丙资产管理公司 2×25 年应确认利息收入 = 期初摊余成本 × 经信用调整的实际利率 =3500×3.6%=126（万元），选项 D 正确。

23.【答案】ABCD

【解析】甲公司账务处理如下：

（1）2×20 年 7 月 1 日，发行短期融资券：

借：银行存款 10000

　贷：交易性金融负债 10000

（2）2×20 年 12 月 31 日，年末确认公允价值变动和利息费用：

借：公允价值变动损益 1000

（10000÷100×110-10000）

　贷：交易性金融负债 1000

借：财务费用 300

（10000×6%×6/12）

　贷：应付利息 300

24.【答案】AB

【解析】企业既没有转移也没有保留金融资产所有权上几乎所有的风险和报酬，放弃了对金融资产的控制，应当终止确认该金融资产；未放弃对该金融资产控制的，应当根据其继续涉入所转移金融资产的程度确认有关金融资产和金融负债，选项 C 和 D 错误。

25.【答案】ABCD

【解析】选项 A，收取该金融资产现金流量的合同权利终止，应终止确认该金融资产；选项 B，企业与交易对手方修改或者重新议定合同而且构成实质性修改的，将导致企业终止确认原金融资产，同时按照修改后的条款确认一项新金融资产；选项 C，企业既没有转移也没有保留金融资产所有权上几乎所有的风险和报酬，放弃了对金融资产的控制，应当终止确认该金融资产；选项 D，当企业合理预期不能收回金融资产合同现金流量时，应当直接减记该金融资产的账面余额。这种减记构成相关金融资产的终止确认。

26.【答案】ACD

【解析】选项 A，金融负债（或其一部分）的现时义务已经解除的，应当终止确认该金融负债；选项 B，虽然甲公司已为金融负债设立了“偿债基金”，但金融负债对应的债权人仍然拥有全额追索的权利时，不能认为企业的相关现时义务已解除，从而不能终止确认金融负债；选项 C，企业（债务人）与债权人之间签订协议，以承担新金融负债方式替换原金融负债（或其一部分），且合同条款实质上不同的，企业应当终止确认原金融负债（或其一部分），同时确认一项新金融负债；选项 D，如果一项债务工具的发行人回购了该工具，即使该发行人打算在近期将其再次出售，企业（发行人）应当终止确认该债务工具。

27.【答案】BCD

【解析】选项 A，按回购日公允价值回购，甲公司对该项应收款项的风险和报酬已经转移，应终止确认；选项 B 和 C，属于以固定价格回购，甲公司对该项应收款项的风险和报酬未转移，不应终止确认；选项 D，对于回购日应收款项的市价低于 700 万元的损失由甲公司承担，属于未放弃对金融资产控制的继续涉入，不应终止确认。

28.【答案】ABC

【解析】选项 A、B 和 C 属于公允价值套期；选项 D 属于极可能发生的预期交易，属于现金流量套期。

29.【答案】ABD

【解析】企业自身权益工具不属于企业的金融资产或金融负债，不能作为套期工具。

30.【答案】ACD

【解析】选项B，属于公允价值套期的被套期项目。

31.【答案】ABD

【解析】选项C，现金流量套期，是指对现金流量变动风险敞口进行的套期。

32.【答案】BD

【解析】应当按照类似于现金流量套期会计的规定处理，选项A错误；有效套期部分计入其他综合收益，无效套期部分计入当期损益，选项C错误。

三、计算分析题

1.【答案】

（1）甲公司应将购入的乙公司3%股权投资在初始确认时分类为以公允价值计量且其变动计入当期损益的金融资产。

理由：从投资方角度看，投资方对被投资方没有重大影响，该项投资应适用金融工具准则。因该项投资不满足权益工具定义，合同现金流量特征不满足仅为对本金和以未偿付本金金额为基础的利息的支付，应分类为以公允价值计量且其变动计入当期损益的金融资产。

（2）甲公司应将购买的该银行理财产品分类为以公允价值计量且其变动计入当期损益的金融资产。

理由：该理财产品不保障本金及理财收益，理财计划的实际投资收益扣除业务管理费后，作为投资者应得本金及理财收益。因此，这类理财产品的现金流量反映的是理财计划基础投资的收益水平，与基金投资相类似，因而该类银行理财产品投资的现金流量并非与基本借贷安排相一致，不能通过合同现金流量测试，应分类为以公允价值计量且其变动计入当期损益的金融资产。

（3）①甲公司应收票据在初始确认时应当分类为以公允价值计量且其变动计入其他综合收益的金融资产。

理由：甲公司管理应收票据的业务模式既以收取合同现金流量为目标，又以出售该金融资产为目标。

②会计处理存在不当之处。

处理意见：不应终止确认背书转让的商业承兑汇票，应继续确认相关应收票据。

2.【答案】

（1）①甲公司应将取得的乙公司债券划分为以摊余成本计量的金融资产。

理由：甲公司管理该金融资产的业务模式是以收取合同现金流量为目标，且该金融资产的合同条款规定，在特定日期产生的现金流量，仅为对本金和以未偿付本金金额为基础的利息的支付。

借：债权投资—成本　1000
　　　　　—利息调整　27.23
　贷：银行存款　1027.23

②2×21年应确认利息收入=1027.23×5%=51.36（万元）。

借：应收利息　60
　贷：债权投资—利息调整　8.64
　　　投资收益　51.36

借：银行存款　60
　贷：应收利息　60

2×21年12月31日预期信用损失准备余额为5万元，2×21年应确认预期信用损失准备=5-0=5（万元）。

借：信用减值损失　5
　贷：债权投资减值准备　5

③2×21年12月31日账面余额=1027.23+51.36-60=1018.59（万元），2×22年应确认利息收入=1018.59×5%=50.93（万元）。

借：应收利息　60
　贷：投资收益　50.93
　　　债权投资—利息调整　9.07

借：银行存款　　60
　贷：应收利息　　60
2×22年12月31日预期信用损失准备余额为3万元，2×22年应转回预期信用损失准备=5-3=2（万元）。
借：债权投资减值准备　　2
　贷：信用减值损失　　2
（2）①甲公司应将取得的丙公司股票划分为以公允价值计量且其变动计入当期损益的金融资产。
理由：甲公司不能对丙公司实施控制、共同控制和重大影响，也未将其指定为以公允价值计量且其变动计入其他综合收益的金融资产。
②2×21年4月1日
借：交易性金融资产—成本　　1000
　　投资收益　　1
　贷：银行存款　　1001
2×21年12月31日
借：交易性金融资产—公允价值变动　　100
　贷：公允价值变动损益　　100
2×22年5月31日
借：银行存款　　1198.9（100×12-1.1）
　贷：交易性金融资产—成本　　1000
　　　　　　　　　—公允价值变动　　100
　　　投资收益　　98.9
（3）2×21年7月1日
借：其他权益工具投资—成本　　800
　贷：银行存款　　800
2×21年12月31日
借：其他权益工具投资—公允价值变动　　200
　贷：其他综合收益　　200
2×22年5月2日
借：应收股利　　8（200×4%）
　贷：投资收益　　8
2×22年5月12日
借：银行存款　　8
　贷：应收股利　　8
2×22年12月31日
借：其他综合收益　　100
　贷：其他权益工具投资—公允价值变动　　100
2×23年3月5日
借：银行存款　　950
　贷：其他权益工具投资—成本　　800
　　　　　　　　　—公允价值变动　　100
　　　盈余公积　　5
　　　利润分配—未分配利润　　45
借：其他综合收益　　100
　贷：盈余公积　　10
　　　利润分配—未分配利润　　90

3.【答案】
（1）
借：其他债权投资—成本　　2000
　贷：银行存款　　1915.75
　　　其他债权投资—利息调整　　84.25
（2）2×21年应确认利息收入=1915.75×6%=114.95（万元）。
借：应收利息　　100（2000×5%）
　　其他债权投资—利息调整　　14.95
　贷：投资收益　　114.95
借：银行存款　　100
　贷：应收利息　　100
（3）公允价值变动前该金融资产的账面余额=1915.75+114.95-100=1930.70（万元），应确认的公允价值变动金额=1920-1930.70=-10.70（万元）。
借：其他综合收益—其他债权投资公允价值变动　　10.70
　贷：其他债权投资—公允价值变动　　10.70
借：信用减值损失　　10
　贷：其他综合收益—信用减值准备　　10

（4）
借：债权投资—成本　2000
　其他债权投资—利息调整　69.3
　（84.25-14.95）
　贷：其他债权投资—成本　2000
　　债权投资—利息调整　69.3
借：其他债权投资—公允价值变动
　10.70
　贷：其他综合收益—其他债权投资公允价值变动　10.70
借：其他综合收益—信用减值准备　10
　贷：债权投资减值准备　10

（5）2×22 年应确认利息收入 =1930.70×6%=115.84（万元）。
借：应收利息　100（2000×5%）
　债权投资—利息调整　15.84
　贷：投资收益　115.84
借：银行存款　100
　贷：应收利息　100

（6）
借：信用减值损失　5
　贷：债权投资减值准备　5（15-10）

4.【答案】
（1）甲公司将上述套期划分为公允价值套期。
①2×20 年 11 月 1 日，外汇远期合同的公允价值为 0，不作账务处理，但需编制指定文档。
②2×20 年 12 月 31 日，确认套期工具和被套期项目公允价值变动：
外汇远期合同的公允价值 =（6.5-6.4）×700=70（万元人民币）。
借：套期工具—外汇远期合同　70
　贷：套期损益　70
借：套期损益　70
　贷：被套期项目—确定承诺　70
③2×21 年 1 月 31 日，确认套期工具公允价值变动：
外汇远期合同的公允价值 =（6.55-6.4）×700=105（万元人民币）。
借：套期工具—外汇远期合同　35
　（105-70）
　贷：套期损益　35
结算外汇远期合同：
借：银行存款　105
　贷：套期工具—外汇远期合同　105
确认被套期项目公允价值变动：
借：套期损益　35
　贷：被套期项目—确定承诺　35
购入铜：
借：库存商品—铜　4585
　贷：银行存款　4585
将被套期项目的余额转入铜的账面价值：
借：被套期项目—确定承诺　105
　贷：库存商品—铜　105

（2）甲公司将上述套期划分为现金流量套期。
①2×20 年 11 月 1 日，外汇远期合同的公允价值为 0，不作账务处理，但需编制指定文档。
②2×20 年 12 月 31 日，确认现金流量套期储备：
外汇远期合同的公允价值 =（6.5-6.4）×700=70（万元人民币）。
借：套期工具—外汇远期合同　70
　贷：其他综合收益—套期储备　70
③2×21 年 1 月 31 日，确认现金流量套期储备：
外汇远期合同的公允价值 =（6.55-6.4）×700=105（万元人民币）。
借：套期工具—外汇远期合司　35
　贷：其他综合收益—套期诸备　35
结算外汇远期合同：
借：银行存款　105
　贷：套期工具—外汇远期合同　105
购入铜：
借：库存商品—铜　4585
　贷：银行存款　4585

将计入其他综合收益中的套期储备转出：
借：其他综合收益—套期储备 105
　贷：库存商品—铜 105

四、综合题

【答案】

（1）资料（1）甲公司的会计处理不正确。
理由：甲公司将金融资产出售，同时与买入方签订协议，约定在回购日再将该金融资产按回购日的公允价值回购，表明甲公司已经转移了该项金融资产所有权上几乎所有的风险和报酬，因此，应当终止确认该金融资产。
更正分录：
借：预收账款 3020
　贷：交易性金融资产—成本 2960
　　　　　　　　—公允价值变动 40
　　投资收益 20
借：公允价值变动损益 25
　贷：交易性金融资产—公允价值变动 25

（2）资料（2）甲公司会计处理不正确。
理由：可转换公司债券的合同现金流量不属于仅为对本金和以未偿付本金金额为基础的利息的支付，不符合本金加利息的合同现金流量特征，不应分类为以摊余成本计量的金融资产，甲公司应将其分类为以公允价值计量且其变动计入当期损益的金融资产。
更正分录：
借：交易性金融资产 1000
　贷：债权投资 1000

（3）资料（3）甲公司的会计处理不正确。
理由：购入股票作为以公允价值计量且其变动计入当期损益的金融资产核算，发生的交易费用应计入投资收益，不应计入成本。
更正分录：
借：投资收益 2
　贷：交易性金融资产—成本 2
借：交易性金融资产—公允价值变动 2
　贷：公允价值变动损益 2

（4）资料（4）甲公司会计处理不正确。
理由：虽然名义上甲公司将所持有的N公司15%的股权转让给M公司，但是实质上，M公司并没有拥有对应的表决权，也并不享有对应的利润分配权。也就是说，甲公司保留了收取该金融资产现金流量的权利，且没有承担将收取的现金流量支付给M公司的义务。根据会计准则的规定，实质上该金融资产并未转移，并不符合金融资产终止确认的条件。因此，甲公司不应当确认该15%股权的处置损益，应将收到的款项作为预收款项处理。
更正分录：
借：长期股权投资 1250
　　投资收益 750
　贷：预收账款 2000

（5）资料（5）甲公司会计处理不正确。
理由：指定为以公允价值计量且其变动计入其他综合收益的非交易性权益工具投资处置时，处置价款与其账面价值之间的差额计入留存收益，之前计入其他综合收益的累计利得或损失应转入留存收益，不得转入当期损益。
更正分录：
借：投资收益 120
　贷：盈余公积 12
　　　利润分配—未分配利润 108

（6）资料（6）甲公司会计处理不正确。
理由：从被投资方W公司角度看，由于W公司存在无法避免的向甲公司交付现金的合同义务，不符合权益工具的定义，应分类为金融负债进行会计处理，因此，从投资方甲公司的角度也不符合指定为以公允价值计量且其变动计入其他综合收益的非交易性权益工具投资的条件。

甲公司对 W 公司没有重大影响，该项投资应适用金融工具准则。因该项投资不满足权益工具定义，合同现金流量特征不满足仅为对本金和以未偿付本金金额为基础的利息的支付，应分类为以公允价值计量且其变动计入当期损益的金融资产。

更正分录：

借：交易性金融资产　200
　贷：其他权益工具投资　200

借：其他综合收益　15
　贷：其他权益工具投资　15

借：交易性金融资产　15
　贷：公允价值变动损益　15

第十四章　租　赁

CHAPTER-14

本章学习指南

一、学习目标

1. 掌握租赁的定义和租赁期的概念，理解租赁的分拆与合并。
2. 熟练掌握租赁负债的初始计量和后续计量。
3. 熟练掌握使用权资产的初始计量和后续计量。
4. 理解租赁变更的会计处理。
5. 了解短期租赁和低价值资产租赁。
6. 了解出租人的租赁分类。
7. 掌握出租人对融资租赁的会计处理。
8. 掌握出租人对经营租赁的会计处理。
9. 理解特殊租赁业务的会计处理。

二、考情概况

本章考试涉及各种题型，以主观题为主。分数很高，属于重要章节。

三、教材变化

（1）增加“不存在固定付款额及取决于指数或比率的可变付款额时，租赁负债的初始计量及后续计量”的相关表述；（2）增加“承租人发生的租赁资产改良支出及其导致的预计复原支出的会计处理”相关表述；（3）增加“租赁变更导致租赁期缩短至1年以内的”会计处理原则；（4）增加“租赁期为1年，是否为短期租赁的判断”相关表述；（5）补充租赁保证金核算科目；（6）修改融资租赁变更作为单独租赁条件的相关表述。

四、考点地图

考点	年份 / 题型
出租人租赁的分拆	2021 年单选题
承租人租赁业务的会计处理	2021 年计算分析题、2020 年综合题
使用权资产折旧年限的确定	2020 年单选题
出租人经营租赁的会计处理	2019 年单选题

核心考点精讲

提示

本章是近年根据新会计准则编写的全新内容，主要介绍承租人的会计处理和出租人的会计处理，有一定的学习难度，学习时需静下心来自己分析理解各个账务处理的逻辑原理，并多练熟记。扫描知识点二维码，“码”上如释重负。

第一节　租赁概述

使用“会计云课堂”App或“微信”扫码查看本节视频，快速GET知识点。

一、租赁的识别

（一）租赁的定义

在合同开始日，企业应当评估合同是否为租赁或者包含租赁。租赁，是指在一定期间内，出租人将资产的使用权让与承租人以获取对价的合同。

如果合同一方让渡了在一定期间内控制一项或多项已识别资产使用的权利以换取对价，则该合同为租赁或者包含租赁。

名师点拨

包含租赁＝租赁＋服务。

一项合同要被分类为租赁，必须要满足三要素：一是存在一定期间；二是存在已识别资产；三是资产供应方向客户转移对已识别资产使用权的控制。

“一定期间”不仅可以是合同直接明确的一段时间，也可以表述为已识别资产的使用量（如某项设备的产出量）。

名师点拨

已识别资产＝指定资产＋物理可区分＋资产供应方无实质性替换权。

（二）已识别资产

1. 对资产的指定

按照租赁准则规定，已识别资产通常由合同明确指定，也可以在资产可供客户使用时隐性指定。

2. 物理可区分

如果资产的部分产能在物理上可区分（例如，建筑物的一层），则该部分产能属于已识别资产。如果资产的某部分产能与其他部分在物理上不可区分（例如，光缆的部分容量），则该部分不属于已识别资产，除非其实质上代表该资产的全部产能，从而使客户获得因使用该资产所产生的几乎全部经济利益的权利。

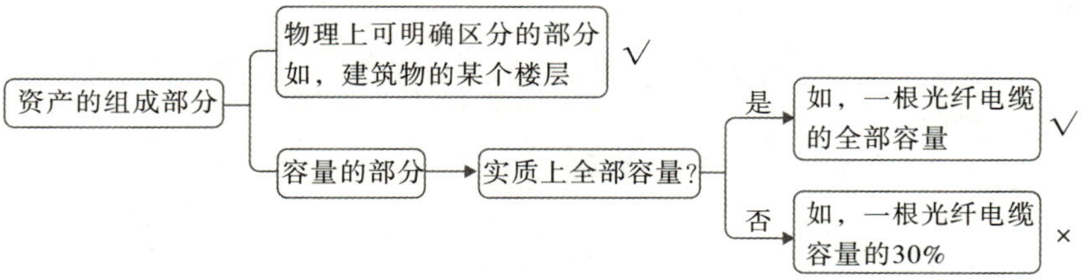

3. 实质性替换权

即使合同已对资产进行指定，如果资产供应方在整个使用期间拥有对该资产的实质性替换权，则该资产不属于已识别资产。同时符合下列条件时，表明资产供应方拥有资产的实质性替换权：

（1）资产供应方拥有在整个使用期间替换资产的实际能力；

（2）资产供应方通过行使替换资产的权利将获得经济利益。

需要注意的是，如果合同仅赋予资产供应方在特定日期或者特定事件发生日或之后拥有替换资产的权利或义务，考虑到资产供应方没有在整个使用期间替换资产的实际能力，资产供应方的替换权不具有实质性。

（三）客户是否控制已识别资产使用权的判断

图示记忆

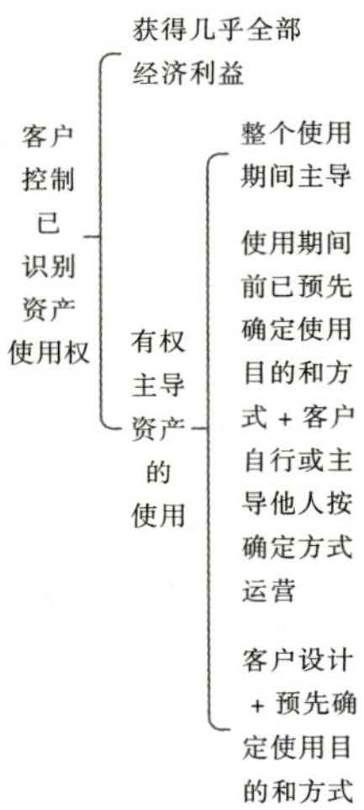

租赁准则规定，为确定合同是否让渡了在一定期间内控制已识别资产使用的权利，企业应当评估合同中的客户是否有权获得在使用期间因使用已识别资产所产生的几乎全部经济利益，并有权在该使用期间主导已识别资产的使用。

1. 客户是否有权获得因使用资产所产生的几乎全部经济利益

在评估客户是否有权获得因使用已识别资产所产生的几乎全部经济利益时，企业应当在约定的客户权利范围内考虑其所产生的经济利益。

例如：

（1）如果合同规定汽车在使用期间仅限在某一特定区域使用，则企业应当仅考虑在该区域内使用汽车所产生的经济利益，而不包括在该区域外使用汽车所产生的经济利益；

（2）如果合同规定客户在使用期间仅能在特定里程范围内驾驶汽车，则企业应当仅考虑在允许的里程范围内使用汽车所产生的经济利益，而不包括超出该里程范围使用汽车所产生的经济利益。

2. 客户是否有权主导资产的使用

存在下列情形之一的，可视为客户有权主导对已识别资产在整个使用期间的使用：

（1）客户有权在整个使用期间主导已识别资产的使用目的和使用方式；

（2）已识别资产的使用目的和使用方式在使用期间前已预先确定，并且客户有权在整个使用期间自行或主导他人按照其确定的方式运营该资产，或者客户设计了已识别资产（或资产的特定方面）并在设计时已预先确定了该资产在整个使用期间的使用目的和使用方式。

（四）评估流程

综上，合同开始日，企业评估合同是否为租赁或是否包含租赁可参考下图：

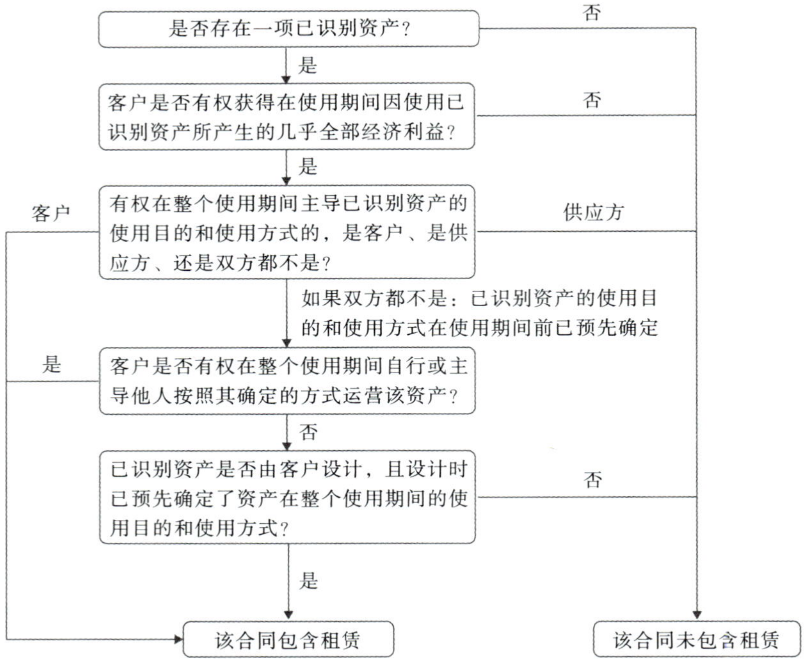

经典题解

【例题 1】甲公司（客户）与乙公司（货运商）签订了一份使用 10 个指定型号集装箱的 5 年期合同。合同指定了具体的集装箱，集装箱归乙公司所有。甲公司有权决定何时何地使用这些集装箱以及用其运输什么货物。不用时，集装箱存放在甲公司处。甲公司可将集装箱用于其他目的（如用于存储）。但合同明确规定甲公司不能运输特定类型的货物（如爆炸物）。若某个集装箱需要保养或维修，乙公司应以同类型的集装箱替换。除非甲公司违约，乙公司在合同期内不得收回集装箱。除集装箱外，合同还约定乙公司应按照甲公司的要求提供运输集装箱的卡车和司机。卡车存放在乙公司处，乙公司向司机发出指示详细说明甲公司的货物运输要求。乙公司可使用任一卡车满足甲公司的需求，卡车既可以用于运输甲公司的货物，也可以运输其他客户的货物，即，如果其他客户要求运输货物的目的地与甲公司要求的目的地距离不远且时间接近，乙公司可以用同一卡车运送甲公司使用的集装箱及其他客户的货物。

分析：本例中，合同明确指定了 10 个集装箱，乙公司一旦交付集装箱给甲公司，仅在集装箱需要保养或维修时方可替换，因此，这 10 个集装箱是已识别资产。合同既未明确也未隐性指定卡车，因此运输集装箱的卡车不属于已识别资产。甲公司在整个 5 年使用期内控制这 10 个集装箱的使用，原因如下：

（1）甲公司有权获得在 5 年使用期使用集装箱所产生的几乎全部经济利益。本例中甲公司在整个使用期间（包括不使用集装箱运输货物的期间）拥有这些集装箱的独家使用权。

（2）合同中关于集装箱可运输货物的限制并未赋予乙公司主导集装箱使用目的和使用方式的权利。在合同约定的使用权范围内，甲公司可以主导集装箱的使用目的和使用方式，决定何时何地使用集装箱以及使用集装箱运输什么货物。当集装箱不用于运输货物时，甲公司还可决定是否使用以及如何使用集装箱（如，用于存储）。

甲公司在5年使用期内有权改变这些决定，因此甲公司有权主导集装箱的使用。尽管乙公司控制了运输集装箱的卡车和司机，但乙公司在这方面的决策并未赋予其主导集装箱使用目的和使用方式的权利。因此，乙公司在使用期间不能主导集装箱的使用。

基于上述分析可以得出结论，该合同包含集装箱的租赁，甲公司拥有10个集装箱的5年使用权。关于卡车的合同条款并不构成一项租赁，而是一项服务。

二、租赁的分拆与合并

（一）租赁的分拆

准则规定，合同中同时包含多项单独租赁的，承租人和出租人应当将合同予以分拆，并分别各项单独租赁进行会计处理。合同中同时包含租赁和非租赁部分的，承租人和出租人应当将租赁和非租赁部分进行分拆，除非企业适用新租赁准则的简化处理。

同时符合下列条件，使用已识别资产的权利构成合同中的一项单独租赁：

1. 承租人可从单独使用该资产或将其与易于获得的其他资源一起使用中获利。易于获得的资源是指出租人或其他供应方单独销售或出租的商品或服务，或者承租人已从出租人或其他交易中获得的资源。

2. 该资产与合同中的其他资产不存在高度依赖或高度关联关系。例如，若承租人租入资产的决定不会对承租人使用合同中的其他资产的权利产生重大影响，则表明该项资产与合同中的其他资产不存在高度依赖或高度关联关系。

【提示】

（1）承租人的处理

在分拆合同包含的租赁和非租赁部分时，承租人应当按照各项租赁部分单独价格及非租赁部分的单独价格之和的相对比例分摊合同对价。租赁和非租赁部分的相对单独价格，应当根据出租人或类似资产供应方就该部分或类似部分向企业单独收取的价格确定。如果可观察的单独价格不易于获得，承租人应当最大限度地利用可观察的信息估计单独价格。

（2）出租人的处理

出租人应当分拆租赁部分和非租赁部分，根据《企业会计准则第14号——收入》准则规定的关于交易价格分摊的规定分摊合同对价。

> **要点小贴士**
>
> 出租人租赁部分按《租赁》准则处理，非租赁部分按《收入》准则处理。

经典题解

【真题2·单选题】甲公司从乙公司租入一辆汽车，租赁期2年，租赁费用共计20万元。同时乙公司还向甲公司派出一名司机，该名司机在租赁期内按照甲公司的安排驾驶该租赁汽车。不考虑折现及其他因素，下列各项关于上述租赁交易会计处理的表述中，正确的是（　　）。（2021年）

A. 乙公司按租赁准则每月确认租赁收入0.83万元

B. 甲公司按接受服务进行会计处理

C. 乙公司分拆租赁部分和非租赁部分，分别按租赁准则和收入准则进行会计处理

D. 乙公司按收入准则每月确认服务收入0.83万元

【解析】乙公司租出的汽车应按租赁准则处理，派出的司机属于提供服务，应按收入准则处理，乙公司应分拆租赁部分和非租赁部分，选项C正确。

【答案】C

（二）租赁的合并

企业与同一交易方或其关联方在同一时间或相近时间订立的两份或多份包含租赁的合同，在满足下列条件之一时，应当合并为一份合同进行会计处理：

（1）该两份或多份合同基于总体商业目的而订立并构成一揽子交易，若不作为整体考虑则无法理解其总体商业目的。

（2）该两份或多份合同中的某份合同的对价金额取决于其他合同的定价或履行情况。

（3）该两份或多份合同让渡的资产使用权合起来构成一项单独租赁。

两份或多份合同合并为一份合同进行会计处理的，仍然需要区分该一份合同中的租赁部分和非租赁部分。

三、租赁期

名师点拨

租赁期＝不可撤销期间＋续租选择权所涵盖期间（行使续租选择权）＋终止租赁选择权所涵盖期间（不行使终止租赁选择权）。

租赁期是指承租人有权使用租赁资产且不可撤销的期间；承租人有续租选择权，即有权选择续租该资产，且合理确定将行使该选择权的，租赁期还应当包含续租选择权涵盖的期间；承租人有终止租赁选择权，即有权选择终止租赁该资产，但合理确定将不会行使该选择权的，租赁期应当包含终止租赁选择权涵盖的期间。

（一）租赁期开始日

租赁期自租赁期开始日起计算。租赁期开始日，是指出租人提供租赁资产使其可供承租人使用的起始日期。如果承租人在租赁协议约定的起租日或租金起付日之前，已获得对租赁资产使用权的控制，则表明租赁期已经开始。租赁协议中对起租日或租金支付时间的约定，并不影响租赁期开始日的判断。

相关链接

承租人和出租人均有权未经另一方许可终止租赁，租赁期确认原则，参见P444本章疑难问题解答1。

（二）不可撤销期间

在确定租赁期和评估不可撤销租赁期间时，企业应根据租赁条款约定确定可强制执行合同的期间。

如果承租人和出租人双方均有权在未经另一方许可的情况下终止租赁，且罚

款金额不重大，则该租赁不再可强制执行。如果只有承租人有权终止租赁，则在确定租赁期时，企业应将该项权利视为承租人可行使的终止租赁选择权予以考虑。如果只有出租人有权终止租赁，则不可撤销的租赁期包括终止租赁选择权所涵盖的期间。

经典题解

【例题 3】 承租人与出租人签订了一份租赁合同，约定自租赁期开始日 1 年内不可撤销，如果撤销，双方将支付重大罚金，1 年期满后，经双方同意可再延长 1 年，如有一方不同意，将不再续期，且没有罚款。假设承租人对于租赁资产并不具有重大依赖。

分析： 在此情况下，自租赁期开始日起的第 1 年有强制的权利和义务，是不可撤销期间。而此后 1 年的延长期并非不可撤销期间，因为承租人或出租人均可单方面选择不续约而无须支付任何罚款。

（三）续租选择权和终止租赁选择权

在租赁期开始日，企业应当评估承租人是否合理确定将行使续租或购买标的资产的选择权，或者将不行使终止租赁选择权。在评估时，企业应当考虑对承租人行使续租选择权或不行使终止租赁选择权带来经济利益的所有相关事实和情况，包括自租赁期开始日至选择权行使日之间的事实和情况的预期变化。

经典题解

【例题 4】 承租人签订了一份设备租赁合同，包括 4 年不可撤销期限和 2 年期固定价格续租选择权，续租选择权期间的合同条款和条件与市价接近，没有终止罚款或其他因素表明承租人合理确定将行使续租选择权。因此，在租赁期开始日，确定租赁期为 4 年。

（四）对租赁期和购买选择权的重新评估

租赁准则规定，发生承租人可控范围内的重大事件或变化，且影响承租人是否合理确定将行使相应选择权的，承租人应当对其是否合理确定将行使续租选择权、购买选择权或不行使终止租赁选择权进行重新评估，并根据重新评估结果修改租赁期。

第二节 承租人会计处理

使用“会计云课堂”App 或“微信”扫码查看本节视频，快速 GET 知识点。

在租赁期开始日，承租人应当对租赁确认使用权资产和租赁负债，应用短期租赁和低价值资产租赁简化处理的除外。

一、初始计量

图示记忆

（一）租赁负债的初始计量

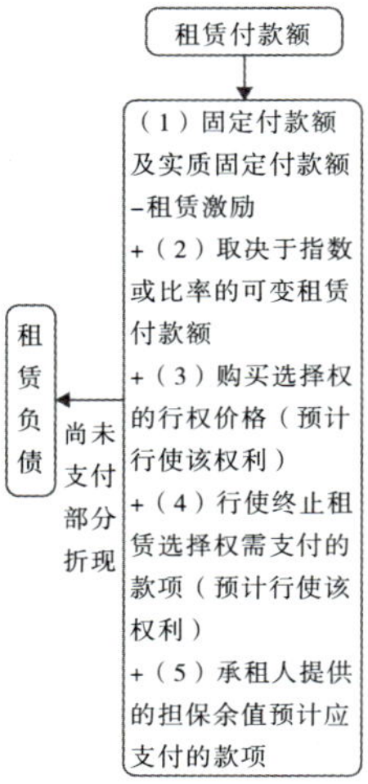

租赁负债应当按照租赁期开始日尚未支付的租赁付款额的现值进行初始计量。识别应纳入租赁负债的相关付款项目是计量租赁负债的关键。

1. 租赁付款额

租赁付款额，是指承租人向出租人支付的与在租赁期内使用租赁资产的权利相关的款项。

租赁付款额包括以下五项内容：

（1）固定付款额及实质固定付款额，存在租赁激励的，扣除租赁激励相关金额。

实质固定付款额是指在形式上可能包含变量但实质上无法避免的付款额。例如：

①付款额设定为可变租赁付款额，但该可变条款几乎不可能发生，没有真正的经济实质。例如，付款额仅需在租赁资产经证实能够在租赁期间正常运行时支付，或者仅需在不可能不发生的事件发生时支付。又如，付款额初始设定为与租赁资产使用情况相关的可变付款额，但其潜在可变性将于租赁期开始日之后的某个时点消除，在可变性消除时，该类付款额成为实质固定付款额。

②承租人有多套付款额方案，但其中仅有一套是可行的。在此情况下，承租人应采用该可行的付款额方案作为租赁付款额。

③承租人有多套可行的付款额方案，但必须选择其中一套。在此情况下，承租人应采用总折现金额最低的一套作为租赁付款额。

经典题解

【例题5】承租人甲公司签订了一份为期5年的卡车租赁合同。合同中关于租赁付款额的条款为：如果该卡车在某月份的行驶里程不超过1万公里，则该月应付的租金为10000元；如果该卡车在某月份的行驶里程超过1万公里但不超过2万公里，则该月应付的租金为16000元；该卡车1个月内的行驶里程最高不能超过2万公里，否则承租人需支付巨额罚款。

分析：本例中，租赁付款额中包含基于使用情况的可变性，且在某些月份里确实可避免支付较高租金，然而，月付款额10000元是不可避免的。因此，月付款额10000元属于实质固定付款额，应被纳入租赁负债的初始计量中。

【例题6】承租人甲公司租入一台预计使用寿命为5年的机器。不可撤销的租赁期为3年。在第3年末，甲公司必须以20000元购买该机器，或者必须将租赁期延长2年，如延长，则在续租期内每年末支付10500元。

分析：甲公司在租赁期开始时评估认为，不能合理确定在第3年末是将购买该机器，还是将租赁期延长2年。如果甲公司单独考虑购买选择权或续租选择权，那么在租赁期开始时，购买选择权的行权价格与续租期内的应付租金都不会纳入到租赁负债中。

然而，该安排在第3年末包含一项实质固定付款额。这是因为，甲公司必须行使上述两种选择权中的一个，且不论在哪种选择权下，甲公司都必须进行付款。因而在该安排中，实质固定付款额的金额是下述两项金额中的较低者：购买选择权的行权价格（20000元）的现值与续租期内付款额（每年末支付10500元）的现值。

租赁激励，是指出租人为达成租赁向承租人提供的优惠，包括出租人向承租人支付的与租赁有关的款项、出租人为承租人偿付或承担的成本等。存在租赁激励的，承租人在确定租赁付款额时，应扣除租赁激励相关金额。

（2）取决于指数或比率的可变租赁付款额。

要点小贴士

可变租赁付款额中，仅取决于指数或比率的可变租赁付款额纳入租赁负债的初始计量中。

可变租赁付款额，是指承租人为取得在租赁期内使用租赁资产的权利，而向出租人支付的因租赁期开始日后的事实或情况发生变化（而非时间推移）而变动的款项。可变租赁付款额可能与下列各项指标或情况挂钩：

①由于市场比率或指数数值变动导致的价格变动。例如，基准利率或消费者价格指数变动可能导致租赁付款额调整。

②承租人源自租赁资产的绩效。例如，零售业不动产租赁可能会要求基于使用该不动产取得的销售收入的一定比例确定租赁付款额。

③租赁资产的使用。例如，车辆租赁可能要求承租人在超过特定里程数时支付额外的租赁付款额。

需要注意的是，可变租赁付款额中，仅取决于指数或比率的可变租赁付款额纳入租赁负债的初始计量中，包括与消费者价格指数挂钩的款项、与基准利率挂钩的款项和为反映市场租金费率变化而变动的款项等。此类可变租赁付款额应当根据租赁期开始日的指数或比率确定。除了取决于指数或比率的可变租赁付款额之外，其他可变租赁付款额均不纳入租赁负债的初始计量中。

（3）购买选择权的行权价格，前提是承租人合理确定将行使该选择权。

在租赁期开始日，承租人应评估是否合理确定将行使购买标的资产的选择权。在评估时，承租人应考虑对其行使或不行使购买选择权产生经济激励的所有相关事实和情况。如果承租人合理确定将行使购买标的资产的选择权，则租赁付款额中应包含购买选择权的行权价格。

（4）行使终止租赁选择权需支付的款项，前提是租赁期反映出承租人将行使终止租赁选择权。

在租赁期开始日，承租人应评估是否合理确定将行使终止租赁的选择权。在评估时，承租人应考虑对其行使或不行使终止租赁选择权产生经济激励的所有相关事实和情况。如果承租人合理确定将行使终止租赁选择权，则租赁付款额中应包含行使终止租赁选择权需支付的款项，并且租赁期不应包含终止租赁选择权涵盖的期间。

（5）根据承租人提供的担保余值预计应支付的款项。

担保余值，是指与出租人无关的一方向出租人提供担保，保证在租赁结束时租赁资产的价值至少为某指定的金额。如果承租人提供了对余值的担保，则租赁付款额应包含该担保下预计应支付的款项，它反映了承租人预计将支付的金额，而不是承租人担保余值下的最大敞口。

经典题解

【例题7】承租人甲公司与出租人乙公司签订了汽车租赁合同，租赁期为5年。合同中就担保余值的规定为：如果标的汽车在租赁期结束时的公允价值低于40000元，则甲公司需向乙公司支付40000元与汽车公允价值之间的差额，因此，甲公司在该担保余值下的最大敞口为40000元。

分析：在租赁期开始日，若甲公司预计标的汽车在租赁期结束时的公允价值为40000元，即，甲公司预计在担保余值下将支付的金额为零。则甲公司在计算租赁负债时，与担保余值相关的付款额为零。

名师点拨

折现率的选择：租赁内含利率（首选）或承租人增量借款利率。

2. 折现率

租赁负债应当按照租赁期开始日尚未支付的租赁付款额的现值进行初始计量。在计算租赁付款额的现值时，承租人应当采用租赁内含利率作为折现率；无法确定租赁内含利率的，应当采用承租人增量借款利率作为折现率。

租赁内含利率，是指使出租人的租赁收款额的现值与未担保余值的现值之和等于租赁资产公允价值与出租人的初始直接费用之和的利率。

租赁内含利率图示如下：

未担保余值的现值 + 租赁收款额的现值 = 租赁资产公允价值 + 初始直接费用

其中，未担保余值，是指租赁资产余值中，出租人无法保证能够实现或仅由与出租人有关的一方予以担保的部分。

初始直接费用，是指为达成租赁所发生的增量成本。增量成本是指若企业不取得该租赁，则不会发生的成本，如佣金、印花税等。无论是否实际取得租赁都会发生的支出，不属于初始直接费用，例如为评估是否签订租赁而发生的差旅费、法律费用等，此类费用应当在发生时计入当期损益。

承租人增量借款利率，是指承租人在类似经济环境下为获得与使用权资产价值接近的资产，在类似期间以类似抵押条件借入资金须支付的利率。

名师点拨

使用权资产＝租赁负债的初始计量金额＋在租赁期开始日或之前支付的租赁付款额（扣除已享受的租赁激励）＋初始直接费用＋复原成本（现值）。

（二）使用权资产的初始计量

使用权资产，是指承租人可在租赁期内使用租赁资产的权利。在租赁期开始日，承租人应当按照成本对使用权资产进行初始计量。该成本包括下列四项：

1. 租赁负债的初始计量金额。

借：使用权资产

　　租赁负债—未确认融资费用

　贷：租赁负债—租赁付款额

2. 在租赁期开始日或之前支付的租赁付款额；存在租赁激励的，应扣除已享受的租赁激励相关金额。

借：使用权资产

　贷：预付账款等[租赁期开始日或之前支付的租赁付款额(扣除已享受的租赁激励)]

3. 承租人发生的初始直接费用。

借：使用权资产

贷：银行存款（按发生的初始直接费用）

4. 承租人为拆卸及移除租赁资产、复原租赁资产所在场地或将租赁资产恢复至租赁条款约定状态预计将发生的成本。前述成本属于为生产存货而发生的，适用《企业会计准则第 1 号——存货》。

借：使用权资产

贷：预计负债（按预计将发生的为拆卸及移除租赁资产、复原租赁资产所在场地或将租赁资产恢复至租赁条款约定状态等成本的现值）

关于上述第 4 项成本，承租人有可能在租赁期开始日就承担了上述成本的支付义务，也可能在特定期间内因使用标的资产而承担了相关义务。承租人应在其有义务承担上述成本时，将这些成本确认为使用权资产成本的一部分。

但是，承租人由于在特定期间内将使用权资产用于生产存货而发生的上述成本，应按照《企业会计准则第 1 号——存货》进行会计处理。承租人应当按照《企业会计准则第 13 号——或有事项》对上述成本的支付义务进行确认和计量。

在某些情况下，承租人可能在租赁期开始前就发生了与标的资产相关的经济业务或事项。例如：租赁合同双方经协商在租赁合同中约定，标的资产需经建造或重新设计后方可供承租人使用；根据合同条款与条件，承租人需支付与资产建造或设计相关的成本。承租人如发生与标的资产建造或设计相关的成本，应适用其他相关准则（如《企业会计准则第 4 号——固定资产》）进行会计处理。

> **名师点拨**
>
> 承租人发生的租赁资产改良支出不属于使用权资产，应当记入“长期待摊费用”科目。

> **相关链接**
>
> 预计将发生的成本按现值计入使用权资产原理，参见 P444 本章疑难问题解答 2。

> **要点小贴士**
>
> 与标的资产建造或设计相关的成本不包括承租人为获取标的资产使用权而支付的款项，此类款项无论在何时支付，均属于租赁付款额。

二、后续计量

（一）租赁负债的后续计量

> **名师点拨**
>
> 租赁负债期末余额 = 租赁负债期初余额 + 租赁负债产生的利息 – 支付的租赁付款额 +（或 –）租赁负债重估调整额。

1. 计量基础

在租赁期开始日后，承租人应当按以下原则对租赁负债进行后续计量：

（1）确认租赁负债的利息时，增加租赁负债的账面金额。

借：财务费用 / 在建工程等

贷：租赁负债—未确认融资费用

（2）支付租赁付款额时，减少租赁负债的账面金额。

借：租赁负债—租赁付款额

贷：银行存款

（3）因重估或租赁变更等原因导致租赁付款额发生变动时，重新计量租赁负债的账面价值。

①当租赁负债增加时

借：使用权资产

租赁负债—未确认融资费用

贷：租赁负债—租赁付款额

②当租赁负债减少时

借：租赁负债—租赁付款额（按租赁付款额的减少额）

贷：使用权资产（按租赁付款额现值的减少额）

租赁负债—未确认融资费用（差额）

若使用权资产的账面价值已调减至零，应当按仍需进一步调减的租赁付款额借记“租赁负债—租赁付款额”科目，按仍需进一步调减的租赁付款额现值贷记“营业成本”“制造费用”“销售费用”“管理费用”“研发支出”等科目，按其差额，贷记“租赁负债—未确认融资费用”科目。

承租人应当按照固定的周期性利率计算租赁负债在租赁期内各期间的利息费用，并计入当期损益，但按照《企业会计准则第17号——借款费用》等其他准则规定应当计入相关资产成本的，从其规定。

此处的周期性利率，是指承租人对租赁负债进行初始计量时所采用的折现率，或者因租赁付款额发生变动或因租赁变更而需按照修订后的折现率对租赁负债进行重新计量时，承租人所采用的修订后的折现率。

2. 租赁负债的重新计量

在租赁期开始日后，当发生下列四种情形时，承租人应当按照变动后的租赁付款额的现值重新计量租赁负债，并相应调整使用权资产的账面价值。使用权资产的账面价值已调减至零，但租赁负债仍需进一步调减的，承租人应当将剩余金额计入当期损益。

（1）实质固定付款额发生变动。

如果租赁付款额最初是可变的，但在租赁期开始日后的某一时点转为固定，那么，在潜在可变性消除时，该付款额成为实质固定付款额，应纳入租赁负债的计量中。承租人应当按照变动后租赁付款额的现值重新计量租赁负债。在该情形下，承租人采用的折现率不变，即，采用租赁期开始日确定的折现率。

要点小贴士

（1）和（2）租赁付款额发生变动，租赁期和折现率不变。

（2）担保余值预计的应付金额发生变动。

在租赁期开始日后，承租人应对其在担保余值下预计支付的金额进行估计。该金额发生变动的，承租人应当按照变动后租赁付款额的现值重新计量租赁负债。在该情形下，承租人采用的折现率不变。

经典题解

【例题8】承租人甲公司与出租人乙公司签订了汽车租赁合同，租赁期为5年。合同中就担保余值的规定为：如果标的汽车在租赁期结束时的公允价值低于40000元，则甲公司需向乙公司支付40000元与汽车公允价值之间的差额，因此，甲公司在该担保余值下的最大敞口40000元。在租赁期开始日，甲公司预计标的汽车在租赁期结束时的公允价值为40000元，即，甲公司预计在担保余值下将支付的金额为零。因此，甲公司在计算租赁负债时，与担保余值相关的付款额为零。

在租赁期开始日后，承租人甲公司对该汽车在租赁期结束时的公允价值进行监测。假设在第1年年末，甲公司预计该汽车在租赁期结束时的公允价值为30000元。那么，甲公司应将该担保余值下预计应付的金额10000元（即，40000-30000）纳入租赁付款额，并使用不变的折现率来重新计量租赁负债。

要点小贴士

（3）租赁付款额发生变动，租赁期不变，折现率不变。但浮动利率导致的变动，采用修订后的折现率。

（3）用于确定租赁付款额的指数或比率发生变动。

在租赁期开始日后，因浮动利率的变动而导致未来租赁付款额发生变动的，承租人应当按照变动后租赁付款额的现值重新计量租赁负债。在该情形下，承租人应采用反映利率变动的修订后的折现率进行折现。

在租赁期开始日后，因用于确定租赁付款额的指数或比率（浮动利率除外）的变动而导致未来租赁付款额发生变动的，承租人应当按照变动后租赁付款额的现值重新计量租赁负债。在该情形下，承租人采用的折现率不变。

需要注意的是，仅当现金流量发生变动时，即租赁付款额的变动生效时，承租人才应重新计量租赁负债，以反映变动后的租赁付款额。承租人应基于变动后的合同付款额，确定剩余租赁期内的租赁付款额。

经典题解

【例题 9】承租人甲公司签订了一项为期 10 年的不动产租赁合同，每年的租赁付款额为 50000 元，于每年年初支付。合同规定，租赁付款额在租赁期开始日后每两年基于过去 24 个月消费者价格指数的上涨进行上调。租赁期开始日的消费者价格指数为 125。

假设在租赁第 3 年年初的消费者价格指数为 135，甲公司在租赁期开始日采用的折现率为 5%。在第 3 年年初，在对因消费者价格指数变化而导致未来租赁付款额的变动进行会计处理以及支付第 3 年的租赁付款额之前，租赁负债为 339320 元［即，50000+50000×（P/A，5%，7）］。经消费者价格指数调整后的第 3 年租赁付款额为 54000 元（即，50000×135÷125）。

分析：本例中，因用于确定租赁付款额的消费者价格指数的变动，而导致未来租赁付款额发生变动，甲公司应当于第 3 年年初重新计量租赁负债，以反映变动后的租赁付款额，即租赁负债应当以每年 54000 元的租赁付款额（剩余 8 笔）为基础进行重新计量。

在第 3 年年初，甲公司按以下金额重新计量租赁负债：每年 54000 元的租赁付款额按不变的折现率（即 5%）进行折现，为 366466 元［即，54000+54000×（P/A，5%，7）］。因此，甲公司的租赁负债将增加 27146 元，即重新计量后的租赁负债（366466 元）与重新计量前的租赁负债（339320 元）之间的差额。不考虑其他因素，甲公司相关账务处理如下：

借：使用权资产　　27146
　　租赁负债—未确认融资费用　　4854
　贷：租赁负债—租赁付款额　　32000（4000×8）
借：租赁负债—租赁付款额　　54000
　贷：银行存款　　54000

（4）购买选择权、续租选择权或终止租赁选择权的评估结果或实际行使情况发生变化。

租赁期开始日后，发生下列情形的，承租人应采用修订后的折现率对变动后的租赁付款额进行折现，以重新计量租赁负债：

①发生承租人可控范围内的重大事件或变化，且影响承租人是否合理确定将行使续租选择权或终止租赁选择权的，承租人应当对其是否合理确定将行使相应选择权进行重新评估。上述选择权的评估结果发生变化的，承租人应当根据新的评估结果重新确定租赁期和租赁付款额。前述选择权的实际行使情况与原评估结果不一致

> **要点小贴士**
>
> （4）
> ①可控范围内续租选择权或终止租赁选择权发生变化：租赁付款额和租赁期均发生变化，采用修订后的折现率折现；
> ②可控范围内购买选择权发生变化：租赁付款额变化，租赁期不变，采用修订后的折现率折现。

等导致租赁期变化的，也应当根据新的租赁期重新确定租赁付款额。

②发生承租人可控范围内的重大事件或变化，且影响承租人是否合理确定将行使购买选择权的，承租人应当对其是否合理确定将行使购买选择权进行重新评估。评估结果发生变化的，承租人应根据新的评估结果重新确定租赁付款额。

上述两种情形下，承租人在计算变动后租赁付款额的现值时，应当采用剩余租赁期间的租赁内含利率作为折现率；无法确定剩余租赁期间的租赁内含利率的，应当采用重估日的承租人增量借款利率作为折现率。

经典题解

【例题10】承租人甲公司租入一层办公楼，为期10年，并拥有可续租5年的选择权。初始租赁期间（即10年）的租赁付款额为每年50000元，可选续租期间（即5年）的租赁付款额为每年55000元，均在每年年初支付。在租赁期开始日，甲公司评估后认为，不能合理确定将会行使续租选择权，因此确定租赁期为10年。甲公司无法确定租赁内含利率，其增量借款年利率为5%。在租赁期开始日，甲公司支付第1年的租赁付款额50000元，并确认租赁负债355390元，即355390=50000×（P/A，5%，9）。在第5至6年，甲公司的业务显著增长，其日益壮大的人员规模意味着需要扩租办公楼。为了最大限度降低成本，甲公司额外签订了一份为期8年、在同一办公楼内其他楼层的租赁合同，在第7年年初起租。

分析：将扩张的人员安置到同一办公楼内其他楼层的决定，在甲公司的可控范围内，并影响其是否合理确定将行使现有租赁合同下的续租选择权。如果在其他办公楼中租入一个类似的楼层，甲公司可能会产生额外的费用，因为其人员将处于两栋不同的办公楼中，而将全部人员搬迁到其他办公楼的费用可能会更高。在第6年年末，甲公司重新评估后认为，其合理确定将行使现有租赁合同下的续租选择权，因此该租赁的租赁期由10年变为15年。在对租赁期的变化进行会计处理前，即基于10年租赁期时，甲公司在第6年年末的租赁负债（支付前6年的付款额后）为186160元，即186160=50000+50000×（P/A，5%，3）。

在第6年年末，甲公司重新评估后的租赁期为15年，因此应将剩余租赁期（第7至15年）内的租赁付款额（共9笔）纳入租赁负债，并采用修订后的折现率进行折现。假设甲公司无法确定剩余租赁期间的租赁内含利率，其第6年末的增量借款年利率为4.5%。因此，甲公司重新计量后的租赁负债为399030元，即399030= 50000+50000×（P/A，4.5%，3）+55000×（P/A，4.5%，5）×（P/F，4.5%，3）。

【例题11】承租人甲公司与出租人乙公司签订为期5年的库房租赁合同，每年年末支付固定租金10000元。甲公司拥有在租赁期结束时以300000元购买该库房的选择权。在租赁期开始日，甲公司评估后认为，不能合理确定将行使该购买选择权。第3年年末，该库房所在地房价显著上涨，甲公司预计租赁期结束时该库房的市价为600000元，甲公司重新评估后认为，能够合理确定将行使该购买选择权。

分析：该库房所在地区的房价上涨属于市场情况发生的变化，不在甲公司的可控范围内。因此，虽然该事项导致购买选择权的评估结果发生变化，但甲公司不应在第 3 年年末重新计量租赁负债。

然而，如果甲公司在第 3 年年末不可撤销地通知乙公司，其将在第 5 年年末行使购买选择权，则属于购买选择权实际行使情况发生了变化，甲公司需要在第 3 年年末按修订后的折现率对变动后的租赁付款额进行折现，重新计量租赁负债。

如果某项租赁合同约定，承租人租赁设备用于生产 A 产品，租赁期为 5 年，每年的租赁付款额按照设备当年运营收入的 80% 计算，于每年末支付给出租人，假定不考虑其他因素。在这种情况下，租赁付款额按照设备年运营收入的一定比例计算，属于可变租赁付款额，但该可变租赁付款额取决于设备的未来绩效而不是指数或比率，因而不纳入租赁负债的初始计量。在不存在其他租赁付款额的情况下，该租赁合同的租赁负债初始计量金额为 0。后续计量时，承租人应将按照设备运营收入 80% 计算的可变租赁付款额计入 A 产品成本。

（二）使用权资产的后续计量

1. 计量基础

在租赁期开始日后，承租人应当采用成本模式对使用权资产进行后续计量，即，以成本减累计折旧及累计减值损失计量使用权资产。

承租人按照新租赁准则有关规定重新计量租赁负债的，应当相应调整使用权资产的账面价值。

2. 使用权资产的折旧

承租人应当参照《企业会计准则第 4 号——固定资产》有关折旧规定，自租赁期开始日起对使用权资产计提折旧。

使用权资产通常应自租赁期开始的当月计提折旧，当月计提确有困难的，为便于实务操作，企业也可以选择自租赁期开始的下月计提折旧，但应对同类使用权资产采取相同的折旧政策。计提的折旧金额应根据使用权资产的用途，计入相关资产的成本或者当期损益。

承租人在确定使用权资产的折旧方法时，应当根据与使用权资产有关的经济利益的预期消耗方式做出决定。通常，承租人按直线法对使用权资产计提折旧，其他折旧方法更能反映使用权资产有关经济利益预期消耗方式的，应采用其他折旧方法。

承租人在确定使用权资产的折旧年限时，应遵循以下原则：承租人能够合理确定租赁期届满时取得租赁资产所有权的，应当在租赁资产剩余使用寿命内计提折旧；承租人无法合理确定租赁期届满时能够取得租赁资产所有权的，应当在租赁期与租赁资产剩余使用寿命两者孰短的期间内计提折旧。如果使用权资产的剩余使用寿命短于前两者，则应在使用权资产的剩余使用寿命内计提折旧。

名师点拨

折旧年限的选择：租赁期满取得资产所有权，应当在剩余使用寿命内计提折旧；否则按租赁资产剩余使用寿命、租赁期和使用权资产的剩余使用寿命孰短计提折旧。

经典题解

【真题 12 · 单选题】2×19 年 6 月 30 日，甲公司与乙公司签订租赁合同，从乙公司租入一栋办公楼。根据租赁合同的约定，该办公楼不可撤销的租赁期为 5 年，租赁期开始日为 2×19 年 7 月 1 日，月租金为 25 万元，于每月末支付，首 3 个月免付租金，在不可撤销的租赁期到期后，甲公司拥有 3 年按市场租金行使的续租选择权。从2×19年7月1日起算，该办公楼剩余使用寿命为30年。假定在不可撤销的租赁期结束时甲公司将行使续租选择权，不考虑其他因素，甲公司对该办公楼使用权资产计提折旧的年限是（ ）。（2020年）

A. 5年
B. 8年
C. 30年
D. 4.75年

【解析】承租人有续租选择权，且合理确定将行使该选择权的，租赁期还应当包括续租选择权涵盖的期间，所以甲公司应按8年（5+3）确认租赁期，同时，甲公司无法合理确定租赁期届满时是否能够取得租赁资产的所有权，应当在租赁期与租赁资产剩余使用寿命孰短期间内计提折旧，所以甲公司对该使用权资产按8年计提折旧。

【答案】B

3. 使用权资产的减值

在租赁期开始日后，承租人应当按照《企业会计准则第8号——资产减值》的规定，确定使用权资产是否发生减值，并对已识别的减值损失进行会计处理。

（1）使用权资产发生减值

借：资产减值损失

　贷：使用权资产减值准备（按应减记的金额）

（2）使用权资产减值准备一经计提，不得转回。

（3）承租人应当按照扣除减值损失之后的使用权资产的账面价值，进行后续折旧。

4. 承租人发生的租赁资产改良支出及其导致的预计复原支出的会计处理

对于承租人为拆卸及移除租赁资产、复原租赁资产所在场地或将租赁资产恢复至租赁条款约定状态预计将发生的成本，属于为生产存货而发生的，适用《企业会计准则第1号——存货》，否则计入使用权资产的初始计量成本；承租人应当按照《企业会计准则第13号——或有事项》进行确认和计量。

承租人发生的租赁资产改良支出不属于使用权资产，应当记入“长期待摊费用”科目。对于由租赁资产改良导致的预计复原支出，属于为生产存货而发生的，适用《企业会计准则第1号——存货》，并按照《企业会计准则第13号——或有事项》进行确认和计量。

（三）租赁变更的会计处理

要点小贴士

（1）变更扩大了范围，相应调整使用权资产；

（2）变更缩小了范围，减少使用权资产以反映因租赁范围减少而应终止的租赁部分，并确认与租赁终止相关的利得或损失。

租赁变更，是指原合同条款之外的租赁范围、租赁对价、租赁期限的变更，包括增加或终止一项或多项租赁资产的使用权，延长或缩短合同规定的租赁期等。租赁变更生效日是指双方就租赁变更达成一致的日期。

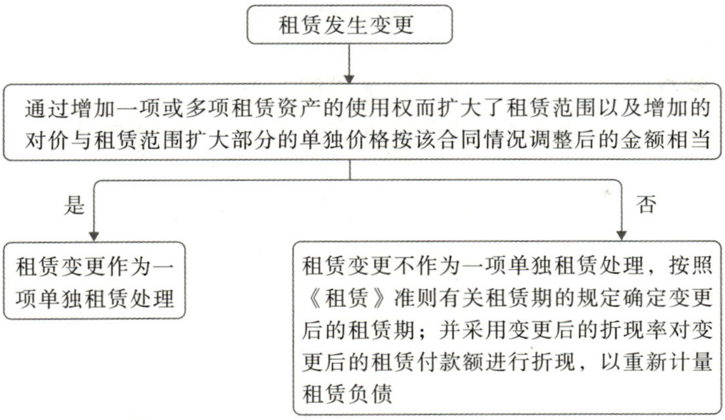

值得注意的是，租赁变更导致租赁期缩短至1年以内的，承租人应当调减使用权资产的账面价值，部分终止租赁的相关利得或损失计入“资产处置损益”科目。企业不得改按短期租赁进行简化处理或追溯调整。

三、短期租赁和低价值资产租赁

对于短期租赁和低价值资产租赁，承租人可以选择不确认使用权资产和租赁负债。作出该选择的，承租人应当将短期租赁和低价值资产租赁的租赁付款额，在租赁期内各个期间按照直线法或其他系统合理的方法计入相关资产成本或当期损益。

（一）短期租赁

短期租赁，是指在租赁期开始日，租赁期不超过12个月（1年）的租赁。当承租人与出租人签订租赁期为1年的租赁合同时，不能简单认为该租赁的租赁期为1年，而应当基于所有相关事实和情况判断可强制执行合同的期间以及是否存在实质续租、终止等选择权以合理确定租赁期。包含购买选择权的租赁，即使租赁期不超过12个月，也不属于短期租赁。

> **要点小贴士**
>
> 包含购买选择权的租赁不属于短期租赁。

对于短期租赁，承租人可以按照租赁资产的类别作出采用简化会计处理的选择。如果承租人对某类租赁资产作出了简化会计处理的选择，未来该类资产下所有的短期租赁都应采用简化会计处理。某类租赁资产是指企业运营中具有类似性质和用途的一组租赁资产。

按照简化会计处理的短期租赁发生租赁变更或者其他原因导致租赁期发生变化的，承租人应当将其视为一项新租赁，重新按照上述原则判断该项新租赁是否可以选择简化会计处理。

（二）低价值资产租赁

低价值资产租赁，是指单项租赁资产为全新资产时价值较低的租赁。

> **要点小贴士**
>
> 符合低价值资产租赁的，也并不代表承租人若采取购入方式取得该资产时该资产不符合固定资产确认条件。

承租人在判断是否是低价值资产租赁时，应基于租赁资产的全新状态下的价值进行评估，不应考虑资产已被使用的年限。

对于低价值资产租赁，承租人可根据每项租赁的具体情况作出简化会计处理选择。低价值资产同时还应满足以下规定，即，只有承租人能够从单独使用该低价值资产或将其与承租人易于获得的其他资源一起使用中获利，且该项资产与其他租赁

要点小贴士

（1）仅与资产全新状态下的绝对价值有关；
（2）不受承租人规模、性质等影响；
（3）非转租或预期转租租赁资产。

资产没有高度依赖或高度关联关系时，才能对该资产租赁选择进行简化会计处理。

低价值资产租赁的标准应该是一个绝对金额，即仅与资产全新状态下的绝对价值有关，不受承租人规模、性质等影响，也不考虑该资产对于承租人或相关租赁交易的重要性。常见的低价值资产的例子包括平板电脑、普通办公家具、电话等小型资产。

但是，如果承租人已经或者预期要把相关资产进行转租赁，则不能将原租赁按照低价值资产租赁进行简化会计处理。

经典题解

【例题 13】承租人与出租人签订了一份租赁合同，约定的租赁资产包括：（1）IT 设备，包括供员工个人使用的笔记本电脑、台式电脑、平板电脑、桌面打印机和手机等；（2）服务器，其中包括增加服务器容量的单独组件，这些组件根据承租人需要陆续添加到大型服务器以增加服务器存储容量；（3）办公家具，如桌椅和办公隔断等；（4）饮水机。

通常，办公笔记本电脑全新时的单独价格不超过人民币 10000 元，台式电脑、平板电脑、桌面打印机和手机全新时的单独价格不超过人民币 5000 元，普通办公家具的单独价格不超过人民币 10000 元，饮水机的单独价格不超过人民币 1000 元，服务器单个组件的单独价格不超过人民币 10000 元。

分析：上述租赁资产中，各种 IT 设备、办公家具、饮水机都能够单独使承租人获益，且与其他租赁资产没有高度依赖或高度关联关系。通常情况下，符合低价值资产租赁的资产全新状态下的绝对价值应低于人民币 40000 元。

本例中，承租人将 IT 设备、办公家具、饮水机作为低价值资产租赁，选择按照简化方法进行会计处理。对于服务器中的组件，尽管单个组件的单独价格较低，但由于每个组件都与服务器中的其他部分高度相关，承租人若不租赁服务器就不会租赁这些组件，不构成单独的租赁部分，因此不能作为低价值资产租赁进行会计处理。

第三节　出租人会计处理

使用“会计云课堂”App 或“微信”扫码查看本节视频，快速 GET 知识点。

一、出租人的租赁分类

（一）融资租赁和经营租赁

出租人应当在租赁开始日将租赁分为融资租赁和经营租赁。

租赁开始日，是指租赁合同签署日与租赁各方就主要租赁条款作出承诺日中的较早者。租赁开始日可能早于租赁期开始日，也可能与租赁期开始日重合。

一项租赁属于融资租赁还是经营租赁取决于交易的实质，而不是合同的形式。如果一项租赁实质上转移了与租赁资产所有权有关的几乎全部风险和报酬，出租人应当将该项租赁分类为融资租赁。出租人应当将除融资租赁以外的其他租赁分类为经营租赁。

租赁开始日后，除非发生租赁变更，出租人无须对租赁的分类进行重新评估。租赁资产预计使用寿命、预计余值等会计估计变更或发生承租人违约等情况变化的，出租人不对租赁进行重分类。

（二）融资租赁的分类标准

图示记忆

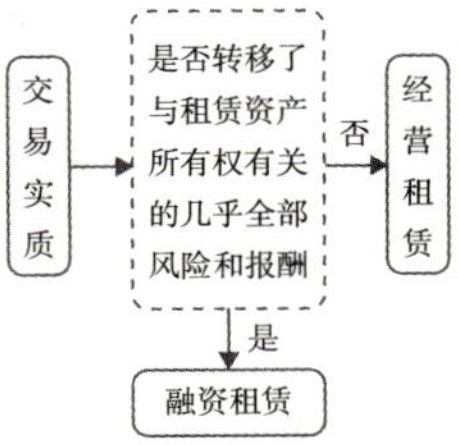

一项租赁存在下列一种或多种情形的，通常分类为融资租赁：

1. 在租赁期届满时，租赁资产的所有权转移给承租人。

2. 承租人有购买租赁资产的选择权，所订立的购买价款预计将远低于行使选择权时租赁资产的公允价值，因而在租赁开始日就可以合理确定承租人将行使该选择权。

3. 资产的所有权虽然不转移，但租赁期占租赁资产使用寿命的大部分。实务中，这里的“大部分”一般指租赁期占租赁开始日租赁资产使用寿命的75%以上（含75%）。

4. 在租赁开始日，租赁收款额的现值几乎相当于租赁资产的公允价值。实务中，这里的“几乎相当于”，通常掌握在90%以上。

5. 租赁资产性质特殊，如果不作较大改造，只有承租人才能使用。

二、出租人对融资租赁的会计处理

（一）初始计量

在租赁期开始日，出租人应当对融资租赁确认应收融资租赁款，并终止确认融资租赁资产。出租人对应收融资租赁款进行初始计量时，应当以租赁投资净额作为应收融资租赁款的入账价值。

租赁投资净额为未担保余值和租赁期开始日尚未收到的租赁收款额按照租赁内含利率折现的现值之和。租赁内含利率，是指使出租人的租赁收款额的现值与未担保余值的现值之和等于租赁资产公允价值与出租人的初始直接费用之和的利率。因此，出租人发生的初始直接费用包括在租赁投资净额中，也包括在应收融资租赁款的初始入账价值中。

租赁收款额图示如下：

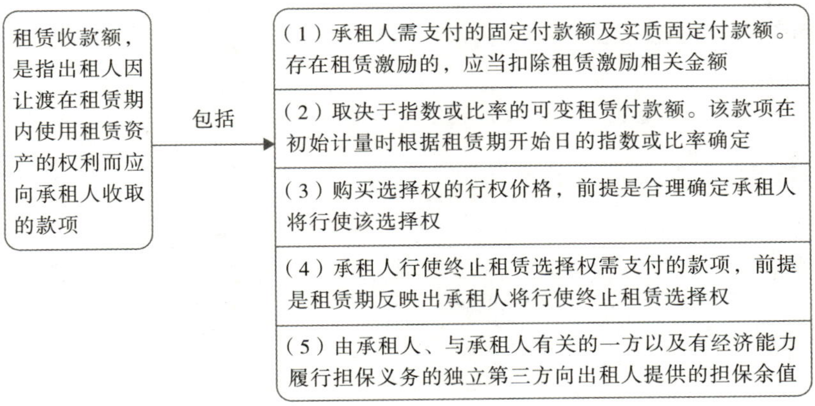

名师点拨

第（1）-（4）项与租赁付款额相同；第（5）项不同，租赁付款额的说法是：根据承租人提供的担保余值预计应支付的款项。

会计分录：

1. 租赁期开始日

借：应收融资租赁款—租赁收款额（按尚未收到的租赁收款额）

—未担保余值（按预计租赁期结束时的未担保余值）

银行存款（按已经收取的租赁款）

贷：融资租赁资产（按融资租赁方式租出资产的账面价值）

银行存款（按发生的初始直接费用）

资产处置损益（租出资产的公允价值与账面价值的差额，也可能在借方）

应收融资租赁款—未实现融资收益（差额）

相关链接：出租人在融资租赁中收到的租赁保证金会计处理原则，参见P444本章疑难问题解答3。

2. 租赁保证金（以收到租赁保证金为租赁合同生效条件）的会计处理

（1）出租人收到承租人交来的租赁保证金

借：银行存款

贷：其他应付款—租赁保证金

（2）承租人到期不交租金，以保证金抵租金时

借：其他应付款—租赁保证金

贷：应收融资租赁款

（3）承租人违约，按租赁合同或协议规定没收保证金时

借：其他应付款—租赁保证金

贷：营业外收入等

（二）融资租赁的后续计量

名师点拨：出租人取得的未纳入租赁投资净额计量的可变租赁付款额，如与资产的未来绩效或使用情况挂钩的可变租赁付款额，应当在实际发生时计入当期损益。

出租人应当按照固定的周期性利率计算并确认租赁期内各个期间的利息收入。

纳入出租人租赁投资净额的可变租赁付款额只包含取决于指数或比率的可变租赁付款额。在初始计量时，应当采用租赁期开始日的指数或比率进行初始计量。出租人应定期复核计算租赁投资总额时所使用的未担保余值。若预计未担保余值降低，出租人应修改租赁期内的收益分配，并立即确认预计的减少额。

会计分录：

1. 出租人应当按照固定的周期性利率计算并确认租赁期内各个期间的利息收入。

借：应收融资租赁款—未实现融资收益

贷：租赁收入—利息收入

其他业务收入等

2. 出租人收到租赁收款额时。

借：银行存款

贷：应收融资租赁款—租赁收款额

（三）融资租赁变更的会计处理

融资租赁发生变更且同时符合下列条件的，出租人应当将该变更作为一项单独租赁进行会计处理：

1. 该变更通过增加一项或多项租赁资产的使用权而扩大了租赁范围；

2. 增加的对价与租赁范围扩大部分的单独价格按该合同情况调整后的金额相当。

经典题解

【例题 14】 承租人就某套机器设备与出租人签订了一项为期 5 年的租赁合同，构成融资租赁。在第 2 年年初，承租人和出租人同意对原租赁进行修改，再增加 1 套机器设备用于租赁，租赁期也为 5 年。扩租的设备从第 2 年第二季度末时可供承租人使用。租赁总对价的增加额与新增的该套机器设备的当前出租市价扣减相关折扣相当。其中，折扣反映了出租人节约的成本，即若将同样设备租赁给新租户出租人会发生的成本，如营销成本等。

分析： 此情况下，该变更通过增加一项或多项租赁资产的使用权而扩大了租赁范围，增加的对价与租赁范围扩大部分的单独价格按该合同情况调整后的金额相当，应将该变更作为一项新的租赁。

如果融资租赁的变更未作为一项单独租赁进行会计处理，且满足假如变更在租赁开始日生效，该租赁会被分类为经营租赁条件的，出租人应当自租赁变更生效日开始将其作为一项新租赁进行会计处理，并以租赁变更生效日前的租赁投资净额作为租赁资产的账面价值。

如果融资租赁的变更未作为一项单独租赁进行会计处理，且满足假如变更在租赁开始日生效，该租赁会被分类为融资租赁条件的，出租人应当按照《企业会计准则第 22 号——金融工具确认和计量》（2017）第四十二条关于修改或重新议定合同的规定进行会计处理。即，修改或重新议定租赁合同，未导致应收融资租赁款终止确认，但导致未来现金流量发生变化的，应当重新计算该应收融资租赁款的账面余额，并将相关利得或损失计入当期损益。

重新计算应收融资租赁款账面余额时，应当根据重新议定或修改的租赁合同现金流量按照应收融资租赁款的原折现率或按照《企业会计准则第 24 号——套期会计》（2017）第二十三条规定重新计算的折现率（如适用）折现的现值确定。对于修改或重新议定租赁合同所产生的所有成本和费用，企业应当调整修改后的应收融资租赁款的账面价值，并在修改后的应收融资租赁款的剩余期限内进行摊销。

三、出租人对经营租赁的会计处理

项目	会计处理
租金的处理	在租赁期内各个期间，出租人应采用直线法或者其他系统合理的方法将经营租赁的租赁收款额确认为租金收入。如果其他系统合理的方法能够更好地反映因使用租赁资产所产生经济利益的消耗模式的，则出租人应采用该方法
出租人对经营租赁提供激励措施	出租人提供免租期的，出租人应将租金总额在不扣除免租期的整个租赁期内，按直线法或其他合理的方法进行分配，免租期内应当确认租金收入。出租人承担了承租人某些费用的，出租人应将该费用自租金收入总额中扣除，按扣除后的租金收入余额在租赁期内进行分配

项目	会计处理
初始直接费用	出租人发生的与经营租赁有关的初始直接费用应当资本化至租赁标的资产的成本，在租赁期内按照与租金收入相同的确认基础分期计入当期损益
折旧和减值	对于经营租赁资产中的固定资产，出租人应当采用类似资产的折旧政策计提折旧；对于其他经营租赁资产，应当根据该资产适用的企业会计准则，采用系统合理的方法进行摊销。出租人应当按照《企业会计准则第8号——资产减值》的规定，确定经营租赁资产是否发生减值，并对已识别的减值损失进行会计处理
可变租赁付款额	出租人取得的与经营租赁有关的可变租赁付款额，如果是与指数或比率挂钩的，应在租赁期开始日计入租赁收款额；除此之外的，应当在实际发生时计入当期损益
经营租赁的变更	经营租赁发生变更的，出租人应自变更生效日开始，将其作为一项新的租赁进行会计处理，与变更前租赁有关的预收或应收租赁收款额视为新租赁的收款额

名师点拨

出租人将发生的与经营租赁有关的初始直接费用根据租赁标的资产不同，分别计入"固定资产""投资性房地产"等会计科目，租赁期内按照与租赁收入相同的确认基础分期计入当期损益科目。

经典题解

【真题15·单选题】20×9年1月1日，甲公司与乙公司签订租赁合同，将其一栋物业租赁给乙公司作为商场使用。根据合同约定，物业的租金为每月50万元，于每季末支付，租赁期为5年，自合同签订日开始算起，租赁期首3个月为免租期，乙公司免予支付租金，如果乙公司每年的营业收入超过10亿元，乙公司应向甲公司支付经营分享收入100万元。乙公司20×9年度实现营业收入12亿元。甲公司认定上述租赁为经营租赁。不考虑增值税及其他因素，上述交易对甲公司20×9年度营业利润的影响金额是（　　）。（2019年）

A. 570万元　　B. 600万元

C. 700万元　　D. 670万元

【解析】甲公司收到与经营租赁有关但取决于指数或比率之外的可变租赁付款额，应在实际收到时计入当期损益，影响营业利润，免租金期间应确认租金收入。甲公司20×9年度营业利润的影响金额=［50×（12−3）+50×12×4］/5+100=670（万元）。

【答案】D

【真题16·多选题】甲公司以公允价值对投资性房地产进行后续计量。甲公司2×17年度与投资性房地产有关的交易或事项如下：（1）出租厂房2×17年末的公允价值为1650万元，该厂房上年末的账面价值为1700万元；（2）2×17年1月1日，将原拟自用的商品房改为出租，转换日的公允价值小于其账面价值80万元；（3）2×17年1月1日，将原自用乙办公楼改为出租，转换日的公允价值大于账面价值600万元；（4）收到出租丙办公楼2×17年4月至12月的租金540万元。按照租赁协议的约定，丙办公楼的租赁期自2×17年1月1日起至2×17年12月31日止，2×17年1月至3月免收租金。不考虑其他因素，下列各项关于甲公司与投资性房地产相关会计处理的表述中，正确的有（　　）。（2018年）

A. 2×17年末出租厂房按1700万元计量

B. 拟自用改为出租的商品房转换日的公允价值小于其账面价值的差额80万元

计入当期损益

C. 自用改为出租的乙办公楼转换日的公允价值大于账面价值600万元计入其他综合收益

D. 出租丙办公楼2×17年度每月确认租金收入45万元

【解析】甲公司以公允价值对投资性房地产进行后续计量，2×17年年末出租厂房应按公允价值1650万元计量，选项A错误；

免租金期间应确认租金收入，2×17年度每月确认租金收入=540÷12=45（万元），选项D正确。

【答案】BCD

第四节 特殊租赁业务的会计处理

使用“会计云课堂”App或“微信”扫码查看本节视频，快速GET知识点。

一、转租赁

转租情况下，原租赁合同和转租赁合同通常都是单独协商的，交易对象也是不同的企业，准则要求转租出租人对原租赁合同和转租赁合同分别根据承租人和出租人会计处理要求，进行会计处理。

承租人在对转租赁进行分类时，转租出租人应基于原租赁中产生的使用权资产，而不是租赁资产（如作为租赁对象的不动产或设备）进行分类。原租赁资产不归转租出租人所有，原租赁资产也未计入其资产负债表。因此，转租出租人应基于其控制的资产（即使用权资产）进行会计处理。

原租赁为短期租赁，且转租出租人作为承租人已按照准则采用简化会计处理方法的，应将转租赁分类为经营租赁。

名师点拨

会计处理原则：

（1）转租出租人应对原租赁合同和转租赁合同分别核算；

（2）转租出租人应基于原租赁中产生的使用权资产，而非租赁资产进行分类；

（3）原租赁为短期租赁，且对其采用简化处理的，应将该转租赁分类为经营租赁。

1. 转租赁分类为融资租赁的

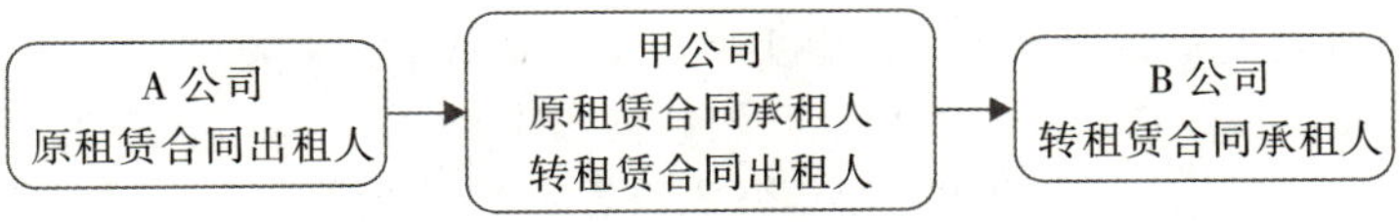

甲公司的会计处理：

（1）终止确认与原租赁相关且转给B公司（转租承租人）的使用权资产，并确认转租赁投资净额；

（2）将使用权资产与转租赁投资净额之间的差额确认为损益；

（3）在资产负债表中保留原租赁的租赁负债，该负债代表应付原租赁出租人的租赁付款额。

在转租期间，中间出租人既要确认转租赁的融资收益，也要确认原租赁的利息费用。

转租赁前：	转租赁时：	转租赁后：
借：使用权资产 　租赁负债—未确认融资费用 　贷：租赁负债—租赁付款额 借：财务费用等 　贷：租赁负债—未确认融资费用 借：租赁负债—租赁付款额 　贷：银行存款 借：管理费用等 　贷：使用权资产累计折旧	借：银行存款 　应收融资租赁款—租赁收款额 　使用权资产累计折旧 　贷：使用权资产 　　应收融资租赁款—未实现融资收益 　　资产处置损益（差额，或借方） 　　银行存款（初始直接费用）	（1）确认转租赁融资收益 借：应收融资租赁款—未实现融资收益 　贷：其他业务收入等 借：银行存款 　贷：应收融资租赁款—租赁收款额 （2）原租赁负债的后续计量 借：财务费用等 　贷：租赁负债—未确认融资费用 借：租赁负债—租赁付款额 　贷：银行存款

2. 转租赁分类为经营租赁的

签订转租赁时，转租出租人在其资产负债表中继续保留与原租赁相关的租赁负债和使用权资产。在转租赁期间：

（1）确认使用权资产的折旧费用和租赁负债的利息；

（2）确认转租赁的租赁收入。

二、生产商或经销商出租人的融资租赁会计处理

生产商或经销商通常为客户提供购买或租赁其产品或商品的选择。如果生产商或经销商出租其产品或商品构成融资租赁，则该交易产生的损益应相当于按照考虑适用的交易量或商业折扣后的正常售价直接销售标的资产所产生的损益。

构成融资租赁的，生产商或经销商出租人在租赁期开始日应当按照租赁资产公允价值与租赁收款额按市场利率折现的现值两者孰低确认收入，并按照租赁资产账面价值扣除未担保余值的现值后的余额结转销售成本，收入和销售成本的差额作为销售损益。

> **要点小贴士**
>
> 取得融资租赁发生的成本，不属于初始直接费用，不计入租赁投资净额。主要与生产商或经销商赚取的销售利得相关，应计入当期损益（销售费用）。

由于取得融资租赁所发生的成本主要与生产商或经销商赚取的销售利得相关，生产商或经销商出租人应当在租赁期开始日将其计入损益。即，与其他融资租赁出租人不同，生产商或经销商出租人取得融资租赁所发生的成本不属于初始直接费用，不计入租赁投资净额。

借：应收融资租赁款—租赁收款额

　贷：主营业务收入（租赁资产公允价值与租赁收款额按市场利率折现的现值两者孰低确认收入）

　　应收融资租赁款—未实现融资收益

借：主营业务成本（租赁资产账面价值扣除未担保余值的现值后的余额结转销售成本）

　应收融资租赁款

　贷：库存商品

借：销售费用（融资租赁所发生的成本）
　贷：银行存款

三、售后租回交易的会计处理

若企业（卖方兼承租人）将资产转让给其他企业（买方兼出租人），并从买方兼出租人租回该项资产，则卖方兼承租人和买方兼出租人均应按照售后租回交易的规定进行会计处理。企业应当按照《企业会计准则第 14 号——收入》的规定，评估确定售后租回交易中的资产转让是否属于销售，并区别进行会计处理。

在标的资产的法定所有权转移给出租人并将资产租赁给承租人之前，承租人可能会先获得标的资产的法定所有权。但是，是否拥有标的资产的法定所有权本身并非会计处理的决定性因素。如果承租人在资产转移给出租人之前已经取得对标的资产的控制，则该交易属于售后租回交易。然而，如果承租人未能在资产转移给出租人之前取得对标的资产的控制，那么即便承租人在资产转移给出租人之前先获得标的资产的法定所有权，该交易也不属于售后租回交易。

售后租回交易会计处理如下表所示：

	售后租回交易中的资产转让是否属于销售	卖方兼承租人	买方兼出租人
售后租回交易	是	应当按原资产账面价值中与租回获得的使用权有关的部分，计量售后租回所形成的使用权资产，并仅就转让至买方兼出租人的权利确认相关利得或损失	根据其他适用的企业会计准则对资产购买进行会计处理，并根据新租赁准则对资产出租进行会计处理
	否	不终止确认所转让的资产，而应当将收到的现金作为金融负债，并按照《企业会计准则第 22 号——金融工具确认和计量》进行会计处理	不确认被转让资产，而应当将支付的现金作为金融资产，并按照《企业会计准则第 22 号——金融工具确认和计量》进行会计处理

要点小贴士

对售后租回交易中的资产转让属于销售的交易，如果销售对价的公允价值与资产的公允价值不同，或者出租人未按市场价格收取租金，企业应当进行以下调整：

（1）销售对价低于市场价格的款项作为预付租金进行会计处理；

（2）销售对价高于市场价格的款项作为买方兼出租人向卖方兼承租人提供的额外融资进行会计处理；

（3）承租人按照公允价值调整相关销售利得或损失，出租人按市场价格调整租金收入。

考试加油站

一、本章小结

下载“会计云课堂”App 学习

您已成功完成“第十四章”的学习，本章共 12 个考点，您都学会了吗？

为了让您对章节有更清晰的理解，加倍巩固。本书作者张志凤老师将通过**“视频导图课”**的方式，带您回顾重要考点。

名师点拨，视听结合，高效提分。

※ 欢迎您扫码，免费观看学习。

二、本章疑难问题解答

1. 某租赁合同约定，初始租赁期为 1 年，如有一方撤销租赁将支付重大罚金，1 年期满后，如经双方同意租赁期可再延长 2 年，如有一方不同意将不再续期，没有罚金且预计对交易双方带来的经济损失不重大。根据上述合同，企业应如何确定租赁期？

答： 租赁期开始日的第 1 年有强制的权利和义务，是不可撤销期间。对于此后 2 年的延长期，因为承租人和出租人均可单方面选择不续约而无需支付任何罚金且预计对交易双方带来的经济损失不重大，该租赁不再可强制执行，即后续 2 年延长期并非不可撤销期间。因此，该租赁合同在初始确认时应将租赁期确定为 1 年。

2. 对承租人为拆卸及移除租赁资产、复原租赁资产所在场地或将租赁资产恢复至租赁条款约定状态预计将发生的成本，是否按现值入账？

答： 因这部分成本发生在租赁期满时，所以应按其现值确认使用权资产成本，即按预计将发生的为拆卸及移除租赁资产、复原租赁资产所在场地或将租赁资产恢复至租赁条款约定状态等成本的现值，借记“使用权资产”科目，贷记“预计负债”科目。

3. 根据《企业会计准则第 21 号——租赁》，出租人在融资租赁中收到的租赁保证金，应当如何进行会计处理？

答： 融资租赁双方在签订某些租赁合同时，会就租赁保证金进行约定，即在租赁期开始日，承租人需向出租人支付租赁保证金，当承租人未能及时支付租金或出现其他违约情况时，出租人将抵扣租赁保证金；如果未发生违约，保证金用于抵扣末期租金，或期满之日予以退还。根据租赁合同条款，上述租赁保证金属于合同履约保证金，出租人不应冲减应收融资租赁款，而应当单独作为负债核算。

4. 对租赁负债重新计量时，折现率如何选择？

答： 如下表所示：

<table>
<tr><th colspan="2">情形</th><th>折现率的选择</th></tr>
<tr><td colspan="2">实质固定付款额发生变动</td><td rowspan="3">折现率不变，即采用租赁期开始日确定的折现率</td></tr>
<tr><td colspan="2">担保余值预计的应付金额发生变动</td></tr>
<tr><td rowspan="2">用于确定租赁付款额的指数或比率发生变动</td><td>在租赁期开始日后，因用于确定租赁付款额的指数或比率（浮动利率除外）的变动而导致未来租赁付款额发生变动</td></tr>
<tr><td>在租赁期开始日后，因浮动利率的变动而导致未来租赁付款额发生变动</td><td rowspan="2">修订后的折现率</td></tr>
<tr><td colspan="2">可控范围内的重大事件或情形导致购买选择权、续租选择权或终止租赁选择权的评估结果或实际行使情况发生变化</td></tr>
<tr><td colspan="2">租赁变更不作为一项单独租赁处理</td><td>变更后的折现率</td></tr>
</table>

历年经典主观题回顾

一、计算分析题

甲公司相关年度发生的交易或事项如下：

（1）2×18年12月1日，甲公司与乙公司签订租赁合同，甲公司租入乙公司某公寓的一整层，租赁期自2×19年1月1日至2×23年12月31日，租金50万元/年，每年年初支付。2×19年1月1日，甲公司向乙公司支付第一年的租金50万元。甲公司向房地产中介支付佣金2万元。甲公司增量借款利率为5%。

2×19年1月1日，甲公司将从乙公司租入的公寓免费提供给10名管理人员居住。

（2）2×20年1月1日，由于公寓出现漏水等严重质量问题，甲公司未向乙公司支付第二年租金，并与乙公司协商后解除了租赁合同，双方不再互相补偿。

2×20年1月1日，甲公司以1000万元向丙公司购买房屋，当日办理了款项支付、房产移交等手续；同日，甲公司以800万元的价格将房屋出售给10名管理人员，并约定该10名管理人员购买房屋后必须在甲公司服务5年。

（3）2×20年5月12日，甲公司以成本700元/件、已计提存货跌价准备70元/件的自产产品作为福利发放给200名员工，每人1件，200名员工包括管理人员50人、销售人员 30 人、生产人员 120 人。该产品同期市场价格为 640 元 / 件。

其他资料：（1）（P/A，5%，5）=4.3295，（P/A，5%，4）=3.5460。（2）本题不考虑相关税费及其他因素。

要求：

（1）根据资料（1），说明甲公司对租入公寓和将公寓提供给管理人员居住应当如何进行会计处理；计算使用权资产和租赁负债的初始入账金额，编制甲公司 2×19 年度相关的会计分录。

（2）根据资料（2），计算甲公司终止租赁协议对 2×20 年度损益的影响金额，以及甲公司将新购房屋出售给管理人员对 2×20 年度损益的影响金额；编制甲公司 2×20 年度与终止租赁协议相关的会计分录。

（3）根据资料（3），编制甲公司发放非货币性福利相关的会计分录。（计算结果保留两位小数）（2021 年）

二、综合题

甲公司是一家大型零售企业，其 20×9 年度发生的相关交易或事项如下：

（1）20×9 年 1 月 1 日，甲公司与乙公司签订商业用房租赁合同，向乙公司租入 A 大楼一至四层商业用房用于零售经营。根据租赁合同的约定，商业用房的租赁期为 10 年，自合同签订之日算起，乙公司有权在租赁期开始日 5 年以后终止租赁，但需向甲公司支付相当于 6 个月租金的违约金；每年租金为 2500 万元，于每年年初支付；如果甲公司每年商品销售收入达到或超过 100000 万元，甲公司还需支付经营分享收入 100 万元；租赁期到期后，甲公司有权按照每年 2500 万元续租 5 年；租赁结束移交商业用房时，甲公司需将商业用房恢复至最初乙公司交付时的状态。同日，甲公司向乙公司支付第一年租金 2500 万元。为获得该项租赁，甲公司向房地产中介支付佣金 40 万元。

甲公司在租赁期开始时经评估后认为，其可以合理确定将行使续租选择权；预计租赁期结束商业用房恢复最初状态将发生成本 60 万元。甲公司对租入的使用权资产采用年限平均法自租赁期开始日计提折旧，预计净残值为零。

（2）20×9 年 4 月 1 日，经过三个月的场地整理和商品准备，甲公司在租入的 A 大楼一至四层开设的 B 商场正式对外营业。甲公司采用三种方式进行经营，第一种是自行销售方式，即甲公司从供应商处采购商品并销售给顾客，第二种是委托代销方式，即甲公司接受供应商的委托销售商品，并按照销售收入的一定比例收取费用；第三种是租赁柜台方式，即甲公司将销售商品的专柜租赁给商户经营，并每月收取固定的费用。

根据委托销售合同的约定，甲公司接受委托代销供应商的商品，供应商应当确保所提供的商品符合国家标准；代销商品的价格由供应商确定，在甲公司商场中的售价不得高于所在城市其他商场中相同商品的价格；供应商应指派促销员在甲公司商场内负责代销商品的销售服务工作，妥善保管其在甲公司商场内的代销商品，并承担因保管不善及不可抗力而造成的一切风险和损失；供应商负责做好代销商品的售后服务工作，并承担因代销商品所引起的所有法律责任；代销商品的货款由甲公司收银台负责收取，发票由甲公司负责对外开具，每月末甲公司与供应商核对无误后，将扣除应收代销费用后的金额支付给供应商；供应商应按甲公司代销商品收入的 10% 向甲公司支付代销费用。

在租赁柜台方式下，甲公司与商户签订 3 年的租赁协议，将指定区域的专柜租赁给商户，商户每月初按照协议约定的固定金额支付租金；商户在专柜内负责销售甲公司指定类别的商品，但具体销售什么商品由商户自己决定；商户销售商品的货款由甲公司收银台负责收取，发票由甲公司负责对外开具，每月末甲公司与商户核对无误后，将款项金额支付给商户。甲公司 20×9 年度应向商户收取的租金 800 万元已全部收到。

20×9 年度，甲公司 B 商场通过自行销售方式销售商品 85000 万元，相应的商品成本 73000 万元；通过委托销售方式销售商品 26000 万元，相应的商品成本 21000 万元；通过出租柜台方式销售商品 16000 万元，相应的商品成本 13000 万元。

（3）甲公司的 B 商场自营业开始推行一项奖励积分计划。根据该计划，客户在 B 商场每消费 100 元（不包括通过委托销售方式和出租柜台销售的商品）可获得 1 积分，每个积分从次月开始在购物时可以抵减 1 元。截至 20×9 年 12 月 31 日，甲公司共向客户授予奖励积分 850 万个；客户共兑换了 450 万个积分。根据甲公司其他地区商场的历史经验，甲公司估计该积分的兑换率为 90%。

其他有关资料：第一，甲公司无法确定租赁内含利率，其增量借款利率为 6%。第二，年金现值系数：（P/A，6%，15）=9.7122，（P/A，6%，14）=9.2950，（P/A，6%，10）=7.3601，（P/A，6%，9）=6.8017；复利现值系数：（P/F，6%，15）=0.4173，（P/F，6%，14）=0.4423，（P/F，6%，10）=0.5584，（P/F，6%，9）=0.5919。第三，本题不考虑税费及其他因素。

要求：

（1）根据资料（1），判断甲公司租入 A 大楼一至四层商业用房的租赁期，并说明理由。

（2）根据资料（1），计算甲公司的租赁付款额及租赁负债的初始入账金额。

（3）根据资料（1），计算甲公司使用权资产的成本，并编制相关会计分录。

（4）根据资料（1），计算甲公司 20×9 年度使用权资产的折旧额。

（5）根据资料（1），计算甲公司 20×9 年度租赁负债的利息费用，并编制相关会计分录。

（6）根据资料（2），判断甲公司在委托销售方式下是主要责任人还是代理人，并说明理由。

（7）根据资料（2），判断甲公司转租柜台是否构成一项租赁，并说明理由。

（8）根据资料（2），判断甲公司转租柜台是经营租赁还是融资租赁，并说明理由。

（9）根据资料（2），编制甲公司 20×9 年度委托销售和租赁柜台方式下确认收入的会计分录。

（10）根据资料（2）和（3），计算甲公司 20×9 年度自行销售方式下商品和奖励积分应分摊的交易价格，并编制确认收入和结转已销商品成本的会计分录。（计算结果保留两位小数）（2020 年）

历年经典主观题参考答案及解析

使用“会计云课堂”App或“微信”扫码对答案、看解析、掌握解题思路，开启轻松过关之旅。

一、计算分析题

【答案】

（1）①甲公司应将租入的公寓按租赁准则处理，确认为使用权资产和租赁负债；甲公司将租入的公寓提供给公司人员居住应按受益对象，将每期使用权资产计提折旧的金额计入当期损益或相关资产成本，同时确认应付职工薪酬。

②使用权资产的初始入账价值=50+50×（P/A，5%，4）+2=229.3（万元）。

租赁负债的初始入账价值=50×（P/A，5%，4）=177.3（万元）。

2×19年1月1日

借：使用权资产　229.3

　　租赁负债—未确认融资费用　22.7

　贷：租赁负债—租赁付款额　200

　　　银行存款　52

2×19年12月31日

借：财务费用　8.87

　贷：租赁负债—未确认融资费用　8.87（177.3×5%）

借：管理费用　45.86（229.3/5）

　贷：应付职工薪酬　45.86

借：应付职工薪酬　45.86

　贷：使用权资产累计折旧　45.86

（2）甲公司终止租赁协议对2×20年度损益的影响金额=200−22.7+8.87−（229.3−45.86）=2.73（万元）。

相关会计分录：

借：租赁负债—租赁付款额　200

　　使用权资产累计折旧　45.86

　贷：租赁负债—未确认融资费用　13.83

　　　使用权资产　229.3

　　　资产处置损益　2.73

甲公司将新购房屋出售给管理人员对 2×20 年度损益的影响金额 =（1000-800）/5=40（万元）。

（3）

借：管理费用　　3.2（640×50/10000）

　　销售费用　　1.92（640×30/10000）

　　生产成本　　7.68（640×120/10000）

　贷：应付职工薪酬　　12.8

借：应付职工薪酬　　12.8

　贷：主营业务收入　　12.8（640×200/10000）

借：主营业务成本　　12.6

　　存货跌价准备　　1.4（200×70/10000）

　贷：库存商品　　14（200×700/10000）

二、综合题

【答案】

（1）租赁期为 15 年。

理由：在租赁期开始日，甲公司（承租人）评估后认为可以合理确定将行使续租选择权，因此，租赁期确定为 15 年。

（2）剩余 14 期租赁付款额的初始入账金额 =14×2500=35000（万元）;

租赁负债的初始入账金额 =2500×（P/A，6%，14）=2500×9.2950=23237.5（万元）。

（3）使用权资产的成本 =23237.5+2500+40+60×（P/F，6%，15）=25802.54（万元）。

相关会计分录：

借：使用权资产　　25802.54

　　租赁负债—未确认融资费用　　11762.5（35000-23237.5）

　贷：租赁负债—租赁付款额　　35000（2500×14）

　　　银行存款　　2540（2500+40）

　　　预计负债　　25.04（60×0.4173）

（4）甲公司 20×9 年度使用权资产的折旧额 =25802.54÷15=1720.17（万元）。

（5）甲公司 20×9 年度租赁负债的利息费用 =23237.5×6%=1394.25（万元）。

相关会计分录：

借：财务费用　　1394.25

　贷：租赁负债—未确认融资费用　　1394.25

虽然题目没有要求，但还需确认恢复成本的利息费用，恢复成本的利息费用 =25.04×6% = 1.50（万元）。

借：财务费用　　1.50

　贷：预计负债　　1.50

（6）甲公司属于代理人。

理由：由于供应商应当确保所提供的商品符合国家标准，代销商品的价格由供应商确定，甲公司只是按照代销商品收入的10%收取代销手续费，并且代销商品在甲公司商场中的风险和损失与代销商品的售后服务工作由供应商承担，因此，甲公司在向客户转让商品前不能够控制该商品，所以，甲公司属于代理人。

（7）构成一项租赁。

理由：一项合同被分类为租赁，必须要满足三要素：①存在一定期间（甲公司与商户签订3年的租赁协议）；②存在已识别资产（甲公司将指定区域的专柜租赁给商户）；③资产供应方向客户转移对已识别资产使用权的控制（该专柜使用期间几乎全部经济利益由商户获得）。转租情况下，原租赁合同和转租赁合同都是单独协商的，交易对手也是不同的企业，因此，该转租构成一项租赁。

（8）属于经营租赁。

理由：转租赁期限为3年，原租赁剩余期限为14年9个月，转租赁期限占原租赁剩余期限的20.34%，小于75%，因此属于经营租赁。

（9）20×9年度委托销售确认收入的会计分录：

借：应付账款　26000
　贷：银行存款　23400
　　　其他业务收入　2600

20×9年度租赁柜台方式下确认收入的会计分录：

借：银行存款　800
　贷：其他业务收入　800

（10）奖励积分应分摊的交易价格=85000×850×90%/（85000+850×90%）=758.18（万元）。

商品应分摊的交易价格=85000−758.18=84241.82（万元）。

积分兑换确认收入金额=758.18×450/（850×90%）=445.99（万元）。

相关会计分录：

借：银行存款　85000
　贷：主营业务收入　84241.82
　　　合同负债　758.18

借：合同负债　445.99
　贷：主营业务收入　445.99

借：主营业务成本　73000
　贷：库存商品　73000

同步强化练习题

使用"会计云课堂"App或"微信"扫码快速做题、对答案、看解析、掌握解题思路，开启轻松过关之旅。

一、单项选择题

1. 关于已识别资产和资产的实质性替换权，下列表述中错误的是（ ）。
   A. 如果资产的供应方在整个使用期间拥有对该资产的实质性替换权，则该资产不属于已识别资产
   B. 已识别资产必须由合同明确指定
   C. 企业难以确定供应方是否拥有对该资产的实质性替换权的，应当视为供应方没有对该资产的实质性替换权
   D. 如果供应方仅在特定日期或者特定事件发生当日或之后拥有替换资产的权利或义务，则供应方的替换权不具有实质性

2. 甲公司与一家信息技术公司（供应商）签订了使用一台指定服务器的三年期合同。供应商根据甲公司的指示在甲公司处交付和安装服务器，并在整个使用期内根据需要提供服务器维修服务。供应商仅在服务器发生故障时替换服务器。甲公司决定在服务器中存储哪些数据以及如何整合服务器及其运营。在整个使用期内，甲公司可以改变这些决定。下列各项表述错误的是（ ）。
   A. 该合同存在已识别资产
   B. 甲公司在整个三年使用期内拥有控制服务器使用的权利
   C. 该合同不包含租赁
   D. 该合同包含租赁

3. 甲公司从乙公司租赁一台推土机、一辆卡车和一台长臂挖掘机用于采矿业务，租赁期为4年。乙公司同意在整个租赁期内维护各项设备。合同固定对价为600万元，按年分期支付，每年支付150万元。合同对价包含了各项设备的维护费用。假定甲公司租入的推土机、卡车和长臂挖掘机分别属于单独租赁，合同中存在三个租赁部分和对应的三个非租赁部分（维护服务）。甲公司能够确定4年期推土机和卡车维护服务的可观察单独价格分别为32万元和16万元，甲公司估计4年期长臂挖掘机维护服务的单独价格为56万元。甲公司观察到乙公司在市场上单独出租租赁期为4年的推土机、卡车和长臂挖掘机的价格分别为180万元、116万元和240万元。假定甲公司未采用简化处理，而是将非租赁部分（维护服务）与租入的各项设备分别进行会计处理。不考虑其他因素，甲公司推土机的租赁付款额为（ ）万元。
   A. 180　　B. 225
   C. 168.75　　D. 201.49

4. 甲公司于2×21年1月1日租入一栋办公楼，租赁期为3年，甲公司按年销售额的5%支付租金，租金于次年1月1日支付。合同规定，租金每年最低为200万元，最高为400万元。甲公司估计2×21年销售额的最佳估计数为3000万元。假

定甲公司增量借款年利率为6%，已知（P/A，6%，3）=2.1667。不考虑其他因素，甲公司租赁期开始日应确认的租赁负债为（ ）万元。

A. 200　　B. 866.68

C. 433.34　　D. 600

5. 承租人甲公司签订了一份为期3年的卡车租赁合同。合同中关于租赁付款额的条款为：如果该卡车在某月份的行驶里程不超过1万公里，则该月应付的租金为1.5万元；如果该卡车在某月份的行驶里程超过1万公里但不超过2万公里，则该月应付的租金为2.5万元；如果该卡车在某月份的行驶里程超过2万公里但不超过2.5万公里，则该月应付的租金为3万元；该卡车1个月内的行驶里程最高不能超过2.5万公里，否则承租人需支付巨额罚款。该项租赁甲公司某月份的实质固定付款额为（ ）万元。

A. 2　　B. 1.5

C. 2.5　　D. 3

6. 承租人甲公司签订了一项为期10年的不动产租赁合同，每年的租赁付款额为80万元，于每年年初支付。合同规定，租赁付款额在租赁期开始日后每两年基于过去24个月消费者价格指数的上涨进行上调。租赁期开始日的消费者价格指数为100，两年后的消费者价格指数为120，预计未来每两年的消费者价格指数分别为130和140。甲公司租赁期开始日应确认的年租赁付款额为（ ）万元。

A. 80　　B. 96

C. 112　　D. 104

7. 承租人甲公司于2×21年1月1日与出租人乙公司签订了汽车租赁合同，每年年末支付租金10万元，租赁期为4年，甲公司确定租赁内含利率为5%。合同中就担保余值的规定为：如果标的汽车在租赁期结束时的公允价值低于8万元，则甲公司需向乙公司支付8万元与汽车公允价值之间的差额，在租赁期开始日，甲公司预计标的汽车在租赁期结束时的公允价值为6万元。已知（P/A，5%，4）=3.5460，（P/F，5%，4）=0.8227。2×21年1月1日，甲公司应确认的租赁负债为（ ）万元。

A. 42.04　　B. 40.40

C. 35.46　　D. 37.11

8. 某项使用权资产租赁，甲公司租赁期开始日之前支付的租赁付款额为40万元，租赁期开始日尚未支付的租赁付款额的现值为200万元，甲公司发生的初始直接费用为5万元，甲公司为将租赁资产恢复至租赁条款约定状态预计将发生成本的现值为3万元，已享受的租赁激励为1万元。甲公司该项使用权资产的初始成本为（ ）万元。

A. 240　　B. 245

C. 247　　D. 250

9. 承租人甲公司就某栋建筑物的某一层楼与出租人乙公司签订了为期10年的租赁协议，并拥有5年的续租选择权。有关资料如下：（1）初始租赁期内的不含税租金为每年10万元，续租期间为每年11万元，所有款项应于每年年初支付；（2）为获得该项租赁，甲公司发生的初始直接费用为4万元，其中，3万元为向该楼层前任租户支付的款项，1万元为向促成此租赁交易的房地产中介支付的佣金；（3）作为对签署此项租赁的承租人的激励，出租人同意承租人报销1万元的佣金；（4）在租赁期开始日，甲公司评估后认为，不能合理确定将行使续租选择权，因此，将租赁期确定为10年；（5）甲公司无法确定租赁内含利率，其增量借款利率为每年5%，该利率反映的是甲公司以类似抵押条件借入期限为10年、与使用权资产等值的相同币种的借款而必须支付的利率。已知（P/A，5%，9）=

7.1078。不考虑其他因素，甲公司使用权资产的初始成本为（　　）万元。

A. 84.078　　B. 85.078

C. 82.578　　D. 74.078

10. 承租人甲公司与出租人乙公司于2×21年1月1日签订了为期7年的商铺租赁合同。每年的租赁付款额为180万元，在每年年末支付。甲公司确定租赁内含利率为5.04%。在租赁期开始日，甲公司按租赁付款额的现值所确认的租赁负债为1040万元。不考虑其他因素，2×21年12月31日租赁负债的账面价值为（　　）万元。

A. 987.6　　B. 912.42

C. 860　　D. 1080

11. 甲公司就1000平方米的办公场所签订了一项为期10年的租赁合同。在第6年年初，甲公司和出租人同意对原租赁剩余的五年租赁合同进行修改，以扩租同一建筑物内800平方米的办公场所。扩租的场所于第6年第二季度末时可供甲公司使用。租赁总对价的增加额与新增800平方米办公场所的当前市价根据甲公司所获折扣进行调整后的金额相当，该折扣反映了出租人节约的成本，即将相同场所租赁给新租户则出租人会发生额外成本（如营销成本）。下列会计处理表述中，正确的是（　　）。

A. 甲公司对原来的1000平方米办公场所租赁的会计处理应进行调整

B. 甲公司将该修改作为一项单独的租赁

C. 应将原1000平方米和新增800平方米的租赁合并为一项租赁

D. 租赁总对价增加额应进行追溯调整

12. 2×21年1月1日，甲公司与乙公司签订租赁合同，将其一栋物业租赁给乙公司作为商场使用。根据合同约定，物业的租金为每月200万元，于每季末支付，租赁期为5年，自合同签订日开始算起，租赁期首3个月为免租期，乙公司免予支付租金，如果乙公司每年的营业收入超过10亿元，乙公司应向甲公司支付经营分享收入400万元。乙公司2×21年度实现营业收入11亿元。甲公司认定上述租赁为经营租赁，甲公司发生的初始直接费用为20万元。不考虑增值税及其他因素，上述交易对甲公司2×21年度营业利润的影响金额为（　　）万元。

A. 2276　　B. 2640

C. 2676　　D. 2660

13. 转租赁中转租出租人将转租赁分类为融资租赁的，下列表述中错误的是（　　）。

A. 终止确认与原租赁相关的使用权资产，并确认转租赁投资净额

B. 将使用权资产与转租赁投资净额之间的差额确认为损益

C. 在资产负债表中保留原租赁的租赁负债，该负债代表应付原租赁出租人的租赁付款额

D. 在转租期间，要确认转租赁的融资收益，但不需确认利息费用

二、多项选择题

1. 一项合同要被分类为租赁，必须要满足的要素包括（　　）。

A. 存在一定期间

B. 存在已识别资产

C. 资产供应方向客户转移对已识别资产使用权的控制

D. 资产供应方向客户转移对已识别资产的所有权

2. 甲公司与一家公用设施公司（供应商）签订了一份为期10年的合同，取得连接香港和深圳的光缆中指定的物理上可区分的三条直驳光纤的使用权。甲公司通过将这些光纤的两端连接至其电子设备的方式来决定光纤的使用（即甲公司“点

亮”光纤并决定这些光纤将传输的数据内容和数据量）。若光纤损坏，供应商应负责修理和维护。供应商拥有额外的光纤，但仅可因修理、维护或故障原因替换甲公司的光纤（并有义务在这些情况下替换光纤）。下列各项表述中正确的有（　　）。

A. 该合同包含直驳光纤的租赁

B. 该供应商在使用期内不能控制光纤的使用

C. 甲公司没有已识别资产的使用权

D. 该合同不包含直驳光纤的租赁

3. 关于租赁期，下列各项表述中正确的有（　　）。

A. 某项房屋出租，出租人于2×22年1月1日将房屋钥匙交付承租人，承租人在收到钥匙后，就可以自主安排房屋装修，并安排搬迁。合同约定有3个月的免租期，起租日为2×22年4月1日，承租人自起租日开始支付租金。租赁期开始日为2×22年1月1日

B. 承租人签订了一份设备租赁合同，包括5年不可撤销期限和2年期固定价格续租选择权，续租选择权期间的合同条款和条件与市价接近，没有终止罚款或其他因素表明承租人合理确定将行使续租选择权。此项租赁在租赁期开始日，确定租赁期为5年

C. 承租人签订了一份建筑租赁合同，包括6年不可撤销期限和3年按照市价行使的续租选择权。在搬入该建筑之前，承租人花费了大量资金对租赁建筑进行了改良，预计在6年结束时租赁资产改良仍将具有重大价值，且该价值仅可通过继续使用租赁资产实现，因此在租赁期开始时，确定租赁期为6年

D. 承租人与出租人签订了一份租赁合同，约定自租赁期开始日3年内不可撤销，如果撤销，双方将支付重大罚金，3年期满后，经双方同意可再延长1年，如有一方不同意，将不再续期，且没有罚款。假设承租人对于租赁资产并不具有重大依赖。此项租赁不可撤销期间为4年

4. 关于租赁和租赁期，下列表述中正确的有（　　）。

A. 租赁期，是指承租人有权使用租赁资产且不可撤销的期间

B. 租赁期自租赁期开始日起计算，包括出租人为承租人提供的免租期

C. 一项合同被分类为租赁要满足存在一定期间的要素。在合同中，“一定期间”指定的是具体的时间长短

D. 承租人有续租选择权，即有权选择续租该资产，且合理确定将行使该选择权的，租赁期还应当包含续租选择权涵盖的期间

5. 关于租赁相关概念，下列表述中正确的有（　　）。

A. 初始直接费用，是指为达成租赁所发生的增量成本

B. 租赁负债应当按照租赁期开始日尚未支付的租赁付款额的现值进行初始计量

C. 担保余值，是指资产余值中承租人或与承租人有关的一方担保的部分

D. 未担保余值，是指租赁资产余值中，出租人无法保证能够实现的部分，不含与出租人有关的一方予以担保的部分

6. 下列各项中，构成租赁付款额的有（　　）。

A. 固定付款额及实质固定付款额，存在租赁激励的，扣除租赁激励相关金额

B. 各种可变租赁付款额

C. 行使终止租赁选择权需支付的款项，前提是租赁期反映出承租人将行使终止租赁选择权

D. 承租人担保余值下的最大敞口

7. 下列各项中，属于取决于指数或比率的可变租赁付款额的有（ ）。

A. 消费者价格指数变动可能导致租赁付款额的调整

B. 某项租赁合同约定，承租人租赁设备用于生产 A 产品，租赁期为 5 年，每年的租赁付款额按照设备当年运营收入的 70% 计算，于每年末支付给出租人

C. 车辆租赁可能引起要求承租人在超过特定里程数时支付额外的租赁付款额

D. 基准利率变动可能导致租赁付款额的调整

8. 在计算租赁付款额的现值时，可采用的折现率有（ ）。

A. 租赁内含利率

B. 租赁合同利率

C. 承租人增量借款利率

D. 同期银行贷款利率

9. 关于租赁，下列会计处理表述中正确的有（ ）。

A. 已识别资产通常由合同明确指定，也可以在资产可供客户使用时隐性指定

B. 租赁负债应当按照租赁期开始日租赁付款额的现值进行初始计量

C. 租赁变更导致租赁期缩短至 1 年以内的，承租人应当调减使用权资产的账面价值，部分终止租赁的相关利得或损失计入“资产处置损益”科目，企业不得改按短期租赁进行简化处理或追溯调整

D. 可变租赁付款额应全部纳入租赁负债的初始计量中

10. 甲公司就某栋建筑物的某一层楼签订了为期 5 年的租赁合同，具有 3 年的续租选择权。初始租赁期内租赁付款额为每年 200 万元，续租选择权期间为每年 220 万元，所有款项应在每年年初支付。为获得该项租赁，甲公司发生的初始直接费用为 20 万元，其中，10 万元为向该楼层前任租户支付的款项，10 万元为向安排此租赁的房地产中介支付的佣金。作为对签署此项租赁的承租人的激励，出租人同意承租人甲公司报销 10 万元的佣金费用。甲公司在租赁期开始时经评估后认为不能合理确定将行使续租选择权；预计租赁期结束时租赁资产恢复最初状态将发生成本 20 万元。租赁内含利率无法直接确定，承租人的增量借款利率为每年 5%，已知（P/A，5%，4）=3.5460，（P/F，5%，5）=0.7835。甲公司下列会计处理表述中，正确的有（ ）。

A. 租赁期为 5 年

B. 租赁期开始日租赁负债的入账价值为 709.2 万元

C. 租赁期开始日使用权资产入账价值 939.2 万元

D. 甲公司发生的初始直接费用应计入使用权资产成本

11. 承租人甲公司 2×21 年 1 月 1 日与乙公司签订了一份为期 10 年的机器租赁合同。租金于每年年末支付，并按以下方式确定：第 1 年，租金是可变的，根据该机器在第 1 年下半年的实际产能确定；第 2 年至第 10 年，每年的租金根据该机器在第 1 年下半年的实际产能确定，即租金将在第 1 年年末转变为固定付款额。在租赁期开始日，甲公司无法确定租赁内含利率，其增量借款年利率为 5%。假设在第 1 年年末，根据该机器在第 1 年下半年的实际产能所确定的租赁付款额为每年 4 万元。在第 1 年年末，租金的潜在可变性消除，成为实质固定付款额。已知（P/A，5%，9）=7.1078。不考虑其他因素。甲公司下列会计处理中正确的有（ ）。

A. 2×21 年 1 月 1 日租赁负债的入账价值为 0

B. 2×21年支付的款项冲减租赁负债的账面价值

C. 2×21年12月31日尚需支付的租赁付款额为36万元

D. 2×21年12月31日租赁负债为28.43万元

12. 2×21年1月1日，甲公司与乙公司签订商业用房租赁合同，从乙公司租入A大楼一层商业用房用于零售经营。根据租赁合同的约定，商业用房的租赁期为10年，自合同签订之日算起，乙公司有权在租赁期开始日5年以后终止租赁，但需向甲公司支付相当于6个月租金的违约金；每年租金为1000万元，于每年年初支付。租赁期满后，甲公司有权按照每年1000万元续租5年；租赁结束移交商业用房时，甲公司需将商业用房恢复至最初乙公司交付时的状态。同日，甲公司向乙公司支付第一年租金1000万元。为获得该项租赁，甲公司向房地产中介支付佣金20万元。甲公司在租赁期开始时经评估后认为，其可以合理确定将行使续租选择权；预计租赁期结束商业用房恢复最初状态将发生成本50万元。甲公司对租入的使用权资产采用年限平均法自租赁期开始日计提折旧，预计净残值为零。甲公司无法确定租赁内含利率，其增量借款利率为6%。已知年金现值系数：(P/A，6%，15)=9.7122，(P/A，6%，14)=9.2950，(P/A，6%，10)=7.3601，(P/A，6%，9)=6.8017；复利现值系数：(P/F，6%，15)=0.4173，(P/F，6%，14)=0.4423，(P/F，6%，10)=0.5584，(P/F，6%，9)=0.5919。假定不考虑税费及其他因素。甲公司下列会计处理中正确的有（　　）。

A. 租赁期为15年

B. 租赁负债的初始入账金额为9295万元

C. 使用权资产的成本为10335.87万元

D. 2×21年度租赁负债的利息费用为600万元

13. 2×21年1月1日，甲公司签订了一项为期10年的不动产租赁合同，每年的租赁付款额为500万元，于每年年初支付。合同规定，租赁付款额每两年基于过去24个月消费者价格指数的上涨上调一次。租赁期开始日的消费者价格指数为125。不考虑初始直接费用。租赁内含利率无法直接确定。甲公司的增量借款年利率为5%，该利率反映的是甲公司以类似抵押条件借入期限为10年、与使用权资产等值的相同币种的借款而必须支付的固定利率。在租赁期开始日，甲公司支付第一年的租赁付款额，并以剩余九年每年付款额500万元按年利率5%折现的现值3553.9万元计量租赁负债。甲公司预计在整个租赁期内平均地消耗该使用权资产的未来经济利益，因此按直线法对使用权资产计提折旧。租赁第三年年初的消费者价格指数为135。不考虑其他因素，甲公司下列会计处理表述中，正确的有（　　）。

A. 租赁期开始日使用权资产入账金额为4053.9万元

B. 2×21年甲公司确认的利息费用为177.70万元

C. 甲公司第2年末使用权资产的账面价值为3243.12万元

D. 经消费者价格指数调整后的第三年付款额为540万元

14. 关于承租人对使用权资产的后续计量，下列各项表述中正确的有（　　）。

A. 采用成本模式对使用权资产进行后续计量

B. 应当参照《企业会计准则第4号——固定资产》有关折旧规定，自租赁期开始日起对使用权资产计提折旧

C. 使用权资产减值准备在持有期间可以转回

D. 采用公允价值模式对使用权资产进行后续计量

15. 关于承租人发生的租赁资产改良支出及其导致的预计复原支出的会计处理，下列说法中正确的有（ ）。

A. 对于承租人为拆卸及移除租赁资产、复原租赁资产所在场地或将租赁资产恢复至租赁条款约定状态预计将发生的成本，属于为生产存货而发生的，适用《企业会计准则第 1 号——存货》，并按照《企业会计准则第 13 号——或有事项》进行确认和计量

B. 对于承租人为拆卸及移除租赁资产、复原租赁资产所在场地或将租赁资产恢复至租赁条款约定状态预计将发生的成本，不属于为生产存货而发生的，计入使用权资产的初始计量成本，并按照《企业会计准则第 13 号——或有事项》进行确认和计量

C. 承租人发生的租赁资产改良支出不属于使用权资产，应当记入“长期待摊费用”科目

D. 对于由租赁资产改良导致的预计复原支出，属于为生产存货而发生的，适用《企业会计准则第 1 号——存货》，并按照《企业会计准则第 13 号——或有事项》进行确认和计量

16. 关于短期租赁和低价值资产租赁，下列项目中正确的有（ ）。

A. 包含购买选择权的租赁不能按短期租赁处理

B. 低价值资产租赁的判定受承租人规模、性质的影响

C. 对于短期租赁和低价值资产租赁，承租人可以选择不确认使用权资产和租赁负债

D. 承租人可以将短期租赁和低价值资产租赁的租赁付款额，在租赁期内各个期间按照直线法或其他系统合理的方法计入相关资产成本或当期损益

17. 关于租赁分类，下列项目中正确的有（ ）。

A. 承租人应当在租赁开始日将租赁分为融资租赁和经营租赁

B. 出租人应当在租赁开始日将租赁分为融资租赁和经营租赁

C. 在租赁开始日后，出租人无须对租赁的分类进行重新评估，除非发生租赁变更

D. 如果一项租赁实质上转移了与租赁资产所有权有关的几乎全部风险和报酬，出租人应当将该项租赁分类为融资租赁

18. 下列项目中，出租人应分类为融资租赁的有（ ）。

A. 在租赁期届满时，租赁资产的所有权转移给承租人

B. 承租人有购买租赁资产的选择权，所订立的购买价款与预计行使选择权时租赁资产的公允价值相比足够低，因而在租赁开始日就可以合理确定承租人将行使该选择权

C. 资产的所有权虽然不转移，但租赁期占租赁资产使用寿命的大部分

D. 在租赁开始日，租赁收款额的现值几乎相当于租赁资产的公允价值

19. 下列项目中，属于租赁收款额的有（ ）。

A. 承租人需支付的固定付款额及实质固定付款额，存在租赁激励的，扣除租赁激励相关金额

B. 购买选择权的行权价格，前提是合理确定承租人将行使该选择权

C. 取决于指数或比率的可变租赁付款额

D. 由承租人、与承租人有关的一方以及有经济能力履行担保义务的独立第三方向出租人提供的担保余值

20. 关于出租人对经营租赁的会计处理，下列项目中正确的有（　　）。
   A. 在租赁期内各个期间，出租人应当采用直线法或其他系统合理的方法，将经营租赁的租赁收款额确认为租金收入
   B. 出租人发生的与经营租赁有关的初始直接费用应当资本化至租赁标的资产的成本，在租赁期内按照与租金收入确认相同的基础进行分摊，分期计入当期损益
   C. 对于经营租赁资产中的固定资产，出租人应当采用类似资产的折旧政策计提折旧
   D. 出租人取得的与经营租赁有关的可变租赁付款额，应当在实际发生时计入当期损益

21. 甲生产商将其生产的产品以融资租赁的方式出租给乙公司，在租赁期开始日，租赁资产公允价值为100万元，租赁收款额按市场利率折现的现值为98万元，租赁资产账面价值为80万元，未担保余值的现值为2万元，为取得融资租赁发生的成本为1万元。甲生产商下列会计处理中正确的有（　　）。
   A. 在租赁期开始日应确认收入100万元
   B. 在租赁期开始日应结转销售成本78万元
   C. 为取得融资租赁发生的成本1万元计入当期损益
   D. 该项租赁在租赁期开始日影响营业利润的金额为20万元

22. 关于售后租回交易的会计处理，下列项目中正确的有（　　）。
   A. 售后租回交易中的资产转让属于销售的，承租人应当按原资产账面价值与售价的差额确认相关利得或损失
   B. 如果销售对价的公允价值与资产的公允价值不同，或者出租人未按市场价格收取租金，则企业应当将销售对价低于市场价格的款项作为预付租金进行会计处理，将高于市场价格的款项作为出租人向承租人提供的额外融资进行会计处理；同时，承租人按照公允价值调整相关销售利得或损失，出租人按市场价格调整租金收入
   C. 售后租回交易中的资产转让不属于销售的，承租人应当继续确认被转让资产，同时确认一项与转让收入等额的金融负债，并按照《企业会计准则第22号——金融工具确认和计量》对该金融负债进行会计处理
   D. 售后租回交易中的资产转让不属于销售的，出租人应确认被转让资产

三、计算分析题

1. 承租人甲公司于2×20年1月1日就某栋建筑物与出租人乙公司签订了为期5年的租赁协议，并拥有5年的续租选择权，租入后供管理部门使用。有关资料如下：（1）初始租赁期内的不含税租金为每年202万元，续租期间为每年222万元，所有款项应于每年年初支付；（2）为获得该项租赁，甲公司发生的初始直接费用为60万元，其中，44万元为向该栋建筑物前任租户支付的款项，16万元为向促成此租赁交易的房地产中介支付的佣金；（3）作为对甲公司的激励，乙公司同意补偿甲公司16万元的佣金。从第二年开始，如果每年1月1日甲公司能按时支付租金，则乙公司每年给予减少租金2万元的奖励，甲公司能够合理确定每年年初按时支付租金；（4）在租赁期开始日，甲公司评估后认为，不能合理确定将行使续租选择权，因此，将租赁期确定为5年；（5）甲公司无法确定租赁内含利率，其增量借款利率为每年6%。已知：（P/A，6%，4）=3.4651。
甲公司取得的使用权资产采用直线法按5年计提折旧。假设利息费用不符合资本化条件，不考虑相关税费影响。

要求：

（1）计算租赁期开始日租赁负债、未确认融资费用及使用权资产入账价值，并编制租赁期开始日相关会计分录。

（2）计算2×20年甲公司应确认的利息费用并编制相关会计分录。

（3）计算2×20年甲公司使用权资产计提的折旧额并编制相关会计分录。

（4）编制2×21年1月1日甲公司支付租金的会计分录。

（5）计算2×21年甲公司应确认的利息费用并编制相关会计分录。（计算结果保留两位小数）

2. 承租人甲公司于2×22年1月1日签订了一份为期5年的机器租赁合同，用于生产A产品。租金于每年年末支付，并按以下方式确定：第1年，租金是可变的，根据该机器在第1年下半年的实际产能确定；第2年至第5年，每年的租金根据该机器在第1年下半年的实际产能确定，即租金将在第1年年末转变为固定付款额。在租赁期开始日，甲公司无法确定租赁内含利率，其增量借款年利率为6%。假设在第1年年末，根据该机器在第1年下半年的实际产能所确定的租赁付款额为每年200000元。

已知（P/A，6%，4）=3.4651。假定使用权资产按直线法在4年内计提折旧，利息费用不符合资本化条件，不考虑其他因素。

要求：

（1）编制2×22年12月31日支付租金的会计分录。

（2）计算2×22年12月31日尚未支付的租赁付款额、尚未支付的租赁付款额现值、未确认融资费用，并编制相关会计分录。

（3）编制2×23年12月31日确认利息费用和支付租金的会计分录。

（4）编制2×23年使用权资产计提折旧的会计分录。

（5）计算2×24年确认的利息费用。（本题金额单位以元表示，计算结果保留两位小数）

3. 承租人甲公司于2×21年1月1日与乙公司签订了一项为期5年的不动产（供管理部门使用）租赁合同，用银行存款支付佣金和印花税5.8万元，为评估是否签订租赁合同而发生的差旅费和法律费用4万元，每年的租赁付款额为200万元，于每年年初支付。合同规定，租赁付款额在租赁期开始日后每两年基于过去24个月消费者价格指数的上涨进行上调。租赁期开始日的消费者价格指数为100。假设该租赁2×23年年初的消费者价格指数为110。甲公司在租赁期开始日采用的年折现率为5%，2×23年年初的年折现率为6%。已知（P/A，5%，4）=3.5460，（P/A，5%，2）=1.8594，（P/A，6%，2）=1.8334。使用权资产按直线法在5年内计提折旧。

假定利息费用不符合资本化条件，不考虑其他因素。

要求：

（1）编制甲公司2×21年1月1日有关会计分录。

（2）编制甲公司2×21年12月31日使用权资产计提折旧、确认利息费用的会计分录。

（3）编制甲公司2×22年1月1日支付租金，2×22年12月31日使用权资产计提折旧、确认利息费用的会计分录。

（4）编制甲公司2×23年1月1日有关会计分录。（计算结果保留两位小数）

4. 甲公司是一家设备生产商，与乙公司（生产型企业）签订了一份租赁合同，向乙公司出租所生产的设备，合同主要条款如下：（1）租赁资产：设备A；（2）租赁期：2×21年1月1日—2×27年12月31日，共7年；（3）租金支付：自2×21

年起每年末支付年租金475万元；（4）租赁合同规定的利率：6%（年利率），与市场利率相同；（5）该设备于2×21年1月1日的公允价值为2700万元，账面价值为2000万元，甲公司认为租赁到期时该设备余值为72.8万元，乙公司及其关联方未对余值提供担保；（6）甲公司取得该租赁发生的相关成本为5万元；（7）该设备于2×21年1月1日交付乙公司，预计使用寿命为7年；租赁期内该设备的保险、维修等费用均由乙公司自行承担。已知（P/A，6%，7）=5.5824，（P/F，6%，7）=0.6651。假设不考虑其他因素和各项税费影响。

要求：

（1）判断甲公司租赁类型，并说明理由。

（2）计算租赁期开始日租赁收款额按市场利率折现的现值和确认收入金额。

（3）计算未担保余值的现值和销售成本金额。

（4）编制甲公司租赁期开始日的会计分录。

四、综合题

甲公司2×20年至2×21年度发生的相关交易或事项如下：

（1）2×20年1月1日，甲公司与乙公司签订房屋租赁合同，从乙公司租入A办公大楼供管理部门使用。根据租赁合同的约定，办公大楼的租赁期为10年，自合同签订之日算起，乙公司有权在租赁期开始日5年以后终止租赁，但需向甲公司支付相当于6个月租金的违约金；每年租金为2000万元，于每年年初支付；租赁期到期后，甲公司有权按照每年2200万元续租5年；租赁结束移交办公大楼时，甲公司需将办公大楼恢复至最初乙公司交付时的状态。同日，甲公司向乙公司支付第一年租金2000万元。为获得该项租赁，甲公司向房地产中介支付佣金30万元。甲公司在租赁期开始日经评估后认为，其可以合理确定不会行使续租选择权；预计租赁期结束办公大楼恢复最初状态将发生成本40万元。甲公司对租入的使用权资产采用年限平均法自租赁期开始日计提折旧，预计净残值为零。

（2）2×21年1月1日，甲公司搬迁，将办公大楼转租给丙公司，租赁期为9年，每年租金为2100万元，于每年年初支付。当日办公大楼的公允价值为14800万元，甲公司向房地产中介支付佣金38.81万元。

其他有关资料：第一，甲公司从乙公司租入办公大楼时无法确定租赁内含利率，其增量借款利率为6%，甲公司将办公大楼转租给丙公司的租赁内含利率为7%。第二，年金现值系数：（P/A，6%，15）=9.7122，（P/A，6%，14）=9.2950，（P/A，6%，10）=7.3601，（P/A，6%，9）=6.8017，（P/A，6%，10）=7.3601，（P/A，7%，8）=6.0661；复利现值系数：（P/F，6%，15）=0.4173，（P/F，6%，14）=0.4423，（P/F，6%，10）=0.5584，（P/F，6%，9）=0.5919。第三，假定利息费用不符合资本化条件。第四，本题不考虑税费及其他因素。

要求：

（1）根据资料（1），判断甲公司租入办公大楼租赁期，并说明理由。

（2）根据资料（1），计算甲公司尚未支付的租赁付款额及租赁负债的初始入账金额。

（3）根据资料（1），计算甲公司使用权资产的成本，并编制相关会计分录。

（4）根据资料（1），计算甲公司2×20年度使用权资产的折旧额。

（5）根据资料（1），计算甲公司2×20年度租赁负债的利息费用和恢复成本的利息费用，并编制相关会计分录。

（6）根据上述资料，判断甲公司转租办

公大楼是经营租赁还是融资租赁，并说明理由，编制甲公司 2×21 年 1 月 1 日相关会计分录。

（7）根据上述资料，编制甲公司 2×21 年 12 月 31 日与乙公司相关会计分录。

（8）根据上述资料，编制甲公司 2×21 年 12 月 31 日与丙公司相关会计分录（计算结果保留两位小数）。

同步强化练习题参考答案及解析

使用“会计云课堂”App 或“微信”扫码对答案、看解析、掌握解题思路，开启轻松过关之旅。

一、单项选择题

1.【答案】B

【解析】已识别资产通常由合同明确指定，也可以在资产可供客户使用时隐性指定，选项 B 错误。

2.【答案】C

【解析】合同明确指定了该服务器。供应商仅在服务器发生故障时方可替换，该合同中存在已识别资产，选项 A 正确；甲公司有权获得在三年使用期内使用服务器所产生的几乎全部经济利益且有权主导服务器的使用，因此该合同包含租赁，选项 B 和 D 正确，选项 C 错误。

3.【答案】C

【解析】甲公司将合同固定对价 600 万元分摊至租赁和非租赁部分的情况如下表所示：

单位：万元

		推土机	卡车	长臂挖掘机	合计
可观察的单独价格	租赁	180	116	240	536
	非租赁（32+16+56）				104
	合计				640
固定对价总额					600
分摊率	分摊率 =（600÷640）×100%				93.75%

甲公司推土机租赁付款额 =180×93.75%=168.75（万元）。

4.【答案】C

【解析】实质固定付款额是指在形式上可能包含变量但实质上无法避免的付款额。承租人有多套可行的付款额方案，但必须选择其中一套。在此情况下，承租人应采用总折现金额最低的一套作为租赁付款额，即租赁付款额 =200×3=600（万元），应确认租赁负债 =200×2.1667=433.34（万元）。

5.【答案】B

【解析】实质固定付款额是指在形式上可能包含变量但实质上无法避免的付款额。租赁付款额中包含基于使用情况的可变性，且在某些月份里确实可避免支付较高租金，然而，月付款额1.5万元是不可避免的。因此，月付款额1.5万元属于实质固定付款额。

6.【答案】A

【解析】甲公司在初始计量租赁负债时，应基于租赁期开始日的消费者价格指数确定租赁付款额，无须对后续年度因消费者价格指数而导致的租金变动作出估计。因此，在租赁期开始日，甲公司应以每年80万元的租赁付款额为基础计量租赁负债。

7.【答案】D

【解析】在租赁期开始日，甲公司预计标的汽车在租赁期结束时的公允价值为6万元，即，甲公司预计在担保余值下将支付的金额为2万元。因此，甲公司在计算租赁负债时，与担保余值相关的付款额为2万元。甲公司应确认的租赁负债 $=10\times3.5460+2\times0.8227=37.11$（万元）。

8.【答案】C

【解析】使用权资产应当按照成本进行初始计量。该成本包括：（1）租赁负债的初始计量金额；（2）在租赁期开始日或之前支付的租赁付款额，存在租赁激励的，扣除已享受的租赁激励相关金额；（3）承租人发生的初始直接费用；（4）承租人为拆卸及移除租赁资产、复原租赁资产所在场地或将租赁资产恢复至租赁条款约定状态预计将发生的成本的现值。该项使用权资产的初始成本 $=40+200+5+3-1=247$（万元）。

9.【答案】A

【解析】剩余9期租赁付款额 $=10\times9=90$（万元），租赁负债＝剩余9期租赁付款额的现值 $=10\times$（P/A，5%，9）$=10\times7.1078=71.078$（万元），使用权资产的初始成本 $=10$（第1年的付款额）$+71.078$（租赁负债）$+4$（初始直接费用）-1（租赁激励中的佣金）$=84.078$（万元）。

10.【答案】B

【解析】2×21年年末，甲公司向乙公司支付第一年的租赁付款额180万元，其中，52.42万元（$1040\times5.04\%$）是当年的利息，127.58万元（$180-52.42$）是本金，即租赁负债的账面价值减少127.58万元。2×21年12月31日租赁负债的账面价值 $=1040-127.58=912.42$（万元）。

11.【答案】B

【解析】修改授予了甲公司使用标的资产的新增权利，租赁对价的增加额与新增使用权的单独价格按合同情况进行调整后的金额相当，因此甲公司将该修改作为一项单独的租赁，与原来的10年期租赁分别进行会计处理，选项B正确。

12.【答案】C

【解析】甲公司收到与经营租赁有关且取决于指数或比率之外的可变租赁付款额，应当在实际发生时计入当期损益，影响营业利润，免租金期间应确认租金收入。甲公司发生的初始直接费用在租赁期内按照与租金收入相同的确认基础分期计入当期损益。对甲公司2×21年度营业利润的影响金额 $=[200\times(12-3)+200\times12\times4]/5-20/5+400=2676$（万元）。

13.【答案】D

【解析】在转租期间，中间出租人既要确认转租赁的融资收益，也要确认原租赁的利息费用。

二、多项选择题

1.【答案】ABC

【解析】一项合同要被分类为租赁，必须要满足三要素：一是存在一定期间；二是存在已识别资产；三是资产供应方向客户转移对已识别资产使用权的控制。

2.【答案】AB

【解析】合同明确指定了这些光纤，并且这些光纤与光缆中的其他光纤在物理上可区分。供应商不可因修理、维护或故障以外的原因替换光纤，甲公司拥有三条直驳光纤 10 年的使用权，该合同包含直驳光纤的租赁，选项 A 正确，选项 C 和 D 错误；尽管供应商关于修理和维护光纤的决定对于光纤的有效使用必不可少，但这些决定并未赋予其主导光纤使用方式和使用目的的权利，选项 B 正确。

3.【答案】AB

【解析】选项 A，由于承租人自 2×22 年 1 月 1 日起就已拥有对房屋使用权的控制，因此租赁期开始日为 2×22 年 1 月 1 日，即租赁期包含出租人给予承租人的免租期；选项 B，因没有终止罚款或其他因素表明承租人合理确定将行使续租选择权，续租期不应包括在内，因此租赁期为 5 年；选项 C，承租人合理确定将行使续租选择权，因为如果在 6 年结束时放弃租赁改良资产，将蒙受重大经济损失。因此，在租赁期开始时，承租人确定租赁期为 9 年；选项 D，自租赁期开始日起 3 年内有强制的权利和义务，是不可撤销期间。而此后 1 年的延长期并非不可撤销期间，因为承租人或出租人均可单方面选择不续约而无须支付任何罚款，因此不可撤销期间为 3 年。

4.【答案】ABD

【解析】一项合同被分类为租赁要满足存在一定期间的要素。在合同中，“一定期间”也可以表述已识别资产的使用量。

5.【答案】AB

【解析】担保余值，是指与出租人无关的一方向出租人提供担保，保证在租赁结束时租赁资产的价值至少为某指定的金额，选项 C 错误；未担保余值，是指租赁资产余值中，出租人无法保证能够实现或仅由与出租人有关的一方予以担保的部分，选项 D 错误。

6.【答案】AC

【解析】只有取决于指数或比率的可变租赁付款额才计入租赁付款额，选项 B 错误；根据承租人提供的担保余值预计应支付的款项计入租赁付款额，选项 D 错误。

7.【答案】AD

【解析】取决于指数或比率的可变租赁付款额包括与消费者价格指数挂钩的款项、与基准利率挂钩的款项和为反映市场租金费率变化而变动的款项等，选项 A 和 D 正确；选项 B，与承租人源自标的资产的绩效有关；选项 C，与标的资产的使用相关。

8.【答案】AC

【解析】在计算租赁付款额的现值时，承租人应当采用租赁内含利率作为折现率；无法确定租赁内含利率的，应当采用承租人增量借款利率作为折现率。选项 A 和 C 正确。

9.【答案】AC

【解析】租赁负债应当按照租赁期开始日尚未支付的租赁付款额的现值进行初始计量，选项 B 错误；可变租赁付款额中，仅取决于指数或比率的可变租赁付款额纳入租赁负债的初始计量中，选项 D 错误。

10.【答案】ABD

【解析】在租赁期开始日，甲公司得出结论认为不能合理确定将行使续租选择权，因此，将租赁期确定为5年，选项A正确；租赁期开始日租赁负债的入账价值=200×3.5460=709.2（万元），选项B正确；租赁期开始日使用权资产入账价值=200+709.2+20-10+20×0.7835=934.87（万元），选项C错误；甲公司发生的初始直接费用应计入使用权资产的成本中，选项D正确。

11.【答案】ACD

【解析】在租赁期开始时，由于未来的租金尚不确定，因此甲公司的租赁负债为零，选项A正确；第1年支付的款项应计入制造费用等，选项B错误；在第1年年末，租金的潜在可变性消除，成为实质固定付款额（即每年4万元），因此甲公司应基于变动后的租赁付款额重新计量租赁负债，并采用不变的折现率（即5%）进行折现。在支付第1年的租金之后，甲公司后续年度需支付的租赁付款额为36万元（4×9），选项C正确；租赁付款额在第1年末的现值=4×7.1078=28.43（万元），即租赁负债为28.43万元，选项D正确。

12.【答案】ABC

【解析】在租赁期开始日，甲公司（承租人）评估后认为可以合理确定将行使续租选择权，因此，租赁期确定为15年，选项A正确；租赁负债的初始入账金额=1000×（P/A，6%，14）=1000×9.2950=9295（万元），选项B正确；使用权资产的成本=1000+9295+20+50×（P/F，6%，15）=10335.87（万元），选项C正确；甲公司2×21年度租赁负债的利息费用=9295×6%=557.7（万元），选项D错误。

13.【答案】ABCD

【解析】租赁期开始日使用权资产入账金额=500+3553.9=4053.9（万元），选项A正确；2×21年甲公司确认的利息费用=3553.9×5%=177.70（万元），选项B正确；甲公司第二年末使用权资产的账面价值=4053.9-4053.9÷10×2=3243.12（万元），选项C正确；经消费者价格指数调整后的第三年租赁付款额=500×135÷125=540（万元），选项D正确。

14.【答案】AB

【解析】企业应当按照《企业会计准则第8号——资产减值》的规定，确定使用权资产是否发生减值，并对已识别的减值损失进行会计处理，减值准备在持有期间不得转回，选项C错误；在租赁期开始日之后，承租人应按成本减去累计折旧和累计减值损失后的金额计量使用权资产，按成本模式进行后续计量，不采用公允价值模式进行后续计量，选项D错误。

15.【答案】ABCD

16.【答案】ACD

【解析】低价值资产租赁的判定仅与资产的绝对价值有关，不受承租人规模、性质或其他情况影响，选项B错误。

17.【答案】BCD

【解析】承租人对所有租赁（选择简化处理的短期租赁和低价值资产租赁除外）确认使用权资产和租赁负债，并分别确认折旧和利息费用，不进行分类，选项A错误。

18.【答案】ABCD

19.【答案】ABCD

20.【答案】ABC

【解析】出租人取得的与经营租赁有关的可变租赁付款额，如果是与指数或比率挂钩的，应在租赁期开始日计入租赁收款额，除此之外的，应当在实际发生时计入当期损益，选项D错误。

21.【答案】BC

【解析】在租赁期开始日，该出租人应当按照租赁资产公允价值（100万元）与租赁收款额按市场利率折现的现值（98万元）两者孰低确认收入，即应确认收入98万元，选项A错误；按照租赁资产账面价值（80万元）扣除未担保余值的现值（2万元）后的余额结转销售成本，即结转销售成本78万元，选项B正确；生产商或经销商出租人为取得融资租赁发生的成本，应当在租赁期开始日计入当期损益，选项C正确；该项租赁在租赁期开始日影响营业利润的金额=98-78-1=19（万元），选项D错误。

22.【答案】BC

【解析】售后租回交易中的资产转让属于销售的，承租人应当按原资产账面价值中与租回获得的使用权有关的部分，计量售后租回所形成的使用权资产，并仅就转让至出租人的权利确认相关利得或损失，选项A错误；售后租回交易中的资产转让不属于销售的，出租人不应确认被转让资产，但应当将支付的现金作为金融资产，并按照《企业会计准则第22号——金融工具确认和计量》对该金融资产进行会计处理，选项D错误。

三、计算分析题

1.【答案】

（1）租赁期开始日租赁负债=（202-2）×3.4651=693.02（万元）。

未确认融资费用=（202-2）×4-693.02=106.98（万元）。

使用权资产入账价值=（60-16）+202+693.02=939.02（万元）。

会计分录：

借：使用权资产 895.02
　租赁负债—未确认融资费用 106.98
　贷：租赁负债—租赁付款额 800
　　银行存款 202

借：使用权资产 60
　贷：银行存款 60

借：银行存款 16
　贷：使用权资产 16

（2）2×20年甲公司应确认的利息费用=693.02×6%=41.58（万元）。

会计分录：

借：财务费用 41.58
　贷：租赁负债—未确认融资费用 41.58

（3）2×20年使用权资产计提折旧额=939.02÷5=187.80（万元）。

会计分录：

借：管理费用 187.80
　贷：使用权资产累计折旧 187.80

（4）

借：租赁负债—租赁付款额 200
　贷：银行存款 200

（5）2×21年甲公司应确认的利息费用=（693.02+41.58-200）×6%=32.08（万元）。

会计分录：

借：财务费用 32.08
　贷：租赁负债—未确认融资费用 32.08

2.【答案】

（1）

借：生产成本 200000
　贷：银行存款 200000

（2）租赁期开始日，由于未来租金尚不确定，因此甲公司租赁负债为0。在第1年年末，租金的潜在可变性消除，成为实质固定付款额（即每年200000元），因此甲公司应基于变动后的租赁付款额计量租赁负债，并采用不变的折现率6%进行折现。

尚未支付的租赁付款额=200000×4=800000（元），尚未支付的租赁付款额现

值 =200000×3.4651=693020（元），未确认融资费用 =800000-693020=106980（元）。

会计分录为：

借：使用权资产　693020

　租赁负债—未确认融资费用　106980

　贷：租赁负债—租赁付款额　800000

（3）2×23 年 12 月 31 日确认利息费用 =（800000-106980）×6%=41581.2（元）。

会计分录为：

借：财务费用　41581.2

　贷：租赁负债—未确认融资费用　41581.2

借：租赁负债—租赁付款额　200000

　贷：银行存款　200000

（4）使用权资产计提折旧 =693020÷4=173255（元）。

借：生产成本　173255

　贷：使用权资产累计折旧　173255

（5）2×24 年确认的利息费用 =[（800000-106980）+41581.2-200000］×6%=32076.07（元）。

3.【答案】

（1）甲公司在初始计量租赁负债时，应基于租赁期开始日的消费者价格指数确定租赁付款额，无须对后续年度因消费者价格指数而导致的租金变动作出估计。因此，在租赁期开始日，甲公司应以每年 200 万元的租赁付款额为基础计量租赁负债。即租赁负债初始确认金额 =200×3.5460=709.2（万元），用银行存款支付佣金和印花税 5.8 万元属于初始直接费用，应计入使用权资产成本，为评估是否签订租赁合同而发生的差旅费和法律费用 4 万元应当在发生时计入当期损益，因此使用权资产入账价值 =709.2+200+5.8=915（万元）。

会计分录为：

借：使用权资产　915

　租赁负债—未确认融资费用　90.8（800-709.2）

　管理费用　4

　贷：租赁负债—租赁付款额　800

　　银行存款　209.8

（2）①使用权资产计提折旧

借：管理费用　183（915÷5）

　贷：使用权资产累计折旧　183

②确认利息费用

借：财务费用　35.46［（800-90.8）×5%］

　贷：租赁负债—未确认融资费用　35.46

（3）①支付租金

借：租赁负债—租赁付款额　200

　贷：银行存款　200

②使用权资产计提折旧

借：管理费用　183（915÷5）

　贷：使用权资产累计折旧　183

③确认利息费用

2×22 年 1 月 1 日租赁负债账面价值 =（800-90.8）+35.46-200=544.66（万元）。

2×22 年确认利息费用 =544.66×5%=27.23（万元）。

借：财务费用　27.23

　贷：租赁负债—未确认融资费用　27.23

（4）经消费者价格指数调整后的第 3 年租赁付款额为 220 万元（即，200×110÷100），2×23 年 1 月 1 日租赁负债应当以每年 220 万元的租赁付款额（剩余 3 笔）为基础进行重新计量。在第 3 年年初，甲公司按以下金额重新计量租赁负债：每年 220 万元的租赁付款额按不变的折现率（即 5%）进行折现，为 629.07 万元［220+220×（P / A，5%，2）］。原租赁负债账面价值 =544.66+27.23=571.89（万元），因此，甲公司租赁负债增加 =629.07-571.89=57.18（万元）。

借：使用权资产 57.18
租赁负债—未确认融资费用 2.82（60−57.18）
贷：租赁负债—租赁付款额 60（20×3）
借：租赁负债—租赁付款额 220
贷：银行存款 220

4.【答案】
（1）属于融资租赁。
理由：租赁期与租赁资产预计使用寿命一致，表明与该项资产所有权有关的几乎所有风险和报酬已实质转移给乙公司，所以将该租赁认定为融资租赁。
（2）租赁收款额 = 租金 × 期数 =475×7 = 3325（万元），租赁收款额按市场利率折现的现值 =475×5.5824=2651.64（万元）。按照租赁资产公允价值 2700 万元与租赁收款额按市场利率折现的现值 2651.64 万元两者孰低的原则，确认收入为 2651.64 万元。
（3）未担保余值的现值 =72.8×0.6651= 48.42（万元）。
销售成本 = 账面价值 − 未担保余值的现值 =2000−48.42=1951.58（万元）。
（4）2×21 年 1 月 1 日（租赁期开始日）
借：应收融资租赁款—租赁收款额 3325
贷：主营业务收入 2651.64
应收融资租赁款—未实现融资收益 673.36
借：主营业务成本 1951.58
应收融资租赁款—未担保余值 72.8
贷：库存商品 2000
应收融资租赁款—未实现融资收益 24.38（72.8−48.42）
借：销售费用 5
贷：银行存款 5

四、综合题

【答案】
（1）租赁期为 10 年。
理由：在租赁期开始日，甲公司（承租人）评估后认为，其可以合理确定不会行使续租选择权，因此，租赁期确定为 10 年。
（2）剩余 9 期的租赁付款额的初始入账金额 =9×2000=18000（万元）；
租赁负债的初始入账金额 =2000×（P/A，6%，9）=2000×6.8017=13603.4（万元）。
（3）使用权资产的成本 =13603.4+2000+30+40×（P/F，6%，10）=15655.74（万元）。
相关会计分录：
借：使用权资产 15655.74
租赁负债—未确认融资费用 4396.60（18000−13603.4）
贷：租赁负债—租赁付款额 18000（2000×9）
银行存款 2030（2000+30）
预计负债 22.34（40×0.5584）
（4）甲公司 2×20 年度使用权资产的折旧额 =15655.74÷10=1565.57（万元）。
（5）甲公司 2×20 年度租赁负债的利息费用 =13603.4×6%=816.20（万元）。
相关会计分录：
借：财务费用 816.20
贷：租赁负债—未确认融资费用 816.20
恢复成本的利息费用 =22.34×6%=1.34（万元）。
借：财务费用 1.34
贷：预计负债 1.34
（6）属于融资租赁。
理由：转租赁的期限 9 年覆盖了原租赁的所有剩余期限 9 年，甲公司判断其实质上转移了与该项使用权资产有关的几乎全部风险和报酬，甲公司将该项转租赁分类为融资租赁。

相关会计分录：

①甲公司向乙公司支付租金

借：租赁负债—租赁付款额　　2000

　贷：银行存款　　2000

②甲公司向丙公司转租使用权资产

借：银行存款　　2100

　　应收融资租赁款—租赁收款额　　16800

　　使用权资产累计折旧　　1565.57

　贷：使用权资产　　15655.74

　　　应收融资租赁款—未实现融资收益　　4061.19

（2100×8-2100×6.0661）

　　　资产处置损益　　709.83

（14800-14090.17；或分录的差额）

　　　银行存款　　38.81

（7）甲公司2×21年度租赁负债的利息费用=（13603.4+816.20-2000）×6%=745.18（万元），相关会计分录：

借：财务费用　　745.18

　贷：租赁负债—未确认融资费用745.18

恢复成本的利息费用=（22.34+1.34）×6%=1.42（万元）。

借：财务费用　　1.42

　贷：预计负债　　1.42

（8）甲公司2×21年度租赁应收款的利息收入=（16800-4061.19）×7%=891.72（万元）。

借：应收融资租赁款—未实现融资收益　　891.72

　贷：其他业务收入　　891.72

第十五章　持有待售的非流动资产、处置组和终止经营

CHAPTER-15

本章学习指南

一、学习目标

1. 理解持有待售类别分类的基本要求。
2. 熟练掌握持有待售的长期股权投资的会计处理。
3. 熟悉持有待售的非流动资产范围。
4. 掌握持有待售的非流动资产和处置组的计量，包括划分为持有待售类别前、划分为持有待售类别时和划分为持有待售类别后。
5. 理解持有待售类别的列报。
6. 掌握终止经营的定义。
7. 掌握终止经营的列报。
8. 理解特殊事项的列报。

二、考情概况

本章考试涉及各种题型，以客观题为主，综合题会和其他章节内容结合。本章试题分数适中，属于比较重要章节。

三、教材变化

本章内容无实质性变化。

四、考点地图

考点	年份 / 题型
持有待售的长期股权投资	2021 年单选题、2020 年多选题、2020 年综合题（部分）
终止经营列报的表述	2021 年单选题、2019 年多选题

注：2020 年的综合题与金融工具有关。

核心考点精讲

提示

本章内容简洁但也存在易错易混点，如划分为持有待售类别前和划分时及划分后的计量，再如对联营企业或合营企业的权益性投资全部或部分划分为持有待售资产的计量与对于未划分为持有待售类别的剩余权益性投资的计量，以及终止经营的判断和列报等，需要您仔细辨别，理解记忆。扫描二维码，有名师为您排忧解难，顿悟不难。

第一节　持有待售的非流动资产和处置组

使用“会计云课堂”App或“微信”扫码查看本节视频，快速GET知识点。

一、持有待售类别的分类

（一）持有待售类别分类的基本要求

1. 分类原则

企业主要通过出售而非持续使用一项非流动资产或处置组收回其账面价值的，应当将其划分为持有待售类别。

处置组，是指在一项交易中作为整体通过出售或其他方式一并处置的一组资产，以及在该交易中转让的与这些资产直接相关的负债。处置组所属的资产组或资产组组合按照《企业会计准则第8号——资产减值》分摊了企业合并中取得的商誉的，该处置组应当包含分摊至处置组的商誉。处置组中可能包含企业的任何资产和负债。

图示记忆

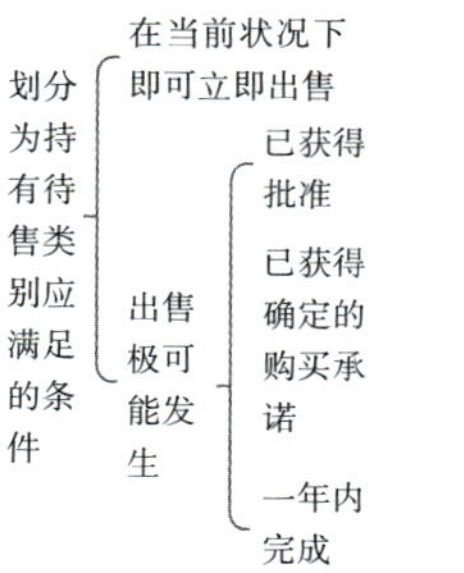

非流动资产或处置组划分为持有待售类别，应当同时满足下列条件：

（1）在当前状况下即可立即出售

根据类似交易中出售此类资产或处置组的惯例，在当前状况下即可立即出售。

为满足该条件，企业应当具有在当前状态下出售该非流动资产或处置组的意图和能力。

（2）出售极可能发生，即企业已经就一项出售计划作出决议且获得确定的购买承诺，预计出售将在一年内完成。

①企业出售非流动资产或处置组的决议一般需要由企业相应级别的管理层作出，如果有关规定要求企业相关权力机构或者监管部门批准后方可出售，应当已经获得批准。

②企业已经获得确定的购买承诺，确定的购买承诺是企业与其他方签订的具有法律约束力的购买协议，该协议包含交易价格、时间和足够严厉的违约惩罚等重要条款，使协议出现重大调整或者撤销的可能性极小。

③预计自划分为持有待售类别起一年内，出售交易能够完成。

2. 延长一年期限的例外条款

因企业无法控制的下列原因之一，导致非关联方之间的交易未能在一年内完成，且有充分证据表明企业仍然承诺出售非流动资产或处置组的，企业可以继续将非流动资产或处置组划分为持有待售类别：

（1）意外设定条件

买方或其他方意外设定导致出售延期的条件，企业针对这些条件已经及时采取行动，且预计能够自设定导致出售延期的条件起一年内顺利化解延期因素。

（2）发生罕见情况

因发生罕见情况，导致持有待售的非流动资产或处置组未能在一年内完成出售，企业在最初一年内已经针对这些新情况采取必要措施且重新满足了持有待售类别的划分条件。

3. 不再继续符合划分条件的处理

持有待售的非流动资产或处置组不再满足持有待售类别划分条件的，企业不应当继续将其划分为持有待售类别。

（二）某些特定持有待售类别分类的具体应用

1. 企业专为转售而取得的非流动资产或处置组

在取得日满足“预计出售将在一年内完成”的规定条件，且短期（通常为3个月）内很可能满足持有待售类别的其他划分条件的，企业应当在取得日将其划分为持有待售类别。

2. 持有待售的长期股权投资

企业因出售对子公司的投资等原因导致其丧失对子公司控制权的，无论出售后企业是否保留部分权益性投资，应当在拟出售对子公司投资满足持有待售类别划分条件时，在母公司个别财务报表中将对子公司投资整体划分为持有待售类别，在合并财务报表中将子公司所有资产和负债划分为持有待售类别。

因出售对子公司的投资未丧失控制权的，不应将拟处置部分划分为持有待售类别。

对联营企业或合营企业的权益性投资全部或部分分类为持有待售资产的，应当停止权益法核算；对于未划分为持有待售类别的剩余权益性投资，应当在划分为持有待售的那部分权益性投资出售前继续采用权益法进行会计处理。

3. 拟结束使用而非出售的非流动资产或处置组

企业不应当将拟结束使用而非出售的非流动资产或处置组划分为持有待售类别。

相关链接

控制和重大影响或共同控制的投资，划分为持有待售时个别财务报表会计处理不同，参见P481本章疑难问题解答1。

相关链接

丧失控制权会计处理考虑整体，参见P481本章疑难问题解答2。

经典题解

【真题1·单选题】2×20年9月10日，甲公司董事会会议决议：（1）拟出售其子公司（乙公司）60%的股权，剩余20%股权仍对乙公司具有重大影响；（2）因甲公司经营战略发生变化，甲公司拟出售其原作为主要经营业务的资产组（包括固定资产和无形资产）。2×20 年 10 月 10 日，甲公司与丙公司、丁公司分别签订的转让资产协议约定，甲公司应于 2×21 年 5 月 1 日前办理完成转让乙公司 60% 股权过户登记手续，以及出售主要经营业务的资产组所涉及资产的所有权转让手续。不考虑其他因素，下列各项关于上述交易或事项在甲公司 2×20 年度财务报表列报的表述中，正确的是（　　）。（2021 年）

A. 在个别资产负债表中应将拟出售乙公司 60% 股权在“持有待售资产”项目列示，剩余 20% 股权在“长期股权投资”项目列示

B. 拟转让业务所涉及的资产组的公允价值高于账面价值的差额在合并利润表的“公允价值变动收益”项目列示

C. 拟转让业务所涉及的所有资产在个别资产负债表中应按资产性质在“固定资产”和“无形资产”项目分别列示

D. 乙公司的资产总额和负债总额在合并资产负债表中分别在“持有待售资产”和“持有待售负债”项目列示

【解析】甲公司因出售乙公司投资丧失控制权，无论出售后企业是否保留部分权益性投资，应当在拟出售对子公司投资满足持有待售类别划分条件时，在甲公司个别财务报表中将对乙公司投资整体（80% 股权）划分为持有待售类别，在合并财务报表中将乙公司所有资产和负债分别在“持有待售资产”项目及“持有待售负债”项目列报，选项 A 错误，选项 D 正确；

划分为持有待售类别时，若划分为持有待售的资产组公允价值减去出售费用后的净额高于账面价值，企业不需要对账面价值进行调整，无须确认“公允价值变动收益”项目，选项 B 错误；

拟转让业务所涉及的所有资产在个别资产负债表中应在“持有待售资产”项目列报，选项 C 错误。

【答案】D

【真题 2 · 多选题】甲公司持有乙公司 80% 股权，能够对乙公司实施控制。20×9 年 12 月 20 日，甲公司与无关联关系的丙公司签订股权转让协议，拟将所持乙公司 60% 股权转让给丙公司，转让后甲公司将丧失对乙公司的控制，但能够对乙公司施加重大影响。截至 20×9 年 12 月 31 日，上述股权转让尚未成功，甲公司预计将在 3 个月内完成转让。假定甲公司所持乙公司股权投资在 20×9 年 12 月 31 日满足划分为持有待售类别的条件，不考虑其他因素，下列各项关于甲公司会计处理的表述中，错误的有（　　）。（2020 年）

A. 自满足划分为持有待售类别的条件起不再将乙公司纳入 20×9 年度合并财务报表的合并范围

B. 在 20×9 年 12 月 31 日个别财务报表中将所持乙公司 80% 股权投资在“一年内到期的非流动资产”项目列示

C. 在 20×9 年 12 月 31 日个别财务报表中将所持乙公司 60% 股权投资在“持有待售资产”项目列示，将所持有乙公司 20% 股权投资在“长期股权投资”项目列示

D. 在20×9年12月31日合并财务报表中将所持乙公司60%股权投资在“持有待售资产”项目列示，将所持有乙公司20%股权投资在“长期股权投资”项目列示

【解析】甲公司在未转让60%股权投资前仍要编制合并财务报表的，选项A错误；在20×9年12月31日个别财务报表中将所持乙公司80%股权投资在“持有待售资产”项目列示，选项B错误；

出售对子公司的投资满足持有待售类别的划分条件，无论企业是否保留非控制的权益性投资，应当在拟出售的对子公司投资满足持有待售类别划分条件时，在母公司个别财务报表中将对子公司投资整体划分为持有待售类别，而不是仅将拟处置的投资划分为持有待售类别；在合并财务报表中将子公司所有资产和负债划分为持有待售类别，而不是仅将拟处置的投资对应的资产和负债划分为持有待售类别，选项C和D错误。

【答案】ABCD

【真题3·单选题】20×7年12月15日，甲公司与乙公司签订具有法律约束力的股权转让协议，将其持有子公司—丙公司70%股权转让给乙公司。甲公司原持有丙公司90%股权，转让完成后，甲公司将失去对丙公司的控制，但能够对丙公司实施重大影响。截至20×7年12月31日，上述股权转让的交易尚未完成。假定甲公司就出售的对丙公司投资满足持有待售类别的条件。不考虑其他因素，下列各项关于甲公司20×7年12月31日合并资产负债表列报的表述中，正确的是（　　）。（2018年）

A. 对丙公司全部资产和负债按其净额在持有待售资产或持有待售负债项目列报

B. 将丙公司全部资产在持有待售资产项目列报，全部负债在持有待售负债项目列报

C. 将拟出售的丙公司70%股权部分对应的净资产在持有待售资产或持有待售负债项目列报，其余丙公司20%股权部分对应的净资产在其他流动资产或其他流动负债项目列报

D. 将丙公司全部资产和负债按照其在丙公司资产负债表中的列报形式在各个资产和负债项目分别列报

【解析】母公司出售部分股权，丧失对子公司控制权，但仍能施加重大影响的，应当在母公司个别报表中将拥有的子公司股权整体划分为持有待售类别，在合并财务报表中将子公司的所有资产和负债划分为持有待售类别分别进行列报。

【答案】B

二、持有待售类别的计量

非流动资产或处置组的计量图示如下：

要点小贴士

（1）划分为持有待售前，按固定资产等相关准则计量；

（2）划分为持有待售时和划分为持有待售后，按本准则处理。

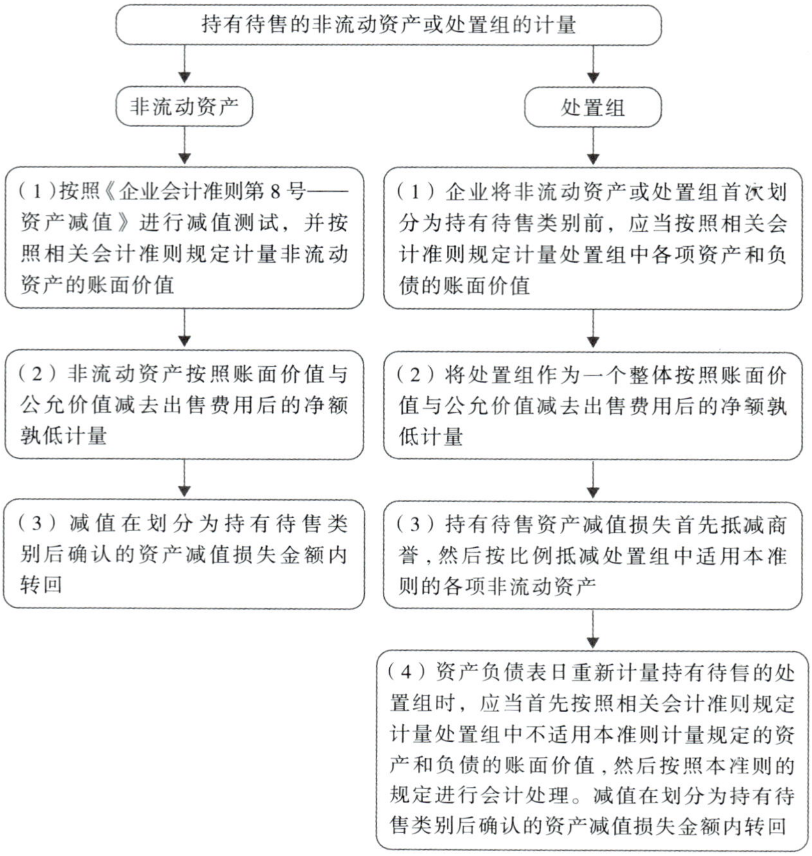

（一）划分为持有待售类别前的计量

企业将非流动资产或处置组首次划分为持有待售类别前，应当按照相关会计准则规定计量非流动资产或处置组中各项资产和负债的账面价值。

（二）划分为持有待售类别时的计量

> **名师点拨**
>
> 处置组划分为持有待售类别时，资产负债表中的所有资产在“持有待售资产”项目列报，所有负债在“持有待售负债”项目列报。

1. 将原非流动资产或处置组划分为持有待售

企业初始计量持有待售的非流动资产或处置组时，其账面价值高于公允价值减去出售费用后的净额的，应当将账面价值减记至公允价值减去出售费用后的净额，减记的金额确认为资产减值损失，计入当期损益，同时计提持有待售资产减值准备。

出售费用是企业发生的可以直接归属于出售资产或处置组的增量费用，出售费用直接由出售引起，并且是企业进行出售所必需的，如果企业不出售资产或处置组，该费用将不会产生。

出售费用包括为出售发生的特定法律服务、评估咨询等中介费用，也包括相关的消费税、城市维护建设税、土地增值税和印花税等，但不包括财务费用和所得税费用。

有些情况下，公允价值减去出售费用后的净额可能为负值，持有待售的非流动资产或处置组中资产的账面价值应当以减记至零为限。是否需要确认相关预计负债，应当按照《企业会计准则第13号——或有事项》的规定进行会计处理。

（1）将各类资产的账面价值转入持有待售资产（以固定资产为例）

借：持有待售资产

　　累计折旧

　　固定资产减值准备

　贷：固定资产

（2）将负债的账面价值转入持有待售负债（以应付账款为例）

借：应付账款

　贷：持有待售负债

（3）比较账面价值与公允价值减去出售费用后的净额

①如果其账面价值小于其公允价值减去出售费用后的净额，企业不需要对账面价值进行调整。

②如果账面价值大于其公允价值减去出售费用后的净额。

借：资产减值损失

　贷：持有待售资产减值准备

2. 对于取得日划分为持有待售类别的非流动资产或处置组

对于取得日划分为持有待售类别的非流动资产或处置组，企业应当在初始计量时比较假定其不划分为持有待售类别情况下的初始计量金额和公允价值减去出售费用后的净额，以两者孰低计量。

经典题解

【例题 4】P 公司取得 S 公司 100% 股权，S 公司是专为转售而取得的子公司，其不划分为持有待售类别情况下的初始计量金额为 2000 万元（支付现金取得），当日公允价值减去出售费用后的净额为 1900 万元，按照二者孰低计量。P 公司账务处理如下：

借：持有待售资产—长期股权投资	1900	
资产减值损失	100	
贷：银行存款		2000

3. 企业合并中新取得的非流动资产或处置组划分为持有待售类别

非同一控制下的企业合并中新取得的非流动资产或处置组划分为持有待售类别的，应当按照公允价值减去出售费用后的净额计量。

> **名师点拨**
>
> 非同一控制下企业合并，账面价值即为取得时的公允价值，其公允价值减去出售费用后的净额一定小于账面价值，因此应当按照公允价值减去出售费用后的净额计量。

同一控制下的企业合并中非流动资产或处置组划分为持有待售类别的，应当按照合并日在被合并方的账面价值与公允价值减去出售费用后的净额孰低计量。除企业合并中取得的非流动资产或处置组外，由以公允价值减去出售费用后的净额作为非流动资产或处置组初始计量金额而产生的差额，应当计入当期损益。

（三）划分为持有待售类别后的计量

1. 持有待售的非流动资产的后续计量

资产负债表日重新计量持有待售的非流动资产时，其账面价值高于公允价值减去出售费用后的净额的，应当将账面价值减记至公允价值减去出售费用后的净额，减记的金额确认为资产减值损失，计入当期损益，同时计提持有待售资产减值准备。

要点小贴士

（1）划分为持有待售类别前确认的资产减值损失不得转回；

（2）持有待售的非流动资产不应计提折旧或摊销。

后续资产负债表日持有待售的非流动资产公允价值减去出售费用后的净额增加的，以前减记的金额应当予以恢复，并在划分为持有待售类别后确认的资产减值损失金额内转回，转回金额计入当期损益。

经典题解

【真题5·多选题】2×16年9月末，甲公司董事会通过一项决议，拟将持有的一项闲置管理用设备对外出售。甲公司10月3日与独立第三方签订出售协议。拟将该设备以4100万元的价值出售给独立第三方，预计出售过程中将发生的处置费用为100万元。该设备为甲公司于2×14年7月购入，原价为6000万元，预计使用10年，预计净残值为零，采用年限平均法计提折旧，至签订协议时已计提折旧1350万元，未计提减值准备。至2×16年12月31日，该设备出售尚未完成，但甲公司预计将于2×17年第一季度完成。不考虑其他因素，下列各项关于甲公司因该设备对其财务报表影响的表述中，正确的有（　　）。（2017年改编）

A. 甲公司2×16年年末因持有该设备应计提650万元减值准备

B. 该设备在2×16年年末资产负债表中应以4000万元的价值列报为流动资产

C. 甲公司2×16年对该设备计提的折旧600万元计入当期损益

D. 甲公司2×16年年末资产负债表中因该交易应确认4100万元应收款

【解析】该设备划分为持有待售时的原账面价值=6000-1350=4650（万元），预计售价减处置费用的净额=4100-100=4000（万元），甲公司应计提的减值准备=4650-4000=650（万元），选项A正确；

甲公司将该设备作为流动资产列示，列示金额为4000万元，选项B正确；

2×16年度该设备计提折旧的金额=6000/10×10/12=500（万元），选项C错误；

2×16年年末资产负债表中不确认应收款，选项D错误。

【答案】AB

【真题6·多选题】为整合资产，甲公司2×14年9月经董事会决议处置部分生产线。2×14年12月31日，甲公司与乙公司签订某生产线出售合同。合同约定：该项交易自合同签订之日起10个月内完成，原则上不可撤销，但因外部审批及其他不可抗力因素影响的除外。如果取消合同，主动提出取消的一方应向对方赔偿损失560万元。生产线出售价格为2600万元，甲公司负责生产线的拆除并运送至乙公司指定地点，经乙公司验收后付款。甲公司该生产线2×14年年末账面价值为3200万元，预计拆除、运送等费用为120万元。2×15年3月，在合同实际执行过程中，因乙公司所在地方政府出台新的产业政策，乙公司购入资产属于新政策禁止行业，乙公司提出取消合同并支付了赔偿款。不考虑其他因素，下列关于甲公司对于上述事项的会计处理中，正确的有（　　）。（2016年）

A. 自2×15年1月起对拟处置生产线停止计提折旧

B. 2×14年资产负债表中该生产线列报为3200万元

C. 2×15年将取消合同取得的乙公司赔偿款确认为营业外收入

D. 自2×15年3月知晓合同将予取消时起，对生产线恢复计提折旧

【解析】划分持有待售固定资产后不再计提折旧，因此自 2×15 年 1 月起对拟处置生产线停止计提折旧，选项 A 正确；

2×14 年资产负债表中该生产线列报金额 =2600-120=2480（万元），选项 B 错误；

收到的赔偿款应确认营业外收入，选项 C 正确；

对于持有待售类别的重分类，应采用追溯调整法处理，不是知晓合同将予取消时起恢复计提折旧，选项 D 错误。

【答案】AC

2. 持有待售的处置组的后续计量

企业在资产负债表日重新计量持有待售的处置组时，应当首先按照相关会计准则规定计量处置组中的流动资产、适用其他准则计量规定的非流动资产和负债的账面价值。在进行上述计量后，企业应当比较持有待售的处置组整体账面价值与公允价值减去出售费用后的净额，如果账面价值高于其公允价值减去出售费用后的净额，应当将账面价值减记至公允价值减去出售费用后的净额，减记的金额确认为资产减值损失，计入当期损益，同时计提持有待售资产减值准备。

对于持有待售的处置组确认的资产减值损失金额，应当先抵减处置组中商誉的账面价值，再根据处置组中适用本准则计量规定的各项非流动资产账面价值所占比重，按比例抵减其账面价值。

后续资产负债表日持有待售的处置组公允价值减去出售费用后的净额增加的，以前减记的金额应当予以恢复，并在划分为持有待售类别后适用本准则计量规定的非流动资产确认的资产减值损失金额内转回，转回金额计入当期损益。

要点小贴士

（1）已抵减的商誉账面价值，以及适用本准则计量规定的非流动资产在划分为持有待售类别前确认的资产减值损失不得转回。

（2）持有待售的处置组中的非流动资产不应计提折旧或摊销，持有待售的处置组中负债的利息和其他费用应当继续予以确认。

（四）不再继续划分为持有待售类别的计量

非流动资产或处置组因不再满足持有待售类别的划分条件而不再继续划分为持有待售类别或非流动资产从持有待售的处置组中移除时，应当按照以下两者孰低计量：（1）划分为持有待售类别前的账面价值，按照假定不划分为持有待售类别情况下本应确认的折旧、摊销或减值等进行调整后的金额；（2）可收回金额。

（五）终止确认

企业终止确认持有待售的非流动资产或处置组时，应当将尚未确认的利得或损失计入当期损益。

三、持有待售类别的列报

持有待售资产和负债不应当相互抵销。“持有待售资产”和“持有待售负债”应当分别作为流动资产和流动负债列示。

第二节　终止经营

使用“会计云课堂”App或“微信”扫码查看本节视频，快速GET知识点。

名师点拨

判断终止经营的要点：
（1）能够单独区分，指经营活动和现金流量能够单独区分；
（2）具有一定规模；
（3）时点要求：处置（主要业务终止）或者划分为持有待售类别。

一、终止经营的定义

终止经营，是指企业满足下列条件之一的、能够单独区分的组成部分，且该组成部分已经处置或划分为持有待售类别：（1）该组成部分代表一项独立的主要业务或一个单独的主要经营地区；（2）该组成部分是拟对一项独立的主要业务或一个单独的主要经营地区进行处置的一项相关联计划的一部分；（3）该组成部分是专为转售而取得的子公司。

经典题解

【例题7·多选题】下列项目中，不属于终止经营的有（　　）。

A. 甲公司在全国拥有500家规模相同的零售门店，甲公司决定将其位于某市的8家零售门店中的一家门店出售，并于2×20年10月27日与乙公司正式签订了转让协议

B. 乙集团拥有一家经营药品批发业务的子公司A公司，药品批发构成乙集团的一项独立的主要业务，且A公司在全国多个城市设立了营业网点，由于经营不善，乙集团决定停止A公司的所有业务，至2×20年10月27日，已处置了A公司所有存货并辞退了所有员工，但仍有一些债权等待收回，部分营业网点门店的租约尚未到期，仍需支付租金费用

C. 丙集团正在关闭其主要从事放贷业务的子公司B公司，自2×20年2月1日起，B公司不再贷出新的款项，但仍会继续收回未结贷款的本金和利息，直到原设定的贷款期结束

D. 丁公司决定关闭从事工程承包业务的W分部，要求W分部在完成现有承包合同后不再承接新的承包合同

【解析】选项A，不代表一项独立的主要业务或一个单独的主要经营地区，不属于终止经营；选项B，主要业务终止，属于终止经营；选项C和D，业务未完结，不属于终止经营。

【答案】ACD

要点小贴士

持有待售的非流动资产或处置组相关损益的列报：
（1）符合终止经营的，作为终止经营损益列报；
（2）不符合终止经营的，作为持续经营损益列报。

二、终止经营的列报

企业应当在利润表中分别列示持续经营损益和终止经营损益。不符合终止经营定义的持有待售的非流动资产或处置组，其减值损失和转回金额及处置损益应当作为持续经营损益列报。终止经营的减值损失和转回金额等经营损益及处置损益应当作为终止经营损益列报。

拟结束使用而非出售的处置组满足终止经营定义中有关组成部分的条件的，应

当自停止使用日起作为终止经营列报。列报的终止经营损益应当包含整个报告期间，而不仅包含认定为终止经营后的报告期间。如果因出售对子公司的投资等原因导致企业丧失对子公司的控制权，且该子公司符合终止经营定义的，应当在合并利润表中列报相关终止经营损益。

名师点拨

终止经营损益列报的期间是整个报告期间（如2×21年10月20日发生终止经营业务，整个报告期间是2×21年1月1日至2×21年12月31日）及可比会计期间（2×20年1月1日至2×20年12月31日）。

从财务报表可比性出发，对于当期列报的终止经营，企业应当在当期财务报表中将原来作为持续经营损益列报的信息重新作为可比会计期间的终止经营损益列报。这意味着对于可比会计期间的利润表，作为终止经营列报的不仅包括在可比会计期间即符合终止经营定义的处置组，还包括在当期首次符合终止经营定义的处置组。由于后者的存在，处置组在可比会计期间销售商品、提供服务的收入和相关成本、费用，以及相关资产按照《企业会计准则第8号——资产减值》的规定确认的资产减值损失等也应当作为终止经营损益列报。

企业还应当在附注中披露有关终止经营的相关信息。

终止经营不再满足持有待售类别划分条件的，企业应当在当期财务报表中，将原来作为终止经营损益列报的信息重新作为可比会计期间的持续经营损益列报，并在附注中说明这一事实。

经典题解

【真题8·单选题】2×20年10月1日，甲公司与交易对手方签订股权出售协议，协议约定甲公司出售其全资子公司乙公司80%的股权。2×21年3月15日，双方办理了股权过户登记手续、董事会改选、支付股权转让款等事项。乙公司的经营地区在华南，是甲公司的一个单独的主要经营地区。处置乙公司股权后，甲公司将退出华南地区。甲公司2×20年度财务报告经批准于2×21年4月15日对外报出。甲公司在编制2×20年度财务报表时，下列各项会计处理的表述中，正确的是（　　）。（2021年）

A. 比较合并财务报表中，将乙公司2×19年度的经营损益列报为终止经营损益

B. 合并财务报表中，终止经营损益为乙公司2×20年10月至12月的经营损益

C. 个别财务报表中，将持有的乙公司长期股权投资的80%重分类为持有待售资产

D. 合并财务报表中，不再将乙公司纳入2×20年度合并范围

【解析】乙公司是甲公司的一个单独的主要经营地区，能够单独区分，且划分为持有待售类别，符合终止经营的定义。从财务报表可比性出发，对于当期列报的终止经营，甲公司应当在当期财务报表中，将原来作为持续经营损益列报的信息重新作为可比会计期间的终止经营损益列报，选项A正确；

甲公司拟出售乙公司的80%股权，符合终止经营的确认条件。甲公司出售对乙公司的投资等原因导致丧失对乙公司的控制权，且乙公司符合终止经营定义的，应当在合并利润表中列报相关终止经营损益，列报的终止经营损益应当包含整个报告期间，而不仅包含认定为终止经营后的报告期间，选项B错误；

甲公司因出售对乙公司的投资等原因导致其丧失对乙公司的控制权，应当在拟出售的对乙公司投资满足持有待售类别划分条件时，在甲公司个别财务报表中将对乙公司投资整体划分为持有待售类别，而不是仅将拟处置的投资划分为持有待售类别，选项C错误；

甲公司因出售对乙公司的投资等原因导致其丧失对乙公司的控制权，无论对乙公司的投资是否划分为持有待售类别，甲公司始终应当按照《企业会计准则第33号——合并财务报表》的规定确定合并范围，编制合并财务报表，选项D错误。

【答案】A

【真题9·多选题】下列各项关于终止经营列报的表述中，错误的有（　　）。（2019年）

A. 终止经营的相关损益作为持续经营损益列报

B. 终止经营的处置损益以及调整金额作为终止经营损益列报

C. 拟结束使用而非出售的处置组满足终止经营定义中有关组成部分条件的，自停止使用日起作为终止经营列报

D. 对于当期列报的终止经营，在当期财务报表中将处置日前原来作为持续经营损益列报的信息重新作为终止经营损益列报，但不调整可比会计期间利润表

【解析】终止经营的相关损益应当作为终止经营损益列报，选项A错误；从财务报表可比性出发，对于当期列报的终止经营，企业应当在当期财务报表中，将原来作为持续经营损益列报的信息重新作为可比会计期间的终止经营损益列报，调整可比期间利润表，选项D错误。

【答案】AD

三、特殊事项的列报

1. 企业专为转售而取得的持有待售子公司的列报

除非企业是投资性主体并将该子公司按照公允价值计量且其变动计入当期损益，否则仍然应当按照《企业会计准则第33号——合并财务报表》的规定，将该子公司纳入合并范围。

（1）合并资产负债表

在合并资产负债表中，允许采用简便方法处理，将企业专为转售而取得的持有待售子公司的全部资产和负债应当分别作为持有待售资产和持有待售负债项目列示。

（2）合并利润表

符合终止经营定义的专为转售而取得的持有待售子公司的净利润与其他终止经营净利润应当合并列示在“终止经营净利润”项目中。

2. 不再继续划分为持有待售类别的列报

对于非流动资产或处置组，如果其不再继续划分为持有待售类别或非流动资产从持有待售的处置组中移除，在资产负债表中，企业应当将原来分类为持有待售类别的非流动资产或处置组重新作为固定资产、无形资产等列报，并调整其账面价值。在当期利润表中，企业应当将账面价值调整金额作为持续经营损益列报。

持有待售的对联营企业或合营企业的权益性投资不再符合持有待售类别划分条件的，应当自划分为持有待售类别日起采用权益法进行追溯调整；持有待售的对子公司、共同经营的权益性投资不再符合持有待售类别划分条件的，应当自划分为持有待售类别日起追溯调整。上述情况下，划分为持有待售类别期间的财务报表应当作相应调整。

考试加油站

一、本章小结

下载“会计云课堂”App 学习

您已成功完成“第十五章”的学习，本章共 6 个考点，您都学会了吗？

为了让您对章节有更清晰的理解，加倍巩固。本书作者张志凤老师将通过**“视频导图课”**的方式，带您回顾重要考点。

名师点拨，视听结合，高效提分。

※ 欢迎您扫码，免费观看学习。

二、本章疑难问题解答

1. 将长期股权投资划分为持有待售类别，为什么成本法核算和权益法核算的长期股权投资在报表中的会计处理不同？

答：对子公司投资采用成本法核算，需要编制合并财务报表，合并财务报表是将子公司的所有资产和负债纳入合并财务报表中，因此，无论母公司个别财务报表还是合并财务报表都应考虑整体，参见本章疑难问题解答 2。对联营企业或合营企业投资，不编制合并财务报表，不能考虑长期股权投资整体的会计处理，应将划分为持有待售部分和剩余部分分开考虑，划分为持有待售部分停止采用权益法核算，剩余部分（此时对被投资单位还是具有重大影响或共同控制）仍采用权益法核算，待后续实际出售部分投资后，不再具有重大影响或共同控制时，再将剩余投资按《企业会计准则第 22 号——金融工具确认和计量》进行会计处理。

2. 拟出售对子公司投资满足持有待售类别划分条件时，为什么要在母公司个别财务报表中将其整体划分为持有待售类别？

答：在持有待售的长期股权投资出售前，母公司仍然要编制合并财务报表，并将子公司整体纳入合并财务报表中。因拟出售子公司，所以应将子公司整体划分为持有待售类别，在合并财务报表中要将子公司所有资产在“持有待售资产”项目列示，所有负债在“持有待售负债”项目列示。长期股权投资反映的是子公司净资产，合并财务报表中反映的是子公司全部持有待售资产和持有待售负债，因此母公司个别财务报表中的长期股权投资也应整体划分为持有待售类别。

历年经典主观题回顾

使用“会计云课堂”App 或“微信”扫码快速做题、对答案、看解析、掌握解题思路，开启轻松过关之旅。

一、计算分析题

甲公司是一家经营日用品超市业务的境内上市公司，在全国拥有 500 多家超市（为非法人分支机构），其中在乙省拥有超市 80 家。2×17 年 11 月 20 日，甲公司董事会决定将其位于乙省某小镇的丙超市予以出售。相关资料如下：

（1）2×17 年 12 月 25 日，甲公司与丁公司签订转让丙超市的协议，协议约定：转让价格为 500 万元；转让时点为 2×18 年 2 月 10 日，转让日丙超市所有资产负债均由丁公司承接，如果任何一方违约，违约一方需按照转让价格的 20% 支付另一方违约金。该协议满足合同法规定的所有要件。甲公司、丁公司的管理层已经批准该协议。

（2）2×17 年 12 月 31 日，丙超市停止营业。当日，丙超市的资产总额为 800 万元，负债总额为 350 万元（其中，应付 2×17 年度超市房屋租赁费 50 万元，将于 2×18 年 1 月 10 日支付）。甲公司预计因出售丙超市需支付的相关税费为 60 万元。

（3）2×18 年 2 月 10 日，丙超市的资产总额为 750 万元（其中，银行存款 300 万元，库存商品 360 万元，应收账款 90 万元），负债总额为 300 万元（全部为应付账款）。

（4）2×18 年 2 月 10 日，甲公司与丁公司办理了丙超市相关资产和负债的交接手续。当日，丁公司向甲公司支付转让价款 500 万元，甲公司已收存银行。

甲公司和丁公司不存在关联方关系。甲公司 2×17 年度财务报表于 2×18 年 3 月 15 日对外提供。除上述所给资料外，不考虑其他因素。

要求：

（1）判断甲公司出售丙超市是否构成终止经营，并说明理由。

（2）判断甲公司出售丙超市的交易在 2×17 年度对外提供的财务报表中应当作为资产负债表日后调整事项处理还是作为非调整事项处理，并说明理由。

（3）说明拟出售丙超市的资产及负债在甲公司 2×17 年末资产负债表中应列报的项目名称及金额，计算拟出售丙超市的交易对甲公司 2×17 年度利润表的影响金额。（2018 年）

二、综合题

2×18 年，甲公司发生的相关交易或事项如下：

（1）1 月 1 日，甲公司以 2500 万元从乙公司购入其发行的 3 年期资产管理计划的优先级 A 类资产支持证券，该证券的年收益率为 5.5%。

该资产管理计划系乙公司将其所有的股权投资和应收款项作为基础资产履行的资产支持证券，该证券分为优先级A类、优先级B类和次级类三种。按照发行协议的约定，优先级A类和优先级B类按固定收益率每年初支付上一年的收益，到期偿还本金和最后一年的收益，基础资产中每年产生的现金流量，按优先级和次级顺序依次支付优先级A类、优先级B类和次级类持有者的收益。该资产管理计划到期时，基础资产所产生的现金流量按上述顺序依次偿付持有者的本金及最后一年的收益；如果基础资产产生的现金流量不足以支付所有持有者的本金及收益的，按上述顺序依次偿付。

（2）8月7日，甲公司以2000万元购入由某银行发行的两年期理财产品，预计年收益率为6%。根据该银行理财产品合同的约定，将客户投资理财产品募集的资金投资于3A级公司债券、申购新股和购买国债。

（3）9月30日，甲公司与其开户银行签订保理协议，将一年后到期的5000万元不带息应收账款，按照4800万元的价格出售给其开户银行。按照保理协议的约定，如果应收账款到期后债务人不能按期支付款项，甲公司有义务向其开户银行偿付。当日，甲公司收到其开户银行支付的4800万元款项。

甲公司对应收账款进行管理的目标是，将应收账款持有到期后收取款项，同时兼顾流动性要求转让应收账款。

（4）10月1日，甲公司向特定的合格机构投资者按面值发行永续债3000万元。根据募集说明书的约定，本次发行的永续债无期限，票面年利率为4.8%，按年支付利息；5年后甲公司可以赎回，如果不赎回，票面年利率将根据当时的基准利率上浮1%，除非利息支付日前12个月发生甲公司向普通股股东支付股利等强制付息事件，甲公司有权取消支付永续债当期的利息，且不构成违约，在支付约定的永续债当期利息前，甲公司不得向普通股股东分配股利；甲公司有权按照永续债票面金额加上当期已决议支付但尚未支付的永续债利息之和赎回本次发行的永续债，本次发行的永续债不设置投资者回售条款，也不设置强制转换为普通股的条款；甲公司清算时，永续债持有者的清偿顺序劣后于普通债务的债权人，但在普通股股东之前。

甲公司根据相应的议事机制，能够自主决定普通股股利的支付。

（5）12月31日，经董事会批准，甲公司与丙公司签订出售其所持丁公司20%股权的协议。协议约定，出售价格为3500万元，甲公司应于2×19年4月末前办理完成丁公司股权的产权转移手续。甲公司预计能够按照协议约定完成丁公司股权的出售，预计出售该股权发生的税费为400万元。

甲公司持有丁公司30%股权并对其具有重大影响。截至2×18年12月31日，甲公司对丁公司股权投资的账面价值为3600万元，其中投资成本为2400万元，损益调整为900万元，其他综合收益为300万元。

本题不考虑税费及其他因素。

要求：

（1）根据资料（1），判断甲公司购入的优先级A类资产支持证券在初始确认时应当如何分类，并说明理由。

（2）根据资料（2），判断甲公司购入的银行理财产品在初始确认时应当如何分类，并说明理由。

（3）根据资料（3），判断甲公司保理的应收账款在初始确认时应当如何分类，并说明理由；判断甲公司保理的应收账款能否终止确认，说明理由，并编制与应收账款保理相关的会计分录；

说明该保理应收账款在甲公司 2×18 年 12 月 31 日资产负债表中列示的项目名称。

（4）根据资料（4），判断甲公司发行的永续债在初始确认时应当如何分类，说明理由，并编制相关会计分录。

（5）根据资料（5），判断甲公司对拟出售的丁公司股权应当如何分类及计量，编制相关会计分录；说明甲公司保留所持丁公司 10% 股权投资在完成出售 20% 股权前的会计处理原则。（2020 年）

历年经典主观题参考答案及解析

使用“会计云课堂”App 或“微信”扫码对答案、看解析、掌握解题思路，开启轻松过关之旅。

一、计算分析题

【答案】

（1）甲公司出售丙超市不构成终止经营。

理由：甲公司在全国拥有 500 多家超市（为非法人分支机构），其中在乙省拥有超市 80 家，仅出售其位于乙省某小镇的丙超市，丙超市不能代表一项独立的主要业务或一个单独的主要经营地区，不属于终止经营。

（2）甲公司出售丙超市的交易在 2×17 年度对外提供的财务报表中应当作为资产负债表日后非调整事项处理。

理由：2×17 年 12 月 31 日将丙超市划分为持有待售类别，并未发生实际出售交易，资产负债表日后期间实际出售，不应调整 2×17 年度财务报表。

（3）丙超市的资产及负债在甲公司 2×17 年末资产负债表中应列报为“持有待售资产”和“持有待售负债”项目。

持有待售资产列报金额 =800-［（800-350）-（500-60）］=790（万元）；

持有待售负债列报金额为 350 万元。

拟出售丙超市的交易对甲公司 2×17 年度利润表的影响金额 =（500-60）-（800-350）=-10（万元）。

二、综合题

【答案】

（1）甲公司应将购入的优先级 A 类资产支持证券在初始确认时将其分类为以公允价值计量且其变动计入当期损益的金融资产。

理由：甲公司购入的优先级 A 类资产支持证券所属的基础资产不满足合同现金流量特征的条件。

（2）甲公司应将购入的银行理财产品分类为以公允价值计量且其变动计入当期损益的金融资产核算。

理由：由于甲公司购买的理财产品合同规定所作的三类投资项目，不全部是仅为对本金和以未偿付本金金额为基础的利息支付，不满足合同现金流量特征的条件。

（3）①甲公司保理的应收账款在初始确认时应当分类为以公允价值计量且其变动计入其他综合收益的金融资产核算。

理由：甲公司管理应收账款的业务模式既以收取合同现金流量为目标，又以出售该金融资产为目标。

②甲公司保理的应收账款不应终止确认。

理由：按照保理协议的约定，如果应收账款到期债务人不能按期支付款项，甲公司具有偿付的义务；该保理的应收账款的风险和报酬尚未转移，不应终止确认相应的应收账款。

借：银行存款	4800	
贷：短期借款		4800
借：财务费用	50	
贷：短期借款		50

③该项应收账款在 2×18 年资产负债表中列示于“应收款项融资”项目。

（4）甲公司发行的永续债应当分类为权益工具。

理由：甲公司能够无条件避免交付现金或其他金融资产的合同义务。

借：银行存款	3000	
贷：其他权益工具		3000

（5）甲公司对拟出售的丁公司股权部分应当分类为持有待售资产。

甲公司对拟出售的丁公司股权部分应当按照公允价值减出售费用后的净额 3100 万元，与其账面价值 2400 万元孰低计量，会计处理如下：

借：持有待售资产—长期股权投资	2400	
贷：长期股权投资—投资成本		1600
—损益调整		600
—其他综合收益		200

甲公司保留所持丁公司 10% 股权投资在完成出售部分股权前仍按权益法进行会计核算。

同步强化练习题

使用“会计云课堂”App或“微信”扫码快速做题、对答案、看解析、掌握解题思路，开启轻松过关之旅。

一、单项选择题

1. 关于处置组，下列表述中正确的是（　　）。
   A. 处置组中不包括负债
   B. 处置组中只包括非流动资产
   C. 处置组中不包括商誉
   D. 处置组中可能包括流动资产、非流动资产和负债

2. 甲公司于2×20年5月支付1200万元购入非关联方乙公司80%有表决权股份，控制了乙公司。2×20年末，甲公司持有的乙公司股权未出现减值迹象，没有计提减值准备。2×21年3月，由于公司战略发生变化，甲公司管理层作出决议，将在一年内出售乙公司。当月末，甲公司与A公司签订股权转让协议，甲公司将所持有的乙公司80%股权以1128万元转让给A公司，股权转让手续将在1年内完成。甲公司于3月末将该股权转入持有待售类别，假设预计出售费用为4万元，则2×21年3月末甲公司个别资产负债表中“持有待售资产”项目列示金额为（　　）万元。
   A. 1128　　B. 1124
   C. 899.2　　D. 1120

3. 甲公司计划出售一项无形资产，该无形资产于2×21年7月1日被划分为持有待售无形资产，公允价值为1030万元，预计出售费用为10万元。该无形资产购买于2×17年1月1日，原值为2000万元，无残值，预计使用寿命为10年，采用直线法摊销，取得时已达到预定用途。不考虑其他因素，该持有待售资产2×21年7月1日应计提减值准备的金额为（　　）万元。
   A. 80　　B. 1100
   C. 1020　　D. 0

4. 甲公司计划出售一项固定资产，该固定资产于2×21年6月30日被划分为持有待售固定资产，公允价值为640万元，预计出售费用为5万元。该固定资产购买于2×14年12月20日，原值为2000万元，预计净残值为零，预计使用寿命为10年，采用年限平均法计提折旧，取得时已达到预定可使用状态。不考虑其他因素，该持有待售资产2×21年6月30日列报金额为（　　）万元。
   A. 1100　　B. 700
   C. 635　　D. 65

5. 关于持有待售无形资产，下列表述中错误的是（　　）。
   A. 企业将无形资产首次划分为持有待售类别前，应当按照无形资产准则规定计量无形资产的账面价值
   B. 企业在资产负债表日重新计量持有待售的无形资产时，其账面价值高于公允价值减去出售费用后的净额的，应当将账面价值减记至公允价值减去出

售费用后的净额，减记的金额确认为资产减值损失，计入当期损益，同时计提持有待售资产减值准备

C. 后续资产负债表日持有待售的无形资产公允价值减去出售费用后的净额增加的，以前减记的金额不得转回

D. 持有待售的无形资产不摊销

6. 甲公司拥有联营企业乙公司 25% 的股权，拟出售 20% 的股权，符合持有待售条件，甲公司持有剩余的 5% 股权，对被投资方不具有重大影响。下列会计处理中，正确的是（　　）。

A. 甲公司持有乙公司 25% 股权投资仍继续采用权益法核算

B. 甲公司持有乙公司 20% 股权投资停止采用权益法核算，5% 股权投资按交易性金融资产核算

C. 甲公司将持有乙公司 25% 股权投资划分为持有待售类别

D. 甲公司持有乙公司 20% 股权投资停止采用权益法核算，5% 股权投资继续采用权益法核算

7. 关于持有待售资产，下列会计处理中正确的是（　　）。

A. 企业应当在拟出售的对子公司投资满足持有待售类别划分条件时，在合并报表中将拟处置的投资对应的资产和负债划分为持有待售类别

B. 企业应当在拟出售的对子公司投资满足持有待售类别划分条件时，在母公司个别财务报表中将对子公司出售的部分划分为持有待售类别

C. 对于企业专为转售而新取得的非流动资产，如果满足条件，企业应当在取得日将其划分为持有待售类别

D. 企业原持有 30% 股权的长期股权投资，现拟出售 25% 股权，满足持有待售的确认条件，剩下的 5% 股权应当按照公允价值进行计量

8. 2×21 年 6 月末，甲公司董事会通过一项决议，拟将持有的一项闲置管理用设备对外出售。甲公司 6 月 30 日与独立第三方签订出售协议，拟将该设备以 3020 万元的价格出售给独立第三方，预计出售过程中将发生的出售费用为 20 万元。该设备为甲公司于 2×19 年 6 月购入，原价为 5000 万元，预计使用年限为 10 年，预计净残值为零，采用年限平均法计提折旧，至拟出售时已计提折旧 1000 万元，未计提减值准备。至 2×21 年 12 月 31 日，该设备出售尚未完成，但甲公司预计将于 2×22 年第一季度完成。不考虑其他因素，下列各项关于甲公司因该设备对其财务报表影响的表述中，正确的是（　　）。

A. 甲公司 2×21 年 6 月 30 日持有该设备不应计提减值准备

B. 该设备在 2×21 年年末资产负债表中“持有待售资产”项目列报金额为 3000 万元

C. 甲公司 2×21 年对该设备计提的折旧为 500 万元

D. 甲公司 2×21 年年末资产负债表中“固定资产”项目列报金额为 2500 万元

9. 关于持有待售类别和终止经营的列报，下列表述中错误的是（　　）。

A. 划分为持有待售并符合终止经营的资产产生的损益应作为终止经营损益列报

B. 对于当期列报的终止经营，企业应当在当期财务报表中，将原来作为持续经营损益列报的信息重新作为可比会计期间的终止经营损益列报

C. 非流动资产或处置组在资产负债表日次日起至财务报告批准报出日之间满足持有待售类别划分条件的，应当作为资产负债表日后非调整事项进行会计处理

D. 终止经营的相关损益应当作为终止经营损益列报，列报的终止经营损益仅包含认定为终止经营后的报告期间

10. 关于特殊事项的列报，下列表述中正确的是（　　）。
   A. 在合并资产负债表中，企业专为转售而取得的持有待售子公司的资产和负债应当按各项资产和负债的具体项目列示
   B. 在合并利润表中，专为转售而取得的持有待售子公司的净利润在持续经营损益列报
   C. 对于非流动资产或处置组，如果其不再继续划分为持有待售类别的非流动资产从持有待售的处置组中移除，在资产负债表中，企业应当将原来分类为持有待售类别的非流动资产或处置组重新作为固定资产、无形资产等列报，并调整其账面价值
   D. 企业应当将不再继续划分为持有待售类别的非流动资产或处置组重新作为固定资产、无形资产等列报，对其账面价值的调整金额作为终止经营损益列报

二、多项选择题

1. 甲企业集团拟出售持有的部分长期股权投资，假设拟出售的股权符合持有待售类别的划分条件，则下列会计处理中，正确的有（　　）。
   A. 甲企业集团拥有乙公司100%的股权，拟出售60%的股权，出售后将丧失对乙公司的控制权，但对其具有重大影响，母公司个别财务报表中将对乙公司投资的60%部分划分为持有待售类别
   B. 甲企业集团拥有丙公司100%的股权，拟出售20%的股权，出售后仍然拥有对丙公司的控制权，母公司个别财务报表中将对丙公司投资整体划分为持有待售类别
   C. 甲企业集团拥有丁公司80%的股权，拟出售全部股权，母公司个别财务报表中将对丁公司投资整体划分为持有待售类别
   D. 甲企业集团拥有戊公司60%的股权，拟出售55%的股权，出售后对戊公司不具有重大影响，母公司个别财务报表中将对戊公司投资整体划分为持有待售类别

2. 经董事会批准，甲公司于2×21年9月30日与乙公司签订一项不可撤销的销售合同，将一台设备转让给乙公司，若违约需支付违约金40万元。合同约定，设备转让价格为1020万元，预计出售费用为20万元，乙公司应于2×22年1月15日前支付上述款项；甲公司应协助乙公司于2×22年2月1日前完成该设备所有权的转移手续。至2×21年9月30日，该设备原价为1600万元，已提折旧400万元，此前未计提减值准备，2×21年9月30日可收回金额为1080万元。2×21年12月10日，乙公司发生严重财务困难，不再购买该设备，向甲公司支付违约金40万元。2×21年12月31日，甲公司就该设备与丙公司签订一项不可撤销的销售合同，将其转让给丙公司，若违约需支付违约金40万元。合同约定，设备转让价格为1140万元，预计出售费用为20万元，丙公司应于2×22年3月15日前支付上述款项；甲公司应协助丙公司于2×22年3月1日前完成该设备所有权的转移手续。假定不考虑其他因素，甲公司下列会计处理中，正确的有（　　）。
   A. 2×21年9月30日持有待售资产列报金额为1000万元
   B. 2×21年12月31日该资产仍应作为持有待售资产列报

C. 2×21 年 12 月 31 日持有待售资产列报金额为 1080 万元

D. 2×21 年 12 月 31 日持有待售资产列报金额为 1120 万元

3. 下列项目中，可以划分为持有待售的非流动资产的有（　　）。

A. 甲公司拥有 A 办公大楼，由于发展战略发生改变，甲公司与乙公司已签订协议，决定出售 A 办公楼，且腾空办公大楼所需时间是正常且符合交易惯例

B. 甲公司拥有 B 办公大楼，甲公司与丙公司已签订协议，决定新办公大楼竣工前继续使用 B 办公大楼，竣工后交付丙公司

C. 甲公司因经营范围发生改变，与丁公司签订协议，计划将生产 N 产品的全套生产线出售，同时将尚未完成的客户订单一并移交给丁公司

D. 甲公司因经营范围发生改变，与戊公司签订协议，计划将生产 M 产品的全套生产线出售，但在完成所积压的客户订单后再将生产线转让给戊公司

4. 关于持有待售的处置组的后续计量，下列会计处理表述中正确的有（　　）。

A. 企业在资产负债表日重新计量持有待售的处置组时，应当首先按照相关会计准则规定计量处置组中的流动资产、适用其他准则计量规定的非流动资产和负债的账面价值

B. 对于持有待售的处置组确认的资产减值损失金额，应分摊至处置组中的全部资产

C. 对于持有待售的处置组确认的资产减值损失金额应当先抵减商誉的账面价值

D. 对于持有待售的处置组确认的资产减值损失后续转回金额，应当根据处置组中的各项资产（包括商誉）账面价值所占比重，按比例增加其账面价值

5. 关于持有待售资产的计量，下列表述中正确的有（　　）。

A. 持有待售的非流动资产不应计提折旧或摊销

B. 出售费用不包括财务费用和所得税费用

C. 持有待售的处置组中的金融工具，应当按照《企业会计准则第 22 号——金融工具确认和计量》的规定计量

D. 划分为持有待售时确认的商誉减值损失不得转回

6. 关于持有待售类别的列报，下列表述中正确的有（　　）。

A. 同一处置组中持有待售资产和负债应相互抵销

B. “持有待售资产”和“持有待售负债”应当分别作为流动资产和流动负债列示

C. “持有待售资产”项目应当根据“持有待售资产”科目的期末余额，减去“持有待售资产减值准备”科目的期末余额后的金额填列

D. 首次满足持有待售类别划分条件的非流动资产或划分为持有待售类别的处置组中的资产和负债应当追溯调整可比会计期间资产负债表

7. 甲企业集团决定出售其专门从事酒店管理的下属子公司乙公司，酒店管理构成甲企业集团的一项主要业务。乙公司管理一个酒店集团和一个连锁健身中心。为获取最大收益，甲企业集团决定允许将酒店集团和连锁健身中心出售给不同买家，但酒店和健身中心的转让是相互关联的，即两者或者均出售，或者均不出售。甲企业集团于 2×21 年 12 月 6 日与丙公司就转让连锁健身中心正式签订了协议，假设此时连锁健身中心符合了

持有待售类别的划分条件，但酒店集团尚不符合持有待售类别的划分条件。下列项目中正确的有（ ）。

A. 连锁健身中心与酒店集团均属于终止经营

B. 连锁健身中心属于终止经营

C. 酒店集团属于终止经营

D. 酒店集团不属于终止经营

8. 下列项目中，影响利润表终止经营损益的有（ ）。

A. 甲公司于2×21年12月6日与A企业签订了一栋自用写字楼转让协议，预计将于10个月内完成转让

B. 乙公司决定停止药品批发的主要业务，至2×21年12月10日，已处置了所有存货并辞退了所有员工，但仍有一些债权等待收回

C. 丙公司2×21年12月17日将从事工程承包业务的W分部（主要经营地区）出售

D. 丁公司2×21年12月20日购入B公司20%股份并对其具有重大影响，准备在6个月后出售

9. 下列关于终止经营的列报表述中正确的有（ ）。

A. 不符合终止经营定义的持有待售的非流动资产或处置组，其减值损失和转回金额及处置损益应当作为持续经营损益列报

B. 企业应当在利润表中分别列示持续经营损益和终止经营损益

C. 划分为持有待售的资产产生的损益，应作为终止经营损益列报

D. 终止经营不再满足持有待售类别划分条件的，无须调整可比会计期间的终止经营损益

三、计算分析题

甲公司是一家医疗仪器设备器械制造业的境内上市公司。由于甲公司经营范围发生改变，2×21年12月20日，甲公司董事会决定将生产A产品的全套生产线出售（该生产线代表甲公司的一项独立的主要业务）。相关资料如下：

（1）2×21年12月31日，甲公司与乙公司签订转让A产品的全套生产线的协议，协议约定：转让价格为2000万元；转让时点为2×22年2月20日；转让日A产品的全套生产线所有资产负债均由乙公司承接，甲公司尚未完成的客户订单一并移交给乙公司，如果任何一方违约，违约一方需按照转让价格的15%支付另一方违约金。该协议满足合同法规定的所有要件。甲公司、乙公司的管理层已经批准该协议。

（2）2×21年12月31日，A产品的全套生产线已经停止运行。当日，A产品的全套生产线的资产总额为4000万元（其中：银行存款500万元，库存商品700万元，应收账款300万元，固定资产2500万元），负债总额为2100万元（其中：应付2×21年度厂房租赁费200万元，将于2×22年1月10日支付）。甲公司预计因出售A产品的全套生产线需支付的相关税费为160万元。

（3）至2×22年2月20日，除用银行存款支付厂房租赁费200万元外，其他资产和负债的账面价值均未发生变化。

（4）2×22年2月20日，甲公司与乙公司办理了A产品的全套生产线相关资产和负债的交接手续。当日，乙公司向甲公司支付转让价款2000万元，甲公司已收存银行。甲公司因出售A产品的全套生产线支付相关税费150万元。

甲公司和乙公司不存在关联方关系。甲公司2×21年度财务报表于2×22年3月31日对外提供。除上述资料外，不考虑其他因素。

要求：

（1）判断甲公司2×21年12月31日拟

出售A产品的全套生产线是否应划分为持有待售类别，并说明理由。

（2）说明甲公司2×21年12月31日拟出售A产品的全套生产线的资产及负债在2×21年末资产负债表中应列报的项目名称及金额。

（3）判断甲公司2×21年12月31日拟出售A产品的全套生产线是否构成终止经营，并说明理由。

（4）判断甲公司出售A产品的全套生产线的交易在2×21年度对外提供的财务报表中应当作为资产负债表日后调整事项处理还是作为非调整事项处理，并说明理由。

（5）计算甲公司2×22年2月20日出售A产品的全套生产线的交易影响损益的金额，并说明在利润表中如何列报。

四、综合题

甲公司拥有一个销售门店，2×21年3月31日，甲公司与乙公司签订转让协议，将该门店整体转让，转让初定价格为1600万元（含债权投资持有期间收到的利息）。转让协议同时约定，对于门店2×21年1月1日购买的一项作为以摊余成本计量的金融资产核算的债券投资，其转让价格以转让完成当日市场报价为准。假设该门店满足划分为持有待售类别的条件，但不符合终止经营的定义。相关资料如下：

（1）该门店净资产包括银行存款、应收账款、库存商品、债权投资、固定资产、无形资产、商誉和应付账款。

①2×21年3月31日，银行存款余额为100万元（含收到的债券利息）。

②2×21年3月31日，应收账款余额为100万元，未计提坏账准备。

③2×21年3月31日，库存商品余额为220万元，存货跌价准备余额为20万元。

④债权投资系2×21年1月1日按面值500万元购入的A公司发行的债券，票面年利率为6%，3年期，每季度末发行者支付当季利息。

2×21年3月31日，该债券投资应计提预期信用损失准备10万元。

⑤2×21年1月1日，固定资产原价为1000万元，已提折旧200万元，至2×21年3月31日还应计提折旧50万元，未计提减值准备。

⑥2×21年1月1日，无形资产原价为500万元，已累计摊销100万元，至2×21年3月31日还应摊销20万元，未计提减值准备。

⑦2×21年3月31日，商誉账面价值为100万元，此前未计提减值准备。

⑧2×21年3月31日，应付账款账面价值为350万元。

（2）2×21年3月31日，该门店的公允价值为1600万元，甲公司预计为转让门店还需支付律师和注册会计师专业咨询费共计10万元。假设甲公司不存在其他持有待售的非流动资产或处置组。

（3）2×21年6月30日，该门店尚未完成转让，甲公司作为债权投资核算的债券收到利息7.5万元，确认预期信用损失准备余额为7.5万元。乙公司在对门店进行检查时发现一些资产轻微破损，甲公司同意修理，预计修理费用为1万元，甲公司还将律师和注册会计师咨询费预计金额调整至11万元。当日，门店处置组整体的公允价值为1618万元。

（4）2×21年7月20日，该门店完成转让，甲公司以银行存款支付维修费用1.2万元、律师和注册会计师咨询费10.8万元，当日该债权投资的市场报价为495万元，乙公司以银行存款支付所有转让价款1619万元。

假定：

（1）固定资产折旧和无形资产摊销计入销售费用；

（2）不考虑其他因素的影响。

要求：

（1）编制甲公司2×21年3月31日计提债权投资利息、确认预期信用损失准备及固定资产计提折旧和无形资产摊销的会计分录。

（2）编制甲公司将销售门店划分为持有待售类别时的会计分录。

（3）计算甲公司将销售门店划分为持有待售类别时应计提的减值准备，并编制相关会计分录。

（4）编制甲公司2×21年6月30日收到债券利息、确认债权投资预期信用损失准备及与持有待售资产减值准备相关的会计分录。

（5）编制甲公司2×21年7月20日转让销售门店的会计分录。

同步强化练习题参考答案及解析

使用“会计云课堂”App或“微信”扫码对答案、看解析、掌握解题思路，开启轻松过关之旅。

一、单项选择题

1.【答案】D

【解析】处置组，是指在一项交易中作为整体通过出售或其他方式一并处置的一组资产，以及在该交易中转让的与这些资产直接相关的负债，选项D正确。

2.【答案】B

【解析】2×20年甲公司取得长期股权投资时，其入账价值为1200万元，采用成本法核算，至2×21年转为持有待售类别前的账面价值为1200万元。转换日，该股权公允价值减去出售费用后的净额=1128-4=1124（万元），根据“孰低”原则，应计提持有待售资产减值准备76万元（1200-1124），在资产负债表中“持有待售资产”项目列示的金额为1124万元，选项B正确。

3.【答案】A

【解析】该无形资产2×21年7月1日被划归为持有待售资产前的账面价值=2000-2000/10×4.5=1100（万元），2×21年7月1日划分为持有待售资产的公允价值减去出售费用后的净额为1020万元（1030-10），应计提减值准备=1100-1020=80（万元）。

4.【答案】C

【解析】2×21年6月30日，甲公司该项固定资产的账面价值=2000-2000÷10×6.5=700（万元），该项固定资产公允价值减去出售费用后的净额=640-5=635（万元），应对该项资产计提减值准备=700-635=65（万元），故该持有待售资产在资产负债表中列示金额应为635万元。

5.【答案】C

【解析】后续资产负债表日持有待售的无形资产公允价值减去出售费用后的净额增加的，以前减记的金额应当予以恢复，并在划分为持有待售类别后确认的资产减值损失金额内转回，转回金额计入当期损益。划分为持有待售类别前确认的资产减值损失不得转回。

6.【答案】D

【解析】对乙公司20%股权投资应划分为持有待售类别，停止采用权益法核算，对剩余5%股权投资在划分为持有待售的20%股权投资出售前继续采用权益法进行会计处理，选项D正确。

7.【答案】C

【解析】企业应当在拟出售的对子公司投资满足持有待售类别划分条件时，在合并财务报表中将子公司所有资产和负债划分为持有待售类别，而不是仅将拟处置的投资对应的资产和负债划分为持有待售类别，选项A错误；企业应当在拟出售的对子公司投资满足持有待售类别划分条件时，在母公司个别财务报表中将对子公司投资整体划分为持有待售类别，而不是仅将拟处置的投资划分为持有待售类别，选项B错误；对联营企业或合营企业的权益性投资全部或部分分类为持有待售资产的应当停止权益法核算，对于未划分为持有待售资产的剩余权益性投资，应当在划分为持有待售的那部分权益性投资出售前继续采用权益法进行会计处理，所以选项D错误。

8.【答案】B

【解析】该设备划分为持有待售资产时的原账面价值=5000-1000=4000（万元），预计售价减出售费用后的净额=3020-20=3000（万元），甲公司应计提的减值准备=4000-3000=1000（万元），选项A错误；2×21年年末甲公司将该设备作为“持有待售资产”项目列报，列报金额为3000万元，选项B正确，选项D错误；划分为持有待售资产后，固定资产不再计提折旧，2×21年度该设备计提折旧的金额=5000/10×6/12=250（万元），选项C错误。

9.【答案】D

【解析】终止经营的相关损益应当作为终止经营损益列报，列报的终止经营损益应当包含整个报告期间，而不仅包含认定为终止经营后的报告期间，选项D错误。

10.【答案】C

【解析】选项A，在合并资产负债表中，企业专为转售而取得的持有待售子公司的全部资产和负债应当分别作为持有待售资产和持有待售负债项目列示；选项B，在合并利润表中，符合终止经营定义的专为转售而取得的持有待售子公司的净利润与其他终止经营净利润应当合并列示在“终止经营净利润”项目中；选项D，对于非流动资产或处置组，如果其不再继续划分为持有待售类别或非流动资产从持有待售的处置组中移除，在资产负债表中，企业应当将原来分类为持有待售类别的非流动资产或处置组重新作为固定资产、无形资产等列报，并调整其账面价值，在当期利润表中，企业应当将账面价值调整金额作为持续经营损益列报。

二、多项选择题

1.【答案】CD

【解析】企业因出售对子公司的投资等原因导致其丧失对子公司的控制权，无论企业是否保留非控制的权益性投资，均应当在拟出售对子公司投资满足持有待售类别划分条件时，在母公司个别财务报表中将对子公司投资整体划分为持有待售类别，而不是仅将拟处置的投资划分为持有待售类别，选项A错误；甲企业集团出售股权后并未丧失控制权，不能整体划分为持有待售类别，选项B错误。

2.【答案】ABC

【解析】2×21年9月30日固定资产账面价值=1600-400=1200（万元），可收回金额为1080万元，划分为持有待售前应计提减值准备120万元，划分为持有待售前账面价值为1080万元，划分为持有待售时公允价值减去出售费用后的净额为1000万元（1020-20），划分为持有待售类别时确认的资产减值损失=1080-1000=80（万元），因此2×21年9月30日持有待售资产列报金额为1000万元，选项A正确；2×21年12月31日，因与丙公司签订不可撤销的销售合同，且于1年内完成，该设备仍满足持有待售资产条件，选项B正确；后续资产负债表日持有待售的非流动资产公允价值减去出售费用后的净额增加的，以前减记的金额应当予以恢复，并在划分为持有待售类别后确认的资产减值损失金额内转回，转回金额计入当期损益。划分为持有待售类别前确认的资产减值损失不得转回。2×21年12月31日，设备减值准备转回前账面价值为1000万元，公允价值减去出售费用后的净额为1120万元（1140-20），只能转回减值准备80万元，转回后列报金额为1080万元，选项C正确，选项D错误。

3.【答案】AC

【解析】选项B和D，不符合在当前状况下可立即出售的条件。

4.【答案】AC

【解析】对于持有待售的处置组确认的资产减值损失金额，不应分摊至处置组中包含的流动资产或适用其他准则计量规定的非流动资产，选项B错误；对于持有待售的处置组确认的资产减值损失后续转回金额，应当根据处置组中除商誉外适用《企业会计准则第42号——持有待售的非流动资产、处置组和终止经营》规定的各项非流动资产账面价值所占比重，按比例增加其账面价值，选项D错误。

5.【答案】ABCD

6.【答案】BC

【解析】同一处置组中持有待售资产和负债不应相互抵销，选项A错误；持有待售准则应当采用未来适用法处理，企业不应重述比较财务报表，即企业不对其符合持有待售类别划分条件前各个会计期间的资产负债表进行项目的分类调整或重新列报，选项D错误。

7.【答案】BD

【解析】连锁健身中心是拟对一项独立的主要业务进行处置的一项相关联计划的一部分，属于终止经营，选项B正确；酒店集团尚未处置，也未划分为持有待售类别，不属于终止经营，选项A和C错误，选项D正确。

8.【答案】BC

【解析】选项A，符合持有待售但不符合终止经营；选项B，主要业务已终止，构成终止经营；选项C，属于已处置的单独的主要经营地区，构成终止经营；选项D，不属于专为转售而取得的子公司，不构成终止经营。

9.【答案】AB

【解析】不符合终止经营定义的持有待售的非流动资产或处置组，其减值损失和转回金额及处置损益应当作为持续经营损益列报，选项C错误；终止经营不再满足持有待售类别划分条件的，原来作为终止经营损益列报的信息重新作为可比会计期间的持续经营损益列报，选项D错误。

三、计算分析题

【答案】

（1）甲公司 2×21 年 12 月 31 日拟出售 A 产品的全套生产线应划分为持有待售类别。

理由：A 产品的全套生产线已经停止运行，即在当前状况下可立即出售；甲公司与乙公司已签订转让 A 产品的全套生产线的协议且转让在一年内完成，即出售极可能发生，符合持有待售类别划分条件。

（2）A 产品的全套生产线的资产及负债在甲公司 2×21 年末资产负债表中应列报为“持有待售资产”项目和“持有待售负债”项目。

A 产品的全套生产线账面价值 =4000-2100=1900（万元），公允价值减去出售费用后的净额 =2000-160=1840（万元），应对 A 产品的全套生产线计提减值准备 =1900-1840=60（万元）。

持有待售资产列报金额 =4000-60=3940（万元）；持有待售负债列报金额为 2100 万元。

（3）甲公司 2×21 年 12 月 31 日拟出售 A 产品的全套生产线构成终止经营。

理由：A 产品的全套生产线代表一项独立的主要业务。该业务是甲公司能够单独区分的组成部分，具有一定的规模，在资产负债表日之前已经划分为持有待售类别，符合终止经营的定义。

（4）甲公司出售 A 产品的全套生产线交易在 2×21 年度对外提供的财务报表中应当作为资产负债表日后非调整事项处理。

理由：2×21 年 12 月 31 日将 A 产品的全套生产线划分为持有待售类别，并未发生实际出售交易，日后期间实际出售，不应调整 2×21 年度财务报表。

（5）甲公司 2×22 年 2 月 20 日出售 A 产品的全套生产线影响损益的金额 =（2000-150）-1840=10（万元），应作为终止经营损益列报。

四、综合题

【答案】

（1）2×21 年 3 月 31 日

借：应收利息 （500×6%×3/12）7.5
　贷：投资收益 7.5

借：银行存款 7.5
　贷：应收利息 7.5

借：信用减值损失 10
　贷：债权投资减值准备 10

借：销售费用 50
　贷：累计折旧 50

借：销售费用 20
　贷：累计摊销 20

（2）

借：持有待售资产—银行存款 100
　　　　　　　—应收账款 100
　　　　　　　—库存商品 220
　　　　　　　—债权投资 500
　　　　　　　—固定资产 750
　　　　　　　—无形资产 380
　　　　　　　—商誉 100
　　存货跌价准备 20
　　累计折旧 250
　　累计摊销 120
　　债权投资减值准备 10
　贷：持有待售资产减值准备—存货跌价准备 20
　　　　　　　　　　　　—债权投资减值准备 10
　　银行存款 100
　　应收账款 100
　　库存商品 220
　　债权投资 500
　　固定资产 1000
　　无形资产 500
　　商誉 100

借：应付账款　　350
　贷：持有待售负债　　350

（3）销售门店划分为持有待售类别时的账面价值=100+100+（220-20）+（500-10）+（1000-200-50）+（500-100-20）+100-350=1770（万元）。

2×21年3月31日，由于该处置组的账面价值1770万元高于公允价值减去出售费用后的净额1590万元（1600-10），甲公司应当以1590万元计量处置组，计提持有待售资产减值准备=1770-1590=180（万元），计入当期损益。持有待售资产的减值损失应当先抵减处置组中商誉的账面价值100万元，剩余金额80万元再根据固定资产、无形资产账面价值所占比重，按比例抵减其账面价值。固定资产应计提减值准备=750/（750+380）×80=53.10（万元），无形资产应计提减值准备=380/（750+380）×80=26.90（万元）。

借：资产减值损失　　180
　贷：持有待售资产减值准备—固定资产　　53.10
　　　　　　　　　　　—无形资产　　26.90
　　　　　　　　　　　—商誉　100

（4）2×21年6月30日

借：持有待售资产—应收利息　　7.5
　贷：投资收益　　7.5

借：持有待售资产—银行存款　　7.5
　贷：持有待售资产—应收利息　　7.5

借：持有待售资产减值准备—债权投资减值准备　　2.5
　贷：资产减值损失　　2.5

2×21年6月30日，该处置组的账面价值=1590+7.5+2.5=1600（万元），预计出售费用=1+11=12（万元），公允价值减去出售费用后的净额=1618-12=1606（万元），应转回减值准备=1606-1600=6（万元），转回前持有待售固定资产账面价值=750-53.10=696.9（万元），持有待售无形资产账面价值=380-26.90=353.1（万元），转回减值准备应增加固定资产账面价值=696.9/（696.9+353.1）×6=3.98（万元），应增加无形资产账面价值=353.1/（696.9+353.1）×6=2.02（万元）。

借：持有待售资产减值准备—固定资产　　3.98
　　　　　　　　　　　—无形资产　　2.02
　贷：资产减值损失　　6

（5）2×21年7月20日

借：资产处置损益　　1.2
　贷：银行存款　　1.2

借：资产处置损益　　10.8
　贷：银行存款　　10.8

借：银行存款　　1619
　　持有待售资产减值准备—存货跌价准备　　20
　　　　　　　　　　　—债权投资减值准备　　7.5
　　　　　　　　　　　—固定资产　　49.12（53.10-3.98）
　　　　　　　　　　　—无形资产　　24.88（26.90-2.02）
　　　　　　　　　　　—商誉　100
　　持有待售负债—应付账款　　350
　贷：持有待售资产—银行存款　　107.5
　　　　　　　　—应收账款　　100
　　　　　　　　—库存商品　　220
　　　　　　　　—债权投资　　500
　　　　　　　　—固定资产　　750
　　　　　　　　—无形资产　　380
　　　　　　　　—商誉　　100
　　资产处置损益　　13

第十六章　所有者权益

CHAPTER-16

本章学习指南

一、学习目标

1. 理解实收资本的会计处理。
2. 掌握其他权益工具的会计处理。
3. 掌握资本公积确认与计量。
4. 熟练掌握其他综合收益的确认与计量及会计处理。
5. 理解留存收益的内容及会计处理。

二、考情概况

本章考题一般为客观题，计算分析题主要涉及其他综合收益的计算。本章试题分数适中，属于比较重要章节。

三、教材变化

本章内容无实质性变化。

四、考点地图

考点	年份 / 题型
其他综合收益的核算	2021 年单选题、2019 年多选题、2019 年计算分析题
影响所有者权益的事项	2020 年单选题、2020 年多选题
分配现金股利或利润确认应付股利的时点	2019 年单选题
母公司为子公司承担相关税费的会计处理	2019 年单选题

核心考点精讲

提示

本章对所有者权益展开了集中讲解，由于之前章节中对所有者权益有所涉及，大家会对本章内容“倍感亲切”，学习本章内容时可以与其他章节内容关联学习，强化理解记忆。这里提示大家，学习路上忌讳不求甚解，应当穷源竟委，了解原理，才能学透学懂。扫描二维码，听名师讲解，精益求精。

第一节　实收资本

使用“会计云课堂”App或“微信”扫码查看本节视频，快速GET知识点。

一、实收资本概述

要点小贴士

非股份有限公司设置“实收资本”科目，股份有限公司将该科目改为“股本”。

股份有限公司，应当设置“股本”科目，除股份有限公司外的其他企业应设置“实收资本”科目，核算投资者投入资本的增减变动情况。该科目的贷方登记实收资本的增加数额，借方登记实收资本的减少数额，期末贷方余额反映企业期末实收资本实有数额。

二、实收资本增减变动的会计处理

（一）实收资本增加的会计处理

1. 企业增加资本的一般途径

（1）将资本公积转为实收资本或股本

借：资本公积—资本溢价（或股本溢价）
　贷：实收资本（或股本）

（2）将盈余公积转为实收资本或股本

借：盈余公积
　贷：实收资本（或股本）

（3）所有者投入

借：银行存款等
　贷：实收资本（或股本）
　　资本公积—资本溢价（或股本溢价）

名师点拨

股份有限公司发放股票股利，所有者权益总额不变。

2. 股份有限公司发放股票股利

借：利润分配—转作股本的股利
　贷：股本

3. 可转换公司债券持有人行使转换权利

借：应付债券

其他权益工具

应付利息（尚未支付的应付利息）

贷：股本

资本公积—股本溢价

4. 企业将重组债务转为资本

借：应付账款

贷：实收资本（或股本）

资本公积—资本溢价（或股本溢价）

投资收益

5. 以权益结算的股份支付的行权

借：资本公积—其他资本公积（等待期累计确认的金额）

银行存款（企业收到的股票价款）

贷：实收资本（或股本）

资本公积—资本溢价（或股本溢价）

（二）实收资本减少的会计处理

1. 一般企业减资

借：实收资本

贷：银行存款等

2. 股份有限公司采用回购本公司股票减资

（1）回购本公司股票时

借：库存股（实际支付的金额）

贷：银行存款

（2）注销库存股时

> **名师点拨**
>
> “库存股”属于所有者权益，注销库存股时，所有者权益总额不变。

①回购价格高于回购股票的面值总额时

借：股本（注销股票的面值总额）

资本公积—股本溢价（差额先冲减股本溢价）

盈余公积（股本溢价不足冲减的，冲减盈余公积）

利润分配—未分配利润（股本溢价和盈余公积仍不足冲减的部分）

贷：库存股（注销库存股的账面余额）

②回购价格低于回购股票的面值总额时

借：股本（注销股票的面值总额）

贷：库存股（注销库存股的账面余额）

资本公积—股本溢价（差额）

第二节　其他权益工具

使用“会计云课堂”App 或“微信”扫码查看本节视频，快速 GET 知识点。

企业发行的除普通股（作为实收资本或股本）以外，按照金融负债和权益工具区分原则分类为权益工具的其他权益工具，按照以下原则进行会计处理。

一、其他权益工具会计处理的基本原则

金融工具中分类为权益工具的（包括名称中含“债”的），发行企业进行利息支出或股利分配均属于企业的利润分配，其回购、注销等均按照权益的变动处理；金融工具中分类为金融负债的（包括名称中含“股”的），发行企业进行利息支出或股利分配需依据借款费用的原则处理，其回购、赎回等发生的利得或损失均计入当期损益。

发行企业发行金融工具，发生的交易费用（包括手续费、佣金等），对于分类为债务工具并以摊余成本计量的，应当计入其初始计量金额；对于分类为权益工具的，应当从权益中扣除。

要点小贴士

交易费用减少发行的权益工具金额。

二、科目设置

1. 应付债券：核算发行方归类为金融负债的金融工具。

2. 衍生工具：核算需要拆分且形成衍生金融负债或衍生金融资产的金融工具。

3. 交易性金融负债：核算发行的且嵌入了非紧密相关的衍生金融资产或衍生金融负债的金融工具，且发行方将其整体指定为以公允价值计量且其变动计入当期损益。

4. 其他权益工具：核算企业发行的归类为权益工具的各种金融工具（普通股除外）。

三、主要账务处理

（一）发行方的账务处理

1. 发行方发行的金融工具归类为债务工具并以摊余成本计量，与发行一般公司债券的核算相同。

2. 发行方发行的金融工具归类为权益工具。

借：银行存款

　贷：其他权益工具—优先股、永续债等

在存续期间分派股利：

借：利润分配—应付优先股股利、应付永续债利息等

　贷：应付股利—优先股股利、永续债利息等

3. 发行方发行的金融工具为复合金融工具，与发行可转换公司债券的核算相同。

4. 发行的金融工具本身是衍生金融负债或衍生金融资产或者内嵌了衍生金融负债或衍生金融资产的，按照金融工具确认和计量准则中有关衍生工具的规定进行处理。

5. 权益工具与金融负债重分类。

（1）权益工具重分类为金融负债

借：其他权益工具—优先股、永续债等（账面价值）

　贷：应付债券—优先股、永续债等（面值）

　　　　　　—优先股、永续债等（利息调整）（重分类日应付债券公允价值与面值的差额）（或借方）

　　　资本公积—资本溢价（或股本溢价）（重分类日应付债券公允价值与权益工具账面价值的差额）（或借方）

（2）金融负债重分类为权益工具

借：应付债券—优先股、永续债等（面值）

　　　　　　—优先股、永续债等（利息调整）（利息调整余额，或贷方）

　贷：其他权益工具—优先股、永续债等（金融负债的账面价值）

6. 发行方按合同条款约定赎回所发行的除普通股以外的分类为权益工具的金融工具。

（1）回购

借：库存股—其他权益工具

　贷：银行存款

（2）注销（账面价值）

借：其他权益工具

　贷：库存股—其他权益工具

　　　资本公积—资本溢价（或股本溢价，或借方）

发行方按合同条款约定赎回所发行的分类为金融负债的金融工具，按该工具赎回日的账面价值，借记“应付债券”等科目，按赎回价格，贷记“银行存款”等科目，按其差额，借记或贷记“财务费用”科目。

7. 发行方按合同条款约定将发行的除普通股以外的金融工具转换为普通股。

借：应付债券（账面价值）

　　其他权益工具（账面价值）

　贷：实收资本（或股本，面值）

　　　资本公积—资本溢价（或股本溢价，差额）

　　　银行存款（不足1股，差额以现金支付）

要点小贴士

如果资本公积不够冲减的，依次冲减盈余公积和未分配利润。

名师点拨

所有者权益的确认和计量取决于资产和负债的确认和计量，权益工具按重分类时负债的账面价值计量。

经典题解

【真题1·单选题】下列各项交易或事项产生的差额中，应当计入所有者权益的是（　　）。（2020年）

A. 企业发行可转换公司债券的发行价格与负债公允价值之间的差额

B. 企业将债务转为权益工具时债务账面价值与权益工具公允价值之间的差额

C. 企业购入可转换公司债券实际支付的价款与可转换公司债券面值之间的差额

D. 企业发行公司债券实际收到的价款与债券面值之间的差额

【解析】企业发行可转换公司债券的发行价格与负债公允价值之间的差额（不考虑交易费用影响）记入"其他权益工具"科目，选项A正确；

企业将债务转为权益工具时债务账面价值与权益工具公允价值之间的差额计入投资收益，选项B错误；

企业取得可转换公司债券，通常应作为交易性金融资产核算，按实际支付对价计入交易性金融资产成本，交易费用计入投资收益，不计入所有者权益，选项C错误；

企业发行公司债券实际收到价款与债券面值之间的差额记入"应付债券—利息调整"科目，选项D错误。

【答案】A

（二）投资方的账务处理

如果投资企业因持有发行方的金融工具而对发行方施加控制、共同控制或重大影响的，按照《企业会计准则第2号——长期股权投资》和《企业会计准则第20号——企业合并》的规定进行会计处理；投资企业需编制合并财务报表的，按照《企业会计准则第33号——合并财务报表》的规定进行处理。

第三节 资本公积、其他综合收益及留存收益

使用"会计云课堂"App或"微信"扫码查看本节视频，快速GET知识点。

一、资本公积确认与计量

资本公积包括资本（或股本）溢价以及其他资本公积。

资本（或股本）溢价是指企业收到的投资者超过其在企业注册资本（或股本）中所占份额的投资。形成资本（或股本）溢价的原因有溢价发行股票、投资者超额缴入资本等。

（一）资本溢价或股本溢价的会计处理

1. 资本溢价：投资者投入的资本中按其投资比例计算的出资额部分，应记入"实收资本"科目，大于出资额部分记入"资本公积—资本溢价"科目。

2. 股本溢价：股份有限公司按股票面值发行股票时，公司取得的发行收入，应全部记入"股本"科目；股份有限公司溢价发行股票时，公司取得的发行收入，按股票面值记入"股本"科目，超过股票面值的溢价部分在扣除发行手续费、佣金等发行费用后，记入"资本公积—股本溢价"科目。

要点小贴士

股票发行费用冲减"资本公积—股本溢价"。

经典题解

【真题 2 · 单选题】 20×8 年 5 月，甲公司以固定资产和无形资产作为对价，自独立第三方购买了丙公司 80% 股权。由于作为支付对价的固定资产和无形资产发生增值，甲公司产生大额应交企业所得税的义务。考虑到甲公司的母公司（乙公司）承诺为甲公司承担税费，甲公司没有计提因上述企业合并产生的相关税费。20×8 年 12 月，乙公司按照事先承诺为甲公司支付了因企业合并产生的相关税费。不考虑其他因素，对于上述乙公司为甲公司承担相关税费的事项，甲公司应当进行的会计处理是（　　）。（2019 年）

A. 无需进行会计处理

B. 确认费用，同时确认收入

C. 确认费用，同时确认所有者权益

D. 不作账务处理，但在财务报表附注中披露

【解析】 甲公司的母公司（乙公司）按其承诺替甲公司支付相关税费，相当于增加对甲公司的净投资，因甲公司与乙公司是母子公司，所以甲公司应确认费用的同时相应的确认所有者权益。

【答案】 C

（二）其他资本公积的会计处理

要点小贴士

"资本公积—其他资本公积"核算内容：

（1）权益结算的股份支付；

（2）权益法核算的长期股权投资，被投资单位其他权益变动。

1. 以权益结算的股份支付

（1）在等待期内的每个资产负债表日，应按确定的金额

借：管理费用等

　贷：资本公积—其他资本公积

（2）行权日

借：银行存款（按行权价收取的金额）

　　资本公积—其他资本公积（等待期内累计确认的金额）

　贷：实收资本（或股本）

　　　资本公积—资本溢价（或股本溢价）

2. 采用权益法核算的长期股权投资

（1）被投资单位除净损益、其他综合收益和利润分配以外的所有者权益的其他变动，投资方按持股比例计算应享有的份额：

借：长期股权投资—其他权益变动

　贷：资本公积—其他资本公积

（或相反分录）

（2）处置采用权益法核算的长期股权投资时：

借：资本公积—其他资本公积

　贷：投资收益

（或相反分录）

经典题解

【真题 3 · 多选题】 甲公司 2×15 年发生下列交易或事项：（1）以账面价值为 18200 万元的土地使用权作为对价，取得同一集团内乙公司 100% 股权，合并日

乙公司净资产在最终控制方合并报表中的账面价值为12000万元；（2）为解决现金困难，控股股东代甲公司缴纳税款4000万元；（3）为补助甲公司当期研发投入，取得与收益相关的政府补助6000万元；（4）控股股东将自身持有的甲公司2%股权赠予甲公司10名管理人员并立即行权。不考虑其他因素，与甲公司有关的交易或事项中，会引起其2×15年所有者权益中资本性项目发生变动的有（　　）。（2016年）

A. 大股东代为缴纳税款

B. 取得与收益相关的政府补助

C. 控股股东对管理人员的股份赠予

D. 同一控制下企业合并取得乙公司股权

【解析】选项B，取得与收益相关的政府补助，用于补偿甲公司已发生的费用或损失，应当计入当期损益或冲减相关成本费用，不影响所有者权益中资本性项目的金额。

【答案】ACD

（三）资本公积转增资本（或股本）的会计处理

借：资本公积

　贷：实收资本（或股本）

要点小贴士

"其他综合收益"分为"以后会计期间不能重分类进损益"和"以后会计期间满足规定条件时将重分类进损益"两类。

二、其他综合收益的确认与计量及会计处理

其他综合收益，是指企业根据其他会计准则规定未在当期损益中确认的各项利得和损失。其他综合收益分为以下两类：

（一）以后会计期间不能重分类进损益的其他综合收益项目

1. 重新计量设定受益计划净负债或净资产导致的变动。

2. 以公允价值计量且其变动计入其他综合收益的金融资产（权益工具）公允价值变动及外汇利得或损失。

相关链接

其他综合收益以后会计期间不能重分类进损益的原理，参见P509本章疑难问题解答1。

3. 指定为以公允价值计量且其变动计入当期损益的金融负债因企业自身信用风险变动引起的公允价值变动。

4. 按照权益法核算的长期股权投资因被投资单位不能进损益的其他综合收益变动导致的权益变动，投资企业按持股比例计算确认的该部分其他综合收益项目。

（二）以后会计期间满足规定条件时将重分类进损益的其他综合收益项目

1. 以公允价值计量且其变动计入其他综合收益的金融资产（债务工具）产生的其他综合收益。

2. 金融资产重分类时，按金融工具准则规定原计入其他综合收益可转损益的部分。

3. 采用权益法核算的长期股权投资。

（1）被投资单位其他综合收益（可转损益部分）增加，投资方按持股比例计算应享有的份额：

借：长期股权投资—其他综合收益

　贷：其他综合收益

被投资单位其他综合收益（可转损益部分）减少作相反的会计分录。

（2）处置采用权益法核算的长期股权投资时：

借：其他综合收益（可转损益的其他综合收益）

　贷：投资收益（或相反分录）

4. 存货或自用房地产转换为公允价值模式计量的投资性房地产。

> 要点小贴士
>
> 借方差额记入“公允价值变动损益”科目，贷方差额记入“其他综合收益”科目。

（1）企业将作为存货的房地产转为采用公允价值模式计量的投资性房地产，转换日其公允价值大于账面价值：

借：投资性房地产—成本（转换日的公允价值）

　存货跌价准备（如涉及）

　贷：开发产品等

　　其他综合收益（差额）

（2）企业将自用房地产转为采用公允价值模式计量的投资性房地产，转换日其公允价值大于账面价值：

借：投资性房地产—成本（转换日的公允价值）

　累计折旧

　固定资产减值准备

　贷：固定资产

　　其他综合收益（差额）

（3）处置该项投资性房地产时，因转换计入其他综合收益的金额应转入当期其他业务成本：

借：其他综合收益

　贷：其他业务成本

5. 现金流量套期工具产生的利得或损失中属于有效套期的部分，直接确认为其他综合收益。

> 名师点拨
>
> 无效套期部分计入当期损益。

6. 外币财务报表折算差额。

按照外币折算的要求，企业在处置境外经营的当期，将已列入合并财务报表所有者权益的外币报表折算差额中与该境外经营相关的部分，自其他综合收益项目转入处置当期损益。如果是部分处置境外经营，应当按处置的比例计算处置部分的外币报表折算差额，转入处置当期损益。

经典题解

【真题4·单选题】下列各项所有者权益相关项目中，以后期间能够转入当期净利润的是（　　）。（2021年）

A. 股本溢价

B. 现金流量套期工具产生的利得或损失中属于有效套期的部分

C. 非交易性权益工具投资公允价值变动额

D. 重新计量设定受益计划变动额

【解析】选项A，计入资本公积—股本溢价，以后期间不转入净利润；选项B，计入其他综合收益，以后期间该部分现金流量套期储备金额转出时，计入当期损益或相关资产或负债的初始确认金额，属于能够转入当期净利润情形；选项C，计入其他综合收益，以后期间该金融资产终止确认时结转计入留存收益，不转入净利润；选项 D，计入其他综合收益，以后期间设定受益计划终止时，不得转入净利润。

【答案】B

【真题 5 · 多选题】下列各项中，属于在以后会计期间满足规定条件时将重分类进损益的其他综合收益有（　　）。（2019 年）

A. 外币财务报表折算差额

B. 分类为以公允价值计量且其变动计入其他综合收益的金融资产公允价值变动

C. 分类为以公允价值计量且其变动计入其他综合收益的金融资产信用减值准备

D. 指定为以公允价值计量且其变动计入当期损益的金融负债因企业自身信用风险变动引起的公允价值变动

【解析】指定为以公允价值计量且其变动计入当期损益的金融负债因企业自身信用风险变动引起的公允价值变动计入其他综合收益，结转时转入留存收益，选项 D 错误。

【答案】ABC

【真题 6 · 多选题】甲公司 20×7 年度因相关交易或事项产生以下其他综合收益：（1）以公允价值计量且其变动计入其他综合收益的债务工具投资因公允价值变动形成其他综合收益 3200 万元；（2）按照应享有联营企业重新计量设定受益计划净负债变动的金额相应确认其他综合收益 500 万元；（3）对子公司的外币报表进行折算产生的其他综合收益 1400 万元；（4）指定为以公允价值计量且其变动计入当期损益的金融负债因企业自身信用风险的变动形成其他综合收益 360 万元。不考虑其他因素，上述其他综合收益在相关资产处置或负债终止确认时不应重分类计入当期损益的有（　　）。（2018 年）

A. 对子公司的外币财务报表进行折算产生的其他综合收益

B. 按照应享有联营企业重新计量设定受益计划净负债变动的份额应确认其他综合收益

C. 指定为以公允价值计量且其变动计入当期损益的金融负债因企业自身信用风险的变动形成的其他综合收益

D. 以公允价值计量且其变动计入其他综合收益的债务工具投资因公允价值变动形成的其他综合收益

【解析】选项 B，重新计量设定受益计划相关的其他综合收益以后期间不可以结转至损益，投资方按份额确认的其他综合收益也不可转损益；选项 C，指定为以公允价值计量且其变动计入当期损益的金融负债因企业自身信用风险的变动形成的其他综合收益以后期间应转入留存收益。

【答案】BC

【真题 7 · 单选题】甲公司为境内上市公司。2×17 年，甲公司发生的导致其净资产变动的交易或事项如下：（1）接受其大股东捐赠 500 万元；（2）当年将作为存货的商品房改为出租，甲公司对投资性房地产采用公允价值模式进行后续计量，转换日，商品房的公允价值大于其账面价值 800 万元；（3）按照持股比例计算应享有联营企业因以公允价值计量且其变动计入其他综合收益的金融资产（债务工具）公允价值变动导致其他综合收益变动份额350万元；（4）现金流量套期工具产生的利得中属于有效套期部分的金额120万元。下列各项关于甲公司上述交易或事项产生的净资产变动在以后期间不能转入损益的是（ ）。（2017年改编）

A. 接受大股东捐赠

B. 商品房改为出租时公允价值大于其账面价值的差额

C. 现金流量套期工具产生的利得中属于有效套期的部分

D. 按照持股比例计算应享有联营企业其他综合收益变动份额

【解析】选项A，接受大股东捐赠，在取得时计入资本公积—股本溢价，在以后期间不能转入损益。

【答案】A

三、留存收益

要点小贴士

留存收益包括盈余公积和未分配利润。提取盈余公积和盈余公积补亏均不影响留存收益总额。

（一）盈余公积

1. 相关规定

盈余公积是指企业按照规定从税后利润中提取的各种积累资金。公司制企业的盈余公积包括法定盈余公积和任意盈余公积。法定盈余公积是指企业按照规定的比例从税后利润中提取的盈余公积。任意盈余公积是指企业按照股东会或股东大会决议从税后利润中提取的盈余公积。

企业提取的盈余公积可用于弥补亏损、扩大生产经营、转增资本或派送新股等。

2. 盈余公积的确认和计量

（1）提取盈余公积

借：利润分配—提取法定盈余公积

　　　　　　—提取任意盈余公积

　贷：盈余公积—法定盈余公积

　　　　　　　—任意盈余公积

外商投资企业按规定提取的一定比例的储备基金、企业发展基金等，也作为盈余公积核算。但其提取的职工奖励及福利基金，则作为应付职工薪酬核算。

①外商投资企业按规定提取储备基金、企业发展基金等

借：利润分配—提取储备基金

　　　　　　—提取企业发展基金

　贷：盈余公积—储备基金

　　　　　　　—企业发展基金

②外商投资企业按规定提取职工奖励及福利基金

借：利润分配—提取职工奖励及福利基金

　贷：应付职工薪酬

（2）盈余公积的用途

①弥补亏损

借：盈余公积

　贷：利润分配—盈余公积补亏

②转增资本

借：盈余公积

　贷：实收资本（或股本）

③用盈余公积派送新股

借：盈余公积

　贷：股本

（二）未分配利润

1. 期末结转的会计处理

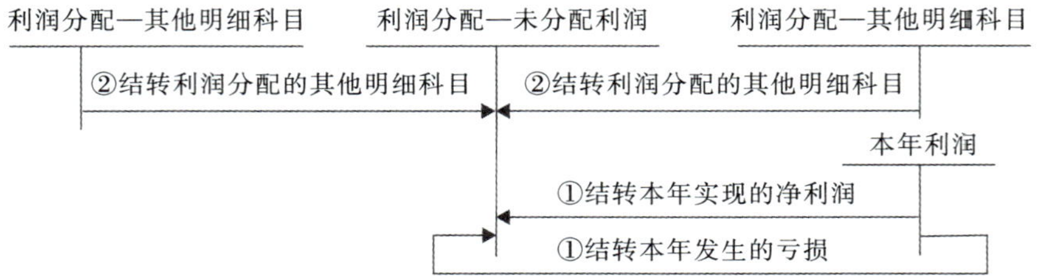

2. 弥补亏损的会计处理

企业以当年实现的利润弥补以前年度亏损时，不需要进行专门的会计处理。

3. 分配股利或利润的会计处理

（1）经股东大会或类似机构决议，宣告分配现金股利或利润：

借：利润分配—应付现金股利或利润

　贷：应付股利

名师点拨

宣告分配股票股利时，不作账务处理。

（2）经股东大会或类似机构决议，实际分配股票股利：

借：利润分配—转作股本的股利

　贷：股本

经典题解

【真题8·多选题】下列各项交易或事项中，将导致企业所有者权益总额变动的有（　　）。（2020年）

A. 账面价值与公允价值不同的债权投资重分类为其他债权投资

B. 其他债权投资发生减值

C. 其他权益工具投资的公允价值发生变动

D. 权益法下收到被投资单位发放的现金股利

【解析】选项A，账面价值与公允价值不同的债权投资重分类为其他债权投资，差额计入其他综合收益，会影响所有者权益总额；

选项B，其他债权投资发生减值，应借记“信用减值损失”科目，贷记“其他综合收益”科目，不影响所有者权益总额；

选项C，其他权益工具投资公允价值变动计入其他综合收益，会影响所有者权益总额；

选项D，权益法下收到被投资单位发放的现金股利，借记“银行存款”科目，贷记“应收股利”科目，不影响所有者权益总额。

【答案】AC

【真题 9 · 单选题】根据我国公司法的规定，上市公司在弥补亏损和提取法定公积金后所余税后利润，按照股份比例向股东分配利润。上市公司因分配现金利润而确认应付股利的时点是（ ）。（2019 年）

A. 实际分配利润时　　B. 实现利润当年年末

C. 董事会通过利润分配预案时　　D. 股东大会批准利润分配方案时

【解析】企业股东大会或类似机构通过利润分配方案中确定分配的现金股利或利润时，应确认为应付股利，选项 D 正确。

【答案】D

考试加油站

一、本章小结

下载“会计云课堂”App 学习

您已成功完成“第十六章”的学习，本章共 8 个考点，您都学会了吗？

为了让您对章节有更清晰的理解，加倍巩固。本书作者张志凤老师将通过**“视频导图课”**的方式，带您回顾重要考点。

名师点拨，视听结合，高效提分。

※ 欢迎您扫码，免费观看学习。

二、本章疑难问题解答

1. 为什么“指定为以公允价值计量且其变动计入当期损益的金融负债因企业自身信用风险变动引起的公允价值变动”计入“其他综合收益”且以后会计期间不能重分类进损益？

答：发行债券公司的信用越好，债券的公允价值越高。如果发行债券公司将其计入损益，借记“公允价值变动损益”，贷记“交易性金融负债”，会出现信用好但利润表出现损失的不合理现象，所以将其计入“其他综合收益”。若以后会计期间将“其他综合收益”重分类进损益也会出现上述不合理现象，因此“指定为以公允价值计量且其变动计入当期损益的金融负债因企业自身信用风险变动引起的公允价值变动”计入“其他综合收益”且以后会计期间不能重分类进损益。

2. 企业如何对接受的捐赠和债务豁免进行会计处理？

答：对接受的捐赠和债务豁免，按照企业会计准则规定符合确认条件的，通常应当确认为当期损益。如果企业接受控股股东（或控股股东的子公司）或非控股股东（或非控股股东的子公司）直接或间接代为偿债、债务豁免或捐赠，经济实质表明属于控股股东或非控股股东对企业的资本性投入，应当直接计入所有者权益（资本公积）。

历年经典主观题回顾

使用“会计云课堂”App 或“微信”扫码快速做题、对答案、
看解析、掌握解题思路，开启轻松过关之旅。

计算分析题

1. 甲公司 20×8 年度发生的交易或事项如下：

（1）1 月 1 日，甲公司与乙公司签订租赁合同，将本公司原作为固定资产核算的一栋写字楼出租给乙公司，租赁期为 5 年，年租金为 400 万元，于每年末支付。该写字楼的成本为 8000 万元，至出租时已计提折旧 1200 万元。按照周边写字楼的市场价格估计，该写字楼的公允价值为 9400 万元。12 月 31 日，甲公司收到乙公司支付的当年租金 400 万元。

甲公司采用公允价值模式对投资性房地产进行后续计量。12 月 31 日，因租赁市场短期回调，甲公司上述出租写字楼的公允价值为 9200 万元。

（2）1 月 1 日，甲公司以 5 元 / 股的授予价格向 20 名高管人员授予限制性股票 800 万股，发行价款 4000 万元已收到并存入银行，限制性股票的登记手续已办理完成。根据限制性股票激励计划，激励对象在同时满足下列条件时，方可解除限制：激励对象自授予限制性股票当日起在甲公司持续服务满 3 年；年均净资产收益率达到 10%。否则，甲公司将按照授予价格回购激励对象持有的限制性股票。当日，甲公司股票的市场价格为 20 元 / 股。

20×8 年度，甲公司没有高管人员离开公司，净资产收益率达到 13%。甲公司预计未来 2 年高管人员也不会有人离开公司，每年的净资产收益率能够实现 10% 的目标。

（3）2 月 10 日，甲公司支付价款 620 万元购入乙公司股票 100 万股（占乙公司发行在外股份数的 1%），另支付交易费用 0.8 万元。购入时，乙公司已宣告发放现金股利，甲公司按照购入股份比例计算可分得股利 46 万元。甲公司将所购入乙公司股票指定为以公允价值计量且其变动计入其他综合收益的非交易性权益工具投资。

3 月 2 日，甲公司收到乙公司分配的现金股利 46 万元。

12 月 31 日，甲公司所持乙公司股票的公允价值为 550 万元。

本题不考虑相关税费及其他因素。

要求：

根据上述资料，逐项计算上述交易或事项对甲公司 20×8 年度其他综合收益的影响金额，编制相关会计分录。（2019 年）

2. 甲股份有限公司（以下简称“甲公司”）2×16 年发生的有关交易或事项如下：

（1）1 月 2 日，甲公司支付 3600 万元银行存款取得丙公司 30% 股权，当日丙公司可辨认净资产公允价值为 14000 万元，有关可辨认资产、负债的公允价值与账面价值相同。甲公

司取得该股权后，向丙公司董事会派出一名成员，参与丙公司的日常生产经营决策。

2×16 年丙公司实现净利润 2000 万元，以公允价值计量且其变动计入其他综合收益的金融资产（权益工具）公允价值下跌 300 万元。

2×16 年 12 月 31 日，丙公司引入新投资者，新投资者向丙公司投入 4000 万元。新投资者加入后，甲公司持有丙公司的股权比例降至 25%，但仍能够对丙公司施加重大影响。

（2）6 月 30 日，甲公司将原作为办公用房的一栋房产对外出租，该房产原价为 3000 万元，至租赁期开始日已计提折旧 1200 万元，未计提减值准备。甲公司对投资性房地产采用公允价值模式进行后续计量，当日根据租金折现法估计该房产的公允价值为 1680 万元，2×16 年 12 月 31 日，周边租赁市场租金水平上升，甲公司估计该房产的公允价值为 1980 万元。

（3）8 月 20 日，甲公司以一项土地使用权作为对价，自母公司购入其持有的一项对乙公司 60% 的股权（甲公司的母公司自 2×14 年 2 月起持有乙公司股权，无商誉），另以银行存款向母公司支付补价 3000 万元，当日，甲公司土地使用权成本为 12000 万元，已摊销 1200 万元，未计提减值准备，公允价值为 19000 万元，乙公司可辨认净资产的公允价值为 38000 万元，相对于最终控制方而言的所有者权益账面价值为 8000 万元。取得乙公司 60% 股权后，甲公司能够对乙公司实施控制。

当日，甲公司与母公司办理完成了相关资产的所有权转让及乙公司工商变更登记手续，并控制乙公司。

其他有关资料：

除上述交易或事项外，甲公司 2×16 年未发生其他可能影响其他综合收益的交易或事项。本题中不考虑所得税等相关税费影响以及其他因素。

要求：

（1）就甲公司 2×16 年发生的有关交易或事项，分别说明是否影响甲公司 2×16 年利润表中列报的其他综合收益，并编制与所发生交易或事项相关的会计分录。

（2）计算甲公司 2×16 年利润表中其他综合收益总额。（2017 年改编）

历年经典主观题参考答案及解析

使用“会计云课堂”App 或“微信”扫码对答案、看解析、掌握解题思路，开启轻松过关之旅。

计算分析题

1.【答案】

（1）事项（1）影响其他综合收益金额 =9400-（8000-1200）=2600（万元）。

20×8 年 1 月 1 日

借：投资性房地产—成本　9400

　　累计折旧　1200

　贷：固定资产　8000

　　　其他综合收益　2600

20×8 年 12 月 31 日

借：公允价值变动损益　200

　贷：投资性房地产—公允价值变动　200

借：银行存款　400

　贷：其他业务收入　400

（2）事项（2）影响其他综合收益的金额为 0。

20×8 年 1 月 1 日

借：银行存款　4000

　贷：股本　800

　　　资本公积—股本溢价　3200

借：库存股　4000

　贷：其他应付款　4000

20×8 年 12 月 31 日

借：管理费用　4000［（20-5）×800×1/3］

　贷：资本公积—其他资本公积　4000

（3）事项（3）影响其他综合收益金额 =550-（620+0.8-46）=-24.8（万元）。

20×8 年 2 月 10 日

借：其他权益工具投资—成本　574.8

　　应收股利　46

　贷：银行存款　620.8

20×8 年 3 月 2 日

借：银行存款　46

　贷：应收股利　46

20×8 年 12 月 31 日

借：其他综合收益　24.8

　贷：其他权益工具投资—公允价值变动　24.8（574.8-550）

2.【答案】

（1）事项（1），甲公司取得丙公司 30% 股权，向丙公司董事会派出一名成员，参与丙公司的日常生产经营决策，对丙公司构成重大影响，应确认为长期股权投资，并采用权益法进行后续计量。丙公司以公允价值计量且其变动计入其他综合收益的金融资产（权益工具）公允价值下跌 300 万元，使其他综合收益减少 300 万元，影响甲公司 2×16 年利润表中的其他综合收益金额 =-300×30%=-90（万元）。

借：长期股权投资—投资成本　3600

　贷：银行存款　3600

借：长期股权投资—投资成本　600（14000×30%-3600）

　贷：营业外收入　600

借：长期股权投资—损益调整　　600（2000×30%）
　贷：投资收益　　600
借：其他综合收益　　90
　贷：长期股权投资—其他综合收益　　90（300×30%）
借：长期股权投资—其他权益变动　　215
　贷：资本公积　　215［（14000+2000−300+4000）×25%−（14000+2000−300）×30%］

事项（2），甲公司将自用房地产转换为采用公允价值模式计量的投资性房地产，转换日公允价值为1680万元，账面价值为1800万元（3000−1200），形成借方差额计入公允价值变动损益，不影响甲公司2×16年利润表中的其他综合收益。

借：投资性房地产—成本　　1680
　　累计折旧　　1200
　　公允价值变动损益　　120
　贷：固定资产　　3000
借：投资性房地产—公允价值变动　　300
　贷：公允价值变动损益　　300

事项（3），甲公司以一项土地使用权为对价，自母公司购入其持有的一项对乙公司60%的股权，能够对乙公司实施控制，形成同一控制下企业合并。合并日，付出对价账面价值与长期股权投资初始投资成本之间的差额计入资本公积，不影响甲公司2×16年利润表中的其他综合收益。

借：长期股权投资　　4800（8000×60%）
　　累计摊销　　1200
　　资本公积　　9000
　贷：无形资产　　12000
　　　银行存款　　3000

（2）甲公司2×16年利润表中其他综合收益总额=−300×30%=−90（万元）。

同步强化练习题

使用“会计云课堂”App或“微信”扫码快速做题、对答案、看解析、掌握解题思路，开启轻松过关之旅。

一、单项选择题

1. 上市公司股东代上市公司偿还一笔应付账款1000万元，经济实质表明属于对上市公司的资本性投入，则下列上市公司的处理中正确的是（　　）。
A. 公司减少应付账款同时增加“资本公积—股本溢价”

B. 公司减少应付账款同时增加营业外收入

C. 公司减少应付账款同时增加“资本公积—其他资本公积”

D. 公司减少应付账款同时增加其他权益工具

2. 下列交易或事项形成的资本公积中，在处置相关资产或行权时应转入当期损益的是（　　）。

A. 同一控制下控股合并中确认长期股权投资时形成的资本公积

B. 以权益结算的股份支付等待期内确认的资本公积

C. 接受投资者投入无形资产时产生的资本公积

D. 长期股权投资采用权益法核算时形成的资本公积

3. 下列项目中应在其他综合收益项目列报的是（　　）。

A. 非投资性房地产转换为采用公允价值模式计量的投资性房地产时，转换日的公允价值大于账面价值的差额

B. 因联营企业增资导致投资方持股比例下降但仍具有重大影响，投资方享有被投资单位增资后可辨认净资产份额的增加额

C. 以公允价值计量且其变动计入其他综合收益的外币货币性项目期末产生的汇兑差额

D. 现金流量套期工具产生的利得或损失中属于无效套期的部分

4. 采用权益法核算长期股权投资时，被投资企业因接受大股东捐赠而引起所有者权益的增加，投资企业按其持股比例计算应享有的份额，将其记入的科目是（　　）。

A. 营业外收入　　B. 其他综合收益

C. 投资收益　　D. 资本公积

5. 下列各项中，不影响其他综合收益的是（　　）。

A. 重新计量设定受益计划导致净资产或净负债的变动

B. 现金流量套期工具产生的利得或损失中属于有效套期的部分

C. 接受所有者投资，超出所有者按出资比例享有的出资额部分

D. 存货转换为采用公允价值模式计量的投资性房地产时公允价值大于账面价值的差额

6. 下列各项交易或事项产生的差额中，应当直接计入所有者权益的是（　　）。

A. 收到税务机关的增值税返还款

B. 企业将债务转为权益工具时债务账面价值与权益工具公允价值之间的差额

C. 指定为以公允价值计量且其变动计入当期损益的金融负债因企业自身信用风险变动引起的公允价值变动

D. 企业采用公允价值模式计量的投资性房地产转换为固定资产产生的差额

7. 下列交易事项中，不会引起资产和所有者权益同时发生增减变动的是（　　）。

A. 盈余公积转增股本

B. 接受控股股东现金捐赠

C. 回购库存股

D. 发行可转换公司债券

8. 下列事项中，可能会引起留存收益总额发生增减变动的是（　　）。

A. 提取法定盈余公积

B. 投资者按规定将可转换公司债券转为股票

C. 向投资者宣告分配现金股利

D. 为奖励本公司职工而回购本公司发行在外的股份

二、多项选择题

1. 企业发生的下列交易或事项中会引起当

期资本公积（资本溢价或股本溢价）发生变动的有（ ）。

A. 根据股东大会决议将全体股东持有的股份每 2 股缩为 1 股

B. 企业发行金融工具，发生的手续费、佣金等交易费用

C. 回购并注销限制性股票

D. 同一控制下企业合并中取得股权投资的入账价值与支付对价账面价值的差额

2. 下列事项在进行账务处理时应通过“资本公积”科目核算的有（ ）。

A. 采用权益法核算的长期股权投资，投资企业按持股比例确认的被投资单位其他综合收益变动应享有的份额

B. 投资者投入的资金大于其在注册资本中享有的份额

C. 接受控股股东的子公司捐赠的设备

D. 指定为以公允价值计量且其变动计入其他综合收益的非交易性权益工具投资发生的公允价值变动

3. 下列项目中，通过“其他权益工具”科目核算的有（ ）。

A. 可转换公司债券权益成分公允价值

B. 发行方发行的金融工具归类为金融负债的部分

C. 发行方发行的金融工具归类为权益工具的部分

D. 发行可转换公司债券的发行费用（权益工具承担的部分）

4. 企业发生的下列交易或事项中，不会引起当期资本公积（股本溢价）发生变动的有（ ）。

A. 以资本公积转增股本

B. 重新计量设定受益计划导致净资产的变动

C. 发行权益性证券过程中发生的路演、财经公关费和上市酒会费

D. 现金结算的股份支付，等待期确认成本费用

5. 企业发生的下列交易或事项，会引起当期“资本公积—其他资本公积”发生变动的有（ ）。

A. 控股股东代企业偿还应付账款 2000 万元

B. 因联营企业增资导致投资方持股比例下降但仍具有重大影响，投资方享有被投资单位增资后可辨认净资产份额的增加额

C. 授予员工股票期权，在等待期内确认相关费用

D. 控股股东对管理人员赠予股份且立即可行权

6. 关于金融工具重分类，下列会计处理表述中正确的有（ ）。

A. 权益工具重分类为金融负债，以重分类日权益工具的公允价值计量

B. 权益工具重分类为金融负债，重分类日权益工具的账面价值和金融负债的公允价值之间的差额确认为损益

C. 金融负债重分类为权益工具，以重分类日金融负债的账面价值计量

D. 金融负债重分类为权益工具，以重分类日金融负债的公允价值计量

7. 下列项目中，会产生直接计入所有者权益的利得或损失的有（ ）。

A. 现金流量套期工具产生的利得或损失中属于有效套期的部分

B. 其他债权投资公允价值变动

C. 以公允价值计量且其变动计入其他综合收益的金融资产（权益工具）项目所产生的汇兑差额

D. 以权益结算的股份支付在等待期内确认计入所有者权益的金额

8. 下列项目中，不会产生直接计入所有者权益的利得或损失的有（ ）。

A. 出售固定资产净收益

B. 以公允价值计量且其变动计入其他综合收益的金融资产（权益工具）项目

所产生的汇兑差额

C. 因联营企业增资扩股导致持股比例下降但仍具有重大影响，投资方享有被投资单位增资后净资产份额的增加额

D. 以权益结算的股份支付在等待期内确认计入所有者权益的金额

9. 下列各项中在相关资产处置时不应转入当期损益的有（　　）。

A. 分类为以公允价值计量且其变动计入其他综合收益的金融资产（债权投资）公允价值变动计入其他综合收益的部分

B. 权益法核算的长期股权投资因享有联营企业不能转损益的其他综合收益份额计入其他综合收益的部分

C. 同一控制下企业合并中股权投资入账价值与支付对价差额计入资本公积的部分

D. 自用房地产转为以公允价值模式计量的投资性房地产在转换日计入其他综合收益的部分

10. 甲公司按照年度实现净利润的 10% 提取法定盈余公积，2×21 年 1 月 1 日，甲公司股东权益总额为 20000 万元，其中普通股股本 10000 万元（10000 万股），资本公积 5000 万元，盈余公积 3000 万元，未分配利润 2000 万元。2×21 年 5 月 6 日甲公司实施完毕股东大会通过的分配方案，包括：每 10 股派发 1 元的现金股利；以 2×20 年 12 月 31 日的股本总额为基数，以资本公积转增股本，每 10 股普通股转增 2 股，每股面值 1 元。2×21 年甲公司实现净利润 8000 万元，2×21 年 12 月 31 日甲公司资产负债表中，下列项目的列报金额正确的有（　　）。

A. 股本 12000 万元

B. 资本公积 3000 万元

C. 盈余公积 3800 万元

D. 未分配利润 8200 万元

同步强化练习题参考答案及解析

使用“会计云课堂”App 或“微信”扫码对答案、看解析、掌握解题思路，开启轻松过关之旅。

一、单项选择题

1.【答案】A

【解析】经济实质表明属于对上市公司的资本性投入，应将其记入“资本公积—股本溢价”科目。

2.【答案】D

【解析】选项 A 和 C，属于资本公积—资本溢价（或股本溢价），不能结转；选项 B，行权时应转入资本公积—股本溢价，不应转入当期损益。

3.【答案】A

【解析】选项 B，计入资本公积—其他资本公积；选项 C，计入财务费用；选项 D，计入套期损益。

4.【答案】D

【解析】采用权益法核算的长期股权投

资，因被投资单位其他权益变动而导致其所有者权益增加的，投资企业按其持股比例计算并增加资本公积。

5.【答案】C

【解析】选项 C 应计入资本公积，不影响其他综合收益。

6.【答案】C

【解析】选项 A 应计入其他收益；选项 B 计入投资收益；选项 C 计入其他综合收益；选项 D 计入公允价值变动损益。

7.【答案】A

【解析】选项 A，属于所有者权益内部项目结转，不影响资产变动；选项 B、C 和 D，会同时影响企业的资产和所有者权益发生增减变动。

8.【答案】C

【解析】选项 A，盈余公积增加，未分配利润减少，不会引起留存收益总额的变化；选项 B，会引起股本和资本公积的变化，不会引起留存收益总额的变化；选项 D，会引起库存股的变化，不会引起留存收益总额的变化。

二、多项选择题

1.【答案】ACD

【解析】选项 B，企业（发行方）发行金融工具，发生的手续费、佣金等交易费用，如分类为债务工具且以摊余成本计量的，应当计入所发行工具的初始计量金额；如分类为权益工具的，应当从权益（其他权益工具）中扣除。

2.【答案】BC

【解析】选项 A 和 D，通过“其他综合收益”科目核算。

3.【答案】ACD

【解析】选项 B，通过“应付债券”科目核算；选项 D，发行可转换公司债券的发行费用，权益工具承担的部分应冲减“其他权益工具”的金额。

4.【答案】BCD

【解析】选项 B，通过“其他综合收益”科目核算；选项 C，应计入管理费用；选项 D，通过“应付职工薪酬”科目核算。

5.【答案】BC

【解析】选项 A，控股股东代企业偿还应付账款，应作为权益性交易计入所有者权益（资本公积—股本溢价）；选项 B，因联营企业增资导致投资方持股比例下降但仍具有重大影响，投资方享有被投资单位增资后可辨认净资产份额的增加额记入“资本公积—其他资本公积”科目；选项 C，以权益结算股份支付在等待期内确认相关费用时，借记相关费用，同时贷方记入“资本公积—其他资本公积”科目；选项 D，控股股东对管理人员赠予股份且立即可行权，应按立即可行权的权益结算股份支付处理，记入“资本公积—股本溢价”科目。

6.【答案】AC

【解析】选项 B，权益工具重分类为金融负债，重分类日权益工具的账面价值和金融负债的公允价值之间的差额确认为权益；选项 D，金融负债重分类为权益工具，以重分类日金融负债的账面价值计量。

7.【答案】ABC

【解析】直接计入所有者权益的利得或损失通过“其他综合收益”科目核算，选项 A、B 和 C 正确；选项 D，应通过“资本公积—其他资本公积”科目核算。

8.【答案】ACD

【解析】直接计入所有者权益的利得或损失通过“其他综合收益”科目核算，选项 B，计入其他综合收益；选项 A，通过“资产处置损益”科目核算；选项 C，通过“资本公积—其他资本公积”科目核算；选项D,通过“资本公积—其他资本公积”科目核算。

9.【答案】BC

【解析】选项B，处置权益法核算的长期股权投资时，原权益法核算的相关其他综合收益应当在终止确认时，采用与被投资单位直接处置相关资产或负债相同的基础进行会计处理；选项C，同一控制下企业合并中长期股权投资入账价值与支付对价的差额记入“资本公积—资本溢价（或股本溢价）”科目，在长期股权投资处置时无须转出。

10.【答案】ABCD

【解析】甲公司以2×20年12月31日的股本总额（10000万股）为基数，以资本公积转增股本，每10股普通股转增2股，即转增股本数量=10000/10×2=2000（万股），股本=10000+2000=12000（万元），选项A正确；资本公积=5000-10000/10×2=3000（万元），选项B正确；盈余公积=3000+8000×10%=3800（万元），选项C正确；未分配利润=2000-10000/10×1+8000×（1-10%）=8200（万元），选项D正确。

第十七章　收入、费用和利润

CHAPTER-17

本章学习指南

一、学习目标

1. 理解收入的概念及收入确认和计量的五步法模型。

2. 掌握收入确认的原则、收入确认的前提条件和合同变更的会计处理。

3. 掌握合同中履约义务的确定。

4. 掌握交易价格的概念；掌握可变对价、合同中存在的重大融资成分、非现金对价和应付客户对价的会计处理。

5. 理解将交易价格分摊至各单项履约义务。

6. 熟练掌握某一时段内确认收入的条件及会计处理；理解某一时点确认收入的迹象。

7. 掌握合同履约成本和合同取得成本的概念及其会计处理。

8. 熟练掌握特定交易的会计处理。

9. 理解 PPP 项目合同的特征和条件；掌握 PPP 项目相关会计处理。

10. 了解期间费用包含的内容。

11. 掌握营业利润的计算；理解营业外收支包含的内容。

二、考情概况

本章考试涉及各种题型，以主观题为主。分数很高，属于重要章节。

三、教材变化

（1）增加“社会资本方对政府和社会资本合作（PPP）项目合同的会计处理”知识点；（2）增加“研发费用”相关表述；（3）删除财务费用中有关“现金折扣”的内容。

四、考点地图

考点	年份 / 题型
营业外收入核算内容	2021 年单选题
委托代销业务的会计处理	2021 年多选题
收入业务的会计处理	2021 年计算分析题、2020 年计算分析题
售后回购的会计处理	2020 年单选题

注：2021 年一道综合题与收入、政府补助和所得税等内容相关，在所得税章节列示；2021 年另一道综合题与收入、投资性房地产、职工薪酬、股份支付和所得税等内容相关，在所得税章节列示；2020 年和 2019 年各有一道综合题与收入内容相关，题目在合并财务报表章节列示；2020 年另有一道综合题与收入内容相关，在租赁章节列示。

核心考点精讲

提示

本章知识内容繁多，对个别知识点的理解相对容易，但要真正记牢并理清其中的逻辑关系却有一定的难度。结合历年考试情况，本章所有内容均可出题考查，所以在学习本章的过程中，不仅要面面俱到、不留死角，还要理解透彻、能够灵活运用。扫描二维码听名师精讲，名师帮您“掰开”“揉碎”“理清”“记牢”。

第一节　收　入

使用“会计云课堂”App 或“微信”扫码查看本节视频，快速 GET 知识点。

一、收入的定义及其分类

收入，是指企业在日常活动中形成的、会导致所有者权益增加的、与所有者投入资本无关的经济利益的总流入。

收入准则适用于所有与客户之间的合同，但下列各项除外：长期股权投资、金融工具确认和计量、金融资产转移、套期会计、合并财务报表、合营安排、租赁、保险合同。

收入的会计处理，一般需要设置下列会计科目。

（一）“主营业务收入”

名师点拨

（1）主营业务收入和其他业务收入在利润表“营业收入”项目列报；

（2）主营业务成本和其他业务成本在利润表“营业成本”项目列报。

1. 本科目核算企业确认的销售商品、提供服务等主营业务的收入。

2. 本科目可按主营业务的种类进行明细核算。

3. 主营业务收入的主要账务处理。

（1）企业在履行了合同中的单项履约义务时，应按照已收或应收的合同价款，加上应收取的增值税额，借记“银行存款”“应收账款”“应收票据”“合同资产”等科目，按应确认的收入金额，贷记本科目，按应收取的增值税额，贷记“应交税费—应交增值税（销项税额）”“应交税费—待转销项税额”等科目。

（2）合同中存在企业为客户提供重大融资利益的，企业应按照应收合同价款，借记“长期应收款”等科目，按照假定客户在取得商品控制权时即以现金支付而需支付的金额（即现销价格）确定的交易价格，贷记本科目，按其差额，贷记“未实现融资收益”科目。

合同中存在客户为企业提供重大融资利益的，企业应按照已收合同价款，借记“银行存款”等科目，按照假定客户在取得商品控制权时即以现金支付的应付金额（即现销价格）确定的交易价格，贷记“合同负债”等科目，按其差额，借记“未确认融资费用”科目。涉及增值税的，还应进行相应的处理。

（3）企业收到的对价为非现金资产时，应按该非现金资产在合同开始日的公允价值，借记“库存商品”“固定资产”“无形资产”等有关科目，贷记本科目。涉及增值税的，还应进行相应的处理。

4. 期末，应将本科目的余额转入“本年利润”科目，结转后本科目应无余额。

（二）“其他业务收入”

1. 本科目核算企业确认的除主营业务活动以外的其他经营活动实现的收入，包括出租固定资产、出租无形资产、出租包装物和商品、销售材料、用材料进行非货币性资产交换（该交换具有商业实质且公允价值能够可靠计量）等实现的收入。

2. 本科目可按其他业务的种类进行明细核算。

3. 其他业务收入的主要账务处理。企业确认其他业务收入的主要账务处理参见“主营业务收入”科目。

4. 期末，应将本科目的余额转入“本年利润”科目，结转后本科目应无余额。

（三）“主营业务成本”

1. 本科目核算企业确认销售商品、提供服务等主营业务收入时应结转的成本。

2. 本科目可按主营业务的种类进行明细核算。

3. 主营业务成本的主要账务处理。期末，企业应根据本期销售各种商品、提供各种服务等实际成本，计算应结转的主营业务成本，借记本科目，贷记“库存商品”“合同履约成本”等科目。

4. 期末，应将本科目的余额转入“本年利润”科目，结转后本科目无余额。

（四）“其他业务成本”

1. 本科目核算企业确认的除主营业务活动以外的其他经营活动所发生的支出，包括销售材料的成本、出租固定资产的折旧额、出租无形资产的摊销额、出租包装物的成本或摊销额等。采用成本模式计量投资性房地产的，其投资性房地产计提的折旧额或摊销额，也通过本科目核算。

2. 本科目可按其他业务的种类进行明细核算。

3. 其他业务成本的主要账务处理。企业发生的其他业务成本，借记本科目，贷记“原材料”“周转材料”等科目。

4. 期末，应将本科目的余额转入“本年利润”科目，结转后本科目无余额。

（五）“合同履约成本”

1. 本科目核算企业为履行当前或预期取得的合同所发生的、不属于其他企业会计准则规范范围且按照收入准则应当确认为一项资产的成本。

名师点拨

合同履约成本，应当根据“合同履约成本”科目的明细科目初始确认时摊销期限是否超过一年或一个正常营业周期，在“存货”或“其他非流动资产”项目中填列，已计提减值准备的，还应减去“合同履约成本减值准备”科目中相关的期末余额后的金额填列。

2. 本科目可按合同，分别“服务成本”“工程施工”等进行明细核算。

3. 合同履约成本的主要账务处理。企业发生上述合同履约成本时，借记本科目，贷记“银行存款”“应付职工薪酬”“原材料”等科目；对合同履约成本进行摊销时，借记“主营业务成本”“其他业务成本”等科目，贷记本科目。涉及增值税的，还应进行相应的处理。

4. 本科目期末借方余额，反映企业尚未结转的合同履约成本。

（六）“合同履约成本减值准备”

1. 本科目核算与合同履约成本有关的资产的减值准备。

2. 本科目可按合同进行明细核算。

3. 合同履约成本减值准备的主要账务处理。与合同履约成本有关的资产发生减值的，按应减记的金额，借记“资产减值损失”科目，贷记本科目；转回已计提的资产减值准备时，做相反的会计分录。

4. 本科目期末贷方余额，反映企业已计提但尚未转销的合同履约成本减值准备。

（七）“合同取得成本”

名师点拨

合同取得成本，应当根据“合同取得成本”科目的明细科目初始确认时摊销期限是否超过一年或一个正常营业周期，在“其他流动资产”或“其他非流动资产”项目中填列，已计提减值准备的，还应减去“合同取得成本减值准备”科目中相关的期末余额后的金额填列。

1. 本科目核算企业为取得合同发生的、预计能够收回的增量成本。

2. 本科目可按合同进行明细核算。

3. 合同取得成本的主要账务处理。企业发生上述合同取得成本时，借记本科目，贷记“银行存款”“其他应付款”等科目；对合同取得成本进行摊销时，按照其相关性，借记“销售费用”等科目，贷记本科目。涉及增值税的，还应进行相应的处理。

4. 本科目期末借方余额，反映企业尚未结转的合同取得成本。

（八）“合同取得成本减值准备”

1. 本科目核算与合同取得成本有关的资产的减值准备。

2. 本科目可按合同进行明细核算。

3. 合同取得成本减值准备的主要账务处理。与合同取得成本有关的资产发生减值的，按应减记的金额，借记“资产减值损失”科目，贷记本科目；转回已计提的资产减值准备时，做相反的会计分录。

4. 本科目期末贷方余额，反映企业已计提但尚未转销的合同取得成本减值准备。

（九）“应收退货成本”

名师点拨

（1）应收退货成本，应当根据“应收退货成本”科目是否在一年或一个正常营业周期内出售，在“其他流动资产”或“其他非流动资产”项目中填列；

（2）按照《收入》准则的相关规定确认为预计负债的应付退货款，应当根据“预计负债”科目下的“应付退货款”明细科目是否在一年或一个正常营业周期内清偿，在“其他流动负债”或“预计负债”项目中填列。

1. 本科目核算销售商品时预期将退回商品的账面价值，扣除收回该商品预计发生的成本（包括退回商品的价值减损）后的余额。

2. 本科目可按合同进行明细核算。

3. 应收退货成本的主要账务处理。企业发生附有销售退回条款的销售的，应在客户取得相关商品控制权时，按照已收或应收合同价款，借记“银行存款”“应收账款”“应收票据”“合同资产”等科目，按照因向客户转让商品而预期有权收取的对价金额（即，不包含预期因销售退回将退还的金额），贷记“主营业务收入”“其他业务收入”等科目，按照预期因销售退回将退还的金额，贷记“预计负债—应付退货款”等科目。

结转相关成本时，按照预期将退回商品转让时的账面价值，扣除收回该商品预计发生的成本（包括退回商品的价值减损）后的余额，借记本科目，按照已转让商品转让时的账面价值，贷记“库存商品”等科目，按其差额，借记“主营业务成本”“其他业务成本”等科目。涉及增值税的，还应进行相应处理。

4. 本科目期末借方余额，反映企业预期将退回商品转让时的账面价值，扣除收回该商品预计发生的成本（包括退回商品的价值减损）后的余额，在资产负债表中按其流动性计入“其他流动资产”或“其他非流动资产”项目。

（十）“合同资产”

1. 本科目核算企业已向客户转让商品而有权收取对价的权利。仅取决于时间流逝因素的权利不在本科目核算。

2. 本科目应按合同进行明细核算。

3. 合同资产的主要账务处理。企业在客户实际支付合同对价或在该对价到期应付之前，已经向客户转让了商品的，应当按因已转让商品而有权收取的对价金额，借记本科目或“应收账款”科目，贷记“主营业务收入”“其他业务收入”等科目；企业取得无条件收款权时，借记“应收账款”等科目，贷记本科目。涉及增值税的，还应进行相应的处理。

（十一）“合同资产减值准备”

1. 本科目核算合同资产的减值准备。

2. 本科目应按合同进行明细核算。

3. 合同资产减值准备的主要账务处理。合同资产发生减值的，按应减记的金额，借记“资产减值损失”科目，贷记本科目；转回已计提的资产减值准备时，做相反的会计分录。

4. 本科目期末贷方余额，反映企业已计提但尚未转销的合同资产减值准备。

（十二）“合同负债”

1. 本科目核算企业已收或应收客户对价而应向客户转让商品的义务。

2. 本科目应按合同进行明细核算。

3. 合同负债的主要账务处理。企业在向客户转让商品之前，客户已经支付了合同对价或企业已经取得了无条件收取合同对价权利的，企业应当在客户实际支付款项与到期应支付款项孰早时点，按照该已收或应收的金额，借记“银行存款”“应收账款”“应收票据”等科目，贷记本科目。

企业向客户转让相关商品时，借记本科目，贷记“主营业务收入”“其他业务收入”等科目。涉及增值税的，还应进行相应的处理。企业因转让商品收到的预收款适用收入准则进行会计处理时，不再使用“预收账款”及“递延收益”科目。

名师点拨

（1）“合同资产”项目、“合同负债”项目，应分别根据“合同资产”科目、“合同负债”科目的相关明细科目的期末余额分析填列；

（2）同一合同下的合同资产和合同负债应当以净额列示：

其中净额为借方余额的，应当根据其流动性在“合同资产”或“其他非流动资产”项目中填列，已计提减值准备的，还应减去“合同资产减值准备”科目中相关的期末余额后的金额填列；

其中净额为贷方余额的，应当根据其流动性在“合同负债”或“其他非流动负债”项目中填列。

4. 本科目期末贷方余额，反映企业在向客户转让商品之前，已经收到的合同对价或已经取得的无条件收取合同对价权利的金额。

二、收入的确认和计量

名师点拨

第1步、第2步和第5步主要与收入的确认有关；
第3步和第4步主要与收入的计量有关。

收入准则确认收入的五步法模型

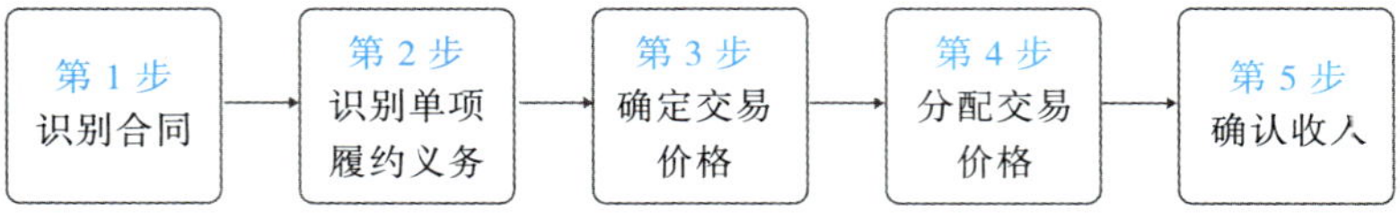

【案例】卖手机当月开始送12个月话费：价格4800元。手机单独售价4500元，12个月话费单独售价500元，计算卖手机当月应确认收入。

第1步：识别合同：卖手机送话费

第2步：识别单项履约义务：手机和话费两项履约义务

第3步：确定交易价格：4800元

第4步：分配交易价格：按单独售价比例分摊

手机应分配的交易价格＝4500÷（4500+500）×4800=4320（元）

12个月话费应分配的交易价格＝500÷（4500+500）×4800=480（元）

第5步：确认收入

手机按某一时点确认收入，当月确认4320元；话费按某一时段确认收入，当月应确认收入＝480÷12=40（元）。卖手机当月应确认收入＝4320+40=4360（元）。

（一）识别与客户订立的合同

1. 收入确认的原则

企业应当在履行了合同中的履约义务，即在客户取得相关商品控制权时确认收入。

取得相关商品控制权，是指能够主导该商品的使用并从中获得几乎全部的经济利益。

2. 收入确认的前提条件

当企业与客户之间的合同同时满足下列条件时，企业应当在客户取得相关商品控制权时确认收入，如下图所示：

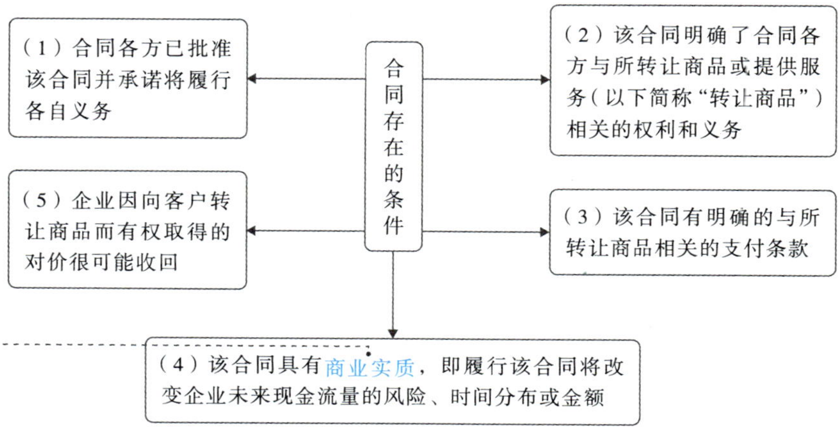

要点小贴士

没有商业实质的非货币性资产交换，无论何时，均不应确认收入。例如，两家石油公司之间相互交换石油，以便及时满足各自不同地点客户的需求，不具有商业实质，不应确认收入。

在合同开始日即满足图中条件的合同，企业在后续期间无须对其进行重新评估，除非有迹象表明相关事实和情况发生重大变化。合同开始日通常是指合同生效日。

在合同开始日不满足图中条件的合同，企业应当在后续期间对其进行持续评估，以判断其能否满足这些条件。企业如果在合同满足相关条件之前已经向客户转移了部分商品，当该合同在后续期间满足相关条件时，企业应当将在此之前已经转移的商品所分摊交易价格确认为收入。

对于不符合上述规定的合同，企业只有在不再负有向客户转让商品的剩余义务，且已向客户收取的对价无须退回时，才能将已收取的对价确认为收入；否则，应当将已收取的对价作为负债进行会计处理。

企业与同一客户（或该客户的关联方）同时订立或在相近时间内先后订立的两份或多份合同，在满足下列条件之一时，应当合并为一份合同进行会计处理：

（1）该两份或多份合同基于同一商业目的而订立并构成一揽子交易；

（2）该两份或多份合同中的一份合同的对价金额取决于其他合同的定价或履行情况；

（3）该两份或多份合同中所承诺的商品（或每份合同中所承诺的部分商品）构成收入准则规定的单项履约义务。

3. 合同变更

要点小贴士

合同变更三种情形：
（1）单独合同；
（2）原合同终止及新合同订立；
（3）作为原合同的组成部分。

企业应当区分下列三种情形对合同变更分别进行会计处理：

（1）合同变更增加了可明确区分的商品及合同价款，且新增合同价款反映了新增商品单独售价的，应当将该合同变更部分作为一份单独的合同进行会计处理。

（2）合同变更不属于上述（1）规定的情形，且在合同变更日已转让的商品与未转让的商品之间可明确区分的，应当视为原合同终止，同时，将原合同未履约部分与合同变更部分合并为新合同进行会计处理。

（3）合同变更不属于上述（1）规定的情形，且在合同变更日已转让的商品与未转让的商品之间不可明确区分的，应当将该合同变更部分作为原合同的组成部分进行会计处理，由此产生的对已确认收入的影响，应当在合同变更日调整当期收入。

判断合同变更的步骤如下图所示：

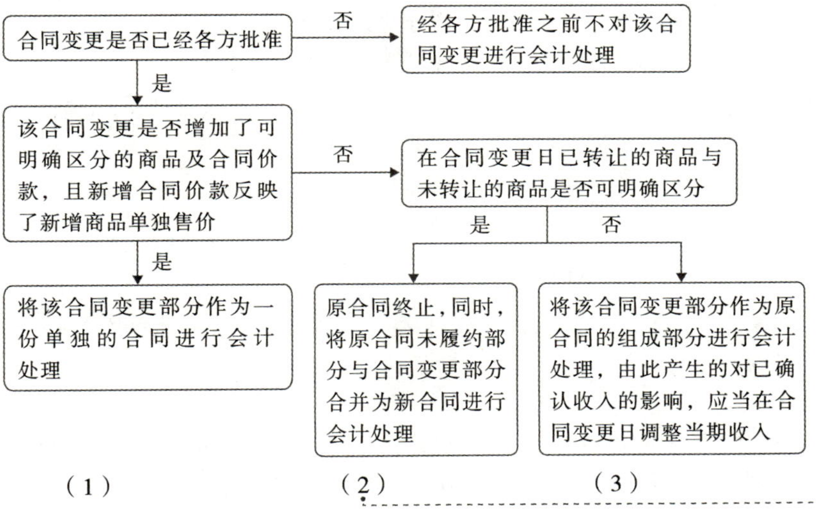

名师点拨

第（2）种情形包括：
①增加可明确区分的商品（增加商品未反映单独售价）；
②未增加可明确区分的商品，但原合同未履约部分价格变更。

经典题解

【例题 1】甲公司承诺以每件 200 元的价格向乙公司销售 120 件 A 产品。产品在 6 个月内转移给乙公司。甲公司在某个时点转移每一件产品的控制权。当甲公司向乙公司转移了 60 件 A 产品的控制权后，合同进行了修改，要求向乙公司额外交付 30 件产品（即总数为 150 件相同的产品）。这额外的 30 件产品并未包括在原合同中。

情形 1： 当合同被修改时，针对额外 30 件产品的合同修改价格为额外的 5700 元，或每件产品价格为 190 元（反映修订时的单独售价）。

分析： 合同修改实际上是针对未来产品的一个新的单独合同。

情形 2： 在协商购买额外 30 件产品的过程中，乙公司发现已收到的 60 件产品存在独有的瑕疵，甲公司因这些劣质产品向乙公司进行赔偿，承诺每件产品优惠 30 元。合同双方约定新增每件产品价格为 160 元（新增合同价款不反映新增商品单独售价）。

分析： 在对额外 30 件产品的销售进行处理时，甲公司确定每件产品 160 元的价格并不能反映这些额外产品的单独售价。将该合同修改作为原合同的终止以及将原合同未履约部分与合同变更部分合并为新合同进行处理。

对于已售 60 件存在瑕疵的 A 产品优惠 1800 元（60×30）冲减当期销售收入。

剩余产品单价 =（$200\times60+30\times160$）$\div90=186.67$（元 / 件）。

【真题 2 · 单选题】20×7 年 2 月 1 日，甲公司与乙公司签订了一项总额为 20000 万元的固定造价合同，在乙公司自有土地上为乙公司建造一栋办公楼。截至 20×7 年 12 月 20 日止，甲公司累计已发生成本 6500 万元，20×7 年 12 月 25 日，经协商合同双方同意变更合同范围，附加装修办公楼的服务内容，合同价格相应增加 3400 万元，假定上述新增合同价款不能反映装修服务的单独售价。不考虑其他因素，下列各项关于上述合同变更会计处理的表述中，正确的是（　　）。（2018 年）

A. 合同变更部分作为单独合同进行会计处理

B. 合同变更部分作为原合同组成部分进行会计处理

C. 合同变更部分作为单项履约义务于完成装修时确认收入

D. 原合同未履约部分与合同变更部分作为新合同进行会计处理

【解析】在合同变更日已转让商品与未转让商品之间不可明确区分的，应当将该合同变更部分作为原合同的组成部分，在合同变更日重新计算履约进度，并调整当期收入和相应成本等。

【答案】B

（二）识别合同中的单项履约义务

合同开始日，企业应当对合同进行评估，识别该合同所包含的各单项履约义务，并确定各单项履约义务是在某一时段内履行，还是在某一时点履行，然后，在履行了各单项履约义务时分别确认收入。

履约义务，是指合同中企业向客户转让可明确区分商品的承诺。履约义务既包括合同中明确的承诺，也包括由于企业已公开宣布的政策、特定声明或以往的习惯做法等导致合同订立时客户合理预期企业将履行的承诺。

1. 企业向客户转让可明确区分商品（或者商品或服务的组合）的承诺

要点小贴士

条件1：商品能够区分，例如，如果主体向客户转让一台机器，而该机器仅能在安装完成后（只有主体能够实施安装）才能使客户获益，则该机器不能够明确区分；

条件2：合同特定背景下判断是否可明确区分，关注“重大整合服务”“重大修改或定制”以及“高度关联性”的特征。

企业向客户承诺的商品同时满足下列条件的，应当作为可明确区分商品，如下图所示：

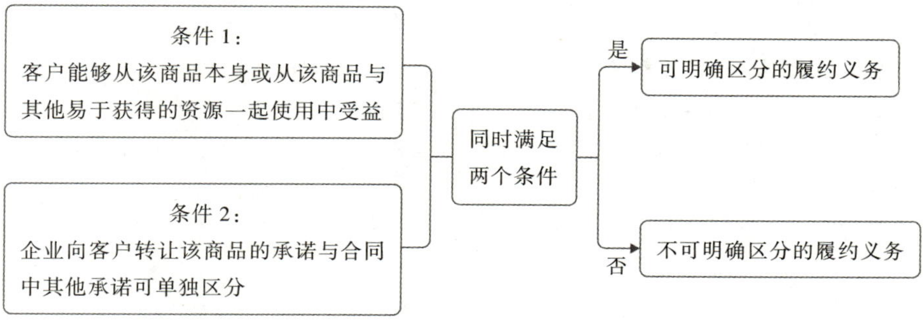

【提示】

（1）商品本身的特征是否可区分，主要考虑商品本身的性质，而非客户使用该商品的方式。因此，企业在进行评估时，不需考虑任何可能妨碍客户从该企业以外获取易于取得的资源的合同限制。

（2）下列情形通常表明企业向客户转让该商品的承诺与合同中其他承诺不可单独区分：

①企业需提供重大的服务以将该商品与合同中承诺的其他商品整合成合同约定的组合产出转让给客户。

②该商品将对合同中承诺的其他商品予以重大修改或定制。

③该商品与合同中承诺的其他商品具有高度关联性。

相关链接

高度关联性的判断，参见P557本章疑难问题解答1。

需要说明的是，企业向客户销售商品时，往往约定企业需要将商品运送至客户指定的地点。通常情况下，商品控制权转移给客户之前发生的运输活动不构成单项履约义务；相反，商品控制权转移给客户之后发生的运输活动可能表明企业向客户提供了一项运输服务，企业应当考虑该项服务是否构成单项履约义务。

相关链接

运输费用会计处理，参见P558本章疑难问题解答2。

经典题解

【例题3】某承包商企业签订了一份为客户建造医院的合同。该企业负责项目的整体管理，并识别应提供的各种商品或服务，包括工程技术、场地清理、地基构建、采购、建筑架构、管道和管线的铺设、设备安装及装修等。

分析：属于组合产出，不可明确区分。

【例题4】甲公司与客户订立一项合同，约定转让软件许可证、实施安装服务并在2年期间内提供未明确规定的软件更新和技术支持（通过在线和电话方式）。安装服务包括为各类用户（例如，市场营销、库存管理和信息技术）更改网页屏幕。作为安装服务的一部分，软件将作重大定制以增添重要的新功能，从而使软件能够与客户使用的其他定制软件应用程序相对接。

分析：定制安装服务与软件许可证之间不可明确区分，应作为单项履约义务。

【例题 5】 甲公司同意为乙公司设计一种实验性的新产品并生产该产品的 20 个样品。产品规格包含尚未得到证实的功能。甲公司应根据客户意见，不断改进样品，直到客户满意。

分析： 设计服务与生产服务高度关联，不可明确区分，应作为单项履约义务。

要点小贴士

基于成本效益原则，企业向客户转让一系列实质相同且转让模式相同的、可明确区分商品的承诺作为单项履约义务。

2. 企业向客户转让一系列实质相同且转让模式相同的、可明确区分商品的承诺应当作为单项履约义务。如酒店管理服务、保洁服务等。

企业为履行合同而应开展的初始活动，通常不构成履约义务，除非该活动向客户转让了承诺的商品。例如，某俱乐部为注册会员建立档案，该活动并未向会员转让承诺的商品，因此不构成单项履约义务。

（三）确定交易价格

企业应当按照分摊至各单项履约义务的交易价格计量收入。

名师点拨

合同标价并不一定代表交易价格。

交易价格，是指企业因向客户转让商品而预期有权收取的对价金额。

企业代第三方收取的款项以及企业预期将退还给客户的款项，应当作为负债进行会计处理，不计入交易价格。

交易价格内容如下图所示：

交易价格

（1）可变对价
企业在确定将多少可变对价计入交易价格时应考虑收入转回的风险

（2）重大的融资成分
对于含有重大融资成分的合同，企业应调整承诺的对价金额，以反映货币的时间价值

（3）非现金对价
如果公允价值能够合理估计，则非现金对价应以公允价值计量。如果不能，则企业应以承诺用于换取非现金对价的商品或服务的单独售价来计量非现金对价

（4）应付客户对价
企业需要确定，应付给客户的对价是应抵减交易价格，还是用来支付可明确区分的商品或服务，或者两者相结合

1. 可变对价

名师点拨

“现金折扣”不应计入财务费用，应当按照可变对价的相关规定进行会计处理。

企业与客户的合同中约定的对价金额可能会因折扣、价格折让、返利、退款、奖励积分、激励措施、业绩奖金、索赔等因素而变化。此外，根据一项或多项或有事项的发生而收取不同对价金额的合同，也属于可变对价的情形。

（1）可变对价最佳估计数的确定

企业应当按照期望值或最可能发生金额确定可变对价的最佳估计数。

经典题解

【例题 6】 甲公司与分包商乙公司于 2×21 年 1 月 1 日签订了电路板生产合同，生产数量为 50000 个，完工日为 2×21 年 6 月 30 日，合同价格为 1000000 元。若生产于 2×21 年 6 月 30 日前完工，每提前一天，承诺的对价将增加 10000 元；若生产于 2×21 年 6 月 30 日前未完工，每延迟一天，承诺的对价将减少 10000 元。甲公司估计延迟 2 天的概率为 5%，延迟 1 天的概率为 10%，按时完工的概率为 50%，提前 1 天的概率为 20%，提前 2 天的概率为 15%。

可变对价最佳估计数 =1000000+（-20000×5%-10000×10%+0×50%+10000×20%+20000×15%）=1003000（元）。（按照期望值确定最佳估计数）

【例题 7】甲公司签署了一项合同，根据合同，若甲公司完成某项业绩目标即可获得 200 万元的奖金，未完成则没有奖金；甲公司估计完成了该项业绩目标可能性为 90%，完不成的可能性为 10%。

可变对价最佳估计数为 200 万元。（按照最可能发生金额确定最佳估计数）

（2）计入交易价格的可变对价金额的限制

企业按照期望值或最可能发生金额确定可变对价金额之后，计入交易价格的可变对价金额还应该满足限制条件，即包含可变对价的交易价格，应当不超过在相关不确定性消除时，累计已确认的收入极可能不会发生重大转回的金额。

每一资产负债表日，企业应当重新估计应计入交易价格的可变对价金额，包括重新评估将估计的可变对价计入交易价格是否受到限制，以如实反映报告期末存在的情况以及报告期内发生的情况变化。

名师点拨

需要说明的是，将可变对价计入交易价格的限制条件不适用于企业向客户授予知识产权许可并约定按客户实际销售或使用情况收取特许权使用费的情况。

经典题解

【例题 8】2×21 年 1 月 1 日，乙公司与客户签订合同，以每件 150 元的价格向其销售产品；如果客户在 2×21 年全年的采购量超过 100 万件，该产品的销售价格将追溯下调至每件 125 元。该产品的控制权在交付时转移给客户。在合同开始日，乙公司估计该客户全年的采购量能够超过 100 万件。2×21 年 1 月 31 日，乙公司交付了第一批产品共 10 万件。上述价格均不包含增值税，且假定不考虑相关税费影响。

本例中，乙公司将产品交付给客户时取得了无条件的收款权，即乙公司有权按照每件产品 150 元的价格向客户收取款项，直到客户的采购量达到 100 万件为止。由于乙公司估计客户的采购量能够达到 100 万件，因此，根据将可变对价计入交易价格的限制要求，乙公司确定每件产品的交易价格为 125 元。2×21 年 1 月 31 日，乙公司交付产品时的账务处理为：

借：应收账款	15000000	
贷：主营业务收入		12500000
预计负债		2500000

【例题 9·多选题】2×21 年 1 月 1 日，甲公司与客户乙公司签订合同，在一年内以固定单价 200 元向乙公司交付 80 件标准配件。甲公司以往的习惯做法表明，在该商品出现瑕疵时，将根据商品的具体瑕疵情况给予客户价格折让，甲公司综合考虑相关因素后认为会向客户提供一定的价格折让。合同开始日，甲公司估计将提供 400 元价格折让。2×21 年 1 月 30 日，甲公司向乙公司交付 40 件配件，假定乙公司已取得 40 件配件的控制权。2×21 年 1 月 31 日，乙公司发现配件存在质量瑕疵需要返工，甲公司返工处理后，乙公司对返工后的配件表示满意。2×21 年 1 月 31 日，为了维系客户关系，甲公司按以往的习惯做法主动提出对合同中 80 件配件给予每件 6 元的价格折让，共计 480 元，该折让符合甲公司以往的习惯做法。甲公司与乙公司达成协议，通过调整剩余 40 件配件价格的形式提供价格折让，即将待交付的 40 件配件的单价调整为 188 元。不考虑其他因素，下列表述中正确的有（　　）。

A. 2×21年1月31日，甲公司按以往的习惯给予乙公司的价格折让属于可变对价

B. 甲公司对存在质量瑕疵的产品返工应按《企业会计准则第13号——或有事项》规定进行会计处理

C. 甲公司2×21年1月30日应确认收入7800元

D. 甲公司2×21年1月31日价格折让增加额应冲减当期销售收入40元

【解析】在合同开始日，根据甲公司以往的习惯，可以预期如果商品不符合合同约定的质量标准，甲公司将给予乙公司一定的价格折让，而后续实际给予的折让与初始预计的折让差异属于相关不确定性消除而发生的可变对价的变化，而非合同变更导致的，因此应作为合同可变对价的后续变动进行会计处理，选项A正确；

甲公司对存在质量瑕疵配件提供的返工服务是为了保证销售的配件符合既定标准，属于保证类质量保证，不构成单项履约义务，甲公司应根据《企业会计准则第13号——或有事项》的规定对相关的质保义务进行会计处理，选项B正确；

甲公司2×21年1月30日应确认收入=200×40−400×40/80=7800（元），选项C正确；

由于甲公司给予的价格折让与整个合同相关，应当分摊至合同中的各项履约义务，其中，已交付的40件配件的履约义务已经完成，其控制权已经转移，因此，甲公司在交易价格发生变动的当期，将价格折让增加额80元（480−400）分摊至已交付的40件配件，冲减当期收入40元（80×40/80），选项D正确。

【答案】ABCD

解题攻略

企业如何区分交易价格的变动是属于合同变更还是可变对价？

答：可变对价能够合理预期合同双方均可能对合同价格提出调整；

合同变更主要体现为需要合同签订双方重新谈判及修订。

在合同开始日根据其所获得的相关信息无法合理预期的，由此导致的合同各方达成协议批准对原合同价格作出的变更，不属于可变对价，应作为合同变更进行会计处理。

2. 重大的融资成分

合同中存在重大融资成分的，企业应当按照假定客户在取得商品控制权时即以现金支付的应付金额确定交易价格。该交易价格与合同对价之间的差额，应当在合同期间内采用实际利率法摊销。

合同开始日，企业预计客户取得商品控制权与客户支付价款间隔不超过一年的，可以不考虑合同中存在的重大融资成分。

企业向客户转让商品与客户支付相关款项之间虽然存在时间间隔，但两者之间的合同没有包含重大融资成分的情形有：

（1）客户就商品支付了预付款，且可以自行决定这些商品的转让时间。例如，企业向客户出售其发行的储值卡，客户可随时到该企业持卡购物；再如，企业向客户授予奖励积分，客户可随时到该企业兑换这些积分等。

（2）客户承诺支付的对价中有相当大的部分是可变的，该对价金额或付款时间取决于某一未来事项是否发生，且该事项实质上不受客户或企业控制。例如，按照实际销售量收取的特许权使用费。

（3）合同承诺的对价金额与现销价格之间的差额是由于向客户或企业提供融资利益以外的其他原因所导致的，且这一差额与产生该差额的原因是相称的。例如，合同约定的支付条款是为了向企业或客户提供保护，以防止另

要点小贴士

企业向客户转让商品与客户支付相关款项之间虽然存在时间间隔，但两者之间的合同也可能不包含重大融资成分。如：

（1）客户预付款且可自行决定购物时间；

（2）不受企业或客户控制的可变对价；

（3）向企业或客户提供保护的支付条款；

（4）需要履行相关的审批程序时间较长等。

一方未能依照合同充分履行其部分或全部义务。

此外，在某些交易中企业向客户转让商品或服务的时间与收款的时间间隔可能较长，而导致该时间间隔的主要原因是国家有关部门需要履行相关的审批程序，且该时间间隔是履行上述程序所需经历的必要时间，其性质并非是提供融资利益。例如，企业从事光伏发电业务，作为发电收入对价组成部分的可再生能源上网电价补贴款收取时间与企业并网发电并确认发电收入的时间间隔可能超过一年；又如，企业从事新能源汽车的生产与销售，作为新能源汽车销售对价组成部分的新能源汽车补贴款的收取时间与企业销售新能源汽车并确认收入的时间间隔可能超过一年等。这样情况下，可以认为企业取得的可再生能源电价补贴款和新能源汽车补贴款等款项不存在重大融资成分。

要点小贴士

需要说明的是，企业应当在单个合同层面考虑融资成分是否重大，而不应在合同组合层面考虑这些合同中的融资成分的汇总影响对企业整体而言是否重大。

合同中存在重大融资成分情形的会计分录（不考虑增值税）如下表所示：

先确认收入后收款	先收款后确认收入
（1）确认收入时 借：长期应收款 　贷：主营业务收入 　　　未实现融资收益 （2）每期确认利息收入时 借：未实现融资收益 　贷：财务费用 （3）每期收款时 借：银行存款 　贷：长期应收款	（1）收款时 借：银行存款 　　未确认融资费用 　贷：合同负债（未来确认收入金额） （2）每期确认利息费用时 借：财务费用 　贷：未确认融资费用 （3）确认收入时 借：合同负债 　贷：主营业务收入

经典题解

【例题 10】2×21 年 1 月，甲公司与乙公司签订了一项施工总承包合同。合同约定的工期为 30 个月，工程造价为 8 亿元（不含税价）。甲乙双方每季度进行一次工程结算，并于完工时进行竣工决算，每次工程结算额（除质保金及相应的增值税外）由乙公司于工程结算后 5 个工作日内支付；除质保金外的工程尾款于竣工决算后 10 个工作日内支付；合同金额的 3% 作为质保金，用以保证项目在竣工后 2 年内正常运行，在质保期满后 5 个工作日内支付。

本例中，乙公司保留了 3% 的质保金直到项目竣工 2 年后支付，虽然服务完成时间与乙公司付款时间间隔较长，但是，该质保金旨在为乙公司提供工程质量保证，以防甲公司未能完成其合同义务，而并非向乙公司提供融资。因此，甲公司认为该合同中不包含重大融资成分，无须就延期支付质保金的影响调整交易价格。

合同中存在重大融资成分的，企业在确定该重大融资成分的金额时，应使用将合同对价的名义金额折现为商品现销价格的折现率。该折现率一经确定，不得因后续市场利率或客户信用风险等情况的变化而变更。企业确定的交易价格与合同承诺的对价金额之间的差额，应当在合同期间内采用实际利率法摊销。企业只有在确认了合同资产（或应收款项）和合同负债时，才应当分别确认重大融资成分相应的利息收入和利息支出。

为简化实务操作，如果在合同开始日，企业预计客户取得商品控制权与客户支付价款间隔不超过一年的，可以不考虑合同中存在的重大融资成分。企业应当对类似情形下的类似合同一致地应用这一简化处理方法。

经典题解

【例题11】2×21年1月1日，甲公司与乙公司签订合同，向其销售一批产品。合同约定，该批产品将于2年之后交货。合同中包含两种可供选择的付款方式，即乙公司可以在2年后交付产品时支付449.44万元，或者在合同签订时支付400万元。乙公司选择在合同签订时支付货款。该批产品的控制权在交货时转移。甲公司于2×21年1月1日收到乙公司支付的货款。上述价格均不包含增值税，且假定不考虑相关税费影响。

本例中，按照上述两种付款方式计算的内含利率为6%。考虑到乙公司付款时间和产品交付时间之间的间隔以及现行市场利率水平，甲公司认为该合同包含重大融资成分，在确定交易价格时，应当对合同承诺的对价金额进行调整，以反映该重大融资成分的影响。假定融资费用不符合借款费用资本化的要求。甲公司的账务处理为：

（1）2×21年1月1日收到货款：

借：银行存款　4000000

　　未确认融资费用　494400

　贷：合同负债　4494400

（2）2×21年12月31日确认融资成分的影响：

借：财务费用　240000（4000000×6%）

　贷：未确认融资费用　240000

（3）2×22年12月31日交付产品

借：财务费用　254400（494400−240000）

　贷：未确认融资费用　254400

借：合同负债　4494400

　贷：主营业务收入　4494400

名师点拨

非现金对价为交易性金融资产的，取得交易性金融资产时，按取得日的公允价值入账，但按合同开始日的公允价值确认收入，差额计入公允价值变动损益。

3. 非现金对价

当企业因转让商品而有权向客户收取的对价是非现金形式时，例如实物资产、无形资产、股权、客户提供的广告服务等。企业通常应当按照非现金对价在合同开始日的公允价值确定交易价格。非现金对价公允价值不能合理估计的，企业应当参照其承诺向客户转让商品的单独售价间接确定交易价格。

非现金对价公允价值变动的会计处理	公允价值因对价的形式而发生变动	合同开始日后，非现金对价的公允价值因对价形式而发生变动的（如权益工具投资自身后续公允价值的变动），该变动金额不应计入交易价格
	公允价值因对价形式以外的原因而发生变动	合同开始日后，非现金对价的公允价值因对价形式以外的原因而发生变动的（如，企业有权收取非现金对价的公允价值因企业的履约情况而发生变动），应当作为可变对价，按照与计入交易价格的可变对价金额的限制条件相关的规定进行处理

经典题解

【例题 12】甲公司与乙公司签订合同，为乙公司建造一台大型设备。合同约定，乙公司向甲公司支付 1000 万元现金，以及一批材料。该批材料公允价值为 500 万元，甲公司无须为该批材料额外支付价款，且必须将该批材料用于该设备的建造。设备于 3 个月内建造完成并移交乙公司，乙公司在该时点获得了设备的控制权。

问题：甲公司应当如何确定该设备的收入金额？

【答案】应确认收入 1500 万元（1000 万元现金 +500 万元非现金对价）。

4. 应付客户对价

名师点拨

应付客户对价可能确认购买商品，也可能冲减交易价格，还可能二者兼而有之。

企业应付客户（或向客户购买本企业商品的第三方）对价的，应当将该应付对价冲减交易价格，并在确认相关收入与支付（或承诺支付）客户对价二者孰晚的时点冲减当期收入，但应付客户对价是为了向客户取得其他可明确区分商品的除外。

企业应付客户对价是为了向客户取得其他可明确区分商品的，应当采用与本企业其他采购相一致的方式确认所购买的商品。企业应付客户对价超过向客户取得可明确区分商品公允价值的，超过金额应当冲减交易价格。向客户取得的可明确区分商品公允价值不能合理估计的，企业应当将应付客户对价全额冲减交易价格。

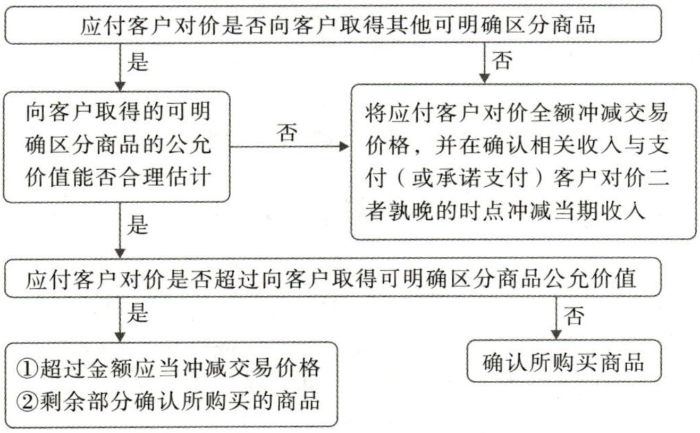

经典题解

【例题 13】某消费品制造商甲公司签订了一项合同，向一家全球大型连锁零售店客户销售商品，合同期限为 1 年。该零售商承诺，在合同期限内以约定价格购买至少价值 1500 万元的商品。合同同时约定，甲公司需在合同开始时向该零售商支付 150 万元的不可退回款项。该款项旨在就零售商需更改货架以使其适合放置甲公司商品而作出补偿。第一个月甲公司销售货物开具发票的金额为 200 万元。

问题：甲公司第一个月如何确认收入？

【答案】应确认收入 =200−200×10%=180（万元）。

（四）将交易价格分摊至各单项履约义务

1. 基本原则

合同中包含两项或多项履约义务的，企业应当在合同开始日，按照各单项履约义务所承诺商品的单独售价的相对比例，将交易价格分摊至各单项履约义务。企业不得因合同开始日之后单独售价的变动而重新分摊交易价格。

（1）单独售价可以直接观察

单独售价，是指企业向客户单独销售商品的价格。

名师点拨

考试时一般会直接给出各项履约义务的单独售价。

（2）单独售价无法直接观察

企业在类似环境下向类似客户单独销售商品的价格，应作为确定该商品单独售价的最佳证据。单独售价无法直接观察的，企业应当综合考虑其能够合理取得的全部相关信息，采用市场调整法、成本加成法、余值法等方法合理估计单独售价。在估计单独售价时，企业应当最大限度地采用可观察的输入值，并对类似的情况采用一致的估计方法。

企业在商品近期售价波动幅度巨大，或者因未定价且未曾单独销售而使售价无法可靠确定时，可采用余值法估计其单独售价。

名师点拨

合同折扣分摊原则是分摊至相关部分。

2. 分摊合同折扣

合同折扣，是指合同中各单项履约义务所承诺商品的单独售价之和高于合同交易价格的金额。

对于合同折扣，企业应当在各单项履约义务之间按比例分摊。

有确凿证据表明合同折扣仅与合同中一项或多项（而非全部）履约义务相关的，企业应当将该合同折扣分摊至相关的一项或多项履约义务。

同时满足下列条件时，企业应当将合同折扣全部分摊至合同中的一项或多项（而非全部）履约义务：

（1）企业经常将该合同中的各项可明确区分的商品单独销售或者以组合的方式单独销售；

（2）企业也经常将其中部分可明确区分的商品以组合的方式按折扣价格单独销售；

（3）上述第（2）项中的折扣与该合同中的折扣基本相同，且针对每一组合中的商品的分析为将该合同的全部折扣归属于某一项或多项履约义务提供了可观察的证据。有确凿证据表明合同折扣仅与合同中的一项或多项（而非全部）履约义务相关，且企业采用余值法估计单独售价的，企业应当首先在该一项或多项（而非全部）履约义务之间分摊合同折扣，然后再采用余值法估计单独售价。

经典题解

【例题14·单选题】2×21年7月1日，甲公司与客户签订一项合同，向其销售H、K两件商品。合同交易价格为5万元，H、K两件商品的单独售价分别为1.2万元和4.8万元。合同约定，H商品于合同开始日交付，K商品在7月10日交付，当两件商品全部交付之后，甲公司才有权收取全部货款。交付H商品和K商品分别构成单项履约义务，控制权分别在交付时转移给客户。不考虑增值税等相关税费及其他因素。甲公司在交付H商品时应确认（ ）。

A. 应收账款1万元　　B. 合同资产1万元

C. 合同资产1.2万元　　D. 应收账款1.2万元

【解析】甲公司在交付H商品时应确认合同资产=5×1.2/（1.2+4.8）=1（万元）。

【答案】B

3. 分摊可变对价

合同中包含可变对价的，该可变对价可能与整个合同相关，也可能仅与合同中的某一特定组成部分有关，后者包括两种情形：一是可变对价可能与合同中的一项或多项（而非全部）履约义务有关；二是可变对价可能与企业向客户转让的构成单项履约义务的一系列可明确区分商品中的一项或多项（而非全部）商品有关。

同时满足下列条件的，企业应当将可变对价及可变对价的后续变动额全部分摊至与之相关的某项履约义务，或者构成单项履约义务的一系列可明确区分商品中的某项商品：（1）可变对价的条款专门针对企业为履行该项履约义务或转让该项可明确区分商品所作的努力（或者是履行该项履约义务或转让该项可明确区分商品所导致的特定结果）；（2）企业在考虑了合同中的全部履约义务及支付条款后，将合同对价中的可变金额全部分摊至该项履约义务或该项可明确区分商品符合分摊交易价格的目标。

对于不满足上述条件的可变对价及可变对价的后续变动额，以及可变对价及其后续变动额中未满足上述条件的剩余部分，企业应当按照分摊交易价格的一般原则，将其分摊至合同中的各单项履约义务。对于已履行的履约义务，其分摊的可变对价后续变动额应当调整变动当期的收入。

名师点拨

可变对价分摊至与之相关一项或多项（而非全部）履约义务，若不可行则将其分摊至合同中的各单项履约义务。

4. 交易价格的后续变动

交易价格发生后续变动的，企业应当按照在合同开始日所采用的基础将该后续变动金额分摊至合同中的履约义务。企业不得因合同开始日之后单独售价的变动而重新分摊交易价格。对于合同变更导致的交易价格后续变动，应当按照本节有关合同变更的要求进行会计处理。合同变更之后发生可变对价后续变动的，企业应当区分下列三种情形分别进行会计处理：

（1）合同变更属于本节合同变更第（1）种规定情形的，企业应当判断可变对价后续变动与哪一项合同相关，并按照分摊可变对价的相关规定进行会计处理。

（2）合同变更属于本节合同变更第（2）种规定情形，且可变对价后续变动与合同变更前已承诺可变对价相关的，企业应当首先将该可变对价后续变动额以原合同开始日确定的单独售价为基础进行分摊，然后再将分摊至合同变更日尚未履行履约义务的该可变对价后续变动额以新合同开始日确定的基础进行二次分摊。

（3）合同变更之后发生除上述第（1）和（2）种情形以外的可变对价后续变动的，企业应当将该可变对价后续变动额分摊至合同变更日尚未履行（或部分未履行）的履约义务。

（五）履行每一单项履约义务时确认收入

企业应当在履行了合同中的履约义务，即客户取得相关商品控制权时确认收入。企业应当根据实际情况，首先判断履约义务是否满足在某一时段内履行的条件，如不满足，则该履约义务属于在某一时点履行的履约义务。

1. 在某一时段内履行的履约义务的收入确认条件

要点小贴士

条件（1）：更换后的企业继续履行剩余履约义务时，实质上无须重新执行更换前的企业至今已完成的工作；
条件（2）：在客户场地上建造资产且客户能够控制在建的商品；
条件（3）：不可替代用途＋成本和合理利润。

满足下列条件之一的，属于在某一时段内履行履约义务；否则，属于在某一时点履行履约义务。如下表所示：

条件	举例
（1）客户在企业履约的同时即取得并消耗企业履约所带来的经济利益	常规或经常性的服务
（2）客户能够控制企业履约过程中在建的商品	在客户场地上建造办公大楼等
（3）企业履约过程中所产出的商品具有不可替代用途，且该企业在整个合同期间内有权就累计至今已完成的履约部分收取款项	建造只有客户能够使用的专项资产，或按照客户的指示建造资产

相关链接

企业在客户的场地上为客户建造资产收入确认方法，参见P559本章疑难问题解答3。

具有不可替代用途，是指因合同限制或实际可行性限制，企业不能轻易地将商品用于其他用途。

有权就累计至今已完成的履约部分收取款项，是指在由于客户或其他方原因终止合同的情况下，企业有权就累计至今已完成的履约部分收取能够补偿其已发生成本和合理利润的款项，并且该权利具有法律约束力。

经典题解

【例题15】某企业与客户签订一个提供咨询服务的合同，从而使企业为客户提供专业意见（专业报告）。专业意见与客户的事实和情况有关。假设企业完全遵守其合同义务，如果客户终止咨询合同，合同要求客户赔偿企业已发生的成本，另加15%的利润率。15%的利润率接近企业在类似合同中取得的利润率。

分析：该咨询服务专门针对客户出具，具有不可替代用途，同时该企业根据合同条款可以主张其已发生的成本及合理利润，具有收取款项（成本加合理利润）的权利，符合某一时段内确认收入的条件。

2. 在某一时段内履行的履约义务的收入确认方法

企业应当考虑商品的性质，采用产出法或投入法确定恰当的履约进度，并且在确定履约进度时，应当扣除那些控制权尚未转移给客户的商品和服务。

（1）产出法

产出法主要是根据已转移给客户的商品对于客户的价值确定履约进度，主要包括按照实际测量的完工进度、评估已实现的结果、已达到的里程碑、时间进度、已完工或交付的产品等确定履约进度的方法。企业在评估是否采用产出法确定履约进度时，应当考虑所选择的产出指标是否能够如实反映向客户转移商品的进度。

产出法是按照已完成的产出直接计算履约进度，通常能够客观地反映履约进度。

要点小贴士

当产出法所需要的信息可能无法直接通过观察获得，或者为获得这些信息需要花费很高的成本时，可能需要采用投入法。

（2）投入法

投入法主要是根据企业履行履约义务的投入确定履约进度，通常可采用投入的材料数量、花费的人工工时或机器工时、发生的成本和时间进度等投入指标确定履约进度。

经典题解

【例题16】甲公司于2×21年12月1日接受一项设备安装任务，安装期为3个月，合同总收入600000元，至年底已预收安装费440000元，实际发生安装费用为 280000 元（假定均为安装人员薪酬），估计还将发生安装费用 120000 元。假定甲公司按实际发生的成本占估计总成本的比例确定安装的履约进度，不考虑增值税等其他因素。甲公司的账务处理如下：

实际发生的成本占估计总成本的比例 =280000÷（280000+120000）×100%=70%，2×21 年 12 月 31 日确认的劳务收入 =600000×70%−0=420000（元）。

（1）实际发生劳务成本：

借：合同履约成本	280000	
贷：应付职工薪酬		280000

（2）预收安装费：

借：银行存款	440000	
贷：合同负债		440000

（3）2×21 年 12 月 31 日确认劳务收入并结转劳务成本：

借：合同负债	420000	
贷：主营业务收入		420000
借：主营业务成本	280000	
贷：合同履约成本		280000

企业在采用成本法确定履约进度时，可能需要对已发生的成本进行适当调整的情形有：

①已发生的成本并未反映企业履行其履约义务的进度

如因企业生产效率低下等原因而导致的非正常消耗，包括非正常消耗的直接材料、直接人工及制造费用等，除非企业和客户在订立合同时已经预见会发生这些成本并将其包括在合同价款中。

②已发生的成本与企业履行其履约义务的进度不成比例

如果企业已发生的成本与履约进度不成比例，企业在采用成本法时需要进行适当调整。为了确保成本法能够适当反映企业履行其履约义务的进度，对于施工中尚未安装、使用或耗用的商品（本段的商品不包含服务）或材料成本等，当企业在合同开始日就能够预期将满足下列所有条件时，企业在采用成本法确定履约进度时不应包括该商品的成本：

a. 该商品不构成单项履约义务；

b. 客户先取得该商品的控制权，之后才接受与之相关的服务；

c. 该商品的成本占预计总成本的比重较大；

d. 企业自第三方采购该商品，且未深入参与其设计和制造，对于包含该商品的履约义务而言，企业是主要责任人。

对于每一项履约义务，企业只能采用一种方法来确定其履约进度，并加以一贯运用。对于类似情况下的类似履约义务，企业应当采用相同的方法确定履约进度。

资产负债表日，企业应当在按照合同的交易价格总额乘以履约进度扣除以前会计期间累计已确认的收入后的金额，确认为当期收入。

本期确认收入 = 合同的交易价格 × 履约进度 − 以前期间累计已确认收入

本期确认费用 = 合同预计总成本 × 履约进度 − 以前期间累计已确认费用

名师点拨

按成本金额确认收入。

要点小贴士

某一时点确认收入的迹象：

（1）有现时收款权利或负有现时付款义务；

（2）法定所有权转移；

（3）实物转移给客户；

（4）主要风险和报酬转移；

（5）客户已接受该商品；

（6）其他。

名师点拨

受托方获得对商品控制权的，企业应按销售商品进行会计处理，这种安排不属于委托代销安排。

本期确认毛利＝本期确认收入－本期确认费用

当履约进度不能合理确定时，企业已经发生的成本预计能够得到补偿的，应当按照已经发生的成本金额确认收入，直到履约进度能够合理确定为止。每一资产负债表日，企业应当对履约进度进行重新估计。当客观环境发生变化时，企业也需要重新评估履约进度是否发生变化，以确保履约进度能够反映履约情况的变化，该变化应当作为会计估计变更进行会计处理。

3. 在某一时点履行的履约义务

当一项履约义务不属于在某一时段内履行的履约义务时，应当属于在某一时点履行的履约义务。在判断客户是否已取得商品控制权时，企业应当考虑下列迹象：

（1）企业就该商品享有现时收款权利，即客户就该商品负有现时付款义务。

（2）企业已将该商品的法定所有权转移给客户，即客户已拥有该商品的法定所有权。

（3）企业已将该商品实物转移给客户，即客户已实物占有该商品。

客户占有了某项商品实物并不意味着其就一定取得了该商品的控制权。

①委托代销安排

委托代销安排，是指委托方和受托方签订代销合同或协议，委托受托方向终端客户销售商品。在这种安排下，企业（委托方）应当评估受托方在企业向其转让商品时是否已获得对该商品的控制权，如果没有，企业不应在此时确认收入，通常应当在受托方售出商品时确认销售商品收入；受托方应当在商品销售后，按合同或协议约定的方法计算确定的手续费确认收入。

经典题解

【例题17】甲公司与丙公司均为增值税一般纳税人，甲公司委托丙公司销售W商品200件，W商品已经发出，每件成本为60元。合同约定丙公司应按每件100元对外销售，甲公司按不含增值税的销售价格的10%向丙公司支付手续费。丙公司对外实际销售100件，开出的增值税专用发票上注明的销售价格为10000元，增值税税额为1300元，款项已经收到。甲公司收到丙公司开具的代销清单时，向丙公司开具一张相同金额的增值税专用发票。假定除上述情况外，不考虑其他因素。根据上述资料，甲公司的账务处理如下：

（1）发出商品：

借：发出商品—丙公司	12000	
贷：库存商品—W商品		12000

（2）收到代销清单，同时发生增值税纳税义务：

借：应收账款—丙公司	11300	
贷：主营业务收入—W商品		10000
应交税费—应交增值税（销项税额）		1300
借：主营业务成本—W商品	6000	
贷：发出商品—丙公司		6000
借：销售费用—代销手续费	1000	
贷：应收账款—丙公司		1000

（3）收到丙公司支付的货款：

借：银行存款 10300

　贷：应收账款—丙公司 10300

丙公司的账务处理如下：

（1）收到商品：

借：受托代销商品—甲公司 20000

　贷：受托代销商品款—甲公司 20000

（2）对外销售：

借：银行存款 11300

　贷：受托代销商品—甲公司 10000

　　应交税费—应交增值税（销项税额） 1300

（3）收到增值税专用发票：

借：受托代销商品款—甲公司 10000

　应交税费—应交增值税（进项税额） 1300

　贷：应付账款 11300

（4）支付货款并计算代销手续费：

借：应付账款—甲公司 11300

　贷：银行存款 10300

　　其他业务收入 1000

名师点拨

"受托代销商品"不属于受托方的存货，"受托代销商品"和"受托代销商品款"同时列示在资产负债表"存货"项目中，不影响存货总金额。

【真题 18·多选题】甲公司是一家房地产开发企业，甲公司委托乙公司进行房地产销售，并约定每签订一份销售合同，甲公司按照合同价款的 10% 向乙公司支付销售佣金。2×20 年 8 月，甲公司签订的销售合同价款总计 6000 万元，其中 2000 万元所对应的房屋于 2×20 年 12 月交付给客户，剩余 4000 万元所对应的房屋预计将在 2×21 年 12 月交付客户。截至 2×20 年 12 月 31 日，佣金尚未支付给乙公司。下列各项关于甲公司 2×20 年度佣金会计处理的表述中，正确的有(　　)。（2021 年）

A. 确认应付乙公司的款项 600 万元

B. 2×20 年 12 月 31 日的合同取得成本余额为 600 万元

C. 确认销售费用 200 万元

D. 确认营业成本 600 万元

【解析】双方约定每签订一份销售合同，甲公司按照合同价款的 10% 向乙公司支付销售佣金，因此应确认应付款项金额 =6000×10%=600（万元），选项 A 正确；

合同价款 6000 万元中，2000 万元于 2×20 年确认收入，因此应支付乙公司的销售佣金 600 万元中有 200 万元（600×2000/6000）应确认为销售费用，400 万元（600×4000/6000）体现在 2×20 年 12 月 31 日合同取得成本的余额中，选项 C 正确，选项 B 和 D 不正确。

【答案】AC

②售后代管商品安排

售后代管商品是指根据企业与客户签订的合同，企业已经就销售的商品向客户收款或取得了收款权利，但是直到在未来某一时点将该商品交付给客户之前，企业仍然继续持有该商品实物的安排。

在售后代管商品安排下，除了应当考虑客户是否取得商品控制权的迹象之外，还应当同时满足下列四项条件，才表明客户取得了该商品的控制权：一是该安排必须具有商业实质，例如，该安排是应客户的要求而订立的；二是属于客户的商品必须能够单独识别，例如，将属于客户的商品单独存放在指定地点；三是该商品可以随时应客户要求交付给客户；四是企业不能自行使用该商品或将该商品提供给其他客户。

（4）企业已将该商品所有权上的主要风险和报酬转移给客户，即客户已取得该商品所有权上的主要风险和报酬。

（5）客户已接受该商品。

（6）其他表明客户已取得商品控制权的迹象。

需要强调的是，在上述迹象中，并没有哪一个或哪几个迹象是决定性的，企业应当根据合同条款和交易实质进行分析，综合判断其是否以及何时将商品的控制权转移给客户，从而确定收入确认的时点。此外，企业应当从客户的角度进行评估，而不应当仅考虑企业自身的看法。

经典题解

【真题19·多选题】对于在某一时点履行的履约义务，企业应当在客户取得相关商品控制权时确认收入。在判断客户是否取得商品的控制权时，企业应当考虑的迹象有（　　）。（2018年）

A. 客户已接受该商品

B. 客户已拥有该商品的法定所有权

C. 客户已取得该商品所有权上的主要风险和报酬

D. 客户就该商品负有现时付款义务

【解析】在判断客户是否已取得商品控制权时，企业应当考虑下列迹象：

①企业就该商品享有现时收款权利，即客户就该商品负有现时付款义务；

②企业已将该商品的法定所有权转移给客户，即客户已拥有该商品的法定所有权；

③企业已将该商品实物转移给客户，即客户已实物占有该商品；

④企业已将该商品所有权上的主要风险和报酬转移给客户，即客户已取得该商品所有权上的主要风险和报酬；

⑤客户已接受该商品等。

【答案】ABCD

三、关于合同资产和合同负债

相关链接

合同负债相关问题，参见P559本章疑难问题解答4和5。

（一）合同负债

合同负债，是指企业已收或应收客户对价而应向客户转让商品的义务。

企业在向客户转让商品之前，如果客户已经支付了合同对价或企业已经取得了无条件收取合同对价的权利，则企业应当在客户实际支付款项与到期应支付款项孰早时点，将该已收或应收的款项列示为合同负债。

（二）合同资产与应收款项

合同资产和应收款项都是企业拥有的有权收取合同对价的权利，二者的区别在于，应收款项代表的是无条件收取合同对价的权利，即企业仅仅随着时间的流逝即可收款，而合同资产并不是一项无条件收款权，该权利除了时间流逝之外，还取决于其他条件（例如，履行合同中的其他履约义务）才能收取相应的合同对价。因此，合同资产和应收款项相关的风险是不同的，应收款项仅承担信用风险，而合同资产除信用风险之外，还可能承担其他风险，如履约风险等。

要点小贴士

（1）合同资产，是指企业已向客户转让商品而有权收取对价的权利，且该权利取决于时间流逝之外的其他因素；

（2）应收款项是企业无条件收取合同对价的权利，即企业仅仅随着时间的流逝即可收款。

合同资产的减值的计量、列报和披露应当按照相关金融工具准则的要求进行会计处理。

虽然企业有可能需要在未来返还全部或部分的合同对价（例如，企业在附有销售退回条款的合同下收取的合同对价），但是企业仍然拥有无条件收取合同对价的权利，未来返还合同对价的潜在义务并不会影响企业收取对价总额的现时权利，因此，企业仍应当确认一项应收款项，同时将预计未来需要返还的部分确认为一项负债。

合同资产和合同负债应当在资产负债表中单独列示，并按流动性分别列示为“合同资产”或“其他非流动资产”以及“合同负债”或“其他非流动负债”。同一合同下的合同资产和合同负债应当以净额列示，不同合同下的合同资产和合同负债不能相互抵销。

四、关于合同成本

（一）合同履约成本

名师点拨

其他会计准则：如《存货》《固定资产》《无形资产》等。

（1）存货成本通过“生产成本”“开发成本”等科目核算；

（2）固定资产成本通过“在建工程”科目核算；

（3）无形资产成本通过“研发支出”科目核算。

企业为履行合同发生的成本，不属于其他企业会计准则规范范围且同时满足下列条件的，应当作为合同履约成本确认为一项资产：

（1）该成本与一份当前或预期取得的合同直接相关，包括直接人工、直接材料、制造费用（或类似费用）、明确由客户承担的成本以及仅因该合同而发生的其他成本；

（2）该成本增加了企业未来用于履行（或持续履行）履约义务的资源；

（3）该成本预期能够收回。

企业应当在下列支出发生时，将其计入当期损益：

（1）管理费用；

（2）非正常消耗的直接材料、直接人工和制造费用（或类似费用），这些支出为履行合同发生，但未反映在合同价格中；

（3）与履约义务中已履行部分相关的支出；

（4）无法在尚未履行的与已履行的履约义务之间区分的相关支出。

◇建筑施工企业会计核算图示如下：

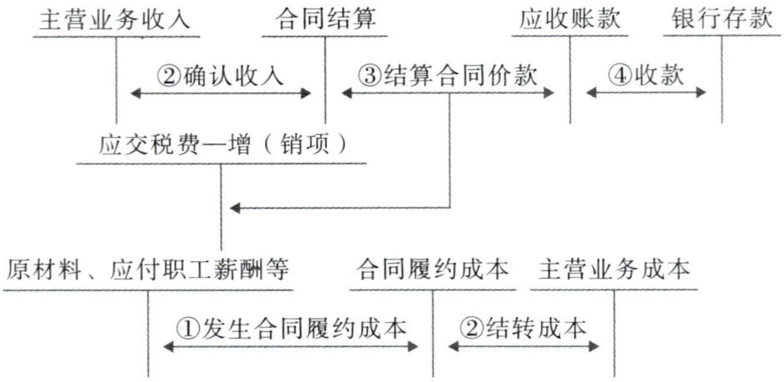

名师点拨

建筑施工企业确认收入时本应借记“合同资产”科目，结算合同价款时本应贷记“合同负债”科目，但因同一合同下的“合同资产”和“合同负债”可以抵销，因此用“合同结算”科目代替“合同资产”和“合同负债”科目。

（二）合同取得成本

企业为取得合同发生的增量成本预期能够收回的，应当作为合同取得成本确认为一项资产；但是该资产摊销期限不超过一年的，可以在发生时计入当期损益。

增量成本，是指企业不取得合同就不会发生的成本。

企业为取得合同发生的、除预期能够收回的增量成本之外的其他支出（如无论是否取得合同均会发生的差旅费等），应当在发生时计入当期损益，但是明确由客户承担的除外。

名师点拨

为取得合同发生的销售佣金属于增量成本，企业因现有合同续约或发生合同变更需要支付的额外佣金也属于增量成本。

经典题解

【真题20·多选题】下列各项中，不应作为合同履约成本确认为合同资产的有（　　）。（2018年）

A. 为取得合同发生但预期能够收回的增量成本

B. 为组织和管理企业生产经营发生的但非由客户承担的管理费用

C. 无法在尚未履行的与已履行（或已部分履行）的履约义务之间区分的支出

D. 为履行合同发生的非正常消耗的直接材料、直接人工和制造费用

【解析】选项A，为取得合同发生但预期能够收回的增量成本应作为合同取得成本确认为一项资产；

选项B、C和D，企业为履行合同发生的成本，不属于其他企业会计准则规范范围且同时满足下列条件的，应当作为合同履约成本确认为一项资产：

①该成本与一份当前或预期取得的合同直接相关，包括直接人工、直接材料、制造费用（类似费用）、明确由客户承担的成本以及仅因该合同而发生的其他成本；

②该成本增加了企业未来用于履行履约义务的资源；

③该成本预期能够收回。

【答案】ABCD

（三）与合同履约成本和合同取得成本有关的资产的摊销和减值

1. 摊销

对于确认为资产的合同履约成本和合同取得成本，企业应当采用与该资产相关的商品收入确认相同的基础（即，在履约义务履行的时点或按照履约义务的履约进度）进行摊销，计入当期损益。

2. 减值

合同履约成本和合同取得成本的账面价值高于下列两项的差额的，超出部分应当计提减值准备，并确认为资产减值损失：

（1）企业因转让与该资产相关的商品预期能够取得的剩余对价；

（2）为转让该相关商品估计将要发生的成本。

以前期间减值的因素之后发生变化，使得上述中（1）减（2）的差额高于该资产账面价值的，应当转回原已计提的资产减值准备，并计入当期损益，但转回后的资产账面价值不应超过假定不计提减值准备情况下该资产在转回日的账面价值。

在确定合同履约成本和合同取得成本的减值损失时，企业应当首先确定其他资产减值损失；然后，按照本节的要求确定合同履约成本和合同取得成本的减值损失。企业按照资产减值准则测试相关资产组的减值情况时，应当将按照上述规定确定上述资产减值后的新账面价值计入相关资产组的账面价值。

名师点拨

减值计提类似存货章节中“需要经过加工的材料存货”期末减值会计处理。

五、关于特定交易的会计处理

（一）附有销售退回条款的销售

名师点拨

每一资产负债表日，企业应当重新估计未来销售退回情况，如有变化，应当作为会计估计变更进行会计处理。

借：应收账款

　贷：主营业务收入（按照因向客户转让商品而预期有权收取的对价金额）

　　预计负债—应付退货款（按照预期因销售退回将退还的金额）

　　应交税费—应交增值税（销项税额）

借：主营业务成本（差额）

　应收退货成本［按照预期将退回商品转让时的账面价值，扣除收回该商品预计发生的成本（包括退回商品的价值减损）后的余额］

　贷：库存商品

经典题解

【例题21】甲公司向家具店销售10张餐桌，每张餐桌的价格为1000元，成本为750元。根据合同约定，家具店有权在收到餐桌的30天内退货，但是需要向甲公司支付10%的退货费（即每张餐桌的退货费为100元）。根据历史经验，甲公司预计的退货率为10%，且退货过程中，甲公司预计为每张退货的餐桌发生的成本为50元。上述价格均不包含增值税，假定不考虑相关税费影响，甲公司在将餐桌的控制权转移给家具店时的账务处理为：

借：应收账款	10000
贷：主营业务收入	9100
预计负债—应付退货款	900
借：主营业务成本	6800
应收退货成本	700
贷：库存商品	7500

【例题22】乙公司与客户签订合同，向其销售A产品。客户在合同开始日即取得了A产品的控制权，并在90天内有权退货。由于A产品是最新推出的产品，乙公司

尚无有关该产品退货率的历史数据，也没有其他可以参考的市场信息。该合同对价为12100元，根据合同约定，客户应于合同开始日后的第二年年末付款。A产品在合同开始日的现销价格为10000元。A产品的成本为8000元。退货期满后，未发生退货。上述价格均不包含增值税，假定不考虑相关税费影响。

本例中，客户有退货权，因此，该合同的对价是可变的。由于乙公司缺乏有关退货情况的历史数据，考虑将可变对价计入交易价格的限制要求，在合同开始日不能将可变对价计入交易价格，因此，乙公司在A产品控制权转移时确认的收入为0，其应当在退货期满后，根据实际退货情况，按照预期有权收取的对价金额确定交易价格。此外，考虑到A产品控制权转移与客户付款之间的时间间隔以及该合同对价与A产品现销价格之间的差异等因素，乙公司认为该合同存在重大融资成分。乙公司的账务处理如下：

（1）在合同开始日，乙公司将A产品的控制权转移给客户。

借：应收退货成本　　8000

　贷：库存商品　　8000

（2）在90天的退货期内，乙公司尚未确认合同资产和应收款项，因此，无须确认重大融资成分的影响。

（3）退货期满日（假定应收款项在合同开始日和退货期满日的公允价值无重大差异）。

借：长期应收款　　12100

　贷：主营业务收入　　10000

　　　未实现融资收益　　2100

借：主营业务成本　　8000

　贷：应收退货成本　　8000

在后续期间，乙公司应当考虑在剩余合同期限确定实际利率，将上述长期应收款的金额与合同对价之间的差额（2100元）按照实际利率法进行摊销，确认相关的利息收入。此外，乙公司还应当按照金融工具相关会计准则评估上述应收款项是否发生减值，并进行相应的会计处理。

图示记忆

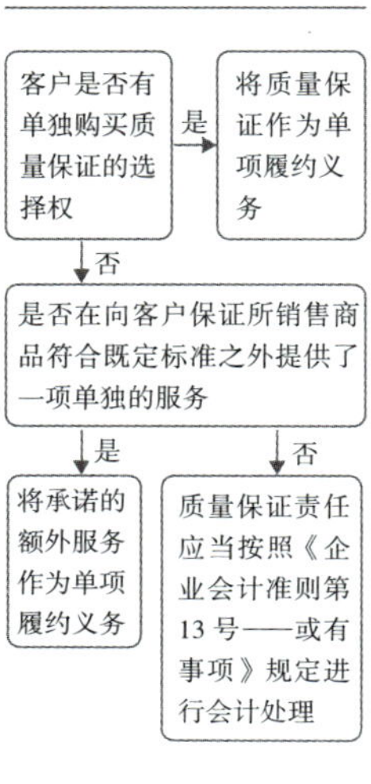

（二）附有质量保证条款的销售

对于附有质量保证条款的销售，企业应当评估该质量保证是否在向客户保证所销售商品符合既定标准之外提供了一项单独的服务。企业提供额外服务的，应当作为单项履约义务，按照收入准则规定进行会计处理；否则，质量保证责任应当按照《企业会计准则第13号——或有事项》规定进行会计处理。

在评估质量保证是否在向客户保证所销售商品符合既定标准之外提供了一项单独的服务时，企业应当考虑该质量保证是否为法定要求、质量保证期限以及企业承诺履行义务的性质等因素。客户能够选择单独购买质量保证的，该质量保证构成单项履约义务。

经典题解

【例题23】甲公司是电脑制造商和销售商，与乙公司签订了销售一批电脑的合同，合同约定：电脑销售价款98万元，同时提供“延长保修”服务，即从法定质保90天到期之后的三年内甲公司将对任何损坏的部件进行保修或更换。该批电脑和“延长保修”服务各自的单独售价分别为90万元和10万元。该批电脑的成本为60万元。基于其自身经验，甲公司估计维修在法定型质保的90天保修期内出现损坏的部件将花费1万元。假设不考虑相关税费。甲公司会计处理如下：

借：银行存款	98	
贷：主营业务收入		88.2［98×90/（90+10）］
合同负债		9.8［98×10/（90+10）］
借：主营业务成本	60	
贷：库存商品		60
借：销售费用	1	
贷：预计负债		1

（三）主要责任人和代理人

企业应当根据其在向客户转让商品前是否拥有对该商品的控制权，来判断其从事交易时的身份是主要责任人还是代理人。企业在向客户转让商品前能够控制该商品的，该企业为主要责任人，应当按照已收或应收对价总额确认收入；否则，该企业为代理人，应当按照预期有权收取的佣金或手续费的金额确认收入，该金额应当按照已收或应收对价总额扣除应支付给其他相关方的价款后的净额，或者按照既定的佣金金额或比例等确定。企业与客户订立的包含多项可明确区分商品的合同中，企业需要分别判断其在不同履约义务中的身份是主要责任人还是代理人。

要点小贴士

（1）判断原则：

①企业承诺自行向客户提供特定商品的，即企业在将特定商品转让给客户之前控制该商品的，表明其身份是主要责任人；

②企业承诺安排他人提供特定商品的，即为他人提供协助的，企业在特定商品转让给客户之前不控制该商品的，表明其身份是代理人。

（2）主要责任人按总额确认收入；代理人按净额确认收入。

当存在第三方参与企业向客户提供商品时，企业向客户转让特定商品之前能够控制该商品，从而应当作为主要责任人的情形包括：

（1）企业自第三方取得商品或其他资产控制权后，再转让给客户；

（2）企业能够主导第三方代表本企业向客户提供服务；

（3）企业自第三方取得商品控制权后，通过提供重大的服务将该商品与其他商品整合成某组合产出转让给客户。

如果企业仅仅是在特定商品的法定所有权转移给客户之前，暂时性地获得该特定商品的法定所有权，这并不意味着企业一定控制了该商品。实务中，企业在判断其在向客户转让特定商品之前是否已经拥有对该商品的控制权时，不应仅局限于合同的法律形式，而应当综合考虑所有相关事实和情况进行判断，这些事实和情况包括：

（1）企业承担向客户转让商品的主要责任。企业在判断其是否承担向客户转让商品的主要责任时，应当从客户的角度进行评估，即客户认为哪一方承担了主要责任，例如客户认为谁对商品的质量或性能负责、谁负责提供售后服务，谁负责解决客户投诉等。

（2）企业在转让商品之前或之后承担了该商品的存货风险。其中，存货风险主要是指存货可能发生减值、损毁或灭失等形成的损失。例如，如果企业在与客户订立合同之前已经购买或者承诺将自行购买特定商品，这可能表明企业在将该特定商品转让给客户之前，承担了该特定商品的存货风险，企业有能力主导特定商品的使用并从中取得几乎全部的经济利益；又如，在附有销售退回条款的销售中，企业将商品销售给客户之后，客户有权要求向该企业退货，这可能表明企业在转让商品之后仍然承担了该商品的存货风险。

（3）企业有权自主决定所交易商品的价格。企业有权决定客户为取得特定商品所需支付的价格，可能表明企业有能力主导有关商品的使用并从中获得几乎全部的经济利益。然而，在某些情况下，代理人可能在一定程度上也拥有定价权（例如，在主要责任人规定的某一价格范围内决定价格），以便其在代表主要责任人向客户提供商品时，能够吸引更多的客户，从而赚取更多的收入。

此时，即使代理人有一定的定价能力，也并不表明在与最终客户的交易中其身份是主要责任人，代理人只是放弃了一部分自己应当赚取的佣金或手续费而已。

（4）其他相关事实和情况。

需要强调的是，企业在判断其是主要责任人还是代理人时，应当以该企业在特定商品转让给客户之前是否能够控制这些商品为原则。上述相关事实和情况不能凌驾于控制权的判断之上，也不构成一项单独或额外的评估，而只是帮助企业在难以评估特定商品转让给客户之前是否能够控制这些商品的情况下进行相关判断。

此外，这些事实和情况并无权重之分，也不能被孤立地用于支持某一结论。企业应当根据相关商品的性质、合同条款的约定以及其他具体情况，综合进行判断。

经典题解

【例题 24】甲企业销售某餐厅的礼品券，持礼品券的客户可在指定餐厅用餐。礼品券向客户提供了显著低于餐饮正常售价的重大折扣（客户支付 100 元购买礼品券，持礼品券能在餐厅享用售价为 200 元的餐饮）。

甲企业在客户有需求时才进行购买礼品券。礼品券通过企业的网站销售，并且礼品券不可退回。甲企业与餐厅共同确定向客户销售礼品券的价格。礼品券出售后甲企业有权收取礼品券出售价格的 30% 的金额。因客户在购买时及时付款，甲企业不承担信用风险。

甲企业协助客户解决对餐饮的投诉并且有一项客户满意度计划。但是，由餐厅负责履行与礼品券相关的义务，包括针对客户不满意服务的补救措施。

问：甲企业是主要责任人还是代理人？

【答案】代理人。

【例题 25】甲公司是一家百货公司，与品牌供应商乙公司合作销售商品，乙公司在甲公司设立专柜，并派专柜销售人员，没有售出商品的所有权属于乙公司。乙公司负责保管专柜内的商品，承担丢失和毁损的风险，乙公司自行决定在甲公司的专柜或其他地方所销售的商品。客户在乙公司专柜直接取得商品，付款通过甲公司 POS 机，由甲公司提供销售小票和发票，甲公司扣除分成比例后支付给乙公司。

为提高整体业绩，甲公司会举办各种促销活动，分甲公司主导和乙公司自行打折两部分，甲公司主导活动所发生的费用部分由乙公司承担，乙公司自行打折部分需要获得甲公司同意，要符合甲公司定位，如打折比例不能过高等。商品出现问题，客户可以联系乙公司专柜销售人员，也可以联系甲公司客服中心处理，如果发生退货，甲公司有责任先行给客户办理，再按与乙公司合同条款协商解决退货事项及赔偿安排。

从客户角度，甲公司承担主要责任。

销售前：存货风险由乙公司承担

销售后：存货风险由甲公司和乙公司共同承担

定价：不明显

用控制权转移判断，主要责任人是乙公司。

【例题 26】甲公司与乙公司签订合同，向其销售一台特种设备，并商定了该设备的具体规格和销售价格，甲公司负责按照约定的规格设计该设备，并按双方商定的销售价格向乙公司开具发票。该特种设备的设计和制造高度相关。为履行该合同，甲公司与其供应商丙公司签订合同，委托丙公司按照其设计方案制造该设备，并安排丙公司直接向乙公司交付设备。丙公司将设备交付给乙公司后，甲公司按与丙公司约定的价格向丙公司支付制造设备的对价；丙公司负责设备质量问题，甲公司负责设备由于设计原因引致的问题。

本例中，甲公司向乙公司提供的特定商品是其设计的特种设备。虽然甲公司将设备的制造工作分包给丙公司进行，但是，甲公司认为该设备的设计和制造高度相关，不能明确区分，应当作为单项履约义务。由于甲公司负责该合同的整体管理，如果在设备制造过程中发现需要对设备规格作出任何调整，甲公司需要负责制定相关的修订方案，通知丙公司进行相关调整，并确保任何调整均符合修订后的规格要求。甲公司主导了丙公司的制造服务，并通过必要的重大整合服务，将其整合作为向乙公司转让的组合产出（特种设备）的一部分，在该特种设备转让给客户前控制了该特种设备。因此，甲公司在该交易中的身份为主要责任人。

（四）附有客户额外购买选择权的销售

对于附有客户额外购买选择权的销售，企业应当评估该选择权是否向客户提供了一项重大权利。企业提供重大权利的，应当作为单项履约义务，按照相关规定将交易价格分摊至该履约义务，在客户未来行使购买选择权取得相关商品控制权时，或者该选择权失效时，确认相应的收入。客户额外购买选择权的单独售价无法直接观察的，企业应当综合考虑客户行使和不行使该选择权所能获得的折扣的差异、客户行使该选择权的可能性等全部相关信息后，予以合理估计。

> **名师点拨**
>
> （1）企业向客户提供重大权利的，应当作为单项履约义务，将交易价格分摊至各单项履约义务；
>
> （2）企业未向客户提供重大权利，无须分摊交易价格，只有在客户行使选择权购买额外的商品时才需要进行相应的会计处理。

经典题解

【例题 27】甲公司签订合同，以 100 元的价格销售产品 A，并且在合同中约定，如果客户在未来 30 天内额外购买任何产品，在限额 100 元的范围内，可以享受 6 折优惠。此外，作为其季度促销的一部分，甲公司打算在未来 30 天内对所有销售实行 9 折优惠。取得 6 折优惠的客户不能同时享受 9 折优惠。未来 30 天，所有客户都是享受 9 折优惠。假定甲公司估计客户兑现折扣券的可能性为 80%，且每位客户将平均购买 50 元的额外产品。

折扣券的单独售价 =50× 增量折扣 30%×80%=12（元）。

分摊后的交易价格：

产品 A=100÷112×100=89.29（元）；

折扣券 =12÷112×100=10.71（元）。

借：银行存款　100

　贷：主营业务收入　89.29

　　合同负债　10.71

客户虽然有额外购买商品选择权，但客户行使该选择权购买商品时的价格反映了这些商品单独售价的，不应被视为企业向该客户提供了一项重大权利。

为简化实务操作，当客户行使该权利购买的额外商品与原合同下购买的商品类似，且企业将按照原合同条款提供该额外的商品时，例如，企业向客户提供续约选择权，企业可以无须估计该选择权的单独售价，而是直接把其预计将提供的额外商品的数量以及预计将收取的相应对价金额纳入原合同，并进行相应的会计处理。

经典题解

【例题 28】甲公司与客户签订为期一年的合同，以每件 1000 元的价格向客户销售 A 产品，数量不限，客户可以选择在合同到期时以与原合同相同的条款续约一年。这款产品通常每年提价 20%，但行使续约选择权的客户可以按原合同价格（低于当年的市场价格）购买 A 产品。

甲公司认为该续约选择权向客户提供了重大权利，且符合简化处理的条件，因此，甲公司可以无须将原合同的交易价格分摊至该续约选择权，而是直接按照每件 1000 元的价格确认原合同和续约后的合同下销售的 A 产品收入。

要点小贴士

客户获得奖励积分兑换其他方销售商品的会计处理：

销售时：

借：银行存款等

　贷：主营业务收入

　　合同负债

客户兑换其他方销售的商品，积分兑换义务解除时：

借：合同负债

　贷：其他应付款

需要注意的是，企业向购买其商品的客户授予奖励积分，客户可以选择使用该积分兑换该企业或其他方销售的商品。客户选择兑换其他方销售的商品时，企业承担向其他方支付相关商品价款的义务。企业授予客户的奖励积分向其提供了一项额外购买选择权，且构成重大权利时，应当作为一项单独的履约义务。企业需要将销售商品收取的价款在销售商品和奖励积分之间按照单独售价的相对比例进行分摊。

客户选择使用奖励积分兑换其他方销售的商品时，企业虽然承担了向其他方交付现金的义务，但由于该义务产生于客户购买商品并取得奖励积分的行为，适用收入准则进行会计处理。企业收到的合同价款中，分摊至奖励积分的部分（无论客户未来选择兑换该企业或其他方的商品），应当先确认为合同负债；等到客户选择兑换其他方销售的商品时，企业的积分兑换义务解除，此时企业应将有义务支付给其他方的款项从合同负债重分类为金融负债。

（五）授予知识产权许可

企业向客户授予知识产权许可的，应当按照相关规定评估该知识产权许可是否构成单项履约义务，构成单项履约义务的，应当进一步确定其是在某一时段内履行还是在某一时点履行。

1. 授予客户的知识产权许可不构成单项履约义务

授予客户的知识产权许可不构成单项履约义务的，企业应当将该知识产权许可和所售商品一起作为单项履约义务进行会计处理。

名师点拨

不构成单项履约义务的情形：

（1）该知识产权许可构成有形商品的组成部分并且对于该商品的正常使用不可或缺；

（2）客户只有将该知识产权许可和相关服务一起使用才能够从中获益，例如，客户取得授权许可，但是只有通过企业提供的在线服务才能访问相关内容。

经典题解

【例题 29】甲生物制药公司将其拥有的某合成药的专利权许可证授予乙公司，授权期限为 10 年。同时，甲公司承诺为乙公司生产该种药品。除此之外，甲公司不会从事任何与支持该药品相关的活动。该药品的生产流程特殊性极高，没有其他公司能够生产该药品。

本例中，甲公司向乙公司授予专利权许可，并为其提供生产服务。由于市场上没有其他公司能够生产该药品，客户将无法从该专利权许可中单独获益，因此，该专利权许可和生产服务不可明确区分，应当将其一起作为单项履约义务进行会计处理。

相反，如果该药品的生产流程特殊性不高，其他公司也能够生产该药品，则该专利权许可和生产服务可明确区分，应当各自分别作为单项履约义务进行会计处理。

2. 授予客户的知识产权许可构成单项履约义务

企业向客户授予知识产权许可，同时满足下列条件时，应当作为在某一时段内履行的履约义务确认相关收入；否则，应当作为在某一时点履行的履约义务确认相关收入：

（1）合同要求或客户能够合理预期企业将从事对该项知识产权有重大影响的活动；

（2）该活动对客户将产生有利或不利影响；

（3）该活动不会导致向客户转让某项商品。

名师点拨

此处某一时段内确认收入属于“客户在企业履约的同时即取得并消耗企业履约所带来的经济利益”这种情形。

经典题解

【例题 30】甲音乐唱片公司将其拥有的一首经典民歌的版权授予乙公司，并约定乙公司在两年内有权在国内所有商业渠道（包括电视、广播和网络广告等）使用该经典民歌。因提供该版权许可，甲公司每月收取 1000 元的固定对价。除该版权之外，甲公司无须提供任何其他的商品，该合同不可撤销。

本例中，甲公司除了授予该版权许可外不存在其他履约义务。甲公司并无任何义务从事改变该版权的后续活动，该版权也具有重大的独立功能（即民歌的录音可直接用于播放），乙公司主要通过该重大独立功能获利，而非甲公司的后续活动。因此，合同未要求甲公司从事对该版权许可有重大影响的活动，乙公司对此也没有形成合理预期，甲公司授予该版权许可属于在某一时点履行的履约义务，应在乙公司能够主导该版权的使用并从中获得几乎全部经济利益时，全额确认收入。

此外，由于甲公司履约的时间与客户付款时间（两年内每月支付）之间间隔较长，甲公司需要判断该项合同中是否存在重大的融资成分，并进行相应的会计处理。

企业向客户授予知识产权许可，并约定按客户实际销售或使用情况收取特许权使用费的，应当在下列两项孰晚的时点确认收入：一是客户后续销售或使用行为实际发生；二是企业履行相关履约义务。这是估计可变对价的例外规定，该例外规定只有在下列两种情形下才能使用：

一是特许权使用费仅与知识产权许可相关；

二是特许权使用费可能与合同中的知识产权许可和其他商品都相关，但是与知识产权许可相关的部分占有主导地位。

企业使用该例外规定时，应当对特许权使用费整体采用该规定，而不应当将特许权使用费进行分拆。

如果与授予知识产权许可相关的对价同时包含固定金额和按客户实际销售或使用情况收取的变动金额两部分，则只有后者能采用该例外规定，而前者应当在相关履约义务履行的时点或期间内确认收入。对于不适用该例外规定的特许权使用费，应当按照估计可变对价的一般原则进行处理。

经典题解

【例题 31】甲公司与客户订立一项针对两项知识产权许可证（许可证 A 和 B）的合同。合同针对许可证 A 所规定的价格为固定金额 600 元，而针对许可证 B 所规定的对价则是客户销售使用了许可证 B 的产品的未来销售额的 5%，其可变对价为 3000 元。

许可证 A 和 B 的单独售价分别为 1600 元和 2000 元。

许可证 B 在合同开始时转让给客户，而许可证 A 在三个月后转让。假定许可证 A 和许可证 B 均属于某一时点履行的履约义务。（计算结果保留整数）

分析：合同开始时，甲公司应将分摊至许可证 B 的 333 元（2000 ÷ 3600 × 600）确认为收入。在转让许可证 A 时，甲公司应将分摊至许可证 A 的 267 元（1600 ÷ 3600 × 600）确认为收入。

假定在第一个月，由客户的首月销售所产生的特许权使用费为 400 元。

甲公司应将分摊至许可证 B 的 222 元（2000 ÷ 3600 × 400）确认为收入。甲公司应将分摊至许可证 A 的 178 元（1600 ÷ 3600 × 400）确认为一项合同负债。

理由：客户虽已发生后续销售，但分摊至许可证 A 的特许权使用费的履约义务尚未得到履行。

图示记忆

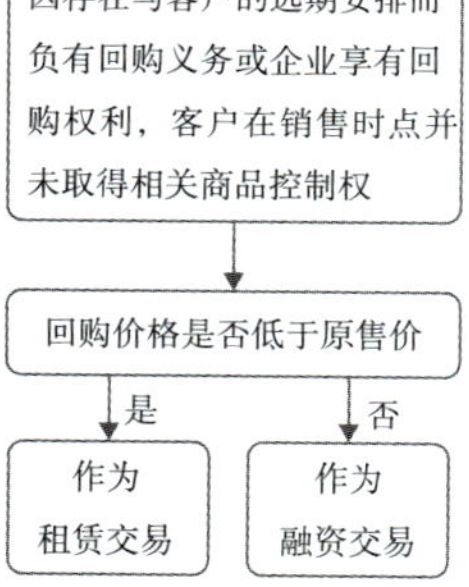

（六）售后回购

对于售后回购交易，企业应当区分下列两种情形分别进行会计处理：

1. 企业因存在与客户的远期安排而负有回购义务或企业享有回购权利的，表明客户在销售时点并未取得相关商品控制权，企业应当作为租赁交易或融资交易进行相应的会计处理。其中，回购价格低于原售价的，应当视为租赁交易，按照租赁相关准则进行会计处理；回购价格不低于原售价的，应当视为融资交易，在收到客户款项时确认金融负债，并将该款项和回购价格的差额在回购期间内确认为利息费用等。企业到期未行使回购权利的，应当在该回购权利到期时终止确认金融负债，同时确认收入。

经典题解

【真题 32·单选题】 20×9 年 2 月 16 日，甲公司以 500 万元的价格向乙公司销售一台设备。双方约定，1 年以后甲公司有义务以 600 万元的价格从乙公司处回购该设备。对于上述交易，不考虑增值税及其他因素，甲公司正确的会计处理方法是（　　）。（2020 年）

A. 作为融资交易进行会计处理

B. 作为租赁交易进行会计处理

C. 作为附有销售退回条款的销售交易进行会计处理

D. 分别作为销售和购买进行会计处理

【解析】 企业销售商品的同时约定未来期间回购价格，回购价高于原售价，作为融资交易进行会计处理。

【答案】 A

图示记忆

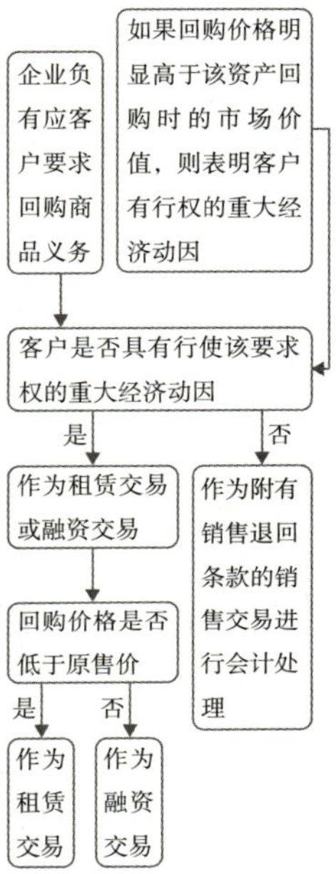

2. 企业负有应客户要求回购商品义务的，应当在合同开始日评估客户是否具有行使该要求权的重大经济动因，客户具有行使该要求权重大经济动因的，企业应当将售后回购作为租赁交易或融资交易，按照上述第 1 种情形进行会计处理；否则，企业应当将其作为附有销售退回条款的销售交易进行会计处理。

在判断客户是否具有行权的重大经济动因时，企业应当综合考虑各种相关因素，包括回购价格与预计回购时市场价格之间的比较，以及权利的到期日等。例如，如果回购价格明显高于该资产回购时的市场价值，则表明客户有行权的重大经济动因。

（七）客户未行使的权利

图表记忆

客户有未行使的权利	预期将有权获得	按照客户行使合同权利的模式按比例确认收入
	预期无权获得	在客户要求其履行剩余履约义务的可能性极低时确认收入
	相关法律规定须交给其他方	不应确认收入

企业向客户预收销售商品款项的，应当首先将该款项确认为负债，待履行了相关履约义务时再转为收入。当企业预收款项无须退回，且客户可能会放弃其全部或部分合同权利时，例如，放弃储值卡的使用等，企业预期将有权获得与客户所放弃的合同权利相关的金额的，应当按照客户行使合同权利的模式按比例将上述金额确认为收入；否则，企业只有在客户要求其履行剩余履约义务的可能性极低时，才能将上述负债的相关余额转为收入。

企业在确定其是否预期将有权获得与客户所放弃的合同权利相关的金额时，应当考虑将估计的可变对价计入交易价格的限制要求。

如果有相关法律规定，企业所收取的与客户未行使权利相关的款项须转交给其他方的（例如，法律规定无人认领的财产需上交政府），企业不应将其确认为收入。

经典题解

【例题 33】 甲公司经营连锁面包店。2×21 年，甲公司向客户销售了 5000 张储值卡，每张卡的面值为 200 元，总额为 1000000 元。客户可在甲公司经营的任何一家门店使用该储值卡进行消费。根据历史经验，甲公司预期客户购买的储值卡中将有大约相当于储值卡面值金额 5%（即 50000 元）

的部分不会被消费。截至2×21年12月31日，客户使用该储值卡消费的金额为400000元。甲公司为增值税一般纳税人，适用的增值税税率为13%，在客户使用该储值卡消费时发生增值税纳税义务。

本例中，甲公司预期将有权获得与客户未行使的合同权利相关的金额为50000元，该金额应当按照客户行使合同权利的模式按比例确认为收入。因此，甲公司在2×21年销售的储值卡应当确认的收入金额为372613元［（400000+50000×400000÷950000）÷（1+13%）］，应确认的增值税销项税额=400000÷（1+13%）×13%=46018（元）。

甲公司的账务处理为：

（1）销售储值卡：

借：库存现金　　1000000

　贷：合同负债　　884956［1000000÷（1+13%）］

　　应交税费—待转销项税额　　115044

（2）根据储值卡的消费金额确认收入，同时将对应的待转销项税额确认为销项税额：

借：合同负债　　372613

　应交税费—待转销项税额　　46018

　贷：主营业务收入　　372613

　　应交税费—应交增值税（销项税额）　　46018

图示记忆

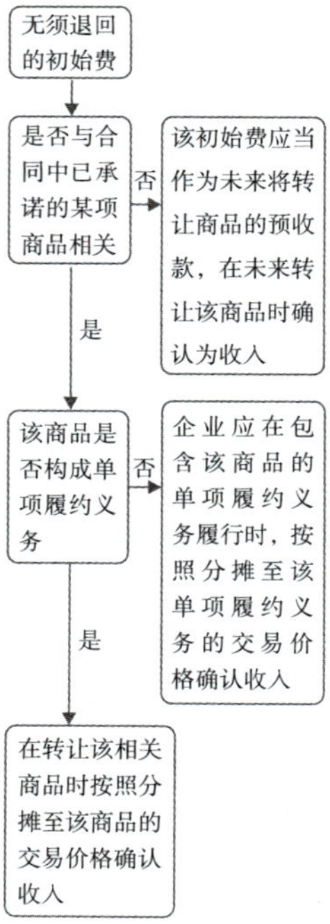

（八）无须退回的初始费

1. 如果该初始费与合同中已承诺的某项商品相关，企业应判断其是否构成单项履约义务：

（1）该商品构成单项履约义务，在转让该相关商品时按照分摊至该商品的交易价格确认收入；

（2）该商品不构成单项履约义务，企业应在包含该商品的单项履约义务履行时，按照分摊至该单项履约义务的交易价格确认收入。

2. 如果该笔无须退回的初始费与合同中承诺的商品不相关，该初始费应当作为未来将转让商品的预收款，在未来转让该商品时确认为收入。

【提示】为开展初始活动而收取的初始费

企业收取了无须退回的初始费且为履行合同应开展初始活动，但这些活动本身并没有向客户转让已承诺的商品的，该初始费与未来将转让的已承诺商品相关，应当在未来转让该商品时确认为收入，企业在确定履约进度时不应考虑这些初始活动；企业为该初始活动发生的支出应当按照收入准则规定确认为一项资产或计入当期损益。

六、社会资本方对政府和社会资本合作（PPP）项目合同的会计处理

（一）PPP项目合同的特征和条件

PPP项目合同应满足“双特征”和“双控制”。

1. 特征（同时满足）

双特征：（1）社会资本方在合同约定的运营期间内代表政府方使用 PPP 项目资产提供公共产品和服务；（2）社会资本方在合同约定的期间内就其提供的公共产品和服务获得补偿。

2. 条件

双控制：（1）政府方控制或管制社会资本方使用 PPP 项目资产必须提供的公共产品和服务的类型、对象和价格；（2）PPP 项目合同终止时，政府方通过所有权、收益权或其他形式控制 PPP 项目资产的重大剩余权益。

（二）相关会计处理

社会资本方提供建造服务（含建设和改扩建）或发包给其他方等，应当确定其身份是主要责任人还是代理人，并进行会计处理，确认合同资产。如果社会资本方根据 PPP 项目合同约定，提供多项服务（如既提供 PPP 项目资产建造服务，又提供建成后的运营服务、维护服务）的，应当识别合同中的单项履约义务，将交易价格按照各项履约义务单独售价的相对比例分摊至各项履约义务。

1. 建造期间

（1）确认建造服务收入和成本

借：合同资产

　贷：主营业务收入

借：合同履约成本

　贷：原材料、应付职工薪酬等

借：主营业务成本

　贷：合同履约成本

（2）确认融资成分的影响（金融资产模式和混合模式）

借：合同资产

　贷：财务费用、利息收入等

（3）确认资本化的借款费用（无形资产模式和混合模式）

借：PPP 借款支出

　贷：短期借款 / 长期借款

（4）在 PPP 项目资产达到预定可使用状态时（无形资产模式和混合模式）

借：无形资产

　贷：合同资产

　　　PPP 借款支出

2. 运营期间

（1）确认运营服务收入和成本

借：银行存款

　贷：主营业务收入

借：合同履约成本

　贷：原材料、应付职工薪酬等

借：主营业务成本

　贷：合同履约成本

名师点拨

将相关 PPP 项目资产的对价金额或确认的建造收入金额，超过有权收取可确定金额的现金（或其他金融资产）的差额，确认为无形资产（“混合模式”）。

要点小贴士

在项目运营期间，有权向获取公共产品和服务的对象收取费用，但收费金额不确定的，该权利不构成一项无条件收取现金的权利，应当在 PPP 项目资产达到预定可使用状态时，将相关 PPP 项目资产的对价金额或确认的建造收入金额确认为无形资产（“无形资产模式”）。

（2）对无形资产进行摊销（无形资产模式和混合模式）

借：主营业务成本

　贷：累计摊销

（3）确认融资成分的影响（金融资产模式和混合模式）

借：合同资产

　贷：财务费用、利息收入等

> **名师点拨**
>
> 确认融资成分的影响时，要计算实际利率。
>
> 实际利率：使在合同开始日各项履约义务确认的收入现值等于各期现金流量现值的折现率。

（4）在拥有收取对价的权利（该权利仅取决于时间流逝的因素）时，将合同资产转为应收款项（金融资产模式和混合模式）

借：应收账款

　贷：合同资产

（5）从政府方收到款项（金融资产模式和混合模式）

借：银行存款

　贷：应收账款

3. 运营期间维护服务

（1）构成单项履约义务

借：合同资产

　贷：主营业务收入

借：合同履约成本

　贷：原材料、应付职工薪酬等

借：主营业务成本

　贷：合同履约成本

（2）不构成单项履约义务

借：主营业务成本

　贷：预计负债

或：

借：主营业务成本

　　财务费用

　贷：预计负债

第二节　费　用

使用“会计云课堂”App或“微信”扫码查看本节视频，快速GET知识点。

1027316

一、费用的确认

费用是指企业在日常活动中发生的、会导致所有者权益减少的、与向所有者分配利润无关的经济利益的总流出。

二、期间费用

期间费用包括管理费用、销售费用和财务费用。

（一）管理费用

> 要点小贴士
>
> 企业在筹建期间内发生的开办费、行政管理部门等发生的固定资产日常修理费等应计入管理费用。

管理费用是指企业为组织和管理企业生产经营所发生的管理费用，包括企业在筹建期间内发生的开办费、董事会和行政管理部门在企业的经营管理中发生的或者应由企业统一负担的公司经费（包括行政管理部门职工工资及福利费、物料消耗、低值易耗品摊销、办公费和差旅费等）、工会经费、董事会费（包括董事会成员津贴、会议费和差旅费等）、聘请中介机构费、咨询费（含顾问费）、诉讼费、业务招待费、技术转让费、排污费、行政管理部门等发生的固定资产修理费用以及应缴纳的残疾人就业保障金等。

（二）销售费用

销售费用是指企业在销售商品和材料、提供劳务的过程中发生的各种费用，包括企业在销售商品过程中发生的保险费、包装费、展览费和广告费、商品维修费、装卸费等（不包括构成合同履约成本从而应当计入主营业务成本的情形），以及为销售本企业商品而专设的销售机构（含销售网点、售后服务网点等）的职工薪酬、业务费、折旧费、固定资产修理费用等费用。

（三）研发费用

研发费用是指企业进行研究与开发过程中发生的费用化支出，以及计入管理费用的自行开发无形资产的摊销金额。其包括“管理费用”科目下“研究费用”明细科目的当期发生额，以及“管理费用”科目下“无形资产摊销”明细科目的当期发生额。

（四）财务费用

财务费用是指企业为筹集生产经营所需资金等而发生的应予费用化的筹资费用，包括利息支出（减利息收入）、汇兑损益等。

第三节　利　润

使用“会计云课堂”App 或“微信”扫码查看本节视频，快速 GET 知识点。

1027318

一、利润的构成

利润是指企业在一定会计期间的经营成果。利润包括收入减去费用后的净额、直接计入当期利润的利得和损失等。

直接计入当期利润的利得和损失，是指应当计入当期损益、会导致所有者权益发生增减变动的、与所有者投入资本或者向所有者分配利润无关的利得或者损失。

利润相关计算公式如下：

（一）营业利润

营业利润 = 营业收入 − 营业成本 − 税金及附加 − 销售费用 − 管理费用 − 研发费用 − 财务费用 + 其他收益 + 投资收益（− 投资损失）+ 净敞口套期收益（− 净敞

口套期损失）+公允价值变动收益（－公允价值变动损失）－信用减值损失－资产减值损失+资产处置收益（－资产处置损失）

经典题解

【真题34·单选题】甲公司2×16年发生以下交易或事项：（1）销售商品确认收入24000万元，结转成本19000万元；（2）采用公允价值进行后续计量的投资性房地产取得出租收入2800万元。2×16年公允价值变动收益1000万元；（3）报废固定资产损失600万元；（4）因持有以公允价值计量且其变动计入其他综合收益的金融资产确认公允价值变动收益800万元；（5）确认商誉减值损失2000万元，不考虑其他因素，甲公司2×16年营业利润是（　　）。（2017年改编）

A. 5200万元　　B. 8200万元　　C. 6200万元　　D. 6800万元

【解析】营业利润＝事项（1）商品销售收入24000－结转销售成本19000+事项（2）租金收入2800+公允价值变动收益1000－事项（5）资产减值损失2000=6800（万元）。

【答案】D

（二）利润总额

利润总额＝营业利润+营业外收入－营业外支出

其中：

营业外收入是指企业发生的与其日常活动无直接关系的各项利得。

营业外支出是指企业发生的与其日常活动无直接关系的各项损失。

（三）净利润

净利润＝利润总额－所得税费用

其中，所得税费用是指企业确认的应从当期利润总额中扣除的所得税费用。

> 要点小贴士
>
> （1）盘盈利得一般指的是现金盘盈；
>
> （2）企业接受控股股东（或控股股东的子公司）或非控股股东（或非控股股东的子公司）直接或间接代为偿债、债务豁免或捐赠，经济实质表明属于控股股东或非控股股东对企业的资本性投入，应当将相关的利得计入所有者权益（资本公积）。

二、营业外收支的会计处理

（一）营业外收入

营业外收入是指企业发生的营业利润以外的收益。主要包括非流动资产毁损报废利得、与企业日常活动无关的政府补助、盘盈利得、捐赠利得等。

经典题解

【真题35·单选题】2×20年，甲公司发生的相关交易或事项如下：（1）以存货清偿债务，实现债务重组利得20万元；（2）固定资产盘盈100万元；（3）存货盘盈10万元；（4）固定资产报废利得1万元。不考虑其他因素，甲公司2×20年度应计入营业外收入的金额是（　　）。（2021年）

A. 11万元　　B. 101万元　　C. 131万元　　D. 1万元

【解析】事项（1）计入其他收益；事项（2）计入以前年度损益调整；事项（3）冲减管理费用；事项（4）计入营业外收入。所以甲公司2×20年度应计入营业外收入的金额为1万元，选项D正确。

【答案】D

（二）营业外支出

营业外支出是指企业发生的营业利润以外的支出，主要包括非流动资产毁损报废损失、公益性捐赠支出、非常损失、固定资产盘亏损失、企业未按规定缴纳残疾人就业保障金缴纳的滞纳金等。

三、本年利润的会计处理

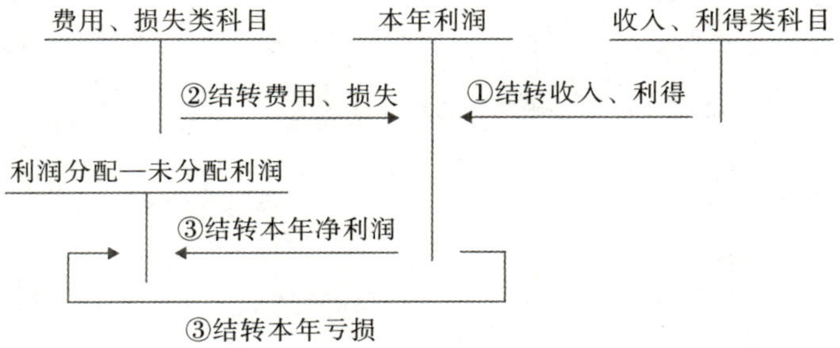

四、综合收益总额

净利润加上其他综合收益扣除所得税影响后的净额为综合收益总额。

考试加油站

一、本章小结

下载“会计云课堂”App 学习

您已成功完成“第十七章”的学习，本章共 12 个考点，您都学会了吗？

为了让您对章节有更清晰的理解，加倍巩固。本书作者张志凤老师将通过**“视频导图课”**的方式，带您回顾重要考点。

名师点拨，视听结合，高效提分。

※ 欢迎您扫码，免费观看学习。

二、本章疑难问题解答

1. 识别履约义务时商品或服务是否具有高度关联性的判断？

答：高度关联性是指合同中承诺的各单项商品或服务之间会受到彼此的重大影响，而非仅存在功能上的单方面依赖。例如：企业在同一合同中为客户设计、生产某新产品专用模具，并使用该模具为客户生产若干样品，不应仅由于后续生产需要使用模具而认为模具与样品之间存在高度关联性。若企业在后续生产过程中，需要根据客户对样品的使用情况持续修正模具，基于修正后的模具再生产样品，最终将符合客户要求的模具及样品转让给客户，表明设计生产专用模具和生产样品之间互相受到彼此的重大影响，二者在合同层面不能明确区分，应将其识别为一项履约义务。

2. 执行新收入准则后如何对运输费用进行会计处理？

答：（1）对于商品控制权转移之前发生的运输费用

企业向客户销售产品，并负责运输，产品在送达客户指定地点时，控制权转移给客户。运输活动是在产品的控制权转移给客户之前发生的，通常不构成单项履约义务，而是企业为履行合同发生的必要活动，相关成本应当作为合同履约成本（即商品销售合同的履约成本），应结转计入营业成本（通常为主营业务成本）而非销售费用。

发生时：

借：合同履约成本

　贷：银行存款等

结转销售成本时：

借：主营业务成本

　贷：合同履约成本

【提示】对于销售佣金等合同取得成本，在摊销时应记入“销售费用”科目。

（2）对于商品控制权转移之后发生的运输费用

如产品在出库时控制权转移给客户，在此之后，企业为将产品运送至客户指定的地点而发生的运输活动，很可能属于为客户提供了一项运输服务，从而构成单项履约义务。此时，企业应将为运输服务发生的成本作为该单项履约义务的合同履约成本（即运输服务合同的履约成本），在确认运输服务收入时，将对应的运输成本结转至营业成本（提供运输服务可能不是企业主营业务活动，而应计入其他业务成本）。

当运输服务构成单项履约义务时，在确认运输服务收入时需要注意如下事项：

①主要责任人与代理人判断

如果实际运输服务由第三方运输公司提供的，企业还需评估分摊至运输服务的对价金额是应作为主要责任人按总额法确认收入还是作为代理人按净额法确认收入。主要责任人和代理人判断的关键在于企业是否能够主导第三方运输公司代表本企业向客户提供运输服务。

如果企业是运输服务的主要责任人，则分摊至运输服务的对价金额按总额确认收入。反之，分摊至运输服务的对价金额扣减支付给第三方运输公司费用后的净额作为企业的收入。

②运输服务收入确认时点

如果企业是提供运输服务的主要责任人，由于客户在企业提供运输服务的同时即取得并消耗该运输服务所带来的经济利益，因此企业提供的运输服务收入应在一段时间内（即随着运输服务的完成进度）确认。

如果企业是提供运输服务的代理人，则在完成代理服务时确认收入，通常情况下是将货物交付给第三方运输公司进行运输的时点。

发生时：

借：合同履约成本

　贷：银行存款等

确认收入并结转成本时：

借：银行存款等

贷：其他业务收入

借：其他业务成本

贷：合同履约成本

（3）其他情况下的运输费用

如果企业不是为履行与客户的合同而发生运输费用，一般不属于合同履约成本，而应计入当期损益，例如：企业出于管理需要在集团内部调拨货物发生的运输费用（可直接计入管理费用）；企业出于展览需要将货物运送至展会现场（可直接计入销售费用）。

3. 企业在客户的场地上为客户建造资产如何确认收入？

答：如果客户不能控制企业履约过程中在建的资产，则按某一时点确认收入。如在客户的车间为客户建造的智能检测线，若企业违约，客户不能在已完成部分的基础上继续建造，因而在建造完成前，不能为客户带来经济利益，客户并不能控制企业履约过程中在建的资产，所以不符合时段法确认收入的条件。

如果客户能够控制企业履约过程中在建的资产，则按时段法确认收入。如企业在客户的场地上为客户建造办公大楼等资产。

4. 合同负债中是否包含增值税？

答：合同负债是指企业已收或应收客户对价而应向客户转让商品的义务。已收或应收价款中的增值税部分，不符合合同负债的定义，不应计入合同负债。已收价款中的增值税部分在纳税义务尚未发生时通过“应交税费—待转销项税额”科目核算。

5. 如何区分合同负债和金融负债？

答：合同负债是指企业已收或应收客户对价而应向客户转让商品的义务，由收入准则规范；而金融负债是企业承担的不可避免的向其他方交付现金或其他金融资产的义务，由金融工具准则规范。

例如，甲公司经营一家电商平台，平台商家自行负责食品的采购、定价、发货以及售后服务，甲公司仅提供平台供商家与消费者进行交易并负责协助商家和消费者结算货款，甲公司按照货款的 6% 向商家收取佣金，并判断自己在商品买卖交易中是代理人。2×20 年，甲公司向平台的消费者销售了 10 万张不可退的电子购物卡，每张卡的面值为 100 元，总额为 1000 万元，假定不考虑相关税费的影响。

甲公司确认合同负债 =1000×6%=60（万元），确认其他应付款 =1000−60=940（万元）。

6. 施工企业发生合同亏损，预计损失如何进行会计处理？

答：预计损失为或有事项，适用《企业会计准则第 13 号——或有事项》，存在标的资产时，应对标的资产进行减值测试并按规定确认减值损失，借记“资产减值损失”科目，贷记“合同履约成本减值准备”科目。如果预计亏损超过减值损失或不存在存货等标的资产的，则应将超过部分确认为预计负债，借记“主营业务成本”科目，贷记“预计负债”科目。

7. 销售企业对于实物返利应如何进行账务处理？

背景资料：甲公司与代理商约定如下销售政策：若代理商年终结算时可完成指定的销售额，次年可获得销售额一定比例的奖励，奖励以货物形式进行返利，返利部分不开具发票。

答： 甲公司的合同中存在折扣，合同约定代理商年度销售额达到一定临界值时，甲公司以免费给予一定数量货物的形式作为折扣，尽管合同约定的总交易价格没有变化，但是货物形式的折扣使得分摊到单个货物的单位价格依据未来事项的发生或不发生（销售额是否达到临界值）产生变化，实质上合同中存在可变对价。

合同中存在可变对价的，企业应当按照期望值或最可能发生金额确定可变对价的最佳估计数，但包含可变对价的交易价格，应当不超过在相关不确定性消除时累计已确认收入极可能不会发生重大转回的金额。

甲公司应在合同开始日合理估计代理商是否能够达到合同约定的销售额，分别以下情况处理：

（1）若甲公司估计代理商合同期内的销售额能够达到临界值。

如果能够达到约定销售额，则甲公司应根据给予的货物奖励数量，进而估计分摊到每个货物的单位价格，在合同期内的每个资产负债表日按照估计的单位售价确认当期所转让商品的销售收入。

例如，甲公司2×21年1月10日与代理商乙公司签订销售协议，由乙公司代理销售甲公司生产的A产品，每件合同价格为1000元，若乙公司2×21年年度终了销售额超过100万元（即1000件A产品）时，可按每实际销售10件返还1件的数量获得返还的A产品；若没有达到临界值，则无实物返还。若合同开始日，甲公司合理估计乙公司2×21年A产品的销售额为110万元（销售量为1100件），乙公司2×21年1月份销售A产品100件，假定不考虑增值税等其他因素的影响。甲公司会计处理如下：

甲公司合同开始日合理预计的单价 $=(1000\times1100)\div(1100+1100\div10)=909.09$（元/件）。

借：应收账款等　　100000（100×1000）
　贷：主营业务收入　　90909（100×909.09）
　　　合同负债　　9091（差额）

（2）假设甲公司估计代理商合同期内的销售额不能够达到临界值，下一期无须给予实物返利，按照合同约定的单价和当期实际销售数量确认收入。

历年经典主观题回顾

使用“会计云课堂”App或“微信”扫码快速做题、对答案、看解析、掌握解题思路，开启轻松过关之旅。

一、计算分析题

1. 甲公司为电信服务运营企业，2×19年度发生的有关交易或事项如下：

（1）2×19年11月1日，甲公司与乙公司签订合同，合同约定：从合同签订的次月1日起，甲公司为乙公司提供网络接入和运营服务；乙公司每月向甲公司支付服务费200万元并同意在其游戏平台的页面上呈现甲公司的品牌标识。乙公司在其运营的游戏平台的页面上提供类似品牌广告的收费为每月 50 万元。

（2）2×19 年 11 月 30 日，甲公司董事会批准了管理层提出的客户忠诚度计划，具体内容为：客户在甲公司消费价值满 100 元的通话服务时，甲公司将在下月向其免费提供价值 10 元的通话服务。2×19 年 12 月，客户消费了价值 10000 万元的通话服务（假定均符合下月享受免费通话服务的条件），甲公司已收到全部款项。

（3）2×19 年 12 月 10 日，甲公司推出预缴话费送手机活动，客户只需预缴话费 3000 元，即可免费获得市价为 1600 元、成本为 1200 元的手机一部，并从参加活动的下月起未来 24 个月内每月享受价值 100 元、成本为 80 元的通话服务。当月共有 5 万名客户参与了此项活动。

本题不考虑货币时间价值、相关税费及其他因素。

要求：

根据资料（1）至（3），分别计算甲公司 2×19 年 12 月应确认的收入金额，说明理由，并编制与收入确认相关的会计分录（无须编制与成本结转相关的会计分录）。（2021 年）

2. 2×17 年至 2×20 年，甲公司及乙公司发生的相关交易或事项如下：

（1）2×17 年 3 月 10 日，甲公司以 6000 万元的价格取得一宗土地使用权，使用期限 50 年，自 2×17 年 4 月 1 日开始起算。该土地在甲公司所属的 A 酒店旁边，甲公司拟在新买的土地上建造 A 酒店 2 期。与土地使用权相关的产权登记手续于 2×17 年 4 月 1 日办理完成，购买土地使用权相关的款项已通过银行转账支付。

甲公司对该土地使用权按 50 年采用直线法摊销，预计净残值为零。

（2）2×17 年 3 月 20 日，甲公司与乙公司签订一份固定造价合同，合同约定：乙公司为甲公司建造 A 酒店 2 期项目，合同价款为 16000 万元，建造期间为 2×17 年 4 月 1 日至 2×19 年 9 月 30 日；乙公司负责工程的施工建造和管理，甲公司根据第三方工程监理公司确定的已完成工程量，每年末与乙公司结算一次；在 A 酒店 2 期项目建造过程中甲公司有权修改其设计方案；如甲公司终止合同，A 酒店 2 期项目已建造的部分归甲公司所有；如果工程发生重大质量问题，乙公司应按实际损失支付赔偿款；双方确定合同价款的 10% 作为质量保证金，如果工程在完工之日起 1 年内没有发生重大质量问题，甲公司将支付工程质量保证金。

（3）2×17 年 4 月 10 日，乙公司开始对 A 酒店 2 期项目进行施工，预计合同总成本为 12000 万元。2×18 年因建筑材料涨价等原因，乙公司将预计合同总成本调整为 18000 万元。截至 2×19 年 9 月 30 日，累计实际发生的工程成本为 17500 万元。乙公司采用成本法确定履约进度，每年实际发生的成本中 60% 为建筑材料费用，其余为工资薪金支出。与该项目合同相关的资料如下：

单位：万元

项目	2×17 年	2×18 年	2×19 年	2×20 年
至年末累计实际发生成本	3600	10800	17500	—
预计完成合同尚需发生的成本	8400	7200	—	—
年末结算合同价款	4800	5600	5600	—
实际收到价款	4000	5500	4900	1600

（4）甲公司A酒店2期项目2×19年9月30日完工，达到合同约定的可使用状态，并经验收后交付使用。

其他有关资料：第一，甲公司与乙公司无关联方关系。第二，乙公司建造A酒店2期项目整体构成单项履约义务。第三，乙公司单独设置“合同结算”科目对工程项目进行核算，不设置“合同资产”和“合同负债”科目。第四，本题不考虑税费及其他因素。

要求：

（1）指出乙公司确认收入的时点，并说明理由。

（2）计算乙公司2×18年和2×19年分别应确认的收入。

（3）编制乙公司2×18年与履行合同义务相关的会计分录，说明乙公司因履行该合同义务确认的资产和负债在2×18年12月31日资产负债表中列示的项目名称及金额。

（4）计算甲公司A酒店2期项目的实际成本。（2020年）

3. 甲公司是一家投资控股型的上市公司，拥有从事各种不同业务的子公司。

（1）甲公司的子公司—乙公司是一家建筑承包商，专门从事办公楼设计和建造业务。20×7年2月1日，乙公司与戊公司签订办公楼建造合同，按照戊公司的特定要求在戊公司的土地上建造一栋办公楼。根据合同的约定，建造该办公楼的价格为8000万元，乙公司分三次收取款项，分别于合同签订日、完工进度达到50%、竣工验收日收取合同造价的20%、30%、50%。

工程于20×7年2月开工，预计于20×9年底完工。乙公司预计建造上述办公楼的总成本为6500万元，截至20×7年12月31日止，乙公司累计实际发生的成本为3900万元。乙公司按照累计实际发生的成本占预计总成本的比例确定履约进度。

（2）甲公司的子公司—丙公司是一家生产通信设备的公司。20×7年1月1日，丙公司与己公司签订专利许可合同，许可己公司在5年内使用自己的专利技术生产A产品。根据合同的约定，丙公司每年向己公司收取由两部分金额组成的专利技术许可费，一是固定金额200万元，于每年末收取；二是按照己公司A产品销售额的2%计算的提成，于第二年初收取。根据以往年度的经验和做法，丙公司可合理预期不会实施对该专利技术产生重大影响的活动。

20×7年12月31日，丙公司收到己公司支付的固定金额专利技术许可费200万元。20×7年度，己公司销售A产品80000万元。

其他有关资料：

第一，本题涉及的合同均符合企业会计准则关于合同的定义，均经合同各方管理层批准。

第二，乙公司和丙公司估计，因向客户转让商品或提供服务而有权取得的对价很可能收回。

第三，不考虑货币时间价值，不考虑税费及其他因素。

要求：

（1）根据资料（1），判断乙公司的建造办公楼业务是属于在某一时段内履行履约义务还是属于某一时点履行履约义务，并说明理由。

（2）根据资料（1），计算乙公司20×7年度的合同履约进度，以及应确定的收入和成本。

（3）根据资料（2），判断丙公司授予知识产权许可属于在某一时段内履行履约义务还是属于某一时点履行履约义务，并说明理由。说明丙公司按照己公司A产品销售额的2%收取的提成应于何时确认收入。

（4）根据资料（2），编制丙公司20×7年度与收入确认相关的会计分录。（2018年）

二、综合题

甲公司为境内上市公司且为增值税一般纳税人，销售货物适用的增值税率为16%。2×16年度及2×17年度，甲公司发生的有关交易或事项如下：

（1）2×16年1月1日，甲公司与乙公司签订合同约定：甲公司按照乙公司设计的图纸为乙公司建造厂房，合同价格为8000万元，建造期限为2年；厂房建造过程中，乙公司有权修改厂房设计图纸，并与甲公司重新协商设计变更后的合同价格；如果乙公司终止合同，已完成建造的厂房部分归乙公司所有，乙公司应支付已完成合同所发生的成本及合理的毛利；如果合同一方违约，违约的一方按合同价格的25%向另一方支付违约金；乙公司于合同签订日支付合同价格的20%，其余分4次平均支付，每半年支付1次，但最后1次付款于厂房建造完成并办理了竣工决算手续后支付。

2×16年2月1日起，甲公司开始履行合同义务。2×17年12月31日，厂房完成建造并办理了竣工决算手续。

（2）2×16年6月20日，甲公司与丙公司签订合同约定：甲公司向丙公司销售A、B两种商品，A商品于合同签订后的3个月内交付，B商品于A商品交付后6个月内交付；丙公司于A、B商品全部交付并经验收合格后的2个月内支付的合同价格为5000万元的全部款项。甲公司分别于2×16年9月10日和2×17年2月20日向丙公司交付了A商品和B商品，商品控制权也随之转移给丙公司。甲公司交付商品给丙公司的同时，开具了增值税专用发票。丙公司于2×17年4月10日支付了全部合同价款及相关的增值税。

甲公司A商品单独的销售价格为2240万元；B商品单独的销售价格为3360万元。

（3）2×17年3月30日，甲公司销售给丁公司一台C设备。根据销售协议的约定，甲公司于2×17年10月10日前交付C设备，合同价格为15000万元，甲公司提供该设备的质量保证，即在1年之内，如果该设备发生质量问题，甲公司负责免费维修，但如果因丁公司员工操作不当等非设备本身质量原因导致的故障，甲公司不提供免费维修服务；另外，甲公司为C设备保质期后未来5年提供维修和保养服务，合同价格为600万元。

甲公司销售C设备单独的销售价格为15000万元；单独对外提供设备维修服务的销售价格为每年每台100万元，单独对外提供设备保养服务的销售价格为每年每台20万元。

（4）2×17年7月1日，甲公司开始推行一项奖励积分计划。根据该计划，甲公司每销售1台合同价格为10000万元的D设备，客户可获得625万个积分，每个积分从购买D设备的次年起3年内可在该客户再次购买D设备时抵减5元。2×17年7月1日起至12月31日期间，甲公司共计销售D设备10台，合同价格总额100000万元及增值税总额16000万元（假定税法规定按照全部合同价格计算的增值税销项税额）已收存银行；销售D设备产生的积分为6250万个。该积分是甲公司向客户提供的一项重大权利，甲公司预计销售D设备积分的兑换率为80%。

甲公司负责提供销售D设备的质量保证服务，如果D设备在1年内出现质量问题，甲公司负责免费维修，但如果因客户员工操作不当等非设备本身质量原因导致的故障，甲公司不负责提供免费维修服务。

根据以往经验，甲公司销售的D设备1年质保期内70%不会发生质量问题；20%可能发生较小质量问题；10%发生较大质量问题。甲公司预计销售的D设备发生较小质量问题的维修费用为销售合同价格总额的1%；发生较大质量问题的维修费用为销售合同价格总额的2%。

本题所涉及的协议或合同均符合企业会计准则关于合同的定义并经各方管理层批准，因向客户转让商品或提供服务而有权取得的对价很可能收回，涉及的销售价格或合同价格均不含增值税。除上述所给资料外，不考虑货币时间价值，不考虑除增值税以外的税费及其他因素。

要求：

（1）根据资料（1），说明甲公司为乙公司建造厂房应采用何种方法确认收入，并陈述理由。

（2）根据资料（2），说明甲公司于合同开始日将交易价格分摊至各单项履约义务的原则和方法，计算各单项履约义务应分摊的合同价格，并编制与 2×16 年销售商品相关的会计分录。

（3）根据资料（3），说明甲公司销售 C 设备合同附有的单项履约义务，并陈述理由；计算每一单项履约义务应分摊的合同价格；分别说明甲公司销售 C 设备在保质期内提供的维修服务和保质期以后所提供维修服务和保养服务应当如何进行会计处理。

（4）根据资料（4），说明甲公司销售 D 设备合同附有的单项履约义务；计算每一单项履约义务应分摊的合同价格；计算甲公司因销售 D 设备应确认的质量保证费用；编制甲公司与销售 D 设备及相应的质量保证服务相关的会计分录。（2018 年）

历年经典主观题参考答案及解析

使用“会计云课堂”App 或“微信”扫码对答案、看解析、
掌握解题思路，开启轻松过关之旅。

一、计算分析题

1.【答案】

（1）甲公司 2×19 年 12 月应确认的收入金额 =200+50=250（万元）。

理由：甲公司提供服务取得对价 200 万元，同时取得乙公司提供的服务价值 50 万元，故甲公司应确认收入 250 万元。

相关会计分录：

借：银行存款　200

　　销售费用　50

　贷：主营业务收入　250

（2）实际通话服务应分摊的交易价格 =10000×100/（100+10）=9090.91（万元）。

免费通话服务应分摊的交易价格 =10000×10/（100+10）=909.09（万元）。

甲公司 2×19 年 12 月应确认的收入金额为实际通话服务的交易价格 9090.91 万元。

理由：企业应当在履行了合同中的履约义务，即客户取得相关商品控制权时确认收入。因此，仅将实际通话服务部分分摊的交易价格确认为收入，免费通话服务分摊的交易价格应确认为合同负债，在客户下月消费时确认为收入。

相关会计分录：

借：银行存款　　10000
　贷：主营业务收入　　9090.91
　　合同负债　　909.09

（3）销售手机应分摊的交易价格 =3000×5×1600/（1600+100×24）=6000（万元）。

通话服务应分摊的交易价格 =3000×5×100×24/（1600+100×24）=9000（万元）。

甲公司 2×19 年 12 月应确认的收入金额为销售手机应分摊的交易价格 6000 万元。

理由：企业应当在履行了合同中的履约义务，即客户取得相关商品控制权时确认收入。因此，仅将销售手机部分分摊的交易价格确认为收入，通话服务分摊的交易价格在客户实际消费时确认为收入。

相关会计分录：

借：银行存款　　15000（3000×5）
　贷：主营业务收入　　6000
　　合同负债　　9000

2.【答案】

（1）乙公司为甲公司建造 A 酒店 2 期项目属于在某一时段内履行的履约义务，应在履约的各个期间确认收入。

理由：由于在甲公司所属土地上建造 A 酒店 2 期项目，在建造过程中甲公司能够控制乙公司在履约过程中在建的 A 酒店 2 期项目。

（2）2×17 年

履约进度 =3600/12000×100%=30%；

应确认收入 =16000×30%=4800（万元）。

2×18 年

履约进度 =10800/18000×100%=60%；

应确认收入 =16000×60%-4800=4800（万元）。

2×18 年应确认的收入金额为 4800 万元；

2×19 年应确认收入 =16000-4800-4800=6400（万元）。

（3）2×18 年合同履约成本 =10800-3600=7200（万元）。

借：合同履约成本　　7200
　贷：原材料　　4320（7200×60%）
　　应付职工薪酬　　2880（7200×40%）

借：主营业务成本　　7200
　贷：合同履约成本　　7200

借：主营业务成本　　800
　贷：预计负债　　800

【提示】2×18 年预计总成本为 18000 万元，大于合同收入 16000 万元，其中损失 1200 万元［（18000-16000）×60%］已反映在损益中，因此应将剩余损失 800 万元［（18000-16000）×40%］确认为当期损失。

借：合同结算—收入结转　　4800
　贷：主营业务收入　　4800

借：应收账款　5600

　贷：合同结算—价款结算　5600

借：银行存款　5500

　贷：应收账款　5500

年末合同结算贷方余额 =（4800-4800）+（5600-4800）=800（万元），列示在“合同负债”项目 800 万元。

【提示】“合同结算”科目，核算同一合同下属于在某一时段内履行履约义务涉及与客户结算对价的合同资产或合同负债，并在此科目下设置“合同结算—价款结算”科目反映定期与客户进行结算的金额，设置“合同结算—收入结转”科目反映按履约进度结转的收入金额。

（4）土地使用权在酒店在建期间因摊销计入酒店成本的金额 =6000 ÷ 50 ÷ 12 ×（9+12+9）=300（万元）；

甲公司 A 酒店 2 期项目的实际成本 =16000+300=16300（万元）。

3.【答案】

（1）乙公司的建造办公楼业务属于在某一时段内履行的履约义务。

理由：满足下列条件之一的，属于在某一时段内履行的履约义务：客户在企业履约的同时即取得并消耗企业履约所带来的经济利益；客户能够控制企业履约过程中在建的商品；企业履约过程中所产出的商品具有不可替代用途，且该企业在整个合同期间内有权就累计至今已完成的履约部分收取款项。本题中，由于乙公司在戊公司的土地上建造办公楼，戊公司能够控制乙公司在建的办公楼，因此属于在某一时段内履行的履约义务。

（2）乙公司 20×7 年度的合同履约进度 =3900/6500×100%=60%；应确认的收入 =8000×60%=4800（万元）；确认的成本 =6500×60%=3900（万元）。

（3）丙公司授予知识产权许可属于在某一时点履行的履约义务。

理由：授予知识产权许可同时满足下列条件时，应当作为在某一时段内履行的履约义务确认相关收入；否则，应当作为在某一时点履行的履约义务确认相关收入：合同要求或客户能够合理预期企业将从事对该项知识产权有重大影响的活动；该活动对客户将产生有利或不利影响；该活动不会导致向客户转让商品。本题中，由于丙公司合理预期不会实施对许可己公司使用的专利技术产生重大影响的活动，授予的专利技术属于在某一时点履行的履约义务。

企业向客户授予知识产权许可，并约定按客户实际销售或使用情况收取特许权使用费的，应在下列两项孰晚的时点确认收入：一是客户后续销售或使用行为实际发生；二是企业履行相关履约义务。本题中，丙公司按照己公司 A 产品销售额的 2% 收取的提成应于 20×7 年 12 月 31 日确认收入。

（4）20×7 年 1 月 1 日

借：长期应收款　1000

　贷：主营业务收入　1000

20×7 年 12 月 31 日

借：银行存款　200

　贷：长期应收款　200

借：应收账款 1600（80000×2%）

　贷：主营业务收入 1600

二、综合题

【答案】

（1）甲公司应选择投入法确认收入。

理由：产出法是按照已完成的产出直接计算履约进度，通常能够客观地反映履约进度，当产出法所需的信息可能无法通过观察直接获得，或者为获得这些信息需要花费很高成本时，可能需要采用投入法。

（2）甲公司于合同开始日应将交易价格按照 A 商品和 B 商品的单独售价比例进行分摊。

分摊至 A 商品的合同价格 =5000×2240/（2240+3360）=2000（万元）；

分摊至 B 商品的合同价格 =5000×3360/（2240+3360）=3000（万元）。

借：合同资产 2320

　贷：主营业务收入 2000

　　应交税费—应交增值税（销项税额） 320

（3）①甲公司销售 C 设备合同分为销售 C 设备、提供未来 5 年维修服务和提供未来 5 年保养服务三个单项履约义务。

理由：客户能够选择单独购买维修服务、单独购买保养服务，甲公司销售 C 设备、提供维修服务和提供保养服务的三项承诺均可明确区分。

② C 设备单独售价为 15000 万元；

每年每台设备单独提供维修服务的单独售价为 100 万元；

每年每台设备单独提供保养服务的单独售价为 20 万元；

C 设备应分摊合同价格 =（15000+600）×15000/（15000+100×5+20×5）=15000（万元）。

保质期后未来 5 年提供维修服务应分摊合同价格 =（15000+600）×（100×5）/（15000+100×5+20×5）=500（万元）。

保质期后未来 5 年提供保养服务应分摊合同价格 =（15000+600）×（20×5）/（15000+100×5+20×5）=100（万元）。

③甲公司销售 C 设备在保质期内提供的维修服务应按照或有事项准则确认为预计负债，并计入当期损益。

甲公司销售 C 设备在保质期以后所提供维修服务和保养服务应当与销售 C 设备分别作为单项履约义务，按照各自单独售价分摊合同价格，分摊至保质期以后所提供维修服务和保养服务的部分确认为合同负债，在以后提供服务的期间内确认为收入。

（4）①甲公司销售 D 设备合同分为销售 D 设备和授予客户奖励积分两个单项履约义务。

②考虑积分兑换率后奖励积分的单独售价 =5×6250×80%=25000（万元）。

分摊至商品的合同价格 =100000×［100000/（100000+25000）］=80000（万元）；

分摊至积分的合同价格 =100000×［25000/（100000+25000）］=20000（万元）。

③甲公司因销售 D 设备应确认的质量保证费用 =100000×（20%×1%+10%×2%）=400（万元）。

④

借：银行存款　116000

　贷：主营业务收入　80000

　　　合同负债　20000

　　　应交税费—应交增值税（销项税额）　16000

借：销售费用　400

　贷：预计负债　400

同步强化练习题

使用“会计云课堂”App或“微信”扫码快速做题、对答案、看解析、掌握解题思路，开启轻松过关之旅。

一、单项选择题

1. 甲公司承诺以每件200元的价格向乙公司销售60件A产品。产品在6个月内转移给乙公司。甲公司在某个时点转移每一件产品的控制权。当甲公司向乙公司转移了30件A产品的控制权后，合同进行了修改，要求向乙公司额外交付10件产品（即总数为70件相同的产品）。这额外的10件产品并未包括在原合同中。当合同被修改时，针对额外10件产品，每件产品价格为170元（不能反映修订时的单独售价）。甲公司下列会计处理的表述中，正确的是（　　）。

   A. 应当将该合同变更部分作为一份单独的合同进行会计处理

   B. 应当将该合同变更部分作为原合同的组成部分进行会计处理

   C. 应将原合同未履约部分与合同变更部分合并为新合同进行会计处理

   D. 应调整变更日的主营业务收入

2. 甲公司与客户订立一项合同，约定转让软件许可证、实施安装服务并在2年期间内提供未明确规定的软件更新和技术支持（通过在线和电话方式）。合同明确规定，作为安装服务的一部分，软件将作重大定制以增添重要的新功能，从而使软件能够与客户使用的其他定制软件应用程序相对接。下列项目表述中错误的是（　　）。

   A. 软件更新构成单项履约义务

   B. 技术支持构成单项履约义务

   C. 软件许可证构成单项履约义务

   D. 定制安装服务（包括软件许可证）属于单项履约义务

3. 甲公司同意为乙公司设计一种实验性的新产品并生产该产品的10个样品。产品规格包含尚未得到证实的功能。下列表述中正确的是（　　）。

   A. 设计与生产两项服务构成单项履约义务

   B. 生产10个样品构成单项履约义务

C. 设计服务构成单项履约义务
D. 设计服务与生产服务可明确区分

4. 对合同中存在重大融资成分的商品销售，下列表述中正确的是（　　）。
A. 企业应当将未来应收货款按市场利率折现的现值确定交易价格
B. 企业应当将合同对价金额根据融资成分进行调整之后确定交易价格
C. 企业应当使用合同双方进行单独融资交易时所应采取的利率作为折现率
D. 企业应当使用将合同对价的名义金额折现为商品现销价格的折现率

5. 甲公司向国外乙公司销售一批商品，合同标价为400万元。在此之前，甲公司从未向乙公司所在国家的其他客户进行过销售，乙公司所在国家正在经历严重的经济危机。甲公司预计不能从乙公司收回全部的对价金额，而是仅能收回350万元。尽管如此，甲公司预计乙公司所在国家的经济情况将在未来2至3年内好转，且甲公司与乙公司之间建立的良好关系将有助于其在该国家拓展其他潜在客户。甲公司能够接受乙公司支付低于合同对价的金额，即350万元，且估计很可能收回该对价。甲公司销售该商品的交易价格为（　　）万元。
A. 400　　B. 50
C. 0　　D. 350

6. 下列项目中，属于在某一时点确认收入的是（　　）。
A. 酒店管理服务
B. 在客户的土地上为客户建造办公大楼
C. 企业履约过程中所产出的商品具有不可替代用途，且该企业在整个合同期间内有权就累计至今已完成的履约部分收取款项
D. 为客户定制的具有可替代用途的产品

7. 甲公司与客户签订一个提供咨询服务的合同，从而使甲公司为客户提供专业意见（专业报告）。专业意见与客户的事实和情况有关。假设甲公司完全遵守其合同义务，如果客户终止咨询合同，合同要求客户赔偿甲公司已发生的成本，另加12%的利润，12%的利润率接近甲公司在类似合同中取得的利润率。下列表述中正确的是（　　）。
A. 甲公司应在签订合同时确认收入
B. 甲公司提供咨询服务属于在某一时段内履行履约义务
C. 甲公司应在提供咨询服务合同结束后确认收入
D. 甲公司提供咨询服务属于在某一时点履行履约义务

8. 甲公司与当地土地储备中心签订协议，受托负责对土地储备中心拥有的乙地块进行土地一级开发，令其达到“七通一平”的建设用地出让条件，收益为土地开发总成本的20%，连同所发生的成本费用与土地储备中心按季度结算。甲公司下列会计处理中正确的是（　　）。
A. 甲公司签订合同时一次确认收入
B. 甲公司应按一段期间确认收入
C. 甲公司应于达到“七通一平”的建设用地出让条件时确认收入
D. 甲公司应按季结算时确认收入

9. 某消费品制造商甲公司签订了一项合同，向一家全球大型连锁零售店客户销售产品，合同期限为1年。该零售商承诺，在合同期限内以约定价格购买至少价值2000万元的产品。同时合同约定，甲公司需在合同开始时向该零售商支付100万元的不可退回款项。该款项旨在就零售商需更改货架以使其适合放置甲公司产品而作出补偿。第一个月甲公司在该零售商处销售产品300万元（不含增值税）。甲公司第一个月应确认的收入为（　　）万元。

A. 300　　B. 285
C. 200　　D. 100

10. 甲公司以每件1万元的价格向其客户销售300件产品，收到300万元的货款。按照销售合同，客户有权在30天内退回任何没有损坏的产品，并得到全额现金退款。每件产品的成本为0.6万元。甲公司预计会有15件(即5%)产品被退回，而且即使估算发生后续变化，也不会导致大量收入的转回。甲公司预计收回产品的成本不会太大，并认为再次出售产品时还能获得利润。甲公司销售300件产品应确认的收入为(　　)万元。
A. 300　　B. 180
C. 285　　D. 15

11. 2×21年10月1日，甲公司与客户签订不可撤销的合同，两年内在客户需要时为其提供保洁服务。合同价款包括两部分：一是每月10万元的固定对价；二是最高金额为80万元的奖金。甲公司预计可以计入交易价格的可变对价金额为60万元。甲公司按照时间进度确定履约进度。假定不考虑增值税等相关税费。甲公司2×21年应确认的收入为(　　)万元。
A. 30　　B. 37.5
C. 40　　D. 90

12. 甲企业系增值税一般纳税人，销售商品适用的增值税税率为13%。2×21年1月1日与乙公司签订协议销售商品一批，增值税专用发票上注明价格为100万元，增值税税额为13万元。商品已发出，款项已收到。该协议规定，该批商品销售价格（不含增值税税额）的10%属于商品售出后5年内提供修理服务的服务费。则甲企业2×21年1月1日应确认的合同负债为(　　)万元。
A. 11.3　　B. 100
C. 10　　D. 113

13. 甲公司为一家健身器械生产销售企业，2×21年初甲公司与一家大型零售商A公司签订一年期销售合同，双方合同规定：零售商A公司在一年内至少购买甲公司价值为2000万元的健身器械，但甲公司需要在合同开始日向零售商A公司一次性支付200万元的不可返还款项，以补偿零售商A公司为了摆放商品更改货架发生的支出。2×21年1月甲公司支付给零售商A公司不可返还款项200万元，甲公司2×21年1月向零售商A公司销售健身器械，开出增值税专用发票，不含税价款200万元。甲公司下列会计处理中错误的是(　　)。
A. 甲公司支付给零售商A公司的200万元并未取得可明确区分的商品或服务，应作为交易价格的抵减
B. 甲公司支付给零售商A公司的200万元作为促销费用计入当期损益
C. 甲公司应在确认商品销售收入的同时，按比例抵减商品销售收入的10%
D. 2×21年1月甲公司确认收入180万元

14. 甲公司出售W产品给客户，每件售价为1万元，若客户全年度累计购买超过1000件时，则每件价格追溯调整降为0.9万元；在2×21年第一季度末，甲公司出售100件W产品给某一客户，估计该客户全年订购量不会超过1000件；该客户于2×21年6月中旬收购另一家公司，因而扩大业务量，至6月底又增购了600件W产品，累计达到700件，甲公司估计该客户全年订购量会超过1000件。假设不考虑增值税及其他因素，则甲公司2×21年第二季度应确认收入的金额为(　　)万元。
A. 540　　B. 530
C. 600　　D. 700

15. 甲公司为一家咨询服务提供商，中了一个向新客户提供咨询服务的标。甲公司为取得合同而发生的成本如下：(1) 尽职调查的外部律师费 4 万元；(2) 提交标书的差旅费 6 万元（客户不承担）；(3) 销售人员佣金 8 万元。假定不考虑其他因素，甲公司应确认的合同资产为（ ）万元。
A. 12　B. 14
C. 8　D. 18

16. 甲公司有一项至 2×21 年 12 月 31 日尚未完工的与合同成本有关的资产，其账面价值为 5000 万元（含已计提的减值准备 300 万元），因以前期间减值因素发生变化，转让与该资产相关的商品预期能够取得的剩余对价 6000 万元，为转让该相关商品估计将要发生的成本为 600 万元。甲公司下列会计处理中正确的是（ ）。
A. 转回减值准备 400 万元
B. 转回减值准备 300 万元
C. 不计提减值准备，也不转回减值准备
D. 计提减值准备 600 万元

17. 对企业在销售商品的同时授予给客户的奖励积分，下列会计处理中，错误的是（ ）。
A. 应将取得的货款或应收货款扣除奖励积分的公允价值的部分确认为收入
B. 取得全部的货款应在奖励积分兑换期满后确认为收入
C. 奖励积分的公允价值应确认为合同负债
D. 被兑换的奖励积分确认为收入的金额应当以被兑换用于换取奖励的积分数额占预期将兑换用于换取奖励的积分总数的比例为基础计算确定

18. 关于附有客户额外购买选择权的销售，下列表述中错误的是（ ）。
A. 企业提供重大权利的，应当作为单项履约义务
B. 客户行使该选择权购买商品时的价格反映了这些商品单独售价的，不应被视为企业向该客户提供了一项重大权利
C. 如果选择权向客户提供了重大权利，企业应当在转让这些未来商品或服务时或选择权失效时确认收入
D. 只要客户有额外购买商品选择权，就应将其作为单项履约义务

19. 关于附有质量保证条款的销售履约义务的识别，下列说法中错误的是（ ）。
A. 客户能够选择单独购买质量保证的，该质量保证构成单项履约义务
B. 如果企业必须履行某些特定的任务以保证所销售的商品符合既定标准，则这些特定的任务构成单项履约义务
C. 当法律要求企业提供质量保证时，该法律规定通常表明企业承诺提供的质量保证不是单项履约义务
D. 在向客户保证所销售商品符合既定标准之外提供了一项单独的服务，企业提供额外服务的，应当作为单项履约义务

20. 甲企业销售乙餐厅的礼品券，持礼品券的客户可在指定餐厅用餐。礼品券向客户提供了显著低于餐饮正常售价的重大折扣（客户支付 100 元购买礼品券，持礼品券能在餐厅享用售价为 200 元的餐饮）。甲企业在客户有需求时才购买礼品券。礼品券通过甲企业的网站销售，并且礼品券不可退回。甲企业与乙餐厅共同确定向客户销售礼品券的价格。礼品券出售后甲企业有权收取礼品券出售价格的 30% 的金额。因客户在购买时及时付款，甲企业不承担信用风险。甲企业协助客户解决对餐饮的投诉并且有一项客户满意度计划。但是由乙餐厅负责履行与礼品券相关的义务，包括针对客户不满意服务的补救措施。下列各项

正确的是（　　）。

A. 甲企业是主要责任人

B. 甲企业是代理人

C. 甲企业按总额法确认收入

D. 乙餐厅按净额法确认收入

21. 甲公司签订合同，以每件100元的价格销售A产品，并且在合同中约定，如果客户在未来30天内额外购买任何一件产品，在限额100元的范围内，可以享受7折优惠。此外，作为其季度促销的一部分，甲公司打算在未来30天内对所有销售实行9折优惠。取得7折优惠的客户不能同时享受9折优惠。即未来30天，所有客户均可享受9折优惠。假定A产品已对外销售，且甲公司估计客户兑现折扣券的可能性为80%，且客户将平均购买50元的一件额外产品。甲公司销售每件A产品时应确认的收入为（　　）元。

A. 100　　B. 70

C. 92.59　　D. 89.29

22. 2×21年1月1日，甲公司与客户订立一项针对两项知识产权许可证（许可证A和B）的合同，甲公司确定该合同代表两项履约义务，每项履约义务均在某一时点履行。许可证A和B的单独售价分别为80万元和100万元。合同针对许可证A所规定的价格为固定金额80万元，而针对许可证B所规定的对价则是客户销售使用了许可证B生产的产品的未来销售额的4%，其可变对价为100万元。甲公司在合同开始时转让许可证B，并在一个月后转让许可证A，2×21年度，客户销售使用了许可证B生产的产品的销售额为1000万元，假定不考虑其他因素，甲公司下列会计处理表述中，错误的是（　　）。

A. 合同开始时，许可证B不确认收入

B. 当转让许可证A时，甲公司确认收入80万元

C. 2×21年度，许可证B应确认收入70万元

D. 2×21年度，许可证B应确认收入40万元

23. 甲公司为连环漫画的创作者，2×21年1月1日，向客户授予的许可证使客户可在4年内使用其3份连环漫画中的角色和名称。每份连环漫画都有主角。但是会定期出现新创造的角色，且角色的形象在随时演变。该客户是大型游轮的运营商，其能够依据合理的方法以不同形式（例如节目或演出）使用漫画的角色。合同要求客户使用最新的角色形象。甲公司因授予许可证一次收取800万元的固定付款额。假定不考虑其他因素，甲公司下列会计处理表述中，正确的是（　　）。

A. 在收到款项时确认800万元收入

B. 在授予许可证4年后确认800万元收入

C. 每年确认200万元收入

D. 授予许可证不确认收入

24. 甲公司将其拥有的某合成药的专利权许可证授予乙公司，授权期限为10年。同时，甲公司承诺为乙公司生产该种药品。除此之外，甲公司不会从事任何与支持该药品相关的活动。该药品的生产流程特殊性极高，没有其他公司能够生产该药品。下列项目表述中正确的是(　　)。

A. 该专利权许可和生产服务可明确区分，应当各自分别作为单项履约义务进行会计处理

B. 该专利权许可和生产服务不可明确区分，应当将其一起作为单项履约义务进行会计处理

C. 甲公司将授予乙公司专利权许可证的账面价值转入资产处置损益

D. 甲公司应将交易价格在专利权许可和生产服务之间进行分配

25. 甲公司经营连锁面包店。2×21 年，甲公司向客户销售了 2 万张储值卡，每张卡的面值为 100 元，总额为 200 万元。客户可在甲公司经营的任何一家门店使用该储值卡进行消费。根据历史经验，甲公司预期客户购买的储值卡中将有大约相当于储值卡面值金额 5%（即 10 万元）的部分不会被消费。截至 2×21 年 12 月 31 日，客户使用该储值卡消费的金额为 90 万元。甲公司为增值税一般纳税人，销售商品适用的增值税税率为 13%，在客户使用该储值卡消费时发生增值税纳税义务。上述金额均为含税价，不考虑除增值税外的其他税费，则甲公司 2×21 年应确认收入为（　　）万元。（计算结果保留两位小数）

A. 90　　B. 94.74
C. 83.84　　D. 79.65

26. 下列关于售后回购交易的会计处理不符合企业会计准则规定的是（　　）。

A. 企业负有应客户要求回购商品义务的，客户不具有行使该要求权重大经济动因的，应当将其作为附有销售退回条款的销售交易
B. 企业到期未行使回购权利的，应当在该回购权利到期时终止确认金融负债，同时确认收入
C. 企业负有应客户要求回购商品义务的，客户具有行使该要求权重大经济动因的，企业应当将售后回购作为租赁交易或融资交易
D. 企业因存在与客户的远期安排而负有回购义务或企业享有回购权利的，应当作为融资交易进行相应的会计处理

27. 乙公司经营一家健身俱乐部。2×21 年 2 月 1 日，某客户与乙公司签订合同，成为乙公司的会员，并向乙公司支付会员费 1200 元（不含税价），可在未来的 12 个月内在该俱乐部健身，且没有次数的限制。乙公司 2×21 年应确认收入为（　　）元。

A. 1200　　B. 1100
C. 0　　D. 100

28. 2×20 年 10 月 15 日乙公司以甲公司名义开设一家连锁店，甲公司于 30 日内向乙公司一次性收取特许权等费用 100 万元（其中 70 万元为当年 11 月份提供柜台等设施收费，设施提供后由乙公司所有；30 万元为次年 1 月提供市场培训等后续服务收费），2×20 年 11 月 1 日，甲公司收到上述款项后向乙公司提供了柜台等设施，成本为 60 万元，预计 2×21 年 1 月提供相关后续服务的成本为 24 万元。不考虑其他因素，甲公司 2×20 年度因该交易应确认的收入为（　　）万元。

A. 18　　B. 30
C. 70　　D. 100

29. 甲公司经营一家会员制健身俱乐部，甲公司与客户签订了为期 2 年的合同，客户入会之后可以随时在该俱乐部健身。除俱乐部 2 年的年费 2000 元之外，甲公司还向客户收取了 100 元的入会费，用于补偿俱乐部为客户进行注册登记、准备会籍资料以及制作会员卡等初始活动所花费的成本。甲公司收取的入会费和年费均无须返还。2×21 年 1 月 1 日甲公司与 200 名客户签订了为期 2 年的合同，一次收取价款 40 万元，注册登记等款项 2 万元。下列关于甲公司 2×21 年的会计处理表述正确的是（　　）。

A. 将一次收取价款 40 万元确认为 2×21 年的收入
B. 将一次收取的注册登记等款项 2 万元确认为 2×21 年的收入
C. 将一次收取价款 40 万元和注册登记等款项 2 万元在 2×21 年至 2×22 年 2 年内分摊确认为收入

D. 将一次收取价款40万元在2×21年至2×22年2年内分摊确认为收入，将一次收取的注册登记等款项2万元确认为2×21年的收入

30. 甲公司2×21年发生的有关交易或事项如下：（1）因出租房屋取得租金收入100万元；（2）因处置固定资产产生净收益30万元；（3）收到联营企业分派的现金股利60万元；（4）因收发计量差错造成存货短缺净损失10万元；（5）管理用机器设备发生日常维护支出40万元；（6）办公楼所在地块的土地使用权摊销200万元；（7）持有的以公允价值计量且其变动计入当期损益的金融资产公允价值上升60万元；（8）因存货市价上升转回上年计提的存货跌价准备100万元。甲公司2×21年度因上述交易或事项而确认的管理费用金额为（　　）万元。

A. 50　　B. 340
C. 250　　D. 350

31. 企业发生的下列交易或事项中，不会引起当年度营业利润发生变动的是（　　）。

A. 出售处置组产生的收益
B. 报废固定资产净损失
C. 持有的以公允价值计量且其变动计入当期损益的金融资产公允价值上升
D. 处置某项联营企业投资产生投资损失

32. 2×21年，甲公司发生的相关交易或事项如下：（1）以固定资产清偿债务，实现债务重组利得50万元；（2）固定资产盘盈100万元；（3）出售无形资产净收益5万元；（4）固定资产报废利得3万元；（5）接受控股股东捐赠500万元。不考虑其他因素，甲公司2×21年度应计入营业外收入的金额为（　　）万元。

A. 3　　B. 503
C. 8　　D. 58

二、多项选择题

1. 关于收入的确认，下列表述中正确的有（　　）。

A. 企业应当在履行了合同中的履约义务，即在客户取得相关商品控制权时确认收入
B. 没有商业实质的非货币性资产交换，不确认收入
C. 企业因向客户转让商品对价不是很可能收回，应当将已收取的对价部分确认为收入
D. 企业因向客户提供服务的对价不是很可能收回，企业只有在不再负有向客户提供服务的剩余义务，且已向客户收取的对价无须退回时，才能将已收取的对价确认为收入

2. 关于收入的计量，下列表述中正确的有（　　）。

A. 企业应当按照分摊至各单项履约义务的交易价格计量收入
B. 交易价格即为合同价格
C. 企业代第三方收取的款项，应当作为负债进行会计处理
D. 企业预期将退还给客户的款项，应当作为负债进行会计处理

3. 关于合同变更，下列表述中正确的有（　　）。

A. 合同变更增加了可明确区分的商品及合同价款，且新增合同价款反映了新增商品单独售价的，应当将该合同变更部分作为一份单独的合同进行会计处理
B. 合同变更增加了可明确区分的商品及合同价款，新增合同价款未反映新增商品单独售价的，且在合同变更日已转让的商品与未转让的商品之间可明确区分的，应当视为原合同终止，同时，将原合同未履约部分与合同变更部分合并为新合同进行会计处理
C. 合同变更增加了可明确区分的商品及

合同价款，新增合同价款未反映新增商品单独售价的，且在合同变更日已转让的商品与未转让的商品之间不可明确区分的，应当将该合同变更部分作为原合同的组成部分进行会计处理，在合同变更日重新计算履约进度，并调整当期收入和相应成本等

D. 合同变更，是指经合同各方批准对原合同范围或价格作出的变更

4. 2×20 年 1 月 20 日，甲建筑公司（以下简称“甲公司”）和客户签订了一项总金额为 3000 万元的固定造价合同，在客户自有土地上建造一幢办公楼，预计合同总成本为 2100 万元；截至 2×20 年末，甲公司累计已发生成本 1260 万元；2×21 年初，合同双方同意更改该办公楼屋顶的设计，合同价格和预计总成本因此而分别增加 700 万元和 420 万元。假定该建造服务属于在某一时段内履行的履约义务，并根据累计发生的合同成本占合同预计总成本的比例确定履约进度。不考虑其他因素，下列关于甲公司会计处理正确的有（　　）。

A. 2×20 年年末，甲公司应确认收入 1800 万元

B. 2×21 年年初，甲公司应当将合同变更作为原合同的组成部分进行会计处理

C. 2×21 年年初，甲公司合同变更日应调整期初留存收益 50 万元

D. 2×21 年年初，甲公司在合同变更日应额外确认收入 50 万元

5. 关于识别单项履约义务，下列项目表述中正确的有（　　）。

A. 企业向客户销售商品时，商品控制权转移给客户之后发生的运输活动可能构成单项履约义务

B. 企业向客户销售商品时，商品控制权转移给客户之前发生的运输活动通常不构成单项履约义务

C. 企业为履行合同而开展的初始活动通常构成履约义务

D. 企业向客户转让一系列实质相同且转让模式相同的、可明确区分商品的承诺应当作为单项履约义务

6. 下列项目中，通常表明企业向客户转让该商品的承诺与合同中其他承诺不可单独区分的有（　　）。

A. 企业需提供重大的服务以将该商品与合同中承诺的其他商品整合成合同约定的组合产出转让给客户

B. 该商品将对合同中承诺的其他商品予以重大修改或定制

C. 该商品与合同中承诺的其他商品具有高度关联性

D. 该商品与合同中承诺的其他商品无任何关联性

7. 关于收入计量的交易价格，下列表述中正确的有（　　）。

A. 企业应当根据合同条款，并结合其以往的习惯做法确定交易价格

B. 在确定交易价格时，企业不应当考虑现金折扣因素的影响

C. 在确定交易价格时，企业应当考虑合同中存在的重大融资成分因素的影响

D. 在确定交易价格时，企业应当考虑应付客户对价因素的影响

8. 对合同中存在重大融资成分的商品销售，下列表述中错误的有（　　）。

A. 企业应当按照假定客户在取得商品控制权时即以现金支付的应付金额确定交易价格

B. 企业应当按照合同价格的现值确定交易价格

C. 企业应当按照合同价格确定交易价格

D. 交易价格与合同对价之间的差额，应当在合同期间内采用直线法摊销

9. 甲公司为客户生产一台专用设备。双方

约定，如果甲公司能够在30天内交货，则可以额外获得2万股客户的股票作为奖励。合同开始日，该股票的价格为每股5元；由于缺乏执行类似合同的经验，当日，甲公司估计，该2万股股票的公允价值计入交易价格将不满足累计已确认的收入极可能不会发生重大转回的限制条件。合同开始日之后的第25天，甲公司将该设备交付给客户，从而获得了2万股股票，该股票在此时的价格为每股6元。假定甲公司将该股票作为以公允价值计量且其变动计入当期损益的金融资产。甲公司下列会计处理中正确的有（　　）。

A. 合同开始日，甲公司不应将该2万股股票的公允价值10万元计入交易价格

B. 合同开始日之后的第25天甲公司应确认收入10万元

C. 合同开始日之后的第25天甲公司应确认公允价值变动损益2万元

D. 合同开始日之后的第25天甲公司应确认交易性金融资产12万元

10. 对企业应付客户对价，下列表述中正确的有（　　）。

A. 企业应付客户对价是为了让客户代做企业销售产品的广告宣传，应当冲减销售收入

B. 企业应付客户对价是为了向客户取得其他可明确区分商品的，应当采用与本企业其他采购相一致的方式确认所购买的商品

C. 企业应付客户对价超过向客户取得可明确区分商品公允价值的，超过金额应当冲减交易价格

D. 向客户取得的可明确区分商品公允价值不能合理估计的，企业应当将应付客户对价全额冲减交易价格

11. 甲公司与客户签订一合同以出售A、B、C三种产品，交易总价为100万元。A、B、C各产品的单独售价分别为40万元、55万元、45万元，合计140万元。甲公司经常将B产品及C产品合并按60万元价格出售，经常将A产品按40万元出售。甲公司下列会计处理的表述中，正确的有（　　）。

A. A产品应确认的收入为40万元

B. B产品应确认的收入为33万元

C. C产品应确认的收入为27万元

D. C产品应确认的收入为45万元

12. 2×20年11月，甲公司与乙公司订立一项装修一幢3层建筑物并安装新电梯的合同，合同总对价为1000万元。已承诺的装修服务（包括电梯安装，假定电梯毛利为0）是一项在一段时间内履行的履约义务。预计总成本为800万元（包括电梯成本300万元）。甲公司在电梯转让给乙公司前获得对电梯的控制。甲公司使用投入法基于已发生的成本来计量其履约义务的履约进度。乙公司在2×20年12月电梯运抵该建筑物时获得对电梯的控制，电梯直至2×21年6月才安装完成。甲公司未参与电梯的设计与安装。至2×20年12月31日，已发生的成本为100万元（不包括电梯）。下列会计处理表述中，正确的有（　　）。

A. 至2×20年12月31日履约进度为20%

B. 电梯收入应在安装完毕检验合格后确认

C. 2×20年确认营业收入440万元

D. 2×20年确认营业成本400万元

13. 2×21年7月1日，甲公司承诺向乙公司转让两种可明确区分的产品X和Y。产品X在合同开始时转让给乙公司，而产品Y则于2×22年3月31日转让给乙公司。乙公司承诺支付的对价包含固定对价1000万元和估计值为200万元的可变对价，甲公司将可变对价估计值纳入交易价格（符合条件）。2×21年11月30日，合同范围进行了修订：

2×22年6月30日将产品Z转让给乙公司，合同价格增加了300万元（固定对价），该增加额并不反映产品Z的单独售价。三种产品X、Y、Z的单独售价相同，均可明确区分，且可变对价不符合只分摊给某一履约义务或某两项履约义务的标准。在合同修订后，但交付产品Y和产品Z之前，甲公司将其关于预计有权获得的可变对价的估计值修正为240万元，增加的40万元仍归属于在合同修订前承诺的可变对价。甲公司认为，该可变对价估计的变动额可纳入交易价格（不确定性消除时累计已确认收入金额极可能不会发生重大转回）。假定不考虑其他因素，甲公司下列会计处理的表述中，正确的有（　　）。

A. 2×21年7月1日产品X应确认的收入为600万元

B. 2×22年3月31日产品Y应确认的收入为470万元

C. 2×22年6月30日产品Z应确认的收入为340万元

D. 产品X应承担合同修订后可变对价的后续变动

14. 甲供电公司与乙客户签订2年的供电合同，合同约定：甲公司自2×21年1月1日起每月向乙客户供电，并在月末收取电费。在合同签订时，甲公司向乙客户收取了一次性入网费1200元，并预期能够取得2年的全部电费收入。乙客户第9个月未支付电费，但是甲公司经过评估认为仍很可能取得对价。根据当地相关法律规定，甲公司不能立即停止供电，需要先履行催交程序。乙客户经催告后，仍不缴费，则甲公司可自首次欠费后的第3个月（该年12月）起停止供电。10月份，客户仍未缴费，经评估甲公司认为不是很可能收回对价。下列关于甲公司收入确认的表述正确的有（　　）。

A. 9月份应继续确认供电收入，但需要考虑对应收账款计提坏账准备

B. 10月份仍应继续确认供电收入，并对应收账款计提坏账准备

C. 10月份，将尚未摊销的入网费一次确认收入

D. 12月份，将尚未摊销的入网费一次确认为收入

15. 企业为取得销售合同而发生且由企业承担的下列各项支出中，应在发生时计入当期损益的有（　　）。

A. 投标活动交通费

B. 销售佣金

C. 尽职调查发生的费用

D. 投标文件制作费

16. 甲公司签订了一个管理客户信息技术数据中心的五年服务合同，并在随后的每一年续约一次。与客户签订合同的平均期限为七年。在提供服务之前，甲公司设计并建立一个供企业内部使用并与客户的系统接口的技术平台。该平台未转移至客户，但是将用于向客户提供服务。建立技术平台发生的初始成本包括：（1）设计服务4万元；（2）硬件12万元；（3）软件9万元；（4）数据中心的迁移与测试10万元。不考虑其他因素，甲公司下列会计处理表述中，正确的有（　　）。

A. 硬件应确认为固定资产

B. 软件应确认为无形资产

C. 数据中心的设计应确认为一项资产

D. 数据中心的迁移与测试应确认为一项资产

17. 下列各项中不应作为合同履约成本确认为合同资产的有（　　）。

A. 为取得合同发生但预期能够收回的增量成本

B. 该成本与一份当前或预期取得的合同直接相关，但该成本预期无法收回

C. 无法在尚未履行的与已履行（或已部分履行）的履约义务之间区分的支出
D. 为履行合同发生的正常消耗的直接材料、直接人工和制造费用

18. 下列各项交易或事项中，甲公司的身份是主要责任人的有（　　）。
A. 甲公司在其经营的购物网站上销售由丙公司生产、定价、发货及提供售后服务的商品
B. 甲公司从航空公司购买机票并自行定价向旅客出售，未售出的机票不能退还
C. 甲公司委托乙公司按其约定的价格销售商品，乙公司未售出商品将退还给甲公司
D. 为履行与戊公司签署的安保服务协议，甲公司委托丁公司代表其向戊公司提供的服务内容均需甲公司同意

19. 下列各项中，表明企业是代理人的因素有（　　）。
A. 以佣金的形式收取对价
B. 另一方对合同的履行承担主要责任
C. 在客户订购商品之前或之后、运输过程中或退货时，企业均不承担存货风险
D. 企业对另一方的商品或服务拥有自主定价权

20. 2×20年12月22日，甲公司与乙公司签订合同，将其一款产品化数据交换平台管理软件授权给乙公司使用，授权期限为3年。当天，甲公司将该软件及期限为10天的临时密钥通过电子邮件发送给乙公司，乙公司通过临时秘钥可以在10天试用期内免费体验和试用该软件的全部功能。试用期结束前，乙公司有权单方面无条件终止合同。试用期结束，乙公司未终止合同，合同正式生效。合同约定，乙公司应在合同生效（即2×21年1月1日）后的6个月内每月末支付5万元，合同总价款为30万元。为促进回款，甲公司于合同生效日仅向乙公司提供了期限为6个月的临时秘钥，临时秘钥可正常使用软件的全部功能。乙公司支付全部价款后，甲公司将提供可使用至3年授权期满的正式密钥。合同约定，甲公司还需向乙公司免费提供10天的软件使用培训和1年期的软件免费升级。甲公司销售的该软件无须后续培训及升级服务也能正常使用。甲公司下列会计处理表述中，正确的有（　　）。
A. 合同开始日为2×20年12月22日
B. 软件许可、培训服务、软件升级服务应分别作为单项履约义务
C. 该软件许可应作为在某一时点履行的履约义务
D. 甲公司应在2×21年1月1日确认收入

21. 企业向客户授予知识产权许可，下列表述中正确的有（　　）。
A. 如果授予许可证的承诺无法与合同中其他已承诺的商品或服务明确区分，企业应将授予许可证的承诺与此类其他已承诺的商品或服务合并为一项单项履约义务进行会计处理
B. 如果授予许可证的承诺可与合同中其他已承诺的商品或服务明确区分，授予许可证的承诺是一项单独的履约义务
C. 由企业提供在线服务，通过授予许可证使客户能够访问相关内容，则许可证不构成单项履约业务
D. 如果许可证是构成有形商品的组成部分并且是该商品正常使用所不可缺少的，则表明许可证与合同中其他已承诺的商品无法明确区分

22. 甲公司与乙公司签订合同，将其拥有的一部电影的版权授权给乙公司，乙公司可在其旗下的影院放映该电影，放映期

间为 6 周。除了将该电影版权授权给乙公司之外，甲公司还同意在该电影放映之前，向乙公司提供该电影的片花，在乙公司的影院播放，并且在该电影放映期间在当地知名的广播电台播放广告。甲公司将获得乙公司播放该电影的票房分成。甲公司下列会计处理表述中，正确的有（　　）。

A. 甲公司应当在乙公司放映该电影的期间按照约定的分成比例确认收入

B. 甲公司的承诺包括授予电影版权许可、提供电影片花以及提供广告服务，其中授予电影版权许可是占有主导地位

C. 如果授予电影版权许可、提供电影片花以及广告服务分别构成单项履约义务，甲公司应当将该取得的分成收入在这些履约义务之间进行分摊

D. 甲公司应在合同开始日确认电影版权许可、电影片花以及广告服务收入

23. 甲公司是一家著名的足球俱乐部。甲公司 2×21 年年初授权乙公司在其设计生产的服装、帽子、水杯以及毛巾等特许产品上使用甲公司球队的名称和图标，授权期间为 5 年。合同约定，甲公司收取的合同对价由两部分组成：（1）800 万元固定金额的使用费；（2）每年按照乙公司销售上述产品所取得销售额的 5% 计算的提成。乙公司预期甲公司会继续参加国内顶级联赛，并取得优异的成绩。甲公司 2×21 年一次性收取乙公司支付的 800 万元固定金额的使用费，乙公司 2×21 年销售特许产品已确认收入为 8000 万元。下列关于甲公司 2×21 年有关确认收入表述正确的有（　　）。

A. 甲公司授予的该使用权许可属于在某一时段内履行的履约义务

B. 甲公司收取的 800 万元固定金额的使用费应在收到时一次确认收入

C. 甲公司按照乙公司销售特许产品所取得销售额的 5% 计算的提成应当在乙公司的销售实际完成时确认收入

D. 甲公司 2×21 年确认收入的金额为 400 万元

24. 甲公司与客户订立一项针对两项知识产权许可证（许可证 A 和 B）的合同。合同针对许可证 A 所规定的价格为固定金额 500 万元，而针对许可证 B 所规定的对价则是客户销售使用了许可证 B 的产品的未来销售额的 5%，其可变对价为 1500 万元。许可证 A 和 B 的单独售价分别为 800 万元和 1200 万元，许可证 B 在合同开始时转让给客户，而许可证 A 在三个月后转让。第一个月，由客户的首月销售所产生的特许权使用费为 200 万元。假定许可证 A 和 B 均属于某一时点履行的履约义务，不考虑其他因素，甲公司下列会计处理表述中，正确的有（　　）。

A. 合同开始时，许可证 B 确认收入 300 万元

B. 合同开始时，许可证 A 确认收入 200 万元

C. 第一个月，许可证 B 应确认收入 120 万元

D. 第一个月，许可证 A 应确认收入 80 万元

25. 对于企业因存在与客户的远期安排而负有回购义务或企业享有回购权利的售后回购交易，下列表述中正确的有（　　）。

A. 客户在销售时点并未取得相关商品控制权

B. 回购价格低于原售价的，应当视为租赁交易

C. 回购价格不低于原售价的，应当视为融资交易

D. 企业到期未行使回购权利的，应当在

该回购权利到期时终止确认金融负债，同时确认收入

26. 2×21年1月1日，甲音乐唱片公司将其拥有的一首经典民歌的版权授予乙公司，并约定乙公司在两年内有权在国内所有商业渠道（包括电视、广播和网络广告等）使用该经典民歌。因提供该版权许可，甲公司每月收取10万元的固定对价。除该版权之外，甲公司无须提供任何其他的商品。该合同不可撤销。假定不考虑货币时间价值，甲公司下列会计处理表述中正确的有（　　）。
A. 甲公司授予该版权许可属于在某一时点履行的履约义务
B. 甲公司应在乙公司能够主导该版权的使用并从中获得几乎全部经济利益时，全额确认收入
C. 甲公司授予该版权许可属于在某一时段内履行的履约义务
D. 甲公司2×21年应确认收入240万元

27. 企业设置“合同结算”科目核算同一合同下的合同资产和合同负债，下列项目表述中正确的有（　　）。
A. 资产负债表日，“合同结算”科目的期末余额在借方且属于流动资产的，在资产负债表中列示为“合同资产”项目
B. 资产负债表日，“合同结算”科目的期末余额在借方且属于非流动资产的，在资产负债表中列示为“其他非流动资产”项目
C. 资产负债表日，“合同结算”科目的期末余额在贷方且属于流动负债的，在资产负债表中列示为“合同负债”项目
D. 资产负债表日，“合同结算”科目的期末余额在贷方且属于非流动负债的，在资产负债表中列示为“其他非流动负债”项目

28. 关于客户未行使权利的会计处理，下列项目中正确的有（　　）。
A. 企业向客户预收销售商品款项的，应当首先将该款项确认为负债，待履行了相关履约义务时再转为收入
B. 当企业预收款项无须退回，且客户可能会放弃其全部或部分合同权利时，企业预期将有权获得与客户所放弃的合同权利相关金额的，应当按照客户行使合同权利的模式按比例将上述金额确认为收入
C. 企业在确定其是否预期将有权获得与客户所放弃的合同权利相关的金额时，应当考虑将估计的可变对价计入交易价格的限制要求
D. 如果有相关法律规定，企业所收取的与客户未行使权利相关的款项须转交给其他方的，企业不应将其确认为收入

29. 关于无须退回的初始费的会计处理，下列项目中正确的有（　　）。
A. 企业在合同开始（或接近合同开始）日向客户收取的无须退回的初始费应当计入交易价格
B. 初始费与向客户转让已承诺的商品相关，并且该商品构成单项履约义务的，企业应当在转让该商品时，按照分摊至该商品的交易价格确认收入
C. 初始费与向客户转让已承诺的商品相关，但该商品不构成单项履约义务的，企业应当在包含该商品的单项履约义务履行时，按照分摊至该单项履约义务的交易价格确认收入
D. 初始费与向客户转让已承诺的商品不相关的，该初始费应当作为未来将转让商品的预收款，在未来转让该商品时确认为收入

30. 关于PPP项目相关会计处理，下列项目表述中正确的有（　　）。

A. 社会资本方在相关借款费用满足资本化条件时，应当将其予以资本化，计入“PPP借款支出”科目，并在PPP项目资产达到预定可使用状态时，结转至无形资产

B. 社会资本方不应当将PPP项目资产确认为固定资产

C. 在项目运营期间，有权向获取公共产品和服务的对象收取费用，但收费金额不确定的，该权利不构成一项无条件收取现金的权利，应当在PPP项目资产达到预定可使用状态时，将相关PPP项目资产的对价金额或确认的建造收入金额确认为无形资产，并按照无形资产的有关规定进行处理

D. 社会资本方根据PPP项目合同约定，在项目运营期间，满足有权收取可确定金额的现金（或其他金融资产）条件的，应当在社会资本方拥有收取该对价的权利（该权利仅取决于时间流逝的因素）时确认为应收款项，并按照金融工具的规定进行会计处理

31. 下列交易或事项中，应记入“管理费用”科目的有（　　）。

A. 未使用的机器设备计提的折旧

B. 企业合并以外方式取得的长期股权投资发生的直接相关费用

C. 业务招待费

D. 发行股票支付给承销商的发行费用

32. 下列各项中，应计入销售费用的有（　　）。

A. 销售商品发生的销售折让

B. 采用一次摊销法结转首次出借新包装物成本

C. 广告业务宣传费

D. 结转随同商品出售不单独计价的包装物成本

33. 下列各项交易或事项中，不会影响发生当期营业利润的有（　　）。

A. 因地震收到政府补助

B. 出售无形资产取得净收益

C. 开发无形资产时发生符合资本化条件的支出

D. 自营建造固定资产期间处置工程物资取得净收益

34. 下列各项中，不应计入发生当期损益的有（　　）。

A. 权益法核算长期股权投资持有期间确认的应收股利

B. 以公允价值计量的投资性房地产持有期间公允价值的变动

C. 经营用固定资产转为持有待售时其账面价值小于公允价值减去出售费用后的金额

D. 对联营企业投资的初始投资成本大于应享有投资时联营企业可辨认净资产公允价值份额的差额

35. 下列交易或事项中，应计入营业外收入的有（　　）。

A. 无法查明原因的现金盘盈

B. 罚款收入

C. 总额法下，与企业日常活动无关的政府补助

D. 控股股东执行人民法院批准的破产重整计划，因向企业债权人偿债让渡的所持有的该企业部分股份的公允价值

36. 下列交易或事项中，应计入营业外支出的有（　　）。

A. 固定资产盘亏净损失

B. 报废固定资产净损失

C. 向慈善机构支付的捐赠款

D. 在建工程建设期间发生的工程物资盘亏损失（非自然灾害导致）

三、计算分析题

1. 甲公司以及与甲公司发生交易的各公司

均为增值税一般纳税人，销售货物适用的增值税税率为13%，以下事项中销售价格均不含增值税。甲公司2×21年1月份发生如下经济业务：

（1）1月1日，甲公司向乙公司销售一台设备，销售价格为1000万元，双方约定，乙公司在1年后有权要求甲公司以1100万元的价格回购该设备；甲公司预计该设备在回购时的市场价值将远低于1100万元。

（2）1月2日，甲公司与丙公司签订分期收款销售合同，向丙公司销售产品100件，单位成本8万元，单位售价10万元。根据合同规定：丙公司可享受20%的商业折扣；丙公司应在甲公司向其交付产品时，首期支付价款和增值税税额之和的20%，其余款项分2个月（包括购货当月）于每月月末等额支付。甲公司发出产品并按规定开具增值税专用发票一张，丙公司如约支付首期货款和以后各期货款。

（3）1月5日，甲公司与丁公司签订合同，向其销售A、B两种商品，合同价款为400万元；合同约定：A商品于合同开始日交付，B商品在一个月之后交付，只有当A、B两种商品全部交付之后，甲公司才有权收取400万元的合同对价。假定A商品和B商品构成两项单项履约义务，其控制权在交付时转移给丁公司，A商品和B商品的单独售价分别为300万元和200万元。

假设不考虑甲公司发生的其他经济业务以及除增值税以外的其他因素，所售商品均未发生减值。

要求：

（1）根据资料（1），判断甲公司如何进行会计处理，并说明理由。

（2）根据资料（2），编制甲公司1月份向丙公司销售产品有关的会计分录。

（3）根据资料（3），编制甲公司1月5日交付A商品的会计分录。

2. 甲公司是一家健身器材销售公司，为增值税一般纳税人。2×21年6月1日，甲公司向乙公司销售5万件健身器材，单位销售价格为500元，单位成本为400元，开出的增值税专用发票上注明的销售价款为2500万元，增值税税额为325万元，收到款项存入银行。协议约定，乙公司在7月31日之前有权退还健身器材。假定甲公司根据过去的经验，估计该批健身器材退货率约为20%，在不确定性消除时，80%已确认的累计收入金额（2000万元）极可能不会发生重大转回；健身器材发出时纳税义务已经发生；实际发生销售退回时取得税务机关开具的红字增值税专用发票。6月30日估计该批健身器材退货率约为15%，7月31日发生销售退回，实际退货量为0.4万件，同时支付款项。若发生退货，甲公司每件健身器材将发生退货费用40元。不考虑其他因素。

要求：

（1）编制2×21年6月1日销售健身器材的会计分录。

（2）编制2×21年6月30日调整退货比率的会计分录。

（3）编制2×21年7月31日发生退货的会计分录。

3. 2×19年12月10日，甲公司董事会批准了管理层提出的客户忠诚度计划。该客户忠诚度计划规定：从2×20年1月1日起，每10元兑换1个积分，每个积分可在未来3年内购买产品时按1元的折扣兑现。2×20年1月1日，客户购买了100000元的产品，获得可在未来购买时兑现的10000个积分。对价是固定的，并且已购买产品的单独售价为100000元。甲公司预计将有9500个积分被兑现。基于兑换的可能性估计每个积分的单独售价为1元。

2×20年度，有4500个积分被兑换，并且甲公司预计将有 9600 个积分被兑换。
2×21 年度，累计有 8500 个积分被兑换，预计将有 9700 个积分被兑换。
2×22 年 12 月 31 日，授予的奖励积分剩余部分失效。
假定不考虑相关税费等因素的影响。

要求：
（1）计算甲公司 2×20 年 1 月 1 日授予奖励积分的公允价值、因销售产品应当确认的销售收入，并编制相关会计分录。
（2）计算甲公司 2×20 年度因客户使用奖励积分应当确认的收入，并编制相关会计分录。
（3）计算甲公司 2×21 年度因客户使用奖励积分应当确认的收入，并编制相关会计分录。
（4）计算甲公司 2×22 年度因奖励积分失效应当确认的收入，并编制相关会计分录（本题答案中金额单位用元表示，计算结果保留整数）。

4. 2×21 年度，甲公司发生的与销售相关的交易或事项如下：
（1）2×21 年 10 月 1 日，甲公司推出一项 7 天节日促销活动。截至 2×21 年 10 月 7 日，甲公司因现销 820 万元的商品共发放了面值为 200 万元的消费券，消费券于次月 1 日开始可以使用。有效期为三个月。根据历史经验，甲公司估计消费券的使用率为 90%。
（2）2×21 年 11 月 1 日，甲公司与乙公司签订一项设备安装合同，安装期为 4 个月，合同总价款为 200 万元。当日，甲公司预收合同款 140 万元。至 2×21 年 12 月 31 日，甲公司实际发生安装费用 112 万元，估计还将发生安装费用 48 万元。甲公司向乙公司提供的设备安装服务属于在某一时段内履行的履约义务。甲公司按实际发生的成本占估计总成本的比例确定履约进度。
（3）2×21 年 12 月 25 日，甲公司与丙公司签订合同，甲公司以 100 万元的价格向丙公司销售市场价格为 110 万元、成本为 80 万元的通讯设备一套。作为与该设备销售合同相关的一揽子合同的一部分，甲公司同时还与丙公司签订通讯设备维护合同，约定甲公司将在未来 10 年内为丙公司的该套通讯设备提供维护服务，每年收取固定维护费用 10 万元。类似维护服务的市场价格为每年 9 万元。销售的通讯设备已发出，价款至年末尚未收到。
本题不考虑货币时间价值以及税费等其他因素，无须编制与成本结转相关的会计分录。

要求：
（1）计算甲公司 2×21 年 10 月的促销活动中销售 820 万元商品时应确认收入的金额，并编制相关会计分录。
（2）计算甲公司 2×21 年提供设备安装服务应确认收入的金额，并编制确认收入的会计分录。
（3）根据资料（3），说明合同所包含的履约义务并计算甲公司于 2×21 年 12 月份应确认的收入金额，说明理由，并编制确认收入的会计分录。

5. 2×20 年至 2×22 年，甲公司发生的与销售相关的交易或事项如下：
（1）2×20 年 11 月 1 日，甲公司与乙公司签订一份不可撤销合同，约定在 2×21 年 2 月 1 日以每台 40 万元的价格向乙公司销售 A 产品 80 台。2×20 年 12 月 31 日，甲公司已完工入库的 50 台 A 产品的单位生产成本为 42 万元；甲公司无生产 A 产品的原材料储备，预计剩余 30 台 A 产品的单位生产成本为 44 万元。
（2）2×20 年 11 月 10 日，甲公司与丙公司签订合同，约定以 960 万元的价格向丙公司销售其生产的 B 设备，并负责安装调试。甲公司转移 B 设备的控制权与对其安装调试是两个可明确区分的承诺。

合同开始日，B设备的销售与安装的单独售价分别为800万元和200万元。2×20年11月30日，甲公司将B设备运抵丙公司指定地点。当日，丙公司以银行存款向甲公司支付全部价款并取得B设备的控制权。

（3）2×20年12月1日，甲公司开始为丙公司安装B设备，预计2×21年1月20日完工。截至2×20年12月31日，甲公司已发生安装费126万元（全部为员工薪酬），预计尚需发生安装费54万元。甲公司向丙公司提供的B设备安装服务属于在某一时段内履行的履约义务，甲公司按实际发生的成本占预计总成本的比例确定履约进度。

（4）2×20年12月31日，甲公司与丁公司签订合同，向其销售一批C产品。合同约定，该批C产品将于两年后交货。合同中包含两种可供选择的付款方式，即丁公司可以在两年后交付C产品时支付561.8万元，或者在合同签订时支付500万元。丁公司选择在合同签订时支付货款。当日，甲公司收到丁公司支付的货款500万元并存入银行。该合同包含重大融资成分，按照上述两种付款方式计算的内含年利率为6%，该融资费用不符合借款费用资本化条件。

（5）2×22年12月31日，甲公司按照合同约定将C产品的控制权转移给丁公司，满足收入确认条件。

假设本题不考虑增值税等相关税费及其他因素。

要求：

（1）分别计算甲公司2×20年12月31日应确认的A产品存货跌价准备金额和与不可撤销合同相关的预计负债金额，并编制相关会计分录。

（2）判断甲公司2×20年11月10日与丙公司签订销售并安装B设备的合同中包含几个单项履约义务；如果包含两个或两个以上单项履约义务，分别计算各单项履约义务应分摊的交易价格。

（3）编制甲公司2×20年11月30日将B设备运抵丙公司指定地点并收取全部价款的相关会计分录。

（4）编制甲公司2×20年12月31日应确认B设备安装收入的相关会计分录。

（5）分别编制甲公司2×20年12月31日收到丁公司货款和2×21年12月31日摊销未确认融资费用的相关会计分录。

（6）分别编制甲公司2×22年12月31日摊销未确认融资费用和确认C产品销售收入的相关会计分录。

6. 甲公司在境内从事各类公路的投资建设和运营业务。2×21年1月，甲公司与当地政府签订PPP项目合同，甲公司作为社会资本方负责当地高速公路的建设、运营和维护。根据PPP项目合同约定，PPP项目合同期间为10年，其中项目建设期为2年、运营期为8年。甲公司有权在运营期内向通行车辆收取高速公路通行费，政府不对未来能够收取的车辆通行费或者通过的车流量提供保证。运营期满后，甲公司将PPP项目资产无偿移交给政府方。假设甲公司的建造服务和运营服务均构成单项履约义务，均满足在某一时段确认收入的条件，且甲公司从事PPP项目的身份为主要责任人。假设该合同满足“双特征”和“双控制”条件。甲公司建造期间（2×21年至2×22年）每年成本为5000万元（材料成本为60%、人工成本为30%、用银行存款支付的其他成本为10%），运营期间（2×23年至2×30年）每年成本为100万元（材料成本为60%、人工成本为30%、用银行存款支付的其他成本为10%）。甲公司从事该PPP项目的资金全部来源于银行借款，借款年利率为7%，年末支付当年利息。假设市场类似建造服务的合理毛利率为5%；甲公司2×23年和2×24

年根据实际车流量收取的通行费用均为2000万元（以后年度略）；合同期间各年的现金流均在年末发生。假定不考虑其他因素和相关税费。

要求：

（1）说明该PPP项目应采用何种模式进行会计处理，并说明理由。

（2）编制2×22年确认建造服务收入和成本、借款费用及PPP项目资产达到预定可使用状态的会计分录。

（3）编制2×23年确认运营服务收入和成本及无形资产摊销的会计分录。

四、综合题

1. 甲公司为境内上市公司。2×21年甲公司发生的有关交易或事项如下：

（1）2×21年12月10日，甲公司与客户签订合同，向客户赊销一件W商品，总价为297万元，在法律上规定的1年质保期外，甲公司额外提供2年的质保期，在此期间如发生质量问题，甲公司负责维修或更换。含1年质保期的W商品单独售价为295万元，W商品延长2年的质保期单独售价为5万元。W商品单位成本为250万元。

（2）2×21年9月1日，甲公司与乙公司签订合同，向其销售D、E两项商品，合同价款为950万元。合同约定，D商品于合同开始日交付，E商品在2×21年11月1日交付，只有当D、E两项商品全部交付之后，甲公司才有权收取950万元的合同对价。假定D商品和E商品构成两项履约义务，其控制权在交付时转移给客户。D商品和E商品的单独售价分别为600万元和400万元。2×21年11月15日，甲公司收到合同价款950万元。

（3）2×21年10月10日，甲公司利用自身的技术在Z客户车间内为其建造智能检测线，合同价款为200万元。Z客户不能主导和参与建造活动，若甲公司违约，该智能检测线不能在已完成部分的基础上继续建造，甲公司提供的该项建造服务不具有不可替代用途。至2×21年12月31日，甲公司已发生建造成本50万元，其中材料成本30万元，人工成本20万元，甲公司采用投入法确定履约进度为60%。

（4）2×21年12月1日，甲公司与客户丙公司签订一项销售并安装设备的合同，合同期限为2个月，交易价格为480万元。合同约定，当甲公司合同履约完毕时，才能从丙公司收取全部合同金额，甲公司对设备质量和安装质量承担责任。该设备单独售价为400万元，安装劳务的单独售价为100万元。2×21年12月5日，甲公司以银行存款300万元从长江公司购入并取得该设备的控制权，于当日按照合同约定直接运抵丙公司指定地点开始安装，丙公司对该设备进行验收并取得其控制权。此时，甲公司向丙公司销售设备的履约义务已经完成。

（5）甲公司与客户丁公司签订合同，为其提供广告投放服务，广告投放时间为2×21年1月1日至12月31日，投放渠道为一个灯箱，合同金额为120万元。合同中无折扣、折让等金额可变条款，也未约定投放效果标准，且根据甲公司已公开宣布的政策、特定声明或者以往的习惯做法等相关事实和情况表明，甲公司不会提供折扣或折让等安排。双方约定，2×21年1月至12月丁公司于每月月底支付10万元。广告投放内容由丁公司决定。对于甲公司而言，该广告投放为一系列实质相同且转让模式相同的、可明确区分的商品。广告投放以后，由于出现外部突发原因，周边人流量骤减，丁公司对广告投放效果不满意。2×21年6月30日，甲公司与丁公司签订广告投放服务补充协议，对后续广告服务打五折处理，即2×21年7月至12月丁公司于每月月底支付5万元。

假定不考虑增值税等相关税费及其他因素。

要求：

（1）根据资料（1），判断甲公司W商品延长2年的质保服务是否构成单项履约义务，编制2×21年12月10日甲公司销售商品的会计分录。

（2）根据资料（2），判断甲公司将D商品交付给客户之后，是否确认应收账款，并说明理由。分别编制交付D商品和E商品及收款的会计分录。

（3）根据资料（3），说明甲公司是按某一时段确认收入，还是某一时点确认收入。编制相关会计分录。

（4）根据资料（4），判断甲公司向丙公司销售设备时的身份是主要责任人还是代理人，并说明理由。

（5）根据资料（4），计算甲公司将交易价格分摊至设备销售与设备安装的金额。

（6）根据资料（4），编制甲公司2×21年12月5日销售设备时确认销售收入并结转销售成本的会计分录。

（7）根据资料（5），判断甲公司签订广告投放服务补充协议是属于合同变更还是可变对价，并说明理由；如果属于合同变更，说明应如何对合同变更进行会计处理；计算甲公司2×21年7月至12月应确认的收入。

2. 甲公司为上市公司，内审部门在审核甲公司及下属子公司2×21年度财务报表时，对以下交易或事项的会计处理提出质疑：

（1）2×21年7月1日，甲公司与乙公司签订合同，为其开发一套定制化软件系统，合同价款为500万元，预计合同总成本为300万元。合同约定，为确保信息安全以及软件开发完成后能够迅速与乙公司系统对接，甲公司需在乙公司办公现场通过乙公司的内部模拟系统进行软件开发，开发过程中所形成的全部电脑程序、代码等应存储于乙公司的内部模拟系统中，开发人员不得将程序代码等转存至其他电脑中，开发过程中形成的程序、文档等所有权和知识产权归乙公司所有。如果甲公司被中途更换，其他供应商无法利用甲公司已完成的工作，而需要重新执行软件定制工作。乙公司对甲公司开发过程中形成的代码和程序没有合理用途，乙公司并不能够利用开发过程中形成的程序、文档，并从中获取经济利益。乙公司将组织里程碑验收和终验，并按照合同约定分阶段付款，其中，预付款比例为合同价款的5%，里程碑验收时付款比例为合同价款的65%，终验阶段付款比例为合同价款的30%。如果乙公司违约，需支付合同价款10%的违约金。至2×21年12月31日，甲公司发生成本180万元，其中材料成本50万元，人工成本为100万元，用银行存款支付其他费用30万元；甲公司按投入法确定履约进度为60%，已结算合同价款为280万元，实际收款280万元。甲公司会计处理如下：

借：合同履约成本　180

　贷：原材料　50

　　应付职工薪酬　100

　　银行存款　30

借：合同结算—收入结转　300

　贷：主营业务收入　300

借：主营业务成本　180

　贷：合同履约成本　180

借：应收账款　280

　贷：合同结算—价款结算　280

借：银行存款　280

　贷：应收账款　280

（2）2×21年12月10日，甲公司与客户签订合同，向客户赊销一件W产品，总价为327万元，在法律上规定的1年质保期外，甲公司额外提供2年的质保期，在此期间如发生质量问题，甲公司负责维修或更换。含1年质保期的W产品单独售价为325万元，W产品延长2年的质保期单独售价为5万元。W产品单位成本为300万元。

甲公司的会计处理如下：

借：应收账款　　327
　贷：主营业务收入　　327
借：主营业务成本　　300
　贷：库存商品　　300

（3）2×21年6月10日，甲公司以1200万元自市场回购本公司普通股100万股，每股面值为1元。拟用于对员工进行股权激励。因甲公司的母公司（M公司）于2×21年1月1日与甲公司高管签订了股权激励协议，甲公司暂未实施本公司的股权激励。根据M公司与甲公司高管签订的股权激励协议，M公司对甲公司10名高管每人授予100万份M公司股票期权，授予日每份股票期权的公允价值为6元，行权条件为自授予日起，高管人员在甲公司连续服务满3年。至2×21年12月31日，甲公司有2名高管人员离开，预计至可行权日还会有1名高管人员离开。2×21年12月31日每份股票期权的公允价值为7元。

甲公司的会计处理如下：

借：股本　　100
　　资本公积—股本溢价　　1100
　贷：银行存款　　1200

对于M公司授予甲公司高管人员的股票期权，甲公司未进行会计处理。

（4）2×21年12月1日，甲公司尝试通过中间商扩大B商品市场占有率。甲公司与中间商丁公司签订的合同约定：甲公司按照丁公司要求发货，丁公司按照甲公司确定的售价4万元/件对外出售，双方按照实际售出数量定期结算，未售出商品由甲公司收回，丁公司就所销售B商品收取提成费0.3万元/件；B商品成本为2万元/件，甲公司2×21年共发货100件，丁公司实际售出60件，甲公司已收到代销清单，但未收到货款。

甲公司的会计处理如下：

借：发出商品　　200
　贷：库存商品　　200
借：应收账款　　400
　贷：主营业务收入　　400
借：主营业务成本　　200
　贷：发出商品　　200
借：销售费用　　30
　贷：应收账款　　30

（5）2×21年12月25日，甲公司（委托方）与无关联关系的第三方公司（加工方丙公司）通过签订销售合同的形式将原材料“销售”给丙公司并委托其进行加工，同时，与丙公司签订商品采购合同将加工后的商品购回。该批材料的成本为160万元，售价为200万元，款项尚未收取。丙公司并未取得待加工原材料的控制权。

甲公司会计处理如下：

借：应收账款　　200
　贷：其他业务收入　　200
借：其他业务成本　　160
　贷：原材料　　160

（6）甲公司于2×21年12月30日与客户签订合同，向其销售A产品。客户在合同开始日即取得了A产品的控制权，并在90天内有权退货。由于A产品是最新推出的产品，甲公司尚无有关该产品退货率的历史数据，也没有其他可以参考的市场信息。该合同对价为120万元，根据合同约定，客户应于合同开始日后的第二年年末付款。A产品在合同开始日的现销价格为100万元。A产品的成本为70万元。甲公司于合同开始日的会计处理如下：

借：长期应收款　　120
　贷：主营业务收入　　100
　　　未实现融资收益　　20

借：主营业务成本　　70
　贷：库存商品　　70

假定不考虑相关税费及其他因素。

要求：

根据资料（1）至（6），逐项判断甲公司的会计处理是否正确，并说明理由，如果甲公司的会计处理不正确，编制更正的会计分录（无须通过“以前年度损益调整”科目核算）。

同步强化练习题参考答案及解析

使用“会计云课堂”App或“微信”扫码对答案、看解析、掌握解题思路，开启轻松过关之旅。

一、单项选择题

1.【答案】C

【解析】合同变更增加了可明确区分的商品及合同价款，且新增合同价款不能反映新增商品单独售价，合同变更日已转让商品与未转让商品之间可明确区分的，应当视为原合同终止，同时，将原合同未履约部分与合同变更部分合并为新合同进行会计处理，选项C正确。

2.【答案】C

【解析】作为安装服务的一部分，软件将作重大定制以增添重要的新功能，从而使软件能够与客户使用的其他定制软件应用程序相对接，说明软件许可证与定制安装服务不可明确区分，应将软件许可证与定制安装服务一起确认为单项履约义务，选项C错误。

3.【答案】A

【解析】设计服务与生产服务高度关联，不可明确区分，构成单项履约义务，选项A正确。

4.【答案】D

【解析】合同中存在重大融资成分的，企业应当按照假定客户在取得商品控制权时即以现金支付的应付金额确定交易价格，选项A和B错误；企业在确定该重大融资成分的金额时，应使用将合同对价的名义金额折现为商品现销价格的折现率，选项C错误，选项D正确。

5.【答案】D

【解析】该合同满足“有权取得的对价很可能收回”的条件；该公司按照收入准则的规定确定交易价格时，应当考虑其向乙公司提供的价格折让的影响。因此，甲公司确定的交易价格不是合同标价400万元，而是350万元。

6.【答案】D

【解析】选项A，客户在企业履约的同时即取得并消耗企业履约所带来的经济利益，应在一段期间内确认收入；选项B，客户能够控制企业履约过程中在建的商品，应在一段期间内确认收入；选项C，商品具有不可替代用途，且该企业在整个合同期间内有权就累计至今已完成的履约部分收取款项，应在一段期间内确认收入；选项 D，不满足在一段期间内确认收入的条件，应在某一时点确认收入。

7.【答案】B

【解析】甲公司提供咨询服务的合同，所提供专业意见与客户的事实和情况相关联，若客户违约，甲公司有权收取成本加 12% 的合理利润，表明该合同具有不可替代用途及收取成本加合理利润的权利，应当在一段时间内按照履约进度确认收入，选项 B 正确。

8.【答案】B

【解析】甲公司在客户场地建造资产，客户能够控制履约过程中在建的资产，符合在一段期间确认收入的条件，选项 B 正确。

9.【答案】B

【解析】甲公司应付客户对价 100 万元，占合同约定交易价格 2000 万元的 5%（100/2000 × 100%），则甲公司第一个月应确认收入 =300-300 × 5%=285（万元）。

10.【答案】C

【解析】甲公司销售 300 件产品应确认收入 =300 × 1 ×（1-5%）=285（万元）。

11.【答案】B

【解析】甲公司为客户提供两年的保洁服务构成单项履约义务，估计的交易价格为 300 万元（10 × 24+60），甲公司将该金额按照合同期 24 个月平均确认为收入，即每月确认的收入 =300 ÷ 24=12.5（万元），2 × 21 年确认的收入金额 =12.5 × 3=37.5（万元）。

12.【答案】C

【解析】甲企业 2 × 21 年 1 月 1 日应确认的合同负债 =100 × 10%=10（万元）。

13.【答案】B

【解析】选项 B，支付给零售商 A 公司的 200 万元并未取得可明确区分的商品或服务，应作为交易价格的抵减，不应作为促销费用处理。

14.【答案】B

【解析】2 × 21 年第一季度确认销货收入 =100 × 1=100（万元），2 × 21 年第二季度确认销货收入 =700 × 0.9-100=530（万元）。

15.【答案】C

【解析】企业为取得合同发生的增量成本（不取得合同就不会发生）预期能够收回的，应作为合同取得成本确认为一项资产。（1）和（2）发生的支出并不能保证甲公司一定取得该合同，所以应在发生时计入当期损益，而销售人员佣金应予以资本化，则甲公司应确认的合同资产为 8 万元。

16.【答案】B

【解析】企业因转让与该资产相关的商品预期能够取得的剩余对价 6000- 为转让该相关商品估计将要发生的成本 600=5400（万元），高于该资产账面价值 5000 万元，应当转回原已计提的资产减值准备，并计入当期损益，但转回后的资产账面价值不应超过假定不计提减值准备情况下该资产在转回日的账面价值 5300 万元（5000+300），因此，应转回减值准备 300 万元。

17.【答案】B

【解析】取得货款应当将扣除奖励积分的公允价值部分确认收入，奖励积分公允价值部分确认合同负债。

18.【答案】D

【解析】对于附有客户额外购买选择权的销售，企业应当评估该选择权是否向客户提供了一项重大权利。企业提供重大权利的，应当作为单项履约义务，选项 D 错误。

19.【答案】B

【解析】如果企业必须履行某些特定的任务以保证所销售的商品符合既定标准（例如，企业负责运输被客户退回的瑕疵商品），则这些特定的任务可能不构成单项履约义务，选项B错误。

20.【答案】B

【解析】甲企业在向客户转让商品前不能控制该商品，甲企业是代理人，乙餐厅为主要责任人，选项A错误，选项B正确；主要责任人应按总额法确认收入，代理人应按净额法确认收入，选项C和D错误。

21.【答案】C

【解析】客户在正常购买情况下，由于甲公司打算在未来30天内对所有销售实行9折优惠，一件产品需要花费金额=100×90%=90（元/件）。但是如果客户以每件产品100元购买A产品，那么未来购买产品的价格=100×70%=70（元/件），每件产品客户实际只是少花了20元（90−70），因此，按照每件100元购买A产品的客户，实际享有的折扣为20%（20/100×100%），假定甲公司估计客户兑现折扣券的可能性为80%，且客户将平均购买50元的一件额外产品。每份折扣券的单独售价=50×80%×20%=8（元），因此，甲公司销售A产品时应确认收入=100×100/（100+8）=92.59（元）。

22.【答案】C

【解析】2×21年度，许可证B应确认收入=1000×4%=40（万元），许可证A在其控制权实际转移时确认收入80万元。

23.【答案】C

【解析】该许可证满足在一段期间确认收入的条件：（1）客户能够合理预期企业将从事对该项知识产权有重大影响的活动；（2）该活动对客户将产生有利或不利影响；（3）该活动不会导致向客户转让某项商品。因此每年应确认收入200万元（800/4），选项C正确。

24.【答案】B

【解析】甲公司向乙公司授予专利权许可，并为其提供生产服务。由于市场上没有其他公司能够生产该药品，客户将无法从该专利权许可中单独获益，因此，该专利权许可和生产服务不可明确区分，应当将其一起作为单项履约义务进行会计处理，选项A和D错误，选项B正确。相反，如果该药品的生产流程特殊性不高，其他公司也能够生产该药品，则该专利权许可和生产服务可明确区分，应当各自分别作为单项履约义务进行会计处理；甲公司仅将其拥有的专利权许可证授予乙公司，期限为10年，并没有出售，因此，无须将专利权许可证账面价值转入资产处置损益中，选项C错误。

25.【答案】C

【解析】甲公司预期将有权获得与客户未行使的合同权利相关的金额为10万元，该金额应当按照客户行使合同权利的模式按比例确认为收入。因此，甲公司在2×21年应当确认的收入金额=（90+10×90÷190）÷（1+13%）=83.84（万元）。

26.【答案】D

【解析】企业因存在与客户的远期安排而负有回购义务或企业享有回购权利的，表明客户在销售时点并未取得相关商品控制权，企业应当作为租赁交易或融资交易进行相应的会计处理。其中，回购价格低于原售价的，应当视为租赁交易，选项D不正确。

27.【答案】B

【解析】该履约义务属于在某一时段内

履行的履约义务，并且该履约义务在会员的会籍期间内随时间的流逝而被履行。因此，乙公司按照直线法确认收入，即每月应当对该客户确认的收入为100元（1200÷12），截至2×21年12月31日，乙公司应确认的收入为1100元（100×11）。

28.【答案】C

【解析】甲公司2×20年度因该交易应确认的收入为70万元，收取的次年1月提供市场培训等后续服务费应当确认为合同负债，选项C正确。

29.【答案】C

【解析】甲公司承诺的服务是向客户提供健身服务，而甲公司为会员入会所进行的初始活动并未向客户提供其所承诺的服务，只是一些内部行政管理性质的工作。因此，甲公司虽然为补偿这些初始活动向客户收取了2万元入会费，但是该入会费实质上是客户为健身服务所支付对价的一部分，故应当作为健身服务的预收款，与收取的年费一起在2年内分摊确认为收入。

30.【答案】C

【解析】甲公司2×21年度因上述交易或事项而确认的管理费用=（4）10+（5）40+（6）200=250（万元）。

31.【答案】B

【解析】选项A，出售处置组产生的收益计入资产处置损益；选项C，以公允价值计量且其变动计入当期损益的金融资产公允价值变动计入公允价值变动损益；选项D，处置联营企业投资损失计入投资收益，上述3项均影响营业利润。选项B，报废固定资产净损失计入营业外支出，不影响营业利润。

32.【答案】A

【解析】事项（1）计入其他收益；事项（2）计入以前年度损益调整；事项（3）计入资产处置损益；事项（4）计入营业外收入；事项（5）计入资本公积。所以甲公司2×21年度应计入营业外收入的金额为3万元，选项A正确。

二、多项选择题

1.【答案】ABD

【解析】选项C，企业因向客户转让商品对价不是很可能收回，应当将已收取的对价作为负债进行会计处理。

2.【答案】ACD

【解析】交易价格是指企业因向客户转让商品而预期有权收取的对价金额，并不一定是合同价格，选项B错误。

3.【答案】ABCD

4.【答案】ABD

【解析】选项A，截至2×20年末，甲公司累计已发生成本1260万元，履约进度为60%（1260÷2100×100%），甲公司在2×20年应确认收入1800万元（3000×60%）；选项B，由于合同变更后拟提供的剩余服务与在合同变更日或之前已提供的服务不可明确区分（即该合同仍为单项履约义务），因此，甲公司应当将合同变更作为原合同的组成部分进行会计处理；选项C和选项D，合同变更后的交易价格为3700万元（3000+700），甲公司重新估计的履约进度为50%[1260÷（2100+420）×100%]，甲公司在合同变更日应额外确认收入50万元（50%×3700-1800），不能调整期初留存收益。

5.【答案】ABD

【解析】选项C，企业为履行合同而开展的初始活动，通常不构成履约义务，除非该活动向客户转让了承诺的商品。

6.【答案】ABC

【解析】选项D，该商品与合同中承诺的其他商品无任何关联性，说明能够单独区分。

7.【答案】ACD

【解析】企业应当根据合同条款，并结合其以往的习惯做法确定交易价格。在确定交易价格时，企业应当考虑可变对价、合同中存在的重大融资成分、非现金对价、应付客户对价等因素的影响。现金折扣属于可变对价，选项B错误。

8.【答案】BCD

【解析】合同中存在重大融资成分的，企业应当按照假定客户在取得商品控制权时即以现金支付的应付金额确定交易价格。该交易价格与合同对价之间的差额，应当在合同期间内采用实际利率法摊销，选项B、C和D错误。

9.【答案】ABCD

【解析】合同开始日，该股票的价格为每股5元，由于缺乏执行类似合同的经验，当日，甲公司估计该2万股股票的公允价值计入交易价格将不满足累计已确认的收入极可能不会发生重大转回的限制条件，因此，甲公司不应将该2万股股票的公允价值10万元计入交易价格，选项A正确；合同开始日之后的第25天，甲公司获得了2万股股票，该股票在此时的价格为每股6元，甲公司应确认交易性金融资产12万元（6×2），应当将股票（非现金对价）在合同开始日的公允价值10万元（5×2）确认为收入，因对价形式原因而发生的变动，即2万元（12-10）计入公允价值变动损益，选项B、C和D正确。

10.【答案】BCD

【解析】选项A，应作为广告费用，不能冲减销售收入。

11.【答案】ABC

【解析】有确凿证据表明合同折扣仅与合同中一项或多项（而非全部）履约义务相关的，企业应当将该合同折扣分摊至相关一项或多项履约义务。本题中A产品单独售价与经常交易价格相同，表明合同折扣仅与B产品和C产品相关，A产品应确认的收入为40万元，选项A正确；B产品应确认收入=55-40×55/100=33（万元），选项B正确；C产品应确认收入＝45-40×45/100=27（万元），选项C正确，选项D错误。

12.【答案】ACD

【解析】在计算履约进度时，和履约进度无关的成本（电梯成本）需要扣除，履约进度=100÷（800-300）×100%=20%，选项A正确；电梯收入应在将控制权转移给客户时确认，选项B错误；2×20年确认营业收入＝（1000-300）×20%+300=440（万元），选项C正确；2×20年确认营业成本=100+300=400（万元），选项D正确。

13.【答案】AD

【解析】2×21年7月1日，X产品在合同开始时转让给客户，应确认收入＝（1000+200）÷2=600（万元），选项A正确；2×21年11月30日，修订后合同的交易价格=600+300=900（万元），应分摊至Y产品和Z产品均为450万元。增加40万元可变对价分摊如下：第一次分摊：X产品分摊20万元，Y产品分摊20万元；第二次分摊（将分摊至Y产品的20万元进行二次分摊）：Y产品10万元,Z产品10万元。2×22年3月31日，Y产品转让给客户，甲公司确认收入＝450+10=460(万元),2×22年6月30日，Z产品转让给客户，甲公司确认收入＝450+10=460(万元)。选项B和C错误，选项D正确。

14.【答案】AD

【解析】10月份，已不再满足合同成立的条件，不再继续确认供电收入，选项

B错误；10月份，合同已经不再满足成立的条件，甲公司收取的一次性入网费（在24个月内摊销，已摊销10个月）无须退还，但是甲公司仍负有向客户转让商品（或提供服务）的剩余履约义务（需要持续供电到12月份），因此，不应将入网费确认为收入，而应继续作为负债，选项C错误。

15.【答案】ACD

【解析】企业为取得合同发生的、除预期能够收回的增量成本之外的其他支出，例如，无论是否取得合同均会发生的差旅费、投标费、为准备投标资料发生的相关费用等，应当在发生时计入当期损益，除非这些支出明确由客户承担。销售佣金应计入合同取得成本。

16.【答案】ABCD

17.【答案】ABC

【解析】选项A，为取得合同发生但预期能够收回的增量成本应作为合同取得成本确认为一项资产；选项C，企业应当在下列支出发生时，将其计入当期损益：①管理费用，除非这些费用明确由客户承担；②非正常消耗的直接材料、直接人工和制造费用（或类似费用），这些支出为履行合同发生，但未反映在合同价格中；③与履约义务中已履行（包括已全部履行或部分履行）部分相关的支出，即该支出与企业过去的履约活动相关；④无法在尚未履行的与已履行（或已部分履行）的履约义务之间区分的相关支出；选项B和D，企业为履行合同发生的成本，不属于其他企业会计准则规范范围且同时满足下列条件的，应当作为合同履约成本确认为一项资产：①该成本与一份当前或预期取得的合同直接相关，包括直接人工、直接材料、制造费用（类似费用）、明确由客户承担的成本以及仅因该合同而发生的其他成本；②该成本增加了企业未来用于履行履约义务的资源；③该成本预期能够收回。

18.【答案】BCD

【解析】选项A，丙公司负责商品的生产、定价、发货及售后服务，则甲公司并未控制商品，甲公司的履约义务是安排丙公司向消费者提供相关商品，而非自行提供这些商品，甲公司是代理人。

19.【答案】ABC

【解析】选项D，系主要责任人。

20.【答案】BCD

【解析】乙公司2×20年12月22日取得软件和10天的临时密钥，可正常使用软件全部功能。但试用期结束前乙公司有权单方面无条件终止合同，且无须向甲公司作出补偿，因此，试用期结束前不存在新收入准则下定义的合同。试用期结束，乙公司未选择终止合同，合同正式生效，合同约定的权利义务对甲公司和乙公司具有了法律约束力，合同成立，选项A错误；甲公司在合同中的承诺包括软件许可、提供培训及软件升级服务。由于该软件无须后续培训及升级也能正常使用，甲公司在不提供其他服务的情况下可以单独履行其授予乙公司软件许可的承诺，培训及升级服务也并未对软件作出重大修改，彼此之间无高度关联性，甲公司也未将这些服务整合成一组组合产出。因此，软件许可、培训服务、软件升级服务之间是可明确区分的，应分别作为单项履约义务，选项B正确；该软件许可有独立功能，无须后续培训及升级服务也能正常使用，乙公司从该软件许可中获得的利益不会受到甲公司从事的相关活动的重大影响。因此，该软件许可不属于在某一时段内履行履约义务的条件，应作为在某一时点履行的履约义务，选项C正确；2×21年1月1日乙公司在获得了6个月的临时秘钥后，可正常使用软件全部功能并开始从中获益。虽然在乙公司支付全部价款前，甲公司仅提供临时秘钥，但该安排仅是甲公司促进乙公司付款的一种手段，并不影响乙公司从软件使用中获益。因此，甲公司应在 2×21 年 1 月 1 日确认收入，选项 D 正确。

21.【答案】ABCD

22.【答案】ABC

【解析】甲公司的承诺包括授予电影版权许可、提供电影片花以及提供广告服务。甲公司在该合同下获得的对价为按照乙公司实际销售情况收取的特许权使用费，与之相关的授予电影版权许可是占有主导地位的，这是因为甲公司能够合理预期，客户认为该电影版权许可的价值远高于合同中提供的电影片花和广告服务。因此，甲公司应当在乙公司放映该电影的期间按照约定的分成比例确认收入。如果授予电影版权许可、提供电影片花以及广告服务分别构成单项履约义务，甲公司应当将该取得的分成收入在这些履约义务之间进行分摊。

23.【答案】AC

【解析】选项 A，该合同仅包括一项履约义务，即授予使用权许可，甲公司继续参加比赛并取得优异成绩等活动是该许可的组成部分，而并未向客户转让任何可明确区分的商品或服务。由于乙公司能够合理预期甲公司将继续参加比赛，甲公司的成绩将会对其品牌（包括名称和图标等）的价值产生重大影响，而该品牌价值可能会进一步影响乙公司产品的销量，甲公司从事的上述活动并未向乙公司转让任何可明确区分的商品，因此，甲公司授予的该使用权许可，属于在某一时段内履行的履约义务；选项 B，甲公司收取的 800 万元固定金额的使用费应当在 5 年内平均确认收入；选项 C，按照乙公司销售相关商品所取得销售额的 5% 计算的提成应当在乙公司的销售实际完成时确认收入；选项 D，甲公司 2×21 年确认收入的金额 = 800/5+8000×5%=560（万元）。

24.【答案】AC

【解析】虽然可变付款额明确地与转让许可证 B 的履约义务的结果相关，但将可变对价全部分摊至许可证 B 将不符合分摊交易价格的目标。将 500 万元分摊至许可证 A 并将 1500 万元分摊至许可证 B 也不符合分摊交易价格的目标，即不能反映预期有权收取的对价金额，因此甲公司应当按照分摊交易价格的一般原则，将其分摊至合同中的各单项履约义务。甲公司应将分摊至许可证 B 的 300 万元（500×1200/2000）在合同开始时确认为收入，在转让许可证 A 时，甲公司应将分摊至许可证 A 的 200 万元（500×800/2000）确认为收入，选项 A 正确，选项 B 错误；在第一个月，由客户的首月销售所产生的特许权使用费为 200 万元，甲公司应将分摊至许可证 B 的 120 万元（200×1200/2000）确认为收入，选项 C 正确；客户虽已发生后续销售，但许可证 A 的履约义务尚未得到履行，甲公司应将分摊至许可证 A 的 80 万元（200× 800/2000）确认为一项合同负债，选项 D 错误。

25.【答案】ABCD

26.【答案】ABD

【解析】甲公司除了授予该版权许可外不存在其他履约义务。甲公司并无任何义务从事该版权的后续活动，该版权也具有重大的独立功能（即经典民歌的录音可直接用于播放），乙公司主要通过该重大独立功能获利，而非甲公司的后续活动。因此，合同未要求甲公司从事对该版权许可有重大影响的活动，乙公司对此也没有形成合理预期，甲公司授予该版权许可属于在某一时点履行的履约义务，应在乙公司能够主导该版权的使用并从中获得几乎全部经济利益时，全额确认收入，2×21 年甲公司应确认收入 =10×24=240（万元）。

27.【答案】ABCD

28.【答案】ABCD

29.【答案】ABCD

30.【答案】ABCD

31.【答案】AC

【解析】选项 B，应计入长期股权投资成本；选项 D，应冲减股票溢价发行收入（资本公积），溢价收入不足冲减的，冲减留存收益。

32.【答案】BCD

【解析】选项 A，销售商品发生的销售折让应冲减销售收入。

33.【答案】ACD

【解析】选项 A，计入营业外收入或冲减营业外支出，不影响营业利润；选项 B，计入资产处置损益，影响营业利润；选项 C，计入研发支出—资本化支出，不影响营业利润；选项 D，冲减在建工程成本，不影响营业利润。

34.【答案】ACD

【解析】选项 A，冲减长期股权投资；选项 C 和 D，不作账务处理。

35.【答案】ABC

【解析】选项 D，企业应将控股股东所让渡股份按照其在让渡之日的公允价值计入所有者权益（资本公积）。

36.【答案】ABC

【解析】选项 D，计入在建工程。

三、计算分析题

1.【答案】

（1）甲公司应当将该交易作为融资交易进行会计处理。

理由：甲公司的回购价格 1100 万元高于原售价 1000 万元，并且远高于该设备在回购时的市场价值，甲公司判断乙公司有重大的经济动因行使其权利要求甲公司回购该设备。因此，甲公司应当将该交易作为融资交易进行会计处理。

（2）①1 月 2 日

甲公司向丙公司的销售虽然采用分期收款，但由于只是分期两个月，不是一年以上，时间较短，所以该项收款不具有融资性质，甲公司应根据单位售价扣除商业折扣后的金额为基础确认销售收入，应确认主营业务收入 =100×10×（1-20%）=800（万元）。

会计分录如下：

借：银行存款180.8（800×1.13×20%）
　　应收账款723.2（800×1.13×80%）
　贷：主营业务收入　800［100×10×（1-20%）］
　　　应交税费—应交增值税（销项税额）　104

借：主营业务成本　800（100×8）
　贷：库存商品　800

②1 月 31 日

借：银行存款　361.6（723.2/2）
　贷：应收账款　361.6

（3）1 月 5 日，甲公司将 A 商品交付给丁公司，应确认收入 =400×（300/500）=240（万元），会计处理如下：

借：合同资产　271.2
　贷：主营业务收入　240
　　　应交税费—应交增值税（销项税额）　31.2

2.【答案】

（1）6 月 1 日发出健身器材时：

借：银行存款　2825
　贷：主营业务收入　2000
（500×5×80%）
　　预计负债—应付退货款　500
（500×5×20%）
　　应交税费—应交增值税（销项税额）　325
借：主营业务成本　1640（差额）
　应收退货成本　360
（400×5×20%-40×5×20%）
　贷：库存商品　2000

（2）调整退货比率时：
借：预计负债—应付退货款　125
［500×5×（20%-15%）］
　贷：主营业务收入　125
借：主营业务成本　90
　贷：应收退货成本　90
［400×5×（20%-15%）-40×5×（20%-15%）］

（3）
借：库存商品　160（400×0.4）
（实际收到退货的库存商品成本）
　预计负债—应付退货款　375
（500-125）
（冲减累计确认的预计负债）
　应交税费—应交增值税（销项税额）
26（500×0.4×13%）
（冲减实际退货对应收入的增值税）
　主营业务成本　126
［（5×15%-0.4）×400-（5×15%-0.4）×40］（或差额）
　贷：银行存款　242
［500×0.4×（1+13%）+0.4×40］
（实际支付的款项，包括退货商品价税合计及退货费用）
　　应收退货成本　270（360-90）
（冲减之前确认的应收退货成本）
　　主营业务收入　175
［（5×15%-0.4）×500］
（之前冲减的营业收入与实际退回减少的营业收入之间的差额）

3.【答案】
（1）2×20年1月1日
奖励积分公允价值=100000×9500/109500=8676（元）。
销售商品应确认收入=100000×100000/109500=91324（元）。
借：银行存款　100000
　贷：主营业务收入　91324
　　合同负债　8676

（2）2×20年度
甲公司确认奖励积分的收入=8676×4500/9600=4067（元）。
借：合同负债　4067
　贷：主营业务收入　4067

（3）2×21年度
甲公司确认奖励积分的收入=8676×8500/9700-4067=3536（元）。
借：合同负债　3536
　贷：主营业务收入　3536

（4）2×22年度
甲公司确认奖励积分的收入=8676-4067-3536=1073（元）。
借：合同负债　1073
　贷：主营业务收入　1073

【提示】①年末合同负债分摊计入收入的金额＝奖励积分公允价值×累计至当年年末实际兑换部分/预计将被兑换总数－以前年度已分摊确认收入的金额；②奖励积分失效时，应将合同负债余额一次确认为当期收入。

4.【答案】
（1）消费券的公允价值=200×90%=180（万元）。
销售商品应确认的收入金额=820×820/（820+180）=672.4（万元）。
消费券应分摊的交易价格=820×180/（820+180）=147.6（万元）。
会计分录如下：

借：银行存款 820

贷：主营业务收入 672.4

合同负债 147.6

（2）合同履约进度=112/（112+48）×100%=70%。

提供设备安装服务应确认收入的金额=200×70%=140（万元）。

确认收入的会计分录如下：

借：合同负债 140

贷：主营业务收入 140

（3）资料（3）中履约义务包括提供通讯设备和通讯设备维护。

甲公司应确认的收入金额=（100+10×10）×110/（110+9×10）=110（万元）。

【提示】资料（3）包含两项履约义务：提供通讯设备和通讯设备维护，需要将交易价格200万元（100+10×10）在两项履约义务之间分配，分配原则是按照单项履约义务的公允价值比例进行分配，两项履约义务公允价值总额=110（设备市场销售价格）+9×10（通讯设备维护市场销售价格）=200（万元）。

理由：因设备销售和设备维护合同相关联，甲公司应当将两项合同总收入按照相关设备和服务的相对公允价值比例进行分配。

确认收入的会计分录如下：

借：应收账款 110

贷：主营业务收入 110

5.【答案】

（1）待执行合同变为亏损合同，履行合同发生的损失金额=50×42+30×44-40×80=220（万元），因存在标的资产，首先对标的资产进行减值测试，所以甲公司2×20年12月31日应确认A产品的存货跌价准备金额=50×（42-40）=100（万元），实际损失金额超过标的资产计提减值部分的差额120万元（220-100）应确认为预计负债，即不可撤销合同应确认预计负债的金额为120万元。

相关会计分录：

借：资产减值损失 100

贷：存货跌价准备 100

借：营业外支出 120

贷：预计负债 120

（2）甲公司2×20年11月10日与丙公司签订销售并安装B设备的合同中包含两个单项履约义务。

销售B设备应分摊的交易价格=960×800/（800+200）=768（万元）。

提供安装调试服务应分摊的交易价格=960×200/（800+200）=192（万元）。

（3）2×20年11月30日

借：银行存款 960

贷：主营业务收入 768

合同负债 192

（4）2×20年履约进度=126/（126+54）×100%=70%；

2×20年12月31日应确认B设备安装收入的金额=192×70%=134.4（万元）。

借：合同履约成本 126

贷：应付职工薪酬 126

借：合同负债 134.4

贷：主营业务收入 134.4

借：主营业务成本 126

贷：合同履约成本 126

（5）2×20年12月31日

借：银行存款 500

未确认融资费用 61.8

贷：合同负债 561.8

2×21年12月31日

借：财务费用 30

贷：未确认融资费用 30（500×6%）

（6）2×22年12月31日

借：财务费用 31.8

贷：未确认融资费用 31.8（61.8-30）

借：合同负债 561.8

贷：主营业务收入 561.8

6.【答案】

（1）应采用无形资产模式进行会计处理。

理由：甲公司向政府方提供建造高速公路的服务，并获得在合同约定的运营期内运营该高速公路的权利。虽然甲公司在运营期间有权向通行车辆收取高速公路通行费，但是其金额不确定，取决于通行车辆的类型、数量以及通行距离等，因此该权利不构成一项无条件收取现金的权利，应当按照无形资产模式进行会计处理。

（2）①确认建造服务收入和成本：

借：合同资产　5250
　贷：主营业务收入　5250
借：合同履约成本　5000
　贷：原材料　3000
　　　应付职工薪酬　1500
　　　银行存款　500
借：主营业务成本　5000
　贷：合同履约成本　5000

②确认资本化的借款费用：

借：PPP借款支出　350（5000×7%）
　贷：长期借款　350

③在PPP项目资产达到预定可使用状态时：

借：无形资产　10850
　贷：合同资产　10500（5250×2）
　　　PPP借款支出　350

（3）①确认运营服务收入和成本：

借：银行存款　2000
　贷：主营业务收入　2000
借：合同履约成本　100
　贷：原材料　60
　　　应付职工薪酬　30
　　　银行存款　10
借：主营业务成本　100
　贷：合同履约成本　100

②无形资产摊销：

借：主营业务成本 1356.25（10850÷8）
　贷：累计摊销　1356.25

四、综合题

1.【答案】

（1）W商品延长2年的质保服务构成单项履约义务。甲公司应将交易价格在W商品和延长2年的质保服务之间按单独售价的相对比例进行分摊，确认W商品销售收入=295/（295+5）×297=292.05（万元），确认合同负债=5/（295+5）×297=4.95（万元）。

会计分录：

借：应收账款　297
　贷：主营业务收入　292.05
　　　合同负债　4.95
借：主营业务成本　250
　贷：库存商品　250

（2）甲公司将D商品交付给客户之后，不能确认应收账款。

理由：与D商品相关的履约义务已经履行，但是需要等到后续交付E商品时，甲公司才具有无条件收取合同对价的权利，因此，甲公司应当将因交付D商品而有权收取的对价570万元（950×600/1000）确认为合同资产，而不是应收账款。

会计分录：

①交付D商品时：

借：合同资产　570
　贷：主营业务收入　570

②交付E商品时：

借：应收账款　950
　贷：合同资产　570
　　　主营业务收入　380

③收到合同价款：

借：银行存款　950
　贷：应收账款　950

（3）Z客户不能主导和参与建造活动，若甲公司违约，该智能检测线不能在已完成部分的基础上继续建造，Z客户并不能控制甲公司履约过程中在建的智能检测线，同时甲公司提供的建造服务不具有不可替代用途，因而不符合时段法确认收入的条件，应按某一时点确认收入。

相关分录：

借：合同履约成本 50

　贷：原材料 30

　　　应付职工薪酬 20

（4）甲公司对丙公司销售设备时的身份是主要责任人。

理由：甲公司从长江公司购入设备，取得了设备的控制权，且甲公司对设备质量承担责任，然后转让给丙公司进行安装，所以甲公司为主要责任人。

（5）设备销售分摊的交易价格 =400 ÷（400+100）× 480=384（万元）；

设备安装分摊的交易价格 =100 ÷（400+100）× 480=96（万元）。

（6）2 × 21 年 12 月 5 日

借：合同资产 384

　贷：主营业务收入 384

借：主营业务成本 300

　贷：库存商品 300

（7）甲公司签订广告投放服务补充协议属于合同变更。

理由：由于甲公司与丁公司签订合同时并没有约定可变对价，且甲公司已公开宣布的政策、特定声明或者以往的习惯做法等相关事实和情况表明，甲公司不会提供折扣或折让等安排，甲、丁公司的合同中不存在可变对价，对于 2 × 21 年 6 月 30 日的补充协议，应当作为合同变更进行会计处理。

甲、丁双方批准对合同价格作出变更，合同变更并没有增加可明确区分的商品及合同价款，且合同变更日已提供的广告服务与未提供的广告服务之间可明确区分，所以甲公司应当将合同变更作为原合同终止及新合同订立进行会计处理。

甲公司 2 × 21 年 7 月至 12 月应确认的收入 =5 × 6=30（万元）。

2.【答案】

（1）甲公司会计处理不正确。

理由：①如果甲公司被中途更换，新供应商需要重新执行软件定制工作，所以乙公司在甲公司履约的同时并未取得并消耗甲公司软件开发过程中所带来的经济利益；②甲公司虽然在乙公司办公场地的模拟系统中开发软件产品，乙公司也拥有软件开发过程中形成的所有程序、文档等所有权和知识产权，可以主导其使用，但上述安排主要是基于信息安全的考虑，乙公司并不能够合理利用开发过程中形成的程序、文档，并从中获得几乎全部的经济利益，所以乙公司不能够控制甲公司履约过程中在建的商品；③甲公司履约过程中产出的商品为定制软件，具有不可替代的用途，但是，乙公司按照合同约定分阶段付款，预付款仅 5%，后续进度款仅在相关里程碑达到及终验时才支付，且如果乙公司违约，仅需支付合同价款 10% 的违约金，表明甲公司并不能在整个合同期内任一时点就累计至今已完成的履约部分收取能够补偿其已发生成本和合理利润的款项。因此，该定制软件开发业务不满足在某一时段内履行履约义务的条件，其属于在某一时点履行的履约义务。

更正分录：

借：主营业务收入 300

　贷：合同结算—收入结转 300

借：合同履约成本 180

　贷：主营业务成本 180

借：合同结算—价款结算 280

　贷：合同负债 280

（2）甲公司会计处理不正确。

理由：W 产品延长 2 年的质保服务构成单项履约义务。甲公司应将交易价格在 W 产品和延长 2 年的质保服务之间按单独售价的相对比例进行分摊，确认 W 产品销售收入 =327/（325+5）× 325=

322.05（万元），确认合同负债=327/（325+5）×5=4.95（万元），确认的合同负债在延保期内按履约进度分期确认收入。

更正分录：

借：主营业务收入　　4.95
　贷：合同负债　　4.95

（3）①甲公司回购普通股的会计处理不正确。

理由：回购股票不应冲减股本和资本公积—股本溢价，应确认库存股。

更正分录：

借：库存股　　1200
　贷：股本　　100
　　　资本公积—股本溢价　　1100

②甲公司对其母公司（M公司）授予本公司高管股票期权的处理不正确。

理由：集团股份支付中，接受服务企业没有结算义务应当作为权益结算股份支付，确认相关成本费用和资本公积。

更正分录：

借：管理费用　　1400
　　［6×100×（10-2-1）×1/3］
　贷：资本公积—其他资本公积　　1400

（4）甲公司会计处理不正确。

理由：该类合同本质上属于收取手续费方式的委托代销，丁公司并不能主导这些商品的销售，这些商品对外销售与否、是否获利以及获利多少等不由丁公司控制，丁公司没有取得这些商品的控制权。因此，甲公司将商品发送至丁公司时，不应确认收入，而应当在丁公司将商品销售给最终客户时确认收入。甲公司应按照收到代销清单售出的商品确认收入并计算代销手续费。

更正分录：

借：主营业务收入　　160（40×4）
　贷：应收账款　　160
借：发出商品　　80（40×2）
　贷：主营业务成本　　80
借：应收账款　　12（40×0.3）
　贷：销售费用　　12

（5）甲公司会计处理不正确。

理由：因丙公司并未取得待加工原材料的控制权，该原材料仍然属于甲公司的存货，甲公司不应确认销售原材料的收入，而应将整个业务作为购买委托加工服务进行处理。

更正分录：

借：其他业务收入　　200
　贷：应收账款　　200
借：委托加工物资　　160
　贷：其他业务成本　　160

（6）甲公司会计处理不正确。

理由：客户有退货权，该合同的对价是可变的。由于甲公司缺乏有关退货情况的历史数据，考虑将可变对价计入交易价格的限制要求（即累计已确认的收入极可能不会发生重大转回），在合同开始日不能将可变对价计入交易价格，因此，甲公司在A产品控制权转移时确认的收入为0，其应当在退货期满后，根据实际退货情况，按照预期有权收取的对价金额确定交易价格。

更正分录：

借：主营业务收入　　100
　　未实现融资收益　　20
　贷：长期应收款　　120
借：应收退货成本　　70
　贷：主营业务成本　　70

第十八章　政府补助

CHAPTER-18

本章学习指南

一、学习目标

1. 掌握政府补助的定义和特征。
2. 理解政府补助的分类。
3. 理解政府补助的会计处理方法。
4. 熟练掌握与资产相关的政府补助的会计处理。
5. 熟练掌握与收益相关的政府补助的会计处理。
6. 掌握政府补助退回的会计处理。
7. 掌握特定业务的会计处理。
8. 了解政府补助的列报。

二、考情概况

本章考试主要以客观题为主，也曾出现过计算分析题和综合题，综合题一般和差错更正结合出题。本章试题分数适中，属于比较重要章节。

三、教材变化

（1）政府补助定义部分增加相关说明；（2）增加“计入递延收益的政府补助在资产负债表中列示”的表述。

四、考点地图

考点	年份 / 题型
政府补助的会计处理	2021 年单选题、2020 年多选题
政府补助退回的处理原则	2019 年多选题

核心考点精讲

提示

本章的关键词是"总额法""净额法""与资产相关的政府补助"以及"与收益相关的政府补助"，知识点独立性强，与其他章节联系不大，需要您在充分理解知识点和例题讲解的基础上多看多练，才能熟能生巧。扫描知识点对应的二维码，有名师助阵，必定仰取俯拾，满载而归。

第一节　政府补助概述

使用"会计云课堂"App或"微信"扫码查看本节视频，快速GET知识点。

一、政府补助的定义

政府补助是指企业从政府无偿取得货币性资产或非货币性资产。

其主要形式包括政府对企业的无偿拨款、税收返还、财政贴息，以及无偿给予非货币性资产等。

要点小贴士：不涉及资产直接转移的经济资源，不适用政府补助准则。

（1）直接减征、免征、增加计税抵扣额、抵免部分税额等不涉及资产直接转移的经济资源，不适用政府补助准则。增值税出口退税实际上是政府退回企业事先垫付的进项税，不属于政府补助。

（2）部分减免税款需要按照政府补助准则进行会计处理。

如一般纳税人的加工型企业根据税法规定招用自主就业退役士兵，按定额扣减增值税。

借：应交税费—应交增值税（减免税款）

　贷：其他收益

（3）即征即退的增值税，先按规定缴纳增值税，然后根据退回的增值税税额，借记"银行存款"等科目，贷记"其他收益"科目。另外，按规定直接减免应交的增值税税额的，也计入其他收益。

（4）企业超比例安排残疾人就业或者为安排残疾人就业做出的显著成绩，按规定收到的奖励，记入"其他收益"科目。

二、政府补助的特征

1. 政府补助是来源于政府的经济资源；

2. 政府补助是无偿的。

相关链接：附有条件的政府补助是否符合无偿性的特征，参见P610本章疑难问题解答1。

政府如以企业所有者身份向企业投入资本，享有相应的所有者权益，政府与企业之间是投资者与被投资者的关系，属于互惠交易，不适用政府补助准则。

企业从政府取得的经济资源，如果与企业销售商品或提供服务等活动密切相关，且来源于政府的经济资源是企业商品或服务的对价或对价的组成部分，应当按照《企业会计准则第 14 号——收入》的规定进行会计处理，不适用政府补助准则。

名师点拨

来源于政府的资源，视情况按《政府补助》准则、《收入》准则和权益性交易进行会计处理。

相关链接

新能源汽车厂商从政府取得补贴的会计处理，参见 P610 本章疑难问题解答 2。

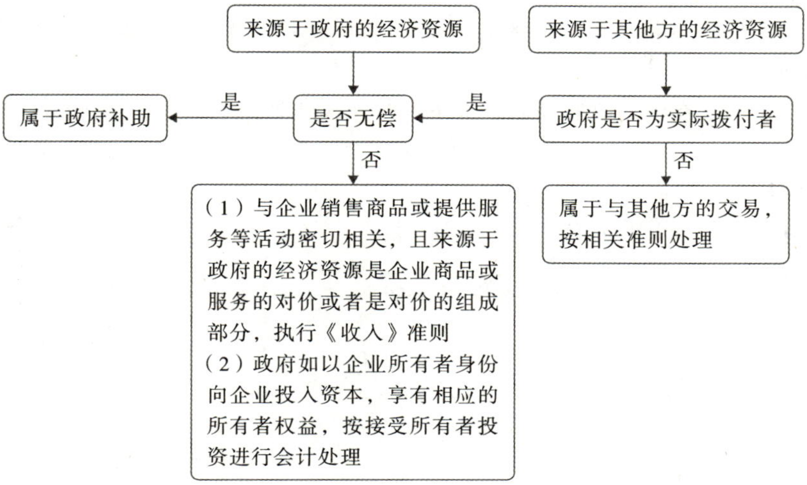

经典题解

【真题 1 · 单选题】2×17 年度，甲公司发生的有关交易或事项如下：（1）因生产并销售环保型冰柜收到政府补贴 40 万元，按规定甲公司每销售一台环保型冰柜，政府给予补贴 500 元，该环保型冰柜每台生产成本为 900 元，国家规定的销售价格为 600 元；（2）为研发第二代节能环保型冰柜发生研发费用 900 万元，税法允许税前抵扣 1350 万元；（3）按规定直接定额减免企业所得税 300 万元；（4）按规定收到即征即退的增值税 200 万元。不考虑其他因素，甲公司应作为政府补助进行会计处理的是（　　）。（2018 年）

A. 收到即征即退的增值税 200 万元

B. 收到政府给予的销售环保型冰柜补贴 40 万元

C. 研发第二代节能环保型冰柜发生的研发费用可予税前抵扣 1350 万元

D. 直接定额减免企业所得税 300 万元

【解析】选项 B，收到政府给予的销售环保型冰柜补贴 40 万元应按照收入准则进行处理；选项 C，研发第二代节能环保型冰柜发生的研发费用可予税前抵扣 1350 万元属于增加计税抵扣额，不属于政府补助；选项 D，直接定额减免企业所得税 300 万元，企业没有取得来源于政府的经济资源，不属于政府补助。

【答案】A

三、政府补助的分类

（一）与资产相关的政府补助

与资产相关的政府补助，是指企业取得的、用于购建或以其他方式形成长期资产的政府补助。

名师点拨

只有形成长期资产的政府补助才属于与资产相关的政府补助，与存货相关的政府补助属于与收益相关的政府补助。

会计上有两种处理方法可供选择，一是将与资产相关的政府补助确认为递延收益，随着资产的使用而逐步结转入损益；二是将补助冲减资产的账面价值，以反映长期资产的实际取得成本。

（二）与收益相关的政府补助

与收益相关的政府补助，是指除与资产相关的政府补助之外的政府补助。

通常在满足政府补助所附条件时计入当期损益或冲减相关成本费用。

第二节 政府补助的会计处理

使用“会计云课堂”App或“微信”扫码查看本节视频，快速GET知识点。

一、会计处理方法

（一）政府补助的确认

政府补助同时满足下列条件的，才能予以确认：

1. 企业能够满足政府补助所附条件；
2. 企业能够收到政府补助。

判断企业能够收到政府补助，应着眼于分析和落实企业能够符合财政扶持政策规定的相关条件且预计能够收到财政扶持资金的“确凿证据”，例如，关注政府补助的发放主体是否具备相应的权力和资质，补助文件中索引的政策依据是否适用，申请政府补助的流程是否合法合规，是否已经履行完毕补助文件中的要求，实际收取资金前是否需要政府部门的实质性审核，同类型政府补助过往实际发放情况，补助文件是否有明确的支付时间，政府是否具备履行支付义务的能力等因素。

（二）政府补助的计量

1. 政府补助为货币性资产的，应当按照收到或应收的金额计量：

（1）如果企业已经实际收到补助资金，应当按照实际收到的金额计量；

（2）如果资产负债表日企业尚未收到补助资金，但企业在符合了相关政策规定后就相应获得了收款权，且与之相关的经济利益很可能流入企业，企业应当在这项补助成为应收款时按照应收的金额计量。

2. 政府补助为非货币性资产的，应当按照公允价值计量；公允价值不能可靠取得的，按照名义金额计量。

图示记忆

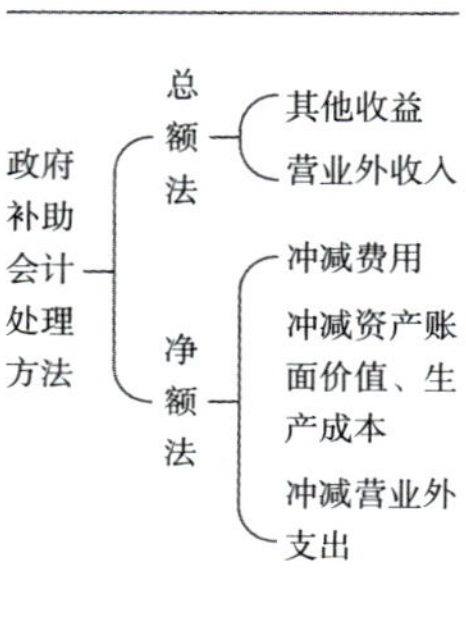

（三）政府补助的会计处理方法

政府补助有两种会计处理方法：总额法和净额法。

1. 总额法，在确认政府补助时将政府补助全额确认为收益，而不是作为相关资产账面价值或者费用的扣减。

2. 净额法，将政府补助作为相关资产账面价值或所补偿费用的扣减。

【提示 1】同一企业不同时期发生的相同或者相似的交易或者事项，应当采用一致的会计政策，不得随意变更。确需变更的，应当在附注中说明。

【提示 2】企业应当根据经济业务的实质，判断某一类政府补助业务应当采用总额法还是净额法，通常情况下，对同类或类似政府补助业务只能选用一种方法，同时，企业对该业务应当一贯地运用该方法，不得随意变更。

【提示 3】与企业日常活动相关的政府补助，应当按照经济业务实质，计入其他收益或冲减相关成本费用。

通常情况下，若政府补助补偿的成本费用是营业利润之中的项目，或该补助与日常销售等经营行为密切相关（如增值税即征即退等），则认为该政府补助与日常活动相关。

相关链接

政府补助与日常活动相关的判断，参见 P610 本章疑难问题解答 3。

企业选择总额法对与日常活动相关的政府补助进行会计处理的，应增设“其他收益”科目进行核算。“其他收益”科目核算总额法下与日常活动相关的政府补助以及其他与日常活动相关且应直接记入“其他收益”的项目。

对于总额法下与日常活动相关的政府补助，企业在实际收到或应收时，或者将先确认为“递延收益”的政府补助分摊计入损益时：

借：银行存款 / 其他应收款 / 递延收益等

　贷：其他收益

【提示】与企业日常活动无关的政府补助，计入营业外收支。

二、与资产相关的政府补助

（一）总额法

取得时：

借：银行存款（或 × × 资产）

　贷：递延收益

摊销时：

借：递延收益

　贷：其他收益或营业外收入

（1）如果企业先收到资金再购建，则应在开始对相关资产计提折旧或摊销时开始将递延收益分期计入损益；

（2）如果企业先购建再收到资金，则应在相关资产剩余使用寿命内按合理、系统的方法将递延收益分期计入损益。

需要说明的是，采用总额法的，如果对应的长期资产在持有期间发生减值损失，递延收益的摊销仍保持不变，不受减值因素的影响。企业对与资产相关的政府补助选择总额法核算的，应当将递延收益分期转入其他收益或营业外收入，借记“递延收益”科目，贷记“其他收益”或“营业外收入”科目。

要点小贴士

总额法下，长期资产发生减值损失，递延收益的摊销仍保持不变。

相关资产在使用寿命结束时或结束前被处置（出售、报废、转让、发生毁损等），尚未分摊的相关递延收益余额应当转入资产处置当期的损益，不再予以递延。对相关资产划分为持有待售类别的，先将尚未分摊的递延收益余额冲减相关资产的账面价值，再按照《企业会计准则第42号——持有待售的非流动资产、处置组和终止经营》的要求进行会计处理。

经典题解

【真题2·单选题】2×20年，甲公司发生的有关交易或事项如下：（1）2月1日，甲公司所在地政府与其签订的合同约定，甲公司为当地政府开发一套交通管理系统，合同价格500万元。该交通管理系统已于2×20年12月20日经当地政府验收并投入使用，合同价款已收存甲公司银行；（2）经税务部门认定，免征甲公司2×20年度企业所得税150万元；（3）甲公司开发的高新技术设备于2×20年9月30日达到预定可使用状态并投入使用，该设备预计使用10年，预计净残值为零，采用年限平均法计提折旧，为鼓励甲公司开发高新技术设备，当地政府于2×20年7月1日给予甲公司补助100万元；（4）收到税务部门退回的增值税额80万元。甲公司对政府补助采用总额法进行会计处理，不考虑相关税费及其他因素，下列各项关于甲公司2×20年度对上述交易或事项会计处理的表述中，正确的是（　　）。（2021年）

A. 退回的增值税额作为政府补助确认为其他收益

B. 为当地政府开发的交通管理系统取得的价款作为政府补助确认为其他收益

C. 当地政府给予的开发高新技术设备补助款作为政府补助于2×20年确认5万元的其他收益

D. 免征企业所得税作为政府补助确认为其他收益

【解析】选项B，甲公司为当地政府开发交通管理系统取得的价款与公司销售商品活动密切相关，应当按照收入准则处理，确认为收入；选项C，甲公司收到开发高新技术设备补助款属于与资产相关的政府补助，2×20年该项政府补助款应确认其他收益=100/10×3/12=2.5（万元）；选项D，免征企业所得税不属于政府补助。

【答案】A

（二）净额法

将政府补助冲减相关资产账面价值。

实务中存在政府无偿给予企业长期非货币性资产的情况，如无偿给予的土地使用权和天然起源的天然林等。对无偿给予的非货币性资产，企业应当按照公允价值或名义金额对此类补助进行计量。企业在收到非货币性资产时，应当借记有关资产科目，贷记“递延收益”科目，在相关资产使用寿命内按合理、系统的方法分期计入损益，借记“递延收益”科目，贷记“其他收益”等科目。对以名义金额（1元）计量的政府补助，在取得时计入当期损益。

名师点拨

（1）总额法计入其他收益或营业外收入；

（2）净额法冲减管理费用、营业外支出等。

三、与收益相关的政府补助

通常在满足政府补助所附条件时计入当期损益或冲减相关成本费用。

类型		总额法	净额法
补偿以后期间的成本费用或损失	收到补助资金时	借：银行存款等 　贷：递延收益	借：银行存款等 　贷：递延收益

类型		总额法	净额法
补偿以后期间的成本费用或损失	成本费用或损失发生时	借：递延收益 贷：其他收益（与日常活动相关） 营业外收入（与日常活动无关）	借：递延收益 贷：生产成本、管理费用、营业外支出等
补偿已发生的成本费用或损失		借：银行存款等 贷：其他收益（与日常活动相关） 营业外收入（与日常活动无关）	借：银行存款等 贷：生产成本、管理费用、营业外支出等

经典题解

【真题 3 · 单选题】甲公司为从事集成电器设计和生产的高新技术企业。适用增值税先征后返政策。20×7 年 3 月 31 日，甲公司收到政府即征即退的增值税额 300 万元。20×7 年 3 月 12 日，甲公司收到当地财政部门为支持其购买实验设备拨付的款项 120 万元，20×7 年 9 月 26 日，甲公司购买不需要安装的实验设备一台并投入使用。实际成本为 240 万元，资金来源为财政拨款及其借款，该设备采用年限平均法计提折旧，预计使用 10 年，预计无净残值，甲公司采用总额法核算政府补助。不考虑其他因素，甲公司 20×7 年度因政府补助应确认的收益是（ ）。（2018 年）

A. 303 万元　　B. 300 万元

C. 420 万元　　D. 309 万元

【解析】甲公司 20×7 年度因政府补助应确认的收益 =300+120/10×3/12=303（万元）。

【答案】A

【例题 4 · 单选题】2×20 年 9 月 2 日，甲公司取得当地财政部门拨款 2000 万元，用于资助甲公司 2×20 年 9 月开始进行的一项研发项目的前期研究。预计将发生研究支出 5000 万元。项目自 2×20 年 9 月开始启动，至年末累计发生研究支出 1000 万元。取得时已满足政府补助所附条件，甲公司对该项政府补助采用总额法核算。2×20 年 12 月 31 日递延收益的余额为（ ）万元。

A. 0　　B. 400

C. 1600　　D. 2000

【解析】该政府补助用于资助甲公司研发项目研究阶段支出，即为补偿甲公司以后期间发生的费用，应作为与收益相关的政府补助核算，在取得时已满足政府补助所附条件，故计入递延收益 2000 万元，在研究期间，按实际发生支出占预计总支出比例分摊计入当期损益。2×20 年递延收益摊销额 =2000×1000/5000= 400(万元)，递延收益余额 =2000−400=1600（万元）。

【答案】C

四、政府补助的退回

要点小贴士

（1）调整资产账面价值；

（2）冲减递延收益余额，超出部分计入当期损益；

（3）计入当期损益。

应当分别下列情况进行会计处理：（1）初始确认时冲减相关资产账面价值的，

调整资产账面价值；（2）存在相关递延收益的，冲减相关递延收益账面余额，超出部分计入当期损益；（3）属于其他情况的，直接计入当期损益。

对于属于前期差错的政府补助退回，应当按照前期差错更正进行追溯调整。

经典题解

【真题5·多选题】下列各项关于已确认的政府补助需要退回的会计处理的表述中，正确的有（　　）。（2019年）

A. 初始确认时冲减资产账面价值的，调整资产账面价值

B. 初始确认时计入其他收益或营业外收入的，直接计入当期损益

C. 初始确认时冲减相关成本费用或营业外支出的，直接计入当期损益

D. 初始确认时确认为递延收益的，冲减相关递延收益账面余额，超出部分计入当期损益

【解析】政府补助需要退回的，应当在需要退回的当期分情况按照以下规定进行会计处理：

（1）初始确认时冲减相关资产账面价值的，调整资产账面价值；

（2）存在相关递延收益的，冲减相关递延收益账面余额，超出部分计入当期损益；

（3）属于其他情况的，直接计入当期损益。

【答案】ABCD

五、特定业务的会计处理

（一）综合性项目政府补助

综合性项目政府补助同时包含与资产相关的政府补助和与收益相关的政府补助，企业需要将其进行分解并分别进行会计处理；难以区分的，企业应当将其整体归类为与收益相关的政府补助进行处理。

（二）政策性优惠贷款贴息

1. 财政将贴息资金拨付给贷款银行

企业可以选择下列方法之一进行会计处理：

（1）以实际收到的金额作为借款的入账价值，按照借款本金和该政策性优惠利率计算借款费用。通常情况下，实际收到的金额即为借款本金。

（2）以借款的公允价值作为借款的入账价值并按照实际利率法计算借款费用，实际收到的金额与借款公允价值之间的差额确认为递延收益。递延收益在借款存续期内采用实际利率法摊销，冲减相关借款费用。

企业选择了上述两种方法之一后，应当一致地运用，不得随意变更。

2. 财政将贴息资金直接拨付给受益企业

财政将贴息资金直接拨付给受益企业，企业先按照同类贷款市场利率向银行支付利息，财政部门定期与企业结算贴息。在这种方式下，由于企业先按照同类贷款市场利率向银行支付利息，所以实际收到的借款金额通常就是借款的公允价值，企业应当将对应的贴息冲减相关借款费用。

名师点拨

财政将贴息资金直接拨付给受益企业，会计处理采用的是净额法。

经典题解

【真题 6 · 多选题】下列各项关于企业取得的政府补助会计处理的表述中，错误的有（　　）。（2020 年）

A. 财政直接拨付给受益企业的贴息资金采用总额法进行会计处理

B. 同时使用总额法和净额法对不同类别的政府补助进行会计处理

C. 同时包含与资产相关部分和与收益相关部分的政府补助难以区分时，全部作为与资产相关的政府补助进行会计处理

D. 总额法下在相关资产处置时尚未摊销完的与资产相关的政府补助继续按期摊销计入各期损益

【解析】财政将贴息资金直接拨付给受益企业，在这种方式下，由于企业先按照同类贷款市场利率向银行支付利息，所以实际收到的借款金额通常就是借款的公允价值，企业应当将对应的贴息冲减相关借款费用，因此属于采用净额法进行会计处理，选项 A 错误；

企业应当根据经济业务的实质，判断某一类政府补助业务应当采用总额法还是净额法，通常情况下，对同类或类似政府补助业务只能选用一种方法，同时，企业对该业务应当一贯地运用该方法，不得随意变更，选项 B 正确；

综合性项目政府补助同时包含与资产相关的政府补助和与收益相关的政府补助，企业需要将其进行分解并分别进行会计处理，难以区分的，企业应当将其整体归类为与收益相关的政府补助进行处理，选项 C 错误；

相关资产在使用寿命结束时或结束前被处置（出售、转让、报废等），尚未分摊的递延收益余额应当一次性转入资产处置当期的损益，不再予以递延，选项 D 错误。

【答案】ACD

第三节　政府补助的列报

使用“会计云课堂”App 或“微信”扫码查看本节视频，快速 GET 知识点。

一、政府补助在利润表上的列示

计入递延收益的政府补助在资产负债表按流动性将其余额在流动负债的“递延收益”项目中单独列示，属于长期负债性质的，在“其他非流动负债”项目中列示。

企业应当在利润表中的“营业利润”项目之上单独列报“其他收益”项目，计入其他收益的政府补助在该项目中反映，冲减相关成本费用的政府补助，在相关成本费用项目中反映，与企业日常经营活动无关的政府补助，在利润表的营业外收支项目中列报。

二、政府补助的附注披露

企业应当在附注中披露与政府补助有关的下列信息：①政府补助的种类、金额和列报项目；②计入当期损益的政府补助金额；③本期退回的政府补助的金额及原因。

考试加油站

一、本章小结

下载“会计云课堂”App学习

您已成功完成“第十八章”的学习，本章共10个考点，您都学会了吗？

为了让您对章节有更清晰的理解，加倍巩固。本书作者张志凤老师将通过**“视频导图课”**的方式，带您回顾重要考点。

名师点拨，视听结合，高效提分。

※ 欢迎您扫码，免费观看学习。

二、本章疑难问题解答

1. 附有条件的政府补助是否符合政府补助是无偿性的特征？

答： 符合。政府补助附有一定的条件通常只是政府为了推行其宏观经济政策，对企业使用补助的时间、适用范围和方向进行的限制。政府补助的无偿性是指企业取得来源于政府的经济资源，不需要向政府交付商品或服务等对价，两者并不矛盾，实务中需要根据具体情况具体分析。

2. 新能源汽车厂商从政府取得的补贴如何进行会计处理？

答： 按“监管规则适用指引——会计类第1号”意见，对新能源汽车厂商而言，如果没有政府的新能源汽车财政补贴，企业通常不会以低于成本的价格进行销售，政府补贴实际上是新能源汽车销售对价的组成部分。

新能源汽车厂商从政府取得的补贴，与其销售新能源汽车密切相关，且是新能源汽车销售对价的组成部分。中央和地方财政补贴实质上是为消费者购买新能源汽车承担和支付了部分销售价款，其拨付的补贴金额应属于新能源汽车厂商销售商品的资金流入，在性质上属于收入。因此，新能源汽车厂商应当按照收入准则的规定进行会计处理，在款项满足收入确认条件时应将其确认为收入，并根据中央和地方的相关补贴政策合理估计未来补贴款的金额。

3. 如何判断政府补助是否与日常活动相关？

答： 通常情况下，政府补助补偿的成本费用如果是营业利润之中的项目，或者该补助与日常销售等经营行为密切相关，则该政府补助与日常活动相关。与日常活动无关的政府补助，通常由企业常规经营之外的原因所产生，有偶发性的特征。与企业日常活动相关的政府补助，应当按照经济业务实质，计入其他收益或冲减相关成本费用；与日常活动无关的政府补助，计入营业外收入或冲减相关损失。

历年经典主观题回顾

使用“会计云课堂”App 或“微信”扫码快速做题、对答案、看解析、掌握解题思路，开启轻松过关之旅。

计算分析题

甲公司为境内上市公司。2×17 年，甲公司发生的有关交易或事项如下：

（1）甲公司生产并销售环保设备。该设备的生产成本为每台 600 万元，正常市场销售价格为每台 780 万元。甲公司按照国家确定的价格以每台 500 万元对外销售；同时，按照国家有关政策，每销售 1 台环保设备由政府给予甲公司补助 250 万元。2×17 年，甲公司销售环保设备 20 台，50% 款项尚未收到；当年收到政府给予的环保设备销售补助款 5000 万元。

（2）甲公司为采用新技术生产更先进的环保设备，于 3 月 1 日起对某条生产线进行更新改造。该生产线的原价为 10000 万元，已计提折旧 6500 万元，旧设备的账面价值为 300 万元（假定无残值），新安装设备的购进成本为 8000 万元；另发生其他直接相关费用 1200 万元。相关支出均通过银行转账支付。生产线更新改造项目于 12 月 25 日达到预定可使用状态。

甲公司更新改造该生产线属于国家鼓励并给予补助的项目，经甲公司申请，于 12 月 20 日得到相关政府部门批准，可获得政府补助 3000 万元。截至 12 月 31 日，补助款项尚未收到，但甲公司预计能够取得。

（3）5 月 10 日，甲公司所在地地方政府为了引进人才，与甲公司签订了人才引进合作协议，该协议约定，当地政府将向甲公司提供 1500 万元人才专用资金，用于甲公司引进与研发新能源汽车相关的技术人才，但甲公司必须承诺在当地注册并至少八年内注册地址不变且不搬离本地区，如八年内甲公司注册地变更或搬离本地区的，政府有权收回该补助资金。该资金分三年使用，每年 500 万元。每年年初，甲公司需向当地政府报送详细的人才引进及资金使用计划，每年 11 月末，由当地政府请中介机构评估甲公司人才引进是否符合年初计划并按规定的用途使用资金。甲公司预计八年内不会变更注册地，也不会撤离该地区，且承诺按规定使用资金。8 月 20 日，甲公司收到当地政府提供的 1500 万元补助资金。

甲公司对于政府补助按净额法进行会计处理。

本题不考虑增值税和相关税费以及其他因素。

要求：

（1）根据资料（1），说明甲公司收到政府的补助款的性质及应当如何进行会计处理，并说明理由；编制相关的会计分录。

（2）根据资料（2），说明甲公司获得政府的补助款的分类；编制与生产线更新改造相关的会计分录。

（3）根据资料（3），说明甲公司收到政府的补助款的分类；编制甲公司 2×17 年相关的会计分录。（2017 年）

历年经典主观题参考答案及解析

使用“会计云课堂”App或“微信”扫码对答案、看解析、
掌握解题思路，开启轻松过关之旅。

计算分析题

【答案】

（1）甲公司收到政府补助的补助款属于销售商品对价的组成部分；应将从政府取得的款项和销售设备款确认为营业收入，按销售商品的账面价值结转营业成本。

理由：甲公司与政府发生的销售商品交易与日常活动相关，且来源于政府的经济资源是商品对价的组成部分，应当按照《企业会计准则第14号——收入》的规定进行会计处理。

借：银行存款　10000（5000+500×20×50%）
　　应收账款　5000（500×20×50%）
　贷：主营业务收入　15000［20×（500+250）］
借：主营业务成本　12000（600×20）
　贷：库存商品　12000

（2）甲公司获得政府的补助款用于补偿生产线更新改造发生的支出，属于与资产相关的政府补助。

借：在建工程　3500
　　累计折旧　6500
　贷：固定资产　10000
借：营业外支出　300
　贷：在建工程　300
借：在建工程　9200
　贷：银行存款　9200
借：固定资产　12400
　贷：在建工程　12400

因政府已经批准给予补助，但款项尚未收到且甲公司预计能够取得，故：

借：其他应收款　3000
　贷：递延收益　3000
借：递延收益　3000
　贷：固定资产　3000

（3）甲公司获得政府的补助款用于补偿甲公司引进与研发新能源汽车相关的技术人才的支出，属于与收益相关的政府补助，且属于对以后期间发生支出的补偿。

借：银行存款　1500
　贷：递延收益　1500

年末：

借：递延收益　　500

　贷：管理费用　　500

同步强化练习题

使用"会计云课堂"App或"微信"扫码快速做题、对答案、看解析、掌握解题思路，开启轻松过关之旅。

一、单项选择题

1. 甲公司从2×18年开始，受政府委托进口医药类特种丙原料，再将丙原料销售给国内生产企业，加工出丁产品并由政府定价后销售给最终用户，由于国际市场上丙原料的价格上涨，而国内丁产品的价格保持不变，形成进销价格倒挂的局面。2×21年之前，甲公司销售给生产企业的丙原料以进口价格为基础定价，国家财政弥补生产企业产生的进销差价；2×21年以后，国家为规范管理，改为限定甲公司对生产企业的销售价格，然后由国家财政弥补甲公司的进销差价。不考虑其他因素，从上述交易的实质判断，下列关于甲公司从政府获得进销差价弥补的会计处理中，正确的是（　　）。
   A. 确认为所有者的资本性投入计入所有者权益
   B. 确认为与收益相关的政府补助，直接计入当期其他收益
   C. 确认为与销售丙原料相关的营业收入
   D. 确认为与资产相关的政府补助，并按照销量比例在各期分摊计入其他收益

2. 甲公司是上市公司，乙公司是甲公司的控股股东。2×21年，乙公司与甲公司及其所在地县级人民政府达成三方协议，由乙公司先支付给县政府2000万元，再由县政府以政府补贴的形式支付给甲公司。下列关于甲公司收到县政府拨付的2000万元的会计处理中，正确的是（　　）。
   A. 应确认其他收益2000万元
   B. 应确认递延收益2000万元
   C. 应确认主营业务收入2000万元
   D. 应确认资本公积2000万元

3. 2×21年12月，甲公司与其所在地工业园管委会签订协议，实施异地搬迁扩建。甲公司将在该工业园建设新的厂房。协议约定：（1）甲公司将以250元/平方米的单价取得20万平方米土地使用权，土地出让金总金额5000万元；（2）甲公司交纳全部土地出让金后5个工作日内，管委会以"进园企业科技创新扶持资金"的形式向甲公司支付5000万元扶持资金。在与管委会进行进园谈判时，甲公司提出了科技创新扶持资金的申请，但对方表示当地经济落后、政府财政资金少等困难，商定引入成功时再提供。因此，考虑到在甲公司交纳土地出让金之后，

对方就有财政收入，故约定第一笔科技创新扶持资金应该在对方收到土地出让金之后拨付。对于甲公司收到的5000万元扶持资金，下列会计处理中正确的是（　　）。

A. 应冲减土地使用权成本

B. 应作为与资产相关的政府补助

C. 应作为与收益相关的政府补助

D. 应确认为当期营业收入

4. 丙企业生产一种先进的模具产品，按照国家相关规定，该企业的这种产品适用增值税先征后返政策，即先按规定征收增值税，然后按实际缴纳增值税税额返还70%。2×21年1月，丙企业实际缴纳增值税税额100万元。2×21年2月，丙企业实际收到返还的增值税税额70万元。丙企业采用总额法核算政府补助，则丙企业2×21年2月正确的会计处理是（　　）。

A. 确认营业外收入70万元

B. 确认递延收益100万元

C. 确认营业外收入100万元

D. 确认其他收益70万元

5. 关于政府补助的会计处理，下列说法中错误的是（　　）。

A. 在总额法下，收到政府补助款最终全额确认为收益

B. 净额法是将政府补助作为相关成本费用的扣减

C. 与企业日常活动相关的政府补助，应当按照经济业务实质，计入其他收益或冲减相关成本费用

D. 与企业日常活动无关的政府补助，一定计入营业外收入

6. 2×21年1月5日，政府拨付A企业900万元财政拨款（同日到账），要求用于购买大型科研设备1台用于某科研项目，该项目2×21年处于研究阶段。2×21年1月31日，A企业购入大型设备（假设不需安装）并于当月投入使用，实际成本为960万元，其中60万元以自有资金支付，预计使用寿命为10年，预计净残值为0，采用年限平均法计提折旧。假定不考虑其他因素，A企业采用总额法核算政府补助。上述业务影响A企业2×21年度利润总额的金额为（　　）万元。

A. −82.5　　B. −5.5

C. −170.5　　D. −88

7. 甲公司发生的下列各项交易或事项中，应按与收益相关的政府补助进行会计处理的是（　　）。

A. 收到政府以股东身份投入的资本2000万元

B. 因发生自然灾害得到财政拨款800万元

C. 获得政府无偿划拨的公允价值为8000万元的土地使用权

D. 收到政府购买商品支付的货款600万元

8. 2×21年4月，甲公司拟为处于研究阶段的项目购置一台实验设备。根据国家政策，甲公司向有关部门提出补助500万元的申请。2×21年6月，政府批准了甲公司的申请并拨付500万元，该款项于2×21年6月30日到账。2×21年6月5日，甲公司购入该实验设备并投入使用，实际支付价款900万元（不含增值税税额）。甲公司采用年限平均法按5年计提折旧，预计净残值为零。假定甲公司采用净额法核算政府补助，不考虑其他因素。甲公司因购入和使用该台实验设备对2×21年度营业利润的影响金额为（　　）万元。

A. −40　　B. −80

C. 180　　D. −90

9. 2×20年1月20日，甲房地产开发公司（以下简称“甲公司”）以出让方式取得一宗土地使用权，实际成本为900万元，预

计使用年限为50年，无残值。2×20年2月2日，甲公司在上述地块上开始建造商业设施，建成后作为自营住宿、餐饮的场地。2×21年9月20日，商业设施达到预定可使用状态，共发生建造成本6000万元。该商业设施预计使用年限为20年。因建造的商业设施部分具有公益性质，甲公司于2×21年5月10日收到国家拨付的补助资金30万元。假定甲公司采用总额法核算政府补助，则下列各项关于甲公司上述交易或事项会计处理的表述中，正确的是（　　）。

A. 政府补助收到时确认为递延收益30万元

B. 政府补助收到时确认为当期营业外收入30万元

C. 取得该土地使用权时支付的金额900万元计入房地产开发成本

D. 商业设施所在地块的土地使用权取得时应计入管理费用

10. 甲公司为化工生产企业，其有关交易事项如下：（1）2×19年2月，甲公司需购置一台环保设备，预计共需款项4000万元，因资金不足，按相关规定向有关部门提出补助2000万元的申请。2×19年3月1日，政府相关部门批准了甲公司的申请并拨付甲公司2000万元财政拨款（同日到账）。2×19年4月30日，甲公司购入环保设备并投入使用，实际成本为3600万元，预计使用寿命为5年，预计净残值为零，采用年限平均法计提折旧。（2）2×21年4月30日，甲公司出售了该环保设备，取得价款2400万元，支付相关费用30万元。假定相关政府补助无须退回，不考虑相关税费等因素，甲公司采用总额法核算政府补助。2×21年甲公司因处置该环保设备影响当期损益的金额为（　　）万元。

A. 2000　　B. 210

C. 1410　　D. 1200

11. 关于政府补助的会计处理，下列表述中错误的是（　　）。

A. 通常情况下，企业对同类或类似政府补助业务只能选用一种方法

B. 企业应当以自身的性质判断政府补助应当采用总额法还是净额法

C. 总额法下，企业先收到补助资金，再购建长期资产，则应当在开始对相关资产计提折旧或摊销时将递延收益分期计入损益

D. 总额法下，企业先开始购建长期资产，再收到补助资金，则应当在相关资产的剩余使用寿命内按照合理、系统的方法将递延收益分期计入损益

12. 已确认的政府补助需要退回的，下列会计处理中正确的是（　　）。

A. 存在相关递延收益的，冲减相关递延收益账面余额，超出部分计入资本公积

B. 存在相关递延收益的，冲减相关递延收益账面余额，超出部分计入当期损益

C. 不存在相关递延收益的，直接冲减期初留存收益

D. 总额法下调整资产账面价值

二、多项选择题

1. 下列各项中属于企业获得的政府补助的有（　　）。

A. 研究阶段费用化支出按100%加计扣除

B. 政府部门无偿拨付给企业进行技术改造的专项资金

C. 政府部门对企业银行贷款利息给予的补贴

D. 企业收到政府部门的增值税出口退税款

2. 关于政府补助，下列各项表述中正确的有（　　）。

A. 新能源汽车厂商收到来自政府新能源

汽车补助款属于政府补助

B. 政府以投资者身份向企业投入资本属于政府补助

C. 企业只有符合政府补助政策的规定，才有资格申请政府补助

D. 企业已获得批准取得政府补助的，应当按照政府规定的用途使用

3. 2×21年12月，甲公司收到财政部门拨款800万元，系对甲公司2×21年执行国家计划内政策价差的补偿。原甲公司A商品单位售价为5万元/台，成本为3万元/台，但在纳入国家计划内政策体系后，甲公司对国家规定范围内的用户销售A商品的售价为4万元/台，国家财政给予1万元/台的补贴。2×21年甲公司共销售政策范围内A商品800台。假设不考虑其他因素，下列关于甲公司上述业务会计处理的说法中正确的有（　　）。

A. 甲公司自财政部门取得的款项属于企业正常销售价款的一部分

B. 甲公司自财政部门取得的款项属于政府补助

C. 甲公司对该财政补贴应确认主营业务收入800万元

D. 甲公司对该事项应确认其他收益800万元

4. 2×20年度，甲公司作为政府推广使用的W产品的中标企业，以800万元的中标价格将一批生产成本为700万元的W产品出售给客户，该批W产品的市场价格为950万元。销售当日，该批W产品控制权已转移给客户，满足收入确认条件。当年，甲公司收到销售该批W产品的财政补贴150万元并存入银行。不考虑其他因素，上述经济业务对甲公司2×20年度利润表项目影响的表述中，正确的有（　　）。

A. 增加营业利润250万元

B. 增加营业收入800万元

C. 增加营业外收入150万元

D. 增加营业成本700万元

5. 2×21年7月1日，甲公司取得政府作为股东投入的一宗土地使用权及地上建筑物。取得时，土地使用权的公允价值为7200万元，地上建筑物的公允价值为3600万元。上述土地使用权及地上建筑物供管理部门办公使用，预计使用年限均为50年，固定资产采用年限平均法计提折旧，无形资产采用直线法进行摊销，预计净残值均为0。甲公司下列会计处理正确的有（　　）。

A. 政府作为股东投入的土地使用权取得时按照公允价值确认为无形资产

B. 政府作为股东投入的土地使用权属于政府补助

C. 政府作为股东投入的土地使用权2×21年摊销72万元

D. 政府作为股东投入的地上建筑物2×21年计提折旧30万元

6. 关于政府补助的会计处理及列报，下列项目中正确的有（　　）。

A. 企业在日常活动中仅有按照固定的定额标准取得的政府补助，才能按照应收金额计量

B. 总额法下与资产相关的政府补助，相关资产划分为持有待售类别的，先将尚未分摊的递延收益余额冲减相关资产的账面价值

C. 计入递延收益的政府补助在资产负债表按流动性将其余额在流动负债“递延收益”项目中单独列示，属于长期负债性质的，在“其他非流动负债”项目中列示

D. 总额法下与资产相关的政府补助，如果对应的长期资产在持有期间发生减值损失，递延收益的摊销仍保持不变

7. 甲公司2×21年自财政部门取得以下款项：（1）2月20日，收到以前年度已完

成重点科研项目的经费补贴120万元；（2）6月20日，取得国家对公司进行扶改项目的支持资金1500万元，用于购置需要安装的固定资产，相关资产于当年12月28日达到预定可使用状态，预计使用年限为20年，采用年限平均法计提折旧，预计净残值为0；（3）10月2日，收到战略性新兴产业研究补贴2000万元，该项目至2×21年12月31日已发生研究支出800万元，预计项目结项前仍将发生研究支出1200万元。假定甲公司采用总额法核算政府补助，不考虑其他因素，下列关于甲公司2×21年对政府补助相关的会计处理中，正确的有（　　）。

A. 当期应计入损益的政府补助是920万元

B. 当期取得与收益相关的政府补助是2120万元

C. 当期取得与资产相关的政府补助是1500万元

D. 当期应计入资本公积的政府补助是2000万元

8. 甲公司为境内上市公司，2×21年发生的有关交易或事项包括：（1）取得母公司捐赠资金900万元；（2）按比例确认联营企业持有的其他债权投资当年公允价值增加额的份额100万元；（3）收到税务部门返还的增值税税款80万元；（4）收到政府对公司因发生自然灾害的补贴150万元。甲公司采用总额法对政府补助进行会计处理，甲公司2×21年对上述交易或事项的会计处理正确的有（　　）。

A. 收到返还的增值税税款增加营业利润80万元

B. 收到政府对公司因发生自然灾害的补贴150万元确认为其他收益

C. 取得母公司捐赠900万元资金确认为资本公积

D. 因联营企业其他债权投资公允价值增加，按比例确认其他综合收益100万元

9. 关于政府补助的会计处理，下列说法中正确的有（　　）。

A. 企业采用净额法核算与固定资产相关的政府补助时，应当按照扣除政府补助前的资产价值对固定资产计提折旧

B. 企业取得的与资产相关的政府补助，在总额法下应当在购进资产时冲减相关资产账面价值

C. 企业按照名义金额计量的政府补助，应计入当期损益

D. 对于属于前期差错的政府补助退回，企业应当按照前期差错更正进行追溯调整

10. 关于企业取得针对综合性项目的政府补助，下列说法中错误的有（　　）。

A. 需将其分解为与资产相关的部分和与收益相关的部分，分别进行处理

B. 无须分解而将其全部作为与收益相关的政府补助处理

C. 无须分解而将其全部作为与资产相关的政府补助处理

D. 难以区分为与资产相关的部分和与收益相关的部分，将政府补助整体归类为与资产相关的政府补助进行会计处理

11. 财政将财政贴息资金拨付给贷款银行的情况下，由贷款银行以政策性优惠利率向企业提供贷款，受益企业按照优惠利率向贷款银行支付利息，企业的下列会计处理中正确的有（　　）。

A. 以实际收到的金额作为借款的入账价值，按照借款本金和该政策性优惠利率计算借款费用

B. 以借款的公允价值作为借款的入账价值并按照实际利率法计算借款费用，实际收到的金额与借款公允价值之间的差额确认为递延收益，递延收益在借款存续期间内采用实际利率法摊销，冲减相关借款费用

C. 将财政贴息资金计入营业外收入

D. 将财政贴息资金计入其他收益

三、计算分析题

1. 甲公司为境内上市公司。2×18年至2×21年，甲公司发生的有关交易或事项如下：

（1）按照国家有关部门要求，2×19年甲公司代国家进口某贵金属10吨，每吨进口价为200万元，同时按照国家规定将有关进口贵金属按照进口价格的80%出售给政府指定的下游企业，收取货款1600万元。

2×19年年末，甲公司收到国家有关部门按照上述进口商品的进销差价支付的补偿款共计600万元。

（2）按照国家有关政策，公司购置环保设备可以申请补贴以补偿其环保支出。甲公司于2×19年1月向政府有关部门提交了840万元的补助申请，作为对其购置环保设备的补贴。2×19年3月20日，甲公司收到了政府补贴款840万元。2×19年4月20日，甲公司购入不需要安装的环保设备，实际成本为1800万元，预计使用寿命10年，采用年限平均法计提折旧（不考虑净残值），假设环保设备折旧额需计入制造费用。甲公司对该项政府补助采用净额法进行会计处理。

（3）甲公司于2×18年7月10日与某开发区政府签订合作协议，在开发区内投资设立生产基地，协议约定，开发区政府自协议签订之日起6个月内向甲公司提供600万元产业补贴资金用于奖励该公司在开发区内投资，要求甲公司自获得补贴起5年内注册地址不得迁离本区，如果甲公司在此期限内搬离开发区，开发区政府允许甲公司按照实际留在本区的时间保留部分补贴，并按剩余时间追回补贴资金。甲公司于2×19年1月3日收到补贴资金。2×21年1月，因甲公司重大战略调整，搬离开发区，开发区政府根据协议要求甲公司退回补贴360万元。甲公司对该项政府补助采用总额法进行会计处理。

假设不考虑增值税和所得税等相关因素。

要求：

（1）根据资料（1），说明甲公司收到政府的补偿款的性质及应当如何进行会计处理；编制甲公司2×19年相关的会计分录。

（2）根据资料（2），编制甲公司2×19年相关的会计分录。

（3）根据资料（3），编制甲公司2×19年1月3日收到补贴资金、2×19年12月31日递延收益摊销及2×21年1月政府补助退回的会计分录。

2. 甲公司为上市公司，内审部门在2×22年1月审核公司2×21年度财务报表时，对以下交易或事项的会计处理提出质疑：

（1）从2×18年开始受政府委托进口某特种原料M，再将原料M销售给国内的生产企业，加工出产品N销售给最终顾客。产品N的销售价格由政府确定。由于国际市场上原料M的价格上涨，而国内产品N的价格保持稳定不变，形成进销倒挂的局面。2×21年之前，甲公司销售给生产企业时以原料M的进口价格为基础定价，国家财政对生产企业进行补贴；2×21年之后，国家规范补贴款管理，改为限定甲公司对生产企业的销售价格，然后对甲公司的进销差价损失由国家财政给予返还，差价返还金额以销售价格减去加权平均采购成本的价差乘以销售给生产企业的数量计算。甲公司2×21年因销售原料M收到财政返还款800万元。甲公司将其计入其他收益。

（2）2×21年11月，甲公司某节能技术改造项目正式经当地经济发展局核准，该项目属于国家重点节能技术改造项目，项目总投资为1亿元，其中长期资产的建设投资额为8000万元，流动资金等其他投资额合计2000万元。甲公司同时也就该技术改造项目向当地政府申请补助，补助用途为资产建设投资。2×21年12

月20日，甲公司全额收取“中央预算投资”项目下的政府补助3000万元。甲公司将其计入其他收益。

（3）2×21年12月20日，甲公司收到了某市经济技术开发区管理委员会《关于给予甲公司科技三项补贴的批复》，该批复同意拨付甲公司2×22年“科技三项”财政补贴资金2000万元。2×22年1月15日，甲公司实际收取该笔补贴款。2×21年12月31日，甲公司同时确认了其他应收款和其他收益2000万元。

（4）2×21年7月1日，甲公司取得当地财政部门拨款1400万元，用于资助甲公司2×21年7月开始进行的一项研发项目的前期研究。该研发项目预计周期为两年，预计将发生研究支出2000万元。项目自2×21年7月开始启动，至年末累计发生研究支出1000万元（全部以银行存款支付）。甲公司对该交易事项的会计处理如下：

借：银行存款　　1400
　贷：其他收益　　1400
借：研发支出—费用化支出　　1000
　贷：银行存款　　1000
借：管理费用　　1000
　贷：研发支出—费用化支出　　1000

甲公司采用总额法核算政府补助。假定不考虑增值税等相关税费及其他因素。

要求：

根据资料（1）至（4），逐项判断甲公司的会计处理是否正确，并说明理由，如果甲公司的会计处理不正确，编制更正分录。（按2×21年当期差错处理，无须通过“以前年度损益调整”科目）

同步强化练习题参考答案及解析

使用“会计云课堂”App或“微信”扫码对答案、看解析、掌握解题思路，开启轻松过关之旅。

一、单项选择题

1.【答案】C

【解析】甲公司自财政部门取得的款项不属于政府补助，从政府获得了经济资源，但甲公司交付了商品，不是无偿取得，该交易具有商业实质，需要根据收入准则确认为营业收入。

2.【答案】D

【解析】甲公司获得的2000万元“政府补贴”最终由其控股股东乙公司承担，县政府将乙公司提供的款项以“政府补贴”名义转交给甲公司，县政府只是形式上履行了政府补贴程序，实质上并不是政府无偿给予，此款项不符合政府补助“从政府无偿取得”的特征，不能够作为政府补助进行会计处理。该“政府补贴”实际出自其控股股东乙公司，是基于乙公司是甲公司控股股东的特殊身份才发生的交易，甲公司明显单方面从中获益，其经济实质具有资本投入性质，应计入资本公积。

3.【答案】C

【解析】该资金并不是针对土地出让金进行的补偿，而是为鼓励甲公司进园后进行科技创新，应该作为与收益相关的政府补助处理，为补偿以后期间发生的支出，应在取得时计入递延收益，选项C正确。

4.【答案】D

【解析】企业收到的先征后返的增值税，属于与收益相关的政府补助，补偿企业已发生的相关费用或损失，因该项补助与日常活动相关，所以丙企业2×21年2月应确认其他收益70万元。

5.【答案】D

【解析】与企业日常活动无关的政府补助，计入营业外收入或冲减相关损失，选项D错误。

6.【答案】B

【解析】2×21年该设备计提折旧计入管理费用的金额=960/10/12×11=88（万元），递延收益摊销计入其他收益的金额=900/10/12×11=82.5（万元），上述业务影响A企业2×21年度利润总额的金额=82.5-88=-5.5（万元）。

会计分录如下：

2×21年1月5日

借：银行存款　900

　贷：递延收益　900

2×21年1月31日

借：固定资产　960

　贷：银行存款　960

2×21年12月31日

借：研发支出—费用化支出　88

　贷：累计折旧　88

借：管理费用　88

　贷：研发支出—费用化支出　88

借：递延收益　82.5

　贷：其他收益　82.5

7.【答案】B

【解析】选项A和D，政府对企业的资本性投入或者政府购买商品或服务所支付的对价，属于互惠交易，不属于政府补助；选项C，获得政府无偿划拨的土地使用权，属于与资产相关的政府补助。

8.【答案】A

【解析】与资产相关的政府补助，在采用净额法进行处理时，政府补助应冲减资产价值，甲公司因购入和使用该台实验设备对2×21年度营业利润的影响金额=-（900-500）/5×6/12=-40（万元）。

会计分录如下：

2×21年6月5日

借：固定资产　900

　贷：银行存款　900

2×21年6月30日

借：银行存款　500

　贷：固定资产　500

2×21年12月31日

借：研发支出—费用化支出　40

　贷：累计折旧　40

借：管理费用　40

　贷：研发支出—费用化支出　40

9.【答案】A

【解析】总额法下取得与资产相关的政府补助应该计入递延收益，选项A正确，选项B错误；为建造自用商业设施取得该土地使用权时支付的金额应确认为无形资产，选项C和D错误。

10.【答案】C

【解析】出售固定资产影响当期损益=2400-（3600-3600÷5×2）-30=210（万元），将递延收益余额转入当期损益=2000-2000÷5×2=1200（万元），2×21年甲公司因处置该环保设备影响当期损

益的金额 =210+1200=1410（万元）。

11.【答案】B

【解析】企业应当根据经济业务的实质，判断某一类政府补助业务应当采用总额法还是净额法。

12.【答案】B

【解析】已确认的政府补助需要退回的，应当分别下列情况处理：①初始确认时冲减相关资产成本的，应当调整资产账面价值；②存在尚未摊销的递延收益的，冲减相关递延收益账面余额，超出部分计入当期损益；③属于其他情况的，直接计入当期损益。

二、多项选择题

1.【答案】BC

【解析】政府与企业之间直接减征、免征、增加计税抵扣额、抵免部分税额等不涉及资产直接转移的经济资源，不适用政府补助准则，选项 A 不属于政府补助；增值税出口退税实际上是政府退回企业事先垫付的进项税，选项 D 不属于政府补助。

2.【答案】CD

【解析】新能源汽车厂商收到来自政府新能源汽车补助款，应按收入准则进行会计处理，选项 A 错误；政府如以企业所有者身份向企业投入资本，将拥有企业相应的所有权，分享企业利润，政府与企业之间是互惠交易，不符合政府补助的特征，选项 B 错误。

3.【答案】AC

【解析】甲公司自财政部门取得的款项不属于政府补助，该款项与具有明确商业实质的交易相关，不是自国家无偿取得的现金流入，应作为正常销售价款的一部分，按收入准则确认收入。选项 B 和 D 错误。

4.【答案】AD

【解析】甲公司收到的财政补贴与销售 W 产品密切相关，且来源于政府的经济资源是甲公司销售产品对价的组成部分，甲公司应当按照收入准则的规定对收到的财政补贴进行处理，所以甲公司 2×20 年度应确认营业收入 950 万元（800+150），结转营业成本 700 万元，增加营业利润 250 万元（950−700），选项 A 和 D 正确。

5.【答案】ACD

【解析】接受政府作为股东投资应按公允价值计量，不属于政府补助，选项 A 正确，选项 B 错误；2×21 年该土地使用权摊销额 =7200÷50×6/12=72（万元），选项 C 正确；2×21 年该地上建筑物计提折旧额 =3600÷50×5/12=30（万元），选项 D 正确。

6.【答案】BCD

【解析】选项 A，如果资产负债表日企业尚未收到补助资金，但企业在符合了相关政策规定后就相应取得了收款权，且与之相关的经济利益很可能流入企业，企业应当在这项补助成为应收款时按照应收的金额计量，即在期末有确凿证据表明能够符合政府补助规定的相关条件且预计能够收到政府补助时，可以按应收金额计量。

7.【答案】ABC

【解析】当期应计入损益的政府补助 =120+2000/（800+1200）×800=920（万元），选项 A 正确；当期取得与收益相关的政府补助 =120+2000=2120（万元），选项 B 正确；当期取得与资产相关的政府补助为 1500 万元，选项 C 正确；政府补助不计入资本公积，选项 D 错误。

8.【答案】ACD

【解析】收到返还的增值税税款 80 万元确认为其他收益，增加营业利润，选项 A

正确；收到政府对公司因发生自然灾害的补贴150万元确认为当期营业外收入，选项B错误；取得母公司捐赠，其经济实质是母公司资本性投入，应确认为资本公积，选项C正确；联营企业其他债权投资公允价值增加计入其他综合收益，甲公司按持股比例确认其他综合收益100万元，选项D正确。

9.【答案】CD

【解析】企业采用净额法核算与固定资产相关的政府补助时，应当按照扣除政府补助后的资产价值对固定资产计提折旧，选项A错误；企业取得的与资产相关的政府补助，在净额法下应当在购进资产时冲减相关资产账面价值，选项B错误。

10.【答案】BCD

【解析】企业取得针对综合性项目的政府补助，需将其分解为与资产相关部分和与收益相关部分，分别进行处理，选项A正确，选项B和C错误；难以区分为与资产相关部分和与收益相关部分的，将政府补助整体归类为与收益相关的政府补助进行会计处理，选项D错误。

11.【答案】AB

【解析】在财政贴息资金拨付给贷款银行的情况下，由贷款银行以政策性优惠利率向企业提供贷款，这种方式下，受益企业按照优惠利率向贷款银行支付利息，没有直接从政府取得利息补助，企业可以选择下列方法之一进行会计处理：一是以实际收到的金额作为借款的入账价值，按照借款本金和该政策性优惠利率计算借款费用；二是以借款的公允价值作为借款的入账价值并按照实际利率法计算借款费用，实际收到的金额与借款公允价值之间的差额确认为递延收益，递延收益在借款存续期间内采用实际利率法摊销，冲减相关借款费用。选项A和B正确。

三、计算分析题

1.【答案】

（1）甲公司自国家有关部门取得的补偿款与甲公司销售商品有关，且该补偿款实质上是甲公司销售商品对价的组成部分，故不属于政府补助，应按收入准则进行处理。甲公司一方面应确认进口商品的收入并结转成本，同时对于自国家有关部门取得的600万元补偿款应确认为营业收入。

会计分录如下：

借：库存商品　　2000
　贷：银行存款　　2000
借：银行存款　　1600
　贷：主营业务收入　　1600
借：银行存款　　600
　贷：主营业务收入　　600
借：主营业务成本　　2000
　贷：库存商品　　2000

（2）①2×19年3月20日实际收到财政拨款：

借：银行存款　　840
　贷：递延收益　　840

②2×19年4月20日购入设备：

借：固定资产　　1800
　贷：银行存款　　1800
借：递延收益　　840
　贷：固定资产　　840

③2×19年计提折旧：

借：制造费用　　64
　　[（1800－840）÷10×8/12]
　贷：累计折旧　　64

（3）①2×19年1月3日甲公司实际收到补贴资金：

借：银行存款　　600
　贷：递延收益　　600

②2×19年12月31日，甲公司分期将递延收益结转入当期损益：

借：递延收益　　120
　贷：其他收益　　120

③ 2×21 年 1 月，开发区政府根据协议要求甲公司退回补贴：

借：递延收益　　360
　贷：其他应付款　　360

2.【答案】

（1）资料（1）甲公司会计处理不正确。

理由：甲公司与政府发生销售商品等与日常经营活动相关的交易，且来源于政府的经济资源是甲公司销售商品对价的组成部分，应当按照《企业会计准则第 14 号——收入》的规定进行会计处理，不属于政府补助。

更正分录：

借：其他收益　　800
　贷：主营业务收入　　800

（2）资料（2）甲公司会计处理不正确。

理由：甲公司申请补助的项目为节能技术改造项目，项目主体是购建长期资产，且甲公司向政府申请补助时的用途也注明是用于资产建设投资，因此可以判断该补助为与资产相关的政府补助，在收到时应计入递延收益。

更正分录：

借：其他收益　　3000
　贷：递延收益　　3000

（3）资料（3）甲公司会计处理不正确。

理由：该政府补助属于 2×22 年的政府补助，不能在 2×21 年确认其他收益。

更正分录：

借：其他收益　　2000
　贷：其他应收款　　2000

（4）资料（4）甲公司会计处理不正确。

理由：该政府补助资助的是甲公司的研发项目，属于与收益相关的政府补助，应当按照已发生支出占预计总支出的比例摊销递延收益。

更正分录：

借：其他收益 700（1400×1000/2000）
　贷：递延收益　　700

第十九章 所得税

CHAPTER-19

本章学习指南

一、学习目标

1. 理解所得税核算的基本原理。
2. 掌握资产、负债的计税基础。
3. 掌握暂时性差异的概念及类型。
4. 熟练掌握递延所得税资产及负债的确认和计量。
5. 熟练掌握所得税费用的确认和计量。
6. 了解所得税的列报。

二、考情概况

本章考试主要为主观题，经常与固定资产、无形资产、投资性房地产、金融资产和收入等章节结合出题。本章试题分数较高，属于非常重要章节。

三、教材变化

增加"合同负债"计税基础相关表述。

四、考点地图

考点	年份/题型
投资性房地产与所得税的会计处理	2021年多选题
固定资产与所得税的会计处理	2021年多选题
所得税的会计处理	2021年综合题、2021年多选题、2020年计算分析题
所得税费用的计算	2019年单选题

注：2020年一道综合题与所得税有关，2019年一道综合题（差错更正）与所得税有关。

核心考点精讲

提示

本章内容是既可“独来独往”，又可“结伴而行”的高频考点，是“可塑性”较强的章节。学习本章时，需要您站在会计的角度计算账面价值的同时还要站在税法的角度看计税基础，您可以先熟记常见业务的税会处理差异，再进一步领会税会处理的原理，即在现在所学的基础上，灵活的掌握本章内容。扫描二维码，名师带您过关斩将，所向披靡。

预备知识

◇应交所得税的计算

应交所得税 = 应纳税所得额 × 所得税税率

应纳税所得额 = 税前会计利润 + 纳税调整增加额 – 纳税调整减少额

名师点拨

掌握由税前会计利润计算应纳税所得额是学好本章的关键。

（一）纳税调整增加额

1. 按会计准则规定核算时不作为收益计入财务报表，但在计算应纳税所得额时作为收益需要交纳所得税。

☆甲公司 2×21 年税前会计利润为 720 万元，2×21 年 12 月 12 日向 A 公司销售一批商品，开出的增值税专用发票上注明的销售价格为 200 万元，增值税税额为 26 万元，款项尚未收到；该批商品成本为 120 万元。甲公司在销售时已知 A 公司资金周转发生困难，但为了减少存货积压，同时也为了维持与 A 公司长期建立的商业关系，甲公司仍将商品发往 A 公司且办妥托收手续。

甲公司适用的所得税税率为 25%，不考虑其他纳税调整事项。

应交所得税 =［720+（200–120）］×25%=200（万元）。

2. 按会计准则规定核算时确认为费用或损失计入财务报表，但在计算应纳税所得额时则不允许扣减。

☆乙公司 2×21 年税前会计利润为 780 万元，2×21 年 12 月 31 日计提存货跌价准备 20 万元。乙公司适用的所得税税率为 25%，不考虑其他纳税调整事项。

应交所得税 =（780+20）×25%=200（万元）。

（二）纳税调整减少额

1. 按会计准则规定核算时作为收益计入财务报表，但在计算应纳税所得额时不确认为收益。

☆丙公司 2×21 年税前会计利润为 820 万元，2×21 年取得国债利息收入 20 万元。丙公司适用的所得税税率为 25%，不考虑其他纳税调整事项。

应交所得税 =（820–20）×25%=200（万元）。

2. 按会计准则规定核算时不确认为费用或损失，但在计算应纳税所得额时则允许扣减。

☆丁公司2×21年税前会计利润为830万元，2×21年发生研究阶段支出30万元计入管理费用。税法规定，企业开展研发活动中实际发生的研发费用，未形成无形资产计入当期损益的，在按规定据实扣除的基础上，再按照实际发生额的100%在税前加计扣除。丁公司适用的所得税税率为25%，不考虑其他纳税调整事项。

应交所得税 =（830−30×100%）×25%=200（万元）。

第一节　所得税会计的基本原理

使用“会计云课堂”App或“微信”扫码查看本节视频，快速GET知识点。

所得税会计采用资产负债表债务法核算所得税，资产负债表债务法是从资产负债表出发，通过比较资产负债表上列示的资产、负债按照会计准则规定确定的账面价值与按照税法规定确定的计税基础，对于两者之间的差异区分应纳税暂时性差异与可抵扣暂时性差异，确认相关的递延所得税负债与递延所得税资产，并在此基础上确定每一会计期间利润表中的所得税费用。

一、资产负债表债务法

所得税准则规范的是资产负债表中递延所得税资产和递延所得税负债的确认和计量。减少未来期间应交所得税的暂时性差异形成递延所得税资产，即未来期间由税前会计利润计算应纳税所得额时会纳税调整减少的暂时性差异确认递延所得税资产；增加未来期间应交所得税的暂时性差异形成递延所得税负债，即未来期间由税前会计利润计算应纳税所得额时会纳税调整增加的暂时性差异应确认递延所得税负债。

> **名师点拨**
>
> 未来期间由税前会计利润计算应纳税所得额时，调增、调减的原理与当年调增、调减的原理相同。如固定资产计提折旧：
>
> （1）当年会计折旧100万元，税法折旧80万元，当年应纳税调增20万元；
>
> （2）若未来期间会计折旧100万元，税法折旧80万元，未来期间应纳税调增20万元。

【举例1】某企业2×21年12月1日取得一批存货，成本为100万元。2×21年12月31日，计提存货跌价准备20万元。税法规定，企业计提的资产减值损失在发生实质性损失时允许税前扣除。2×22年该企业将上述存货全部对外销售，2×22年由税前会计利润计算应纳税所得额时应纳税调整减少20万元，由此2×22年会少交所得税 =20×25%=5（万元）。

站在2×21年12月31日考虑，由于此项存货的存在，以后会少交所得税5万元，应确认递延所得税资产5万元。

即2×21年12月31日，存货的账面价值 =100−20=80（万元），存货的计税基础为100万元。

由于存货账面价值和计税基础不一致，产生可抵扣暂时性差异，从而确认递延所得税资产。

【举例2】2×21年12月31日预提产品质量保证费用100万元，2×22年实际发生产品质量保证费用100万元。税法规定，企业计提的产品质量保证费在实际发生时允许税前扣除。2×22年由税前会计利润计算应纳税所得额时应纳税调减100

万元，2×22 年少交所得税 =100×25%= 25（万元）。

站在 2×21 年 12 月 31 日考虑，以后会少交所得税 25 万元，应确认递延所得税资产 25 万元。

即 2×21 年 12 月 31 日，负债（预计负债）的账面价值为 100 万元，负债（预计负债）的计税基础为 0。

由于预计负债账面价值和计税基础不一致，产生可抵扣暂时性差异，从而确认递延所得税资产。

二、所得税会计的一般程序

所得税核算一般程序如下图所示：

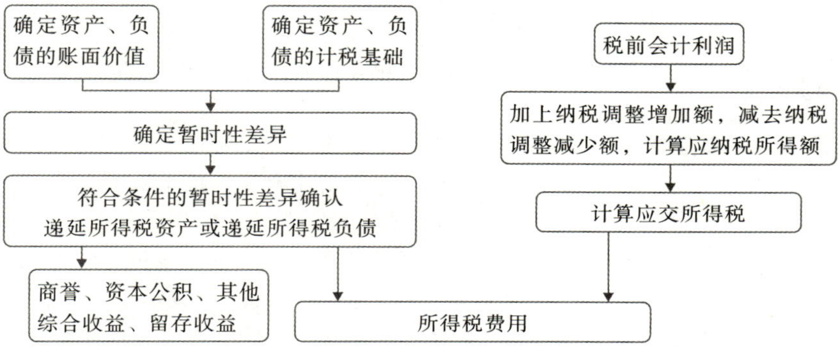

第二节 资产、负债的计税基础

使用“会计云课堂”App 或“微信”扫码查看本节视频，快速 GET 知识点。

所得税会计核算的关键在于确定资产、负债的计税基础。企业在取得资产、负债时，应当确定其计税基础。资产、负债计税基础的确定，与税收法规的规定密切相关。

一、资产的计税基础

> **名师点拨**
>
> （1）《企业会计准则》规范资产、负债账面价值，《企业所得税法》规范资产、负债的计税基础；
>
> （2）资产的账面价值是按会计准则规定资产负债表日以后作为费用列支的金额，资产的计税基础是按税法规定资产负债表日以后作为费用列支的金额。

资产的计税基础，是指企业收回资产账面价值的过程中，计算应纳税所得额时按照税法规定可以自应税经济利益中抵扣的金额。

资产的计税基础 = 未来可税前列支的金额

某一资产负债表日资产的计税基础 = 成本 − 以前期间已税前列支的金额

（一）固定资产

账面价值 = 实际成本 − 会计累计折旧 − 固定资产减值准备

计税基础 = 实际成本 − 税法累计折旧

（二）无形资产

1. 对于内部研究开发形成的无形资产，企业会计准则规定有关研究开发支出区分为两个阶段，研究阶段的支出应当费用化计入当期损益，而开发阶段符合资本化条件的支出应当资本化作为无形资产的成本；按规定，制造业企业开展研发活动中实际发生的研发费用，未形成无形资产计入当期损益的，在按规定据实扣除的基础上，再按照实际发生额的100%在税前加计扣除；形成无形资产的，按照无形资产成本的200%在税前摊销。

名师点拨

如果会计摊销方法、摊销年限和净残值均符合税法规定，那么每期纳税调减的金额均为会计计入费用金额（研究阶段的支出、开发阶段不符合资本化条件的支出及形成无形资产后的摊销额）的100%，形成无形资产的计税基础＝账面价值×200%。

另外，会计准则中规定有例外条款，即若该无形资产的确认不是产生于企业合并交易、同时在确认时既不影响会计利润也不影响应纳税所得额，则不确认该暂时性差异的所得税影响。该种情况下，无形资产在初始确认时，对于会计与税收规定之间存在的暂时性差异不予确认，持续持有过程中，在初始未予确认暂时性差异的所得税影响范围内的摊销额等的差异不予确认。

经典题解

【例题1·多选题】甲公司2×21年1月开始的研发项目于2×21年7月1日达到预定用途，共发生研究开发支出500万元，其中研究阶段支出100万元，开发阶段不符合资本化条件的支出160万元，开发阶段符合资本化条件的支出240万元，假定无形资产按直线法摊销，预计使用年限为5年，无残值，摊销金额计入管理费用。甲公司2×21年和2×22年税前会计利润分别为884万元和948万元，适用的企业所得税税率均为25%。按规定甲公司开展研发活动中实际发生的研发费用，未形成无形资产计入当期损益的，在按规定据实扣除的基础上，再按照实际发生额的100%在税前加计扣除；形成无形资产的，按照无形资产成本的200%在税前摊销。假定不考虑其他因素，甲公司下列会计处理中正确的有（　　）。

A. 甲公司2×21年研发项目及形成的无形资产计入当期费用的金额为284万元

B. 甲公司2×21年应交所得税为150万元

C. 甲公司2×21年12月31日无形资产的计税基础为432万元

D. 甲公司2×22年应交所得税为225万元

【解析】甲公司2×21年无形资产摊销金额=240÷5×6/12=24（万元），甲公司2×21年研发项目（费用化支出）及形成的无形资产（摊销）计入当期费用的金额=100+160+24=284（万元），选项A正确；

甲公司2×21年应交所得税=（884−284×100%）×25%=150（万元），选项B正确；

2×21年12月31日无形资产的账面价值=240−24=216（万元），计税基础=216×200%=432（万元），选项C正确；

甲公司2×22年无形资产摊销金额=240÷5=48（万元），2×22年应交所得税=（948−48×100%）×25%=225（万元），选项D正确。

【答案】ABCD

【提示】会计利润中已经包含了无形资产摊销计入当期费用的金额，所以在计算应纳税所得额时，不用再将摊销额从会计利润中调减，而是直接调减加计扣除的部分即可。

2. 无形资产在后续计量时，会计与税法的差异主要产生于对无形资产是否需要摊销，无形资产摊销方法、摊销年限、预计净残值的不同以及无形资产减值准备的计提。

（1）使用寿命有限的无形资产

账面价值 = 实际成本 – 会计累计摊销 – 无形资产减值准备

计税基础 = 实际成本 – 税法累计摊销

（2）使用寿命不确定的无形资产

账面价值 = 实际成本 – 无形资产减值准备

计税基础 = 实际成本 – 税法累计摊销

（三）以公允价值计量的金融资产

1. 以公允价值计量且其变动计入当期损益的金融资产

账面价值：期末按公允价值计量，公允价值变动计入当期损益（公允价值变动损益）

计税基础：取得时的成本

2. 以公允价值计量且其变动计入其他综合收益的金融资产（股权投资）

账面价值：期末按公允价值计量，公允价值变动计入其他综合收益

计税基础：取得时的成本

名师点拨

股权投资（交易性金融资产、其他权益工具投资和长期股权投资）的计税基础为取得时成本。

（四）其他资产

因企业会计准则规定与税收法规规定不同，企业持有的其他资产，可能造成其账面价值与计税基础之间存在差异。

1. 采用公允价值模式进行后续计量的投资性房地产

账面价值：期末按公允价值计量

计税基础：以历史成本为基础确定（与固定资产或无形资产类似）

经典题解

【例题 2 · 单选题】甲企业与乙企业签订了租赁协议，将其原先自用的一栋写字楼出租给乙企业使用，租赁期开始日为 2×20 年 12 月 31 日。甲企业对投资性房地产采用公允价值模式进行后续计量。2×20 年 12 月 31 日，该写字楼的账面余额为 50000 万元，已计提累计折旧 5000 万元，未计提减值准备，公允价值为 47000 万元。假定转换前该写字楼的计税基础与账面价值相等，税法规定，该写字楼预计尚可使用年限为 20 年，采用年限平均法计提折旧，预计净残值为 0。2×21 年 12 月 31 日，该写字楼的公允价值为 48000 万元。该写字楼 2×21 年 12 月 31 日的计税基础为（　　）万元。

A. 45000　　B. 42750

C. 47000　　D. 48000

【解析】该写字楼 2×21 年 12 月 31 日的计税基础 =（50000–5000）–（50000–5000）/20=42750（万元）。

【答案】B

2. 将债券（通常为国债）作为以摊余成本计量的金融资产

账面价值：期末摊余成本 = 期初摊余成本 + 本期计提利息（期初账面余额 × 实际利率）– 本期收回本金和利息 – 本期计提的损失准备

【提示】若债券投资上期末已发生减值，本期计提利息 = 期初摊余成本 × 实际利率。

计税基础：在不计提减值情况下与账面价值相等。

经典题解

【例题3·单选题】2×21年1月1日，甲公司以1019.33万元购入财政部于当日发行的3年期、到期一次还本付息的国债一批。该批国债票面金额1000万元，票面年利率6%，实际年利率为5%。甲公司将该批国债作为以摊余成本计量的金融资产，至年末该项以摊余成本计量的金融资产未发生预期信用损失。不考虑其他因素，2×21年12月31日，该以摊余成本计量的金融资产的计税基础为（　　）万元。

A. 1019.33　　B. 1070.30　　C. 0　　D. 1000

【解析】2×21年12月31日，该项以摊余成本计量的金融资产账面价值 =1019.33×（1+5%）=1070.30（万元），计税基础与账面价值相等。

【答案】B

3. 其他各种计提了资产减值准备的资产

名师点拨

（1）如果一项负债的确认和终止确认均不影响损益，那么该负债的账面价值与计税基础相等。如短期借款、应付账款等。

（2）如果一项负债会计确认时产生费用，而税法不能计入当期应纳税所得额，但终止确认时税法允许计入应纳税所得额，即负债确认时纳税调增，但终止确认时纳税调减，从负债产生到终止，纳税调整金额合计为0，所以从税法角度没有负债，即负债的计税基础为0。如预提产品质量保证费用等。

（3）如果一项负债会计确认时产生费用，而税法不能计入当期应纳税所得额，终止确认时税法也不允许计入应纳税所得额，即负债确认时纳税调增，但终止确认时不能纳税调减，从负债产生到终止，总体需要纳税调增，所以从税法角度有负债，即负债的计税基础与账面价值相等。如各项税收滞纳金确认的其他应付款等。

二、负债的计税基础

负债的计税基础，是指负债的账面价值减去未来期间计算应纳税所得额时按照税法规定可予税前扣除的金额。

对于预收收入，所产生负债的计税基础是其账面价值减去未来期间非应税收入的金额。

负债的确认与偿还一般不会影响企业的损益，也不会影响其应纳税所得额，未来期间计算应纳税所得额时按照税法规定可予抵扣的金额为0，计税基础即为账面价值。例如，企业的短期借款、应付账款等。但是某些情况下，负债的确认可能会影响企业的损益，进而影响不同期间的应纳税所得额，使得其计税基础与账面价值之间产生差额，如按照会计规定确认的某些预计负债。

负债的计税基础 = 账面价值 – 未来期间按照税法规定可予税前扣除的金额

（一）企业因销售商品提供售后服务等原因确认的预计负债

按照《企业会计准则第13号——或有事项》的规定，企业应将预计提供售后服务发生的支出满足有关确认条件时，在销售当期确认为费用，同时确认预计负债。如果税法规定，与销售商品有关的支出可于实际发生时税前扣除，由于该类事项产生的预计负债在期末的计税基础为其账面价值与未来期间可税前扣除的金额之间的差额，因此其计税基础为0。

经典题解

【例题 4 · 单选题】A 公司于 2×20 年 12 月 31 日"预计负债—产品质量保证"科目贷方余额为 100 万元，2×21 年实际发生产品质量保证费用 90 万元，2×21 年 12 月 31 日预提产品质量保证费用 110 万元。税法规定，产品质量保证支出在实际发生时允许税前扣除。2×21 年 12 月 31 日该项负债的计税基础为（　　）万元。

A. 0　　　　B. 120

C. 90　　　　D. 110

【解析】2×21 年 12 月 31 日该项负债的余额在未来期间计算应纳税所得额时按照税法规定可予税前扣除，因此计税基础为 0。

【答案】A

因其他事项确认的预计负债，应按照税法规定的计税原则确定其计税基础。某些情况下，因有些事项确认的预计负债，如果税法规定无论是否实际发生均不允许税前扣除，即未来期间按照税法规定可予抵扣的金额为 0，则其账面价值与计税基础相同。

（二）合同负债

1. 合同负债计入当期应纳税所得额（如房地产开发企业），计税基础为 0。
2. 合同负债未计入当期应纳税所得额，计税基础与账面价值相等。

经典题解

【例题 5】大海公司 2×21 年 12 月 31 日因销售商品收到客户预付的款项 500 万元。

（1）若预收的款项计入当期应纳税所得额

2×21 年 12 月 31 日合同负债的账面价值为 500 万元；因按税法规定预收的款项已计入当期应纳税所得额，所以在以后年度减少合同负债确认收入时，由税前会计利润计算应纳税所得额时应将其扣除。

2×21 年 12 月 31 日合同负债的计税基础 = 账面价值 500− 可从未来经济利益中扣除的金额 500=0（万元）。

（2）若预收的款项不计入当期应纳税所得额

2×21 年 12 月 31 日合同负债的账面价值为 500 万元；2×21 年 12 月 31 日合同负债的计税基础 = 账面价值 500− 可从未来经济利益中扣除的金额 0=500（万元）。

（三）应付职工薪酬

> **名师点拨**
> 以现金结算的股份支付形成的应付职工薪酬，在未来实际支付时可予税前扣除，其计税基础为 0。

会计准则规定，企业为获得职工提供的服务给予的各种形式的报酬以及其他相关支出均应作为企业的成本费用，在未支付之前确认为负债。税法中对于合理的职工薪酬基本允许税前扣除，但税法中如果规定了税前扣除标准的，按照会计准则规定计入成本费用的金额超过税法规定的税前扣除标准部分，应进行纳税调整。因超过部分在发生当期不允许税前扣除，在以后期间也不允许税前扣除，即该部分差额对未来期间计税不产生影响，所产生应付职工薪酬的账面价值等于计税基础。

经典题解

【例题6·单选题】2×21年1月1日，B公司为其100名中层以上管理人员每人授予100份现金股票增值权，这些人员从2×21年1月1日起必须在该公司连续服务2年，即可自2×22年12月31日起根据股价的增长幅度获得现金，该增值权应在2×23年12月31日之前行使完毕。B公司2×21年12月31日计算确定的应付职工薪酬的余额为800万元。税法规定，以现金结算的股份支付形成的应付职工薪酬，实际支付时可予税前扣除。2×21年12月31日，该应付职工薪酬的计税基础为（　　）万元。

A. 800　　B. 0　　C. 100　　D. -800

【解析】该应付职工薪酬的计税基础 = 账面价值800- 未来可从经济利益中扣除的金额800=0（万元）。

【答案】B

（四）递延收益

1. 对于确认为递延收益的政府补助，如果按税法规定，该政府补助为免税收入，则并不构成收到当期的应纳税所得额，未来期间会计上确认为收益时，也同样不作为应纳税所得额，因此，不会产生递延所得税影响。

2. 对于确认为递延收益的政府补助，如果按税法规定，应作为收到当期的应纳税所得额计缴企业所得税，则该递延收益的计税基础为0。资产负债表日，该递延收益的账面价值与其计税基础0之间将产生可抵扣暂时性差异。如期末递延收益账面价值为100万元，则产生100万元的可抵扣暂时性差异。

（五）其他负债

如企业应交的罚款和滞纳金等，在尚未支付之前按照会计准则规定确认为费用，同时作为负债反映。税法规定，行政性的罚款和滞纳金不得税前扣除，其计税基础为账面价值减去未来期间计税时可予税前扣除的金额0之间的差额，即计税基础等于账面价值。

经典题解

【例题7·单选题】下列各项负债中，其计税基础为零的是（　　）。

A. 赊购商品形成的应付账款

B. 从银行取得的短期借款

C. 因确认保修费用形成的预计负债

D. 因各项税收滞纳金和罚款确认的其他应付款

【解析】选项A和B不影响损益，计税基础与账面价值相等；选项C，税法允许在以后实际发生时可以税前列支，即其计税基础 = 账面价值 - 未来期间可以税前扣除的金额 =0；选项D，税法不允许其在以后实际发生时税前列支，即其计税基础 = 账面价值 - 未来期间可以税前扣除的金额0= 账面价值。

【答案】C

三、特殊交易或事项中产生资产、负债计税基础的确定

除企业在正常生产经营活动过程中取得的资产和负债以外，对于某些特殊交易中产生的资产、负债，其计税基础的确定应遵从税法规定，如企业合并过程中取得资产、负债计税基础的确定。

由于会计准则与税收法规对企业合并的划分标准不同、处理原则不同，某些情况下，会造成企业合并中取得的有关资产、负债的入账价值与其计税基础的差异。

【提示】2013 年上市公司年报会计监管报告关于“企业合并中递延所得税的确认”。

企业合并中，购买方按照会计准则规定的原则确认和计量合并中取得的被购买方的资产、负债，在购买方财务报表中的价值可能与其计税基础之间存在差异，从而带来递延所得税的确认问题。

常见的情形：

①以控股合并方式完成的非同一控制下企业合并中，购买方取得的被购买方可辨认资产在购买方的合并报表中按照购买日的公允价值确认和计量，但这些资产的计税基础未发生变化。由于通常情况下资产的账面价值（公允价值）大于其计税基础，上述差异大多为应纳税暂时性差异，应按照会计准则的规定确认递延所得税负债。

名师点拨

控股合并方式下，被购买方的法人资格没有消失，无论是应税合并，还是特殊的税务处理（免税合并），在合并报表层面均不会改变被购买方资产、负债的计税基础。

②以吸收合并方式进行的同一控制下企业合并，在合并不满足税法规定的免税条件时，合并方取得的被合并方资产的计税基础应调整为资产的公允价值，与会计上按照同一控制下企业合并原则确认的账面价值之间存在差异。由于通常情况下资产的账面价值小于按照公允价值确定的新的计税基础，上述差异为可抵扣暂时性差异，应按照会计准则的规定确认递延所得税资产。

关于与企业合并相关，因合并中取得可辨认资产、负债的账面价值与计税基础不同产生的暂时性差异的所得税影响，在控股合并的情况下，应于合并财务报表中确认。购买方或合并方的个别财务报表中产生的会计与税收的差异可能源于相关长期股权投资的入账价值与计税基础之间，一般在长期股权投资初始确认时，应当确认相关的递延所得税影响。

第三节 暂时性差异

暂时性差异，是指资产或负债的账面价值与其计税基础不同产生的差额。根据暂时性差异对未来期间应纳税所得额影响的不同，分为应纳税暂时性差异和可抵扣暂时性差异。

一、应纳税暂时性差异

应纳税暂时性差异，是指在确定未来收回资产或清偿负债期间的应纳税所得额时，将导致产生应税金额的暂时性差异。

应纳税暂时性差异通常产生于以下情况：

（一）资产的账面价值大于其计税基础

（二）负债的账面价值小于其计税基础

经典题解

【例题 8·单选题】 甲公司为增值税一般纳税人，2×21 年 3 月 31 日甲公司购入一台不需安装的设备，购买价款为 200 万元（不含税），增值税税额为 26 万元，购入后投入行政管理部门使用。预计使用年限为 5 年，预计净残值为 0，会计采用年限平均法计提折旧。税法规定采用双倍余额递减法计提折旧，折旧年限及预计净残值与会计规定相同，则 2×21 年 12 月 31 日该设备产生的应纳税暂时性差异余额为（　　）万元。

A. 35.1　　B. 170　　C. 30　　D. 140

【解析】 2×21 年 12 月 31 日该设备的账面价值 =200−200÷5×9/12= 170（万元），计税基础 =200−200×2/5×9/12=140（万元），2×21 年 12 月 31 日该设备产生的应纳税暂时性差异余额 =170−140=30（万元）。

【答案】 C

二、可抵扣暂时性差异

可抵扣暂时性差异，是指在确定未来收回资产或清偿负债期间的应纳税所得额时，将导致产生可抵扣金额的暂时性差异。

可抵扣暂时性差异通常产生于以下情况：

（一）资产的账面价值小于其计税基础

（二）负债的账面价值大于其计税基础

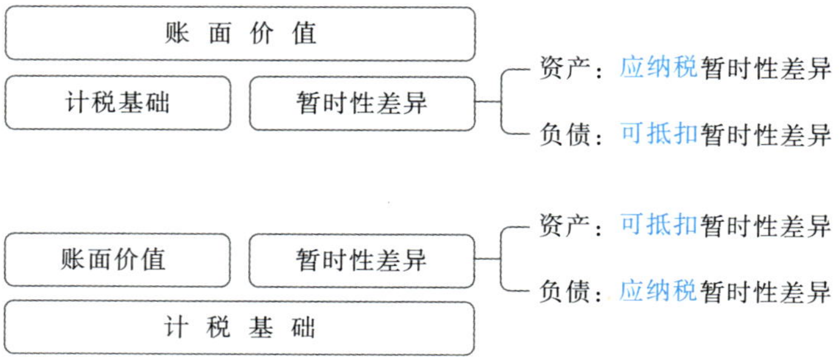

三、特殊项目产生的暂时性差异

（一）未作为资产、负债确认的项目产生的暂时性差异

某些交易或事项发生以后，因为不符合资产、负债的确认条件而未体现为资产负债表中的资产或负债，但按照税法规定能够确定其计税基础的，其账面价值与计税基础之间的差额也构成暂时性差异。如企业发生的符合条件的广告费和业务宣传费支出，除另有规定外，不超过当期销售收入15%的部分准予扣除；超过部分准予在以后纳税年度结转扣除。该类费用在发生时按照会计准则规定计入当期损益，不形成资产负债表中的资产，但按照税法规定可以确定其计税基础的，两者之间的差额也形成暂时性差异（可抵扣暂时性差异）。

名师点拨

某些不符合资产、负债的确认条件，未作为资产负债表中资产、负债列示的项目，如果按照税法规定可以确定其计税基础，该计税基础与其账面价值之间的差额也构成暂时性差异。

（二）可抵扣亏损及税款抵减产生的暂时性差异

按照税法规定可以结转以后年度的未弥补亏损及税款抵减，虽不是因资产、负债的账面价值与计税基础不同产生的，但与可抵扣暂时性差异具有同样的作用，均能减少未来期间的应纳税所得额和应交所得税，会计处理上视同可抵扣暂时性差异，在符合确认条件的情况下，应确认与其相关的递延所得税资产。

要点小贴士

超标的广告费和业务宣传费计入销售费用，没有形成资产账面价值，但未来期间可计入应纳税所得额，因此产生可抵扣暂时性差异。

第四节 递延所得税资产及负债的确认和计量

使用“会计云课堂”App或“微信”扫码查看本节视频，快速GET知识点。

一、递延所得税负债的确认和计量

（一）递延所得税负债的确认

1. 遵循原则

企业在确认因应纳税暂时性差异产生的递延所得税负债时，应遵循以下原则：

确认应纳税暂时性差异产生的递延所得税负债时，交易或事项发生时影响到会计利润或应纳税所得额的，相关的所得税影响应作为利润表中所得税费用的组成部分；与直接计入所有者权益的交易或事项相关的，其所得税影响应计入所有者权益；与企业合并中取得资产、负债相关的，递延所得税影响应调整购买日应确认的商誉或是计入合并当期损益的金额。

经典题解

【例题9】甲企业与乙企业签订了一项租赁协议，将其原先自用的一栋写字楼出租给乙企业使用，租赁期开始日为2×21年3月31日。2×21年3月31日，该写字楼的账面余额为50000万元，已计提累计折旧10000万元，未计提减值准备，公允价值为46000万元，甲企业对该项投资性房地产采用公允价值模式进行后续计量。假定转换前该写字楼的计税基础与账面价值相等，税法规定，该写字楼预计尚可使用年限为20年，采用年限平均法计提折旧，预计净残值为0。2×21

年12月31日，该项写字楼的公允价值为48000万元，甲企业适用的所得税税率为25%。

要求：编制甲企业2×21年与所得税有关的会计分录。

【答案】2×21年12月31日，投资性房地产的账面价值为48000万元，计税基础=（50000-10000）-（50000-10000）/20×9/12=38500（万元），产生应纳税暂时性差异=48000-38500=9500（万元），应确认递延所得税负债=9500×25%=2375（万元）。其中，转换日投资性房地产公允价值为46000万元，转换日写字楼账面价值=计税基础50000-10000=40000（万元），差额（应纳税暂时性差异）5000万元确认为其他综合收益，递延所得税负债对应其他综合收益的金额=6000×25%=1500（万元）；2×21年转换日后产生的影响损益的应纳税暂时性差异=（48000-46000）+（50000-10000）/20×9/12=3500（万元），递延所得税负债对应所得税费用的金额=3500×25%=875（万元），或递延所得税负债对应所得税费用的金额=2375-1500=875（万元）。

会计分录如下：

借：所得税费用	875
其他综合收益	1500
贷：递延所得税负债	2375

【真题10·多选题】甲公司对出租的投资性房地产采用公允价值模式进行后续计量，适用的企业所得税税率为25%。2×19年12月20日，甲公司以2亿元购入一栋写字楼，并于2×19年12月31日以年租金1000万元的合同价格出租给乙公司，甲公司于2×20年1月1日起开始收取租金。2×19年12月31日、2×20年12月31日，该写字楼的公允价值分别为2.20亿元、2.22亿元。企业所得税法规定，企业取得的该写字楼按50年、以年限平均法计提的折旧（不考虑净残值）可在计算应纳税所得额时扣除。甲公司2×20年初递延所得税资产和递延所得税负债的账面价值均为零，除上述交易或事项外，甲公司没有其他纳税调整事项，不考虑除企业所得税以外的其他相关税费及其他因素，下列各项关于甲公司对上述交易或事项会计处理的表述中，正确的有（　　）。（2021年）

A. 2×19年实现利润总额3000万元

B. 2×20年度实现利润总额1200万元

C. 2×20年末递延所得税负债的账面余额为650万元

D. 2×19年末应确认其他综合收益2000万元

【解析】甲公司2×19年实现利润总额=22000-20000=2000（万元），选项A错误；

2×20年度实现利润总额=1000+（22200-22000）=1200（万元），选项B正确；

2×20年末，甲公司该项投资性房地产账面价值为22200万元，计税基础=20000-20000/50=19600（万元），账面价值大于计税基础，形成的应纳税暂时性差异余额=22200-19600=2600（万元），2×20年末递延所得税负债的账面余额=2600×25%=650（万元），选项C正确；

甲公司2×19年12月20日以2亿元购入一栋写字楼，并于2×19年12月31日出租给乙公司，该写字楼属于投资性房地产，2×19年末公允价值大于账面价值的差额，不确认其他综合收益，选项D错误。

【答案】BC

2. 不确认递延所得税负债的特殊情况

有些情况下，虽然资产、负债的账面价值与其计税基础不同，产生了应纳税暂时性差异，但出于各方面考虑，所得税准则中规定不确认相应的递延所得税负债。

（1）商誉的初始确认

非同一控制下吸收合并，商誉=合并成本－被购买方可辨认净资产公允价值的份额。在免税合并情况下，被购买方的可辨认资产和负债的计税基础维持原被购买方的账面价值，而账面价值应反映购买日的公允价值，由此产生的暂时性差异应确认递延所得税资产或递延所得税负债，其对应科目为商誉。在免税合并情况下，商誉的计税基础为0，账面价值和计税基础之间产生应纳税暂时性差异，但不确认递延所得税负债，因企业合并成本固定，若确认递延所得税负债，则减少考虑递延所得税后被购买方可辨认净资产公允价值，增加商誉，由此进入不断循环状态。

其含义如下所示：

未考虑递延所得税时可辨认净资产公允价值

+递延所得税资产

－递延所得税负债↑↑……↑

考虑递延所得税后可辨认净资产公允价值↓↓……↓

商誉↑↑……↑

企业合并成本（固定）

需要说明的是，非同一控制下吸收合并形成的商誉，在应税合并情况下，按照所得税法规定商誉在初始确认时计税基础等于账面价值，不产生暂时性差异；该商誉在后续计量过程中因计提减值准备，使得商誉的账面价值小于计税基础，会产生可抵扣暂时性差异，应确认相关的所得税影响。

名师点拨

（1）非同一控制下免税的吸收合并，若被购买方资产（不包括商誉）、负债的账面价值与计税基础不同，确认递延所得税资产或负债时影响商誉；

（2）“商誉”本身账面价值大于计税基础产生的暂时性差异不确认递延所得税负债。

（2）除企业合并以外的其他交易或事项中，如果该项交易或事项发生时既不影响会计利润，也不影响应纳税所得额，则所产生的资产、负债的初始确认金额与其计税基础不同，形成应纳税暂时性差异的，交易或事项发生时不确认相应的递延所得税负债。

该类交易或事项在我国企业实务中并不多见，一般情况下有关资产、负债的初始确认金额均为税法所认可，两者之间不会产生差异。

（3）与子公司、联营企业、合营企业投资等相关的应纳税暂时性差异，一般应确认相应的递延所得税负债，但同时满足以下两个条件的除外：一是投资企业能够控制暂时性差异转回的时间；二是该暂时性差异在可预见的未来很可能不会转回。满足上述条件时，投资企业可以运用自身的影响力决定暂时性差异的转回，如果不希望其转回，则在可预见的未来该项暂时性差异即不会转回，对未来期间计税不产生影响，从而无须确认相应的递延所得税负债。

（4）对于采用权益法核算的长期股权投资，其账面价值与计税基础产生的有关暂时性差异是否应确认相关的所得税影响，应当考虑该项投资的持有意图：

要点小贴士

采用权益法核算的长期股权投资，长期持有不确认递延所得税，非长期持有确认递延所得税。

①在准备长期持有的情况下，对于采用权益法核算的长期股权投资账面价值与

计税基础之间的差异，投资企业一般不确认相关的所得税影响。

理由：因初始投资成本的调整产生的暂时性差异预计未来期间不会转回，对未来期间没有所得税影响；因确认投资损益产生的暂时性差异，在未来期间逐期分回现金股利或利润时免税，也不存在对未来期间的所得税影响；因确认应享有被投资单位其他综合收益或其他权益变动而产生的暂时性差异，在长期持有的情况下预计未来期间也不会转回。

②在持有意图由长期持有转变为拟近期出售的情况下，因长期股权投资的账面价值与计税基础不同产生的有关暂时性差异，均应确认相关的所得税影响，通常情况下，账面价值大于计税基础，应确认递延所得税负债，借记“所得税费用”“其他综合收益”和“资本公积”，贷记“递延所得税负债”；也可能存在账面价值小于计税基础的情况，符合条件的应确认递延所得税资产。

理由：按照税法规定，企业在转让或者处置投资资产时，投资资产的成本（不是投资的账面价值）准予扣除。

经典题解

【真题 11 · 单选题】乙公司为丙公司和丁公司共同投资设立。2×18 年 1 月 1 日，乙公司增资扩股，甲公司出资 450 万元取得乙公司 30% 股权并能够对其施加重大影响。甲公司投资日，乙公司可辨认净资产的公允价值和账面价值均为 1600 万元。2×18 年，乙公司实现净利润 900 万元，其他综合收益增加 120 万元。甲公司拟长期持有对乙公司的投资。甲公司适用的所得税税率为 25%。不考虑其他因素，下列各项关于甲公司 2×18 年对乙公司投资相关会计处理的表述中，正确的是（　　）。（2017 年）

A. 按照实际出资金额确定对乙公司投资的入账价值

B. 将按持股比例计算应享有乙公司其他综合收益变动的份额确认为投资收益

C. 投资时将实际出资金额与享有乙公司可辨认净资产份额之间的差额确认为其他综合收益

D. 对乙公司投资年末账面价值与计税基础不同产生的应纳税暂时性差异，不应确认递延所得税负债

【解析】长期股权投资的初始投资成本为付出对价 450 万元，初始投资成本小于投资日享有乙公司可辨认净资产公允价值份额 480 万元（1600×30%）的差额，调整初始投资成本记入“长期股权投资—投资成本”科目，同时计入营业外收入，即甲公司该项长期股权投资初始投资成本为 450 万元，入账价值为 480 万元，选项 A 不正确；

按持股比例计算其应享有乙公司其他综合收益的份额，应该确认为其他综合收益，选项 B 不正确；

投资时，实际出资额和应享有乙公司的可辨认净资产公允价值的份额之间的差额，计入营业外收入，选项 C 不正确；

因甲公司拟长期持有该长期股权投资，故不确认递延所得税，选项 D 正确。

【答案】D

（二）递延所得税负债的计量

递延所得税负债应以相关应纳税暂时性差异转回期间适用的所得税税率计量。在我国，除享受税收优惠政策的情况以外，企业适用的所得税税率在不同年度之间一般不会发生变化，企业在确认递延所得税负债时，可以现行适用税率为基础计算确定。无论应纳税暂时性差异的转回期间如何，递延所得税负债的确认不要求折现。

二、递延所得税资产的确认和计量

（一）递延所得税资产的确认

1. 确认的一般原则

资产、负债的账面价值与其计税基础不同产生可抵扣暂时性差异的，在估计未来期间能够取得足够的应纳税所得额用以利用该可抵扣暂时性差异时，应当以很可能取得用来抵扣可抵扣暂时性差异的应纳税所得额为限，确认相关的递延所得税资产。

（1）对与子公司、联营企业、合营企业投资相关的可抵扣暂时性差异，同时满足下列条件的，应当确认相关的递延所得税资产：一是暂时性差异在可预见的未来很可能转回；二是未来很可能获得用来抵扣可抵扣暂时性差异的应纳税所得额。

（2）按照税法规定可以结转以后年度的未弥补亏损和税款抵减，应视同可抵扣暂时性差异处理。在预计可利用未弥补亏损或税款抵减的未来期间内能够取得足够的应纳税所得额时，除准则中规定不予确认的情况外，应当以很可能取得的应纳税所得额为限，确认相应的递延所得税资产，同时减少确认当期的所得税费用。

与可抵扣亏损和税款抵减相关的递延所得税资产，其确认条件与可抵扣暂时性差异产生的递延所得税资产相同。

（3）企业合并中，按照会计准则规定确认的合并中取得各项可辨认资产、负债的入账价值与其计税基础之间形成可抵扣暂时性差异的，应确认相应的递延所得税资产，并调整合并中应予确认的商誉等。

（4）与直接计入所有者权益的交易或事项相关的可抵扣暂时性差异，相应的递延所得税资产应计入所有者权益。

名师点拨

若产生的可抵扣暂时性差异影响其他综合收益，则递延所得税资产对应科目为其他综合收益。如因其他权益工具投资期末公允价值下降而确认的递延所得税资产。

经典题解

【例题 12】甲公司 2×21 年 12 月 1 日以银行存款取得一项以公允价值计量且其变动计入其他综合收益的金融资产（股权投资），取得成本为 220 万元，2×21 年 12 月 31 日，该项金融资产的公允价值为 200 万元。2×22 年 2 月 10 日，甲公司将该金融资产全部出售，售价为 190 万元。假定未来期间甲公司能够取得足够的应纳税所得额用以抵扣该可抵扣暂时性差异，甲公司适用的所得税税率为 25%，按净利润的 10% 提取盈余公积，不考虑其他相关因素的影响。

要求：编制甲公司与上述业务相关的会计分录。

【答案】

甲公司会计处理如下：

2×21 年 12 月 1 日

借：其他权益工具投资　　220

　贷：银行存款　　220

2×21年12月31日

借：其他综合收益　20

　贷：其他权益工具投资　20

2×21年12月31日该项金融资产的账面价值为200万元，计税基础为220万元，产生可抵扣暂时性差异20万元，应确认递延所得税资产为5万元（20×25%）。

借：递延所得税资产　5

　贷：其他综合收益　5

2×22年2月10日

借：银行存款　190

　　盈余公积　1

　　利润分配——未分配利润　9

　贷：其他权益工具投资　200

借：盈余公积　2

　　利润分配——未分配利润　18

　贷：其他综合收益　20

借：其他综合收益　5

　贷：递延所得税资产　5

2. 不确认递延所得税资产的特殊情况

某些情况下，如果企业发生的某项交易或事项不属于企业合并，并且交易发生时既不影响会计利润也不影响应纳税所得额，且该项交易中产生的资产、负债的初始确认金额与其计税基础不同，产生可抵扣暂时性差异的，所得税准则中规定在交易或事项发生时不确认相应的递延所得税资产。其原因在于该项交易不是企业合并，递延所得税资产不能对应商誉；因该项交易或事项发生时既不影响会计利润，也不影响应纳税所得额，所以递延所得税资产不能对应"所得税费用"科目，从而不会影响留存收益，交易发生时产生暂时性差异的业务也不会涉及股本（或实收资本）、资本公积和其他综合收益，因此递延所得税资产不能对应所有者权益。若确认递延所得税资产，为使会计等式平衡，则只能增加负债的价值或减少其他资产的价值，这种会计处理违背历史成本计量属性，因此不确认递延所得税资产。

经典题解

【真题13·多选题】2×19年11月20日，甲公司以5100万元购入一台大型机械设备，经安装调试后，于2×19年12月31日投入使用。该设备的设计年限为25年，甲公司预计使用20年，预计净残值100万元，按双倍余额递减法计提折旧。企业所得税法允许该设备按20年、预计净残值100万元、以年限平均法计提的折旧可在计算应纳税所得额时扣除。甲公司2×20年实现利润总额3000万元，适用的企业所得税税率为25%，甲公司预计未来期间能够产生足够的应纳税所得额用以抵减可抵扣暂时性差异。甲公司用该设备生产的产品全部对外出售。除本题所给资料外，无其他纳税调整事项，不考虑除企业所得税以外的其他相关税费及其他因素，下列各项关于甲公司2×20年度对上述设备相关会计处理的表述中，正确的有（　　）。（2021年）

A. 2×20 年末该设备的账面价值为 4850 万元

B. 确认当期所得税 815 万元

C. 设备的账面价值小于其计税基础的差异 260 万元应确认递延所得税资产 65 万元

D. 计提折旧 510 万元

【解析】2×20 年甲公司该设备计提折旧额 =5100×2/20=510（万元），2×20 年末该设备账面价值 =5100−510=4590（万元），选项 A 错误，选项 D 正确；

2×20 年末该设备计税基础 =5100−（5100−100）/20=4850（万元），账面价值小于计税基础，形成可抵扣暂时性差异 =4850−4590=260（万元），确认递延所得税资产 =260×25%=65（万元），甲公司确认当期应交所得税 =（3000+260）×25%=815（万元），选项 B 和 C 正确。

【答案】BCD

【真题 14 · 单选题】甲公司 2×16 年 1 月开始研发一项新技术，2×17 年 1 月进入开发阶段，2×17 年 12 月 31 日完成开发并申请了专利。该项目 2×16 年发生研究费用 600 万元，截至 2×17 年年末累计发生研发费用 1600 万元，其中符合资本化条件的金额为 1000 万元，按照税法规定，研发支出可按实际支出的 150% 税前抵扣。不考虑其他因素，下列各项关于甲公司上述研发项目会计处理的表述中，正确的是（　　）。（2017 年）

A. 将研发项目发生的研究费用确认为长期待摊费用

B. 实际发生的研发费用与其可予税前抵扣金额的差额确认递延所得税资产

C. 自符合资本化条件起至达到预定用途时所发生的研发费用资本化计入无形资产

D. 研发项目在达到预定用途后，将所发生全部研究和开发费用可予以税前抵扣金额的所得税影响额确认为所得税费用

【解析】企业自行研究开发项目，应当区分研究阶段与开发阶段分别进行核算。研究阶段的支出应计入当期损益；开发阶段的支出满足资本化条件时计入无形资产的成本，选项 C 正确。

【答案】C

（二）递延所得税资产的计量

1. 适用税率的确定

确认递延所得税资产时，应估计相关可抵扣暂时性差异的转回时间，采用转回期间适用的所得税税率为基础计算确定。无论相关的可抵扣暂时性差异转回期间如何，递延所得税资产均不予折现。

2. 递延所得税资产的减值

资产负债表日，企业应当对递延所得税资产的账面价值进行复核。如果未来期间很可能无法取得足够的应纳税所得额用以利用可抵扣暂时性差异带来的利益，应当减记递延所得税资产的账面价值。递延所得税资产的账面价值减记以后，以后期间根据新的环境和情况判断能够产生足够的应纳税所得额用以利用可抵扣暂时性差异，使得递延所得税资产包含的经济利益能够实现的，应相应恢复递延所得税资产的账面价值。

> **名师点拨**
>
> 递延所得税资产、递延所得税负债对应科目的不同情形：
>
> （1）若产生暂时性差异影响利润总额，则对应科目为所得税费用；
>
> （2）若产生暂时性差异影响其他综合收益，则对应科目为其他综合收益；
>
> （3）若产生暂时性差异是由于非同一控制下吸收合并（免税合并）形成的，则对应科目为商誉（商誉自身产生的暂时性差异，不确认递延所得税）；
>
> （4）若产生暂时性差异是由于会计政策变更、前期重要差错更正形成的，则对应科目为留存收益（盈余公积、利润分配—未分配利润）。

三、特殊交易或事项中涉及递延所得税的确认和计量

（一）与直接计入所有者权益的交易或事项相关的所得税

与当期及以前期间直接计入所有者权益的交易或事项相关的当期所得税及递延所得税应当计入所有者权益。直接计入所有者权益的交易或事项主要有：会计政策变更采用追溯调整法或对前期差错更正采用追溯重述法调整期初留存收益、以公允价值计量且其变动计入其他综合收益的金融资产其公允价值变动计入所有者权益（其他综合收益）、同时包含负债及权益成分的金融工具在初始确认时计入所有者权益等。

（二）与企业合并相关的递延所得税

在企业合并中，购买方取得的可抵扣暂时性差异，按照税法规定可以用于抵减以后年度应纳税所得额，但在购买日不符合递延所得税资产确认条件而不予以确认。

购买日后12个月内，如取得新的或进一步信息表明购买日的相关情况已经存在，预期被购买方在购买日可抵扣暂时性差异带来的经济利益能够实现的，应当确认相关的递延所得税资产，同时减少商誉，商誉不足冲减的，差额部分确认为当期损益；

除上述情况以外（购买日后12个月内，如取得的信息不能表明购买日的相关情况已经存在或购买日后超过12个月），确认与企业合并相关的递延所得税资产，应当计入当期损益。

> **名师点拨**
>
> 此处指的是购买日不符合递延所得税资产确认条件的可抵扣暂时性差异，在购买日后符合条件确认递延所得税资产的会计处理。对购买日符合递延所得税资产确认条件的可抵扣暂时性差异，应确认递延所得税资产，同时减少商誉。

（三）与股份支付相关的当期及递延所得税

与股份支付相关的支出在按照会计准则规定确认为成本费用时，其相关的所得税影响应区别于税法的规定进行处理：如果税法规定与股份支付相关的支出不允许税前扣除，则不形成暂时性差异；

如果税法规定与股份支付相关的支出允许税前扣除，在按照会计准则规定确认成本费用的期间内，企业应当根据会计期末取得的信息估计可税前扣除的金额计算确定其计税基础及由此产生的暂时性差异，符合确认条件的情况下，应当确认相关递延所得税。

根据相关税法规定，对于附有业绩条件或服务条件的股权激励计划，企业按照会计准则的相关规定确认的成本费用在等待期内不得税前抵扣，待股权激励计划可行权时方可抵扣，可抵扣的金额为实际行权时的股票公允价值与激励对象支付的行权金额之间的差额，因此，企业未来可以在税前抵扣的金额与等待期内确认的成本费用金额很可能存在差异。

企业应根据期末的股票价格估计未来可以税前抵扣的金额，以未来期间很可能取得的应纳税所得额为限确认递延所得税资产。此外，如果预计未来期间可抵扣的金额超过等待期内确认的成本费用，超出部分形成的递延所得税资产应直接计入所有者权益，而不是计入当期损益。

经典题解

【真题15·多选题】在未来期间能够产生足够的应纳税所得额用以抵减

可抵扣暂时性差异并不考虑其他因素的情况下，下列各项交易或事项涉及所得税会计处理的表述中正确的有（　　）。（2021 年）

A. 内部研发形成的无形资产，初始入账金额与计税基础之间的差异应确认递延所得税并计入当期损益

B. 股份支付产生的暂时性差异，如果预计未来期间可抵扣的金额超过等待期内确认的成本费用，超出部分形成的递延所得税应计入所有者权益

C. 以公允价值计量且其变动计入其他综合收益的非交易性权益工具投资的公允价值变动产生的暂时性差异应确认递延所得税并计入其他综合收益

D. 企业发行可转换公司债券，初始入账金额与计税基础之间的差异应确认递延所得税并计入当期损益

【解析】内部研发形成的无形资产，不是产生于企业合并交易、同时在确认时既不影响会计利润也不影响应纳税所得额，则不确认该暂时性差异的所得税影响，选项 A 错误；企业发行可转换公司债券，初始入账金额与计税基础之间的差异应确认递延所得税并计入所有者权益，选项 D 错误。

【答案】BC

四、适用税率变化对已确认递延所得税资产和递延所得税负债的影响

因税收法规的变化，导致企业在某一会计期间适用的所得税税率发生变化的，企业应对已确认的递延所得税资产和递延所得税负债按照新的税率重新计量。

经典题解

【例题 16 · 多选题】甲公司 2×20 年及以前适用的所得税税率为 25%，2×21 年 6 月 20 日修订了企业所得税法，从 2×21 年 7 月 1 日起适用的企业所得税税率为 20%。2×19 年 12 月 20 日，甲公司购入一台机器设备，该设备原价为 100 万元，预计使用年限为 5 年，无残值，会计采用双倍余额递减法计提折旧，税法规定采用年限平均法计提折旧，假定税法规定的折旧年限及净残值与会计规定相同，不考虑其他因素。甲公司下列会计处理表述中正确的有（　　）。

A. 2×20 年 12 月 31 日递延所得税资产余额为 5 万元

B. 2×21 年因税率变动对已确认的递延所得税资产的调整数为 –1 万元

C. 2×21 年应确认的递延所得税资产发生额为 0.8 万元

D. 2×21 年 12 月 31 日递延所得税资产余额为 4.8 万元

【解析】2×20 年 12 月 31 日固定资产账面价值 =100–100×2/5=60（万元），计税基础 =100–100÷5=80（万元），应确认递延所得税资产余额 =（80–60）×25%=5（万元），选项 A 正确；

2×21 年因税率变动对已确认的递延所得税资产的调整数 =（80–60）×20%–5=–1（万元），选项 B 正确；

2×21 年会计计提折旧 =60×2/5=24（万元），税法计提折旧 =100÷5=20（万元），2×21 年应确认的递延所得税资产发生额 =（24–20）×20%–1=–0.2（万元），选项 C 错误；

2×21 年 12 月 31 日固定资产账面价值 =60–24=36（万元），计税基础 =100–

> **解题攻略**
>
> 可采用期末、期初余额的差额确定递延所得税资产发生额，即 2×21 年应确认的递延所得税资产发生额 =4.8–5=–0.2（万元）。

100÷5×2=60（万元），应确认递延所得税资产余额=（60–36）×20%=4.8（万元），选项D正确。

【答案】ABD

递延所得税资产和递延所得税负债的确认和计量如下图所示：

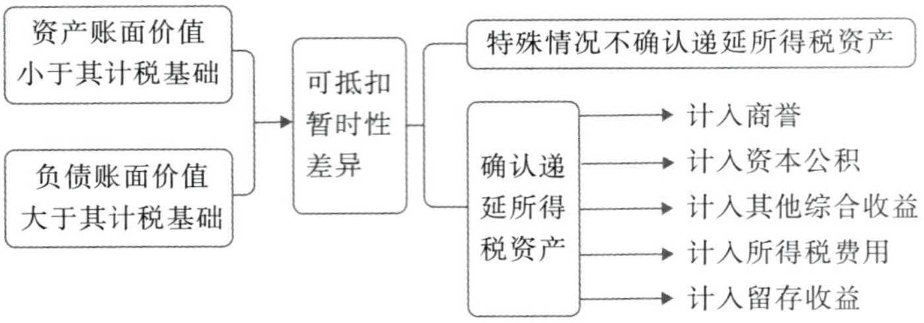

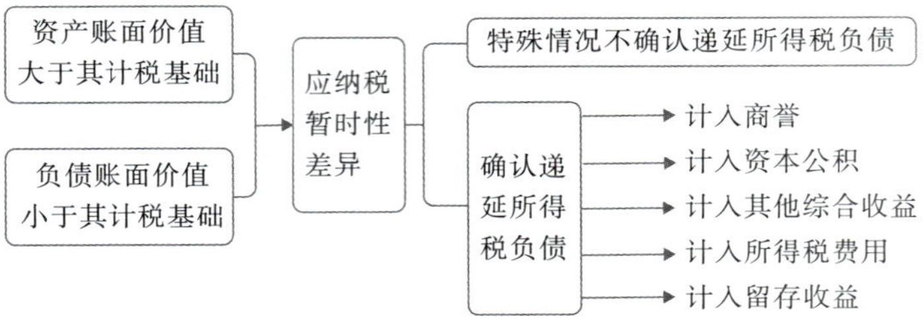

第五节　所得税费用的确认和计量

使用“会计云课堂”App或“微信”扫码查看本节视频，快速GET知识点。

在采用资产负债表债务法核算所得税的情况下，利润表中的所得税费用由两部分组成：当期所得税和递延所得税。

一、当期所得税

当期所得税，是指企业按照税法规定计算确定的针对当期发生的交易和事项，应交纳给税务部门的所得税金额，即当期应交所得税。

企业在确定当期应交所得税时，对于当期发生的交易或事项，会计处理与税法处理不同的，应在会计利润的基础上，按照适用税收法规的规定进行调整，计算出当期应纳税所得额，按照应纳税所得额与适用所得税税率计算确定当期应交所得税。

应交所得税=应纳税所得额×所得税税率

应纳税所得额=税前会计利润+纳税调整增加额–纳税调整减少额

相关链接

由税前会计利润计算应纳税所得额时，暂时性差异的调整，参见P647本章疑难问题解答。

经典题解

【例题17·单选题】甲公司适用的所得税税率为25%，2×21年实现利润总额1000万元，本年发生应纳税暂时性差异100万元，转回可抵扣暂时性差异80万元，上述暂时性差异均影响损益。不考虑其他纳税调整事项，甲公司 2×21 年应交所得税为（　　）万元。

A. 250　　B. 295　　C. 205　　D. 255

【解析】甲公司 2×21 年应交所得税 =（1000-100-80）×25%=205（万元）。

【答案】C

二、递延所得税

递延所得税，是指按照所得税准则规定当期应予确认的递延所得税资产和递延所得税负债，即递延所得税资产及递延所得税负债当期发生额的综合结果，但不包括计入所有者权益的交易或事项的所得税影响。

递延所得税费用 = 当期递延所得税负债的增加额 + 当期递延所得税资产的减少额 - 当期递延所得税负债的减少额 - 当期递延所得税资产的增加额

如果某项交易或事项按照企业会计准则规定应计入所有者权益，由该交易或事项产生的递延所得税资产或递延所得税负债及其变化亦应计入所有者权益，不构成利润表中的递延所得税费用（或收益）。

要点小贴士

递延所得税资产、负债发生额对应所得税费用的，属于递延所得税费用。

三、所得税费用

计算确定了当期所得税及递延所得税以后，利润表中应予确认的所得税费用为两者之和，即：

所得税费用 = 当期所得税 + 递延所得税费用

经典题解

【真题 18·单选题】甲公司适用的企业所得税税率为 25%。20×9 年 6 月 30 日，甲公司以 3000 万元（不含增值税）的价格购入一套环境保护专用设备，并于当月投入使用。按照企业所得税法的相关规定，甲公司对上述环境保护专用设备投资额的 10% 可以从当年应纳税额中抵免，当年不足抵免的，可以在以后 5 个纳税年度抵免。20×9 年度，甲公司实现利润总额 1000 万元。假定甲公司未来 5 年很可能获得足够的应纳税所得额用来抵扣可抵扣亏损和税款抵减。不考虑其他因素，甲公司在 20×9 年度利润表中应当列报的所得税费用金额是（　　）。（2019 年）

A. -50 万元　　B. 零　　C. 250 万元　　D. 190 万元

【解析】环境保护专用设备投资额的 10% 可以从当年应纳税额中抵免，即应纳税额中可以抵扣的金额 =3000×10%=300（万元），20×9 年应交所得税 = 1000×25%=250（万元）；

当年不足抵免的，可以在以后 5 个纳税年度抵免，即超过部分应确认递延所得税资产的金额 =300-250=50（万元）。甲公司在 20×9 年度利润表中应当列报的所得税费用金额为 -50 万元。

【答案】A

【真题 19·单选题】20×3 年，甲公司实现利润总额 210 万元，包括：20×3 年收到的国债利息收入 10 万元，因违反环保法规被环保部门处以罚款 20 万元。甲公司 20×3 年年初递延所得税负债余额为 20 万元，年末余额为 25 万元，上述递延所得税负债均产生于固定资产账面价值与计税基础的差异。甲公司适用的所得税税率为 25%。不考虑其他因素，甲公司 20×3 年的所得税费用是（　　）。（2014 年）

A. 52.5 万元　B. 55 万元　C. 57.5 万元　D. 60 万元

【解析】本期因固定资产账面价值和计税基础不一致确认递延所得税负债 5 万元（25−20），即产生应纳税暂时性差异 =5/25%=20（万元），所以本期计算应交所得税时纳税调减 20 万元，即甲公司 20×3 年应交所得税 =（210−10+20−20）×25%=50（万元），确认递延所得税费用 =25−20=5（万元），甲公司 20×3 年确认的所得税费用 = 应交所得税 + 递延所得税费用 =50+5=55（万元）。或甲公司 20×3 年的所得税费用 =（210−10+20）×25%=55（万元）。

【答案】B

解题攻略

影响损益的暂时性差异，在计算应交所得税时应当进行调整，同时确认递延所得税，两者对所得税费用的影响为一增一减，最终不影响所得税费用的总额。因此，在税率不变的情况下，计算所得税费用时，可以采用简化做法，即所得税费用 = 不考虑暂时性差异的应纳税所得额 × 适用的所得税税率。

第六节　所得税的列报

使用“会计云课堂”App 或“微信”扫码查看本节视频，快速 GET 知识点。

一、列报的基本原则

企业对所得税的核算结果，除利润表中列示的所得税费用以外，在资产负债表中形成的应交税费（应交所得税）以及递延所得税资产和递延所得税负债应当遵循准则规定列报。其中，递延所得税资产和递延所得税负债一般应当分别作为非流动资产和非流动负债在资产负债表中列示，所得税费用应当在利润表中单独列示，同时还应在附注中披露与所得税有关的信息。

一般情况下，在个别财务报表中，当期所得税资产与负债及递延所得税资产及递延所得税负债可以以抵销后的净额列示。在合并财务报表中，纳入合并范围的企业中，一方的当期所得税资产或递延所得税资产与另一方的当期所得税负债或递延所得税负债一般不能予以抵销，除非所涉及的企业具有以净额结算的法定权利并且意图以净额结算。

二、所得税费用（收益）与会计利润关系的说明

会计准则要求企业应当就所得税费用（或收益）与会计利润的关系在附注中进行说明，该说明目的是在利润表中已列示所得税费用的基础上，以当期会计利润为起点，考虑税会差异，计算所得税费用的过程。自会计利润到所得税费用之间的调整有两个方面：①未包括在利润总额的计算中，但包含在当期或递延所得税计算中的项目；②未包括在当期或递延所得税计算中，但包含在利润总额中的项目。调整项目一般包括：

（1）与税率相关的调整；

（2）税法规定的非应税收入，不得税前扣除的成本费用及损失等永久性差异；

（3）本期未确认递延所得税资产的可抵扣暂时性差异或可抵扣亏损的影响、使用前期未确认递延所得税资产的可抵扣亏损影响；

（4）对以前期间所得税进行汇算清缴的结果与以前期间确认金额不同调整报告期间所得税费用等。

考试加油站

一、本章小结

下载“会计云课堂”App 学习

您已成功完成“第十九章”的学习，本章共 17 个考点，您都学会了吗？

为了让您对章节有更清晰的理解，加倍巩固。本书作者张志凤老师将通过**“视频导图课”**的方式，带您回顾重要考点。

名师点拨，视听结合，高效提分。

※ 欢迎您扫码，免费观看学习。

二、本章疑难问题解答

如何理解暂时性差异的发生和转回？在某一会计期间由税前会计利润计算应纳税所得额时如何对暂时性差异进行纳税调整？

答：使暂时性差异数字增加的属于发生的暂时性差异，使暂时性差异数字减少的属于转回的暂时性差异。

应纳税所得额 = 税前会计利润 + 本期发生的影响损益的可抵扣暂时性差异 − 本期转回的影响损益的可抵扣暂时性差异 − 本期发生的影响损益的应纳税暂时性差异 + 本期转回的影响损益的应纳税暂时性差异

若暂时性差异不影响损益，如以公允价值计量且其变动计入其他综合收益的金融资产公允价值变动产生的其他综合收益，则不需要纳税调整。

如，一项管理用固定资产，原价 6000 万元，年限平均法计提折旧，预计净残值为 0，会计折旧年限 3 年，税法折旧年限 5 年，假定税法规定的固定资产折旧方法及净残值与会计规定相同。

单位：万元

项目	第 1 年	第 2 年	第 3 年	第 4 年	第 5 年
会计折旧	2000	2000	2000	0	0
税法折旧	1200	1200	1200	1200	1200
纳税调整	+800	+800	+800	−1200	−1200
账面价值	4000	2000	0	0	0
计税基础	4800	3600	2400	1200	0

资产账面价值小于计税基础　未来纳税调减，可抵扣　发生可抵扣暂时性差异　分界线　转回可抵扣暂时性差异

上表中，第 1 年至第 3 年属于发生可抵扣暂时性差异，第 4 年和第 5 年属于转回可抵扣暂时性差异。对发生可抵扣暂时性差异的年份，由税前会计利润计算应纳税所得额时应纳税调增，表中每年纳税调增的数字是 800 万元；对转回可抵扣暂时性差异的年份，由税前会计利润计算应纳税所得额时应纳税调减，表中每年纳税调减的数字是 1200 万元。

再如，一项管理用固定资产，原价 15000 万元，预计净残值为 0，折旧年限 5 年。税法采用年数总和法计提折旧，会计采用年限平均法计提折旧，假定税法规定的固定资产折旧年限及净残值与会计规定相同。

单位：万元

项目	第 1 年	第 2 年	第 3 年	第 4 年	第 5 年
会计折旧	3000	3000	3000	3000	3000
税法折旧	5000	4000	3000	2000	1000
纳税调整	-2000	-1000	0	+1000	+2000
计税基础	10000	6000	3000	1000	0
账面价值	12000	9000	6000	3000	0
资产账面价值大于计税基础	未来纳税调增，应纳税	发生应纳税暂时性差异	分界	转回应纳税暂时性差异	

上表中，第 1 年和第 2 年属于发生应纳税暂时性差异，第 4 年和第 5 年属于转回应纳税暂时性差异。对发生应纳税暂时性差异的年份，由税前会计利润计算应纳税所得额时应纳税调减，表中第 1 年纳税调减的数字是 2000 万元，第 2 年纳税调减的数字是 1000 万元；对转回应纳税暂时性差异的年份，由税前会计利润计算应纳税所得额时应纳税调增，表中第 4 年纳税调增的数字是 1000 万元，第 5 年纳税调增的数字是 2000 万元。

历年经典主观题回顾

一、计算分析题

甲公司 20×8 年财务报表经董事会批准于 20×9 年 3 月 15 日向外报出。甲公司与 20×8 年度财务报表相关的交易或事项如下：

（1）20×8 年 1 月 1 日，甲公司从无关联关系的第三方处受让了其所持乙公司 30% 股权，转让价格为 2000 万元，款项已用银行存款支付，乙公司的股东变更登记手续已经办理完成。

取得投资当日，乙公司净资产账面价值为5000万元，可辨认净资产公允价值为7000万元，除账面价值为1000万元、公允价值为3000万元的专利权外，其他资产、负债的公允价值与账面价值相同。该专利权预计使用20年，已使用10年，自甲公司取得乙公司股权起尚可使用10年，预计净残值为零，采用直线法摊销。受让乙公司股权后，甲公司能够对乙公司施加重大影响。甲公司拟长期持有乙公司的股权。

20×8年度，乙公司账面实现净利润1000万元，因金融资产公允价值变动确认其他综合收益50万元。

（2）20×8年12月31日，甲公司与所在地政府签订协议。根据协议的约定，甲公司将按照所在地政府的要求开发新型节能环保建筑材料，政府将在协议签订之日起一个月向甲公司拨付款项2000万元，新型建筑材料的研究成果将归政府所有。当日，甲公司收到当地政府拨付的款项2000万元。

（3）20×9年1月26日，甲公司的办公楼完成竣工决算手续，实际成本为68000万元。上述办公楼已于20×7年12月28日完工并达到预定可使用状态，甲公司按预算金额62000万元暂估入账。该办公楼预计使用50年，预计净残值为零，采用年限平均法计提折旧。

其他有关资料：第一，乙公司的会计政策和会计期间与甲公司相同。第二，甲公司和乙公司均为国内居民企业，其适用的企业所得税税率均为25%。第三，取得乙公司股权日，乙公司可辨认净资产公允价值与账面价值的差额不考虑企业所得税的影响。第四，除题目要求外，本题不考虑税费及其他因素。

要求：

（1）根据资料（1），计算甲公司对乙公司股权投资的初始入账价值，并编制相关的会计分录。

（2）根据资料（1），计算甲公司对乙公司股权投资20×8年度应确认的投资收益和其他综合收益，并编制相关的会计分录。

（3）根据资料（1），判断甲公司对乙公司长期股权投资形成的暂时性差异是否应确认递延所得税，并说明理由；如应确认递延所得税，计算递延所得税金额并编制相关的会计分录。

（4）根据资料（2），判断甲公司从政府取得的款项是否为政府补助，说明理由，并编制相关会计分录。

（5）根据资料（3），判断甲公司完成办公楼竣工决算手续的事项是否为资产负债表日后调整事项，并说明理由；如为调整事项，计算该固定资产在20×8年12月31日资产负债表中列示的金额，编制调整20×8年度财务报表的会计分录。（2020年）

二、综合题

1. 甲公司的产品销售政策规定，对于初次购买其生产产品的客户，不提供价格折让；对于再次购买其生产产品的客户，提供1%至5%的价格折让。2×19年至2×20年，甲公司发生的有关交易或事项如下：

（1）2×19年7月10日，甲公司与乙公司签订的商品购销合同约定，甲公司向乙公司销售A产品500件，甲公司应于2×19年12月10日前交付，合同价格为每件25万元。乙公司于合同签订日预付合同价格的20%。

2×19年9月12日，甲公司和乙公司对上述合同签订的补充协议约定，乙公司追加购买A产品200件，追加购买A产品的合同价格为每件24万元，甲公司应于2×19年12月20日前交付。乙公司于补充协议签订日预付合同价格的20%。

甲公司对外销售A产品每件销售价格为25万元。

2×19年12月10日，乙公司收到700件A产品并验收合格入库，剩余款项（包括增值税额）以银行存款支付。乙公司另以银行存款支付发生的运输费用200万元，增值税额18万元；发生运输保险费用20万元，增值税额1.2万元；发生入库前挑选整理费用5万元和入库后整理费用3万元。

（2）按照丙公司经营战略，丙公司拟采购一台大型机械设备。为此，丙公司通过招标，甲公司中标承接了丙公司该项目。

2×19年10月30日，甲公司与丙公司签订的大型机械设备采购合同约定，甲公司为丙公司生产一台大型机械设备并提供安装（假定该设备安装复杂，只能由甲公司提供），合同价格为15000万元，甲公司应于2×20年9月30日前交货。2×19年11月5日，甲公司与丙公司又签订的另一份合同约定，甲公司为丙公司建造的大型机械设备在交付丙公司后，需对大型机械设备进行重大修改以实现与丙公司现有若干设备的整合，合同价格为3000万元，甲公司应于2×20年11月30日前完成对该设备的重大修改。上述两份合同的价格均反映了市场价格。

2×19年11月10日，甲公司与丙公司签订的一份服务合同约定，甲公司在未来3年内为丙公司上述设备进行维护，合同价格为每年800万元，甲公司为其他公司提供类似服务的合同价格与该合同确定的价格相同。

设备及安装、修改整合工作按合同约定的时间完成，丙公司检验合格并于2×20年12月1日投入生产使用。

（3）甲公司研究开发一项新型环保技术，该技术用于其生产的产品可以大大减少碳排放量。该新型环保技术于2×20年7月1日达到预定可使用状态，其中形成无形资产的成本为1600万元，2×20年度直接计入当期损益的研发费用为600万元。当地政府为补贴甲公司成功研发形成的无形资产，2×20年5月20日向甲公司拨付200万元补助。

甲公司预计该新型环保技术形成的无形资产可使用10年，预计净残值为零，按直线法摊销。按企业所得税法规定，企业发生的研发费用加计扣除，研发费用直接计入当期损益的，按其实际发生费用加计100%在计算应纳税所得额时扣除，形成资产成本的，按实际发生成本加计100%的金额于10年、按直线法摊销的金额在计算应纳税所得额时扣除（不考虑净残值）。

其他资料：（1）甲公司和乙公司均为增值税一般纳税人。（2）上述各项合同均通过合同各方管理层批准，满足合同成立的条件。（3）甲公司销售商品适用的增值税税率为13%，适用的企业所得税税率为25%。（4）上述合同价格或销售价格均不含增值税额。（5）除上述资料（3）外，甲公司发生的其他交易或事项的会计处理与所得税法规定相同。（6）甲公司对政府补助采用总额法进行会计处理，2×20年初无形资产账面价值为零。（7）本题不考虑除增值税、企业所得税以外的其他相关税费及其他因素。

要求：

（1）根据资料（1），判断甲公司与乙公司在原合同基础上签订的补充协议是否属于合同变更，说明会计处理方法，并阐述理由；判断甲公司确认销售A产品收入的方法、时点，并说明理由；编制与出售A产品相关的会计分录。

（2）根据资料（1），计算乙公司购入A产品的成本总额及单位成本。

（3）根据资料（2），判断甲公司与丙公司分别签订的三份合同是否应当合并，并说明理由；合同合并后，判断每份合同有几项履约义务，并说明理由，如合同不合并，判断每份合同有几项履约义务。

（4）根据资料（3），判断甲公司研发新型环保技术形成的无形资产于 2×20 年 7 月 1 日的账面价值与计税基础的差异是否应确认递延所得税资产或递延所得税负债，并说明理由；计算该无形资产于 2×20 年 12 月 31 日的账面价值和计税基础；说明当地政府拨付甲公司的补助款的会计处理方法，并计算应计入 2×20 年度利润总额的金额。（2021 年）

2. 甲公司为一家上市公司，2×17 年度和 2×18 年度发生的有关交易或事项如下：

（1）甲公司 2×17 年 12 月 1 日起开始推行一项会员客户奖励积分计划。根据该计划，会员客户在甲公司每消费 100 元可获得 1 个积分，每个积分从次月开始在会员客户购物时可抵减 1 元。2×17 年 12 月，甲公司共向其会员客户销售商品 1000 万元，这些客户共获得 10 万个积分。根据历史经验，甲公司估计该积分的兑换率为 85%。2×18 年 1 月，甲公司的会员客户在购物时使用了 2 万个积分，抵减购物款 2 万元。假定企业所得税法对上述交易的处理与企业会计准则相同。

（2）2×17 年 1 月 1 日，为激励高管人员，甲公司以每股 5 元的价格向 20 名高管人员每人授予 50 万股限制性股票（每股面值为 1 元），发行价款 5000 万元已于当日收存银行，并办理完成限制性股票的股权过户登记手续。根据限制性股票激励计划，被授予限制性股票的高管人员从 2×17 年 1 月 1 日起在甲公司连续服务 5 年，其所授予的限制性股票才能够解除限售；如果这些高管人员在 5 年内离开甲公司，甲公司有权以授予价格每股 5 元回购其被授予的限制性股票。2×17 年末，甲公司预计限制性股票限售的 5 年内高管人员离职的比例为 10%。2×17 年 1 月 1 日和 2×17 年 12 月 31 日，甲公司股票的市场价格分别为每股 20 元和每股 25 元。

根据企业所得税法规定，对于带有服务条件的股权激励计划，等待期内确认的成本费用不得税前扣除，待行权后根据实际行权时的股份公允价值与激励对象实际行权支付的价格之间的差额允许税前扣除。甲公司以期末股票的市场价格估计未来因股份支付可在税前扣除的金额。

（3）2×17 年 1 月 1 日，甲公司购入一项房产并对外出租，将该房产作为投资性房地产核算，采用成本模式进行后续计量。该房产的购入成本为 8000 万元，预计使用寿命为 40 年，预计净残值为零，采用年限平均法计提折旧。2×18 年 1 月 1 日，甲公司将投资性房地产的后续计量由成本模式变更为公允价值模式，当日，该房产的公允价值为 8500 万元。

假定企业所得税法规定，甲公司上述房产的折旧年限为 20 年，预计净残值为零，采用年限平均法计提的折旧可在税前扣除。

（4）甲公司共有 2000 名职工，从 2×17 年 1 月 1 日起，实行累积带薪缺勤制度。该制度规定，每个职工每年可享受 10 个工作日带薪休假，未使用的年休假只能向后结转一个日历年度，超过 1 年未使用的休假权利作废。职工离职时，甲公司对职工未使用的累积带薪休假不支付现金。职工休假时以后进先出为基础，即首先从当年可享受的休假权利中扣除，再从上年结转的带薪休假余额中扣除。

2×17 年甲公司每个职工平均未使用带薪休假为 4 天。2×17 年 12 月 31 日，甲公司预计 2×18 年 1800 名职工将享受不超过 10 天的带薪休假，另外 200 名职工每人平均享受 12 天年休假。这 200 名职工均为管理人员，甲公司管理人员平均每个工作日工资为 600 元。

假定企业所得税法对上述交易的处理与企业会计准则相同。

其他资料：（1）甲公司适用的企业所得税税率为 25%，未来期间能够产生足够的应纳税所得额用以抵减可抵扣暂时性差异。（2）2×17 年初，甲公司不存在暂时性差异，递延所得税资产和递延所得税负债的年初余额均为零。（3）甲公司按年度净利润的 10% 计提法定盈余公积，不计提任意盈余公积。（4）本题不考虑除企业所得税以外的相关税费及其他因素。

要求：

（1）根据资料（1），计算甲公司 2×17 年 12 月向会员客户销售商品应当确认的收入金额，以及 2×18 年 1 月会员客户使用积分应当确认的收入金额，并编制相关会计分录。

（2）根据资料（2），计算甲公司 2×17 年度应确认的股份支付费用金额，以及因股份支付应确认的递延所得税金额，并编制授予限制性股票、确认股份支付费用及其递延所得税相关的会计分录。

（3）根据资料（3），计算甲公司 2×17 年度因投资性房地产应确认的递延所得税金额，并编制相关会计分录；说明甲公司 2×18 年 1 月 1 日变更投资性房地产后续计量模式的会计处理原则，并编制相关会计分录。

（4）根据资料（4），计算甲公司 2×17 年度因实行累积带薪缺勤制度应当确认的应付职工薪酬金额，并编制相关会计分录。（2021 年）

3. 甲公司适用的企业所得税税率为 25%，经当地税务机关批准，甲公司自 20×1 年 2 月取得第一笔生产经营收入所属纳税年度起，享受“三免三减半”的税收优惠政策，即 20×1 年至 20×3 年免交企业所得税，20×4 年至 20×6 年减半，按照 12.5% 的税率交纳企业所得税。甲公司 20×3 年至 20×7 年有关会计处理与税收处理不一致的交易或事项如下：

（1）20×2 年 12 月 10 日，甲公司购入一台不需要安装即可投入使用的行政管理用 A 设备，成本 6000 万元，该设备采用年数总和法计提折旧，预计使用 5 年，预计净残值为 0。税法规定，固定资产按照年限平均法计提的折旧准予在税前扣除。假定税法规定的 A 设备预计使用年限及净残值与会计规定相同。

（2）甲公司拥有一栋五层高的 B 楼房，用于本公司行政管理部门办公。迁往新建的办公楼后，甲公司 20×7 年 1 月 1 日与乙公司签订租赁协议，将 B 楼房租赁给乙公司使用。租赁合同约定，租赁期为 3 年，租赁期开始日为 20×7 年 1 月 1 日，年租金为 240 万元，于每月末分期支付。B 楼房转换为投资性房地产前采用年限平均法计提折旧，预计使用 50 年，预计无净残值；转换为投资性房地产后采用公允价值模式进行后续计量。转换日，B 楼房原价为 800 万元，已计提折旧为 400 万元，公允价值为 1300 万元。20×7 年 12 月 31 日，B 楼房的公允价值为 1500 万元。税法规定，企业的各项资产以历史成本为基础计量；固定资产按照年限平均法计提的折旧准予在税前扣除。假定税法规定的 B 楼房使用年限及净残值与其转换为投资性房地产前的会计规定相同。

（3）20×7 年 7 月 1 日，甲公司以 1000 万元的价格购入国家同日发行的国债，款项已用银行存款支付。该债券的面值为 1000 万元，期限为 3 年，年利率为 5%（与实际利率相同），利息于每年 6 月 30 日支付，本金到期一次付清。甲公司根据其管理该国债的业务模式和该国债的合同现金流量特征，将购入的国债分类为以摊余成本计量的金融资产。税法规定，国债利息收入免交企业所得税。

（4）20×7 年 9 月 3 日，甲公司向符合税法规定条件的公益性社团捐赠现金 600 万元。税法规定，企业发生的公益性捐赠支出不超过年度利润总额 12% 的部分准许扣除。

其他资料如下：

第一，20×7 年度，甲公司实现利润总额 4500 万元。

第二，20×3 年初，甲公司递延所得税资产和递延所得税负债无余额，无未确认递延所得税资产的可抵扣暂时性差异的可抵扣亏损，除上面所述外，甲公司 20×3 年至 20×7 年无其他会计处理与税收处理不一致的交易或事项。
第三，20×3 年至 20×7 年各年末，甲公司均有确凿证据表明未来期间很可能获得足够的应纳税所得额用来抵扣可抵扣暂时性差异。
第四，不考虑除所得税以外的其他税费及其他因素。

要求：
（1）根据资料（1），分别计算甲公司 20×3 年至 20×7 年各年 A 设备应计提的折旧，并填写完成下列表格。

单位：万元

项目	20×3 年 12 月 31 日	20×4 年 12 月 31 日	20×5 年 12 月 31 日	20×6 年 12 月 31 日	20×7 年 12 月 31 日
账面价值					
计税基础					
暂时性差异					

（2）根据资料（2），编制甲公司 20×7 年与 B 楼房转换为投资性房地产及其后续公允价值变动相关的会计分录。
（3）根据资料（3），编制甲公司 20×7 年与购入国债及确认利息相关的会计分录。
（4）根据上述资料，计算甲公司 20×3 年至 20×6 年各年末的递延所得税资产或负债余额。
（5）根据上述资料，计算甲公司 20×7 年的应交所得税和所得税费用，以及 20×7 年末递延所得税资产或负债余额，并编制相关会计分录。（2018 年）

4. 甲股份有限公司（以下简称“甲公司”）为上市公司，该公司 2×16 年发生的有关交易或事项如下：
（1）1 月 2 日，甲公司在天猫开设的专营店上线运行，推出一项新的销售政策，凡在 1 月 10 日之前登录甲公司专营店并注册为会员的消费者，只须支付 500 元会员费，即可享受在未来两年内在该公司专营店购物全部 7 折的优惠，该会员费不退且会员资格不可转让，1 月 2 日至 10 日，该政策共吸引 30 万名消费者成为甲公司天猫专营店会员，有关消费者在申请加入成为会员时已全额支付会员费。
由于甲公司在天猫开设的专营店刚刚开始运营，甲公司无法预计消费者的消费习惯及未来两年可能的消费金额，税法规定，计算所得税时按照会计准则规定确认收入的时点作为计税时点。
（2）2 月 20 日，甲公司闲置资金 3000 万美元用于购买某银行发售的外汇理财产品，理财产品合同规定：该理财产品存续期为 364 天，预期年化收益率为 3%，不保证本金及收益，持有期间内每月 1 日可开放赎回，且无法通过合同现金流量测试。甲公司计划将该投资持有至到期。当日，美元对人民币的汇率为 1 美元 =6.50 元人民币。
2×16 年 12 月 31 日，根据银行发布的理财产品价值信息，甲公司持有的美元理财产品价值为 3100 万美元，当日美元对人民币的汇率为 1 美元 =6.70 元人民币。
税法规定，对于外币交易的折算采用交易发生时的即期汇率，但对于公允价值计量的金融资产，持有期间内的公允价值变动不计入应纳税所得额。

（3）甲公司生产的乙产品中标参与国家专项扶持计划，该产品正常市场价值为1.2万元/台，甲公司的生产成本为0.8万元/台，按照规定，甲公司参与国家专项扶持计划后，将乙产品销售给目标消费者的价值为1万元/台，国家财政另外给予甲公司补助款0.2万元/台。2×16年，甲公司按照该计划共销售乙产品2000台，销售价款及国家财政补助款均已收到。税法规定，有关政府补助收入在取得时计入应纳税所得额。

（4）9月30日，甲公司自外部购入一项正在进行中的研发项目，支付价款900万元，甲公司预计该项目前期研发已经形成一定的技术雏形，预计能够带来的经济利益流入足以补偿外购成本。甲公司组织自身研发团队在该项目基础上进一步研发，当年度共发生研发支出400万元，通过银行存款支付。甲公司判断有关支出均符合资本化条件，至2×16年年末，该项目仍处于研发过程中。

税法规定，企业自行研发的项目，按照会计准则规定资本化的部分，其计税基础为资本化金额的150%，按照会计准则规定费用化的部分，当期可予税前扣除的金额为费用化金额的150%。

其他有关资料：

第一，本题中不考虑除所得税外其他相关税费的影响。甲公司适用的所得税税率为25%，假定甲公司在未来期间能够产生足够的应纳税所得额用以抵扣可抵扣暂时性差异。

第二，甲公司以人民币为记账本位币，外币业务采用业务发生时的即期汇率折算。

要求：

就甲公司2×16年发生的有关交易或事项，分别说明其应当进行的会计处理并说明理由；分别说明有关交易或事项是否产生资产、负债的账面价值与计税基础之间的暂时性差异，是否应确认相关递延所得税，并分别编制与有关交易或事项相关的会计分录。（2017年）

历年经典主观题参考答案及解析

使用“会计云课堂”App或“微信”扫码对答案、看解析、掌握解题思路，开启轻松过关之旅。

一、计算分析题

【答案】

（1）甲公司取得乙公司30%股权的初始投资成本为2000万元，取得股权日，享有被投资单位可辨认净资产公允价值的份额=7000×30%=2100（万元），大于初始投资成本，故长期股权投资的初始入账价值为2100万元。

借：长期股权投资—投资成本　　2000

　贷：银行存款　　2000

借：长期股权投资—投资成本　　100（7000×30%-2000）
　贷：营业外收入　　100

（2）甲公司20×8年应确认的投资收益金额=[1000-（3000-1000）/10]×30%=240（万元），应确认其他综合收益金额=50×30%=15（万元）。

借：长期股权投资—损益调整　　240
　贷：投资收益　　240
借：长期股权投资—其他综合收益　　15
　贷：其他综合收益　　15

（3）甲公司不确认长期股权投资相关的递延所得税。

理由：由于甲公司拟长期持有乙公司的股权，所以因长期股权投资初始投资成本的调整产生的暂时性差异预计未来期间不会转回，因确认投资收益产生的暂时性差异，在未来期间逐期分回现金股利或利润时免税（居民企业间的股息红利免税），因确认应享有被投资单位其他综合收益变动份额而产生的暂时性差异预计未来期间不会转回，所以均对未来期间所得税没有影响，不应确认递延所得税。

（4）甲公司从政府取得2000万元资金用于开发新型节能环保建筑材料，但研究成果归政府所有，所以甲公司不应当按照政府补助进行会计处理，应按收入准则进行会计处理。

借：银行存款　　2000
　贷：合同负债　　2000

（5）甲公司办公楼竣工决算属于资产负债表日后调整事项。该事项在资产负债表日已经存在，日后根据最新情况发生变化，所以应当作为资产负债表日后调整事项进行处理，按照竣工决算的实际成本调整原暂估入账的金额，不调整原已计提的折旧金额。

固定资产20×8年12月31日应列示的金额=68000-62000/50=66760（万元）。

借：固定资产　　6000
　贷：在建工程　　6000

二、综合题

1.【答案】

（1）①甲公司与乙公司在原合同基础上签订的补充协议属于合同变更。

合同变更部分应作为单独合同进行会计处理。

理由：合同变更增加了可明确区分的商品（或者，合同变更增加了200件A产品与原500件A产品可明确区分）；

且新增合同价款反映了新增商品的单独售价[或者，新增200件A产品的合同价格（每件24万元）反映了新增200件A产品的单独售价]。

②甲公司销售A产品应按时点法确认收入。

甲公司销售A产品确认收入的时点：2×19年12月10日。

理由：乙公司已取得A产品的控制权。

2×19年7月10日

借：银行存款　　2500
　贷：合同负债　　2500

2×19年9月12日

借：银行存款 960

贷：合同负债 960

2×19年12月10日

借：银行存款 16089

合同负债 3460

贷：主营业务收入 17300

应交税费—应交增值税（销项税额） 2249

（2）乙公司购入A产品成本总额=500×25+200×24+200+20+5=17525（万元）。

乙公司购入A产品单位成本=17525/700=25.04（万元/件）。

（3）甲公司与丙公司分别签订的采购大型机械设备并安装合同、对大型机械设备的重大修改合同，这两份合同应当合并为一个合同。

理由：甲公司与丙公司虽然分别签订了两份合同，但该两份合同基于同一商业目的而订立，并构成一揽子交易（或两份合同形成单项履约义务）。

该合并后的合同包含一项履约义务，即为丙公司提供大型机械设备并进行重大修改。

理由：甲公司向丙公司转让的大型机械设备的承诺，与后续重大修改的承诺之间不可明确区分。

甲公司与丙公司签订的服务合同为一份单独的合同。

甲公司与丙公司签订的服务合同包含一项履约义务，即为丙公司提供设备后续维护服务。

（4）2×20年7月1日无形资产的账面价值与计税基础的差异不应确认递延所得税资产。

理由：按照会计准则规定，初始确认时既不影响会计利润也不影响应纳税所得额，且不属于企业合并的情况下，资产的账面价值小于计税基础的差异不确认递延所得税资产。

2×20年12月31日无形资产的账面价值=1600-1600÷10÷2=1520（万元）。

2×20年12月31日无形资产的计税基础=1600×（1+100%）-[1600×（1+100%）÷10÷2]=3200-160=3040（万元）。

当地政府拨付甲公司的补助款应作为政府补助，先计入递延收益，按无形资产的预计使用年限分期计入其他收益。

当地政府拨付甲公司补助款应计入2×20年度利润总额的金额=200÷10÷2=10（万元）。

2.【答案】

（1）奖励积分的单独售价=10×1×85%=8.5（万元），甲公司2×17年12月向会员客户销售商品应当确认的收入金额=1000×1000/（1000+8.5）=991.57（万元），甲公司奖励积分部分应分摊的交易价格=1000×8.5/（1000+8.5）=8.43（万元）。2×18年1月会员客户使用积分应当确认的收入金额=8.43×2/（10×85%）=1.98（万元）。

相关会计分录：

2×17年12月

借：银行存款 1000

贷：主营业务收入 991.57

合同负债 8.43

2×18 年 1 月

借：合同负债 1.98

贷：主营业务收入 1.98

（2）甲公司 2×17 年度应确认的股份支付费用金额 =（20-5）×20×（1-10%）×50×1/5=2700（万元），甲公司当期因股份支付应确认的暂时性差异 =（25-5）×20×（1-10%）×50×1/5=3600（万元），因股份支付应确认的递延所得税资产 =3600×25%=900（万元）。

相关会计分录：

2×17 年 1 月 1 日

借：银行存款 5000

贷：股本 1000

资本公积—股本溢价 4000

借：库存股 5000

贷：其他应付款 5000

2×17 年 12 月 31 日

借：管理费用 2700

贷：资本公积—其他资本公积 2700

借：递延所得税资产 900（3600×25%）

贷：所得税费用 675（2700×25%）

资本公积—其他资本公积 225

（3）① 2×17 年 12 月 31 日该投资性房地产的账面价值 =8000-8000/40×11/12=7816.67（万元），计税基础 =8000-8000/20×11/12=7633.33（万元），账面价值大于计税基础，产生应纳税暂时性差异，甲公司 2×17 年度因投资性房地产应确认递延所得税负债 =（7816.67-7633.33）×25%=45.84（万元）。

相关会计分录：

借：投资性房地产 8000

贷：银行存款等 8000

借：其他业务成本 183.33

贷：投资性房地产累计折旧 183.33（8000/40×11/12）

借：所得税费用 45.84

贷：递延所得税负债 45.84

②甲公司 2×18 年 1 月 1 日变更投资性房地产后续计量模式，属于会计政策变更，应采用追溯调整法进行会计处理。

相关会计分录：

借：投资性房地产 8500

投资性房地产累计折旧 183.33

贷：投资性房地产 8000

递延所得税负债 170.83

盈余公积 51.25

利润分配—未分配利润 461.25

（4）甲公司 2×17 年度因实行累积带薪缺勤制度应当确认的应付职工薪酬金额 =200×2×600/10000=24（万元）。

相关会计分录：

借：管理费用　　24

　贷：应付职工薪酬　　24

3.【答案】

（1）20×3年A设备应计提的折旧额=6000×5/15=2000（万元）；20×4年A设备应计提的折旧额=6000×4/15=1600（万元）；20×5年A设备应计提的折旧额=6000×3/15=1200（万元）；20×6年A设备应计提的折旧额=6000×2/15=800（万元）；20×7年A设备应计提的折旧额=6000×1/15=400（万元）。

单位：万元

项目	20×3年12月31日	20×4年12月31日	20×5年12月31日	20×6年12月31日	20×7年12月31日
账面价值	4000	2400	1200	400	0
计税基础	4800	3600	2400	1200	0
暂时性差异	800	1200	1200	800	0

（2）

借：投资性房地产—成本　　1300

　　累计折旧　　400

　贷：固定资产　　800

　　　其他综合收益　　900

借：投资性房地产—公允价值变动　　200（1500-1300）

　贷：公允价值变动损益　　200

（3）

借：债权投资　　1000

　贷：银行存款　　1000

借：应收利息　　25（1000×5%/2）

　贷：投资收益　　25

（4）20×3年末的递延所得税资产余额=400×12.5%+400×25%=150（万元）；

20×4年末的递延所得税资产余额=400×12.5%+800×25%=250（万元）；

20×5年末的递延所得税资产余额=400×12.5%+800×25%=250（万元）；

20×6年末的递延所得税资产余额=800×25%=200（万元）。

（5）甲公司20×7年的应交所得税=［4500-转回固定资产的可抵扣暂时性差异800-投资性房地产应纳税暂时性差异（200+800/50）-国债利息免税25+公益性捐赠支出超过限额部分（600-4500×12%）］×25%=879.75（万元）；

甲公司20×7年的递延所得税费用=投资性房地产确认的递延所得税负债对应所得税费用部分（200+800/50）×25%+固定资产转回的递延所得税资产800×25%=254（万元）；

甲公司20×7年的所得税费用=879.75+254=1133.75（万元）。

20×7年末递延所得税负债余额=900×25%+（200+800/50）×25%=279（万元）。

借：所得税费用 1133.75
　贷：应交税费—应交所得税 879.75
　　　递延所得税负债 54
　　　递延所得税资产 200
借：其他综合收益 225（900×25%）
　贷：递延所得税负债 225

【提示】①题目未给出超过限额的公益性捐赠支出允许以后年度扣除，故不确认递延所得税；② 20×7 年可抵扣暂时性差异为零，递延所得税资产余额为零；③因甲公司享有税收优惠政策，故于 20×1 年起知晓以后年度税率。

4.【答案】

交易事项（1），甲公司对于收取的会员费在收取时点应当作为合同负债处理，在两年内逐期摊销计入收入。

理由：该款项虽然不退，但其赋予了消费者在未来两年内消费打 7 折的权利，甲公司负有在未来两年内履行该承诺的义务，且由于甲公司无法有效估计消费者的消费习惯和金额，可以按照时间分期摊销计入损益。

借：银行存款 15000（30×500）
　贷：合同负债 15000

2×16 年年末：

借：合同负债 7500
　贷：主营业务收入 7500

该交易的会计处理与税法处理相同，不产生暂时性差异。

交易事项（2），①甲公司应将购买的外汇理财产品作为以公允价值计量且其变动计入当期损益的金融资产核算，入账价值 =3000×6.50=19500（万元人民币）。期末确认公允价值变动及汇率变动 =3100×6.70−3000×6.50=1270（万元人民币），计入公允价值变动损益。

理由：该理财产品不能通过合同现金流量测试。

借：交易性金融资产 19500
　贷：银行存款 19500
借：交易性金融资产 1270
　贷：公允价值变动损益 1270

② 2×16 年 12 月 31 日，该金融资产的账面价值 =3100×6.70=20770（万元人民币）；

计税基础 =3000×6.50=19500（万元人民币）；

资产账面价值大于计税基础，确认应纳税暂时性差异 1270 万元人民币，并确认递延所得税负债 317.5 万元人民币（1270×25%）。

相关会计处理如下：

借：所得税费用 317.5（1270×25%）
　贷：递延所得税负债 317.5

交易事项（3），甲公司应将自消费者收取的 2000 万元以及自国家财政取得的 400 万元补助款确认营业收入。

理由：400 万元补助款是甲公司销售乙产品给消费者，国家代消费者支付的商品价款，不属于政府补助，是构成产品销售收入的组成部分。

借：银行存款　　2400
　贷：主营业务收入　　2400
借：主营业务成本　　1600
　贷：库存商品　　1600

该项交易的会计处理与税法处理不存在差异。

交易事项（4），①甲公司应当将外购研发项目发生的支出资本化，在该项目的基础上进一步发生的研发支出符合资本化条件的，应当计入资本化金额。

理由：外购研发项目发生的支出，符合资产确认条件的，应当确认为资产，自行研究开发项目发生的支出，应当按照会计准则规定判断是否符合资本化条件并分别处理。

借：研发支出—资本化支出　　900
　贷：银行存款　　900
借：研发支出—资本化支出　　400
　贷：银行存款　　400

② 2×16年12月31日，该研发项目的账面价值为1300万元（900+400），计税基础为1950万元（1300×150%），形成的可抵扣暂时性差异为650万元（1950−1300），但不确认递延所得税资产。因该交易发生时既不影响会计利润也不影响应纳税所得额，且不是产生于企业合并，不确认相关的递延所得税。

同步强化练习题

使用“会计云课堂”App或“微信”扫码快速做题、对答案、看解析、掌握解题思路，开启轻松过关之旅。

1034966

一、单项选择题

1. 甲公司于2×21年1月1日开始对N设备计提折旧，N设备的初始入账金额为60万元，预计使用年限为5年，预计净残值为零，采用双倍余额递减法计提折旧。2×21年12月31日，该设备存在减值迹象，确定的可收回金额为30万元。根据税法规定，该设备在2×21年至2×25年每年准予在税前扣除的折旧费用均为12万元。2×21年12月31日，N设备的暂时性差异为（　　）万元。

A. 24　　B. 18
C. 30　　D. 36

2. 2×21年12月1日，甲公司因违反环保法规受到处罚，将应支付的罚款540万元计入其他应付款。根据税法规定，甲公司违反环保法规的罚款不得税前扣除。2×21年12月31日，甲公司已经支付了400万元的罚款。不考虑其他因素，2×21年12月31日，其他应付款的暂时性差异为（　　）万元。

A. 540　　B. 140
C. 400　　D. 0

3. 甲公司2×21年因政策性原因发生经营亏损600万元，按照税法规定，该亏损可用于抵减以后5个会计年度的应纳税所得额。甲公司预计未来5年期间能够产生足够的应纳税所得额用以弥补亏损。甲公司适用的所得税税率为25%。下列关于该经营亏损的表述中，正确的是(　　)。
A. 产生可抵扣暂时性差异600万元
B. 产生应纳税暂时性差异600万元
C. 不产生暂时性差异
D. 产生暂时性差异，但不确认递延所得税资产

4. A公司2×21年发生1800万元广告费支出，发生时已作为销售费用计入当期损益，并已支付。税法规定，该类支出不超过当年销售收入15%的部分允许当期税前扣除，超过部分允许向以后纳税年度结转扣除。A公司2×21年度实现销售收入10000万元。2×21年12月31日，A公司因广告费支出形成的可抵扣暂时性差异为(　　)万元。
A. 300　　B. 1500
C. 0　　D. 2000

5. 甲公司适用的所得税税率为25%，2×21年税前会计利润为2000万元。按照税法规定，与产品售后服务相关的费用在实际发生时允许税前扣除。2×20年年末“预计负债”科目余额为100万元（因计提产品保修费用确认），其对应的“递延所得税资产”余额为25万元。甲公司2×21年实际支付保修费用80万元，且本期计提了产品保修费用120万元。2×21年度因该业务确认的递延所得税费用为(　　)万元。
A. 10　　B. 500
C. −10　　D. 0

6. 甲公司2×21年度会计处理与税法处理存在差异的交易或事项如下:（1）持有的以公允价值计量且其变动计入当期损益的金融资产公允价值上升60万元。根据税法规定，该金融资产持有期间公允价值的变动金额不计入当期应纳税所得额。（2）计提与担保事项相关的预计负债600万元。根据税法规定，与上述担保事项相关的支出不得税前扣除。（3）持有的以公允价值计量且其变动计入其他综合收益的金融资产公允价值上升200万元。根据税法规定，该金融资产持有期间公允价值的变动金额不计入当期应纳税所得额。（4）计提固定资产减值准备140万元。根据税法规定，计提的资产减值准备在未发生实质性损失前不允许税前扣除。甲公司适用的所得税税率为25%。假定期初递延所得税资产和递延所得税负债的余额均为零，甲公司未来年度能够产生足够的应纳税所得额用以抵扣可抵扣暂时性差异。甲公司2×21年度递延所得税费用为(　　)万元。
A. −35　　B. 20
C. −20　　D. 30

7. 甲公司于2×19年12月购入一台管理用设备并于当月投入使用。该设备的入账价值为240万元（不含增值税），预计使用年限为5年，预计净残值为零，采用年限平均法计提折旧。税法规定采用年数总和法计提折旧，且使用年限与净残值均与会计规定相同。至2×21年12月31日，该设备未计提固定资产减值准备。甲公司适用的所得税税率为25%，并预计在未来期间内保持不变。甲公司2×21年12月31日对该设备确认的递延所得税负债余额为(　　)万元。
A. 8　　B. 0
C. 12　　D. 4

8. 甲公司于2×21年2月20日外购一栋写字楼并于当日对外出租，取得时成本为24000万元，采用公允价值模式进行后续

计量。2×21年12月31日，该写字楼公允价值跌至22400万元。税法规定，该类写字楼采用年限平均法计提折旧，折旧年限为20年，预计净残值为0。甲公司适用的所得税税率为15%，预计未来期间不会发生改变。2×21年12月31日甲公司因该项投资性房地产应确认的递延所得税资产为（ ）万元。

A. 1600　　B. −90

C. 400　　D. 90

9. 甲公司2×20年5月5日购入乙公司普通股股票，成本为400万元，甲公司将其划分为以公允价值计量且其变动计入当期损益的金融资产。2×20年年末甲公司持有的乙公司股票的公允价值为480万元；2×21年年末，该批股票的公允价值为460万元。甲公司适用的所得税税率为25%，且预计未来期间不会发生改变。假定不考虑其他因素，2×21年甲公司递延所得税负债的发生额为（ ）万元。

A. −15　　B. −5

C. 5　　D. 15

10. 甲公司2×21年1月8日以公允价值为1000万元的股票为对价购入乙公司100%的净资产，乙公司法人资格消失。甲公司与乙公司在此之前不存在关联方关系。购买日乙公司可辨认净资产公允价值为800万元。假定该项合并属于免税合并。甲公司和乙公司适用的所得税税率均为25%，则甲公司购买日商誉的计税基础为（ ）万元。

A. 0　　B. 800

C. 200　　D. 400

11. 甲公司2×21年实现利润总额500万元，适用的所得税税率为25%，甲公司当年因发生违法经营被罚款5万元，业务招待费超支10万元，国债利息收入30万元，甲公司2×21年年初“预计负债—产品质量保证”科目余额为25万元，当年提取了产品质量保证费用15万元，当年支付了6万元的产品质量保证费。不考虑其他因素，甲公司2×21年度净利润为（ ）万元。

A. 121.25　　B. 125

C. 330　　D. 378.75

12. 2×21年12月31日，甲公司因交易性金融资产和其他债权投资的公允价值变动，分别确认了20万元的递延所得税资产和40万元的递延所得税负债。甲公司当期应交所得税的金额为300万元。假定不考虑其他因素，甲公司2×21年度利润表“所得税费用”项目应列示的金额为（ ）万元。

A. 240　　B. 280

C. 320　　D. 360

13. 甲公司于2×21年2月自公开市场以每股4元的价格取得A公司普通股200万股，作为其他权益工具投资核算。2×21年12月31日，甲公司该股票投资尚未出售，当日市价为每股6元。按照税法规定，资产在持有期间的公允价值变动不计入应纳税所得额。甲公司适用的所得税税率为25%，假定在未来期间不会发生变化，不考虑其他因素。甲公司2×21年12月31日因该金融资产应确认的其他综合收益为（ ）万元。

A. 0　　B. 400

C. 100　　D. 300

14. 2×21年，甲公司当期应交所得税200万元，递延所得税资产本期净增加32万元（其中2万元对应其他综合收益，30万元对应所得税费用），递延所得税负债未发生变化，不考虑其他因素，2×21年利润表应列示的所得税费用金额为（ ）万元。

A. 170　　B. 168

C. 200　　D. 230

15. 甲公司在2×20年度的会计利润和应纳税所得额均为−800万元，按照税法规定允许用以后5年税前利润弥补亏损。甲公司预计2×21至2×23年不考虑弥补亏损的每年应纳税所得额分别为200万元、300万元和360万元，假设适用的所得税税率始终为25%，且每年均按预期实现目标利润，无其他暂时性差异。则甲公司2×23年有关递延所得税发生额的处理正确的是（　　）。
A. 递延所得税资产借方发生额为75万元
B. 递延所得税资产贷方发生额为75万元
C. 递延所得税资产发生额为0
D. 递延所得税资产贷方发生额为90万元

二、多项选择题

1. 甲公司下列各项资产或负债，在资产负债表日产生应纳税暂时性差异的有（　　）。
A. 账面价值为800万元、计税基础为1200万元的投资性房地产
B. 账面价值为60万元、计税基础为0的合同负债
C. 账面价值为180万元、计税基础为200万元的交易性金融负债
D. 账面价值为100万元、计税基础为60万元的交易性金融资产

2. 下列各项中，能够产生可抵扣暂时性差异的有（　　）。
A. 账面价值小于其计税基础的资产
B. 账面价值小于其计税基础的负债
C. 超过税法扣除标准的业务宣传费
D. 按税法规定可以结转以后年度的未弥补亏损

3. 下列关于递延所得税会计处理的表述中，错误的有（　　）。
A. 企业应将当期发生的可抵扣暂时性差异全部确认为递延所得税资产
B. 对于以公允价值计量且其变动计入当期损益的金融资产，企业不应对因公允价值变动形成的应纳税暂时性差异确认递延所得税负债
C. 企业应在资产负债表日对递延所得税资产的账面价值进行复核
D. 企业不应当对递延所得税资产和递延所得税负债进行折现

4. 甲公司持有乙公司40%股权，与丙公司共同控制乙公司的财务和经营政策。甲公司对乙公司的长期股权投资系甲公司2×21年1月1日购入，其初始投资成本为1000万元，初始投资成本大于投资时应享有乙公司可辨认净资产公允价值份额的差额为100万元。甲公司拟长期持有乙公司股权。根据税法规定，甲公司对乙公司长期股权投资的计税基础等于初始投资成本。甲公司2×21年度实现的利润总额为2000万元，权益法核算确认的投资收益为200万元（乙公司除净利润外，无其他权益变动），甲公司和乙公司适用的所得税税率均为25%。假定不考虑其他因素。甲公司下列会计处理中正确的有（　　）。
A. 2×21年12月31日长期股权投资的计税基础为1000万元
B. 2×21年12月31日长期股权投资的账面价值为1200万元
C. 长期股权投资产生的应纳税暂时性差异不应确认递延所得税负债
D. 2×21年度应交所得税为450万元

5. 下列关于企业递延所得税负债会计处理的表述中，正确的有（　　）。
A. 吸收合并免税合并下商誉初始确认时形成的应纳税暂时性差异应确认相应的递延所得税负债
B. 与损益相关的应纳税暂时性差异确认的递延所得税负债应计入所得税费用
C. 应纳税暂时性差异转回期间超过一年的，相应的递延所得税负债应以现值进行计量

D. 递延所得税负债以相关应纳税暂时性差异转回期间适用的企业所得税税率计量

6. 甲公司适用所得税税率为15%，其2×21年发生的交易或事项中，会计与税法处理存在差异的事项如下：①当期购入作为以公允价值计量且其变动计入其他综合收益的金融资产核算的债权投资，期末公允价值大于取得成本200万元；②收到与资产相关政府补助1600万元（采用总额法核算），税法规定将其计入当期应纳税所得额，相关资产至年末尚未开始计提折旧。甲公司2×21年利润总额为5200万元，假定递延所得税资产、负债年初余额为零，未来期间能够取得足够的应纳税所得额用以利用可抵扣暂时性差异。下列关于甲公司2×21年所得税的处理中，正确的有（　　）。

A. 所得税费用为780万元

B. 应交所得税为780万元

C. 递延所得税负债为30万元

D. 与资产相关的政府补助确认的递延收益不确认递延所得税资产

7. 2×21年12月31日，甲公司对商誉计提减值准备1000万元。该商誉系2×19年12月8日甲公司从丙公司处购买丁公司100%净资产吸收合并丁公司时形成的，初始计量金额为5000万元，丙公司根据税法规定已经交纳与转让丁公司100%股权相关的所得税及其他税费。根据税法规定，甲公司购买丁公司股权产生的商誉在整体转让或者清算相关资产、负债时，允许税前扣除。甲公司适用的所得税税率为25%，下列会计处理中正确的有（　　）。

A. 2×19年12月8日商誉的计税基础为0

B. 2×19年12月8日商誉的计税基础为5000万元

C. 2×21年12月31日商誉产生的可抵扣暂时性差异不确认递延所得税资产

D. 2×21年12月31日应确认递延所得税资产250万元

8. A公司以增发公允价值为15000万元的自身普通股为对价购入B公司100%的净资产，对B公司进行吸收合并，合并前A公司与B公司不存在任何关联方关系。假定该项合并符合税法规定的免税合并条件，交易双方选择进行免税处理，双方适用的所得税税率均为25%。购买日不包括递延所得税的可辨认净资产的公允价值和账面价值分别为12600万元和9225万元。A公司下列会计处理中正确的有（　　）。

A. 购买日考虑递延所得税后商誉的账面价值为3243.75万元

B. 购买日商誉的计税基础为0

C. 购买日应确认递延所得税费用为843.75万元

D. 购买日应确认与商誉相关的递延所得税负债810.94万元

9. 2×21年1月1日，甲公司开始自行研发一项用于生产P产品的新技术，研究阶段的支出为800万元，开发阶段满足资本化条件的支出为1200万元。2×21年7月1日，该新技术研发成功并立即用于P产品的生产。该新技术的预计使用年限为5年，无残值，采用直线法进行摊销。根据税法规定，该新技术在其预计使用年限5年内每年准予在税前扣除的摊销费用为480万元。甲公司适用的企业所得税税率为25%。不考虑其他因素，甲公司2×21年7月1日与该新技术有关的下列各项会计处理表述中，正确的有（　　）。

A. 该项新技术的入账金额为2000万元

B. 该项新技术产生可抵扣暂时性差异1200万元

C. 应确认与该项新技术有关的递延所得税资产300万元

D. 该项新技术的计税基础为2400万元

三、计算分析题

1. 甲公司2×17年度至2×21年度发生的与一栋办公楼有关的业务资料如下：

（1）2×17年1月1日，甲公司与乙公司签订合同，委托乙公司为其建造一栋办公楼。合同约定，该办公楼的总造价为10000万元，建造期为12个月，甲公司于2×17年1月1日向乙公司预付20%的工程款，该办公楼的建造活动正式开始，7月1日和12月31日分别根据履约进度与乙公司进行工程款结算。

（2）2×17年1月1日，为建造该办公楼，甲公司从银行借入专门借款4000万元，期限为2年，合同年利率与实际年利率均为8%，每年利息于次年1月1日支付，到期一次还本。专门借款中尚未动用部分全部存入银行，存款年利率为1%，假定甲公司每年年末计算利息费用。

（3）2×17年7月1日，甲公司根据履约进度与乙公司结算上半年工程款4500万元，扣除全部预付工程款后，余款以银行存款支付给乙公司。

（4）2×17年12月31日，该办公楼如期完工，达到预定可使用状态并于当日投入使用，甲公司以银行存款向乙公司支付剩余工程款5500万元。该办公楼预计使用年限为50年，预计净残值为310万元，采用年限平均法计提折旧。假定税法计提折旧的方法、预计使用年限和净残值与会计相同。

（5）2×20年11月，甲公司因生产经营战略调整，决定将该办公楼停止自用，改为出租以获取租金收益。2×20年12月20日，甲公司与丙公司签订租赁协议，约定将该办公楼以经营租赁的方式租给丙公司，租赁期为2年，租赁期开始日为2×20年12月31日，甲公司对投资性房地产采用公允价值模式进行后续计量，2×20年12月31日该办公楼的公允价值为10510万元。

（6）2×21年12月31日，该办公楼的公允价值为10610万元。

其他资料：假定超过专门借款支出的部分用甲公司自有资金支付，甲公司持有办公楼期间未发生减值迹象，甲公司适用的所得税税率为25%，不考虑除所得税之外的其他相关税费。

要求：

（1）根据资料（1）和（3），编制甲公司2×17年1月1日预付工程款和2×17年7月1日与乙公司结算工程款的会计分录。

（2）根据资料（1）至（4），计算甲公司2×17年专门借款利息应予资本化的金额，并编制相应的会计分录。

（3）根据资料（1）至（4），计算甲公司2×17年12月31日该办公楼完工作为固定资产入账的金额以及2×18年度应计提折旧的金额。

（4）根据资料（5），编制甲公司将该办公楼由自用转为出租的会计分录（如有相关递延所得税需一并编制）。

（5）根据资料（6），编制甲公司2×21年12月31日对该办公楼进行期末计量及确认递延所得税的会计分录。（“投资性房地产”科目要求写出二级明细科目）

2. 甲股份有限公司（以下简称“甲公司”）2×21年发生的有关交易或事项中，会计处理与所得税处理存在差异的包括以下几项：

（1）1月1日，甲公司以1800万元取得乙公司20%股权，并于取得当日向乙公司董事会派出一名代表，能够对乙公司的财务和经营决策施加重大影响。取得股权时，乙公司可辨认净资产的公允价值与账面价值相同，均为10000万元。

乙公司2×21年实现净利润500万元，当年因投资性房地产转换增加其他综合收益100万元（未扣除所得税影响）。甲公司与乙公司2×21年度未发生内部交易且乙公司无其他权益变动。

甲公司拟长期持有对乙公司的股权投资，税法规定，我国境内设立的居民企业股息、红利免税。

（2）甲公司2×21年发生研发支出1000万元，其中按照会计准则规定费用化的金额为400万元，资本化形成无形资产的金额为600万元，该研发形成的无形资产于2×21年7月1日达到预定用途，预计可使用5年，采用直线法摊销，无残值，假定无形资产的摊销计入管理费用。税法规定，企业研究开发费用，未形成资产计入当期损益的，在据实扣除的基础上，按照研发费用的100%加计扣除；形成资产的，未来期间按照无形资产摊销金额的200%予以税前扣除。假定该无形资产摊销方法、摊销年限及净残值的税法规定与会计相同。

（3）甲公司2×21年利润总额为3760万元。

其他有关资料：

第一，本题中有关公司均为我国境内居民企业，适用的所得税税率均为25%，预计甲公司未来期间能够产生足够的应纳税所得额用以抵扣可抵扣暂时性差异。

第二，甲公司2×21年年初递延所得税资产与负债的余额均为零，且不存在未确认递延所得税资产或负债的暂时性差异。

要求：

（1）根据资料（1）、资料（2），分别确认各交易或事项截至2×21年12月31日所形成资产的账面价值与计税基础，并说明是否应确认相关的递延所得税资产或递延所得税负债及其理由。

（2）计算甲公司2×21年应交所得税和所得税费用，编制甲公司2×21年与应交所得税和所得税费用相关的会计分录。

四、综合题

甲股份有限公司（以下简称“甲公司”）为上市公司，该公司2×21年发生的有关交易或事项如下：

（1）1月1日，以银行存款3000万元从二级市场购入乙公司当日发行的2年期公司债券，其业务模式是为收取合同现金流量并满足流动性需求，即甲公司对该部分债券以收取合同现金流量进行日常管理，但当甲公司资金发生紧缺时，将出售该债券以保证经营所需的流动资金。2×21年12月31日，乙公司债券的公允价值为3150万元。

（2）2月20日，甲公司闲置资金1000万美元用于购买某银行发售的外汇理财产品，理财产品合同规定：该理财产品存续期为365天，预期年化收益率为3%，不保证本金及收益，持有期间内每月1日可开放赎回，且无法通过合同现金流量测试。甲公司计划将该投资持有至到期。当日，美元对人民币的汇率为1美元=6.40元人民币。

2×21年12月31日，根据银行发布的理财产品价值信息，甲公司持有的美元理财产品价值为1100万美元，当日美元对人民币的汇率为1美元=6.50元人民币。

税法规定，对于外币交易的折算采用交易发生时的即期汇率，但对于公允价值计量的金融资产，持有期间内的公允价值变动不计入应纳税所得额。

（3）9月30日，甲公司自外部购入一项正在进行中的研发项目，以银行存款支付价款1000万元，甲公司预计该项目前期研发已经形成一定的技术雏形，预计能够带来的经济利益流入足以补偿外购成本。甲公司组织自身研发团队在该项目基础上进一步研发，当年度共发生研发支出600万元，通过银行存款支付。甲公司判断有关支出均符合资本化条件，至2×21年年末，该项目仍处于研发过程中。

税法规定，企业自行研发的项目，按照会计准则规定资本化的部分，其计税基础为资本化金额的200%，按照会计准则规定费用化的部分，当期可予税前扣除的金额为费用化金额的 200%。

（4）7 月 2 日，甲公司经股东大会批准，授予其 100 名管理人员每人 10 万份股票期权，每份期权于到期日可以 5 元 / 股的价格购买甲公司 1 股普通股，但被授予股票期权的管理人员必须在甲公司工作满 2 年才可行权。甲公司因该股权激励于当年确认了 500 万元的股份支付费用。税法规定，行权时股份公允价值与实际支付价款之间的差额，可在行权期间计算应纳税所得额时扣除。甲公司预计该股票期权行权时可予税前抵扣的金额为 2200 万元。

其他有关资料：

第一，不考虑除所得税外其他相关税费的影响。甲公司适用的所得税税率为 25%，假定甲公司在未来期间能够产生足够的应纳税所得额用以抵扣可抵扣暂时性差异。

第二，甲公司以人民币作为记账本位币，外币业务采用业务发生时的即期汇率折算。

要求：

甲公司 2×21 年发生的上述交易或事项，分别说明其应当进行的会计处理并说明理由，分别编制相关的会计分录；分别说明有关交易或事项是否产生资产、负债的账面价值与计税基础之间的暂时性差异，是否应确认相关递延所得税，并分别编制相关的会计分录。

同步强化练习题参考答案及解析

使用“会计云课堂”App 或“微信”扫码对答案、看解析、掌握解题思路，开启轻松过关之旅。

一、单项选择题

1.【答案】B

【解析】2×21 年 12 月 31 日 N 设备减值前的账面价值 =60-60×2/5=36（万元），可收回金额为 30 万元，应计提减值 6 万元，减值后的账面价值为 30 万元，N 设备的计税基础 =60-12=48（万元），账面价值小于计税基础，产生可抵扣暂时性差异 18 万元。

2.【答案】D

【解析】因违反环保法规受到处罚确认的其他应付款，税法规定不得税前扣除，计税基础与账面价值相等，不产生暂时性差异。

3.【答案】A

【解析】因为本期发生的未弥补亏损可以在未来 5 年内税前扣除，所以会减少甲公司未来期间的应纳税所得额，因此未弥补亏损 600 万元属于可抵扣暂时性差异，并确认递延所得税资产。

4.【答案】A

【解析】因按照税法规定，该类广告费支

出税前列支有一定的标准限制，根据当期A公司销售收入的15%计算，当期可予税前扣除1500万元（10000×15%），当期未予税前扣除的300万元（1800-1500）可以在以后纳税年度结转扣除，形成的可抵扣暂时性差异为300万元。

5.【答案】C

【解析】2×21年年末预计负债账面价值=100-80+120=140（万元）；计税基础=账面价值140-未来期间税法允许税前扣除的金额140=0；可抵扣暂时性差异余额为140万元，对应“递延所得税资产”余额=140×25%=35（万元）；2×21年“递延所得税资产”发生额=35-25=10（万元）；递延所得税费用为-10万元。

6.【答案】C

【解析】事项（1）产生应纳税暂时性差异60万元，确认递延所得税负债15万元（对应所得税费用科目）；事项（2）不产生暂时性差异，不确认递延所得税；事项（3）产生应纳税暂时性差异200万元，确认递延所得税负债50万元（对应其他综合收益科目）；事项（4）产生可抵扣暂时性差异140万元，确认递延所得税资产=140×25%=35（万元）（对应所得税费用科目）。甲公司2×21年度递延所得税费用=对应所得税费用的递延所得税负债发生额-对应所得税费用的递延所得税资产发生额=15-35=-20（万元）。（注：对应科目为其他综合收益的递延所得税不影响所得税费用）

7.【答案】C

【解析】该设备在2×21年12月31日的账面价值=240-240/5×2=144（万元），计税基础=240-240×5/15-240×4/15=96（万元），应确认的递延所得税负债余额=（144-96）×25%=12（万元）。

8.【答案】D

【解析】2×21年12月31日投资性房地产计税基础=24000-24000÷20×10/12=23000（万元），账面价值为22400万元，账面价值小于计税基础，产生可抵扣暂时性差异，应确认递延所得税资产=（23000-22400）×15%=90（万元）。

9.【答案】B

【解析】2×21年年初（即2×20年年末）递延所得税负债余额=（480-400）×25%=20（万元），2×21年年末递延所得税负债余额=（460-400）×25%=15（万元），2×21年递延所得税负债发生额=15-20=-5（万元）。

10.【答案】A

【解析】由于该项吸收合并属于免税合并，免税合并条件下，非同一控制下吸收合并在购买日产生的商誉计税基础为0。

11.【答案】D

【解析】①预计负债的年初账面余额为25万元，计税基础为0，形成可抵扣暂时性差异年初余额25万元；年末账面余额=25+15-6=34（万元），计税基础为0，形成可抵扣暂时性差异年末余额34万元。②当年递延所得税资产借方发生额=34×25%-25×25%=2.25（万元）。③当年应交所得税=（500+5+10-30+15-6）×25%=123.5（万元）。④所得税费用=123.5-2.25=121.25（万元）。⑤净利润=500-121.25=378.75（万元）。

12.【答案】B

【解析】会计分录如下：

借：所得税费用　280
　　递延所得税资产　20
　贷：应交税费——应交所得税　300
借：其他综合收益　40
　贷：递延所得税负债　40

【提示】其他债权投资的公允价值变动确认的递延所得税负债或递延所得税资产

对应的科目是其他综合收益，而不是所得税费用。

13.【答案】D

【解析】甲公司在2×21年12月31日的会计处理：

借：其他权益工具投资 400
[（6−4）×200]
贷：其他综合收益 400
借：其他综合收益 100（400×25%）
贷：递延所得税负债 100

综合上述分录，2×21年12月31日因该金融资产应确认的其他综合收益金额=400−100=300（万元）。

14.【答案】A

【解析】2×21年利润表应列示的所得税费用=应交所得税+递延所得税费用=200−（32−2）=170（万元）。

15.【答案】B

【解析】2×20年应该确认的递延所得税资产=800×25%=200（万元）；2×21年转回递延所得税资产的金额=200×25%=50（万元）；2×22年转回递延所得税资产的金额=300×25%=75（万元），2×23年只需弥补亏损300万元（800−200−300），应转回递延所得税资产的金额=300×25%=75（万元）。

二、多项选择题

1.【答案】CD

【解析】资产账面价值小于计税基础，负债账面价值大于计税基础，产生可抵扣暂时性差异，选项A和B错误；资产账面价值大于计税基础，负债账面价值小于计税基础，产生应纳税暂时性差异，选项C和D正确。

2.【答案】ACD

【解析】选项A，资产账面价值小于计税基础，产生可抵扣暂时性差异；选项B，负债账面价值小于计税基础，产生应纳税暂时性差异；选项C和D，没有形成资产的账面价值，但未来可以纳税调减，产生可抵扣暂时性差异。

3.【答案】AB

【解析】企业应将当期发生的可抵扣暂时性差异满足确认条件的确认为递延所得税资产，选项A错误；企业应对以公允价值计量且其变动计入当期损益的金融资产因公允价值上升所形成的应纳税暂时性差异确认递延所得税负债，选项B错误。

4.【答案】ABCD

【解析】长期股权投资计税基础为其取得时成本1000万元，选项A正确；2×21年12月31日长期股权投资的账面价值=1000+200=1200（万元），选项B正确；权益法核算下，如果投资企业拟长期持有被投资企业的股份，那么长期股权投资账面价值与计税基础产生的暂时性差异不确认递延所得税资产或递延所得税负债，选项C正确；2×21年度应交所得税=（2000−200）×25%=450（万元），选项D正确。

【提示】对于权益法下核算的长期股权投资，税法确定的计税基础为其取得时的成本，会计上对于初始投资成本调整确认的营业外收入和持有期间确认的投资收益，税法上不认可，所以在当期计算应纳税所得额时，应当对其进行纳税调减。

5.【答案】BD

【解析】选项A，吸收合并免税合并下，商誉初始确认时形成的应纳税暂时性差异不应确认递延所得税负债；选项C，无论应纳税暂时性差异转回期间如何，递延所得税负债都不要求折现。

6.【答案】AC

【解析】2×21年年末以公允价值计量且其变动计入其他综合收益的金融资产的

账面价值大于取得成本200万元，形成应纳税暂时性差异，应确认递延所得税负债的金额=200×15%=30（万元），对应其他综合收益，不影响所得税费用，选项C正确；与资产相关的政府补助，按税法规定在取得的当年全部计入应纳税所得额，其计税基础为0，递延收益的账面价值为1600万元，应确认递延所得税资产的金额=1600×15%=240（万元），选项D错误；甲公司2×21年应交所得税=（5200+1600）×15%=1020（万元），选项B错误；所得税费用=1020−240=780（万元），或所得税费用=5200×15%=780（万元），选项A正确。

7.【答案】BD

【解析】此项吸收合并属于应税合并，2×19年12月8日商誉的计税基础与账面价值相等，选项A错误，选项B正确；2×21年12月31日商誉计提减值准备1000万元，应确认递延所得税资产=1000×25%=250（万元），选项C错误，选项D正确。

8.【答案】AB

【解析】购买日考虑递延所得税后可辨认净资产的公允价值=12600−（12600−9225）×25%=11756.25（万元），购买日考虑递延所得税后商誉的账面价值=15000−11756.25=3243.75（万元），选项A正确；因交易双方选择进行免税处理，所以商誉的计税基础为0，选项B正确；购买日确认的递延所得税资产或负债影响商誉，不影响所得税费用，即不影响递延所得税费用，选项C错误；虽然商誉的账面价值大于计税基础，产生应纳税暂时性差异，但不确认递延所得税负债，选项D错误。

9.【答案】BD

【解析】该项新技术的入账价值为1200万元，选项A错误；2×21年7月1日新技术的账面价值为1200万元，计税基础=480×5=2400（万元），资产计税基础大于账面价值，形成可抵扣暂时性差异1200万元，选项B和D正确；由于新技术的确认不是产生于企业合并交易，同时在确认时既不影响会计利润也不影响应纳税所得额，按照所得税会计准则的规定，不确认该暂时性差异的所得税影响，选项C错误。

三、计算分析题

1.【答案】

（1）2×17年1月1日

借：预付账款　2000

　贷：银行存款　2000

2×17年7月1日

借：在建工程　4500

　贷：预付账款　2000

　　银行存款　2500

（2）专门借款利息资本化金额=4000×8%−（4000−2000）×1%×6/12=310（万元）。

借：在建工程　310

　银行存款　10

　贷：应付利息　320

（3）固定资产入账金额=4500+5500+310=10310（万元）；2×18年度应计提折旧的金额=（10310−310）÷50=200（万元）。

（4）

借：投资性房地产—成本　10510

　累计折旧　600（200×3）

　贷：固定资产　10310

　　其他综合收益　800（倒挤）

借：其他综合收益　200（800×25%）

　贷：递延所得税负债　200

（5）

借：投资性房地产—公允价值变动　100

（10610−10510）

　贷：公允价值变动损益　100

2×21年度按税法规定计提折旧的金额=

（10310－310）/50=200（万元），会计上确认公允价值变动收益 100 万元，两项结果综合导致本年度投资性房地产产生应纳税暂时性差异 300 万元，本期应确认递延所得税负债 =300×25%=75（万元）。

借：所得税费用　　75

　贷：递延所得税负债　　75

2.【答案】

（1）资料（1），2×21 年 12 月 31 日甲公司该项长期股权投资账面价值 =1800+（10000×20%－1800）+500×20%（按被投资单位实现净利润乘以投资持股比例确认的长期股权投资）+100×（1－25%）×20%（按被投资单位考虑所得税影响后的其他综合收益乘以投资持股比例确认的长期股权投资）=2115（万元），计税基础为取得时的初始投资成本 1800 万元，该长期股权投资的账面价值与计税基础不同形成应纳税暂时性差异 315 万元（2115－1800），但不应确认相关递延所得税负债。

理由：在甲公司拟长期持有该项长期股权投资情况下，因确认投资损益产生的暂时性差异，在未来期间逐期分回现金股利或利润时免税，不存在对未来期间的所得税影响；因确认应享有被投资单位其他综合收益变动份额而产生的暂时性差异，在长期持有的情况下预计未来期间也不会转回，所以不确认递延所得税负债。

资料（2），2×21 年 12 月 31 日无形资产的账面价值 =600－600/5×6/12=540（万元），计税基础 =540×200%=1080（万元），产生可抵扣暂时性差异 =1080－540=540（万元），但不应确认相关的递延所得税资产。

理由：该自行研发的无形资产不属于企业合并，并且交易发生时既不影响会计利润也不影响应纳税所得额，属于不确认递延所得税资产的特殊事项。

（2）2×21 年度应纳税所得额 = 会计利润 3760－（10000×20%－1800）（对初始投资成本调整确认的营业外收入）－500×20%（税法规定，我国境内设立的居民企业股息、红利免税，所以长期股权投资权益法确认的投资收益免税，纳税调减）－400×100%（内部研发不符合资本化部分按 100% 加计扣除）－600/5×6/12×100%（内部研究开发形成的无形资产按照税法规定加计摊销）= 3000（万元），甲公司 2×21 年度应交所得税 =3000×25%=750（万元）。2×21 年度应确认所得税费用为 750 万元。

会计分录如下：

借：所得税费用　　750

　贷：应交税费—应交所得税　　750

四、综合题

【答案】

交易事项（1），①将持有的乙公司债券划分为以公允价值计量且其变动计入其他综合收益的金融资产核算。

理由：因甲公司持有该债券业务模式是为收取合同现金流量并满足流动性需求，即甲公司资金发生紧缺时，将出售该债券，应划分为以公允价值计量且其变动计入其他综合收益的金融资产核算。

相关会计处理如下：

借：其他债权投资　　3000

　贷：银行存款　　3000

借：其他债权投资　　150

　贷：其他综合收益　　150

② 2×21 年 12 月 31 日，该金融资产的账面价值为 3150 万元，计税基础为 3000 万元。

资产账面价值大于计税基础，形成应纳税暂时性差异 150 万元，确认递延所得税负债 37.5 万元（150×25%）。

相关会计处理如下：

借：其他综合收益　37.5
　贷：递延所得税负债　37.5

交易事项（2），①甲公司应将购买的外汇理财产品作为以公允价值计量且其变动计入当期损益的金融资产核算，入账价值＝1000×6.40=6400（万元人民币）。期末确认公允价值变动及汇率变动＝1100×6.50−6400=750（万元人民币），计入公允价值变动损益。

理由：该理财产品不能通过合同现金流量测试。

相关会计处理如下：

借：交易性金融资产　6400
　贷：银行存款　6400

借：交易性金融资产　750
　贷：公允价值变动损益　750

②2×21年12月31日，该金融资产的账面价值＝1100×6.50=7150（万元人民币）；

计税基础＝1000×6.40=6400（万元人民币）；

资产账面价值大于计税基础，形成应纳税暂时性差异750万元人民币，并确认递延所得税负债187.5万元人民币（750×25%）。

相关会计处理如下：

借：所得税费用　187.5
　贷：递延所得税负债　187.5

交易事项（3），①甲公司应当将外购研发项目发生的支出资本化，在该项目的基础上进一步发生的研发支出符合资本化条件的，应当计入资本化金额。

理由：外购研发项目发生的支出，符合资产确认条件的，应当确认为资产，自行研究开发项目发生的支出，应当按照会计准则规定判断是否符合资本化条件并分别处理。

相关会计处理如下：

借：研发支出　1000
　贷：银行存款　1000

借：研发支出　600
　贷：银行存款　600

②2×21年12月31日，该研发项目的账面价值为1600万元（1000+600），计税基础为3200万元（1600×200%），资产账面价值小于计税基础，形成的可抵扣暂时性差异为1600万元（3200−1600），但不确认递延所得税资产。因该交易发生时既不影响会计利润也不影响应纳税所得额，且不是产生于企业合并，不确认相关的递延所得税。

交易事项（4），①应按照权益结算的股份支付进行会计处理。

理由：甲公司为获取服务而以自身股票作为对价进行结算的交易，属于权益结算的股份支付。权益结算的股份支付，应将当期取得的服务计入相关资产成本或费用，同时计入资本公积。

相关会计处理如下：

借：管理费用　500
　贷：资本公积　500

②管理人员股份支付的费用计入管理费用，没有形成资产账面价值。税法规定可抵扣的金额为实际行权时的股票公允价值与激励对象支付的行权金额之间的差额，甲公司应根据期末的股票价格估计未来可以税前抵扣的金额，以未来期间很可能取得的应纳税所得额为限确认递延所得税资产。因等待期为2年，所以2×21年12月31日的计税基础＝2200÷2×1/2=550（万元），应确认递延所得税资产＝550×25%=137.5（万元）。

甲公司预计未来期间可抵扣的金额550万元超过等待期内确认的成本费用500万元，超出部分形成的递延所得税资产应直接计入所有者权益，而不是计入当期损益。

相关会计处理如下：

借：递延所得税资产　137.5
　贷：所得税费用　125（500×25%）
　　　资本公积　12.5

第二十章　非货币性资产交换

CHAPTER-20

本章学习指南

一、学习目标

1. 掌握非货币性资产交换的相关概念。
2. 掌握非货币性资产交换不涉及的交易和事项。
3. 掌握非货币性资产交换的确认和计量。
4. 掌握非货币性资产交换的会计处理。

二、考情概况

本章考题一般为客观题，分数不高，属于不太重要章节。

三、教材变化

本章内容无实质性变化。

四、考点地图

考点	年份 / 题型
非货币性资产交换的会计处理	2021 年多选题
非货币性资产交换的认定	2020 年多选题、2019 年单选题

核心考点精讲

提示

本章与固定资产、无形资产、长期股权投资、金融工具等相关资产的初始计量紧密相连，前述章节内容是学习本章的基础。可先复习前述章节，再开启本章的学习。

第一节　非货币性资产交换的概念

使用“会计云课堂”App 或“微信”扫码查看本节视频，快速 GET 知识点。

一、非货币性资产交换的相关概念

项目	概念	内容及注意事项
货币性资产	是指企业持有的货币资金和收取固定或可确定金额的货币资金的权利	现金、银行存款、应收账款、应收票据等
非货币性资产	是指货币性资产以外的资产	存货、固定资产、在建工程、生产性生物资产、无形资产、投资性房地产、长期股权投资等
非货币性资产交换	是指企业主要以固定资产、无形资产、投资性房地产和长期股权投资等非货币性资产进行的交换。该交换不涉及或只涉及少量的货币性资产（即补价）	认定涉及少量货币性资产的交换为非货币性资产交换，通常以补价占整个资产交换金额的比例低于 25% 作为参考。若补价 ÷ 整个资产交换金额＜ 25%，则属于非货币性资产交换；若补价 ÷ 整个资产交换金额≥ 25%，视为货币性资产交换，适用《企业会计准则第 14 号——收入》等相关准则的规定

名师点拨

（1）补价是公允价值之间的差额，不含增值税之间的差额；

（2）整个资产交换金额即为在整个非货币性资产交换中最大的公允价值。

如，甲公司用一台设备换入乙公司一项专利权，设备公允价值为 100 万元，增值税为 13 万元，专利权公允价值为 90 万元，增值税为 5.4 万元，甲公司收到补价 17.6 万元。判断该交换是否属于非货币资产交换。

补价中公允价值之间的差额为 10 万元，10 ÷ 100 × 100%=10%，小于 25%，属于非货币性资产交换。

经典题解

【真题 1·多选题】下列各项资产中，属于货币性资产的有（　　）。（2018 年）

A. 银行存款

B. 预付款项

C. 以公允价值计量且其变动计入当期损益的金融资产

D. 应收票据

【解析】货币性资产指企业持有的货币资金和收取固定或可确定金额的货币资金的权利。选项 B 和 C，属于非货币性资产。

【答案】AD

二、非货币性资产交换不涉及的交易和事项

交易和事项	适用准则
换出资产为存货的非货币性资产交换	《企业会计准则第 14 号——收入》
非货币性资产交换中涉及的企业合并	《企业会计准则第 2 号——长期股权投资》、《企业会计准则第 20 号——企业合并》和《企业会计准则第 33 号——合并财务报表》
非货币性资产交换中涉及的金融资产	金融资产的确认、终止确认和计量适用《企业会计准则第 22 号——金融工具确认和计量》和《企业会计准则第 23 号——金融资产转移》
非货币性资产交换中涉及使用权资产或应收融资租赁款	相关资产的确认、终止确认和计量适用《企业会计准则第 21 号——租赁》
非货币性资产交换构成权益性交易	非货币性资产交换的一方直接或间接对另一方持股且以股东身份进行交易的，或者非货币性资产交换的双方均受同一方或相同的多方最终控制，且该非货币性资产交换的交易实质是交换的一方向另一方进行了权益性分配或交换的一方接受了另一方权益性投入，应当适用权益性交易的有关会计处理规定

要点小贴士

非货币性资产交换中，取得对联营企业或合营企业的投资，适用《企业会计准则第 7 号——非货币性资产交换》。

经典题解

【真题 2 · 多选题】下列各项关于甲公司发生的交易或事项中，不适用非货币性资产交换准则进行会计处理的有（　　）。（2020 年）

A. 甲公司以专利权作价对其合营企业进行增资

B. 甲公司以出租的厂房换取乙公司所持联营企业的投资

C. 甲公司以持有的 5 年期债券投资换取丙公司的专有技术

D. 甲公司以生产用设备向股东分配利润

【解析】甲公司换出持有的 5 年期债券投资属于货币性资产，不作为非货币性资产交换处理；甲公司将生产设备分配给所有者的，不作为非货币性资产交换处理。选项 C 和 D 不适用非货币性资产交换准则进行会计处理。

【答案】CD

【真题 3 · 单选题】对于甲公司而言，下列各项交易中，应当认定为非货币性资产交换进行会计处理的是（　　）。（2019 年改编）

A. 甲公司以一批产成品交换乙公司一台汽车

B. 甲公司以所持丙公司 20% 股权（具有重大影响）交换乙公司一批原材料

C. 甲公司以应收丁公司的 2200 万元银行承兑汇票交换乙公司一栋办公用房

D. 甲公司以一项专利权交换乙公司一项非专利技术，并以银行存款收取补价，所收取补价占换出专利权公允价值的 30%

【解析】选项 A，企业以存货换取其他企业固定资产、无形资产等，换出存货的企业适用《企业会计准则第 14 号——收入》的规定进行会计处理；

选项 C，银行承兑汇票属于货币性资产；

选项 D，用于交换的资产均属于非货币性资产，但涉及到的补价比例超过 25%。

【答案】B

【真题 4 · 多选题】甲公司为房地产开发企业，下列各项具有商业实质的资产交换交易中，甲公司应当适用《企业会计准则第 7 号——非货币性资产交换》的规定进行会计处理的有（ ）。（2018 年改编）

A. 甲公司以其持有的乙公司 5% 股权换取丙公司的一块土地

B. 甲公司以其持有的一项专利权换取戊公司的十台机器设备

C. 甲公司以其一套用于经营出租的公寓换取丁公司 10 万股股票（具有重大影响）

D. 甲公司以其一栋已开发完成的商品房换取己公司的一块土地

【解析】选项 A，适用《企业会计准则第 22 号——金融工具确认和计量》的规定；选项 D，适用《企业会计准则第 14 号——收入》的规定。

【答案】BC

【真题 5 · 多选题】2017 年度，甲公司发生的有关交易或事项如下：（1）以库存原材料偿付所欠乙公司账款的 70%，其余应付账款以银行存款支付；（2）以子公司（丙公司）的股权投资换取对丁公司 40% 股权并收到补价，收到的补价占换出丙公司股权公允价值的 15%；（3）租入一台设备，签发银行承兑汇票用于支付设备租赁费；（4）向戊公司发行自身普通股，取得戊公司对己公司 60% 的股权。上述交易或事项均发生于非关联方之间。下列各项关于甲公司发生的上述交易或事项中，不属于非货币性资产交换的有（ ）。（2018 年）

A. 签发银行承兑汇票支付设备租赁费

B. 以丙公司股权换取丁公司股权并收到补价

C. 以库存原材料和银行存款偿付所欠乙公司款项

D. 发行自身普通股取得己公司 60% 股权

【解析】选项 A，银行承兑汇票属于货币资金，不属于非货币性资产交换；

选项 B，交易资产均为非货币性资产，且补价比例小于 25%，属于非货币性资产交换；

选项 C，以非货币性资产偿还负债，不属于非货币性资产交换；

选项 D，自身普通股不属于企业资产，不属于非货币性资产交换。

【答案】ACD

【真题 6 · 单选题】2×17 年，甲公司发生的有关交易或事项如下：（1）购入商品应付乙公司账款 2000 万元，以库存商品偿付该欠款的 20%，其余以银行存款支付；（2）以持有的公允价值为 2500 万元的对子公司（丙公司）投资换取公允价值为 2400 万元的丁公司 25% 股权，补价 100 万元以现金收取并存入银行；（3）以分期收款结算方式销售大型设备，款项分 3 年收回；（4）甲公司向戊公司发行自身普通股，取得戊公司对己公司 80% 股权。上述交易均发生于非关联方之间。不考虑其他因素，下列各项关于甲公司 2×17 年发生的上述交易或事项中，属于非货币性

资产交换的是（ ）。（2017 年）

A. 分期收款销售大型设备

B. 以甲公司普通股取得乙公司 80% 股权

C. 以库存商品和银行存款偿付乙公司款项

D. 以丙公司股权换取丁公司股权并收到部分现金补价

【解析】选项 A，分期收款销售大型设备，不属于非货币性资产交换；

选项 B，增发股票不属于资产，因此，以增发股票取得的股权，不属于非货币性资产交换；

选项 C，以资产偿还负债，不属于非货币性资产交换。

【答案】D

第二节 非货币性资产交换的确认和计量

使用“会计云课堂”App 或“微信”扫码查看本节视频，快速 GET 知识点。

一、非货币性资产交换的确认原则

企业应当分别按照下列原则对非货币性资产交换中的换入资产进行确认，对换出资产终止确认。

（一）确认原则

项目	确认时点
换入资产	换入资产符合资产定义并满足资产确认条件时予以确认
换出资产	换出资产满足资产终止确认条件时终止确认

（二）换入资产的确认时点与换出资产的终止确认时点存在不一致的会计处理

交易事项	资产负债表日会计处理原则
换入资产满足资产确认条件，换出资产尚未满足终止确认条件	在确认换入资产的同时将交付换出资产的义务确认为一项负债
换入资产尚未满足资产确认条件，换出资产满足终止确认条件	在终止确认换出资产的同时将取得换入资产的权利确认为一项资产

二、非货币性资产交换的计量原则

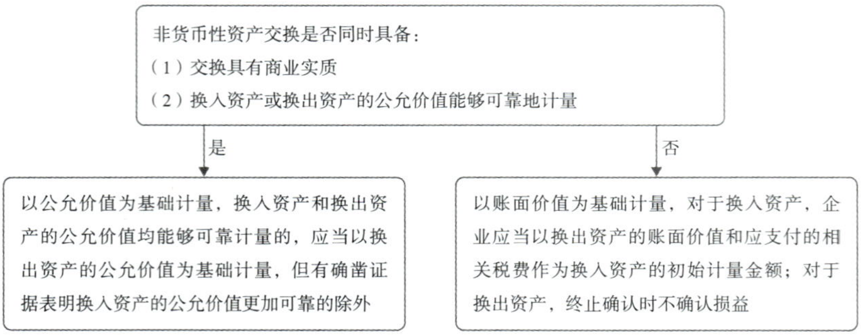

（一）以公允价值为基础计量

非货币性资产交换同时满足下列两个条件的，应当以公允价值和应支付的相关税费作为换入资产的成本，公允价值与换出资产账面价值的差额计入当期损益：

（1）该项交换具有商业实质；

（2）换入资产或换出资产的公允价值能够可靠地计量。

换入资产和换出资产公允价值均能够可靠计量的，应当以换出资产公允价值作为确定换入资产成本的基础。如果有确凿证据表明换入资产的公允价值更加可靠的，应当以换入资产公允价值为基础确定换入资产的成本。

名师点拨

在考虑了补价因素的调整后，正常交易中换入资产的公允价值和换出资产的公允价值通常是一致的。

【提示】对于非货币资产交换中换入资产和换出资产的公允价值均能够可靠计量的情形，企业在判断是否有确凿证据表明换入资产的公允价值更加可靠时，应当考虑确定公允价值所使用的输入值层次，企业可以参考以下情况：第一层次输入值为公允价值提供了最可靠的证据，第二层次直接或间接可观察的输入值比第三层次不可观察输入值为公允价值提供更确凿的证据。

（二）以账面价值为基础计量

不具有商业实质或交换涉及资产的公允价值均不能可靠计量的非货币性资产交换，应当按照换出资产的账面价值和应支付的相关税费，作为换入资产的成本，无论是否支付补价，均不确认损益；收到或支付的补价作为确定换入资产成本的调整因素。

三、商业实质的判断

（一）判断条件

满足下列条件之一的非货币性资产交换具有商业实质：

1. 换入资产的未来现金流量在风险、时间分布或金额方面与换出资产显著不同；

2. 使用换入资产所产生的预计未来现金流量现值与继续使用换出资产不同，且其差额与换入资产和换出资产的公允价值相比是重大的。

（二）交换涉及的资产类别与商业实质的关系

企业在判断非货币性资产交换是否具有商业实质时，还可以从资产是否属于同一类别进行分析，因为不同类非货币性资产因其产生经济利益的方式不同，一般来说其产生的未来现金流量风险、时间分布或金额也不相同，因而不同类非货币性资产之间的交换是否具有商业实质，通常较易判断。

同类非货币性资产交换是否具有商业实质，通常较难判断。需要根据上述两项判断条件综合判断，企业应当重点关注的是换入资产和换出资产为同类资产的情况，同类资产产生的未来现金流量既可能相同，也可能显著不同，其之间的交换因而可能具有商业实质，也可能不具有商业实质。

经典题解

【真题 7 · 多选题】甲公司为影视视频平台提供商。2×16 年，甲公司以其拥有的一部电影的版权与乙公司一部电视剧作品的版权交换。换出版权在甲公司的账面价值为 800 万元，换入版权在乙公司的账面价值为 550 万元。交易中未涉及货币资金收付，不考虑其他因素，下列各项关于甲公司对该交易的会计判断中，符合会计准则规定的有（　　）。（2017 年）

A. 该交易属于非货币性资产交换，应当按照非货币性资产交换的原则进行会计处理

B. 因换出电影版权处于使用期间内且无市场交易价值可供借鉴，在确定其公允价值时，可参考同类作品的对外版权许可收入并作适当调整

C. 无法可靠确定换入、换出资产公允价值的情况下，应按照换出资产的账面价值并考虑相关税费作为换入资产的入账价值

D. 因换入、换出资产内容、制作方法和演员团队、适应用户人群等并不相同，其带来的预期现金流量存在差异，该交易具有商业实质

【答案】ABCD

第三节　非货币性资产交换的会计处理

使用“会计云课堂”App 或“微信”扫码查看本节视频，快速 GET 知识点。

一、涉及单项非货币性资产交换的会计处理

1. 基本思路

（1）判断是否属于非货币性资产交换；

（2）判断采用公允价值为基础计量，还是账面价值为基础计量；

（3）确定换入资产入账价值；

（4）进行会计处理。

2. 具体会计处理如下表所示

<table>
<tr><th>项目</th><th colspan="2">以公允价值为基础计量</th><th>以账面价值为基础计量</th></tr>
<tr><td>换入资产入账价值</td><td colspan="2">（1）若给出换入资产公允价值
换入资产成本 = 换入资产公允价值 + 支付的应计入换入资产成本的相关税费
【提示】此情形换入资产成本与补价无关
（2）若未给出换入资产公允价值
①不涉及补价
换入资产成本 = 换出资产公允价值 + 换出资产增值税销项税额 - 换入资产可抵扣的增值税进项税额 + 支付的应计入换入资产成本的相关税费
②涉及补价的情况
a. 支付补价方
换入资产成本 = 换出资产公允价值 + 换出资产增值税销项税额 - 换入资产可抵扣的增值税进项税额 + 支付的应计入换入资产成本的相关税费 + 支付补价的公允价值
b. 收到补价方
换入资产成本 = 换出资产公允价值 + 换出资产增值税销项税额 - 换入资产可抵扣的增值税进项税额 + 支付的应计入换入资产成本的相关税费 - 收到补价的公允价值</td><td>（1）不涉及补价的情况
换入资产成本 = 换出资产账面价值 + 换出资产增值税销项税额 - 换入资产可抵扣的增值税进项税额 + 支付的相关税费
（2）涉及补价的情况
①支付补价方
换入资产成本 = 换出资产账面价值 + 换出资产增值税销项税额 - 换入资产可抵扣的增值税进项税额 + 支付的相关税费 + 支付补价的账面价值
②收到补价方
换入资产成本 = 换出资产账面价值 + 换出资产增值税销项税额 - 换入资产可抵扣的增值税进项税额 + 支付的相关税费 - 收到补价的公允价值</td></tr>
<tr><td>公允价值与账面价值差额的影响</td><td>以换出资产公允价值确定换入资产成本：将换出资产的公允价值与其账面价值之间的差额计入当期损益等</td><td>以换入资产公允价值确定换入资产成本：将换入资产的公允价值减去支付补价（或加上收到补价）的公允价值金额，与换出资产账面价值之间的差额计入当期损益等</td><td>不确认损益</td></tr>
<tr><td>相关税费的处理</td><td colspan="2">（1）与换出资产有关的相关税费和出售资产相关税费的会计处理相同，如换出固定资产支付的清理费用计入资产处置损益，换出应税消费品应交的消费税计入税金及附加等
（2）与换入资产有关的相关税费和购入资产相关税费的会计处理相同，如换入资产的运杂费和保险费计入换入资产的成本等</td><td>计入取得资产成本</td></tr>
</table>

相关链接

以公允价值为基础计量的非货币性资产交换，换出资产公允价值与账面价值差额的处理，参见P683本章疑难问题解答。

经典题解

【真题8·多选题】2×20年，甲公司发生的有关交易或事项如下：（1）甲公司与丙公司签订的资产交换协议约定，甲公司以其拥有50年使用权的一宗土地换取丙公司持有的乙公司40%的股权；（2）丙公司以发行自身普通股换取甲公司一条生产线。假定上述资产交换具有商业实质，换出资产与换入资产的公允价值均能可靠

计量。不考虑相关税费及其他因素，下列各项与上述交易或事项相关会计处理的表述中，正确的有（　　）。（2021年）

A. 甲公司换出土地公允价值与其账面价值的差额应确认为资产处置损益

B. 丙公司以发行自身普通股换取甲公司一条生产线应按非货币性资产交换原则进行会计处理

C. 甲公司以土地换取的对乙公司40%股权应按非货币性资产交换原则进行会计处理

D. 丙公司应按照换出股权的公允价值计量换入土地的成本

【解析】甲公司以其拥有50年使用权的一宗土地换取丙公司持有的乙公司40%股权，属于非货币性资产交换，适用非货币性资产交换准则进行会计处理，选项C正确；

甲公司换出土地的账面价值与公允价值的差额，确认资产处置损益，选项A正确；

丙公司应当按照换出乙公司40%股权的公允价值计量换入土地的成本，选项D正确；

丙公司以发行自身普通股换取甲公司生产线，不适用非货币性资产交换准则，选项B不正确。

【答案】ACD

【真题9·单选题】经与乙公司商协，甲公司以一台设备换入乙公司的一项专利技术，交换日，甲公司换出设备的账面价值为560万元，公允价值为700万元（等于计税价格），甲公司将设备运抵乙公司并向乙公司开具了增值税专用发票，当日双方办妥了专利技术所有权转让手续。经评估确认，该专项技术的公允价值为900万元（免增值税），甲公司另以银行存款支付乙公司81万元，甲、乙公司均为增值税一般纳税人，适用的增值税税率均为17%，不考虑其他因素，甲公司换入专利技术的入账价值是（　　）。（2015年改编）

A. 641万元　　　　B. 900万元

C. 781万元　　　　D. 819万元

【解析】专利技术入账价值为换入资产的公允价值900万元。或入账价值=换出设备公允价值+增值税销项税额-增值税进项税额+支付的补价=700+700×17%+81=900（万元）。

【答案】B

【真题10·单选题】甲公司为增值税一般纳税人，20×2年1月25日以其拥有的一项非专利技术与乙公司生产的一批商品交换。交换日，甲公司换出非专利技术的成本为80万元，累计摊销为15万元，未计提减值准备，公允价值无法可靠计量；假定该非专利技术免增值税，换入商品的账面成本为72万元，未计提跌价准备，公允价值为100万元，增值税税额为17万元，甲公司将其作为存货；甲公司另收到乙公司支付的30万元现金。不考虑其他因素，甲公司对该交易应确认的收益为（　　）。（2012年）

A. 0　　　　B. 22万元

C. 65万元　　　　D. 82万元

【解析】该非货币性资产交换具有商业实质，且换出资产的公允价值不能可靠取得，所以以换入资产的公允价值与收到的补价为基础确定换出资产的损益，甲公司对该交易应确认的收益 =（100+17+30）-（80-15）=82（万元）。

【答案】D

二、涉及多项非货币性资产交换的会计处理

项目	以公允价值为基础计量的非货币性资产交换	以账面价值为基础计量的非货币性资产交换
各项换入资产的初始计量金额	按照换入的金融资产以外的各项换入资产公允价值相对比例，将换出资产公允价值总额（涉及补价的，加上支付补价的公允价值或减去收到补价的公允价值）扣除金融资产公允价值后分摊至各项换入资产的金额，加上应支付的相关税费，作为各项换入资产的成本进行初始计量。有确凿证据表明换入资产的公允价值更加可靠的，以各项换入资产的公允价值和应支付的相关税费作为各项换入资产的初始计量金额	按照各项换入资产的公允价值的相对比例，将换出资产的账面价值总额（涉及补价的，加上支付补价的账面价值或减去收到补价的公允价值）分摊至各项换入资产，加上应支付的相关税费，作为各项换入资产的初始计量金额。换入资产的公允价值不能够可靠计量的，可以按照各项换入资产的原账面价值的相对比例或其他合理的比例对换出资产的账面价值总额进行分摊
当期损益	对于同时换出的多项资产，将各项换出资产的公允价值与其账面价值之间的差额，在各项换出资产终止确认时计入当期损益。有确凿证据表明换入资产的公允价值更加可靠的，按照各项换出资产的公允价值的相对比例，将换入资产的公允价值总额（涉及补价的，减去支付补价的公允价值或加上收到补价的公允价值）扣除换出金融资产公允价值后分摊至各项换出资产，分摊至各项换出资产的金额与各项换出资产账面价值之间的差额，在各项换出资产终止确认时计入当期损益	不确认损益

经典题解

【例题11·单选题】2×21年3月2日，甲公司以账面价值为350万元的厂房和150万元的专利权，换入乙公司账面价值为300万元的在建房屋和100万元的长期股权投资，不涉及补价。上述资产的公允价值均无法获得。不考虑相关税费及其他因素，甲公司换入在建房屋的入账价值为（　　）万元。

A. 280　　B. 300

C. 350　　D. 375

【解析】甲公司换入在建房屋的入账价值 =（350+150）×300/（300+100）=375（万元）。

【答案】D

考试加油站

一、本章小结

下载“会计云课堂”App 学习

您已成功完成“第二十章”的学习，本章共 7 个考点，您都学会了吗？

为了让您对章节有更清晰的理解，加倍巩固。本书作者张志凤老师将通过**“视频导图课”**的方式，带您回顾重要考点。

名师点拨，视听结合，高效提分。

※ 欢迎您扫码，免费观看学习。

二、本章疑难问题解答

以公允价值为基础计量的非货币性资产交换，换出资产公允价值与账面价值的差额如何进行会计处理？

答：应当分别不同情况处理：

（1）换出资产为固定资产、无形资产的，资产公允价值与其账面价值的差额，计入资产处置损益。

（2）换出资产为以公允价值计量且其变动计入其他综合收益的金融资产（债务工具）的，资产公允价值与其账面价值的差额，计入投资收益，并将其持有期间形成的“其他综合收益”转入投资收益。

（3）换出资产为以公允价值计量且其变动计入其他综合收益的金融资产（权益工具）的，资产公允价值与其账面价值的差额，计入留存收益，并将其持有期间形成的“其他综合收益”转入留存收益。

（4）换出资产为长期股权投资，资产公允价值与其账面价值的差额，计入投资收益，并将持有期间形成的“其他综合收益”转入投资收益等，持有期间形成的“资本公积”转入投资收益。

（5）换出资产为投资性房地产的，按换出资产公允价值或换入资产公允价值为基础确认其他业务收入，按换出资产账面价值结转其他业务成本。

（6）换入资产与换出资产涉及相关税费的，按照相关税收规定计算确定。

同步强化练习题

使用“会计云课堂”App或“微信”扫码快速做题、对答案、看解析、掌握解题思路，开启轻松过关之旅。

一、单项选择题

1. 下列资产中，不属于货币性资产的是(　　)。
   A. 银行存款
   B. 应收利息
   C. 预付账款
   D. 以摊余成本计量的金融资产

2. 在不涉及补价的情况下，下列各项交易事项中，应按非货币性资产交换准则进行会计处理的是(　　)。
   A. 开出商业承兑汇票购买原材料
   B. 用存货换入机器设备
   C. 以固定资产换入专利技术
   D. 以应收账款换入对联营企业投资

3. 甲公司和乙公司均为增值税一般纳税人，销售动产适用的增值税税率为13%。2×21年3月，甲公司以其持有的10000股丙公司股票（作为交易性金融资产核算，免征增值税）交换乙公司生产的一台办公设备，并将换入的办公设备作为固定资产核算。甲公司所持有丙公司股票的账面价值为180万元（成本170万元，公允价值变动收益10万元），在交换日的公允价值为200万元。乙公司的办公设备在交换日的账面价值为170万元，公允价值和计税价格均为200万元。甲公司另向乙公司支付价款26万元。假定该项资产交换具有商业实质，不考虑其他因素。甲公司换入办公设备的入账价值为(　　)万元。
   A. 180　　B. 200
   C. 226　　D. 190

4. 甲公司为增值税一般纳税人，经与乙公司协商，甲公司以一批产品换入乙公司的一项专利技术，交换日，甲公司换出产品的账面价值为560万元，公允价值为700万元，增值税税额为91万元，甲公司将产品运抵乙公司并向乙公司开具了增值税专用发票，当日双方办妥了专利技术所有权转让手续。经评估确认，该专利技术的公允价值为900万元，增值税税额为54万元，甲公司另以银行存款支付乙公司163万元，假定该交易具有商业实质，不考虑其他因素。甲公司换入专利技术的入账价值为(　　)万元。
   A. 954　　B. 900
   C. 791　　D. 819

5. A公司用一栋厂房换入B公司的一项专利权。厂房的账面原值为2000万元，已提折旧400万元，已提减值准备200万元。A公司另向B公司支付补价200万元。假定厂房与专利权的公允价值均无法可靠取得，且不考虑相关税费，A公司换入专利权的入账价值为(　　)万元。
   A. 2000　　B. 1600
   C. 1400　　D. 1200

6. 2×21 年 10 月 12 日，经与丙公司协商，甲公司以一项非专利技术和对丁公司股权投资（作为以公允价值计量且其变动计入当期损益的金融资产核算，免征增值税）换入丙公司持有的对戊公司长期股权投资。甲公司非专利技术的原价为 1200 万元，已计提摊销 200 万元，已计提减值准备 100 万元，公允价值为 1000 万元，增值税销项税额 60 万元；对丁公司股权投资的公允价值为 400 万元，账面价值为 380 万元（成本为 330 万元，公允价值变动为 50 万元）。丙公司对戊公司长期股权投资的账面价值为 1100 万元，未计提减值准备，公允价值为 1200 万元。丙公司另以银行存款向甲公司支付补价 260 万元。假定该项非货币性资产交换具有商业实质，不考虑其他因素。此项非货币性资产交换影响甲公司 2×21 年利润总额的金额为（　　）万元。

A. -90　　B. 170
C. 120　　D. 70

7. 关于非货币性资产交换的确认，下列各项表述中错误的是（　　）。

A. 对于换入资产，企业应当在换入资产符合资产定义并满足资产确认条件时予以确认
B. 对于换出资产，企业应当在换出资产满足资产终止确认条件时终止确认
C. 换入资产的确认时点与换出资产的终止确认时点存在不一致的，换入资产满足资产确认条件，换出资产尚未满足终止确认条件的，资产负债表日在确认换入资产的同时将交付换出资产的义务确认为一项负债
D. 换入资产的确认时点与换出资产的终止确认时点存在不一致的，换入资产尚未满足资产确认条件，换出资产满足终止确认条件的，资产负债表日不应终止确认换出资产

8. 甲公司以 A 设备换入乙公司 B 设备。交换日，A 设备账面原价为 68 万元，已计提折旧 9 万元，已计提减值准备 8 万元，公允价值无法合理确定；B 设备公允价值为 72 万元。甲公司另向乙公司支付补价 2 万元，该项交换具有商业实质。假定不考虑税费等因素，该项交换对甲公司当期损益的影响金额为（　　）万元。

A. 19　　B. 23
C. 21　　D. 18

9. 甲公司经与乙公司协商，以其拥有的用于经营出租的一幢公寓楼与乙公司持有的以公允价值计量且其变动计入当期损益的金融资产进行交换。甲公司的公寓楼符合投资性房地产的定义，甲公司对投资性房地产采用成本模式进行后续计量。在交换日，该幢公寓楼的账面原价为 8000 万元，已计提折旧 1600 万元，未计提减值准备，公允价值为 9000 万元，增值税销项税额 810 万元；乙公司持有的以公允价值计量且其变动计入当期损益的金融资产的公允价值为 8000 万元，乙公司另向甲公司支付补价 1810 万元。假定该项交换具有商业实质，不考虑除增值税以外的其他相关税费的影响。甲公司换出资产时影响利润总额的金额为（　　）万元。

A. 2600　　B. 1600
C. 3410　　D. 1150

10. 甲公司以一项权益法核算的长期股权投资与丙公司的一项交易性金融资产、一台设备和一项专利权进行交换。长期股权投资公允价值为 190 万元；交易性金融资产、设备和专利权的公允价值分别为 100 万元、60 万元和 40 万元。甲公司另支付给丙公司 10 万元补价，该交换具有商业实质。不考虑增值税及其他因素的影响。则甲公司换入设备的入账价值为（　　）万元。

A. 36　　B. 60
C. 57　　D. 54

二、多项选择题

1. 下列各项中，不应按非货币性资产交换准则进行会计处理的有（ ）。
   A. 企业以非货币性资产向职工发放非货币性福利
   B. 用一项专利技术换入由租赁准则规范的使用权资产
   C. 房地产开发企业用一幢商品房换入一宗土地使用权
   D. 集团重组中发生的非货币性资产划拨、划转行为，在股东或最终控制方的安排下，企业无代价或以明显不公平的代价将非货币性资产转让给其他企业或接受其他企业的非货币性资产，该类转让的实质是企业进行了权益性分配或接受了权益性投入

2. 下列各项中，不应按非货币性资产交换准则进行会计处理的有（ ）。
   A. 企业从政府无偿取得非货币性资产
   B. 企业将非流动资产或处置组分配给所有者
   C. 用固定资产换入一项作为其他权益工具投资核算的金融资产
   D. 用无形资产换取能够对被投资方实施控制的长期股权投资

3. 甲公司与丙公司签订一项资产置换合同，甲公司以其持有的联营企业30%的股权作为对价，另以银行存款支付补价10万元，换取丙公司的一项专利。该专利的公允价值为390万元，账面价值330万元。甲公司持有联营企业30%股权的初始投资成本为220万元，取得时该联营企业可辨认净资产公允价值为750万元（与账面价值相等）。甲公司取得该股权后至置换专利时，该联营企业累计实现净利润150万元，分配现金股利40万元，投资性房地产转换使其他综合收益增加60万元，无其他影响所有者权益的交易或事项。交换日，甲公司持有该联营企业30%股权的公允价值为380万元，联营企业可辨认净资产公允价值为1000万元。假定该项交换具有商业实质，不考虑增值税及其他因素影响，下列各项对上述交易的会计处理中，正确的有（ ）。
   A. 甲公司处置该联营企业股权确认投资收益122万元
   B. 丙公司确认换入该联营企业股权入账价值为380万元
   C. 甲公司确认换入专利的入账价值为380万元
   D. 丙公司换出专利确认资产处置损益为60万元

4. 下列关于非货币性资产交换相关表述中，正确的有（ ）。
   A. 不具有商业实质的非货币性资产交换，以换出资产的账面价值为基础确定换入资产的入账价值
   B. 换入资产与换出资产的公允价值均能可靠计量且交换具有商业实质的，以换出资产的公允价值为基础确定换入资产的入账价值
   C. 换入资产与换出资产的公允价值均不能可靠计量的，以换出资产的账面价值为基础确定换入资产的入账价值
   D. 换入资产与换出资产的公允价值均不能可靠计量的，以换入资产的账面价值为基础确定换入资产的入账价值

5. 非货币性资产交换具有商业实质且换出资产的公允价值能够可靠计量的，换出资产公允价值与其账面价值的差额，下列会计处理方法中，正确的有（ ）。
   A. 换出资产为在建工程的，其公允价值和账面价值的差额，计入资产处置损益
   B. 换出资产为无形资产的，其公允价值和账面价值的差额，计入资产处置损益
   C. 换出资产为固定资产的，其公允价值和账面价值的差额，计入资产处置损益

D. 换出资产为以公允价值计量且其变动计入其他综合收益的金融资产（债务工具）的，其公允价值和账面价值的差额，计入投资收益，但不将持有期间形成的其他综合收益转入当期损益

6. 2×21 年 7 月 10 日，甲公司以其拥有的一辆作为固定资产核算的轿车换入乙公司一项非专利技术，并支付补价 10 万元，当日，甲公司该轿车原价为 160 万元，累计折旧为 32 万元，未计提减值准备，公允价值为 120 万元，乙公司该项非专利技术的公允价值为 130 万元，该项交换具有商业实质，不考虑相关税费及其他因素，甲公司进行的下列会计处理中，正确的有（　　）。
A. 按 10 万元确定营业外支出
B. 按 130 万元确定换入非专利技术的成本
C. 按 –8 万元确认资产处置损益
D. 按 2 万元确认资产处置损益

7. 以公允价值计量并且涉及补价的非货币性资产交换，换出方在确定计入当期损益的金额时，应当考虑的因素有（　　）。
A. 支付补价的公允价值
B. 换入资产的账面价值
C. 换出资产的账面价值
D. 收到补价的公允价值

8. 以账面价值为基础计量的非货币性资产交换，同时换入或换出多项资产的，下列各项表述中正确的有（　　）。
A. 对于同时换入的多项资产，按照各项换入资产的公允价值的相对比例，将换出资产的账面价值总额（涉及补价的，加上支付补价的账面价值或减去收到补价的公允价值）分摊至各项换入资产，加上应支付的相关税费，作为各项换入资产的初始计量金额
B. 换入资产的公允价值不能够可靠计量的，可以按照各项换入资产的原账面价值的相对比例或其他合理的比例对换出资产的账面价值总额进行分摊
C. 对于同时换出的多项资产，各项换出资产终止确认时均不确认损益
D. 无论换入资产的公允价值是否能够可靠计量，均应按照各项换入资产的原账面价值的相对比例对换出资产的账面价值总额进行分摊

9. 以公允价值为基础计量的非货币性资产交换，同时换入或换出多项资产的，下列各项表述中正确的有（　　）。
A. 对于同时换入的多项资产，按照换入的金融资产以外的各项换入资产公允价值相对比例，将换出资产公允价值总额（涉及补价的，加上支付补价的公允价值或减去收到补价的公允价值）扣除换入金融资产公允价值后的净额进行分摊，以分摊至各项换入资产的金额，加上应支付的相关税费，作为各项换入资产的成本进行初始计量
B. 有确凿证据表明换入资产的公允价值更加可靠的，以各项换入资产的公允价值和应支付的相关税费作为各项换入资产的初始计量金额
C. 对于同时换出的多项非金融资产，将各项换出资产的公允价值与其账面价值之间的差额，在各项换出资产终止确认时计入当期损益
D. 有确凿证据表明换入资产的公允价值更加可靠的，按照各项换出资产的公允价值的相对比例，将换入资产的公允价值总额（涉及补价的，减去支付补价的公允价值或加上收到补价的公允价值）扣除换出金融资产公允价值后的净额分摊至各项换出资产，分摊至各项换出资产的金额与各项换出资产账面价值之间的差额，在各项换出资产终止确认时计入当期损益

三、计算分析题

1. 甲、乙公司均系增值税一般纳税人，2×21年3月31日，甲公司以一项成本模式后续计量的投资性房地产与乙公司的一项生产设备和一项商标权进行交换，该项交换具有商业实质。相关资料如下：

（1）甲公司换出投资性房地产的原价2000万元，已计提折旧640万元，未计提减值准备，公允价值为1600万元，开具的增值税专用发票中注明的价款为1600万元，增值税税额为144万元。

（2）乙公司换出设备的原价为2000万元，已计提折旧1400万元，未计提减值准备，公允价值为1000万元，开具的增值税专用发票中注明的价款为1000万元，增值税税额为130万元；乙公司换出商标权的原价为560万元，已计提摊销160万元，公允价值为600万元，开具的增值税专用发票中注明的价款为600万元，增值税税额为36万元；甲公司另以银行存款向乙公司支付22万元补价。

（3）甲公司将换入的设备和商标权分别确认为固定资产和无形资产，乙公司将换入的投资性房地产确认为固定资产。

甲、乙双方不存在关联方关系，不考虑除增值税以外的相关税费及其他因素。

要求：

（1）编制甲公司进行非货币性资产交换的相关会计分录。

（2）编制乙公司进行非货币性资产交换的相关会计分录。

2. 甲公司为上市公司（增值税一般纳税人），2×21年度发生下列交易和事项：

（1）甲公司于2×21年7月20日以一项以公允价值计量且其变动计入其他综合收益的金融资产（权益工具）与乙公司一项管理用专利权进行交换，资产置换日，甲公司换出金融资产的账面价值为960万元（成本900万元，公允价值变动60万元），公允价值为1060万元（免征增值税）；乙公司换出专利权的账面余额为1400万元，累计摊销160万元，未计提减值准备，公允价值为1000万元，增值税税额为60万元，甲公司为换入无形资产另支付直接相关费用2万元。

（2）甲公司于2×21年10月用一幢办公楼与丙公司的一块土地使用权进行置换，资产置换日，甲公司换出办公楼的原价为5000万元，已提折旧1000万元，未计提减值准备，公允价值为6000万元，增值税销项税额为540万元；丙公司换出土地使用权的账面价值为3000万元，公允价值为6000万元，增值税销项税额为540万元。甲公司换入的土地使用权准备持有以备增值后转让，采用成本模式进行后续计量。

（3）甲公司为P公司的子公司。2×20年1月1日，P公司用银行存款20000万元从集团外部购入乙公司80%的股权并能够对乙公司实施控制。购买日，乙公司可辨认净资产公允价值为24000万元，账面价值为20000万元。2×21年4月1日，甲公司以账面价值为15000万元（原价20000万元，累计摊销5000万元）、公允价值为32000万元的一项无形资产（免增值税）作为对价，取得P公司持有的乙公司60%的股权，能够控制乙公司。2×20年1月1日至2×21年4月1日，乙公司按照购买日可辨认净资产公允价值持续计算实现的净利润为5000万元；按照购买日可辨认净资产账面价值持续计算实现的净利润为6000万元，无其他所有者权益变动。

其他资料：甲公司按净利润的10%提取法定盈余公积，不考虑其他因素。

要求：

说明甲公司2×21年上述业务会计处理适用的企业会计准则，并编制相关会计分录。

同步强化练习题参考答案及解析

使用“会计云课堂”App或“微信”扫码对答案、看解析、掌握解题思路，开启轻松过关之旅。

一、单项选择题

1.【答案】C

【解析】货币性资产是指企业持有的货币资金和收取固定或可确定金额的货币资金的权利。预付账款不是收取固定或可确定金额的货币资金的权利，属于非货币性资产。

2.【答案】C

【解析】选项A，应付票据属于一项负债；选项B，换出存货适用收入准则；选项D，应收账款属于货币性资产，因此选项A、B和D均不适用非货币性资产交换准则。

3.【答案】B

【解析】因不涉及与换入资产相关税费，甲公司换入办公设备的入账价值为其公允价值200万元。或办公设备的入账价值＝换出资产的公允价值＋支付补价的公允价值－换入资产可抵扣的增值税进项税额＝200+26－200×13%=200（万元）。

4.【答案】B

【解析】甲公司换出资产为存货，应执行收入准则，换入资产初始成本应以换入资产的公允价值为基础确定，即换入专利技术的入账价值为换入资产的公允价值900万元。

5.【答案】B

【解析】A公司换入专利权的入账价值＝（2000－400－200）+200=1600（万元）。

6.【答案】C

【解析】甲公司换出非专利技术影响利润总额的金额=1000－（1200－200－100）=100（万元），换出以公允价值计量且其变动计入当期损益的金融资产影响利润总额的金额=400－380=20（万元），此项交换影响甲公司2×21年利润总额的金额=100+20=120（万元）。

7.【答案】D

【解析】换入资产的确认时点与换出资产的终止确认时点存在不一致的，企业在资产负债表日应当按照下列原则进行处理：(1)换入资产满足资产确认条件，换出资产尚未满足终止确认条件的，在确认换入资产的同时将交付换出资产的义务确认为一项负债；(2)换入资产尚未满足资产确认条件，换出资产满足终止确认条件的，在终止确认换出资产的同时将取得换入资产的权利确认为一项资产，选项D错误。

8.【答案】A

【解析】换出资产公允价值＝换入资产的公允价值减去支付补价的公允价值=72－2=70（万元），换出资产账面价值=68－

9-8=51（万元），该项交换对甲公司当期损益的影响金额 =70-51=19（万元）。

9.【答案】A

【解析】换出投资性房地产视同资产处置，按其公允价值确认其他业务收入，按账面价值确认其他业务成本，甲公司换出资产时影响利润总额的金额 =9000-（8000-1600）=2600（万元）。

10.【答案】B

【解析】甲公司换入设备的入账价值 =（换出资产公允价值总额 190 万元 + 支付补价 10 万元 - 换入金融资产公允价值 100 万元）× 60/(60+40)=60(万元)。

二、多项选择题

1.【答案】ABCD

【解析】选项 A，适用职工薪酬准则；选项 B，适用租赁准则；选项 C，适用收入准则；选项 D，适用权益性交易的有关会计处理规定。

2.【答案】ABCD

【解析】选项 A，适用《企业会计准则第 16 号——政府补助》准则；选项 B，适用《企业会计准则第 42 号——持有待售的非流动资产、处置组和终止经营》准则；选项 C，适用《企业会计准则第 22 号——金融工具确认和计量》准则；选项 D，适用《企业会计准则第 2 号——长期股权投资》和《企业会计准则第 20 号——企业合并》准则。

3.【答案】ABD

【解析】长期股权投资处置时的账面价值 =220+（750×30%-220）+150×30%-40×30%+60×30%=276（万元），甲公司处置该联营企业股权投资确认投资收益 =380-276+60×30%=122（万元），选项 A 正确；丙公司确认换入该联营企业股权的入账价值 =390-10=380（万元），选项 B 正确；甲公司确认换入专利的入账价值 =380+10=390（万元），选项 C 错误；丙公司换出专利确认资产处置损益 = 390-330=60（万元），选项 D 正确。

4.【答案】ABC

【解析】换入资产与换出资产的公允价值均不能可靠计量的，以换出资产的账面价值为基础确定换入资产的入账价值，选项 D 错误。

5.【答案】ABC

【解析】选项 D，换出资产为以公允价值计量且其变动计入其他综合收益的金融资产（债务工具），应将其公允价值与账面价值的差额计入投资收益，同时将持有期间形成的“其他综合收益”转入“投资收益”。

6.【答案】BC

【解析】甲公司该交换作为以公允价值为基础计量的非货币性资产交换处理，甲公司确认资产处置损益金额 = 换出资产的公允价值 - 换出资产的账面价值 =120-(160-32)=-8(万元),选项 C 正确，选项 A 和 D 错误；甲公司换入非专利技术的成本为该非专利技术的公允价值 130 万元，选项 B 正确。

7.【答案】ACD

【解析】以公允价值为基础计量的非货币性资产交换，应将换出资产的公允价值与其账面价值之间的差额计入当期损益。若无法确定换出资产公允价值，将换入资产的公允价值减去支付补价（或加上收到补价）的公允价值金额，与换出资产账面价值之间的差额计入当期损益，选项 A、C 和 D 正确。

8.【答案】ABC

【解析】对于同时换入的多项资产，如果换入资产的公允价值能够可靠计量，则应按照各项换入资产的公允价值的相对比例对换出资产的账面价值总额进行分摊，选项D错误。

9.【答案】ABCD

三、计算分析题

1.【答案】

（1）甲公司的账务处理为：

借：固定资产 1000
　　无形资产 600
　　应交税费—应交增值税（进项税额） 166
　贷：其他业务收入 1600
　　　应交税费—应交增值税（销项税额） 144
　　　银行存款 22
借：其他业务成本 1360
　　投资性房地产累计折旧 640
　贷：投资性房地产 2000

（2）乙公司的账务处理为：

借：固定资产清理 600
　　累计折旧 1400
　贷：固定资产 2000
借：固定资产 1600
　　应交税费—应交增值税（进项税额） 144
　　累计摊销 160
　　银行存款 22
　贷：固定资产清理 600
　　　无形资产 560
　　　应交税费—应交增值税（销项税额） 166
　　　资产处置损益 600

2.【答案】

（1）其他权益工具投资终止确认适用《金融工具确认和计量》和《金融资产转移》准则，取得无形资产适用《非货币性资产交换》准则，会计分录为：

借：无形资产 1002
　　应交税费—应交增值税（进项税额） 60
　贷：银行存款 2
　　　其他权益工具投资—成本 900
　　　　　　　　　　　—公允价值变动 60
　　　盈余公积 10
　　　利润分配—未分配利润 90
借：其他综合收益 60
　贷：盈余公积 6
　　　利润分配—未分配利润 54

（2）适用《非货币性资产交换》准则。会计分录为：

借：固定资产清理 4000
　　累计折旧 1000
　贷：固定资产 5000
借：投资性房地产 6000
　　应交税费—应交增值税（进项税额） 540
　贷：固定资产清理 4000
　　　应交税费—应交增值税（销项税额） 540
　　　资产处置损益 2000

（3）适用《长期股权投资》、《企业合并》及《合并财务报表》准则。

甲公司取得乙公司股权属于同一控制下的企业合并，合并日，乙公司相对于P公司而言的所有者权益账面价值=24000+5000=29000（万元），原购买日合并商誉=20000-24000×80%=800（万元），故甲公司长期股权投资的初始投资成本=29000×60%+800=18200（万元），同一控制下的控股合并，不确认无形资产的处置损益，无形资产按照账面价值结转，其账面价值与长期股权投资初始投资成本的差额调整资本公积。会计分录为：

借：长期股权投资 18200
　　累计摊销 5000
　贷：无形资产 20000
　　　资本公积 3200

第二十一章　债务重组

CHAPTER-21

本章学习指南

一、学习目标

1. 理解债务重组的定义和方式。
2. 掌握债权和债务的终止确认。
3. 掌握债权人的会计处理。
4. 掌握债务人的会计处理。
5. 了解债务重组的相关披露。

二、考情概况

本章考题涉及客观题和计算分析题，分数适中，属于比较重要章节。

三、教材变化

本章内容无实质性变化。

四、考点地图

考点	年份/题型
存货清偿债务债务人的会计处理	2021年单选题
债务重组的会计处理	2021年多选题、2021年计算分析题
债务重组的范围	2020年单选题

核心考点精讲

提示

本章内容属于近年按新准则编写的全新章节，重点在债权人及债务人对债务重组业务的会计处理，学习本章内容时，摒弃固有思维框架，以“空杯”状态接收全新内容。

第一节 债务重组的定义和方式

使用“会计云课堂”App或“微信”扫码查看本节视频，快速GET知识点。

一、债务重组的定义

债务重组，是指在不改变交易对手方的情况下，经债权人和债务人协定或法院裁定，就清偿债务的时间、金额或方式等重新达成协议的交易。

【提示】

（1）无论何种原因导致债务人未按原定条件偿还债务，也无论债权人是否作出让步，只要债权人和债务人就债务条款重新达成了协议，就符合债务重组的定义。

（2）债务重组涉及的债权和债务，是指《企业会计准则第22号——金融工具确认和计量》规范的债权和债务，不包括合同资产、合同负债、预计负债，但包括租赁应收款和租赁应付款。

（3）不适用债务重组准则的交易事项：

①债务重组中涉及的债权、重组债权、债务、重组债务和其他金融工具的确认、计量和列报，分别适用《企业会计准则第22号——金融工具确认和计量》和《企业会计准则第37号——金融工具列报》；

②通过债务重组形成企业合并的，适用《企业会计准则第20号——企业合并》；

③债权人或债务人中的一方直接或间接对另一方持股且以股东身份进行债务重组的，或者债权人与债务人在债务重组前后均受同一方或相同的多方最终控制，且该债务重组的交易实质是债权人或债务人进行了权益性分配或接受了权益性投入的，适用权益性交易的有关会计处理规定。

相关链接

权益性交易的判断及会计处理，参见P703本章疑难问题解答1。

经典题解

【真题1·单选题】甲公司是乙公司的股东。20×9年7月31日，甲公司应收乙公司账款4000万元，采用摊余成本进行后续计量。为解决乙公司的资金周转困难，甲公司、乙公司的其他债权人共同决定对乙公司的债务进行重组，并于20×9年8月1日与乙公司签订了债务重组合同。根据债务重组合同的约定，甲公司免除80%应收乙公司账款的还款义务，乙公司其他债权人免除40%应收乙公司账款的还款义务，豁免的债务在合同签订当日解除，对于其余未豁免的债务，乙公司应于20×9年8月底前偿还。20×9年8月23日，甲公司收到乙公司支付的账款800万元。不考虑其他因素，甲公司20×9年度因上述交易或事项应当确认的损失金额是（ ）。（2020年）

A. 零　　B. 800万元

C. 3200万元　　D. 1600万元

【解析】甲公司应将其较其他债权人多豁免的40%（80%-40%）债权确认为权益性交易，与其他债权人同比例豁免债务人的1600万元（4000×40%）确认为损失，即甲公司20×9年度因上述交易或事项应当确认的损失金额为1600万元。

【答案】D

二、债务重组的方式

债务重组一般包括下列方式，或下列一种以上方式的组合：

（一）债务人以资产清偿债务

（二）债务人将债务转为权益工具

实务中，有些债务重组名义上采用"债转股"的方式，但同时附加相关条款，如约定债务人在未来某个时点有义务以某一金额回购股权，或债权人持有的股份享有强制分红权等。对于债务人，这些"股权"可能并不是根据《企业会计准则第37号——金融工具列报》分类为权益工具的金融工具，从而不属于债务人将债务转为权益工具的债务重组方式。债权人和债务人还可能协议以一项同时包含金融负债成分和权益工具成分的复合金融工具替换原债权债务，这类交易也不属于债务人将债务转为权益工具的债务重组方式。

（三）修改其他条款

除上述（一）和（二）以外，采用调整债务本金、改变债务利息、变更还款期限等方式修改债权和债务的其他条款，形成重组债权和重组债务。

（四）组合方式

第二节 债务重组的会计处理

使用"会计云课堂"App或"微信"扫码查看本节视频，快速GET知识点。

相关链接

债务人能否在债务重组合同签署时确认债务重组损益，参见P703本章疑难问题解答2。

一、债权和债务的终止确认

债务重组中涉及的债权和债务的终止确认，债权人在收取债权现金流量的合同权利终止时终止确认债权，债务人在债务的现时义务解除时终止确认债务。

（一）以资产清偿债务或将债务转为权益工具

对于以资产清偿债务或者将债务转为权益工具方式进行的债务重组，由于债权人在拥有或控制相关资产时，通常其收取债权现金流量的合同权利也同时终止，债权人一般可以终止确认该债权。同样地，由于债务人通过交付资产或权益工具解除了其清偿债务的现时义务，债务人一般可以终止确认该债务。

（二）修改其他条款

对于债权人，债务重组通过调整债务本金、改变债务利息、变更还款期限等修改合同条款方式进行的，合同修改前后的交易对手方没有发生改变，合同涉及的本金、利息等现金流量很难在本息之间及债务重组前后做出明确分割，即很难单独识别合同的特定可辨认现金流量。因此通常情况下，应当整体考虑是否对全部债权的合同条款做出了实质性修改。如果做出实质性修改，或者债权人与债务人之间签订协议，以获取实质上不同的新金融资产方式替换债权，应当终止确认原债权，并按照修改后的条款或新协议确认新金融资产。

名师点拨

（1）对于终止确认的债权，债权人应当结转已计提的减值准备中对应债权终止确认部分的金额；

（2）对于终止确认其他债权投资，之前计入其他综合收益的累计利得或损失应当从其他综合收益中转出，记入“投资收益”科目。

对于债务人，如果对债务或部分债务的合同条款做出“实质性修改”形成重组债务，或者债权人与债务人之间签订协议，以承担“实质上不同”的重组债务方式替换债务，债务人应当终止确认原债务，同时按照修改后的条款确认一项新金融负债。其中，如果重组债务未来现金流量（包括支付和收取的某些费用）现值与原债务的剩余期间现金流量现值之间的差异超过10%，则意味着新的合同条款进行了“实质性修改”或者重组债务是“实质上不同”的，有关现值的计算均采用原债务的实际利率。

（三）组合方式

对于债权人，与上述“修改其他条款”部分的分析类似，通常情况下应当整体考虑是否终止确认全部债权。由于组合方式涉及多种债务重组方式，一般可以认为对全部债权的合同条款做出了实质性修改，从而终止确认全部债权，并按照修改后的条款确认新金融资产。

对于债务人，组合中以资产清偿债务或者将债务转为权益工具方式进行的债务重组，如果债务人清偿该部分债务的现时义务已经解除，应当终止确认该部分债务。组合中以修改其他条款方式进行的债务重组，需要根据具体情况，判断对应的部分债务是否满足终止确认条件。

二、债权人的会计处理

（一）以资产清偿债务或将债务转为权益工具

债务重组采用以资产清偿债务或者将债务转为权益工具方式进行的，债权人应当在受让的相关资产符合其定义和确认条件时予以确认。

1. 债权人受让金融资产

债权人受让包括现金在内的单项或多项金融资产的，应当按照《企业会计准则第22号——金融工具确认和计量》的规定进行确认和计量。金融资产初始确认时应当以其公允价值计量，金融资产确认金额与债权终止确认日账面价值之间的差额，记入“投资收益”科目。但是，收取的金融资产的公允价值与交易价格（即放弃债权的公允价值）存在差异的，应当按照《企业会计准则第22号——金融工具确认和计量》第三十四条的规定处理。

（1）如取得的股权投资为交易性金融资产

借：交易性金融资产（交易性金融资产公允价值）
　　投资收益（交易费用）
　　坏账准备
　贷：应收账款等
　　　银行存款（支付的交易费用）
　　　投资收益（差额）

（2）如取得的股权投资为其他权益工具投资

借：其他权益工具投资（其他权益工具投资的公允价值+交易费用）
　　坏账准备
　贷：应收账款等
　　　银行存款（支付的交易费用）
　　　投资收益（差额）

【提示】

（1）将债务转为权益工具方式进行债务重组导致债权人将债权转为对联营企业或合营企业的权益性投资的，债权人应当按照以资产清偿债务方式的会计处理相关规定计量其初始投资成本。放弃债权的公允价值与账面价值之间的差额，应当计入当期损益。

会计分录为：

借：长期股权投资（放弃债权公允价值+直接相关税费）
　　坏账准备
　贷：应收账款等
　　　银行存款等（支付的直接相关税费）
　　　投资收益（放弃债权公允价值与账面价值的差额）

（2）如取得的股权投资为对子公司投资（同一控制）

借：长期股权投资（取得被合并方所有者权益在最终控制方合并财务报表中的账面价值份额+最终控制方收购被合并方时形成的商誉）
　　坏账准备
　贷：应收账款等
　　　资本公积—资本溢价或股本溢价（差额，可能在借方）

（3）如取得的股权投资为对子公司投资（非同一控制）

借：长期股权投资（放弃债权的公允价值）
　　坏账准备
　贷：应收账款等
　　　投资收益（放弃债权公允价值与账面价值的差额）

> **名师点拨**
>
> （1）债务重组取得的股权投资能够对被投资单位实施控制，执行《长期股权投资》《企业合并》准则；
> （2）债务重组取得的股权投资能够对被投资单位施加重大影响或实施共同控制，执行《债务重组》准则。

> **名师点拨**
>
> 受让非金融资产成本可比照购买相关资产成本确定，将“购买价款”替换为“放弃债权的公允价值”即可。

2. 债权人受让非金融资产

受让非金融资产成本=放弃债权的公允价值+直接相关税费

放弃债权的公允价值与账面价值之间的差额，应当计入当期损益（投资收益）。

债权人初始确认受让的金融资产以外的资产时，应当按照下列原则以成本计量：

（1）存货的成本，包括放弃债权的公允价值，以及使该资产达到当前位置和状态所发生的可直接归属于该资产的税金、运输费、装卸费、保险费等其他成本。

（2）对联营企业或合营企业投资的成本，包括放弃债权的公允价值，以及可直接归属于该资产的税金等其他成本。

（3）投资性房地产的成本，包括放弃债权的公允价值，以及可直接归属于该资产的税金等其他成本。

（4）固定资产的成本，包括放弃债权的公允价值，以及使该资产达到预定可使用状态前所发生的可直接归属于该资产的税金、运输费、装卸费、安装费、专业人员服务费等其他成本。确定固定资产成本时，应当考虑预计弃置费用因素。

（5）生物资产的成本，包括放弃债权的公允价值，以及可直接归属于该资产的税金、运输费、保险费等其他成本。

（6）无形资产的成本，包括放弃债权的公允价值，以及可直接归属于使该资产达到预定用途所发生的税金等其他成本。

放弃债权的公允价值与账面价值之间的差额记入“投资收益”科目。

会计分录为：

借：库存商品等（放弃债权公允价值 − 增值税进项税额 + 直接相关税费）
　　应交税费—应交增值税（进项税额）
　　坏账准备
　贷：应收账款等
　　　银行存款等（支付的直接相关税费）
　　　投资收益（放弃债权公允价值与账面价值的差额）

债权人和债务人以资产清偿债务方式进行债务重组的，债权人初始确认受让非金融资产时，应以放弃债权的公允价值和可直接归属于受让资产的其他成本作为受让资产初始计量成本。如果债权人与债务人之间的债务重组是在公平交易的市场环境中达成的交易，放弃债权的公允价值通常与受让资产的公允价值相等，且通常不高于放弃债权的账面余额。

3. 债权人受让多项资产

债权人受让多项非金融资产，或者包括金融资产、非金融资产在内的多项资产的，应当按照《企业会计准则第 22 号——金融工具确认和计量》的规定确认和计量受让的金融资产；按照受让的金融资产以外的各项资产在债务重组合同生效日的公允价值比例，对放弃债权在合同生效日的公允价值扣除受让金融资产当日公允价值后的净额进行分配，并以此为基础分别确定各项资产的成本。放弃债权的公允价值与账面价值之间的差额，记入“投资收益”科目。

4. 债权人受让处置组

债务人以处置组清偿债务的，债权人应当分别按照《企业会计准则第 22 号——金融工具确认和计量》和其他相关准则的规定，对处置组中的金融资产和负债进行初始计量，然后按照金融资产以外的各项资产在债务重组合同生效日的公允价值比例，对放弃债权在合同生效日的公允价值以及承担的处置组中负债的确认金额之和，扣除受让金融资产当日公允价值后的净额进行分配，并以此为基础分别确定各项资产的成本。放弃债权的公允价值与账面价值之间的差额，记入“投资收益”科目。

经典题解

【例题 2】甲公司应收乙公司账款余额为 1100 万元，已提坏账准备 200 万元，债务重组合同生效日公允价值为 1000 万元。乙公司以处置组抵偿债务并于合同生效日转让处置组，处置组中资产、负债及其公允价值在合同生效日的信息如下表所示：

单位：万元

资产、负债	其他债权投资	固定资产	无形资产	短期借款
公允价值	200	600	400	100

其他债权投资合同生效日的公允价值为 200 万元，短期借款合同生效日的确认金额为 100 万元。固定资产入账金额 =（1000+100−200）×600/（600+400）=540（万元），无形资产入账金额 =（1000+100−200）×400/（600+400）=360（万元）。

【真题 3·多选题】甲公司应收乙公司 1000 万元，已计提坏账准备 50 万元。2×20 年 3 月 1 日，甲乙双方签订的债务重组协议约定：（1）乙公司以账面价值 480 万元的库存商品抵偿债务 500 万元；（2）乙公司向甲公司增发股票 200 万股，用于抵偿债务 500 万元；（3）前述（1）（2）两项偿债事项互为条件，若其中任何一项没有完成，则甲公司保留向乙公司收取 1000 万元现金的权利。2×20 年 3 月 1 日，甲公司债权的公允价值为 940 万元；乙公司股票的公允价值为 2.5 元 / 股。2×20 年 3 月 15 日，甲公司将收到的商品作为存货管理。2×20 年 5 月 1 日，乙公司办理完成股权增发手续，甲公司将其指定为以公允价值计量且其变动计入其他综合收益的金融资产，当日乙公司股票的公允价值为 2.4 元 / 股。不考虑其他因素，下列各项关于甲公司债务重组相关会计处理的表述中，正确的有（　　）。（2021 年）

A. 2×20 年 5 月 1 日，确认其他权益工具投资 480 万元

B. 2×20 年 3 月 15 日，确认存货 440 万元

C. 2×20 年 3 月 15 日，确认投资收益 −35 万元

D. 2×20 年 5 月 1 日，确认投资收益 −30 万元

【解析】2×20 年 3 月 15 日，甲公司收到商品的入账价值 =940−2.5×200=440（万元），选项 B 正确；2×20 年 3 月 15 日甲公司不确认投资收益，选项 C 错误；2×20 年 5 月 1 日甲公司应确认的其他权益工具投资的金额 =200×2.4=480（万元），选项 A 正确；2×20 年 5 月 1 日甲公司应确认投资损失金额 =（1000−440−50）−（2.4×200）=30（万元），选项 D 正确。甲公司相关账务处理如下：

2×20 年 3 月 15 日

借：库存商品　　440

　贷：应收账款　　440

2×20 年 5 月 1 日

借：其他权益工具投资　　480（2.4×200）

　　坏账准备　　50

　　投资收益　　30

　贷：应收账款　　560（1000−440）

【答案】ABD

5. 债权人将受让的资产或处置组划分为持有待售类别

债务人以资产或处置组清偿债务，且债权人在取得日未将受让的相关资产或处置组作为非流动资产和非流动负债核算，而是将其划分为持有待售类别的，债权人应当在初始计量时，比较假定其不划分为持有待售类别情况下的初始计量金额和公允价值减去出售费用后的净额，以两者孰低计量。

名师点拨

若公允价值减去出售费用后的净额小于假定不划分为持有待售类别情况下的初始计量金额，其差额记入“资产减值损失”科目。

（二）修改其他条款

债务重组采用以修改其他条款方式进行的，如果修改其他条款导致全部债权终止确认，债权人应当按照修改后的条款以公允价值初始计量新的金融资产，新金融资产的确认金额与债权终止确认日账面价值之间的差额，记入“投资收益”科目。

如果修改其他条款未导致债权终止确认，债权人应当根据其分类，继续以摊余成本、以公允价值计量且其变动计入其他综合收益，或者以公允价值计量且其变动计入当期损益进行后续计量。

对于以摊余成本计量的债权，债权人应当根据重新议定合同的现金流量变化情况，重新计算该重组债权的账面余额，并将相关利得或损失记入“投资收益”科目。重新计算的该重组债权的账面余额，应当根据将重新议定或修改的合同现金流量按债权原实际利率折现的现值确定，购买或源生的已发生信用减值的重组债权，应按经信用调整的实际利率折现。对于修改或重新议定合同所产生的成本或费用，债权人应当调整修改后的重组债权的账面价值，并在修改后重组债权的剩余期限内摊销。

（三）组合方式

债务重组采用组合方式进行的，一般可以认为对全部债权的合同条款做出了实质性修改，债权人应当按照修改后的条款，以公允价值初始计量新的金融资产和受让的新金融资产，按照受让的金融资产以外的各项资产在债务重组合同生效日的公允价值比例，对放弃债权在合同生效日的公允价值扣除受让金融资产和重组债权当日公允价值后的净额进行分配，并以此为基础分别确定各项资产的成本。放弃债权的公允价值与账面价值之间的差额，记入“投资收益”科目。

三、债务人的会计处理

（一）债务人以资产清偿债务

债务重组采用以资产清偿债务方式进行的，债务人应当将所清偿债务账面价值与转让资产账面价值之间的差额计入当期损益。

1. 债务人以金融资产清偿债务

债务人以单项或多项金融资产清偿债务的，债务的账面价值与偿债金融资产账面价值的差额，记入“投资收益”科目。偿债金融资产已计提减值准备的，应结转已计提的减值准备。对于以分类为以公允价值计量且其变动计入其他综合收益的债务工具投资清偿债务的，之前计入其他综合收益的累计利得或损失应当从其他综合收益中转出，记入“投资收益”科目。对于以指定为以公允价值计量且其变动计入其他综合收益的非交易性权益工具投资清偿债务的，之前计入其他综合收益的累计利得或损失应当从其他综合收益中转出，记入“盈余公积”“利润分配—未分配利润”等科目。

相关链接

以其他权益工具投资抵偿债务的债务重组，抵债资产的账面价值与应付债务账面价值的差额是否应计入留存收益，参见P703本章疑难问题解答3。

金融资产按终止确认（出售）的方式处理。

会计分录为：

借：应付账款等（债务的账面价值）

　贷：其他债权投资等（偿债金融资产账面价值）

　　投资收益（差额）

将持有期间产生的“其他综合收益”转入“投资收益”或“留存收益”。

2. 债务人以非金融资产清偿债务

债务人以单项或多项非金融资产清偿债务，或者以包括金融资产和非金融资产在内的多项资产清偿债务的，不需要区分资产处置损益和债务重组损益，也不需要区分不同资产的处置损益，而应将所清偿债务账面价值与转让资产账面价值之间的差额，记入“其他收益—债务重组收益”科目。偿债资产已计提减值准备的，应结转已计提的减值准备。

债务人以日常活动产出的商品或服务清偿债务的，应当将所清偿债务账面价值与存货等相关资产账面价值之间的差额，记入“其他收益—债务重组收益”科目。

相关链接

以存货清偿债务的债务重组，是否应作为存货销售处理，参见P703本章疑难问题解答4。

会计分录为：

借：应付账款等

　贷：库存商品、固定资产清理等（转让资产的账面价值）

　　其他收益—债务重组收益（差额）

债务人以包含非金融资产的处置组清偿债务的，应当将所清偿债务和处置组中负债的账面价值之和，与处置组中资产的账面价值之间的差额，记入“其他收益—债务重组收益”科目。处置组所属的资产组或资产组组合按照《企业会计准则第8号——资产减值》分摊了企业合并中取得的商誉的，该处置组应当包含分摊至处置组的商誉。处置组中的资产已计提减值准备的，应结转已计提的减值准备。

经典题解

【真题4·单选题】 2×20年，甲公司发生的相关交易或事项如下：（1）以存货清偿债务，实现债务重组利得20万元；（2）固定资产盘盈100万元；（3）存货盘盈10万元；（4）固定资产报废利得1万元。不考虑其他因素，甲公司2×20年度应计入营业外收入的金额是（　　）。（2021年）

A. 11万元　　B. 101万元　　C. 131万元　　D. 1万元

【解析】 事项（1）计入其他收益；事项（2）计入以前年度损益调整，最终调整期初留存收益；事项（3）冲减管理费用；事项（4）计入营业外收入。所以甲公司2×20年度应计入营业外收入的金额为1万元，选项D正确。

【答案】 D

（二）债务人将债务转为权益工具

债务重组采用将债务转为权益工具方式进行的，债务人初始确认权益工具时，应当按照权益工具的公允价值计量，权益工具的公允价值不能可靠计量的，应当按照所清偿债务的公允价值计量。所清偿债务账面价值与权益工具确认金额之间的差额，记入“投资收益”科目。债务人因发行权益工具而支出的相关税费等，应当依次冲减资本溢价（股本溢价）、盈余公积、未分配利润等。

会计分录为：

借：应付账款等

　贷：股本（实收资本）

　　资本公积—股本溢价（资本溢价）

　　投资收益

> 名师点拨
>
> “股本（实收资本）”与“资本公积—股本溢价（资本溢价）”之和反映股权的公允价值总额。

（三）修改其他条款

债务重组采用修改其他条款方式进行的，如果修改其他条款导致债务终止确认，债务人应当按照公允价值计量重组债务，终止确认的债务账面价值与重组债务确认金额之间的差额，记入“投资收益”科目。

如果修改其他条款未导致债务终止确认，或者仅导致部分债务终止确认，对于未终止确认的部分债务，债务人应当根据其分类，继续以摊余成本、以公允价值计量且其变动计入当期损益或其他适当方法进行后续计量。对于以摊余成本计量的债务，债务人应当根据重新议定合同的现金流量变化情况，重新计算该重组债务的账面价值，并将相关利得或损失记入“投资收益”科目。重新计算的该重组债务的账面价值，应当根据将重新议定或修改的合同现金流量按债务的原实际利率或按《企业会计准则第 24 号——套期会计》第二十三条规定的重新计算的实际利率（如适用）折现的现值确定。对于修改或重新议定合同所产生的成本或费用，债务人应当调整修改后的重组债务的账面价值，并在修改后重组债务的剩余期限内摊销。

经典题解

【例题 5】A 公司为上市公司，2×18 年 1 月 1 日，A 公司取得 B 银行贷款 1000 万元，约定贷款期限为 4 年（即 2×21 年 12 月 31 日到期），年利率 7%，按年付息，原实际年利率为 7%。A 公司已按时支付所有利息。2×21 年 12 月 31 日，A 公司出现严重资金周转问题，多项债务违约，信用风险增加，无法偿还贷款本金，B 银行同意与 A 公司就该项贷款重新达成协议。

情形 1：B 银行免除 A 公司 50 万元债务本金，并将尚未偿还的债务本金 950 万元展期至 2×22 年 12 月 31 日，年利率为 8%，假定市场年利率为 6%。剩余债务的公允价值为 967.92 万元。

重组债务未来现金流量现值 =950×（1+8%）/（1+7%）=958.88（万元）。

原债务的剩余期间现金流量现值为 1000 万元。

现金流变化 =（1000−958.88）÷1000×100%=4.11% ＜ 10%，不属于实质性修改。

A 公司会计处理如下：

借：长期借款—本金　　1000

　贷：长期借款—本金　　950

　　　　　　—利息调整　　8.88

　　投资收益　　41.12

情形 2：B 银行免除 A 公司 200 万元债务本金，并将尚未偿还的债务本金 800 万元展期至 2×22 年 12 月 31 日，年利率为 8%，假定市场年利率为 6%。剩余债务的公允价值为 815.09 万元。

重组债务未来现金流量现值 =800×（1+8%）/（1+7%）=807.48（万元）。

原债务的剩余期间现金流量现值为1000万元。

现金流变化＝(1000−807.48)÷1000×100%=19.25%>10%，属于实质性修改。

A公司会计处理如下：

借：长期借款—本金 1000

贷：短期借款—本金 815.09

投资收益 184.91

名师点拨

仅涉及金融工具抵偿债务，抵债资产账面价值与应付债务账面价值的差额记入“投资收益”科目，其他情况（包括同时涉及金融工具和非金融资产）下，差额记入“其他收益—债务重组收益”科目。

（四）组合方式

债务重组采用以资产清偿债务、将债务转为权益工具、修改其他条款等方式的组合进行的，对于权益工具，债务人应当在初始确认时按照权益工具的公允价值计量，权益工具的公允价值不能可靠计量的，应当按照所清偿债务的公允价值计量。对于修改其他条款形成的重组债务，债务人应当参照上文“（三）修改其他条款”部分的内容，确认和计量重组债务。所清偿债务的账面价值与转让资产的账面价值以及权益工具和重组债务的确认金额之和的差额，记入“其他收益—债务重组收益”或“投资收益”（仅涉及金融工具时）科目。

第三节 债务重组的相关披露

使用“会计云课堂”App或“微信”扫码查看本节视频，快速GET知识点。

债务重组中涉及的债权、重组债权、债务、重组债务和其他金融工具的披露，应当按照《企业会计准则第37号——金融工具列报》的规定处理。此外，债权人和债务人还应当在附注中披露与债务重组有关的额外信息。

考试加油站

一、本章小结

下载“会计云课堂”App学习

您已成功完成“第二十一章”的学习，本章共6个考点，您都学会了吗？

为了让您对章节有更清晰的理解，加倍巩固。本书作者张志凤老师将通过**“视频导图课”**的方式，带您回顾重要考点。

名师点拨，视听结合，高效提分。

※ 欢迎您扫码，免费观看学习。

二、本章疑难问题解答

1. 如何判断《企业会计准则第12号——债务重组》（财会〔2019〕9号）规范的债务重组是否构成权益性交易？如果构成权益性交易，是否确认债务重组相关损益？

答：根据债务重组准则第四条，债权人或债务人中的一方直接或间接对另一方持股且以股东身份进行债务重组的，或者债权人与债务人在债务重组前后均受同一方或相同的多方最终控制，且该债务重组的交易实质是债权人或债务人进行了权益性分配或接受了权益性投入的，适用权益性交易的有关会计处理规定。

企业在判断债务重组是否构成权益性交易时应当遵循实质重于形式原则，例如，假设债权人对债务人的权益性投资通过其他人代持，债权人不具有股东身份但实质上以股东身份进行债务重组，债权人和债务人应当认为该债务重组构成权益性交易。

债务重组构成权益性交易的，应当适用权益性交易的有关会计处理规定，即债权人和债务人不确认构成权益性交易的债务重组相关损益。例如，甲公司是乙公司股东，为了弥补乙公司临时性经营现金流短缺，甲公司向乙公司提供2000万元无息借款，并约定于6个月后收回。借款期满时，尽管乙公司具有充足的现金流，甲公司仍然决定免除乙公司部分本金还款义务，仅收回500万元借款。在此项交易中，如果甲公司不以股东身份而是以市场交易者身份参与交易，在乙公司具有足够偿债能力的情况下不会免除其部分本金。因此，甲公司和乙公司应当将该交易作为权益性交易，不确认债务重组相关损益。

2. 债务人能否在债务重组合同签署时确认债务重组损益？

答：债务的终止确认，应当遵循《企业会计准则第22号——金融工具确认和计量》（财会〔2017〕7号）有关金融负债终止确认的规定。债务人在债务的现时义务解除时终止确认债务。

由于债权人与债务人之间进行的债务重组涉及债权和债务的认定，以及清偿方式和期限等的协商，通常需要经历较长时间，例如破产重整中进行的债务重组。因此，债务人只有在符合上述终止确认条件时才能终止确认相关债务，并确认债务重组相关损益。在签署债务重组合同的时点，如果债务的现时义务尚未解除，债务人不能确认债务重组相关损益。

3. 以其他权益工具投资抵偿债务的债务重组，抵债资产的账面价值与应付债务账面价值的差额是否应计入留存收益？

答：按准则讲解和教材的说法，是计入投资收益。新的债务重组准则不再考虑抵债资产的公允价值，如果考虑抵债资产的公允价值，抵债资产（其他权益工具投资）的公允价值与其账面价值的差额确实应计入留存收益，而应付债务的账面价值并不是抵债资产的公允价值，所以差额计入留存收益是不合适的。但其他权益工具投资以前会计期间因公允价值变动计入其他综合收益的金额与应付债务账面价值无关，应转入留存收益（盈余公积、利润分配—未分配利润）。

4. 债务人以存货清偿债务方式进行的债务重组，是否应当作为存货销售进行会计处理？

答：根据债务重组准则第十条，以资产清偿债务方式进行债务重组的，债务人应当将所清偿债务账面价值与转让资产账面价值之间的差额计入当期损益。

根据《企业会计准则第14号——收入》(财会〔2017〕22号)第二条，收入是指企业在日常活动中形成的、会导致所有者权益增加的、与所有者投入资本无关的经济利益的总流入。通常情况下，债务重组不属于企业的日常活动，因此债务重组不适用收入准则，不应作为存货的销售处理。所清偿债务账面价值与存货账面价值之间的差额，记入“其他收益”科目。

5. 上市公司对于资产负债表日后期间与债权人达成债务重组协议是调整事项还是非调整事项?

答: 对于上市公司在报告期资产负债表日已经存在的债务，在其资产负债表日后期间与债权人达成的债务重组交易不属于资产负债表日后调整事项，不能据以调整报告期资产、负债项目的确认和计量。在报告期资产负债表中，债务重组中涉及的相关负债仍应按照达成债务重组协议前具有法律效力的有关协议等约定进行确认和计量。

历年经典主观题回顾

使用“会计云课堂”App或“微信”扫码快速做题、对答案、看解析、掌握解题思路，开启轻松过关之旅。

计算分析题

甲公司2×20年发生的有关交易或事项如下：

(1) 2×20年6月5日，甲公司与乙公司签订的债务重组协议约定，甲公司以其库存商品、对丙公司的债务工具投资偿还所欠乙公司债务，在乙公司收到甲公司的偿债资产并办理了债务工具转让登记手续后，双方解除债权债务。

甲公司所欠乙公司债务系2×18年11月以1500万元(含增值税额)从乙公司购入一台大型机械设备，因该设备与甲公司现有设备不匹配需要对现有设备进行升级改造，但因缺乏资金甲公司尚未对现有设备进行升级改造。

2×20年7月10日，甲公司用于清偿债务的商品已送达乙公司并经乙公司验收入库，同时，办理完成了转让对丙公司债务工具投资的过户手续；当日，甲公司用于偿债的库存商品的账面价值为400万元，已计提存货跌价准备50万元，公允价值为360万元(不含增值税额，下同)；甲公司对丙公司的债务工具投资分类为以公允价值计量且其变动计入其他综合收益的金融资产，其账面价值为1000万元(取得成本为920万元，持有期间计入其他综合收益的金额为80万元)，公允价值为950万元(与债务重组协议签订日的公允价值相同)。截至2×20年7月10日，乙公司对该债权作为应收账款核算并计提了498.6万元的坏账准备，应收账款的公允价值为1358.6万元，乙公司将收到的对丙公司债务工具投资分类为以摊余成本计量的金融资产，收到的商品作为存货处理。

（2）2×20 年 10 月 20 日，甲公司与丁公司签订的债务重组协议约定，甲公司于当日向丁公司偿还 100 万元，其余 1000 万元债务免于偿还，协议当日生效。丁公司为甲公司的母公司。甲公司所欠丁公司债务 1100 万元（含增值税额），系甲公司于 2×19 年 8 月 1 日从丁公司购入商品未支付的款项，因甲公司现金流量不足，短期内无法清偿所欠债务。

其他资料：（1）甲公司销售商品、提供劳务适用的增值税税率为 13%，出售金融资产按其公允价值减去取得成本后的差额，按 6% 计算应交增值税额。（2）不考虑货币时间价值。（3）本题除增值税外，不考虑其他相关税费及其他因素。

要求：

（1）根据资料（1），判断甲公司用于清偿债务的资产应予以终止确认的时点；分别计算甲公司、乙公司因该债务重组应确认的损益金额；分别编制甲公司、乙公司与债务重组相关的会计分录。

（2）根据资料（2），判断丁公司减免甲公司债务的性质，并说明理由；编制甲公司与债务重组相关的会计分录。（2021 年）

历年经典主观题参考答案及解析

使用“会计云课堂”App 或“微信”扫码对答案、看解析、掌握解题思路，开启轻松过关之旅。

计算分析题

【答案】

（1）甲公司用于清偿债务的资产应予以终止确认的时点为 2×20 年 7 月 10 日。

甲公司因该债务重组确认损益的金额 =1500−400−360×13%−（950−920）×6%−1000+80=131.4（万元）；

甲公司相关会计分录：

借：应付账款　　1500
　　存货跌价准备　　50
　贷：库存商品　　450
　　　应交税费—应交增值税（销项税额）　　46.8
　　　　　　　　—转让金融商品应交增值税　　1.8
　　　其他债权投资—成本　　920
　　　　　　　　　—公允价值变动　　80
　　　其他收益　　51.4
借：其他综合收益—其他债权投资公允价值变动　　80
　贷：投资收益　　80

乙公司因该债务重组确认损益的金额 =1358.6-（1500-498.6）=357.2（万元）。

乙公司相关会计分录：

借：债权投资　950

　　库存商品　361.8（1358.6-950-46.8）

　　应交税费—应交增值税（进项税额）　46.8

　　坏账准备　498.6

　贷：应收账款　1500

　　　投资收益　357.2

（2）丁公司豁免甲公司债务属于权益性交易。

理由：丁公司为甲公司的母公司，该债务重组实质上是丁公司以其投资者的身份向甲公司的权益性投资。

甲公司相关会计分录：

借：应付账款　1100

　贷：银行存款　100

　　　资本公积—股本溢价（或资本溢价）　1000

同步强化练习题

使用“会计云课堂”App或“微信”扫码快速做题、对答案、看解析、掌握解题思路，开启轻松过关之旅。

一、单项选择题

1. 甲公司是乙公司的股东。2×21年6月30日，甲公司应收乙公司账款3000万元，采用摊余成本进行后续计量。为解决乙公司的资金周转困难，甲公司和乙公司的其他债权人共同决定对乙公司的债务进行重组，并于2×21年7月15日与乙公司签订了债务重组合同。当日应收账款公允价值为3000万元。根据债务重组合同的约定，甲公司免除60%应收乙公司账款的还款义务，乙公司其他债权人免除40%应收乙公司账款的还款义务，豁免的债务在合同签订当日解除，对于其余未豁免的债务，乙公司应于2×21年8月底前偿还。2×21年8月20日，甲公司收到乙公司支付的款项1200万元。不考虑其他因素，甲公司2×21年度因上述交易或事项应当确认的当期损失为（　　）万元。

A. 1200　　B. 600

C. 1800　　D. 0

2. 对于甲公司而言，下列各项交易中，应当按照债务重组准则进行会计处理的是（　　）。

A. 甲公司放弃应收债权取得子公司投资

B. 甲公司放弃应收债权取得合营企业投资

C. 甲公司放弃应收债权取得其他权益工具投资

D. 甲公司放弃应收债权取得交易性金融资产

3. 甲公司是乙公司的股东。2×21 年 3 月 31 日，甲公司应收乙公司账款 2000 万元，采用摊余成本进行后续计量。为解决乙公司的资金周转困难，甲公司和乙公司的其他债权人共同决定对乙公司的债务进行重组，并于 2×21 年 4 月 2 日与乙公司签订了债务重组合同。根据债务重组合同的约定，甲公司免除 70% 应收乙公司账款的还款义务，乙公司其他债权人免除 40% 应收乙公司账款的还款义务，豁免的债务在合同签订当日解除，对于其余未豁免的债务，乙公司应于 2×21 年 4 月底前偿还。2×21 年 4 月 20 日，甲公司收到乙公司支付的账款 600 万元。不考虑其他因素，乙公司 2×21 年度与甲公司债务重组业务应确认的利得金额为（　　）万元。

A. 0　　B. 600

C. 800　　D. 1400

4. 2×21 年 1 月 1 日，甲公司与乙公司进行债务重组，合同签订日，甲公司应收乙公司账款账面余额为 480 万元，已提坏账准备 40 万元，其公允价值为 460 万元，乙公司以一批存货抵偿上述账款。2×21 年 1 月 10 日甲公司收到乙公司交付的商品，该批库存商品的公允价值为 400 万元，增值税税额为 52 万元，为取得库存商品支付的运费和保险费为 2 万元。假定不考虑其他因素。甲公司债务重组取得库存商品的入账价值为（　　）万元。

A. 390　　B. 400

C. 402　　D. 410

5. 2×21 年 1 月 1 日，甲公司与乙公司进行债务重组，合同签订日甲公司应收乙公司账款账面余额为 1000 万元，已提坏账准备 80 万元，其公允价值为 950 万元，乙公司以持有 A 公司 20% 股权抵偿上述账款。2×21 年 1 月 15 日，甲公司和乙公司办理完成股权转让手续，该项股权投资的公允价值为 1000 万元，甲公司为取得该项股权投资支付直接相关费用 6 万元，取得该项股权投资后，甲公司对 A 公司能够施加重大影响。假定不考虑其他因素。甲公司债务重组取得长期股权投资的初始投资成本为（　　）万元。

A. 1000　　B. 1006

C. 956　　D. 950

6. 2×21 年 1 月 1 日，甲公司与乙公司签订债务重组协议，协议签订日甲公司应收乙公司账款账面余额为 300 万元，已提坏账准备 10 万元，其公允价值为 280 万元，乙公司以持有 A 公司 3% 股权抵偿上述账款，该项股权投资的公允价值为 275 万元。2×21 年 1 月 20 日，乙公司向甲公司转让上述股权投资，该日股权投资的公允价值为 278 万元，甲公司为取得该项股权投资支付直接相关费用 1 万元，取得该项股权投资后，甲公司将其作为交易性金融资产核算。假定不考虑其他因素。甲公司债务重组取得交易性金融资产的入账价值为（　　）万元。

A. 279　　B. 278

C. 280　　D. 281

7. 甲公司为乙公司和丙公司的母公司。2×21 年 6 月 15 日，甲公司与乙公司进行债务重组，合同签订日乙公司应收甲公司账款账面余额为 4000 万元，已提坏账准备 400 万元，其公允价值为 3800 万元。2×21 年 6 月 30 日甲公司以其持有的丙公司 80% 股权偿还上述债务，其公允价值为 3850 万元，同日，丙公司个别报表中净资产的账面价值为 4600 万元，甲公司合并报表中丙公司按购买日可辨认净资产公允价值持续计算的净资产账面价值为4800万元。不考虑其他因素的影响，则2×21年6月30日，乙公司债务重组业务影响损益的金额为（　　）万元。

A. 250　　B. 200
C. 240　　D. 0

8. 2×21年6月20日，甲公司与乙公司进行债务重组，合同签订日甲公司应收乙公司账款账面余额为3500万元，已提坏账准备350万元，其公允价值为3300万元。乙公司按每股3元的价格增发每股面值为1元的普通股股票1000万股，并以此为对价偿还乙公司前欠甲公司债务，甲公司取得该股权投资后占乙公司发行在外股份的70%，能够对乙公司实施控制。2×21年6月30日，乙公司办理了对甲公司的增资手续，甲公司另以银行存款支付审计费、评估费等共计10万元。在此之前，甲公司和乙公司不存在关联方关系。乙公司可辨认净资产公允价值为4000万元。不考虑其他因素，甲公司债务重组日影响损益的金额为（　　）万元。

A. 140　　B. -10
C. 150　　D. -360

9. 甲公司与乙公司均为增值税一般纳税人，2×21年6月10日甲公司与乙公司进行债务重组，乙公司以库存商品偿还其所欠全部债务。合同签订日，甲公司应收乙公司债权的账面余额为2000万元，已计提坏账准备1500万元，公允价值为700万元。2×21年6月20日乙公司用于偿债商品的账面价值为480万元，公允价值为600万元，增值税税额为78万元，不考虑其他因素，甲公司因上述交易影响损益的金额为（　　）万元。

A. -100　　B. 120
C. 100　　D. 200

10. 甲公司与乙公司均为增值税一般纳税人，2×21年3月10日甲公司与乙公司进行债务重组，乙公司以一项无形资产偿还其所欠全部债务。2×21年3月20日，乙公司应付债务的账面余额为400万元，乙公司用于偿债的无形资产账面价值为240万元（原价为300万元，累计摊销为60万元），公允价值为300万元，增值税税额为18万元，不考虑其他因素，乙公司因上述交易影响当期损益的金额为（　　）万元。

A. 160　　B. 82
C. 100　　D. 142

11. 乙企业应付甲企业账款的账面余额为260万元，甲企业与乙企业进行债务重组，乙企业以增发其普通股偿还债务。假设普通股每股面值为1元，重组日每股市价为3元，乙企业以80万股普通股抵偿该项债务，并支付给有关证券机构佣金手续费1万元。乙企业应计入当期损益及资本公积的金额分别为（　　）万元。

A. 20，159　　B. 20，160
C. 19，159　　D. 180，0

12. 甲公司与乙公司均为增值税一般纳税人。甲公司销售给乙公司一批商品，价款为1600万元，增值税税额为208万元，款项尚未收到。2×21年4月10日甲公司与乙公司协商进行债务重组，乙公司用一批材料和一台设备（固定资产）抵偿全部价款。2×21年4月25日，乙公司将原材料和设备运抵甲公司，该原材料的账面余额为440万元，已计提存货跌价准备80万元，公允价值为400万元，增值税税额为52万元；设备原价为1200万元，已计提折旧440万元，未计提减值准备，公允价值为800万元，增值税税额为104万元。不考虑其他因素，乙公司应计入营业利润的金额为（　　）万元。

A. 40　　B. 452

C. 532　　D. 1120

13. 甲公司为上市公司，拟进行破产重整。2×21年2月，当地法院批准了甲公司的重整计划，对于超过10万元以上部分（共计2亿元）的普通债权按照20%的比例以现金进行清偿，并在重整计划获法院裁定批准之日起4年内分4期清偿完毕，每年为一期，每期偿还1/4。破产重整方案中还规定，只有在甲公司履行重整计划规定的偿债义务后，债权人才根据重整计划豁免其剩余债务，否则管理人或债权人有权要求终止重整计划，债权人在重整计划中所作的债权调整承诺也随之失效。甲公司下列会计处理中正确的是（　　）。

A. 甲公司2×21年不应确认债务重组收益

B. 甲公司2×21年应确认债务重组收益4000万元

C. 甲公司2×21年应确认债务重组收益16000万元

D. 甲公司2×21年应确认资本公积4000万元

二、多项选择题

1. 下列各项中，不应按债务重组准则进行会计处理的有（　　）。

A. 债务重组中涉及金融工具的确认和计量

B. 通过债务重组取得对子公司投资

C. 债权人与债务人在债务重组前后均受同一方或相同的多方最终控制，且该债务重组的交易实质是债权人或债务人进行了权益性分配或接受了权益性投入

D. 通过债务重组取得对联营企业投资

2. 下列关于债权人债务重组会计处理的表述中，正确的有（　　）。

A. 以资产清偿债务进行债务重组的，应当在相关资产符合其定义和确认条件时予以确认

B. 将债务转为权益工具方式进行债务重组的，应当在相关资产符合其定义和确认条件时予以确认

C. 债权人计入当期损益的金额只是放弃债权的公允价值与账面价值之间的差额

D. 通过债务重组形成同一控制下企业合并的，长期股权投资成本包括放弃债权的公允价值和可直接归属于该资产的税金等其他成本

3. 以资产清偿债务方式进行债务重组的，债权人初始确认受让的金融资产以外的资产时，下列各项表述中正确的有（　　）。

A. 投资性房地产的成本，包括放弃债权的公允价值和可直接归属于该资产的税金等其他成本

B. 固定资产的成本，包括放弃债权的公允价值和使该资产达到预定可使用状态前所发生的可直接归属于该资产的税金、运输费、装卸费、安装费、专业人员服务费和员工培训费等其他成本

C. 存货的成本，包括放弃债权的公允价值，以及使该资产达到当前位置和状态所发生的可直接归属于该资产的税金、运输费、装卸费和保险费等其他成本

D. 无形资产的成本，包括放弃债权的公允价值和可直接归属于使该资产达到预定用途所发生的税金等其他成本

4. 2×21年11月30日，甲公司应收乙公司账款账面余额为260万元，已提坏账准备13万元，其公允价值为250万元。甲公司与乙公司协商进行债务重组，乙公

司以增发其普通股偿还债务。假设普通股每股面值为1元，合同签订日乙公司股票收盘价为3元/股，乙公司以80万股普通股抵偿该项债务。2×21年12月30日，双方办理完成股权转让手续，甲公司发生直接相关税费2万元，乙公司股票当日收盘价为3.1元/股，甲公司取得乙公司普通股后能够对乙公司施加重大影响。不考虑其他因素。2×21年12月30日甲公司和乙公司下列会计处理中正确的有（　　）。

A. 甲公司长期股权投资初始投资成本为252万元

B. 该项业务影响甲公司2×21年当期损益金额为3万元

C. 该项业务影响乙公司2×21年当期损益金额为20万元

D. 该项业务影响乙公司2×21年当期损益金额为12万元

5. 以资产清偿债务方式进行债务重组的，债权人下列各项会计处理表述中正确的有（　　）。

A. 取得的其他权益工具投资按金融工具确认和计量准则的规定确认和计量

B. 取得的资产为存货，将放弃债权的公允价值与账面价值之间的差额，计入当期损益

C. 取得的资产为金融资产，影响损益的金额为金融资产的公允价值与放弃应收债权的账面价值的差额

D. 取得多项资产时，按金融资产之外的各项资产的账面价值比例，对放弃债权的公允价值扣除受让金融资产和重组债权确认金额后的净额进行分配，并以此为基础分别确定各项资产的成本

6. 甲公司销售商品产生应收乙公司货款600万元，因乙公司资金周转困难，已逾期1年以上尚未支付，甲公司就该债权计提了120万元坏账准备。2×21年10月20日，双方经协商达成以下协议：乙公司以其生产的100件丙产品和一项应收银行承兑汇票偿还所欠甲公司货款。当日，甲公司该项债权的公允价值为500万元。乙公司用以偿债的丙产品单件成本为3万元，市场价格（不含增值税）为4万元，银行承兑汇票票面金额为60万元（与公允价值相等）。10月25日，甲公司收到乙公司的100件丙产品及银行承兑汇票，乙公司向甲公司开具了增值税专用发票，双方债权债务结清。甲、乙公司均为增值税一般纳税人，销售商品适用增值税税率均为13%。不考虑其他因素。下列各项关于该项交易甲公司会计处理的表述中，正确的有（　　）。

A. 确认当期损益20万元

B. 确认增值税进项税额52万元

C. 确认丙产品入账价值400万元

D. 确认应收票据入账价值60万元

7. 以资产清偿债务方式进行债务重组的，债务人下列会计处理表述中正确的有（　　）。

A. 应当在相关资产和所清偿债务符合终止确认条件时予以终止确认

B. 应付债务账面价值与抵债资产公允价值的差额计入当期损益

C. 抵债资产公允价值与账面价值之间的差额计入当期损益

D. 应付债务账面价值与抵债资产账面价值的差额计入当期损益

8. M公司与N公司均为增值税一般纳税人，购买及销售商品、设备适用的增值税税率均为13%。M公司销售给N公司一批商品，价款为1000万元，增值税税额为130万元，款项尚未收到，因N公司发生资金困难，已无力偿还M公司的全部货款。2×21年10月5日双方签订债务重组合同，M公司同意N公司分别用一

项债权投资、一批材料和一项设备（固定资产）予以抵偿。M公司对该笔应收账款已计提坏账准备200万元，其公允价值为1000万元。合同签订日，债权投资公允价值为300万元，原材料的成本为150万元，已计提存货跌价准备10万元，公允价值为100万元；设备原价400万元，已提折旧100万元，未计提减值准备，公允价值400万元。2×21年10月25日，M公司收到上述资产，双方解除债权债务关系，该日债权投资的公允价值为305万元。不考虑其他因素，M公司下列会计处理中正确的有（　　）。

A. 债权投资入账价值为305万元

B. 原材料入账价值为127万元

C. 固定资产入账价值为508万元

D. 计入当期损益的金额为70万元

9. 甲公司销售商品产生应收乙公司货款1000万元，因乙公司资金周转困难，已逾期1年以上尚未支付。2×21年6月5日，双方经协商达成以下协议：乙公司以一台机器设备抵偿上述债务，该日应收债权的公允价值为900万元，已提坏账准备120万元，双方办理完成资产转让手续，甲公司将取得的设备划分为持有待售类别，该日设备的公允价值减去出售费用后的净额为860万元。不考虑增值税等因素的影响，该债务重组业务甲公司下列会计处理中正确的有（　　）。

A. 持有待售资产入账价值为860万元

B. 固定资产入账价值为900万元

C. 应计入资产减值损失的金额为40万元

D. 应计入投资收益的金额为20万元

10. 下列关于债务重组会计处理的表述中，正确的有（　　）。

A. 以固定资产清偿债务方式进行债务重组的，债务人应当在固定资产和所清偿债务符合终止确认条件时予以终止确认，所清偿债务账面价值与转让固定资产账面价值之间的差额计入当期损益

B. 以无形资产清偿债务方式进行债务重组的，债务人应当在无形资产和所清偿债务符合终止确认条件时予以终止确认，所清偿债务账面价值与转让无形资产公允价值之间的差额计入当期损益

C. 将债务转为权益工具方式进行债务重组的，债务人应当在所清偿债务符合终止确认条件时予以终止确认。债务人初始确认权益工具时应当按照权益工具的公允价值计量，权益工具的公允价值不能可靠计量的，应当按照所清偿债务的公允价值计量。所清偿债务账面价值与权益工具确认金额之间的差额，应当计入当期损益

D. 采用修改其他条款方式进行债务重组的，债务人应当按照《企业会计准则第22号——金融工具确认和计量》和《企业会计准则第37号——金融工具列报》的规定，确认和计量重组债务

11. 甲公司应付乙公司购货款1000万元于2×21年6月20日到期，经与乙公司协商进行债务重组，甲公司以其生产的100件A产品抵偿该债务，合同签订日乙公司已就该债权计提了250万元坏账准备，该债权公允价值为700万元。2×21年6月30日，甲公司将抵债产品运抵乙公司并开具增值税专用发票后，原1000万元债务结清，甲公司A产品的市场价格（计税价格）为每件7万元（不含增值税），成本为每件5万元，未计提存货跌价准备。甲、乙公司均为增值税一般纳税人，销售商品适用的增值税税率均为13%。不考虑其他因素，下列关于该交易或事项的会计处理中，正确的有（　　）。

A. 甲公司应计入其他收益的金额为 409 万元
B. 甲公司应确认主营业务收入 700 万元
C. 乙公司取得 A 产品的入账价值为 609 万元
D. 乙公司应计入当期损益的金额为 -50 万元

12. 甲公司（股份有限公司）因无法偿还乙公司 3000 万元货款，于 2×21 年 8 月 1 日与乙公司签订债务重组协议。协议约定甲公司通过增发 1700 万股普通股（每股面值 1 元）抵偿上述债务，当日该应收账款的公允价值为 2700 万元。甲公司在 2×21 年 8 月 20 日已经办理完成股票增发等相关的手续，发行股票公允价值为 2800 万元，乙公司已对该应收账款计提了 360 万元坏账准备，乙公司将取得的股权指定为以公允价值计量且其变动计入其他综合收益的金融资产核算。不考虑其他因素，针对上述业务下列表述中正确的有（　　）。
A. 乙公司其他权益工具投资入账价值为 2800 万元
B. 乙公司影响当期损益的金额为 160 万元
C. 甲公司计入资本公积的金额为 1100 万元
D. 甲公司计入当期损益的金额为 200 万元

13. 甲、乙公司均为增值税一般纳税人，2×21 年 3 月甲公司销售一批商品给乙公司，开出的增值税专用发票上注明的销售价款为 1000 万元，增值税税额为 130 万元，货款尚未收到。2×21 年 6 月 20 日甲公司与乙公司协商进行债务重组，甲公司同意乙公司将其拥有的一项固定资产（厂房）用于抵偿债务，同日甲公司已为该项应收账款计提了 100 万元的坏账准备，其公允价值为 1000 万元。2×21 年 6 月 30 日，乙公司将固定资产交付给甲公司，双方办理完成产权转移手续，双方解除债权债务关系，乙公司固定资产账面原值为 1200 万元，已计提累计折旧 300 万元，未计提减值准备，公允价值为 800 万元（等于计税价格），增值税税额为 72 万元；假设不考虑其他因素影响。下列甲公司和乙公司有关债务重组的会计处理中正确的有（　　）。
A. 乙公司计入其他收益的金额为 158 万元
B. 乙公司不确认资产处置损益
C. 甲公司计入当期损益的金额为 -30 万元
D. 甲公司取得厂房入账价值为 928 万元

三、计算分析题

1. 甲公司应收乙公司账款账面余额为 4000 万元，已提坏账准备 400 万元，因乙公司发生财务困难，甲公司于 2×21 年 6 月 10 日与乙公司进行债务重组，合同签订日甲公司应收债权的公允价值为 3400 万元。甲公司同意乙公司以处置组抵偿上述债务，处置组中包括其他权益工具投资、库存商品、一台机器设备及一笔短期借款，合同签订日的公允价值分别为 800 万元、840 万元、1960 万元和 400 万元。
2×21 年 6 月 30 日，甲公司和乙公司办理完成处置组转让手续，双方解除债权债务关系。该日，其他权益工具投资的账面价值为 780 万元（成本为 760 万元，公允价值变动为 20 万元），公允价值为 820 万元，库存商品的账面价值为 800 万元，设备的账面价值为 1800 万元（原价为 2000 万元，累计折旧 200 万元），短期借款的账面价值和公允价值均为 400 万元。
假定甲公司取得处置组中的资产和负债的分类与乙公司相同，甲公司和乙公司均按净利润的 10% 提取法定盈余公积，不考虑增值税及其他因素的影响。

要求：
（1）编制甲公司 2×21 年 6 月 30 日债务重组的会计分录。
（2）编制乙公司 2×21 年 6 月 30 日债务重组的会计分录。

2. 甲公司和乙公司均系增值税一般纳税人，2×20年6月10日，甲公司按合同规定向乙公司赊销一批产品，价税合计4000万元，信用期为6个月，2×20年12月10日，乙公司因发生严重财务困难无法按约付款。2×20年12月31日，甲公司对该笔应收账款计提了500万元的坏账准备，其公允价值为3526万元，同日，甲公司与乙公司签订债务重组协议，协议如下：(1) 乙公司向甲公司定向发行200万股普通股股票（每股面值为1元，每股公允价值为3元）抵偿600万元债务，甲公司将收到的乙公司股票作为以公允价值计量且其变动计入当期损益的金融资产核算；(2) 乙公司以一项无形资产和一台设备抵偿债务1000万元；(3) 免除债务300万元，剩余债务延期至2×21年12月31日，其公允价值（等于剩余期间现金流量现值）为1800万元。

2×21年1月31日，乙公司将无形资产和固定资产交付甲公司，同日双方办理完成股权转让手续，甲公司将该股权作为以公允价值计量且其变动计入当期损益的金融资产核算，乙公司股票当日收盘价为3.1元/股。该无形资产的公允价值为800万元（免交增值税），原价为2000万元，已累计摊销1300万元，未计提减值准备。该设备的公允价值为200万元，原价为500万元，已累计折旧280万元，未计提减值准备，甲公司取得后仍作为固定资产核算，乙公司向甲公司开具的增值税专用发票上注明的价款为200万元，增值税税额为26万元。

假定该债务重组的合同条款属于实质性修改，不考虑货币时间价值和其他因素。

要求：

（1）编制甲公司2×21年1月31日债务重组的会计分录。

（2）编制乙公司2×21年1月31日债务重组的会计分录。

3. 甲股份有限公司（以下简称“甲公司”）为上市公司，2×20年与2×21年发生的相关交易或事项如下：

（1）2×20年6月30日，甲公司就应收A公司账款6000万元与A公司签订债务重组合同。合同规定：A公司以其拥有的一栋在建写字楼及持有的一项其他债权投资偿付该项债务；A公司将在建写字楼和其他债权投资所有权转移至甲公司后，双方债权债务结清。同日该应收债权的公允价值为5000万元，其他债权投资的公允价值为2300万元。

2×20年7月10日，A公司将在建写字楼和其他债权投资所有权转移至甲公司。同日，A公司该在建写字楼的账面余额为1800万元，未计提减值准备，公允价值为2200万元；A公司该其他债权投资的账面价值为2300万元（取得时的入账价值为2400万元），公允价值为2320万元。甲公司对该重组债权已计提的坏账准备为800万元，将取得的其他债权投资仍作为其他债权投资核算。

2×20年8月10日，甲公司将上述其他债权投资对外出售，售价为2340万元，已收存银行。

（2）甲公司取得在建写字楼后，委托某建造承包商继续建造。至2×21年1月1日累计新发生工程支出900万元（均符合资本化条件）。2×21年1月1日，该写字楼达到预定可使用状态并办理完毕资产结转手续。

对于该写字楼，甲公司与B公司于2×20年11月11日签订租赁合同，将该写字楼整体出租给B公司。合同规定：租赁期自2×21年1月1日开始，租赁期为5年，年租金为220万元，每年年底支付。甲公司预计该写字楼的使用年限为30年，预计净残值为零。

2×21年12月31日，甲公司收到租金220万元，已收存银行。同日，该写字楼的公允价值为3700万元。

（3）其他资料如下：

①假定甲公司投资性房地产均采用公允价值模式进行后续计量。

②假定不考虑增值税等其他相关税费影响。

要求：

（1）编制甲公司债务重组日会计分录。

（2）编制A公司债务重组日会计分录。

（3）编制甲公司2×20年8月10日，出售其他债权投资的会计分录。

（4）计算甲公司写字楼在2×21年应确认的公允价值变动损益并编制相关会计分录。

（5）编制甲公司2×21年收取写字楼租金的相关会计分录。

同步强化练习题参考答案及解析

使用"会计云课堂"App或"微信"扫码对答案、看解析、掌握解题思路，开启轻松过关之旅。

一、单项选择题

1.【答案】A

【解析】甲公司应将其豁免债务人的1200万元（3000×40%）确认为损失。

2.【答案】B

【解析】选项A，应按企业合并准则的规定进行会计处理；选项C和D，应按金融工具确认和计量准则的规定进行会计处理。

3.【答案】C

【解析】甲公司比其他债权人多豁免的30%部分应当作为权益性交易处理，乙公司2×21年度与甲公司债务重组业务应确认的利得金额=2000×40%=800（万元），选项C正确。

4.【答案】D

【解析】库存商品的入账价值=460−52+2=410（万元）。放弃债权公允价值与账面价值的差额=460−（480−40）=20（万元）。

会计分录为：

借：库存商品　410

　　应交税费—应交增值税（进项税额）　52

　　坏账准备　40

　贷：应收账款　480

　　　银行存款　2

　　　投资收益　20

5.【答案】C

【解析】债务重组取得对联营企业投资的初始投资成本，包括放弃债权的公允价值和可直接归属于该资产的税金等其他成本。甲公司债务重组取得长期股权投资的初始投资成本=950+6=956（万元）。

6.【答案】B

【解析】甲公司债务重组取得交易性金融资产的入账价值应按取得日的公允价值278万元计量。

7.【答案】D

【解析】乙公司取得丙公司80%股权属于

同一控制下的控股合并，合并日乙公司取得丙公司80%股权应按企业合并准则进行会计处理，其初始投资成本=4800×80%=3840（万元），会计分录为：

借：长期股权投资　3840
　　坏账准备　400
　贷：应收账款　4000
　　　资本公积—股本溢价　240

8.【答案】A

【解析】甲公司应按企业合并准则确定长期股权投资入账价值，长期股权投资入账价值为放弃债权的公允价值3300万元，影响损益的金额=3300-（3500-350）-10=140（万元），会计分录为：

借：长期股权投资　3300
　　坏账准备　350
　贷：应收账款　3500
　　　投资收益　150
借：管理费用　10
　贷：银行存款　10

9.【答案】D

【解析】放弃债权的公允价值与账面价值之间的差额，应当计入当期损益，该项业务影响甲公司当期损益的金额=700-（2000-1500）=200（万元），选项D正确。

10.【答案】D

【解析】乙公司会计处理如下：

借：应付账款　400
　　累计摊销　60
　贷：无形资产　300
　　　应交税费—应交增值税（销项税额）　18
　　　其他收益　142

11.【答案】A

【解析】乙企业应计入当期损益的金额=260-3×80=20（万元），乙企业计入资本公积的金额=（3-1）×80-1=159（万元）。

12.【答案】C

【解析】应付债务账面价值为1808万元（1600+208），抵债资产账面价值合计=（440-80）+（1200-440）=1120（万元），增值税销项税额合计=52+104=156（万元），乙公司应计入营业利润的金额=1808-1120-156=532（万元）。

13.【答案】A

【解析】根据甲公司的破产重整方案，“只有在甲公司履行重整计划规定的偿债义务后，债权人才根据重整计划豁免其剩余债务，否则管理人或债权人有权要求终止重整计划，债权人在重整计划中所作的债权调整承诺也随之失效”。这说明，债权人所作出的债务豁免承诺只有在甲公司按照重整计划的规定履行完所有偿债义务之后才生效，在此之前，甲公司不应该确认债务重组收益。

二、多项选择题

1.【答案】ABC

【解析】选项A，适用金融工具确认和计量准则；选项B，适用企业合并准则；选项C，适用权益性交易的有关会计处理规定；选项D，适用债务重组准则。

2.【答案】AB

【解析】选项C，除受让金融资产外，放弃债权的公允价值与账面价值之间的差额，应当计入当期损益；选项D，通过债务重组形成同一控制下企业合并的，长期股权投资成本为应享有被合并方所有者权益在最终控制方合并财务报表中的账面价值份额与最终控制方收购被合并方时形成的商誉之和。

3.【答案】ACD

【解析】选项B，不含员工培训费。

4.【答案】ABD

【解析】以债务重组方式取得联营企业投

资的，长期股权投资的初始投资成本 = 放弃债权的公允价值 250+ 直接相关税费 2=252（万元），选项 A 正确；甲公司因该项债务重组计入当期损益的金额 =250-（260-13）=3（万元），选项 B 正确；乙公司因该项债务重组影响当期损益的金额 =260-3.1×80=12(万元),选项 C 错误，选项 D 正确。

5.【答案】ABC

【解析】取得多项资产时，按金融资产之外的其他各项资产的公允价值比例对放弃债权的公允价值扣除受让金融资产和重组债权确认金额后的净额进行分配，选项 D 错误。

6.【答案】ABD

【解析】应收票据按债务重组日的公允价值 60 万元入账，库存商品入账价值 = 放弃债权的公允价值 - 金融资产入账价值 - 增值税进项税额 =500-60-400×13%=388(万元),投资收益 =500-（600-120)=20(万元)。甲公司会计处理如下：

借：应收票据　60
　　库存商品　388
　　应交税费—应交增值税(进项税额)　52（400×13%）
　　坏账准备　120
　贷：应收账款　600
　　　投资收益　20

7.【答案】AD

【解析】以资产清偿债务方式进行债务重组的，债务人应当在相关资产和所清偿债务符合终止确认条件时予以终止确认，所清偿债务账面价值与转让资产账面价值之间的差额计入当期损益，选项 A 和 D 正确。

8.【答案】ABC

【解析】债权投资按取得时的公允价值 305 万元入账，选项 A 正确；原材料和固定资产入账总额 = 放弃债权的公允价值 1000 万元 - 协议签订日债权投资公允价值 300 万元 - 增值税 65 万元［(100+400）×13%］=635（万元），按原材料和固定资产公允价值比例分配，原材料入账价值 =635×100÷500=127（万元），固定资产入账价值 =635×400÷500=508（万元），选项 B 和 C 正确；计入当期损益的金额 = 放弃债权公允价值与账面价值的差额 70 万元［1000-（1130-200）］+ 债权投资重组日公允价值与协议签订日公允价值的差额 5 万元（305-300）=75（万元），选项 D 错误。M 公司会计分录如下：

借：原材料　127
　　固定资产　508
　　应交税费—应交增值税(进项税额)　65
　　债权投资　305
　　坏账准备　200
　贷：应收账款　1130
　　　投资收益　75

9.【答案】ACD

【解析】债权人债务重组取得资产划分为持有待售类别的，债权人应当在初始计量时，比较假定其不划分为持有待售类别情况下的初始计量金额和公允价值减去出售费用后的净额，以两者孰低计量。在不划分为持有待售类别情况下的初始计量金额为放弃债权的公允价值 900 万元，公允价值减去出售费用后的净额为 860 万元，持有待售资产入账价值为 860 万元。甲公司会计处理如下：

借：持有待售资产—固定资产　860
　　坏账准备　120
　　资产减值损失　40
　贷：应收账款　1000
　　　投资收益　20

选项 A、C 和 D 正确。

10.【答案】ACD

【解析】所清偿债务账面价值与转让无

形资产账面价值之间的差额计入当期损益，选项 B 错误。

11.【答案】ACD

【解析】甲公司应计入其他收益的金额 =1000−100×5−100×7×13%=409（万元），选项 A 正确；甲公司将抵债资产的账面价值和应付债务账面价值的差额计入当期损益，不确认收入，选项 B 错误；乙公司取得 A 产品的入账价值 =700−100×7×13%=609（万元），选项 C 正确；乙公司计入当期损益的金额 =700−（1000−250）=−50（万元），选项 D 正确。

12.【答案】ABCD

【解析】乙公司取得其他权益工具投资应按金融工具确认和计量准则确定入账价值，即按公允价值 2800 万元入账，乙公司会计处理如下：

借：其他权益工具投资	2800
坏账准备	360
贷：应收账款	3000
投资收益	160

选项 A 和 B 正确；甲公司计入资本公积的金额 =2800−1700×1=1100（万元），选项 C 正确；甲公司计入当期损益的金额 =3000−2800=200(万元)，选项 D 正确。

甲公司会计处理如下：

借：应付账款	3000
贷：股本	1700
资本公积—股本溢价	1100
投资收益	200

13.【答案】ABCD

【解析】乙公司应计入其他收益的金额 =（1000+130）−（1200−300）−72=158（万元），选项 A 正确；乙公司不确认固定资产公允价值与账面价值的差额，即不确认资产处置损益，选项 B 正确；甲公司计入当期损益的金额 =1000−（1130−100）=−30（万元），选项 C 正确；甲公司取得厂房入账价值 = 放弃债权公允价值 1000− 增值税进项税额 72=928（万元），选项 D 正确。

三、计算分析题

1.【答案】

（1）合同签订日其他权益工具投资公允价值为 800 万元，短期借款公允价值为 400 万元。库存商品入账金额 =（3400+400−800）×840/（840+1960）=900（万元），固定资产入账金额 =（3400+400−800）×1960/（840+1960）=2100（万元）。按照金融工具确认和计量准则规定，其他权益工具投资和短期借款应按取得时的公允价值计量，即其他权益工具投资的入账金额为 820 万元，短期借款的入账金额为 400 万元。

甲公司会计处理如下：

借：其他权益工具投资	820
库存商品	900
固定资产	2100
坏账准备	400
投资收益	180
贷：应收账款	4000
短期借款	400

（2）乙公司会计处理如下：

借：固定资产清理	1800
累计折旧	200
贷：固定资产	2000
借：应付账款	4000
短期借款	400
贷：其他权益工具投资	780
库存商品	800
固定资产清理	1800
其他收益	1020
借：其他综合收益	20
贷：盈余公积	2
利润分配—未分配利润	18

2.【答案】

（1）重组债权按其公允价值 1800 万元入

账，甲公司取得的交易性金融资产在合同签订日的公允价值为 600 万元（200×3）。放弃债权公允价值扣除重组债权公允价值和交易性金融资产合同签订日公允价值的净额 =3526-1800-600=1126（万元），无形资产和固定资产入账价值总额 =1126- 增值税进项税额 26=1100（万元），其中无形资产入账价值 =1100×800/（800+200）=880（万元），固定资产入账价值 =1100×200/（800+200）=220（万元）。交易性金融资产应按取得日的公允价值计量，其入账金额 =200×3.1=620（万元）。

甲公司会计处理如下：

借：应收账款—债务重组　1800
　　无形资产　880
　　固定资产　220
　　应交税费—应交增值税（进项税额）　26
　　交易性金融资产　620
　　坏账准备　500
　贷：应收账款　4000
　　　投资收益　46（差额）

（2）乙公司会计处理如下：

借：固定资产清理　220
　　累计折旧　280
　贷：固定资产　500

借：应付账款　4000
　　累计摊销　1300
　贷：应付账款—债务重组　1800
　　　股本　200
　　　资本公积—股本溢价　420（200×3.1-200）
　　　固定资产清理　220
　　　应交税费—应交增值税（销项税额）　26
　　　无形资产　2000
　　　其他收益—债务重组收益　634（差额）

3.【答案】

（1）甲公司取得其他债权投资协议签订日的公允价值为 2300 万元。放弃债权公允价值扣除其他债权投资公允价值后的净额 =5000-2300=2700（万元），在建工程入账金额为 2700 万元。其他债权投资按取得日的公允价值 2320 万元入账。

会计分录为：

借：其他债权投资　2320
　　在建工程　2700
　　坏账准备　800
　　投资收益　180（差额）
　贷：应收账款　6000

（2）

借：应付账款　6000
　贷：在建工程　1800
　　　其他债权投资　2300
　　　其他收益—债务重组收益　1900

借：投资收益　100
　贷：其他综合收益　100

（3）

借：银行存款　2340
　贷：其他债权投资　2320
　　　投资收益　20

（4）2×21 年 1 月 1 日，该写字楼的入账价值 =2700+900=3600（万元），2×21 年年末应确认公允价值变动损益 =3700-3600=100（万元）。

借：投资性房地产—公允价值变动　100
　贷：公允价值变动损益　100

（5）

借：银行存款　220
　贷：其他业务收入　220

◇中教科（保定）印刷股份有限公司

轻松过关®1

2022年注册会计师考试
应试指导及全真模拟测试

会　计

（下册）

张志凤　主编
东奥会计在线　编

北京科学技术出版社

目录
CONTENTS

第二部分　考点精讲及强化训练

第三部分　跨章节主观题演练

第二十二章　外币折算

CHAPTER-22

本章学习指南

一、学习目标

1. 理解记账本位币的确定。
2. 掌握外币交易的会计处理。
3. 了解外币财务报表的折算方法。
4. 掌握我国会计准则采用的外币报表折算方法。
5. 理解境外经营的处置。

二、考情概况

本章考题为客观题和计算分析题，分数适中，属于比较重要章节。

三、教材变化

增加“外币预收账款和预付账款、合同资产和合同负债外币折算”相关表述。

四、考点地图

考点	年份 / 题型
外币其他权益工具投资的会计处理	2021 年单选题
实质上构成对境外经营净投资的外币货币性项目产生的汇兑差额的处理	2021 年单选题
外币折算的会计处理	2020 年多选题、2019 年单选题
外币交易的会计处理	2020 年计算分析题、2019 年多选题
外币财务报表折算的会计处理	2020 年多选题

核心考点精讲

提示

本章一般以客观题的形式进行考核，也可以与金融资产等章节结合考查主观题，在学习本章时，重中之重是要选择正确的汇率、区分外币交易和外币财务报表折算。您可以学习一遍知识点后，闭卷做题练习，如有疑惑，找到学习的盲点和误区，再逐一击破。

第一节　记账本位币的确定

使用“会计云课堂”App 或“微信”扫码查看本节视频，快速 GET 知识点。

一、记账本位币的确定

记账本位币，是指企业经营所处的主要经济环境中的货币。

企业通常应选择人民币作为记账本位币。业务收支以人民币以外的货币为主的企业，可以按规定选定其中一种货币作为记账本位币。但是编报的财务会计报告应当折算为人民币。

要点小贴士

企业管理层根据实际情况只能确定其中的一种货币作为记账本位币。

企业选定记账本位币，应当考虑下列因素：

（1）该货币主要影响商品和劳务的销售价格，通常以该货币进行商品和劳务的计价和结算；

（2）该货币主要影响商品和劳务所需人工、材料和其他费用，通常以该货币进行上述费用的计价和结算；

（3）融资活动获得的资金以及保存从经营活动中收取款项时所使用的货币。

企业记账本位币一经确定，不得随意变更，除非与确定企业记账本位币相关的经营所处的主要经济环境发生重大变化。

二、境外经营记账本位币的确定

（一）境外经营的含义

境外经营，是指企业在境外的子公司、合营企业、联营企业、分支机构。当企业在境内的子公司、合营企业、联营企业或者分支机构采用不同于企业的记账本位币的，也视同境外经营。

（二）境外经营记账本位币的确定

企业选定境外经营的记账本位币时，还应当考虑下列因素：

（1）境外经营对其所从事的活动是否拥有很强的自主性；

（2）境外经营活动中与企业的交易是否在境外经营活动中占有较大比重；

（3）境外经营活动产生的现金流量是否直接影响企业的现金流量、是否可以随时汇回；

（4）境外经营活动产生的现金流量是否足以偿还其现有债务和可预期的债务。

三、记账本位币变更的会计处理

企业因经营所处的主要经济环境发生重大变化，确需变更记账本位币的，应当采用变更当日的即期汇率将所有项目折算为变更后的记账本位币。由于采用同一即期汇率进行折算，因此，不会产生汇兑差额。

第二节 外币交易的会计处理

使用“会计云课堂”App或“微信”扫码查看本节视频，快速GET知识点。

一、汇率

汇率是两种货币相兑换的比率。

（一）即期汇率的选择

即期汇率，通常是指中国人民银行公布的当日人民币外汇牌价的中间价。但是企业发生的外币兑换业务或涉及外币兑换的交易事项，应当按照交易实际采用的汇率（即银行买入价或卖出价）折算。

名师点拨

（1）买入价、卖出价是站在银行角度买入外币、卖出外币的价格；

（2）外币存款无论增加还是减少均采用交易发生日的即期汇率折算。

外币	人民币	
	买入价	卖出价
100 美元	650 元人民币	660 元人民币

经典题解

【例题 1·单选题】甲股份有限公司以人民币为记账本位币，对外币交易采用交易日的即期汇率折算。2×21 年 8 月 1 日，将 25000 美元到银行兑换为人民币，银行当日的美元买入价为 1 美元 =6.50 元人民币，中间价为 1 美元 =6.55 元人民币，卖出价为 1 美元 =6.60 元人民币，该项外币兑换业务产生的汇兑差额为（　　）元人民币。

A. 1250　　B. 2500　　C. 0　　D. 1875

【解析】企业用美元兑换人民币，从银行角度是买入美元，所以兑换所用汇率为银行的买入价，而通常记账所用的即期汇率为中间价，由于汇率变动而产生的汇兑差额计入当期财务费用。汇兑差额 =25000×（6.55-6.50）=1250（元人民币）。

会计分录如下：

借：银行存款—人民币　　162500（25000×6.50）

　　财务费用—汇兑差额　　1250

　贷：银行存款—美元　　163750（25000×6.55）

【答案】A

【例题2】甲股份有限公司以人民币为记账本位币，对外币交易采用交易日的即期汇率折算。2×21年6月1日，因外币支付需要，从银行购入10000欧元，银行当日的欧元卖出价为1欧元=8元人民币，当日的中间价为1欧元=7.7元人民币。有关会计分录如下：

借：银行存款—欧元　　77000（10000×7.7）

　　财务费用—汇兑差额　　3000

　贷：银行存款—人民币　　80000（10000×8）

（二）即期汇率的近似汇率

即期汇率的近似汇率，是指按照系统合理的方法确定的、与交易发生日即期汇率近似的汇率，通常是指当期平均汇率或加权平均汇率等。

企业通常应当采用即期汇率进行折算。汇率变动不大的，也可以采用即期汇率的近似汇率进行折算。

二、外币交易的记账方法

外币交易的记账方法包含外币统账制和外币分账制两种类型。外币统账制指企业在发生外币交易时，即折算为记账本位币入账。外币分账制是指企业在日常核算时分别币种记账，资产负债表日，分别货币性项目和非货币性项目进行调整；产生的汇兑差额计入当期损益。

从我国目前的情况看，绝大多数企业采用外币统账制，只有银行等少数金融企业由于外币交易频繁，涉及外币币种较多，可以采用分账制记账方法进行日常核算。无论是采用分账制记账方法，还是采用统账制记账方法，只是账务处理的程序不同，产生的结果应当相同，即计算出的汇兑差额相同；相应的会计处理也相同，即均计入当期损益。

三、外币交易的会计处理

外币是企业记账本位币以外的货币。

外币交易是指企业发生以外币计价或者结算的交易，包括买入或者卖出以外币计价的商品或劳务、借入或者借出外币资金和其他以外币计价或者结算的交易。

（一）初始确认

外币交易应当在初始确认时，采用交易发生日的即期汇率将外币金额折算为记账本位币金额；也可以采用按照系统合理的方法确定的、与交易发生日即期汇率近似的汇率折算。

企业收到投资者以外币投入的资本，应当采用交易发生日即期汇率折算，不得采用合同约定汇率和即期汇率的近似汇率折算，外币投入资本与相应的货币性项目的记账本位币金额之间不产生外币资本折算差额。

> **要点小贴士**
>
> 借：银行存款（交易发生日即期汇率）
>
> 贷：实收资本等（交易发生日即期汇率）

（二）期末调整或结算

1. 货币性项目

货币性项目，是指企业持有的货币和将以固定或可确定金额的货币收取的资产或者偿付的负债。例如，库存现金、银行存款、应收账款、其他应收款、长期应收款、短期借款、应付账款、其他应付款、长期借款、应付债券、长期应付款等。

（1）期末调整

> **要点小贴士**
>
> 期末调整汇兑差额的计算思路：
>
> （1）外币账户的期末外币余额=期初外币余额+本期增加的外币发生额-本期减少的外币发生额；
>
> （2）调整后的记账本位币余额=期末外币余额×期末即期汇率；
>
> （3）汇兑差额=调整后记账本位币余额-调整前记账本位币余额。

期末，将所有外币货币性项目的外币余额，按照期末即期汇率折算为记账本位币金额，并与原记账本位币金额相比较，其差额记入“财务费用—汇兑差额”等科目。

以“银行存款—美元”为例，其期末调整会计处理如下图所示：

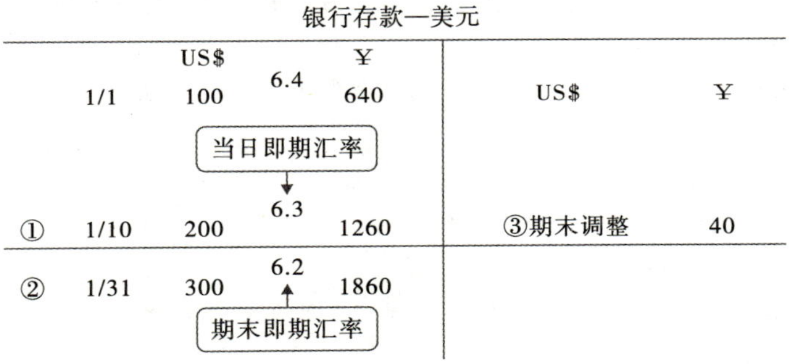

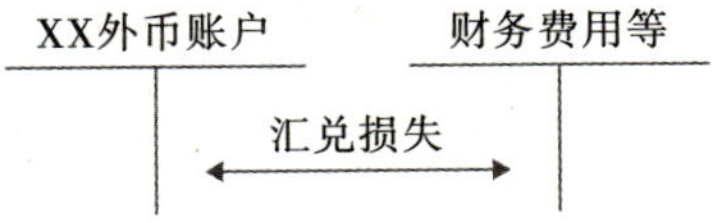

“××外币资产”汇兑损失=调整前记账本位币余额-期末记账本位币余额（期末外币余额×期末即期汇率）

“××外币负债”汇兑损失=期末记账本位币余额（期末外币余额×期末即期汇率）-调整前记账本位币余额

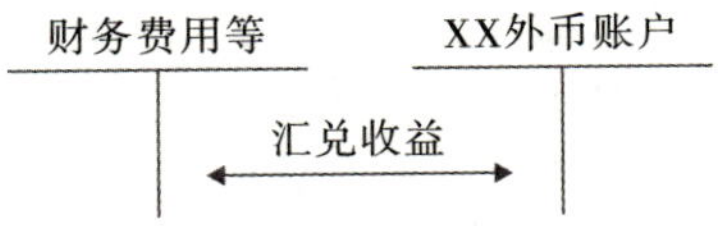

“××外币资产”汇兑收益=期末记账本位币余额（期末外币余额×期末即期汇率）-调整前记账本位币余额

“××外币负债”汇兑收益=调整前记账本位币余额-期末记账本位币余额（期末外币余额×期末即期汇率）

（2）结算

> **要点小贴士**
>
> （1）结算符合资本化条件的外币“应付利息”科目产生的汇兑差额记入“在建工程”等科目；
>
> （2）与外币专门借款有关的汇兑差额，满足资本化条件的，应当予以资本化，计入在建工程、研发支出等。

结算外币货币性项目时，将其外币结算金额按照当日即期汇率折算为记账本位币金额，并与原记账本位币金额相比较，其差额记入“财务费用—汇兑差额”等科目。

以“应收账款—美元”结算为例，其会计处理如下图所示：

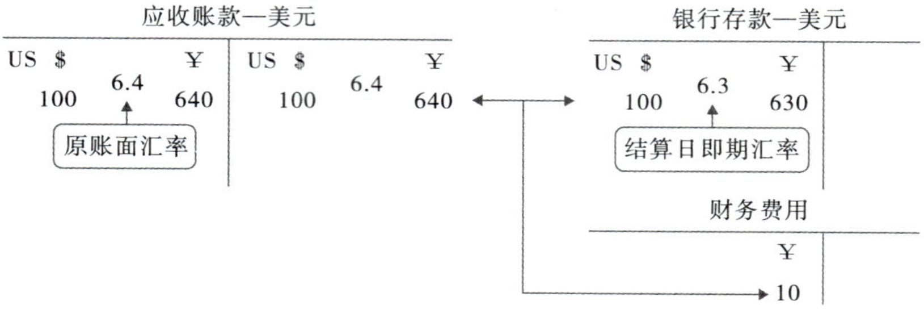

经典题解

【真题3·多选题】甲公司以人民币为记账本位币，2×17年发生的有关外币交易或事项如下：（1）外币美元资本投入，合同约定的折算汇率与投入美元资本当日的即期汇率不同；（2）支付应付美元货款，支付当日的即期汇率与应付美元货款的账面汇率不同；（3）年末折算汇率与交易发生时的账面汇率不同。不考虑应予资本化的金额及其他因素，下列各项关于甲公司2×17年上述外币交易或事项会计处理的表述中，正确的有（　　）。（2017年）

A. 偿还美元货款时按偿还当日的即期汇率折算为人民币记账

B. 收到外币美元资本投入时按合同约定的折算汇率折算的人民币记账

C. 外币美元资本于年末按年末汇率折算的人民币金额调整其账面价值

D. 各外币货币性项目按年末汇率折算的人民币金额与其账面人民币金额的差额计入当期损益

【解析】企业收到投资者以外币投入的资本，应当采用交易发生日即期汇率折算，不得采用合同约定汇率和即期汇率的近似汇率折算，期末也无须对投资者投入的外币资本进行折算，选项B和C不正确。

【答案】AD

【例题4·单选题】甲公司外币业务采用业务发生时的即期汇率进行折算，按月计算汇兑损益。5月20日对外销售产品发生应收账款500万欧元，当日的市场汇率为1欧元=8.30元人民币。5月31日的市场汇率为1欧元=8.28元人民币；6月1日的市场汇率为1欧元=8.32元人民币；6月30日的市场汇率为1欧元=8.35元人民币。7月10日收到该应收账款，当日市场汇率为1欧元=8.34元人民币。该应收账款6月份应当确认的汇兑收益为（　　）万元人民币。

A. −10　　　　B. 15

C. 25　　　　D. 35

【解析】该应收账款6月份应当确认的汇兑收益=500×（8.35−8.28）=35（万元人民币）。

【答案】D

2. 非货币性项目

非货币性项目，是指货币性项目以外的项目，例如：存货、长期股权投资、交易性金融资产（股票、基金）、固定资产、无形资产等。

（1）以历史成本计量的外币非货币性项目，仍采用交易发生日的即期汇率折算，不改变其原记账本位币金额（即不产生汇兑差额）。

要点小贴士

外币预收账款和预付账款、合同资产和合同负债均不满足货币性项目的定义，属于以历史成本计量的外币非货币性项目，企业在资产负债表日应当采用交易发生日的即期汇率折算，不产生汇兑损益。

经典题解

【真题 5·单选题】下列各项关于外币折算会计处理的表述中，正确的是（　　）。（2019 年）

A. 期末外币预收账款以当日即期汇率折算并将由此产生的汇兑差额计入当期损益

B. 以公允价值计量且其变动计入其他综合收益的外币货币性金融资产形成的汇兑差额计入其他综合收益

C. 以公允价值计量且其变动计入其他综合收益的外币非交易性权益工具投资形成的汇兑差额计入其他综合收益

D. 收到投资者以外币投入的资本时，外币投入资本与相应的货币性项目均按合同约定汇率折算，不产生外币资本折算差额

【解析】预收账款属于非货币性项目，期末不产生汇兑差额，选项 A 错误；

以公允价值计量且其变动计入其他综合收益的外币货币性金融资产形成的汇兑差额计入财务费用，选项 B 错误；

企业收到投资者以外币投入的资本，无论是否有合同约定汇率，均不得采用合同约定汇率和即期汇率的近似汇率折算，而是采用交易发生日即期汇率折算，选项 D 错误。

【答案】C

（2）以成本与可变现净值孰低进行期末计量的存货，如果其可变现净值以外币进行确定，则应在确定存货的期末价值时，先将存货可变现净值折算为记账本位币金额，再与以记账本位币反映的存货成本比较。

经典题解

【真题 6·单选题】甲公司以人民币为记账本位币，发生外币交易时采用交易日的即期汇率折算。甲公司 12 月 20 日进口一批原材料并验收入库，货款尚未支付；原材料成本为 80 万美元，当日即期汇率为 1 美元 =6.8 元人民币。12 月 31 日，美元户银行存款余额为 1000 万美元，按年末汇率调整前的人民币账面余额为 7020 万元，当日即期汇率为 1 美元 =6.5 元人民币。上述交易或事项对甲公司 12 月份营业利润的影响金额为（　　）。（2012 年）

A. –220 万元　　B. –496 万元

C. –520 万元　　D. –544 万元

【解析】上述交易或事项中，外币应付账款和银行存款产生的汇兑差额会影响营业利润，所以对甲公司 12 月份营业利润的影响金额 =（80×6.8–80×6.5）+（1000×6.5–7020）=–496（万元）。

【答案】B

（3）以公允价值计量的外币非货币性项目，如交易性金融资产（股票、基金等），采用公允价值确定日的即期汇率折算，折算后的记账本位币金额与原记账本位币金额的差额，作为公允价值变动处理，计入当期损益（公允价值变动损益）。

（4）以公允价值计量且其变动计入其他综合收益的金融资产（债务工具）形成的汇兑差额，应当计入当期损益，并且采用实际利率法计算的该外币货币性金融资产产生的外币利息产生的汇兑差额，应当计入当期损益。以公允价值计量且其变动计入其他综合收益的外币非货币性金融资产（权益工具）产生的汇兑差额，与其公允价值变动均计入其他综合收益，但是该金融资产的外币现金股利形成的汇兑差额，应当计入当期损益。

经典题解

【真题 7 · 单选题】甲公司以人民币为记账本位币。2×18 年 3 月 10 日，以每股 5 美元的价格购入乙公司在境外上市交易的股票 20 万股，发生相关交易费用 1 万美元，甲公司将其指定为以公允价值计量且其变动计入其他综合收益的金融资产，当日汇率为 1 美元 =6.6 元人民币。2×18 年 12 月 31 日，乙公司股票的市场价格为每股 6 美元，当日汇率为 1 美元 =6.9 元人民币。2×19 年 2 月 5 日，甲公司以每股 8 美元的价格将持有的乙公司股票全部出售，当日汇率为 1 美元 = 6.8 元人民币，不考虑相关税费及其他因素，下列各项关于甲公司上述交易或事项会计处理的表述中，正确的是（　　）。（2021 年）

A. 2×19 年 2 月 5 日，确认投资收益 260 万元

B. 购入乙公司的股票初始入账金额为 660 万元

C. 2×18 年 12 月 31 日，确认财务费用 36 万元

D. 2×18 年 12 月 31 日，确认其他综合收益 161.4 万元

【解析】2×18 年 3 月 10 日，甲公司购入乙公司股票，将其指定为其他权益工具投资核算，初始入账金额 =（5×20+1）×6.6=666.6（万元人民币），选项 B 错误；

2×18 年 12 月 31 日，甲公司确认其他权益工具投资的公允价值变动及汇兑差额均计入其他综合收益，应确认其他综合收益金额 =6×20×6.9-666.6=161.4（万元人民币），选项 C 错误，选项 D 正确；

2×19 年 2 月 5 日，甲公司出售其他权益工具投资时确认留存收益金额 =8×20×6.8-（666.6+161.4）+161.4=421.4（万元人民币），选项 A 错误。

相关会计分录如下：

2×18 年 3 月 10 日

借：其他权益工具投资—成本　　666.6

　贷：银行存款　　666.6

2×18 年 12 月 31 日

借：其他权益工具投资—公允价值变动　　161.4

　贷：其他综合收益　　161.4

2×19 年 2 月 5 日

借：银行存款　　1088（8×20×6.8）

　贷：其他权益工具投资—成本　　666.6

　　　　　　　　　　—公允价值变动　　161.4

　　盈余公积　　26（假定按净利润的 10% 提取盈余公积）

　　利润分配—未分配利润　　234

借：其他综合收益　　161.4

　贷：盈余公积　　16.14

　　利润分配—未分配利润　　145.26

【答案】D

【真题 8 · 多选题】下列各项金融资产或金融负债中，因汇率变动导致的汇兑差额应当计入当期财务费用的有（　　）。（2020 年）

A. 外币应收账款

B. 外币债权投资产生的应收利息

C. 外币衍生金融负债

D. 外币非交易性权益工具投资

【解析】外币衍生金融负债应确认为交易性金融负债，汇率变动导致的汇兑差额应当计入公允价值变动损益，选项 C 错误；外币非交易性权益工具投资由于汇率变动导致的汇兑差额，应当计入其他综合收益，选项 D 错误。

【答案】AB

【真题 9 · 多选题】甲公司发生的外币交易及相应的会计处理如下：（1）为建造固定资产借入外币专门借款，资本化期间将该外币专门借款的利息和汇兑损益计入在建工程成本；（2）自境外市场购入的存货，期末按外币可变现净值与即期汇率计算的结果确定其可变现净值，并以此为基础计提存货跌价准备；（3）以外币计价的交易性金融资产，期末按外币市价与即期汇率计算的结果确定其公允价值，并以此为基础计算确认公允价值变动损益；（4）收到投资者投入的外币资本，按照合同约定汇率折算实收资本。不考虑其他因素，甲公司对上述外币交易进行的会计处理中正确的有（　　）。（2019 年）

A. 以外币计价的存货跌价准备的计提

B. 外币专门借款利息及汇兑损益的处理

C. 以外币计价的交易性金融资产公允价值变动损益的确认

D. 股东作为出资投入的外币资本的折算

【解析】企业收到投资者以外币投入的资本，无论是否有合同约定汇率，均不得采用合同约定汇率和即期汇率的近似汇率折算，而是采用交易发生日即期汇率折算，不产生外币资本折算差额，选项 D 错误。

【答案】ABC

第三节　外币财务报表折算

使用“会计云课堂”App 或“微信”扫码查看本节视频，快速 GET 知识点。

一、境外经营财务报表的折算

（一）常见的四种折算方法

对外币报表的折算，常见的方法一般有四种：流动和非流动法、货币性和非货币性法、时态法与现时汇率法，我国外币折算准则基本采用现时汇率法。

1. 流动和非流动法

流动资产和流动负债项目按资产负债表日现时汇率折算，非流动资产和非流动负债项目及实收资本等项目按历史汇率折算，留存收益为倒算数。利润表上折旧与摊销费用按相应资产取得时的历史汇率折算，其他收入和费用项目按报告期的平均汇率折算，销货成本根据“期初存货 + 本期购货 – 期末存货”的关系确定。形成的折算损失计入报告企业的合并损益中，形成的折算收益，已实现部分予以确认，未实现部分予以递延。

2. 货币性和非货币性法

货币性资产和负债按期末现时汇率折算，非货币性资产和负债按历史汇率折算。

3. 时态法

资产负债表各项目以过去价值计量的，采用历史汇率；以现在价值计量的，采用现时汇率，产生的折算损益计入当年的合并净收益。

4. 现时汇率法

资产和负债项目均按现时汇率折算，实收资本按历史汇率折算；利润表各项目按当期（年）平均汇率折算，产生的折算损益作为所有者权益项目予以列示。

（二）我国会计准则采用的折算方法

1. 资产负债表项目

资产负债表中的资产和负债项目，采用资产负债表日的即期汇率折算，所有者权益项目除“未分配利润”项目外，其他项目采用发生时的即期汇率折算。

2. 利润表项目

利润表中的收入和费用项目，采用交易发生日的即期汇率折算，也可以采用按照系统合理的方法确定的、与交易发生日即期汇率近似的汇率折算。

3. 外币财务报表折算差额

产生的外币财务报表折算差额，在编制合并财务报表时，应在合并资产负债表中“其他综合收益”项目列示。

相关链接

外币交易和外币财务报表折算处理对比，参见 P732 本章疑难问题解答。

名师点拨

“未分配利润”项目无须折算，可以通过计算得到，期末未分配利润 = 期初未分配利润 + 本期净利润结转金额 – 本期提取盈余公积及分配现金股利减少金额等。

经典题解

【真题 10 · 多选题】甲公司为我国境内企业，其日常核算以人民币作为记账本位币。甲公司在英国和加拿大分别设有子公司，负责当地市场的运营，子公司的记账本位币分别为英镑和加元。甲公司在编制合并财务报表时，下列各项关于境外财务报表折算所采用汇率的表述中，正确的有（　　）。（2017年改编）

A. 英国公司的固定资产采用购入时的历史汇率折算为人民币

B. 英国公司持有的作为以公允价值计量且其变动计入当期损益的金融资产的股票投资采用期末汇率折算为人民币

C. 加拿大公司的未分配利润采用报告期平均汇率折算为人民币

D. 加拿大公司的加元收入和成本采用报告期平均汇率折算为人民币

【解析】外币财务报表折算时，对于资产负债表中的资产和负债项目，采用资产负债表日的即期汇率折算，所有者权益项目除“未分配利润”项目外，其他项目采用发生时的即期汇率折算，“未分配利润”项目无须折算，可以通过计算得到，期末未分配利润＝期初未分配利润＋本期净利润结转金额－本期提取盈余公积及分配现金股利减少金额等，选项A和C错误，选项B正确；

利润表中的收入和费用项目，采用交易发生日的即期汇率折算，也可以采用按照系统合理的方法确定的、与交易发生日即期汇率近似的汇率折算（近似汇率通常为平均汇率），选项D正确。

【答案】BD

【真题11·多选题】下列各项中，在对境外经营财务报表进行折算时选用的有关汇率，符合会计准则规定的有（　　）。（2015年改编）

A. 股本采用股东出资日的即期汇率折算

B. 其他债权投资采用资产负债表日即期汇率折算

C. 未分配利润项目采用报告期平均汇率折算

D. 营业收入采用当期平均汇率折算

【解析】选项C，所有者权益项目除“未分配利润”项目外，其他项目采用发生时的即期汇率折算，“未分配利润”项目无须折算，可以通过计算得到，期末未分配利润＝期初未分配利润＋本期净利润结转金额－本期提取盈余公积及分配现金股利减少金额等。

【答案】ABD

（三）特殊项目的处理

1. 少数股东应分担的外币财务报表折算差额，应并入少数股东权益列示于合并资产负债表。

经典题解

【真题12·多选题】甲公司以人民币为记账本位币，下列各项关于甲公司外币折算会计处理的表述中，错误的有（　　）。（2020年）

A. 对境外经营财务报表进行折算产生的外币财务报表折算差额在合并资产负债表所有者权益中单设项目列示

B. 资产负债表日外币预付账款按即期汇率折算的人民币金额与其账面人民币金额之间的差额计入当期损益

C. 为购建符合资本化条件的资产而借入的外币专门借款本金及利息发生的汇兑损益在资本化期间内计入所购建资产的成本

D. 收到投资者投入的外币资本按合同约定汇率折算

【解析】外币财务报表折算差额归属于母公司应分担的部分在合并资产负债表中所有者权益项目下“其他综合收益”项目列示，属于少数股东应分担的部分应并入“少数股东权益”项目列示，选项A错误；

预付账款属于以历史成本计量的外币非货币性项目，已在交易发生日按当日即期汇率折算，资产负债表日不应改变其原记账本位币金额，不产生汇兑差额，选项B错误；

企业收到投资者以外币投入的资本，无论是否有合同约定汇率，均不采用合同约定汇率和即期汇率的近似汇率折算，而是采用交易发生日即期汇率折算，选项D错误。

【答案】ABD

【真题13·单选题】下列各项关于年度外币财务报表折算会计处理的表述中，正确的是（　　）。（2018年）

A. 外币财务报表折算差额在合并资产负债表的负债中单列项目列示

B. 资产负债表中未分配利润项目的年末余额按年末资产负债表日的即期汇率折算

C. 少数股东应分担的外币财务报表折算差额在合并资产负债表少数股东权益项目列示

D. 利润表中营业收入项目的本年金额按年末资产负债表日的即期汇率折算

【解析】外币财务报表折算差额归属于母公司的部分应在合并资产负债表中“其他综合收益”项目列示，少数股东分担的外币财务报表折算差额在“少数股东权益”项目列示，选项A错误，选项C正确；

资产负债表所有者权益项目中除“未分配利润”项目外，其他项目采用发生时的即期汇率折算，“未分配利润”项目根据期初未分配利润加上本期净利润结转金额减去本期提取盈余公积及分配现金股利减少金额等计算得出，无须折算，选项B错误；

利润表中的收入和费用项目，采用交易发生日的即期汇率或即期汇率的近似汇率折算，选项D错误。

【答案】C

2. 实质上构成对境外经营净投资的外币货币性项目产生的汇兑差额的处理。

母公司含有实质上构成对子公司（境外经营）净投资的外币货币性项目的情况下，在编制合并财务报表时，应分别以下两种情况编制抵销分录：

（1）实质上构成对子公司净投资的外币货币性项目以母公司或子公司的记账本位币反映，则应在抵销长期应收应付项目的同时，将其产生的汇兑差额转入“其他综合收益”项目。即，借记或贷记“财务费用—汇兑差额”科目，贷记或借记“其他综合收益”科目。

名师点拨

作为集团整体，长期应收款和长期应付款应相互抵销，从合并财务报表角度，长期应收款和长期应付款产生的汇兑差额是由于外币财务报表折算形成的，不应影响合并净利润，所以应将其由“财务费用”转入“其他综合收益”。

借：其他综合收益

　贷：财务费用

或作相反分录。

（2）实质上构成对子公司净投资的外币货币性项目以母、子公司的记账本位币以外的货币反映，则应将母、子公司此项外币货币性项目产生的汇兑差额相互抵销，差额转入“其他综合收益”项目。

如果合并财务报表中各子公司之间也存在实质上构成对另一子公司（境外经营）净投资的外币货币性项目，在编制合并财务报表时应比照上述原则编制相应的抵销分录。

经典题解

【真题 14·单选题】在母公司含有实质上构成对子公司（境外经营）净投资的外币长期应收款项目的情况下，不考虑其他因素，下列各项关于母公司合并财务报表有关外币报表折算会计处理的表述中，正确的是（　　）。（2021 年）

A. 外币货币性项目以母公司记账本位币反映的，在抵销母子公司长期应收应付项目的同时，应将产生的汇兑差额在财务费用项目列示

B. 外币货币性项目以母公司或子公司以外的货币反映的，在抵销母子公司长期应收应付项目的同时，应将产生的汇兑差额在财务费用项目列示

C. 归属于少数股东的外币报表折算差额应在少数股东权益项目列示

D. 外币货币性项目以子公司记账本位币反映的，在抵销母子公司长期应收应付项目的同时，应将产生的汇兑差额在财务费用项目列示

【解析】外币货币性项目以母公司或子公司的记账本位币反映，则应在抵销长期应收应付项目的同时，将其产生的汇兑差额转入“其他综合收益”项目，选项 A 和 D 错误；

外币货币性项目以母公司或子公司的记账本位币以外的货币反映，则应将母、子公司此项外币货币性项目产生的汇兑差额相互抵销，差额转入“其他综合收益”项目，选项 B 错误。

【答案】C

二、境外经营的处置

企业在处置境外经营时，应当将资产负债表中所有者权益项目下列示的、与该境外经营相关的其他综合收益，自所有者权益项目转入处置当期损益；部分处置境外经营的，应当按处置的比例计算处置部分的外币财务报表折算差额，转入处置当期损益。处置的境外经营为子公司的，将已列入其他综合收益的外币财务报表折算差额中归属于少数股东的部分，视全部处置或部分处置分别予以终止确认或转入少数股东权益。

考试加油站

一、本章小结

您已成功完成“第二十二章”的学习，本章共8个考点，您都学会了吗？

为了让您对章节有更清晰的理解，加倍巩固。本书作者张志凤老师将通过**“视频导图课”**的方式，带您回顾重要考点。

名师点拨，视听结合，高效提分。

※ 欢迎您扫码，免费观看学习。

下载“会计云课堂”App学习

二、本章疑难问题解答

如何对外币交易和外币财务报表折算进行会计处理？

答：外币交易和外币财务报表折算对比表：

项目	外币交易	外币财务报表折算
定义	外币交易是指企业发生以外币计价或者结算的交易，包括买入或者卖出以外币计价的商品或劳务、借入或者借出外币资金和其他以外币计价或者结算的交易	在将企业的境外经营通过合并、权益法核算等纳入企业的财务报表中时，需要将企业境外经营的财务报表折算为以企业记账本位币反映的财务报表，这一过程就是外币财务报表的折算
期末调整、结算和报表折算方法	货币性项目： 期末调整汇兑差额的计算思路： （1）外币账户的期末外币余额＝期初外币余额＋本期增加的外币发生额－本期减少的外币发生额 （2）调整后记账本位币余额＝期末外币余额×期末即期汇率 （3）汇兑差额＝调整后记账本位币余额－调整前记账本位币余额 （4）最终汇兑差额为正数（资产）、负数（负债），表示收益；最终汇兑差额为正数（负债）、负数（资产），表示损失	折算方法： （1）资产负债表中的资产和负债项目，采用资产负债表日的即期汇率折算，所有者权益项目除“未分配利润”项目外，其他项目采用发生时的即期汇率折算

<table>
<tr><th>项目</th><th colspan="2">外币交易</th><th>外币财务报表折算</th></tr>
<tr><td rowspan="4">期末调整、结算和报表折算方法</td><td rowspan="4">非货币性项目</td><td>以历史成本计量：采用交易发生日的即期汇率折算（即不产生汇兑差额）</td><td rowspan="4">（2）利润表中的收入和费用项目，采用交易发生日的即期汇率折算，也可以采用按照系统合理的方法确定的、与交易发生日即期汇率近似的汇率折算
【提示】外币财务报表折算，不区分货币性项目和非货币性项目，统一按报表中的项目采用上述方法进行折算</td></tr>
<tr><td>以成本与可变现净值孰低计量的存货：
①将可变现净值折算为记账本位币金额
②折算后金额如果小于记账本位币反映的存货成本，差额反映在“资产减值损失”科目中</td></tr>
<tr><td>以公允价值计量的外币非货币性项目，如交易性金融资产（股票、基金等），采用公允价值确定日的即期汇率折算，折算后的记账本位币金额与原记账本位币金额的差额，作为公允价值变动处理，计入当期损益</td></tr>
<tr><td>以公允价值计量且其变动计入其他综合收益的外币货币性金融资产（债务工具）形成的汇兑差额，应当计入当期损益，且采用实际利率法计算的该金融资产的外币利息产生的汇兑差额，应当计入当期损益；外币非货币性金融资产（权益工具）形成的汇兑差额，与其公允价值变动一并计入其他综合收益，但该金融资产的外币现金股利产生的汇兑差额，应当计入当期损益</td></tr>
<tr><td>科目与项目</td><td colspan="2">汇兑损益计入个别财务报表“财务费用—汇兑差额”等科目
【提示1】结算符合资本化条件的外币“应付利息”科目产生的汇兑差额记入“在建工程”等科目
【提示2】与外币专门借款有关的汇兑差额，满足资本化条件的，应当予以资本化，计入在建工程、研发支出等</td><td>产生的外币财务报表折算差额，在合并资产负债表中所有者权益项目下“其他综合收益”项目列示</td></tr>
</table>

历年经典主观题回顾

使用“会计云课堂”App或“微信”扫码快速做题、对答案、看解析、掌握解题思路，开启轻松过关之旅。

计算分析题

甲公司以人民币为记账本位币，其发生的相关外币交易或事项如下：

（1）20×7年7月1日，甲公司支付价款500万美元（含交易费用）购入乙公司同日发行的债券 5 万张。该债券单位面值为 100 美元；票面年利率为 6%（等于实际利率），按年支付利息，于每年 6 月 30 日支付；债券期限为 5 年，本金在债券到期时一次性偿还。甲公司管理该债券的业务模式是持有该债券以保证收益率，同时考虑流动性需求。当日，美元对人民币的即期汇率为 1 美元 =7.3 元人民币。

（2）20×7 年 12 月 31 日，美元对人民币的即期汇率为 1 美元 =7.5 元人民币；甲公司所持乙公司债券的公允价值为 520 万美元。

（3）20×8 年 6 月 30 日，甲公司收到乙公司支付的债券利息 30 万美元。当日，美元对人民币即期汇率为 1 美元 =7.4 元人民币。

（4）20×8 年 12 月 31 日，美元对人民币的即期汇率为 1 美元 =7.2 元人民币；甲公司所持乙公司债券的公允价值为 505 万美元。

（5）20×9 年 1 月 1 日，甲公司将所持乙公司债券的 50% 予以出售，取得款项 250 万美元。当日，美元对人民币的即期汇率为 1 美元 =7.2 元人民币。

本题不考虑税费及其他因素。

要求：

（1）根据资料（1），判断甲公司所购入乙公司债券应予确认的金融资产类别，并说明理由。

（2）根据上述资料，分别计算甲公司所持乙公司债券计入 20×7 年度及 20×8 年度损益的汇兑差额。

（3）根据上述资料，编制甲公司与购入、持有及出售乙公司债券相关的会计分录。（2020 年）

历年经典主观题参考答案及解析

使用“会计云课堂”App 或“微信”扫码对答案、看解析、掌握解题思路，开启轻松过关之旅。

计算分析题

【答案】

（1）甲公司所购入乙公司债券应分类为以公允价值计量且其变动计入其他综合收益的金融资产（其他债权投资）。

理由：企业管理该债券的业务模式是持有该债券以保证收益率，同时考虑流动性需求，因此企业管理该金融资产的业务模式既以收取合同现金流量为目标又以出售该金融资产为目标，故应分类为以公允价值计量且其变动计入其他综合收益的金融资产（其他债权投资）。

（2）计入 20×7 年度损益的汇兑差额 =500×（7.5−7.3）=100（万元人民币）；

计入 20×8 年度损益的汇兑差额 =500×（7.2−7.5）+500×6%×1/2×（7.4−7.5）=−151.5（万元人民币）。

（3）20×7年7月1日

借：其他债权投资—成本　　3650（500×7.3）

　贷：银行存款　　3650

20×7年12月31日

借：应收利息　　112.5（500×6%×1/2×7.5）

　贷：投资收益　　112.5

借：其他债权投资—公允价值变动　　150（20×7.5）

　贷：其他综合收益　　150

借：其他债权投资—汇兑差额　　100（500×7.5−500×7.3）

　贷：财务费用　　100

20×8年6月30日

借：应收利息　　111（500×6%×1/2×7.4）

　贷：投资收益　　111

借：银行存款　　222（500×6%×7.4）

　　财务费用　　1.5

　贷：应收利息　　223.5（112.5+111）

借：财务费用　　50

　贷：其他债权投资—汇兑差额　　50（500×7.5−500×7.4）

20×8年12月31日

累计公允价值变动＝（505−500）×7.2=36（万元），20×8年12月31日应确认公允价值变动＝36−150=−114（万元）。

借：其他综合收益　　114

　贷：其他债权投资—公允价值变动　　114

借：财务费用　　100

　贷：其他债权投资—汇兑差额　　100（500×7.4−500×7.2）

借：应收利息　　108（500×6%×1/2×7.2）

　贷：投资收益　　108

20×9年1月1日

借：银行存款　　1800（250×7.2）

　　其他债权投资—汇兑差额　　25［（100+50−100）×1/2］

　　投资收益　　72

　贷：其他债权投资—成本　　1825（3650×1/2）

　　　　　　　　—公允价值变动　　18［（150−114）×1/2］

　　应收利息　　54（108×1/2）

借：其他综合收益　　18

　贷：投资收益　　18

同步强化练习题

使用“会计云课堂”App或“微信”扫码快速做题、对答案、看解析、掌握解题思路，开启轻松过关之旅。

一、单项选择题

1. 某外商投资企业以人民币作为记账本位币，收到外商作为实收资本投入的设备一台，协议作价（公允价值）100万美元，当日的市场汇率为1美元=7元人民币。投资合同约定汇率为1美元=6.85元人民币。另发生运杂费2万元人民币，进口关税5万元人民币，安装调试费3万元人民币，上述相关税费均以银行存款（人民币户）支付。该设备的入账价值为（　　）万元人民币。

A. 695　　B. 700
C. 710　　D. 685

2. 某外商投资企业银行存款（美元）账户上期期末余额为500万美元，上期末市场汇率为1美元=6.30元人民币，该企业外币交易采用当日即期汇率折算，以人民币作为记账本位币，按月计算汇兑损益。该企业本月10日将其中100万美元在银行兑换为人民币，银行当日美元买入价为1美元=6.25元人民币，当日即期汇率为1美元=6.32元人民币。该企业本期没有其他涉及美元账户的业务，期末即期汇率为1美元=6.28元人民币。则该企业本期计入财务费用（汇兑损失）的金额共计（　　）万元人民币。

A. 7　　B. -1
C. 6　　D. 13

3. 甲公司以人民币作为记账本位币。2×21年3月1日甲公司与境外投资者乙公司签订合同，乙公司将分两次向甲公司投入3000万美元，合同约定的汇率为1美元=6.85元人民币。2×21年4月1日，甲公司收到乙公司第一笔投资2000万美元，当日即期汇率为1美元=6.91元人民币。2×21年6月1日，甲公司收到乙公司第二笔投资1000万美元，当日即期汇率为1美元=6.88元人民币。2×21年12月31日的即期汇率为1美元=6.86元人民币。不考虑其他因素，甲公司2×21年12月31日资产负债表中因乙公司投资计入所有者权益的金额为（　　）万元人民币。

A. 20685　　B. 20700
C. 20550　　D. 20580

4. 甲公司对外币交易采用交易发生日即期汇率折算，按月计算汇兑损益，记账本位币为人民币。甲公司2×21年3月10日出口销售一批设备，价款总额为200万美元，合同规定购货方应于4个月后支付货款，销售时的即期汇率为1美元=6.63元人民币。3月31日即期汇率为1美元=6.66元人民币，4月30日即期汇率为1美元=6.64元人民币，5月1日即期汇率为1美元=6.65元人民币，5月31日即期汇率为1美元=6.67元人民币。不考虑相关税费等其他因素，甲公司

2×21 年 5 月对该外币债权确认的汇兑收益为（　　）万元人民币。

A. −4　　B. 8

C. 6　　D. 4

5. 甲公司记账本位币为人民币，2×21 年 12 月 31 日，甲公司有关资产、负债账户的期末余额如下：

项目	外币金额（万美元）	按照 2×21 年 12 月 31 日即期汇率调整前的人民币账面余额（万元人民币）
银行存款	300	1866
应收账款	200	1246
预付款项	100	621
债权投资	80	500
应付账款	150	933
合同负债	90	560

2×21 年 12 月 31 日，即期汇率为 1 美元 = 6.20 元人民币。甲公司在 2×21 年 12 月 31 日个别财务报表中因外币货币性项目期末汇率变动应当确认的汇兑损失为（　　）万元人民币。

A. 14　　B. −13

C. 13　　D. 12

6. 甲公司以人民币作为记账本位币，发生外币交易时采用交易日的即期汇率折算。甲公司 12 月 20 日进口一批原材料并验收入库，货款尚未支付；该批原材料成本为 100 万美元，当日即期汇率为 1 美元 =6.80 元人民币。至 12 月 31 日，甲公司仍未支付上述货款，甲公司银行存款美元户余额为 1000 万美元，按年末即期汇率调整前的人民币账面余额为 7020 万元人民币，当日即期汇率为 1 美元 =7.10 元人民币。不考虑增值税等其他因素影响，上述交易或事项对甲公司 12 月份营业利润的影响金额为（　　）万元人民币。

A. −30　　B. 80

C. 50　　D. −50

7. 甲公司的记账本位币为人民币，其外币交易采用交易日的即期汇率折算。2×21 年 11 月 1 日，甲公司向中国银行借入 1000 万美元，期限为 3 个月、年利率为 2.4%，当日即期汇率为 1 美元 =6.9 元人民币。甲公司对该美元借款每月末计提利息，到期一次还本付息。2×21 年 11 月 30 日的即期汇率为 1 美元 =6.92 元人民币，2×21 年 12 月 31 日的即期汇率为 1 美元 =6.95 元人民币。甲公司该美元借款的借款费用不满足资本化条件。该美元借款对甲公司 2×21 年度营业利润的影响金额为（　　）万元人民币。

A. 47.68　　B. 77.68

C. 77.8　　D. 50

8. 下列关于工商企业外币交易会计处理的表述中，错误的是（　　）。

A. 结算外币应收账款形成的汇兑差额应计入财务费用

B. 结算外币应付利息形成的汇兑差额一定计入财务费用

C. 期末调整应收账款外币账户产生的汇兑差额计入财务费用

D. 期末调整应付账款外币账户产生的汇兑差额计入财务费用

9. 甲公司以人民币作为记账本位币，对期末存货按成本与可变现净值孰低计量。2×19年12月1日，甲公司进口一批商品，价款为200万美元，当日即期汇率为1美元=7.1元人民币。2×19年12月31日，甲公司该批商品中仍有50%尚未出售，可变现净值为90万美元，当日即期汇率为1美元=7.2元人民币。不考虑其他因素，2×19年12月31日，该批商品期末计量对甲公司利润总额的影响金额为（　　）万元人民币。

A. 减少124　　B. 增加124
C. 增加62　　D. 减少62

10. 甲公司的记账本位币为人民币，2×21年12月5日以每股2美元的价格购入A公司10000股股票作为以公允价值计量且其变动计入当期损益的金融资产核算，当日即期汇率为1美元=6.80元人民币，款项已经支付，2×21年12月31日，当月购入的A公司股票市价变为每股2.2美元，当日即期汇率为1美元=6.90元人民币，假定不考虑相关税费的影响，则甲公司期末因该交易性金融资产应计入公允价值变动损益的金额为（　　）元人民币。

A. 13800　　B. 15800
C. 13600　　D. 1000

11. 2×21年12月1日，甲公司以450万港元取得乙公司在香港联交所挂牌交易的H股100万股，指定为其他权益工具投资核算。2×21年12月31日，上述股票的公允价值为500万港元。甲公司以人民币作为记账本位币，假定2×21年12月1日和31日1港元即期汇率分别为0.83元人民币和0.82元人民币。不考虑其他因素，2×21年12月31日，甲公司因该资产计入所有者权益的金额为（　　）万元人民币。

A. 5　　B. −5
C. 36.5　　D. 4.5

12. 某公司记账本位币为人民币，其境外子公司的记账本位币为美元。本期期末即期汇率为1美元=6.40元人民币，当期即期汇率的近似汇率（采用平均汇率确定）为1美元=6.50元人民币。子公司资产负债表中“盈余公积”项目年初余额为200万美元，折合人民币1320万元，本期所有者权益变动表“提取盈余公积”项目金额为160万美元，该子公司利润表采用平均汇率进行折算。则子公司本期资产负债表“盈余公积”项目的期末余额为（　　）万元人民币。

A. 2304　　B. 2360
C. 2344　　D. 1320

13. 甲上市公司（以下简称“甲公司”）以人民币作为记账本位币，持有其子公司（乙公司）100%股份，乙公司确定的记账本位币为美元。2×21年7月1日，为补充乙公司经营所需资金的需要，甲公司以长期应收款形式借给乙公司1000万美元，实质上构成对乙公司境外经营的净投资。除此之外，甲、乙公司之间未发生任何交易。7月1日的即期汇率为1美元=6.80元人民币，12月31日的即期汇率为1美元=7.10元人民币。则2×21年12月31日在甲公司合并财务报表中因外币报表折算应确认其他综合收益的金额为（　　）万元人民币。

A. 300　　B. −300
C. −6800　　D. 7100

14. 甲公司出于长期战略考虑，2×20年12月31日以1200万美元购买了在美国注册的乙公司发行在外的80%股份，并自当日起能够控制乙公司的财务和经营决策。甲公司以人民币为记账本位币，2×20年12月31日，乙公司可辨认净资产公允价值为1250万美元（与账面价值相等）；2×20年12月31日即期汇率为1美元=6.20元人民币。2×21年度，乙公司按购买日可辨认净资产公允价值为基础计算实现的净利润为200万美元。乙公司的利润表在折算为母公司记账本位币时，按照平均汇率折算。其他相关汇率信息如下：2×21年12月31日即期汇率为1美元=6.10元人民币；2×21年度平均汇率为1美元=6.15元人民币。甲公司因外币报表折算而应计入合并财务报表中“其他综合收益”项目的金额为（　　）万元人民币。

A．-108　　B．0

C．-116　　D．-135

15. 假设乙公司为甲公司的子公司，下列各项关于编制年度合并财务报表时会计处理的表述中，正确的是（　　）。

A．甲公司实质上构成对乙公司净投资的长期应收乙公司款项所产生的汇兑差额在合并资产负债表未分配利润项目列示

B．甲公司应收乙公司账款与应付乙公司账款以抵销后的净额在合并资产负债表中列示

C．采用资产负债表日即期汇率将乙公司财务报表折算为以甲公司记账本位币表示的财务报表

D．乙公司外币报表折算差额中归属于少数股东的部分在合并资产负债表少数股东权益项目列示

16. 下列各项关于外币财务报表折算的会计处理中，正确的是（　　）。

A．以母公司记账本位币反映的实质上构成对境外经营子公司净投资的外币货币性项目，其产生的汇兑差额在合并财务报表中应转入其他综合收益

B．合并财务报表中各子公司之间存在实质上构成对另一子公司净投资的外币货币性项目，其产生的汇兑差额应由少数股东承担

C．以母公司、子公司记账本位币以外的货币反映的实质上构成对境外经营子公司净投资的外币货币性项目，其产生的汇兑差额在合并财务报表中转入当期财务费用

D．在合并财务报表中对境外经营子公司产生的外币报表折算差额应在归属于母公司的所有者权益中单列“外币报表折算差额”项目反映

二、多项选择题

1. 下列各项中，属于企业在选择记账本位币时应当考虑的因素有（　　）。

A．购买商品时计价和结算所使用的币种

B．结算职工薪酬通常使用的币种

C．融资活动获得的币种

D．保存从经营活动中收取款项所使用的币种

2. 甲公司2×21年发生以下外币交易或事项：（1）取得外币借款800万美元用于补充外币流动资金，当日即期汇率为1美元=6.84元人民币；（2）自国外进口设备支付预付款500万美元，当日即期汇率为1美元=6.88元人民币；（3）出口销售确认应收账款900万美元，当日即期汇率为1美元=6.93元人民币；（4）收到私募股权基金对甲公司投资100万美元，当日即期汇率为1美元=6.98元人民币。假定甲公司有关外币项目均不存在期初余额，2×21年12月31日美元兑换人民币的即期汇率为1美元=6.99元人民币。不考虑其他因素，下列关于甲公司2×21年12月31日因上述项目产生的汇兑损益会计处理的表述中，正确的有（　　）。

A．应收账款产生汇兑收益应计入当期损益

B．预付设备款产生的汇兑收益应抵减拟购入资产成本

C. 外币借款产生的汇兑损失应计入当期损益

D. 取得私募股权基金投资所有者权益增加698万元人民币

3. 下列关于外币交易会计处理的表述中，正确的有（　　）。

A. 企业接受外币资本投资，应采用交易发生时的即期汇率折算

B. 外币交易应当在初始确认时，采用交易发生日的即期汇率或即期汇率的近似汇率将外币金额折算为记账本位币金额

C. 资产负债表日，对于外币应收项目应当根据汇率变动计算汇兑差额计入财务费用，无须计提坏账准备

D. 资产负债表日，对以历史成本计量的外币非货币性项目，仍采用交易发生日的即期汇率折算，不改变原记账本位币金额

4. 甲公司的记账本位币为人民币，其外币交易采用交易日的即期汇率折算。2×21年12月10日，甲公司收到外商投入资本1000万欧元并存入银行，当日的即期汇率为1欧元=8.05元人民币，其中8000万元人民币作为注册资本。2×21年12月31日的即期汇率为1欧元=8.06元人民币。不考虑其他因素，上述外币业务对甲公司2×21年度财务报表项目影响的表述中，正确的有（　　）。

A. 增加实收资本8000万元人民币

B. 增加货币资金8060万元人民币

C. 增加资本公积50万元人民币

D. 增加财务费用10万元人民币

5. 下列关于工商企业外币交易会计处理的表述中，正确的有（　　）。

A. 合同资产属于以历史成本计量的外币非货币性项目，企业在资产负债表日应当采用交易发生日的即期汇率折算，不产生汇兑损益

B. 结算外币长期借款形成的汇兑差额应计入财务费用

C. 持有外币交易性金融资产期末公允价值变动应计入公允价值变动损益

D. 持有以公允价值计量且其变动计入其他综合收益的外币货币性金融资产产生的汇兑差额应计入其他综合收益

6. 对于企业发生的汇兑差额，下列说法中正确的有（　　）。

A. 外币合同负债产生的汇兑差额计入财务费用

B. 外币应付账款结算产生的汇兑差额计入财务费用

C. 企业因外币交易业务所形成的应收款发生的汇兑差额，应计入当期财务费用

D. 外币计价的以公允价值计量且其变动计入其他综合收益的金融资产（权益工具）发生的汇兑差额计入当期损益

7. 下列外币项目中，属于非货币性项目的有（　　）。

A. 交易性金融资产（股票、基金）

B. 预付款项

C. 应付账款

D. 合同负债

8. 下列各项汇兑差额中，应当计入当期财务费用的有（　　）。

A. 在资本化期间内，企业的外币专门借款利息在期末按即期汇率折算的人民币金额与原账面已折算的人民币金额之间的差额

B. 企业向银行购入外币，用于支付进口设备货款，实际支付的人民币金额与按即期汇率折算的人民币金额之间的差额

C. 企业用外币购买并计价的原材料，在期末按即期汇率折算的人民币金额与原账面已折算的人民币金额之间的差额

D. 企业的外币银行存款在期末按即期汇率折算的人民币金额与原账面已折算的人民币金额之间的差额

9. 下列项目中，可以作为汇兑损益计入当期损益的有（　　）。
A. 外币一般借款期末调整时产生的汇兑差额
B. 卖出外汇时发生的折算差额
C. 外币存款期末调整时产生的汇兑差额
D. 全资子公司外币财务报表折算的差额

10. 下列关于外币资产负债表折算的表述中，符合企业会计准则规定的有（　　）。
A. 实收资本项目按交易发生日的即期汇率折算
B. 未分配利润项目按交易发生日的即期汇率折算
C. 资产项目按资产负债表日即期汇率折算
D. 负债项目按资产负债表日即期汇率折算

11. 下列关于企业外币财务报表折算会计处理表述中，正确的有（　　）。
A. "营业收入"项目按照资产负债表日的即期汇率折算
B. "货币资金"项目按照资产负债表日的即期汇率折算
C. "短期借款"项目按照借款时的即期汇率折算
D. "其他综合收益"项目按照业务发生时的即期汇率折算

12. 下列关于外币交易及外币财务报表折算会计处理的表述中，正确的有（　　）。
A. 企业在处置境外经营的合营企业时，应当将资产负债表中所有者权益项目下列示的与该境外经营相关的其他综合收益，自所有者权益项目转入处置当期损益
B. 采用实际利率法计算的金融资产的外币利息产生的汇兑差额，应当计入当期损益
C. 非交易性权益工具投资的外币现金股利产生的汇兑差额，应当计入其他综合收益
D. 处置的境外经营为子公司的，将已列入其他综合收益的外币报表折算差额中归属于少数股东的部分，视全部处置或部分处置分别予以终止确认或转入少数股东权益

三、计算分析题

甲公司记账本位币为人民币，2×21年1月1日，甲公司购入乙公司同日发行的面值总额为2000万美元的债券，购入时实际支付价款2078.98万美元，另支付交易费用10万美元。该债券系分期付息、到期还本债券，期限为5年，票面年利率为5%，实际年利率为4%，每年12月31日支付当年利息。甲公司将该债券分类为以公允价值计量且其变动计入其他综合收益的金融资产，至2×21年12月31日，甲公司该债券投资的信用风险自初始确认后未显著增加，根据12个月预期信用损失确认的预期信用损失准备为20万美元，其公允价值为2080万美元。甲公司于2×22年1月1日变更了债券的业务管理模式，将其重分类为以摊余成本计量的金融资产。

有关汇率如下：

2×21年1月1日，1美元=6.6元人民币；2×21年12月31日，1美元=6.8元人民币；2×22年1月1日，1美元=6.8元人民币。

假定每期确认以记账本位币反映的利息收入时按期末即期汇率折算，不考虑其他因素。

要求：

（1）编制甲公司2×21年1月1日购入乙公司债券的会计分录。

（2）计算2×21年应确认的利息收入、2×21年应确认的汇兑差额、2×21年"其他综合收益—其他债权投资公允价值变动"发生额和2×21年预期损失准备发生额，并编制相关会计分录。

（3）编制甲公司2×22年1月1日重分类时的会计分录。（计算结果保留两位小数）

同步强化练习题参考答案及解析

使用“会计云课堂”App或“微信”扫码对答案、看解析、掌握解题思路，开启轻松过关之旅。

一、单项选择题

1.【答案】C

【解析】企业收到投资者以外币投入的资本，无论是否存在合同约定汇率，均应当采用交易发生日的即期汇率折算为记账本位币，该设备的入账价值=100×7+2+5+3=710（万元人民币）。

2.【答案】D

【解析】该企业本期外币兑换产生的汇兑损失=（6.32−6.25）×100=7（万元人民币），银行存款（美元）账户产生的汇兑损失=（500×6.30−100×6.32）−400×6.28=6（万元人民币），该企业本期产生的汇兑损失总额=7+6=13（万元人民币）。

3.【答案】B

【解析】甲公司2×21年12月31日资产负债表中因乙公司投资应计入所有者权益的金额=2000×6.91+1000×6.88=20700（万元人民币）。

4.【答案】C

【解析】甲公司2×21年5月对该外币债权确认的汇兑收益=200×（6.67−6.64）=6（万元人民币）。

5.【答案】C

【解析】预付款项和合同负债属于外币非货币性项目且以历史成本计量，期末不产生汇兑损益。甲公司2×21年12月31日个别财务报表中因外币货币性项目期末汇率变动应当确认的汇兑损失=[（1866+1246+500）−（300+200+80）×6.20]+（150×6.20−933）=13（万元人民币）。

6.【答案】C

【解析】12月31日，甲公司应付账款本期产生的汇兑损失=100×（7.10−6.80）=30（万元人民币），银行存款美元户本期产生的汇兑收益=1000×7.10−7020=80（万元人民币），所以上述交易或事项对甲公司12月份营业利润的影响金额=80−30=50（万元人民币）。

7.【答案】C

【解析】2×21年12月31日应付利息余额=1000×2.4%×6.95×2/12=27.8（万元人民币），其余额即为当年发生额，无论是利息，还是利息的汇兑差额，均影响当期营业利润；2×21年短期借款本金汇兑差额=1000×（6.95−6.9）=50（万元人民币），影响营业利润。上述两项使营业利润减少=27.8+50=77.8（万元人民币）。

8.【答案】B

【解析】结算符合资本化条件的外币专门借款“应付利息”科目产生的汇兑差额可能计入在建工程等相关资产成本，选项B错误。

9.【答案】D

【解析】期末结存商品可变现净值 =90×7.2=648（万元人民币），期末存货成本 =200×7.1×50%=710（万元人民币），期末存货确认资产减值损失 =710-648=62（万元人民币），减少利润总额 62 万元人民币，选项 D 正确。

10.【答案】B

【解析】甲公司期末因该交易性金融资产应计入公允价值变动损益的金额 =2.2×10000×6.90-2×10000×6.80=15800（元人民币）。

11.【答案】C

【解析】对于其他权益工具投资，折算后的记账本位币金额与原记账本位币金额之间的差额应计入其他综合收益，所以因该资产计入所有者权益的金额 =500×0.82-450×0.83=36.5（万元人民币）。

12.【答案】B

【解析】所有者权益变动表中当期计提的盈余公积，一般应采用当期平均汇率折算，然后根据期初盈余公积来计算本期期末的盈余公积。该子公司本期资产负债表中“盈余公积”项目的期末余额 =1320+160×6.50=2360（万元人民币）。

13.【答案】A

【解析】甲公司因该项长期应收款在个别财务报表上确认的汇兑收益 =1000×（7.10-6.80）=300（万元人民币），合并财务报表中需要将其转入其他综合收益，合并抵销分录：

借：财务费用　　300

（甲公司个别报表确认的汇兑收益）

贷：其他综合收益　　300

14.【答案】A

【解析】2×20 年年末乙公司可辨认净资产 1250 万美元折算为记账本位币金额时应采用 2×20 年 12 月 31 日的即期汇率，2×21 年度按购买日可辨认净资产公允价值为基础计算的净利润，按照当期的平均汇率进行折算。外币报表折算差额 =（1250+200）×6.10-（1250×6.20+200×6.15）=-135（万元人民币），甲公司因外币报表折算而应计入合并财务报表中的其他综合收益的金额 =-135×80%=-108（万元人民币）。

15.【答案】D

【解析】选项 A，长期应收乙公司款项所产生的汇兑差额在合并资产负债表中其他综合收益项目反映；选项 B，甲公司应收乙公司款项和甲公司应付乙公司款项在编制合并报表时已经全部抵销，不需要在合并报表中列示；选项 C，乙公司的报表在折算时只有资产负债表中的资产和负债项目是采用资产负债表日的即期汇率折算。

16.【答案】A

【解析】选项 B，如果合并财务报表中各子公司之间也存在实质上对另一子公司净投资的外币货币性项目，编制合并财务报表时，比照母公司对子公司的净投资原则处理；选项 C，实质上构成对子公司净投资的外币货币性项目以母公司、子公司记账本位币以外的货币反映的，应当将母公司、子公司此项外币货币性项目产生的汇兑差额相互抵销，差额转入“其他综合收益”项目；选项 D，合并财务报表中对境外经营子公司产生的外币报表折算差额应归属于母公司的部分在其他综合收益项目反映，并非单列“外币报表折算差额”项目反映。

二、多项选择题

1.【答案】ABCD

【解析】企业选定记账本位币时，应当考虑下列因素：①该货币主要影响商品和劳务的销售价格，通常以该货币进行商品和劳务的计价和结算；②该货币主要影响商品和劳务所需人工、材料和其他费用，通常以该货币进行上述费用的计价和结算；③融资活动获得的货币以及保存从经营活动中收取款项所使用的货币，所以选项A、B、C和D均正确。

2.【答案】ACD

【解析】选项B，预付账款属于以历史成本计量的非货币性项目，期末不产生汇兑损益。

3.【答案】ABD

【解析】外币应收项目属于金融资产，资产负债表日应考虑是否需要计提坏账准备，选项C错误。

4.【答案】ABC

【解析】增加实收资本8000万元人民币，选项A正确；增加的货币资金=1000×8.06=8060（万元人民币），选项B正确；增加的资本公积=1000×8.05-8000=50（万元人民币），选项C正确；减少的财务费用=1000×8.06-1000×8.05=10（万元人民币），选项D错误。

5.【答案】AC

【解析】企业为购建或生产符合资本化条件的资产而借入的专门借款为外币借款时，在借款费用资本化期间内，由于外币借款在取得日、使用日及结算日的汇率不同而产生的汇兑差额，应当予以资本化，计入资产成本，选项B不正确；以公允价值计量且其变动计入其他综合收益的外币货币性金融资产汇兑差额，应当计入当期损益，选项D不正确。

6.【答案】BC

【解析】外币合同负债属于非货币性项目，不产生汇兑差额，选项A错误；外币计价的以公允价值计量且其变动计入其他综合收益的金融资产（债务工具）持有期间发生的汇兑差额计入当期损益；外币计价的以公允价值计量且其变动计入其他综合收益的金融资产（权益工具）持有期间发生的汇兑差额计入其他综合收益，选项D错误。

7.【答案】ABD

【解析】选项C,应付账款属于货币性项目。

8.【答案】BD

【解析】选项A，在资本化期间内，企业的外币一般借款利息在期末按即期汇率折算的人民币金额与原账面已折算的人民币金额之间的差额，应计入财务费用，但外币专门借款利息产生的汇兑差额应予资本化；选项C，期末按成本与可变现净值孰低计量的存货，将可变现净值折算为记账本位币金额，与原记账本位币金额表示的成本比较，小于原记账本位币金额的部分计入资产减值损失，若无减值迹象，期末则无须按即期汇率进行折算。

9.【答案】ABC

【解析】选项D，全资子公司外币财务报表折算产生的差额直接在资产负债表所有者权益项目下“其他综合收益”项目反映。

10.【答案】ACD

【解析】外币财务报表进行折算时，资产负债表中的资产和负债项目，采用资产负债表日的即期汇率折算，所有者权益项目除“未分配利润”项目外，其他项目采用发生时的即期汇率折算，“未分配利润”项目无须折算，可以通过计算得到，期末未分配利润=期初未分配利润+本期净利润结转金额-本期提取盈余公积及分配现金股利减少金额等，选项B不正确。

11.【答案】BD

【解析】利润表中的收入及费用项目，

采用交易发生日的即期汇率，也可以采用系统合理的方法确定的、与交易发生日即期汇率近似的汇率折算，选项 A 错误；资产负债表中的资产、负债项目采用资产负债表日的即期汇率折算，所有者权益项目除“未分配利润”项目外，其他项目采用发生时的即期汇率折算，选项 B 和 D 正确，选项 C 错误。

12.【答案】ABD

【解析】选项 C，非交易性权益工具投资的外币现金股利产生的汇兑差额，应当计入当期损益。

三、计算分析题

【答案】

（1）

借：其他债权投资—成本　13200（2000×6.6）

　　　　　　　　—利息调整　587.27（88.98×6.6）

　贷：银行存款 13787.27（2088.98×6.6）

（2）2×21 年 12 月 31 日收到债券利息 =2000×5%=100（万美元），折合成人民币 =100×6.8=680（万元人民币）；根据实际利率法确定的利息收入 =（2078.98+10）×4%=83.56（万美元），折合成人民币 =83.56×6.8=568.21（万元人民币）。

2×21 年 12 月 31 日该债券投资美元账面余额 =2088.98+83.56−100=2072.54（万美元），确认为损益的债券汇兑收益 =2072.54×6.8−（2088.98×6.6+568.21−680）=417.79（万元人民币）。

2×21 年 12 月 31 日该债券投资公允价值为 2080 万美元，折合人民币账面价值 =2080×6.8=14144（万元人民币）；2×21 年 12 月 31 日该债券投资美元账面余额为 2072.54 万美元，折合人民币账面余额 =2072.54×6.8=14093.27（万元人民币）；应确认“其他综合收益—其他债权投资公允价值变动”余额 =14144−14093.27=50.73（万元人民币），本期“其他综合收益—其他债权投资公允价值变动”发生额 =50.73−0=50.73（万元人民币）；预期损失准备发生额 =20×6.8=136（万元人民币）。

会计分录如下：

①确认利息收入

借：应收利息　680

　贷：投资收益　568.21

　　　其他债权投资—利息调整　111.79

借：银行存款　680

　贷：应收利息　680

②确认汇兑差额

借：其他债权投资—汇兑差额　417.79

　贷：财务费用　417.79

③确认公允价值变动

借：其他债权投资—公允价值变动 50.73

　贷：其他综合收益—其他债权投资公允价值变动　50.73

④确认预期信用损失

借：信用减值损失　136

　贷：其他综合收益—信用减值准备 136

（3）

借：债权投资—成本　13200（2000×6.6）

　　　　　　—利息调整　475.48

　　其他综合收益—其他债权投资公允价值变动　50.73

　贷：其他债权投资—成本　13200

　　　　　　　　　—利息调整　475.48（587.27−111.79）

　　　　　　　　　—公允价值变动　50.73

借：债权投资—汇兑差额　417.79

　贷：其他债权投资—汇兑差额　417.79

借：其他综合收益—信用减值准备 136

　贷：债权投资减值准备　136

第二十三章　财务报告

CHAPTER-23

本章学习指南

一、学习目标

1. 了解财务报表的定义和构成。
2. 理解财务报表列报的基本要求。
3. 理解资产负债表的内容及结构。
4. 掌握资产和负债按流动性列报。
5. 掌握资产负债表的填列方法。
6. 掌握利润表的内容、结构及填列方法。
7. 理解现金流量表的内容及结构。
8. 掌握现金流量表的填列方法。
9. 理解所有者权益变动表的内容、结构及填列方法。
10. 理解附注披露的总体要求及主要内容。
11. 掌握分部报告及关联方披露。
12. 理解中期财务报告。

二、考情概况

本章考试题型以客观题为主，分数适中，属于比较重要章节。

三、教材变化

（1）增加“与租赁相关情形划分为经营活动现金流出”的相关表述;（2）增加“与租赁相关的情形划分为筹资活动现金流出”的相关表述。

四、考点地图

考点	年份／题型
现金流量的分类	2021年多选题
关联方的判断	2021年多选题、2020年单选题、2020年多选题
中期财务报告	2021年多选题
财务报表项目的列报	2020年单选题、2019年多选题

考点	年份 / 题型
现金等价物	2020 年单选题
流动性和非流动性项目的划分	2019 年多选题
将净利润调整为经营活动现金流量时调增、调减的项目	2019 年多选题

核心考点精讲

提示

本章篇幅较大，但学习难度并不高，需要学员熟记并理解相关概念。在学习时先理清条框，再填充具体内容，不失为一种学习本章的好方法。

第一节 财务报表概述

使用“会计云课堂”App 或“微信”扫码查看本节视频，快速 GET 知识点。

一、财务报表的定义和构成

财务报告包括财务报表和其他应当在财务报告中披露的相关信息和资料。

财务报表是对企业财务状况、经营成果和现金流量的结构性表述。财务报表至少应当包括下列组成部分：

（1）资产负债表；

（2）利润表；

（3）现金流量表；

（4）所有者权益（或股东权益，下同）变动表；

（5）附注。

财务报表的这些组成部分具有同等的重要程度。

二、财务报表列报的基本要求

财务报表项目应当以总额列报，资产和负债、收入和费用、直接计入当期利润的利得和损失项目等不能相互抵销，即不得以净额列报，但企业会计准则另有规定的除外。以下三种情况不属于抵销，可以净额列示：

（1）一组类似交易形成的利得和损失以净额列示，但具有重要性的除外；

（2）资产或负债项目按扣除备抵项目后的净额列示；

（3）非日常活动的发生具有偶然性，并非企业主要的业务，以净额列示更能反映交易实质。

第二节 资产负债表

使用“会计云课堂”App 或“微信”扫码查看本节视频，快速 GET 知识点。

一、资产负债表的内容及结构

（一）资产负债表的内容

资产负债表是指反映企业在某一特定日期财务状况的财务报表。它反映企业在某一特定日期所拥有或控制的经济资源、所承担的现时义务和所有者对净资产的要求权。

（二）资产负债表的结构

资产 = 负债 + 所有者权益

名师点拨

（1）对于根据企业会计准则划分为持有待售的非流动资产（比如固定资产、无形资产、长期股权投资等）、以及被划分为持有待售处置组中的资产，应当归类为流动资产；

（2）被划分为持有待售的处置组中的与转让资产相关的负债，应当归类为流动负债；

（3）持有待售资产和负债不应当相互抵销。

二、资产和负债按流动性列报

根据财务报表列报准则的规定，资产负债表上资产和负债应当按照流动性分别分为流动资产和非流动资产、流动负债和非流动负债列示。

（一）资产的流动性划分

资产满足下列条件之一的，应当归类为流动资产：

（1）预计在一个正常营业周期中变现、出售或耗用；

（2）主要为交易目的而持有；

（3）预计在资产负债表日起一年内（含一年）变现；

（4）自资产负债表日起一年内（含一年），交换其他资产或清偿负债的能力不受限制的现金或现金等价物。

（二）负债的流动性划分

负债满足下列条件之一的，应当归类为流动负债：

（1）预计在一个正常营业周期中清偿；

（2）主要为交易目的而持有；

（3）自资产负债表日起一年内（含一年）到期应予以清偿；

（4）企业无权自主地将清偿推迟至资产负债表日后一年以上。

（三）资产负债表日后事项对流动负债与非流动负债划分的影响

图示记忆

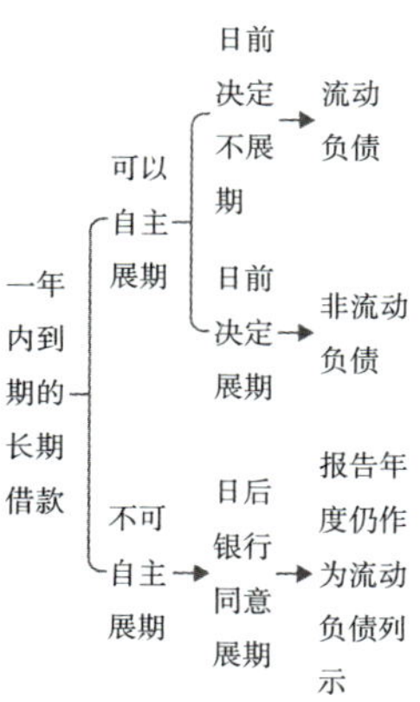

1. 资产负债表日起一年内到期的负债

对于在资产负债表日起一年内到期的负债，企业有意图且有能力自主地将清偿义务展期至资产负债表日后一年以上的，应当归类为非流动负债；不能自主地将清偿义务展期的，即使在资产负债表日后、财务报告批准报出日前签订了重新安排清偿计划协议，从资产负债表日来看，此项负债仍应当归类为流动负债。

2. 违约长期债务

企业在资产负债表日或之前违反了长期借款协议，导致贷款人可随时要求清偿的负债，应当归类为流动负债。这是因为，在这种情况下，债务清偿的主动权并不在企业，企业只能被动地无条件归还贷款，而且该事实在资产负债表日即已存在，所以该负债应当作为流动负债列报。但是，如果贷款人在资产负债表日或之前同意提供在资产负债表日后一年以上的宽限期，企业能够在此期限内改正违约行为，且贷款人不能要求随时清偿时，在资产负债表日此项负债并不符合流动负债的判断标准，应当归类为非流动负债。

经典题解

【真题1·多选题】2×16年年末，甲公司与财务报表列报相关的事项如下：（1）购买的国债将于2×17年5月到期；（2）乙公司定制的产品尚在加工中，预计将于2×18年10月完工并交付乙公司；（3）甲公司发行的公司债券将于2×17年11月到期兑付；（4）向银行借入的款项将于2×17年6月到期，但甲公司可以自主地将清偿义务展期至2×19年6月，甲公司预计将展期两年清偿该债务。不考虑其他因素，下列各项关于甲公司上述事项于2×16年年末资产负债表列报的表述中，正确的有（　　）。（2017年）

A. 为乙公司加工的定制产品作为流动资产列报

B. 甲公司可自主展期的银行借款作为流动负债列报

C. 甲公司持有的于2×17年5月到期的国债作为流动资产列报

D. 甲公司发行的将于2×17年11月到期兑付的债券作为流动负债列报

【解析】甲公司有意图且有能力自主展期一年以上，属于非流动负债，选项B不正确。

【答案】ACD

【真题2·多选题】甲公司2×16年12月31日持有的下列资产、负债中，应当在2×16年12月31日资产负债表中作为流动性项目列报的有（　　）。（2017年改编）

A. 持有但准备随时变现的商业银行非保本浮动收益理财产品

B. 当年支付定制生产用设备的预付款3000万元，按照合同约定该设备预计交货期为2×18年2月

C. 预计将于2×17年4月底前出售的作为以公允价值计量且其变动计入当期损益的金融资产核算的股票投资

D. 作为衍生工具核算的2×16年2月签订的到期日为2×18年8月的外汇汇率互换合同

【解析】选项B，当年支付定制生产设备的预付款，按照合同约定设备预计交货期为2×18年2月，自资产负债表日起至到期日，时间在1年以上，应作为非流动性项目列报；选项D，衍生工具到期日为2×18年8月，自资产负债表日起至到

期日，时间在1年以上，应作为非流动性项目列报。

【答案】AC

三、资产负债表的填列方法

企业应以日常会计核算记录的数据为基础进行归类、整理和汇总，加工成报表项目，形成资产负债表。

（一）“上年年末余额”栏的填列方法

资产负债表中的“上年年末余额”栏通常根据上年年末有关项目的期末余额填列，且与上年年末资产负债表“期末余额”栏金额相一致。

（二）“期末余额”栏的填列方法

1.“交易性金融资产”项目，反映资产负债表日企业分类为以公允价值计量且其变动计入当期损益的金融资产，以及企业持有的指定为以公允价值计量且其变动计入当期损益的金融资产的期末账面价值。该项目应根据“交易性金融资产”科目的相关明细科目的期末余额分析填列。

要点小贴士

自资产负债表日起超过一年到期且预期持有超过一年的以公允价值计量且其变动计入当期损益的非流动金融资产的期末账面价值，在“其他非流动金融资产”项目反映。

2.“应收票据”项目，反映资产负债表日以摊余成本计量的、企业因销售商品、提供服务等收到的商业汇票，包括银行承兑汇票和商业承兑汇票。该项目应根据“应收票据”科目的期末余额，减去“坏账准备”科目中相关坏账准备期末余额后的金额分析填列。

3.“应收账款”项目，反映资产负债表日以摊余成本计量的、企业因销售商品、提供服务等经营活动应收取的款项。该项目应根据“应收账款”科目的期末余额，减去“坏账准备”科目中相关坏账准备期末余额后的金额分析填列。

4.“应收款项融资”项目，反映资产负债表日以公允价值计量且其变动计入其他综合收益的应收票据和应收账款等。该项目应根据“应收票据”“应收账款”科目的明细科目期末余额分析填列。

5.“其他应收款”项目，应根据“应收利息”“应收股利”和“其他应收款”科目的期末余额合计数，减去“坏账准备”科目中相关坏账准备期末余额后的金额填列。其中的“应收利息”仅反映相关金融工具已到期可收取但于资产负债表日尚未收到的利息。基于实际利率法计提的金融工具的利息应包含在相应金融工具的账面余额中。

6.“持有待售资产”项目，反映资产负债表日划分为持有待售类别的非流动资产及划分为持有待售类别的处置组中的流动资产和非流动资产的期末账面价值。该项目应根据“持有待售资产”科目的期末余额，减去“持有待售资产减值准备”科目的期末余额后的金额填列。

7.“债权投资”项目，反映资产负债表日企业以摊余成本计量的长期债权投资的期末账面价值。该项目应根据“债权投资”科目的相关明细科目期末余额，减去“债权投资减值准备”科目中相关减值准备的期末余额后的金额分析填列。自资产负债表日起一年内到期的长期债权投资的期末账面价值，在“一年内到期的非流动资产”项目反映。企业购入的以摊余成本计量的一年内到期的债权投资的期末账面价值，在“其他流动资产”项目反映。

8.“其他债权投资”项目，反映资产负债表日企业分类为以公允价值计量且其变动计入其他综合收益的长期债权投资的期末账面价值。该项目应根据“其他债权投资”科目的相关明细科目的期末余额分析填列。自资产负债表日起一年内到期的长期债权投资的期末账面价值，在“一年内到期的非流动资产”项目反映。企业购入的以公允价值计量且其变动计入其他综合收益的一年内到期的债权投资的期末账面价值，在“其他流动资产”项目反映。

9.“其他权益工具投资”项目，反映资产负债表日企业指定为以公允价值计量且其变动计入其他综合收益的非交易性权益工具投资的期末账面价值。该项目应根据“其他权益工具投资”科目的期末余额填列。

10.“固定资产”项目，反映资产负债表日企业固定资产的期末账面价值和企业尚未清理完毕的固定资产清理净损益。该项目应根据“固定资产”科目的期末余额，减去“累计折旧”和“固定资产减值准备”科目的期末余额后的金额，以及“固定资产清理”科目的期末余额填列。

11.“在建工程”项目，反映资产负债表日企业尚未达到预定可使用状态的在建工程的期末账面价值和企业为在建工程准备的各种物资的期末账面价值。该项目应根据“在建工程”科目的期末余额，减去“在建工程减值准备”科目的期末余额后的金额，以及“工程物资”科目的期末余额，减去“工程物资减值准备”科目的期末余额后的金额填列。

12.“使用权资产”项目，反映资产负债表日承租人企业持有的使用权资产的期末账面价值。该项目应根据“使用权资产”科目的期末余额，减去“使用权资产累计折旧”和“使用权资产减值准备”科目的期末余额后的金额填列。

13.“一年内到期的非流动资产”项目，通常反映预计自资产负债表日起一年内变现的非流动资产。对于按照相关会计准则采用折旧（或摊销、折耗）方法进行后续计量的固定资产、使用权资产、无形资产和长期待摊费用等非流动资产，折旧（或摊销、折耗）年限（或期限）只剩一年或不足一年的，或预计在一年内（含一年）进行折旧（或摊销、折耗）的部分，不得归类为流动资产，仍在各该非流动资产项目中填列，不转入“一年内到期的非流动资产”项目。

14.“交易性金融负债”项目，反映资产负债表日企业承担的交易性金融负债，以及企业持有的指定为以公允价值计量且其变动计入当期损益的金融负债的期末账面价值。该项目应根据“交易性金融负债”科目的相关明细科目的期末余额填列。

15.“应付票据”项目，反映资产负债表日以摊余成本计量的、企业因购买材料、商品和接受服务等开出、承兑的商业汇票，包括银行承兑汇票和商业承兑汇票。该项目应根据“应付票据”科目的期末余额填列。

16.“应付账款”项目，反映资产负债表日以摊余成本计量的、企业因购买材料、商品和接受服务等经营活动应支付的款项。该项目应根据“应付账款”和“预付账款”科目所属的相关明细科目的期末贷方余额合计数填列。

17.“其他应付款”项目，应根据“应付利息”“应付股利”和“其他应付款”科目的期末余额合计数填列。

18.“持有待售负债”项目，反映资产负债表日处置组中与划分为持有待

要点小贴士

（1）自资产负债表日起一年内到期的长期债权投资的期末账面价值，在“一年内到期的非流动资产”项目反映；

（2）企业购入的以摊余成本计量的一年内到期的债权投资的期末账面价值及以公允价值计量且其变动计入其他综合收益的一年内到期的债权投资的期末账面价值，在“其他流动资产”项目反映。

要点小贴士

（1）“应付利息”仅反映相关金融工具已到期应支付但于资产负债表日尚未支付的利息；

（2）基于实际利率法计提的金融工具的利息应包含在相应金融工具的账面余额中。

售类别的资产直接相关的负债的期末账面价值。该项目应根据“持有待售负债”科目的期末余额填列。

19.“租赁负债”项目，反映资产负债表日承租人企业尚未支付的租赁付款额的期末账面价值。该项目应根据“租赁负债”科目的期末余额填列。

名师点拨

自资产负债表日起一年内到期应予以清偿的租赁负债的期末账面价值，在“一年内到期的非流动负债”项目反映。

20.“长期应付款”项目，反映资产负债表日企业除长期借款和应付债券以外的其他各种长期应付款项的期末账面价值。该项目应根据“长期应付款”和“专项应付款”科目的期末余额，减去相关的“未确认融资费用”科目的期末余额后的金额填列。

21.“递延收益”项目中摊销期限只剩一年或不足一年的，或预计在一年内（含一年）进行摊销的部分，不得归类为流动负债，仍在该项目中填列，不转入“一年内到期的非流动负债”项目。

22.“合同资产”和“合同负债”项目。企业应按照《企业会计准则第14号——收入》（财会〔2017〕22号）的相关规定根据本企业履行履约义务与客户付款之间的关系在资产负债表中列示合同资产或合同负债。“合同资产”项目、“合同负债”项目，应分别根据“合同资产”科目、“合同负债”科目的相关明细科目的期末余额分析填列，同一合同下的合同资产和合同负债应当以净额列示，其中净额为借方余额的，应当根据其流动性在“合同资产”或“其他非流动资产”项目中填列，已计提减值准备的，还应减去“合同资产减值准备”科目中相关的期末余额后的金额填列；其中净额为贷方余额的，应当根据其流动性在“合同负债”或“其他非流动负债”项目中填列。

由于同一合同下的合同资产和合同负债应当以净额列示，企业也可以设置“合同结算”科目（或其他类似科目），以核算同一合同下属于在某一时段内履行履约义务涉及与客户结算对价的合同资产或合同负债，并在此科目下设置“合同结算—价款结算”科目反映定期与客户进行结算的金额，设置“合同结算—收入结转”科目反映按履约进度结转的收入金额。

名师点拨

资产负债表日，“合同结算”科目的期末余额：

（1）在借方的，根据其流动性在“合同资产”或“其他非流动资产”项目中填列；

（2）在贷方的，根据其流动性在“合同负债”或“其他非流动负债”项目中填列。

23. 按照《企业会计准则第14号——收入》（财会〔2017〕22号）的相关规定确认为资产的合同取得成本，应当根据“合同取得成本”科目的明细科目初始确认时摊销期限是否超过一年或一个正常营业周期，在“其他流动资产”或“其他非流动资产”项目中填列，已计提减值准备的，还应减去“合同取得成本减值准备”科目中相关的期末余额后的金额填列。

24. 按照《企业会计准则第14号——收入》（财会〔2017〕22号）的相关规定确认为资产的合同履约成本，应当根据“合同履约成本”科目的明细科目初始确认时摊销期限是否超过一年或一个正常营业周期，在“存货”或“其他非流动资产”项目中填列，已计提减值准备的，还应减去“合同履约成本减值准备”科目中相关的期末余额后的金额填列。

25. 按照《企业会计准则第14号——收入》（财会〔2017〕22号）的相关规定确认为资产的应收退货成本，应当根据“应收退货成本”科目是否在一年或一个正常营业周期内出售，在“其他流动资产”或“其他非流动资产”项目中填列。

26. 按照《企业会计准则第14号——收入》（财会〔2017〕22号）的相关规定确认为预计负债的应付退货款，应当根据“预计负债”科目下的“应付退货款”明细科目是否在一年或一个正常营业周期内清偿，在“其他流动负债”或“预计负债”项目中填列。

27. 企业按照《企业会计准则第22号——金融工具确认和计量》(财会〔2017〕7号)的相关规定对贷款承诺、财务担保合同等项目计提的损失准备，应当在“预计负债”项目中填列。

28.“其他权益工具”项目，反映资产负债表日企业发行在外的除普通股以外分类为权益工具的金融工具的期末账面价值。对于资产负债表日企业发行的金融工具，分类为金融负债的，应在“应付债券”项目填列，对于优先股和永续债，还应在“应付债券”项目下的“优先股”项目和“永续债”项目分别填列；分类为权益工具的，应在“其他权益工具”项目填列，对于优先股和永续债，还应在“其他权益工具”项目下的“优先股”项目和“永续债”项目分别填列。

29.“专项储备”项目，反映高危行业企业按国家规定提取的安全生产费的期末账面价值。该项目应根据“专项储备”科目的期末余额填列。

经典题解

【真题3·单选题】甲公司采用商业汇票结算方式结算已售产品货款，常持有大量的应收票据。甲公司对应收票据进行管理的目标是，将商业汇票持有至到期以收取合同现金流量，同时兼顾流动性需求贴现商业汇票。不考虑其他因素，甲公司上述应收票据在资产负债表中列示的项目是(　　)。(2020年)

A. 应收票据　　B. 应收款项融资

C. 其他流动资产　　D. 其他债权投资

【解析】甲公司持有该应收票据属于以收取合同现金流量和出售为目标的业务模式，且金融资产的合同条款规定，在特定日期产生的现金流量，仅为对本金和以未偿付本金金额为基础的利息的支付，应分类为以公允价值计量且其变动计入其他综合收益的金融资产，应收账款和应收票据分类为该项资产，应在资产负债表中“应收款项融资”项目列报，选项B正确。

【答案】B

【真题4·多选题】甲公司20×8年12月31日持有的部分资产和负债项目包括：(1)准备随时出售的交易性金融资产2600万元；(2)因内部研发活动予以资本化的开发支出1200万元，该开发活动形成的资产至20×8年底尚未达到预定可使用状态；(3)将于20×9年3月2日到期的银行借款2000万元，甲公司正在与银行协商将其展期2年；(4)账龄在1年以上的应收账款3400万元，不考虑其他因素，上述资产和负债在甲公司20×8年12月31日资产负债表中应当作为流动性项目列报的有(　　)。(2019年)

A. 应收账款　　B. 开发支出

C. 交易性金融资产　　D. 银行借款

【解析】开发支出属于非流动资产，选项B错误。

【答案】ACD

【真题5·单选题】甲公司主营业务为自供电方购买电力后向实际用电方销售，其与供电方、实际用电方分别签订合同，价款分别结算，从供电方购入电力后，向实际用电方销售电力的价格由甲公司自行决定，并承担相关收款风险。2×16年12月，因实际用电方拖欠甲公司用电款，甲公司资金周转出现困难，相应地拖欠了供电方部分款项。为此，供电方提起仲裁，经裁决甲公司需支付电款2600万元，该款项至2×16年12月31日尚未支付。同时，甲公司起诉实际用电方，要求用电方支付用电款3200万元，法院终审判决支持甲公司主张。甲公司在按照会计政策计提坏账准备后，该笔债权账面价值为2400万元。不考虑其他因素，下列各项关于甲公司针对上述交易会计处理的表述中，正确的是（　　）。（2017年）

A. 资产负债表中列报应收债权3200万元和应付债务2600万元

B. 资产负债表中列报对供电方的负债2600万元，但不列报应收债权2400万元

C. 资产负债表中列报应收债权2400万元和应付债务2600万元

D. 资产负债表中应收和应付项目以抵销后的净额列报为200万元负债

【**解析**】因仲裁和诉讼均已判决，属于确定事项，甲公司应将应付供电方电款确认为负债，列示金额为2600万元，应将应收用电方的用电款按照计提坏账准备之后的账面价值2400万元列示于资产负债表中，选项C正确。

【**答案**】C

第三节　利润表

使用“会计云课堂”App或“微信”扫码查看本节视频，快速GET知识点。

一、利润表的内容及结构

（一）利润表的内容

利润表，是反映企业在一定会计期间经营成果的财务报表。

（二）利润表的结构（略）

二、利润表的填列方法（报表中主要项目的计算）

项目	计算过程
营业收入（成本）	营业收入（成本）= 主营业务收入（成本）+ 其他业务收入（成本）
营业利润	营业利润 = 营业收入 – 营业成本 – 税金及附加 – 销售费用 – 管理费用 – 研发费用 – 财务费用 + 其他收益 ± 投资收益（损失）± 净敞口套期收益（损失）± 公允价值变动收益（损失）– 信用减值损失 – 资产减值损失 ± 资产处置收益（损失）
利润总额	利润总额 = 营业利润 + 营业外收入 – 营业外支出
净利润	净利润 = 利润总额 – 所得税费用
其他综合收益的税后净额	反映企业根据企业会计准则规定未在损益中确认的各项利得和损失扣除所得税影响后的净额
综合收益总额	反映企业净利润与其他综合收益的税后净额的合计金额

（一）综合收益和其他综合收益的税后净额说明

1. 综合收益，是指企业在某一期间除与所有者以其所有者身份进行的交易之外的其他交易或事项所引起的所有者权益变动。综合收益总额项目反映净利润和其他综合收益扣除所得税影响后的净额相加后的合计金额。

2. 其他综合收益的税后净额

其他综合收益项目应当根据其他相关会计准则的规定分为下列两类列报：

（1）以后会计期间不能重分类进损益的其他综合收益项目，主要包括：重新计量设定受益计划变动额、权益法下不能转损益的其他综合收益、其他权益工具投资公允价值变动、指定为以公允价值计量且其变动计入当期损益的金融负债因企业自身信用风险变动引起的公允价值变动等。

（2）以后会计期间在满足规定条件时将重分类进损益的其他综合收益项目，主要包括：权益法下可转损益的其他综合收益、其他债权投资公允价值变动、金融资产重分类计入其他综合收益的金额、其他债权投资信用减值准备、现金流量套期储备、外币财务报表折算差额等。

（二）有关项目说明

1.“研发费用”项目，反映企业进行研究与开发过程中发生的费用化支出，以及计入管理费用的自行开发无形资产的摊销。该项目应根据“管理费用”科目下的“研发费用”明细科目的发生额，以及“管理费用”科目下的“无形资产摊销”明细科目的发生额分析填列。

2.“财务费用”项目下的“利息费用”项目，反映企业为筹集生产经营所需资金等而发生的应予费用化的利息支出。该项目应根据“财务费用”科目的相关明细科目的发生额分析填列。该项目作为“财务费用”项目的其中项，以正数填列。

名师点拨

“财务费用”中的利息费用和利息收入应分别列报。

3.“财务费用”项目下的“利息收入”项目，反映企业按照相关会计准则确认的应冲减财务费用的利息收入。该项目应根据“财务费用”科目的相关明细科目的发生额分析填列。该项目作为“财务费用”项目的其中项，以正数填列。

4.“其他收益”项目，反映计入其他收益的政府补助，以及其他与日常活动相关且计入其他收益的项目。该项目应根据“其他收益”科目的发生额分析填列。企业作为个人所得税的扣缴义务人，根据《中华人民共和国个人所得税法》收到的扣缴税款手续费，应作为其他与日常活动相关的收益在该项目中填列。

相关链接

“其他收益”项目包含的内容，参见P774本章疑难问题解答1。

5.“以摊余成本计量的金融资产终止确认收益”项目，反映企业因转让等情形导致终止确认以摊余成本计量的金融资产而产生的利得或损失。该项目应根据“投资收益”科目的相关明细科目的发生额分析填列；如为损失，以“-”号填列。

6.“净敞口套期收益”项目，反映净敞口套期下被套期项目累计公允价值变动转入当期损益的金额或现金流量套期储备转入当期损益的金额。该项目应根据“净敞口套期损益”科目的发生额分析填列；如为套期损失，以“-”号填列。

7.“信用减值损失”项目，反映企业按照《企业会计准则第22号——金融工具确认和计量》（财会〔2017〕7号）的要求计提的各项金融工具信用减值准备所确认的信用损失。该项目应根据“信用减值损失”科目的发生额分析填列。

8.“资产处置收益”项目，反映企业出售划分为持有待售的非流动资产（金融工具、长期股权投资和投资性房地产除外）或处置组（子公司和业务除外）时确认的处置利得或损失，以及处置未划分为持有待售的固定资产、在建工程、生产性生物资产及无形资产而产生的处置利得或损失。非货币性资产交换中换出非流动资产（金融工具、长期股权投资和投资性房地产除外）产生的利得或损失也包括在本项目内。该项目应根据“资产处置损益”科目的发生额分析填列；如为处置损失，以“-”号填列。

9.“营业外收入”项目，反映企业发生的除营业利润以外的收益，主要包括与企业日常活动无关的政府补助、盘盈利得、捐赠利得（企业接受股东或股东的子公司直接或间接的捐赠，经济实质属于股东对企业的资本性投入的除外）等。该项目应根据“营业外收入”科目的发生额分析填列。

名师点拨

企业接受股东或股东的子公司直接或间接的捐赠，经济实质属于股东对企业的资本性投入，应记入“资本公积”项目。

10.“营业外支出”项目，反映企业发生的除营业利润以外的支出，主要包括公益性捐赠支出、非常损失、盘亏损失、非流动资产毁损报废损失等。该项目应根据“营业外支出”科目的发生额分析填列。“非流动资产毁损报废损失”通常包括因自然灾害发生毁损、已丧失使用功能等原因而报废清理产生的损失。企业在不同交易中形成的非流动资产毁损报废利得和损失不得相互抵销，应分别在“营业外收入”项目和“营业外支出”项目进行填列。

11.“（一）持续经营净利润”和“（二）终止经营净利润”项目，分别反映净利润中与持续经营相关的净利润和与终止经营相关的净利润；如为净亏损，以“-”号填列。该两个项目应按照《企业会计准则第 42 号——持有待售的非流动资产、处置组和终止经营》的相关规定分别列报。

12.“其他权益工具投资公允价值变动”项目，反映企业指定为以公允价值计量且其变动计入其他综合收益的非交易性权益工具投资发生的公允价值变动。该项目应根据“其他综合收益”科目的相关明细科目的发生额分析填列。

13.“企业自身信用风险公允价值变动”项目，反映企业指定为以公允价值计量且其变动计入当期损益的金融负债，由企业自身信用风险变动引起的公允价值变动而计入其他综合收益的金额。该项目应根据“其他综合收益”科目的相关明细科目的发生额分析填列。

名师点拨

12 和 13 两项是不能重分类进损益的其他综合收益。

14.“其他债权投资公允价值变动”项目，反映企业分类为以公允价值计量且其变动计入其他综合收益的债权投资发生的公允价值变动。企业将一项以公允价值计量且其变动计入其他综合收益的金融资产重分类为以摊余成本计量的金融资产，或重分类为以公允价值计量且其变动计入当期损益的金融资产时，之前计入其他综合收益的累计利得或损失从其他综合收益中转出的金额作为该项目的减项。该项目应根据“其他综合收益”科目下的相关明细科目的发生额分析填列。

15.“金融资产重分类计入其他综合收益的金额”项目，反映企业将一项以摊余成本计量的金融资产重分类为以公允价值计量且其变动计入其他综合收益的金融资产时，计入其他综合收益的原账面价值与公允价值之间的差额。该项目应根据“其他综合收益”科目下的相关明细科目的发生额分析填列。

16.“其他债权投资信用减值准备”项目，反映企业按照《企业会计准则第 22 号——金融工具确认和计量》（财会〔2017〕7 号）第十八条分类为以公允价值计量且其变动计入其他综合收益的金融资产的损失准备。该项目应根据“其他综合收益”科目下的“信用减值准备”明细科目的发生额分析填列。

17.“现金流量套期储备”项目，反映企业套期工具产生的利得或损失中属于套期有效的部分。该项目应根据“其他综合收益”科目下的“套期储备”明细科目的发生额分析填列。

经典题解

【真题6·多选题】下列各项关于财务报表列报的表述中，正确的有（　　）。（2019年）

A. 收到的扣缴个人所得税款手续费在利润表“其他收益”项目列报

B. 出售子公司产生的利得或损失在利润表“资产处置收益”项目列报

C. 收到与资产相关的政府补助在现金流量表中作为经营活动产生的现金流量列报

D. 自资产负债表日起超过1年到期且预期持有超过1年的以公允价值计量且其变动计入当期损益的金融资产在资产负债表中作为流动资产列报

【解析】出售子公司产生的利得或损失在利润表中投资收益项目列报，选项B错误；自资产负债表日起超过1年到期且预期持有超过1年的以公允价值计量且其变动计入当期损益的金融资产在资产负债表中作为非流动项目列报，选项D错误。

【答案】AC

【真题7·单选题】甲公司为增值税一般纳税人，2×15年发生的有关交易或事项如下:（1）销售产品确认收入12000万元，结转成本8000万元，当期应交纳的增值税为1060万元，有关税金及附加为100万元;（2）持有的交易性金融资产当期市价上升320万元、其他债权投资当期市价上升260万元;（3）出售一项专利技术产生收益600万元;（4）计提无形资产减值准备820万元。甲公司交易性金融资产及其他债权投资在2×15年末未对外出售，不考虑其他因素，甲公司2×15年营业利润是（　　）。（2016年改编）

A. 3400万元　　B. 3420万元

C. 3760万元　　D. 4000万元

【解析】营业利润=12000-8000-100+320-820+600=4000（万元），其他债权投资公允价值变动计入其他综合收益，不影响营业利润，出售专利技术的收益计入资产处置损益，影响营业利润。

【答案】D

第四节　现金流量表

使用“会计云课堂”App或“微信”扫码查看本节视频，快速GET知识点。

一、现金流量表的内容及结构

（一）现金流量表的内容

现金流量表，是指反映企业在一定会计期间现金和现金等价物流入和流出的报表。

要点小贴士

（1）不能随时支取的定期存款不属于此处的现金；

（2）提前通知金融企业便可支取的定期存款，则应包括在此处现金范围内。

现金，是指企业库存现金以及可以随时用于支付的存款。不能随时用于支付的存款不属于现金。

现金等价物，是指企业持有的期限短、流动性强、易于转换为已知金额现金、价值变动风险很小的投资。期限短，一般是指从购买日起三个月内到期。现金等价物通常包括三个月内到期的短期债券等。权益性投资变现的金额通常不确定，因而不属于现金等价物。企业应当根据具体情况，确定现金等价物的范围，一经确定不得随意变更。

经典题解

【真题8·单选题】2×18年12月31日，甲公司持有的投资包括：（1）持有联营企业（乙公司）30%股份；（2）持有子公司（丙公司）60%股份；（3）持有的5年期国债；（4）持有丁公司发行的期限为2个月的短期债券。不考虑其他因素，甲公司在编制2×18年度个别现金流量表时，应当作为现金等价物列示的是（　　）。（2020年）

A. 对丙公司的投资

B. 所持的5年期国债

C. 所持丁公司发行的期限为2个月的短期债券

D. 对乙公司的投资

【解析】现金等价物是指企业持有的期限短，流动性强，易于转化为已知金额的现金、价值变动风险很小的投资，一般包括从购买之日起3个月内到期的短期债券，选项C正确。

【答案】C

名师点拨

（1）对于自然灾害损失和保险赔款，如果能够确指属于流动资产损失，应当列入经营活动产生的现金流量；属于固定资产损失，应当列入投资活动产生的现金流量；

（2）企业实际收到的政府补助，无论是与资产相关还是与收益相关，均在“收到其他与经营活动有关的现金”项目填列。

（二）现金流量表的结构

现金流量表分为正表和补充资料两部分。

二、现金流量表的填列方法

根据企业业务活动的性质和现金流量的来源，现金流量可以分为三类，即经营活动产生的现金流量、投资活动产生的现金流量和筹资活动产生的现金流量。

（一）经营活动产生的现金流量

经营活动，是指企业投资活动和筹资活动以外的所有交易和事项。对于工商企业而言，包括销售商品或提供劳务、购买商品或接受劳务、收到返还的税费、支付工资、支付广告费用、交纳各项税款等。

1. 销售商品、提供劳务收到的现金

“销售商品、提供劳务收到的现金”项目，反映企业销售商品、提供劳务实际收到的现金（含销售收入和应向购买者收取的增值税销项税额）。主要包括：本期销售商品和提供劳务本期收到的现金、前期销售商品和提供劳务本期收到的现金、本期预收的商品款和劳务款等，本期发生销货退回而支付的现金应从销售商品或提供劳务收到款项中扣除。企业销售材料和代购代销业务收到的现金，也应在本项目中反映。

2. 收到的税费返还

本项目反映企业收到返还的各种税费，如收到的增值税、所得税、消费税和教育费附加返还款等。

3. 收到其他与经营活动有关的现金

本项目反映企业除上述各项目外，收到的其他与经营活动有关的现金，如罚款收入、经营租赁固定资产收到的现金、投资性房地产收到的租金收入、流动资产损失中由个人赔偿的现金收入、除税费返还外的其他政府补贴收入等。

4. 购买商品、接受劳务支付的现金

"购买商品、接受劳务支付的现金"项目，反映企业购买材料、商品、接受劳务支付的现金（包括支付的货款及增值税进项税额）。主要包括：本期购买商品接受劳务本期支付的现金，本期支付前期购买商品、接受劳务的未付款项和本期预付款项。本期发生购货退回而收到的现金应从购买商品或接受劳务支付的款项中扣除。

5. 支付给职工以及为职工支付的现金

本项目反映支付给职工的工资、薪金等，不包括支付给离退休人员的工资和在建工程人员的工资。

6. 支付的各项税费

本项目反映企业支付的各项税费，如增值税、消费税及所得税等，不包括计入固定资产价值的实际支付的耕地占用税，也不包括本期退回的增值税、所得税等。

7. 支付其他与经营活动有关的现金

本项目反映企业除上述各项目外，支付的其他与经营活动有关的现金，如罚款支出、支付给离退休人员的工资、支付的差旅费、业务招待费、保险费等。

名师点拨

（1）支付给离退休人员的工资在"支付其他与经营活动有关的现金"项目反映；

（2）支付给在建工程人员的工资在"购建固定资产、无形资产和其他长期资产支付的现金"项目反映。

名师点拨

本期退回的增值税、所得税等，在"收到的税费返还"项目中反映。

名师点拨

企业缴纳的残疾人保障金在现金流量表"支付其他与经营活动有关的现金"项目反映。

（二）投资活动产生的现金流量

投资活动，是指企业长期资产的购建和不包括在现金等价物范围内的投资及其处置活动，包括取得和收回投资、购建和处置固定资产、购买和处置无形资产等。

1. 收回投资收到的现金

本项目反映企业出售、转让或到期收回除现金等价物以外的以公允价值计量且其变动计入当期损益的金融资产、以摊余成本计量的金融资产、以公允价值计量且其变动计入其他综合收益的金融资产、长期股权投资等收到的现金。不包括债权性投资收回的利息、收回的非现金资产，以及处置子公司及其他营业单位收到的现金净额。债权性投资收回的本金，在本项目反映，债权性投资收回的利息，在"取得投资收益收到的现金"项目中反映。

2. 取得投资收益收到的现金

本项目反映企业因股权性投资而分得的现金股利，因债权性投资而取得的利息收入。股票股利由于不产生现金流量，不在本项目中反映。包括在现金等价物范围的债权性投资，其利息收入在本项目反映。

3. 处置固定资产、无形资产和其他长期资产收回的现金净额

本项目反映企业出售固定资产、无形资产和其他长期资产（如投资性房地产）所取得的现金，减去为处置这些资产而支付的有关税费后的净额。

名师点拨

3和4两项，如所收回的现金净额为负数，则在“支付其他与投资活动有关的现金”项目中反映。

4. 处置子公司及其他营业单位收到的现金净额

本项目反映企业处置子公司及其他营业单位所取得的现金减去子公司或其他营业单位持有的现金和现金等价物以及相关处置费用后的净额。

经典题解

【例题9·单选题】甲公司出售一子公司，收到现金500万元。该子公司的资产为1000万元，其中现金及现金等价物为510万元；负债为520万元。甲公司当期期末编制的合并现金流量表中，下列会计处理正确的是（　　）。

A. 支付其他与投资活动有关的现金净额为10万元

B. 处置子公司及其他营业单位收到的现金净额为-10万元

C. 处置子公司及其他营业单位收到的现金净额为500万元

D. 支付其他与投资活动有关的现金净额为510万元

【解析】甲公司处置子公司所取得的现金500万元减去子公司持有的现金及现金等价物510万元后的净额为-10万元，应在“支付其他与投资活动有关的现金”项目中反映。

【答案】A

5. 收到其他与投资活动有关的现金

如收到购买股票和债券时，实际支付价款中包含的已宣告但尚未发放的现金股利或已到付息期但尚未领取的债券利息，在实际收到时计入该项目。

名师点拨

为购建固定资产、无形资产和其他长期资产而发生的借款利息资本化部分，在“分配股利、利润或偿付利息支付的现金”项目中反映。

6. 购建固定资产、无形资产和其他长期资产支付的现金

不包括为购建固定资产、无形资产和其他长期资产而发生的借款利息资本化的部分。

7. 投资支付的现金

本项目反映企业进行权益性投资和债权性投资所支付的现金，包括企业取得的除现金等价物以外的以公允价值计量且其变动计入当期损益的金融资产、以摊余成本计量的金融资产、以公允价值计量且其变动计入其他综合收益的金融资产、长期股权投资以及支付的佣金、手续费等交易费用。

名师点拨

如支付的现金净额为负数，则在“收到其他与投资活动有关的现金”项目反映。

8. 取得子公司及其他营业单位支付的现金净额

本项目反映企业取得子公司及其他营业单位购买价款中以现金支付的部分，减去子公司或其他营业单位持有的现金和现金等价物后的净额。

经典题解

【例题10·单选题】甲公司以200万元的价格购买丙公司的一家子公司，全部以银行存款转账支付。该子公司的净资产为190万元，其中现金及现金等价物为20万元。甲公司合并现金流量表中，“取得子公司及其他营业单位支付的现金净额”项目反映的金额为（　　）万元。

A. 200　　B. 10　　C. 180　　D. 190

【解析】甲公司合并现金流量表中“取得子公司及其他营业单位支付的现金净额”项目反映的金额=200-20=180（万元）。

【答案】C

9. 支付其他与投资活动有关的现金

如企业购买股票和债券时，实际支付的价款中包含的已宣告但尚未发放的现金股利或已到付息期但尚未领取的债券利息，在实际支付时在该项目反映。

（三）筹资活动产生的现金流量

筹资活动，是指导致企业资本及债务规模和构成发生变化的活动，包括发行股票或接受投入资本、分派现金股利、取得和偿还银行借款、发行和偿还公司债券等。

1. 吸收投资收到的现金

本项目反映企业以发行股票等方式筹集资金实际收到的款项净额（发行收入减去发行费用后的净额）。发行股票支付的审计、咨询等费用，在“支付其他与筹资活动有关的现金”项目反映。

2. 取得借款收到的现金

本项目反映企业举借各种短期、长期借款而收到的现金，以及发行债券实际收到的款项净额（发行收入减去发行费用后的净额）。

3. 收到其他与筹资活动有关的现金

名师点拨

收到其他与筹资活动有关的现金，如果价值较大的，应单列项目反映。

本项目反映企业除上述各项目外，收到的其他与筹资活动有关的现金。

4. 偿还债务支付的现金

本项目反映企业以现金偿还债务的本金，包括：归还金融企业的借款本金、偿付企业到期的债券本金等。企业偿还的借款利息、债券利息，在“分配股利、利润或偿付利息支付的现金”项目反映。

5. 分配股利、利润或偿付利息支付的现金

本项目反映企业实际支付的现金股利、支付给其他投资单位的利润或用现金支付的借款利息、债券利息。

6. 支付其他与筹资活动有关的现金

本项目反映企业除上述项目外，支付的其他与筹资活动有关的现金，如以发行股票、债券等方式筹集资金而由企业直接支付的审计、咨询等费用，以分期付款方式购入固定资产、无形资产等各期支付的现金等。

企业应当结合行业特点判断相关业务活动产生的现金流量的分类。不同形式现金之间的转换以及现金与现金等价物之间的转换均不产生现金流量。

例如，因银行承兑汇票贴现而取得的现金，若银行承兑汇票贴现不符合金融资产终止确认条件，因票据贴现取得的现金在资产负债表中应确认为一项借款，该现金流入在现金流量表中相应分类为筹资活动现金流量；若银行承兑汇票贴现符合金融资产终止确认的条件，相关现金流入则分类为经营活动现金流量；若银行承兑汇票贴现不符合金融资产终止确认条件，后续票据到期偿付等导致应收票据和借款终止确认时，因不涉及现金收付，在编制现金流量表时，不得虚拟现金流量。公司发生以银行承兑汇票背书购买原材料等业务时，比照该原则处理。

名师点拨

应收票据符合终止确认条件，属于经营活动；不符合终止确认条件，属于筹资活动。

再如，定期存单的质押与解除质押业务，企业首先应当结合定期存单是否存在限制、是否能够随时支取等因素，判断其是否属于现金及现金等价物。如果定期存单本身不属于现金及现金等价物，其质押或解除质押不会产生现金流量；如果定期存单本身属于现金及现金等价物，被用于质押不再满足现金及现金等价物的定义，以及质押解除后重新符合现金及现金等价物的定义，均会产生现金流量。在后者情

况下，对相关现金流量进行分类时，应当根据企业所属行业特点进行判断。如果企业属于金融行业，通过定期存款质押获取短期借款的活动可能属于经营活动，相关现金流量分类为经营活动现金流量；如果企业为一般非金融企业，通过定期存款质押获取短期借款的活动属于筹资活动，相关现金流量应被分类为筹资活动现金流量。

经典题解

【真题11·多选题】2×20年1月1日，甲公司与乙公司签订的商铺租赁合同约定，甲公司从乙公司租入一间商铺，租赁期为2年，每月固定租金2万元，在此基础上再按照当月商铺销售额的5%支付变动租金。2×20年度，甲公司支付乙公司31万元，其中租赁保证金2万元，固定租金24万元，基于销售额计算的变动租金5万元。不考虑其他因素，下列各项关于甲公司2×20年度支付的租金在现金流量表列示的表述中，正确的有（　　）。（2021年）

A. 支付的固定租金24万元应当作为筹资活动现金流出

B. 支付的租赁保证金2万元应当作为筹资活动现金流出

C. 支付的31万元应当作为经营活动现金流出

D. 支付的基于销售额计算的变动租金5万元应当作为经营活动现金流出

【解析】甲公司商铺租赁合同中，支付的固定租金属于租赁负债初始计量的构成要素，应当作为筹资活动现金流出，选项A正确；

企业支付的租赁保证金应当计入筹资活动现金流出，支付的按租赁准则简化处理的短期租赁和低价值资产租赁相关的租赁保证金应当计入经营活动现金流出，选项B正确；

相关链接

承租人偿还租赁负债本金和利息、支付预付租金以及租赁保证金所支付的现金在现金流量表中的列报，参见P774本章疑难问题解答2。

基于销售额计算的变动租金，在支付时直接计入相关成本费用，应当作为经营活动现金流出，选项D正确。

【答案】ABD

【真题12·多选题】下列各项关于现金流量列报的表述中，正确的有（　　）。（2021年）

A. 以银行承兑汇票背书购买原材料，作为经营活动现金流出

B. 支付给在建工程人员的工资，作为投资活动现金流出

C. 收到的与资产相关的政府补助，作为经营活动现金流入

D. 境外经营的子公司，由于受当地外汇管制的限制，其持有的现金不能自由汇入境内，在合并现金流量表中不能作为现金及现金等价物

【解析】以银行承兑汇票背书购买原材料，不涉及现金流量，选项A错误；境外经营的子公司，由于受当地外汇管制的限制，其持有的现金不能自由汇入境内，不影响其在合并现金流量表中划分为现金及现金等价物，选项D错误。

【答案】BC

【真题13·多选题】2×17年度，甲公司产生现金流量的部分交易如下：（1）对外销售商品收到现金15000万元；（2）收到联营企业分派的现金股利200万元；（3）出售子公司收到现金1200万元；（4）向股东支付现金股利3600万元；下列各项关于甲公司上述交易产生的现金流量列报的表述中，正确的有（　　）。（2018年）

A. 支付股东的现金股利作为筹资活动的现金流出

B. 对外销售商品收到的现金作为经营活动的现金流入

C. 收到联营企业分派的现金股利作为投资活动的现金流入

D. 出售子公司收到的现金作为筹资活动现金流入

【解析】 出售子公司收到的现金应作为投资活动现金流入，选项 D 错误。

【答案】 ABC

【真题 14 · 单选题】 甲公司为制造业企业，2×16 年产生下列现金流量：(1) 收到客户定购商品预付款 3000 万元；(2) 税务部门返还上年度增值税款 600 万元；(3) 支付购入作为以公允价值计量且其变动计入当期损益的金融资产核算的股票投资款 1200 万元；(4) 为补充营运资金不足，自股东取得经营性资金借款 6000 万元；(5) 因存货非正常毁损取得保险赔偿款 2800 万元。不考虑其他因素，甲公司 2×16 年经营活动现金流量净额是（ ）。（2017 年改编）

A. 5200 万元　　B. 124000 万元

C. 6400 万元　　D. 9600 万元

【解析】 经营活动现金流量净额 =3000+600+2800=6400（万元）。

【答案】 C

【真题 15 · 单选题】 甲公司 2×15 年发生以下有关现金流量：(1) 当期销售产品收回现金 36000 万元、以前期间销售产品本期收回现金 20000 万元；(2) 购买原材料支付现金 16000 万元；(3) 取得以前期间已交增值税返还款 2400 万元；(4) 将当期销售产品收到的工商银行承兑汇票贴现，取得现金 8000 万元；(5) 购买国债支付 2000 万元。不考虑其他因素，甲公司 2×15 年经营活动产生的现金流量净额是（ ）。（2016 年）

A. 40000 万元　　B. 42400 万元

C. 48400 万元　　D. 50400 万元

【解析】 经营活动产生的现金流量净额 =36000+20000−16000+2400+8000=50400（万元）。

【答案】 D

【真题 16 · 单选题】 甲公司为制造企业，20×4 年发生的现金流量：(1) 将销售产生的应收账款申请保理，取得现金 1200 万元，银行对于标的债权具有追索权；(2) 购入的作为交易性金融资产核算的股票支付现金 200 万元；(3) 收到保险公司对存货损毁的赔偿款 120 万元；(4) 收到所得税返还款 260 万元；(5) 向其他方提供劳务收取现金 400 万元。不考虑其他因素。甲公司 20×4 年经营活动产生的现金流量净额是（ ）。（2015 年）

A. 780 万元　　B. 2180 万元

C. 980 万元　　D. 1980 万元

【解析】 事项（1）属于筹资活动；事项（2）属于投资活动；其他事项属于经营活动，故甲公司 20×4 年经营活动产生的现金流量净额 =120+260+400=780（万元）。

【答案】 A

（四）汇率变动对现金及现金等价物的影响

汇率变动对现金的影响，指企业外币现金流量及境外子公司的现金流量折算成记账本位币时，所采用的是现金流量发生日的即期汇率或按照系统合理的方法确定的、与现金流量发生日即期汇率近似的汇率，而现金流量表“现金及现金等价物净增加额”项目中外币现金净增加额是按资产负债表日的即期汇率折算。这两者的差额即为汇率变动对现金的影响。

（五）现金流量表补充资料

企业应当在附注中披露将净利润调节为经营活动现金流量、不涉及现金收支的重大投资和筹资活动、现金及现金等价物净变动情况等信息。

将净利润调节为经营活动产生的现金流量净额时，调增、调减项目的确定原则：

名师点拨

（1）计入在建工程或研发支出的固定资产折旧、无形资产摊销不予调整；

（2）调整时不考虑与经营活动有关的财务费用（如票据贴现息等）。

1. 调整事项属于利润表项目

（1）使净利润减少，调增；

（2）使净利润增加，调减。

2. 调整事项属于资产负债表项目

用资产负债表项目的增减变动直接和现金对应，使现金增加的调增；使现金减少的调减。

（1）在资产负债表项目涉及的会计科目借方记录（借：××资产，贷：银行存款等），调减；

（2）在资产负债表项目涉及的会计科目贷方记录（借：银行存款等，贷：××资产），调增。

经典题解

【真题17·多选题】企业编制现金流量表将净利润调节为经营活动现金流量时，下列各项中，属于在净利润的基础上调整增加的项目有（ ）。（2019年）

A. 管理用无形资产摊销

B. 存货的增加

C. 公允价值变动收益

D. 资产减值损失

【解析】存货增加，借：存货，贷：银行存款等，属于调减项目，选项B错误；公允价值变动收益增加了净利润，属于调减项目，选项C错误。

【答案】AD

三、现金流量表的编制方法及程序

企业可根据业务量的大小及复杂程度，选择采用工作底稿法、T型账户法，或直接根据有关科目的记录分析填列现金流量表。

第五节 所有者权益变动表

使用“会计云课堂”App或“微信”扫码查看本节视频，快速GET知识点。

一、所有者权益变动表的内容及结构

（一）所有者权益变动表的内容

所有者权益是指企业资产扣除负债后由所有者享有的剩余权益。所有者权益包括实收资本（或股本）、其他权益工具、资本公积、库存股、其他综合收益、专项储备、盈余公积和未分配利润等。准则规定，所有者权益变动表应当反映构成所有者权益的各组成部分当期的增减变动情况。

综合收益和与所有者（或股东）的资本交易导致的所有者权益的变动，应当分别列示。

名师点拨

与所有者的资本交易，是指与所有者以其所有者身份进行的、导致企业所有者权益变动的交易。

（二）所有者权益变动表的结构

企业应当以矩阵的形式列示所有者权益变动表：一方面，列示导致所有者权益变动的交易或事项，按所有者权益变动的来源对一定时期所有者权益变动情况进行全面反映；另一方面，按照所有者权益各组成部分（包括实收资本、资本公积、其他综合收益、盈余公积、未分配利润和库存股等）及其总额列示相关交易或事项对所有者权益的影响。

根据准则的规定，企业需要提供比较所有者权益变动表，所有者权益变动表还就各项目再分为“本年金额”和“上年金额”两栏分别填列。

二、所有者权益变动表的填列方法

有关项目说明：

1.“其他权益工具持有者投入资本”项目，反映企业发行的除普通股以外分类为权益工具的金融工具的持有者投入资本的金额。该项目应根据金融工具类科目的相关明细科目的发生额分析填列。

2.“其他综合收益结转留存收益”项目，主要反映：（1）企业指定为以公允价值计量且其变动计入其他综合收益的非交易性权益工具投资终止确认时，之前计入其他综合收益的累计利得或损失从其他综合收益中转入留存收益的金额；（2）企业指定为以公允价值计量且其变动计入当期损益的金融负债终止确认时，之前由企业自身信用风险变动引起而计入其他综合收益的累计利得或损失从其他综合收益中转入留存收益的金额等。该项目应根据“其他综合收益”科目的相关明细科目的发生额分析填列。

第六节　财务报表附注披露

使用“会计云课堂”App 或“微信”扫码查看本节视频，快速 GET 知识点。

一、附注披露的总体要求（略）

二、附注的主要内容（略）

经典题解

【真题 18·多选题】甲公司为集团母公司，其所控制的企业集团内部各公司发生的下列交易或事项中，应当作为合并财务报表附注中关联方关系及其交易披露的有（　　）。（2017 年）

A. 甲公司支付给其总经理的薪酬

B. 乙公司将其生产的产品出售给丙公司作为固定资产使用，出售中产生高于成本 20% 的毛利

C. 甲公司的子公司（乙公司和丙公司）的有关信息

D. 甲公司为其子公司（丁公司）银行借款提供的连带责任担保

【解析】对外提供合并财务报表的，对于已包括在合并范围内各企业之间的交易不予披露。选项 B 和选项 D 无须披露。

【答案】AC

三、分部报告

（一）经营分部的认定

1. 经营分部，是指企业内同时满足下列条件的组成部分：

（1）该组成部分能够在日常活动中产生收入、发生费用；

（2）企业管理层能够定期评价该组成部分的经营成果，以决定向其配置资源、评价其业绩；

（3）企业能够取得该组成部分的财务状况、经营成果和现金流量等有关会计信息。

2. 企业具有相似经济特征的两个或多个经营分部，在同时满足下列条件时，可以合并为一个经营分部：

（1）各单项产品或劳务的性质相同或相似；

（2）生产过程的性质相同或相似；

（3）产品或劳务的客户类型相同或相似；

（4）销售产品或提供劳务的方式相同或相似；

（5）生产产品或提供劳务受法律、行政法规的影响相同或相似。

（二）报告分部的确定

报告分部，是指符合经营分部定义，按规定应予披露的经营分部。

1. 经营分部满足下列条件之一的，应当确定为报告分部：

（1）该分部的分部收入占所有分部收入合计的10%或者以上；

（2）该分部的分部利润（亏损）的绝对额，占所有盈利分部利润合计额或者所有亏损分部亏损合计额的绝对额两者中较大者的10%或者以上；

（3）该分部的分部资产占所有分部资产合计额的10%或者以上。

要点小贴士

10%或者以上涉及：
（1）分部收入；
（2）分部的分部利润（亏损）的绝对额；
（3）分部资产。

2. 未满足上述条件，但企业认为披露该经营分部信息对财务报告使用者有用的，也可将其确定为报告分部。报告分部的数量通常不超过10个，如果报告分部的数量超过10个需要合并的，以经营分部的合并条件为基础，对相关的报告分部予以合并。

3. 确定为报告分部的经营分部的对外交易收入合计额占合并总收入或企业总收入的比重未达到75%的，将其他未作为报告分部的经营分部确定为报告分部（即使它们未满足规定的条件），直到该比重达到75%。

（三）分部信息的披露

企业报告分部确定后，应当在附注中披露报告分部下列信息：

1. 确定报告分部考虑的因素、报告分部的产品和劳务的类型。

2. 每一报告分部的利润（亏损）总额相关信息，包括利润（亏损）总额组成项目及计量的相关会计政策信息。

3. 每一报告分部的资产总额、负债总额相关信息，包括资产总额组成项目的信息，以及有关资产、负债计量的相关会计政策。

4. 除上述已经作为报告分部信息组成部分披露的内容外，企业还应当披露下列信息：

（1）每一产品和劳务或每一类似产品和劳务的对外交易收入；

（2）企业取得的来自于本国的对外交易收入总额以及位于本国的非流动资产（不包括金融资产、独立账户资产、递延所得税资产）总额，企业从其他国家取得的对外交易收入总额以及位于其他国家的非流动资产（不包括金融资产、独立账户资产、递延所得税资产）总额；

（3）企业对主要客户的依赖程度。

5. 报告分部信息总额与企业信息总额的衔接。

6. 比较信息。

经典题解

【真题19·多选题】下列各经营分部中，应当确定为报告分部的有（　　）。（2015年改编）

A. 该分部的分部负债占所有分部负债合计的10%或者以上

B. 该分部的分部利润（亏损）绝对额占所有盈利分部利润合计额或所有亏损分部亏损合计额的绝对额较大者的10%或者以上

C. 该分部的分部收入占所有分部收入合计额的10%或者以上

D. 该分部的分部资产占所有分部资产合计额的10%或者以上

【解析】报告分部的确认条件：（1）该分部的分部收入占所有分部收入合计的

10%或者以上；（2）该分部的分部利润（亏损）的绝对额，占所有盈利分部利润合计额或者所有亏损分部亏损合计额的绝对额两者中较大者的10%或者以上；（3）该分部的分部资产占所有的分部资产合计额的10%或者以上。

【答案】BCD

四、关联方披露

（一）关联方关系的认定

关联方关系的存在是以控制、共同控制或重大影响为前提条件的。在判断是否存在关联方关系时，应当遵循实质重于形式的原则。

从一个企业的角度出发，与其存在关联方关系的各方包括：

1. 该企业的母公司，不仅包括直接或间接地控制该企业的其他企业；也包括能够对该企业实施直接或间接控制的单位等。

2. 该企业的子公司，包括直接或间接地被该企业控制的其他企业，也包括直接或间接地被该企业控制的企业、单位、基金等特殊目的实体。

3. 与该企业受同一母公司控制的其他企业。例如，A公司和B公司同受C公司控制，从而A公司和B公司之间构成关联方关系。

4. 对该企业实施共同控制的投资方。这里的共同控制包括直接的共同控制和间接的共同控制。对企业实施直接或间接共同控制的投资方与该企业之间是关联方关系，但这些投资方之间并不能仅仅因为共同控制了同一家企业而视为存在关联方关系。

5. 对该企业施加重大影响的投资方。这里的重大影响包括直接的重大影响和间接的重大影响。对企业实施重大影响的投资方与该企业之间是关联方关系，但这些投资方之间并不能仅仅因为对同一家企业具有重大影响而视为存在关联方关系。

6. 该企业的合营企业。合营企业包括合营企业的子公司。合营企业是以共同控制为前提的，两方或多方共同控制某一企业时，该企业则为投资者的合营企业。

7. 该企业的联营企业。联营企业包括联营企业的子公司。联营企业和重大影响是相联系的，如果投资者能对被投资企业施加重大影响，则该被投资企业应被视为投资者的联营企业。

8. 该企业的主要投资者个人及与其关系密切的家庭成员。主要投资者个人，是指能够控制、共同控制一个企业或者对一个企业施加重大影响的个人投资者。

9. 该企业或其母公司的关键管理人员及与其关系密切的家庭成员。关键管理人员，是指有权力并负责计划、指挥和控制企业活动的人员。通常情况下，企业关键管理人员负责管理企业的日常经营活动，并且负责制定经营计划、战略目标、指挥调度生产经营活动等，主要包括董事长、董事、董事会秘书、总经理、总会计师、财务总监、主管各项事务的副总经理以及行使类似决策职能的人员等。

10. 该企业主要投资者个人、关键管理人员或与其关系密切的家庭成员控制、共同控制的其他企业。与主要投资者个人、关键管理人员关系密切的家庭成员，是指在处理与企业的交易时可能影响该个人或受该个人影响的家庭成员，例如，父母、配偶、兄弟姐妹和子女等。对于这类关联方，应当根据主要投资者个人、关键管理人员或与其关系密切的家庭成员对两家企业的实际影响力具体分析判断。

名师点拨

第1项

（1）A控制B，A和B是关联方；

（2）A控制B，B控制C，A和C也是关联方；

（3）A控制B，A与B一起控制C，A和C也是关联方。

名师点拨

第4项

A、B、C三个企业共同控制D企业，从而A和D、B和D以及C和D成为关联方关系。如果不存在其他关联方关系，A和B、A和C以及B和C之间不构成关联方关系。

名师点拨

第6项

A、B、C、D企业各占F企业有表决权资本的25%，按照合同规定，F企业由A、B、C、D企业共同控制，形成合营企业。在这种情况下，A和F、B和F、C和F以及D和F之间构成关联方关系。

11. 该企业关键管理人员提供服务的提供方与服务接受方。提供关键管理人员服务的主体（以下简称服务提供方）向接受该服务的主体（以下简称服务接受方）提供关键管理人员服务的，服务提供方和服务接受方之间是否构成关联方关系应当具体分析判断。

12. 企业与其所属企业集团的其他成员单位（包括母公司和子公司）的合营企业或联营企业。

13. 企业的合营企业与企业的其他合营企业或联营企业。

（二）不构成关联方关系的情况

1. 与该企业发生日常往来的资金提供者、公用事业部门、政府部门和机构，以及因与该企业发生大量交易而存在经济依存关系的单个客户、供应商、特许商、经销商和代理商之间。

2. 与该企业共同控制合营企业的合营者之间。

3. 仅仅同受国家控制而不存在其他关联方关系的企业。

4. 两方或两方以上受同一方重大影响的企业之间。

（三）关联方交易的类型（略）

（四）关联方的披露

1. 企业无论是否发生关联方交易，均应当在附注中披露与该企业之间存在直接控制关系的母公司和所有子公司有关的信息。

2. 企业与关联方发生关联方交易的，应当在附注中披露该关联方关系的性质、交易类型及交易要素。

3. 对外提供合并财务报表的，对于已经包括在合并范围内各企业之间的交易不予披露。

经典题解

【真题 20·多选题】乙公司为甲公司的联营企业，丙公司为乙公司的全资子公司，丁公司为甲公司的母公司（戊公司）的联营企业。不考虑其他因素，下列各项构成甲公司关联方的有（　　）。（2021 年）

A. 丙公司　　　　B. 戊公司

C. 丁公司　　　　D. 乙公司

【解析】构成关联方关系的如下：

（1）该企业的联营企业（包括联营企业的子公司），选项 A 和 D 正确；

（2）该企业的母公司，选项 B 正确；

（3）企业与其所属企业集团的其他成员单位（包括母公司和子公司）的合营企业或联营企业，选项 C 正确。

【答案】ABCD

【真题 21·多选题】甲公司控制乙公司，同时对丙公司能够施加重大影响。丁公司对乙公司能够施加重大影响。不考虑其他因素，下列各项构成关联方的有（　　）。（2021 年）

A. 乙公司和丙公司　　　　B. 甲公司和丁公司

C. 甲公司和丙公司　　　　D. 丙公司和丁公司

【解析】关联方关系的存在是以控制、共同控制或重大影响为前提条件的。企业与其所属企业集团的其他成员单位（包括母公司和子公司）的合营企业或联营企业构成关联方关系。选项A和C正确。

【答案】AC

【真题22·多选题】2×18年，甲公司发生的相关交易或事项如下：(1) 购入乙公司2%股份，对乙公司不具有重大影响；(2) 根据与丙公司签订的战略合作协议，开始就某项高新技术项目进行十年期的合作研究；(3) 与母公司（M公司）的子公司（丁公司）共同投资戊公司，甲公司持有戊公司10%股权，对戊公司不具有控制、共同控制或重大影响，丁公司持有戊公司30%股权并对戊公司具有重大影响；(4) 投资己公司，持有己公司25%股份并对其具有重大影响。除上述情形外，各公司间不存在其他任何关系。下列各项中，构成甲公司关联方的有（　　）。（2020年）

A. 丙公司　　　　B. 戊公司

C. 己公司　　　　D. 乙公司

【解析】甲公司持有乙公司2%股权、与丙公司签订战略合作协议，不存在控制、共同控制或重大影响的前提条件，所以不构成甲公司的关联方，选项A和D错误；

甲公司和丁公司同受M公司的控制，所以两者属于关联方关系，丁公司持有戊公司30%股权，对戊公司施加重大影响，丁公司与戊公司构成关联方关系，所以甲公司与戊公司构成关联方关系，选项B正确；

甲公司对己公司施加重大影响，构成关联方关系，选项C正确。

【答案】BC

【真题23·单选题】甲公司是乙公司和丙公司的母公司，丁公司和戊公司分别是乙公司的合营企业和联营企业，己公司和庚公司分别是丙公司的合营企业和联营企业。下列各种关系中，不构成关联方关系的是（　　）。（2020年）

A. 甲公司和丁公司　　　　B. 乙公司和己公司

C. 戊公司和庚公司　　　　D. 丙公司和戊公司

【解析】两方或两方以上受同一关联方重大影响的企业之间不构成关联方，即戊公司与庚公司不构成关联方。

【答案】C

【真题24·多选题】在不考虑其他因素的情况下，下列各方中，构成甲公司关联方的有（　　）。（2018年）

A. 甲公司外聘的会计师事务所

B. 受甲公司的母公司共同控制的丁公司

C. 甲公司持有25%股权并派出1名董事的戊公司

D. 甲公司总经理之子控制的乙公司

【解析】选项A，会计师事务所与甲公司不构成关联方关系。

【答案】BCD

第七节　中期财务报告

使用“会计云课堂”App或“微信”扫码查看本节视频，快速GET知识点。

一、中期财务报告的定义及其构成

（一）中期财务报告的定义

中期财务报告，是指以中期为基础编制的财务报告。

（二）中期财务报告的构成

中期财务报告至少应当包括以下部分：

（1）资产负债表；

（2）利润表；

（3）现金流量表；

（4）附注。

二、中期财务报告的编制要求

（一）中期财务报告编制应遵循的原则

1. 遵循与年度财务报告相一致的会计政策原则

2. 遵循重要性原则

（1）重要性程度的判断应当以中期财务数据为基础，而不得以预计的年度财务数据为基础。这里所指的“中期财务数据”，既包括本中期的财务数据，也包括年初至本中期末的财务数据。

（2）重要性原则的运用应当保证中期财务报告包括了与理解企业中期末财务状况和中期经营成果及其现金流量相关的信息。

（3）重要性程度的判断需要根据具体情况作具体分析和职业判断。

3. 遵循及时性原则

为了体现企业编制中期财务报告的及时性原则，中期财务报告计量相对于年度财务数据的计量而言，在很大程度上依赖于估计。

（二）中期合并财务报表和母公司财务报表编报要求

企业上年度编制合并财务报表的，中期期末也应当编制合并财务报表。上年度财务报告除了包括合并财务报表，还包括母公司财务报表的，中期财务报告也应当包括母公司财务报表。

企业在报告中期内新增子公司的，在中期末就应当将该子公司财务报表纳入合并财务报表的合并范围中。

（三）比较财务报表编制要求

在中期财务报告中，企业应当提供以下比较财务报表：

（1）本中期末的资产负债表和上年度末的资产负债表；

（2）本中期的利润表、年初至本中期末的利润表以及上年度可比期间的利润表。其中，上年度可比期间的利润表包括：上年度可比中期的利润表和上年度年初至上年可比中期末的利润表；

（3）年初至本中期末的现金流量表和上年度年初至上年可比中期末的现金流量表。

（四）中期财务报告的确认与计量

1. 中期财务报告的确认与计量的基本原则

（1）中期财务报告中各会计要素的确认和计量原则应当与年度财务报表所采用的原则相一致。

（2）在编制中期财务报告时，中期会计计量应当以年初至本中期末为基础，财务报告的频率不应当影响年度结果的计量。

（3）企业在中期不得随意变更会计政策，应当采用与年度财务报表相一致的会计政策。

2. 季节性、周期性或者偶然性取得的收入的确认和计量

对于季节性、周期性或者偶然性取得的收入，除了在会计年度末允许预计或者递延的之外，企业均应当在发生时予以确认和计量，不应当在中期财务报表中预计或者递延。

3. 会计年度中不均匀发生的费用的确认与计量

要点小贴士

如果会计年度内不均匀发生的费用在会计年度末允许预提或者待摊，则在中期末也允许预提或者待摊。

对于会计年度中不均匀发生的费用，除了在会计年度末允许预提或者待摊的之外，企业均应当在发生时予以确认和计量，不应当在中期财务报表中预提或者待摊。

（五）中期会计政策变更的处理

企业在中期如果发生了会计政策变更的，应当按照《企业会计准则第 28 号——会计政策、会计估计变更和差错更正》的规定处理，并在财务报表附注中作相应披露。

三、中期财务报告附注的编制要求（略）

经典题解

【真题 25 · 多选题】下列各项关于中期财务报告会计处理的表述中，正确的有（　　）。（2021 年）

A. 编制中期财务报告时对于重要性的判断应以预计的年度财务报告数据为基础

B. 编制中期财务报告时应将中期视为一个独立的会计期间，所采用的会计政策应与年度财务报表所采用的会计政策相一致

C. 中期财务报告附注相对于年度财务报告中的附注而言，可以适当简化

D. 中期财务报告计量相对于年度财务数据的计量而言，在很大程度上依赖于估计

【解析】编制中期财务报告时，对于重要性程度的判断应当以中期财务数据为基础，而不得以预计的年度财务数据为基础，选项 A 不正确。

【答案】BCD

【真题 26 · 多选题】下列各项关于中期财务报告编制的表述中，正确的有（　　）。（2017 年）

A. 中期财务报告编制时采用的会计政策、会计估计应当与年度报告相同

B. 编制中期财务报告时的重要性应当以至中期期末财务数据为依据，在估计年度财务数据的基础上确定

C. 对于会计年度中不均衡发生的费用，在报告中期如尚未发生，应当基于年度水平预计中期金额后确认

D. 报告中期处置了合并报表范围内子公司的，中期财务报告中应当包括被处置子公司当期期初至处置日的相关信息

【解析】编制中期财务报告时的重要性应当以中期财务数据为基础，而不得以预计的年度财务数据为基础，选项 B 错误；对于会计年度中不均匀发生的费用，除了在会计年度末允许预提或者待摊的之外，企业均应当在发生时予以确认和计量，不应当在中期财务报表中预提或者待摊，选项 C 错误。

【答案】AD

【真题 27 · 单选题】下列有关编制中期财务报告的表述中，符合会计准则规定的是（　　）。（2015 年）

A. 中期财务报告会计计量以本报告期期末为基础

B. 在报告中期内新增子公司的中期末不应将新增子公司纳入合并范围

C. 中期财务报告会计要素确认和计量原则应与本年度财务报告相一致

D. 中期财务报告的重要性判断应以预计的年度财务报告数据为基础

【解析】选项 A，中期财务报告会计计量应以年初至本中期末数据为基础编制；选项 B，在报告中期内新增子公司的，在中期末应将新增子公司纳入合并范围；选项 D，中期财务报告的重要性判断应当以中期财务数据为基础。

【答案】C

考试加油站

一、本章小结

下载“会计云课堂”App 学习

您已成功完成“第二十三章”的学习，本章共 19 个考点，您都学会了吗？

为了让您对章节有更清晰的理解，加倍巩固。本书作者张志凤老师将通过**“视频导图课”**的方式，带您回顾重要考点。

名师点拨，视听结合，高效提分。

※ 欢迎您扫码，免费观看学习。

二、本章疑难问题解答

1.“其他收益”项目包括哪些内容？

答：主要包括:（1）政府补助与日常活动相关的收益;（2）收到税务机关的扣缴税款手续费;（3）企业超比例安排残疾人就业或者为安排残疾人就业作出显著成绩，按规定收到的奖励;（4）债务重组业务债务人应付债务账面价值与抵债非金融资产账面价值的差额;（5）债务重组混合重组业务，债务人所清偿债务的账面价值与转让资产的账面价值以及权益工具和重组债务的确认金额之和的差额,记入“其他收益—债务重组收益”科目或“投资收益”（仅涉及金融工具时）科目。

2. 承租人偿还租赁负债本金和利息、支付预付租金以及租赁保证金所支付的现金在现金流量表中应当如何列报？

答：根据租赁准则第五十三条，企业应当将偿还租赁负债本金和利息所支付的现金计入筹资活动现金流出，支付的按租赁准则简化处理的短期租赁付款额和低价值资产租赁付款额以及未纳入租赁负债的可变租赁付款额计入经营活动现金流出。

企业支付的预付租金和租赁保证金应当计入筹资活动现金流出，支付的按租赁准则简化处理的短期租赁和低价值资产租赁相关的预付租金和租赁保证金应当计入经营活动现金流出。

3. 受同一方重大影响的企业之间是否构成关联方关系？

答：受同一方重大影响的企业之间不构成关联方。例如，同一个投资者的两家联营企业之间不构成关联方；仅拥有同一位关键管理人员的两家企业之间不构成关联方；某人既是一家企业的关键管理人员，同时又能对另一家企业实施重大影响，在不存在其他关联方关系的情况下，这两家企业不构成关联方。

4. 与企业共同控制合营企业的合营者之间是否构成关联方关系？

答：与企业共同控制合营企业的合营者之间，通常不构成关联方关系。因为，如果两个企业按照合同分享一个合营企业的控制权，某个企业单方面无法做出合营企业的经营和财务的决策，而合营企业是一个独立的法人，合营方各自对合营企业有重大影响，但各合营者无法影响其他合营者。在没有其他关联关系的情况下，仅因为某一合营企业的共同合营者，不能认定各合营者之间是关联方。

同步强化练习题

使用“会计云课堂”App 或“微信”扫码快速做题、对答案、看解析、掌握解题思路，开启轻松过关之旅。

一、单项选择题

1. 甲公司持有一笔于 2×17 年 7 月 1 日从银行借入的五年期长期借款，下列关于该长期借款在 2×21 年 12 月 31 日资产负债表中列示的表述中，错误的是（　　）。
   A. 假定甲公司在 2×21 年 12 月 1 日与银行完成长期再融资或展期一年以上，则该借款应当划分为非流动负债
   B. 假定甲公司在 2×22 年 2 月 1 日（财务报告批准报出日为 2×22 年 3 月 31 日）完成长期再融资或展期一年以上，则该借款应当划分为流动负债
   C. 假定甲公司与银行的贷款协议上规定，甲公司在长期借款到期后如能偿还，可以再获得一笔金额相同、期限相同的长期借款，则该借款应当划分为非流动负债
   D. 假定甲公司与银行的贷款协议上规定，甲公司在长期借款到期前可以自行决定是否展期，无须征得债权人同意，并且甲公司计划展期 1 年，则该借款应当划分为非流动负债

2. 关于“预计负债—应付退货款”明细科目在资产负债表中的填列，下列表述中正确的是（　　）。
   A. 在预计负债项目填列
   B. 在其他流动负债项目填列
   C. 在一年或一个正常营业周期内清偿的，在“其他流动负债”项目中填列
   D. 超过一年或一个正常营业周期内清偿的，在“其他非流动负债”项目中填列

3. 企业发行的永续债分类为权益工具的，期末应在资产负债表中的（　　）项目列报。
   A. 应付债券
   B. 其他权益工具
   C. 其他综合收益
   D. 一年内到期的非流动负债

4. 甲公司为增值税一般纳税人，2×21 年发生的有关交易或事项如下：（1）销售产品确认收入 600 万元，结转成本 400 万元，当期应交纳的增值税为 53 万元，有关税金及附加为 5 万元；（2）持有的以公允价值计量且其变动计入当期损益的金融资产当期市价上升 16 万元，以公允价值计量且其变动计入其他综合收益的金融资产当期市价上升 13 万元；（3）出售一项专利技术产生收益 30 万元；（4）计提无形资产减值准备 41 万元。甲公司上述金融资产在 2×21 年年末未对外出售，不考虑其他因素，甲公司 2×21 年营业利润是（　　）万元。
   A. 188　　B. 171
   C. 200　　D. 170

5. 企业发生的下列交易或事项中，不会引起营业利润发生变动的是（　　）。
A. 债权投资计提减值准备所形成的预期信用损失
B. 出售固定资产产生的净收益
C. 持有的其他债权投资公允价值上升
D. 收到的根据《中华人民共和国个人所得税法》扣缴税款手续费

6. 2×21年2月20日，甲公司以每股10元的价格从二级市场购入乙公司股票100万股，支付价款1000万元（含相关交易费用2万元）。甲公司将购入的乙公司股票指定为以公允价值计量且其变动计入其他综合收益的金融资产核算。2×21年12月31日，乙公司股票市场价格为每股15元。甲公司适用的所得税税率为15%。甲公司2×21年资产负债表中因持有乙公司股票应确认的“其他综合收益”金额为（　　）万元。
A. 425　　B. 498
C. 500　　D. 423.3

7. 甲公司2×21年年初资产负债表“应付职工薪酬”项目金额为200万元，本年度以银行存款共支付职工薪酬2000万元，另支付缴纳住房公积金、养老保险金等400万元，将2×20年购入的价款为100万元（不含增值税）的商品发放给职工作为非货币性福利，该外购商品款项113万元（含增值税）已于2×20年支付，本年度计入各项成本与费用的应付职工薪酬共计3000万元。甲公司无在建工程人员及离退休人员。甲公司2×21年度现金流量表中“支付给职工以及为职工支付的现金”项目的金额为（　　）万元。
A. 2400　　B. 2513
C. 2413　　D. 2613

8. 甲公司为制造业企业，2×21年发生的现金流量：（1）将销售产生的应收账款申请保理，取得现金2400万元，银行对于标的债权具有追索权；（2）购入的作为以公允价值计量且其变动计入当期损益的金融资产核算的股票支付现金400万元；（3）收到保险公司对存货损毁的赔偿款240万元；（4）收到所得税返还款520万元；（5）向其他方提供服务收取现金800万元。不考虑其他因素。甲公司2×21年经营活动产生的现金流量净额为（　　）万元。
A. 1560　　B. 4360
C. 1960　　D. 3960

9. 甲公司2×21年发生以下有关现金流量：（1）当期销售产品收回现金360万元，以前期间销售产品本期收回现金200万元；（2）购买原材料支付现金160万元；（3）取得以前期间已交增值税返还款24万元；（4）将当期销售产品收到的工商银行承兑汇票贴现，取得现金80万元；（5）购买国债支付现金20万元。不考虑其他因素，甲公司2×21年经营活动产生的现金流量净额为（　　）万元。
A. 424　　B. 484
C. 504　　D. 400

10. 甲公司购买丙企业的一子公司，并能够对其实施控制，实际支付价款200万元，全部以银行存款转账支付。该子公司资产总额为600万元（含可随时支用的现金及银行存款220万元，无现金等价物），负债总额为390万元，所有者权益总额为210万元。甲公司因上述事项在合并报表中的会计处理正确的是（　　）。
A. 取得子公司及其他营业单位支付的现金净额为200万元
B. 收到其他与投资活动有关的现金为20万元
C. 取得子公司及其他营业单位支付的现金净额为-20万元
D. 收到其他与投资活动有关的现金为220万元

11. 甲公司出售一营业单位，实际收到价款2400万元，款项已存入银行。该营业单位资产总额为4800万元（含可随时支用的现金及银行存款800万元，计划3个月内出售的股票投资400万元），负债总额为2320万元，所有者权益总额为2480万元。甲公司应确认的“处置子公司及其他营业单位收到的现金净额”项目为（　　）万元。

A. 2400　　B. −1600

C. 1200　　D. 1600

12. 2×21年度，甲公司涉及现金流量的交易或事项如下：（1）收到联营企业分派的现金股利250万元；（2）收到上年度销售商品价款400万元；（3）收到发行债券的现金5000万元；（4）收到增发股票的现金10000万元；（5）支付购买固定资产的现金2500万元；（6）支付研究开发费用5000万元，其中予以资本化的金额为2000万元。下列各项关于甲公司现金流量列报的表述中，正确的是（　　）。

A. 经营活动现金流入650万元

B. 经营活动现金流出3000万元

C. 投资活动现金流出2500万元

D. 筹资活动现金流入15250万元

13. 某企业当期净利润为800万元，其中处置相关资产产生的投资收益为100万元，财务费用为60万元（其中与筹资活动有关的为50万元，与经营活动有关的为10万元），经营性应收项目增加75万元，经营性应付项目减少25万元，固定资产折旧为50万元（其中40万元影响损益，10万元计入在建工程），无形资产摊销为10万元（均影响损益）。没有其他影响经营活动现金流量的项目，则该企业当期经营活动产生的现金流量净额为（　　）万元。

A. 1050　　B. 700

C. 650　　D. 710

14. 甲公司为从事国家重点扶持的公共基础设施建设项目的公司，根据税法规定，2×21年度免交企业所得税。甲公司2×21年度发生的有关交易或事项如下：（1）以盈余公积转增资本5500万元；（2）向股东分配股票股利4500万元；（3）接受控股股东的现金捐赠350万元；（4）外币报表折算差额本年增加70万元；（5）因自然灾害发生固定资产净损失1200万元；（6）因会计政策变更调减年初留存收益560万元；（7）持有的以公允价值计量且其变动计入当期损益的金融资产本年公允价值上升60万元；（8）因处置联营企业股权相应结转原因其他权益工具投资公允价值变动计入其他综合收益贷方的金额50万元；（9）因以摊余成本计量的金融资产转回预期损失准备180万元。上述交易或事项对甲公司2×21年12月31日所有者权益总额的影响金额为（　　）万元。

A. −1280　　B. −460

C. −1100　　D. −635

15. 甲公司2×20年年末所有者权益合计数为2000万元，2×21年实现净利润800万元，2×21年3月宣告分配上年现金股利200万元；2×21年8月发现2×19年、2×20年行政部门使用的固定资产分别少提折旧100万元和150万元（达到重要性要求）。甲公司自2×20年4月1日起持有乙公司20%的股权（具有重大影响），2×21年10月乙公司将自用房地产转换为采用公允价值模式计量的投资性房地产，该项转换导致乙公司其他综合收益增加300万元，乙公司2×21年实现净利润100万元。不考虑所得税等其他因素，则甲公司2×21年度“所有者权益变动表”中所有者权益合计数本年年末余额项目应列示的金额为（　　）万元。

A. 1610　　B. 2430

C. 2410　　D. 1630

16. 下列各方中，不构成甲公司关联方的是（　　）。
A. 甲公司外聘的财务顾问A公司
B. 甲公司总经理之子控制的B公司
C. 甲公司与其所属企业集团的其他成员单位（包括母公司和子公司）的合营企业或联营企业
D. 甲公司拥有15%股权并派出一名董事的被投资单位D公司

17. 甲公司是A公司和B公司的母公司，C公司和D公司分别是A公司的合营企业和联营企业，E公司和F公司分别是B公司的合营企业和联营企业。下列各种关系中,不构成关联方关系的是（　　）。
A. 甲公司和C公司
B. D公司和F公司
C. A公司和E公司
D. B公司和D公司

18. 不考虑其他因素，下列各项中，构成甲公司关联方的是（　　）。
A. 与甲公司同受乙公司重大影响的长江公司
B. 与甲公司存在长期业务往来，为甲公司供应40%原材料的黄河公司
C. 与甲公司共同出资设立合营企业的合营方长城公司
D. 甲公司母公司的董事长

19. 下列各项关于分部报告的表述中，错误的是（　　）。
A. 企业应当以经营分部为基础确定报告分部
B. 企业披露分部信息时无须提供前期比较数据
C. 企业披露的报告分部收入总额应当与企业收入总额相衔接
D. 企业披露分部信息时应披露每一报告分部的利润总额及其组成项目的信息

20. 下列关于上市公司中期财务报告的表述中，正确的是（　　）。
A. 中期会计计量应以本中期末为基础
B. 中期财务报告中各会计要素的确认与计量原则应当与年度财务报表相一致
C. 中期财务报表仅是年度财务报表项目的节选，不是完整的报表
D. 对中期财务报表项目进行重要性判断应以预计的年度数据为基础

二、多项选择题

1. 甲公司2×21年12月31日有关资产、负债如下:（1）作为以公允价值计量且其变动计入其他综合收益的金融资产核算的一项信托投资，期末公允价值600万元，合同到期日为2×23年2月5日，在此之前不能变现;（2）因2×20年销售产品形成到期日为2×22年8月20日的长期应收款账面价值1800万元;（3）应付供应商货款800万元，该货款已超过信用期，但尚未支付;（4）2×22年10月31日应支付的租赁负债200万元。不考虑其他因素，甲公司2×21年12月31日的资产负债表中，上述交易或事项产生的相关资产、负债应当作为流动性项目列报的有（　　）。
A. 应付账款800万元
B. 租赁负债200万元
C. 长期应收款1800万元
D. 其他债权投资600万元

2. 下列有关资产负债表中资产和负债项目列示的表述中正确的有（　　）。
A. 自资产负债表日起一年内到期的长期债权投资的期末账面价值在“一年内到期的非流动资产”项目反映
B. 资产负债表日以公允价值计量且其变动计入其他综合收益的应收票据和应收账款应在“应收款项融资”项目列报

C．“预计负债—应付退货款”明细科目在一年或一个正常营业周期内清偿的，在“预计负债”项目中反映

D．“债权投资”项目应根据“债权投资”科目期末余额，减去“债权投资减值准备”科目的期末余额后的金额填列

3．下列有关资产负债表项目列报的表述中，正确的有（ ）。

A．“应付利息”和“应付股利”科目的期末余额应在“其他应付款”项目列示

B．“递延收益”项目中摊销期限只剩一年或不足一年的，应转入“一年内到期的非流动负债”项目

C．将在一年内转换为普通股的3年期可转换公司债券的负债成分应划分为流动负债

D．自资产负债表日起一年内到期的长期债权投资的期末账面价值，在“一年内到期的非流动资产”项目反映

4．关于资产负债表项目的列报，下列表述中正确的有（ ）。

A．采用折旧（摊销）方法进行后续计量的非流动资产，折旧（摊销）年限只剩一年的转入“一年内到期的非流动资产”项目列报

B．同一合同下的合同资产和合同负债应当分别资产和负债列示

C．“合同履约成本”科目的明细科目中初始确认时摊销期限不超过一年或一个正常营业周期的期末余额合计填列在“存货”项目

D．“应收退货成本”科目的明细科目中超过一年或一个正常营业周期内出售的部分应在“其他非流动资产”项目中填列

5．甲企业于2×17年7月1日向A银行举借五年期的长期借款，在2×21年12月31日的资产负债表中，下列假定中，该项长期借款应作为流动负债列报的有（ ）。

A．假定甲企业在2×21年12月1日与A银行完成长期再融资或展期一年以上

B．甲企业不能自主地将清偿义务展期，假定甲企业在2×22年2月1日（财务报告批准报出日为2×22年3月31日）完成长期再融资或展期一年以上

C．假定甲企业与A银行的贷款协议上规定，甲企业在长期借款到期前可以自行决定是否展期，无须征得债权人同意，并且甲企业打算要展期一年以上

D．假定甲企业与A银行的贷款协议上规定，甲企业在长期借款到期前可以自行决定是否展期，无须征得债权人同意，但甲企业不打算展期

6．甲公司2×21年12月31日持有的下列资产、负债中，应当作为2×21年12月31日资产负债表中流动性项目列报的有（ ）。

A．2×21年6月10日购入的到期日为2×22年3月31日的其他债权投资

B．持有待售的处置组中的资产和负债

C．因计提固定资产减值确认递延所得税资产500万元

D．到期日为2×22年6月30日的负债2000万元，甲公司无自主展期权利，但该负债在2×21年资产负债表日后期间已签订展期一年的协议

7．2×21年12月1日，甲公司将租赁期满的一栋办公楼出售，所得价款为6000万元。出售时该办公楼的账面价值为4500万元，其中以前年度公允价值变动收益为600万元。上述办公楼原由甲公司自用。2×19年12月1日，甲公司将办公楼出租给戊公司，租赁期限为2年。办公楼由自用转为出租时的成本为5000万元，累计折旧为1800万元，未计提减值准备，公允价值为3900万元，不考虑相关税费等因素影响。甲公司对投资性房地产采用公允价值模式进行后续计量。

下列会计处理中正确的有（　　）。

A. 出售办公楼时利润表营业收入增加6000万元

B. 出售办公楼时将转换日原计入其他综合收益的公允价值与账面价值的差额700万元转入当期损益

C. 出售办公楼时将以前年度公允价值变动收益600万元转入其他业务成本

D. 出售办公楼时利润表的营业利润增加2200万元

8. 甲公司为增值税一般纳税人，适用的增值税税率为13%，所得税税率为25%，2×21年度，甲公司发生如下交易或事项：（1）销售商品一批，售价为500万元（不含增值税），款项尚未收回，该批商品实际成本为300万元，未计提存货跌价准备；（2）计提和支付管理人员工资100万元；（3）向乙公司出租无形资产确认收入20万元；（4）销售一批原材料，增值税专用发票注明售价为100万元，款项收到并存入银行。该批材料的实际成本为60万元，未计提存货跌价准备；（5）另外以银行存款分别支付本期确认的管理费用20万元、财务费用10万元（与筹资活动有关）、营业外支出5万元；（6）期末因以公允价值计量且其变动计入当期损益的金融资产公允价值变动确认公允价值变动收益20万元（按税法规定不得计入当期应纳税所得额）；（7）收到联营企业分派的现金股利5万元；（8）以公允价值计量且其变动计入其他综合收益的金融资产期末公允价值上升100万元。下列有关利润表项目的填列，说法正确的有（　　）。

A."营业收入"项目为620万元

B."利润总额"项目为145万元

C."净利润"项目为108.75万元

D."综合收益总额"项目为183.75万元

9. 制造企业下列各项交易或事项所产生的现金流量中，属于现金流量表中"经营活动产生的现金流量"的有（　　）。

A. 企业实际收到的与资产相关的政府补助

B. 收到股权投资的现金股利

C. 出租投资性房地产收到的租金

D. 支付的短期租赁保证金

10. 甲公司2×21年发生与现金流量相关的交易或事项包括：（1）以现金支付管理人员的现金股票增值权500万元；（2）办公楼换取股权交易中，以现金支付补价100万元；（3）销售A产品收到现金5900万元；（4）支付合同违约金300万元；（5）支付管理人员报销差旅费2万元；（6）发行权益性证券收到现金5000万元。下列各项关于甲公司2×21年现金流量相关的表述中，正确的有（　　）。

A. 经营活动现金流出802万元

B. 经营活动现金流入5900万元

C. 投资活动现金流出100万元

D. 筹资活动现金流入10900万元

11. 下列交易或事项产生的现金流量中，属于筹资活动产生的现金流量的有（　　）。

A. 接受投资者投入一项专利权

B. 为购建固定资产支付已资本化的利息费用

C. 支付的应计入无形资产价值的专门借款利息

D. 支付现金股利

12. 关于现金流量及现金流量表，下列项目表述正确的有（　　）。

A. 工商企业应收票据贴现收到现金，若应收票据符合终止确认条件，则属于经营活动产生的现金流量

B. 如果定期存单本身不属于现金及现金等价物，其质押或解除质押不会产生现金流量

C. 如果定期存单本身属于现金及现金等价物，其质押或解除质押均会产生现金流量

D. 如果定期存单本身属于现金及现金等价物，金融行业通过定期存款质押获取短期借款的活动属于筹资活动

13. 甲拥有子公司乙，甲与丙共同控制丁。乙对戊、己有重大影响。不考虑其他因素，下列关于关联方关系的表述中，正确的有（　　）。

A. 乙与戊、乙与己互为关联方

B. 甲、乙、丁之间均互为关联方

C. 甲、乙、丙、丁之间均互为关联方

D. 甲、乙、丙、丁、戊、己之间均互为关联方

14. 下列项目中，构成甲公司关联方关系的有（　　）。

A. 甲公司与其子公司控制的 A 公司之间

B. 甲公司和乙公司同受 P 公司控制，甲公司与乙公司之间

C. 甲公司的财务总监之子控制的丙公司，甲公司与丙公司之间

D. 甲公司的合营企业与甲公司的联营企业之间

15. 下列项目中，构成关联方关系的有（　　）。

A. 甲公司与其母公司能够施加重大影响的乙公司

B. 能够对甲公司施加重大影响的张某同时能够对丙公司施加重大影响，甲公司与丙公司之间

C. 甲公司的总经理张三的儿子张小三与甲公司之间

D. 甲公司的联营企业 W 公司控制的丁公司，甲公司与丁公司之间

16. 下列各项中，编制分部报告确定经营分部时，属于可以将两个或多个经营分部合并为一个经营分部条件的有（　　）。

A. 生产过程的性质相同或相似

B. 产品或服务的客户类型相同或相似

C. 销售产品或提供服务的方式相同或相似

D. 生产产品或提供服务受法律、行政法规的影响相同或相似

17. 下列各经营分部中，应当确定为报告分部的有（　　）。

A. 该分部的分部净资产占所有分部净资产合计的 10% 或者以上

B. 该分部的分部利润（亏损）绝对额占所有盈利分部利润合计额或所有亏损分部亏损合计额的绝对额两者中较大者的 10% 或者以上

C. 该分部的分部费用占所有分部费用合计额的 10% 或者以上

D. 该分部的分部资产占所有分部资产合计额的 10% 或者以上

18. 关于中期财务报告的确认与计量，下列说法中正确的有（　　）。

A. 中期财务报告中各会计要素的确认和计量原则应当与年度财务报告所采用的原则相一致

B. 在编制中期财务报告时，中期会计计量应当以年初至本中期末为基础，财务报告的频率不应当影响年度结果的计量

C. 如果会计年度内不均匀发生的费用在会计年度末允许预提或者待摊，则在中期末也允许预提或者待摊

D. 对于季节性、周期性或者偶然性取得的收入，无论在会计年度末是否允许预计或者递延，均可以在中期财务报表中预计或者递延

同步强化练习题参考答案及解析

使用“会计云课堂”App或“微信”扫码对答案、看解析、掌握解题思路，开启轻松过关之旅。

一、单项选择题

1.【答案】C

【解析】重新获得的借款应当作为新的负债列报，原借入的将于一年内到期的借款应当作为流动负债列报。

2.【答案】C

【解析】按照《企业会计准则第14号——收入》（2017年修订）的相关规定确认为预计负债的应付退货款，应当根据“预计负债”科目下的“应付退货款”明细科目是否在一年或一个正常营业周期内清偿，在“其他流动负债”或“预计负债”项目中填列，选项C正确。

3.【答案】B

【解析】企业发行的永续债分类为金融负债的，期末应在资产负债表中的“应付债券”项目列报。企业发行的永续债分类为权益工具的，期末应在资产负债表中的“其他权益工具”项目列报。

4.【答案】C

【解析】营业利润=营业收入600-营业成本400-税金及附加5+公允价值变动收益16+资产处置收益30-资产减值损失41=200（万元），以公允价值计量且其变动计入其他综合收益的金融资产公允价值变动计入其他综合收益，不影响营业利润。

5.【答案】C

【解析】选项A，记入“信用减值损失”科目，减少营业利润；选项B，记入“资产处置损益”科目，增加营业利润；选项C，记入“其他综合收益”科目，直接影响所有者权益，不影响营业利润；选项D，记入“其他收益”科目，增加营业利润。

6.【答案】A

【解析】2×21年12月31日甲公司持有乙公司股票的账面价值=15×100=1500（万元），该金融资产的初始确认金额为1000万元，2×21年资产负债表中因该项投资应确认的“其他综合收益”的金额=（1500-1000）×（1-15%）=425（万元）。

7.【答案】A

【解析】甲公司2×21年度现金流量表中“支付给职工以及为职工支付的现金”项目的金额=2000+400=2400（万元）。

8.【答案】A

【解析】事项（1）属于筹资活动；事项（2）属于投资活动；其他事项属于经营活动，故甲公司2×21年经营活动产生的现金流量净额=240+520+800=1560（万元）。

9.【答案】C

【解析】经营活动产生的现金流量净额=

360+200−160+24+80=504（万元）。

【提示】事项（4），该银行承兑汇票为工商银行承兑，一般不存在违约风险，故不附追索权。不附追索权的银行承兑汇票贴现属于经营活动。

10.【答案】B

【解析】甲公司为取得子公司支付现金200万元，减去子公司现金及银行存款220万元后的净额为负数，应在“收到其他与投资活动有关的现金”项目反映，金额为20万元，选项B正确。

11.【答案】D

【解析】计划3个月内出售的股票投资不属于现金等价物。故甲公司应确认的“处置子公司及其他营业单位收到的现金净额”项目金额=2400−800=1600（万元），选项D正确。

12.【答案】B

【解析】只有收到上年度销售商品价款400万元属于经营活动现金流入，选项A错误；研发无形资产满足资本化条件的2000万元，最终会形成资产，属于投资活动现金流出，费用化的3000万元（5000−2000）属于经营活动现金流出，选项B正确；投资活动现金流出4500万元（2500+2000），投资活动现金流入250万元，选项C错误；筹资活动现金流入15000万元（5000+10000），选项D错误。

13.【答案】B

【解析】将净利润调整为经营活动现金流量净额时，财务费用不考虑与经营活动有关的部分，累计折旧不考虑计入在建工程部分。该企业当期经营活动产生的现金流量净额=800−100+50−75−25+40+10=700（万元）。

【提示】将净利润调整为经营活动现金流量，经营性应收项目增加，例如应收账款增加，企业确认收入，增加净利润，但没有影响现金流量，所以需要在净利润的基础上调整减少经营性应收项目的增加额；固定资产折旧计入损益，减少净利润，但不影响现金流量，所以应在净利润基础上调整增加折旧金额；若固定资产折旧计入在建工程，既不影响净利润也不影响经营活动现金流量，则该部分折旧额无须调整。

14.【答案】C

【解析】上述交易或事项对甲公司2×21年12月31日所有者权益总额的影响金额=350+70−1200−560+60+180=−1100（万元），事项（1）、（2）及事项（8）均为所有者权益的内部结转，不影响所有者权益总额。

15.【答案】C

【解析】甲公司2×21年净利润中已包含权益法核算确认的投资收益20万元（100×20%），甲公司2×21年度“所有者权益变动表”中所有者权益合计数本年年末余额项目应列示的金额=2000+800−200−(100+150)+300×20%=2410（万元）。

16.【答案】A

【解析】甲公司与外聘的财务顾问A公司只是发生业务往来的两个公司，与控制、共同控制和重大影响无关，不构成甲公司的关联方。

17.【答案】B

【解析】受同一关联方重大影响的企业之间不构成关联方关系，即D公司与F公司不构成关联方关系。

18.【答案】D

【解析】不构成关联方关系的情况有：（1）与该企业发生日常往来的资金提供者、公用事业部门、政府部门和机构，以及因与该企业发生大量交易而存在经济依存关系的单个客户、供应商、特许商、经销商和代理商之间（选项B）;（2）与该企业共同控制合营企业的合营者之间（选项C）;（3）仅仅同受国家控制而不存在其他关联方关系的企业，不构成关联方;（4）受同一方重大影响的企业之间不构成关联方（选项A）。

19.【答案】B

【解析】选项B，企业在披露分部信息时，为可比起见，应当提供前期的比较数据。

20.【答案】B

【解析】中期会计计量应以年初至本中期末为基础，选项A不正确；中期财务报表是完整的报表，选项C不正确；对中期财务报表项目进行重要性判断应以中期财务数据为基础，而不是以预计的年度财务数据为基础，选项D不正确。

二、多项选择题

1.【答案】ABC

【解析】选项D，因距离合同到期日实际超过1年，且到期前不能变现，因此应当作为非流动性项目列报。

2.【答案】AB

【解析】按照《企业会计准则第14号——收入》(2017年修订)的相关规定确认为预计负债的应付退货款，应当根据“预计负债”科目下的“应付退货款”明细科目是否在一年或一个正常营业周期内清偿，在“其他流动负债”或“预计负债”项目中填列，在一年或一个正常营业周期内清偿的，应在“其他流动负债”项目中填列，选项C错误;“债权投资”项目，应根据“债权投资”科目的相关明细科目期末余额，减去“债权投资减值准备”科目中相关减值准备的期末余额后的金额分析填列，自资产负债表日起一年内到期的长期债权投资，在“一年内到期的非流动资产”项目中填列，购入的以摊余成本计量的一年内到期的债权投资，在“其他流动资产”项目中填列，选项D错误。

3.【答案】AD

【解析】“递延收益”项目中摊销期限只剩一年或不足一年的，或预计在一年内（含一年）进行摊销的部分，不得归类为流动负债，仍在“递延收益”项目中填列，不转入“一年内到期的非流动负债”项目，选项B不正确；企业会计准则规定，负债在其对手方选择的情况下可通过发行权益进行清偿的条款与在资产负债表日负债的流动性划分无关，即判断可转换公司债券的负债成分为流动负债还是非流动负债时，不应考虑转股导致的清偿情况，在资产负债表日可转换公司债券的负债成分仍应当分类为非流动负债，选项C错误。

4.【答案】CD

【解析】对于按照相关会计准则采用折旧（或摊销、折耗）方法进行后续计量的固定资产、无形资产、长期待摊费用等非流动资产，折旧（或摊销、折耗）年限（或期限）只剩一年或不足一年的，无须归类为流动资产，仍在非流动资产项目中列报，不转入“一年内到期的非流动资产”项目列报，预计在一年内（含一年）进行折旧（或摊销、折耗）的部分，也无须归类为流动资产，不转入“一年内到期的非流动资产”项目列报，选项A错误；同一合同下的合同资产和合同负债应当以净额列示，选项B错误。

5.【答案】BD

【解析】选项A，甲企业在资产负债表日前与银行完成长期再融资或展期一年以上，该长期借款应作为非流动负债列报；选项B，甲企业不能自主地将清偿义务展期的，即使在资产负债表日后、财务报告批准报出日前签订了重新安排清偿计划协议，该项负债在资产负债表日仍应当作为流动负债列报；选项C，甲企业有意图且有能力自主地将清偿义务展期至资产负债表日后一年以上，并且甲企业打算要展期，应作为非流动负债列报；选项D，甲企业虽有能力自主地将清偿义务展期至资产负债表日后一年以上，但其不打算展期，故应作为流动负债列报。

6.【答案】ABD

【解析】选项A，在“其他流动资产”项目反映；选项B，持有待售处置组中的资产在“持有待售资产”项目列报，负债在“持有待售负债”项目列报，两个项目均属于流动性项目；选项C，递延所得税资产应作为非流动资产项目列报；选项D，对于在资产负债表日起一年内到期的负债，甲公司不能自主地将清偿义务展期，即使在资产负债表日后期间重新签订清偿计划，但在资产负债表日仍应当作为流动负债列报。

7.【答案】ABCD

【解析】办公楼出售所得价款应确认其他业务收入，增加营业收入，选项A正确；出售办公楼时，应将原确认的其他综合收益和公允价值变动损益转入其他业务成本，选项B和C正确；出售办公楼时营业利润增加的金额＝其他业务收入6000－投资性房地产账面价值转入其他业务成本4500＋自用转为以公允价值模式计量的投资性房地产形成的其他综合收益转入其他业务成本700［3900－（5000－1800）］=2200（万元），选项D正确。

【提示】公允价值变动损益转入其他业务成本，为损益类科目内部结转，不影响损益总额，故不影响营业利润。

8.【答案】ABCD

【解析】“营业收入”项目金额＝（1）500+（3）20+（4）100=620（万元），选项A正确；“利润总额”项目金额=620－（1）300－（2）100－（4）60－（5）(20+10+5）+（6）20=145（万元），选项B正确；“净利润”项目金额=145×（1－25%）=108.75（万元），选项C正确；“综合收益总额”项目金额=108.75（净利润）+100×（1－25%）（其他综合收益的税后净额）=183.75（万元），选项D正确。

【提示】事项（6）形成应纳税暂时性差异，计算当期所得税时纳税调减，同时确认递延所得税负债。

所得税费用＝当期所得税＋递延所得税负债本期发生额（对应所得税费用）－递延所得税资产本期发生额（对应所得税费用），故暂时性差异对所得税费用的计算不产生影响。

9.【答案】ACD

【解析】选项A，企业实际收到的政府补助，无论是与资产相关还是与收益相关，均在“收到其他与经营活动有关的现金”项目填列；选项B，属于投资活动产生的现金流量；选项C，出租投资性房地产收到的租金属于经营活动现金流入；选项D，支付的短期租赁保证金属于经营活动现金流出。

10.【答案】ABC

【解析】经营活动现金流出=500+300+2=802（万元），选项A正确；经营活动现金流入为5900万元，选项B正确；投资活动现金流出为100万元，选项C正确；筹资活动现金流入为5000万元，选项D错误。

11.【答案】BCD

【解析】选项A，不影响现金流量；选项B、C和D，属于筹资活动产生的现金流量。

12.【答案】ABC

【解析】如果定期存单本身属于现金及现金等价物，对相关现金流量进行分类时，应当根据企业所属行业特点进行判断。如果企业属于金融行业，通过定期存款质押获取短期借款的活动可能属于经营活动，相关现金流量分类为经营活动现金流量；如果企业为一般非金融企业，通过定期存款质押获取短期借款的活动属于筹资活动，相关现金流量应被分类为筹资活动现金流量，选项D错误。

13.【答案】AB

【解析】与该企业共同控制合营企业的合营者之间通常不构成关联方关系，故甲与丙无关联方关系，选项C和D错误。

14.【答案】ABCD

15.【答案】ACD

【解析】受同一方重大影响的企业之间不具有关联方关系，选项B不具有关联方关系。

16.【答案】ABCD

17.【答案】BD

【解析】报告分部的确认条件：(1)该分部的分部收入占所有分部收入合计的10%或者以上；(2)该分部的分部利润(亏损)的绝对额，占所有盈利分部利润合计额或者所有亏损分部亏损合计额的绝对额两者中较大者的10%或者以上；(3)该分部的分部资产占所有分部资产合计额的10%或者以上。

18.【答案】ABC

【解析】对于季节性、周期性或者偶然性取得的收入，除了在会计年度末允许预计或者递延的之外，企业均应当在发生时予以确认和计量，不应当在中期财务报表中预计或者递延，选项D错误。

第二十四章　会计政策、会计估计及其变更和差错更正

CHAPTER-24

本章学习指南

一、学习目标

1. 掌握会计政策和会计政策变更的概念。
2. 掌握会计估计和会计估计变更的概念。
3. 掌握会计政策与会计估计及其变更的划分。
4. 掌握会计政策和会计估计变更的会计处理。
5. 掌握前期差错及其更正的会计处理。

二、考情概况

本章考题以客观题为主，分数不高，属于一般重要章节。

三、教材变化

（1）修改会计估计的概述；（2）将“合同完工进度的确定”改为“投入法或产出法的确定”。

四、考点地图

考点	年份 / 题型
会计政策与会计估计变更的划分	2021 年多选题
投资性房地产的后续计量由公允价值模式变更为成本模式，对其进行更正的会计处理	2019 年单选题

核心考点精讲

提示

本章知识内容综合性强，重难点、易错易混点居多，可以和很多章节的知识点结合命题。学习本章就要像会计政策变更一样“追本溯源”；像会计估计变更一样“学以致用”；像前期差错更正一样发现错误及时纠正。只有认真辨析，灵活运用，才能得出正确的答案。

第一节 会计政策及其变更概述

使用“会计云课堂”App 或“微信”扫码查看本节视频，快速 GET 知识点。

一、会计政策的概述

会计政策，是指企业在会计确认、计量和报告中所采用的原则、基础和会计处理方法。

项目	内容
会计原则	是指按照企业会计准则规定的、适合于企业会计要素确认过程中所采用的具体会计原则。如，企业应当在履行了合同中的履约义务，即在客户取得相关商品控制权时确认收入；预计负债的确认条件等
会计基础	是指为了将会计原则应用于交易或者事项而采用的基础，主要是计量基础（即计量属性），包括历史成本、重置成本、可变现净值、现值和公允价值等。如，以公允价值计量且其变动计入当期损益的金融资产采用公允价值进行后续计量；投资性房地产后续计量采用成本模式计量还是公允价值模式计量等
会计处理方法	是指企业在会计核算中按照法律、行政法规或者国家统一的会计制度等规定采用或者选择的、适合本企业的具体会计处理方法。如，发出存货的计价方法；长期股权投资核算的成本法和权益法；研发支出的处理方法；借款费用的处理方法等

名师点拨

企业的会计政策一经确定，不得随意变更。

企业应当对相同或者相似的交易或事项采用相同的会计政策进行处理，另有规定的除外。企业会计实务中某项交易或事项的会计处理，具体会计准则或应用指南未作出规范的，应当根据《企业会计准则——基本准则》规定的原则、基础和方法进行处理；待作出具体规定时，从其规定。

在资产方面，存货的取得、发出和期末计价的处理方法，长期股权投资的取得及后续计量中的成本法或权益法，投资性房地产的确认及其后续计量模式，固定资产、无形资产的确认及其减值政策、金融资产的分类、非货币性资产交换商业实质的判断等，属于资产要素的会计政策。

在负债方面，借款费用的计量（资本化或费用化）、债务重组的确认和计量、预计负债的确认、应付职工薪酬和股份支付的确认和计量、金融负债的分类等，属于负债要素的会计政策。

在所有者权益方面，权益工具的确认和计量、复合金融工具的分析等，属于所有者权益要素的会计政策。

在收入方面，商品销售收入和提供劳务收入的确认、建造合同、租赁合同、保险合同、贷款合同等合同收入的确认与计量方法，属于收入要素的会计政策。

在费用方面，商品销售成本及劳务成本的结转、期间费用的划分等，属于费用要素的会计政策。

除会计要素相关会计政策外，财务报表列报方面所涉及的编制现金流量表的直接法和间接法、合并财务报表合并范围的判断、分部报告中报告分部的确定，也属于会计政策。

经典题解

【真题 1 · 多选题】甲公司专门从事大型设备制造与销售，设立后即召开董事会会议，确定有关会计政策和会计估计事项。下列各项关于甲公司董事会确定的事项中，属于会计政策的有（　　）。（2017 年改编）

A. 对合营企业投资采用权益法核算

B. 投资性房地产采用公允价值模式进行后续计量

C. 按照生产设备预计生产能力确定固定资产的使用寿命

D. 租入的固定资产作为甲公司的使用权资产进行核算

【解析】确定固定资产的使用寿命，属于会计估计，选项 C 不正确。

【答案】ABD

二、会计政策变更的概述

项目	内容
会计政策变更的概念	是指企业对相同的交易或事项由原来采用的会计政策改用另一会计政策的行为
会计政策变更的条件	（1）法律、行政法规或者国家统一的会计制度（含企业会计准则）等要求变更；（2）会计政策变更能够提供更可靠、更相关的会计信息
不属于会计政策变更的情形	（1）本期发生的交易或者事项与以前相比具有本质差别而采用新的会计政策，如：将自用的办公楼改为出租，不属于会计政策变更，而是采用新的会计政策；再如，因业务模式改变，金融资产之间重分类 （2）对初次发生的或不重要的交易或者事项采用新的会计政策，如：低值易耗品由一次摊销法变更为五五摊销法

经典题解

【真题 2 · 单选题】2×17 年 1 月 1 日，甲公司发生的事项如下：（1）因业务模式政变，将某项债券投资由以摊余成本计量的金融资产重分类为以公允价值计量且其变动计入当期损益的金融资产；（2）因不再出租，将某块土地由以公允价值进行后续计量的投资性房地产转换为以成本计量的无形资产；（3）执行新的收入准则，收入确认时点的判断标准由以风险报酬转移变更为以控制权转移；（4）因增资甲公司对乙公司股权投资的后续计量由以公允价值计量且其变动计入当期损益改为按权益法核算。下列各项中，甲公司应当作为会计政策变更进行会计处理的是（　　）。（2018年）

A. 收入确认时点的判断标准由以风险报酬转移变更为以控制权转移

B. 对乙公司股权投资的后续计量由以公允价值计量且其变动计入当期损益改为按权益法核算

C. 债券投资由以摊余成本计量的金融资产重分类为以公允价值计量且其变动计入当期损益的金融资产

D. 以公允价值进行后续计量的投资性房地产转换为以成本计量的无形资产

【解析】选项B，若因达到重大影响改为权益法核算，则不属于相同交易或事项，若未达到重大影响改为权益法核算，则不符合准则规定，因此选项B不属于会计政策变更；

选项C和D为本期发生的交易或者事项与以前相比具有本质差别而采用新的会计政策，均不属于会计政策变更。

【答案】A

第二节　会计估计及其变更概述

使用“会计云课堂”App或“微信”扫码查看本节视频，快速GET知识点。

一、会计估计的概述

会计估计，是指财务报表中具有计量不确定性的货币金额。其中的计量不确定性，是指当财务报表中的货币金额不能直接观察取得而必须进行估计时，所产生的不确定性。由于会计估计不能直接观察取得，进行会计估计时，涉及以最近可利用的信息为基础所作的判断和假设，并可能会使用某些计量技术。

会计估计具有如下特点：（1）会计估计的存在是由于经济活动中内在的不确定性因素的影响；（2）进行会计估计时，往往以最近可利用的信息或资料为基础；（3）进行会计估计并不会削弱会计确认和计量的可靠性。

企业应当披露的重要会计估计包括：

（1）存货可变现净值的确定。

> **名师点拨**
>
> 投资性房地产采用公允价值模式进行后续计量属于会计政策，如何确定其公允价值属于会计估计。

（2）采用公允价值模式下的投资性房地产公允价值的确定。

（3）固定资产的预计使用寿命与净残值；固定资产的折旧方法。

（4）生产性生物资产的预计使用寿命与净残值；各类生产性生物资产的折旧方法。

（5）使用寿命有限的无形资产的预计使用寿命与净残值。

（6）可收回金额按照资产组的公允价值减去处置费用后的净额确定的，确定公允价值减去处置费用后的净额的方法。

可收回金额按照资产组预计未来现金流量的现值确定的，预计未来现金流量的确定。

（7）投入法或产出法的确定。

（8）权益工具公允价值的确定。

（9）债务人债务重组中转让的非现金资产的公允价值、由债务转成的股份的公允价值和修改其他债务条件后债务的公允价值的确定。

债权人债务重组中受让的非现金资产的公允价值、由债权转成的股份的公允价值和修改其他债务条件后债权的公允价值的确定。

（10）预计负债初始计量的最佳估计数的确定。

（11）金融资产公允价值的确定。

（12）承租人对未确认融资费用的分摊；出租人对未实现融资收益的分配。

（13）探明矿区权益、井及相关设施的折耗方法；与油气开采活动相关的辅助设备及设施的折旧方法。

（14）非同一控制下企业合并成本的公允价值的确定。

（15）其他重要会计估计。

二、会计估计变更的概述

会计估计变更，是指由于资产和负债的当前状况及预期经济利益和义务发生了变化，从而对资产或负债的账面价值或者资产的定期消耗金额进行调整。

会计估计变更的情形包括：

第一，赖以进行估计的基础发生了变化。企业进行会计估计，总是依赖于一定的基础。如果其所依赖的基础发生了变化，则会计估计也应相应发生变化。

第二，取得了新的信息、积累了更多的经验。企业进行会计估计是就现有资料对未来所作的判断，随着时间的推移，企业有可能取得新的信息、积累更多的经验，在这种情况下，企业可能不得不对会计估计进行修正，即发生会计估计变更。

会计估计变更，并不意味着以前期间会计估计是错误的，只是由于情况发生变化，或者掌握了新的信息，积累了更多的经验，使得变更会计估计能够更好地反映企业的财务状况和经营成果。如果以前期间的会计估计是错误的，则属于前期差错，按前期差错更正的会计处理方法进行处理。

要点小贴士

滥用会计估计属于前期差错。

第三节　会计政策与会计估计及其变更的划分

使用“会计云课堂”App或“微信”扫码查看本节视频，快速GET知识点。

项目	判断基础	具体事项
会计政策变更	①会计确认的指定或选择的变更；②计量基础的指定或选择的变更；③列报项目的指定或选择的变更	①发出存货计价方法的变更；②投资性房地产后续计量由成本模式变更为公允价值模式；③收入确认由风险报酬转移变更为控制权转移；④政府补助由总额法改为净额法等

项目	判断基础	具体事项
会计估计变更	根据会计确认、计量基础和列报项目所选择的，为取得与资产负债表项目有关的金额或数值（如预计使用寿命、净残值等）所采用的处理方法的变更	①固定资产折旧方法、折旧年限和净残值的变更；②无形资产摊销方法、摊销年限和净残值的变更；③坏账准备计提比例的变更；④存货可变现净值估计的变更；⑤金融资产期末公允价值的估计等

相关链接

固定资产折旧方法和存货发出计价方法的改变，是否属于会计政策变更，参见P797本章疑难问题解答1。

经典题解

【真题3·多选题】下列各项属于会计估计变更的有（　　）。（2021年）

A. 固定资产的摊销方法由年限平均法改为年数总和法

B. 将产品质量保证金的计提比例由按照当年实现收入的5%调整为2%

C. 发出存货成本的计量由先进先出法改为移动加权平均法

D. 企业持有的非上市公司股权在上海证券交易所上市，企业对该股权的公允价值估值方法由收益法调整为市场法

【解析】选项C，属于会计政策变更。

【答案】ABD

【真题4·多选题】甲公司20×4年经董事会决议作出的下列变更中，属于会计估计变更的有（　　）。（2015年）

A. 将发出存货的计价方法由移动加权平均法改为先进先出法

B. 改变离职后福利核算方法，按照新的会计准则有关设定受益计划的规定进行追溯

C. 因车流量不均衡，将高速公路收费权的摊销方法由年限平均法改为车流量法

D. 因市场条件变化，将某项采用公允价值计量的金融资产的公允价值确定方法由第一层级转变为第二层级

【解析】选项A和B属于会计政策变更。

【答案】CD

【真题5·单选题】甲公司董事会决定的下列事项中，属于会计政策变更的是（　　）。（2013年）

A. 将自行开发无形资产的摊销年限由8年调整为6年

B. 将发出存货的计价方法由先进先出法变更为移动加权平均法

C. 将账龄在1年以内应收账款的坏账计提比例由5%提高至8%

D. 将符合持有待售条件的固定资产由非流动资产重分类为流动资产列报

【解析】选项A和C，属于会计估计变更；选项D，属于新的事项，不属于会计变更。

【答案】B

第四节　会计政策和会计估计变更的会计处理

使用"会计云课堂"App或"微信"扫码查看本节视频，快速GET知识点。

一、会计政策变更的会计处理

会计政策变更的会计处理方法有两种，即追溯调整法和未来适用法。

（一）追溯调整法

追溯调整法，是指对某项交易或事项变更会计政策，视同该项交易或事项初次发生时即采用变更后的会计政策，并以此对财务报表相关项目进行调整的方法。

追溯调整法通常由以下步骤构成：

第一步，计算会计政策变更的累积影响数；

第二步，编制相关项目的调整分录；

第三步，调整列报前期最早期初财务报表相关项目及其金额；

第四步，附注说明。

> **名师点拨**
>
> 会计政策变更涉及损益调整的事项通过"利润分配—未分配利润"科目核算，本期发现前期重要差错涉及损益调整的事项通过"以前年度损益调整"科目核算。

其中，会计政策变更累积影响数，是指按照变更后的会计政策对以前各期追溯计算的列报前期最早期初留存收益应有金额与现有金额之间的差额。即变更年度所有者权益变动表中"上年金额"栏目"盈余公积"和"未分配利润"项目的调整金额，如下表所示：

所有者权益变动表（简表）

项目	本年金额		上年金额	
……	盈余公积	未分配利润	盈余公积	未分配利润
一、上年年末余额				
加：会计政策变更			×××	×××
前期差错更正				
二、本年年初余额				
……				

累积影响数通常可以通过以下各步计算获得：

第一步，根据新会计政策重新计算受影响的前期交易或事项；

第二步，计算两种会计政策下的差异；

第三步，计算差异的所得税影响金额；

第四步，确定前期中每一期的税后差异；

第五步，计算会计政策变更的累积影响数。

> **名师点拨**
>
> 应说明的是，会计政策变更的追溯调整不会影响以前年度应交所得税的变动，也就是说不会涉及应交所得税的调整；但追溯调整时如果涉及暂时性差异，则应考虑递延所得税的调整，这种情况应考虑前期所得税费用的调整。

需要注意的是，对以前年度损益进行追溯调整或财务报表追溯重述的，应当重新计算各列报期间的每股收益。

（二）未来适用法

未来适用法是指将变更后的会计政策应用于变更日及以后发生的交易或者事项，或者在会计估计变更当期和未来期间确认会计估计变更影响数的方法。

经典题解

【例题6·单选题】甲公司发出存货按先进先出法计价，期末存货按成本与可变现净值孰低法计价。2×21年1月1日将发出存货由先进先出法改为月末一次加权平均法。2×21年年初A材料账面余额等于账面价值40000元，数量为50千克。2×21年1月10日、20日分别购入A材料600千克、350千克，单价分别为850元、900元，1月25日领用A材料400千克。甲公司采用未来适用法对该项会计政策变更进行会计处理，则2×21年1月31日A材料的账面余额为（　　）元。

A. 540000　　B. 467500　　C. 510000　　D. 519000

【解析】月末一次加权平均法下，2×21年1月31日A材料的单位成本=（40000+600×850+350×900）÷（50+600+350）=865（元/千克）；2×21年1月31日A材料的账面余额=（50+600+350−400）×865=519000（元）。

【答案】D

（三）会计政策变更的会计处理方法的选择

1. 国家有规定的，按国家有关规定执行；
2. 能追溯调整的，采用追溯调整法处理（追溯到可追溯的最早期）；
3. 不能追溯调整的，采用未来适用法处理。

二、会计估计变更的会计处理

会计估计变更采用未来适用法处理。

1. 会计估计变更仅影响变更当期的，其影响数应当在变更当期予以确认。如应收账款坏账准备计提比例的改变等。

2. 会计估计变更既影响变更当期又影响未来期间的，其影响数应当在变更当期和未来期间予以确认。如固定资产预计使用年限的改变等。

3. 难以对某项变更区分为会计政策变更或会计估计变更的，应当将其作为会计估计变更处理。

第五节　前期差错及其更正

使用“会计云课堂”App或“微信”扫码查看本节视频，快速GET知识点。

一、前期差错概述

前期差错，是指由于没有运用或错误运用下列两种信息，而对前期财务报表造成省略或错报：

1. 编报前期财务报表时预期能够取得并加以考虑的可靠信息；

2. 前期财务报告批准报出时能够取得的可靠信息。

前期差错通常包括计算错误、应用会计政策错误、疏忽或曲解事实以及舞弊产生的影响，还包括固定资产盘盈等。如企业销售一批商品，商品的控制权已经发生转移，商品收入确认条件均已满足，但该企业在期末未确认收入。

二、前期差错更正的会计处理

图示记忆

会计政策变更：追溯调整法；未来适用法

会计估计变更 → 未来适用法

前期差错更正：追溯重述法；未来适用法

前期差错的重要程度，应根据差错的性质和金额加以具体判断。

（一）不重要的前期差错的会计处理

采用未来适用法更正。

经典题解

【例题7】A公司在2×21年12月31日发现，一台价值9600元、应计入固定资产并于2×20年2月1日开始计提折旧的管理用设备，在2×20年计入当期费用。该公司固定资产折旧采用年限平均法，该资产估计使用年限为4年。假设不考虑净残值因素，该资产的价值相对于A公司是不重要的，则2×21年12月31日更正此差错的会计分录为：

借：固定资产　　9600

　贷：管理费用　　9600

借：管理费用　　4600（9600/4/12×23）

　贷：累计折旧　　4600

（二）重要的前期差错的会计处理

相关链接

前期差错更正中的所得税的会计处理，参见P798本章疑难问题解答2。

企业应当采用追溯重述法更正重要的前期差错，但确定前期差错累积影响数不切实可行的除外。

追溯重述法，是指在发现前期差错时，视同该项前期差错从未发生过，从而对财务报表相关项目进行更正的方法。追溯重述法的会计处理与追溯调整法相同。

确定前期差错影响数不切实可行的，可以从可追溯重述的最早期间开始调整留存收益的期初余额，财务报表其他相关项目的期初余额也应当一并调整，也可以采用未来适用法。

企业应当在重要的前期差错发现当期的财务报表中，调整前期比较数据。

名师点拨

（1）资产负债表日后调整事项，调整报告年度资产负债表的期末数、利润表的本年数等；

（2）对于年度资产负债表日至财务报告批准报出日之间发现的报告年度前期重要的差错，应调整报告年度资产负债表的年初数、利润表的上年数等。

对于年度资产负债表日至财务报告批准报出日之间发现的报告年度的会计差错及报告年度前不重要的前期差错，应按照《企业会计准则第29号——资产负债表日后事项》的规定进行处理。

值得关注的是，在实务中，会计估计变更与前期差错更正有时难以区分，尤其是难以区分会计估计变更和由于会计估计错误导致的前期差错更正。企业不应简单将会计估计与实际结果对比认定存在差错。如果企业前期作出会计估计时，未能合理使用报表编报时已经存在且能够取得可靠信息，导致前期会计估计结果未恰当反映当时情况，则应属于前期差错，应当适用前期差错更正的会计处理方法；反之，如果企业前期的会计估计是以当时存在且预期能够取得的可靠信息为基础作出的，随后因资产和负债的当前状况及预期经济利益和义务发生了变化而变更会计估计的，则属于会计估计变更，应当适用会计估计变更的会计处理方法。

经典题解

【真题8·多选题】下列各项中，可能调整年度所有者权益变动表中“本年年初余额”的交易或事项有（　　）。（2018年）

A. 会计政策变更

B. 前期差错更正

C. 因处置股权导致对被投资单位的后续计量由成本法转为权益法

D. 同一控制下企业合并

【解析】会计政策变更的追溯调整法、本期发现前期重要差错均会调整期初留存收益；

因处置股权导致对被投资单位的后续计量由成本法转为权益法，应将剩余长期股权投资追溯调整到权益法核算的结果，会影响期初其他综合收益、留存收益等；

同一控制下企业合并，在合并报表中，应将子公司的资产、负债追溯调整到合并方和被合并方同受最终控制方开始控制的时点，因此，会调整期初所有者权益。

【答案】ABCD

【真题9·多选题】下列情形中，根据会计准则规定应当重述比较期间财务报表的有（　　）。（2015年）

A. 本年发现重要的前期差错

B. 因部分处置对联营企业投资将剩余长期股权投资转变为采用公允价值计量的金融资产

C. 发生同一控制下企业合并，自最终控制方取得被投资单位60%股权

D. 购买日后12个月内对上年非同一控制下企业合并中取得的可辨认资产负债暂时确定的价值进行调整

【解析】选项B，直接作为当期事项处理。

【答案】ACD

三、前期差错更正的披露

企业应当在附注中披露与前期差错更正有关的下列信息：

（1）前期差错的性质。

（2）各个列报前期财务报表中受影响的项目名称和更正金额。

（3）无法进行追溯重述的，说明该事实和原因以及对前期差错开始进行更正的时点、具体更正情况。

在以后期间的财务报表中，不需要重复披露在以前期间的附注中已披露的前期差错更正的信息。

经典题解

【真题 10·单选题】甲公司注册在乙市，在该市有大量的投资性房地产，由于地处偏僻，乙市没有活跃的房地产交易市场，无法取得同类或类似房地产的市场价格。以前年度，甲公司对乙市投资性房地产采用公允价值模式进行后续计量。经董事会批准，甲公司从 20×9 年 1 月 1 日起将投资性房地产的后续计量由公允价值模式改变为成本模式。假定投资性房地产后续计量模式的改变对财务报表的影响重大，甲公司正确的会计处理方法是（　　）。（2019 年）

A. 作为会计政策变更采用未来适用法进行会计处理

B. 作为会计估计变更采用未来适用法进行会计处理

C. 作为会计政策变更采用追溯调整法进行会计处理，并相应调整可比期间信息

D. 作为前期差错更正采用追溯重述法进行会计处理，并相应调整可比期间信息

【解析】由于乙市没有活跃的房地产交易市场，所以甲公司不能对在乙市的投资性房地产采用公允价值模式进行后续计量，应该采用成本模式进行后续计量，所以要作为前期差错更正进行处理，并调整可比期间的信息。

【答案】D

考试加油站

一、本章小结

二、本章疑难问题解答

1. 固定资产折旧方法和存货发出计价方法的改变是否属于会计政策变更？

答：固定资产折旧方法、预计使用年限和净残值的改变以及无形资产摊销方法、预计使用年限和净残值的改变均是对资产的定期消耗金额进行调整，因此属于会计估计变更；而存货发出计价方法的改变不是对资产定期消耗金额进行调整，属于会计政策变更。

2. 如何对前期差错更正中的所得税进行会计处理？

答：（1）应交所得税的调整

按税法规定执行。税法允许调整应交所得税的，则差错更正时调整应交所得税，否则，不调整应交所得税。

（2）递延所得税资产和递延所得税负债的调整

若调整事项涉及暂时性差异，则应调整递延所得税资产或递延所得税负债。

应注意的是，在考试时，若题目已经明确假定了会计调整业务是否调整所得税，虽然有时假定的条件和税法的规定不一致，但是也必须按题目要求去做；若题目未作任何假定，则按上述原则进行会计处理。

3. 下述案例是否属于前期差错？

【案例】甲公司为上市公司，乙公司与甲公司在2×20年1月1日前存在关联方关系，2×20年1月1日后不再存在关联方关系。2×18年，乙公司以自身房产为抵押向银行借款5000万元，甲公司同时开具了面值为5000万元的无期限商业承兑汇票作为质押。2×20年，因乙公司无力偿还银行债务本金5000万元（利息已经支付），银行起诉到法院。法院于2×20年年末作出一审判决，银行先执行乙公司的抵押房产，该房产在2×20年年底的评估值为7000万元。银行提出异议，提起上诉，2×21年1月20日，法院二审判决，其中包括银行可以执行乙公司的抵押房产，以及银行可以要求甲公司就乙公司未偿还的银行借款承担质押票据的兑付责任。甲公司与乙公司、法院及银行进行了沟通，银行和法院均同意先执行乙公司的抵押房产。2×21年2月，乙公司的抵押房产经法院评估作价，准备拍卖。甲公司在2×20年资产负债表日判断，由于乙公司抵押房产价值约7000万元，甲公司与法院和债权人就该偿债事项进行沟通后认为甲公司不会产生连带偿债损失。2×21年3月31日，甲公司公布2×20年年度报告，考虑到资产负债表日至法院判决日、财务报告报出日期间，乙公司抵押房产价值未大幅下跌（跌破债务本金），甲公司把上述事项作为或有负债进行披露（未确认预计负债）。2×21年4月到8月，由于乙公司濒临破产等诸多因素，法院迟迟未能执行对乙公司房产的拍卖。2×21年9月，银行要求甲公司承担连带偿债责任，甲公司为此被扣划了银行存款5000万元。

答：甲公司2×21年发生的5000万元偿债损失应计入2×21年的损益，不需要追溯调整2×20年的相关财务数据。

理由：甲公司在2×20年资产负债表日根据当时存在的、预期能够取得的证据进行了判断，甲公司很可能不需要履行连带责任，且没有证据表明当时的判断存在差错，因此该事项不属于前期差错。

历年经典主观题回顾

使用“会计云课堂”App 或“微信”扫码快速做题、对答案、看解析、掌握解题思路，开启轻松过关之旅。

综合题

甲公司为境内上市公司。2×16 年度，甲公司经注册会计师审计前的净利润为 35000 万元，其 2×16 年度财务报表于 2×17 年 4 月 25 日经董事会批准对外报出。注册会计师在对甲公司 2×16 年度财务报表进行审计时，对下列有关交易或事项的会计处理提出质疑：

（1）2×16 年 1 月 1 日，甲公司以 1000 万元购买了乙公司资产支持计划项目发行的收益凭证。根据合同约定，该收益凭证期限三年，预计年收益率为 6%。当年收益于下年 1 月底前支付；收益凭证到期时按照资产支持计划所涉及资产的实际现金流量情况支付全部或部分本金；发行方不保证偿还全部本金和支付按照预计收益率计算的收益。该收益凭证于 2×16 年 12 月 31 日的公允价值为 980 万元。2×16 年，甲公司的会计处理如下：

借：债权投资　　1000 万元
　贷：银行存款　　1000 万元
借：应收账款　　60 万元
　贷：投资收益　　60 万元

（2）甲公司自 2×16 年 1 月 1 日起将一块尚可使用 40 年的出租土地使用权转为自用并计划在该土地上建造厂房。转换日，该土地使用权的公允价值为 2000 万元，账面价值为 1800 万元。截至 2×16 年 12 月 31 日，甲公司为建造厂房发生成本 1800 万元（包括土地使用权摊销金额 50 万元），扣除摊销额后剩余成本均以银行存款支付。

该土地使用权于 2×06 年 1 月 1 日取得，成本为 950 万元，可使用 50 年，取得后即出租给其他单位。甲公司对该出租土地使用权采用公允价值模式进行后续计量。2×16 年，甲公司的会计处理如下：

借：在建工程　　3800 万元
　贷：投资性房地产—成本　　950 万元
　　　　　　　　—公允价值变动　　850 万元
　　银行存款　　1750 万元
　　累计摊销　　50 万元
　　公允价值变动损益　　200 万元

（3）2×16 年 10 月 8 日，经甲公司董事会批准，将以成本模式进行后续计量的出租房产的预计使用年限由 50 年变更为 60 年，并从 2×16 年 1 月 1 日开始按新的预计使用年限计提折旧。该出租房产的原价为 50000 万元，甲公司对该出租房产采用年限平均法计提折旧，预计净残值为零，截至 2×15 年 12 月 31 日已计提 10 年折旧。2×16 年，甲公司的会计处理如下：

借：其他业务成本　　800 万元

　贷：投资性房地产累计折旧　　800 万元

其他有关资料：

第一，假定注册会计师对质疑事项提出的调整建议得到甲公司接受。

第二，本题不考虑所得税等相关税费以及其他因素。

要求：

（1）对注册会计师质疑的交易或事项，分别判断甲公司的会计处理是否正确，并说明理由，对不正确的会计处理，编制更正的会计分录。（无须通过“以前年度损益调整”或“利润分配—未分配利润”科目，直接使用相关会计科目，也无须编制提取盈余公积、结转利润分配的会计分录）

（2）计算甲公司 2×16 年度经审计后的净利润。（2017 年改编）

历年经典主观题参考答案及解析

使用“会计云课堂”App 或“微信”扫码对答案、看解析、掌握解题思路，开启轻松过关之旅。

综合题

【答案】

（1）事项（1），甲公司的会计处理不正确。

理由：该金融资产在特定日期产生的合同现金流量不是仅为对本金和以未偿付本金金额为基础的利息支付，即不能通过合同现金流量测试，应划分为以公允价值计量且其变动计入当期损益的金融资产；因发行方不保证支付按照预计收益率计算的收益，则应在实际收到时按实际收到金额确认。

更正的处理：

借：交易性金融资产　　1000

　贷：债权投资　　1000

借：公允价值变动损益　　20

　贷：交易性金融资产　　20

借：投资收益　　60

　贷：应收账款　　60

事项（2），甲公司的会计处理不正确。

理由：甲公司将以公允价值模式后续计量的投资性房地产转换为自用土地使用权（作为无形资产核算），该项无形资产是以转换日的公允价值计量，投资性房地产以转换日的账面价值计量，账面价值与公允价值的差额计入当期损益。在以后期间为建造固定资产发生的成本应计入在建工程。

更正的处理：

借：无形资产　2000

　贷：在建工程　2000

事项（3），甲公司的会计处理不正确。

理由：甲公司 2×16 年 10 月 8 日发生会计估计变更，在变更之前该项资产在 2×16 年 1 月至 9 月应计提的折旧金额 = 50000/50×9/12=750（万元），2×16 年 10 月至 12 月应计提的折旧金额 =（50000−50000/50×10−750）/（12×49+3）×3=199.24（万元），所以该项资产在 2×16 年应计提的折旧的总额为 949.24 万元（750+199.24）。

更正的处理：

借：其他业务成本　149.24

　贷：投资性房地产累计折旧　149.24

（2）甲公司 2×16 年度经审计后净利润 = 35000−20−60−149.24=34770.76（万元）。

同步强化练习题

使用“会计云课堂”App 或“微信”扫码快速做题、对答案、看解析、掌握解题思路，开启轻松过关之旅。

一、单项选择题

1. 甲公司专门从事大型设备制造与销售，设立后即召开董事会会议，确定有关会计政策和会计估计事项。下列各项关于甲公司董事会确定的事项中不属于会计政策的是（　）。

A. 母公司与子公司的会计年度不一致的处理原则

B. 存货发出采用先进先出法计价

C. 权益工具公允价值的确定

D. 投资性房地产采用公允价值模式进行后续计量

2. 下列各项中，属于会计政策变更的是（　）。

A. 因增加投资份额长期股权投资的核算由权益法改为成本法

B. 固定资产折旧方法由年限平均法改为年数总和法

C. 资产负债表日将奖励积分的预计兑换率由 95% 改为 90%

D. 与资产相关的政府补助由总额法改为净额法

3. 下列各项中属于会计政策变更的是（　）。

A. 以公允价值模式进行后续计量的投资性房地产转换为以成本模式计量

B. 按新的控制定义调整合并财务报表合并范围

C. 因追加投资，股权投资后续计量由公允价值计量改为权益法核算

D. 对初次发生的或不重要的交易或者事项采用新的会计政策

4. 下列关于会计政策变更的表述中，正确的是（　　）。
A. 会计政策变更只需调整变更当年的资产负债表和利润表
B. 会计政策变更不违背会计政策前后各期保持一致的原则
C. 会计政策变更可任意选择追溯调整法和未来适用法进行处理
D. 变更后的会计政策对以前各期追溯计算的变更年度期初留存收益应有金额与现有金额之间的差额作为会计政策变更后的累积影响数

5. 甲公司2×21年5月购置了一栋办公楼，预计使用寿命40年，因此，该公司2×21年6月30日发布公告称：经公司董事会审议通过《关于公司固定资产折旧年限会计估计变更的议案》，决定调整公司房屋建筑物的预计使用寿命，从原定的20年至30年调整为20年至40年。不考虑其他因素，下列关于甲公司对该公告所述折旧年限调整会计处理的表述中，正确的是（　　）。
A. 对房屋建筑物折旧年限的变更应当作为会计估计变更并采用未来适用法进行会计处理
B. 对房屋建筑物折旧年限变更作为会计估计变更并应当从2×21年1月1日起开始未来适用
C. 对2×21年5月新购置的办公楼按照新的会计估计40年折旧属于会计估计变更
D. 对因2×21年5月新购置办公楼折旧年限的确定导致对原有房屋建筑物折旧年限的变更应当作为重大会计差错进行追溯重述

6. 华天公司2×20年、2×21年分别以450万元和110万元的价格从股票市场购入A、B两支股票均作为交易性金融资产核算，两只股票市价一直高于购入成本。公司采用成本与市价孰低法对购入股票进行计量。公司从2×22年起对其以交易为目的购入的股票由成本与市价孰低计量改为公允价值计量，公司保存的会计资料比较齐全，可以通过会计资料追溯计算。假设华天公司适用的所得税税率为25%，按净利润的10%提取法定盈余公积。A、B股票有关成本及公允价值资料见下表：

单位：万元

名称	购入成本	2×20年年末公允价值	2×21年年末公允价值
A股票	450	490	490
B股票	110	—	120

假定不考虑所得税以外的其他相关税费，华天公司会计政策变更的累积影响数为（　　）万元。
A. 40　　B. 30
C. 32.5　　D. 50

7. 下列各项中，不属于会计估计的是（　　）。
A. 预计负债初始计量的最佳估计数的确定
B. 采用公允价值模式下的投资性房地产公允价值的确定
C. 投入法或产出法的确定
D. 投资性房地产的后续计量由公允价值模式改为成本模式

8. 乙公司于2×19年年末购入一台设备并投入公司管理部门使用，该设备入账价值为206万元，预计使用年限为5年，预计净残值为6万元，自2×20年1月1日起按年限平均法计提折旧。2×21年年初，由于技术进步等原因，乙公司将该设备的折旧方法改为年数总和法，预计剩余使用年限改为3年，预计净残值不变。在此之前该设备未计提减值准备，乙公司适用的所得税税率为25%。则该项变化将导致2×21年度乙公司的净利润减少（　　）万元。

A. 40　　B. 30
C. 60　　D. 80

9. 在采用追溯调整法时，下列不应考虑的因素是（　　）。
A. 会计政策变更导致损益变化而应补分的股利
B. 会计政策变更后资产的变化
C. 会计政策变更导致所得税费用变动
D. 会计政策变更导致留存收益的变动

10. 甲公司2×21年12月31日发现2×20年度多计管理费用200万元，并进行了企业所得税申报，甲公司适用企业所得税税率为25%，按净利润的10%提取盈余公积。假设甲公司2×20年度企业所得税申报的应纳税所得额大于零，则下列甲公司对此项重要前期差错进行更正的会计处理中正确的是（　　）。
A. 调减2×21年度当期管理费用200万元
B. 调增2×20年利润总额150万元
C. 调减2×21年年初盈余公积15万元
D. 调增2×21年年初未分配利润135万元

11. A公司2×21年4月在上年度财务报告批准报出后，发现2×19年12月购入并开始使用的一台管理用固定资产一直未计提折旧。该固定资产入账价值为600万元，采用双倍余额递减法计提折旧，预计使用年限为10年，预计净残值为零。A公司对此项重大差错采用追溯重述法进行会计处理。假定A公司适用的所得税税率为25%，按净利润的10%提取法定盈余公积。A公司2×21年度所有者权益变动表“本年金额”栏中的“盈余公积”项目年初余额应调减的金额为（　　）万元。

A. 108　　B. 81
C. 9　　D. 120

12. 甲公司2×18年12月购入管理用固定资产一项，成本为600万元，折旧年限为10年，采用年限平均法计提折旧，预计净残值为零，会计与税法规定一致；2×21年4月1日，甲公司董事会作出决议：将其固定资产的折旧年限由10年调整为6年，预计净残值调整为15万元；甲公司适用的所得税税率为25%。假设不考虑其他因素，下列关于上述变更的会计处理表述错误的是（　　）。
A. 2×21年计提的折旧额为90万元
B. 2×21年按照税法规定计算折旧额为60万元
C. 2×21年确认递延所得税资产11.25万元
D. 会计估计变更影响2×21年净利润−33.75万元

二、多项选择题

1. 下列会计事项中，属于会计政策变更但不需要调整当期期初未分配利润的有（　　）。
A. 因业务模式改变，债券投资由以公允价值计量且其变动计入其他综合收益的金融资产改为以摊余成本计量的金融资产核算
B. 存货发出计价方法由先进先出法改为月末一次加权平均法
C. 政府补助的会计处理方法由总额法改为净额法

D. 投资性房地产后续计量由成本模式改为公允价值模式

2. 下列关于会计估计变更的表述中，正确的有（　　）。

A. 会计估计变更应采用未来适用法进行会计处理

B. 会计估计变更既影响变更当期又影响未来期间的，其影响数应当在变更当期予以确认

C. 会计估计变更既影响变更当期又影响未来期间的，其影响数应当在变更当期和未来期间予以确认

D. 会计估计变更仅影响变更当期的，其影响数应当在变更当期予以确认

3. 下列项目中，属于企业应当披露的重要会计政策的有（　　）。

A. 存货可变现净值的确定

B. 投资性房地产的后续计量模式

C. 无形资产的确认

D. 金融资产公允价值的确定

4. 关于会计政策变更的会计处理方法，下列说法中正确的有（　　）。

A. 企业对会计政策变更采用追溯调整法时，会计政策变更的累积影响数应为变更年度期初留存收益应有金额与现有金额的差额

B. 企业根据法律、行政法规或者国家统一的会计制度等要求变更会计政策的，应当按照国家相关会计规定执行

C. 在当期期初确定会计政策变更对以前各期累积影响数不切实可行的，应当采用未来适用法处理

D. 确定会计政策变更对列报前期影响数不切实可行的，应当从可追溯调整的最早期间期初开始应用变更后的会计政策

5. 下列关于会计估计及其变更的表述中，正确的有（　　）。

A. 对结果不确定的交易或事项进行会计估计不会削弱会计信息的可靠性

B. 会计估计变更，是指由于资产和负债的当前状况及预期经济利益和义务发生了变化，从而对资产或负债的账面价值或者资产的定期消耗金额进行调整

C. 某项变更难以区分为会计政策变更和会计估计变更的，应作为会计估计变更处理

D. 会计估计变更应根据不同情况采用追溯重述法或追溯调整法进行处理

6. 甲公司是上市公司，2×21年12月31日发布公告称，由于甲公司2×21年10月1日对部分车间的机器设备进行调整，以提高生产效率和机器设备的使用率。在调整完成之后，部分机器设备的预计使用寿命发生改变。以X设备为例，设备从A车间调整至B车间，根据B车间的生产计划，预计X设备的利用率将大幅提高，从而其预计使用寿命从10年缩短到8年，剩余使用寿命从4年缩短到2年。甲公司董事会因此决定自2×21年10月1日将该机器设备的预计使用寿命从10年调整为8年。下列说法中正确的有（　　）。

A. 属于会计估计变更

B. 属于滥用会计估计

C. 从2×21年10月1日之后开始按照新的预计使用寿命计提折旧

D. 从2×21年1月1日之后开始按照新的预计使用寿命计提折旧

7. 甲公司适用的所得税税率为25%，按净利润的10%提取法定盈余公积。甲公司2×21年1月1日起将A设备的使用年限由10年缩短至6年（符合相关规定），A设备账面原值为600万元，预计净残值为零，已经使用3年，变更后仍采用年限平均法计提折旧，假设上述设备原折旧方法、使用年限及净残值与税法一致。有关甲公司该项变更的说法中正确的有（　　）。

A. 该项变更属于会计估计变更
B. 该设备 2×21 年计提折旧 140 万元
C. 该项变更使 2×21 年产生应纳税暂时性差异 80 万元
D. 该项变更使 2×21 年净利润减少 60 万元

8. 甲公司适用的所得税税率为 25%，按净利润的10% 提取法定盈余公积。2×19年，甲公司将一栋写字楼对外出租，采用成本模式进行后续计量，税法对其规定与会计处理一致。2×21 年 1 月 1 日，假设甲公司持有的投资性房地产满足采用公允价值模式进行后续计量的条件，甲公司决定采用公允价值模式对该写字楼进行后续计量。2×21 年 1 月 1 日，该写字楼的账面原价为 9000 万元，已计提折旧 1000 万元，未计提减值准备，账面价值为 8000 万元，公允价值为 9200 万元。甲公司下列会计处理中正确的有（　　）。
A. 投资性房地产由成本模式改为公允价值模式计量属于会计政策变更
B. 2×21 年 1 月 1 日产生应纳税暂时性差异 1200 万元
C. 该项变更影响 2×21 年年初未分配利润的金额为 810 万元
D. 该项变更影响 2×21 年年初盈余公积的金额为 90 万元

9. 下列选项中，应采用未来适用法进行会计处理的有（　　）。
A. 无形资产摊销方法的改变
B. 投资性房地产后续计量由成本模式改为公允价值模式
C. 商品流通企业采购费用由计入销售费用改为计入存货的成本，但是与其相关的会计凭证和会计账簿因火灾原因烧毁
D. 对某项变更难以区分为会计政策变更或会计估计变更

10. 甲公司适用的所得税税率为 25%，按净利润的 10% 提取法定盈余公积，不提取任意盈余公积。甲公司从 2×21 年 1 月 1 日起将产品保修费用的计提比例由年销售收入的 4% 改为年销售收入的 3%，降低的原因是公司产品质量出现波动，原计提的产品保修费用与实际发生的保修费用出现较大差异。2×20 年年末产品保修费用的余额为 20 万元，甲公司 2×21 年度实现的销售收入为 1000 万元。2×21 年实际发生产品质量保修费用 32 万元，按税法规定，公司实际发生的保修费用可从当期应纳税所得额中扣除。不考虑其他因素影响，甲公司下列会计处理中正确的有（　　）。
A. 产品保修费用计提比例的改变属于会计估计变更
B. 2×21 年 12 月 31 日预提产品质量保证费用 30 万元
C. 2×21 年 12 月 31 日“预计负债”余额为 18 万元
D. 2×21 年 12 月 31 日“递延所得税资产”余额为 4.5 万元

11. 下列会计事项中，可能会影响企业期初留存收益的有（　　）。
A. 因出售部分投资，长期股权投资由成本法改为权益法核算
B. 投资性房地产后续计量由成本模式改为公允价值模式
C. 上年营业收入少确认 500 万元（重要的前期差错）
D. 盘盈一项重置价值为 100 万元的固定资产

12. 甲公司为上市公司，于 2×22 年 3 月初公布 2×21 年年报。年报公布后仅数日，甲公司收到省财政厅《关于〈××省大中型水库库区基金征收使用管理细则（试行）的通知〉》，根据该文件的要求，甲公司应自 2×20 年 5 月 1 日起，对装机容量在 2 万千瓦及以上有发电收

入的水库和水电站，按照上网电量9厘/千瓦时征收库区基金。按照该文件界定的征收范围，甲公司所属已投产电站均需缴纳库区基金。经测算，执行上述规定后，甲公司2×20年归属母公司股东的净利润减少约800万元，2×21年归属母公司股东的净利润减少约1900万元。该文件同时规定：2×20年5月1日至2×21年12月31日应征收的大中型水库库区基金收入由省电网公司代为追缴，并于2×22年4月1日前足额缴入省级国库，2×22年1月1日后征收的大中型水库库区基金收入按《××省大中型水库库区基金征收使用管理细则（试行）的通知》相关规定办理。甲公司下列会计处理中正确的有（　　）。

A. 补交库区基金应调整2×22年12月31日资产负债表年初数

B. 补交库区基金应计入2×22年第一季度财务报告

C. 甲公司不需要进行追溯调整，但应对此事项进行专项信息披露

D. 补交库区基金应调整2×22年度利润表上年金额

13. 甲公司为上市公司。2×19年甲公司由于为与其有业务往来的乙公司银行贷款提供担保而确认了相应的预计负债，计入了当年度的营业外支出。该担保与甲公司取得应纳税收入相关。2×21年，担保责任实际履行完毕，甲公司在2×21年企业所得税汇算清缴期间向主管税务机关申请了4亿元担保损失税前扣除。若不考虑担保损失，甲公司2×21年应纳税所得额为1亿元，所得税费用为0.25亿元。甲公司认为，上述担保损失符合税前扣除的条件，但能否扣除最终需主管税务机关认定，而税务机关的认定存在不确定性。甲公司在披露2×21年年报时，尚未取得主管税务机关就担保损失扣税认定的批复文件，因此在2×21年年报中确认了应交所得税0.25亿元，并确认了同等金额的当期所得税费用。同时，截至2×21年所得税的缴纳截止日甲公司因未取得主管税务机关批复文件，一直未实际缴纳2×21年所得税。2×22年8月，甲公司取得主管税务机关批复：为乙公司银行贷款提供担保发生的担保损失共计4亿元，可以从应纳税所得额中扣除，并确定可从2×21年度应纳税所得额中扣除1亿元，剩下3亿元可在2×22年度（含）及以后年度的应纳税所得额中扣除。甲公司下列会计处理中正确的有（　　）。

A. 可从2×21年度应纳税所得额中扣除的1亿元担保损失，应追溯调整2×21年度财务报表，其余3亿元不能追溯调整

B. 可从2×21年度应纳税所得额中扣除的1亿元担保损失，应于2×22年度应纳税所得额中扣除

C. 其余3亿元担保损失，可以根据甲公司2×22年度（含）及以后年度的应纳税所得额大小和主管税务机关批复文件规定进行相应会计处理

D. 4亿元担保损失均应进行追溯调整2×21年度财务报表

14. 2×21年12月31日，甲公司发现2×19年12月收到投资者投入的一项行政管理用固定资产尚未入账，投资合同约定该固定资产价值为2000万元（与公允价值相同）。预计使用年限为5年，预计净残值为零，采用年限平均法计提折旧。甲公司将漏记该固定资产事项认定为重要的前期差错。甲公司按净利润的10%提取盈余公积。不考虑其他因素，下列关于该项会计差错更正的会计处理表述中，正确的有（　　）。

A. 增加2×21年度管理费用400万元

B. 增加固定资产原价2000万元

C. 增加累计折旧 800 万元

D. 减少 2×21 年年初留存收益 400 万元

三、计算分析题

甲股份有限公司（以下简称“甲公司”）2×21 年更换年审会计师事务所，新任注册会计师在对其 2×21 年度财务报表进行审计时，对以下事项的会计处理存在质疑：

（1）自 2×20 年开始，甲公司每年年末均按照职工工资总额的 10% 计提相应资金计入应付职工薪酬，计提该资金的目的在于解决后续拟实施员工持股计划的资金来源，但有关计提金额并不对应于每一位在职员工。甲公司计划于 2×24 年实施员工持股计划，以 2×20 年至 2×23 年四年间计提的资金在二级市场购买本公司股票，授予员工持股计划范围内的管理人员，员工持股计划范围内的员工与原计提时在职员工的范围很可能不同。如员工持股计划未能实施，员工无权取得该部分计入职工薪酬的提取金额。该计划下，甲公司 2×20 年计提了 1000 万元。2×21 年年末，甲公司就当年度应予计提的金额进行了以下会计处理：

借：管理费用　　1300

　贷：应付职工薪酬　　1300

（2）为调整产品结构，去除冗余产能，2×21 年甲公司推出一项鼓励员工提前离职的计划。该计划范围内涉及的员工共有 100 人，平均距离退休年龄还有 5 年。甲公司董事会于 10 月 20 日通过决议，该计划范围内的员工如果申请提前离职，甲公司将按每人每年 8 万元一次性地支付补偿款。根据计划公布后与员工达成的协议，其中的 80 人会申请离职。截至 2×21 年 12 月 31 日，该计划仍在进行当中。甲公司进行了以下会计处理：

借：长期待摊费用　　3200

　贷：预计负债　　3200

借：营业外支出　　640

　贷：长期待摊费用　　640

（3）2×21 年甲公司销售快速增长，对当年度业绩起到了决定性作用。根据甲公司当年制定并开始实施的利润分享计划，销售部门员工可以分享当年度净利润的 3% 作为奖励。2×22 年 2 月 10 日，根据确定的 2×21 年年度利润，董事会按照利润分享计划，决议发放给销售部门员工奖励 360 万元。甲公司于当日进行了以下会计处理：

借：利润分配—未分配利润　　360

　贷：应付职工薪酬　　360

其他有关资料：

甲公司按照净利润的 10% 提取法定盈余公积，不计提任意盈余公积。

不考虑所得税等相关税费因素的影响。

甲公司 2×21 年年度报告于 2×22 年 3 月 20 日对外报出。

要求：

判断甲公司对事项（1）至事项（3）的会计处理是否正确并说明理由；对于不正确的会计处理，编制更正的会计分录（无须通过“以前年度损益调整”科目，不考虑当期盈余公积的计提）。

四、综合题

注册会计师在对甲股份有限公司（以下简称“甲公司”）2×21 年度财务报表进行审计时，关注到以下交易或事项的会计处理：

（1）2×21 年，甲公司将本公司商品出售给关联方（乙公司），期末形成应收账款 1000 万元。甲公司对 1 年以内的应收账款按 5% 计提坏账准备，但对应收关联方款项不计提坏账准备，该 1000 万元应收账款未计提坏账准备。注册会计师了解到，乙公司 2×21 年年末财务状况恶化，估计甲公司应收乙公司货款中的 20% 无法收回。

（2）2×21 年 5 月 10 日，甲公司以 1200

万元自市场回购本公司普通股，拟用于对员工进行股权激励。因甲公司的母公司（丁公司）于 2×21 年 7 月 1 日与甲公司高管人员签订了股权激励协议，甲公司暂未实施本公司的股权激励。根据丁公司与甲公司高管人员签订的股权激励协议，丁公司对甲公司 20 名高管人员每人授予 100 万份丁公司股票期权，授予日每份股票期权的公允价值为 6 元，行权条件为自授予日起，高管人员需在甲公司服务满 3 年。至 2×21 年 12 月 31 日，甲公司没有高管人员离开，预计未来也不会有人离开。

甲公司的会计处理如下：

借：股本　　200

　　资本公积—股本溢价　　1000

　贷：银行存款　　1200

对于丁公司授予甲公司高管人员的股票期权，甲公司未进行会计处理。

（3）甲公司 2×21 年 7 月 1 日发行的可转换公司债券将权益成分公允价值 1200 万元记入“资本公积—其他资本公积”科目。

（4）B 公司为甲公司的控股子公司，甲公司持股 70%。B 公司的其他股东为 C 公司和 D 公司，C 公司和 D 公司分别对 B 公司持股 15%。甲公司与 C 公司和 D 公司之间不存在关联方关系。根据 B 公司的章程，B 公司以未分配利润转增股本需全体股东一致表决通过。2×21 年 3 月，B 公司股东大会决议通过 B 公司以截至 2×20 年 12 月 31 日的经审计未分配利润 1000 万元直接转增股本，股东不附带现金选择权。B 公司法律顾问就此事项的法律合规性出具了法律意见。甲公司的会计处理如下：

借：长期股权投资　　700

　贷：投资收益　　700

（5）其他有关资料：

①甲公司按净利润的 10% 提取法定盈余公积，不提取任意盈余公积；

②不考虑所得税及其他相关税费。

要求：

根据事项（1）至（4），判断甲公司对相关事项的会计处理是否正确，并说明理由；对于不正确的事项，编制更正的会计分录。（无须通过“以前年度损益调整”科目）

同步强化练习题参考答案及解析

使用“会计云课堂”App 或“微信”扫码对答案、看解析、掌握解题思路，开启轻松过关之旅。

一、单项选择题

1.【答案】C

【解析】权益工具公允价值的确定，属于会计估计，选项 C 正确。

2.【答案】D

【解析】选项 A 为企业当期新事项；选项 B 和 C 属于会计估计变更。

3.【答案】B

【解析】选项A，已采用公允价值模式计量的投资性房地产，不得从公允价值模式转为成本模式，属于前期差错；选项B，属于会计政策变更；选项C，属于新的事项，不属于会计政策变更；选项D，不属于会计政策变更。

4.【答案】B

【解析】选项A，会计政策变更需要调整变更当年年末资产负债表有关项目的年初余额、利润表有关项目的上期金额及所有者权益变动表有关项目的上年金额和本年金额。选项C，对于会计政策变更，企业应当根据具体情况，分别采用不同的会计处理方法：（1）国家有规定的，按国家有关规定执行；（2）可以追溯调整：①确定会计政策变更累积影响数能够切实可行的，应当采用追溯调整法处理；②确定会计政策变更对列报前期影响数不切实可行的，应当从可追溯调整的最早期间期初开始应用变更后的会计政策，在当期期初确定会计政策变更对以前各期累积影响数不切实可行的，应当采用未来适用法处理，不能随意选择。选项D，变更后的会计政策对以前各期追溯计算的列报前期最早期初留存收益应有金额与现有金额之间的差额作为会计政策变更后的累积影响数。

5.【答案】A

【解析】选项B，应在变更当期及以后期间确认；选项C，属于新发生的事项，不属于会计估计变更；选项D，固定资产折旧年限的改变不作为前期差错更正处理。

6.【答案】B

【解析】会计政策变更累积影响数为按照变更后的会计政策对以前各期追溯计算的列报前期最早期初留存收益应有金额与现有金额之间的差额。B股票是华天公司2×21年购入的，列报前期最早期初为2×21年年初，所以B股票的公允价值变动不会影响会计政策变更累积影响数。华天公司在2×20年年末A股票按公允价值计量的账面价值为490万元，按成本与市价孰低计量的账面价值为450万元，两者差异的所得税影响为10万元[（490−450）×25%]，两者差异的税后净影响额为30万元，即为华天公司2×21年期初该项金融资产由成本与市价孰低计量改为公允价值计量的会计政策变更累积影响数。

7.【答案】D

【解析】选项D，属于滥用会计政策，不属于会计估计。

8.【答案】B

【解析】该设备2×21年度按年限平均法计提折旧的金额=（206−6）÷5=40（万元），按年数总和法计提折旧金额=（206−40−6）×3/6=80（万元），该项变化将导致乙公司2×21年度的净利润减少的金额=（80−40）×（1−25%）=30（万元）。

9.【答案】A

【解析】选项A，会计政策变更采用追溯调整法处理时，无须考虑应补分的股利。

10.【答案】D

【解析】调增2×21年年初未分配利润的金额=200×（1−25%）×（1−10%）=135（万元），选项D正确。

11.【答案】C

【解析】2×20年应计提的折旧金额=600×2/10=120（万元），2×21年度所有者权益变动表“本年金额”栏中“盈余公积”项目年初余额应调减的金额=120×（1−25%）×10%=9（万元）。

12.【答案】A

【解析】选项A，截至2×21年3月31日的累计折旧额=600÷10×2+600÷

10×3/12=135（万元），截至2×21年3月31日的账面价值=600－135=465（万元），自2×21年4月1日至2×21年12月31日计提的折旧额=（465－15）÷（6×12－2×12－3）×9=90（万元），则2×21年度计提的折旧额=600÷10×3/12+90=105（万元）；选项B，2×21年按照税法规定计算的折旧额=600÷10=60（万元）；选项C，确认递延所得税资产=（105－60）×25%=11.25（万元）；选项D，会计估计变更对2×21年净利润的影响金额=－（105－60）×（1－25%）=－33.75（万元）。

二、多项选择题

1.【答案】BC

【解析】选项A，属于本期发生的交易或者事项与以前相比具有本质差别而采用新的会计政策，不属于会计政策变更；选项B和C，属于会计政策变更，采用未来适用法处理，无须调整期初留存收益；选项D，属于会计政策变更，采用追溯调整法进行会计处理，应调整期初留存收益。

2.【答案】ACD

【解析】会计估计变更仅影响变更当期的，其影响数应当在变更当期予以确认，既影响变更当期又影响未来期间的，其影响数应当在变更当期和未来期间予以确认，选项B错误。

3.【答案】BC

【解析】选项A和D属于会计估计。

4.【答案】BCD

【解析】会计政策变更累积影响数，是指按照变更后的会计政策对以前各期追溯计算的列报前期最早期初留存收益应有金额与现有金额的差额，选项A错误。

5.【答案】ABC

【解析】会计估计变更应采用未来适用法进行会计处理，选项D错误。

6.【答案】AC

【解析】由于X设备的使用方式发生了一定变化，导致其预计使用寿命缩短，属于某一特定事件导致的会计估计变更，应该从X设备转移到B车间使用（2×21年10月1日）之后开始按照新的预计使用寿命计提折旧，选项A和C正确。

7.【答案】ABD

【解析】固定资产预计使用年限的改变属于会计估计变更，选项A正确；按照变更后的年限，2×21年应计提折旧额=（600－600/10×3）/（6－3）=140（万元），选项B正确；按照税法规定2×21年应计提折旧额=600/10=60（万元），2×21年产生可抵扣暂时性差异=140－60=80（万元），选项C错误；该项变更减少2×21年净利润的金额=80×（1－25%）=60（万元），选项D正确。

8.【答案】ABCD

【解析】投资性房地产后续计量由成本模式改为公允价值模式属于会计政策变更，选项A正确；会计政策变更后，投资性房地产的账面价值为其公允价值9200万元，计税基础为原账面价值8000万元，资产的账面价值大于计税基础，产生应纳税暂时性差异=9200－8000=1200（万元），选项B正确；影响2×21年年初未分配利润的金额=1200×（1－25%）×（1－10%）=810（万元），选项C正确；影响2×21年年初盈余公积的金额=1200×（1－25%）×10%=90（万元），选项D正确。

9.【答案】ACD

【解析】无形资产摊销方法的改变属于会计估计变更，采用未来适用法处理，选项A正确；投资性房地产后续计量由成本模式改为公允价值模式，应采用追溯调整法处理，选项 B 错误；与会计政策变更事项有关的会计凭证和会计账簿因火灾原因烧毁，不能确定会计政策变更累积影响数，应采用未来适用法进行会计处理，选项 C 正确；企业难以对某项变更区分为会计政策变更或会计估计变更的，应当将其作为会计估计变更，采用未来适用法进行会计处理，选项 D 正确。

10.【答案】ABCD

【解析】产品保修费用计提比例的改变属于会计估计变更，选项 A 正确；2×21 年 12 月 31 日预提产品质量保证费用 =1000×3%=30（万元），选项 B 正确；2×21 年 12 月 31 日“预计负债”余额 =20+30-32=18（万元），选项 C 正确；2×21 年 12 月 31 日预计负债账面价值为 18 万元，计税基础为 0，递延所得税资产余额 =（18-0）×25%=4.5（万元），选项 D 正确。

11.【答案】ABCD

12.【答案】BC

【解析】甲公司于 2×21 年年度财务报告报出日后收到政府文件，这不属于会计准则中规定的“编报前期财务报表时能够合理预计取得并应当加以考虑的可靠信息”，也不属于“前期财务报表批准报出时能够取得的可靠信息”，甲公司在编制 2×21 年度财务报表时无法取得或预计这一事项，所以该事项不属于前期差错，根据会计准则规定，甲公司不需要进行追溯调整，但应对此事项进行专项信息披露。同时，应将 2×20 年、2×21 年度应计提的库区基金计入 2×22 年第一季度财务报告。

13.【答案】BC

【解析】甲公司于 2×22 年 8 月取得的主管税务机关批复文件，直接导致与甲公司 2×22 年度应纳税所得额和所得税费用相关的预期经济利益和缴税义务发生了变化，应属于会计估计变更，故应根据准则规定采用未来适用法。所以，主管税务机关批准可以从 2×21 年度应纳税所得额中扣除的 1 亿元担保损失，不应追溯调整 2×21 年度财务报表，而应于 2×22 年度应纳税所得额中扣除。其余 3 亿元担保损失，可以根据甲公司 2×22 年及以后年度应纳税所得额大小和主管税务机关批复文件规定进行相应会计处理。

14.【答案】ABCD

【解析】更正分录：

借：固定资产 2000

　贷：实收资本等 2000

借：以前年度损益调整—管理费用 400（2000/5）

　贷：累计折旧 400

借：管理费用 400

　贷：累计折旧 400

借：盈余公积 40

　　利润分配—未分配利润 360

　贷：以前年度损益调整 400

综上，选项 A、B、C 和 D 均正确。

三、计算分析题

【答案】

（1）事项（1），甲公司该项会计处理不正确。

理由：该部分金额不是针对特定员工需要对象化支付的费用，即不是当期为了获取员工服务实际发生的费用，准则规定不能予以计提。涉及员工持股计划拟授予员工的股份，应当根据其授予条件等分析是获取的哪些期间的职工服务，并将与股份支付相关的费用计入相应期间。

更正分录：

借：应付职工薪酬 2300

　贷：盈余公积 100

　　利润分配—未分配利润 900

　　管理费用 1300

【提示】2×20年计提1000万元计入管理费用，在2×20年年末转入留存收益，则在2×21年度财务报表中对该事项进行更正时，2×20年更正金额应通过“盈余公积”和“利润分配—未分配利润”科目核算。

（2）事项（2），甲公司该项会计处理不正确。

理由：该项计划属于会计准则规定的辞退福利，有关一次性支付的辞退补偿金额应于计划确定时作为应付职工薪酬，相关估计应支付的金额全部计入当期损益，而不能在不同年度间分期摊销。

更正分录：

借：管理费用　3200

　贷：应付职工薪酬　3200

借：预计负债　3200

　贷：长期待摊费用　3200

借：长期待摊费用　640

　贷：营业外支出　640

（3）事项（3），甲公司该项会计处理不正确。

理由：利润分享计划下员工享有的部分应作为职工薪酬并计入有关成本费用，因涉及的是销售部门，甲公司应计入2×21年销售费用。

借：销售费用　360

　贷：利润分配—未分配利润　360

四、综合题

【答案】

（1）甲公司对事项（1）的会计处理不正确。

理由：应收关联方账款与其他应收款项一并计提坏账准备，甲公司的会计处理不符合准则规定。

调整分录：

借：信用减值损失　200（1000×20%）

　贷：坏账准备　200

（2）甲公司对事项（2）的会计处理不正确。

①甲公司回购本公司普通股会计处理不正确。

理由：回购股票不应冲减资本公积和股本，应确认库存股。

调整分录：

借：库存股　1200

　贷：股本　200

　　资本公积—股本溢价　1000

②甲公司对母公司授予本公司高管人员股票期权处理不正确。

理由：集团内股份支付中，接受服务企业没有结算义务，应当作为权益结算股份支付处理，确认相关费用。

调整分录：

借：管理费用　2000

（20×100×6×1/3×6/12）

　贷：资本公积—其他资本公积　2000

【提示】虽然甲公司回购股票拟用于对员工的股权激励，但由于其母公司与甲公司高管人员签订股权激励协议，甲公司暂未实施自己原定的股权激励计划。丁公司授予甲公司员工股票期权，接受服务企业甲公司没有结算义务，故甲公司应按权益结算股份支付进行处理。

（3）甲公司对事项（3）的会计处理不正确。

理由：可转换公司债券权益成分公允价值应记入“其他权益工具”科目。

调整分录：

借：资本公积—其他资本公积　1200

　贷：其他权益工具　1200

（4）甲公司对事项（4）的会计处理不正确。

理由：B公司股东大会决议通过B公司以截至2×20年12月31日的经审计未分配利润1000万元直接转增股本，且股东不附带现金选择权，甲公司个别报表不应进行会计处理，即甲公司不应确认投资收益。

调整分录：

借：投资收益　700

　贷：长期股权投资　700

第二十五章　资产负债表日后事项

CHAPTER-25

本章学习指南

一、学习目标

1. 掌握资产负债表日后事项的定义和涵盖的期间。
2. 掌握资产负债表日后事项的内容。
3. 掌握资产负债表日后调整事项的会计处理。
4. 理解资产负债表日后非调整事项的会计处理。

二、考情概况

本章考题涉及客观题和主观题，分数较高，属于重要章节。

三、教材变化

增加“日后期间金融资产收回属于非调整事项”的相关表述。

四、考点地图

考点	年份 / 题型
调整事项的判断	2021 年单选题、2020 年多选题、2019 年单选题、2019 年多选题
资产负债表日后期间差错更正的会计处理	2019 年综合题

核心考点精讲

提示

本章属于综合性章节，既可以单独考查资产负债表日后事项的判定，也可以与其他章节结合出题考查有关业务的账务处理。学习时可与“第二十四章　会计政策、会计估计及其变更和差错更正”对比学习，两章之间存在的易错易混点较多，对比学习有利于区分辨析，避免记混记错。

第一节　资产负债表日后事项概述

使用“会计云课堂”App或“微信”扫码查看本节视频，快速GET知识点。

一、资产负债表日后事项的定义

资产负债表日后事项，是指资产负债表日至财务报告批准报出日之间发生的有利或不利事项。它包括资产负债表日后调整事项和资产负债表日后非调整事项。

资产负债表日包括会计年度末和会计中期期末（中期是指短于一个完整的会计年度的报告期间）。年度资产负债表日，是指每年的12月31日；中期资产负债表日，是指各会计中期期末。例如，提供半年度财务报告时，资产负债表日是该年度的6月30日。这里的财务报告是指对外提供的财务报告，不包括为企业内部管理部门提供的内部报表。

财务报告批准报出日，是指董事会或类似机构批准财务报告报出的日期。

名师点拨

我国上市公司财务报告采用预约制，首先根据预约结果确定实际报出日，然后再确定召开董事会的日期，即财务报告批准报出日。

二、资产负债表日后事项涵盖的期间

资产负债表日后事项所涵盖的期间是自资产负债表日次日起至财务报告批准报出日止的一段时间。资产负债表日后事项涵盖期间，如下图所示：

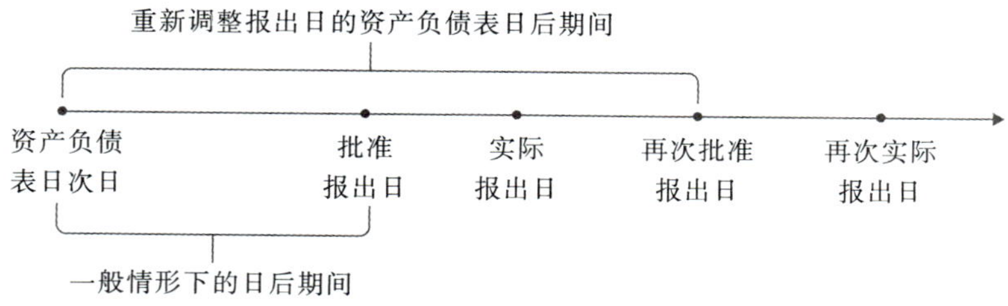

三、资产负债表日后事项的内容

资产负债表日后事项包括资产负债表日后调整事项和资产负债表日后非调整事项。

（一）调整事项

资产负债表日后调整事项，是指对资产负债表日已经存在的情况提供了新的或进一步证据的事项。

以下内容属于资产负债表日后调整事项：

（1）资产负债表日后诉讼案件结案，法院判决证实了企业在资产负债表日已经存在现时义务，需要调整原先确认的与该诉讼案件相关的预计负债，或确认一项新负债；

（2）资产负债表日后取得确凿证据，表明某项资产在资产负债表日发生了减值或者需要调整该项资产原先确认的减值金额；

（3）资产负债表日后进一步确定了资产负债表日前购入资产的成本或售出资产的收入；

（4）资产负债表日后发现了财务报表舞弊或差错。

（二）非调整事项

资产负债表日后非调整事项，是指表明资产负债表日后发生的情况的事项。非调整事项的发生不影响资产负债表日企业的财务报表数字，只说明资产负债表日后发生了某些情况。对于财务报告使用者来说，非调整事项说明的情况有的重要，有的不重要；其中重要的非调整事项虽然不影响资产负债表日的财务报表数字，但可能影响资产负债表日以后的财务状况和经营成果，不加以说明将会影响财务报告使用者作出正确估计和决策。因此，需要适当披露。

以下内容属于资产负债表日后非调整事项：

（1）资产负债表日后发生重大诉讼、仲裁和承诺；

（2）资产负债表日后资产价格、税收政策和外汇汇率发生重大变化；

（3）资产负债表日后因自然灾害导致资产发生重大损失；

（4）资产负债表日后发行股票和债券以及其他巨额举债；

（5）资产负债表日后资本公积转增资本；

（6）资产负债表日后发生巨额亏损；

（7）资产负债表日后发生企业合并或处置子公司；

（8）资产负债表日后企业利润分配方案中拟分配的以及经审议批准宣告发放的现金股利或利润。

（三）调整事项与非调整事项的区别

对于资产负债表日后事项，若该事项表明的情况在资产负债表日或之前已经存在，则属于调整事项；反之，则属于非调整事项。

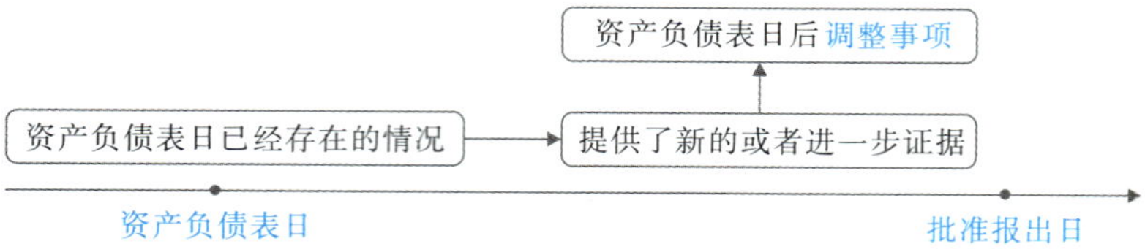

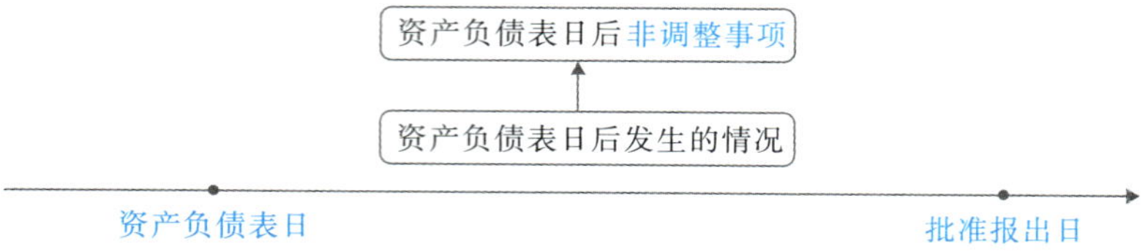

经典题解

【真题1·单选题】 甲公司2×19年度财务报告经批准于2×20年4月1日对外报出。下列各项关于甲公司发生的交易或事项中，需要调整2×19年度财务报表的是（　　）。（2021年）

A. 2×20年1月15日签订购买子公司的协议，2×20年3月28日完成股权过户登记手续，取得对子公司的控制权

B. 2×20年3月1日，发行新股

C. 2×20年3月15日，存货市场价格下跌

D. 2×20年3月21日，发现重要的前期差错

【解析】 选项A、B和C，属于资产负债表日后期间新发生的事项，应作为非调整事项，不需要调整2×19年度财务报表；选项D，属于资产负债表日后期间发现的重要前期差错，应作为调整事项，需要调整2×19年度财务报表。

【答案】 D

【真题2·多选题】 下列各项资产负债表日至财务报表批准报出日之间发生的事项中，不应作为调整事项调整资产负债表日所属年度财务报表相关项目的有（　　）。（2020年改编）

A. 发生销售退回（报告年度销售）

B. 发生同一控制下企业合并

C. 拟出售固定资产在资产负债表日后事项期间满足划分为持有待售类别的条件

D. 发现报告年度财务报表存在重要差错

【解析】 选项B，资产负债表日后期间发生的同一控制下企业合并，属于非调整事项；选项C，资产负债表日后期间资产满足划分为持有待售类别的条件，该情况在资产负债表日不存在，属于非调整事项。

【答案】 BC

【真题3·单选题】 20×8年12月31日，甲公司应收乙公司货款1000万元，由于该应收款项尚在信用期内，甲公司按照5%的预期信用损失率计提坏账准备50万元。甲公司20×8年度财务报表于20×9年3月15日经董事会批准对外报出。下列各项中，属于资产负债表日后调整事项的是（　　）。（2019年）

A. 乙公司于20×9年2月24日发生火灾，甲公司应收乙公司货款很可能无法收回

B. 乙公司于20×9年3月5日被另一公司吸收合并，甲公司应收乙公司货款可以全部收回

C. 乙公司于20×9年1月10日宣告破产，甲公司应收乙公司货款很可能无法收回

D. 乙公司于20×9年3月10日发生安全事故，被相关监管部门责令停业，甲公司应收乙公司货款很可能无法收回

【解析】选项A、B和D都是在资产负债表日后期间新发生的事项，所以要作为非调整事项进行披露；选项C，甲公司对应收乙公司的货款计提坏账准备是在资产负债表日之前就存在的，只是在日后期间发生的事项对该情况提供了进一步的证据，所以要作为资产负债表日后调整事项处理。

【答案】C

【真题4·多选题】甲公司20×8年度财务报表于20×9年3月20日经董事会批准对外报出，其在20×8年度资产负债表日后事项期间发生的下列交易或事项中，属于调整事项的有（　　）。（2019年）

A. 董事会通过20×8年度利润分配预案，拟每10股派发1元现金股利

B. 因20×8年6月收购的子公司当年度实际利润未达到承诺金额，确定应向交易对方收回部分已支付对价

C. 所持联营企业经审计的净利润与甲公司权益法核算时用于计算投资收益的联营企业未经审计净利润金额存在差异

D. 20×8年12月已确认销售的一批商品因质量问题被买方退回，税务机关开具的红字增值税专用发票已取得

【解析】选项A，资产负债表日后期间，企业利润分配方案中拟分配的以及经审议批准宣告发放的现金股利或利润，属于资产负债表日后非调整事项。

【答案】BCD

【真题5·单选题】甲公司2×16年度财务报表于2×17年3月20日经董事会批准对外提供。2×17年1月1日至3月20日，甲公司发生的有关交易或事项如下：（1）2×17年1月20日，法院对乙公司就2×16年8月起诉甲公司侵犯知识产权案件作出终审判决，甲公司需支付乙公司的赔偿超过其2×16年末预计金额200万元；（2）根据2×16年12月31日甲公司与丙公司签订的销售协议，甲公司于2×17年1月25日将其生产的产品发往丙公司并开出增值税专用发票。丙公司收到所购货物后发现产品质量存在严重问题，随即要求退货，甲公司于2×17年2月3日收到丙公司退回的产品并开具红字增值税发票；（3）2×17年2月15日，甲公司收到丁公司2×16年12月销售货款；（4）2×17年3月10日，甲公司与戊公司签订收购其持有的己公司全部股权的协议。假定上述交易或事项均具有重要性，不考虑其他因素，应作为甲公司2×16年末资产负债表日后调整事项的是（　　）。（2018年）

A. 销售退回

B. 签订收购股权协议

C. 法院判决的赔偿金额大于原预计金额

D. 收到丁公司货款

【解析】资产负债表日后调整事项，指对资产负债表日已经存在的情况提供了新的或进一步证据的事项，选项C属于资产负债表日后调整事项。

【答案】C

【真题6·多选题】下列各项中，属于资产负债表日后调整事项的有（　　）。（2018年）

A. 资产负债表日后期间发生重大火灾损失

B. 报告年度已售商品在资产负债表日后事项期间发生退回

C. 报告年度按暂估价值入账的固定资产在资产负债表日后事项期间办理完成竣工决算手续

D. 资产负债表日后事项期间发现报告年度不重要的会计差错

【解析】资产负债表日后调整事项，是指资产负债表日后期间发生的事项对资产负债表日已经存在的情况提供新的或进一步的说明，所以选项B、C和D均属于资产负债表日后调整事项。

【答案】BCD

【真题7·多选题】甲公司2×16年财务报表于2×17年4月10日批准对外报出，下列各项关于甲公司2×17年发生的交易或事项中，属于2×16年资产负债表日后调整事项的有（　　）。（2017年）

A. 2月10日，甲公司董事会通过决议，将投资性房地产的后续计量由成本模式变更为公允价值模式

B. 4月3日，收到2×16年11月销售的一批已确认销售收入的商品发生15%的退货，按照购销合同约定，甲公司应当返还客户与该部分商品相关的货款

C. 3月2日，发现2×15年度存在一项重大会计差错，该差错影响2×15年利润表及资产负债表有关项目

D. 3月10日，2×16年底的一项未决诉讼结案，法院判决甲公司胜诉并获赔偿1800万元，但甲公司无法判断对方的财务状况和支付能力

【解析】选项A，资产负债表日后期间发生的会计政策变更，属于变更当年的新事项，不属于资产负债表日后调整事项；

选项B，报告年度销售商品已确认收入，在资产负债表日后期间发生退回，属于资产负债表日后调整事项；

选项C，在资产负债表日后期间发现以前年度的会计差错，作为资产负债表日后调整事项处理；

选项D，不符合确认为资产的条件。

【答案】BC

【真题8·多选题】甲公司2×15年财务报告于2×16年3月20日经董事会批准对外报出，其于2×16年发生的下列事项中，不考虑其他因素，应当作为2×15年度资产负债表日后调整事项的有（　　）。（2016年）

A. 2月10日，收到客户退回2×15年6月销售部分商品，甲公司向客户开具红字增值税发票

B. 2月20日，一家子公司发生安全生产事故造成重大财产损失，同时被当地安监部门罚款600万元

C. 3月15日，于2×15年发生的某涉诉案件终审判决，甲公司需赔偿原告1600万元，该金额较2×15年末原已确认的预计负债多300万元

D. 3月18日，董事会会议通过2×15年度利润分配预案，拟分配现金股利6000万元，以资本公积转增股本，每10股转增2股

【解析】选项B和D，属于日后期间非调整事项；选项A和C，属于日后期间调整事项。

【答案】AC

【真题9·多选题】甲公司20×4年财务报告于20×5年3月20日对外报出，其于20×5年发生的下列交易事项中，应作为20×4年调整事项处理的有（　　）。（2015年改编）

A. 1月20日，收到客户退回的部分商品，该商品于20×4年9月确认销售收入

B. 3月18日，甲公司的子公司发布20×4年经审计的利润，根据购买该子公司协议约定，甲公司在原预计或有对价基础上向出售方多支付1600万元

C. 2月25日发布重大资产重组公告，发行股份收购一家下游企业100%股权

D. 3月10日，20×4年被提起诉讼的案件结案，法院判决甲公司赔偿金额与原预计金额相差1200万元

【解析】选项C，属于资产负债表日后非调整事项。

【答案】ABD

【真题10·单选题】甲公司20×3年财务报表于20×4年4月10日对外报出。假定其20×4年发生的下列有关事项均具有重要性，甲公司应当据以调整20×3年财务报表的是（　　）。（2014年）

A. 5月2日，自20×3年9月即已开始策划的企业合并交易获得股东大会批准

B. 4月15日，发现20×3年一项重要交易会计处理未充分考虑当时情况，导致虚增20×3年利润

C. 3月12日，某项于20×3年资产负债表日已存在的未决诉讼结案，由于新的司法解释出台，甲公司实际支付赔偿金额大于原已确认预计负债

D. 4月10日，因某客户所在地发生自然灾害造成重大损失，导致甲公司20×3年资产负债表日应收该客户货款按新的情况预计的坏账高于原预计金额

【解析】选项A和B，不属于日后期间发生的交易或事项；选项D，日后期间因自然灾害导致的重大损失，属于非调整事项。

【答案】C

第二节 调整事项的会计处理

使用“会计云课堂”App或“微信”扫码查看本节视频，快速GET知识点。

一、调整事项的处理原则

资产负债表日后期间发生的调整事项，应当如同资产负债表所属期间发生的事项一样，作出相关账务处理，并对资产负债表日已经编制的财务报表进行调整。这里的财务报表包括资产负债表、利润表及所有者权益变动表等内容，但不包括现金流量表正表。

名师点拨

涉及现金流量表补充资料的相关项目，可能进行调整。

由于资产负债表日后事项发生在报告年度的次年，报告年度的有关账目已经结转，特别是损益类科目在结账后已无余额。因此，资产负债表日后发生的调整事项，应当分别以下情况进行处理。

（一）涉及损益的事项，通过“以前年度损益调整”科目核算，调整完成后，应将“以前年度损益调整”科目的贷方或借方余额，转入“利润分配—未分配利润”科目

（二）涉及利润分配调整的事项，直接在“利润分配—未分配利润”科目核算

（三）不涉及损益以及利润分配的事项，调整相关科目

（四）通过上述账务处理后，还应同时调整财务报表相关项目的数字，包括

1. 资产负债表日编制的财务报表相关项目的期末数或本年发生数；
2. 当期编制的财务报表相关项目的期初数或上年数；
3. 经过上述调整后，如果涉及报表附注内容的，还应当调整报表附注相关项目的数字。

二、资产负债表日后调整事项的具体会计处理方法

（一）资产负债表日后诉讼案件结案，法院判决证实了企业在资产负债表日已经存在现时义务，需要调整原先确认的与该诉讼案件相关的预计负债，或确认一项新负债

经典题解

【真题11·单选题】甲公司为上市公司，其20×6年度财务报告于20×7年3月1日对外报出。该公司在20×6年12月31日有一项未决诉讼，经咨询律师，估计很可能败诉并预计将支付的赔偿金额、诉讼费等在760万元至1000万元之间（其中诉讼费为7万元）。为此，甲公司预计了880万元的负债；20×7年1月30日法院判决甲公司败诉，并需赔偿1200万元，同时承担诉讼费用10万元。上述事项对甲公司20×6年度利润总额的影响金额为（　　）。（2012年）

A. -880 万元　　B. -1000 万元

C. -1200 万元　　D. -1210 万元

【解析】本题中的资产负债表日后诉讼案件结案属于资产负债表日后调整事项，调整的金额也要影响甲公司 20×6 年度利润总额，所以上述事项对甲公司 20×6 年度利润总额的影响金额 =-（1200+10）=-1210（万元）。

【答案】D

【例题 12·单选题】A 公司 2×21 年 10 月份与乙公司签订一项供销合同，由于 A 公司未按合同发货，致使乙公司发生重大经济损失。被乙公司起诉，至 2×21 年 12 月 31 日法院尚未判决。A 公司 2×21 年 12 月 31 日在资产负债表中的“预计负债”项目反映了 1000 万元的赔偿款。2×22 年 3 月 5 日经法院判决，A 公司需偿付乙公司经济损失 1200 万元。A 公司不再上诉，并假定赔偿款已经支付。A 公司 2×21 年度财务报告批准报出日为 2×22 年 4 月 28 日，报告年度资产负债表中有关项目调整的正确处理方法是（　　）。

A.“预计负债”项目调增 200 万元；“其他应付款”项目调整 0 万元

B.“预计负债”项目调减 1000 万元；“其他应付款”项目调增 1200 万元

C.“预计负债”项目调增 200 万元；“其他应付款”项目调增 1200 万元

D.“预计负债”项目调减 1200 万元；“其他应付款”项目调增 200 万元

【解析】应冲减原确认的预计负债，并将 A 公司需偿付乙公司经济损失 1200 万元反映在其他应付款中。

【答案】B

解题攻略

因报告年度资产负债表日的货币资金应反映实际可动用数，所以日后调整事项涉及货币资金的业务，不能调整报告年度的货币资金。涉及货币资金的，债务人将其替换成“其他应付款”，债权人将其替换成“其他应收款”。

（二）资产负债表日后取得确凿证据，表明某项资产在资产负债表日发生了减值或者需要调整该项资产原先确认的减值金额

经典题解

【例题 13】甲公司 2×21 年 6 月销售给乙公司一批物资，货款为 2000000 元（含增值税）。乙公司于 7 月份收到所购物资并验收入库。按合同规定，乙公司应于收到所购物资后 3 个月内付款。由于乙公司财务状况不佳，到 2×21 年 12 月 31 日仍未付款。甲公司于 2×21 年 12 月 31 日已对该项应收账款计提坏账准备 100000 元。2×21 年 12 月 31 日甲公司资产负债表上“应收账款”项目的金额为 4000000 元，其中 1900000 元为该项应收账款。甲公司于 2×22 年 2 月 3 日（所得税汇算清缴前）收到人民法院通知，乙公司已宣告破产清算，无力偿还所欠部分货款。甲公司预计可收回应收账款的 60%。假定甲公司与乙公司适用的所得税税率均为 25%，按净利润 10% 提取法定盈余公积，不考虑其他因素影响。

要求：编制相关会计分录。（涉及损益的通过“以前年度损益调整”科目核算）

本例中，甲公司在收到人民法院通知后，首先可判断该事项属于资产负债表日后调整事项。甲公司原对应收乙公司账款计提了 100000 元的坏账准备，按照新的证据应计提的坏账准备为 800000 元（2000000×40%），差额

700000元应当调整2×21年度财务报表相关项目的数字。

甲公司的账务处理如下：

（1）补提坏账准备

应补提的坏账准备=2000000×40%-100000=700000（元）。

借：以前年度损益调整—信用减值损失　700000

　贷：坏账准备　700000

（2）调整递延所得税资产

借：递延所得税资产　175000

　贷：以前年度损益调整—所得税费用　175000（700000×25%）

（3）将“以前年度损益调整”科目的余额转入未分配利润

借：利润分配—未分配利润　525000

　贷：以前年度损益调整　525000

（4）因净利润减少，调减盈余公积

借：盈余公积—法定盈余公积　52500

　贷：利润分配—未分配利润　52500（525000×10%）

（5）调整报告年度财务报表相关项目的数字（财务报表略）

①资产负债表项目的调整：

调减应收账款700000元，调增递延所得税资产175000元；调减盈余公积52500元，调减未分配利润472500元。

②利润表项目的调整：

调增信用减值损失700000元，调减所得税费用175000元，调减净利润525000元。

③所有者权益变动表项目的调整：

调减净利润525000元；提取盈余公积项目中盈余公积一栏调减52500元，未分配利润调减472500元。

相关链接

资产负债表日后期间销售退回相关应交所得税及递延所得税处理，参见P824本章疑难问题解答。

（三）资产负债表日后进一步确定了资产负债表日前购入资产的成本或售出资产的收入

经典题解

【真题14·单选题】甲公司2×12年10月为乙公司的银行贷款提供担保。银行、甲公司、乙公司三方签订的合同约定：（1）贷款本金为4200万元，自2×12年12月21日起2年，年利率5.6%；（2）乙公司以房产为该项贷款提供抵押担保；（3）甲公司为该贷款提供连带责任担保。2×14年12月22日，该项贷款逾期未付，银行要求甲公司履行担保责任。2×14年12月30日，甲公司、乙公司与贷款银行经协商签订补充协议，约定将乙公司的担保房产变现用以偿付该贷款本息。该房产预计处置价款可以覆盖贷款本息，甲公司在其2×14年财务报表中未确认相关预计负债。

2×15年5月，因乙公司该房产出售过程中出现未预期到的纠纷导致无法出售，银行向法院提起诉讼，判决甲公司履行担保责任。经庭外协商，甲公司需于2×15年7月和2×16年1月分两次等额支付乙公司所欠借款本息，同时获得对乙公司的

追偿权，但无法预计能否取得。不考虑其他因素，甲公司对需履行的担保责任应进行的会计处理是（　　）。（2016 年）

A. 作为 2×15 年事项将需支付的担保款计入 2×15 年财务报表

B. 作为会计政策变更将需支付的担保款追溯调整 2×14 年财务报表

C. 作为重大会计差错更正将需支付的担保款追溯重述 2×14 年财务报表

D. 作为新发生事项，将需支付的担保款分别计入 2×15 年和 2×16 年财务报表

【解析】此项不属于会计准则中规定的“编报前期财务报表时能够合理预计取得并应当加以考虑的可靠信息”，也不属于“前期财务报表批准报出时能够取得的可靠信息”，既不属于差错，当然也不属于会计政策变更。因 2×15 年 5 月，法院判决甲公司履行担保责任，所以应将需支付的担保款计入 2×15 年财务报表。

【答案】A

第三节　非调整事项的会计处理

使用“会计云课堂”App 或“微信”扫码查看本节视频，快速 GET 知识点。

一、非调整事项的处理原则

资产负债表日后发生的非调整事项，是表明资产负债表日后发生的情况的事项，与资产负债表日存在状况无关，不应当调整资产负债表日的财务报表。但有的非调整事项对财务报告使用者具有重大影响，如不加以说明，将不利于财务报告使用者作出正确估计和决策，因此，应在附注中披露。

二、非调整事项的具体会计处理办法

名师点拨

资产负债表日后，企业利润分配方案中拟分配的以及经审议批准宣告发放的股利或利润，不确认为资产负债表日的负债，为非调整事项，不应当调整资产负债表日的财务报表相关项目，但应当在报告年度财务报表附注中单独披露。

资产负债表日后发生的非调整事项，应当在报表附注中披露每项重要的资产负债表日后非调整事项的性质、内容及其对财务状况和经营成果的影响。无法作出估计的，应当说明原因。

此外，需要关注以下问题：

（1）对于在报告期资产负债表日已经存在的债务，在其资产负债表日后期间与债权人达成的债务重组交易不属于资产负债表日后调整事项，不能据以调整报告期资产、负债项目的确认和计量。在报告期资产负债表中，债务重组中涉及的相关负债仍应按照达成债务重组协议前具有法律效力的有关协议等约定进行确认和计量。

（2）如果企业于资产负债表日对金融资产计提损失准备，资产负债表日至财务报告批准报出日之间，该笔金融资产到期并全额收回。对于这种情形，企业在资产负债表日后终止确认金融资产，属于表明资产负债表日后发生的情况的事项，即非调整事项。如果企业在资产负债表日考虑所有合理且有依据的信息，已采用预期信用损失法基于有关过去事项、当前状况以及未来经济状况预测计提了信用减值准备，不能仅因资产负债表日后交易情况认为已计提的减值准备不合理，并进而调整资产负债表日的财务报表。

经典题解

【例题 15 · 多选题】下列各项会计处理的表述中，正确的有（　　）。

A. 重要的非调整事项应当在报告年度财务报表附注中披露

B. 对于在报告期资产负债表日已经存在的债务，在其资产负债表日后期间与债权人达成的债务重组交易不属于资产负债表日后调整事项

C. 资产负债表日对债权投资计提损失准备，资产负债表日至财务报告批准报出日之间，该笔债权投资到期并全额收回，属于非调整事项

D. 调整事项涉及现金收支的，应调整报告年度资产负债表的货币资金项目的金额

【解析】资产负债表日后事项如涉及现金收支项目，均不调整报告年度资产负债表的货币资金项目和现金流量表正表各项目数字，选项 D 错误。

【答案】ABC

考试加油站

一、本章小结

下载“会计云课堂”App 学习

您已成功完成“第二十五章”的学习，本章共 7 个考点，您都学会了吗？

为了让您对章节有更清晰的理解，加倍巩固。本书作者张志凤老师将通过**“视频导图课”**的方式，带您回顾重要考点。

名师点拨，视听结合，高效提分。

※ 欢迎您扫码，免费观看学习。

二、本章疑难问题解答

资产负债表日后期间是否调整应交所得税及递延所得税？

答：发生于资产负债表日后至财务报告批准报出日之间的销售退回事项，可能发生于年度所得税汇算清缴之前，也可能发生于年度所得税汇算清缴之后，其会计处理分别如下：

（1）涉及报告年度所属期间的销售退回发生于报告年度所得税汇算清缴之前，应调整报告年度利润表的收入、成本等。并相应调整报告年度的应纳税所得额及报告年度应缴纳的所得税等；

（2）涉及报告年度所属期间的销售退回发生于报告年度所得税汇算清缴之后，应调整报告年度利润表的收入、成本等。但按照税法规定，在此期间的销售退回所涉及的应交所得税，应作为本年度的纳税调整事项。

会计分录如下表所示：

时间	税法允许扣除或补交税金	调整事项形成暂时性差异
汇算清缴日之前	借：应交税费—应交所得税 　贷：以前年度损益调整—所得税费用 或 借：以前年度损益调整—所得税费用 　贷：应交税费—应交所得税	调整递延所得税资产或递延所得税负债。考试主要涉及递延所得税资产，以递延所得税资产为例： 借：递延所得税资产 　贷：以前年度损益调整—所得税费用 或相反分录
汇算清缴日之后	借：递延所得税资产 　贷：以前年度损益调整—所得税费用 或 借：以前年度损益调整—所得税费用 　贷：递延所得税负债	

历年经典主观题回顾

使用“会计云课堂”App 或“微信”扫码快速做题、对答案、看解析、掌握解题思路，开启轻松过关之旅。

一、计算分析题

甲公司为境内上市公司，2×16 年度财务报表于 2×17 年 2 月 28 日经董事会批准对外报出。甲公司发生的有关交易或事项如下：

（1）甲公司历年来对所售乙产品实行“三包”服务，根据产品质量保证条款，乙产品出售后两年内如发生质量问题，甲公司将负责免费维修、调换等（不包括非正常损坏）。甲公司 2×16 年年初与“三包”服务相关的预计负债账面余额为 60 万元，当年实际发生“三包”服务费用 45 万元。

按照以往惯例，较小质量问题发生的维修等费用为当期销售乙产品收入总额的 0.5%；较大质量问题发生的维修等费用为当期销售乙产品收入总额的 2%；严重质量问题发生的维修等费用为当期销售乙产品收入总额的 1%。根据乙产品质量检测及历年发生“三包”服务等情况，甲公司预计 2×16 年度销售乙产品中的 75% 不会发生质量问题，20% 可能发生较小质量问题，4% 可能发生较大质量问题，1% 可能发生严重质量问题。甲公司 2×16 年销售乙产品收入总额为 50000 万元。

（2）2×17 年 1 月 20 日，甲公司收到其客户丁公司通知，因丁公司所在地区于 2×17 年 1 月 18 日发生自然灾害，导致丁公司财产发生重大损失，无法偿付所欠甲公司货款 1200 万元的 60%。甲公司已对该应收账款于 2×16 年年末计提了 200 万元的坏账准备。

（3）根据甲公司与丙公司签订的协议，甲公司应于2×16年9月20日向丙公司交付一批乙产品，因甲公司未能按期交付，导致丙公司延迟向其客户交付商品而产生违约损失1000万元。为此，丙公司于2×16年10月8日向法院提起诉讼，要求甲公司按合同约定支付违约金950万元以及由此导致的丙公司违约损失1000万元。

截至2×16年12月31日，双方拟进行和解，和解协议正在商定过程中，甲公司经咨询其法律顾问后，预计很可能赔偿金额在950万元至1000万元之间。为此，甲公司于年末预计975万元损失并确认为预计负债。2×17年2月10日，甲公司与丙公司达成和解。甲公司同意支付违约金950万元和丙公司的违约损失300万元，丙公司同意撤诉。甲公司于2×17年3月20日通过银行转账支付上述款项。

本题不考虑相关税费及其他因素。

要求：

（1）根据资料（1），说明甲公司因“三包”服务确定预计负债最佳估计数的原则；计算甲公司2×16年应计提的产品“三包”服务费用；计算甲公司2×16年12月31日与产品“三包”服务有关的预计负债年末余额。

（2）根据资料（2）和（3），分别说明与甲公司有关的事项属于资产负债表日后调整事项还是非调整事项，并说明理由，如为调整事项，分别计算甲公司应调整2×16年年末留存收益的金额；如为非调整事项，说明其会计处理方法。（2017年）

二、综合题

甲公司的注册会计师在对其20×8年度财务报表进行审计时，对以下交易或事项的会计处理提出质疑：

（1）因国家对A产品实施限价政策，甲公司生产的A产品市场售价为15万元/件。根据国家相关政策，从20×8年1月1日起，甲公司每销售1件A产品，当地政府部门将给予补助10万元。20×8年度，甲公司共销售A产品1120件，收到政府给予的补助13600万元。A产品的成本为21万元/件。

税法规定，企业自国家取得的资金除作为出资外，应计入取得当期应纳税所得额计算交纳企业所得税。甲公司将上述政府给予的补助计入20×8年度应纳税所得额，计算并交纳企业所得税。

对于上述交易或事项，甲公司进行了以下会计处理：

借：银行存款　13600

　贷：递延收益　13600

借：递延收益　11200

　贷：营业外收入　11200

借：主营业务成本　23520

　贷：库存商品　23520

借：银行存款　16800

　贷：主营业务收入　16800

（2）20×8年度，甲公司进行内部研究开发活动共发生支出800万元，其中，费用化支出300万元，资本化支出500万元，均以银行存款支付。研发活动所形成的无形资产至20×8年12月31日尚未达到预定用途。

税法规定，对于按照企业会计准则规定费用化的研发支出，计算当期应纳税所得额时加计75% 税前扣除；对于资本化的研发支出，其计税基础为资本化金额的 175%。对于上述交易或事项。甲公司进行了以下会计处理：

借：研发支出—费用化支出　　300

　　　　　　—资本化支出　　500

　贷：银行存款　　800

借：递延所得税资产　　93.75

　贷：所得税费用　　93.75

（3）20×8 年 1 月 1 日，甲公司持有联营企业（乙公司）30% 股权，账面价值为 3200 万元，其中投资成本 2600 万元，损益调整 600 万元。20×8 年 9 月 30 日，甲公司与市场独立第三方签订不可撤销协议，以 4000 万元的价格出售对乙公司 30% 股权。至 20×8 年 12 月 31 日，上述股权出售尚未完成，甲公司预计将于 20×9 年 6 月底前完成上述股权的出售。20×8 年度，乙公司实现净利润 1600 万元，其他综合收益增加 200 万元，其中，1 月 1 日至 9 月 30 日期间实现净利润 1000 万元，其他综合收益增加 200 万元。税法规定，资产按取得时的成本作为计税基础。

对于上述交易或事项，甲公司进行了以下会计处理：

借：长期股权投资　　540

　贷：投资收益　　480

　　　其他综合收益　　60

（4）20×8 年度，甲公司因销售 B 产品共收取合同价款 1000 万元。在销售 B 产品时，甲公司向客户承诺，在销售 B 产品 2 年内，由于客户使用不当等原因造成 B 产品故障，甲公司免费提供维修服务。甲公司 2 年期维修服务可以单独作价出售，与本年度所售 B 产品相应的 2 年期维修服务售价为 100 万元，预计维修服务成本为 80 万元。甲公司不附加产品免费维修服务情况下出售 B 产品的售价为 920 万元。上述已售 B 产品的成本为 700 万元。至 20×8 年 12 月 31 日，尚未有客户向甲公司提出免费维修服务的要求。

假定税法对上述交易或事项的处理与企业会计准则的规定相同。

对于上述交易或事项，甲公司进行了以下会计处理：

借：银行存款　　1000

　贷：主营业务收入　　1000

借：主营业务成本　　700

　贷：库存商品　　700

借：销售费用　　80

　贷：预计负债　　80

其他有关资料：第一，甲公司适用的企业所得税税率为 25%，未来年度能够取得足够的应纳税所得额用以抵扣可抵扣暂时性差异。第二，20×8 年初，甲公司不存在递延所得税资产和负债的账面余额。第三，甲公司原取得对乙公司 30% 股权时，乙公司可辨认净资产公允价值与其账面价值相同。第四，本题不考虑除企业所得税外的其他税费及其他因素。

要求：

根据上述资料，判断甲公司对上述交易或事项的会计处理是否正确，说明理由；如果会计处理不正确，编制更正甲公司 20×8 年度财务报表的会计分录。（2019 年）

历年经典主观题参考答案及解析

使用“会计云课堂”App或“微信”扫码对答案、看解析、
掌握解题思路，开启轻松过关之旅。

一、计算分析题

【答案】

（1）①确认的原则：因销售的乙产品可能发生较小质量问题，可能发生较大质量问题，可能发生严重质量问题，也可能不发生质量问题，即存在多种可能性，属于涉及多个项目的情况，最佳估计数按照各种可能结果及相关概率计算确定。

② 2×16年应计提的产品“三包”服务费用=50000×（0.5%×20%+2%×4%+1%×1%+75%×0）=95（万元）。

③ 2×16年12月31日与“三包”服务相关的预计负债的年末余额=60+95-45=110（万元）。

（2）资料（2），该事项应该作为资产负债表日后非调整事项。

理由：资产负债表日虽然已经对该项应收账款计提坏账，但在资产负债表日后期间是因为发生自然灾害导致应收账款进一步减值，导致进一步减值的因素在资产负债表日不存在，所以应该作为资产负债表日后重要的非调整事项进行披露。

资料（3），该事项应该作为资产负债表日后调整事项。

理由：资产负债表日该诉讼事项已经存在，资产负债表日后期间进一步取得了新的证据，应作为资产负债表日后调整事项处理。

甲公司应该调减2×16年年末留存收益的金额=（950+300）-975=275（万元）。

二、综合题

【答案】

（1）事项（1）会计处理不正确。

理由：企业从政府取得的经济资源，如果与企业销售商品或提供劳务等活动密切相关，且来源于政府的经济资源是企业商品或服务的对价或者是对价的组成部分，应当按照《企业会计准则第14号——收入》的规定进行会计处理，不适用政府补助准则。

更正分录：

借：递延收益　13600

　贷：合同负债　13600

借：营业外收入　11200

　贷：递延收益　11200

借：合同负债　11200
　贷：主营业务收入　11200
借：递延所得税资产　600［（13600-11200）×25%］
　贷：所得税费用　600
（2）事项（2）会计处理不正确。
理由：该无形资产的确认不是产生于企业合并交易，同时在确认时既不影响会计利润也不影响应纳税所得额，则不确认该暂时性差异的所得税影响。
更正分录：
借：所得税费用　93.75
　贷：递延所得税资产　93.75
（3）事项（3）会计处理不正确。
理由：按照《企业会计准则第 2 号——长期股权投资》规定，对联营企业或合营企业的权益性投资全部或部分分类为持有待售资产的，应当停止权益法核算，同时该资产计划出售，应确认递延所得税负债。
更正分录：
借：投资收益　180［（1600-1000）×30%］
　贷：长期股权投资　180
借：所得税费用　75（300×25%）
　　其他综合收益　15（60×25%）
　贷：递延所得税负债　90
假定甲公司按净利润的 10% 提取法定盈余公积
借：盈余公积　15
　　利润分配—未分配利润　135
　贷：递延所得税负债　150（600×25%）
借：持有待售资产—长期股权投资　3560
　贷：长期股权投资—投资成本　2600
　　　　　　　　　—损益调整　900
　　　　　　　　　—其他综合收益　60
（4）事项（4）会计处理不正确。
理由：对于附有质量保证条款的销售，企业应当评估该质量保证是否在向客户保证所销售商品符合既定标准之外提供了一项单独的服务。企业提供额外服务的，应当作为单项履约义务。本题维修服务，属于提供了一项单独的服务，应当作为单项履约义务处理。
更正分录：
借：主营业务收入　98.04［1000/（920+100）×100）］
　贷：合同负债　98.04
借：应交税费—应交所得税　24.51
　贷：所得税费用　24.51
借：预计负债　80
　贷：销售费用　80

同步强化练习题

使用"会计云课堂"App或"微信"扫码快速做题、对答案、看解析、掌握解题思路，开启轻松过关之旅。

一、单项选择题

1. 下列关于资产负债表日后事项的表述中，错误的是（　　）。

A. 影响重大的资产负债表日后非调整事项应在附注中披露

B. 对资产负债表日后调整事项应当调整资产负债表日财务报表的有关项目

C. 资产负债表日后事项包括资产负债表日至财务报告批准报出日之间发生的全部事项

D. 某一事项究竟是调整事项还是非调整事项，主要取决于该事项表明的情况在资产负债表日或资产负债表日以前是否已经存在

2. A公司2×21年10月份与乙公司签订一项销售合同，由于A公司未按合同发货，致使乙公司发生重大经济损失，被乙公司起诉，至2×21年12月31日法院尚未判决。A公司2×21年12月31日针对该事项在资产负债表中的"预计负债"项目合理反映了800万元的预计赔偿款。2×22年3月5日经法院判决，A公司需偿付乙公司经济损失900万元。A公司不再上诉，并于当日支付了赔偿款。A公司2×21年度财务报告批准报出日为2×22年4月28日，不考虑其他因素，报告年度资产负债表中有关项目的调整正确的是（　　）。

A."预计负债"项目调增100万元；"其他应付款"项目不调整

B."预计负债"项目调减800万元；"其他应付款"项目调增900万元

C."预计负债"项目调增100万元；"其他应付款"项目调增900万元

D."预计负债"项目调减900万元；"其他应付款"项目调增100万元

3. 甲公司2×21年12月31日应收乙公司账款100万元，已知乙公司财务状况不佳，按照当时估计已计提坏账准备20万元。2×22年2月20日，甲公司获悉乙公司于2×22年2月18日向法院申请破产。甲公司估计应收乙公司账款全部无法收回。甲公司适用的所得税税率为15%，按照净利润的10%提取法定盈余公积，不提取任意盈余公积，2×21年度财务报告于2×22年4月20日经董事会批准对外报出。甲公司因该资产负债表日后事项减少2×21年12月31日未分配利润的金额为（　　）万元。

A. 54　　B. 61.2

C. 12　　D. 80

4. 2×21年12月31日，甲公司对一起未决诉讼确认预计负债1000万元。2×22年3月6日，法院对该起诉讼判决，甲公司应赔偿乙公司800万元，款项尚未支付，甲公司和乙公司均不再上诉。甲公司适用的所得税税率为25%，按净利润的10%提取盈余公积，2×21年度财

务报告批准报出日为2×22年3月31日，不考虑其他因素，该事项导致甲公司2×21年12月31日资产负债表“其他应付款”项目调整的金额为（　　）万元。

A. 调增1000　　B. 调增800

C. 0　　D. 调减800

5. 甲公司适用的所得税税率为25%，按照净利润的10%提取盈余公积。2×21年度财务报告批准报出日为2×22年3月31日，预计未来期间能够取得足够的应纳税所得额用以抵扣可抵扣暂时性差异。2×21年12月31日，甲公司对一起未决诉讼确认的预计负债为800万元。2×22年3月6日，法院对该起诉讼作出判决，甲公司应赔偿600万元，甲公司不再上诉。不考虑其他因素，该资产负债表日后事项导致甲公司2×21年12月31日资产负债表中“盈余公积”项目“期末余额”调整增加（　　）万元。

A. 135　　B. 20

C. 180　　D. 15

6. 甲公司为上市公司，其2×21年度财务报告于2×22年3月1日对外报出。该公司在2×21年12月31日有一项未决诉讼，经咨询律师，估计很可能败诉并预计将支付的赔偿金额、诉讼费等在700万元至1000万元之间（其中诉讼费为7万元），且该范围内支付各种赔偿金额的可能性相同。为此，甲公司预计了850万元的负债；2×22年1月30日法院判决甲公司败诉，并需赔偿1190万元，同时承担诉讼费用10万元。甲公司服从判决并不再上诉。假定不考虑其他因素，上述事项对甲公司2×21年度利润总额的影响金额为（　　）万元。

A. −880　　B. −1210

C. −1200　　D. −1000

7. 资产负债表日后至财务报告批准报出日之间发生的调整事项在进行调整处理时，不能调整的是（　　）。

A. 现金流量表附表

B. 利润表

C. 现金流量表正表

D. 所有者权益变动表

8. 甲公司2×21年12月3日与乙公司签订产品销售合同。合同约定，甲公司向乙公司销售A产品200件，单位售价为10万元（不含增值税），单位成本为6万元（未计提存货跌价准备）；乙公司应在甲公司发出产品后1个月内支付款项，乙公司收到A产品后4个月内如发现质量问题有权退货。甲公司于2×21年12月10日发出A产品。根据历史经验，甲公司估计A产品的退货率为20%。至2×21年12月31日止，上述已销售的A产品尚未发生退回。甲公司于2×21年度财务报告批准对外报出前，A产品发生退回50件。至A产品退货期满，2×21年出售的A产品实际退货60件。假定按税法规定，公司发出商品时应确认收入的实现。资产负债表日后期间，实际发生退货时可以调整报告年度的应交所得税。甲公司适用的所得税税率为25%。下列关于甲公司2×22年A产品销售退回会计处理的表述中，错误的是（　　）。

A. A产品发生的60件退货中，资产负债表日后期间发生的50件退货应作为资产负债表日后调整事项处理，资产负债表日后期间之后发生的10件退货应冲减2×22年的销售收入

B. 资产负债表日后期间之后发生的A产品销售退回会减少2×22年销售成本

C. 资产负债表日后期间之后发生的A产品销售退回会增加2×22年销售收入

D. 资产负债表日后期间之后发生的10件退货不属于资产负债表日后调整事项

9. A股份有限公司（以下简称“A公司”）为增值税一般纳税人，2×21年度财务报告于2×22年4月10日批准对外报出，A公司2×21年适用的所得税税率为25%，从2×22年开始适用的所得税税率为15%。2×22年2月10日，A公司2×21年9月5日销售给B公司的一批商品因质量问题而退货。该批商品的售价为1000万元，增值税税额为130万元，成本为800万元（未计提存货跌价准备），B公司货款尚未支付。经核实A公司已同意退货，所退商品已入库。假定2×21年年末A公司对该应收账款已计提坏账准备50万元，A公司2×21年的所得税汇算清缴于2×22年4月20日完成。上述调整事项使2×21年净利润减少（　　）万元。

A. 100　　B. 150

C. 142.5　　D. 107.5

10. 甲公司2×21年度资产负债表日至财务报告批准报出日之间发生了以下交易或事项：（1）2×21年12月发出且已确认收入的一批产品发生销售退回，产品已收到并验收入库；（2）董事会通过利润分配预案拟对2×21年度利润进行分配；（3）因被担保人财务状况持续恶化，无法支付预期银行贷款，2×22年1月2日，贷款银行要求甲公司按照合同约定履行债务担保责任1000万元，甲公司于2×21年年末未取得被担保人相关财务状况等信息，未确认与该担保事项相关的预计负债。假定不考虑其他因素，下列甲公司对资产负债表日后事项的会计处理中不正确的是（　　）。

A. 发生的商品销售退回属于资产负债表日后调整事项

B. 董事会通过利润分配预案属于资产负债表日后非调整事项

C. 利润分配预案应在财务报表附注中披露拟分配的利润

D. 担保事项应在2×21年度财务报表附注中披露或有负债1000万元

11. 甲公司为增值税一般纳税人，2×21年的财务报告于2×22年4月10日批准对外报出，适用的所得税税率为25%。2×22年4月8日，甲公司于2×21年9月5日销售给乙公司的一批商品因质量问题而被退回。该批商品的售价为1000万元，增值税税额为130万元，成本为800万元，甲公司已确认收入结转成本，乙公司货款尚未支付。经核实甲公司已同意退货，所退商品已入库。假定甲公司2×21年的所得税汇算清缴于2×22年3月20日完成。不考虑其他因素，2×21年12月31日甲公司因该事项资产负债表中列示的递延所得税资产为（　　）万元。

A. 150　　B. 50

C. 30　　D. 120

12. 甲公司2×21年3月20日披露2×20年度财务报告。2×21年3月3日，甲公司收到所在地政府于3月1日发布的通知，规定自2×19年6月1日起，对装机容量在2.5万千瓦及以上有发电收入的水库和水电站，按照上网电量8厘/千瓦时征收库区基金。按照该通知界定的征收范围，甲公司所属已投产电站均需缴纳库区基金。不考虑其他因素，下列关于甲公司对上述事项会计处理的表述中，正确的是（　　）。

A. 作为2×21年发生的事项在2×21年财务报表中进行会计处理

B. 作为会计政策变更追溯调整2×20年财务报表的数据并调整相关的比较信息

C. 作为重大会计差错追溯重述2×20年财务报表的数据并重述相关的比较信息

D. 作为资产负债表日后调整事项调整

2×20年财务报表的当年发生数及年末数

二、多项选择题

1. 甲公司2×21年财务报告于2×22年3月20日经董事会批准对外报出，其于2×22年发生的下列事项中，不考虑其他因素，应当作为2×21年度资产负债表日后调整事项的有（　　）。
   A. 2月15日，收到客户退回2×21年6月销售部分商品，甲公司向客户开具红字增值税发票
   B. 2月20日，甲公司的子公司发布2×21年经审计的利润，根据购买该子公司协议约定，甲公司需在原预计或有对价基础上向出售方多支付200万元
   C. 2月25日，一家子公司发生安全生产事故造成重大财产损失，同时被当地安监部门罚款500万元
   D. 3月18日，董事会会议通过2×21年度利润分配预案，拟分配现金股利4000万元，以资本公积转增股本，每10股转增2股

2. 甲公司2×21年年度财务报告于2×22年3月5日批准对外报出。（1）2×22年2月1日，甲公司收到乙公司因产品质量原因退回的商品，该商品系2×22年1月5日销售；（2）2月1日与丁公司签订的债务重组协议执行完毕，该债务重组协议系甲公司（债务人）于2×21年12月5日与丁公司签订；（3）2×22年2月25日，甲公司发现2×21年11月20日入账的固定资产未计提折旧；（4）2×22年2月28日，甲公司得知丙公司2×21年12月30日发生重大火灾，无法偿还所欠甲公司2×21年货款。上述事项中，属于甲公司2×21年度资产负债表日后调整事项的有（　　）。
   A. 乙公司退货
   B. 债务重组业务债务人确认的损益
   C. 固定资产未计提折旧
   D. 应收丙公司货款无法收回

3. 甲公司2×21年财务报告于2×22年3月20日对外报出，其于2×22年发生的下列交易事项中，应作为2×21年资产负债表日后调整事项处理的有（　　）。
   A. 2月20日，收到客户退回的部分商品，该商品于2×22年1月确认销售收入并结转成本
   B. 2×21年度按暂估价值入账的固定资产在2×22年3月18日办理完成竣工决算手续
   C. 2月20日，一家子公司发生安全生产事故造成重大财产损失，同时被当地安监部门罚款600万元
   D. 2月25日，有证据表明资产负债表日对在建工程计提的减值准备严重不足

4. 甲公司2×21年资产负债表日至财务报告批准报出日（2×22年3月20日）之间发生了以下交易或事项：（1）经与贷款银行协商，同意甲公司一笔将于2×22年5月到期的借款展期2年。按照原借款合同规定，甲公司无权自主对该借款展期。（2）2×21年10月6日，乙公司向法院提起诉讼，要求甲公司赔偿专利侵权损失600万元。至2×21年12月31日，法院尚未判决。经向律师咨询，甲公司就该诉讼事项于2×21年度确认预计负债500万元。2×22年2月5日，法院判决甲公司应赔偿乙公司专利侵权损失550万元。甲公司同意法院的判决，并于当日支付款项550万元。（3）2×21年12月发出且已确认收入的一批产品由于质量问题发生退货。（4）董事会通过利润分配预案，拟对2×21年度利润进行分配。不考虑其他因素，甲公司下列对资产负债表日后事项的会计处理中，

正确的有（　　）。

A. 对于诉讼事项，应在2×21年资产负债表中调整增加预计负债50万元

B. 产品由于质量问题退货属于资产负债表日后调整事项

C. 董事会通过利润分配预案属于资产负债表日后非调整事项

D. 对于借款展期事项，应在2×21年资产负债表中将该借款自流动负债重分类为非流动负债

5. 2×20年12月1日，甲公司以赊销方式向乙公司销售一批产品，满足收入确认条件，分别确认应收账款和主营业务收入2000万元。2×20年12月31日，甲公司对该应收账款计提坏账准备10万元。甲公司2×20年的年度财务报告于2×21年3月20日经董事会批准对外报出。不考虑其他因素，甲公司发生的下列各项交易或事项中，属于资产负债表日后调整事项的有（　　）。

A. 2×21年1月10日，甲公司取得确凿证据表明2×20年12月31日对乙公司的应收账款应计提坏账准备15万元

B. 2×21年3月31日，因乙公司出现严重财务困难，甲公司对乙公司的剩余应收账款计提坏账准备20万元

C. 2×21年3月10日，甲公司收到乙公司支付的2000万元货款

D. 2×21年2月10日，甲公司2×20年12月1日销售给乙公司的产品因质量问题被退回

6. 下列有关资产负债表日后事项的说法中，正确的有（　　）。

A. 2×22年1月20日，甲企业2×21年度财务报告尚未报出，甲企业付款10000万元购买一家全资子公司；这一交易对甲企业来说，属于应披露的资产负债表日后非调整事项

B. 资产负债表日后期间因自然灾害导致资产发生重大损失，属于资产负债表日后非调整事项

C. 资产负债表日后期间出现的新情况导致固定资产发生减值，属于资产负债表日后调整事项

D. 资产负债表日后期间签订债务重组协议并执行完毕，属于资产负债表日后非调整事项

7. 关于资产负债表日后事项，下列说法中正确的有（　　）。

A. 调整事项涉及货币资金的，不应当调整报告年度资产负债表的“货币资金”项目金额及现金流量表正表相关项目金额

B. 对资产负债表日后事项中的调整事项，涉及损益项目的，通过“以前年度损益调整”科目核算，然后将“以前年度损益调整”科目的余额转入“本年利润”科目

C. 资产负债表日后期间发生的“已证实资产发生减损”，可能是调整事项，也可能是非调整事项

D. 资产负债表日后调整事项，无论是有利事项还是不利事项，均应当调整报告年度财务报表相关项目数字

8. 甲公司2×21年年度财务报告于2×22年3月31日批准报出，甲公司因违约于2×21年10月被乙公司起诉，该项诉讼在2×21年12月31日尚未判决，甲公司认为很可能败诉，赔偿的金额为300万元，将其确认为预计负债。2×22年3月12日，法院判决甲公司需要赔偿乙公司的经济损失为320万元，甲公司和乙公司均服从法院判决，同时甲公司向乙公司支付320万元。假定不考虑其他因素，甲公司关于上述事项会计处理的表述中正确的有（　　）。

A. 与乙公司的诉讼案件结案属于资产负债表日后调整事项

B. 对于诉讼事项，应在 2×21 年资产负债表中调减预计负债 300 万元
C. 该事项使 2×21 年利润总额减少 300 万元
D. 该事项应调减 2×21 年资产负债表中货币资金项目 320 万元

9. 甲公司 2×21 年度财务报告于 2×22 年 3 月 31 日批准报出，2×22 年 2 月 10 日，因被担保人（甲公司的子公司）财务状况恶化，无法支付逾期的银行借款，贷款银行要求甲公司按照合同约定履行债务担保责任 300 万元。该业务起因为 3 年前甲公司为子公司提供债务担保，2×21 年年末到期时甲公司的子公司因财务发生困难不能偿还银行贷款，但是甲公司在 2×21 年年末未取得被担保人相关财务状况等信息，未确认与该担保事项相关的预计负债。甲公司下列会计处理中正确的有（　　）。
A. 银行要求履行债务担保责任属于资产负债表日后调整事项
B. 对于债务担保事项，应在 2×21 年 12 月 31 日资产负债表中确认预计负债 300 万元
C. 该事项减少 2×21 年营业利润 300 万元
D. 该事项增加 2×21 年营业外支出 300 万元

10. 甲公司为上市公司。2×18 年甲公司向乙银行贷款 4 亿元，借款协议约定的正常年利率为 5%，罚息年利率为 6%。因甲公司资金周转困难，未能按时偿还本息，故甲公司从 2×20 年 1 月开始按照罚息年利率 6% 计提该笔借款的逾期利息，2×20 年度计提逾期利息 2400 万元。2×21 年，甲公司与乙银行积极协商，乙银行也已向总行申请减免甲公司部分利息。2×21 年 12 月 31 日，甲公司根据与乙银行债务重组的进度情况，预计双方将于近期达成减免利息的协议。据此判断，2×20 年度及 2×21 年度按照罚息年利率 6% 支付逾期利息的可能性很小，故 2×21 年按照 5% 的正常年利率计提该笔贷款利息 2000 万元，同时冲回应付利息期初余额中 2×20 年利息 400 万元。2×22 年 4 月 20 日，在 2×21 年年度财务报告批准报出日之前，甲公司与乙银行签订了《利息减免协议》，协议的主要内容与之前甲公司估计的情况基本相符，即在甲公司一次性归还全部贷款本金和分期偿还利息的前提下，甲公司只需按照 5% 的正常年利率支付 2×20 年度和 2×21 年度的利息。甲公司下列会计处理中正确的有（　　）。
A. 甲公司应基于资产负债表日债务重组的谈判进度来估计应付利息的金额
B. 甲公司应根据与乙银行签订的《利息减免协议》调整 2×21 年财务报表相关项目
C. 资产负债表日后期间签订的《利息减免协议》是一项新发生的事件，不属于资产负债表日后调整事项
D. 达到减免条件前，不应确认债务重组收益

三、综合题

1. 长江公司 2×21 年度的财务报告于 2×22 年 3 月 20 日批准对外报出，内部审计人员于 2×22 年 2 月份在对 2×21 年度财务报告审计过程中，注意到下列事项：
（1）2×21 年 12 月 30 日，长江公司采用授予职工限制性股票的形式实施股权激励计划。长江公司以非公开发行方式向 30 名管理人员每人授予 10 万股自身普通股（每股面值为 1 元），授予价格为每股 5 元。当日，30 名管理人员全部出资认购，总认购款项为 1500 万元，长江公司履行了相关增资手续。长江公

司估计该限制性股票在授予日的公允价值为每股 5 元。长江公司将收到的款项确认为股本和资本公积。

（2）长江公司于 2×22 年 2 月 10 日收到 A 公司通知，A 公司已进行破产清算，无力偿还所欠部分货款，预计不可收回应收账款总额的 60%，长江公司收到 A 公司通知后未进行会计处理。该业务系长江公司 2×21 年 8 月销售给 A 公司一批产品，售价为 500 万元，成本为 300 万元。A 公司于 2×21 年 8 月份收到所购商品并验收入库。按合同规定 A 公司应于收到所购商品后一个月内付款。由于 A 公司财务状况不佳，面临破产，至 2×21 年 12 月 31 日仍未付款，2×21 年年末长江公司已对该项应收账款按 20% 计提坏账准备。

（3）长江公司自 2×21 年 1 月 1 日起，将某一管理用机器设备的折旧年限由原来的 8 年变更为 13 年，对此项变更采用未来适用法。对上述变更，长江公司无法作出合理解释，但指出该项变更已经董事会表决通过，并已在相关媒体进行了公告。经复核，该固定资产使用寿命的预期数与原先的估计没有重大差异。该设备原价为 1600 万元，采用年限平均法计提折旧，预计净残值为零，截至 2×21 年 1 月 1 日，该设备已使用 3 年，已提折旧 600 万元，未计提减值准备。长江公司 2×21 年计提折旧 100 万元。

（4）长江公司于 2×21 年 1 月 1 日购入 10 套商品房，每套商品房购入价为 800 万元，并以低于购入价 20% 的价格出售给 10 名公司高级管理人员，出售住房的合同中规定这部分管理人员自 2×21 年 1 月 1 日起至少为公司服务 10 年。长江公司将购入价 8000 万元与售价 6400 万元的差额 1600 万元直接计入 2×21 年管理费用。

（5）2×21 年 12 月 31 日，长江公司与某非关联方签订了一份不可撤销转让协议，约定于 2×22 年年初以 500 万元价格向其转让一台账面价值为 600 万元的旧设备（原价 750 万元，累计折旧 150 万元），并由长江公司另行承担处置费用 25 万元。长江公司于 2×21 年 12 月 31 日将该设备作为持有待售资产核算，并将协议约定转让价格与该设备账面价值之间的差额 100 万元确认为资产减值损失，计入 2×21 年度损益。

（6）2×21 年 1 月 1 日，长江公司发行了一项面值为 1000 万元、年利率为 5%、无固定还款期限、可自主决定是否支付利息的不可累积永续债，其他合同条款如下（假定没有其他条款导致该工具分类为金融负债）：①该永续债嵌入了一项看涨期权，允许长江公司在发行第 5 年及之后以面值回购该永续债。②如果长江公司在第 5 年年末没有回购该永续债，则之后的票息率增加至 6%（6% 封顶，且封顶利率未超过同期同行业同类型工具平均的利率水平）。③该永续债票息在长江公司向其普通股股东支付股利时必须支付。假设：长江公司根据相应的议事机制能够自主决定普通股股利的支付；该公司多年来均支付普通股股利，且本年已宣告发放普通股现金股利。

长江公司对上述交易或事项的会计处理为：

借：银行存款　　1000
　贷：应付债券—面值　　1000
借：财务费用　　50
　贷：应付利息　　50

假定不考虑增值税、所得税等因素的影响。

要求：

根据事项（1）至（6），逐项判断长江公司会计处理是否正确，并简要说明判断依据。对于不正确的会计处理，编制相应的更正分录。（无须通过“以前年度损益调整”科目核算）

2. 甲公司为上市公司，2×21年资产负债表日后期间，内审部门在审核甲公司及下属子公司2×21年度财务报表时，对以下交易或事项的会计处理提出质疑：

（1）2×21年7月1日，甲公司与乙公司签订合同，为其开发一套定制化软件系统，合同价款为500万元，预计合同总成本为300万元。合同约定，为确保信息安全以及软件开发完成后能够迅速与乙公司系统对接，甲公司需在乙公司办公现场通过乙公司的内部模拟系统进行软件开发，开发过程中所形成的全部电脑程序、代码等应存储于乙公司的内部模拟系统中，开发人员不得将程序代码等转存至其他电脑中，开发过程中形成的程序、文档等所有权和知识产权归乙公司所有。如果甲公司被中途更换，其他供应商无法利用甲公司已完成的工作，需要重新执行软件定制工作。乙公司对甲公司开发过程中形成的代码和程序没有合理用途，乙公司并不能够利用开发过程中形成的程序、文档，并从中获取经济利益。乙公司将组织里程碑验收和终验，并按照合同约定分阶段付款，其中，预付款比例为合同价款的5%，里程碑验收时付款比例为合同价款的65%，终验阶段付款比例为合同价款的30%。如果乙公司违约，需支付合同价款10%的违约金。至2×21年12月31日，甲公司发生成本180万元，其中材料成本为50万元，人工成本为100万元，用银行存款支付其他费用30万元；甲公司按投入法确定履约进度为60%，已结算合同价款为280万元，实际收款260万元。

甲公司会计处理如下：

借：合同履约成本　180
　贷：原材料　50
　　　应付职工薪酬　100
　　　银行存款　30

借：合同结算—收入结转　300
　贷：主营业务收入　300

借：主营业务成本　180
　贷：合同履约成本　180

借：应收账款　280
　贷：合同结算—价款结算　280

借：银行存款　260
　贷：应收账款　260

（2）2×21年12月10日，甲公司与客户签订合同，向客户赊销一件W产品，总价为297万元，除在法律上规定的1年质保期外，甲公司额外提供2年的质保期，在此期间如发生质量问题，甲公司负责维修或更换。含1年质保期的W产品单独售价为295万元，W产品延长2年的质保期单独售价为5万元。W产品单位成本为250万元。

甲公司的会计处理如下：

借：应收账款　297
　贷：主营业务收入　297

借：主营业务成本　250
　贷：库存商品　250

（3）2×21年6月10日，甲公司以1200万元自市场回购本公司普通股100万股，每股面值为1元。拟用于对员工进行股权激励。因甲公司的母公司（A公司）于2×21年1月1日与甲公司高管人员签订了股权激励协议，甲公司暂未实施本公司的股权激励。根据A公司与甲公司高管人员签订的股权激励协议，A公司对甲公司10名高管人员每人授予10万份A公司股票期权，授予日每份股票期权的公允价值为6元，行权条件为自授予日起，高管人员在甲公司连续服务满3年。至2×21年12月31日，甲公司有2名高管人员离开，预计至可行权日还会有1名高管人员离开。2×21年12月31日每份股票期权的公允价值为7元。

甲公司的会计处理如下：

借：股本　100
　资本公积—股本溢价　1100
　贷：银行存款　1200

对于A公司授予甲公司高管人员的股票期权，甲公司未进行会计处理。

（4）2×21年12月1日，甲公司尝试通过中间商扩大B商品市场占有率。甲公司与中间商丁公司签订的合同约定：甲公司按照丁公司要求发货，丁公司按照甲公司确定的售价4万元/件对外出售，双方按照实际售出数量定期结算，未售出商品由甲公司收回，丁公司就所销售B商品收取提成费0.3万元/件；B商品成本为2万元/件，甲公司2×21年共发货100件，丁公司实际售出60件，甲公司已收到代销清单，但未收到货款。

甲公司的会计处理如下：

借：发出商品　200
　贷：库存商品　200
借：应收账款　400
　贷：主营业务收入　400
借：主营业务成本　200
　贷：发出商品　200
借：销售费用　30
　贷：应收账款　30

（5）2×21年12月25日，甲公司（委托方）与无关联关系的第三方公司（加工方丙公司）通过签订销售合同的形式将原材料“销售”给丙公司并委托其进行加工，同时，与丙公司签订商品采购合同将加工后的商品购回。该批材料的成本为160万元，售价为200万元，未收款。丙公司并未取得待加工原材料的控制权。

甲公司会计处理如下：

借：应收账款　200
　贷：其他业务收入　200
借：其他业务成本　160
　贷：原材料　160

假定不考虑相关税费及其他因素。

要求：

根据资料（1）至（5），逐项判断甲公司的会计处理是否正确，并说明理由，如果甲公司的会计处理不正确，编制更正的会计分录（无须通过“以前年度损益调整”科目核算）。

同步强化练习题参考答案及解析

使用“会计云课堂”App或“微信”扫码对答案、看解析、掌握解题思路，开启轻松过关之旅。

一、单项选择题

1.【答案】C

【解析】资产负债表日后事项，是指资产负债表日至财务报告批准报出日之间发生的有利或不利事项，而非全部事项，选项C不正确。

2.【答案】B

【解析】A公司应冲减原确认的预计负债，

并将A公司需偿付乙公司经济损失900万元反映在“其他应付款”项目中。

3.【答案】B

【解析】甲公司因该资产负债表日后事项减少2×21年12月31日未分配利润金额=（100-20）×（1-15%）×（1-10%）=61.2（万元）。

4.【答案】B

【解析】资产负债表日后期间法院判决，需要将资产负债表日及之前因该事项确认的预计负债冲减，其实际判决金额和预计负债的差额计入以前年度损益调整（营业外支出），影响报告年度的损益。

甲公司在资产负债表日确认预计负债时：

借：营业外支出　1000

　贷：预计负债　1000

借：递延所得税资产250（1000×25%）

　贷：所得税费用　250

法院判决时：

借：预计负债　1000

　贷：以前年度损益调整—营业外支出　200

　　其他应付款　800

借：以前年度损益调整—所得税费用　50（200×25%）

　贷：递延所得税资产　50

借：以前年度损益调整　150

　贷：盈余公积　15

　　利润分配—未分配利润　135

5.【答案】D

【解析】该事项导致甲公司2×21年12月31日资产负债表中“盈余公积”项目“期末余额”调整增加的金额=（800-600）×（1-25%）×10%=15（万元）。

6.【答案】C

【解析】资产负债表日后诉讼案件结案属于资产负债表日后调整事项，调整金额影响甲公司2×21年度利润总额，所以上述事项对甲公司2×21年度利润总额的影响金额=-(1190+10)=-1200(万元)。

7.【答案】C

【解析】资产负债表日后调整事项涉及现金收支的，现金流量表正表不作调整（但现金流量表补充资料的相关项目应进行调整，调整后并不影响报告年度经营活动现金流量的总额）。

8.【答案】C

【解析】选项C，日后期间之后发生的10件退货会减少2×22年销售收入。

9.【答案】D

【解析】该调整事项减少2×21年利润总额=1000-800-50=150（万元），减少当期应交所得税=（1000-800）×25%=50（万元），冲回递延所得税资产增加递延所得税费用=50×15%=7.5（万元），上述事项减少2×21年所得税费用=50-7.5=42.5（万元），因此，上述调整事项使2×21年净利润减少=150-42.5=107.5（万元）。

10.【答案】D

【解析】选项D，担保事项属于资产负债表日后调整事项，应在2×21年资产负债表中确认预计负债1000万元。

11.【答案】B

【解析】所得税汇算清缴以后发生的销售退回，不能调整应交所得税，应调整确认递延所得税资产=（1000-800）×25%=50（万元）。

会计分录如下：

确认收入时：

借：应收账款　1130

　贷：主营业务收入　1000

　　应交税费—应交增值税（销项税额）　130

借：主营业务成本　800

　贷：库存商品　800

资产负债表日后期间发生退货：

借：库存商品 800

贷：以前年度损益调整—主营业务成本 800

借：以前年度损益调整—主营业务收入 1000

应交税费—应交增值税（销项税额） 130

贷：应收账款 1130

汇算清缴于3月20日完成，退货发生在4月8日，则不能调整应交所得税：

借：递延所得税资产 50

［（1000－800）×25%］

贷：以前年度损益调整—所得税费用 50

12.【答案】D

【解析】此事项不属于会计准则中规定的“编报前期财务报表时能够合理预计取得并应当加以考虑的可靠信息”，也不属于“前期财务报表批准报出时能够取得的可靠信息”，既不属于会计差错，也不属于会计政策变更，因2×20年财务报告尚未报出，所以应作为资产负债表日后调整事项，调整2×20年财务报表的当年发生数及年末数，选项D正确。

二、多项选择题

1.【答案】AB

【解析】选项C和D，属于资产负债表日后非调整事项；选项A和B，属于资产负债表日后调整事项。

2.【答案】CD

【解析】选项A，系当年销售的商品当年发生退货，不属于资产负债表日后调整事项；选项B，债务重组业务债务人应在终止确认应付债务时确认损益，不属于资产负债表日后调整事项；选项C，是资产负债表日后期间发现的前期差错，属于资产负债表日后调整事项；选项D，因为火灾是在报告年度2×21年发生的，所以属于资产负债表日后调整事项，如果是在资产负债表日后期间发生的，则属于资产负债表日后非调整事项。

3.【答案】BD

【解析】选项A，属于当期事项；选项C，属于资产负债表日后非调整事项。

4.【答案】BC

【解析】对于诉讼事项，应在2×21年资产负债表中调整减少预计负债500万元，选项A错误；甲公司在资产负债表日无权自主对借款展期，所以该借款在2×21年资产负债表中仍应在流动负债反映，选项D错误。

5.【答案】AD

【解析】选项B和C，不属于资产负债表日后事项。

6.【答案】ABD

【解析】选项C，属于资产负债表日后非调整事项。

7.【答案】ACD

【解析】选项B，资产负债表日后调整事项，涉及损益项目的，通过“以前年度损益调整”科目核算，然后将“以前年度损益调整”科目的余额转入“利润分配—未分配利润”科目。

8.【答案】AB

【解析】资产负债表日后期间法院已结案，诉讼项目赔偿额与原确认的预计负债有差异，应作为资产负债表日后调整事项处理，选项A正确；因该事项已结案，所以应将原确认的预计负债冲回，选项B正确；考虑调整事项后确认的营业外支出为320万元，使利润总额减少320万元，选项C错误；该事项应调增2×21年资产负债表其他应付款320万元，不应调整 2×21 年资产负债表中的货币资金项目，选项 D 错误。

9.【答案】ABD

【解析】该事项在资产负债表日之前存在，资产负债表日后期间得以证实，属于资产负债表日后调整事项，选项 A 正确；该事项应在 2×21 年 12 月 31 日资产负债表中确认预计负债 300 万元，选项 B 正确；该事项使报告年度营业外支出增加 300 万元，利润总额减少 300 万元，但不影响营业利润，选项 C 错误，选项 D 正确。

10.【答案】CD

【解析】应付利息与银行借款均属于金融负债，只要企业的合同义务没有全部或者部分解除，债务条款没有发生实质性修改，就不能终止确认原来的债务，甲公司不能基于资产负债表日债务重组的谈判进度来估计应付利息的金额，选项 A 错误；甲公司与乙银行签订的《利息减免协议》，利息减免是有条件减免，前提条件是甲公司一次性归还全部贷款本金和分期偿还利息，因此，资产负债表日后期间达成的债务重组协议不属于日后调整事项，在该前提条件满足之前，甲公司不应确认债务重组收益，选项 B 错误，选项 C 和 D 正确。

三、综合题

1.【答案】

（1）事项（1）会计处理不正确。

理由：收到的款项除确认为股本和资本公积外，还应按照发行限制性股票的数量以及相应的回购价格计算确定的金额，借记“库存股”科目，贷记“其他应付款”科目。

更正分录：

借：库存股　　1500

　贷：其他应付款　　1500

（2）事项（2）会计处理不正确。

理由：资产负债表日虽然已对该应收账款计提坏账，但在资产负债表日后取得确凿证据表明应收账款进一步减值，需要在资产负债表日后事项期间调整该项资产原先确认的减值金额，属于资产负债表日后调整事项。

更正分录：

借：信用减值损失　　200

　贷：坏账准备 200［500×（60%－20%）］

（3）事项（3）会计处理不正确。

理由：固定资产使用寿命的预期数与原先的估计没有重大差异，不应改变固定资产的预计使用年限。

2×21 年应计提折旧 =1600÷8=200（万元）。

更正分录：

借：管理费用　　100（200－100）

　贷：累计折旧　　100

（4）事项（4）会计处理不正确。

理由：该项业务属于非货币性职工福利，长江公司以低于购入成本 20% 的价格向管理人员出售住房，且出售住房的合同中规定了职工在购得住房后至少应当提供服务的年限，应当将该项差额作为长期待摊费用处理，并在合同或协议规定的服务年限内平均摊销，计入管理费用。

2×21 年应计入管理费用的金额 =1600÷10=160（万元）。

更正分录：

借：长期待摊费用　　1440（1600－160）

　贷：管理费用　　1440

（5）事项（5）会计处理不正确。

理由：持有待售的固定资产，应按照账面价值与公允价值减去出售费用后的净额孰低进行计量，因此计入当期减值损失的金额 =600－（500－25）=125（万元）。

更正分录：

借：资产减值损失　　25

　贷：持有待售资产减值准备　　25

（6）事项（6）会计处理不正确。

理由：尽管长江公司多年来均支付普通股股利，但由于长江公司能够根据相应的议事机制自主决定普通股股利的支付，进而影响永续债利息的支付，对长江公司而言，该永续债并未形成支付现金或其他金融资产的合同义务；尽管长江公司有可能在第 5 年末行使其回购权，但是长江公司并没有回购的合同义务，因此该永续债应整体被分类为权益工具。

更正分录：

借：应付债券—面值　1000

　贷：其他权益工具　1000

借：应付利息　50

　贷：财务费用　50

借：利润分配　50

　贷：应付股利　50

2.【答案】

（1）甲公司会计处理不正确。

理由：①如果甲公司被中途更换，新供应商需要重新执行软件定制工作，所以乙公司在甲公司履约的同时并未取得并消耗甲公司软件开发过程中所带来的经济利益；②甲公司虽然在乙公司的办公场地的模拟系统中开发软件产品，乙公司也拥有软件开发过程中形成的所有程序、文档等所有权和知识产权，可以主导其使用，但上述安排主要是基于信息安全的考虑，乙公司并不能够合理利用开发过程中形成的程序、文档，并从中获得几乎全部的经济利益，所以乙公司不能够控制甲公司履约过程中在建的商品；③甲公司履约过程中产出的商品为定制软件，具有不可替代的用途，但是，乙公司按照合同约定分阶段付款，预付款仅 5%，后续进度款仅在相关里程碑达到及终验时才支付，且如果乙公司违约，仅需支付合同价款 10% 的违约金，表明甲公司并不能在整个合同期内任一时点就累计至今已完成的履约部分收取能够补偿其已发生成本和合理利润的款项。因此，该定制软件开发业务不满足在某一时段内履行履约义务的条件，其属于在某一时点履行的履约义务。

更正分录：

借：主营业务收入　300

　贷：合同结算—收入结转　300

借：合同履约成本　180

　贷：主营业务成本　180

借：合同结算—价款结算　280

　贷：合同负债　280

（2）甲公司会计处理不正确。

理由：W 产品延长 2 年的质保服务构成单项履约义务。甲公司应将交易价格在 W 产品和延长 2 年的质保服务之间按单独售价的相对比例进行分摊，确认 W 产品销售收入 =295/（295+5）×297=292.05（万元），确认合同负债 =5/（295+5）×297=4.95（万元），确认的合同负债在延保期内按履约进度分期确认收入。

更正分录：

借：主营业务收入　4.95

　贷：合同负债　4.95

（3）①甲公司回购普通股的会计处理不正确。

理由：回购股票不应冲减股本和资本公积—股本溢价，应确认库存股。

更正分录：

借：库存股　1200

　贷：股本　100

　　　资本公积—股本溢价　1100

②甲公司对其母公司（A 公司）授予本公司高管人员股票期权的处理不正确。

理由：集团股份支付中，接受服务企业没有结算义务应当作为权益结算股份支付，确认相关成本费用和资本公积。

更正分录：

借：管理费用　140

　　［6×10×（10-2-1）×1/3］

　贷：资本公积—其他资本公积　140

（4）甲公司会计处理不正确。

理由：该类合同本质上属于收取手续费方式的委托代销，丁公司并不能主导这些商品的销售，这些商品对外销售与否、是否获利以及获利多少等不由丁公司控制，丁公司没有取得这些商品的控制权。因此，甲公司将商品发送至丁公司时，不应确认收入，而应当在丁公司将商品销售给最终客户时确认收入。甲公司应按照收到代销清单售出的商品确认收入并计算代销手续费。

更正分录：

借：主营业务收入　　160（40×4）
　贷：应收账款　　160

借：发出商品　　80（40×2）
　贷：主营业务成本　　80

借：应收账款　　12（40×0.3）
　贷：销售费用　　12

（5）甲公司会计处理不正确。

理由：因丙公司并未取得待加工原材料的控制权，该原材料仍然属于甲公司的存货，甲公司不应确认销售原材料的收入，而应将整个业务作为购买委托加工服务进行处理。

更正分录：

借：其他业务收入　　200
　贷：应收账款　　200

借：委托加工物资　　160
　贷：其他业务成本　　160

第二十六章　企业合并

CHAPTER-26

本章学习指南

一、学习目标

1. 理解企业合并的界定、企业合并的方式、企业合并类型的划分以及业务的判断。
2. 掌握企业合并的会计处理。

二、考情概况

本章试题分数不高，以前年度综合题曾涉及或有对价、反向购买等内容，属于比较重要章节。

三、教材变化

本章内容无变化。

四、考点地图

考点	年份/题型
长期股权投资与企业合并	2021年单选题
商誉的会计处理	2021年多选题

核心考点精讲

提示

前有“长投”，后有“合并”，本章起着一个桥梁的作用，在学习本章内容时，可先对长期股权投资章节内容复习，再开启本章的学习。本章重点关注合并日（或购买日）合并财务报表的编制、或有对价和反向购买的会计处理。

第一节 企业合并概述

使用“会计云课堂”App 或“微信”扫码查看本节视频，快速 GET 知识点。

一、企业合并的界定

1. 概念

企业合并是将两个或两个以上单独的企业（主体）合并形成一个报告主体的交易或事项。

2. 构成企业合并至少包括两层含义

一是取得对另一个或多个企业（或业务）的控制权。

二是所合并的企业必须构成业务。

业务是指企业内部某些生产经营活动或资产负债的组合，该组合具有投入、加工处理过程和产出能力，能够独立计算其成本费用或所产生的收入。

项目	会计处理	
不构成业务（不按企业合并准则处理）	将购买成本基于购买日所取得各项可辨认资产、负债的相对公允价值，在各单独可辨认资产和负债间进行分配，不产生商誉或购买利得	
构成业务（非同一控制）	合并成本大于取得的可辨认净资产公允价值份额的差额	确认商誉
	合并成本小于取得的可辨认净资产公允价值份额的差额	确认负商誉（计入当期损益）

【提示 1】在企业合并中，交易费用应被费用化。

【提示 2】企业合并中购买的资产和承担的债务因账面价值与计税基础不同形成的暂时性差异应确认递延所得税影响。

3. 不形成企业合并的交易或事项

一个企业取得了对另一个或多个企业的控制权，而被购买方（或被合并方）并不构成业务。

企业取得不形成业务的一组资产或资产、负债的组合时，应将购买成本按购买日所取得各项可辨认资产、负债的相对公允价值为基础进行分配，不按照企业合并准则进行处理，按照权益性交易原则不得确认商誉或当期损益。

4. 不包括在企业合并准则规范范围内的交易或事项

（1）购买子公司的少数股权，考虑到该交易或事项发生前后，不涉及控制权的转移，报告主体未发生变化，不属于企业合并。

（2）两方或多方形成合营企业。

名师点拨

（1）吸收合并只编制个别财务报表；

（2）控股合并除母子公司分别编制个别财务报表外，母公司还要编制合并财务报表。

二、企业合并的方式

企业合并的方式如下图所示：

企业合并的方式
- 吸收合并 → A+B=A
- 新设合并 → A+B=C
- 控股合并 → A+B=A+B

三、企业合并类型的划分

企业合并类型	概念
同一控制下企业合并	是指参与合并的企业在合并前后均受同一方或相同的多方最终控制且该控制并非暂时性的
非同一控制下企业合并	是指参与合并各方在合并前后不受同一方或相同多方最终控制的合并交易，即除判断属于同一控制下企业合并的情况以外其他的企业合并

判断某一企业合并是否属于同一控制下的企业合并，应当把握以下要点：

1. 能够对参与合并各方在合并前后均实施最终控制的一方通常指企业集团的母公司。

2. 能够对参与合并的企业在合并前后均实施最终控制的相同多方，是指根据合同或协议的约定，拥有最终决定参与合并企业的财务和经营决策，并从中获取利益的投资者群体。

3. 实施控制的时间性要求，是指参与合并各方在最终控制方的控制时间一般在1年以上（含1年），企业合并后所形成的报告主体在最终控制方的控制时间也应达到1年以上（含1年）。

4. 企业之间的合并是否属于同一控制下的企业合并，应综合构成企业合并交易的各方面情况，按照实质重于形式的原则进行判断。通常情况下，同一控制下的企业合并是指发生在同一企业集团内部企业之间的合并。同受国家控制的企业之间发生的合并，不应仅仅因为参与合并各方在合并前后均受国家控制而将其作为同一控制下的企业合并。

【案例】A公司是上市公司，其拥有的资产、负债构成业务。重组前，E公司系A公司的控股股东，同时E公司对B公司具有重大影响。2×21年10月，A公司与B公司进行重大资产重组：B公司以其持有的C公司和D公司100%股权注入A公司，A公司向B公司定向增发股份2亿股。2×21年10月完成C、D公司股权过户手续，股权持有人变更为A公司，2×21年12月A公司完成变更注册资本的工商变更登记手续，重组完成后B公司持有A公司60%的股份，成为A公司的控股股东。

问题：判断A公司收购C公司和D公司股权属于同一控制企业合并，还是非同一控制企业合并？

【答案】

交易前，E公司为A公司的控股股东，而B公司则是C和D公司的控股股东。参与合并的A公司在合并前受E公司控制，而C公司和D公司受B公司控制，而E公司对B公司只能施加重大影响，不能控制，所以A公司与C、D公司在合并前不受同一方控制，故该项交易属于非同一控制下的企业合并。

经典题解

【例题1】为扩大市场份额，经股东大会批准，甲公司2×21年实施了并购和其他有关交易。

（1）并购前，甲公司与相关公司之间的关系如下：

①A公司直接持有B公司30%的股权，同时受托行使其他股东所持有B公司18%股权的表决权。B公司董事会由11名董事组成，其中A公司派出6名。B公司章程规定，其财务和经营决策经董事会三分之二以上成员通过即可实施。

②B公司持有C公司60%股权，持有D公司100%股权。

③A公司和D公司分别持有甲公司30%股权和29%股权。甲公司董事会由9人组成，其中A公司派出3人，D公司派出2人。甲公司章程规定，其财务和经营决策经董事会半数以上成员通过即可实施。

上述公司之间的关系见下图：

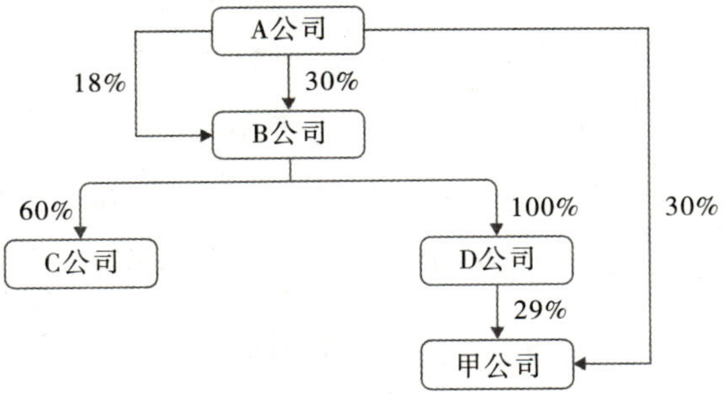

（2）与并购交易相关的资料如下：

2×21年5月20日，甲公司与B公司签订股权转让合同。合同约定：甲公司向B公司购买其所持有的C公司60%股权。

要求：判断甲公司取得C公司60%股权交易的企业合并类型，并说明理由。

【答案】

甲公司取得C公司60%股权交易属于非同一控制下的控股合并。

理由：A公司在B公司的董事人数未超过2/3，合并前甲公司和C公司不受同一集团管理当局控制。

四、业务的判断

（一）构成业务的要素

根据企业合并准则的规定，涉及构成业务的合并应当比照企业合并准则规定处理。合并方在合并中取得的生产经营活动或资产的组合（以下简称“组合”）构成业务。构成业务的要素包括投入、加工处理过程和产出。

（二）构成业务的判断条件

合并方在合并中取得的组合应当至少同时具有一项投入和一项实质性加工处理过程，且二者相结合对产出能力有显著贡献，该组合才构成业务。

企业在判断组合是否构成业务时，应当从市场参与者角度考虑可以将其作为业务进行管理和经营，而不是根据合并方的管理意图或被合并方的经营历史来判断。

（三）判断非同一控制下企业合并中取得的组合是否构成业务，也可选择采用集中度测试

名师点拨

取得的总资产不包括现金及现金等价物、递延所得税资产以及由递延所得税负债影响形成的商誉。

集中度测试是非同一控制下企业合并的购买方在判断取得的组合是否构成一项业务时，可以选择采用的一种简化判断方式。在进行集中度测试时，如果购买方取得的总资产的公允价值几乎相当于其中某一单独可辨认资产或一组类似可辨认资产的公允价值的，则该组合通过集中度测试，应判断为不构成业务，且购买方无须按照上述构成业务的判断条件进行判断；如果该组合未通过集中度测试，购买方仍应按照上述构成业务的判断条件的规定进行判断。

第二节 企业合并的会计处理

使用“会计云课堂”App或“微信”扫码查看本节视频，快速GET知识点。

一、同一控制下企业合并的处理

（一）同一控制下企业合并的处理原则

同一控制下企业合并应用的是权益结合法。

名师点拨

（1）同一控制下企业合并中不产生新的资产和负债；

（2）原最终控制方取得被合并方控制权时确认的商誉应作为合并方合并中取得的资产确认，但合并过程中不产生新的商誉。

权益结合法，亦称股权结合法、权益联营法，是企业合并业务会计处理方法之一。与购买法基于不同的假设，即视企业合并为参与合并的双方，通过股权的交换形成的所有者权益的联合，而非资产的交易。换言之，它是由两个或两个以上经营主体对一个联合后的企业或集团公司开展经营活动的资产贡献，即经济资源的联合。

在权益结合法中，原所有者权益继续存在，以前会计基础保持不变。参与合并的各企业的资产和负债继续按其原来的账面价值计量，合并后企业的利润包括合并日之前本年度已实现的利润；以前年度累积的留存利润也应予以合并。

合并方在企业合并中取得的资产和负债，应当按照合并日被合并方的资产、负债在最终控制方的合并报表中的账面价值计量。合并方取得的可辨认净资产账面价值份额与支付的合并对价账面价值（或发行股份面值总额）的

差额，应当调整资本公积（资本溢价或股本溢价）；资本公积（资本溢价或股本溢价）不足冲减的，调整留存收益。

要点小贴士

（1）“资本公积（资本溢价或股本溢价）”也可能在借方；

（2）当资本公积在借方时，表示冲减母公司的资本公积（资本溢价或股本溢价），资本公积（资本溢价或股本溢价）的余额不足冲减的，应冲减留存收益（盈余公积和未分配利润）。

（二）会计处理

1. 长期股权投资的确认和计量

借：长期股权投资（合并日享有被合并方相对于最终控制方而言的所有者权益账面价值的份额 + 最终控制方收购被合并方形成的商誉）

　　应收股利（享有被投资单位已宣告但尚未发放的现金股利）

　贷：有关资产、负债（支付的合并对价的账面价值）

　　　实收资本或股本

　　　资本公积—资本溢价或股本溢价（倒挤）

2. 合并日合并财务报表的编制

（1）合并资产负债表

被合并方的有关资产、负债应以其账面价值并入合并财务报表（合并方与被合并方采用的会计政策、会计期间不同的，按照合并方的会计政策、会计期间，对被合并方有关资产、负债进行调整）。这里的账面价值是指被合并方的资产、负债（包括最终控制方收购被合并方时形成的商誉）在最终控制方合并财务报表中的账面价值。合并方与被合并方在合并日及以前期间发生的交易，应作为内部交易进行抵销。合并方的财务报表比较数据追溯调整的期间应不早于双方处于最终控制方的控制之下孰晚的时间。

经典题解

【例题2·多选题】A公司为P公司2×18年1月1日购入的全资子公司。2×19年1月1日，A公司与非关联方B公司设立C公司，并分别持有C公司20%和80%的股权。2×21年1月1日，P公司向B公司收购其持有C公司80%的股权，C公司成为P公司的全资子公司。2×22年1月1日，A公司向P公司购买其持有C公司80%的股权，C公司成为A公司的全资子公司。A公司购买C公司80%股权的交易和原取得C公司20%股权的交易不属于“一揽子交易”。下列说法中正确的有（　　）。

A. A公司从P公司手中购买C公司80%股权的交易属于同一控制下企业合并

B. A公司2×19年1月1日至2×21年1月1日的合并财务报表不应重述

C. 视同自2×21年1月1日起A公司即持有C公司100%股权并重述合并财务报表的比较数据

D. 视同自2×19年1月1日起A公司即持有C公司100%股权并重述合并财务报表的比较数据

【解析】因A公司为P公司的全资子公司，所以A公司从P公司处购买C公司80%股权属于同一控制下企业合并，选项A正确；

A公司合并财务报表应自取得原股权之日（即2×19年1月1日）和双方同处于同一方最终控制之日（即2×21年1月1日）孰晚日（即2×21年1月1日）起开始将C公司纳入合并范围，即：视同自2×21年1月1日起A公司即持有C公司100%股权并重述合并财务报表的比较数据。2×19年1月1日至2×21年1月

1 日的合并财务报表不应重述。选项 B 和 C 正确，选项 D 错误。

【答案】ABC

合并财务报表的主体是母公司和子公司组成的企业集团，该集团的所有者是母公司投资者，因此，在合并日，应抵销母公司长期股权投资与子公司所有者权益。

名师点拨

抵销分录不产生新的商誉，但在被合并方是最终控制方以前年度从外部第三方收购来的情况下，借方应反映最终控制方收购被合并方时形成的商誉。

抵销分录：

借：股本
　　资本公积
　　其他综合收益
　　盈余公积
　　未分配利润
　贷：长期股权投资
　　　少数股东权益

同一控制下企业合并的基本处理原则是视同合并后形成的报告主体在合并日及以前期间一直存在，在编制合并日合并财务报表时，应将母公司长期股权投资和子公司所有者权益抵销，但子公司原由企业集团其他企业控制时的留存收益在合并财务报表中是存在的，所以对于被合并方在企业合并前实现的留存收益（盈余公积和未分配利润之和）中归属于合并方的部分，在合并工作底稿中，应编制下列会计分录：

借：资本公积（以资本溢价或股本溢价的贷方余额为限）
　贷：盈余公积（归属于现行母公司部分）
　　　未分配利润（归属于现行母公司部分）

名师点拨

因合并方的资本公积（资本溢价或股本溢价）余额不足，被合并方在合并前实现的留存收益中归属于合并方的但在合并资产负债表中未予恢复的部分，应在合并财务报表附注中进行说明。

合并财务报表准则第三十二条母公司在报告期内因同一控制下企业合并增加的子公司以及业务，编制合并资产负债表时，应当调整合并资产负债表的期初数，同时应当对比较报表的相关项目进行调整，视同合并后的报告主体自最终控制方开始控制时点起一直存在。

合并财务报表准则应用指南

同一控制下企业合并增加的子公司或业务，视同合并后形成的企业集团报告主体自最终控制方开始实施控制时一直是一体化存续下来的。编制合并资产负债表时，应当调整合并资产负债表的期初数，合并资产负债表的留存收益项目应当反映母子公司视同一直作为一个整体运行至合并日应实现的盈余公积和未分配利润的情况，同时应当对比较报表的相关项目进行调整。

经典题解

【例题 3】A、B 公司分别为 P 公司控制下的两家子公司。A 公司于 2×21 年 3 月 10 日自母公司 P 处取得 B 公司 100% 的股权，合并后 B 公司仍维持其独立法人资格继续经营。为进行该项企业合并，A 公司发行了 1500 万股本公司普通股（每股面值 1 元）作为对价。假定 A、B 公司采用的会计政策相同。合并日，A 公司及 B 公司的所有者权益构成如下表所示。

单位：万元

A 公司		B 公司	
项目	金额	项目	金额
股本	9000	股本	1500
资本公积	2500	资本公积	500
盈余公积	2000	盈余公积	1000
未分配利润	5000	未分配利润	2000
合计	18500	合计	5000

A 公司在合并日应进行的账务处理为：

借：长期股权投资　5000

　贷：股本　1500

　　资本公积　3500

合并日合并财务报表的抵销分录：

借：股本　1500

　资本公积　500

　盈余公积　1000

　未分配利润　2000

　贷：长期股权投资　5000

进行上述处理后，A 公司在合并日编制合并资产负债表时，对于企业合并前 B 公司实现的留存收益中归属于合并方的部分（3000 万元）应自资本公积（股本溢价）转入留存收益。本例中 A 公司在确认对 B 公司的长期股权投资以后，其资本公积的账面余额为 6000 万元（2500+3500）。在合并工作底稿中，应编制以下调整分录：

借：资本公积　3000

　贷：盈余公积　1000

　　未分配利润　2000

【真题 4 · 单选题】下列各项关于甲公司 2×16 年发生的交易或事项中，其会计处理会影响当年度甲公司合并所有者权益变动表留存收益项目本年年初金额的是（　　）。（2017 年）

A. 上年末资产的流动性与非流动性划分发生重要差错，本年予以更正

B. 收购受同一母公司控制的乙公司 60% 股权（至收购时已设立 5 年，持续盈利且未向投资者分配），交易符合作为同一控制下企业合并处理的条件

C. 自公开市场进一步购买联营企业股权，将持股比例自 25% 增加到 53% 并能够对其实施控制

D. 根据外在条件变化，将原作为使用寿命不确定的无形资产调整为使用寿命为 10 年并按直线法摊销

【解析】同一控制下企业合并，合并报表中应当将合并前子公司留存收益中归属于母公司部分予以恢复，借记资本公积，贷记留存收益，选项 B 正确。

【答案】B

（2）合并利润表

合并方在编制合并日的合并利润表时，应包含合并方及被合并方自合并当期期初至合并日实现的净利润，双方在当期发生的交易，应当按照合并财务报表的有关原则进行抵销。

（3）合并现金流量表

同合并利润表的编制原则。

二、非同一控制下企业合并的处理

（一）会计处理原则

非同一控制下企业合并处理的基本原则是购买法。即将企业合并视为购买企业以一定的价款购进被购买企业的机器设备、存货等资产项目，同时承担该企业的所有负债的行为，从而按合并时的公允价值计量被购买企业的净资产，将投资成本（购买价格）超过净资产公允价值的差额确认为商誉的会计方法。

1. 确定购买方

非同一控制下的企业合并，在购买日取得对其他参与合并企业控制权的一方为购买方，参与合并的其他企业为被购买方。

2. 确定购买日

购买日，是指购买方实际取得对被购买方控制权的日期。

3. 确定企业合并成本

名师点拨

合并成本中包含或有对价的公允价值。

企业合并成本包括购买方为进行企业合并支付的现金或非现金资产、发行或承担的债务、发行的权益性证券等在购买日的公允价值。

4. 企业合并成本在取得的可辨认资产和负债之间的分配

（1）合并中取得的被购买方除无形资产以外的其他各项资产（不仅限于被购买方原已确认的资产），其所带来的未来经济利益预期很可能流入企业且公允价值能够可靠计量的，应当单独予以确认并按照公允价值计量。

（2）企业合并中取得的无形资产的确认。

非同一控制下的企业合并中，购买方在对企业合并中取得的被购买方资产进行初始确认时，应对被购买方拥有的但在其财务报表中未确认的无形资产进行充分辨认和合理判断，满足以下条件之一的，应确认为无形资产：

①源于合同性权利或其他法定权利；

②能够从被购买方中分离或者划分出来，并能单独或与相关合同、资产和负债一起，用于出售、转移、授予许可、租赁或交换。

（3）合并中取得的被购买方除或有负债以外的其他各项负债，履行有关的义务很可能导致经济利益流出企业且公允价值能够可靠地计量的，应当单独予以确认为负债并按照公允价值计量。

（4）合并中取得的被购买方的或有负债，在购买日其公允价值能够可靠计量的，应当单独确认为负债并按照公允价值计量。

5. 企业合并成本与合并中取得的被购买方可辨认净资产公允价值份额差额的处理

（1）购买方对合并成本大于合并中取得的被购买方可辨认净资产公允价值份额

的差额，应当确认为商誉。

（2）购买方对合并成本小于合并中取得的被购买方可辨认净资产公允价值份额的差额，应当按照下列规定处理：

①对取得的被购买方各项可辨认资产、负债及或有负债的公允价值以及合并成本的计量进行复核；

②经复核后合并成本仍小于合并中取得的被购买方可辨认净资产公允价值份额的，其差额应当计入当期损益（营业外收入），并在会计报表附注中予以说明。

6. 企业合并成本或合并中取得的有关可辨认资产、负债公允价值暂时确定的情况

企业合并发生在当期的期末，因合并中取得的各项可辨认资产、负债及或有负债的公允价值或企业合并成本只能暂时确定的，购买方应当以所确定的暂时价值为基础对企业合并进行确认和计量。

购买日后 12 个月内对原确认的暂时价值进行调整的，视同在购买日进行的确认和计量，即进行追溯调整。

7. 购买日合并财务报表的编制

企业合并形成母子公司关系的，母公司应当编制购买日的合并资产负债表，企业合并取得的被购买方各项可辨认资产、负债应当以其在购买日的公允价值计量。母公司的合并成本与取得的子公司可辨认净资产公允价值份额的借方差额，在合并资产负债表中确认为商誉；贷方差额应计入合并当期损益。因购买日不需要编制合并利润表，该差额体现在合并资产负债表上，应调整合并资产负债表留存收益。

经典题解

【真题 5 · 单选题】 2×20 年 12 月 31 日，甲公司与乙公司设立丙公司，丙公司注册资本为 1000 万元。甲公司用账面价值 700 万元、公允价值 1000 万元的房屋对丙公司出资，占丙公司股权的 80%；乙公司以现金 250 万元对丙公司出资，占丙公司股权的 20%。甲公司控制丙公司。不考虑其他因素，2×20 年 12 月 31 日，甲公司下列各项会计处理的表述中，正确的是（　　）。（2021 年）

A. 合并财务报表中，房屋的账面价值为 1000 万元

B. 合并财务报表中，少数股东权益为 250 万元

C. 个别财务报表中，不应确认资产处置损益 300 万元

D. 个别财务报表中，确认对丙公司的长期股权投资 800 万元

【解析】 甲公司以房屋作为对价新设丙公司，在个别报表中应当按照处置确认资产处置损益 300 万元，按照付出对价的公允价值 1000 万元，确认对丙公司的长期股权投资，选项 C 和 D 不正确；

甲公司在合并财务报表中，向丙公司投出的房屋视为顺流交易，需要抵销未实现的内部交易损益，所以不应以公允价值 1000 万元列示，选项 A 不正确；

丙公司所有者权益的总额 =1000+250=1250（万元），少数股东权益 =1250×20%=250（万元），选项 B 正确。

【答案】 B

【真题6·多选题】下列各项关于商誉会计处理的表述中，正确的有（　　）。（2021年）

A. 企业内部产生的商誉不应确认为一项资产

B. 因商誉不具有实物形态，符合无形资产的特征，应确认为无形资产

C. 同一控制下企业合并中合并方实际支付的对价与取得被投资方于合并日净资产账面价值份额的差额不应确认为商誉

D. 非同一控制下企业合并中购买方实际支付的对价小于取得被投资方于购买日可辨认净资产公允价值份额的差额应计入当期损益

【解析】企业内部产生的商誉，成本不能可靠计量，不符合资产确认条件，不应确认为一项资产，选项A正确；

商誉不具有可辨认性，不符合无形资产定义，不应确认为无形资产，选项B不正确；

同一控制下的企业合并中合并方实际支付的对价与取得被投资方合并日净资产账面价值份额的差额，计入所有者权益，不确认为商誉，选项C正确；

非同一控制下企业合并中购买方实际支付的对价小于取得被投资方于购买日可辨认净资产公允价值份额的差额，应当计入当期损益，选项D正确。

【答案】ACD

相关链接

长期股权投资初始投资成本的确定，参见第六章第二节长期股权投资的初始计量相关内容。

（二）会计处理

1. 非同一控制下的控股合并

2. 购买日合并财务报表的编制

（1）将子公司各项资产、负债由账面价值调整到公允价值

以固定资产为例，假定固定资产的公允价值大于账面价值

借：固定资产

　贷：资本公积

（2）确认递延所得税

借：资本公积

　贷：递延所得税负债

购买日抵销分录：

借：股本

　　资本公积

　　其他综合收益

　　盈余公积

　　未分配利润

　　商誉（借方差额）

　贷：长期股权投资

　　　少数股东权益

名师点拨

购买日将子公司的资产、负债由账面价值调整到公允价值时，对应项目不能是负债，而应是所有者权益：

（1）股本是发行股票的股数和每股面值计算的金额，实收资本是在注册资本中享有的份额，所以不能调整股本（或实收资本）；

（2）其他综合收益是一项利得或损失，盈余公积和未分配利润是经营过程中实现的未分配的利润，调整这些项目也不合适；

（3）即购买日将子公司的资产、负债由账面价值调整到公允价值时，对应项目是资本公积。

经典题解

【例题7】P公司于2×21年6月30日发行1000万股普通股（每股面值1元，市场价格为8.75元）自非关联方处取得了S公司70%的股权。P公司

和S公司资产负债表有关数据如下表所示（假定不考虑所得税影响）：

资产负债表（简表）

2×21年6月30日

单位：万元

项目	P公司	S公司	
	账面价值	账面价值	公允价值
资产：			
货币资金	4312.50	450	450
存货	6200	255	450
应收账款	3000	2000	2000
长期股权投资	5000	2150	3800
固定资产	7000	3000	5500
无形资产	4500	500	1500
商誉	0	0	0
资产总计	30012.50	8355	13700
负债和所有者权益：			
短期借款	2500	2250	2250
应付账款	3750	300	300
其他负债	375	300	300
负债合计	6625	2850	2850
实收资本（股本）	7500	2500	
资本公积	5000	1500	
盈余公积	5000	500	
未分配利润	5887.50	1005	
所有者权益合计	23387.50	5505	
负债和所有者权益总计	30012.50	8355	

（1）确认长期股权投资：

借：长期股权投资 8750

　贷：股本 1000

　　　资本公积—股本溢价 7750

（2）计算确定商誉：

假定S公司除已确认资产外，不存在其他需要确认的资产及负债，则P公司首先计算合并中应确认的合并商誉：

合并商誉＝企业合并成本－合并中取得被购买方可辨认净资产公允价值份额＝8750－［5505+(13700－8355)］×70%=1155（万元）。

解题攻略

因S公司负债的公允价值与账面价值一致，所以计算被投资单位可辨认净资产公允价值时，只需在账面净资产的基础上加上资产公允价值与账面价值的差额5345万元（13700−8355）。

（3）编制调整和抵销分录：

借：存货　195

　　长期股权投资　1650

　　固定资产　2500

　　无形资产　1000

　贷：资本公积　5345

借：实收资本　2500

　　资本公积　6845（1500+5345）

　　盈余公积　500

　　未分配利润　1005

　　商誉　1155

　贷：长期股权投资　8750

　　　少数股东权益　3255［（2500+6845+500+1005）×30%］

（4）编制合并资产负债表

资产负债表（简表）

2×21年6月30日

单位：万元

项目	P公司	S公司	抵销分录		合并金额
			借方	贷方	
5000+8750					
货币资金	4312.50	450			4762.5
存货	6200	255	195		6650
应收账款	3000	2000			5000
长期股权投资	13750	2150	1650	8750	8800
固定资产	7000	3000	2500		12500
无形资产	4500	500	1000		6000
商誉	0	0	1155		1155
资产总计	38762.5	8355			44867.5
负债和所有者权益：					
短期借款	2500	2250			4750
应付账款	3750	300			4050
其他负债	375	300			675
负债合计	6625	2850			9475

续表

项目	P 公司	S 公司	抵销分录		合并金额
			借方	贷方	
实收资本（股本）	8500	2500	2500		8500
资本公积	12750	1500	6845	5345	12750
盈余公积	5000	500	500		5000
未分配利润	5887.50	1005	1005	7500+1000	5887.5
少数股东权益				3255	3255
所有者权益合计	32137.5	5505		5000+7750	35392.5
负债和所有者权益总计	38762.5	8355			44867.5

【例题 8】P 公司于 2×21 年 6 月 30 日发行 1000 万股普通股（每股面值 1 元，市场价格为 8.75 元）自非关联方处取得了 S 公司 70% 的股权。P 公司和 S 公司资产负债表有关数据如表所示：P 公司和 S 公司适用的所得税税率均为 25%。

资产负债表（简表）

2×21 年 6 月 30 日

单位：万元

项目	P 公司	S 公司	
	账面价值	账面价值	公允价值
资产：			
货币资金	4312.50	450	450
存货	6200	255	450
应收账款	3000	2000	2000
长期股权投资	5000	2150	3800
固定资产	7000	3000	5500
无形资产	4500	500	1500
商誉	0	0	0
资产总计	30012.50	8355	13700
负债和所有者权益：			
短期借款	2500	2250	2250
应付账款	3750	300	300

续表

项目	P公司	S公司	
	账面价值	账面价值	公允价值
其他负债	375	300	300
负债合计	6625	2850	2850
实收资本（股本）	7500	2500	
资本公积	5000	1500	
盈余公积	5000	500	
未分配利润	5887.50	1005	
所有者权益合计	23387.50	5505	
负债和所有者权益总计	30012.50	8355	

（1）确认长期股权投资：

借：长期股权投资　8750

　贷：股本　1000

　　　资本公积——股本溢价　7750

（2）计算确定商誉：

假定S公司除已确认资产外，不存在其他需要确认的资产及负债，则P公司首先计算合并中应确认的合并商誉：

合并商誉＝企业合并成本－合并中取得被购买方可辨认净资产公允价值份额＝8750－［5505+(13700－8355)×（1－25%）］×70%=2090.38（万元）。

（3）编制调整和抵销分录：

借：存货　195

　　长期股权投资　1650

　　固定资产　2500

　　无形资产　1000

　贷：资本公积　5345

借：资本公积　1336.25（5345×25%）

　贷：递延所得税负债　1336.25

借：实收资本　2500

　　资本公积　5508.75（1500+5345－1336.25）

　　盈余公积　500

　　未分配利润　1005

　　商誉　2090.38

　贷：长期股权投资　8750

　　　少数股东权益　2854.13［（2500+5508.75+500+1005）×30%］

解题攻略

虽然将子公司资产、负债由账面价值调整到公允价值及确认递延所得税时对应“资本公积”，但“资本公积”最终会被抵销，因此，企业合并确认的“递延所得税”最终影响的是“商誉”和“少数股东权益”。

【例题7】未考虑所得税影响确认的商誉是1155万元，少数股东权益是3255万元；

【例题8】考虑所得税影响确认的商誉是2090.38万元，少数股东权益是2854.13万元。

（4）编制合并资产负债表

资产负债表（简表）

2×21 年 6 月 30 日

单位：万元

项目	P 公司	S 公司	抵销分录		合并金额
			借方	贷方	
资产：					
货币资金	4312.5	450			4762.5
存货	6200	255	195		6650
应收账款	3000	2000			5000
长期股权投资	13750	2150	1650	8750	8800
固定资产	7000	3000	2500		12500
无形资产	4500	500	1000		6000
商誉	0	0	2090.38		2090.38
资产总计	38762.5	8355			45802.88
负债和所有者权益：					
短期借款	2500	2250			4750
应付账款	3750	300			4050
递延所得税负债	0	0		1336.25	1336.25
其他负债	375	300			675
负债合计	6625	2850			10811.25
实收资本（股本）	8500	2500	2500		8500
资本公积	12750	1500	6845	5345	12750
盈余公积	5000	500	500		5000
未分配利润	5887.50	1005	1005		5887.5
少数股东权益				2854.13	2854.13
所有者权益合计	32137.5	5505			34991.63
负债和所有者权益总计	38762.5	8355			45802.88

1336.25+5508.75

三、企业合并涉及的或有对价

（一）同一控制

同一控制下企业合并形成的长期股权投资初始确认时可能存在或有对价。在这种情况下，应按照《企业会计准则第13号——或有事项》（以下简称“或有事项准则”）的规定，判断或有对价是否满足确认预计负债或者确认资产的条件，以及确认的金额；确认相关负债或资产的，其金额与后续或有对价结算金额的差额不影响损益，而应当调整资本公积（资本溢价或股本溢价），资本公积（资本溢价或股本溢价）不足冲减的，调整留存收益。

经典题解

【例题9】2×20年12月31日，P公司向同一集团内S公司的原股东A公司定向增发2000万股普通股（每股面值为1元，每股公允价值为5元），取得S公司100%的股权，相关手续于当日办理完毕，并能够对S公司实施控制。合并后S公司仍维持其独立法人资格继续经营。若S公司2×21年获利超过1000万元，P公司2×21年12月31日需另向A公司支付500万元。S公司之前为A公司于2×18年以非同一控制企业合并的方式收购的全资子公司。合并日，S公司个别财务报表中净资产的账面价值为4400万元，A公司合并财务报表中的S公司净资产账面价值为8000万元（含商誉1000万元）。假定P公司和S公司都受A公司控制，S公司2×21年很可能获利超过1000万元。不考虑相关税费等其他因素影响。

（1）P公司会计处理如下：

借：长期股权投资	8000	
贷：股本		2000
预计负债		500
资本公积—股本溢价		5500（差额）

（2）S公司2×21年获利未超过1000万元

借：预计负债	500	
贷：资本公积—股本溢价		500

（3）S公司2×21年获利超过1000万元

借：预计负债	500	
贷：银行存款		500

（二）非同一控制

非同一控制下企业合并涉及或有对价时长期股权投资成本的计量。某些情况下，合并各方可能在合并协议中约定，根据未来一项或多项或有事项的发生，购买方通过发行额外证券、支付额外现金或其他资产等方式追加合并对价，或者要求返还之前已经支付的对价。购买方应当将合并协议约定的或有对价作为企业合并转移对价的一部分，按照其在购买日的公允价值计入企业合并成本。根据《企业会计准则第37号——金融工具列报》、《企业会计准则第22号——金融工具确认和计量》以及其他相关准则的规定，或有对价符合权益工具和金融负债定义的，购买方应当将支付或有对价的义务确认为一项权益或负债；符合资产定义并满足资产确认条件的，购买方应当将符合合并协议约定条件的、可回收部分已支付合并对价的权利确认为一项资产。

购买日后12个月内出现对购买日已存在情况的新的或者进一步证据而需要调整或有对价的，应当予以确认并对原计入合并商誉的金额进行调整；其他情况下发生的或有对价变化或调整，应当区分以下情况进行会计处理：或有对价为权益性质的，不进行会计处理；或有对价为资产或负债性质的，按照企业会计准则有关规定处理，如果属于《企业会计准则第22号——金融工具确认和计量》中的金融工具，应当按照以公允价值计量且其变动计入当期损益进行会计处理，不得指定为以公允价值计量且其变动计入其他综合收益的金融资产。

【提示】非同一控制下企业合并中的或有对价构成金融资产或金融负债的，应当以公允价值计量并将其变动计入当期损益；或有对价属于权益性质的，应作为权益性交易进行会计处理。

名师点拨

非同一控制下企业合并的或有对价：

（1）确认资产通过“交易性金融资产”科目核算；

（2）确认负债通过“交易性金融负债”科目核算。

经典题解

【真题10·单选题】2×14年1月1日，甲公司通过向乙公司股东定向增发1500万股普通股（每股面值为1元，市价为6元），取得乙公司80%股权，并控制乙公司，另以银行存款支付财务顾问费300万元。双方约定，如果乙公司未来3年平均净利润增长率超过8%，甲公司需要另外向乙公司原股东支付100万元的合并对价；当日，甲公司预计乙公司未来3年平均净利润增长率很可能达到10%。该项交易前，甲公司与乙公司及其控股股东不存在关联关系。不考虑其他因素，甲公司该项企业合并的合并成本是（　　）。（2016年）

A. 9000万元　　B. 9300万元

C. 9100万元　　D. 9400万元

【解析】财务顾问费属于为企业合并发生的直接费用，计入管理费用；甲公司需要另外支付100万元的合并对价很可能发生，满足负债确认条件，应确认为负债，同时计入合并成本；甲公司该项企业合并的合并成本=1500×6+100=9100（万元）。

【答案】C

四、反向购买的处理

（一）反向购买的会计处理

非同一控制下的企业合并，以发行权益性证券交换股权方式进行的，通常发行权益性证券的一方为购买方。但某些企业合并中，发行权益性证券的一方因其生产经营决策在合并后被参与合并的另一方所控制的，发行权益性证券的一方虽然为法律上的母公司，但其为会计上的被购买方，该类企业合并通常称为“反向购买”。例如，A公司为一家规模较小的上市公司，B公司为一家规模较大的贸易公司。B公司拟通过收购A公司的方式达到上市目的，但该交易是通过A公司向B公司原股东发行普通股用以交换B公司原股东持有的对B公司股权方式实现。该项交易后，B公司原控股股东持有A公司50%以上股权，A公司持有B公司50%以上股权，A公司为法律上的母公司、B公司为法律上的子公司，但从会计角度来看，A公司为被购买方，B公司为购买方。

1. 企业合并成本

名师点拨

合并成本是购买方取得被购买方净资产付出对价的公允价值。

反向购买中，企业合并成本是指法律上的子公司（会计上的购买方）如果以发行权益性证券的方式为获取在合并后报告主体的股权比例，应向法律上的母公司（会计上的被购买方）的股东发行的权益性证券数量乘以其公允价值计算的结果。购买方的权益性证券在购买日存在公开报价的，通常应以公开报价作为其公允价值；购买方的权益性证券在购买日不存在可靠公开报价的，应参照购买方的公允价值和被购买方的公允价值两者之中有更为明显证据支持的作为基础，确定购买方假定应发行权益性证券的公允价值。

2. 合并财务报表的编制

反向购买主要表现在购买日编制合并财务报表的操作中，其总的原则是应体现"反向"，比如，反向购买的合并财务报表以法律上子公司（会计上购买方）为主体，保留子公司的股东权益各项目，抵销法律上母公司（会计上被购买方）的股东权益各项目。

名师点拨

站在购买方的角度去理解合并财务报表编制的原则。

反向购买后，法律上的母公司应当遵从以下原则编制合并财务报表：

（1）合并财务报表中，法律上子公司的资产、负债应以其在合并前的账面价值进行确认和计量。

（2）合并财务报表中的留存收益和其他权益余额应当反映的是法律上子公司在合并前的留存收益和其他权益余额。

（3）合并财务报表中的权益性工具的金额应当反映法律上子公司合并前发行在外的股份面值以及假定在确定该项企业合并成本过程中新发行的权益性工具的金额。但是在合并财务报表中的权益结构应当反映法律上母公司的权益结构，即法律上母公司发行在外权益性证券的数量及种类。

（4）法律上母公司的有关可辨认资产、负债在并入合并财务报表时，应以其在购买日确定的公允价值进行合并，企业合并成本大于合并中取得的法律上母公司（被购买方）可辨认净资产公允价值的份额体现为商誉，小于合并中取得的法律上母公司（被购买方）可辨认净资产公允价值的份额确认为合并当期损益。

（5）合并财务报表的比较信息应当是法律上子公司的比较信息（即法律上子公司的前期合并财务报表）。

（6）法律上子公司的有关股东在合并过程中未将其持有的股份转换为法律上母公司股份的，该部分股东享有的权益份额在合并财务报表中应作为少数股东权益列示。因法律上子公司的部分股东未将其持有的股份转换为法律上母公司的股权，其享有的权益份额仍仅限于对法律上子公司的部分，该部分少数股东权益反映的是少数股东按持股比例计算享有法律上子公司合并前净资产账面价值的份额。另外，对于法律上母公司的所有股东，在本次交易后持有合并后主体的权益，虽然该项合并中其被认为被购买方，但其享有合并形成报告主体的净资产及损益，不应作为少数股东权益列示。

上述反向购买的会计处理原则仅适用于合并财务报表的编制。法律上母公司在该项合并中形成的对法律上子公司长期股权投资成本的确定，应当遵从《企业会计准则第2号——长期股权投资》的相关规定。

假定A上市公司于2×21年3月31日通过定向增发本公司普通股对B公司进行合并，B公司原股东能够对A上市公司实施控制。合并财务报表中合并金额的计算如下表所示：

项目	合并金额
流动资产	A公司在购买日的公允价值+B公司账面价值
非流动资产	A公司在购买日的公允价值（不含反向购买时产生的长期股权投资）+B公司账面价值
商誉	B公司的合并成本－A公司可辨认净资产公允价值的份额（如为负数应反映在留存收益中）
资产总额	合计
流动负债	A公司在购买日的公允价值+B公司账面价值
非流动负债	A公司在购买日的公允价值+B公司账面价值
负债总额	合计
股本（A公司股票股数）	B公司合并前发行在外的股份面值×A公司持有B公司股份比例+假定B公司在确定该项企业合并成本过程中新发行的权益性工具的面值
资本公积	差额
盈余公积	B公司合并前盈余公积×A公司持有B公司股份比例
未分配利润	B公司合并前未分配利润×A公司持有B公司股份比例
少数股东权益（B公司的少数股东享有的部分）	少数股东按持有B公司股份比例计算享有B公司合并前净资产账面价值的份额
所有者权益总额	资产总额－负债总额

3. 每股收益的计算

发生反向购买当期，用于计算每股收益的发行在外普通股加权平均数：

（1）自当期期初至购买日，发行在外的普通股数量应假定为在该项合并中法律上母公司向法律上子公司股东发行的普通股数量。

（2）自购买日至期末发行在外的普通股数量为法律上母公司实际发行在外的普通股股数。

名师点拨

计算每股收益的股数应折算成法律上母公司的股数。

反向购买后对外提供比较合并财务报表的，其比较前期合并财务报表中的基本每股收益，应以法律上子公司在每一比较报表期间归属于普通股股东的净损益除以在反向购买中法律上母公司向法律上子公司股东发行的普通股股数计算确定。

上述假定法律上子公司发行的普通股股数在比较期间内和自反向购买发生期间的期初至购买日之间未发生变化。如果法律上子公司发行的普通股股数在此期间发生了变动，计算每股收益时应适当考虑其影响进行调整。

（二）非上市公司购买上市公司股权实现间接上市的会计处理

非上市公司以所持有的对子公司投资等资产为对价取得上市公司的控制权，构

名师点拨

反向购买中：

（1）被购买方（即上市公司）构成业务的，购买方应按照非同一控制下企业合并的原则进行处理；

（2）被购买方不构成业务的，购买方应按照权益性交易的原则进行处理，不得确认商誉或当期损益。

成反向购买的，上市公司编制合并财务报表时应当区别以下情况处理：

1. 交易发生时，上市公司未持有任何资产、负债或仅持有现金、以公允价值计量且其变动计入当期损益的金融资产等不构成业务的资产或负债的，上市公司在编制合并财务报表时，购买企业应按照权益性交易原则进行处理，不得确认商誉或计入当期损益。

2. 交易发生时，上市公司保留的资产、负债构成业务的，对于形成非同一控制下企业合并的，企业合并成本与取得的上市公司可辨认净资产公允价值份额的差额应当确认为商誉或计入当期损益。

非上市公司取得上市公司的控制权，构成反向购买的，上市公司在其个别财务报表中应按照长期股权投资初始计量原则确认取得资产的入账价值。上市公司的前期比较个别财务报表应当为其自身个别财务报表。

经典题解

【例题 11 · 单选题】甲公司是上市公司，2×21年2月1日，甲公司临时股东大会审议通过向W公司非公开发行股份，购买W公司持有的乙公司的100%股权。甲公司此次非公开发行前的股份为2000万股，向W公司发行股份数量为6000万股，非公开发行完成后，W公司能够控制甲公司。2×21年9月30日，非公开发行经监管部门核准并办理完成股份登记等手续，乙公司经评估确认的发行在外股份的公允价值总额为24000万元，甲公司按有关规定确定的股票价格为每股4元。则反向购买的合并成本为（　　）万元。

A. 24000　　B. 6000　　C. 8000　　D. 0

【解析】如果考试是客观题，最简单的计算方法是，用反向购买前法律上母公司股数乘以其每股公允价值，即合并成本 =2000×4=8000（万元）。

【答案】C

五、被购买方的会计处理（略）

考试加油站

一、本章小结

下载“会计云课堂”App学习

您已成功完成“第二十六章”的学习，本章共9个考点，您都学会了吗？

为了让您对章节有更清晰的理解，加倍巩固。本书作者张志凤老师将通过**“视频导图课”**的方式，带您回顾重要考点。

名师点拨，视听结合，高效提分。

※ 欢迎您扫码，免费观看学习。

二、本章疑难问题解答

以自身股份结算的或有对价如何进行后续计量?

答: 按照“监管规则适用指引——会计类第1号”意见，非同一控制下企业合并形成的或有对价中，若购买方根据标的公司的业绩情况确定收回自身股份的数量，该或有对价在购买日不满足“固定换固定”的条件,不属于一项权益工具,而是属于一项金融资产。因此，购买方应当在购买日将该或有对价分类为以公允价值计量且其变动计入当期损益的金融资产。随着标的公司实际业绩的确定，购买方能够确定当期应收回的自身股份的具体数量，则在当期资产负债表日，该或有对价满足“固定换固定”的条件，应将其重分类为权益工具（其他权益工具），以重分类日相关股份的公允价值计量，并不再核算相关股份的后续公允价值变动。在实际收到并注销股份时，终止确认上述其他权益工具，并相应调整股本和资本公积等。

同步强化练习题

使用“会计云课堂”App或“微信”扫码快速做题、对答案、看解析、掌握解题思路，开启轻松过关之旅。

一、单项选择题

1. 下列各项中，属于《企业会计准则第20号——企业合并》规范的企业合并的是(　　)。
   A. 购买子公司少数股权
   B. 一个企业取得对另一个企业的控制权，而被购买方（或被合并方）并不构成业务
   C. 企业A和企业B构成业务，企业A通过增发自身的普通股自企业B原股东处取得企业B的全部股权，该交易事项发生后，企业B仍持续经营
   D. 两方或多方形成合营企业的股权投资

2. 下列各项关于无形资产会计处理的表述中，正确的是(　　)。
   A. 使用寿命不确定的无形资产在持有过程中不应该摊销也不考虑减值
   B. 非同一控制下企业合并中，购买方应确认被购买方在该项交易前未确认但可单独辨认且公允价值能够可靠计量的无形资产
   C. 自行研究开发的无形资产在尚未达到预定用途前无须考虑减值
   D. 同一控制下企业合并中，合并方应确认被合并方在该项交易前未确认的无形资产

3. 下列关于非同一控制下企业合并会计处理的表述中，错误的是（　　）。
A. 合并中发生的各项直接费用计入当期损益
B. 以实际取得对被购买方控制权的日期确定购买日
C. 合并财务报表中合并成本高于合并取得的可辨认净资产账面价值份额的差额作为商誉
D. 合并财务报表中合并成本低于合并取得的可辨认净资产公允价值份额的差额计入当期损益

4. 甲公司是上市公司。2×21年9月，甲公司董事会审议同意以3000万元的价格收购乙公司70%股权的议案。2×21年9月15日，甲公司与乙公司原股东签订《股权转让协议》，约定以2×21年8月31日为股权收购基准日，上市公司有权享有乙公司于基准日之后的利润，并承担相应的亏损，同时约定如果乙公司2×21年8月31日至9月30日的实际净损益与股权收购基准日双方均认可的预计净损益严重不符（波动大于20%），双方将相应调整购买对价。9月30日，上市公司股东大会审议通过该议案并已获得相关部门审批，股权转让款项于同日以银行存款支付。乙公司董事会也于9月30日进行改选，改选后，甲公司派驻的董事占乙公司董事会多数席位，取得对乙公司的控制权。此外，由于乙公司2×21年8月31日至9月30日的实际净损益与预计净损益并无重大差异，无须调整对价。甲、乙公司合并前无关联关系，不考虑其他因素影响。甲公司收购乙公司的购买日为（　　）。
A. 2×21年9月15日
B. 2×21年9月30日
C. 2×21年8月31日
D. 2×21年12月31日

5. 甲公司为上市公司，2×20年12月31日账面净资产约100亿元，可辨认净资产公允价值约为116亿元。2×21年，甲公司决定向非关联方乙公司定向发行股份购买乙公司持有的一项业务。甲公司和乙公司以被购买业务的可辨认净资产在2×20年12月31日的公允价值为参考依据，确定交易价格为60亿元。甲公司董事会决议公告日（2×21年2月）前20个交易日公司股票交易均价为6元/股，此次交易中甲公司向乙公司非公开发行股份10亿股。交易协议同时约定，乙公司取得的股份3年内不能转让。2×21年8月31日办理完增发股份登记等手续，甲公司也完成了必要的财产权交接手续，并对被购买业务开始实施控制。当日甲公司股票收盘价为6.5元/股，同时，乙公司被购买业务的可辨认净资产的公允价值在2×21年内没有明显变化。甲公司购买乙公司该业务的合并成本为（　　）亿元。
A. 50　　B. 65
C. 60　　D. 58

6. 甲公司为上市公司，乙公司是其子公司。乙公司下属3家子公司（以下简称“3家子公司”）系2×16年通过非同一控制下企业合并取得，甲公司合并报表中确认乙公司购买其下属的3家子公司形成的商誉合计800万元。甲公司于2×20年通过非同一控制下企业合并收购丙公司形成商誉200万元。乙公司于2×21年6月将持有的3家子公司股权全部转让给甲公司的另一子公司丁公司，转让价格以乙公司个别报表账面投资成本加上3家子公司2×16年至2×21年6月实现的净利润来确定。乙公司将与3家子公司相关的商誉也一并转销。假定商誉均未减值，不考虑其他因素，甲公司2×21年12月31日合并资产负债表中反映的商誉为（　　）万元。

A. 0　　B. 200
C. 800　　D. 1000

7. 2×21年1月1日，甲公司与乙公司签订股权转让协议，以发行权益性证券方式取得乙公司持有的丙公司80%股权。购买日，甲公司所发行权益性证券的公允价值为14000万元，丙公司可辨认净资产账面价值为13000万元，公允价值为16000万元。购买日，丙公司有一项正在开发并符合资本化条件的生产工艺专有技术，已资本化金额为560万元，公允价值为650万元。甲公司取得丙公司80%股权后，丙公司继续开发该项目，购买日至年末发生开发支出1000万元。该项目年末仍在开发中。购买日前，甲公司、乙公司不存在关联方关系。下列各项关于甲公司取得丙公司股权会计处理的表述中，正确的是（　　）。
A. 取得丙公司股权作为同一控制下企业合并处理
B. 对丙公司长期股权投资的初始投资成本按14000万元计量
C. 在购买日合并财务报表中合并取得的无形资产按560万元计量
D. 合并成本大于购买日丙公司可辨认净资产账面价值份额的差额确认为商誉

8. 甲公司购买乙公司股权业务如下：（1）2×21年3月2日与乙公司的控股股东A公司（非关联方）签订股权转让协议，协议规定甲公司应以乙公司3月1日经评估确认的净资产9600万元为基础，定向增发本公司普通股股票给A公司以取得其所持有乙公司80%的股权；3月10日甲公司股东大会通过该方案；（2）甲公司定向增发的普通股股数以协议公告前一段合理时间内公司普通股股票的加权平均股价每股15.40元为基础计算确定，经相关部门批准，甲公司于5月31日向A公司定向增发500万股普通股股票（每股面值1元），并于当日办理了股权登记手续，能够控制乙公司财务和经营决策。当日甲公司普通股收盘价为每股16元。甲公司下列会计处理中正确的是（　　）。
A. 3月2日为购买日，合并成本为9600万元
B. 3月10日为购买日，合并成本为7680万元
C. 5月31日为购买日，合并成本为8000万元
D. 5月31日为购买日，合并成本为8300万元

9. 甲公司适用的所得税税率为25%。2×21年1月1日，甲公司以增发1000万股普通股（每股市价1.6元，每股面值1元）作为对价，从W公司处取得乙公司80%的股权，能够对乙公司实施控制，另用银行存款支付发行费用80万元。当日，乙公司可辨认净资产账面价值为1600万元，乙公司除一项固定资产外，其他资产公允价值与账面价值相等，该项固定资产的账面价值为300万元（计税基础），公允价值为500万元。甲公司与W公司不具有关联方关系。该项企业合并在合并财务报表中形成的商誉为（　　）万元。
A. 200　　B. 120
C. 160　　D. 280

10. 甲公司2×21年7月1日支付现金3300万元取得乙公司60%股权，能够对乙公司实施控制（甲公司与乙公司合并前不存在任何关联方关系）。同日，乙公司可辨认净资产的账面价值为4500万元，除下列项目外，其他可辨认资产、负债的公允价值与其账面价值相同。

单位：万元

项目	账面价值	公允价值
无形资产	1000	1500
或有负债	—	50

上述无形资产的成本为3000万元，原预计使用寿命为30年，截至2×21年7月1日已使用20年，预计尚可使用10年。乙公司对上述无形资产采用直线法进行摊销，无残值。上述或有负债为乙公司因丙公司产品质量诉讼案件而形成的，购买日个别财务报表中不符合确认预计负债条件，2×21年12月10日法院终审判决乙公司无须支付赔偿，丙公司和乙公司均不再上诉。不考虑所得税等因素的影响，甲公司购买日在合并财务报表中应确认的商誉为（　　）万元。

A. 600　　B. 300

C. 0　　D. 330

11. 2×21年1月1日，甲公司通过向乙公司股东定向增发2000万股普通股（每股面值为1元，市价为5元），取得乙公司80%股权，并控制乙公司，另以银行存款支付财务顾问费300万元。双方约定，如果乙公司未来3年平均净利润增长率没有超过8%，乙公司股东需要向甲公司现金补偿100万元；当日，甲公司预计乙公司未来3年平均净利润增长率很可能无法超过8%。该项交易前，甲公司与乙公司及其控股股东不存在关联方关系。不考虑其他因素，甲公司该项企业合并的合并成本为（　　）万元。

A. 10000　　B. 9900

C. 10300　　D. 10200

12. 2×21年1月1日，甲公司通过向乙公司股东定向增发2000万股普通股（每股面值为1元，市价为5元），取得乙公司70%股权，并控制乙公司，另以银行存款支付业务咨询费100万元。双方约定，如果乙公司未来3年平均净利润增长率超过10%，甲公司需要另外向乙公司原股东支付300万元的合并对价；当日，甲公司预计乙公司未来3年平均净利润增长率很可能超过10%。该项交易前，甲公司与乙公司及其控股股东不存在关联方关系。不考虑其他因素，甲公司该项企业合并的合并成本为（　　）万元。

A. 10400　　B. 10300

C. 10000　　D. 10100

13. 2×21年6月30日甲公司以3∶1的比例向丙公司（非关联方）发行6000万股普通股，取得其持有的乙公司80%股权，有关股份登记和股东变更手续于当日完成；同日，甲公司、乙公司的董事会进行了改选，丙公司开始控制甲公司。2×21年6月30日，甲公司无形资产账面价值和公允价值分别为200万元和600万元，乙公司无形资产账面价值和公允价值分别为700万元和1000万元。不考虑其他因素，2×21年6月30日甲公司合并报表中无形资产列报金额为（　　）万元。

A. 900　　B. 1200

C. 1600　　D. 1300

二、多项选择题

1. 下列各项中，可能调整年度所有者权益变动表中"本年年初余额"的交易或事项有（　　）。

A. 固定资产盘盈

B. 前期差错更正

C. 因处置股权导致对被投资单位的后续计量由成本法转为权益法

D. 同一控制下企业合并

2. 集中度测试计算确定取得的总资产的公允价值时，取得的资产包括（　　）。

A. 固定资产

B. 货币资金

C. 递延所得税资产以及由递延所得税负债影响形成的商誉

D. 存货

3. 下列各项交易产生的费用中，应计入相关资产成本的有（　　）。

A. 购买交易性金融资产发生的交易费用

B. 合并方在同一控制下的企业合并中发生的中介费用

C. 分期付款购买固定资产发生的交易费用

D. 外购无形资产发生的交易费用

4. 下列关于企业合并或企业合并会计处理的表述中，正确的有（　　）。

A. 非同一控制下控股合并中购买的资产和承担的债务因账面价值与计税基础不同形成的暂时性差异应确认递延所得税影响

B. 购买子公司的少数股权不属于企业合并

C. 仅同受国家控制的企业之间发生的合并，因参与合并各方在合并前后均受国家控制而应作为同一控制下的企业合并

D. 如果一个企业取得另一个企业的控制权，当被购买方不构成业务时，该交易不形成企业合并

5. 2×20 年 1 月 2 日，甲公司与乙公司的原股东 A 公司签订股权转让合同。合同约定：甲公司以银行存款 8000 万元向 A 公司购买其所持有的乙公司 90% 股权；工商变更登记手续亦于 2×20 年 1 月 2 日办理完成，并于当日取得控制权。假定该交易发生前，甲公司和乙公司及 A 公司均不存在任何关联方关系。购买日，乙公司可辨认净资产的公允价值为 8600 万元。包括乙公司一栋办公楼评估增值 400 万元和应收账款评估减值 200 万元。乙公司办公楼预计使用年限为 15 年，已使用 5 年，预计净残值为零，采用年限平均法计提折旧。截至 2×20 年年末，应收账款按购买日评估确认的金额收回，评估确认的坏账已核销。自甲公司 2×20 年 1 月 2 日取得乙公司 90% 股权起到 2×20 年 12 月 31 日期间，乙公司利润表中实现净利润 1000 万元；除实现净损益外，乙公司未发生其他所有者权益项目的变动，乙公司未分配现金股利。2×21 年 1 月 1 日至 2×21 年 12 月 31 日期间，乙公司利润表中实现净利润 1400 万元，其他综合收益增加 120 万元，分配现金股利 180 万元，无其他所有者权益变动。假定不考虑所得税等因素的影响。甲公司下列会计处理中正确的有（　　）。

A. 购买日取得乙公司 90% 股权时形成的商誉为 260 万元

B. 购买日将子公司可辨认资产账面价值调整为公允价值确认资本公积 200 万元

C. 乙公司自购买日可辨认净资产公允价值开始持续计算至 2×20 年 12 月 31 日净资产账面价值的金额为 9760 万元

D. 乙公司自购买日可辨认净资产公允价值开始持续计算至 2×21 年 12 月 31 日净资产账面价值的金额为 11060 万元

6. A 公司是上市公司，出于扩张业务目的，A 公司于 2×21 年 1 月 1 日收购非关联方

B公司100%股权，收购对价为人民币1亿元，以银行存款支付。B公司原本由自然人甲某创立并持股，甲某在B公司担任首席执行官。A公司与甲某约定，如果2×21年B公司收入总额达到2亿元，并且甲某在2×21年12月31日之前一直在B公司任职，则除了上述1亿元价款之外，甲某将进一步按照2×21年B公司收入总额的1%获得现金。如果甲某在2×21年12月31日之前离职，则甲某无权获得上述款项。为了B公司平稳过渡并持续发展，A公司希望收购完成后甲某继续在B公司任职，同时，甲某拥有丰富的行业经验及广泛的关系网络，A公司希望甲某能够带领B公司进一步扩大收入规模。A公司以B公司2×21年收入总额2亿元为最佳估计，并预计甲某在2×21年12月31日之前不会离职。不考虑其他因素，下列会计处理中正确的有（　　）。

A. A公司或有应付金额不应计入合并成本

B. A公司或有应付金额属于职工薪酬

C. A公司合并成本为10000万元

D. A公司合并成本为10200万元

7. 甲公司为一家ST公司。2×20年8月，乙公司购买甲公司40万股股票，持股比例0.2%。2×21年9月，甲公司定向增发3.6亿股普通股取得乙公司持有全资子公司丙公司100%的股权。交易完成后，乙公司持有甲上市公司30%的股权，同时，甲公司原控股股东丁公司的持股比例下降至3%，甲公司其他股东持股比例非常分散，乙公司有权提名甲公司董事会中过半数的董事，乙公司因此成为甲公司新的控股股东。下列说法中正确的有（　　）。

A. 甲公司取得丙公司100%股权属于同一控制下的企业合并

B. 甲公司取得丙公司100%股权属于非同一控制下的企业合并

C. 2×21年9月发生的企业合并属于反向购买

D. 2×21年9月发生的企业合并不属于反向购买

8. 关于反向购买，下列说法中正确的有（　　）。

A. 合并财务报表中，法律上子公司的资产、负债应以其在合并前的公允价值进行确认和计量

B. 合并财务报表中的权益性工具的金额应当反映法律上子公司合并前发行在外的股份面值以及假定在确定该项企业合并成本过程中新发行的权益性工具的金额

C. 合并财务报表的比较信息应当是法律上子公司的比较信息（即法律上子公司的前期合并财务报表）

D. 法律上母公司的有关可辨认资产、负债在并入合并财务报表时，应以其在购买日确定的公允价值进行合并

9. 关于非上市公司购买上市公司股权实现间接上市的会计处理，下列说法中正确的有（　　）。

A. 交易发生时，上市公司不构成业务的，在编制合并财务报表时，购买企业应按照权益性交易原则进行处理，不得确认商誉或计入当期损益

B. 交易发生时，上市公司不构成业务的，在编制合并财务报表时，应确认商誉或计入当期损益

C. 交易发生时，上市公司保留的资产、负债构成业务的，对于形成非同一控制下企业合并的，在编制合并财务报表时，企业合并成本与取得的上市公司可辨认净资产公允价值份额的差额应当确认为商誉或计入当期损益

D. 交易发生时，上市公司保留的资产、负债构成业务的，对于形成非同一控

制下企业合并的，在编制合并财务报表时，企业合并成本与取得的上市公司可辨认净资产公允价值份额的差额应当计入资本公积

三、计算分析题

1. 甲公司为上市公司，2×21 年 12 月以现金 4 亿元向第三方乙公司收购其持有的丙公司 80% 的股权。该交易为非同一控制下的企业合并，购买日为 2×21 年 12 月 31 日，甲公司已向乙公司全额支付 4 亿元的现金合并对价。

此外，根据股权转让协议的约定，乙公司就丙公司的经营业绩向甲公司做出业绩补偿承诺。乙公司承诺丙公司 2×22 年、2×23 年、2×24 年经审计扣除非经常性损益后的净利润分别不低于 8000 万元、10000 万元、12000 万元。如果丙公司未达到承诺业绩，乙公司将在丙公司每一相应年度的审计报告出具后 30 日内，按丙公司实现的扣除非经常性损益后的净利润与同期承诺净利润差额的 60%，以现金方式对甲公司进行补偿。购买日，甲公司根据丙公司所处市场状况及行业竞争力等情况判断，预计丙公司能够完成承诺期利润。

2×22 年，丙公司实现净利润 8400 万元。2×23 年，由于整体宏观经济形势变化，丙公司实现净利润 9000 万元，且预期 2×24 年该趋势将持续，预计能够实现净利润约 10000 万元。2×23 年 12 月 31 日，甲公司估计该或有对价的公允价值为 2400 万元。

假定不考虑其他因素。

要求：

（1）说明甲公司购买日如何进行会计处理，并编制相关会计分录。

（2）对于或有对价，甲公司 2×22 年是否应进行会计处理。

（3）对于或有对价，说明甲公司 2×23 年 12 月 31 日合并财务报表中是否调整合并商誉，编制当日甲公司个别报表中的会计分录。

2. 甲公司为境内上市公司（以下简称“甲公司”），2×21 年，甲公司发生的企业合并及相关交易或事项如下：

（1）2×21 年 1 月 1 日，甲公司通过向乙公司股东 W 公司定向增发 5000 万股普通股（每股面值为 1 元，市价为 6 元），取得乙公司 80% 股权，并控制乙公司，另以银行存款支付财务顾问费 200 万元。当日乙公司可辨认净资产账面价值和公允价值均为 30000 万元，其中股本为 10000 万元，资本公积为 10000 万元，盈余公积为 2000 万元，未分配利润为 8000 万元。

（2）业绩承诺

乙公司承诺 2×21 年实现税后净利润人民币 3000 万元，2×22 年实现税后净利润人民币 3200 万元。若 2×21 年乙公司实际实现净利润不足 3000 万元、2×22 年实际实现净利润不足 3200 万元，由乙公司原股东 W 公司于 2×23 年一次性以其所持甲公司股权无偿赠予给甲公司。所需无偿转让的乙公司原股东持有甲公司股权比例的计算方式：（承诺净利润 - 当年度乙公司实际实现净利润）/ 承诺净利润 ×80%。该无偿股权赠予应在上市公司聘请的会计师出具审计报告后 30 个工作日内完成。

（3）乙公司 2×20 年实现税后净利润人民币 2800 万元。双方约定，如果乙公司未来 2 年平均净利润增长率超过 8%，甲公司需要另外向乙公司原股东支付 800 万元的合并对价；2×21 年 1 月 1 日，甲公司预计乙公司未来 2 年平均净利润增长率很可能达到 8%。该项交易前，甲公司与乙公司及其控股股东不存在关联关系。

（4）2×21 年乙公司税后净利润为 2600 万元，预计 2×22 年乙公司税后净利润

为2500万元，预计收到W公司持有甲公司股票的公允价值为880万元。

要求：

（1）判断甲公司合并乙公司的类型，说明理由，计算甲公司对乙公司长期股权投资的成本，并编制相关会计分录。

（2）计算购买日合并商誉，编制购买日甲公司合并乙公司的抵销分录。

（3）编制2×21年末甲公司个别财务报表中与或有对价有关的会计分录。

四、综合题

甲公司为境内上市公司，专门从事能源生产业务。2×21年，甲公司发生的企业合并及相关交易或事项如下：

（1）2×21年2月20日，甲公司召开董事会，审议通过了以换股方式购买专门从事新能源开发业务的乙公司80%股权的议案。2×21年3月10日，甲公司、乙公司及其控股股东丙公司各自内部决策机构批准了该项交易方案。2×21年6月15日，证券监管机构核准了甲公司以换股方式购买乙公司80%股权的方案。

2×21年6月30日，甲公司以3∶1的比例向丙公司发行6000万股普通股，取得乙公司80%股权，有关股份登记和股东变更手续当日完成；同日，甲公司、乙公司的董事会进行了改选，丙公司开始控制甲公司，甲公司开始控制乙公司。甲公司、乙公司普通股每股面值均为1元，2×21年6月30日，甲公司普通股的公允价值为每股3元，乙公司普通股的公允价值为每股9元。

2×21年6月30日，甲公司支付为实施上述换股合并而发生的会计师、律师、评估师等费用350万元，支付财务顾问费1200万元。

（2）甲公司、乙公司资产、负债等情况如下：

2×21年6月30日，甲公司账面资产总额17200万元，其中固定资产账面价值4500万元，无形资产账面价值1500万元；账面负债总额9000万元；账面所有者权益（股东权益）合计8200万元，其中：股本5000万元（每股面值1元），资本公积1200万元，盈余公积600万元，未分配利润1400万元。

2×21年6月30日，甲公司除一项无形资产外，其他资产、负债的公允价值与其账面价值相同，该无形资产为一项商标权，账面价值1000万元，公允价值3000万元，按直线法摊销，预计尚可使用5年，预计净残值为零。

2×21年6月30日，乙公司账面资产总额34400万元，其中固定资产账面价值8000万元，无形资产账面价值3500万元，账面负债总额13400万元，账面所有者权益（股东权益）合计21000万元。其中，股本2500万元（每股面值1元），资本公积500万元，盈余公积1800万元，未分配利润16200万元。

2×21年6月30日，乙公司除一项固定资产外，其他资产、负债的公允价值与其账面价值相同，该固定资产为一栋办公楼，账面价值3500万元，公允价值6000万元，按年限平均法计提折旧，预计尚可使用20年，预计净残值为零。

（3）2×21年12月20日，甲公司向乙公司销售一批产品，销售价格为100万元，成本为80万元，款项已收取。截至2×21年12月31日，乙公司自甲公司购入的产品已对外出售50%，其余50%形成存货。

其他相关资料如下：

合并前，丙公司、丁公司分别持有乙公司80%和20%股权，甲公司与乙公司、丙公司、丁公司不存在任何关联方关系；合并后，甲公司与乙公司除资料（3）所述内部交易外，不存在其他任何内部交易。

甲公司和乙公司均按照年度净利润的10%计提法定盈余公积，不计提任意盈余公积。企业合并后，甲公司和乙公司没有向股东分配利润。

甲公司和乙公司适用的企业所得税税率均为25%，甲公司以换股方式购买乙公司80%股权的交易适用特殊税务处理规定，即，收购企业、被收购企业的原有各项资产和负债的计税基础保持不变，甲公司和乙公司合并前的各项资产、负债的账面价值与其计税基础相同。不存在其他未确认暂时性差异所得税影响的事项。甲公司和乙公司预计未来年度均有足够的应纳税所得额用以抵扣可抵扣暂时性差异。

除所得税外，不考虑增值税及其他相关税费，不考虑其他因素。

要求：

（1）根据资料（1）、资料（2）及其他有关资料，判断该项企业合并的类型及会计上的购买方和被购买方，并说明理由。

（2）根据资料（1）、资料（2）及其他有关资料，确定该项企业合并的购买日（或合并日），并说明理由。

（3）根据资料（1）、资料（2）及其他有关资料，计算甲公司取得乙公司80%股权投资的成本，并编制相关会计分录。

（4）根据资料（1）、资料（2）及其他有关资料，计算该项企业合并的合并成本和商誉（如有）。

（5）根据资料（1）、资料（2）及其他有关资料，计算甲公司购买日（或合并日）合并资产负债表中固定资产、无形资产、递延所得税资产（或负债）、盈余公积和未分配利润的列报金额。

（6）根据资料（3），编制甲公司2×21年合并财务报表相关的抵销分录（计算结果保留两位小数）。

同步强化练习题参考答案及解析

使用“会计云课堂”App或“微信”扫码对答案、看解析、掌握解题思路，开启轻松过关之旅。

一、单项选择题

1.【答案】C

【解析】选项A，购买子公司少数股权，报告主体未发生改变，不属于准则中界定的企业合并；选项B，企业取得不构成业务的一组资产或净资产时，应将购买成本以购买日所取得各项可辨认资产、负债的相对公允价值为基础进行分配，不按照企业合并准则进行处理；选项D，两方或多方形成合营企业的股权投资，因合营企业的各合营方中，并不存在占主导地位的控制方，不属于准则中界定的企业合并。

2.【答案】B

【解析】选项A，使用寿命不确定的无形资产在持有过程中不应该摊销，但至少需要在每年年末进行减值测试；选项C，对于自行研发尚未达到预定用途的无形资产，由于其价值具有较大的不确定性，应当于每年年末进行减值测试；选项D，同一控制下企业合并中，合并方不需要确认被合并方在该项交易前未确认的无形资产。

3.【答案】C

【解析】合并财务报表中合并成本高于合并取得的可辨认净资产公允价值份额的差额作为商誉，选项C错误。

4.【答案】B

【解析】购买日是指购买方实际取得对被购买方控制权的日期，强调了控制权转移。股权转让协议中所约定的基准日，一般是在买卖双方谈判定价的过程中，为了确定目标公司的股权价值而定的评估基准日，或者是为了界定买卖双方的权利义务（比如利润分配的归属）而设定的基准日，其属于买卖双方自行约定的一个日期，与控制权是否发生转移并不存在必然的联系。9月30日甲公司股东大会审议通过该议案并已获得相关部门必要的批准，且9月30日也以银行存款支付了对价，甲公司在乙公司的董事会中也占有了多数席位，甲公司从当日开始实际控制乙公司的财务和经营决策，应将2×21年9月30日确定为购买日。

5.【答案】B

【解析】合并成本是发行的权益性证券在购买日的公允价值，合并成本=10×6.5=65（亿元）。

6.【答案】D

【解析】鉴于乙公司和丁公司同为甲公司的子公司，乙公司将持有的3家子公司股权转让给丁公司属于同一控制下企业合并，从甲公司合并报表来看，商誉未减值，合并报表中商誉不变，即商誉=800+200= 1000（万元）。

7.【答案】B

【解析】选项A，甲公司和乙公司合并前不具有关联方关系，所以属于非同一控制下的企业合并；选项B，非同一控制下的企业合并，应该以付出对价的公允价值为基础确认长期股权投资的初始投资成本；选项C，因开发未结束，已资本化的金额应在“开发支出”项目反映，不确认无形资产，且该项专有技术应以购买日公允价值650万元作为合并财务报表初始确认金额；选项D，合并成本大于购买日丙公司可辨认净资产公允价值份额的差额确认为商誉。

8.【答案】C

【解析】2×21年5月31日定向增发普通股，取得对乙公司的控制权，该日为企业合并的购买日，合并成本=16×500=8000（万元）。

9.【答案】A

【解析】购买日乙公司该项固定资产在合并报表上的账面价值为500万元，计税基础为300万元，应确认递延所得税负债=（500−300）×25%=50（万元）。合并成本=1000×1.6=1600（万元），企业合并中发行权益性证券发生的发行费用应冲减资本公积，资本公积不足冲减的，依次冲减盈余公积和未分配利润，不影响合并成本。考虑递延所得税后的乙公司可辨认净资产公允价值=1600+（500−300−50）=1750（万元），商誉=1600−1750×80%=200（万元）。

10.【答案】D

【解析】乙公司可辨认净资产公允价值=4500+（1500−1000）−50=4950（万元），购买日合并财务报表应确认的商誉金额=3300−4950×60%=330（万元）。

11.【答案】B

【解析】财务顾问费属于为企业合并发

生的初始直接费用，计入管理费用；乙公司原股东需要支付现金补偿100万元很可能发生，需要冲减合并成本；因此，甲公司该项企业合并的合并成本=2000×5-100=9900（万元）。

12.【答案】B

【解析】业务咨询费属于为企业合并发生的初始直接费用，计入管理费用；甲公司需要另外支付的300万元的合并对价很可能发生，需要计入合并成本；因此，甲公司该项企业合并的合并成本=2000×5+300=10300（万元）。

参考会计分录：

借：长期股权投资 10300
　贷：股本 2000
　　资本公积—股本溢价 8000
　　（2000×5-2000）
　　交易性金融负债 300

借：管理费用 100
　贷：银行存款 100

13.【答案】D

【解析】甲公司合并报表中无形资产列报金额=甲公司公允价值600+乙公司账面价值700=1300（万元）。

二、多项选择题

1.【答案】ABCD

2.【答案】AD

【解析】取得的总资产不包括现金及现金等价物、递延所得税资产以及由递延所得税负债影响形成的商誉。

3.【答案】CD

【解析】选项A，计入投资收益；选项B，计入管理费用。

4.【答案】ABD

【解析】仅同受国家控制的企业之间发生的合并，不应仅仅因参与合并各方在合并前后均受国家控制而将其作为同一控制下的企业合并，选项C错误。

5.【答案】ABCD

【解析】购买日取得乙公司90%股权时形成的商誉=8000-8600×90%=260（万元），选项A正确；购买日将子公司可辨认资产账面价值调整为公允价值，应确认资本公积=400-200=200（万元），选项B正确；乙公司自购买日可辨认净资产公允价值开始持续计算的至2×20年12月31日净资产的账面价值金额=8600+1000-400/（15-5）+200=9760（万元），选项C正确；乙公司自购买日可辨认净资产公允价值开始持续计算至2×21年12月31日净资产的账面价值金额=9760+1400-400/（15-5）+120-180=11060（万元），选项D正确。

【提示】关于应收账款评估减值200万元的处理。

购买日合并财务报表处理：

借：资本公积 200
　贷：应收账款 200

乙公司按照评估确认的应收账款金额收回，所以收回时在个别报表中确认信用减值损失200万元，但在合并报表角度，应收账款并未发生减值，故合并报表中需冲减个别报表确认的信用减值损失200万元。

借：应收账款 200
　贷：信用减值损失 200

所以合并报表相对于个别报表是利润增加200万元。

6.【答案】ABC

【解析】为了实现B公司的平稳过渡及持续发展，A公司希望甲某在收购完成后继续在B公司任职，并且A公司希望甲某能够运用其行业经验及关系网络带领B公司进一步扩大收入规模，这表明该或有应付金额是针对员工服务给予的激励和报酬，而不是企业合并或有对价，选项D错误。

7.【答案】BC

【解析】甲公司收购丙公司之前，丙公司由乙公司控制，乙公司虽然也是甲公司的股东，但是持股比例仅为0.2%。因此，在企业合并之前，丙公司受乙公司控制，甲公司却不受乙公司控制，该交易不属于同一控制下企业合并，选项A错误，选项B正确；甲公司发行权益性证券后，乙公司因此成为甲公司新的控股股东，甲公司是法律上的母公司，会计上的被购买方，因此该交易属于反向购买，选项C正确，选项D错误。

8.【答案】BCD

【解析】合并财务报表中，法律上子公司的资产、负债应以其在合并前的账面价值进行确认和计量，选项A错误。

9.【答案】AC

【解析】非上市公司以所持有的对子公司投资等资产为对价取得上市公司的控制权，构成反向购买的，上市公司编制合并财务报表时应当区别以下情况处理：（1）交易发生时，上市公司未持有任何资产、负债或仅持有现金、以公允价值计量且其变动计入当期损益的金融资产等不构成业务的资产或负债，上市公司在编制合并财务报表时，购买企业应按照权益性交易原则进行处理，不得确认商誉或计入当期损益，选项A正确，选项B错误；（2）交易发生时，上市公司保留的资产、负债构成业务的，对于形成非同一控制下企业合并的，企业合并成本与取得的上市公司可辨认净资产公允价值份额的差额应当确认为商誉或计入当期损益，选项C正确，选项D错误。

三、计算分析题

1.【答案】

（1）购买日甲公司估计丙公司能够实现承诺利润，或有对价估计为0。甲公司应当确认对丙公司长期股权投资成本为4亿元。

借：长期股权投资　　40000
　贷：银行存款　　40000

（2）2×22年丙公司实现了预期利润，甲公司无须进行会计处理。

（3）因该预期利润未实现的情况是在购买日后新发生的，不属于对购买日已存在状况的进一步证据，不能调整合并商誉，该或有对价属于金融工具，应于资产负债表日将该或有对价公允价值的变动计入当期损益。个别报表会计分录为：

借：交易性金融资产　　2400
　贷：公允价值变动损益　　2400

2.【答案】

（1）甲公司取得乙公司80%股权能够对乙公司实施控制，则该项合并为非同一控制下的企业合并。

理由：该项交易前，甲公司与乙公司及其控股股东不存在关联关系。

长期股权投资的初始投资成本=5000×6+800=30800（万元）。

借：长期股权投资　　30800
　贷：股本　　5000
　　资本公积—股本溢价　　25000
　　交易性金融负债　　800
借：管理费用　　200
　贷：银行存款　　200

（2）合并商誉=30800－30000×80%=6800（万元）。

购买日抵销分录：

借：股本 10000

资本公积 10000

盈余公积 2000

未分配利润 8000

商誉 6800

贷：长期股权投资 30800

少数股东权益 6000

（3）

借：交易性金融负债 800

贷：公允价值变动损益 800

借：交易性金融资产 880

贷：公允价值变动损益 880

四、综合题

【答案】

（1）合并类型：构成业务的反向购买；会计上的购买方为乙公司；会计上的被购买方为甲公司。

理由：2×21 年 6 月 30 日，甲公司以 3 ∶ 1 的比例向丙公司发行 6000 万股普通股，取得乙公司 80% 股权，有关股份登记和股东变更手续当日完成；同日，甲公司、乙公司的董事会进行了改选，丙公司持有甲公司股权比例 =6000÷（5000+6000）×100%=54.55%，丙公司开始控制甲公司，甲公司开始控制乙公司；合并前甲公司与乙公司、丙公司不存在任何关联方关系。

（2）购买日为 2×21 年 6 月 30 日。

理由：2×21 年 6 月 30 日，甲公司以 3 ∶ 1 的比例向丙公司发行 6000 万股普通股，取得乙公司 80% 股权，有关股份登记和股东变更手续当日完成；同日，甲公司、乙公司的董事会进行了改选，实质上购买方取得对被购买方的控制权。

（3）甲公司取得乙公司 80% 股权投资的成本 =6000×3=18000（万元）。

会计分录：

借：长期股权投资 18000

贷：股本 6000

资本公积—股本溢价 12000

借：管理费用 1550

贷：银行存款 1550

（4）假定乙公司发行本公司普通股股票合并甲公司，在合并后主体享有同样的股权比例，乙公司应当发行的普通股股数 =2500×80%/［6000/（6000+5000）×100%］−2500× 80%=1666.67（万股）。

或：因甲公司 3 股股票换入乙公司 1 股股票，假定乙公司发行本公司普通股股票合并原甲公司净资产，则需发行股票股数 =5000÷ 3=1666.67（万股）。

企业合并成本 =1666.67×9=15000（万元）。

图示如下：

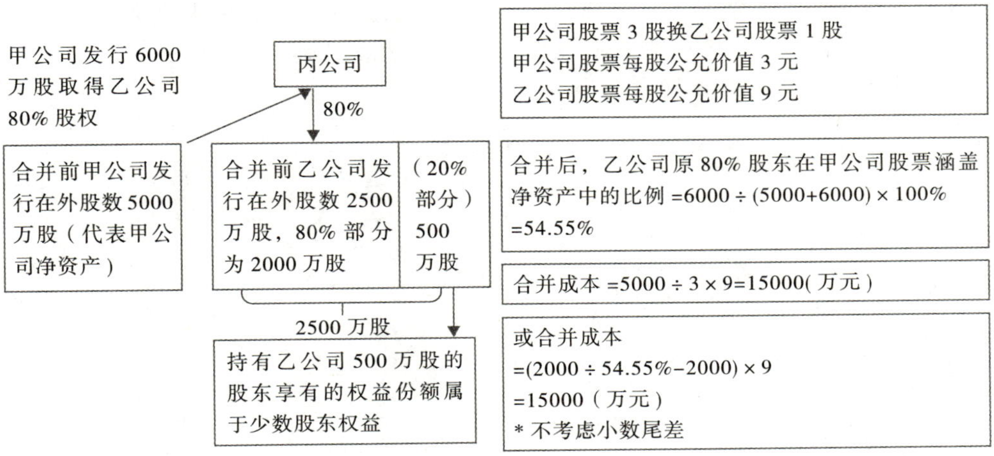

说明如下：

合并成本是购买方乙公司购买甲公司反向购买前净资产（图中甲公司5000万股股票对应部分）付出对价的公允价值，因甲公司3股股票换乙公司1股股票，如果乙公司发行股票购买，需要乙公司发行股票=5000÷3=1666.67（万股），合并成本=1666.67×9=15000（万元）。

按教材做法：

甲公司5000万股股票对应的净资产是甲公司反向购买前净资产，新发行的6000万股对应的是乙公司80%净资产（即乙公司2000万股股票部分），发行购买后，甲公司发行在外的股数为11000万股（5000+6000），丙公司占54.55%（6000÷11000×100%），假定乙公司发行本公司普通股股票合并甲公司，在合并后主体享有同样的股权比例，即两部分净资产（甲公司全部和乙公司80%部分）需要乙公司股票股数=2000÷54.55%=3666.67（万股）[此处为便于理解，用54.55%计算，但结果有小数误差，实际3666.67=2000/（6000/11000）×100%]，扣除乙公司80%部分对应股数2000万股，则购买甲公司反向购买前净资产需要乙公司股票股数=3666.67-2000=1666.67（万股），合并成本=1666.67×9=15000（万元）。

如果是客观题计算合并成本，最简单的方法是用法律上母公司原股票股数乘以每股公允价值计算，本题合并成本=5000×3=15000（万元）。

企业合并商誉=15000-[8200+（3000-1000）-（3000-1000）×25%]×100%=5300（万元）。

【提示】购买方乙公司购买的是被购买方甲公司反向购买前的全部净资产（图中甲公司5000万股股票对应部分），不是54.55%对应的部分。

（5）固定资产的列报金额=4500+8000=12500（万元）。

无形资产的列报金额=1500+（3000-1000）+3500=7000（万元）。

递延所得税负债的列报金额=（3000-1000）×25%=500（万元）。

盈余公积的列报金额=1800×80%=1440（万元）。

未分配利润的列报金额=16200×80%=12960（万元）。

（6）

借：营业收入　　100

　贷：营业成本　　100

借：营业成本　　10

　贷：存货　　10[（100-80）×50%]

借：递延所得税资产　　2.5（10×25%）

　贷：所得税费用　　2.5

【提示】内部交易出售方是甲公司，未实现内部交易损益在甲公司个别财务报表中，少数股东对应的净资产是乙公司的，因此未实现内部交易损益均应反映在归属于法律上母公司净利润中。

第二十七章 合并财务报表

CHAPTER-27

本章学习指南

一、学习目标

1. 掌握合并范围的确定。
2. 理解合并财务报表编制原则。
3. 掌握长期股权投资与所有者权益的合并处理。
4. 掌握内部商品交易的合并处理。
5. 掌握内部债权债务的合并处理。
6. 掌握内部固定资产交易的合并处理。
7. 掌握内部无形资产交易的合并处理。
8. 掌握特殊交易在合并财务报表中的会计处理。
9. 掌握所得税会计相关的合并处理。
10. 掌握合并现金流量表的编制。

二、考情概况

本章考试以主观题为主，试题分数很高，属于非常重要章节。

三、教材变化

删除原“第一节 合并财务报表的合并理论”。

四、考点地图

考点	年份 / 题型
合并范围的确定	2021 年单选题
母公司因处置对子公司长期股权投资而丧失控制权的会计处理	2021 年多选题
长期股权投资与合并财务报表、商誉减值等	2021 年综合题

考点	年份 / 题型
其他权益工具投资、长期股权投资与合并财务报表、可转换公司债券等	2021年综合题
母公司在不丧失控制权的情况下部分处置对子公司的长期股权投资的会计处理	2020年多选题
收入、投资性房地产、所得税及内部交易抵销	2020年综合题
长期股权投资与合并财务报表等	2020年计算分析题、2019年综合题
合并财务报表编制的前期准备事项（统一母子公司会计政策）	2019年单选题
收入、固定资产、借款费用、政府补助、持有待售及合并财务报表等	2019年综合题

核心考点精讲

提示

本章作为一个恒重点章节，在考试中至关重要。本章之难，难在内容本身多而杂，难在学员对经济业务比较陌生。但是，万变不离其宗，悉知原理，总结规律，怎么考都能轻松应对。

第一节　合并范围的确定

使用“会计云课堂”App或“微信”扫码查看本节视频，快速GET知识点。

一、以“控制”为基础，确定合并范围

合并财务报表的合并范围应当以控制为基础予以确定。控制，是指投资方拥有对被投资方的权力，通过参与被投资方的相关活动而享有可变回报，并且有能力运用对被投资方的权力影响其回报金额。

控制的理解图示如下：

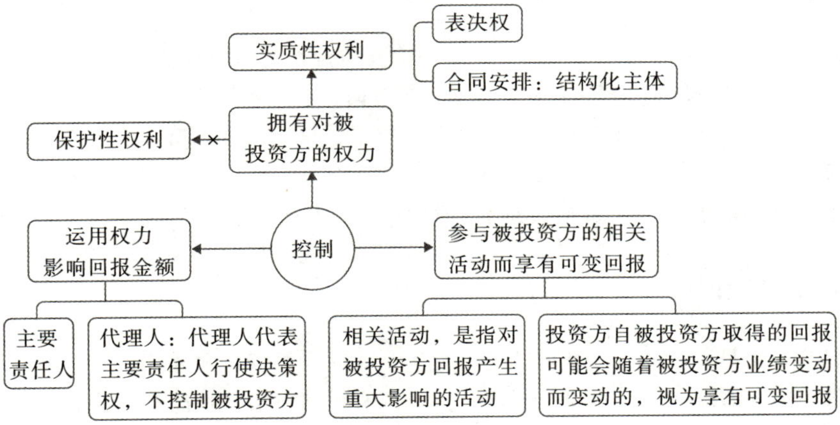

【提示】

（1）实质性权利是持有人在对相关活动进行决策时有实际能力行使的可执行权利。保护性权利仅为了保护权利持有人权益却没有赋予持有人对相关活动的决策权。

（2）投资方对被投资方的权力通常来自表决权，但有时，投资方对一些主体的权力不是来自表决权，而是由一项或多项合同安排决定。

（3）可变回报是不固定的并可能随被投资方业绩而变动的回报，可能是正数，也可能是负数，或者有正有负。

二、纳入合并范围的特殊情况—对被投资方可分割部分的控制

投资方通常应当对是否控制被投资方整体进行判断。但在少数情况下，如果有确凿证据表明同时满足下列条件并且符合相关法律法规规定的，投资方应当将被投资方的一部分（以下简称“该部分”）视为被投资方可分割部分，进而判断是否控制该部分：

1. 该部分的资产是偿付该部分负债或该部分其他权益的唯一来源，不能用于偿还该部分以外的被投资方的其他负债；

2. 除与该部分相关的各方外，其他方不享有与该部分资产相关的权利，也不享有与该部分资产剩余现金流量相关的权利。

三、合并范围的豁免—投资性主体

图示记忆

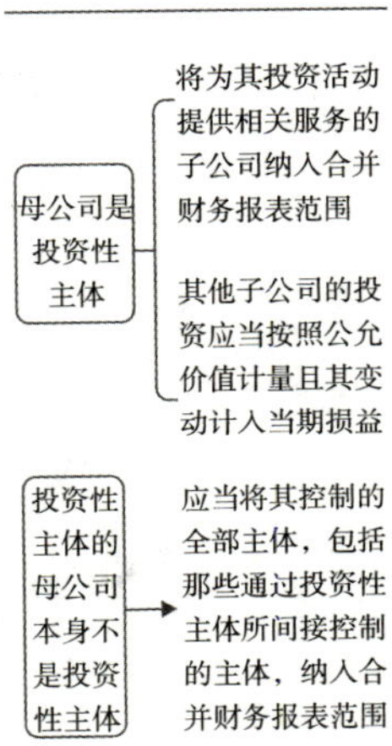

母公司应当将其全部子公司（包括母公司所控制的被投资单位可分割部分、结构化主体）纳入合并范围。但是，如果母公司是投资性主体，则只应将那些为投资性主体的投资活动提供相关服务的子公司纳入合并范围，其他子公司不应予以合并，母公司对其他子公司的投资应当按照公允价值计量且其变动计入当期损益。

一个投资性主体的母公司如果其本身不是投资性主体，则应当将其控制的全部主体，包括投资性主体以及通过投资性主体间接控制的主体，纳入合并财务报表范围。

【提示】投资性主体的定义中包含了三个需要同时满足的条件：

一是该公司以向投资方提供投资管理服务为目的，从一个或多个投资者获取资金；

二是该公司的唯一经营目的，是通过资本增值、投资收益或两者兼有而让投资者获得回报；

三是该公司按照公允价值对几乎所有投资的业绩进行计量和评价。

四、控制的持续评估

控制的评估是持续的，当环境或情况发生变化时，投资方需要评估控制的三项基本要素中的一项或多项是否发生了变化。如果有任何事实或情况表明控制的三项基本要素中的一项或多项发生了变化，投资方应重新评估对被投资方是否具有控制。

经典题解

【真题 1·单选题】甲公司为制造业企业，其子公司（乙公司）是一家投资性主体，乙公司控制丙公司和丁公司，其中丙公司专门为乙公司投资活动提供相关服务。不考虑其他因素，下列各项会计处理的表述中，正确的是（　　）。（2021 年）

A. 乙公司对丙公司的投资分类为以公允价值计量且其变动计入当期损益的金融资产

B. 乙公司应将丁公司纳入合并范围

C. 甲公司应将乙公司、丙公司和丁公司纳入合并范围

D. 乙公司对丁公司的投资可以指定为以公允价值计量且其变动计入其他综合收益的金融资产

【解析】如果母公司是投资性主体，则只应将那些为投资性主体的投资活动提供相关服务的子公司纳入合并范围，其他子公司不应予以合并，母公司对其他子公司的投资应当按照公允价值计量且其变动计入当期损益，选项 A、B 和 D 错误；

一个投资性主体的母公司如果其本身不是投资性主体（甲公司为制造业企业，不是投资性主体），则应将其控制的全部主体纳入合并范围，选项 C 正确。

【答案】C

【真题 2·多选题】在判断投资方是否能够控制被投资方时，投资方应当具备的要素有（　　）。（2018 年）

A. 拥有对被投资方的权力

B. 通过参与被投资方的相关活动而享有可变回报

C. 有能力运用对被投资方的权力影响其回报金额

D. 参与被投资方的财务和经营政策

【解析】在判断投资方是否能够控制被投资方时，如果投资方同时具备以下要素，则投资方能够控制被投资方：

（1）拥有对被投资方的权力；

（2）通过参与被投资方的相关活动而享有可变回报；

（3）有能力运用对被投资方的权力影响其回报金额。

【答案】 ABC

【例题 3 · 多选题】 关于合并范围，下列说法中正确的有（　　）。

A. 部分委托经营协议中约定，标的公司进行重大资产购建、处置、重大投融资行为等可能对标的公司价值具有重大影响的决策时，需经委托方同意，应认定受托方对标的公司拥有权力

B. 在判断投资方是否拥有对被投资方的权力时，应同时考虑投资方及其他方享有的实质性权利和保护性权利

C. 投资方仅享有保护性权利不能对被投资方实施控制，也不能阻止其他方对被投资方实施控制

D. 在主动清算的情况下，投资方仍拥有对进入清算阶段的被投资方的权力，能够继续实施控制，仍应将被投资方纳入合并财务报表范围

【解析】 受托方不具有主导对标的公司价值产生重大影响的活动的权力，不应认定受托方对标的公司拥有权力，选项 A 错误；

在判断投资方是否拥有对被投资方的权力时，应仅考虑投资方及其他方享有的实质性权利，选项 B 错误。

【答案】 CD

第二节　合并财务报表编制原则、前期准备事项及程序

使用“会计云课堂”App 或“微信”扫码查看本节视频，快速 GET 知识点。

一、合并财务报表的编制原则

合并财务报表的编制除遵循财务报表编制的一般原则和要求外，还应遵循以下原则和要求：

1. 以个别财务报表为基础编制
2. 一体性原则
3. 重要性原则

二、合并财务报表的构成

合并财务报表至少包括合并资产负债表、合并利润表、合并所有者权益变动表（或合并股东权益变动表）、合并现金流量表和附注。

三、合并财务报表编制的前期准备事项

（一）统一母子公司的会计政策

（二）统一母子公司的资产负债表日及会计期间

（三）对子公司以外币表示的财务报表进行折算

（四）收集编制合并财务报表的相关资料

名师点拨：如内部债权债务、内部存货交易等相关资料，无此相关资料，则无法完成内部交易的抵销。

经典题解

【真题4·单选题】甲公司20×8年6月购入境外乙公司60%股权，并能够控制乙公司。甲公司在编制20×8年度合并财务报表时，为使乙公司的会计政策与甲公司保持一致，对乙公司的会计政策进行了调整。下列各项中，不属于会计政策调整的是（　　）。（2019年）

A. 按照公历年度统一会计年度

B. 将固定资产折旧方法由年限平均法调整为双倍余额递减法

C. 将发出存货成本的计量方法由先进先出法调整为移动加权平均法

D. 将投资性房地产的后续计量由成本模式调整为公允价值模式

【解析】选项B，将固定资产的折旧方法由年限平均法调整为双倍余额递减法属于会计估计调整。

【答案】B

【真题5·单选题】甲公司拥有对四家公司的控股权，其下属子公司的会计政策和会计估计均符合会计准则规定。不考虑其他因素，甲公司在编制2×16年合并财务报表时，对其子公司进行的下述调整中，正确的是（　　）。（2017年）

A. 将子公司（乙公司）1年以内应收账款坏账准备的计提比例由3%调整为与甲公司相同的计提比例5%

B. 对2×16年通过同一控制下企业合并取得的子公司（丁公司），将其固定资产、无形资产的折旧和摊销年限按照与甲公司相同的期限进行调整

C. 将子公司（丙公司）投资性房地产的后续计量模式由成本模式调整为与甲公司相同的公允价值模式

D. 将子公司（戊公司）闲置不用但没有明确处置计划的机器设备由固定资产调整为持有待售非流动资产并相应调整后续计量模式

【解析】选项A和B，属于会计估计，不需要与母公司统一；选项C，属于编制合并财务报表时统一母公司与子公司的会计政策；选项D，闲置不用但没有明确处置计划的机器设备不满足划分为持有待售的条件，属于错误的会计处理。

【答案】C

【真题6·单选题】甲公司为某集团母公司，其与控股子公司（乙公司）会计处理存在差异的下列事项中，在编制合并财务报表时，应当作为会计政策予以统一的是（　　）。（2014年）

A. 甲公司产品保修费用的计提比例为售价的3%，乙公司为售价的1%

B. 甲公司对机器设备的折旧年限按不少于10年确定，乙公司为不少于15年

C. 甲公司对投资性房地产采用成本模式进行后续计量，乙公司采用公允价值模式

D. 甲公司对1年以内应收款项计提坏账准备的比例为期末余额的5%，乙公司为期末余额的10%

【解析】选项A、B和D，属于会计估计；选项C，属于会计政策。

【答案】C

四、合并财务报表的编制程序

（一）设置合并工作底稿

（二）将母公司、纳入合并范围的子公司个别资产负债表、利润表及所有者权益变动表各项目的数据过入合并工作底稿，并在合并工作底稿中对母公司和子公司个别财务报表各项目的数据进行加总，计算得出个别资产负债表、个别利润表及个别所有者权益变动表各项目合计数额

（三）编制调整分录和抵销分录

（四）计算合并财务报表各项目的合并数额

（五）填列合并财务报表

五、编制合并财务报表需要调整抵销的项目

参见后续内容。

六、合并财务报表的格式（略）

第三节　长期股权投资与所有者权益的合并处理（同一控制下企业合并）

使用“会计云课堂”App或“微信”扫码查看本节视频，快速GET知识点。

一、同一控制下取得子公司合并日合并财务报表的编制

合并过程中发生的审计、评估和法律服务等相关费用计入管理费用，不涉及抵销处理的问题。

合并财务报表的主体是母公司和子公司组成的企业集团，该集团的所有者是母公司投资者，因此，在合并报表日，应抵销母公司长期股权投资与子公司所有者权益。

抵销分录：

借：股本

　　资本公积

　　盈余公积

　　未分配利润

　贷：长期股权投资

　　　少数股东权益

同一控制下企业合并的基本处理原则是视同合并后形成的报告主体在合并日及以前期间一直存在，在编制合并日合并财务报表时，应将母公司长期股权投资和子公司所有者权益抵销，但子公司原由企业集团其他企业控制时的留存收益在合并财务报表中是存在的，所以对于被合并方在企业合并前实现的留存收益（盈

> **名师点拨**
>
> （1）同一控制下企业合并不产生新商誉。
>
> （2）同一控制下企业合并中按一体化存续原则，在合并财务报表上，对被合并方在企业合并前实现的留存收益中归属于合并方的部分，应自合并方资本公积（资本溢价或股本溢价）转入留存收益。

余公积和未分配利润之和）中归属于合并方的部分，在合并工作底稿中，应编制下列会计分录：

借：资本公积（以母公司资本溢价或股本溢价的贷方余额为限）

贷：盈余公积（归属于现行母公司部分）

未分配利润（归属于现行母公司部分）

二、直接投资及同一控制下取得子公司合并日后合并财务报表的编制

（一）长期股权投资成本法核算的结果调整为权益法核算的结果

调整分录如下：

1. 投资当年

（1）调整子公司盈利

借：长期股权投资

贷：投资收益

（2）调整子公司亏损

借：投资收益

贷：长期股权投资

（3）调整子公司宣告分派现金股利

借：投资收益

贷：长期股权投资

名师点拨

（1）成本法核算：

借：应收股利

贷：投资收益

（2）权益法核算：

借：应收股利

贷：长期股权投资

（4）调整子公司其他综合收益变动（假定其他综合收益增加）

借：长期股权投资

贷：其他综合收益—本年

（若减少作相反分录）

（5）调整子公司除净损益、其他综合收益以及利润分配以外的所有者权益的其他变动（假定所有者权益增加）

借：长期股权投资

贷：资本公积—本年

（若减少作相反分录）

2. 连续编制合并财务报表

应说明的是，本期合并财务报表中年初“所有者权益”各项目的金额应与上期合并财务报表中的期末“所有者权益”对应项目的金额一致，因此，上期编制合并财务报表时涉及股本（实收资本）、资本公积、其他综合收益、盈余公积等项目的，在本期编制合并财务报表调整和抵销分录时均应用“股本（实收资本）—年初”“资本公积—年初”“其他综合收益—年初”和“盈余公积—年初”项目代替；对于上期编制调整和抵销分录时涉及利润表中的项目及所有者权益变动表“未分配利润”项目，在本期编制合并财务报表调整分录和抵销分录时均用“年初未分配利润”项目代替。

所有者权益变动表（简表）

2×21 年度

按合并报表规则填列

根据上年报表数据填列

项目	本年金额		上年金额	
	盈余公积	未分配利润	盈余公积	未分配利润
一、上年年末余额				
加：会计政策变更				
前期差错更正				
二、本年年初余额				
……				

名师点拨

合并报表规则：合并工作底稿中将个别报表相同项目数字相加，把调整分录和抵销分录过入工作底稿中，最后计算合并金额。

所有者权益变动表（简表）

项目	……	未分配利润				
		母公司	子公司	合计	抵销	合并
2×20 年 12 月 31 日		1000	200	1200	100	1300
2×21 年 1 月 1 日		1000	200	1200	100	1300

2×20 年 12 月 31 日
借：应收账款—坏账准备　　100
　贷：信用减值损失　　100

2×21 年 12 月 31 日
借：应收账款—坏账准备　　100
　贷：年初未分配利润　　100

名师点拨

2×21 年 12 月 31 日将上年的“信用减值损失”替换成“年初未分配利润”，使得“年初未分配利润”合并数与上期末一致。

项目	母公司	子公司	合计数	抵销分录	
				借方	贷方
一、营业收入					
减：营业成本				1100	
管理费用				150	
加：投资收益				3150	
二、营业利润				4400	
三、利润总额				4400	
四、净利润				4400	
六、综合收益总额				4400	
三、年末未分配利润				4400	

名师点拨

表中，下划线的数字是计算得到的，抵销损益类项目，最终会影响年末未分配利润项目的金额。

（1）调整以前年度子公司盈利

借：长期股权投资

　贷：年初未分配利润

（若为亏损则作相反分录）

> 要点小贴士
>
> 将上一年的“投资收益”替换成“年初未分配利润”。

（2）调整子公司本年盈利

借：长期股权投资

　贷：投资收益

（3）调整子公司本年亏损

借：投资收益

　贷：长期股权投资

（4）调整子公司以前年度分派现金股利

借：年初未分配利润

　贷：长期股权投资

（5）调整子公司当年宣告分派现金股利

借：投资收益

　贷：长期股权投资

（6）调整子公司以前年度其他综合收益变动（假定其他综合收益增加）

借：长期股权投资

　贷：其他综合收益—年初

（若减少作相反分录）

（7）调整子公司本年其他综合收益变动（假定其他综合收益增加）

借：长期股权投资

　贷：其他综合收益—本年

（若减少作相反分录）

（8）调整子公司以前年度除净损益、其他综合收益以及利润分配以外的所有者权益的其他变动（假定所有者权益增加）

借：长期股权投资

　贷：资本公积—年初

（若减少作相反分录）

（9）调整子公司本年除净损益、其他综合收益以及利润分配以外的所有者权益的其他变动（假定所有者权益增加）

借：长期股权投资

　贷：资本公积—本年

（若减少作相反分录）

（二）合并抵销处理

在合并工作底稿中，对长期股权投资的金额进行调整后，长期股权投资的金额正好反映母公司拥有子公司所有者权益的份额。或者也可以不进行权益法调整，直接抵销，本章所有举例都是按照先调整后抵销的原则处理的。编制合并财务报表，在此基础上还必须按照编制合并财务报表的要求进行合并抵销处理，将母公司与子公司之间的内部交易对合并财务报表的影响予以抵销。

1. 母公司长期股权投资与子公司所有者权益的抵销

借：股本（实收资本）

　　资本公积

　　其他综合收益

　　盈余公积

　　年末未分配利润

　贷：长期股权投资（母公司）

　　　少数股东权益（子公司所有者权益 × 少数股东持股比例）

2. 母公司对子公司、子公司相互之间持有对方长期股权投资的投资收益的抵销

借：投资收益

　　少数股东损益

　　年初未分配利润

　贷：提取盈余公积

　　　对所有者（或股东）的分配

　　　年末未分配利润

同时，被合并方在企业合并前实现的留存收益中归属于合并方的部分，应自资本公积转入留存收益。

借：资本公积

　贷：盈余公积

　　　未分配利润

子公司发行累积优先股等其他权益工具的，无论当期是否宣告发放其股利，在计算列报母公司合并利润表中的“归属于母公司股东的净利润”时，均应扣除当期归属于除母公司之外的其他权益工具持有者的可累积分配股利，扣除金额应在“少数股东损益”项目列示；子公司发行不可累积优先股等其他权益工具的，在计算列报母公司合并利润表中的“归属于母公司股东的净利润”时，应扣除当期宣告发放的归属于除母公司之外的其他权益工具持有者的不可累积分配股利，扣除金额应在“少数股东损益”项目列示。

要点小贴士

在合并财务报表中，子公司少数股东分担的当期亏损超过少数股东在该子公司期初所有者权益中所享有的份额的（即发生超额亏损），其余额仍应当冲减少数股东权益，即少数股东权益可以出现负数。

名师点拨

此处抵销的“投资收益”是成本法改为权益法根据被投资单位调整后的净利润确认的投资收益。

第四节　长期股权投资与所有者权益的合并处理（非同一控制下企业合并）

使用“会计云课堂”App 或“微信”扫码查看本节视频，快速 GET 知识点。

一、非同一控制下取得子公司购买日合并财务报表的编制

（一）按公允价值对非同一控制下取得子公司的财务报表进行调整

调整分录（以固定资产为例，假定固定资产公允价值大于账面价值）如下：

借：固定资产—原价（调增固定资产价值）

　贷：资本公积

借：资本公积

　贷：递延所得税负债

（二）母公司长期股权投资与子公司所有者权益抵销处理

借：股本（实收资本）

　资本公积

　其他综合收益

　盈余公积

　未分配利润

　商誉（借方差额）

　贷：长期股权投资

　　少数股东权益

　　盈余公积

　　未分配利润（贷方差额，购买日母公司不编制合并利润表，故不能使用利润表中的“营业外收入”项目，用留存收益项目代替“营业外收入”项目）

（三）编制合并工作底稿并编制合并财务报表（略）

二、非同一控制下取得子公司购买日后合并财务报表的编制

（一）对子公司个别财务报表进行调整

对于非同一控制下企业合并中取得的子公司，应当根据母公司在购买日设置的备查簿中登记的该子公司有关可辨认资产、负债的公允价值，对子公司的个别财务报表进行调整，使子公司的个别财务报表反映为在购买日公允价值基础上确定的可辨认资产、负债等在本期资产负债表日应有的金额。

购买日（2×21年1月1日），被购买方一项固定资产，采用年限平均法计提折旧，无残值，预计尚可使用年限为10年。

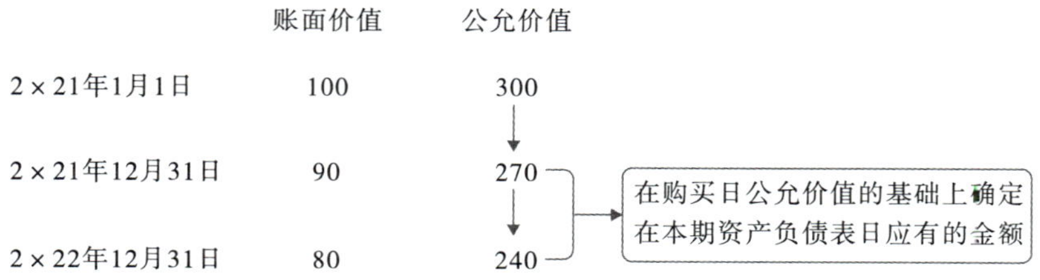

调整分录（以管理用固定资产为例，假定固定资产公允价值大于账面价值）如下：

1. 投资当年

借：固定资产—原价（调整固定资产价值）

　贷：资本公积

借：资本公积

　贷：递延所得税负债

借：管理费用（当年按公允价值应补提折旧）
　贷：固定资产—累计折旧
借：递延所得税负债
　贷：所得税费用

2. 连续编制合并财务报表
借：固定资产—原价（调整固定资产价值）
　贷：资本公积—年初
借：资本公积—年初
　贷：递延所得税负债
借：年初未分配利润（年初累计补提折旧）
　贷：固定资产—累计折旧
借：递延所得税负债
　贷：年初未分配利润
借：管理费用（当年按公允价值补提折旧）
　贷：固定资产—累计折旧
借：递延所得税负债
　贷：所得税费用

名师点拨

因按公允价值补提折旧会减少应纳税暂时性差异，所以递延所得税负债应转回，由于补提折旧计入管理费用，影响利润总额，因此，递延所得税负债转回时对应所得税费用，而不是资本公积。

经典题解

【例题 7】2×21 年 1 月 1 日，P 公司用银行存款 3000 万元购得 S 公司 80% 的股份（假定 P 公司与 S 公司的企业合并属于非同一控制下的企业合并）。购买日，S 公司有一办公楼，其公允价值为 700 万元，账面价值为 600 万元，按年限平均法计提折旧，预计使用年限为 20 年，无残值。假定该办公楼用于 S 公司的总部管理。其他资产和负债的公允价值与其账面价值相等。

假定 S 公司的会计政策和会计期间与 P 公司一致，不考虑 P 公司和 S 公司的内部交易及合并资产、负债的所得税影响。

要求：

（1）在合并财务报表中编制 2×21 年 12 月 31 日对 S 公司个别报表的调整分录。

（2）在合并财务报表中编制 2×22 年 12 月 31 日对 S 公司个别报表的调整分录。

【答案】

（1）

借：固定资产	100	
贷：资本公积		100
借：管理费用	5（100÷20）	
贷：固定资产—累计折旧		5

（2）

借：固定资产	100	
贷：资本公积		100
借：年初未分配利润	5	
贷：固定资产—累计折旧		5

借：管理费用　5
　贷：固定资产——累计折旧　5

相关链接

调整分录计算投资收益时，只考虑被投资单位资产、负债公允价值与账面价值差额对当期损益的影响，不考虑内部交易的影响，参见P916本章疑难问题解答1。

（二）长期股权投资成本法核算的结果调整为权益法核算的结果

长期股权投资由成本法核算的结果调整为权益法核算的结果的会计处理与同一控制下企业合并处理原理相同。

（三）合并抵销处理

1. 母公司长期股权投资与子公司所有者权益的抵销

借：股本（实收资本）
　　资本公积
　　其他综合收益
　　盈余公积
　　年末未分配利润
　　商誉（借方差额）
　贷：长期股权投资（母公司）
　　　少数股东权益（子公司所有者权益 × 少数股东投资持股比例）
　　　营业外收入（投资当年年末抵销分录贷方差额，母公司）
　　　盈余公积
　　　年初未分配利润（非投资当年抵销分录贷方差额，母公司）

名师点拨

购买日若存在负商誉，应当用“盈余公积”和“未分配利润”项目代替。

2. 母公司对子公司、子公司相互之间持有对方长期股权投资的投资收益的抵销

借：投资收益
　　少数股东损益
　　年初未分配利润
　贷：提取盈余公积
　　　对所有者（或股东）的分配
　　　年末未分配利润

经典题解

【真题8·多选题】2×17年度，甲公司发生的有关交易或事项如下：（1）将持有的子公司（丙公司）80%股权出售给其全资子公司（乙公司），收取的价款5500万元。出售日，丙公司各项可辨认资产、负债的公允价值为7500万元，在甲公司合并财务报表中列示的净资产账面价值为6000万元。（2）以所持联营企业（丁公司）股权作为支付对价，购入戊公司60%股权并能控制戊公司的相关经济活动。购买日，所持丁公司股权的公允价值为15000万元，账面价值为14000万元，戊公司各项可辨认资产、负债的公允价值为22000万元，账面价值为20000万元。购入戊公司前，甲公司及其子公司与戊公司不存在关联方关系。不考虑税费及其他因素，下列各项关于甲公司在编制2×17年度合并财务报表时有关会计处理的表述中，正确的有（　　）。（2018年）

A. 确认投资收益1000万元

B. 冲减资本公积700万元

C. 确认其他综合收益 2000 万元

D. 确认商誉 1800 万元

【解析】以所持联营企业（丁公司）股权作为支付对价，应确认投资收益 =15000−14000=1000（万元），选项 A 正确；

甲公司将持有丙公司 80% 股权出售给全资子公司乙公司，在甲公司合并报表中不影响收益、资本公积和其他综合收益，选项 B 和 C 错误；确认商誉 =15000−22000×60%=1800（万元），选项 D 正确。

【答案】AD

【真题 9 · 多选题】2×16 年甲公司所属企业集团内各公司发生的下列交易或事项中，不考虑其他因素，会引起甲公司合并财务报表中归属于母公司所有者权益的金额减少的有（　　）。（2017 年改编）

A. 2 月 3 日，甲公司向其控股 60% 的子公司（乙公司）捐赠货币资金 3000 万元

B. 12 月 31 日，甲公司的子公司（丁公司）持有的作为以公允价值计量且其变动计入其他综合收益的金融资产公允价值相对年初下降 1200 万元

C. 8 月 20 日，甲公司的子公司（戊公司）以资本公积转增股本，每 10 股转增 3 股

D. 9 月 10 日，甲公司控股 70% 的子公司（丙公司）向所有股东按持股比例派发 1 亿元的股票股利

【解析】选项 C，资本公积转增股本属于所有者权益内部变动，不影响所有者权益总额；

选项 D，派发股票股利属于所有者权益内部变动，不影响所有者权益总额。

【答案】AB

【真题 10 · 多选题】甲公司 20×0 年 1 月 1 日购入乙公司 80% 股权，能够对乙公司的财务和经营政策实施控制。除乙公司外，甲公司无其他子公司。20×0 年度，乙公司按照购买日可辨认净资产公允价值为基础计算实现的净利润为 2000 万元，无其他所有者权益变动。20×0 年末，甲公司合并财务报表中少数股东权益为 825 万元。20×1 年度，乙公司按购买日可辨认净资产公允价值为基础计算的净亏损为 5000 万元，无其他所有者权益变动。20×1 年末，甲公司个别财务报表中所有者权益总额为 8500 万元。下列各项关于甲公司 20×0 年度和 20×1 年度合并财务报表列报的表述中，正确的有（　　）。（2011 年改编）

A. 20×1 年度少数股东损益为 0

B. 20×0 年度少数股东损益为 400 万元

C. 20×1 年 12 月 31 日少数股东权益为 0

D. 20×1 年 12 月 31 日股东权益总额为 5925 万元

【解析】20×0 年少数股东损益 =2000×20%=400（万元），选项 B 正确；

20×1 年度少数股东损益 =−5000×20%=−1000（万元），选项 A 错误；

20×1 年 12 月 31 日少数股东权益 =825−5000×20%=−175（万元），选项 C 错误；

20×1 年 12 月 31 日归属于母公司的股东权益 =8500+（2000−5000）×80%=6100（万元），股东权益总额 =6100−175=5925（万元），选项 D 正确。

> **解题攻略**
> 购买日后子公司净资产的变动才会影响归属于母公司的股东权益。

【答案】BD

第五节　内部商品交易的合并处理

使用“会计云课堂”App或“微信”扫码查看本节视频，快速GET知识点。

一、不考虑存货跌价准备情况下内部商品销售业务的抵销

经典题解

【例题11】P公司是S公司的母公司，假设2×21年S公司向P公司销售商品1000万元，S公司2×21年销售毛利率为20%，销售成本为800万元。P公司购入的上述存货至2×21年12月31日未对外销售。

2×21年12月31日抵销分录：

借：营业收入　　1000

　贷：营业成本　　800

　　存货　　200

连续编制合并报表时：将“营业收入”和“营业成本”项目替换成“年初未分配利润”项目。

借：年初未分配利润（年初存货中包含的未实现内部销售利润）

　　营业收入（本期内部销售商品的收入）

　贷：营业成本（倒挤）

　　　存货（期末存货中包含的未实现内部销售利润）

上述抵销分录的原理：本期发生的未实现内部销售收入与本期内部交易存货中包含的未实现内部销售利润之差即为本期发生的未实现内部销售成本。

针对考试，将上述抵销分录分拆如下：

1. 将年初存货中包含的未实现内部销售利润抵销

借：年初未分配利润（年初存货中包含的未实现内部销售利润）

　贷：营业成本

2. 将本期内部商品销售收入抵销

借：营业收入（本期内部销售商品收入）

　贷：营业成本

3. 将期末存货中包含的未实现内部销售利润抵销

借：营业成本

　贷：存货（期末存货中包含的未实现内部销售利润）

【关注】少数股东是否承担未实现内部交易损益？

合并财务报表准则第三十六条：母公司向子公司出售资产所发生的未实现内部交易损益，应当全额抵销“归属于母公司所有者的净利润”。子公司向母公司出售资产所发生的未实现内部交易损益，应当按照母公司对该子公司的分配比例在“归属于母公司所有者的净利润”和“少数股东损益”之间分配抵销。子公司之间出售资产所发生的未实现内部交易损益，应当按照母公司对出售方子公司的分配比例在

名师点拨

存货中未实现内部销售利润可应用毛利率计算确定。

(1)毛利率=(销售收入-销售成本)÷销售收入

(2)存货中未实现内部销售利润=未实现销售收入-未实现销售成本

(3)存货中未实现内部销售利润=购货方内部存货结存成本×销售方毛利率

相关链接

内部交易在合并报表中是否调整少数股东损益和少数股东权益，参见P916本章疑难问题解答2。

相关链接

逆流交易子公司应收账款计提的坏账准备是否调整少数股东权益和少数股东损益，参见P917本章疑难问题解答3。

“归属于母公司所有者的净利润”和“少数股东损益”之间分配抵销。

经典题解

【例题 12】P 公司 2×20 年 10 月 1 日取得 S 公司 80% 股份，能够控制 S 公司的生产经营决策。2×21 年 P 公司实现净利润 1000 万元，S 公司按购买日公允价值持续计算的净利润为 200 万元。2×21 年 3 月 1 日，S 公司向 P 公司出售一批存货，成本为 80 万元，未计提存货跌价准备，售价为 100 万元，至 2×21 年 12 月 31 日，P 公司将上述存货对外出售 70%。2×22 年 P 公司实现净利润 1100 万元，S 公司按购买日公允价值持续计算的净利润为 300 万元，至 2×22 年 12 月 31 日，P 公司将上述存货全部对外销售，2×22 年未发生内部交易。假定不考虑所得税等其他因素的影响。

要求：

（1）计算 2×21 年合并净利润。

（2）计算 2×21 年少数股东损益。

（3）计算 2×21 年归属于 P 公司的净利润。

（4）计算 2×22 年合并净利润。

（5）计算 2×22 年少数股东损益。

（6）计算 2×22 年归属于 P 公司的净利润。

【答案】

（1）2×21 年存货中包含的未实现利润 =（100−80）×（1−70%）=6（万元）。

2×21 年合并净利润 =（1000+200）−6=1194（万元）。

（2）2×21 年少数股东损益 =200×20%−6×20%=38.8（万元）。

（3）2×21 年归属于 P 公司的净利润 =1194−38.8=1155.2（万元）。

或：2×21 年归属于 P 公司的净利润 =1000+200×80%−6×80%=1155.2（万元）。

（4）2×21 年存货中包含的未实现利润 6 万元在 2×22 年实现。

2×22 年合并净利润 =（1100+300）+6=1406（万元）。

（5）2×22 年少数股东损益 =300×20%+6×20%=61.2（万元）。

（6）2×22 年归属于 P 公司的净利润 =1406−61.2=1344.8（万元）。

或：2×22 年归属于 P 公司的净利润 =1100+300×80%+6×80% =1344.8（万元）。

解题攻略

本题中为逆流交易存货，在计算少数股东损益时应当考虑逆流交易中未实现内部交易损益的影响。

【例题 13】P 公司 2×20 年 10 月 1 日取得 S 公司 80% 股份，能够控制 S 公司的生产经营决策。2×21 年 P 公司实现净利润 1000 万元，S 公司按购买日公允价值持续计算的净利润为 200 万元。2×21 年 3 月 1 日，P 公司向 S 公司出售一批存货，成本为 80 万元，未计提存货跌价准备，售价为 100 万元，至 2×21 年 12 月 31 日，S 公司将上述存货对外出售 70%，假定不考虑所得税等其他因素的影响。

要求：

（1）计算 2×21 年合并净利润。

（2）计算 2×21 年少数股东损益。

（3）计算 2×21 年归属于 P 公司的净利润。

【答案】

（1）2×21年存货中包含的未实现利润 =（100−80）×（1−70%）=6（万元）。

2×21年合并净利润 =（1000+200）−6=1194（万元）。

（2）2×21年少数股东损益 =200×20%=40（万元）。

（3）2×21年归属于P公司的净利润 =1194−40=1154（万元）。

或：2×21年归属于P公司的净利润 =1000+200×80%−6=1154(万元）。

解题攻略

本题中为顺流交易存货，在计算少数股东损益时不需考虑顺流交易中未实现内部交易损益的影响。

【例题14】甲公司2×20年10月1日取得A公司80%股份，能够控制A公司的生产经营决策；2×20年12月1日取得B公司60%股份，能够控制B公司的生产经营决策。2×21年甲公司实现净利润为1000万元，A公司按购买日公允价值持续计算的净利润为200万元，B公司按购买日公允价值持续计算的净利润为100万元。2×21年3月1日，A公司向B公司出售一批存货，成本为80万元，未计提存货跌价准备，售价为100万元，至2×21年12月31日，B公司将上述存货对外出售70%，A公司和B公司之间无投资关系，假定不考虑所得税等其他因素的影响。

要求：

（1）计算2×21年合并净利润。

（2）计算2×21年少数股东损益。

（3）计算2×21年归属于甲公司的净利润。

【答案】

（1）2×21年存货中包含的未实现利润 =（100−80）×（1−70%）=6（万元）。

2×21年合并净利润 =（1000+200+100）−6=1294（万元）。

（2）A公司少数股东损益 =200×20%−6×20%=38.8（万元），B公司少数股东损益 =100×40%=40（万元），2×21年少数股东损益 =38.8+40=78.8（万元）。

（3）2×21年归属于甲公司的净利润 =1294−78.8=1215.2（万元）。

或：2×21年归属于甲公司的净利润 =（1000+200×80%+100×60%）−6×80%=1215.2（万元）。

解题攻略

子公司之间发生的内部交易：

（1）将购买方子公司（B公司）与母公司看成一个整体，从销售方子公司（A公司）角度看属于逆流交易，A公司确认相关损益，因此A公司的少数股东应当承担该内部交易未实现损益；

（2）将销售方子公司（A公司）与母公司看成一个整体，从购买方子公司（B公司）角度看属于顺流交易，不影响B公司损益，因此B公司少数股东不承担该内部交易未实现损益。

二、存货跌价准备的抵销

名师点拨

“存货跌价准备”抵销比较复杂。先抵期初、再抵结转，最后抵差额。

首先抵销存货跌价准备期初数，抵销分录：

借：存货—存货跌价准备

　贷：年初未分配利润

然后抵销因本期销售存货结转的存货跌价准备，抵销分录：

借：营业成本

　贷：存货—存货跌价准备

最后抵销存货跌价准备期末数与上述余额的差额，但存货跌价准备的抵销以存货中未实现内部销售利润为限。

借：存货—存货跌价准备（抵销个别财务报表中计提减值的处理）

　贷：资产减值损失

个别财务报表若为减值转回，则作相反会计分录。

经典题解

【例题 15】母公司 P 公司 2×20 年 12 月 1 日将一批成本为 80 万元的商品销售给子公司 S 公司，售价为 100 万元，至 2×20 年 12 月 31 日，S 公司尚未将上述商品对外销售，该批存货的可变现净值为 90 万元。2×21 年 2 月 10 日，S 公司将上述存货对外出售，售价 85 万元，收到款项存入银行。假定不考虑增值税等相关税费。

S 公司：

（1）2×20 年 12 月 31 日

借：资产减值损失　　10

　贷：存货跌价准备　　10

（2）2×21 年 2 月 10 日

借：银行存款　　85

　贷：主营业务收入　　85

借：主营业务成本　　100

　贷：库存商品　　100

借：存货跌价准备　　10

　贷：主营业务成本　　10

合并报表（仅针对存货减值部分）：

（1）2×20 年 12 月 31 日

借：存货—存货跌价准备　　10

　贷：资产减值损失　　10

（2）2×21 年 12 月 31 日

借：存货—存货跌价准备　　10

　贷：年初未分配利润　　10

借：营业成本　　10

　贷：存货—存货跌价准备　　10

解题攻略

S 公司个别报表中计提的“存货跌价准备”10 万元，在合并报表中是不存在的，所以应将其抵销。编制抵销分录时将会计科目替换成报表项目。

【例题 16】假定 P 公司是 S 公司的母公司，2×21 年 S 公司向 P 公司销售产品 1500 万元，销售成本为 1200 万元，至 2×21 年 12 月 31 日 P 公司未将上述产品对外出售。

（1）若 2×21 年 12 月 31 日存货可变现净值为 1300 万元，P 公司计提存货跌价准备 200 万元，作为企业集团整体，不应计提存货跌价准备，合并报表应抵销 200 万元；

（2）若 2×21 年 12 月 31 日存货可变现净值为 1100 万元，P 公司计提存货跌价准备 400 万元，作为企业集团整体，应计提存货跌价准备 100 万元，合并报表应抵销 300 万元（存货中未实现内部销售利润）。

第六节　内部债权债务的合并处理

使用“会计云课堂”App 或“微信”扫码查看本节视频，快速 GET 知识点。

一、内部债权债务项目本身的抵销

抵销分录：

借：债务类项目

　贷：债权类项目

二、内部投资收益（利息收入）和利息费用的抵销

企业集团内部母公司与子公司、子公司相互之间可能发生持有对方债券等内部交易。编制合并财务报表时，应当在抵销内部发行的应付债券和债权投资等内部债权债务的同时，将内部应付债券和债权投资相关的利息费用与投资收益（利息收入）相互抵销。抵销分录：

借：投资收益

　贷：财务费用（在建工程）等

三、内部应收款项计提坏账准备的抵销

在应收账款计提坏账准备的情况下，某一会计期间坏账准备的数额是以当期应收账款为基础计提的。在编制合并财务报表时，随着内部应收账款的抵销，与此对应的也需将内部应收账款计提的坏账准备抵销。其抵销程序如下：

首先抵销坏账准备的期初数，抵销分录：

借：应收账款—坏账准备

　贷：年初未分配利润

然后将本期计提（或冲回）的坏账准备数额抵销，抵销分录与计提（或冲回）分录借贷方向相反。

借：应收账款—坏账准备

　贷：信用减值损失

或作相反分录。

具体做法：

先抵销期初数，然后抵销期初数与期末数的差额。即“先抵期初、再抵差额”。

名师点拨

资产负债表中的项目可采用“先抵期初、再抵差额”或“先调期初、再调差额”的方法进行合并处理。

经典题解

【例题 17】P 公司 2×20 年 12 月 31 日个别资产负债表中的内部应收账款项目为 475 万元，该应收账款账面余额为 500 万元，坏账准备账户期末余额为 25 万元，假定 P 公司 2×20 年系首次编制合并财务报表，不考虑其他因素。

1. 2×20 年 12 月 31 日编制合并财务报表，抵销分录：

借：应付账款 500

　贷：应收账款 500

借：应收账款—坏账准备 25

　贷：信用减值损失 25

2. 连续编制合并财务报表的情况：

（1）若 P 公司 2×21 年 12 月 31 日个别资产负债表中的内部应收账款项目仍为 475 万元，坏账准备账户期末余额仍为 25 万元。

抵销分录：

借：应付账款 500

　贷：应收账款 500

借：应收账款—坏账准备 25

　贷：年初未分配利润 25

（2）若 P 公司 2×21 年 12 月 31 日个别资产负债表中的内部应收账款项目为 570 万元，坏账准备账户期末余额为 30 万元。

抵销分录：

借：应付账款 600

　贷：应收账款 600

借：应收账款—坏账准备 25

　贷：年初未分配利润 25

借：应收账款—坏账准备 5

　贷：信用减值损失 5

解题攻略

（1）“先抵期初”，使得合并所有者权益变动表“年初未分配利润”金额与上年“年末未分配利润”金额一致；

（2）因合并资产负债表要抵销的是期末数，所以要抵销期末数与期初数的差额，即“再抵差额”。本例中“应收账款—坏账准备”先抵期初 25 万元，因期末要抵销 30 万元，所以再抵差额 5 万元。

（3）若 P 公司 2×21 年 12 月 31 日个别资产负债表中的内部应收账款项目为 380 万元，坏账准备账户期末余额为 20 万元。

借：应付账款 400

　贷：应收账款 400

借：应收账款—坏账准备 25

　贷：年初未分配利润 25

借：信用减值损失 5

　贷：应收账款—坏账准备 5

（4）若 P 公司 2×21 年 12 月 31 日个别资产负债表中无内部应收账款。

抵销分录：

借：应收账款—坏账准备 25

　贷：年初未分配利润 25

借：信用减值损失 25

　贷：应收账款—坏账准备 25

解题攻略

即使个别资产负债表期末无内部应收账款，本期合并工作底稿中也可能存在抵销分录。

第七节　内部固定资产交易的合并处理

使用“会计云课堂”App 或“微信”扫码查看本节视频，快速 GET 知识点。

一、未发生变卖或报废的内部交易固定资产的抵销（以高于账面价值的金额出售）

（一）将期初固定资产原价中包含的未实现内部销售利润抵销

借：年初未分配利润

　贷：固定资产—原价（期初固定资产原价中包含的未实现内部销售利润）

（二）将期初累计多提折旧抵销

借：固定资产—累计折旧（期初累计多提折旧）

　贷：年初未分配利润

（三）将本期购入的固定资产原价中包含的未实现内部销售利润抵销

> **名师点拨**
>
> 内部交易固定资产产生的未实现交易损益在归属于母公司和少数股东净利润的计算上也要区分顺流交易和逆流交易，其核算方法与存货内部交易的处理原则一致。

1. 一方销售的商品，另一方购入后作为管理用固定资产核算

借：营业收入（本期内部固定资产交易产生的销售收入）

　贷：营业成本（本期内部固定资产交易产生的销售成本）

　　固定资产—原价（本期购入的固定资产原价中包含的未实现内部销售利润）

2. 一方的固定资产，另一方购入后仍作为管理用固定资产核算

> **名师点拨**
>
> 1 与 2 的区别在于出售方持有资产对应处置损益计入利润表的项目不同。

借：资产处置收益

　贷：固定资产—原价（本期购入的固定资产原价中包含的未实现内部销售利润）

（四）将本期多提折旧抵销

借：固定资产—累计折旧（本期多提折旧）

　贷：管理费用

二、因已丧失使用功能或因自然灾害发生毁损等原因而报废清理的内部固定资产交易的抵销

将上述抵销分录中的“固定资产—原价”项目和“固定资产—累计折旧”项目用“营业外收入”项目或“营业外支出”项目代替。

（一）将期初固定资产原价中包含的未实现内部销售利润抵销

借：年初未分配利润

　贷：营业外收入等（期初固定资产原价中包含的未实现内部销售利润）

（二）将期初累计多提折旧抵销

借：营业外收入等（期初累计多提折旧）

　贷：年初未分配利润

（三）将本期多提折旧抵销

借：营业外收入等（本期多提折旧）

　贷：管理费用

【提示】若发生变卖，将上述抵销分录中的“固定资产—原价”项目和“固定资产—累计折旧”项目用“资产处置收益”项目代替。

经典题解

【例题 18 · 单选题】甲公司及其子公司（乙公司）2×18 年至 2×20 年发生的有关交易或事项如下：

（1）2×18 年 12 月 25 日，甲公司与乙公司签订设备销售合同，将生产的一台 A 设备销售给乙公司，售价（不含增值税）为 500 万元。2×18 年 12 月 31 日，甲公司按合同约定将 A 设备交付乙公司，并收取价款。A 设备的成本为 400 万元。乙公司将购买的 A 设备作为管理用固定资产，于交付当日投入使用。乙公司采用年限平均法计提折旧，预计 A 设备可使用 5 年，预计净残值为零。（2）2×20 年 12 月 31 日，乙公司以 260 万元（不含增值税）的价格将 A 设备出售给独立的第三方，设备已经交付，价款已经收取。甲公司在 2×20 年度合并利润表中因乙公司处置 A 设备确认的损失是（　　）万元。

A. −60　　　　B. −40

C. −20　　　　D. 40

【解析】甲公司在 2×20 年度合并利润表中因乙公司处置 A 设备确认的损失 =（400−400/5×2）−260=−20（万元）。

【答案】C

【例题 19 · 单选题】甲公司拥有乙和丙两家子公司。2×19 年 6 月 15 日，乙公司将其产品以市场价格销售给丙公司，售价为 100 万元（不考虑相关税费），销售成本为 76 万元。丙公司购入后作为管理用固定资产使用，按 4 年的期限、采用年限平均法对该项资产计提折旧，预计净残值为零。假定不考虑所得税的影响，甲公司在编制 2×20 年年末合并资产负债表时，应调减“未分配利润”项目的金额为（　　）万元。

A. 15　　　　B. 6

C. 9　　　　D. 24

【解析】应调减“未分配利润”项目的金额 =（100−76）−（100−76）÷4×1.5=15（万元）。

【答案】A

第八节 内部无形资产交易的合并处理

使用“会计云课堂”App或“微信”扫码查看本节视频，快速GET知识点。

一、未发生变卖的内部无形资产交易的抵销

（一）将期初管理用无形资产原价中包含的未实现内部销售利润抵销

借：年初未分配利润
　贷：无形资产—原价（期初无形资产原价中包含的未实现内部销售利润）

（二）将期初累计多提摊销抵销

借：无形资产—累计摊销（期初累计多提摊销）
　贷：年初未分配利润

（三）将本期购入的无形资产原价中包含的未实现内部销售利润抵销

借：资产处置收益
　贷：无形资产—原价（本期购入的无形资产原价中包含的未实现内部销售利润）

（四）将本期多提摊销抵销

借：无形资产—累计摊销（本期多提摊销）
　贷：管理费用

二、发生变卖情况下的内部无形资产交易的抵销

将上述抵销分录中的“无形资产—原价”项目和“无形资产—累计摊销”项目用“资产处置收益”项目代替。

（一）将期初管理用无形资产原价中包含的未实现内部销售利润抵销

借：年初未分配利润
　贷：资产处置收益（期初无形资产原价中包含的未实现内部销售利润）

（二）将期初累计多提摊销抵销

借：资产处置收益（期初累计多提摊销）
　贷：年初未分配利润

（三）将本期多提摊销抵销

借：资产处置收益（本期多提摊销）
　贷：管理费用

第九节 特殊交易在合并财务报表中的会计处理

使用“会计云课堂”App 或“微信”扫码查看本节视频，快速 GET 知识点。

一、追加投资的会计处理

（一）母公司购买子公司少数股东股权

母公司购买子公司少数股东拥有的子公司股权的，在母公司个别财务报表中，其自子公司少数股东处新取得的长期股权投资应当按照《企业会计准则第 2 号——长期股权投资》的规定确定其投资成本；在合并财务报表中，子公司的资产、负债应以购买日或合并日所确定的净资产价值开始持续计算的金额反映，因购买少数股权新取得的长期股权投资与按照新增持股比例计算应享有子公司自购买日或合并日开始持续计算的净资产份额之间的差额，应当调整母公司个别财务报表中的资本公积（资本溢价或股本溢价），资本公积不足冲减的，调整留存收益。

【提示】购买子公司少数股东股权在合并财务报表中属于权益性交易。因控制权未发生改变，商誉金额只反映原投资部分，新增持股比例部分在合并财务报表中不确认商誉。

（二）企业因追加投资等原因能够对非同一控制下的被投资方实施控制

企业因追加投资等原因，通过多次交易分步实现非同一控制下企业合并的，在合并财务报表上，首先，应结合分步交易的各个步骤的协议条款，以及各个步骤中所分别取得的股权比例、取得对象、取得方式、取得时点及取得对价等信息来判断分步交易是否属于“一揽子交易”。

各项交易的条款、条件以及经济影响符合以下一种或多种情况的，通常应将多次交易事项作为“一揽子交易”进行会计处理：①这些交易是同时或者在考虑了彼此影响的情况下订立的；②这些交易整体才能达成一项完整的商业结果；③一项交易的发生取决于至少一项其他交易的发生；④一项交易单独看是不经济的，但是和其他交易一并考虑时是经济的。

如果分步取得对子公司股权投资直至取得控制权的各项交易属于“一揽子交易”，应当将各项交易作为一项取得子公司控制权的交易进行会计处理。

如果不属于“一揽子交易”，个别财务报表和合并财务报表会计处理如下：

1. 个别财务报表

（1）购买日初始投资成本 = 购买日之前所持被购买方的股权投资于购买日的账面价值（如原投资按公允价值计量，即为购买日公允价值）+ 购买日新增投资成本

名师点拨

个别报表层面不认为已处置原权益法核算的长期股权投资，否则违背历史成本计量属性。

（2）购买日之前持有的股权投资因采用权益法核算而确认的其他综合收益，应当在处置该项投资时采用与被投资单位直接处置相关资产或负债相同的基础进行会计处理；确认的除净损益、其他综合收益和利润分配外的其他所有者权益变动，应当在处置该项投资时，转入处置当期投资收益。

（3）购买日之前持有的股权投资按照《企业会计准则第 22 号——金融工具确

认和计量》的有关规定进行会计处理的，购买日公允价值与其账面价值的差额应当在改按成本法核算时转入投资收益（或留存收益），计入其他综合收益的累计公允价值变动应当在改按成本法核算时转入留存收益。

2. 合并财务报表

（1）购买方对于购买日之前持有的被购买方的股权，按照该股权在购买日的公允价值进行重新计量，公允价值与账面价值的差额计入当期投资收益。

（2）合并成本 = 购买日之前持有的被购买方的股权于购买日的公允价值 + 购买日新购入股权所支付对价的公允价值

名师点拨

若原投资采用权益法核算，购买日的初始投资成本与合并成本不一致。

（3）比较购买日合并成本与享有的被购买方可辨认净资产公允价值的份额，确定购买日应予确认的商誉，或者应计入营业外收入（用留存收益代替）的金额。

（4）购买日之前持有的被购买方的股权涉及权益法核算下的其他综合收益，应当在购买日采用与被投资单位直接处置相关资产或负债相同的基础进行会计处理（即转入投资收益或留存收益）；对于购买日之前持有的被购买方的股权涉及权益法核算下除净损益、其他综合收益和利润分配以外的其他所有者权益变动，应当转为购买日所属当期损益（投资收益）。

名师点拨

合并报表层面认为已处置原权益法核算的长期股权投资。

经典题解

【例题20】长江公司于2×20年1月1日以银行存款3100万元取得大海公司30%的有表决权股份，能够对大海公司施加重大影响，当日大海公司可辨认净资产的公允价值是11000万元。

2×20年1月1日，大海公司除一项管理用固定资产的公允价值与其账面价值不同外，其他资产和负债的公允价值与账面价值均相等。当日，该固定资产的公允价值为300万元，账面价值为100万元，尚可使用年限为10年、采用年限平均法计提折旧，预计净残值为0。

大海公司2×20年度实现净利润1000万元，未发放现金股利，因投资性房地产转换增加其他综合收益200万元。

2×21年1月1日，长江公司以银行存款5220万元进一步取得大海公司40%的有表决权股份，取得了对大海公司的控制权，形成非同一控制下企业合并。当日，大海公司所有者权益的账面价值为12000万元，其中：股本5000万元，资本公积1200万元，其他综合收益1000万元，盈余公积480万元，未分配利润4320万元；可辨认净资产的公允价值为12300万元。

2×21年1月1日，大海公司除一项管理用固定资产的公允价值与其账面价值不同外，其他资产和负债的公允价值与账面价值均相等。当日该固定资产的公允价值为390万元，账面价值为90万元，尚可使用年限为9年、采用年限平均法计提折旧，预计净残值为0。

假定：

①原30%股权在购买日的公允价值为3915万元。

②不考虑所得税和内部交易的影响。

要求：

（1）编制2×20年1月1日至2×21年1月1日长江公司对大海公司长期股权

投资的会计分录。

（2）计算2×21年1月1日长江公司追加投资后个别财务报表中长期股权投资的账面价值。

（3）计算长江公司对大海公司投资形成的商誉的金额。

（4）编制在购买日合并财务报表工作底稿中对大海公司个别财务报表进行调整的会计分录。

（5）编制在购买日合并财务报表工作底稿中调整长期股权投资的会计分录。

（6）编制在购买日合并财务报表工作底稿中与投资有关的抵销分录。

【答案】

（1）①2×20年1月1日

借：长期股权投资—投资成本　　3100

　贷：银行存款　　3100

借：长期股权投资—投资成本　　200（11000×30%-3100）

　贷：营业外收入　　200

②2×20年12月31日

借：长期股权投资—损益调整　　294{［1000-（300-100）÷10］×30%}

　贷：投资收益　　294

借：长期股权投资—其他综合收益　　60（200×30%）

　贷：其他综合收益　　60

③2×21年1月1日

借：长期股权投资　　5220

　贷：银行存款　　5220

借：长期股权投资　　3654

　贷：长期股权投资—投资成本　　3300（3100+200）

　　　　　　　　　—损益调整　　294

　　　　　　　　　—其他综合收益　　60

（2）个别财务报表中长期股权投资账面价值=3654+5220=8874（万元）。

（3）长江公司对大海公司投资形成的商誉=（5220+3915）-12300×（30%+40%）=525（万元）。

（4）将大海公司固定资产账面价值调整为公允价值。

借：固定资产　　300

　贷：资本公积　　300（390-90）

（5）将原30%持股比例长期股权投资账面价值调整到购买日公允价值，调整金额=3915-3654=261（万元）。

借：长期股权投资　　261

　贷：投资收益　　261

将原权益法核算形成的其他综合收益转入投资收益。

借：其他综合收益　　60

　贷：投资收益　　60

（6）

借：股本		5000
资本公积		1500（1200+300）
其他综合收益		1000
盈余公积		480
未分配利润		4320
商誉		525
贷：长期股权投资		9135（3915+5220）
少数股东权益		3690（12300×30%）

（三）通过多次交易分步实现同一控制下企业合并

对于分步实现的同一控制下企业合并，在编制合并财务报表时，应视同参与合并的各方在最终控制方开始控制时即以目前的状态存在进行调整，在编制比较报表时，以不早于合并方和被合并方同处于最终控制方的控制之下的时点开始，将被合并方的有关资产、负债并入合并方合并财务报表的比较报表中，并将合并而增加的净资产在比较报表中调整所有者权益下的相关项目。

为避免对被合并方净资产的价值进行重复计算，合并方在取得被合并方控制权之前持有的股权投资，在取得原股权之日与合并方和被合并方同处于同一方最终控制之日孰晚日起至合并日之间已确认有关损益、其他综合收益以及其他净资产变动，应分别冲减比较报表期间的期初留存收益或当期损益等项目。

（四）本期增加子公司时如何编制合并财务报表

1. 同一控制（权益结合法）

（1）资产负债表：调整年初数

（2）利润表：从年初算起

（3）现金流量表：从年初算起

2. 非同一控制（购买法）

（1）资产负债表：不调整年初数

（2）利润表：从购买日算起

（3）现金流量表：从购买日算起

名师点拨

（1）该交易在合并财务报表角度属于权益性交易，合并财务报表中不确认投资收益；

（2）合并财务报表中的商誉不因持股比例改变而改变；

（3）合并财务报表中确认资本公积的金额=出售净价-出售日应享有子公司按购买日公允价值持续计算的金额（或按合并日净资产价值持续计算的金额）对应处置比例份额。

二、处置对子公司投资的会计处理

（一）在不丧失控制权的情况下部分处置对子公司长期股权投资

母公司不丧失控制权的情况下部分处置对子公司的长期股权投资的，在母公司个别财务报表中作为长期股权投资的处置，确认有关处置损益。即出售股权取得的价款或对价的公允价值与所处置投资账面价值的差额，应作为投资收益或损失计入处置投资当期母公司的个别财务报表；在合并财务报表中，因出售部分股权后，母公司仍能够对被投资单位实施控制，被投资单位应当纳入母公司合并财务报表。因此，在合并财务报表中，处置价款与处置长期股权投资相对应享有子公司自购买日或合并日开始持续计算的净资产份额之间的差额，应当调整资本公积（资本溢价或股本溢价），资本公积不足冲减的，调整留存收益。上述情形确定子公司净资产份额时按照如下原则考虑商誉：

母公司不丧失控制权情况下处置子公司部分股权时，在合并财务报表中，可以把子公司净资产分为两部分，一是归属于母公司的所有者权益（包含子公司净资产和商誉）；二是少数股东权益（包含子公司净资产，但不包含商誉）。母公司购买或出售子公司部分股权时，为两类所有者之间的交易。当母公司购买少数股权时，按比例把少数股东权益（包含子公司净资产，但不包含商誉）的账面价值调整至归属于母公司的所有者权益。反之，当母公司出售部分股权时，按比例把归属于母公司的所有者权益（包含子公司净资产和商誉）的账面价值调整至少数股东权益。

值得注意的是，母公司不丧失控制权情况下处置子公司部分股权时，不应终止确认所处置股权对应的商誉。

经典题解

【例题 21】甲公司于 2×20 年 2 月 2 日取得乙公司 80% 的股权，合并成本为 8600 万元，购买日乙公司可辨认净资产公允价值总额为 9800 万元。假定该项合并为非同一控制下企业合并。2×22 年 1 月 2 日，甲公司将其持有的对乙公司长期股权投资其中的 25% 对外出售，取得价款 2600 万元。出售投资当日，乙公司自甲公司取得其 80% 股权之日起持续计算的应当纳入甲公司合并财务报表的可辨认净资产总额为 12000 万元（与 2×21 年 12 月 31 日相等）。该项交易后，甲公司仍能够控制乙公司的财务和生产经营决策。

要求：

（1）计算购买日商誉。

（2）计算 2×22 年 1 月 2 日个别报表中确认的投资收益、合并报表中确认的投资收益、合并报表中确认的资本公积和合并报表中确认的少数股东权益。

【答案】

（1）购买日商誉 =8600-9800×80%=760（万元）。

（2）个别报表中确认的投资收益 =2600-8600×1/4=450（万元）。

合并报表中不确认投资收益。

合并报表中确认的资本公积 =2600-12000×80%×1/4=200（万元）。

合并报表中确认的少数股东权益 =12000×40%+760×1/4=4990（万元）。

【真题 22·多选题】下列各项中，在合并资产负债表中应当计入资本公积的有（　　）。（2020 年）

A. 同一控制下企业合并中支付的合并对价账面价值小于取得的净资产账面价值的差额

B. 存货转换为采用公允价值模式进行计量的投资性房地产时转换日公允价值大于账面价值的差额

C. 母公司在不丧失控制权的情况下部分处置对子公司的长期股权投资，处置价款大于处置长期股权投资相对应享有子公司自购买日开始持续计算的净资产份额的差额

D. 因联营企业接受新股东的资本投入，投资方仍采用权益法核算时相应享有联营企业净资产份额发生变动的部分

【解析】选项B，存货转换为采用公允价值模式进行计量的投资性房地产时，转换日公允价值大于账面价值的差额计入其他综合收益。

【答案】ACD

（二）母公司因处置对子公司长期股权投资而丧失控制权

1. 一次交易处置子公司

母公司因处置部分股权投资或其他原因丧失了对原有子公司控制的，在合并财务报表中，应当进行如下会计处理：

（1）终止确认长期股权投资、商誉等的账面价值，并终止确认少数股东权益（包括属于少数股东的其他综合收益）的账面价值。

（2）按照丧失控制权日的公允价值重新计量剩余股权，按剩余股权对被投资方的影响程度，将剩余股权作为长期股权投资或按照公允价值计量的金融资产进行核算。

（3）处置股权取得的对价与剩余股权的公允价值之和，减去按原持股比例计算应享有原有子公司自购买日开始持续计算的净资产账面价值份额与商誉之和，形成的差额计入丧失控制权当期的投资收益。

名师点拨

合并报表层面认为将全部投资对外出售，剩余投资按公允价值回购。

（4）与原有子公司的股权投资相关的其他综合收益应当采用与被投资单位直接处置相关资产或负债相同的基础处理并全部结转（转入留存收益或投资收益）；与原有子公司的股权投资相关的其他所有者权益变动，应当在丧失控制权时转入当期损益（投资收益）。

2. 多次交易分步处置子公司

企业通过多次交易分步处置对子公司股权投资直至丧失控制权，在合并财务报表中，首先应判断分步交易是否属于“一揽子交易”。

如果分步交易不属于“一揽子交易”，则在丧失对子公司控制权以前的各项交易，应按照本知识点下“(一)在不丧失控制权的情况下部分处置对子公司长期股权投资”的规定进行会计处理。

如果分步交易属于“一揽子交易”，则应将各项交易作为一项处置原有子公司并丧失控制权的交易进行会计处理，其中，对于丧失控制权之前的每一次交易，处置价款与处置投资对应的享有该子公司自购买日开始持续计算的净资产账面价值的份额之间的差额，在合并财务报表中应当计入其他综合收益，在丧失控制权时一并转入丧失控制权当期的损益。

经典题解

【真题23·多选题】2×18年2月1日，甲公司以4000万元购买乙公司60%的股权，实现非同一控制下企业合并，购买日乙公司可辨认净资产的公允价值为5000万元。2×19年3月1日，甲公司以1500万元进一步购买乙公司20%的股权，乙公司可辨认净资产公允价值自购买日持续计算的金额为6000万元，甲公司合并报表中资本公积（资本溢价）为1000万元。2×20年1月1日，甲公司以6000万元出售乙公司40%的股权，丧失对乙公司的控制权但仍对乙公司能够施加重大

影响，乙公司可辨认净资产公允价值自购买日持续计算的金额为7000万元，剩余40%股权的公允价值为3000万元。2×20年1月1日，下列各项关于甲公司处置乙公司股权相关会计处理的表述中，正确的有（　　）。（2021年）

A. 甲公司合并财务报表中，剩余的长期股权投资的账面价值为3000万元

B. 甲公司个别财务报表中，确认股权处置损益3250万元

C. 甲公司合并财务报表中，确认股权处置损益2100万元

D. 甲公司个别财务报表中，剩余的长期股权投资的账面价值为3000万元

【解析】合并报表中剩余长期股权投资的账面价值为其剩余股权的公允价值3000万元，选项A正确；

2×20年1月1日，甲公司个别报表中，确认的股权处置损益=6000-（4000+1500）×40%/80%=3250（万元），选项B正确；

甲公司合并报表中，确认的股权处置损益=（6000+3000）-（7000×80%+1000）=2400（万元），选项C错误；

个别报表中剩余长期股权投资的账面价值=（5500-5500×40%/80%）+（7000-5000）×40%=3550（万元），选项D错误。

【答案】AB

（三）本期减少子公司时如何编制合并财务报表

在本期处置子公司部分股份或全部股份，丧失对该子公司的控制权的情况下，不再将该子公司纳入合并范围。

在编制合并资产负债表时，不再对该出售转让股份而成为非子公司的资产负债表进行合并。

编制合并利润表时，则应当以该子公司期初至丧失控制权之日止的利润表为基础，将该子公司自期初至丧失控制权之日止的相关项目纳入合并利润表。

编制合并现金流量表时，应将该子公司自期初至丧失控制权之日止的现金流量信息纳入合并现金流量表，并将出售该子公司所收到的现金扣除子公司持有的现金和现金等价物以及相关处置费用后的净额，在有关投资活动类的“处置子公司及其他营业单位收到的现金净额”项目反映。

三、因子公司少数股东增资导致母公司股权稀释的会计处理

如果由于子公司的少数股东对子公司进行增资，导致母公司股权稀释，母公司应当按照增资前的股权比例计算其在增资前子公司账面净资产中的份额，该份额与增资后按母公司持股比例计算的在增资后子公司账面净资产份额之间的差额计入资本公积，资本公积不足冲减的，调整留存收益。

名师点拨

（1）该交易在合并财务报表角度属于权益性交易，合并财务报表中不确认投资收益；

（2）合并财务报表中的商誉不因持股比例改变而改变。

经典题解

【例题24·单选题】甲公司于2×19年12月31日以5000万元取得乙公司80%的股权，能够对乙公司实施控制，形成非同一控制下的企业合并，购买日乙公司可辨认净资产公允价值为6000万元。2×20年12月31日，乙公司增资前净资产账面价值为6500万元，按购买日可辨认净资产公允价值持续计算的净资产账面

价值为7000万元。同日，乙公司其他投资者向乙公司增资1200万元，增资后，甲公司持有乙公司股权比例下降为70%，仍能够对乙公司实施控制。不考虑所得税和其他因素影响。增资后甲公司合并资产负债表中应调增资本公积的金额为（　　）万元。

A. 540　　B. 140　　C. -210　　D. 190

【解析】乙公司其他投资者增资前，甲公司持股比例为80%，由于少数股东增资，甲公司持股比例变为70%。增资前，甲公司按照80%的持股比例享有的乙公司按购买日公允价值持续计算净资产账面价值为5600万元（7000×80%），增资后，甲公司按照70%持股比例享有的乙公司净资产账面价值为5740万元（8200×70%），两者之间的差额为140万元，在甲公司合并资产负债表中应调增资本公积，选项B正确。

【答案】B

四、交叉持股的合并处理

交叉持股，是指母公司持有子公司一定比例股份，能够对其实施控制，同时子公司也持有母公司股份，即相互持有对方的股份。

母子公司有交叉持股情形的，在编制合并财务报表时，对于母公司持有的子公司股权，作长期股权投资与子公司权益的合并抵销处理。对于子公司持有的母公司股权，应当将其作为合并财务报表中的库存股，作为所有者权益的减项列示，对于子公司持有母公司股权期间所确认的投资收益（如利润分配或现金股利），应当进行抵销处理。子公司将所持有的母公司股权按照公允价值计量的，应同时冲销子公司累计确认的公允价值变动。

子公司相互之间持有对方股权投资的，应当比照母公司对子公司的股权投资的处理方法，将长期股权投资与其对应的子公司所有者权益中所享有的份额相互抵销。

五、逆流交易的合并处理

如果母子公司之间发生逆流交易，即子公司向母公司出售资产，则所发生的未实现内部交易损益，应当按照母公司对该子公司的分配比例在“归属于母公司所有者的净利润”和“少数股东损益”之间分配抵销。

六、其他特殊交易

对于企业集团合并财务报表角度确认和计量结果与其所属的母公司或子公司的个别财务报表层面确认和计量结果存在差异的，在编制合并财务报表时，应站在企业集团角度对该交易事项予以调整。例如，母公司将借款作为实收资本投入子公司用于建造长期资产的，母公司应在合并财务报表层面反映借款利息的资本化金额。再如，子公司作为投资性房地产的办公楼，出租给母公司使用，母公司应在合并财务报表层面作为固定资产反映。

第十节 所得税会计相关的合并处理

使用“会计云课堂”App 或“微信”扫码查看本节视频，快速 GET 知识点。

一、所得税会计概述（略）

二、内部应收款项相关所得税会计的合并处理（先抵期初、再抵差额）

首先抵销期初坏账准备对递延所得税的影响

借：年初未分配利润（期初坏账准备余额 × 所得税税率）

贷：递延所得税资产

然后确认个别财务报表中递延所得税资产期初、期末余额的差额（递延所得税资产期末余额 = 期末坏账准备余额 × 所得税税率）

借：所得税费用

贷：递延所得税资产

或相反分录。

经典题解

【例题 25】 P 公司 2×19 年 12 月 31 日个别资产负债表中的内部应收账款为 475 万元，坏账准备余额为 25 万元。假定 P 公司 2×19 年系首次编制合并财务报表。P 公司 2×20 年 12 月 31 日个别资产负债表中的内部应收账款项目为 380 万元，坏账准备账户期末余额为 20 万元。P 公司适用的所得税税率为 25%。

2×19 年 12 月 31 日抵销分录为：

借：应付账款 500

贷：应收账款 500

借：应收账款—坏账准备 25

贷：信用减值损失 25

借：所得税费用 6.25

贷：递延所得税资产 6.25

2×20 年 12 月 31 日抵销分录为：

借：应付账款 400

贷：应收账款 400

借：应收账款—坏账准备 25

贷：年初未分配利润 25

借：信用减值损失 5

贷：应收账款—坏账准备 5

应抵销递延所得税资产余额 =20×25%=5（万元）

借：年初未分配利润 6.25
　贷：递延所得税资产 6.25
借：递延所得税资产 1.25
　贷：所得税费用 1.25

三、内部交易存货相关所得税会计的合并处理的会计处理

名师点拨

若内部交易存货未计提存货跌价准备，期末可抵扣暂时性差异即为期末存货中未实现内部销售利润。

（一）若内部存货未计提存货跌价准备

递延所得税资产的期末余额＝期末存货中未实现内部销售利润×所得税税率

（二）若内部存货已计提存货跌价准备

1. 确认本期合并财务报表中递延所得税资产期末余额（即列报金额）

递延所得税资产的期末余额＝期末合并财务报表中存货可抵扣暂时性差异余额×所得税税率

合并财务报表中存货账面价值为站在合并财务报表角度期末结存存货的价值，即集团内部销售方（不是购货方）存货成本与可变现净值孰低的结果。

合并财务报表中存货计税基础为集团内部交易购货方期末结存存货的成本。

名师点拨

即使本期期末递延所得税资产的调整金额为零，为了保证合并报表中年初未分配利润合并数与上期期末未分配利润合并数相等，也要按照该步骤调整。

2. 调整合并财务报表中本期递延所得税资产（先调期初、再调差额）

本期期末递延所得税资产的调整金额＝合并财务报表中递延所得税资产的期末余额－购货方个别财务报表中已确认的递延所得税资产期末余额

（1）调整期初数

借：递延所得税资产
　贷：年初未分配利润

注：合并财务报表中期初递延所得税资产调整金额即为上期期末合并财务报表中递延所得税资产的调整金额。

（2）调整期初期末差额

借：递延所得税资产
　贷：所得税费用

或作相反分录。

经典题解

【例题26】P公司和S公司均采用资产负债表债务法核算所得税，适用的所得税税率均为25%。2×20年1月1日，P公司以银行存款购入S公司80%的股份，能够对S公司实施控制。2×20年S公司从P公司购进A商品400件，购买价格为每件2万元（不含增值税，下同）。每件A商品的成本为1.5万元，未计提存货跌价准备。2×20年S公司对外销售A商品300件，每件销售价格为2.2万元；2×20年年末结存A商品100件。2×20年12月31日，每件A商品可变现净值为1.8万元；S公司对A商品计提存货跌价准备20万元。2×21年S公司对外销售A商品20件，每件销售价格为1.8万元。2×21年12月31日，S公司年末存货中包括从P公司购进的A商品80件，A商品每件可变现净值为1.4万元。S公司个别财务报表中A商品存货跌价准备的期末余额为48万元。

要求：编制2×20年和2×21年与存货有关的抵销分录或调整分录（编制抵销分录时应考虑递延所得税的影响）。

【答案】

（1）2×20年

①抵销内部交易存货未实现的收入、成本和利润

借：营业收入　　800（400×2）

　贷：营业成本　　800

借：营业成本　　50

　贷：存货　　50［100×（2−1.5）］

②抵销S公司个别财务报表中计提的存货跌价准备

借：存货—存货跌价准备　　20

　贷：资产减值损失　　20

③调整合并财务报表中递延所得税资产

2×20年12月31日，合并财务报表中结存存货的账面价值=100×1.5=150（万元），计税基础=100×2=200（万元），合并财务报表中应确认递延所得税资产=（200−150）×25%=12.5（万元），因S公司个别财务报表中已确认递延所得税资产=20×25%=5（万元），所以合并财务报表中递延所得税资产调整金额=12.5−5=7.5（万元）。2×20年合并财务报表中调整分录如下：

借：递延所得税资产　　7.5

　贷：所得税费用　　7.5

（2）2×21年

①抵销期初存货中未实现内部销售利润

借：年初未分配利润　　50

　贷：营业成本　　50

②抵销期末存货中未实现内部销售利润

借：营业成本　　40

　贷：存货　　40［80×（2−1.5）］

③抵销期初存货跌价准备

借：存货—存货跌价准备　　20

　贷：年初未分配利润　　20

④抵销本期销售商品结转的存货跌价准备

借：营业成本　　4（20÷100×20）

　贷：存货—存货跌价准备　　4

⑤调整本期存货跌价准备

2×21年12月31日，结存的存货中未实现内部销售利润为40万元，存货跌价准备的期末余额为48万元［80×（2−1.4）］，期末存货跌价准备可抵销的余额为40万元（存货跌价准备的抵销以存货中未实现内部销售利润为限），本期应抵销的存货跌价准备=40−（20−4）=24（万元）。

借：存货—存货跌价准备　　24

　贷：资产减值损失　　24

⑥调整合并财务报表中递延所得税资产

2×21年12月31日，合并财务报表中结存存货账面价值=80×1.4=112（万元），计税基础=80×2=160（万元），合并财务报表中应确认递延所得税资产余额=（160-112）×25%=12（万元），因S公司个别财务报表中已确认递延所得税资产余额=48×25%=12（万元），所以本期合并财务报表中递延所得税资产调整金额=12-12-7.5(期初)=-7.5(万元)。2×21年合并财务报表中调整分录如下：

借：递延所得税资产 7.5

　贷：年初未分配利润 7.5

借：所得税费用 7.5

　贷：递延所得税资产 7.5

四、内部交易固定资产等相关所得税会计的合并抵销处理

（一）确认本期合并财务报表中递延所得税资产期末余额（即列报金额）

递延所得税资产的期末余额=期末合并财务报表中因内部交易固定资产形成的可抵扣暂时性差异余额×所得税税率

合并财务报表中固定资产账面价值为集团内部销售方（不是购货方）期末固定资产的账面价值。

合并财务报表中固定资产的计税基础为集团内部购货方期末按税法规定确定的账面价值。

名师点拨

如果考试涉及此项内容，通常假定会计上固定资产折旧方法、预计使用年限和预计净残值与税法一致且不考虑减值，在这种情况下，可抵扣暂时性差异余额即为期末固定资产中未实现利润，即交易时产生的未实现利润减去已通过折旧实现的部分。

（二）调整合并财务报表中本期递延所得税资产

本期期末递延所得税资产的调整金额=合并财务报表中递延所得税资产的期末余额-购货方个别财务报表中已确认的递延所得税资产期末余额

1. 调整期初数

借：递延所得税资产

　贷：年初未分配利润

2. 调整期初、期末差额

借：递延所得税资产

　贷：所得税费用

或作相反分录。

名师点拨

合并财务报表中期初递延所得税资产调整金额即为上期期末合并财务报表中递延所得税资产的调整金额。

第十一节 合并现金流量表的编制

使用“会计云课堂”App或“微信”扫码查看本节视频，快速GET知识点。

一、合并现金流量表概述

合并现金流量表是综合反映母公司及其子公司组成的企业集团在一定会计期间

现金流入、现金流出数量以及其增减变动情况的财务报表。合并现金流量表以母子公司的现金流量表为基础，在抵销集团内部公司之间发生内部交易对合并现金流量表的影响后，由母公司编制。合并现金流量表也可以根据合并资产负债表和合并利润表进行编制。现金流量表要求按照收付实现制反映企业经济业务所引起的现金流入和现金流出，其编制方法有直接法和间接法两种。我国已经明确规定企业对外报送的现金流量表采用直接法编制。

二、编制合并现金流量表需要抵销的项目

编制合并现金流量表时需要进行抵销处理的项目主要有：①母公司与子公司、子公司相互之间当期以现金投资或收购股权增加的投资所产生的现金流量；②母公司与子公司、子公司相互之间当期取得投资收益收到的现金与分配股利、利润或偿付利息支付的现金；③母公司与子公司、子公司相互之间以现金结算债权与债务所产生的现金流量；④母公司与子公司、子公司相互之间当期销售商品所产生的现金流量；⑤母公司与子公司、子公司相互之间处置固定资产、无形资产和其他长期资产收回的现金净额与购建固定资产、无形资产和其他长期资产支付的现金；⑥母公司与子公司、子公司相互之间当期发生的其他内部交易所产生的现金流量等。

名师点拨

某些现金流量需站在企业集团的角度，重新对其进行分类：

（1）用现金购买子公司少数股权：

①母公司个别现金流量表中属于投资活动现金流出；

②从合并现金流量表角度减少少数股东权益，则属于筹资活动现金流出。

（2）不丧失控制权情况下出售部分投资收到的现金：

①母公司个别现金流量表中属于投资活动现金流入；

②从合并现金流量表角度增加少数股东权益，则属于筹资活动现金流入。

经典题解

【真题27·多选题】2×17年，甲公司与其子公司（乙公司）发生的有关交易或事项如下：（1）甲公司收到乙公司分派的现金股利600万元；（2）甲公司将其生产的产品出售给乙公司用于对外销售，收到价款及增值税585万元；（3）乙公司偿还上年度自甲公司购买产品的货款900万元；（4）乙公司将土地使用权及地上厂房出售给甲公司用于其生产，收到现金3500万元。下列各项关于甲公司上述交易或事项在编制合并现金流量表时应予抵销的表述中，正确的有（　　）。（2017年）

A. 甲公司经营活动收到的现金585万元与乙公司经营活动支付的现金585万元抵销

B. 甲公司投资活动收到的现金900万元与乙公司筹资活动支付的现金900万元抵销

C. 甲公司投资活动收到的现金600万元与乙公司筹资活动支付的现金600万元抵销

D. 甲公司投资活动支付的现金3500万元与乙公司投资活动收到的现金3500万元抵销

【解析】乙公司偿还上年度自甲公司购买产品的货款900万元，甲公司和乙公司均属于经营活动，应将甲公司经营活动收到的现金900万元与乙公司经营活动支付的现金900万元抵销，选项B不正确。

【答案】ACD

考试加油站

一、本章小结

下载“会计云课堂”App学习

您已成功完成“第二十七章”的学习，本章共35个考点，您都学会了吗？

为了让您对章节有更清晰的理解，加倍巩固。本书作者张志凤老师将通过**“视频导图课”**的方式，带您回顾重要考点。

名师点拨，视听结合，高效提分。

※ 欢迎您扫码，免费观看学习。

二、本章疑难问题解答

1. 合并报表中长期股权投资由成本法调整为权益法时是否考虑内部交易？

答：按照合并财务报表准则讲解做法，合并报表中成本法调整为权益法计算投资收益时，只考虑被购买方购买日资产、负债公允价值和账面价值不一致的差额对当期损益的影响，不考虑内部交易的影响。若内部逆流交易影响少数股东损益和少数股东权益，则单独编制调整分录处理。

母公司长期股权投资与子公司所有者权益抵销时，抵销分录是贷记“少数股东权益”，所以减少少数股东权益时，应借记“少数股东权益”，增加少数股东权益时，应贷记“少数股东权益”；母公司投资收益与子公司利润分配抵销时，抵销分录是借记“少数股东损益”，所以减少少数股东损益时，应贷记“少数股东损益”，增加少数股东损益时，应借记“少数股东损益”。

若内部逆流交易的抵销减少子公司的净利润，相应减少少数股东损益和少数段东权益，应编制如下调整分录：

借：少数股东权益

　贷：少数股东损益

若内部逆流交易的抵销增加子公司的净利润，相应增加少数股东损益和少数股东权益，应编制如下调整分录：

借：少数股东损益

　贷：少数股东权益

2. 内部交易在合并报表中是否调整少数股东损益和少数股东权益？

答：少数股东损益是少数股东投资者在子公司当期净损益中的份额，逆流交易影响子公司个别报表中的净利润，合并报表成本法调整为权益法计算的子公司按购买日公允价值为基础持续计算的净利润中含有这部分未实现的净利润，即母公司投资收益与子公司利润分配抵销分录中所反映的少数股东损益是含有子公司未实现利润的，但从合并报表角度不能确认这部分未实现的利润，所以在合并报表中要调整少数股东损益和少数股东权益。

而顺流交易未实现净利润与少数股东投资者无关，因此不会调整少数股东损益和少数股东权益。

3. 逆流交易子公司应收账款计提的坏账准备是否调整少数股东损益和少数股东权益？

答： 如果子公司在计提坏账准备前净利润为0，本期对应收母公司账款计提坏账准备100万元，计提坏账准备后子公司的净利润为 -100 万元（假定不考虑所得税的影响），若母公司持股比例为 80%，则合并报表中母公司投资收益与子公司利润分配抵销分录中确认的少数股东损益为 -20 万元，而从合并报表角度，子公司计提坏账准备确认的信用减值损失是不存在的，要抵销，也就是说合并报表中不考虑子公司计提的坏账准备，少数股东损益为 0，所以要将上述抵销分录中的少数股东损益 -20 万元冲掉，即消除子公司内部应收账款计提坏账准备时要调整少数股东损益和少数股东权益。

因此，只要内部交易影响子公司净利润，消除内部交易时就应该考虑少数股东损益和少数股东权益的调整。

4. 集团内转让房地产缴纳的土地增值税如何进行会计处理？

答： 按照“监管规则适用指引——会计类第 1 号”意见，土地增值税是按照纳税人转让房地产所取得的增值额和对应税率计算缴纳的，土地增值税的确认应与房地产增值的实现相对应。因此，在转让方的个别财务报表中，应在转让房地产取得增值额的当期，将土地增值税计入损益。

集团为了出售目的而持有房地产的，在合并财务报表中，集团内部转让房地产的期间，由于内部交易未实现损益已被抵销，集团层面没有实现房地产增值，因而合并利润表中没有反映该项转让交易的利得。相应地，集团内公司缴纳的土地增值税也不应确认为当期损益，而应在合并资产负债表中将其作为一项资产列示；待房地产从该集团出售给第三方，在集团合并利润表中实现增值利得时，再将已缴纳的土地增值税转入当期损益。

例如，甲公司控制乙公司，2×20 年 10 月乙公司将一块土地转让给甲公司缴纳土地增值税 20 万元，甲公司 2×21 年将该块土地对集团外部转让。在合并财务报表中，2×20 年甲公司应编制的抵销分录为：借记“其他流动资产”20 万元，贷记“税金及附加”20 万元；2×21 年甲公司应编制的抵销分录为：借记“其他流动资产”20 万元，贷记“年初未分配利润”20 万元，同时借记“税金及附加”20 万元，贷记“其他流动资产”20 万元。

5. 集团内交易中产生的单方计提的增值税如何进行会计处理？

答： 集团内成员企业将自产产品销售给其他成员企业，如按照税法规定，销售企业属增值税免税项目，销售自产产品免征增值税，而购买企业属增值税应税项目，其购入产品过程中可以计算相应的增值税进项税额用于抵扣。由于税项是法定事项，在集团内部企业间进行产品转移时，增值税进项税额抵扣的权利已经成立，原则上不应抵销，在合并财务报表层面应体现为一项资产。另外，在内部交易涉及的产品出售给第三方之前，对合并财务报表而言，该交易本身并未实现利润。因此，在编制合并财务报表并抵销销售企业对有关产品的未实现内部销售损益与购买企业相应的存货账面价值时，该部分因增值税进项税额产生的差额在合并财务报表中可以确认为一项递延收益，并随着后续产品实现向第三方销售时再转入当期损益。

例如，2×20 年甲公司向子公司乙公司出售一批商品，成本 80 万元，售价 100 万元（免增值税），乙公司购入存货入账价值 87 万元，可抵扣增值税进项税额为 13 万元。

（1）若 2×20 年乙公司将上述商品全部对外出售

合并报表抵销分录：

借：营业收入　100

　贷：营业成本　87

　　　其他收益　13

（2）若 2×20 年乙公司将上述商品全部结存，2×21 年全部对外出售

2×20 年抵销分录：

借：营业收入　100

　贷：营业成本　80

　　　存货　7

　　　递延收益　13

2×21 年抵销分录：

借：年初未分配利润　20

　贷：存货　7

　　　递延收益　13

借：存货　7

　贷：营业成本　7

借：递延收益　13

　贷：其他收益　13

历年经典主观题回顾

使用“会计云课堂”App 或“微信”扫码快速做题、对答案、看解析、掌握解题思路，开启轻松过关之旅。

一、计算分析题

2×17 年至 2×18 年，甲公司发生的相关交易或事项如下：

（1）甲公司持有乙公司 20% 股权，能够对乙公司施加重大影响。2×17 年 1 月 1 日，甲公司对乙公司股权投资的账面价值为 4000 万元，其中投资成本为 3200 万元，损益调整为 500 万元，以后期间可转入损益的其他综合收益为 300 万元。取得乙公司 20% 股权时，乙公司各项可辨认资产、负债的公允价值与其账面价值相同。

2×17 年度，乙公司实现净利润 1800 万元，分配现金股利 1200 万元，无其他所有者权益变动事项。

（2）2×17 年 12 月 10 日，甲公司与丙公司签订股权转让协议，协议约定：甲公司以发行

本公司普通股为对价，受让丙公司所持的乙公司35%股权；双方同意以2×17年11月30日经评估乙公司全部股权公允价值15000万元为依据，确定乙公司35%股权的转让价格为5250万元，由甲公司以5元/股的价格向丙公司发行1050万股本公司普通股作为支付对价。2×18年1月1日，甲公司向丙公司定向发行本公司普通股1050万股，丙公司向甲公司交付乙公司35%股权，发行股份的登记手续以及乙公司股东的变更登记手续已办理完成。当日，甲公司对乙公司董事会进行改选，改选后甲公司能够控制乙公司的相关活动。购买日，甲公司股票的公允价值为7.5元/股，原持有乙公司20%股权的公允价值为4500万元；乙公司净资产的账面价值为14000万元（其中股本为8000万元，盈余公积为2000万元，未分配利润为4000万元），可辨认净资产的公允价值为16000万元，除一项固定资产的公允价值大于其账面价值2000万元外，其他各项资产、负债的公允价值与账面价值相同。

其他有关资料：第一，在取得乙公司35%股权前，甲公司与丙公司不存在关联方关系；第二，甲公司与乙公司之间未发生内部交易；第三，本题不考虑税费及其他因素。

要求：

（1）根据资料（1），编制甲公司2×17年对乙公司股权投资进行权益法核算的会计分录，计算甲公司对乙公司股权投资2×17年12月31日的账面价值。

（2）根据资料（2），编制甲公司取得乙公司35%股权的会计分录，计算甲公司取得股权日在其个别财务报表中对乙公司股权投资的账面价值。

（3）根据上述资料，判断甲公司合并乙公司的企业合并类型，并说明理由；如为非同一控制下企业合并，说明购买日，计算甲公司购买乙公司的合并成本和商誉，并编制甲公司购买日在合并财务报表中的调整和抵销分录。（2020年）

二、综合题

1. 甲公司相关年度发生的有关交易或事项如下：

（1）2×18年1月1日，甲公司以发行5000万股普通股为对价，从丙公司处购买其所持乙公司60%的股权，当日办理了股权过户登记手续。甲公司所发行股份的面值为每股1元，公允价值为每股10元。另外，甲公司以银行存款支付与乙公司股权评估相关的费用150万元。2×18年1月1日，乙公司净资产账面价值为65000万元，其中，股本25000万元，资本公积5000万元，盈余公积26000万元，未分配利润9000万元；可辨认净资产的公允价值为80000万元。公允价值与账面价值的差额为一宗土地增值15000万元，其他资产和负债的账面价值等于公允价值。该土地尚可使用50年，预计净残值为零，按直线法摊销。当日，甲公司对乙公司的董事会进行改选，改选后能够控制乙公司。甲公司购买乙公司股权前，乙公司为甲公司的常年客户；除此之外，甲公司与丙公司和乙公司不存在其他关系。

（2）2×18年6月25日，甲公司出售其生产的设备给乙公司，销售价格为2500万元，销售成本为2000万元。乙公司将购买的设备作为管理用固定资产，并在2×18年6月28日投入使用，该设备预计使用10年，预计净残值为零，采用年限平均法计提折旧。截至2×18年12月31日，甲公司尚未收到款项，甲公司按应收款项余额的5%计提了坏账准备；该项应收款项于2×19年3月10日收存银行。

（3）2×18年度，乙公司实现净利润6000万元，持有的金融资产公允价值上升确认其他综合收益1000万元。2×18年12月31日，按购买日乙公司净资产账面价值持续计算的净资产账面价值为 72000 万元，其中股本 25000 万元，资本公积 5000 万元，其他综合收益 1000 万元，盈余公积 26600 万元，未分配利润 14400 万元。

（4）2×19 年度，乙公司实现净利润 5000 万元，持有的金融资产公允价值上升确认其他综合收益 200 万元。

甲公司在编制合并财务报表时，将乙公司作为一个资产组，2×18 年末进行减值测试时，没有发现该资产组存在减值。2×19 年 12 月末，甲公司对该资产组进行减值测试，减值测试的结果为：资产组的可收回金额为 92000 万元，乙公司净资产账面价值为 77200 万元。

（5）2×20 年 1 月 1 日至 3 月 1 日，甲公司发生的交易或事项包括：1 月 20 日，甲公司于 2×19 年 12 月销售的一批商品因其质量问题被客户退回；2 月 22 日，经批准发行公司债券 8500 万元；2 月 28 日，甲公司购买丁公司 80% 股权并控制丁公司。

假定上述交易或事项具有重要性。

其他资料：（1）甲公司按实现净利润的 10% 计提法定盈余公积，不计提任意盈余公积。（2）乙公司的各项资产和负债构成业务。（3）甲公司 2×19 年度财务报告于 2×20 年 3 月 1 日经批准对外报出。（4）本题不考虑相关税费及其他因素。

要求：

（1）根据资料（1），计算甲公司对乙公司投资的成本，编制甲公司对乙公司投资相关的会计分录；计算合并商誉金额。

（2）根据资料（1）、（2）和（3），编制甲公司 2×18 年度合并财务报表相关的抵销或调整分录。

（3）根据资料（2），编制甲公司 2×19 年度合并财务报表中与年初未分配利润相关的抵销或调整分录。

（4）根据资料（1）至（4），计算甲公司应计提的商誉减值准备，并编制相关会计分录。

（5）根据资料（5），判断甲公司 2×20 年 1 月 1 日至 3 月 1 日发生的每项交易或事项属于资产负债表日后调整事项还是非调整事项，并说明会计处理方法。（2021 年）

2. 2×19 年和 2×20 年，甲公司多次以不同方式购买乙公司股权，实现对乙公司的控制，并整合两家公司的业务以实现协同发展，发生的相关交易或事项如下：

（1）2×19 年 3 月 20 日，甲公司通过二级市场以 1810 万元的对价购买 100 万股乙公司股票，持有乙公司 5% 的股权，不能对其施加重大影响。作为一项长期战略投资，甲公司将其指定为以公允价值计量且其变动计入其他综合收益的金融资产。

2×19 年 3 月 20 日，乙公司股票的每股公允价值为 18 元。

2×19 年 3 月 5 日，乙公司宣告发放现金股利，每 10 股获得现金股利 1 元，除权日为 2×19 年 3 月 25 日。2×19 年 12 月 31 日，乙公司股票的每股公允价值为 25 元。

（2）2×20 年 4 月 30 日，甲公司与乙公司大股东签署协议，以协议方式受让乙公司股票 1400 万股，受让价格为 42000 万元，并办理了股权过户登记手续，当日，乙公司股票的每股公允价值为 30 元。交易完成后，甲公司共持有乙公司股票 1500 万股，持有乙公司 75% 的股权，实现对乙公司的控制。

2×20 年 4 月 30 日，乙公司净资产账面价值为 6000 万元（其中：股本 2000 万元，资本公积 2000 万元，盈余公积 1000 万元，未分配利润 1000 万元），可辨认净资产公允价值为 6400 万元，两者差异的原因是乙公司的一项品牌使用权（摊销计入管理费用），其账面价值为1000万元，公允价值为1400万元。该品牌预计尚可使用20个月，按直线法摊销，预计净残值为零。

（3）收购乙公司后，甲公司董事会2×20年5月通过决议整合甲公司和乙公司业务，批准甲、乙公司之间实施如下交易：①乙公司将一项已经完工并计入存货的房地产出售给甲公司作为商业地产出租经营，该房地产存货的账面价值为5000万元，出售价格为8000万元。②甲公司将其生产的一批设备出售给乙公司作为管理用固定资产，该批设备的账面价值为1400万元，销售价格为2000万元。

6月20日，上述交易完成，并办理价款支付和产权过户手续。甲公司将从乙公司取得的商业地产对外出租，将其分类为投资性房地产，采用公允价值模式进行后续计量。

2×20年6月20日和2×20年12月31日，该房地产公允价值分别为8000万元和8500万元。乙公司将从甲公司购入的设备作为管理用固定资产入账并投入使用，预计使用10年，预计净残值为零，采用年限平均法计提折旧。除上述交易外，甲公司与乙公司之间未发生其他交易或事项。

（4）为了向整合后的业务发展提供资金，2×20年6月，甲公司董事会通过决议，公开发行可转换公司债券60万份，该债券面值为100元，期限3年，票面年利率为6%，利息于每年末付息，每份债券均可在债券发行1年后的任何时间转换为10股普通股。甲公司发行该债券时，二级市场上与之类似按面值发行但没有转股权的债券的市场利率为9%。

2×20年6月20日，甲公司发行可转换公司债券的申请得到批复，6月30日，甲公司成功按面值发行可转换公司债券，办理完毕相关发行登记手续，募集的资金存入专户管理。

其他资料：（1）（P/F，9%，3）=0.7722；（P/A，9%，3）=2.5313。（2）甲公司按实现净利润的10%计提法定盈余公积，不计提任意盈余公积。（3）本题不考虑相关税费及其他因素。

要求：

（1）根据资料（1），计算甲公司2×19年3月20日取得乙公司股权的初始入账金额，并编制甲公司2×19年取得及持有乙公司股权相关的会计分录。

（2）根据资料（2），判断甲公司增持乙公司股权时，是否对甲公司个别财务报表损益产生影响，并说明理由；编制甲公司个别财务报表中与增持乙公司股权相关的会计分录。

（3）根据资料（1）、（2）和（3），计算甲公司购买乙公司所产生的合并商誉金额，并编制甲公司2×20年合并财务报表相关的抵销或调整分录。

（4）根据资料（4），计算甲公司所发行可转换公司债券在初始确认时权益成分的金额以及2×20年应确认的利息费用，并编制相关会计分录。（2021年）

3. 甲公司为增值税一般纳税人，销售货物适用的增值税税率为13%，适用的企业所得税税率为25%。2×18年甲公司发生的相关交易或事项如下：

（1）2月20日，甲公司与子公司（乙公司）签订销售合同，向其销售100件A产品，每件销售价格为20万元，每件生产成本为12万元。甲公司于3月25日发出A产品，并开出了增值税专用发票。根据销售合同的约定，如甲公司销售的A产品存在质量问题，乙公司可在1年内退货。甲公司根据历史经验，估计该批产品的退货率为8%。乙公司于3月28日收到所购A产品并验收入库，当日通过银行转账支付上述货款。

（2）3月15日，因存在质量问题，甲公司收到丙公司退回的10件A产品，同时收到税务部门开具的红字增值税专用发票，甲公司通过银行转账退回了相关款项。该退回的A产品是甲公司2×17年出售给丙公司200件A产品中的一部分，每件销售价格为19万元，每件生产成本为12万元。2×17年末，甲公司估计该批A产品的退货率为8%。2×18年3月15日，该批产品的退货期已满，除上述10件A产品退货外，无其他退货情况。

（3）5月30日，甲公司与丁公司签订销售合同，向丁公司销售500件B产品。根据销售合同的约定，甲公司11月20日前向丁公司交付产品，销售价格总额为9800万元；如果该批产品在1年之内发生质量问题，甲公司负责免费维修，但如因丁公司保管不善或使用不当造成的损坏，甲公司不提供免费维修服务，B产品质保期满后，甲公司可以为该批产品提供未来3年维修服务，但丁公司需另外支付维修服务费用300万元。11月5日，甲公司按照合同约定发出B产品，开具增值税专用发票，并收取货款。

（4）2×18年末，甲公司本年销售给乙公司的A产品尚未发生退货，甲公司重新评估A产品的退货率为5%，乙公司本年从甲公司购入的A产品对外销售50%，其余形成存货。

（5）2×18年末，甲公司出租给乙公司办公楼的公允价值为3300万元。该出租办公楼系甲公司从2×17年6月30日起出租给乙公司以供其办公使用；租赁期开始日，该办公楼的账面原价为2500万元，采用年限平均法计提折旧，预计使用50年，预计净残值为零，截至租赁期开始日已计提折旧500万元，未计提减值准备。根据租赁合同的约定，该办公楼租赁期为5年，每年租金为100万元。

甲公司对投资性房地产采用公允价值模式进行后续计量。上述出租办公楼2×17年6月30日的公允价值为2800万元，2×17年12月31日的公允价值为3000万元。

其他有关资料：第一，上述销售价格不含增值税额。第二，投资性房地产持有期间公允价值变动不计入应纳税所得额，以取得成本按期计提的折旧（与按转换为投资性房地产前会计上计提的折旧金额相同）可从应纳税所得额中扣除，存货按取得时的成本确定计税基础，除上所述外，甲公司其他交易或事项的会计处理与税法规定的税务处理不存在差异。第三，甲公司预计未来年度有足够的应纳税所得额用以抵扣可抵扣暂时性差异。第四，乙公司适用的企业所得税税率为25%。第五，本题不考虑除增值税和企业所得税以外的税费及其他因素。

要求：

（1）根据资料（1），编制甲公司销售100件A产品的会计分录。

（2）根据资料（2），编制甲公司收到退回A产品的会计分录。

（3）根据资料（3），指出甲公司销售B产品合同附有的单项履约义务，并说明理由；计算每一单项履约义务应分摊的合同价格；说明甲公司销售B产品在质保期内提供的维修服务和质保期满后所提供维修服务分别应当如何进行会计处理。

（4）根据资料（4），编制甲公司与重新评估A产品退货率相关的会计分录。

（5）根据上述资料，编制甲公司2×18年度合并财务报表的调整和抵销分录（不考虑与乙公司已确认的使用权资产及租赁负债相关的调整和抵销分录）。（2020年）

4. 甲公司相关年度发生的交易或事项如下：

（1）20×8年1月1日，甲公司以发行4000万股普通股（面值1元/股）为对价，从控股股东乙公司处购买其持有的丙公司70%股权。当日，甲公司所发行股份的公允价值为7元/股；丙公司账面所有者权益为22000万元，其中股本2000万元，资本公积8000万元，盈余公积8000万元，未分配利润4000万元。另外，甲公司以银行存款支付中介机构费用1000万元。

甲公司当日对丙公司的董事会进行改选，改选后能够控制丙公司的相关活动。

（2）20×8 年 3 月 10 日，甲公司将其生产的成本为 600 万元的商品以 800 万元的价格出售给丙公司。至 20×8 年 12 月 31 日，丙公司自甲公司购入的商品已对外出售 40%，售价为 400 万元；其余 60% 部分尚未对外销售，形成存货。

20×8 年 7 月 2 日，甲公司以 1800 万元的价格将一项专利技术转让给丙公司使用。该专利技术的成本为 1200 万元，已摊销 120 万元，未计提减值准备。丙公司将转让的非专利技术用于内部管理，原预计使用 10 年，已使用 1 年，预计尚可使用 9 年，预计净残值为零，采用直线法摊销。

至 20×8 年 12 月 31 日，丙公司尚未支付上述交易的价款；甲公司对账龄在 1 年以内包括关联方在内的应收款项，按照其余额的 5% 计提坏账准备。

（3）20×8 年度，丙公司实现净利润 3000 万元，因持有金融资产确认其他综合收益 600 万元。20×8 年 12 月 31 日，丙公司账面所有者权益为 25600 万元，其中股本 2000 万元，资本公积 8000 万元，其他综合收益 600 万元，盈余公积 8300 万元，未分配利润 6700 万元。

（4）丙公司 20×9 年度第一季度实现净利润 1000 万元，其他综合收益未发生变化。20×9 年 3 月 31 日，丙公司账面所有者权益为 26600 万元，其中股本 2000 万元，资本公积 8000 万元，其他综合收益 600 万元，盈余公积 8300 万元，未分配利润 7700 万元。

（5）20×9 年 4 月 1 日，甲公司支付价款 14600 万元自外部独立第三方购买其所持丙公司 30% 股权，从而使丙公司成为甲公司的全资子公司。甲公司另向提供服务的中介机构支付费用 300 万元。

其他有关资料：第一，合并日，丙公司在其个别财务报表中资产、负债的账面价值与其在乙公司合并财务报表中的账面价值相同。第二，甲公司和丙公司均按照净利润的 10% 提取法定盈余公积，不计提任意盈余公积。第三，本题不考虑相关税费及其他因素。

要求：

（1）根据资料（1），判断甲公司合并丙公司的类型，说明理由，计算甲公司对丙公司长期股权投资的成本，并编制相关会计分录；编制合并日甲公司合并丙公司的抵销分录。

（2）根据上述资料，编制甲公司 20×8 年度合并财务报表相关的调整和抵销分录。

（3）根据资料（5），判断甲公司 20×9 年 4 月购买丙公司 30% 股权的性质，计算对丙公司 30% 股权投资在甲公司个别财务报表中应确认的金额，并编制相关会计分录。

（4）根据上述资料，编制甲公司购买丙公司 30% 股权时合并财务报表相关的调整和抵销分录。（2019 年）

5. 甲公司拥有乙公司、丙公司、丁公司和戊公司等子公司，需要编制合并财务报表。甲公司及其子公司相关年度发生的交易或事项如下：

（1）乙公司是一家建筑施工企业，甲公司持有其 80% 股权。20×6 年 2 月 10 日，甲公司与乙公司签订一项总金额为 55000 万元的固定造价合同，将 A 办公楼工程出包给乙公司建造，该合同不可撤销。A 办公楼于 20×6 年 3 月 1 日开工，预计 20×7 年 12 月完工。乙公司预计建造 A 办公楼的总成本为 45000 万元。甲公司和乙公司一致同意按照乙公司累计实际发生的成本占预计总成本的比例确定履约进度。

20×6 年度，乙公司为建造 A 办公楼实际发生成本 30000 万元；乙公司与甲公司结算合同价款 25000 万元，实际收到价款 20000 万元。由于材料价格上涨等因素，乙公司预计为完成工程尚需发生成本 20000 万元。

20×7年度，乙公司为建造A办公楼实际发生成本21000万元；乙公司与甲公司结算合同价款30000万元，实际收到价款35000万元。

20×7年12月10日，A办公楼全部完工，达到预定可使用状态。20×8年2月3日，甲公司将A办公楼正式投入使用。甲公司预计A办公楼使用50年，预计净残值为零，采用年限平均法计提折旧。

20×9年6月30日，甲公司以70000万元的价格（不含土地使用权）向无关联关系的第三方出售A办公楼，款项已收到。

（2）丙公司是一家高新技术企业，甲公司持有其60%股权。为购买科学实验需要的B设备，20×9年5月10日，丙公司通过甲公司向政府相关部门递交了400万元补助的申请。20×9年11月20日，甲公司收到政府拨付的丙公司购置B设备补助400万元。20×9年11月26日，甲公司将收到的400万元通过银行转账给丙公司。

（3）丁公司是一家专门从事水力发电的企业，甲公司持有其100%股权。丁公司从20×5年2月26日开始建设C发电厂。

为解决丁公司建设C发电厂资金的不足，甲公司决定使用银行借款对丁公司增资。20×7年10月11日，甲公司和丁公司签订增资合同，约定对丁公司增资50000万元。20×8年1月1日，甲公司从银行借入专门借款50000万元，并将上述借入款项作为出资款全部转账给丁公司。该借款期限为2年，年利率为6%（与实际利率相同），利息于每年末支付。

丁公司在20×8年1月1日收到甲公司上述投资款当日，支付工程款30000万元。20×9年1月1日，丁公司又使用甲公司上述投资款支付工程款20000万元。丁公司未使用的甲公司投资款在20×8年度产生的理财产品收益为600万元。

C发电厂于20×9年12月31日完工并达到预定可使用状态。

（4）戊公司是一家制造企业，甲公司持有其75%股权，投资成本为3000万元。20×9年12月2日，甲公司董事会通过决议，同意出售所持戊公司55%股权。20×9年12月25日，甲公司与无关联关系的第三方签订不可撤销的股权转让合同，向第三方出售其所持戊公司55%股权，转让价格为7000万元。甲公司预计，出售上述股权后将丧失对戊公司的控制，但能够对其具有重大影响。

20×9年12月31日，上述股权尚未完成出售。戊公司在20×9年12月31日全部资产的账面价值为13500万元，全部负债的账面价值为6800万元。甲公司预计上述出售将在一年内完成，因出售戊公司股权将发生的出售费用为130万元。

其他有关资料：第一，乙公司、丙公司、丁公司、戊公司的会计政策与甲公司相同，资产负债表日和会计期间与甲公司保持一致。第二，本题不考虑相关税费及其他因素。

要求：

（1）根据资料（1），计算乙公司20×6年度、20×7年度分别应确认的收入，并编制20×6年度与建造A办公楼业务相关的全部会计分录（实际发生成本的会计分录除外）。

（2）根据资料（1），计算甲公司因出售A办公楼应确认的损益，并编制相关会计分录。

（3）根据资料（1），编制甲公司20×7年度、20×8年度、20×9年度合并财务报表的相关抵销分录。

（4）根据资料（2），判断该政府补助是甲公司的政府补助还是丙公司的政府补助，并说明理由。

（5）根据资料（3），说明甲公司发生的借款费用在其20×8年度、20×9年度个别财务报表和合并财务报表中分别应当如何进行会计处理。

（6）根据资料（4），判断甲公司对戊公司的长期股权投资是否构成持有待售类别，并说明理由。

（7）根据资料（4），说明甲公司对戊公司的长期股权投资在其20×9年度个别财务报表和合并财务报表中分别应当如何列报。（2019年）

6. 甲公司为一上市集团公司，持有乙公司80%股权，对其具有控制权；持有丙公司30%股权，能对其实施重大影响。20×6年及20×7年发生的相关交易或事项如下：

（1）20×6年6月8日，甲公司将生产的一批汽车销售给乙公司，销售价格为600万元，汽车已交付乙公司，款项尚未收取。该批汽车的成本为480万元，20×6年12月31日，甲公司对尚未收回的上述款项计提坏账准备30万元，20×7年9月2日，甲公司收到乙公司支付的上述款项600万元，乙公司将上述购入的汽车，作为行政管理部门的固定资产于当月投入使用，该批汽车采用年限平均法计提折旧，预计使用6年，预计无净残值。

（2）20×6年7月13日，丙公司将成本为400万元的商品以500万元的价格出售给甲公司，货物已交付，款项已收取，甲公司将上述购入的商品向集团外单位出售，其中50%商品在20×6年售完，其余50%的商品在20×7年售完。

在丙公司个别财务报表上，20×6年度实现的净利润为3000万元；20×7年度实现的净利润为3500万元。

（3）20×6年8月1日，甲公司以9000万元的价格从非关联方购买丁公司70%股权，款项已用银行存款支付，丁公司股东的工商变更登记手续已办理完成。购买日丁公司可辨认净资产的公允价值为12000万元（含原未确认的无形资产公允价值1200万元），除原未确认的无形资产外，其余各项可辨认资产、负债的公允价值与账面价值相同。上述无形资产系一项商标权，采用直线法摊销，预计使用10年，预计无残值，甲公司根据企业会计准则的规定将购买日确定为20×6年8月1日。

丁公司20×6年8月1日个别资产负债表中列报的货币资金为3500万元（全部为现金流量表中所定义的现金），列报的所有者权益总额为10800万元，其中实收资本为10000万元，盈余公积为80万元，未分配利润为720万元，在丁公司个别利润表中，20×6年8月1日起至12月31日止期间实现净利润180万元，20×7年度实现净利润400万元。

（4）20×7年1月1日，甲公司将专门用于出租办公楼租赁给乙公司使用，租赁期为5年，租赁期开始日为20×7年1月1日，年租金为50万元，于每年末支付，出租时，该办公楼的成本为600万元，已计提折旧400万元，甲公司对上述办公楼采用年限平均法计提折旧，预计使用30年，预计无净残值。

乙公司将上述租入的办公楼专门用于行政管理部门办公，20×7年12月31日，乙公司向甲公司支付当年租金50万元。

其他有关资料：

第一，本题所涉销售或购买的价格是公允的，20×6年以前，甲公司与子公司以及子公司相互之间无集团内部交易，甲公司及其子公司与联营企业无关联方交易。

第二，甲公司及其子公司按照净利润的10%计提法定盈余公积，不计提任意盈余公积。

第三，甲公司及其子公司、联营企业在其个别财务报表中已按照企业会计准则的规定对上述交易或事项分别进行了会计处理。

第四，不考虑税费及其他因素。

要求：

（1）根据资料（2），计算甲公司在 20×6 年和 20×7 年个别财务报表中应确认的投资收益。

（2）根据资料（3），计算甲公司购买丁公司的股权产生的商誉。

（3）根据资料（3），说明甲公司支付的现金在 20×6 年度合并现金流量表中列报的项目名称，并计算该列报项目的金额。

（4）根据资料（4），说明甲公司租赁给乙公司的办公楼在 20×7 年 12 月 31 日合并资产负债表中列报的项目名称，并陈述理由。

（5）根据上述资料，说明甲公司在其 20×6 年度合并财务报表中应披露的关联方名称。分别不同类别的关联方简述应披露的关联方信息。

（6）根据上述资料，编制与甲公司 20×7 年度合并资产负债表和合并利润表相关的调整分录和抵销分录（不考虑与乙公司已确认的使用权资产及租赁负债相关的调整和抵销分录）。（2018 年）

7. 甲股份有限公司（以下简称“甲公司”）2×15 年、2×16 年发生的有关交易或事项如下：

（1）2×15 年 2 月 10 日，甲公司自公开市场以 6.8 元 / 股购入乙公司股票 2000 万股，占乙公司发行在外股份数量的 4%，取得股票过程中另支付相关税费等 40 万元。甲公司在取得该部分股份后，未以任何方式参与乙公司日常管理，也未拥有向乙公司派出董事会及管理人员的权利，且甲公司未将其指定为以公允价值计量且其变动计入其他综合收益的金融资产。

（2）2×15 年 6 月 30 日，甲公司以 4800 万元取得丙公司 20% 股权。当日，交易各方办理完成了股权变更登记手续，丙公司可辨认净资产公允价值为 28000 万元，其中除一项土地使用权的公允价值为 2400 万元、账面价值为 1200 万元外，其他资产、负债的公允价值与账面价值相同。该土地使用权未来仍可使用 10 年，丙公司采用直线法摊销，预计净残值为零（假定相关摊销计入损益）。

当日，根据丙公司章程规定，甲公司向丙公司董事会派出一名成员，参与财务和生产经营决策。

（3）2×15 年 12 月 31 日，乙公司股票的收盘价为 8 元 / 股。

（4）2×16 年 6 月 30 日，甲公司自公开市场进一步购买乙公司股票 20000 万股（占乙公司发行在外普通股的 40%），购买价格为 8.5 元 / 股，支付相关税费 400 万元。当日，有关股份变更登记手续办理完成，乙公司可辨认净资产公允价值为 400000 万元。购入上述股份后，甲公司立即对乙公司董事会进行改选，改选后董事会由 7 名董事组成，其中甲公司派出 4 名成员。乙公司章程规定，除公司合并、分立等事项应由董事会 2/3 成员通过外，其他财务和生产经营决策由董事会 1/2 以上（含 1/2）成员通过后实施。

（5）2×16 年，甲公司与乙公司、丙公司发生的交易或事项如下：

7 月 20 日，甲公司将其生产的一台设备销售给丙公司，该设备在甲公司的成本为 500 万元，销售给丙公司的售价为 900 万元，有关款项已通过银行存款收取。丙公司将取得的设备作为存货，至 2×16 年年末，尚未对外销售。

8 月 30 日，甲公司自乙公司购进一批产品，该批产品在乙公司的成本为 800 万元，甲公司的购买价格为 1100 万元，相关价款至 2×16 年 12 月 31 日尚未支付。甲公司已将其中的 30% 对集团外销售。乙公司对 1 年以内应收账款（含应收关联方款项）按余额 5% 计提坏账准备。

（6）丙公司 2×16 年实现净利润 4000 万元，2×15 年年末持有的以公允价值计量且其变动计入其他综合收益的金融资产在 2×16 年数量未发生变化，年末公允价值下跌 400 万元，该金融资产未发生预期信用损失。

其他有关资料：

本题中不考虑所得税等相关税费影响以及其他因素；有关各方在交易前不存在任何关联方关系。

要求：

（1）判断甲公司取得乙公司 4% 股份应当划分的资产类别并说明理由，编制甲公司 2×15 年与取得和持有乙公司股份相关的会计分录；确定甲公司取得丙公司 20% 股权应当采取的核算方法并说明理由，编制甲公司 2×15 年与取得丙公司股权相关的会计分录。

（2）判断甲公司对乙公司企业合并的类型并说明理由；确定甲公司对乙公司的合并日或购买日并说明理由；确定该项交易的企业合并成本，判断企业合并类型为非同一控制下企业合并的，计算确定该项交易中购买日应确认的商誉金额。

（3）计算甲公司 2×16 年度合并利润表中应当确认的投资收益。编制甲公司 2×16 年个别财务报表中与持有丙公司投资相关的会计分录。

（4）编制甲公司 2×16 年合并财务报表时与丙公司、乙公司未实现内部交易损益相关的调整或抵销分录。（2017 年改编）

历年经典主观题参考答案及解析

使用“会计云课堂”App 或“微信”扫码对答案、看解析、掌握解题思路，开启轻松过关之旅。

一、计算分析题

【答案】

（1）①乙公司实现净利润 1800 万元

借：长期股权投资—损益调整　360

　贷：投资收益　360（1800×20%）

乙公司分配现金股利 1200 万元

借：应收股利　240

　贷：长期股权投资—损益调整　240（1200×20%）

借：银行存款　240

　贷：应收股利　240

②甲公司对乙公司股权投资 2×17 年 12 月 31 日的账面价值 =4000+360−240=4120（万元）。

（2）①

借：长期股权投资　7875（1050×7.5）

　贷：股本　1050

　　　资本公积—股本溢价　6825

②甲公司取得股权日在其个别财务报表中对乙公司股权投资的账面价值=4120+7875=11995（万元）。

（3）①甲公司取得乙公司股权为多次交易形成非同一控制下的企业合并。

理由：甲公司与丙公司在该项交易发生前不存在关联方关系；不存在交易发生前后均对参与合并各方实施最终控制的一方。

②购买日为2×18年1月1日。

合并成本=4500+7875=12375（万元）。

商誉=12375-16000×（20%+35%）=3575（万元）。

借：固定资产　2000

　贷：资本公积　2000

借：长期股权投资　380（4500-4120）

　贷：投资收益　380

借：其他综合收益　300

　贷：投资收益　300

借：股本　8000

　　资本公积　2000

　　盈余公积　2000

　　未分配利润　4000

　　商誉　3575

　贷：长期股权投资　12375

　　　少数股东权益　7200

二、综合题

1.【答案】

（1）①甲公司对乙公司投资成本=5000×10=50000（万元）。

②

借：长期股权投资　50000

　贷：股本　5000

　　　资本公积—股本溢价　45000

借：管理费用　150

　贷：银行存款　150

③合并商誉=50000-80000×60%=2000（万元）。

（2）2×18年12月31日

调整评估增值：

借：无形资产　15000

　贷：资本公积　15000

借：管理费用　　300（15000/50）
　贷：无形资产—累计摊销　　300
抵销内部交易：
借：营业收入　　2500
　贷：营业成本　　2000
　　固定资产—原价　　500
借：固定资产—累计折旧　　25（500/10/2）
　贷：管理费用　　25
借：应付账款　　2500
　贷：应收账款　　2500
借：应收账款—坏账准备　　125
　贷：信用减值损失　　125
按照权益法调整长期股权投资：
借：长期股权投资　　3420［（6000−300）×60%］
　贷：投资收益　　3420
借：长期股权投资　　600（1000×60%）
　贷：其他综合收益　　600
抵权益：
借：股本　　25000
　资本公积　　20000（5000+15000）
　其他综合收益　　1000
　盈余公积　　26600（26000+600）
　年末未分配利润　　14100（9000+6000−300−600）
　商誉　　2000
　贷：长期股权投资　　54020（50000+3420+600）
　　少数股东权益　　34680［（25000+20000+1000+26600+14100）×40%］
抵损益：
借：投资收益　　3420
　少数股东损益　　2280
　年初未分配利润　　9000
　贷：提取盈余公积　　600
　　年末未分配利润　　14100
（3）
借：年初未分配利润　　500
　贷：固定资产—原价　　500
借：固定资产—累计折旧　　25（500/10/2）
　贷：年初未分配利润　　25
借：应收账款—坏账准备　　125
　贷：年初未分配利润　　125
（4）2×19年12月31日乙公司根据购买日可辨认净资产公允价值持续计算的净资产账面价值=80000+（6000−300）+1000+（5000−300）+200=91600（万元）；

完全商誉=2000/60%=3333.33（万元），包含完全商誉的乙公司资产组的账面价值=91600+3333.33=94933.33（万元），乙公司资产组减值金额=94933.33−92000=2933.33（万元），减值金额没有超过完全商誉，故甲公司按照份额承担商誉的减值，甲公司应计提的商誉减值金额=2933.33×60%=1760（万元）。

借：资产减值损失　1760

　贷：商誉—商誉减值准备　1760

（5）①1月20日发生的退货属于资产负债表日后调整事项。

会计处理方法：资产负债表日后期间发生报告年度销售退回，应冲减报告年度确认的销售收入及销售成本，将退回商品作为库存商品入账。

②2月22日批准发行公司债券属于资产负债表日后非调整事项。

会计处理方法：日后期间经批准发行债券时不调整报告年度的报表项目，但应当在报告年度的报表附注中进行披露。

③2月28日购入丁公司股权属于资产负债表日后非调整事项。

会计处理方法：日后期间企业合并或者处置子公司的行为可以影响股权结构、经营范围等方面，对企业未来的生产经营活动能产生重大影响，应当在报告年度的报表附注中进行披露。

2.【答案】

（1）取得乙公司股权的初始入账金额=1810−100/10×1=1800（万元）。

2×19年3月20日

借：其他权益工具投资—成本　1800

　　应收股利　10

　贷：银行存款　1810

收到现金股利时：

借：银行存款　10

　贷：应收股利　10

2×19年12月31日

借：其他权益工具投资—公允价值变动　700

　贷：其他综合收益　700

（2）增持乙公司股权对甲公司个别报表损益没有影响。

理由：终止确认其他权益工具投资，公允价值与账面价值的差额计入留存收益中，且持有该金融资产期间因公允价值变动确认的其他综合收益也应转入留存收益，均不影响当期损益。

借：长期股权投资　45000（100×30+1400×30）

　贷：其他权益工具投资—成本　1800

　　　　　　　　　　—公允价值变动　700

　　盈余公积　50

　　利润分配—未分配利润　450

　　银行存款　42000

借：其他综合收益　700

　贷：盈余公积　70

　　利润分配—未分配利润　630

（3）合并商誉 =45000-6400×75%=40200（万元）。

2×20 年 12 月 31 日

对无形资产的公允价值进行调整：

借：无形资产 400（1400-1000）

贷：资本公积 400

借：管理费用 160（400÷20×8）

贷：无形资产 160

对内部交易投资性房地产进行抵销：

借：营业收入 8000

贷：营业成本 5000

其他综合收益 3000

借：少数股东权益 750

贷：少数股东损益 750

对内部交易固定资产进行抵销：

借：营业收入 2000

贷：营业成本 1400

固定资产 600

借：固定资产 30

贷：管理费用 30（600÷10×6/12）

成本法改为权益法：

因不考虑其他资料，假定购买日后子公司实现的净利润为 0，子公司调整后的净利润 =0-160=-160（万元）。

借：投资收益 120（160×75%）

贷：长期股权投资 120

母公司长期股权投资与子公司所有者权益抵销：

借：股本 2000

资本公积 2400（2000+400）

盈余公积 1000

年末未分配利润 840（1000-160）

商誉 40200

贷：长期股权投资 44880（45000-120）

少数股东权益 1560［（2000+2400+1000+840）×25%］

借：年初未分配利润 1000

贷：投资收益 120

少数股东损益 40

年末未分配利润 840

（4）初始确认时权益成分的金额 =60×100-（60×100×0.7722+60×100×6%×2.5313）=455.53（万元）。

2×20 年应确认的利息费用 =（6000-455.53）×9%×6/12=249.50（万元）。

2×20年6月30日

借：银行存款　6000

　应付债券—可转换公司债券（利息调整）　455.53

　贷：应付债券—可转换公司债券（面值）　6000

　　其他权益工具　455.53

2×20年12月31日

借：财务费用　249.50

　贷：应付利息　180（6000×6%×6/12）

　　应付债券—可转换公司债券（利息调整）　69.50

借：应付利息　180

　贷：银行存款　180

3.【答案】

（1）

借：银行存款　2260

　贷：主营业务收入　1840（100×20×92%）

　　预计负债　160（100×20×8%）

　　应交税费—应交增值税（销项税额）　260

借：主营业务成本　1104（100×12×92%）

　应收退货成本　96（100×12×8%）

　贷：库存商品　1200

（2）

借：库存商品　120

　预计负债　304（200×19×8%）

　主营业务成本　72（200×12×8%−10×12）

　应交税费—应交增值税（销项税额）　24.7

　贷：银行存款　214.7

　　主营业务收入　114（200×19×8%−10×19）

　　应收退货成本　192（200×12×8%）

（3）①甲公司销售B产品的合同附有两项单项履约义务：

第一，销售500件B产品并提供质保期内的维修服务；第二，质保期满后提供未来3年的产品维修服务。

理由：两项单项履约义务中，每一项履约义务均可单独区分，并按合同约定单独履行义务。

②B产品应分摊的合同价格＝（9800+300）×9800/（9800+300）=9800（万元）；

质保期满后提供未来3年的维修服务应分摊的合同价格＝（9800+300）×300/（9800+300）=300（万元）。

③甲公司在销售B产品1年的质保期内因质量问题提供的维修服务，应当按照或有事项的会计处理原则进行确认和计量；

甲公司质保期满后未来3年对销售给丁公司的B产品提供的维修服务，应当按照收入准则的规定，于提供维修服务的各期确认相关的收入。

（4）

借：预计负债 60（100×20×3%）

主营业务成本 36

贷：应收退货成本 36（100×12×3%）

主营业务收入 60

（5）①与存货有关内部交易调整与抵销分录

借：营业收入 2000

贷：营业成本 2000

借：营业成本 400

贷：存货 400［（100×20−100×12）×（1−50%）］

借：递延所得税资产 100

贷：所得税费用 100

借：其他流动负债 100（160−60）

营业成本 60

贷：其他流动资产 60（96−36）

营业收入 100

借：递延所得税负债 15

所得税费用 10

贷：递延所得税资产 25

②与投资性房地产有关的内部交易抵销分录

借：固定资产 2000

其他综合收益 800

贷：投资性房地产 2800

借：递延所得税负债 200

贷：其他综合收益 200

借：年初未分配利润 200

贷：投资性房地产 200

借：年初未分配利润 25

贷：固定资产 25（2500÷50×1/2）

借：递延所得税负债 56.25（225×25%）

贷：年初未分配利润 56.25

借：公允价值变动收益 300

贷：投资性房地产 300

借：管理费用 50

贷：固定资产 50（2500÷50）

借：递延所得税负债 87.5（350×25%）

贷：所得税费用 87.5

4.【答案】

（1）①甲公司从控股股东处购买丙公司70%股权能够对丙公司实施控制，则该项合并为同一控制下的企业合并。

理由：甲公司和丙公司合并前后均受乙公司控制，且非暂时性的，因此甲公司取得丙公司股权属于同一控制下企业合并。

长期股权投资的初始投资成本 = 被合并方相对于最终控制方持续计算的净资产的份额 + 最终控制方收购被合并方形成的商誉 =22000×70%=15400（万元）。

借：长期股权投资　15400

　贷：股本　4000

　　资本公积—股本溢价　11400

借：管理费用　1000

　贷：银行存款　1000

②合并日的抵销处理

借：股本　2000

　资本公积　8000

　盈余公积　8000

　未分配利润　4000

　贷：长期股权投资　15400

　　少数股东权益　6600

借：资本公积　8400

　贷：盈余公积　5600（8000×70%）

　　未分配利润　2800（4000×70%）

（2）①将成本法调整为权益法

借：长期股权投资　2100（3000×70%）

　贷：投资收益　2100

借：长期股权投资　420（600×70%）

　贷：其他综合收益　420

②内部交易抵销

借：营业收入　800

　贷：营业成本　800

借：营业成本　120［（800−600）×60%］

　贷：存货　120

借：资产处置收益　720

　贷：无形资产—原价　720

借：无形资产—累计摊销　40

　贷：管理费用　40

借：应付账款　2600（1800+800）

　贷：应收账款　2600

借：应收账款—坏账准备　130

　贷：信用减值损失　130

③抵权益

借：股本　2000

　资本公积　8000

　其他综合收益　600

　盈余公积　8300

　年末未分配利润　6700

　贷：长期股权投资　17920

　　少数股东权益　7680

借：投资收益　2100

　少数股东损益　900

　年初未分配利润　4000

　贷：提取盈余公积　300

　　年末未分配利润　6700

借：资本公积　8400

　贷：盈余公积　5600（8000×70%）

　　未分配利润　2800（4000×70%）

（3）甲公司20×9年4月购买丙公司30%股权属于权益性交易，因甲公司原持有丙公司70%的股权，能够对其实施控制，取得控制权后进一步购买子公司的少数股权，属于权益性交易。甲公司个别报表中购买丙公司股权应确认长期股权投资的金额＝付出对价的公允价值＋直接相关税费＝14600+300=14900（万元）。

借：长期股权投资　14900

　贷：银行存款　14900

（4）①调整分录

借：资本公积　6920

　贷：长期股权投资　6920（14900−26600×30%）

借：长期股权投资　2800

　贷：投资收益　700（1000×70%）

　　年初未分配利润　2100

借：长期股权投资　420

　贷：其他综合收益　420

②抵权益

借：股本　2000

　资本公积　8000

　其他综合收益　600

　盈余公积　8300

　年末未分配利润　7700

　贷：长期股权投资　26600（15400+14900−6920+2800+420）

借：投资收益　700

　少数股东损益　300

　年初未分配利润　6700

　贷：年末未分配利润　7700

借：资本公积　8400
　贷：盈余公积　5600（8000×70%）
　　未分配利润　2800（4000×70%）

5.【答案】

（1）20×6年度的履约进度=30000/（30000+20000）×100%=60%。

乙公司20×6年度应确认的收入=55000×60%=33000（万元）。

乙公司20×7年度应确认的收入=55000-33000=22000（万元）。

20×6年度与建造A办公楼业务相关的会计分录：

借：合同结算—收入结转　33000
　贷：主营业务收入　33000
借：主营业务成本　30000
　贷：合同履约成本　30000
借：应收账款　25000
　贷：合同结算—价款结算　25000
借：银行存款　20000
　贷：应收账款　20000

（2）甲公司该办公楼建造完成的实际成本为合同造价55000万元。20×8年1月1日至20×9年6月30日该办公楼计提累计折旧=55000÷50×1.5=1650（万元）。甲公司因出售A办公楼应确认的损益=70000-（55000-1650）=16650（万元）。

借：固定资产清理　53350
　累计折旧　1650
　贷：固定资产　55000
借：银行存款　70000
　贷：固定资产清理　70000
借：固定资产清理　16650
　贷：资产处置损益　16650

（3）20×7年度

借：年初未分配利润　3000（33000-30000）
　贷：固定资产　3000
借：营业收入　22000
　贷：营业成本　21000
　　固定资产　1000

20×8年度

借：年初未分配利润　4000
　贷：固定资产　4000
借：固定资产　80（4000÷50）
　贷：管理费用　80

20×9 年度

借：年初未分配利润　　4000

　贷：资产处置收益　　4000

借：资产处置收益　　80

　贷：年初未分配利润　　80

借：资产处置收益　　40（4000÷50×6/12）

　贷：管理费用　　40

（4）是丙公司的政府补助。

理由：对丙公司来说，该项补助是来源于政府的经济资源，其母公司甲公司只是起到代收代付的作用。

（5）① 20×8 年度

甲公司个别财务报表中将发生的借款费用 3000 万元（50000×6%）计入财务费用。

甲公司合并财务报表中应予以资本化的借款费用 =50000×6%-600=2400（万元）。应编制如下调整分录：

借：在建工程　　2400

　　投资收益　　600

　贷：财务费用　　3000

② 20×9 年度

甲公司个别财务报表中将发生的借款费用 3000 万元（50000×6%）计入财务费用。

甲公司合并财务报表中应予以资本化的借款费用 =50000×6%=3000（万元）。应编制如下调整分录：

借：在建工程　　3000

　贷：财务费用　　3000

（6）构成持有待售类别。

理由：由于甲公司已与无关联关系的第三方签订了具有法律约束力的股权转让合同，签订合同前的准备工作已经完成，甲公司按照合同约定可立即出售；甲公司董事会已就出售戊公司股权通过决议；甲公司已获得确定承诺；预计出售将在一年内完成。

（7）在个别财务报表中，将对戊公司的长期股权投资 3000 万元全部在“持有待售资产”项目中列报。在合并财务报表中，将戊公司的资产 13500 万元全部在“持有待售资产”项目中列报，将戊公司的负债 6800 万元全部在“持有待售负债”项目中列报。

6.【答案】

（1）甲公司 20×6 年个别报表中应确认投资收益 =［3000-（500-400）×（1-50%）］×30%=885（万元）；

甲公司 20×7 年个别报表中应确认投资收益 =［3500+（500-400）×50%）］×30%=1065（万元）。

（2）甲公司购买丁公司股权应确认商誉 =9000-12000×70%=600（万元）。

（3）甲公司支付的现金在 20×6 年度合并现金流量表中列报的项目名称为“取得子公司及其他营业单位支付的现金净额”。

“取得子公司及其他营业单位支付的现金净额”项目列报金额 =9000-3500=5500（万元）。

（4）甲公司租赁给乙公司的办公楼在20×7年12月31日的合并资产负债表中列报项目名称为“固定资产”。

理由：站在集团合并财务报表角度，甲公司租赁给乙公司的办公楼视同将固定资产从集团的一个部门交付到另一个部门使用，应作为固定资产反映。

（5）甲公司在20×6年度合并财务报表中应披露的关联方为乙公司、丙公司和丁公司。

对于乙公司和丁公司，应披露子公司的名称、业务性质、注册地、注册资本及其变化、母公司对该子公司的持股比例和表决权比例。

对于丙公司，应披露关联方关系的性质。

（6）甲公司20×7年合并报表与乙公司股权相关调整抵销分录如下：

①甲公司与乙公司内部商品交易的抵销

借：年初未分配利润 120

贷：固定资产 120

借：固定资产 10［（600−480）/6×6/12］

贷：年初未分配利润 10

借：固定资产 20［（600−480）/6］

贷：管理费用 20

②甲公司与乙公司内部债权债务的抵销

借：应收账款 30

贷：年初未分配利润 30

借：信用减值损失 30

贷：应收账款 30

③甲公司与乙公司内部租赁交易的抵销

借：固定资产 200

贷：投资性房地产 200

借：投资性房地产 20

贷：营业成本 20

借：管理费用 20

贷：固定资产 20

甲公司20×7年合并报表与丁公司股权相关调整抵销分录如下：

①丁公司未确认无形资产的调整

借：无形资产 1200

贷：资本公积 1200

借：年初未分配利润 50（1200/10×5/12）

管理费用 120（1200/10）

贷：无形资产 170

②长期股权投资按照权益法进行调整

借：长期股权投资 287

贷：年初未分配利润 91［（180−50）×70%］

投资收益 196［（400−120）×70%］

③抵销分录

借：实收资本　10000

　资本公积　1200

　盈余公积　138（80+180×10%+400×10%）

　年末未分配利润　1072（720+180−50−180×10%+400−120−400×10%）

　商誉　600

　贷：长期股权投资　9287（9000+287）

　　少数股东权益　3723［（10000+1200+138+1072）×30%］

借：投资收益　196

　少数股东损益　84

　年初未分配利润　832（720+180−50−180×10%）

　贷：提取盈余公积　40

　　年末未分配利润　1072（720+180−50−180×10%+400−120−400×10%）

7.【答案】

（1）①甲公司取得乙公司4%股份应当划分为以公允价值计量且其变动计入当期损益的金融资产。

理由：4%股权投资无重大影响，不能划分为长期股权投资，也未指定为以公允价值计量且其变动计入其他综合收益的金融资产。

借：交易性金融资产　13600（6.8×2000）

　投资收益　40

　贷：银行存款　13640

借：交易性金融资产　2400（8×2000−13600）

　贷：公允价值变动损益　2400

②甲公司取得丙公司20%股权应当划分为长期股权投资，并采用权益法进行后续计量。

理由：甲公司在取得丙公司股权后，能够派出董事参与丙公司的财务和生产经营决策，对丙公司具有重大影响。

借：长期股权投资　4800

　贷：银行存款　4800

借：长期股权投资　800（28000×20%−4800）

　贷：营业外收入　800

（2）①甲公司对乙公司企业合并属于非同一控制下企业合并。

理由：不存在交易事项发生前后均能对交易各方实施控制的最终控制方。

②购买日为2×16年6月30日。

理由：当日甲公司对乙公司董事会进行改选，改选后能够控制乙公司财务和生产经营决策。

③合并成本=20000×8.5+2000×8.5=187000（万元）。

④商誉=187000−400000×44%=11000（万元）。

（3）①甲公司2×16年度合并利润表中确认的投资收益由两部分构成，一是对乙公司投资，二是对丙公司投资。

对乙公司投资，将以公允价值计量且其变动计入当期损益的金融资产转换为长期股权投资时，甲公司个别报表中确认投资收益=2000×8.5−2000×8=1000（万元），甲公司合并报表中也应按相同金额确认投资收益。

对丙公司投资，甲公司 2×16 年度合并利润表中应当确认的投资收益 =［4000-（2400-1200）/10］×20%=776（万元）。

因此，甲公司 2×16 年度合并利润表中确认的投资收益 =1000+776=1776（万元）。

【提示】与联营企业之间的内部顺流交易，甲公司合并报表中，抵销的是内部交易虚增的损益，不抵销投资收益。所以合并利润表中确认的投资收益，只需要考虑投资时点丙公司无形资产账面价值与公允价值产生的影响，不需要考虑内部交易的抵销。

②甲公司 2×16 年度个别报表中应当确认的投资收益 =［4000-（2400-1200）/10-（900-600）］×20%=716（万元）。

借：长期股权投资　716

　贷：投资收益　716

借：其他综合收益　80（400×20%）

　贷：长期股权投资　80

（4）

①甲公司与丙公司内部交易的调整分录：

借：营业收入　180（900×20%）

　贷：营业成本　120（600×20%）

　　投资收益　60

②甲公司与乙公司内部交易的抵销分录：

借：营业收入　1100

　贷：营业成本　1100

借：营业成本　210

　贷：存货　210［（1100-800）×（1-30%）］

借：少数股东权益　117.6

　贷：少数股东损益　117.6（210×56%）

借：应付账款　1100

　贷：应收账款　1100

借：应收账款　55

　贷：信用减值损失　55

借：少数股东损益　30.8

　贷：少数股东权益　30.8（55×56%）

同步强化练习题

使用“会计云课堂”App或“微信”扫码快速做题、对答案、看解析、掌握解题思路，开启轻松过关之旅。

一、单项选择题

1. 甲公司及子公司对投资性房地产采用不同的会计政策。具体为：子公司乙对作为投资性房地产核算的房屋采用公允价值模式进行后续计量；子公司丙对作为投资性房地产核算的土地使用权采用成本模式进行后续计量，按剩余15年期限分期摊销计入损益；子公司丁对出租的房屋采用成本模式进行后续计量，并按房屋仍可使用年限10年计提折旧；子公司戊对在建的投资性房地产采用公允价值模式进行后续计量。甲公司自身对投资性房地产采用成本模式进行后续计量，房屋按仍可使用年限20年计提折旧。不考虑其他因素，下列关于甲公司在编制合并财务报表时，对纳入合并范围的各子公司投资性房地产的会计处理中，正确的是（　　）。
   A. 将投资性房地产的后续计量统一为成本模式，同时统一有关资产的折旧或摊销年限
   B. 子公司的投资性房地产后续计量均应按甲公司的会计政策进行调整，即后续计量采用成本模式并考虑折旧或摊销，折旧或摊销年限根据实际使用情况确定
   C. 区分在用投资性房地产与在建投资性房地产，在用投资性房地产统一采用成本模式计量，在建投资性房地产采用公允价值模式计量
   D. 对于公允价值能够可靠计量的投资性房地产采用公允价值模式计量，其他投资性房地产采用成本模式计量

2. 下列有关合并范围确定的表述中，不符合企业会计准则规定的是（　　）。
   A. 母公司（非投资性主体）应当将其全部子公司（包括母公司所控制的被投资单位可分割部分、结构化主体）纳入合并范围
   B. 如果母公司是投资性主体，为投资性主体的投资活动提供服务的子公司不纳入合并范围，其他子公司应予以合并
   C. 如果一个投资性主体的母公司本身不是投资性主体，应当将其控制的全部主体，包括投资性主体以及通过投资性主体间接控制的主体，纳入合并范围
   D. 如果母公司是投资性主体，只应将为投资性主体的投资活动提供相关服务的子公司纳入合并范围，其他子公司不应予以合并

3. 2×21年1月1日，甲公司从集团外部购入乙公司60%有表决权的股份，构成了非同一控制下企业合并。2×21年度，乙公司实现净利润600万元，乙公司按购买日公允价值持续计算的净利润为500

万元，分派现金股利200万元。2×21年12月31日，甲公司个别资产负债表中所有者权益总额为2000万元，不考虑其他因素，甲公司2×21年12月31日合并资产负债表中归属于母公司所有者权益的金额为（　　）万元。

A. 2000　　B. 2180

C. 2360　　D. 2240

4. 甲公司拥有乙公司80%的有表决权股份，能够控制乙公司财务和经营决策。2×21年8月1日，甲公司将本公司生产的一批产品出售给乙公司，售价为800万元（不含增值税），成本为600万元，未计提存货跌价准备。至2×21年12月31日，乙公司已对外出售该批存货的60%，结存的存货期末未发生减值。则2×21年度合并利润表中因该事项应列示的营业成本为（　　）万元。

A. 320　　B. 360

C. 240　　D. 480

5. 甲公司拥有乙公司70%的有表决权股份，能够控制乙公司财务和经营决策。2×21年6月1日，甲公司将本公司生产的一批产品出售给乙公司，售价为1000万元（不含增值税），成本为600万元，未计提存货跌价准备。至2×21年12月31日，乙公司已对外出售该批存货的40%，剩余部分存货可变现净值为350万元。不考虑其他因素的影响，2×21年12月31日合并资产负债表中应列示的存货为（　　）万元。

A. 240　　B. 245

C. 360　　D. 350

6. 甲公司拥有乙和丙两家子公司。2×19年6月15日，乙公司将其产品以市场价格销售给丙公司，售价为200万元，销售成本为152万元。丙公司购入后作为管理用固定资产并于当月投入使用，预计使用年限为4年，采用年限平均法计提折旧，预计净残值为零。假定不考虑增值税和所得税等其他因素的影响，甲公司在编制2×21年12月31日合并资产负债表时，应调减“固定资产”项目的金额为（　　）万元。

A. 18　　B. 12

C. 30　　D. 48

7. 2×21年3月，母公司以1000万元的价格（不含增值税）将其生产的设备销售给其全资子公司作为管理用固定资产。该设备的生产成本为800万元，未计提存货跌价准备。子公司于收到当日投入使用，并采用年限平均法对该设备计提折旧，该设备预计使用年限为10年，预计净残值为零。假定母、子公司适用的所得税税率均为25%，不考虑其他因素，则编制2×21年合并财务报表时，因该设备相关的未实现内部销售利润的抵销而调减合并净利润的金额为（　　）万元。

A. 135　　B. 138.75

C. 150　　D. 161.25

8. 下列有关处置子公司股权投资直至丧失控制权的各项交易属于“一揽子交易”的表述中，不正确的是（　　）。

A. 应当将各项交易作为一项处置子公司并丧失控制权的交易进行会计处理

B. 在丧失控制权之前，每一次处置价款与处置投资对应的享有该子公司自购买日开始按公允价值持续计算的净资产份额之间的差额，合并财务报表中应确认为其他综合收益

C. 在丧失控制权之前，每一次处置价款与处置投资对应的享有该子公司自购买日开始按公允价值持续计算的净资产份额之间的差额，合并财务报表中应确认为投资收益

D. 丧失控制权日，合并财务报表中原因处置投资确认的其他综合收益应当转至投资收益

9. 甲公司2×21年1月1日从集团外部取得乙公司80%股份，能够对乙公司实施控制。2×21年乙公司实现净利润为500万元，按购买日公允价值持续计算的净利润为400万元。2×21年12月31日，甲公司结存的当年从乙公司购入的资产中包含的未实现内部销售利润为50万元。不考虑其他因素，2×21年甲公司合并利润表中应确认的少数股东损益为（　　）万元。

A. 80　　B. 90

C. 70　　D. 100

10. 甲公司2×21年1月1日从集团外部取得乙公司70%股份，能够对乙公司实施控制。2×21年1月1日，乙公司除一项管理用无形资产外，其他资产和负债公允价值与账面价值相等，该无形资产的账面价值为300万元，公允价值为800万元，预计尚可使用年限为10年，采用直线法摊销，无残值。2×21年6月30日甲公司向乙公司销售一件商品，该商品售价为100万元，成本为80万元，未计提存货跌价准备，乙公司购入后将其作为管理用固定资产使用，按5年采用年限平均法计提折旧，预计净残值为0。2×21年甲公司实现净利润1000万元，乙公司实现净利润400万元。假定不考虑所得税等因素的影响。甲公司2×21年合并利润表中应确认的少数股东损益为（　　）万元。

A. 105　　B. 106.2

C. 120　　D. 99

11. 甲公司2×21年1月1日从集团外部取得乙公司80%股份，能够对乙公司实施控制。2×21年1月1日，乙公司除一项管理用无形资产外，其他资产和负债公允价值与账面价值相等，该无形资产的账面价值为300万元，公允价值为800万元，预计尚可使用年限为10年，采用直线法摊销，无残值。2×21年6月30日乙公司向甲公司销售一件商品，该商品售价为100万元，成本为80万元，未计提存货跌价准备，甲公司购入后将其作为管理用固定资产使用，按5年采用年限平均法计提折旧，预计净残值为0。2×21年甲公司实现净利润1000万元，乙公司实现净利润400万元。假定不考虑所得税等因素的影响。甲公司2×21年合并利润表中归属于甲公司的净利润为（　　）万元。

A. 1000　　B. 1280

C. 1265.6　　D. 1332

12. 甲公司于2×20年12月29日以2000万元取得对乙公司80%的股权，能够对乙公司实施控制，形成非同一控制下的企业合并，购买日乙公司可辨认净资产公允价值为1600万元。2×21年12月31日甲公司又出资180万元自乙公司的其他股东（集团外部非关联方）处取得乙公司10%的股权，交易日乙公司按购买日公允价值持续计算净资产账面价值的金额（对母公司的价值）为1900万元。不考虑所得税和其他因素影响，假定资本公积足够冲减。则甲公司在编制2×21年12月31日合并资产负债表时，因购买少数股权而调减的资本公积金额为（　　）万元。

A. 10　　B. 20

C. 30　　D. −10

13. 甲公司2×19年1月10日取得乙公司80%的股权，形成非同一控制下企业合并，付出对价为17200万元，购买日乙公司可辨认净资产公允价值总额为19200万元。2×21年1月1日，甲公司将其持有乙公司股权的1/4对外出售，取得价款5300万元。出售投资当日，乙公司按甲公司取得其80%股权之日起的公允价值持续计算的净资产总额为24000万元，乙公司个别财务报表中可辨认净资产账面价值为20000万元。该项交易后，甲公司仍能够控制乙公司的财务和生产经营决策。甲公司2×21年合并财务报表中因出售乙公司股权应调整的资本公积金额为（　　）万元。

A. 1300　　B. 500
C. 0　　D. −700

14. 甲公司、乙公司均系增值税一般纳税人，销售商品适用的增值税税率均为13%，适用的所得税税率均为25%。甲公司2×21年6月10日从其拥有80%股份的乙公司购进管理用设备一台，该设备为乙公司所生产的产品，成本为360万元，未计提存货跌价准备，售价为600万元，增值税税额为78万元，另付安装公司安装费8万元，甲公司已支付该款项且该设备当月投入使用，设备预计使用年限为4年，预计净残值为零，采用年限平均法计提折旧。假定会计采用的折旧方法、预计使用年限和预计净残值与税法规定相同。2×21年12月31日甲公司编制合并财务报表时，应在合并财务报表中确认递延所得税资产为（　　）万元。

A. 60　　B. 0
C. 67.5　　D. 52.5

15. 甲公司2×20年6月30日取得乙公司80%的股份，对乙公司能够实施控制。2×21年7月1日，甲公司向乙公司出售一项专利技术，账面价值为80万元，售价为100万元。乙公司采用直线法摊销，预计使用寿命为5年，无残值，假定摊销额计入当期损益。2×21年乙公司按购买日公允价值持续计算的净利润为500万元，其他综合收益增加100万元，假定不考虑所得税等因素的影响。2×21年合并利润表中应确认的归属于少数股东的综合收益总额为（　　）万元。

A. 20　　B. 120
C. 100　　D. 116.4

16. 甲公司为乙公司的母公司。2×21年12月3日，甲公司向乙公司销售一批商品，开具的增值税专用发票上注明的销售价款为1000万元，增值税税额为130万元，款项已收到；该批商品成本为600万元，未计提存货跌价准备。假定不考虑其他因素，甲公司在编制2×21年度合并现金流量表时，“销售商品、提供劳务收到的现金”项目应抵销的金额为（　　）万元。

A. 1000　　B. 1130
C. 600　　D. 730

二、多项选择题

1. 下列项目中，属于投资性主体特征的有（　　）。

A. 拥有一个以上投资
B. 拥有一个投资者
C. 投资者不是该主体的关联方
D. 该主体的所有者权益以股权或类似权益方式存在

2. 合并财务报表的编制应遵循的原则和要求包括（　　）。

A. 真实可靠、内容完整
B. 以个别报表为基础编制
C. 一体性原则
D. 重要性原则

3. 甲公司与乙公司合资设立丙公司，注册资本10亿元，其中甲公司出资8亿元，占注册资本的80%，乙公司出资2亿元，占注册资本的20%。2×21年3月，甲公司、乙公司与W信托公司签署了增资协议，由W信托公司发起设立某信托计划，该信托计划向丙公司增资10亿元。

增资完成后，丙公司的注册资本增加至20亿元，其中甲公司持有40%的股权，乙公司持有10%股权，该信托计划持有50%股权。该信托规模为10亿元。根据相关协议安排，甲公司仍然控制丙公司。丙公司定期向信托计划支付固定收益的利息，且2年后，信托计划收回所投入全部资金。不考虑其他因素，下列说法中正确的有（ ）。

A. 丙公司应当将该信托计划分类为一项负债

B. 丙公司应当将该信托计划分类为权益工具

C. 2×21年12月31日甲公司应该将丙公司作为持股比例为80%的子公司合并

D. 2×21年12月31日甲公司应该将丙公司作为持股比例为40%的子公司合并

4. A企业为有限合伙企业，经营期限为3年。A企业将全部资金用于对非关联方B公司的全资子公司C公司增资，增资完成后，A企业持有C公司60%有表决权的股份，B公司持有C公司40%有表决权的股份。根据协议规定，B公司将在3年后以固定价格回购A企业持有的C公司股份。C公司是专门建造某大型资产并用于租赁的项目公司，该大型资产建造期为5年，A企业增资时，该资产已经建造了2年。下列说法中正确的有（ ）。

A. A企业并不能主导C公司的相关活动

B. A企业无法通过参与C公司的相关活动取得可变回报

C. A企业拥有半数以上的表决权，但不能控制被投资方C公司

D. A企业拥有半数以上的表决权，能控制被投资方C公司

5. 下列各项中，投资方在确定合并财务报表合并范围时应予考虑的因素有（ ）。

A. 被投资方的设立目的

B. 投资方是否拥有对被投资方的权力

C. 投资方是否通过参与被投资方的相关活动而享有可变回报

D. 投资方是否有能力运用对被投资方的权力影响其回报金额

6. 甲公司2×21年1月1日购入乙公司60%股权（非同一控制下控股合并），能够对乙公司的财务和经营决策实施控制。除乙公司外，甲公司无其他子公司，当日乙公司可辨认净资产公允价值为4000万元。2×21年度，乙公司按照购买日可辨认净资产公允价值为基础计算实现的净利润为600万元，分派现金股利200万元，无其他所有者权益变动。2×21年年末，甲公司个别财务报表中所有者权益总额为8000万元。假定不考虑内部交易等因素。下列关于甲公司2×21年度合并财务报表列报的表述中正确的有（ ）。

A. 2×21年度少数股东损益为240万元

B. 2×21年12月31日少数股东权益为1760万元

C. 2×21年12月31日归属于母公司的股东权益为8240万元

D. 2×21年12月31日股东权益总额为10000万元

7. 甲公司是乙公司的母公司，2×21年乙公司出售库存商品给甲公司，售价100万元（不含增值税），成本为80万元（未减值）。至2×21年12月31日，甲公司从乙公司购买的上述存货对外出售40%，售价为50万元，假定期末结存存货未发生减值。甲公司合并报表中，下列会计处理正确的有（ ）。

A. 应抵销营业收入100万元

B. 应抵销营业成本88万元

C. 应抵销存货12万元

D. 应确认营业收入50万元

8. 长江公司系甲公司的母公司，2×21年6月30日，长江公司向甲公司销售一件产

品，销售价格为 1000 万元，增值税税额为 130 万元，销售成本为 900 万元（未计提存货跌价准备），相关款项已收存银行。甲公司将购入的该产品确认为管理用固定资产（增值税进项税额可抵扣），并于当日投入使用，预计使用年限为 10 年，预计净残值为零，采用年限平均法计提折旧。长江公司与甲公司适用的所得税税率均为 25%，不考虑其他因素。长江公司在编制 2×21 年合并财务报表时，因该项内部交易作出的下列调整抵销处理中，正确的有（　　）

A. 抵销资产处置收益 1000 万元

B. 抵销管理费用 5 万元

C. 抵销固定资产 100 万元

D. 调增递延所得税资产 23.75 万元

9. 甲公司持有乙公司 80% 的股权，能够对乙公司实施控制，2×21 年 12 月 31 日，乙公司无形资产中包含一项从甲公司购入的商标权。该商标权系乙公司于 2×21 年 7 月 1 日从甲公司购入，购入价格为 180 万元。乙公司购入该商标权后立即投入使用，预计使用年限为 6 年，无残值，采用直线法摊销。甲公司该商标权原有效期为 10 年，取得时入账价值为 100 万元，至出售日已累计摊销 40 万元，未计提减值准备。甲公司和乙公司对商标权的摊销均计入管理费用。假定不考虑所得税等因素的影响，下列会计处理中正确的有（　　）。

A. 乙公司购入无形资产时包含内部交易利润为 120 万元

B. 2×21 年 12 月 31 日甲公司编制合并财务报表抵销分录调减期末未分配利润的金额为 99 万元

C. 2×21 年 12 月 31 日甲公司合并资产负债表上该项无形资产项目应列示的金额为 55 万元

D. 抵销该项内部交易将减少合并净利润 110 万元

10. 2×20 年 1 月 1 日，A 公司以每股 5 元的价格购入 B 上市公司（以下简称“B 公司”）股票 10 万股，并由此持有 B 公司 2% 股权。A 公司将对 B 公司的该项投资作为以公允价值计量且其变动计入当期损益的金融资产核算。2×21 年 1 月 1 日，A 公司以现金 1750 万元作为对价，向 B 公司大股东收购 B 公司 50% 的股权，从而取得对 B 公司的控制权；投资前 A 公司与 B 公司不存在关联方关系。B 公司当日股价为每股 7 元，B 公司可辨认净资产的公允价值为 2000 万元（公允价值与账面价值相等）。A 公司购买 B 公司 2% 股权和后续购买 50% 的股权不构成“一揽子交易”。不考虑所得税等因素影响，A 公司下列会计处理中正确的有（　　）。

A. 购买日 A 公司个别报表中长期股权投资初始投资成本为 1820 万元

B. 购买日的合并成本为 1820 万元

C. 购买日合并财务报表中长期股权投资列报金额为 1820 万元

D. 购买日合并财务报表中应确认商誉 780 万元

11. 甲公司和乙公司适用的所得税税率均为 25%。2×20 年 1 月 2 日，甲公司与乙公司的原股东 A 公司签订股权转让合同。合同约定：甲公司以银行存款 9000 万元向 A 公司购买其所持有的乙公司 100% 股权；工商变更登记手续亦于 2×20 年 1 月 2 日办理完成，并于当日取得控制权。假定该交易发生前，甲公司和 A 公司、乙公司不存在任何关联方关系。购买日，乙公司所有者权益的账面价值为 8000 万元，除一栋办公楼评估增值 800 万元之外，其他资产和负债的公允价值与账面价值相等。该办公楼预计使用年限为 15 年，已使用 5 年，预计净残值为零，采用年限平均法计提折旧。自 2×20 年 1 月 2 日起至 2×21

年12月31日期间，乙公司实现净利润1000万元，其他综合收益增加100万元，分配现金股利200万元，无其他所有者权益变动。2×21年12月31日，甲公司将其持有的对乙公司长期股权投资的10%对外出售，取得价款1100万元。该项交易后，甲公司仍能够控制乙公司的财务和生产经营决策。不考虑其他因素，则甲公司下列会计处理中正确的有（　　）。

A. 2×21年12月31日，合并报表中应列示的商誉的金额为400万元

B. 2×21年12月31日，甲公司个别报表中出售乙公司10%股权应确认投资收益200万元

C. 2×21年12月31日，甲公司合并报表中出售乙公司10%股权应调增资本公积162万元

D. 2×21年12月31日，甲公司合并报表中应确认的少数股东权益938万元

12. A公司于2×20年6月30日以4000万元取得B公司60%股权成为其母公司，2×21年6月30日又以1300万元取得B公司少数股东持有的B公司20%股权。2×20年6月30日B公司可辨认净资产公允价值为6000万元（与账面价值相同），其中股本400万元，资本公积3600万元，留存收益2000万元。2×21年6月30日B公司按购买日公允价值持续计算的可辨认净资产账面价值为7000万元，差额均为B公司实现的净利润。A公司与B公司合并前不存在关联方关系，不考虑其他因素的影响，因购买B公司股权在合并财务报表中处理正确的有（　　）。

A. 2×20年6月30日合并商誉为400万元

B. 2×21年6月30日取得20%股权时不确认商誉

C. 2×21年6月30日合并财务报表中因购买少数股权需调增资本公积100万元

D. 2×21年6月30日合并财务报表中列示的少数股东权益为1400万元

13. 下列属于母子公司合并现金流量表应抵销的项目有（　　）。

A. 母公司与子公司、子公司相互之间当期销售商品所产生的现金流量

B. 当期取得投资收益收到的现金与分配现金股利支付的现金

C. 以现金结算债权与债务产生的现金流量

D. 企业集团内部处置固定资产收回的现金与购建固定资产支付的现金

14. 关于现金流量的分类，下列说法中正确的有（　　）。

A. 用现金购买子公司少数股权在母公司个别财务报表中属于投资活动现金流量

B. 用现金购买子公司少数股权在合并财务报表中属于投资活动现金流量

C. 不丧失控制权情况下出售子公司部分股权收到现金在母公司个别财务报表中属于投资活动现金流量

D. 不丧失控制权情况下出售子公司部分股权收到现金在合并财务报表中属于投资活动现金流量

三、综合题

1. 甲公司其2×20年至2×21年发生的长期股权投资、企业合并情况及相关交易或事项如下：

（1）以发行股票和部分现金作为对价，购买W公司持有的乙上市公司60%股份，从而实现对乙公司的收购。上述甲公司收购乙公司的方案于2×20年3月和2×20年7月分别经甲公司、W公司董事会和股东大会批准。2×20年10月

12日，政府相关部门核准并通过购买乙公司的方案。2×21年1月1日，甲公司向W公司定向发行本公司普通股17000万股，每股市价为10元，并向W公司支付银行存款30000万元，同日，甲公司对乙公司的董事会进行改选，改选后董事会由9人组成，6人由甲公司委派。根据乙公司章程，股东大会决议需经代表二分之一以上表决权的股东通过，董事会决议需经二分之一以上的董事通过。

2×21年1月1日，乙公司净资产的账面价值为280000万元（其中股本32000万元，资本公积188000万元，盈余公积10000万元，未分配利润50000万元），可辨认净资产的公允价值为300000万元，除一项成本模式计量的投资性房地产外，其他资产、负债的公允价值与账面价值相同。该投资性房地产为出租用的办公楼，账面价值为65000万元，公允价值为85000万元，按年限平均法计提折旧，使用年限为50年，已使用30年，自甲公司取得乙公司股份起尚可使用20年，预计净残值为零。

甲公司为合并乙公司而发生的聘请会计师、律师、评估师等费用1050万元，甲公司为定向发行股份支付承销商佣金2000万元。

（2）2×21年3月1日，乙公司以3150万元的价格从外部独立的第三方受让甲公司5%股权，款项已以银行存款支付，另支付交易费用50万元。乙公司准备长期持有该股权投资。由于乙公司对甲公司不具有控制、共同控制或重大影响。乙公司将对甲公司股权投资指定为以公允价值计量且其变动计入其他综合收益的金融资产。

2×21年12月31日，乙公司所持甲公司上述股权的公允价值为3400万元。

（3）乙公司2×21年11月30日与甲公司签订办公楼转让合同，按合同签订当日的账面价值将办公楼转让给甲公司，以供甲公司办公用，根据合同约定乙公司将在40日内腾空办公楼并将其移交甲公司。合同签订日，该办公楼的账面原价60000万元，已计提折旧（包括当年1月至11月计提的折旧）3000万元。该办公楼采用年限平均法计提折旧，预计使用50年，预计净残值为零。乙公司预计上述办公楼转让将于下年一月份完成。预计公允价值减去出售费用后的净额大于账面价值。

年末，乙公司尚未完成办公楼的腾空和移交。

2×21年乙公司个别财务报表实现净利润12000万元，指定为以公允价值计量且其变动计入其他综合收益的金融资产因公允价值变动确认其他综合收益200万元。

（4）2×21年1月1日，甲公司以银行存款660万元收购W公司持有的A公司30%股权，对A公司能够施加重大影响。A公司可辨认净资产的公允价值与账面价值均为2000万元。2×21年6月30日，A公司另一投资者丙公司向A公司增资1300万元，导致甲公司持有的A公司股权由30%下降为20%，但仍能对A公司施加重大影响。2×21年1月1日至6月30日，A公司除实现净利润150万元外，无其他所有者权益变动。

其他资料：第一，在合并前，甲公司与W公司无任何关联方关系。第二，除资料（1）、（2）和（3）所述内部交易外，本年及以前年度甲公司和乙公司未发生其他交易。第三，乙公司按照年度净利润的10%计提法定盈余公积，不计提任意盈余公积，本年未向股东分配股利。第四，甲公司和乙公司采用的会计政策和会计期间相同，不考虑相关税费及其他因素。

要求：

（1）计算甲公司对乙公司60%股权投资的成本，并编制相关会计分录。

（2）计算甲公司合并乙公司的商誉。

（3）编制乙公司与取得及持有甲公司股权相关的会计分录。

（4）编制乙公司与拟出售办公楼相关的会计分录。

（5）编制甲公司 2×21 年度合并财务报表的调整和抵销分录。

（6）根据资料（4），编制 2×21 年 6 月 30 日甲公司持有 A 公司股权被动稀释的会计分录。

2. 甲公司为境内上市公司。2×20 年和 2×21 年，甲公司发生的有关交易或事项如下：

（1）2×20 年 6 月 30 日，甲公司以 4800 万元购入乙公司 25% 股权，能够对乙公司施加重大影响，采用权益法核算，款项通过银行转账支付，股权过户登记手续于当日办理完成。当日，乙公司可辨认净资产公允价值为 20000 万元，各项可辨认资产、负债的公允价值与其账面价值相同。

2×20 年 9 月 30 日，乙公司出售其生产的 A 产品给甲公司，销售价款 1000 万元。截至 2×20 年 12 月 31 日，甲公司已对外出售所购 A 产品的 60%。乙公司生产该批 A 产品的成本为 600 万元。

（2）2×21 年 7 月 1 日，甲公司以 9600 万元购买丁公司持有的乙公司 30% 股权，当日，甲公司对乙公司董事会进行改组，改组后的董事会由 9 名董事组成，其中甲公司派出 6 名。按乙公司章程规定，所有重大的经营、财务分配等事项经董事会成员半数以上表决通过后实施。2×21 年 7 月 1 日，乙公司账面所有者权益构成：实收资本 20000 万元、资本公积 2000 万元、盈余公积 1600 万元、其他综合收益 1800 万元、未分配利润 1000 万元；乙公司可辨认净资产的公允价值为 30000 万元，除一块土地使用权增值 3600 万元外（该土地使用权属于乙公司办公用房所占用土地，尚可使用 15 年，预计无残值，按直线法摊销），其他各项可辨认资产、负债的公允价值与其账面价值相同，甲公司原持有乙公司 25% 股权的公允价值为 7900 万元。

（3）2×20 年，乙公司按其净资产账面价值计算实现的净利润为 5000 万元，其中 7 月至 12 月实现的净利润为 2600 万元。2×20 年 7 月至 12 月其他综合收益（可转损益）增加 1500 万元。

2×21 年 4 月，甲公司于 2×20 年从乙公司购买的 A 产品已全部实现对外销售。2×21 年 1 月 1 日至 6 月 30 日，乙公司按其净资产账面价值计算实现的净利润为 3000 万元；2×21 年 7 月 1 日至 12 月 31 日，乙公司按其净资产账面价值计算实现的净利润为 5200 万元，其他综合收益（由于投资性房地产转换形成）增加 1500 万元。

（4）2×21 年 10 月 2 日，乙公司将其一项商标权出售给甲公司，售价为 300 万元，收到款项存入银行，商标权账面价值为 240 万元。该商标权尚可使用年限为 5 年，预计净残值为零，采用直线法摊销，甲公司将取得的该商标权作为管理用无形资产核算。

其他有关资料：

第一，甲公司拟长期持有乙公司股权。

第二，甲公司投资乙公司前，甲公司、乙公司、丁公司之间不存在关联方关系。

第三，乙公司除实现净利润、其他综合收益外，无其他权益变动事项；乙公司按其实现净利润的 10% 计提法定盈余公积，没有进行其他分配。

第四，本题不考虑相关税费以及其他因素。

要求：

（1）计算 2×20 年 12 月 31 日甲公司持有的乙公司股权在其个别财务报表中列报的长期股权投资金额，编制甲公司取得及持有乙公司投资相关的会计分录。

（2）计算甲公司持有乙公司股权在其2×20年度合并财务报表中列报的长期股权投资金额，并编制相关调整分录。

（3）计算2×21年6月30日甲公司持有的乙公司股权在其个别财务报表中列报的长期股权投资金额，并编制持有乙公司投资相关的会计分录。

（4）判断甲公司增持乙公司30%股权的交易类型，并说明理由，确定甲公司对乙公司的企业合并成本，如判断属于非同一控制下企业合并的，计算应予确认的商誉金额。

（5）编制甲公司2×21年年末与其合并财务报表相关的调整和抵销分录。

3. 甲股份有限公司（以下简称“甲公司”）及其子公司2×19年至2×23年进行的有关资本运作、销售等交易或事项如下：

（1）2×19年9月，甲公司与乙公司控股股东P公司签订协议，约定以发行甲公司股份为对价购买P公司持有的乙公司80%股权。协议同时约定：评估基准日为2×19年9月30日，以该基准日经评估的乙公司股权价值为基础，甲公司以每股9元的价格发行本公司股份作为对价。

乙公司全部权益（100%）于2×19年9月30日的公允价值为18亿元，甲公司向P公司发行1.6亿股，交易完成后，P公司持有股份占甲公司全部发行在外普通股股份的8%。上述协议分别经交易各方内部决策机构批准并于2×19年12月20日经监管机构核准。甲公司于2×19年12月31日向P公司发行1.6亿股，当日甲公司股票收盘价为每股9.5元（公允价值）；交易各方于当日办理了乙公司股权过户登记手续，甲公司对乙公司董事会进行改组，改组后乙公司董事会由7名董事组成，其中甲公司派出5名，对乙公司实施控制；当日，乙公司可辨认净资产公允价值为18.5亿元（有关可辨认资产、负债的公允价值与账面价值相同）；乙公司2×19年12月31日账面所有者权益构成：实收资本40000万元、资本公积60000万元、盈余公积23300万元、未分配利润61700万元。

该项交易中，甲公司以银行存款支付法律、评估等中介机构费用800万元。

协议约定，P公司承诺本次交易完成后的2×20年、2×21年和2×22年三个会计年度乙公司实现的净利润三年合计不低于32000万元。乙公司三年实现的净利润低于上述承诺利润的，甲公司支付1元现金回购按一定公式计算的P公司持有的甲上市公司股票对甲公司进行补偿。

2×19年12月31日，甲公司认为乙公司在2×20年至2×22年期间基本能够实现承诺利润，发生业绩补偿的可能性较小。

（2）2×20年4月，甲公司自乙公司购入一批W商品并拟对外出售，该批商品在乙公司的成本为200万元，售价为300万元，未计提存货跌价准备，截至2×20年12月31日，甲公司已对外销售该批商品的60%，但尚未向乙公司支付货款。乙公司对1年以内的应收账款按照余额的5%计提坏账准备，对1年至2年的应收账款按照20%计提坏账准备。

（3）乙公司2×20年实现净利润5000万元，未发生其他权益变动。2×20年年末，根据乙公司净利润实现情况及市场预期，甲公司估计乙公司三年内不能完成承诺的净利润，甲公司需回购自身股份1000万股，其公允价值为9000万元。

（4）2×20年12月31日，甲公司向乙公司出售一栋房屋，该房屋在甲公司的账面价值为800万元，出售给乙公司的价格是1040万元。乙公司取得后作为管理用固定资产核算，预计未来仍可使用12

年，采用年限平均法计提折旧，预计净残值为零。

截至2×21年12月31日，甲公司原自乙公司购入的W商品累计已有90%对外出售，货款仍未支付。乙公司2×21年实现净利润12000万元，未发生其他权益变动，2×21年12月31日乙公司账面所有者权益构成：实收资本40000万元、资本公积60000万元、盈余公积25000万元、未分配利润77000万元。

（5）2×21年12月31日甲公司估计乙公司三年内不能完成承诺的净利润，甲公司需回购自身股份400万股，其公允价值为3800万元。

（6）2×22年12月31日，三年业绩对赌期完成，根据最终确认补偿金额计算出应回购的股数为500万股，其公允价值为4500万元。

（7）2×23年3月10日，甲公司支付1元现金回购自身股份。

（8）2×23年3月20日，甲公司将回购股份注销。

（9）其他有关资料：

本题中甲公司与乙公司、P公司在并购交易发生前不存在关联关系；本题中有关公司均按净利润的10%提取法定盈余公积，不计提任意盈余公积；不考虑相关税费和其他因素。

要求：

（1）判断甲公司合并乙公司的类型，说明理由。如为同一控制下企业合并，计算确定该项交易中甲公司对乙公司长期股权投资的成本；如为非同一控制下企业合并，确定该项交易中甲公司的企业合并成本，计算应确认商誉的金额；编制甲公司取得乙公司80%股权时个别报表的相关会计分录。

（2）编制甲公司2×21年合并财务报表与乙公司相关的调整抵销会计分录。

（3）判断购买日或有对价是金融资产，还是权益工具，说明理由。

（4）判断三年业绩对赌期完成，或有对价是金融资产，还是权益工具，说明理由。

（5）编制甲公司2×20年12月31日、2×21年12月31日、2×22年12月31日、2×23年3月10日和2×23年3月20日与或有对价有关的会计分录。

同步强化练习题参考答案及解析

一、单项选择题

1.【答案】B

【解析】编制合并财务报表前，应统一母公司和子公司的会计政策，统一要求子公司所采用的会计政策与母公司保持一致，但不要求统一有关资产的折旧或摊销年限，选项B正确。

2.【答案】B

【解析】选项B，如果母公司是投资性主体，则母公司应当仅将为其投资活动提供相关服务的子公司（如有）纳入合并范围并编制合并财务报表，其他子公司不应当予以合并，母公司对其他子公司的投资应当按照公允价值计量且其变动计入当期损益。

3.【答案】B

【解析】归属于母公司的所有者权益金额=2000+（500-200）×60%=2180（万元）。

4.【答案】B

【解析】2×21年合并利润表中应列示的营业成本=600×60%=360（万元）。

5.【答案】D

【解析】2×21年12月31日合并资产负债表中存货成本=600×（1-40%）=360（万元），可变现净值为350万元，发生减值10万元，则合并报表中存货应按可变现净值350万元列示。

6.【答案】A

【解析】甲公司编制2×21年12月31日合并资产负债表时，因内部交易应调减“固定资产”项目的金额=（200-152）-（200-152）÷4×2.5=18（万元）。

7.【答案】B

【解析】因设备相关的未实现内部销售利润抵销而调减2×21年度合并净利润的金额=[（1000-800）-（1000-800）/10×9/12]×（1-25%）=138.75（万元）。

8.【答案】C

【解析】如果分步处置子公司股权的交易属于“一揽子交易”，则应当将各项交易作为一项处置子公司并丧失控制权的交易进行会计处理，选项A正确；合并财务报表中，在丧失控制权之前，每一次处置价款与处置投资对应的享有该子公司自购买日开始按公允价值持续计算的净资产份额之间的差额，应确认为其他综合收益，在丧失控制权时转至投资收益，选项B和D正确，选项C错误。

9.【答案】C

【解析】2×21年甲公司合并利润表应确认少数股东损益=400×20%-50×20%=70（万元）。

10.【答案】A

【解析】乙公司2×21年按购买日公允价值持续计算的净利润=400-（800-300）÷10=350（万元），内部交易为顺流交易，不影响少数股东损益，2×21年合并利润表中应确认的少数股东损益=350×30%=105（万元）。

11.【答案】C

【解析】乙公司2×21年按购买日公允价值持续计算的净利润=400-（800-300）÷10=350（万元），2×21年内部交易固定资产中未实现利润=（100-80）-（100-80）÷5×6/12=18（万元），2×21年合并利润表中归属于甲公司的净利润=1000+（350-18）×80%=1265.6（万元）。

12.【答案】D

【解析】甲公司在编制2×21年12月31日合并资产负债表时，因购买少数股权应调减的资本公积金额=180-1900×10%=-10（万元）。

13.【答案】B

【解析】甲公司2×21年合并财务报表中因出售乙公司股权应调整的资本公积=5300-24000×80%×1/4=500（万元）。

14.【答案】D

【解析】2×21年12月31日合并财务报表应确认的递延所得税资产=[（600-360）-（600-360）÷4×6/12]×25%=52.5（万元）。

15.【答案】B

【解析】甲公司向乙公司出售专利技术，该内部交易系顺流交易，计算少数股东损益时不予考虑。2×21年合并利润表中归属于少数股东的综合收益总额=500×20%+100×20%=120（万元）。

16.【答案】B

【解析】“销售商品、提供劳务收到的现金”项目应抵销的金额=1000+130=1130（万元）。

二、多项选择题

1.【答案】ACD

【解析】投资性主体通常应当具备下列四个特征：一是拥有一个以上投资；二是拥有一个以上投资者；三是投资者不是该主体的关联方；四是该主体的所有者权益以股权或类似权益方式存在，选项B错误。

2.【答案】ABCD

3.【答案】AC

【解析】丙公司需要定期向信托计划支付固定收益的利息，且该信托有期限，到期需收回所有投资资金，因此，法律形式上虽然信托计划是作为股权投资方，但该交易实质上是甲公司通过W信托公司从外部引入新的债权人，丙公司应当将该信托计划分类为一项负债，选项A正确，选项B错误；因该信托计划是以债权人的形式存在，故甲公司虽表面持有丙公司40%股权，但实质上甲公司仍享有丙公司80%的权益，甲公司应该将丙公司作为持股比例为80%的子公司合并，选项C正确，选项D错误。

4.【答案】ABC

【解析】被投资方C公司的相关活动是用5年的时间建造某大型资产，资产建成后以收取租金的方式取得回报。A企业增资时，C公司的资产建造已经开始，大多与建造事项有关的决策很可能已完成，当A企业的经营期限结束并将持有的C公司股份以固定价格出售给B公司时，C公司刚刚完成建造活动，尚未开始产生回报。因此，A企业并不能主导C公司的相关活动，而且A企业也无法通过参与C公司的相关活动取得可变回报，A企业是通过B公司回购股份的方式收回其投资成本并取得收益的，因此，即使A企业拥有半数以上的表决权，也不能控制被投资方C公司，选项A、B和C正确。

5.【答案】ABCD

【解析】合并财务报表的合并范围是指纳入合并财务报表编报的子公司的范围，应当以控制为基础予以确定。投资方要实现控制，必须具备两项基本要素：一是因涉入被投资方而享有可变回报；二是拥有对被投资方的权力，并且有能力运用对被投资方的权力影响其回报金额。除此之外，还应该综合考虑所有相关事实和情况，其中，对被投资方的设立目的和设计的分析，贯穿于判断控制的始终。

6.【答案】ABCD

【解析】2×21年度少数股东损益=600×40%=240（万元），选项A正确；2×21年12月31日少数股东权益=4000×40%+（600−200）×40%=1760（万元），选项B正确；2×21年12月31日归属于母公司的股东权益=8000+（600−200）×60%=8240（万元），选项C正确；2×21年12月31日股东权益总额=8240+1760=10000（万元），选项D正确。

【提示】母公司长期股权投资和子公司所有者权益应抵销，即购买日子公司的所有者权益不属于母公司享有，故计算“归属于母公司的所有者权益”时不考虑子公司购买日的股东权益。

7.【答案】ABCD

【解析】2×21年合并财务报表的抵销分录如下：

借：营业收入 100

贷：营业成本 100

借：营业成本 12

贷：存货12［（100－80）×（1－40%）］

根据分录，应抵销营业收入100万元、营业成本88万元、存货12万元。合并报表中确认营业收入为对外销售收入50万元。

8.【答案】BD

【解析】正确处理：①抵销营业收入1000万元，不是资产处置收益；②抵销营业成本900万元；③抵销管理费用＝（1000－900）÷10×6/12=5（万元）；④抵销固定资产=100－5=95（万元）；⑤调增递延所得税资产=（100－5）×25%=23.75（万元）。

调整抵销分录：

借：营业收入 1000

贷：营业成本 900

固定资产—原价 100

借：固定资产—累计折旧 5

（100/10×6/12）

贷：管理费用 5

借：递延所得税资产23.75（95×25%）

贷：所得税费用 23.75

9.【答案】ACD

【解析】乙公司购入无形资产时包含内部交易利润=180－（100－40）=120（万元），选项A正确；2×21年12月31日甲公司编制合并财务报表抵销分录调减期末未分配利润的金额=120－120/6×6/12=110（万元），选项B错误；2×21年12月31日甲公司合并资产负债表上该项"无形资产"项目应列示金额=60－60/6×6/12=55（万元），选项C正确；抵销该项内部交易将减少的合并净利润的金额即为调减期末未分配利润的金额110万元，选项D正确。

抵销分录如下：

借：资产处置收益 120（180－60）

贷：无形资产—原价 120

借：无形资产—累计摊销 10

贷：管理费用 10（120/6×6/12）

10.【答案】ABD

【解析】原投资按公允价值计量，购买日初始投资成本与合并成本相等。初始投资成本＝合并成本＝10×7+1750=1820（万元），选项A和B正确；购买日合并报表中应将长期股权投资抵销，选项C错误；购买日应确认商誉=1820－2000×52%=780（万元），选项D正确。

11.【答案】ABC

【解析】购买日应确认的商誉=9000－［8000+800×（1－25%）］×100%=400（万元），因商誉未发生减值，故2×21年12月31日合并报表中应列示的商誉金额仍为400万元，选项A正确；甲公司个别报表中应确认的投资收益＝1100－9000×10%=200（万元），选项B正确；至2×21年12月31日，乙公司按购买日公允价值持续计算的净资产价值＝［8000+800×（1－25%）］+［1000－800/10×2×（1－25%）］+100－200=9380（万元），应调增的资本公积=1100－9380×10%=162（万元），选项C正确；2×21年12月31日甲公司合并报表中应确认的少数股东权益=9380×10%+400×10%=978（万元），选项D错误。

12.【答案】ABCD

【解析】选项A，合并商誉=4000－6000×60%=400（万元）；选项B，取得少数股东股权不应确认商誉；选项C，应调整增加资本公积=7000×20%－1300=100（万元）；选项D，合并财务报表中少数股东权益=7000×20%=1400（万元）。

13.【答案】ABCD

14.【答案】AC

【解析】选项B，用现金购买子公司少数股权，在合并报表中减少少数股东权益，导致合并报表中的资本规模和构成发生变化，属于筹资活动现金流出；选项D，在合并报表中增加少数股东权益，导致合并报表中的资本规模和构成发生变化，属于筹资活动现金流入。

三、综合题

1.【答案】

（1）甲公司对乙公司60%股权投资的成本=17000×10+30000=200000（万元）。

借：长期股权投资 200000
　贷：股本 17000
　　资本公积—股本溢价 153000
　　银行存款 30000
借：管理费用 1050
　资本公积—股本溢价 2000
　贷：银行存款 3050

（2）商誉=合并成本－购买日享有被购买方可辨认净资产公允价值份额=200000－300000×60%=20000（万元）。

（3）

借：其他权益工具投资—成本 3200（3150+50）
　贷：银行存款 3200
借：其他权益工具投资—公允价值变动 200
　贷：其他综合收益 200

（4）

借：持有待售资产 57000
　累计折旧 3000
　贷：固定资产 60000

（5）①对乙公司持有甲公司5%股权投资的调整和抵销分录

借：库存股 3200
　贷：其他权益工具投资 3200
借：其他综合收益 200
　贷：其他权益工具投资 200

②对办公楼转让的抵销分录

借：固定资产 57000
　贷：持有待售资产 57000
借：管理费用 100（60000÷50÷12）
　贷：固定资产 100
借：少数股东权益 40（100×40%）
　贷：少数股东损益 40

③对乙公司投资性房地产的调整分录

借：投资性房地产 20000（85000－65000）
　贷：资本公积 20000
借：营业成本 1000（20000÷20）
　贷：投资性房地产 1000

④将长期股权投资由成本法调整为权益法

借：长期股权投资 6600［（12000－1000）×60%］
　贷：投资收益 6600

⑤母公司长期股权投资与子公司所有者权益抵销

借：股本 32000
　资本公积 208000（188000+20000）
　盈余公积 11200（10000+1200）
　年末未分配利润 59800（50000+12000－1000－1200）
　商誉 20000
　贷：长期股权投资 206600（200000+6600）
　　少数股东权益 124400［（32000+208000+11200+59800）×40%］
借：投资收益 6600
　少数股东损益 4400［（12000－1000）×40%］
　年初未分配利润 50000
　贷：提取盈余公积 1200
　　年末未分配利润 59800

（6）股权被动稀释由30%下降为20%时，应视同处置10%股权换取A公司新增资源。稀释前长期股权投资账面价值=660+150×30%=705（万元），处置部分对应的账面价值=705÷30%×10%=235（万元）（含内含商誉20万元），丙公司增资后甲公司按新的持股比例增加享有的份额=1300×20%=260（万元），应确认资本公积=260-235=25（万元），会计分录为：

借：长期股权投资—其他权益变动　25
　贷：资本公积—其他资本公积　25

2.【答案】

（1）2×20年12月31日甲公司持有乙公司股权在其个别财务报表中列报的长期股权投资的金额=4800+（20000×25%-4800）+［2600-（1000-600）×（1-60%）］×25%+1500×25%=5985（万元）。

相关会计分录：

借：长期股权投资—投资成本　4800
　贷：银行存款　4800
借：长期股权投资—投资成本　200
　贷：营业外收入　200
借：长期股权投资—损益调整　610
　贷：投资收益　610
借：长期股权投资—其他综合收益 375
　贷：其他综合收益　375

（2）甲公司持有乙公司股权在其2×20年合并财务报表中列报的长期股权投资金额=5985+（1000-600）×（1-60%）×25%=6025（万元）。

相关调整分录：

借：长期股权投资　40
　［（1000-600）×（1-60%）×25%］
　贷：存货　40

（3）2×21年6月30日甲公司持有乙公司股权在其个别财务报表中列报的长期股权投资的金额=5985+［3000+（1000-600）×（1-60%）］×25%=6775（万元）。

相关会计分录：

借：长期股权投资—损益调整　790
　{［3000+（1000-600）×（1-60%）］×25%}
　贷：投资收益　790

（4）①甲公司增持乙公司30%的股权后形成非同一控制下的企业合并。

理由：甲公司追加投资后持股比例为55%，同时在乙公司的董事会中派出6名董事，占董事会人数的2/3，能够控制乙公司的生产经营决策；且甲公司与丁公司在合并前不具有关联方关系，所以属于非同一控制下企业合并。

②合并报表中甲公司对乙公司的合并成本=7900+9600=17500（万元）。

③商誉=17500-30000×55%=1000（万元）。

（5）

借：长期股权投资　1125（7900-6775）
　贷：投资收益　1125
借：其他综合收益　375
　贷：投资收益　375
借：无形资产　3600
　贷：资本公积　3600
借：管理费用　120（3600/15×6/12）
　贷：无形资产　120

将成本法调整为权益法：

借：长期股权投资　3619
　贷：投资收益　2794
　　［（5200-3600/15×6/12）×55%］
　　其他综合收益　825（1500×55%）

抵销分录：

借：实收资本　20000
　　资本公积　5600（2000+3600）
　　盈余公积　2120（1600+520）
　　其他综合收益　3300（1800+1500）
　　年末未分配利润　5560
　　（1000+5200-3600/15×6/12-520）
　　商誉　1000
　贷：长期股权投资21119（17500+3619）
　　少数股东权益　16461
　　［（20000+5600+2120+3300+5560）×45%］

借：投资收益　2794
　少数股东损益　2286
　[（5200－3600/15×6/12）×45%]
　年初未分配利润　1000
　贷：提取盈余公积　520
　　年末未分配利润　5560
借：资产处置收益　60
　贷：无形资产—原价　60
借：无形资产—累计摊销　3
　（60÷5×3/12）
　贷：管理费用　3
借：少数股东权益　25.65
　[（60－3）×45%]
　贷：少数股东损益　25.65

3.【答案】

（1）甲公司对乙公司的合并属于非同一控制下企业合并。

理由：甲公司与乙公司、P公司在本次并购交易前不存在关联关系。

甲公司对乙公司的企业合并成本＝16000×9.5=152000（万元）。

应确认商誉＝152000－185000×80%＝4000（万元）。

借：长期股权投资　152000
　贷：股本　16000
　　资本公积—股本溢价　136000
借：管理费用　800
　贷：银行存款　800

（2）2×20年内部出售商品在2×21年的调整抵销处理：

借：应付账款　300
　贷：应收账款　300
借：应收账款　15
　贷：年初未分配利润　15（300×5%）
借：应收账款　45（300×20%－15）
　贷：信用减值损失　45
借：年初未分配利润　3（15×20%）
　贷：少数股东权益　3
借：少数股东损益　9（45×20%）
　贷：少数股东权益　9
借：年初未分配利润　40
　贷：营业成本　40
借：营业成本　10
　贷：存货　10
借：少数股东权益8（100×40%×20%）
　（上年未实现部分）
　贷：年初未分配利润　8
借：少数股东损益6（100×30%×20%）
　（本年实现部分）
　贷：少数股东权益　6

2×20年内部出售房屋在2×21年的调整抵销处理：

借：年初未分配利润　240（1040－800）
　贷：固定资产　240
借：固定资产　20（240÷12）
　贷：管理费用　20

将成本法调整为权益法：

借：长期股权投资　4000
　贷：年初未分配利润　4000
　（5000×80%）
借：长期股权投资　9600
　贷：投资收益　9600（12000×80%）

2×21年将母公司的长期股权投资与子公司的所有者权益进行抵销：

借：实收资本　40000
　资本公积　60000
　盈余公积　25000
　年末未分配利润　77000
　商誉　4000
　贷：长期股权投资　165600
　（152000+4000+9600）
　　少数股东权益　40400
[（40000+60000+25000+77000）×20%]
借：投资收益　9600
　少数股东损益　2400
　年初未分配利润　66200
　（61700+5000－500）
　贷：提取盈余公积　1200
　　年末未分配利润　77000

（3）属于金融资产。

理由：非同一控制下企业合并形成的或有对价中，若购买方根据标的公司的业绩情况确定收回自身股份的数量，该或有对价在购买日不满足“固定换固定”的条件，不属于一项权益工具，而是属于一项金融资产。因此，购买方应当在购买日将该或有对价分类为以公允价值计量且其变动计入当期损益的金融资产。

（4）属于权益工具。

理由：随着标的公司实际业绩的确定，购买方能够确定当期应收回的自身股份的具体数量，则在当期资产负债表日，该或有对价满足“固定换固定”的条件，应将其重分类为权益工具（其他权益工具），以重分类日相关股份的公允价值计量，并不再核算相关股份的后续公允价值变动。

（5）①2×20年12月31日

借：交易性金融资产　9000

　贷：公允价值变动损益　9000

②2×21年12月31日

借：公允价值变动损益　5200

（9000−3800）

　贷：交易性金融资产　5200

③2×22年12月31日

借：交易性金融资产700（4500−3800）

　贷：公允价值变动损益　700

借：其他权益工具　4500

　贷：交易性金融资产　4500

④2×23年3月10日

借：库存股　4500.0001

　贷：其他权益工具　4500

　　银行存款　0.0001

⑤2×23年3月20日

借：股本　500

　资本公积　4000.0001

　贷：库存股　4500.0001

第二十八章　每股收益

CHAPTER-28

本章学习指南

一、学习目标

1. 理解每股收益的基本概念。
2. 掌握基本每股收益的计算。
3. 掌握稀释每股收益的计算。
4. 掌握每股收益的列报。

二、考情概况

本章考题一般为客观题，主观题也曾涉及过每股收益的计算，分数适中，属于比较重要章节。

三、教材变化

增加一道例题。

四、考点地图

考点	年份 / 题型
认股权证稀释每股收益的计算	2021 年单选题
每股收益的重新计算	2021 年单选题、2020 年单选题
可转换公司债券及每股收益	2021 年计算分析题
企业承诺将回购其股份的合同	2020 年单选题
需要重新计算财务报表各列报期间每股收益的情况	2020 年多选题
稀释每股收益的概念	2019 年单选题

核心考点精讲

提示

本章内容不多，初学有一定难度，学懂后不易再忘。需要关注基本每股收益和稀释每股收益的计算以及每股收益的重新计算。学习和练习时理清计算逻辑，保证计算精准度，注意细节条件。

第一节　每股收益的基本概念

使用“会计云课堂”App 或“微信”扫码查看本节视频，快速 GET 知识点。

每股收益是指普通股股东每持有一股普通股所能享有的企业净利润或需承担的企业净亏损。

每股收益包括基本每股收益和稀释每股收益两类。

第二节　基本每股收益

使用“会计云课堂”App 或“微信”扫码查看本节视频，快速 GET 知识点。

基本每股收益 = 归属于普通股股东的当期净利润 ÷ 当期实际发行在外普通股的加权平均数

名师点拨

公司库存股不属于发行在外的普通股。

当期实际发行在外普通股加权平均数 = 期初发行在外普通股股数 + 当期新发行普通股股数 × 已发行时间 ÷ 报告期时间 − 当期回购普通股股数 × 已回购时间 ÷ 报告期时间

经典题解

【**真题 1 · 单选题**】甲公司为境内上市公司。2×17 年度，甲公司涉及普通股股数的有关交易或事项如下：（1）年初发行在外普通股 25000 万股；（2）3 月 1 日发行普通股 2000 万股；（3）5 月 5 日，回购普通股 800 万股；（4）5 月 30 日注销库存股 800 万股。下列各项中，不会影响甲公司 2×17 年度基本每股收益金额的是（　　）。（2017 年）

A. 当年发行的普通股股数　　B. 当年注销的库存股股数

C. 当年回购的普通股股数　　D. 年初发行在外的普通股股数

【**解析**】选项 A，当年发行的普通股股数，增加发行在外的普通股股数，影响基本每股收益的金额；选项 B，当年注销的库存股股数，回购时已经减少了股数，注销的库存股股数为内部处理，不减少发行在外的普通股股数，不影响当年基本每股收益的金额；选项C，当年回购普通股股数，减少发行在外的普通股股数，影响基本每股收益的金额；选项D，年初发行在外的普通股股数为计算基本每股收益的基础数据，会影响计算金额。

【答案】B

第三节　稀释每股收益

使用“会计云课堂”App或“微信”扫码查看本节视频，快速GET知识点。

一、基本计算原则

稀释每股收益是以基本每股收益为基础，假设企业所有发行在外的稀释性潜在普通股均已转换为普通股，从而分别调整归属于普通股股东的当期净利润以及发行在外普通股的加权平均数计算而得的每股收益。

（一）稀释性潜在普通股

目前，我国企业发行的潜在普通股主要有认股权证、股份期权、可转换公司债券、限制性股票、企业承诺将回购其股份的合同等。

需要特别说明：潜在普通股是否具有稀释性的判断标准是看其对持续经营每股收益的影响；也就是说，假定潜在普通股当期转换为普通股，如果会减少持续经营每股收益或增加持续经营每股亏损，表明具有稀释性，否则，具有反稀释性。

（二）分子的调整

计算稀释每股收益时，应当根据下列事项对归属于普通股股东的当期净利润进行调整：（1）当期已确认为费用的稀释性潜在普通股的利息；（2）稀释性潜在普通股转换时将产生的收益或费用。

上述调整应当考虑相关的所得税影响。

（三）分母的调整

计算稀释每股收益时，当期发行在外普通股的加权平均数应当为计算基本每股收益时普通股的加权平均数与假定稀释性潜在普通股转换为已发行普通股而增加的普通股股数的加权平均数之和。

计算因稀释性潜在普通股转换为已发行普通股而增加的普通股股数的加权平均数时，以前期间发行的稀释性潜在普通股，应当假设在当期期初转换为普通股；当期发行的稀释性潜在普通股，应当假设在发行日转换为普通股。

名师点拨

用增加的净利润除以增加的普通股股数加权平均数，得出增量股每股收益；然后将增量股每股收益与基本每股收益比较，若增量股每股收益小于基本每股收益，则具有稀释性。

二、可转换公司债券

稀释每股收益=（净利润+假设转换时增加的净利润）÷（发行在外普通股加权平均数+假设转换时所增加的普通股股数的加权平均数）

三、认股权证、股份期权

对于盈利企业，认股权证和股份期权等的行权价格低于当期普通股平均市场价格时，应当考虑其稀释性。

增加的普通股股数 = 拟行权时转换的普通股股数 − 行权价格 × 拟行权时转换的普通股股数 ÷ 当期普通股平均市场价格

经典题解

【真题2·单选题】2×20年1月1日，甲公司对外发行2000万份认股权证。行权日为2×21年7月1日，每份认股权证可以在行权日以8元的价格认购甲公司1股新发行的股份。2×20年度，甲公司发行在外普通股加权平均数为6000万股，每股平均市场价格为10元，2×20年度甲公司归属于普通股股东的净利润为5800万元。不考虑其他因素，甲公司2×20年度的稀释每股收益是（　　）。（2021年）

A. 0.73元/股　　B. 0.76元/股

C. 0.97元/股　　D. 0.91元/股

【解析】调整增加的普通股股数=2000−2000×8/10=400（万股），甲公司2×20年度稀释每股收益=5800/（6000+400）=0.91（元/股）。

【答案】D

【真题3·单选题】甲公司为上市公司，其20×8年度基本每股收益为0.43元/股，甲公司20×8年度发生的可能影响其每股收益的交易或事项如下：（1）发行可转换公司债券，其当年增量股的每股收益为0.38元；（2）授予高管人员2000万股股票期权，行权价格为6元/股；（3）接受部分股东按照市场价格的增资，发行在外普通股股数增加3000万股；（4）发行认股权证1000万份，每份认股权证持有人有权利以8元的价格认购甲公司1股普通股。甲公司20×8年度股票的平均市场价格为13元/股。不考虑其他因素，下列各项中，对甲公司20×8年度基本每股收益不具有稀释作用的是（　　）。（2019年）

A. 股票期权　　B. 认股权证

C. 可转换公司债券　　D. 股东增资

【解析】对于盈利企业，认股权证和股票期权等的行权价格低于当期普通股平均市场价格时，具有稀释作用，选项A和B不符合题意；增量股每股收益小于基本每股收益时，可以判断出该事项具有稀释性。可转换公司债券增量股每股收益小于基本每股收益，具有稀释作用，选项C不符合题意；因按市价增资导致发行在外的普通股股数增加不具有稀释作用，选项D符合题意。

【答案】D

四、限制性股票

上市公司采取授予限制性股票方式进行股权激励的，在其等待期内应当按照以下原则计算每股收益。

（一）等待期内基本每股收益的计算

基本每股收益仅考虑发行在外的普通股，按照归属于普通股股东的当期净利润除以发行在外普通股的加权平均数计算。

限制性股票由于未来可能被回购，性质上属于或有可发行股票，因此在计算基本每股收益时不应当包括在内。上市公司在等待期内计算基本每股收益时，应视其发放的现金股利是否可撤销采用不同的方法：

1. 现金股利可撤销，即一旦未达到解锁条件，被回购限制性股票的持有者将无法获得（或需要退回）其在等待期内应收（或已收）的现金股利。等待期内计算基本每股收益时，分子应扣除当期分配给预计未来可解锁限制性股票持有者的现金股利；分母不应包含限制性股票的股数。

2. 现金股利不可撤销，即不论是否达到解锁条件，限制性股票持有者仍有权获得（或不得要求被退回）其在等待期内应收（或已收）的现金股利。等待期内计算基本每股收益时，分子应扣除归属于预计未来可解锁限制性股票的净利润；分母不应包含限制性股票的股数。

（二）等待期内稀释每股收益的计算

稀释每股收益是假定企业所有发行在外的稀释性潜在普通股均已转换为普通股而计算的每股收益。等待期内计算稀释每股收益时，应视解锁条件不同采取不同的方法：

1. 解锁条件仅为服务期限条件

公司应假设资产负债表日尚未解锁的限制性股票已于当期期初（或晚于期初的授予日）全部解锁，并参照每股收益准则中股份期权的有关规定考虑限制性股票的稀释性。行权价格低于公司当期普通股平均市场价格时，应当考虑其稀释性，计算稀释每股收益。其中，行权价格为限制性股票的发行价格加上资产负债表日尚未取得职工服务按《企业会计准则第 11 号——股份支付》有关规定计算确定的公允价值。锁定期内计算稀释每股收益时，分子应加回计算基本每股收益分子时已扣除的当期分配给预计未来可解锁限制性股票持有者的现金股利或归属于预计未来可解锁限制性股票的净利润。

行权价格 = 限制性股票的发行价格 + 资产负债表日尚未取得的职工服务的公允价值

稀释每股收益 = 当期净利润 ÷（普通股加权平均数 + 调整增加的普通股加权平均数）= 当期净利润 ÷［普通股加权平均数 +（限制性股票股数 − 行权价格 × 限制性股票股数 ÷ 当期普通股平均市场价格）］

限制性股票若为当期发行的，则还需考虑时间权数计算加权平均数。

2. 解锁条件包含业绩条件

公司应假设资产负债表日即为解锁日并据以判断资产负债表日的实际业绩情况是否满足解锁要求的业绩条件。若满足业绩条件的，应当参照上述解锁条件仅为服务期限条件的有关规定计算稀释性每股收益；若不满足业绩条件的，计算稀释性每股收益时不必考虑此限制性股票的影响。

> **名师点拨**
>
> 年初发行限制性股票，股票价格为 12 元，发行价格为 6 元，则限制性股票的公允价值 =12−6=6（元），若等待期为 3 年，第 1 年年末行权价格 =6+6 × 2/3=10（元）。

五、企业承诺将回购其股份的合同

对于盈利企业，企业承诺将回购其股份的合同中规定的回购价格高于当期普通股平均市场价格时，应当考虑其稀释性。

增加的普通股股数 = 承诺的回购价格 × 承诺回购的普通股股数 ÷ 当期普通股的平均市场价格 − 承诺回购的普通股股数

> **名师点拨**
>
> 对于亏损企业，则具有反稀释作用。

经典题解

【真题 4 · 单选题】2×15 年，甲公司向乙公司以每股 10 元发行 600 万股股票，约定 2×19 年 12 月 31 日，甲公司以每股 20 元的价格回购乙公司持有的 600 万股股票。2×19 年初，甲公司发行在外的普通股股数为 2000 万股，当年甲公司发行在外普通股股数无变化。2×19 年度甲公司实现净利润 300 万元，甲公司普通股股票平均市场价为每股 15 元，甲公司 2×19 年稀释每股收益是（　　）。（2020 年）

A. 0.136 元 / 股　　B. 0.214 元 / 股

C. 0.162 元 / 股　　D. 0.150 元 / 股

【解析】调整增加的普通股股数 =600×20/15-600=200（万股），因此稀释每股收益 =300/（2000×12/12+200×12/12）=0.136（元 / 股）。

【答案】A

【真题 5 · 多选题】对于盈利企业，下列各项潜在普通股中，在计算稀释性每股收益时，具有稀释性的有（　　）。（2015 年）

A. 发行的行权价格低于当期普通股平均市场价格的股份期权

B. 签订的承诺以高于当期普通股平均市场价格回购本公司股份的协议

C. 持有的增量每股收益大于当期基本每股收益的可转换公司债券

D. 发行的购买价格高于当期普通股平均市场价格的认股权证

【解析】选项 C，对于盈利企业，持有的增量每股收益小于当期基本每股收益的可转换公司债券，具有稀释性；选项 D，对于盈利企业，发行的购买价格低于当期普通股平均市场价格的认股权证，具有稀释性。

【答案】AB

六、多项潜在普通股

为了反映潜在普通股最大的稀释作用，稀释性潜在普通股应当按照其稀释程度从大到小的顺序计入稀释每股收益，直至稀释每股收益达到最小值。

七、子公司、合营企业或联营企业发行的潜在普通股

子公司、合营企业、联营企业发行能够转换成其普通股的稀释性潜在普通股，不仅应当包括在其稀释每股收益的计算中，而且还应当包括在合并稀释每股收益以及投资者稀释每股收益的计算中。

第四节　每股收益的列报

使用“会计云课堂”App 或“微信”扫码查看本节视频，快速 GET 知识点。

名师点拨

对于不影响所有者权益总额但影响股本数量的业务，因没有对价，所以该业务是对原股数或股数加权平均数的扩大或缩小，与时间权重无关。

一、重新计算

（一）派发股票股利、公积金转增资本、拆股和并股

企业派发股票股利、公积金转增资本、拆股或并股等，会增加或减少其发行在

外普通股或潜在普通股的数量，但并不影响所有者权益总额，这既不影响企业所拥有或控制的经济资源，也不改变企业的盈利能力。因此为了保持会计指标的前后期可比性，企业应当在相关报批手续全部完成后，按调整后的股数重新计算各列报期间的每股收益。上述变化发生于资产负债表日至财务报告批准报出日之间的，应当以调整后的股数重新计算各列报期间的每股收益。

经典题解

【真题6·单选题】甲公司2×19年归属于普通股股东的净利润为2400万元。2×19年1月1日发行在外的普通股为1000万股，2×19年4月1日分派股票股利，以总股本1000万股为基数每10股送4股。2×20年7月1日新发行股份300万股。2×21年3月1日，以2×20年12月31日股份总数1700万股为基数，每10股以资本公积转增股本2股。甲公司2×20年度财务报告于2×21年4月15日经批准对外报出。不考虑其他因素，甲公司在2×20年度利润表中列示的2×19年度基本每股收益是（　　）。（2021年）

A. 1.41元/股　　B. 1.38元/股

C. 1.71元/股　　D. 1.43元/股

【解析】甲公司2×19年基本每股收益=2400/（1000+1000/10×4）=1.71（元/股），甲公司2×21年3月1日（即2×20年资产负债表日至财务报告批准报出日期间）以资本公积转增资本，应当按照调整后的股数重新计算各列报期间的每股收益，故甲公司在2×20年度利润表中列示的2×19年度基本每股收益=1.71/1.2=1.43（元/股），选项D正确。

【答案】D

【真题7·单选题】甲公司2×17年度归属于普通股股东的净利润为5625万元。2×17年1月1日，甲公司发行在外普通股股数为3000万股。2×17年4月1日，甲公司按照每股10元的市场价格发行普通股1000万股。2×18年4月1日，甲公司以2×17年12月31日股份总额4000万股为基数，每10股以资本公积转增股本2股。不考虑其他因素，甲公司在2×18年度利润表中列示的2×17年度基本每股收益是（　　）。（2020年）

A. 1.25元/股　　B. 1.41元/股

C. 1.50元/股　　D. 1.17元/股

【解析】2×17年度基本每股收益=5625/（3000+1000×9/12）=1.5（元/股），2×18年度利润表中列示的2×17年度基本每股收益=1.5/1.2=1.25（元/股）。

【答案】A

【真题8·多选题】下列各项情形中，根据企业会计准则的规定应当重述比较期间每股收益的有（　　）。（2020年）

A. 报告年度发放股票股利

B. 报告年度因发生同一控制下企业合并发行普通股

C. 报告年度资产负债表日后事项期间以盈余公积转增股本

D. 报告年度因前期差错对比较期间损益进行追溯重述

【解析】企业派发股票股利、公积金转增资本、拆股或并股等，会增加或减少其发行在外普通股或潜在普通股的数量，为了保持会计指标的前后期可比性，企业应当在相关报批手续全部完成后，按调整后的股数重新计算各列报期间的每股收益，选项 A 和 C 符合题意；同一控制下企业合并，作为对价发行的普通股股数，应当计入各列报期间普通股的加权平均数，因此需要重述比较期间每股收益，选项 B 符合题意；按照《企业会计准则第 28 号——会计政策、会计估计变更和差错更正》的规定对以前年度损益进行追溯调整或追溯重述的，应当重新计算各列报期间的每股收益，选项 D 符合题意。

【答案】ABCD

【真题 9 · 单选题】甲公司 20×6 年度和 20×7 年度归属于普通股股东的净利润分别为 3510 万元和 4260 万元，20×6 年 1 月 1 日，甲公司发行在外普通股为 2000 万股。20×6 年 7 月 1 日，甲公司按照每股 12 元的市场价格发行普通股 500 万股，20×7 年 4 月 1 日，甲公司以 20×6 年 12 月 31 日股份总额 2500 万股为基数，每 10 股以资本公积转增股本 2 股。不考虑其他因素，甲公司在 20×7 年度利润表中列报的 20×6 年度的基本每股收益是（　　）。（2018 年）

A. 1.17 元 / 股　　B. 1.30 元 / 股

C. 1.50 元 / 股　　D. 1.40 元 / 股

【解析】甲公司在 20×7 年度利润表中列报的 20×6 年度的基本每股收益 = 3510/［（2000+500×6/12）×1.2］=1.30（元 / 股）。

【答案】B

【真题 10 · 单选题】下列各项中，需要重新计算财务报表各列报期间每股收益的是（　　）。（2018 年）

A. 报告年度内发行普通股

B. 报告年度内发行可转换公司债券

C. 报告年度内以发行股份为对价实现非同一控制下企业合并

D. 报告年度内派发股票股利

【解析】企业派发股票股利、公积金转增资本、拆股或并股等，会增加或减少其发行在外的普通股或潜在普通股数量，但并不影响所有者权益总额，应重新计算财务报表各列报期间的每股收益。

【答案】D

【真题 11 · 单选题】甲公司为上市公司，2×16 年期初发行在外普通股股数为 8000 万股，当年度，甲公司合并财务报表中归属于母公司股东的净利润为 4600 万元，发生的可能影响其发行在外普通股股数的事项有：（1）2×16 年 4 月 1 日，股东大会通过每 10 股派发 2 股股票股利的决议并于 4 月 12 日实际派发；（2）2×16 年 11 月 1 日，甲公司自公开市场回购本公司股票 960 万股，拟用于员工持股计划。不考虑其他因素，甲公司 2×16 年基本每股收益是（　　）。（2017 年）

A. 0.49 元 / 股　　B. 0.56 元 / 股

C. 0.51 元 / 股　　D. 0.53 元 / 股

【解析】甲公司 2×16 年基本每股收益 =4600/（8000+8000/10×2−960×2/12）=0.49（元/股）。

【答案】A

（二）配股

企业当期发生配股的情况下，计算基本每股收益时，应当考虑配股中包含的送股因素，将这部分无对价的送股（注意不是全部配发的普通股）视同列报最早期间期初就已发行在外，并据以调整各列报期间发行在外普通股的加权平均数。计算公式如下：

每股理论除权价格 =（行权前发行在外普通股的公允价值总额 + 配股收到的款项）÷ 行权后发行在外的普通股股数

调整系数 = 行权前发行在外普通股的每股公允价值 ÷ 每股理论除权价格

因配股重新计算的上年度基本每股收益 = 上年度基本每股收益 ÷ 调整系数

> 名师点拨
>
> 配股价格低于股票市价，因配股重新计算的上年度基本每股收益小于配股前上年度基本每股收益。

本年度基本每股收益 = 归属于普通股股东的当期净利润 ÷（配股前发行在外普通股股数 × 调整系数 × 配股前普通股发行在外的时间权重 + 配股后发行在外普通股加权平均数）

企业向特定对象以低于当前市价的价格发行股票的，可以采用简化的计算方法，不考虑配股中内含的送股因素，而将配股视为发行新股处理。

上述变化发生于资产负债表日至财务报告批准报出日之间的，应当以调整后的股数重新计算各列报期间的每股收益。

需要特别说明：

企业存在发行在外的除普通股以外的金融工具的，在计算基本每股收益时，基本每股收益中的分子，即归属于普通股股东的净利润不应包含其他权益工具的股利或利息，其中，对于发行的不可累积优先股等其他权益工具应扣除当期宣告发放的股利，对于发行的累积优先股等其他权益工具，无论当期是否宣告发放股利，均应予以扣除。基本每股收益计算中的分母，为发行在外普通股的加权平均股数。

> 名师点拨
>
> 其他权益工具的股利或利息通过“利润分配”核算，没有影响净利润，但这部分股利或利息不属于普通股股东，所以计算基本每股收益时应将其扣除。

对于同普通股股东一起参加剩余利润分配的其他权益工具，在计算普通股每股收益时，归属于普通股股东的净利润不应包含根据可参加机制计算的应归属于其他权益工具持有者的净利润。

（三）以前年度损益的追溯调整或追溯重述

按照《企业会计准则第 28 号——会计政策、会计估计变更和差错更正》的规定对以前年度损益进行追溯调整或追溯重述，应当重新计算各列报期间的每股收益。

二、列报（略）

考试加油站

本章小结

下载“会计云课堂”App学习

您已成功完成“第二十八章”的学习，本章共11个考点，您都学会了吗？

为了让您对章节有更清晰的理解，加倍巩固。本书作者张志凤老师将通过**“视频导图课”**的方式，带您回顾重要考点。

名师点拨，视听结合，高效提分。

※ 欢迎您扫码，免费观看学习。

历年经典主观题回顾

使用“会计云课堂”App或“微信”扫码快速做题、对答案、看解析、掌握解题思路，开启轻松过关之旅。

计算分析题

2×19年至2×20年，甲公司发生的有关交易或事项如下：

（1）2×19年7月1日，甲公司以每份面值100元的价格发行可转换公司债券10万份，募集资金1000万元（不考虑发行费用）。该债券存续期为3年，票面年利率为5%，利息按年支付，到期一次还本。该批债券自2×20年7月1日起即可按照10元/股的价格转换为普通股。在转换日之前，如果甲公司发生配股、资本公积转增股本等资本结构变化的事项，转股价格将进行相应调整，以确保债券持有人的利益不被稀释。

发行债券时，市场上不含转股权但其他条件与之类似的债券年利率为6%。

（2）2×20年7月1日，上述债券全部按原定价格10元/股将本金转换为普通股，共计100万股。2×20年1月1日，甲公司发行在外的普通股股数为1000万股，除上述转股事项外，2×20年内未发生其他股本变化，也不存在其他稀释性潜在普通股。

（3）2×20年，甲公司实现归属于普通股股东的净利润300万元，该净利润包含2×20年1至6月计提的与上述可转换公司债券相关的利息费用。

其他资料：（1）（P/F，5%，3）=0.8638；（P/A，5%，3）=2.7232；（P/F，6%，3）=0.8396；

（P/A，6%，3）=2.6730。（2）假定可转换公司债券的利息费用采用负债的初始入账价值乘以年实际利率，按月平均计提，且利息费用于 2×19 年和 2×20 年均不符合资本化条件。（3）甲公司适用的企业所得税税率为 25%。（4）本题不考虑除企业所得税以外的其他相关税费及其他因素。

要求：

（1）判断甲公司发行的可转换公司债券的会计分类，并说明理由。

（2）根据资料（1），计算甲公司发行的可转换公司债券中负债的初始入账金额，编制甲公司 2×19 年 7 月 1 日发行可转换公司债券，以及 2×19 年 12 月 31 日计提利息费用相关的会计分录。

（3）计算甲公司 2×20 年度的基本每股收益。

（4）判断甲公司可转换公司债券对于 2×20 年度每股收益是否具有稀释作用，并说明理由，如有，计算甲公司 2×20 年度的稀释每股收益。（2021 年）

历年经典主观题参考答案及解析

使用“会计云课堂”App 或“微信”扫码对答案、看解析、掌握解题思路，开启轻松过关之旅。

计算分析题

【答案】

（1）甲公司发行的可转换公司债券同时包含负债成分和权益成分，应分别分类为金融负债和权益工具。

理由：甲公司附有支付本金和利息的合同义务，应分类为金融负债；转股安排符合“固定换固定”的原则（或该可转换公司债券（固定金额）可以转换为固定数量的普通股），其中的反稀释调整条款不妨碍符合该原则，因此转股权应分类为权益工具。

（2）负债的初始入账价值 =1000×（P/F，6%，3）+1000×5%×（P/A，6%，3）=1000×0.8396+1000×5%×2.6730=973.25（万元）。

2×19 年 7 月 1 日

借：银行存款　　1000

　　应付债券—可转换公司债券（利息调整）　　26.75

　贷：应付债券—可转换公司债券（面值）　　1000

　　　其他权益工具　　26.75

2×19 年 12 月 31 日

借：财务费用　　29.2（973.25×6%×6/12）

　贷：应付利息　　25

　　　应付债券—可转换公司债券（利息调整）　　4.2

（3）2×20 年基本每股收益 =300/（1000+100×6/12）=0.29（元 / 股）。

（4）可转换公司债券对于 2×20 年度每股收益不具有稀释性。

理由：假设转换为普通股增加的净利润 =29.2×（1-25%）=21.9（万元）;

假设转换为普通股增加的股数 =100×6/12=50（万股）;

增量股每股收益 =21.9/50=0.44（元 / 股）;

增量股每股收益大于基本每股收益。

同步强化练习题

使用“会计云课堂”App 或“微信”扫码快速做题、对答案、看解析、掌握解题思路，开启轻松过关之旅。

一、单项选择题

1. 下列各项关于每股收益的表述中，正确的是（　　）。

A. 在计算合并财务报表的每股收益时，其分子应包括少数股东损益

B. 计算稀释每股收益时，股份期权应假设于发行当年 1 月 1 日转换为普通股

C. 新发行的普通股一般应当自发行日起计入到发行在外普通股股数当中

D. 新发行的普通股应当自发行合同签订之日起计入到发行在外普通股股数当中

2. 甲公司 2×21 年年初发行在外的普通股股数为 20000 万股，3 月 1 日新发行普通股 10800 万股，12 月 1 日回购普通股 4800 万股，以备将来奖励职工之用。该公司当年度实现归属于普通股股东的净利润为 6500 万元。不考虑其他因素，则甲公司 2×21 年度基本每股收益为(　　)元 / 股。

A. 0.33　　B. 0.23

C. 0.25　　D. 0.26

3. 甲公司 2×21 年度归属于普通股股东的净利润为 25500 万元，期初发行在外普通股股数为 10000 万股，本年普通股股数未发生变化。2×21 年 1 月 1 日，公司按面值发行 40000 万元的三年期可转换公司债券，债券每张面值 100 元，票面年利率为 2%，利息自发行之日起每年支付一次，即每年 12 月 31 日为付息日。该批可转换公司债券自发行之日起 12 个月以后即可转换为公司股票，即转股期为发行 12 个月后至债券到期日止的期间。转股价格为每股 10 元，即每 100 元债券可转换为 10 股面值为 1 元的普通股股票。假定可转换公司债券利息不符合资本化条件，直接计入当期损益，甲公司适用的所得税税率为 25%。假定不考虑可转换公司债券在负债成分和权益成分的分拆，且债券票面利率等于实际利率。甲公司 2×21 年度稀释每股收益为（　　）元 / 股。

A. 2.55　　B. 0.15

C. 0.25　　D. 1.86

4. 盈利企业在计算稀释每股收益时，下列说法中正确的是（　　）。

A. 认股权证和股份期权等的行权价格低

于当期普通股平均市场价格时，应当考虑其稀释性

B. 认股权证和股份期权等的行权价格高于当期普通股平均市场价格时，应当考虑其稀释性

C. 认股权证和股份期权等的行权价格低于当期普通股平均市场价格时，不应当考虑其稀释性

D. 认股权证和股份期权等的行权价格等于当期普通股平均市场价格时，应当考虑其稀释性

5. 甲公司2×21年10月1日对外发行100万份认股权证，每份认股权证可于1年后按2.5元的价格认购甲公司1股普通股股票，2×21年度归属于普通股股东的净利润为200万元，发行在外普通股加权平均数为500万股，2×21年10月1日至12月31日期间普通股股票平均市场价格为每股4元，不考虑其他因素，则甲公司2×21年度稀释每股收益为(　　)元/股。

A. 0.4　　B. 0

C. 0.33　　D. 0.39

6. 甲公司为上市公司，采用授予职工限制性股票的形式实施股权激励计划。2×21年1月1日，公司以非公开发行方式向100名管理人员每人授予10万股自身股票（每股面值为1元），授予价格为每股8元。当日，100名管理人员全部出资认购。甲公司估计该限制性股票股权激励在授予日的公允价值为每股8元。激励计划规定，这些管理人员从2×21年1月1日起在甲公司连续服务满3年的，所授予股票将于2×24年1月1日全部解锁；期间离职的，甲公司将按照原授予价格每股8元回购。2×21年度，8名管理人员离职，甲公司估计3年中离职的管理人员合计为20名，当年宣告每股分配现金股利0.2元（现金股利可撤销）。假定甲公司2×21年度实现净利润为20000万元，2×21年发行在外的普通股加权平均数为50000万股。甲公司2×21年基本每股收益为(　　)元/股。

A. 0.4000　　B. 0.3963

C. 0.3968　　D. 0.2

7. 丙公司2×21年度归属于普通股股东的净利润为800万元，发行在外普通股加权平均数为2000万股。2×21年3月1日，该公司与其股东签订了一份远期回购合同，承诺一年后以每股5.5元的价格回购其发行在外的480万股普通股。假设该公司普通股在2×21年3月至12月平均市场价格为每股5元。丙公司2×21年度稀释每股收益为(　　)元/股。

A. 0.40　　B. 0.39

C. 0.20　　D. 0.41

8. 甲股份有限公司2×20年和2×21年归属于普通股股东的净利润分别为6500万元和7500万元，2×20年1月1日发行在外的普通股股数为20000万股，2×20年3月1日按市价新发行普通股10800万股，12月1日回购普通股4800万股，以备将来奖励职工。2×21年10月1日分派股票股利，以2×20年12月31日总股本为基数每10股送5股，假设不存在其他股数变动因素。2×21年度比较利润表中列示的2×20年基本每股收益为(　　)元/股。

A. 0.21　　B. 0.19

C. 0.23　　D. 0.15

9. 甲公司是上市公司，2×21年1月1日发行在外的普通股为6000万股。2×21年度有关事项如下：5月15日，以年初发行在外普通股股数为基数，每10股送3股股票股利，除权日为6月1日。8月1日，根据已报经批准的股权激励计划，授予高级管理人员300万份股票期权，每份股票期权行权时可按6元的价格购买甲公司1股普通股，行权日为2×23年8月1

日。10月1日，发行600万份认股权证，行权日为2×22年4月1日，每份认股权证可在行权日以6元的价格认购甲公司1股普通股。甲公司当期普通股平均市场价格为每股10元，2×21年实现的归属于普通股股东的净利润为11865万元。不考虑其他因素，甲公司2×21年度的稀释每股收益为（　　）元/股。

A. 1.52　　B. 1.5

C. 1.48　　D. 1.53

10. 甲公司2×21年度归属于普通股股东的净利润为9600万元，2×21年1月1日发行在外普通股股数为4000万股，2×21年6月10日，甲公司发布增资配股公告，向截至2×21年6月30日（股权登记日）所有登记在册的老股东配股，配股比例为每5股配1股，配股价格为每股5元，除权交易基准日为2×21年7月1日。假设行权前一日的市价为每股11元，2×20年度基本每股收益为2.2元/股。因配股重新计算的甲公司2×20年度基本每股收益为（　　）元/股。

A. 2.2　　B. 1.1

C. 2.0　　D. 2.42

11. 甲公司2×21年度实现净利润400000万元，发行在外普通股加权平均数为500000万股。2×21年1月1日，甲公司按票面金额发行1200万股优先股，优先股每股票面金额为100元。该批优先股股息不可累积，即当年度未向优先股股东足额派发股息的差额部分，不可累积到下一计息年度。2×21年12月31日，甲公司宣告并以现金全额发放当年优先股股息，股息率为6%。根据该优先股合同条款规定，甲公司将该批优先股分类为权益工具，优先股股息不在所得税前列支。甲公司2×21年基本每股收益是（　　）元/股。

A. 0.80　　B. 0.81

C. 0.79　　D. 1.25

12. 甲公司为乙公司的母公司，持有乙公司80%的普通股股权。乙公司采用授予职工限制性股票的形式实施股权激励计划。2×21年1月1日，乙公司以非公开发行的方式向乙公司的100名管理人员每人授予1万股自身股票（每股面值为1元），授予价格为每股6元。当日，100名管理人员均出资认购了相关股票，总认购款为600万元，乙公司履行了相关增资手续，该限制性股票激励计划在授予日的公允价值为每股6元。激励计划规定，这些管理人员从2×21年1月1日起在乙公司连续服务3年的，所授予股票将于2×24年1月1日全部解锁；其间离职的，乙公司将按照原授予价格每股8元回购相关股票。激励对象因获授限制性股票而取得的现金股利由公司代管，作为应付股利在解锁时向激励对象支付；对于未能解锁的限制性股票，公司在回购股票时应扣除激励对象已享有的该部分现金分红。2×21年度，甲公司归属于普通股股东的净利润为5000万元（不包括子公司乙公司的利润），发行在外的普通股加权平均数为2000万股，乙公司归属于普通股股东的净利润为1800万元，发行在外普通股（不含限制性股票）加权平均数为1200万股，乙公司未宣告发放股利。假定2×21年度，乙公司普通股平均市场价格为每股20元。不考虑其他因素，甲公司合并报表中稀释每股收益为（　　）元/股。

A. 2.5　　B. 3.19

C. 1.44　　D. 3.94

二、多项选择题

1. 下列各项关于稀释每股收益的表述中，正确的有（　　）。

A. 盈利企业发行的行权价格低于当期普通股平均市场价格的认股权证具有反稀释性

B. 亏损企业发行的行权价格低于当期普通股平均市场价格的股票期权具有反稀释性

C. 亏损企业签订的回购价格高于当期普通股平均市场价格的股份回购合同具有稀释性

D. 盈利企业发行的可转换公司债券增量股每股收益小于基本每股收益具有稀释性

2. 企业在计算稀释每股收益时，对归属于普通股股东的当期净利润进行调整的项目有（　　）。

A. 可转换公司债券转换时产生的资本公积

B. 稀释性潜在普通股转换时将产生的收益

C. 可转换公司债券与利息相关的所得税影响

D. 可转换公司债券转换为股票时可能支付的现金

3. 企业存在发行在外的除普通股以外的金融工具的，在计算归属于普通股股东的净利润时，不应包含的项目有（　　）。

A. 其他权益工具的股利

B. 其他权益工具的利息

C. 不可累积优先股当期宣告发放的股利

D. 累积优先股当期未宣告发放的股利

4. 关于限制性股票每股收益的计算，下列说法中正确的有（　　）。

A. 计算稀释每股收益的行权价格即为限制性股票的发行价格

B. 如果现金股利不可撤销，等待期内计算基本每股收益时，分子应扣除归属于预计未来可解锁限制性股票的净利润

C. 如果现金股利可撤销，等待期内计算基本每股收益时，分子应扣除当期分配给预计未来可解锁限制性股票持有者的现金股利

D. 计算基本每股收益时，发行在外普通股的加权平均数，不考虑发行的限制性股票股数

5. 下列各项中，需要重新计算财务报表各列报期间每股收益的有（　　）。

A. 报告年度以资本公积转增股本

B. 报告年度以发行股份为对价实现非同一控制下企业合并

C. 报告年度资产负债表日后事项期间分拆股份

D. 报告年度发现前期差错并采用追溯重述法重述上年度损益

6. 关于每股收益，下列各项表述中正确的有（　　）。

A. 计算每股收益时，对于累积优先股股利无论当期是否宣告发放，均应在计算归属于普通股股东的净利润时予以扣除

B. 对多项潜在普通股，稀释性潜在普通股应当按照其稀释程度从大到小的顺序计入稀释每股收益，直至稀释每股收益达到最小值

C. 新发行的普通股一般应当自发行日起计入发行在外普通股股数当中

D. 同一控制下的企业合并，作为对价发行的普通股股数，不应当计入各列报期间普通股的加权平均数

三、计算分析题

甲公司为上市公司，2×19 年至 2×21 年的有关资料如下：

（1）2×19 年 1 月 1 日发行在外普通股股数为 82000 万股。

（2）2×19 年 6 月 1 日，经股东大会同意并经相关监管部门核准，甲公司以 2×19 年 5 月 20 日为股权登记日，向全体股东每 10 股发放 1.5 份认股权证，共计发放 12300 万份认股权证，每份认股权证可以在 2×20 年 5 月 31 日按照每股 6 元的价格认购 1 股甲公司普通股。

2×20 年 5 月 31 日，认股权证持有人全部行权，甲公司收到认股权证持有人交纳的认股款 73800 万元。2×20 年 6 月 1 日，甲公司办理完成工商变更登记，将注册资本变更为 94300 万元。

（3）2×21 年 9 月 25 日，经股东大会批准，甲公司以 2×21 年 6 月 30 日股本总额 94300 万股为基数，向全体股东每 10 股派发 5 股股票股利。

（4）2×19 年度甲公司归属于普通股股东的净利润为 36000 万元，2×20 年度为 54000 万元，2×21 年度为 40000 万元。

（5）甲公司在 2×19 年 6 月至 2×19 年 12 月股票平均市场价格为每股 10 元，2×20 年 1 月至 2×20 年 5 月平均市场价格为每股 12 元。

本题假定不存在其他股份变动因素。

要求：

（1）计算甲公司 2×19 年度利润表中列示的基本每股收益和稀释每股收益。

（2）计算甲公司 2×20 年度利润表中列示的基本每股收益和稀释每股收益。

（3）计算甲公司 2×21 年度利润表中列示的基本每股收益和稀释每股收益以及经重新计算的比较数据。（计算结果保留两位小数）。

同步强化练习题参考答案及解析

使用“会计云课堂”App 或“微信”扫码对答案、看解析、掌握解题思路，开启轻松过关之旅。

一、单项选择题

1.【答案】C

【解析】在计算合并财务报表每股收益时，其分子应包括母公司享有子公司净利润部分，不应包括少数股东损益，选项 A 错误；计算稀释每股收益时，应假设股份期权于发行日（或授予日）转换为普通股，选项 B 错误；新发行的普通股一般应当自发行日起计入到发行在外普通股股数当中，选项 C 正确，选项 D 错误。

2.【答案】B

【解析】甲公司 2×21 年发行在外普通股加权平均数 =20000×12/12+10800×10/12−4800×1/12=28600（万股），基本每股收益 =6500÷28600=0.23（元/股）。

3.【答案】D

【解析】2×21 年度甲公司基本每股收益 =25500÷10000=2.55（元/股），假设可转换公司债券转股所增加的净利润 =40000×2%×（1−25%）=600（万元），假设转换所增加的普通股股数 =40000÷10=4000（万股），增量股的每股收益 =600÷4000=0.15（元/股），因增量股的每股收益小于基本每股收益，所以可转换公司债券具有稀释作用，2×21 年度甲公司稀释每股收益 =（25500+600）÷（10000+4000）=1.86（元/股）。

4.【答案】A

【解析】对于盈利企业而言，当认股权证和股份期权等的行权价格低于当期普通股平均市场价格时，应当考虑其稀释性。

5.【答案】D

【解析】2×21 年度甲公司调整增加的普通股股数 =100−100×2.5/4=37.5（万股），稀释每股收益 =200/（500+37.5×3/12）=0.39（元 / 股）。

6.【答案】C

【解析】限制性股票现金股利可撤销，在等待期内计算基本每股收益时，分子应扣除当期分配给预计未来可解锁限制性股票持有者的现金股利，则甲公司 2×21 年基本每股收益 =［20000−（100−20）×10×0.2］÷50000=0.3968（元 / 股）。

7.【答案】B

【解析】2×21 年度丙公司调整增加的普通股股数 =480×5.5÷5−480=48（万股），稀释每股收益 =800÷（2000+48×10/12）=0.39（元 / 股）。

8.【答案】D

【解析】甲股份有限公司 2×20 年发行在外普通股加权平均数 =20000×12/12+10800×10/12−4800×1/12=28600（万股），2×20 年基本每股收益 =6500/ 28600=0.23（元 / 股）。重新计算的 2×20 年基本每股收益 =0.23÷1.5=0.15（元 / 股）。

9.【答案】B

【解析】因授予高级管理人员股票期权调整增加的普通股加权平均数 =（300−300×6÷10）×5/12=50（万股）；因发行认股权证调整增加的普通股加权平均数 =（600−600×6÷10）×3/12=60（万股）。稀释每股收益 =11865/［6000×1.3+（50+60）］=1.5（元 / 股）。

【提示】派发股票股利，无须考虑时间权重，其影响的是基本每股收益的计算，在计算稀释每股收益时，是在此基础上考虑股票期权和认股权证的稀释性。

10.【答案】C

【解析】每股理论除权价格 =（11×4000+5×4000/5）÷（4000+ 4000/5）=10（元），调整系数 =11÷10=1.1，因配股重新计算的甲公司 2×20 年度基本每股收益 =2.2 ÷1.1=2.0（元 / 股）。

11.【答案】C

【解析】对甲公司发行的不可累积优先股等其他权益工具应在归属于普通股股东的净利润中扣除当期宣告发放的优先股股利，则归属于普通股股东的净利润 =400000−100×1200×6%=392800（万元），基本每股收益 =392800/500000=0.79（元 / 股）。

【提示】在计算基本每股收益时，对于发行的不可累积优先股等其他权益工具应扣除当期宣告发放的股利，对于发行的累积优先股等其他权益工具，无论当期是否宣告发放股利，均应予以扣除。

12.【答案】B

【解析】行权价格 = 限制性股票的发行价格 + 资产负债表日尚未取得的职工服务的公允价值 =6+6×2/3=10（元 / 股），发行在外的限制性股票在 2×21 年的加权平均数 =100×1=100（万股），乙公司稀释每股收益 =1800/[1200+(100−10×100/20)]=1.44（元 / 股），乙公司净利润中归属于甲公司享有的部分 =1.44×1200×80%=1382.4（万元），甲公司合并报表中稀释每股收益 =（5000+1382.4）/2000=3.19（元 / 股），选项 B 正确。

二、多项选择题

1.【答案】BD

【解析】对于盈利企业而言，企业发行的行权价格低于当期普通股平均市场价格的认股权证、股票期权，分子不变，分母加大（减少每股盈利金额），对盈利企业具有稀释性，选项 A 错误；对于亏损企业而言，企业发行的行权价格低于当期普通股平均市场价格的认股权证、股票期权，分子不变，分母加大（减少每股亏损金额），对亏损企业具有反稀释性，选项B正确；企业签订的回购价格高于当期普通股平均市场价格的股份回购合同，分子不变，分母加大，对盈利企业具有稀释性，对亏损企业具有反稀释性，选项C错误；盈利企业发行的可转换公司债券增量股每股收益小于基本每股收益具有稀释性，选项D正确。

2.【答案】BC

【解析】选项A和D不影响损益，不会影响归属于普通股股东当期净利润的调整。

3.【答案】ABCD

【解析】归属于普通股股东的净利润不应包含其他权益工具的股利或利息，其中，对于发行的不可累积优先股等其他权益工具应扣除当期宣告发放的股利，对于发行的累积优先股等其他权益工具，无论当期是否宣告发放股利，均应予以扣除。

4.【答案】BCD

【解析】行权价格=限制性股票的发行价格+资产负债表日尚未取得的职工服务的公允价值，选项A错误。

5.【答案】ACD

【解析】企业派发股票股利、公积金转增资本、拆股或并股等，会增加或减少其发行在外普通股或潜在普通股的数量，但不影响所有者权益总额，也不改变企业的盈利能力。为了保持会计指标前后期的可比性，企业应当在相关报批手续全部完成后，按调整后的股数重新计算各列报期间的每股收益。上述变化发生于资产负债表日至财务报告批准报出日之间的，应当以调整后的股数重新计算各列报期间的每股收益，选项A和C正确；以发行股份作为对价实现非同一控制下企业合并，会影响企业所拥有或控制的经济资源，影响所有者权益总额，不需要重新计算各列报期间的每股收益，选项B错误；会计差错对以前年度损益进行追溯重述的，应当重新计算各列报期间的每股收益，选项D正确。

6.【答案】ABC

【解析】同一控制下的企业合并，作为对价发行的普通股股数，应当计入各列报期间普通股的加权平均数，选项D错误。

三、计算分析题

【答案】

（1）2×19年度基本每股收益=36000/82000=0.44（元/股）；

调整增加的普通股股数=12300−12300×6/10=4920（万股）；

2×19年度稀释每股收益=36000/（82000+4920×7/12）=0.42（元/股）。

（2）2×20年度基本每股收益=54000/（82000×12/12+12300×7/12）=0.61（元/股）；

调整增加的普通股股数=12300−12300×6/12=6150（万股）；

2×20年度稀释每股收益=54000/（82000×12/12+12300×7/12+6150×5/12）=0.59（元/股）。

【提示】对认股权证来讲，在2×20年5月31日真正进行了转换，所以其在转换前具有稀释性，对应的是调整增加的股数6150万股；在真正转换后影响基本每股收益，计算的时候考虑的是真正转换增加的股数12300万股。

（3）2×21年度基本每股收益=40000/（94300×1.5）=0.28（元/股）；

2×21年度稀释每股收益=基本每股收益=0.28（元/股）；

经重新计算的2×20年度基本每股收益=0.61÷1.5=0.41（元/股）；

经重新计算的2×20年度稀释每股收益=0.59÷1.5=0.39（元/股）。

第二十九章 公允价值计量

CHAPTER-29

本章学习指南

一、学习目标

1. 理解公允价值的定义。
2. 掌握公允价值计量的基本要求。
3. 掌握公允价值的初始计量、估值技术、输入值和公允价值层次。
4. 理解公允价值计量的具体应用。

二、考情概况

本章考题为客观题，分数不高，属于不太重要章节。

三、教材变化

本章内容无实质性变化。

四、考点地图

考点	年份 / 题型
估值技术的选择	2021 年单选题
公允价值层次	2020 年单选题、2019 年单选题
估值方法变更的会计处理	2019 年单选题

核心考点精讲

提示

本章内容浅显易懂，需要关注其中的概念理解与辨析。学习时顺应逻辑、层层推敲，先要掌握其核心内容，再对其他细碎知识点逐一击破，做到事半功倍。扫描二维码，听在线课程，轻松通关。

第一节　公允价值概述

使用“会计云课堂”App或“微信”扫码查看本节视频，快速GET知识点。

一、公允价值的定义

公允价值，是指市场参与者在计量日发生的有序交易中，出售一项资产所能收到或者转移一项负债所需支付的价格。

下列各项不遵循公允价值计量的有关规定：

1. 存货准则中规范的可变现净值；
2. 资产减值准则中规范的预计未来现金流量现值；
3. 股份支付；
4. 租赁业务。

二、公允价值计量的基本要求

应当从以下四个方面掌握公允价值计量的基本要求：一是相关资产或负债；二是有序交易；三是主要市场或最有利市场；四是市场参与者。

（一）相关资产或负债

相关资产或负债，是指其他相关会计准则要求或允许企业以公允价值计量的资产或负债，也包括企业自身权益工具。如以公允价值进行后续计量的投资性房地产、以公允价值进行后续计量的生物资产、资产减值（使用公允价值确定可收回金额的资产，不包括预计未来现金流量现值）、企业年金基金、政府补助、企业合并和金融工具确认和计量等准则中规范的各项资产。

1. 相关资产或负债的特征

企业以公允价值计量相关资产或负债，应当考虑该资产或负债所具有的特征，例如，资产的状况及所在位置、出售或使用资产的限制等。如果市场参与者在计量相关资产或负债公允价值时，会考虑这些资产或负债的特征，企业在计量该资产或

名师点拨

交易费用由交易直接引起，如果企业未出售资产，该费用将不会发生，不属于资产的特征。

负债公允价值时，也应当考虑这些特征因素。

企业为合理确定相关资产的公允价值，应当区分该限制是针对资产持有者的，还是针对该资产本身。如果该限制是针对相关资产本身的，那么此类限制是该资产具有的一项特征，任何持有该资产的企业都会受到影响，市场参与者在计量日对该资产进行定价时会考虑这一特征。因此，企业以公允价值计量该资产时，也应当考虑该限制特征。

要点小贴士

对资产本身的限制是资产的特征，对资产持有者的限制不是资产的特征。

如果该限制是针对资产持有者的，那么此类限制并不是该资产的特征，只会影响当前持有该资产的企业，而其他企业可能不会受到该限制的影响，市场参与者在计量日对该资产进行定价时不会考虑该限制因素。因此，企业以公允价值计量该资产时，也不应考虑针对该资产持有者的限制因素。

经典题解

【例题 1】甲公司与某商业银行签订一份借款合同。根据借款合同规定，甲公司将其持有的一块土地使用权作为抵押，在偿还该债务前，甲公司不能转让该土地使用权。

在本例中，甲公司承诺在偿还该商业银行借款前不转让其持有的已抵押的土地使用权，该承诺是针对甲公司的限制，而非针对甲公司所持有的土地使用权的限制。因此，甲公司在确定其持有的该土地使用权的公允价值时，不应考虑该限制因素。

2. 计量单元

计量单元，是指相关资产或负债以单独或者组合方式进行计量的最小单位。该资产或负债可以是单项资产或负债，也可以是资产组合、负债组合或者资产和负债的组合。

（二）有序交易

企业以公允价值计量相关资产或负债，应当假定市场参与者在计量日出售资产或者转移负债的交易，是当前市场情况下的有序交易。企业应用于相关资产或负债公允价值计量的有序交易，是在计量日前一段时期内该资产或负债具有惯常市场活动的交易，不包括被迫清算和抛售。

1. 有序交易的确定

企业在确定一项交易是否为有序交易时，应当全面理解交易环境和有关事实。企业应当基于可获取的信息，如市场环境变化、交易规则和习惯、价格波动幅度、交易量波动幅度、交易发生的频率、交易对手信息、交易原因、交易场所和其他能够获得的信息，运用专业判断对交易行为和交易价格进行分析，以判断该交易是否为有序交易。

2. 有序交易价格的应用

名师点拨

企业判定相关资产或负债的交易不是有序交易的，不应考虑该交易的价格，或者赋予该交易价格较低权重。

企业判定相关资产或负债的交易是有序交易的，应以交易价格为基础确定该资产或负债的公允价值，在公允价值计量的过程中赋予有序交易价格的权重时，应当考虑交易量、交易的可比性、交易日与计量日的临近程度等因素。

（三）主要市场或最有利市场

名师点拨

企业应当从自身角度，而非市场参与者角度，判定相关资产或负债的主要市场。

企业以公允价值计量相关资产或负债，应当假定出售资产或者转移负债的有序交易在该资产或负债的主要市场进行。不存在主要市场的，企业应当假定该交易在相关资产或负债的最有利市场进行。主要市场，是指相关资产或负债交易量最大和交易活跃程度最高的市场。最有利市场，是指在考虑交易费用和运输费用后，能够以最高金额出售相关资产或者以最低金额转移相关负债的市场。

1. 主要市场或最有利市场的识别

企业根据可合理取得的信息，能够在交易日确定相关资产或负债交易量最大和交易活跃程度最高的市场的，应当将该市场作为相关资产或负债的主要市场。

企业根据可合理取得的信息，无法在交易日确定相关资产或负债交易量最大和交易活跃程度最高的市场的，应当在考虑交易费用和运输费用后，将能够以最高金额出售该资产或者以最低金额转移该负债的市场作为最有利市场。

名师点拨

企业在确定最有利市场时，应当考虑交易费用。但因为交易费用不属于相关资产或负债的特征，在确定公允价值时不予考虑。

2. 主要市场或最有利市场的应用

企业应当以主要市场上相关资产或负债的价格为基础，计量该资产或负债的公允价值。主要市场是资产或负债流动性最强的市场，能够为企业提供最具代表性的参考信息。

不存在主要市场或者无法确定主要市场的，企业应当以相关资产或负债最有利市场的价格为基础，计量其公允价值。企业在确定最有利市场时，应当考虑交易费用、运输费用等。

经典题解

【真题2·单选题】甲公司在非同一控制下企业合并中取得10台生产设备，合并日以公允价值计量这些生产设备，甲公司可以进入X市场或Y市场出售这些生产设备，合并日相同生产设备每台交易价格分别为180万元和175万元。如果甲公司在X市场出售这些合并中取得的生产设备，需要支付相关交易费用100万元。将这些生产设备运到X市场需要支付运费60万元，如果甲公司在Y市场出售这些合并中取得的生产设备，需要支付相关交易费用80万元，将这些生产设备运到Y市场需要支付运费20万元，假定上述生产设备不存在主要市场，不考虑增值税及其他因素，甲公司上述生产设备的公允价值总额是（　　）。（2018年）

A. 1650万元　　B. 1640万元

C. 1740万元　　D. 1730万元

【解析】X市场出售该生产设备能够收到的净额=10×180−100−60=1640（万元），Y市场出售该生产设备能够收到的净额=10×175−80−20=1650（万元），Y市场为最有利市场，因生产设备不存在主要市场，应当使用最有利市场的价格，并考虑运输费用，但不考虑交易费用，甲公司上述生产设备的公允价值总额=10×175−20=1730（万元）。

【答案】D

【例题3】2×21 年 12 月 1 日，甲公司委托某证券公司购买某上市公司 200 万股普通股股票，作为以公允价值计量且其变动计入当期损益的金融资产。当日，该上市公司股票价格为每股 5 元，甲公司共支付 1001 万元，其中 1 万元是支付给证券公司的手续费。甲公司在 2×21 年 12 月 1 日对以公允价值计量且其变动计入当期损益的金融资产初始确认时，每股股票的公允价值应当是 5 元，而不是 5.005 元。

（四）市场参与者

企业以公允价值计量相关资产或负债，应当充分考虑市场参与者之间的交易，采用市场参与者在对该资产或负债定价时为实现其经济利益最大化所使用的假设。

1. 市场参与者的特征

市场参与者应当具备下列特征：

（1）市场参与者应当相互独立，不存在关联方关系；

（2）市场参与者应当熟悉情况，根据可获得的信息，包括通过正常的尽职调查获取的信息，对相关资产或负债以及交易具备合理认知；

（3）市场参与者应当有能力并自愿进行相关资产或负债的交易，而非被迫或以其他强制方式进行交易。

2. 市场参与者的确定

企业在确定市场参与者时至少应当考虑下列因素：

（1）所计量的相关资产或负债；

（2）该资产或负债的主要市场（或者在不存在主要市场情况下的最有利市场）；

（3）企业将在主要市场或最有利市场进行交易的市场参与者。

企业以公允价值计量相关资产或负债，应当基于市场参与者之间的交易确定该资产或负债的公允价值。

经典题解

【例题4】甲公司是一家日化公司，取得了竞争对手乙公司 100% 股权，并对乙公司进行了吸收合并。甲公司决定不再使用乙公司的商标，所有产品统一使用甲公司的商标。乙公司商标声誉良好，对其他企业而言价值 50 万元。甲公司以公允价值计量该商标时，不能因为公司自身放弃使用该商标，就将其公允价值确定为零，而是应当基于将该商标出售给熟悉情况、有意愿且有能力进行交易的其他市场参与者的价格 50 万元确定其公允价值。

第二节　公允价值计量要求

使用“会计云课堂”App 或“微信”扫码查看本节视频，快速 GET 知识点。

一、公允价值初始计量

相关资产或负债的公允价值是脱手价格，即出售该资产所能收到的价格或者转移该负债所需支付的价格。

在大多数情况下，相关资产或负债的进入价格等于其脱手价格。但企业未必以取得资产时所支付的价格出售该资产，同样，也未必以承担负债时所收取的价格转移该负债，也就是说，企业取得资产或承担负债的进入价格不一定等于该资产或负债的脱手价格。在下列情况下，企业以公允价值对相关资产或负债进行初始计量的，不应将取得资产或者承担负债的交易价格作为该资产或负债的公允价值：

（1）关联方之间的交易（但有证据表明关联方之间的交易是按照市场金额进行的除外）；

（2）被迫进行的交易，或者资产出售方（或负债转移方）在交易中被迫接受价格的交易；

（3）交易价格所代表的计量单元不同于以公允价值计量的相关资产或负债的计量单元。例如，以公允价值计量的相关资产或负债仅是交易（例如，企业合并）中的一部分，而交易除该资产或负债外，还包括按照其他会计准则应单独计量但未确认的无形资产；

（4）进行交易的市场不是该资产或负债的主要市场（或者在不存在主要市场情况下的最有利市场）。

二、估值技术

企业以公允价值计量相关资产或负债，应当使用在当前情况下适用并且有足够可利用数据和其他信息支持的估值技术。

估值技术通常包括市场法、收益法和成本法。

（一）市场法

> **名师点拨**
>
> 企业在使用市场法时，应当根据该资产或负债的特征，对相同或类似资产或负债的市场价格进行调整，以确定该资产或负债的公允价值。

市场法是利用相同或类似的资产、负债或资产和负债组合的价格以及其他相关市场交易信息进行估值的技术。企业应用市场法估计相关资产或负债公允价值的，可利用相同或类似的资产、负债或资产和负债的组合（例如，一项业务）的价格和其他相关市场交易信息进行估值。

（二）收益法

收益法是企业将未来金额转换成单一现值的估值技术。企业使用收益法时，应当反映市场参与者在计量日对未来现金流量或者收入费用等金额的预期。企业使用的收益法包括现金流量折现法、多期超额收益折现法、期权定价模型等估值方法。

1. 现金流量折现法

现金流量折现法是企业在收益法中最常用到的估值方法，包括传统法（即折现率调整法）和期望现金流量法。

为避免重复计算或忽略风险因素的影响，折现率与现金流量应当保持一致。

如下表所示：

现金流量	折现率
使用合同现金流量	采用能够反映预期违约风险的折现率
使用概率加权现金流量	采用无风险利率
使用包含通货膨胀影响的现金流量	采用名义利率
使用排除通货膨胀影响的现金流量	采用实际利率
使用税后现金流量	采用税后折现率
使用税前现金流量	采用税前折现率
使用人民币现金流量	采用与人民币相关的利率

根据对风险的调整方式和采用现金流量类型，可以将现金流量折现法区分为两种方法，传统法和期望现金流量法。

（1）传统法。传统法是使用在估计金额范围内最有可能的现金流量和经风险调整（市场观察）的折现率的一种折现方法。

（2）期望现金流量法。期望现金流量法是使用经风险调整的期望现金流量和无风险利率，或者使用未经风险调整的期望现金流量和包含市场参与者要求的风险溢价的折现率的一种折现方法。

企业应当以概率为权重计算的期望现金流量反映未来所有可能的现金流量。企业在期望现金流量法中使用的现金流量是对所有可能的现金流量进行概率加权，最终得到的期望现金流量不再以特定事项为前提条件，这不同于企业在传统法中所使用的现金流量。

企业在应用期望现金流量法时，有两种方法调整相关资产或负债期望现金流量的风险溢价：

第一种方法是，企业从以概率为权重计算的期望现金流量中扣除风险溢价，得到确定等值现金流量，并按照无风险利率对确定等值现金流量折现，从而估计出相关资产或负债的公允价值。当市场参与者认为确定的现金流量和期望现金流量无差异时，该确定的现金流量即为确定等值现金流量。例如，如果市场参与者愿意以1000元的确定现金流量交换1200元的期望现金流量，该1000元即为1200元的确定等值（即200元代表风险溢价）。在这种情况下，持有1200元的期望现金流量和持有1000元现金，对于市场参与者而言是无差异的。

第二种方法是，企业在无风险利率之上增加风险溢价，得到期望回报率，并使用该期望回报率对以概率为权重计算的现金流量进行折现，从而估计出相关资产或负债的公允价值。企业可以使用对风险资产进行计价的模型估计期望回报率，例如资本资产定价模型。

名师点拨

企业使用期望现金流量法的两种方法，得到的现金流量现值应当是相同的：

（1）企业在使用期望现金流量法估计相关资产或负债的公允价值时，期望现金流量法的上述两种方法均可使用；

（2）企业对期望现金流量法第一种方法或第二种方法的选择，取决于被计量资产或负债的特征和环境因素，企业是否可获取足够多的数据，以及企业运用判断的程度等。

经典题解

【例题5】为了说明期望现金流量法调整风险的两种方法，假定根据下列可能的现金流量和概率如下表所示，计算确定资产在一年内拥有800万元的期望现金流量。假定适用的一年期无风险利率为6%，具有相同风险状况的资产的系统性风险溢价为2%。（本题计算结果保留整数）

可能的现金流量及概率

单位：万元

可能的现金流量	概率	概率加权现金流量
600	20%	120
800	60%	480
1000	20%	200
期望现金流量		800

（1）企业在使用期望现金流量法第一种方法时，应当根据风险溢价对期望现金流量进行调整。

第一步：企业通过使用2%的风险溢价，计算出现金流量的风险调整为15万元（800－800×1.06/1.08）。

解题攻略

800×1.06/1.08，是将不考虑风险的现金流量折算为考虑风险的现金流量。

第二步：企业使用期望现金流量减去15万元风险调整，得出经市场风险调整的期望现金流量是785万元（800－15）。

第三步：企业以无风险利率6%对经市场风险调整的期望现金流量进行折现，得到该项资产的现值（即公允价值）为741万元（785/1.06）。

（2）企业在使用期望现金流量法第二种方法时，应当根据风险溢价对折现率进行调整。

第一步：企业将无风险利率6%加上风险溢价2%，得到期望回报率为8%。

第二步：企业使用期望回报率对期望现金流量800万元进行折现，得到该项资产的现值（即公允价值）为741万元（800/1.08）。

2. 期权定价模型

企业可以使用布莱克—斯科尔斯模型、二叉树模型、蒙特卡洛模拟法等期权定价模型估计期权的公允价值。其中，布莱克—斯科尔斯期权定价模型可以用于认股权证和具有转换特征的金融工具的简单估值。布莱克—斯科尔斯期权定价模型中的输入值包括：即期价格、行权价格、合同期限、预计或内含波动率、无风险利率、期望股息率等。

（三）成本法

成本法，是反映当前要求重置相关资产服务能力所需金额的估值技术，通常是指现行重置成本。在成本法下，企业应当根据折旧贬值情况，对市场参与者获得或构建具有相同服务能力的替代资产的成本进行调整。折旧贬值包括实体性损耗、功能性贬值以及经济性贬值。企业主要使用现行重置成本法估计与其他资产或其他资产和负债一起使用的有形资产的公允价值。

经典题解

【例题 6】甲公司于 2×19 年 1 月 1 日购买了一台数控设备，其初始成本为 500 万元，预计使用年限为 20 年。2×21 年，该数控设备生产的产品有替代产品上市，导致甲公司产品市场份额骤降 30%。2×21 年 12 月 31 日，甲公司决定对该数控设备进行减值测试，根据该数控设备的公允价值减去处置费用后的净额与预计未来现金流量现值两者中较高者确定可收回金额。根据可获得的市场信息，甲公司决定采用重置成本法估计该数控设备的公允价值。

甲公司在估计公允价值时，因无法获得该数控设备的市场交易数据，也无法获取其各项成本费用数据，故采用以设备历史成本为基础，根据同类设备的价格上涨指数来确定公允价值的物价指数法。假设自 2×19 年至 2×21 年，此类数控设备价格指数在年度内分别为上涨 5%、2% 和 5%。此外，在考虑实体性贬值、功能性贬值和经济性贬值后，在购买日该数控设备的成新率为 60%。因此，甲公司估计该设备公允价值为 337.37 万元（500×1.05×1.02×1.05×60%）。

（四）估值技术的选择

企业应当运用更多职业判断，确定恰当的估值技术。企业至少应当考虑下列因素：

1. 根据企业可获得的市场数据和其他信息，其中一种估值技术是否比其他估值技术更恰当；

2. 其中一种估值技术所使用的输入值是否更容易在市场上观察到或者只需作更少的调整；

3. 其中一种估值技术得到的估值结果区间是否在其他估值技术的估值结果区间内；

4. 按市场法和按收益法结果存在较大差异的，进一步分析存在较大差异的原因，例如其中一种估值技术可能使用不当，或者其中一种估值技术所使用的输入值可能不恰当等。

企业变更估值技术及其应用方法的，应当按照《企业会计准则第 28 号——会计政策、会计估计变更和差错更正》的规定作为会计估计变更处理，并根据《企业会计准则第 39 号——公允价值计量》的披露要求对估值技术及其应用方法的变更进行披露，而不需要按照《企业会计准则第 28 号——会计政策、会计估计变更和差错更正》的规定对相关会计估计变更进行披露。

名师点拨

（1）企业在公允价值计量中使用的估值技术一经确定，不得随意变更；

（2）企业无论使用何种估值技术，都应当考虑当前市场状况并作出市场参与者可能进行的风险调整，如对信用风险和流动性风险的调整。

经典题解

【真题 7·单选题】2×20 年 1 月 1 日，甲公司以 1200 万元购买乙公司 10% 的股权。乙公司为非上市公司，甲公司将对乙公司的投资分类为以公允价值计量且其变动计入当期损益的金融资产。2×20 年 12 月 31 日，甲公司在确定对乙公司投资的公允价值时。下列各项表述中，正确的是（　　）。（2021 年）

A. 甲公司可以采用现金流量折现法进行估值，使用税后现金流量和税后折现率

B. 甲公司同时采用市场法和收益法进行估值，甲公司选择估值结果较高的市场法估值结果作为乙公司股权的公允价值

C. 鉴于持有乙公司的投资尚未超过一年，以 1200 万元作为公允价值

D. 甲公司可以采用乙公司同行业上市公司的市盈率对乙公司股权进行估值

【解析】甲公司同时采用市场法和收益法进行估值，应当运用更多职业判断，确定恰当的估值技术，不能仅选择估值结果较高的方法来确定公允价值，选项 B 错误；甲公司持有乙公司投资虽未超过一年，但也不是近期购买，不能按照购买日 1200 万元计量期末公允价值，选项 C 错误；甲公司选定可比公司后，应当对关键指标的差异进行调整，从而增强市场法的适用性和可靠性，而不应直接采用乙公司同行业上市公司的市盈率对乙公司股权进行估值，选项 D 错误。

【答案】A

【真题 8 · 单选题】甲公司持有非上市公司的乙公司 5% 股权。以前年度，甲公司采用上市公司比较法、以市盈率为市场乘数估计所持乙公司股权投资的公允价值。由于客观情况发生变化，为使计量结果更能代表公允价值，甲公司从 20×9 年 1 月 1 日起变更估值方法，采用以市净率为市场乘数估计所持乙公司股权投资的公允价值。对于上述估值方法的变更，甲公司正确的会计处理方法是（　　）。（2019 年）

A. 作为会计估计变更进行会计处理，并按照《企业会计准则第 39 号——公允价值计量》的规定对估值技术及其应用的变更进行披露

B. 作为会计估计变更进行会计处理，并按照《企业会计准则第 28 号——会计政策、会计估计变更和差错更正》的规定对会计估计变更进行披露

C. 作为前期差错更正进行会计处理，并按照《企业会计准则第 28 号——会计政策、会计估计变更和差错更正》的规定对前期差错更正进行披露

D. 作为会计政策变更进行会计处理，并按照《企业会计准则第 28 号——会计政策、会计估计变更和差错更正》的规定对会计政策变更进行披露

【答案】A

三、输入值

名师点拨

无论企业在以公允价值计量相关资产或负债过程中是否使用不可观察输入值，其公允价值计量的目的仍是基于市场参与者角度确定在当前市场条件下计量日有序交易中该资产或负债的脱手价格。

企业以公允价值计量相关资产或负债，应当考虑市场参与者在对相关资产或负债进行定价时所使用的假设，包括有关风险的假设，例如，所用特定估值技术的内在风险等。市场参与者所使用的假设即为输入值，可分为可观察输入值和不可观察输入值。

企业使用估值技术时，应当优先使用可观察输入值，仅当相关可观察输入值无法取得或取得不切实可行时才使用不可观察输入值。

（一）公允价值计量中相关的溢价和折价

企业应当选择市场参与者在相关资产或者负债交易中会考虑的、反映该资产或负债特征的输入值。大宗持有因素是与交易相关的特定因素，因企业交易相关资产的方式不同而有所不同。该因素与企业持有规模有关，不是相关资产的特征，企业在选择输入值时不予考虑。

（二）以出价和要价为基础的输入值

企业可使用出价计量资产头寸、使用要价计量负债头寸，也可使用市场参与者在实务中使用的在出价和要价之间的中间价或其他定价惯例计量相关资产或负债。但是企业不应使用与公允价值计量假定不一致的方法，例如对资产使用要价，对负债使用出价。

四、公允价值层次

为提高公允价值计量和相关披露的一致性和可比性，企业应当将估值技术所使用的输入值划分为三个层次，并最优先使用活跃市场上相同资产或负债未经调整的报价（第一层次输入值），最后使用不可观察输入值（第三层次输入值）。

（一）第一层次输入值

第一层次输入值是企业在计量日能够取得的相同资产或负债在活跃市场上未经调整的报价。

（二）第二层次输入值

第二层次输入值是除第一层次输入值外相关资产或负债直接或间接可观察的输入值。对于具有特定期限（如合同期限）的相关资产或负债，第二层次输入值必须在其几乎整个期限内是可观察的。第二层次输入值包括：

（1）活跃市场中类似资产或负债的报价；

（2）非活跃市场中相同或类似资产或负债的报价；

（3）除报价以外的其他可观察输入值，包括在正常报价间隔期间可观察的利率和收益率曲线等；

（4）市场验证的输入值等。

（三）第三层次输入值

第三层次输入值是相关资产或负债的不可观察输入值。第三层次输入值包括不能直接观察和无法由可观察市场数据验证的利率、股票波动率、企业合并中承担的弃置义务的未来现金流量、企业使用自身数据作出的财务预测等。

（四）公允价值计量结果所属的层次

名师点拨

（1）公允价值计量结果所属的层次，取决于估值技术的输入值，而不是估值技术本身；

（2）企业在确定公允价值计量结果所属的层次时，不应考虑为取得基于公允价值的其他计量所做的调整，例如计量公允价值减去处置费用时的处置费用。

公允价值计量结果所属的层次，由对公允价值计量整体而言重要的输入值所属的最低层次决定。例如，2×20 年 12 月 31 日，甲公司在确定该期权公允价值过程中，用到了一种以上的输入值，例如波动率、期望股息率、无风险利率等。其中，无风险利率属于第二层次，波动率和期望股息率属于第三层次。由于波动率和期望股息率对于公允价值计量整体而言是重要的，则该期权的公允价值计量结果应当划入第三层次。

经典题解

【真题9·单选题】公允价值计量所使用的输入值划分为三个层次，下列各项输入值中，不属于第二层次输入值的是（　　）。（2020年）

A. 活跃市场中相同资产或负债的报价

B. 活跃市场中类似资产或负债的报价

C. 非活跃市场中类似资产或负债的报价

D. 非活跃市场中相同资产或负债的报价

【解析】第二层次输入值是除第一层次输入值外相关资产或负债直接或间接可观察的输入值，包括：（1）活跃市场中类似资产或负债的报价；（2）非活跃市场中相同或类似资产或负债的报价；（3）除报价以外的其他可观察输入值，包括在正常报价间隔期间可观察的利率和收益率曲线等；（4）市场验证的输入值等，选项A属于第一层次输入值。

【答案】A

【真题10·单选题】下列各项关于公允价值层次的表述中，不符合企业会计准则规定的是（　　）。（2019年）

A. 在计量日能够取得的相同资产或负债在活跃市场上未经调整的报价属于第一层次输入值

B. 除第一层次输入值之外相关资产或负债直接或间接可观察的输入值属于第二层次输入值

C. 公允价值计量结果所属的层次，由对公允价值计量整体而言重要的输入值所属的最高层次确定

D. 不能直接观察和无法由可观察市场数据验证的相关资产或负债的输入值属于第三层次输入值

【解析】选项C，公允价值计量结果所属的层次，由对公允价值计量整体而言重要的输入值所属的最低层次决定。

【答案】C

【真题11·单选题】企业在按照会计准则规定采用公允价值计量相关资产或负债时，下列各项有关确定公允价值的表述中，正确的是（　　）。（2017年）

A. 在确定资产的公允价值时，可同时获取出价和要价的，应使用要价作为资产的公允价值

B. 使用估值技术确定公允价值时，应当使用市场上可观察输入值，在无法取得或取得可观察输入值不切实可行时才能使用不可观察输入值

C. 在根据选定市场的交易价格确定相关资产或负债的公允价值时，应当根据交易费用对有关价格进行调整

D. 以公允价值计量资产或负债，应当首先假定出售资产或转移负债的有序交易在该资产或负债的最有利市场进行

【解析】当相关资产或负债具有出价和要价时，企业可以使用出价和要价价差中在当前市场情况下最能代表该资产或负债公允价值的价格计量该资产或负债，但不能对资产使用要价，对负债使用出价，选项A不正确；在根据选定市场的交易价

格确定相关资产或负债的公允价值时，不应根据交易费用对有关价格进行调整，选项 C 不正确；以公允价值计量资产或负债，应当首先假定出售资产或转移负债的有序交易在该资产或负债的主要市场进行，选项 D 不正确。

【答案】B

（五）第三方报价机构的估值

企业使用第三方报价机构（例如经纪人、做市商等）提供的出价或要价计量相关资产或负债公允价值的，应当确保该第三方报价机构提供的出价或要价遵循公允价值计量的要求。

第三节　公允价值计量的具体应用

使用“会计云课堂”App 或“微信”扫码查看本节视频，快速 GET 知识点。

一、非金融资产的公允价值计量

（一）非金融资产的最佳用途

企业以公允价值计量非金融资产，应当考虑市场参与者通过直接将该资产用于最佳用途产生经济利益的能力，或者通过将该资产出售给能够用于最佳用途的其他市场参与者产生经济利益的能力。

最佳用途，是指市场参与者实现一项非金融资产或其所属的一组资产和负债的价值最大化时该非金融资产的用途。最佳用途是评估行业在非金融资产（例如，房地产等）评估中所使用的估值概念，也称为最高最佳使用。企业判定非金融资产的最佳用途，应当考虑该用途是否为法律上允许、实物上可能以及财务上可行的使用方式。

通常情况下，企业对非金融资产的当前用途可视为最佳用途，除非市场因素或者其他因素表明市场参与者按照其他用途使用该非金融资产可以实现价值最大化。

（二）非金融资产的估值前提

企业以公允价值计量非金融资产，应当在最佳用途的基础上确定该非金融资产的估值前提，即单独使用该非金融资产还是将其与其他资产或负债组合使用。

二、负债和企业自身权益工具的公允价值计量（略）

三、市场风险或信用风险可抵销的金融资产和金融负债的公允价值计量（略）

考试加油站

本章小结

下载“会计云课堂”App学习

您已成功完成“第二十九章”的学习，本章共9个考点，您都学会了吗？

为了让您对章节有更清晰的理解，加倍巩固。本书作者张志凤老师将通过**“视频导图课”**的方式，带您回顾重要考点。

名师点拨，视听结合，高效提分。

※ 欢迎您扫码，免费观看学习。

同步强化练习题

使用“会计云课堂”App或“微信”扫码快速做题、对答案、看解析、掌握解题思路，开启轻松过关之旅。

一、单项选择题

1. 企业以公允价值计量资产，应当考虑该资产的特征，下列项目中不属于资产特征的是（　　）。
   A. 资产的新旧程度
   B. 对资产持有者出售资产的限制
   C. 资产所在位置
   D. 对资产出售的限制

2. 关于计量单元，下列说法中正确的是（　　）。
   A. 是指相关资产单独进行计量的最小单位
   B. 是指相关负债单独进行计量的最小单位
   C. 是指相关资产和负债单独进行计量的最小单位
   D. 是指相关资产或负债以单独或者组合方式进行计量的最小单位

3. 甲公司于2×21年12月1日购买某上市公司100万股普通股股票，将其划分为以公允价值计量且其变动计入当期损益的金融资产核算。2×21年12月1日，该上市公司股票价格为每股10元。甲公司共支付1001万元，其中1万元是支付的交易费用。2×21年12月31

日，每股股票的收盘价为11元，预计处置全部股票将发生交易费用1.1万元。甲公司下列会计处理中错误的是（ ）。

A. 以公允价值计量且其变动计入当期损益的金融资产初始入账金额为1000万元

B. 2×21年12月1日每股股票的公允价值为10.01元

C. 2×21年12月1日每股股票的公允价值为10元

D. 2×21年12月31日每股股票的公允价值为11元

4. 关于公允价值计量基本要求，下列表述中正确的是（ ）。

A. 对资产出售或使用的限制是针对资产持有者的，该限制属于资产具有的一项特征

B. 企业根据现有信息不足以判定该交易是否为有序交易的，应以交易价格作为该项资产或负债的公允价值

C. 企业应当从自身角度，而非市场参与者角度，判定相关资产或负债的主要市场

D. 企业应当以最有利市场上相关资产或负债的价格为基础，计量该资产或负债的公允价值

5. 下列关于公允价值计量相关资产或负债的有序交易的表述中，错误的是（ ）。

A. 在计量日之前，相关资产或负债存在惯常的市场交易，但资产出售方或负债转移方仅与单一的市场参与者进行交易，通常不应作为有序交易

B. 企业根据现有信息不足以判定该交易是否为有序交易的，在以公允价值计量该资产或负债时，可根据交易价格作为该项资产或负债计量公允价值的主要依据，但不是唯一依据

C. 在有序交易下，企业应以该交易价格为基础确定该资产或负债的公允价值

D. 企业应用于相关资产或负债公允价值计量的有序交易不包括被迫清算和抛售

6. 下列关于主要市场或最有利市场的表述中，正确的是（ ）。

A. 企业应当从市场参与者角度判定相关资产或负债的主要市场

B. 对于相同资产或负债而言，不同企业的主要市场相同

C. 相关资产或负债的主要市场要求企业于计量日在该市场上实际出售资产或者转移负债

D. 企业正常进行资产出售或者负债转移的市场通常视为该企业的主要市场或最有利市场

7. 甲公司2×21年1月5日以吸收合并的方式取得乙公司全部净资产。其中有一批存货无法确定主要市场，可以在A市场出售，也可以在B市场出售。若在A市场出售，销售价格为100万元，交易费用为5万元，运输费用为3万元；若在B市场出售，销售价格为110万元，交易费用为8万元，运输费用为6万元。该批存货的公允价值为（ ）万元。

A. 92 B. 97

C. 104 D. 96

8. 关于公允价值计量结果所属的层次，下列说法中错误的是（ ）。

A. 公允价值计量结果所属的层次，由对公允价值计量整体而言重要的输入值所属的最低层次决定

B. 公允价值计量结果所属的层次，取决于估值技术的输入值

C. 公允价值计量结果所属的层次，取决于估值技术本身

D. 企业只有在相关资产或负债几乎很少存在市场交易活动，导致相关可

观察输入值无法取得或取得不切实可行的情况下，才能使用第三层次输入值

二、多项选择题

1. 下列项目中，不应按照《企业会计准则第39号——公允价值计量》进行会计处理的有（　　）。
   A. 投资性房地产期末的公允价值
   B. 权益结算股份支付授予日确定的公允价值
   C. 预计未来现金流量现值
   D. 交易性金融资产期末的公允价值

2. 下列项目中，属于相关资产或负债特征的有（　　）。
   A. 资产的可使用状况
   B. 运输费用
   C. 资产的地理位置和环境
   D. 债务人在偿还借款前不能转让已抵押的长期股权投资

3. 关于主要市场或最有利市场，下列表述中正确的有（　　）。
   A. 企业以公允价值计量相关资产或负债，应当假定出售资产或者转移负债的有序交易在该资产或负债的主要市场进行
   B. 主要市场是指相关资产或负债交易量最大和交易活跃程度最高的市场
   C. 最有利市场是指在考虑运输费用后，能够以最高金额出售相关资产或者以最低金额转移相关负债的市场
   D. 相关资产或负债的主要市场应当是企业可进入的市场，但不要求企业于计量日在该市场上实际出售资产或者转移负债

4. 下列各项关于市场参与者的表述中，正确的有（　　）。
   A. 市场参与者应当熟悉情况，根据可获得的信息对相关资产和负债以及交易具备合理认知
   B. 企业应当从市场参与者角度计量相关资产或负债的公允价值，并考虑企业自身持有资产、清偿负债的意图和能力
   C. 企业以公允价值计量相关资产或负债，应当基于市场参与者之间的交易确定该资产或负债的公允价值
   D. 市场参与者应当相互独立

5. 下列项目中，属于估值技术的有（　　）。
   A. 成本法　　　　B. 期权定价模型
   C. 毛利率法　　　D. 市场法

6. 关于公允价值，下列说法中正确的有（　　）。
   A. 公允价值，是指市场参与者在计量日发生的有序交易中，出售一项资产所能收到或者转移一项负债所需支付的价格
   B. 主要市场，是指相关资产或负债交易量最大和交易活跃程度最高的市场
   C. 计量单元，仅指对资产进行计量的最小单位
   D. 有序交易，是指在计量日前一段时期内相关资产或负债具有惯常市场活动的交易

7. 下列估值技术方法中，属于收益法的有（　　）。
   A. 期权定价模型
   B. 现金流量折现法
   C. 多期超额收益折现法
   D. 根据折旧贬值情况，对市场参与者获得或构建具有相同服务能力的替代资产的成本进行调整

8. 为避免重复计算或忽略风险因素的影响，折现率与现金流量应当保持一致，下列项目中正确的有（　　）。
   A. 企业使用合同现金流量的，应当采用能够反映预期违约风险的折现率

B. 企业使用概率加权现金流量的，应当采用能够反映预期违约风险的折现率

C. 企业使用包含通货膨胀影响的现金流量的，应当采用名义利率

D. 企业使用排除通货膨胀影响的现金流量的，应当采用实际利率

9. 关于公允价值计量中的输入值，下列说法中正确的有（　　）。

A. 企业可使用市场参与者在实务中使用的在出价和要价之间的中间价或其他定价惯例计量相关资产或负债

B. 企业应当选择市场参与者在相关资产或负债交易中会考虑的、并且与该资产或负债特征相一致的输入值

C. 企业可使用出价计量资产头寸、使用要价计量负债头寸

D. 企业可使用要价计量资产头寸、使用出价计量负债头寸

10. 下列有关公允价值计量结果所属层次的表述中，正确的有（　　）。

A. 公允价值计量结果所属层次，取决于估值技术的输入值

B. 公允价值计量结果所属层次由对公允价值计量整体而言重要的输入值所属的最高层次决定

C. 使用第二层次输入值对相关资产进行公允价值计量时，应当根据资产的特征进行调整

D. 相关资产或负债的不可观察输入值为第二层次输入值

11. 下列各项输入值中，属于第二层次输入值的有（　　）。

A. 活跃市场中类似资产或负债的报价

B. 非活跃市场中相同资产或负债的报价

C. 活跃市场中相同资产或负债的报价

D. 企业使用自身数据作出的财务预测

12. 关于公允价值计量，下列说法中错误的有（　　）。

A. 企业在确定最有利市场时，应当考虑交易费用

B. 交易费用属于相关资产或负债的特征，在确定公允价值时应予考虑

C. 第三层次输入值是企业在计量日能够取得的相同资产或负债在活跃市场上未经调整的报价

D. 交易价格与公允价值不等时，会计准则未作出明确规定的，应将交易价格作为资产的入账价值

同步强化练习题参考答案及解析

使用“会计云课堂”App或“微信”扫码对答案、看解析、掌握解题思路，开启轻松过关之旅。

一、单项选择题

1.【答案】B

【解析】选项B，如果该限制是针对资产持有者的，则此类限制并不是该资产的特征。

2.【答案】D

【解析】计量单元可以是单项资产或负债，也可以是资产组合、负债组合或者资产和负债的组合。

3.【答案】B

【解析】选项B，在确定公允价值时，不应考虑交易费用。

4.【答案】C

【解析】选项A，对资产出售或使用的限制，如果该限制是针对相关资产本身的，那么此类限制属于该资产具有的一项特征；选项B，企业根据现有信息不足以判定该交易是否为有序交易的，在以公允价值计量该资产或负债时，应当考虑该交易的价格，但不应将该交易价格作为计量公允价值的唯一依据或者主要依据；选项D，企业应当以主要市场上相关资产或负债的价格为基础，计量该资产或负债的公允价值。

5.【答案】B

【解析】企业根据现有信息不足以判定该交易是否为有序交易的，在以公允价值计量该资产或负债时，应当考虑该交易的价格，但不应将该交易价格作为计量公允价值的唯一依据或者主要依据，选项B表述错误。

6.【答案】D

【解析】企业应当从自身角度，而非市场参与者角度，判定相关资产或负债的主要市场，选项A错误；对于相同资产或负债而言，不同企业可能具有不同的主要市场，选项B错误；相关资产或负债的主要市场应当是企业可进入的市场，但不要求企业于计量日在该市场上实际出售资产或者转移负债，选项C错误。

7.【答案】C

【解析】A市场中出售该批存货能够收到的净额=100-5-3=92（万元），B市场中出售该批存货能够收到的净额=110-8-6=96（万元），所以B市场为最有利市场，因交易费用不属于相关资产或负债的特征，在确定公允价值时，不应考虑，故该批存货的公允价值=110-6=104（万元）。

8.【答案】C

【解析】选项C，公允价值计量结果所属的层次，取决于估值技术的输入值，而不是估值技术本身。

二、多项选择题

1.【答案】BC

【解析】选项B和C都不是站在市场参与者的角度确定的，不按公允价值计量准则确认和计量。

2.【答案】ABC

【解析】选项D，债务人在偿还借款前不能转让已抵押的长期股权投资的限制是针对该资产持有者的，而非针对其持有的长期股权投资，因此，在确定与该长期股权投资有关的公允价值时，不应该考虑该限制。

3.【答案】ABD

【解析】最有利市场，是指在考虑交易费用和运输费用后，能够以最高金额出售相关资产或者以最低金额转移相关负债的市场，选项C错误。

4.【答案】ACD

【解析】企业应当从市场参与者角度计量相关资产或负债的公允价值，而不应考虑企业自身持有资产、清偿或者以其他方式履行负债的意图和能力，选项B表述错误。

5.【答案】ABD

【解析】估值技术通常包括市场法、收益法和成本法。收益法包括现金流量折现法、多期超额收益折现法、期权定价模型等估值方法。

6.【答案】ABD

【解析】计量单元，是指相关资产或负债以单独或者组合方式进行计量的最小单位，选项C错误。

7.【答案】ABC

【解析】企业使用的收益法包括现金流量折现法、多期超额收益折现法、期权定价模型等估值方法。选项D,属于成本法。

8.【答案】ACD

【解析】选项B，企业使用概率加权现金流量的，应当采用无风险利率。

9.【答案】ABC

【解析】企业不应使用与公允价值计量假定不一致的方法，如对资产使用要价，对负债使用出价，选项D错误。

10.【答案】AC

【解析】选项B，公允价值计量结果所属的层次，由对公允价值计量整体而言重要的输入值所属的最低层次决定；选项D，相关资产或负债的不可观察输入值为第三层次输入值。

11.【答案】AB

【解析】选项A和B为第二层次输入值；选项C为第一层次输入值；选项D为不可观察的输入值，属于第三层次输入值。

12.【答案】BCD

【解析】交易费用不属于相关资产或负债的特征，在确定公允价值时不予考虑，选项B错误；第一层次输入值是企业在计量日能够取得的相同资产或负债在活跃市场上未经调整的报价，第三层次输入值是相关资产或负债的不可观察输入值，选项C错误；交易价格与公允价值不相等的，交易价格与公允价值的差额应当按照会计准则的要求进行处理，如果会计准则对此未作出明确规定的，企业应当将公允价值作为资产的入账价值，交易价格与公允价值的差额计入当期损益，选项D错误。

第三十章　政府及民间非营利组织会计

CHAPTER-30

本章学习指南

一、学习目标

1. 理解政府会计标准体系和政府会计核算模式。
2. 掌握政府会计要素及其确认和计量。
3. 理解政府财务报告和决算报告。
4. 掌握政府单位特定业务的会计核算。
5. 理解民间非营利组织会计的特点、会计要素和财务会计报告。
6. 掌握民间非营利组织特定业务的会计核算。

二、考情概况

本章考题一般为客观题，分数适中，属于比较重要章节。

三、教材变化

（1）修改“财政拨款收支业务”的表述;（2）增加“单位需要向同级财政上缴专项债券对应项目专项收入”的会计处理;（3）增加“单位按规定出资成立非营利法人单位”的会计处理;（4）增加“专用结余的核算”;（5）增加“固定资产由哪个部门进行会计核算”的说明及“调整固定资产暂估价值”的会计处理;（6）修改“自行研发取得的无形资产”的表述;（7）增加“PPP 项目合同”;（8）增加“部门（单位）合并财务报表”等。

四、考点地图

考点	年份 / 题型
政府会计的表述	2021 年单选题
事业单位预算会计处理	2021 年多选题
政府会计核算模式	2020 年单选题
科研事业单位有关业务或事项的会计处理	2020 年单选题
民间非营利组织区分限定性收入和非限定性收入应考虑的因素	2020 年多选题

考点	年份 / 题型
政府单位特定业务会计核算的一般原则	2019 年多选题
民间非营利组织会计要素	2019 年多选题

核心考点精讲

提示

本章内容不同于前面章节学习的企业会计，学习政府财务会计部分时，可与企业会计的核算原理对比学习，便于记忆；而在学习政府预算会计部分时，需要准备好以全新的思维面对。路行至此，还差最后一战，不要轻易放弃。

第一节　政府会计概述

使用“会计云课堂”App 或“微信”扫码查看本节视频，快速 GET 知识点。

政府会计，是运用会计专门方法对其主体的财务状况、现金流量、运行情况（含运行成本，下同）、预算执行等情况进行核算、监督和报告。它是会计体系的重要分支。

一、政府会计标准体系

我国的政府会计标准体系由政府会计准则（包括基本准则、具体准则及应用指南）、政府会计制度和政府会计准则制度解释等组成。

二、政府会计核算模式

图示记忆

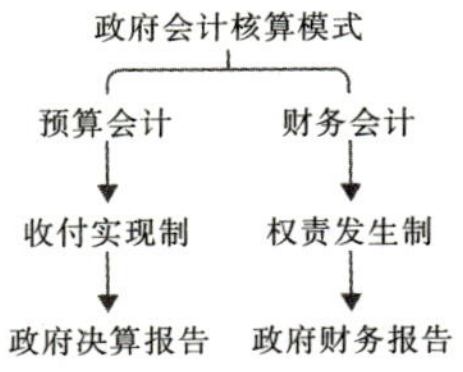

政府会计由预算会计和财务会计构成。

（一）政府预算会计和财务会计的“适度分离”

1. “双功能”。政府会计核算应当实现预算会计和财务会计双重功能。预算会计应准确完整反映政府预算收入、预算支出和预算结余等预算执行信息，财务会计应全面准确反映政府的资产、负债、净资产、收入、费用等财务信息。

要点小贴士

预算会计和财务会计是在同一套账（而非两套账）中，对政府会计主体的经济业务或事项实现两个功能的会计核算。

2. “双基础”。预算会计实行收付实现制，国务院另有规定的，从其规定；财务会计实行权责发生制。

3. “双报告”。政府会计主体应当编制决算报告和财务报告。政府决算报告的编制主要以收付实现制为基础，以预算会计核算生成的数据为准；政府财务报告的编制主要以权责发生制为基础，以财务会计核算生成的数据为准。

（二）政府预算会计和财务会计的“相互衔接”

在同一会计核算系统中，政府预算会计要素和财务会计要素相互协调，决算报告和财务报告相互补充，共同反映政府会计主体的预算执行信息和财务信息。

经典题解

【真题1·单选题】政府会计由预算会计和财务会计构成，下列关于政府会计的表述中，错误的是（　　）。（2020年）

A. 预算会计实行收付实现制（除另有规定的外），财务会计实行权责发生制

B. 政府会计主体应当建立预算会计和财务会计两套账，分别反映政府会计主体的预算执行信息和财务信息

C. 政府会计应当实现预算会计和财务会计双重功能

D. 政府会计主体应当以预算会计核算生成的数据为基础编制政府决算报告，以财务会计核算生成的数据为基础编制政府财务报告

【解析】政府会计需要按照“预算会计与财务会计适度分离且相互衔接”方式来进行账务处理，“适度分离”体现“双功能”“双基础”“双报告”；“相互衔接”体现“平行记账”“相互补充”。平行记账的处理方式是指企业需要设置一个账套对预算会计和财务会计进行平行的账务处理，而不是要求政府会计主体分别建立预算会计和财务会计两套账。因此，选项B错误。

【答案】B

三、政府会计要素及其确认和计量

（一）政府预算会计要素

政府预算会计要素包括预算收入、预算支出与预算结余。

1. 预算收入

预算收入是指政府会计主体在预算年度内依法取得的并纳入预算管理的现金流入。预算收入一般在实际收到时予以确认，以实际收到的金额计量。

2. 预算支出

预算支出是指政府会计主体在预算年度内依法发生并纳入预算管理的现金流出。预算支出一般在实际支付时予以确认，以实际支付的金额计量。

3. 预算结余

预算结余是指政府会计主体预算年度内预算收入扣除预算支出后的资金余额，以及历年滚存的资金余额。

预算结余包括结余资金和结转资金。结余资金是指年度预算执行终了，预算收入实际完成数扣除预算支出和结转资金后剩余的资金。结转资金是指预算安排项目的支出年终尚未执行完毕或者因故未执行，且下年需要按原用途继续使用的资金。

（二）政府财务会计要素

政府财务会计要素包括资产、负债、净资产、收入和费用。

1. 资产

资产是指政府会计主体过去的经济业务或者事项形成的，由政府会计主体控制

的，预期能够产生服务潜力或者带来经济利益流入的经济资源。

政府资产的计量属性主要包括历史成本、重置成本、现值、公允价值和名义金额。政府会计主体在对资产进行计量时，一般应当采用历史成本。采用重置成本、现值、公允价值计量的，应当保证所确定的资产金额能够持续、可靠计量。无法采用历史成本、重置成本、现值和公允价值计量属性的，采用名义金额（即人民币 1 元）计量。

名师点拨

服务潜力是指政府会计主体利用资产提供公共产品和服务以履行政府职能的潜在能力，如城市道路、公交场站、公园绿地等。

2. 负债

负债是指政府会计主体过去的经济业务或者事项形成的，预期会导致经济资源流出政府会计主体的现时义务。

政府负债的计量属性主要包括历史成本、现值和公允价值。

政府负债按照流动性，分为流动负债和非流动负债。流动负债包括应付及预收款项、应交税费、应付职工薪酬、应缴款项等，非流动负债包括长期应付款、预计负债等。

3. 净资产

净资产是指政府会计主体资产扣除负债后的净额，其金额取决于资产和负债的计量。

4. 收入

收入是指报告期内导致政府会计主体净资产增加的、含有服务潜力或者经济利益的经济资源的流入。

5. 费用

费用是指报告期内导致政府会计主体净资产减少的、含有服务潜力或者经济利益的经济资源的流出。

四、政府财务报告和决算报告

（一）政府财务报告

政府财务报告是反映政府会计主体某一特定日期的财务状况和某一会计期间的运行情况和现金流量等信息的文件。

政府财务报告应当包括财务报表和其他应当在财务报告中披露的相关信息和资料。财务报表包括会计报表和附注。会计报表至少应当包括资产负债表、收入费用表和现金流量表。

政府财务报告主要分为政府部门财务报告和政府综合财务报告。

（二）政府决算报告

政府决算报告是综合反映政府会计主体年度预算收支执行结果的文件。

政府决算报告应当包括决算报表和其他应当在决算报告中反映的相关信息和资料。

经典题解

【真题 2 · 单选题】下列各项关于政府会计的表述中，正确的是（　　）。（2021 年）

A. 政府财务报告分为政府部门财务报告和政府综合财务报告

B. 政府财务报告的编制以收付实现制为基础

C. 政府财务会计要素包括资产、负债、净资产、收入、成本和费用

D. 政府财务报告包括政府决算报告

【解析】政府财务报告主要分为政府部门财务报告和政府综合财务报告，不包括政府决算报告，选项A正确，选项D不正确；政府财务报告的编制主要以权责发生制为基础，选项B不正确；政府财务会计要素包括资产、负债、净资产、收入和费用，选项C不正确。

【答案】A

第二节　政府单位特定业务的会计核算

使用“会计云课堂”App或“微信”扫码查看本节视频，快速GET知识点。

一、单位会计核算一般原则

行政事业单位（以下简称“单位”）应当根据政府会计准则规定的原则和《政府会计制度》的要求，对其发生的各项经济业务或事项进行会计核算。

（一）单位预算会计

> **名师点拨**
>
> 年末预算收支结转后“资金结存”科目借方余额与预算结转类和结余类等科目贷方余额相等。

单位预算会计采用收付实现制，国务院另有规定的从其规定。

预算会计恒等式：预算收入－预算支出＝预算结余

单位在日常核算时，为了保证预算会计要素能够单独循环，单位应当设置“资金结存”科目，核算纳入部门预算管理的资金的流入、流出、调整和滚存等情况。“资金结存”科目根据资金支付方式及资金形态，应设置“零余额账户用款额度”“货币资金”“财政应返还额度”三个明细科目。

（二）单位财务会计

单位财务会计实行权责发生制。

反映单位财务状况的等式：资产－负债＝净资产

> **要点小贴士**
>
> 对于单位受托代理的现金以及不纳入部门预算管理的暂收暂付款项（如应上缴、应转拨或应退回的资金），仅需要进行财务会计处理，不需要进行预算会计处理。

反映运行情况的等式：收入－费用＝本期盈余

年末，本期盈余应无余额，经分配后最终转入净资产。

单位对于纳入部门预算管理的现金收支业务，在采用财务会计核算的同时应当进行预算会计核算；对于其他业务，仅需进行财务会计核算。上述部门预算指的是部门综合预算，由财政拨款收支和非财政拨款收支构成；对于纳入决算报表编制范围但未纳入年初批复预算的非财政收支，也应当进行预算会计处理。

此外，关于应交增值税的会计处理单位财务会计与企业会计基本相同，但是在预算会计中，实际缴纳增值税时计入预算支出，即增值税销项税额和进项税额已经包含在预算收入和预算支出中。

经典题解

【真题3·多选题】下列各项关于政府单位特定业务会计核算的一般原则中，正确的有（　　）。（2019年）

A. 政府单位财务会计实行权责发生制

B. 除另有规定外，单位预算会计采用收付实现制

C. 对于纳入部门预算管理的现金收支业务，同时进行财务会计和预算会计核算

D. 对于单位应上缴财政的现金所涉及的收支业务，进行预算会计处理

【解析】对于单位应上缴财政的现金所涉及的收支业务，仅需要进行财务会计处理，不需要进行预算会计处理，选项D错误。

【答案】ABC

二、财政拨款收支业务

财政拨款收支业务是绝大多数单位的主要业务，“财政拨款（预算）收入”科目核算单位从同级财政部门取得的各类财政拨款。实行国库集中支付的单位，财政资金的支付方式包括财政直接支付和财政授权支付。单位核算国库集中支付业务，应当在进行预算会计核算的同时进行财务会计核算。单位在财务会计中应当设置“财政拨款收入”“零余额账户用款额度”“财政应返还额度”等科目，在预算会计中应设置“财政拨款预算收入”“资金结存—零余额账户用款额度”“资金结存—财政应返还额度”科目。

（一）财政直接支付业务

业务事项	预算会计	财务会计
（1）收到“财政直接支付入账通知书”时	借：行政支出/事业支出等 贷：财政拨款预算收入	借：库存物品/固定资产/应付职工薪酬/业务活动费用/单位管理费用等 贷：财政拨款收入
（2）年末，根据本年度财政直接支付预算指标数与当年财政直接支付实际支出数的差额	借：资金结存—财政应返还额度 贷：财政拨款预算收入	借：财政应返还额度 贷：财政拨款收入
（3）下年度恢复财政直接支付额度后，单位以财政直接支付方式发生实际支出时	借：行政支出/事业支出等 贷：资金结存—财政应返还额度	借：库存物品/固定资产/应付职工薪酬/业务活动费用/单位管理费用等 贷：财政应返还额度

要点小贴士

业务活动费用是指单位为实现其职能目标，依法履职或开展专业业务活动及其辅助活动所发生的各项费用。

要点小贴士

单位管理费用是指事业单位本级行政及后勤管理部门开展管理活动发生的各项费用，包括事业单位行政及后勤管理部门发生的人员经费、公用经费、资产折旧（摊销）等费用，以及由单位统一负担的离退休人员经费、工会经费、诉讼费、中介费等。

（二）财政授权支付业务

业务事项	预算会计	财务会计
（1）收到代理银行盖章的“授权支付到账通知书”时	借：资金结存—零余额账户用款额度 贷：财政拨款预算收入	借：零余额账户用款额度 贷：财政拨款收入
（2）按规定支用额度时，按照实际支用的额度	借：行政支出 / 事业支出等 贷：资金结存—零余额账户用款额度	借：库存物品 / 固定资产 / 应付职工薪酬 / 业务活动费用 / 单位管理费用等 贷：零余额账户用款额度
（3）年末，依据代理银行提供的对账单注销额度	借：资金结存—财政应返还额度 贷：资金结存—零余额账户用款额度	借：财政应返还额度 贷：零余额账户用款额度
（4）下年年初恢复额度时	借：资金结存—零余额账户用款额度 贷：资金结存—财政应返还额度	借：零余额账户用款额度 贷：财政应返还额度—财政授权支付
（5）年末，单位本年度财政授权支付预算指标数大于零余额账户用款额度下达数的，根据未下达的用款额度	借：资金结存—财政应返还额度 贷：财政拨款预算收入	借：财政应返还额度 贷：财政拨款收入
（6）下年度收到财政部门批复的上年末未下达零余额账户用款额度时	借：资金结存—零余额账户用款额度 贷：资金结存—财政应返还额度	借：零余额账户用款额度 贷：财政应返还额度

三、非财政拨款收支业务

单位的收支业务除了国库集中收付业务之外，还包括事业活动、经营活动等形成的收支。

名师点拨

科目设置：
（1）预算会计（收付实现制）：事业预算收入；
（2）财务会计（权责发生制）：事业收入。

（一）事业（预算）收入

事业收入是指事业单位开展专业业务活动及其辅助活动实现的收入，不包括从同级政府财政部门取得的各类财政拨款。

业务事项		财务会计	预算会计
采用财政专户返还方式	实际收到或应收应上缴财政专户的事业收入时	借：银行存款 / 应收账款等 贷：应缴财政款	—
	向财政专户上缴款项时	借：应缴财政款 贷：银行存款等	—
	收到从财政专户返还的款项时	借：银行存款等 贷：事业收入	借：资金结存—货币资金 贷：事业预算收入

业务事项		财务会计	预算会计
采用预收款方式	实际收到款项时	借：银行存款等 贷：预收账款	借：资金结存—货币资金 贷：事业预算收入
	按合同完成进度确认事业收入时	借：预收账款 贷：事业收入	—
采用应收款方式	根据合同完成进度计算本期应收的款项	借：应收账款 贷：事业收入	—
	实际收到款项时	借：银行存款等 贷：应收账款	借：资金结存—货币资金 贷：事业预算收入
其他方式下		借：银行存款 / 库存现金等 贷：事业收入	借：资金结存—货币资金 贷：事业预算收入

【提示1】单位根据合同完成进度确认事业收入时，应当依据业务实质，选择相应的方法合理确定合同完成进度。

①累计实际发生的合同成本占合同预计总成本的比例；

②已经完成的合同工作量占合同预计总工作量的比例；

③已经完成的时间占合同期限的比例；

④实际测定的完工进度等。

【提示2】事业活动中涉及增值税业务的，事业收入的入账金额为实际收到的金额扣除增值税销项税，事业预算收入的入账金额为实际收到的金额。

【提示3】事业单位对于取得的非同级财政拨款收入（因开展专业业务活动及其辅助活动），应当在“事业收入”和“事业预算收入”下设置“非同级财政拨款”明细科目核算；对于其他非同级财政拨款收入，直接在“非同级财政拨款收入”科目核算。

经典题解

【真题4·单选题】下列各项关于科研事业单位有关业务或事项会计处理的表述中，正确的是（　　）。（2020年）

A. 开展技术咨询服务收取的劳务费（不含增值税）在预算会计下确认为其他预算收入

B. 年度终了，根据本年度财政直接支付预算指标数与本年财政直接支付实际支出数的差额，确认为其他预算收入

C. 财政授权支付方式下年度终了根据代理银行提供的对账单核对无误后注销零余额账户用款额度的余额并于下年初恢复

D. 涉及现金收支的业务采用预算会计核算，不涉及现金收支的业务采用财务会计核算

【解析】科研事业单位对开展技术咨询服务收取的劳务费在预算会计下应确认为事业预算收入，选项A错误；

年末本年度财政直接支付预算指标数与当年财政直接支付实际支出数的差额，

预算会计确认财政拨款预算收入，选项B错误；

单位对于纳入部门预算管理的现金收支业务，在采用财务会计核算的同时应当进行预算会计核算，不纳入部门预算管理的现金收支业务，比如收到应缴财政款项，只进行财务会计核算，不进行预算会计核算，选项D错误。

【答案】C

（二）捐赠（预算）收入和支出

要点小贴士

（1）单位取得捐赠的货币资金按规定应当上缴财政的，应当按照“应缴财政款”科目相关规定进行账务处理，预算会计不做处理；

（2）单位接受捐赠人委托转赠的资产，应当按受托代理业务相关规定进行账务处理，预算会计不做处理。

1. 捐赠（预算）收入

捐赠收入指单位接受其他单位或者个人捐赠取得的收入，包括现金捐赠和非现金捐赠收入。捐赠预算收入指单位接受的现金资产。

业务事项		财务会计	预算会计
接受捐赠的货币资金	按照实际收到的金额	借：银行存款/库存现金等 贷：捐赠收入	借：资金结存—货币资金 贷：其他预算收入—捐赠预算收入
接受捐赠的存货、固定资产等非现金资产	按照确定的成本	借：库存物品/固定资产等 贷：银行存款等（相关税费支出） 捐赠收入	借：其他支出（支付的相关税费等） 贷：资金结存—货币资金
	如按照名义金额入账	借：库存物品/固定资产等（名义金额） 贷：捐赠收入 借：其他费用 贷：银行存款等（相关税费支出）	借：其他支出（支付的相关税费等） 贷：资金结存—货币资金

2. 捐赠（支出）费用

单位对外捐赠现金资产的，按照实际捐赠的金额，在财务会计中借记“其他费用”科目，贷记“银行存款”“库存现金”等科目；同时在预算会计中借记“其他支出”科目，贷记“资金结存—货币资金”科目。

单位对外捐赠库存物品、固定资产等非现金资产的，在财务会计中应当将资产的账面价值转入“资产处置费用”科目，如未支付相关费用，预算会计则不做账务处理。

【提示】单位作为主管部门或上级单位向其附属单位分配受赠的货币资金，应当按照“对附属单位补助费用（支出）”科目相关规定处理；单位按规定向其附属单位以外的其他单位分配受赠的货币资金，应当按照“其他费用（支出）”科目相关规定处理。单位向政府会计主体分配受赠的非现金资产，应当按照“无偿调拨净资产”科目相关规定处理；单位向非政府会计主体分配受赠的非现金资产，应当按照“资产处置费用”科目相关规定处理。

要点小贴士

事业单位科目设置：

（1）预算会计：债务预算收入、债务还本支出；

（2）财务会计：短期借款、长期借款、应付利息等。

（三）债务预算收入和债务还本支出

债务预算收入是指事业单位按照规定从银行和其他金融机构等借入的、纳入部门预算管理的、不以财政资金作为偿还来源的债务本金，债务还本支出是指事业单位偿还自身承担的纳入预算管理的从金融机构举借的债务本金的现金流出。

业务事项	财务会计	预算会计
取得借款	借：银行存款 　贷：短期借款 / 长期借款—本金	借：资金结存—货币资金 　贷：债务预算收入
计提利息	借：在建工程等（资本化的借款利息） 　　其他费用（费用化的借款利息） 　贷：应付利息（短期借款、分期付息） 　　　长期借款—应计利息（到期一次还本付息）	—
支付利息	借：应付利息 　贷：银行存款	借：其他支出 　贷：资金结存—货币资金
偿还借款	借：短期借款 / 长期借款—本金 　　长期借款—应计利息 　贷：银行存款	借：债务还本支出（支付的本金金额） 　　其他支出（支付的利息金额） 　贷：资金结存—货币资金

需要说明的是，单位从同级财政取得政府债券资金的，不应计入债务预算收入，应当在财务会计中借记“银行存款”“零余额账户用款额度”等科目，贷记“财政拨款收入”科目；同时在预算会计中借记“资金结存”等科目，贷记“财政拨款预算收入”科目。同级财政以地方政府债券置换单位原有负债的，单位应当借记“长期借款”“应付利息”等科目，贷记“累计盈余”科目；预算会计不作处理。

单位需要向同级财政上缴专项债券对应项目专项收入的，取得专项收入时，应当借记“银行存款”等科目，贷记“应缴财政款”科目；实际上缴时，借记“应缴财政款”科目，贷记“银行存款”等科目；预算会计不作处理。

（四）投资支出

> **要点小贴士**
>
> 事业单位科目设置：
> （1）预算会计：投资支出；
> （2）财务会计：短期投资、长期股权投资、长期债券投资等。

投资支出指事业单位以货币资金对外投资发生的现金流出。

业务事项		财务会计	预算会计
以货币资金对外投资		借：短期投资 / 长期股权投资 / 长期债券投资等 　贷：银行存款等	借：投资支出 　贷：资金结存—货币资金
利息或股利	收到价款中包含的	借：银行存款 　贷：短期投资 / 应收股利 / 应收利息等	借：资金结存—货币资金 　贷：投资支出
	持有股权投资期间	借：银行存款 　贷：应收股利 / 应收利息	借：资金结存—货币资金 　贷：投资预算收益

业务事项	财务会计	预算会计
出售、对外转让或到期收回（按规定将投资收益留归本单位的）	借：银行存款 　贷：短期投资/长期股权投资/长期债券投资（对外投资的账面余额） 　　应收股利或应收利息（尚未领取的现金股利、利润或尚未收取的利息） 　　银行存款（发生的相关税费等支出） 　　投资收益（差额，也可能在借方）	借：资金结存—货币资金 　贷：投资支出（当年）或其他结余（以前年度） 　　投资预算收益（差额，也可能在借方）

需要说明的是，单位按规定出资成立非营利法人单位，如事业单位、社会团体、基金会等，不应按照投资业务进行会计处理，在出资时应当按照出资金额，在财务会计中借记“其他费用”科目，贷记“银行存款”等科目，同时在预算会计中借记“其他支出”科目，贷记“资金结存”科目。

四、预算结转结余及分配业务

要点小贴士

单位应当严格区分财政拨款结转结余和非财政拨款结转结余：

（1）财政拨款结转结余不参与事业单位的结余分配，单独设置“财政拨款结转”和“财政拨款结余”科目核算；

（2）非财政拨款结转结余通过设置“非财政拨款结转”“非财政拨款结余”“专用结余”“经营结余”“非财政拨款结余分配”等科目核算。

（一）财政拨款结转结余的核算

1. 财政拨款结转的核算

在预算会计中事业单位应当设置“财政拨款结转”科目，核算滚存的财政拨款结转资金的调整、结转和滚存情况。年末结转后，本科目除“累计结转”明细科目外，其他明细科目应无余额。

业务事项	财务会计	预算会计
年末	—	借：财政拨款预算收入（本年发生额） 　贷：财政拨款结转—本年收支结转 借：财政拨款结转—本年收支结转 　贷：各项支出（财政拨款支出）（各项支出中的财政拨款支出本年发生额）
从其他单位调入财政拨款结转资金	借：零余额账户用款额度/财政应返还额度等 　贷：累计盈余	借：资金结存—财政应返还额度/零余额账户用款额度/货币资金 　贷：财政拨款结转—归集调入
按规定上缴（或注销）/调出财政拨款结转资金	借：累计盈余 　贷：零余额账户用款额度/财政应返还额度等	借：财政拨款结转—归集上缴/归集调出 　贷：资金结存—财政应返还额度/零余额账户用款额度/货币资金
差错调整	借：零余额账户用款额度/银行存款等 　贷：以前年度盈余调整 或相反分录	借：资金结存—财政应返还额度/零余额账户用款额度/货币资金 　贷：财政拨款结转—年初余额调整 或相反分录

业务事项	财务会计	预算会计
财政拨款结余资金改变用途	—	借：财政拨款结余—单位内部调剂 　贷：财政拨款结转—单位内部调剂
年末，冲销有关明细科目余额	—	将“财政拨款结转—本年收支结转/年初余额调整/归集调入/归集调出/归集上缴/单位内部调剂”余额转入“财政拨款结转—累计结转”
年末，将符合财政拨款结余性质的项目转入财政拨款结余	—	借：财政拨款结转—累计结转 　贷：财政拨款结余—结转转入

2. 财政拨款结余的核算

在预算会计中单位应当设置“财政拨款结余”科目，核算单位滚存的财政拨款项目支出结余资金的调整、结转和滚存情况。年末结转后，本科目除“累计结余”明细科目外，其他明细科目应无余额。

业务事项	财务会计	预算会计
年末，将符合财政拨款结余性质的项目余额转入财政拨款结余	—	借：财政拨款结转—累计结转 　贷：财政拨款结余—结转转入
财政拨款结余资金改变用途	—	借：财政拨款结余—单位内部调剂 　贷：财政拨款结转—单位内部调剂
上缴或注销	借：累计盈余 　贷：零余额账户用款额度/财政应返还额度等	借：财政拨款结余—归集上缴 　贷：资金结存—财政应返还额度/零余额账户用款额度/货币资金
差错调整	借：零余额账户用款额度/银行存款等 　贷：以前年度盈余调整 或相反分录	借：资金结存—财政应返还额度/零余额账户用款额度/货币资金 　贷：财政拨款结余—年初余额调整 或相反分录
年末，冲销有关明细科目余额	—	将本科目（年初余额调整/归集上缴/单位内部调剂/结转转入）余额转入本科目（累计结余）

要点小贴士

（1）非财政拨款结转资金是指事业单位除财政拨款收支、经营收支以外的各非同级财政拨款专项资金收入与其相关支出相抵后剩余滚存的、须按规定用途使用的结转资金；

（2）在预算会计中单位应当设置“非财政拨款结转”科目，核算单位除财政拨款收支、经营收支以外各非同级财政拨款专项资金的调整、结转和滚存情况。

（二）非财政拨款结转的核算

业务事项	财务会计	预算会计
年末	—	借：事业预算收入/上级补助预算收入/附属单位上缴预算收入/非同级财政拨款预算收入/债务预算收入/其他预算收入（各专项资金收入） 贷：非财政拨款结转—本年收支结转 借：非财政拨款结转—本年收支结转 贷：行政支出/事业支出/其他支出（各非财政拨款专项资金支出）
从科研项目预算收入中提取项目间接费用或管理费时	借：单位管理费用等 贷：预提费用—项目间接费用或管理费	借：非财政拨款结转—项目间接费用或管理费 贷：非财政拨款结余—项目间接费用或管理费
差错更正	借：银行存款等 贷：以前年度盈余调整 或相反分录	借：资金结存—货币资金 贷：非财政拨款结转—年初余额调整 或相反分录
按照规定缴回	借：累计盈余 贷：银行存款等	借：非财政拨款结转—缴回资金 贷：资金结存—货币资金
年末，冲销有关明细科目余额	—	将“非财政拨款结转—年初余额调整/项目间接费用或管理费/缴回资金/本年收支结转”科目余额转入“非财政拨款结转—累计结转”科目
年末，留归本单位使用的非财政拨款专项（项目已完成）剩余资金转入非财政拨款结余	—	借：非财政拨款结转—累计结转 贷：非财政拨款结余—结转转入

名师点拨

结转后，“非财政拨款结转”科目除“累计结转”明细科目外，其他明细科目应无余额。

（三）非财政拨款结余的核算

业务事项	财务会计	预算会计
年末，将留归本单位使用的非财政拨款专项（项目已完成）剩余资金转入非财政拨款结余	—	借：非财政拨款结转—累计结转 　贷：非财政拨款结余—结转转入
按照规定从科研项目预算收入中提取项目间接费用或管理费时	借：单位管理费用等 　贷：预提费用—项目间接费用或管理费	借：非财政拨款结转—项目间接费用或管理费 　贷：非财政拨款结余—项目间接费用或管理费
实际缴纳企业所得税	借：其他应交税费—单位应交所得税 　贷：银行存款等	借：非财政拨款结余—累计结余 　贷：资金结存—货币资金
差错更正	借：银行存款等 　贷：以前年度盈余调整 或相反分录	借：资金结存—货币资金 　贷：非财政拨款结余—年初余额调整 或相反分录
年末，冲销有关明细科目余额	—	将“非财政拨款结余—年初余额调整／项目间接费用或管理费／结转转入”科目余额结转入“非财政拨款结余—累计结余”科目
年末，事业单位将“非财政拨款结余分配”科目余额转入非财政拨款结余	—	借：非财政拨款结余—累计结余 　贷：非财政拨款结余分配 或相反分录
年末，行政单位将“其他结余”科目余额转入非财政拨款结余	—	借：非财政拨款结余—累计结余 　贷：其他结余 或相反分录

要点小贴士

（1）非财政拨款结余指单位历年滚存的非限定用途的非同级财政拨款结余资金，主要为非财政拨款结余扣除结余分配后滚存的金额；

（2）单位应当在预算会计中设置“非财政拨款结余”科目，核算单位历年滚存的非限定用途的非同级财政拨款结余资金。

名师点拨

结转后，本科目除“累计结余”明细科目外，其他明细科目应无余额。

（四）经营结余、其他结余及非财政拨款结余分配的核算

1. 专用结余的核算

专用结余是指事业单位按照规定从非财政拨款结余中提取的具有专门用途的资金。

（1）从本年度非财政拨款结余或经营结余中提取基金

预算会计：

借：非财政拨款结余分配

　贷：专用结余

同时，财务会计：

借：本年盈余分配

　贷：专用基金

（2）根据规定使用从非财政拨款结余或经营结余中提取的专用基金时，按照使用金额

预算会计：

借：专用结余

　贷：资金结存—货币资金

同时，财务会计：

借：专用基金

　贷：银行存款等

2．经营结余的核算

事业单位应当在预算会计中设置“经营结余”科目，核算单位本年度经营活动收支相抵后余额弥补以前年度经营亏损后的余额。

期末，结转本期经营收支：

借：经营预算收入

　贷：经营结余

借：经营结余

　贷：经营支出

年末，如“经营结余”科目为贷方余额：

借：经营结余

　贷：非财政拨款结余分配

如为借方余额，为经营亏损，不予结转。

3．其他结余的核算

在预算会计中单位应当设置“其他结余”科目，核算单位本年度除财政拨款收支、非同级财政专项资金收支和经营收支以外各项收支相抵后的余额。

年末在预算会计中：

借：事业预算收入、上级补助预算收入、附属单位上缴预算收入、非同级财政拨款预算收入、债务预算收入、其他预算收入（各非专项资金收入）

　　投资预算收益（也可能贷记）

　贷：其他结余

借：其他结余

　贷：行政支出、事业支出、其他支出（各非同级财政、非专项资金支出）、上缴上级支出、对附属单位补助支出、投资支出、债务还本支出

年末，完成上述结转后，行政单位将本科目余额转入“非财政拨款结余—累计结余”科目；事业单位将本科目余额转入“非财政拨款结余分配”科目。

4．非财政拨款结余分配的核算

在预算会计中事业单位应当设置“非财政拨款结余分配”科目，核算事业单位本年度非财政拨款结余分配的情况和结果。年末，事业单位应将“其他结余”科目余额和“经营结余”科目贷方余额转入“非财政拨款结余分配”科目。根据有关规定提取专用基金的，按照提取的金额，借记“非财政拨款结余分配”科目，贷记“专用结余”科目；同时在财务会计中按照相同金额，借记“本年盈余分配”科目，贷记“专用基金”科目。然后，将“非财政拨款结余分配”科目余额转入非财政拨款结余。

五、净资产业务

(一)本期盈余及本年盈余分配

1. 本期盈余

本期盈余反映单位本期各项收入、费用相抵后的余额。

期末，单位应当将各类收入科目的本期发生额转入本期盈余：

借：财政拨款收入
　　事业收入
　　上级补助收入
　　附属单位上缴收入
　　经营收入
　　非同级财政拨款收入
　　投资收益
　　捐赠收入
　　利息收入
　　租金收入
　　其他收入
　贷：本期盈余

将各类费用科目本期发生额转入本期盈余：

借：本期盈余
　贷：业务活动费用
　　　单位管理费用
　　　经营费用
　　　所得税费用
　　　资产处置费用
　　　上缴上级费用
　　　对附属单位补助费用
　　　其他费用

年末，单位应当将“本期盈余”科目余额转入“本年盈余分配”科目。

2. 本年盈余分配

“本年盈余分配”科目反映单位本年度盈余分配的情况和结果。年末，单位应当将“本期盈余”科目余额转入本科目，借记或贷记“本期盈余”科目，贷记或借记“本年盈余分配”科目。根据有关规定从本年度非财政拨款结余或经营结余中提取专用基金的，按照预算会计下计算的提取金额，借记“本年盈余分配”科目，贷记“专用基金”科目。然后，将“本年盈余分配”科目余额转入“累计盈余”科目。

(二)专用基金

1. 专用基金的取得

事业单位根据有关规定从预算收入中提取专用基金并计入费用的，一般按照预算会计下基于预算收入计算提取的金额：

要点小贴士

(1)在财务会计中单位净资产的来源主要由累计实现的盈余和无偿调拨的净资产构成；

(2)在财务会计的日常核算中，单位应当设置以下科目：累计盈余、专用基金、无偿调拨净资产、权益法调整、本期盈余、本年盈余分配和以前年度盈余调整等。

要点小贴士

(1)专用基金是指事业单位按照规定提取或设置的具有专门用途的净资产，主要包括职工福利基金、科技成果转换基金等；

(2)在财务会计下事业单位应当设置“专用基金”科目，对专用基金的取得和使用情况进行核算。在预算会计中设置“专用结余”科目进行核算。

借：业务活动费用等

　贷：专用基金

事业单位根据有关规定设置的其他专用基金，按照实际收到的基金金额：

借：银行存款等

　贷：专用基金

年末，事业单位根据有关规定从本年度非财政拨款结余或经营结余中提取专用基金的，按照预算会计下计算的提取金额，在财务会计中：

借：本年盈余分配

　贷：专用基金

同时在预算会计中：

借：非财政拨款结余分配

　贷：专用结余

2. 专用基金的使用

事业单位按照规定使用提取的专用基金时，在财务会计中：

借：专用基金

　贷：银行存款等

同时在预算会计中：

借：专用结余（使用从非财政拨款结余或经营结余中提取的专用基金）或事业支出（使用从预算收入中提取并计入费用的专用基金）

　贷：资金结存—货币资金

单位使用提取的专用基金购置固定资产、无形资产的，按照固定资产、无形资产成本金额：

借：固定资产、无形资产

　贷：银行存款等

（预算会计处理同上）

同时，按照专用基金使用金额：

借：专用基金

　贷：累计盈余

经典题解

【真题5·多选题】下列各项关于事业单位预算会计处理的表述中，正确的有（　　）。（2021年）

A. 年末应将“事业预算收入”科目本年发生额中的专项资金收入转入“非财政拨款结转（本年收支结转）”科目

B. 按规定从经营结余中提取专用基金时，按提取金额记入“专用结余”科目的贷方

C. 年末结转后，“财政拨款结转”科目除了“累计结转”明细科目外，其他明细科目应无余额

D. 因发生会计差错调整以前年度财政拨款结余资金的，按调整金额调整“资金结存”和“财政拨款结余（年初余额调整）”科目

【答案】ABCD

（三）无偿调拨净资产

按照行政事业单位资产管理相关规定，经批准政府单位之间可以无偿调拨资产。通常情况下，无偿调拨非现金资产不涉及资金业务，因此不需要进行预算会计核算（除非以现金支付相关费用等）。单位应当设置“无偿调拨净资产”科目，核算无偿调入或调出非现金资产所引起的净资产变动金额。

业务事项	财务会计	预算会计
单位按照规定取得无偿调入的非现金资产	借：库存物品 / 长期股权投资 / 固定资产 / 无形资产 / 公共基础设施 / 政府储备物资 / 文物文化资产 / 保障性住房等［相关资产在调出方的账面价值加相关税费、运输费等（资产账面价值为零或该资产以名义金额计量的除外）］ 贷：零余额账户用款额度 / 银行存款等（调入过程中发生的归属于调入方的相关费用） 无偿调拨净资产（差额）	借：其他支出（调入方实际发生的费用金额） 贷：资金结存
单位按照规定经批准无偿调出非现金资产	借：无偿调拨净资产（调出资产的账面余额或账面价值） 固定资产累计折旧 / 无形资产累计摊销 / 公共基础设施累计折旧（摊销）/ 保障性住房累计折旧（相关资产已计提的累计折旧或累计摊销） 贷：库存物品 / 长期股权投资 / 固定资产 / 无形资产 / 公共基础设施 / 政府储备物资 / 文物文化资产 / 保障性住房等（调出资产的账面余额） 借：资产处置费用（调出过程中发生的归属于调出方的相关费用） 贷：零余额账户用款额度 / 银行存款等	借：其他支出 贷：资金结存
年末，单位应将“无偿调拨净资产”科目余额转入累计盈余	借：无偿调拨净资产 贷：累计盈余 或相反分录	—

要点小贴士

无偿调入资产在调出方的账面价值为零（即已经按制度规定提足折旧）或者账面余额为名义金额的，单位（调入方）应当将调入过程中其承担的相关税费计入当期费用，不计入调入资产的初始入账成本。

（四）权益法调整

“权益法调整”科目核算事业单位持有的长期股权投资采用权益法核算时，按照被投资单位除净损益和利润分配以外的所有者权益变动份额调整长期股权投资账面余额而计入净资产的金额。年末，按照被投资单位除净损益和利润分配以外的所有者权益变动应享有（或应分担）的份额，借记或贷记“长期股权投资—其他权益变动”科目，贷记或借记“权益法调整”科目。处置长期股权投资时，按照原计入净资产的相应部分金额，借记或贷记“权益法调整”科目，贷记或借记“投资收益”科目。

（五）以前年度盈余调整

"以前年度盈余调整"科目核算单位本年度发生的调整以前年度盈余的事项，包括本年度发生的重要前期差错更正涉及调整以前年度盈余的事项。调整后，单位应当及时结转"以前年度盈余调整"科目余额，借记或贷记"累计盈余"科目，贷记或借记"以前年度盈余调整"科目。

（六）累计盈余

名师点拨

按照规定上缴、缴回、单位间调剂结转结余资金产生的净资产变动额，以及对以前年度盈余的调整金额，也通过"累计盈余"科目核算。

累计盈余反映单位历年实现的盈余扣除盈余分配后滚存的金额，以及因无偿调入调出资产产生的净资产变动额。年末，将"本年盈余分配"科目的余额转入累计盈余，借记或贷记"本年盈余分配"科目，贷记或借记"累计盈余"科目；将"无偿调拨净资产"科目的余额转入累计盈余，借记或贷记"无偿调拨净资产"科目，贷记或借记"累计盈余"科目。

六、资产业务

单位资产依据流动性划分为两类：流动资产和非流动资产。

流动资产：库存现金、银行存款、其他货币资金、零余额账户用款额度、财政应返还额度、短期投资、应收及预付款项、存货等。

非流动资产：固定资产、在建工程、无形资产、长期投资、公共基础设施、政府储备物资、文物文化资产、保障性住房等。

（一）资产业务的几个共性内容

1. 资产取得

单位可以采用外购、自行加工或自行建造、接受捐赠、无偿调入、置换换入、租赁等方式取得资产。资产在取得时应当按照成本进行初始计量。

（1）外购资产的成本通常包括购买价款、相关税费（除按规定可抵扣的增值税进项税额）以及使资产达到目前场所和状态或交付使用前所发生的可归属于该项资产的其他支出。

（2）自行加工或自行建造资产的成本包括使该项资产达到目前场所和状态或交付使用前所发生的全部必要支出。

要点小贴士

（1）单位对于接受捐赠的资产，其成本能够确定的，应当按照确定的成本减去相关税费后的净额计入捐赠收入；

（2）资产成本不能确定的，单独设置备查簿进行登记，相关税费等计入当期费用。

（3）对于接受捐赠的存货、固定资产、无形资产等非现金资产，其成本按照有关凭据注明的金额加上相关税费、运输费等确定；没有相关凭据可供取得，但按规定经过资产评估的，其成本按照评估价值加上相关税费、运输费等确定；没有相关凭据可供取得、也未经资产评估的，其成本比照同类或类似资产的市场价格加上相关税费、运输费等确定；没有相关凭据且未经资产评估、同类或类似资产的市场价格也无法可靠取得的，按照名义金额（人民币1元）入账，相关税费、运输费等计入当期费用。

【提示】有确凿证据表明凭据上注明的金额高于受赠资产同类或类似资产的市场价格30%或达不到其70%的，则应当以同类或类似资产的市场价格确定成本。

对于接受捐赠的投资和公共基础设施、政府储备物资、保障性住房、文物文化资产等资产，其初始成本不能采用名义金额计量，仅能按照前三个层次进行计量。盘盈资产参照上述规定确定其入账成本。

（4）无偿调入资产的成本按照调出方账面价值加上相关税费、运输费等确定。但是，无偿调入资产在调出方的账面价值为零（即已经按制度规定提足折旧）或者账面余额为名义金额的，单位（调入方）应当将调入过程中其承担的相关税费计入当期费用，不计入调入资产的初始入账成本。

（5）置换取得资产的成本按照换出资产的评估价值，加上支付的补价或减去收到的补价，加上为换入资产发生的其他相关支出确定。

2. 资产处置

资产处置包括无偿调拨、出售、出让、转让、置换、对外捐赠、报废、毁损以及货币性资产损失核销等形式。单位对资产进行处置时，先按规定报经批准，然后将被处置资产账面价值转销计入资产处置费用，同时将处置净收益上缴财政。对于按规定纳入单位预算管理的资产处置净收益，应将净收益计入当期收入。对于盘盈、盘亏、报废或毁损的资产，应当在报经批准前将相关资产账面价值转入“待处理财产损溢”，待报经批准后再进行会计处理。

对于无偿调出的资产，单位应当将资产账面价值予以转销，同时冲减无偿调拨净资产。对于置换换出的资产，其相关会计处理应当与换入资产一同进行。

（二）应收账款

单位的应收账款是指单位因出租资产、出售物资等应收取的款项以及事业单位提供服务、销售产品等应收取的款项。主要包括收回后需上缴财政的应收账款和收回后不需上缴财政的应收账款两类。目前，我国政府会计核算仅考虑对收回后不需上缴财政的应收账款及其他应收款进行减值处理，对于其他资产均未考虑减值。

名师点拨

事业单位资产中只有“不需上缴财政的应收账款和其他应收款”计提坏账准备。

收回后不需上缴财政的应收账款和其他应收款提取坏账准备时：

借：其他费用

　贷：坏账准备

业务事项		财务会计	预算会计
（1）发生应收账款	应收账款收回后不需上缴财政	借：应收账款 　贷：事业收入/经营收入/其他收入等	—
	应收账款收回后需上缴财政	借：应收账款 　贷：应缴财政款	—
（2）收回应收账款	应收账款收回后不需上缴财政	借：银行存款等 　贷：应收账款	借：资金结存—货币资金等 　贷：事业预算收入/经营预算收入/其他预算收入等
	应收账款收回后需上缴财政	借：银行存款等 　贷：应收账款	—

业务事项		财务会计	预算会计
（3）逾期无法收回的应收账款（报批后予以核销）	应收账款收回后不需上缴财政	借：坏账准备 贷：应收账款	—
	应收账款收回后需上缴财政	借：应缴财政款 贷：应收账款	—
（4）已核销的应收账款在以后期间又收回	应收账款收回后不需上缴财政	借：应收账款 贷：坏账准备 借：银行存款 贷：应收账款	借：资金结存—货币资金 贷：非财政拨款结余
	应收账款收回后需上缴财政	借：银行存款等 贷：应缴财政款	—

要点小贴士

不在“库存物品”科目核算的情形：

（1）单位随买随用的零星办公用品，可以在购进时直接列作费用；

（2）单位控制的政府储备物资，应当通过“政府储备物资”科目核算；

（3）单位受托存储保管的物资和受托转赠的物资，应当通过“受托代理资产”科目核算；

（4）单位为在建工程购买和使用的材料物资，应当通过“工程物资”科目核算。

（三）库存物品

库存物品是指单位在开展业务活动及其他活动中为耗用或出售而储存的各种材料、产品、包装物、低值易耗品，以及达不到固定资产标准的用具、装具、动植物等的成本。

单位应当设置“库存物品”科目对其库存物品进行核算。已完成的测绘、地质勘察、设计成果等的成本，也通过本科目核算。

业务事项	财务会计	预算会计
单位外购的库存物品验收入库	借：库存物品（按照确定的成本） 贷：财政拨款收入 / 零余额账户用款额度 / 银行存款 / 应付账款 / 在途物品等	借：行政支出 / 事业支出 / 经营支出等 贷：财政拨款预算收入 / 资金结存
单位自行加工或委托加工的库存物品	借：库存物品（按照确定的成本） 贷：加工物品—自制物品 / 委托加工物品	—
单位接受捐赠的库存物品验收入库	借：库存物品（按照确定的成本） 贷：银行存款等（按照发生的相关税费、运输费等） 捐赠收入（差额） 接受捐赠的库存物品按照名义金额入账的： 借：库存物品（按照名义金额） 贷：捐赠收入 借：其他费用（按照发生的相关税费、运输费等） 贷：银行存款等	借：其他支出（实际支出的相关税费、运输费等） 贷：资金结存
单位无偿调入的库存物品验收入库（资产账面价值为零或该资产以名义金额计量的除外）	借：库存物品（按照确定的成本） 贷：银行存款等（按照发生的相关税费、运输费等） 无偿调拨净资产（差额）	借：其他支出（实际支付的相关费用） 贷：资金结存

业务事项	财务会计	预算会计
单位置换换入的库存物品验收入库	借：库存物品（按照确定的成本） 固定资产累计折旧 / 无形资产累计摊销 资产处置费用（借方差额） 贷：固定资产 / 无形资产等（按照换出资产的账面余额） 银行存款（按照置换过程中发生的其他相关支出） 其他收入（贷方差额）	借：其他支出（实际支付的其他相关支出） 贷：资金结存
单位开展业务活动等领用 / 按规定自主出售发出或加工发出库存物品	借：业务活动费用 / 单位管理费用 / 经营费用 / 加工物品等（按照领用、出售等发出物品的实际成本） 贷：库存物品	—
经批准对外出售的库存物品（不含可自主出售的库存物品）发出时	借：资产处置费用（按照库存物品的账面余额） 贷：库存物品 借：银行存款等（按照收到的价款） 贷：银行存款等（按照处置过程中发生的相关费用） 应缴财政款（差额）	—
经批准对外捐赠的库存物品发出时	借：资产处置费用（按照库存物品的账面余额和对外捐赠过程中发生的归属于捐出方的相关费用合计数） 贷：库存物品（按照库存物品账面余额） 银行存款等（按照对外捐赠过程中发生的归属于捐出方的相关费用）	借：其他支出（按照实际支出金额） 贷：资金结存
经批准无偿调出的库存物品发出时	借：无偿调拨净资产 贷：库存物品（按照库存物品的账面余额） 借：资产处置费用（按照无偿调出过程中发生的归属于调出方的相关费用） 贷：银行存款等	借：其他支出（实际支付的相关费用） 贷：资金结存

（四）固定资产

固定资产，是指单位为满足自身开展业务活动或其他活动需要而控制的，使用年限超过 1 年（不含 1 年）、单位价值在规定标准以上，并在使用过程中基本保持原有物质形态的资产。

单位核算固定资产，应当设置“固定资产”“固定资产累计折旧”等科目。购入需要安装的固定资产，应当先通过“在建工程”科目核算，安装完毕交付使用时再转入“固定资产”科目核算。以借入、经营租赁租入方式取得的固定资产，不通过“固定资产”科目核算，应当设置备查簿进行登记。采用融资租入方式取得的固定资产，通过“固定资产”科目核算，并在“固定资产”科目下设置“融资租入固定资产”明细科目。经批准在境外购买具有所有权的土地，作为固定资产，通过“固定资产”科目核算；单位应当在“固定资产”科目下设置“境外土地”明细科目，进行相应明细核算。

按规定由本级政府机关事务管理等部门统一管理（如仅持有资产的产权证等），但具体由其他部门占有、使用的固定资产，应当由占有、使用该资产的部门作为会计确认主体，对该资产进行会计核算。多个部门共同占用、使用同一项固定资产，且该项固定资产由本级政府机关事务管理等部门统一管理并负责后续维护、改造的，由本级政府机关事务管理等部门作为确认主体，对该项固定资产进行会计核算。同一部门内部所属单位共同占有、使用同一项固定资产，或者所属事业单位占有、使用部门本级拥有产权的固定资产的，按照本部门规定对固定资产进行会计核算。

1. 取得固定资产

业务事项	财务会计	预算会计
购入不需安装的固定资产验收合格时	借：固定资产（按照确定的固定资产成本） 贷：财政拨款收入 / 零余额账户用款额度 / 应付账款 / 银行存款等 【提示】购入需要安装的固定资产，在安装完毕交付使用前通过“在建工程”科目核算，安装完毕交付使用时再转入“固定资产”科目	借：行政支出 / 事业支出 / 经营支出等（按照实际支付的款项） 贷：财政拨款预算收入 / 资金结存
自行建造的固定资产交付使用时	借：固定资产（按照在建工程成本） 贷：在建工程	—
融资租赁取得的固定资产	借：固定资产[不需安装]或在建工程[需安装]（其成本按照租赁协议或者合同确定的租赁价款 / 相关税费以及固定资产交付使用前所发生的可归属于该项资产的运输费 / 途中保险费 / 安装调试费等确定） 贷：长期应付款（按照租赁协议或者合同确定的租赁付款额） 财政拨款收入 / 零余额账户用款额度 / 银行存款等（按照支付的运输费、途中保险费、安装调试费等金额）	借：行政支出 / 事业支出 / 经营支出等（按照实际支付的税费等金额） 贷：财政拨款预算收入 / 资金结存
接受捐赠的固定资产	借：固定资产[不需安装]或在建工程[需安装]（按照确定的固定资产成本） 贷：零余额账户用款额度 / 银行存款等（按照发生的相关税费、运输费等） 捐赠收入（差额） 【提示】接受捐赠的以名义金额计量的固定资产，其会计处理参照库存物品	借：其他支出 贷：资金结存（按照实际支付的税费、运输费等金额）
无偿调入的固定资产（资产账面价值为零或该资产以名义金额计量的除外）	借：固定资产[不需安装]或在建工程[需安装]（按照确定成本） 贷：零余额账户用款额度 / 银行存款等（按照发生的相关税费、运输费等） 无偿调拨净资产（差额）	借：其他支出 贷：资金结存（按照实际支付的税费、运输费等金额）

名师点拨

已交付使用但尚未办理竣工决算手续的固定资产，按照估计价值入账，待办理竣工决算后再按照实际成本调整原来的暂估价值。借记或贷记“固定资产”科目，贷记或借记“以前年度盈余调整”科目。经过上述调整后，应将“以前年度盈余调整”科目转入“累计盈余”科目。

要点小贴士

无偿调入资产在调出方的账面价值为零或账面余额为名义金额的，支付的相关税费，记入“其他费用”科目。

2. 固定资产后续支出

通常情况下，将固定资产转入改建、扩建时：

借：在建工程

　　固定资产累计折旧

　贷：固定资产

为增加固定资产使用效能或延长其使用年限而发生的改建、扩建、大型维修改造等后续支出，应当计入固定资产成本；为维护固定资产正常使用发生的日常维修、养护等后续支出，应当计入当期费用。列入部门预算支出经济分类科目中资本性支出的后续支出，应当予以资本化。

3. 对固定资产计提折旧

下列固定资产不计提折旧：(1) 文物和陈列品；(2) 动植物；(3) 图书、档案；(4) 单独计价入账的土地；(5) 以名义金额计量的固定资产。单位应当根据相关规定以及固定资产的性质和使用情况，合理确定固定资产的使用年限。因改建、扩建等原因而延长固定资产使用年限的，应当重新确定固定资产的折旧年限。单位盘盈、无偿调入、接受捐赠以及置换的固定资产，应当考虑该项资产的新旧程度，按照其尚可使用的年限计提折旧。

固定资产应当按月计提折旧，当月增加的固定资产，当月开始计提折旧；当月减少的固定资产，当月不再计提折旧。固定资产提足折旧后，无论能否继续使用，均不再计提折旧；提前报废的固定资产，也不再补提折旧。已提足折旧的固定资产，可以继续使用的，应当继续使用，规范实物管理。

单位按月计提固定资产折旧时，按照应计提折旧金额：

借：业务活动费用、单位管理费用、经营费用、加工物品、在建工程等

　贷：固定资产累计折旧

4. 处置固定资产

业务事项	财务会计	预算会计
报经批准出售、转让固定资产	借：资产处置费用（按照被出售、转让固定资产的账面价值） 　　固定资产累计折旧 　贷：固定资产 同时 借：银行存款（按照收到的价款） 　贷：银行存款（按照处置过程中发生的相关费用） 　　　应缴财政款（差额）	—
报经批准对外捐赠固定资产	借：资产处置费用（差额） 　　固定资产累计折旧 　贷：固定资产 　　　银行存款等（按照捐赠过程中归属于捐出方的相关费用）	借：其他支出 　贷：资金结存（按照实际支付的相关费用金额）

业务事项		财务会计	预算会计
报经批准无偿调出固定资产		借：固定资产累计折旧 　　无偿调拨净资产（差额） 　贷：固定资产 借：资产处置费用 　贷：银行存款等（按照无偿调出过程中发生的归属于调出方的相关费用）	借：其他支出 　贷：资金结存（按照实际支付的相关费用金额）
盘亏、毁损或报废的固定资产	转入待处置资产时	借：待处理财产损溢—待处理财产价值 　　固定资产累计折旧 　贷：固定资产（账面余额）	—
	报经批准予以处置	借：资产处置费用 　贷：待处理财产损溢—待处理财产价值	—
	支付清理费用	借：待处理财产损溢—处理净收入 　贷：银行存款	—
	收到残料变价收入或赔款	借：银行存款 　贷：待处理财产损溢—处理净收入	—
	结转处置固定资产净收入	处理收入>相关费用 借：待处理财产损溢—处理净收入 　贷：应缴财政款	—
	结转处置固定资产净支出	处理收入<相关费用 借：资产处置费用 　贷：待处理财产损溢—处理净收入	借：其他支出 　贷：资金结存等（支付的处理净支出）

要点小贴士

（1）处理收入>相关费用，现金净收入应上缴财政，但因盘亏、毁损或报废的固定资产不纳入部门预算管理，所以只进行财务会计核算；

（2）处理收入<相关费用，现金净支出纳入部门预算管理，所以应同时进行财务会计和预算会计核算。

要点小贴士

自行研究开发项目尚未进入开发阶段、或者确实无法区分研究阶段支出和开发阶段支出，但按法律程序已申请取得无形资产的，应当将依法取得时发生的注册费、聘请律师费等费用确认为无形资产。

（五）自行研发取得的无形资产

单位自行研究开发项目的支出，包括研究阶段支出与开发阶段支出，单位应当严格进行区分。研究阶段的支出，应当于发生时计入当期费用；开发阶段的支出，先按合理方法进行归集，如果最终形成无形资产的，应当确认为无形资产；如果最终未形成无形资产的，应当计入当期费用。

单位应当设置“研发支出”科目，核算自行研究开发项目研究阶段和开发阶段发生的各项支出。对于研究阶段的支出，应当先在“研发支出”科目归集。期（月）末，应当将本科目归集的研究阶段的支出金额转入当期费用，借记“业务活动费用”等科目，贷记“研发支出—研究支出”科目。

对于开发阶段的支出，先通过本科目进行归集，待自行研究开发项目完成，达到预定用途形成无形资产的，按照本科目归集的开发阶段的支出金额，借记“无形资产”科目，贷记“研发支出—开发支出”科目。单位应于每年年度终了评估研究开发项目是否能达到预定用途，如预计不能达到预定用途（如无法最终完成开发项目并形成无形资产的），应当将已发生的开发支出金额全部转入当期费用。

业务事项		财务会计	预算会计
自行研究开发项目研究阶段的支出	应当按照合理的方法先归集	借：研发支出—研究支出 贷：应付职工薪酬 / 库存物品 / 财政拨款收入 / 零余额账户用款额度 / 银行存款等	借：事业支出 / 经营支出等（实际支付的款项） 贷：财政拨款预算收入 / 资金结存
	期（月）末转入当期费用	借：业务活动费用等 贷：研发支出—研究支出	—
自行研究开发无形资产尚未进入开发阶段，或者确实无法区分研究阶段支出和开发阶段支出，但按照法律程序已申请取得无形资产的		借：无形资产（依法取得时发生的注册费、聘请律师费等费用） 贷：财政拨款收入 / 零余额账户用款额度 / 银行存款等	借：行政支出 / 事业支出 / 经营支出等 贷：财政拨款预算收入 / 资金结存
自行研究开发项目开发阶段的支出	发生支出	借：研发支出—开发支出 贷：应付职工薪酬 / 库存物品 / 财政拨款收入 / 零余额账户用款额度 / 银行存款等	借：事业支出 / 经营支出等（实际支付的款项） 贷：财政拨款预算收入 / 资金结存
	项目完成达到预定用途形成无形资产	借：无形资产 贷：研发支出—开发支出	—
	年末经评估，研发项目预计不能达到预定用途	借：业务活动费用等 贷：研发支出—开发支出	—

（六）公共基础设施和政府储备物资

特殊的行政事业性资产是由政府会计主体控制的，供社会公众使用的经济资源，如公共基础设施、政府储备物资、文物文化资产、保障性住房等。

1. 公共基础设施

> **要点小贴士**
> 公共基础设施的各组成部分具有不同使用年限或者以不同方式提供公共产品或服务，适用不同折旧率或折旧方法且可以分别确定各自原价的，应当分别将各组成部分确认为该类公共基础设施的一个单项公共基础设施。

单位应当设置“公共基础设施”和“公共基础设施累计折旧（摊销）”科目。

公共基础设施在取得时，应当按照其成本入账，其账务处理与固定资产基本相同。

按月计提公共基础设施折旧时：

借：业务活动费用

　贷：公共基础设施累计折旧（摊销）

处置公共基础设施时：

借：资产处置费用、无偿调拨净资产、待处理财产损溢等（按照所处置公共基础设施的账面价值）

　　公共基础设施累计折旧（摊销）

　贷：公共基础设施

2. 政府储备物资

单位应当设置“政府储备物资”科目。

政府储备物资在取得时，应当按照其成本入账，会计处理与库存物品基本一致。

业务事项		财务会计	预算会计
取得政府储备物资	购入的政府储备物资	借：政府储备物资 贷：财政拨款收入／零余额账户用款额度／应付账款／银行存款等	借：行政支出／事业支出 贷：财政拨款预算收入／资金结存
	接受捐赠的政府储备物资	借：政府储备物资 贷：捐赠收入 财政拨款收入／零余额账户用款额度／银行存款（捐入方承担的相关税费）	借：其他支出（捐入方实际发生的相关税费） 贷：财政拨款预算收入／资金结存
	无偿调入的政府储备物资	借：政府储备物资 贷：无偿调拨净资产 财政拨款收入／零余额账户用款额度／银行存款（调入方承担的相关税费）	借：其他支出（调入方实际发生的相关税费） 贷：财政拨款预算收入／资金结存
发出政府储备物资	动用发出无须收回的政府储备物资	借：业务活动费用 贷：政府储备物资（账面余额）	—
	动用发出需要收回或预期可能收回的政府储备物资	发出物资时： 借：政府储备物资—发出 贷：政府储备物资—在库 按照规定的质量验收标准收回物资时 借：政府储备物资—在库（收回物资的账面余额） 业务活动费用（未收回物资的账面余额） 贷：政府储备物资—发出	—
	因行政管理主体变动等原因而将政府储备物资调拨给其他主体的	借：无偿调拨净资产 贷：政府储备物资（账面余额）	—

业务事项		财务会计	预算会计
对外销售政府储备物资	按照规定销售收入纳入本单位预算的	借：业务活动费用 　贷：政府储备物资 借：银行存款 / 应收账款等 　贷：事业收入等 借：业务活动费用 　贷：银行存款等（发生的相关税费）	借：资金结存（收到的销售价款） 　贷：事业预算收入等 借：行政支出 / 事业支出 　贷：资金结存（支付的相关税费）
	按照规定销售收入扣除相关税费后上缴财政的	借：资产处置费用 　贷：政府储备物资 借：银行存款等（收到的销售价款） 　贷：银行存款（发生的相关税费） 　　应缴财政款	—

（七）受托代理资产

要点小贴士

（1）受托代理资产是指单位接受委托方委托管理的各项资产，包括受托指定转赠的物资、受托存储保管的物资等。

（2）单位应当设置“受托代理资产”科目。单位管理的罚没物资也应当通过本科目核算。单位收到的受托代理资产为现金和银行存款的，不通过本科目核算，应当通过“库存现金”“银行存款”科目进行核算。

1. 受托转赠物资

业务事项	财务会计	预算会计
接受委托人委托需要转赠给受赠人的物资	借：受托代理资产 　贷：受托代理负债	—
受托协议约定由受托方承担相关税费、运输费的	借：其他费用 　贷：财政拨款收入 / 零余额账户用款额度 / 银行存款等	借：其他支出（实际支付的相关税费、运输费等） 　贷：财政拨款预算收入 / 资金结存
将受托转赠物资交付受赠人时	借：受托代理负债 　贷：受托代理资产	—
转赠物资的委托人取消了对捐赠物资的转赠要求，且不再收回捐赠物资的	借：受托代理负债 　贷：受托代理资产 借：库存物品 / 固定资产等 　贷：其他收入	—

2. 罚没物资

业务事项	财务会计	预算会计
取得罚没物资时	借：受托代理资产 　贷：受托代理负债	—
按照规定处置罚没物资时	借：受托代理负债 　贷：受托代理资产 处置时取得款项的 借：银行存款等 　贷：应缴财政款	—

名师点拨

单位负债的财务会计核算与企业会计基本相同。

七、负债业务

单位负债主要包括应付及预收款项、应交税费、应付职工薪酬、应缴款项、长期应付款、预计负债等。

要点小贴士

由于应缴财政的款项不属于纳入部门预算管理的现金收支，因此不进行预算会计处理。

（一）应缴财政款

应缴财政款是指单位取得或应收的按照规定应当上缴财政的款项，包括应缴国库的款项和应缴财政专户的款项。单位应当设置“应缴财政款”科目。单位按照国家税法等有关规定应当缴纳的各种税费，通过“应交增值税”“其他应交税费”科目核算，不通过本科目核算。

单位取得或应收按照规定应缴财政的款项时：

借：银行存款、应收账款等

　贷：应缴财政款

单位上缴应缴财政的款项时：

借：应缴财政款（按照实际上缴的金额）

　贷：银行存款

（二）应付职工薪酬

单位的应付职工薪酬是指按照有关规定应付给职工（含长期聘用人员）及为职工支付的各种薪酬，包括基本工资、国家统一规定的津贴补贴、规范津贴补贴（绩效工资）、改革性补贴、社会保险费（如职工基本养老保险费、职业年金、基本医疗保险费等）、住房公积金等。

业务事项		财务会计	预算会计
计算确认当期应付职工薪酬	从事专业及其辅助活动人员的职工薪酬	借：业务活动费用 / 单位管理费用 　贷：应付职工薪酬	—
	应由在建工程、加工物品、自行研发无形资产负担的职工薪酬	借：在建工程 / 加工物品 / 研发支出等 　贷：应付职工薪酬	—
	从事专业及其辅助活动以外的经营活动人员的职工薪酬	借：经营费用 　贷：应付职工薪酬	—
	因解除与职工的劳动关系而给予的补偿	借：单位管理费用 　贷：应付职工薪酬	—

业务事项		财务会计	预算会计
从职工薪酬中代扣各种款项	代扣代缴个人所得税	借：应付职工薪酬—基本工资 贷：其他应交税费—应交个人所得税	—
	代扣社会保险费和住房公积金	借：应付职工薪酬—基本工资 贷：应付职工薪酬—社会保险费/住房公积金	—
	代扣为职工垫付的水电费、房租等费用时	借：应付职工薪酬—基本工资 贷：其他应收款等	—
向职工支付工资、津贴补贴等薪酬		借：应付职工薪酬 贷：财政拨款收入/零余额账户用款额度/银行存款等	借：行政支出/事业支出/经营支出等 贷：财政拨款预算收入/资金结存
按照规定缴纳职工社会保险费和住房公积金		借：应付职工薪酬—社会保险费/住房公积金 贷：财政拨款收入/零余额账户用款额度/银行存款等	借：行政支出/事业支出/经营支出等 贷：财政拨款预算收入/资金结存
从应付职工薪酬中支付的其他款项		借：应付职工薪酬 贷：零余额账户用款额度/银行存款等	借：行政支出/事业支出/经营支出等 贷：资金结存等

八、PPP 项目合同

（一）PPP 项目合同的确认和计量

PPP 项目合同，是指政府方与社会资本方依法依规就 PPP 项目合作所订立的合同。

政府方在取得 PPP 项目资产时一般应当按照成本进行初始计量，按规定需要进行资产评估的，应当按照评估价值进行初始计量。

（二）主要账务处理

> **要点小贴士**
>
> 政府方核算 PPP 项目合同应当设置"PPP 项目资产"和"PPP 项目净资产"科目。

1．PPP 项目资产取得时的账务处理

（1）社会资本方投资建造形成

借：PPP 项目资产（自建造开始至验收合格交付使用前所发生的全部必要支出）
　贷：PPP 项目净资产

（2）社会资本方从第三方购买形成

借：PPP 项目资产（购买价款、相关税费以及验收合格交付使用前发生的可归属于该项资产的运输费、装卸费、安装费和专业人员服务费等）
　贷：PPP 项目净资产

（3）使用社会资本方现有资产形成

借：PPP 项目资产（评估价值）

　贷：PPP 项目净资产

（4）使用政府方现有资产形成

①无须进行资产评估

借：PPP 项目资产（账面价值）

　　公共基础设施累计折旧（摊销）等

　贷：公共基础设施等（账面余额）

②需要进行资产评估

借：PPP 项目资产（评估价值）

　　公共基础设施累计折旧（摊销）等

　　其他费用（借方差额）

　贷：公共基础设施等（账面余额）

　　　其他收入（贷方差额）

要点小贴士

资产评估价值与账面价值的差额计入其他收入或其他费用。

（5）社会资本方对政府方原有资产进行改建、扩建形成

借：PPP 项目资产（改建、扩建前的账面价值加上改建、扩建发生的支出，再扣除资产被替换部分账面价值后的金额）

　　公共基础设施累计折旧（摊销）等

　贷：公共基础设施等（账面余额）

　　　PPP 项目净资产（初始入账金额与原有资产账面价值的差额）

2．PPP 项目资产在项目运营期间的账务处理

（1）对于为维护 PPP 项目资产的正常使用而发生的日常维修、养护等后续支出，不计入 PPP 项目资产的成本。

（2）对于为增加 PPP 项目资产的使用效能或延长其使用年限而发生的大修、改建、扩建等后续支出，在资产验收合格交付使用时

借：PPP 项目资产（相关支出扣除资产被替换部分账面价值的差额）

　贷：PPP 项目净资产

（3）在 PPP 项目运营期间，政府方应当按月对 PPP 项目资产计提折旧（摊销），但社会资本方持续进行良好维护使得其性能得到永久维护的 PPP 项目资产除外。对于作为 PPP 项目资产单独计价入账的土地使用权，政府方应当按照无形资产的相关规定进行摊销。

①政府方初始确认的 PPP 项目净资产金额等于 PPP 项目资产初始入账金额的，按月计提 PPP 项目资产折旧（摊销）时

借：PPP 项目净资产

　贷：PPP 项目资产累计折旧（摊销）

②政府方初始确认的 PPP 项目净资产金额小于 PPP 项目资产初始入账金额的，按月计提 PPP 项目资产折旧（摊销）时，应当按照计提的 PPP 项目资产折旧（摊销）金额的相应比例（即 PPP 项目净资产初始入账金额占 PPP 项目资产初始入账金额的比例）

借：PPP 项目净资产
　　业务活动费用等（差额）
　贷：PPP 项目资产累计折旧（摊销）

3. PPP 项目合同终止时的账务处理

（1）PPP 项目合同终止时，PPP 项目资产按规定移交至政府方的

①无须进行资产评估

借：公共基础设施等（资产的账面价值）
　　PPP 项目资产累计折旧（摊销）
　贷：PPP 项目资产

②需要进行资产评估

借：公共基础设施等（资产评估价值）
　　PPP 项目资产累计折旧（摊销）
　　其他费用（资产评估价值与账面价值的借方差额）
　贷：PPP 项目资产
　　　其他收入（资产评估价值与账面价值的贷方差额）

（2）PPP 项目合同终止时，政府方应当将尚未冲减完的 PPP 项目净资产账面余额转入累计盈余

借：PPP 项目净资产
　贷：累计盈余

九、部门（单位）合并财务报表

部门（单位）合并财务报表，是指以政府部门（单位）本级作为合并主体，将部门（单位）本级及其合并范围内全部被合并主体的财务报表进行合并后形成的，反映部门（单位）整体财务状况与运行情况的财务报表。部门（单位）合并财务报表是政府部门财务报告的主要组成部分。

（一）合并范围

要点小贴士

部门（单位）合并财务报表的合并范围一般应当以财政预算拨款关系为基础予以确定。

有下级预算单位的部门（单位）为合并主体，其下级预算单位为被合并主体。合并主体应当将其全部被合并主体纳入合并财务报表的合并范围。通常情况下，纳入本部门预决算管理的行政事业单位和社会组织（包括社会团体、基金会和社会服务机构，下同）都应当纳入本部门（单位）合并财务报表范围。

除满足一般原则的会计主体外，以下会计主体也应当纳入部门（单位）合并财务报表范围：

（1）部门（单位）所属的未纳入部门预决算管理的事业单位；

（2）部门（单位）所属的纳入企业财务管理体系执行企业类会计准则制度的事业单位；

（3）财政部规定的应当纳入部门（单位）合并财务报表范围的其他会计主体。

上述（1）、（2）中的所属关系，应当按照《事业单位法人证书》所列的举办单位确认。涉及两个或两个以上举办单位的，按排序第一的举办单位确认，纳入该举办单位的合并财务报表编制范围；举办单位之间有协议、章程或管理办法约定的，

按约定执行，不得重复编报。

以下会计主体不纳入部门（单位）合并财务报表范围：

（1）部门（单位）所属的企业，以及所属企业下属的事业单位；

（2）与行政机关脱钩的行业协会商会；

（3）部门（单位）财务部门按规定单独建账核算的会计主体，如工会经费、党费、团费和土地储备资金、住房公积金等资金（基金）会计主体；

（4）挂靠部门（单位）的没有财政预算拨款关系的社会组织以及非法人性质的学术团体、研究会等。

（二）合并程序

部门（单位）合并资产负债表应当以部门（单位）本级和其被合并主体符合上述有关编制基础和统一会计政策要求的个别资产负债表或合并资产负债表为基础，在抵销内部业务或事项对合并资产负债表的影响后，由部门（单位）本级合并编制。编制部门（单位）合并资产负债表时，需要抵销的内部业务或事项包括部门（单位）本级和其被合并主体之间、被合并主体相互之间的债权（含应收款项坏账准备，下同）、债务项目，以及其他业务或事项对部门（单位）合并资产负债表的影响。

部门（单位）合并收入费用表应当以部门（单位）本级和其被合并主体符合上述有关编制基础和统一会计政策要求的个别收入费用表或合并收入费用表为基础，在抵销内部业务或事项对合并收入费用表的影响后，由部门（单位）本级合并编制。编制部门（单位）合并收入费用表时，需要抵销的内部业务或事项包括部门（单位）本级和其被合并主体之间、被合并主体相互之间的收入、费用项目。

第三节 民间非营利组织会计

使用“会计云课堂”App 或“微信”扫码查看本节视频，快速 GET 知识点。

一、民间非营利组织会计概述

（一）民间非营利组织的概念和特征（略）

（二）民间非营利组织会计的特点

民间非营利组织会计的主要特点如下：

（1）以权责发生制为会计核算基础。

（2）在采用历史成本计价的基础上，引入公允价值计量基础。

（3）民间非营利组织会计要素不应包括所有者权益和利润，这是因为其资源提供者既不享有组织的所有权，也不取得经济回报，所以要单独设置净资产这一要素。

要点小贴士

企业会计、政府会计中的财务会计和民间非营利组织会计，以权责发生制为会计核算基础。

（三）民间非营利组织的会计要素

1. 反映财务状况的会计要素：资产、负债和净资产

会计等式：资产 - 负债 = 净资产

【提示】民间非营利组织设立时取得的注册资金，应当直接计入净资产。注册资金的使用受到时间限制或用途限制的，在取得时直接计入限定性净资产；其使用没有受到时间限制和用途限制的，在取得时直接计入非限定性净资产。

2. 反映业务活动情况的会计要素：收入和费用

会计等式：收入 - 费用 = 净资产变动额

要点小贴士

如果资产提供者对资产的使用设置了时间限制或（和）用途限制，则所确认的相关收入为限定性收入；除此之外的其他收入，为非限定性收入。

经典题解

【真题6·多选题】民间非营利组织按照是否存在限定将收入区分为限定性收入和非限定性收入，在判断收入是否存在限定时，应当考虑的因素有（　　）。（2020年）

A. 时间　　B. 金额

C. 来源　　D. 用途

【解析】民间非营利组织对于各项收入应当按是否存在限定区分为非限定性收入和限定性收入进行核算。如果资产提供者对资产的使用设置了时间限制或者（和）用途限制，则所确认的相关收入为限定性收入；除此之外的其他收入，为非限定性收入。

【答案】AD

【真题7·多选题】下列各项中，属于民间非营利组织会计要素的有（　　）。（2019年）

A. 收入　　B. 费用

C. 利润　　D. 所有者权益

【解析】民间非营利组织的会计要素包括资产、负债、净资产、收入和费用。

【答案】AB

（四）民间非营利组织财务会计报告

民间非营利组织的财务会计报告由会计报表、会计报表附注和财务情况说明书组成。会计报表至少应当包括资产负债表、业务活动表和现金流量表三张基本报表，附注侧重披露编制会计报表所采用的会计政策、已经在会计报表中得到反映的重要项目的具体说明和未在会计报表中得到反映的重要信息的说明等内容。

民间非营利组织的财务会计报告分为年度财务会计报告和中期财务会计报告。民间非营利组织在编制中期财务会计报告时，应当采用与年度会计报表相一致的确认与计量原则。中期财务会计报告的内容相对于年度财务会计报告而言可以适当简化，但仍应保证包括与理解中期期末财务状况和中期业务活动情况及其现金流量相关的重要财务信息。

二、民间非营利组织特定业务的会计核算

（一）捐赠业务

1. 捐赠的概念和特征

概念	捐赠通常是指捐赠人自愿地将现金或其他资产无偿地转让给受赠人，或者无偿地清偿或取消受赠人的负债 【提示1】捐赠属于非交换交易 【提示2】捐赠人和受赠人可以是单位，也可以是个人
特征	（1）无偿性 （2）自愿性 （3）捐赠交易中转让资产或劳务不属于所有者的投入或向所有者的分配
关注	（1）应当区分捐赠与受托代理交易等类似交易 （2）可能某项交易中仅有一部分属于捐赠交易 （3）应当区分政府补助收入与捐赠收入 （4）捐赠收入分为限定性收入和非限定性收入 （5）由于捐赠承诺不满足非交换交易收入的确认条件，所以民间非营利组织对于捐赠承诺，不应予以确认捐赠收入，但可以在会计报表附注中作相关披露 （6）劳务捐赠是捐赠的一种，即捐赠人自愿地向受赠人无偿提供劳务。民间非营利组织对于其接受的劳务捐赠，不予确认，但应当在会计报表附注中作相关披露 （7）民间非营利组织接受捐赠资产的有关凭据或公允价值以外币计量的，应当按照取得资产当日的市场汇率将外币金额折算为人民币金额记账。当汇率波动较小时，也可以采用当期期初的汇率进行折算

要点小贴士

捐赠承诺和劳务捐赠不应予以确认捐赠收入。

2. 捐赠收入的核算

（1）接受捐赠时

借：银行存款等

　贷：捐赠收入—限定性收入（有限定用途）

　　　　　　—非限定性收入（无限定用途）

【提示】

①对于民间非营利组织接受非现金资产捐赠时发生的应归属于其自身的相关税费、运输费等，应当计入当期费用，借记“筹资费用”科目，贷记“银行存款”等科目。

②对于接受的附条件捐赠，如果存在需要偿还全部或部分捐赠资产或者相应金额的现时义务时（如因无法满足捐赠所附条件而必须将部分捐赠款退还给捐赠人时），按照需要偿还的金额，借记“管理费用”科目，贷记“其他应付款”等科目。

（2）如果限定性捐赠收入的限制在确认收入的当期得以解除

借：捐赠收入—限定性收入

　贷：捐赠收入—非限定性收入

（3）期末

借：捐赠收入—限定性收入

　贷：限定性净资产

借：捐赠收入—非限定性收入

　贷：非限定性净资产

要点小贴士

期末，限定性收入转入限定性净资产，非限定性收入转入非限定性净资产。

（二）受托代理业务

要点小贴士

（1）受托代理业务中，受托代理资产的受益人是由委托人具体指定的，民间非营利组织没有变更的权力；

（2）在限定性捐赠中，民间非营利组织在按照资产提供者要求使用这些受赠资产的前提下，具有一定的自主权，可以在资产提供者的限定范围内选择具体的受益人。

1. 受托代理业务的概念

受托代理业务是指民间非营利组织从委托方收到受托资产，并按照委托人的意愿将资产转赠给指定的其他组织或者个人的受托代理过程。

2. 受托代理业务的界定

《民间非营利组织会计制度》规定的受托代理业务，是指有明确的转赠或者转交协议，或者虽然无协议但同时满足以下条件的业务：

（1）民间非营利组织在取得资产的同时即产生了向具体受益人转赠或转交资产的现时义务，不会导致自身净资产的增加。

（2）民间非营利组织仅起到中介而非主导发起作用，帮助委托人将资产转赠或转交给指定的受益人，并且没有权利改变受益人，也没有权利改变资产的用途。

（3）委托人已明确指出了具体受益人个人的姓名或受益单位的名称，包括从民间非营利组织提供的名单中指定一个或若干个受益人。

3. 受托代理业务的核算

（1）收到受托代理资产时

借：受托代理资产

　贷：受托代理负债

（2）在转赠（或转出）受托代理资产时

借：受托代理负债

　贷：受托代理资产（账面余额）

（3）收到的受托代理资产如果为货币性资产（现金、银行存款或者其他货币资金）

①收到时

借：银行存款—受托代理资产等

　贷：受托代理负债

②转赠或转出时

借：受托代理负债

　贷：银行存款—受托代理资产等

民间非营利组织从事受托代理业务时发生的应归属于其自身的相关税费、运输费等，应当计入当期费用，借记“其他费用”科目，贷记“银行存款”等科目。

经典题解

【真题8·单选题】下列各项关于非营利组织会计处理的表述中，正确的是（　　）。（2018年）

A. 捐赠收入于捐赠方作出书面承诺时确认

B. 接受的劳务捐赠按照公允价值确认捐赠收入

C. 如果捐赠方没有提供有关凭证，受赠的非现金资产按照名义价值入账

D. 收到受托代理资产时确认受托代理资产，同时确认受托代理负债

【解析】一般情况下，对于无条件捐赠，应当在捐赠收到时确认收入，对于附条件的捐赠，应当在取得捐赠资产控制权时确认收入，选项A错误；

接受的劳务捐赠不予确认捐赠收入，但应在附注中披露，选项B错误；

如果捐赠方没有提供有关凭证，受赠的非现金资产应以其公允价值作为入账价值，选项C错误。

【答案】D

名师点拨

（1）一般情况下，民间非营利组织的会费收入为非限定性收入，除非相关资产提供者对资产的使用设置了限制；

（2）民间非营利组织的会费收入通常属于非交换交易收入。

（三）会费收入

1. 收到时

（1）当期会费

借：银行存款等

　贷：会费收入—非限定性收入（无限定用途）

　　　　　　—限定性收入（有限定用途）

（2）本年收到以后年度会费

借：银行存款等

　贷：预收账款

2. 期末

借：会费收入—限定性收入

　贷：限定性净资产

借：会费收入—非限定性收入

　贷：非限定性净资产

要点小贴士

如果民间非营利组织接受政府提供的专项资金补助，可以在“政府补助收入—限定性收入”科目下设置“专项补助收入”进行核算；同时，在“业务活动成本”科目下设置“专项补助成本”，归集当期为专项资金补助项目发生的所有费用。

（四）业务活动成本

业务活动成本是指民间非营利组织为了实现其业务活动目标、开展某项目活动或者提供服务所发生的费用。

民间非营利组织按规定出资设立其他民间非营利组织，应当计入当期费用。设立与实现本组织业务活动目标相关的民间非营利组织的，相关出资金额记入“业务活动成本”科目；设立与实现本组织业务活动目标不相关的民间非营利组织的，相关出资金额记入“其他费用”科目。

1. 发生的业务活动成本

借：业务活动成本

　贷：银行存款等

2. 会计期末

借：非限定性净资产

　贷：业务活动成本

（五）净资产

按照是否受到限制，民间非营利组织的净资产分为限定性净资产和非限定性净资产。

1．限定性净资产的核算

民间非营利组织为了核算本单位的限定性净资产应当设置“限定性净资产”科目，并可根据本单位的具体情况和实际需要，设置相应的二级科目和明细科目。

（1）期末结转限定性收入

借：捐赠收入—限定性收入
　　政府补助收入—限定性收入等
　贷：限定性净资产

（2）限定性净资产的重分类

如果限定性净资产的限制已经解除，应当对净资产进行重新分类，将限定性净资产转为非限定性净资产。

借：限定性净资产
　贷：非限定性净资产

2．非限定性净资产的核算

（1）期末结转非限定性收入和成本费用项目

借：捐赠收入—非限定性收入
　　会费收入—非限定性收入
　　提供服务收入—非限定性收入
　　政府补助收入—非限定性收入
　　商品销售收入—非限定性收入
　　投资收益—非限定性收入
　　其他收入—非限定性收入
　贷：非限定性净资产

借：非限定性净资产
　贷：业务活动成本
　　　管理费用
　　　筹资费用
　　　其他费用

（2）非限定性净资产的重分类

以前期间未设置限制的资产，在有些情况下，资源提供者或国家法律、行政法规会对其增加时间或用途限制，此时应将非限定性净资产转入限定性净资产。

借：非限定性净资产
　贷：限定性净资产

要点小贴士

限定性净资产可重分类为非限定性净资产，非限定性净资产也可以重分类为限定性净资产。

（3）调整以前期间非限定性收入、费用项目

如果涉及调整非限定性净资产的（由于调整以前期间非限定性收入、费用项目导致的），按其调整金额，借记或贷记有关科目，贷记或借记“非限定性净资产”科目。

会计期末，“非限定性净资产”科目的贷方余额，反映民间非营利组织历年积存的非限定性净资产的金额。

考试加油站

本章小结

下载"会计云课堂"App学习

您已成功完成"第三十章"的学习，本章共15个考点，您都学会了吗？

为了让您对章节有更清晰的理解，加倍巩固。本书作者张志凤老师将通过**"视频导图课"**的方式，带您回顾重要考点。

名师点拨，视听结合，高效提分。

※ 欢迎您扫码，免费观看学习。

历年经典主观题回顾

使用"会计云课堂"App或"微信"扫码快速做题、对答案、看解析、掌握解题思路，开启轻松过关之旅。

计算分析题

甲单位为事业单位，其涉及财政拨款的收支业务通过财政授权支付方式结算。2×17年度至2×18年度，甲单位发生的有关经济业务或事项如下：

（1）2×17年3月15日，甲单位根据经过批准的部门预算和用款计划，向同级财政部门申请财政授权支付用款额度2000万元。4月8日，财政部门经审核后，以财政授权支付方式下达了1800万元用款额度。4月10日，甲单位收到了代理银行转来的"授权支付到账通知书"。

（2）2×17年5月5日，甲单位接受其他事业单位无偿调入物资一批，根据调出单位提供的相关凭证注明，该批物资在调出方的账面价值为300万元，甲单位经验收合格后入库。物资调入过程中甲单位以银行存款支付了运输费20万元。

（3）2×17年度，甲单位为开展专业业务活动及其辅助活动的人员发放工资600万元，津贴250万元，奖金100万元，代扣代缴个人所得税30万元；另支付其他相关费用800万元。

（4）2×17年12月31日，甲单位经与代理银行提供的对账单核对无误后，将50万元零余额账户用款额度予以注销。另外，2×17年度财政授权支付预算指标数大于零余额账户用款额度下达数，未下达的用款额度为 200 万元。

2×18 年初，甲单位收到代理银行提供的额度恢复到账通知书及财政部门批复的上年末未下达零余额账户用款额度。

除上述资料外，不考虑其他因素。

要求：

（1）根据上述资料，编制甲单位 2×17 年度和 2×18 年度与预算会计相关的会计分录（无需编制年末结账的会计分录）。

（2）根据资料（2），编制甲单位与财务会计相关的会计分录。

（3）分别按财务会计和预算会计计算甲单位 2×17 年度应确认的收入金额。（2018 年）

历年经典主观题参考答案及解析

使用“会计云课堂”App 或“微信”扫码对答案、看解析、
掌握解题思路，开启轻松过关之旅。

计算分析题

【答案】

（1）资料（1）

借：资金结存—零余额账户用款额度　1800

　贷：财政拨款预算收入　1800

资料（2）

借：其他支出　20

　贷：资金结存—货币资金　20

资料（3）

①实际支付职工薪酬：

借：事业支出　920（600+250+100−30）

　贷：资金结存—零余额账户用款额度　920

②上缴代扣的个人所得税时：

借：事业支出　30

　贷：资金结存—零余额账户用款额度　30

③支付其他相关费用：

借：事业支出　800

　贷：资金结存—零余额账户用款额度　800

资料（4）

2×17 年 12 月 31 日

借：资金结存—财政应返还额度	50	
贷：资金结存—零余额账户用款额度		50
借：资金结存—财政应返还额度	200	
贷：财政拨款预算收入		200

2×18 年初

借：资金结存—零余额账户用款额度	250	
贷：资金结存—财政应返还额度		250

（2）

借：库存物品	320	
贷：银行存款		20
无偿调拨净资产		300

（3）2×17 年财务会计确认的收入金额 =1800+200=2000（万元）。

2×17 年预算会计确认的收入金额 =1800+200=2000（万元）。

同步强化练习题

使用“会计云课堂”App 或“微信”扫码快速做题、对答案、看解析、掌握解题思路，开启轻松过关之旅。

一、单项选择题

1. 下列项目中，不属于政府负债计量属性的是（　　）。

A. 名义金额

B. 历史成本

C. 公允价值

D. 现值

2.《政府会计准则——基本准则》确立了“双功能”“双基础”“双报告”的政府会计核算体系，其中“双报告”指的是（　　）。

A. 预算报告和财务报告

B. 绩效报告和预算报告

C. 决算报告和财务报告

D. 预算报告和决算报告

3. 关于财政直接支付业务，下列会计处理表述正确的是（　　）。

A. 收到代理银行盖章的“授权支付到账通知书”时，根据通知书所列数额进行会计处理

B. 应设置“零余额账户用款额度”账户

C. 对财政应返还额度，下年度收到财政部门批复财政直接支付额度时进行会计处理

D. 应当在进行预算会计核算的同时进行财务会计核算

4. 下列各项中，在财政直接支付方式下，事业单位收到“财政直接支付入账通知书”时，财务会计核算应贷记的会计科目是（　　）。
A. 经营收入
B. 其他收入
C. 事业收入
D. 财政拨款收入

5. 2×21 年 1 月 10 日，甲行政单位以恢复的上年度财政直接支付额度向乙公司采购一台价款为 3 万元的办公设备并立即投入使用，并于 1 月 15 日收到财政直接支付入账通知书。不考虑其他因素，甲行政单位对上述业务进行会计处理的表述中，错误的是（　　）。
A. 在财务会计中增加固定资产 3 万元
B. 在财务会计中增加财政拨款收入 3 万元
C. 在预算会计中减少资金结存 3 万元
D. 在预算会计中增加行政支出 3 万元

6. 关于捐赠（预算）收入和支出，下列表述中错误的是（　　）。
A. 单位取得捐赠的货币资金按规定应当上缴财政的，应当按照“应缴财政款”科目相关规定进行账务处理，预算会计不做处理
B. 单位按规定向其附属单位以外的其他单位分配受赠的货币资金，应当按照“其他费用（支出）”科目相关规定处理
C. 单位接受捐赠人委托转赠的资产，应当同时进行财务会计和预算会计核算
D. 单位对外捐赠现金资产的，按照实际捐赠的金额，在预算会计中借记“其他支出”科目

7. 关于捐赠（预算）收入和支出，下列表述中错误的是（　　）。
A. 捐赠预算收入指单位接受其他单位或者个人捐赠取得的收入，包括现金捐赠和非现金捐赠收入
B. 对单位接受捐赠的非现金资产，在预算会计中，将发生的相关税费、运输费等支出金额记入“其他支出”科目
C. 单位作为主管部门或上级单位向其附属单位分配受赠的货币资金，应当按照“对附属单位补助费用（支出）”科目相关规定处理
D. 单位按规定向其附属单位以外的其他单位分配受赠的货币资金，应当按照“其他费用（支出）”科目相关规定处理

8. 关于事业单位投资支出，下列会计处理表述中错误的是（　　）。
A. 事业单位以货币资金对外投资时，按照投资金额和所支付的相关税费金额的合计数，在预算会计中借记“投资支出”科目，贷记“资金结存—货币资金”科目
B. 事业单位收到取得投资时实际支付价款中包含的已到付息期但尚未领取的利息或股利时，按照实际收到的金额，在预算会计中借记“资金结存—货币资金”科目，贷记“投资支出”科目
C. 事业单位持有股权投资期间收到被投资单位发放的现金股利或分期付息的利息时，按照实际收到的金额，在预算会计中借记“资金结存—货币资金”科目，贷记“投资预算收益”科目
D. 事业单位出售、对外转让或到期收回以前年度以货币资金取得的对外投资的，在预算会计中，按照实际收到的金额，借记“资金结存—货币资金”科目，按照取得投资时“投资支出”科目的发生额，贷记“投资支出”科目，按照其差额，贷记或借记“投资预算收益”科目

9. 2×21 年 1 月，某事业单位启动一项科研项目。当年收到上级主管部门拨付的非财政专项资金 2000 万元，为该项目发生事业支出 1980 万元。2×21 年 12 月，项目结项，经上级主管部门批准，该项目

的结余资金留归事业单位使用。假定不考虑其他因素，年末，该事业单位应转入“非财政拨款结余”科目金额为（ ）万元。

A. 20　　B. 1980

C. 2000　　D. 0

10. 2×21年12月，某事业单位对其收支科目进行分析，事业预算收入和上级补助预算收入本年发生额中的非专项资金收入分别为400万元、80万元，事业支出和其他支出本年发生额中的非财政非专项资金支出分别为320万元、40万元，对附属单位补助支出本年发生额为80万元。经营预算收入本年发生额为60万元，经营支出本年发生额为50万元。年末，该事业单位应确认的“其他结余”科目金额为（ ）万元。

A. 130　　B. 40

C. 120　　D. 50

11. 2×21年6月30日，某行政单位经批准以其一部公务轿车置换另一单位的办公用品（不符合固定资产确认标准）一批，办公用品已验收入库。该轿车账面余额80万元，已计提折旧40万元，评估价值为50万元。置换过程中该单位收到对方支付的补价4万元已存入银行，另外为取得该批办公用品以现金支付运输费2万元。不考虑其他因素，该行政单位换入库存物品的入账价值为（ ）万元。

A. 38　　B. 52

C. 56　　D. 48

12. 下列各项中，年末事业单位“本年盈余分配”科目的余额应转入的会计科目是（ ）。

A. 本期盈余

B. 累计盈余

C. 以前年度盈余调整

D. 财政拨款结余

13. 关于非财政拨款收支业务，下列会计处理表述中错误的是（ ）。

A. 事业收入按照实际收到的金额扣除增值税销项税之后的金额入账，事业预算收入按照实际收到的金额入账

B. 单位从同级财政取得政府债券资金的，不应计入债务预算收入，应当在财务会计中借记“银行存款”“零余额账户用款额度”等科目，贷记“财政拨款收入”科目；同时在预算会计中借记“资金结存”等科目，贷记“财政拨款预算收入”科目

C. 对于纳入单位预算管理的现金收支业务在进行预算会计核算的同时要进行财务会计核算

D. 同级财政以地方政府债券置换单位原有负债的，单位应同时进行财务会计和预算会计核算

14. 关于行政事业单位会计核算，下列项目中错误的是（ ）。

A. 行政事业单位会计核算应当具备财务会计与预算会计双重功能

B. 年末应将财政拨款结转的余额全部转入财政拨款结余

C. 事业收入不包括从同级政府财政部门取得的各类财政拨款

D. 年末预算收支结转后“资金结存”科目借方余额与预算结转结余科目贷方余额相等

15. 关于行政事业单位资产业务的会计处理，下列表述中错误的是（ ）。

A. 对于投资和公共基础设施、政府储备物资、保障性住房、文物文化资产等资产不能采用名义金额计量

B. 对于接受捐赠的资产，其成本能够确定的，应当按照确定的成本减去相关税费后的净额计入捐赠收入

C. 置换取得的资产，其成本按照换出资产的账面价值，加上支付的补价或减去收到的补价，加上为换入资产发生

的其他相关支出确定

D. 无偿调入的资产，通常其成本按照调出方账面价值加上相关税费等确定

16. 2×21 年 12 月 1 日，甲事业单位从乙事业单位无偿调入一项专利权，该专利权在乙事业单位的账面原值为 100 万元，累计摊销金额为 20 万元。在该专利权调入过程中，甲事业单位支付了 2 万元的过户登记费。不考虑其他因素，甲事业单位该专利权的初始入账金额为（　　）万元。

A. 102　　B. 80

C. 82　　D. 100

17. 关于事业单位的应收账款，下列会计处理表述中错误的是（　　）。

A. 我国政府会计核算中除了对事业单位收回后不需上缴财政的应收账款和其他应收款进行减值处理外，对于其他资产均未考虑减值

B. 年末，事业单位对收回后不需上缴财政的应收账款计提坏账准备时，借记“其他费用”科目，贷记“坏账准备”科目

C. 年末，事业单位对收回后应当上缴财政的应收账款应进行全面检查。对于账龄超过规定年限、确认无法收回的应收账款，按照规定报经批准后予以核销

D. 对于收回后不需上缴财政的应收账款，已核销的应收账款在以后期间又收回的，无须进行预算会计的会计处理

18. 下列各项中，事业单位采用财政授权支付方式上缴代扣的个人所得税时，财务会计核算应贷记的会计科目是（　　）。

A. 财政应返还额度

B. 银行存款

C. 零余额账户用款额度

D. 财政拨款收入

19. 关于政府方对 PPP 项目合同的确认和计量，下列表述中错误的是（　　）。

A. 社会资本方投资建造形成的 PPP 项目资产，政府方应当在资产验收合格交付使用时，按照确定的成本（包括该项资产自建造开始至验收合格交付使用前所发生的全部必要支出），借记“PPP 项目资产”科目，贷记“PPP 项目净资产”科目

B. 使用社会资本方现有资产形成的 PPP 项目资产，政府方应当在 PPP 项目开始运营日，按照该项资产的评估价值，借记“PPP 项目资产”科目，贷记“PPP 项目净资产”科目。

C. PPP 项目合同终止时，政府方无须对尚未冲减完的 PPP 项目净资产账面余额进行账务处理

D. PPP 项目合同终止时，PPP 项目资产按规定移交至政府方的，政府方应当根据 PPP 项目资产的性质和用途，将其重分类为公共基础设施等资产

20. 民间非营利组织的财务报表不包括（　　）。

A. 业务活动表　　B. 资产负债表

C. 利润表　　D. 现金流量表

21. 下列账户余额期末应转入限定性净资产的是（　　）。

A. 提供服务收入—非限定性收入

B. 非限定性净资产

C. 捐赠收入—限定性收入

D. 会费收入—非限定性收入

22. 2×21 年 10 月 10 日，某民办学校获得一笔 300 万元的政府补助收入，政府规定该补助用于资助贫困学生，至 2×21 年 12 月 31 日该笔支出尚未发生。对于该事项的核算，下列说法中错误的是（　　）。

A. 该笔收入在 2×21 年 12 月 31 日要转入到限定性净资产

B. 该笔收入在2×21年12月31日要转入到非限定性净资产

C. 该笔收入因为规定了资金的使用用途，属于限定性收入

D. 该笔收入属于非交换交易收入

23. 甲社会团体按照会员代表大会通过的会费收缴办法的规定，其个人会员每年应缴纳会费0.03万元，每年度会费应在当年度1月1日至12月31日缴纳，当年未按时缴纳会费的会员将在下一年度的1月1日自动失去会员资格。甲社会团体共有会员200人。截至2×20年12月31日，150人缴纳当年会费，40人缴纳了2×20年度至2×21年度的会费，10人尚未缴纳当年会费，甲社会团体2×20年度应确认的会费收入为（　　）万元。

A. 6.9　　B. 5.7

C. 6　　D. 7.2

二、多项选择题

1. 下列各项中，属于事业单位流动负债的有（　　）。

A. 应缴款项　　B. 长期应付款

C. 预收款项　　D. 短期借款

2. 下列项目中，属于政府资产计量属性的有（　　）。

A. 名义金额　　B. 可变现净值

C. 公允价值　　D. 现值

3. 关于政府财务报告和决算报告，下列表述中正确的有（　　）。

A. 政府财务报告是反映政府会计主体某一特定日期的财务状况和某一会计期间的运行情况和现金流量等信息的文件

B. 政府财务报告主要分为政府部门财务报告和政府综合财务报告

C. 政府决算报告是综合反映政府会计主体年度预算收支执行结果的文件

D. 政府财务报告的会计报表至少应当包括资产负债表、收入费用表和决算报表

4. 关于政府会计，下列表述中正确的有（　　）。

A. 政府会计应当实现预算会计和财务会计双重功能

B. 政府会计主体应当编制决算报告和财务报告

C. 政府会计实行收付实现制

D. 政府会计主体分别建立预算会计和财务会计两套账

5. 下列项目中，属于政府预算会计要素的有（　　）。

A. 预算收入　　B. 净资产

C. 费用　　D. 预算结余

6. 2×21年12月31日，甲行政单位财政直接支付指标数与当年财政直接支付实际支出数之间的差额为30万元。2×22年1月1日，财政部门恢复了该单位的财政直接支付额度。2×22年1月20日，该单位以财政直接支付方式购买一批办公用品（属于上年预算指标数），支付给供应商10万元。不考虑其他因素，甲行政单位对购买办公用品的下列会计处理表述中，正确的有（　　）。

A. 增加库存物品10万元

B. 减少财政应返还额度10万元

C. 减少资金结存10万元

D. 增加行政支出10万元

7. 关于非财政拨款收支业务，下列表述中正确的有（　　）。

A. 事业活动中涉及增值税业务的，事业收入按照实际收到的金额扣除增值税销项税之后的金额入账，事业预算收入按照实际收到的金额入账

B. 单位对外捐赠现金资产的，按照实际捐赠的金额，在财务会计中借记“其他费用”科目，贷记“银行存款”“库

存现金”等科目；同时在预算会计中借记“其他支出”科目，贷记“资金结存—货币资金”科目

C. 单位需要向同级财政上缴专项债券对应项目专项收入的，取得专项收入时，应当借记“银行存款”等科目，贷记“应缴财政款”科目；实际上缴时，借记“应缴财政款”科目，贷记“银行存款”等科目；预算会计不作处理

D. 单位按规定出资成立非营利法人单位，不应按照投资业务进行会计处理，在出资时应当按照出资金额，在财务会计中借记“其他费用”科目，贷记“银行存款”等科目，同时在预算会计中借记“其他支出”科目，贷记“资金结存”科目

8. 关于预算结转结余及分配业务，下列表述中正确的有（　　）。

A. 单位财政拨款结转结余参与事业单位的结余分配

B. 事业单位应当在预算会计中设置“财政拨款结转”科目，核算滚存的财政拨款结转资金

C. 非财政拨款结转资金是指事业单位除财政拨款收支、经营收支以外的各非同级财政拨款专项资金收入与其相关支出相抵后剩余滚存的、须按规定用途使用的结转资金

D. 财政拨款结余指单位历年滚存的非限定用途的非同级财政拨款结余资金

9. 关于经营结余、其他结余及非财政拨款结余分配的核算，下列项目中正确的有（　　）。

A. 年末，事业单位应将“其他结余”科目余额转入“非财政拨款结余分配”科目

B. 年末，事业单位应将“经营结余”科目余额转入“非财政拨款结余分配”科目

C. 事业单位根据有关规定提取专用基金的，按照提取的金额，在预算会计中通过“专用结余”科目核算

D. 事业单位根据规定使用从非财政拨款结余或经营结余中提取的专用基金时，按照使用金额，借记“专用结余”科目，贷记“资金结存—货币资金”科目；同时，按照相同金额，在财务会计中，借记“专用基金”科目，贷记“银行存款”等科目

10. 关于行政事业单位会计核算，下列表述中正确的有（　　）。

A. 行政事业单位实际缴纳增值税时计入预算支出

B. 行政事业单位会计核算应当具备财务会计与预算会计双重功能

C. 事业单位收到从财政专户返还的事业收入时，只需进行财务会计核算，无须进行预算会计核算

D. 年末预算收支结转后“资金结存”科目借方余额与预算结转结余科目贷方余额相等

11. 关于预算结转结余及分配业务的会计处理，下列表述中正确的有（　　）。

A. 年末，单位应当将财政拨款收入和对应的财政拨款支出结转入“财政拨款结余”科目

B. 财政拨款结转结余不参与事业单位的结余分配

C. 年末，将“经营结余”科目余额结转入“非财政拨款结余分配”科目

D.“其他结余”科目核算单位本年度除财政拨款收支、非同级财政专项资金收支和经营收支以外各项收支相抵后的余额

12. 下列各项中，事业单位当月应计提折旧的有（　　）。

A. 文物和陈列品

B. 当月无偿调入未提足折旧的专用设备

C. 以名义金额计量的固定资产

D. 当月达到预定可使用状态的办公大楼

13. 关于事业单位资产业务的会计处理，下列表述中正确的有（　　）。
A. 为增加固定资产使用效能或延长其使用年限而发生的改建、扩建等后续支出，计入固定资产成本
B. 事业单位固定资产应当按月计提折旧，当月增加的固定资产，当月开始计提折旧
C. 按法律程序已申请取得无形资产的，应当将依法取得时发生的注册费和聘请律师费等费用确认为无形资产
D. 经批准在境外购买具有所有权的土地作为无形资产核算

14. 关于事业单位资产和负债业务的会计处理，下列各项表述中正确的有（　　）。
A. 单位管理的罚没物资应当通过“库存物品”科目核算
B. 单位按照国家税法等有关规定应当缴纳的各种税费，通过“应缴财政款”科目核算
C. 无偿调入的资产，其成本按照调出方账面价值加上相关税费等确定（该资产在调出方账面价值为零或账面余额为名义金额的除外）
D. 经批准在境外购买具有所有权的土地作为固定资产核算

15. 关于政府方PPP项目资产在项目运营期间的账务处理，下列表述中正确的有（　　）。
A. 对于为维护PPP项目资产的正常使用而发生的日常维修支出，应计入PPP项目资产的成本
B. 对于为增加PPP项目资产的使用效能或延长其使用年限而发生的大修、改建、扩建等相关支出扣除资产被替换部分账面价值的差额，应增加PPP项目资产和PPP项目净资产
C. 政府方初始确认的PPP项目净资产金额等于PPP项目资产初始入账金额的，按月计提PPP项目资产折旧（摊销）时，应借记“PPP项目净资产”科目，贷记“PPP项目资产累计折旧（摊销）”科目
D. 政府方初始确认的PPP项目净资产金额小于PPP项目资产初始入账金额的，按月计提PPP项目资产折旧（摊销）时，PPP项目净资产减少数与PPP项目资产累计折旧（摊销）增加数的差额计入业务活动费用

16. 下列项目中，应纳入部门（单位）合并财务报表的有（　　）。
A. 部门（单位）所属的未纳入部门预决算管理的事业单位
B. 部门（单位）所属的纳入企业财务管理体系执行企业类会计准则制度的事业单位
C. 部门（单位）所属的企业
D. 与行政机关脱钩的行业协会商会

17. 关于民间非营利组织会计，下列说法中正确的有（　　）。
A. 民间非营利组织设立时取得的注册资金，应当直接计入净资产。注册资金的使用受到时间限制或用途限制的，在取得时直接计入限定性净资产
B. 民间非营利组织接受捐赠资产的有关凭据或公允价值以外币计量的，应当按照取得资产当日的市场汇率将外币金额折算为人民币金额记账。当汇率波动较小时，也可以采用当期期初的汇率进行折算
C. 反映财务状况的会计要素包括资产、负债和所有者权益
D. 对于民间非营利组织接受非现金资产捐赠时发生的应归属于其自身的相关税费、运输费等，应当计入当期费用，借记“筹资费用”科目，贷记“银行存款”等科目

18. 关于民间非营利组织会计，下列说法中正确的有（　　）。
A. 以收付实现制为会计核算基础

B. 在采用历史成本计价的基础上，引入公允价值计量基础

C. 资源提供者向该组织投入资源不取得经济回报

D. 以权责发生制为会计核算基础

19. 下列收入中，属于民间非营利组织收入的有（　　）。

A. 商品销售收入　　B. 会费收入

C. 提供服务收入　　D. 政府补助收入

20. 下列各项中，属于民间非营利组织应确认为捐赠收入的有（　　）。

A. 接受劳务捐赠

B. 接受有价证券捐赠

C. 从委托方收到受托资产，并按照委托人的意愿将资产转赠给指定组织

D. 接受货币资金捐赠

21. 关于民间非营利组织受托代理资产入账价值的确定，下列会计处理中正确的有（　　）。

A. 如果受托代理资产为固定资产，委托方没有提供有关凭据的，受托代理资产应当按照委托方账面价值作为入账价值

B. 如果受托代理资产为存货，且委托方提供了有关凭据与公允价值相差不大，应当按照凭据上标明的金额作为入账价值

C. 如果受托代理资产为现金，应当按照实际收到的金额作为受托代理资产的入账价值

D. 如果受托代理资产为无形资产，委托方没有提供有关凭据的，受托代理资产应当按 1 元计量

22. 2×21 年 12 月 10 日，甲民间非营利组织按照与乙企业签订的一份捐赠协议，向乙企业指定的一所贫困小学捐赠电脑 100 台，该组织收到乙企业捐赠的电脑时进行的下列会计处理中，正确的有（　　）。

A. 确认受托代理负债

B. 确认受托代理资产

C. 确认捐赠收入

D. 确认固定资产

三、计算分析题

甲单位为事业单位，乙单位为行政单位。2×20 年度和 2×21 年度，甲单位和乙单位发生的有关经济业务或事项如下：

（1）2×20 年 10 月 10 日，甲单位根据经过批准的部门预算和用款计划，向同级财政部门申请支付第三季度水费 80 万元。10 月 20 日，财政部门经审核后，以财政直接支付方式向自来水公司支付了该单位的水费 80 万元。10 月 25 日，甲单位收到了“财政直接支付入账通知书”。

（2）甲单位部分事业收入用财政专户返还的方式管理。2×20 年 9 月 15 日，甲单位收到应上缴财政专户的事业收入 600 万元。9 月 25 日，甲单位将上述款项上缴财政专户。10 月 25 日，甲单位收到从财政专户返还的事业收入 600 万元。

（3）2×20 年 11 月，甲单位（为增值税一般纳税人）对开展技术咨询服务，开具的增值税专用发票上注明的劳务收入为 200 万元，增值税税额为 12 万元，款项已存入银行。

（4）2×20 年 12 月 12 日，甲单位接受长江公司捐赠的一批实验材料，长江公司所提供的凭据注明其价值为 80 万元，甲单位以银行存款支付了运输费 2 万元。假设不考虑相关税费。

（5）2×20 年 12 月 31 日，乙单位财政直接支付预算指标数与当年财政直接支付实际支出数之间的差额为 50 万元。2×21 年初，财政部门恢复了乙单位的财政直接支付额度。2×21 年 1 月 15 日，乙单位以财政直接支付方式购买一批办公物资（属于上年预算指标数），支付给供应商 18 万

元价款，假定不考虑相关税费。
除上述资料外，不考虑其他因素。

要求：
（1）根据上述资料（1），编制甲单位与预算会计和财务会计有关的会计分录。
（2）根据上述资料（2），编制甲单位收到应上缴财政专户的事业收入、向财政专户上缴款项和收到从财政专户返还的事业收入与预算会计和财务会计有关的会计分录。
（3）根据上述资料（3），编制甲单位收到劳务收入和实际缴纳增值税与预算会计和财务会计有关的会计分录。
（4）根据上述资料（4），编制甲单位与预算会计和财务会计有关的会计分录。
（5）根据上述资料（5），编制乙单位与预算会计和财务会计有关的会计分录。

同步强化练习题参考答案及解析

使用“会计云课堂”App或“微信”扫码对答案、看解析、掌握解题思路，开启轻松过关之旅。

一、单项选择题

1.【答案】A
【解析】政府负债的计量属性主要包括历史成本、现值和公允价值。

2.【答案】C
【解析】“双报告”指的是决算报告和财务报告。

3.【答案】D
【解析】直接支付业务，收到“财政直接支付入账通知书”时，按照通知书中标明的金额进行会计处理，选项A错误；授权支付业务下，设置“零余额账户用款额度”账户，选项B错误；对财政应返还额度，下年度恢复财政直接支付额度后，单位以财政直接支付方式发生实际支出时进行会计处理，选项C错误。

4.【答案】D
【解析】在财政直接支付方式下，单位在收到“财政直接支付入账通知书”时，按照通知书中直接支付金额，在财务会计中借记“库存物品”等科目，贷记“财政拨款收入”科目，选项D正确。

5.【答案】B
【解析】相关会计分录如下：
预算会计：
借：行政支出　3
　贷：资金结存—财政应返还额度　3
财务会计：
借：固定资产　3
　贷：财政应返还额度　3

6.【答案】C
【解析】选项C，单位接受捐赠人委托转赠的资产，应当按受托代理业务相关规定进行账务处理，预算会计不做处理。

7.【答案】A

【解析】捐赠预算收入指单位接受的现金资产，选项 A 表述错误。

8.【答案】D

【解析】事业单位出售、对外转让或到期收回本年度以货币资金取得的对外投资的，在预算会计中，按照实际收到的金额，借记“资金结存—货币资金”科目，按照取得投资时“投资支出”科目的发生额，贷记“投资支出”科目，按照其差额，贷记或借记“投资预算收益”科目（如果单位出售、对外转让或到期收回的是以前年度以货币资金取得的对外投资，应当将上述业务处理中的“投资支出”科目改为“其他结余”），选项 D 错误。

9.【答案】A

【解析】该事业单位应转入“非财政拨款结余”科目金额 =2000−1980=20（万元）。

10.【答案】B

【解析】该事业单位应确认“其他结余”科目金额 =（400+80）−（320+40）−80=40（万元）。对于经营预算收入、经营支出年末应结转至“经营结余”科目。

11.【答案】D

【解析】该行政单位换入库存物品的入账价值 =50−4+2=48（万元）。

12.【答案】B

【解析】“本年盈余分配”科目核算单位本年度盈余分配的情况和结果。年末，将“本年盈余分配”科目余额转入“累计盈余”科目，选项 B 正确。

13.【答案】D

【解析】同级财政以地方政府债券置换单位原有负债的，单位应当借记“长期借款”“应付利息”等科目，贷记“累计盈余”科目；预算会计不做处理，选项 D 错误。

14.【答案】B

【解析】选项 B，财政拨款结转资金中，只有符合财政拨款结余性质的项目余额，才转入财政拨款结余，而不是全部余额都转入财政拨款结余。

15.【答案】C

【解析】选项 C，置换取得的资产，其成本按照换出资产的评估价值，加上支付的补价或减去收到的补价，加上为换入资产发生的其他相关支出确定。

16.【答案】C

【解析】甲事业单位该专利权的初始入账金额 = 调出方账面价值（100−20）+ 相关税费 2=82（万元），选项 C 正确。

17.【答案】D

【解析】对于收回后不需上缴财政的应收账款，已核销的应收账款在以后期间又收回的，按照实际收回金额，借记“应收账款”科目，贷记“坏账准备”科目；同时，借记“银行存款”等科目，贷记“应收账款”科目，并且在预算会计中借记“资金结存—货币资金”科目，贷记“非财政拨款结余”科目。

18.【答案】C

【解析】事业单位采用财政授权支付方式上缴代扣的个人所得税时，财务会计的账务处理为：

借：其他应交税费—应交个人所得税

　贷：零余额账户用款额度

19.【答案】C

【解析】PPP 项目合同终止时，政府方应当将尚未冲减完的 PPP 项目净资产账面余额转入累计盈余，即按 PPP 项目净资产的账面余额，借记“PPP 项目净资产”科目，贷记“累计盈余”科目。

20.【答案】C

【解析】民间非营利组织会计要素中不

包含利润要素，所以不编制利润表。民间非营利组织的会计报表至少应当包括以下三张基本报表：资产负债表、业务活动表和现金流量表。

21.【答案】C

【解析】期末，民间非营利组织应当将当期限定性收入的贷方余额转为限定性净资产，即将各收入科目中所属的限定性收入明细科目的贷方余额转入“限定性净资产”科目的贷方。

22.【答案】B

【解析】因该笔政府补助收入收到时规定了其用途，且期末并未解除限制，因此期末要将限定性收入结转到限定性净资产，选项B错误。

23.【答案】B

【解析】会费收入反映的是当期会费收入的实际发生额，当年有10人未缴纳会费，不符合收入确认条件，则甲社会团体2×20年度应确认的会费收入=0.03×（150+40）=5.7（万元），预收的下年度会费收入作为预收账款处理，不计入当期会费收入。

二、多项选择题

1.【答案】ACD

【解析】政府会计主体的负债按照流动性，分为流动负债和非流动负债。流动负债是指预计在1年内（含1年）偿还的负债，包括短期借款（选项D）、应付短期政府债券、应付及预收款项（选项C）、应缴款项（选项A）等。非流动负债是指流动负债以外的负债，包括长期借款、长期应付款（选项B）、应付长期政府债券等。

2.【答案】ACD

【解析】政府资产的计量属性主要包括历史成本、重置成本、现值、公允价值和名义金额。

3.【答案】ABC

【解析】政府财务报告的会计报表至少应当包括资产负债表、收入费用表和现金流量表，不包括决算报表，选项D错误。

4.【答案】AB

【解析】预算会计实行收付实现制，国务院另有规定的从其规定，财务会计实行权责发生制，选项C错误；政府预算会计和财务会计“适度分离”，并不是要求政府会计主体分别建立预算会计和财务会计两套账，而是要求对同一笔经济业务或事项进行会计核算，政府预算会计要素和财务会计要素相互协调，决算报告和财务报告相互补充，共同反映政府会计主体的预算执行信息和财务信息，选项D错误。

5.【答案】AD

【解析】政府预算会计要素包括预算收入、预算支出与预算结余。

6.【答案】ABCD

【解析】相关会计分录如下：

财务会计：

借：库存物品　　10

　贷：财政应返还额度—财政直接支付　　10

预算会计：

借：行政支出　　10

　贷：资金结存—财政应返还额度　　10

7.【答案】ABCD

8.【答案】BC

【解析】单位应当严格区分财政拨款结转结余和非财政拨款结转结余，财政拨款结转结余不参与事业单位的结余分配，选项A错误；非财政拨款结余指单位历年滚存的非限定用途的非同级财政拨款结余资金，选项D错误。

9.【答案】ACD

【解析】年末，事业单位应将“经营结余”

科目贷方余额转入“非财政拨款结余分配”科目,借方余额不结转,选项B错误。

10.【答案】ABD

【解析】事业单位收到从财政专户返还的事业收入时，按照实际收到的返还金额，在财务会计中借记“银行存款”等科目，贷记“事业收入”科目；同时在预算会计中借记“资金结存—货币资金”科目，贷记“事业预算收入”科目，选项C错误。

11.【答案】BD

【解析】年末，单位应当将财政拨款收入和对应的财政拨款支出结转入“财政拨款结转”科目,选项A错误；年末,“经营结余”科目如为贷方余额，将“经营结余”科目余额结转入“非财政拨款结余分配”科目；如为借方余额，为经营亏损，不予结转，选项C错误。

12.【答案】BD

【解析】单位应当按月对固定资产计提折旧，下列固定资产除外:（1）文物和陈列品;（2）动植物;（3）图书、档案;（4）单独计价入账的土地;（5）以名义金额计量的固定资产。固定资产应当按月计提折旧，当月增加的固定资产，当月开始计提折旧；当月减少的固定资产，当月不再计提折旧。固定资产提足折旧后，无论能否继续使用，均不再计提折旧，选项A和C错误。

13.【答案】ABC

【解析】经批准在境外购买具有所有权的土地作为固定资产核算，选项D错误。

14.【答案】CD

【解析】单位管理的罚没物资应当通过“受托代理资产”科目核算，选项A错误；单位按照国家税法等有关规定应当缴纳的各种税费,通过“应交增值税”“其他应交税费”科目核算，不通过“应缴财政款”科目核算，选项B错误。

15.【答案】BCD

【解析】对于为维护PPP项目资产的正常使用而发生的日常维修、养护等后续支出，不计入PPP项目资产的成本，选项A错误。

16.【答案】AB

【解析】以下会计主体不纳入部门(单位)合并财务报表范围:(1)部门(单位)所属的企业，以及所属企业下属的事业单位;(2)与行政机关脱钩的行业协会商会;(3)部门(单位)财务部门按规定单独建账核算的会计主体,如工会经费、党费、团费和土地储备资金、住房公积金等资金(基金)会计主体;(4)挂靠部门(单位)的没有财政预算拨款关系的社会组织以及非法人性质的学术团体、研究会等。选项C和D不纳入合并范围。

17.【答案】ABD

【解析】反映财务状况的会计要素包括资产、负债和净资产，选项C错误。

18.【答案】BCD

【解析】民间非营利组织以权责发生制为基础进行会计核算，选项A错误。

19.【答案】ABCD

【解析】民间非营利组织收入包括捐赠收入、会费收入、提供服务收入、政府补助收入、投资收益、商品销售收入等主要业务活动收入和其他收入。

20.【答案】BD

【解析】选项A，对于民间非营利组织接受的劳务捐赠，不予确认，但应当在会计报表附注中作相关披露；选项C，从委托方收到受托资产，并按照委托人的意愿将资产转赠给指定组织，属于受托代理业务，不属于捐赠业务。

21.【答案】BC

【解析】如果民间非营利组织受托代理资产为短期投资、存货、长期投资、固定资产和无形资产等非现金资产，应当视不同情况确定其入账价值：如果委托方提供了有关凭据（如发票、报关单、有关协议等），应当按照凭据上标明的金额作为入账价值，如果凭据上标明的金额与受托代理资产的公允价值相差较大，受托代理资产应当以其公允价值作为入账价值；如果委托方没有提供有关凭据的，受托代理资产应当按照其公允价值作为入账价值，选项A和D不正确。

22.【答案】AB

【解析】甲民间非营利组织在该项业务当中，只是起到中介人的作用，对该项业务应作为受托代理业务核算，收到受托代理资产时，应确认受托代理资产和受托代理负债，选项C和D不正确。

三、计算分析题

【答案】

（1）10月25日，甲单位收到“财政直接支付入账通知书”时：

借：事业支出　80
　贷：财政拨款预算收入　80

同时，

借：单位管理费用　80
　贷：财政拨款收入　80

（2）①收到应上缴财政专户的事业收入时：

借：银行存款　600
　贷：应缴财政款　600

②向财政专户上缴款项时：

借：应缴财政款　600
　贷：银行存款　600

③收到从财政专户返还的事业收入时：

借：银行存款　600
　贷：事业收入　600

同时，

借：资金结存—货币资金　600
　贷：事业预算收入　600

（3）①收到劳务收入时：

借：银行存款　212
　贷：事业收入　200
　　应交增值税—应交税金（销项税额）　12

同时，

借：资金结存—货币资金　212
　贷：事业预算收入　212

②实际缴纳增值税时：

借：应交增值税—应交税金（已交税金）　12
　贷：银行存款　12

同时，

借：事业支出　12
　贷：资金结存—货币资金　12

（4）

借：库存物品　82
　贷：捐赠收入　80
　　银行存款　2

同时，

借：其他支出　2
　贷：资金结存—货币资金　2

（5）①2×20年12月31日补记指标数：

借：资金结存—财政应返还额度　50
　贷：财政拨款预算收入　50

同时，

借：财政应返还额度—财政直接支付　50
　贷：财政拨款收入　50

②2×21年1月15日使用上年预算指标购买办公物资：

借：行政支出　18
　贷：资金结存—财政应返还额度　18

同时，

借：库存物品　18
　贷：财政应返还额度—财政直接支付　18

03

第三部分

跨章节主观题演练

跨章节主观题

使用“会计云课堂”App或“微信”扫码快速做题、对答案、看解析、掌握解题思路，开启轻松过关之旅。

（除题目中有特殊要求外，本部分题目答案中的金额单位均以万元表示，计算结果保留两位小数）

专题一　股份支付、可转换公司债券、金融资产和每股收益

甲公司2×21年发生的部分交易事项如下：

（1）2×21年4月1日，甲公司对9名高管人员每人授予20万份甲公司股票认股权证，每份认股权证持有人有权在2×22年2月1日按每股10元的价格购买1股甲公司股票。该认股权证不附加其他行权条件，无论行权日相关人员是否在职均不影响其享有的权利，行权前的转让也不受限制。授予日，甲公司股票每股市价12元，每份认股权证的公允价值为2元。

甲公司股票2×21年平均市价为11元，自2×21年4月1日至12月31日期间平均市价为12元。

（2）2×21年7月1日，甲公司按面值发行5年期可转换公司债券100万份，每份面值100元，票面年利率5%，利息在每年6月30日支付（第一次支付在2×22年6月30日）。可转换公司债券持有人有权在期满时按每份债券的面值换5股股票的比例将债券转换为甲公司普通股股票。在可转换公司债券发行日，甲公司如果发行同样期限的不附转换权的公司债券，则需要支付年利率为8%的市场利息。

（3）2×21年9月10日，甲公司以每股6元自公开市场购入100万股乙公司股票，另支付手续费1万元。甲公司将取得的乙公司股票分类为以公允价值计量且其变动计入当期损益的金融资产，上述手续费以银行存款支付。

2×21年12月31日，乙公司股票的收盘价为每股6.5元。

（4）甲公司2×20年全年发行在外的普通股为1000万股，不存在稀释性潜在普通股。2×21年1月31日，甲公司临时股东大会批准以未分配利润转增股本1000万股，之后发行在外普通股数量为2000万股。

甲公司2×21年归属于普通股股东的净利润为5000万元，2×20年归属于普通股股东的净利润为4000万元。

其他资料：

（P/A，5%，5）=4.3295；（P/A，8%，5）=3.9927；

（P/F，5%，5）=0.7835；（P/F，8%，5）=0.6806。

不考虑所得税等相关税费及其他因素的影响。

要求：

（1）根据资料（1），说明甲公司2×21年

应进行的会计处理，计算2×21年应确认的费用金额并编制相关会计分录。

（2）根据资料（2），说明甲公司对可转换公司债券应进行的会计处理，编制甲公司2×21年与可转换公司债券相关的会计分录，计算2×21年12月31日与可转换公司债券相关负债的账面价值。

（3）根据资料（3），编制甲公司2×21年与以公允价值计量且其变动计入当期损益的金融资产相关的会计分录。

（4）根据资料（1）至（4），确定甲公司2×21年在计算稀释每股收益时应考虑的稀释性潜在普通股；计算甲公司2×21年度财务报表中应列报的本年度和上年度的基本每股收益、稀释每股收益。

专题二　收入、股份支付、投资性房地产、债务重组及资产负债表日后事项

甲公司为境内上市公司，其2×21年度财务报告于2×22年3月20日经董事会批准对外报出。2×21年至2×22年，甲公司发生的部分交易或事项以及相关的会计处理如下：

（1）2×21年12月1日，甲公司与客户乙公司签订合同，在一年内以固定单价10万元向乙公司交付240件标准配件，单位成本为6万元。甲公司以往的习惯做法表明，在该商品出现瑕疵时，将根据商品的具体瑕疵情况给予客户价格折让，甲公司综合考虑相关因素后认为会向客户提供一定的价格折让。合同开始日，甲公司估计将提供48万元价格折让。2×21年12月15日，甲公司向乙公司交付120件配件，假定乙公司已取得120件配件的控制权。2×21年12月17日，乙公司发现配件存在质量瑕疵，需要返工，甲公司返工处理后，乙公司对返工后的配件表示满意，至2×21年12月31日，甲公司尚未收到上述款项。2×21年12月31日，为了维系客户关系，甲公司按以往的习惯做法主动提出对合同中240件配件给予每件0.3万元的价格折让，共计72万元，该折让符合甲公司以往的习惯做法。甲公司与乙公司达成协议，通过调整剩余120件配件价格的形式提供价格折让，即，将待交付的120件配件的单价调整为9.4万元。甲公司会计处理如下：

①2×21年12月15日

借：应收账款　1200

　贷：主营业务收入　1200

借：主营业务成本　720

　贷：库存商品　720

②2×21年12月31日

借：主营业务收入　72

　贷：应收账款　72

（2）2×21年7月1日，甲公司实施一项向丙公司（甲公司的子公司）20名高管人员每人授予4万份股票期权的股权激励计划。甲公司与相关高管人员签订的协议约定，每位高管人员自期权授予之日起在丙公司连续服务4年，即可以从甲公司购买4万股丙公司股票，购买价格为每股8元，该股票期权在授予日（2×21年7月1日）的公允价值为14元/份，2×21年12月31日的公允价值为16元/份，截至2×21年年末，20名高管人员中没有人离开丙公司，估计未来3.5年内将有2名高管人员离开丙公司。甲公司的会计处理如下：

借：管理费用　126

　贷：资本公积—其他资本公积　126

（3）由于出现减值迹象，2×21年6月30日，甲公司对一栋专门用于出租给子公司丁公司的办公楼进行减值测试。该出租办公楼采用成本模式进行后续计量，原值为

90000 万元，已计提折旧 18000 万元，以前年度未计提减值准备，预计该办公楼的未来现金流量现值为 60000 万元，公允价值减去处置费用后的净额为 65000 万元，甲公司的会计处理如下：

借：资产减值损失　　　　　　　　12000

　贷：投资性房地产减值准备　　　　12000

甲公司计提减值后对该办公楼采用年限平均法计提折旧，预计使用 50 年，截至 2×21 年 6 月 30 日，已计提折旧 10 年，预计净残值为零。2×21 年 7 月至 12 月，该办公楼收取租金 800 万元，计提折旧 750 万元。甲公司的会计处理如下：

借：银行存款　　　　　　　　　　800

　贷：其他业务收入　　　　　　　　800

借：其他业务成本　　　　　　　　750

　贷：投资性房地产累计折旧　　　　750

（4）甲公司 2×21 年 8 月销售一批商品给戊公司，销售价款为 450 万元，货款尚未收到。2×22 年 1 月 20 日甲公司与戊公司协商进行债务重组，甲公司同意戊公司将其拥有的一项固定资产（厂房）用于抵偿债务，同日甲公司已为该项应收账款计提了 60 万元的坏账准备，其公允价值为 400 万元。2×22 年 2 月 10 日，戊公司将固定资产交付给甲公司，双方办理完成产权转移手续，解除债权债务关系，戊公司固定资产原值为 400 万元，已计提累计折旧 160 万元，未计提减值准备，公允价值为 320 万元。

假定：不考虑相关税费及其他因素；不考虑提取盈余公积等利润分配事项。

要求：

（1）根据上述资料（1）至（3），逐项判断甲公司的会计处理是否正确，并说明理由；如果甲公司的会计处理不正确，编制更正的会计分录（无须通过“以前年度损益调整”科目）。

（2）根据资料（2），判断甲公司合并财务报表中该股权激励计划的类型，并说明理由。

（3）根据资料（3），判断甲公司合并财务报表中该办公楼应划分的资产类别（或报表项目），并说明理由。

（4）根据资料（4），判断 2×22 年 2 月 10 日甲公司收到戊公司的固定资产业务是否属于资产负债表日后调整事项，并说明理由。编制甲公司 2×22 年 2 月 10 日与债务重组业务有关的会计分录。

专题三　收入和合并财务报表

甲公司为境内上市公司，拥有乙公司、丙公司、丁公司和戊公司等子公司。2×21 年，甲公司及其子公司发生的有关交易或事项如下：

（1）乙公司是一家从事家禽饲养的企业，其增值税属于免税项目。丙公司是从事肉类屠宰加工的企业，其增值税属于应税项目。2×21 年内部交易的自产家禽在乙公司账面的内部销售成本为 800 万元，内部交易价格为 1000 万元，乙公司销售自产的家禽按规定免征增值税；丙公司在购入后，按现行的增值税相关规定可以扣除 13% 进项税额，因此原材料的入账价值为 870 万元（1000–130）。2×21 年，丙公司将当年从乙公司购入的家禽加工后对外销售 90%。

（2）2×21 年 1 月 1 日，甲公司与 A 公司签订合同，向其销售 W 产品。A 公司在合同开始日即取得了 W 产品的控制权，并在 90 天内有权退货。由于 W 产品是最新推出的产品，甲公司尚无有关该产品退货率的历史数据，也没有其他可以参考的市场信息。该合同对价为 220 万元，根据合同约定，A 公司应于合同开始日后的第二年年末付款。W产品在合同开始日的现销价格为200万元。W产品的成本为150万元，未计提存货跌价准备。退货期满后，未发生退货。假定应收款项在合同开始日和退货期满日的公允价值无重大差异。

（3）2×21年7月1日，甲公司与B公司签订合同，向其销售一台特种设备，并商定了该设备的具体规格和销售价格，甲公司负责按照约定的规格设计该设备，并按双方商定的销售价格200万元向B公司开具发票。该特种设备的设计和制造高度相关联。为履行该合同，甲公司与其供应商X公司签订合同，委托X公司按照其设计方案制造该设备，并安排X公司直接向B公司交付设备。X公司将设备交付给B公司后，甲公司按与X公司约定的价格140万元向X公司支付制造设备的对价；X公司负责设备质量问题，甲公司负责设备由于设计原因引致的问题，甲公司共发生设计费10万元，均为人工薪酬。2×21年12月1日，X公司将设备交付B公司。

（4）丁公司是一家著名的排球俱乐部，2×21年1月1日授权C公司在其设计生产的服装、帽子、水杯以及毛巾等产品上使用丁公司的名称和图标，授权期间为3年。合同约定，丁公司收取的合同对价由两部分组成：一是900万元固定金额的使用费；二是按照C公司销售上述产品所取得销售额的5%计算的提成。C公司预期丁公司会继续参加当地顶级联赛，并取得优异的成绩。2×21年C公司销售上述产品所取得销售额为1000万元。

（5）甲公司于2×19年1月1日取得戊公司80%股权，确认商誉800万元，2×21年12月31日甲公司将持有戊公司股权的1/4对外出售，出售部分股权后，对戊公司仍能控制。当日戊公司按购买日公允价值持续计算的净资产为20000万元。

其他资料：本题除资料（1）外，其他资料不考虑增值税等相关税费以及其他因素。

要求：

（1）根据资料（1），说明丙公司因增值税进项税额产生的差额在甲公司的合并财务报表中如何处理，并编制甲公司2×21年合并财务报表中的抵销分录。

（2）根据资料（2），说明甲公司何时确认收入，并说明理由，编制合同开始日及退货期满时的会计分录。

（3）根据资料（3），判断特种设备的设计和制造涉及几项履约义务，并说明理由；判断甲公司是主要责任人还是代理人，并说明理由；计算甲公司2×21年12月1日应确认的收入。

（4）根据资料（4），判断丁公司授权C公司知识产权许可是属于在某一时段内履行的履约义务还是属于某一时点履行的履约义务，并说明理由。

（5）根据资料（4），计算丁公司2×21年应确认的收入。

（6）根据资料（5），计算甲公司合并报表中应确认的商誉和少数股东权益。

专题四　委托加工物资、长期股权投资、收入、债务重组、限制性股票及资产负债表日后事项

甲公司2×21年度所得税汇算清缴于2×22年3月20日完成；2×21年度财务报告批准报出日为2×22年3月31日。甲公司有关资料如下：

（1）甲公司应收乙公司账款余额为1500万元，已计提坏账准备300万元，因乙公司发生财务困难，甲公司于2×21年12月10日与乙公司进行债务重组，合同签订日甲公司应收债权的公允价值为1100万元。甲公司同意乙公司以一台设备和一项

专利权抵偿上述债务，合同签订日的公允价值分别为400万元和600万元。

2×22年1月20日，甲公司和乙公司办理完成相关资产转让手续，双方解除债权债务关系。当日，设备的账面价值为380万元（原价为500万元，累计折旧120万元），专利权的账面价值为600万元（原价为800万元，累计摊销200万元）。

（2）2×22年2月5日，甲公司以银行存款30000万元从非关联方处取得丙公司50%的股权，并取得对丙公司的控制权，报告年度甲公司已持有丙公司5%的股权，并将其分类为以公允价值计量且其变动计入当期损益的金融资产。原5%股权投资初始入账金额为2600万元，在2×22年2月5日的账面价值和公允价值分别为2900万元和3000万元。甲公司原购买丙公司5%的股权和后续购买50%的股权不构成"一揽子交易"。

（3）2×21年12月10日，甲公司与无关联的丁公司通过签订销售合同的形式将成本为100万元原材料"销售"给丁公司并委托其进行加工，售价为120万元，已收款。同时，与丁公司签订商品采购合同将加工后的商品按150万元购回。合同规定，丁公司必须使用甲公司提供的原材料进行加工，无权按照自身意愿使用或处置该原材料，不承担该原材料价格变动的风险。2×22年1月30日，甲公司以银行存款150万元回购加工后的商品作为库存商品。

甲公司会计处理如下：

①2×21年12月10日

借：银行存款　　120

　贷：其他业务收入　　120

借：其他业务成本　　100

　贷：原材料　　100

②2×22年1月30日

借：库存商品　　150

　贷：银行存款　　150

（4）甲公司负责工程建造，2×21年1月1日签订了在其客户戊公司的区域建造总收入为18000万元、预计总成本为12000万元（含采购设备成本6000万元）的工程合同。合同签订日戊公司支付合同价款的10%，采购建造完成支付合同价款的40%，验收完成支付合同价款的40%，两年后工程无瑕疵支付合同价款最后10%。至2×21年12月31日，甲公司发生建造成本8000万元，其中6000万元为戊公司让甲公司去指定供应商处采购设备，2×21年12月，甲公司将采购的设备运达施工现场并经过戊公司验收，戊公司已取得对设备的控制权，但是根据工程进度，预计到2×22年2月才会安装该设备，假定该工程（包括设备安装）构成单项履约义务，甲公司是主要责任人，但不参与设备的设计和制造。戊公司可以控制在建工程，如果甲公司决定停止建造，戊公司可以另外安排新的工程建造公司在其基础上继续工作。甲公司按照累计实际发生的成本占预计总成本的比例确定履约进度。

（5）2×21年1月2日，甲公司股东大会通过向高管人员授予限制性股票的方案。方案规定：60名高管人员每人以每股6元的价格购买甲公司10万股普通股（每股面值1元），自方案通过之日起，高管人员在甲公司服务满3年且3年内公司净资产收益率平均达到15%及以上，3年期满即有权利拥有相关股票。服务期未满或未达到业绩条件的，甲公司将以每股6元的价格回购有关高管人员持有的股票。3年等待期内，高管人员不享有相关股份的股东权利。

2×21年1月2日，甲公司普通股的市场价格为每股12元；当日，被授予股份的高管人员向甲公司支付价款并登记为相关股票的持有人。

2×21年，该计划涉及的60名高管人员中有2人离开甲公司，预计未来期间还会有

3名高管人员离开。2×21年甲公司净资产收益率为18%，预计未来期间仍有上升空间，在3年期间内平均净资产收益率达到20%的可能性较大。

2×21年12月31日，甲公司回购离开公司的2名高管人员的限制性股票并注销。

其他资料：

不考虑增值税等相关税费及其他因素。

要求：

（1）根据资料（1），说明甲公司2×22年1月20日与乙公司解除债权债务关系是否属于资产负债表日后调整事项，并分别编制当日甲公司和乙公司相关会计分录。

（2）根据资料（2），判断甲公司2×22年2月5日购买丙公司股权是否属于资产负债表日后调整事项，并编制相关会计分录。

（3）根据资料（3），判断甲公司会计处理是否正确，说明理由。如果不正确，编制2×21年和2×22年相关更正分录。（无须通过“以前年度损益调整”科目核算）

（4）根据资料（4），判断甲公司建造该工程属于在某一时段内履行的履约义务还是在某一时点履行的履约义务，说明理由，并编制2×21年确认收入结转成本的会计分录。

（5）根据资料（5），说明甲公司授予日如何对限制性股票进行会计处理，并说明理由，编制甲公司2×21年相关会计分录。

专题五　股份支付、外币财务报表折算和合并财务报表

甲公司为我国境内注册的上市公司，其主要客户在我国境内。2×20年12月起，甲公司董事会聘请了长江会计师事务所为其常年财务顾问。2×21年12月31日，该事务所担任甲公司常年财务顾问的注册会计师王某收到甲公司财务总监张某的邮件，其内容如下：

注册会计师王某：

我公司想请你就本邮件的附件1至附件4所述相关交易或事项，提出会计处理的建议。所附交易或事项对有关税金和递延所得税以及现金流量表的影响，我公司有专人负责处理，无须考虑。除所附资料提供的信息外，不考虑其他因素。

附件1：我公司出于长期战略考虑，2×20年12月31日以1500万欧元购买了在意大利注册的无关联关系的乙公司发行在外的60%股份，共计1000万股，并自当日起能够控制乙公司的财务和经营决策。为此项合并，我公司另支付相关审计、法律等费用300万元人民币。乙公司所有客户都位于意大利，以欧元作为主要结算货币，且与当地的银行保持长期良好的合作关系，其借款主要从当地银行借入。

考虑到原管理层的能力、业务熟悉程度等，我公司完成收购交易后，保留了乙公司原管理层的所有成员。

2×20年12月31日，乙公司可辨认净资产公允价值为2300万欧元；欧元与人民币之间的即期汇率为1欧元=7.8元人民币。2×21年度，乙公司以购买日可辨认净资产公允价值为基础计算的净利润为500万欧元。

乙公司的利润表在折算为母公司记账本位币时，按照2×21年度平均汇率折算。其他相关汇率信息如下：2×21年12月31日，1欧元=8元人民币；2×21年度平均汇率为1欧元=7.9元人民币。

我公司有确凿的证据认为对乙公司的投资没有发生减值迹象，并自购买日起对乙公司的投资按历史成本在个别资产负债表中列报。

附件 2：2×21 年 6 月 30 日，我公司的一子公司丙公司（甲公司持股 70%）将一台设备（固定资产）出售给我公司，该设备账面价值为 480 万元，公允价值为 800 万元，我公司将其作为管理用固定资产，采用年限平均法计提折旧，预计尚可使用年限为 5 年，预计净残值为 0。

附件 3：我公司以前年度与其他非关联公司分别出资 10800 万元和 7200 万元设立了丁公司，我公司持有丁公司 60% 股权，能够对丁公司实施控制。2×21 年 11 月 1 日，丁公司引入新股东 C 公司（非关联方），C 公司向丁公司注资 28000 万元，我公司对丁公司持股比例下降为 32%，自该日起不再对丁公司实施控制，但仍具有重大影响。C 公司注资前，我公司对丁公司长期股权投资账面价值为 10800 万元；注资后，我公司对丁公司剩余 32% 股权公允价值为 19200 万元。

设立日至本次注资前，丁公司共实现净利润 10000 万元（其中，设立日至 2×20 年末共实现净利润 8000 万元），一直未进行利润分配，除所实现的净利润外，未发生其他净资产变动。

附件 4：经董事会批准，我公司 2×21 年 1 月 1 日实施股权激励计划，其主要内容为：我公司向丙公司 50 名管理人员每人授予 2 万份现金股票增值权，第 1 年末行权条件为丙公司 2×21 年度实现的净利润较前 1 年增长 6%，第 2 年末行权条件为截至 2×22 年 12 月 31 日 2 个会计年度平均净利润增长率不低于 7%，第 3 年末行权条件为截至 2×23 年 12 月 31 日 3 个会计年度平均净利润增长率不低于 8%；从达到上述业绩条件的当年年末起，每持有 1 份现金股票增值权可以从我公司获得相当于行权当日我公司每股股票市场价格的现金，行权期为 3 年。

丙公司 2×21 年度实现的净利润较前 1 年增长 5%，本年度没有管理人员离职。2×21 年年末，我公司预计丙公司截至 2×22 年 12 月 31 日 2 个会计年度平均净利润增长率将达到 7%，预计未来 1 年将有 2 名管理人员离职。

每份现金股票增值权公允价值如下：2×21 年 1 月 1 日为 9 元；2×21 年 12 月 31 日为 10 元。

要求：

请从注册会计师王某的角度回复张某邮件，回复要点包括但不限于如下内容：

（1）根据附件 1：

①计算甲公司购买乙公司股权的初始投资成本，并说明由此发生的相关费用的会计处理原则。

②计算甲公司购买乙公司股权所产生的商誉金额。

③计算乙公司 2×21 年度财务报表折算为母公司记账本位币时的外币报表折算差额及由此产生的合并财务报表中“其他综合收益”项目的金额。

（2）根据附件 2：编制甲公司与丙公司内部交易的固定资产在合并财务报表中相关抵销分录。

（3）根据附件 3：指出甲公司在个别财务报表层面和合并财务报表层面应如何进行会计处理。

（4）根据附件 4：计算股权激励计划的实施对甲公司 2×21 年度合并财务报表的影响金额，并简述相应的会计处理。

跨章节主观题参考答案及解析

使用“会计云课堂”App或“微信”扫码快速做题、对答案、看解析、掌握解题思路，开启轻松过关之旅。

【专题一答案】

（1）已授予高管人员的认股权证属于以权益结算的股份支付，由于相关权利不附加其他行权条件，没有等待期，应根据授予的认股权证在授予日的公允价值确认当期员工服务成本。

当期应确认的费用=9×20×2=360（万元）。

会计分录：

借：管理费用　360

　贷：资本公积—其他资本公积　360

（2）该可转换公司债券初始确认时应区分负债成分和权益成分，并按负债成分的实际利率确认利息费用。

负债成分公允价值=10000×0.6806+（10000×5%）×3.9927=8802.35（万元）；

权益成分公允价值=10000-8802.35=1197.65（万元）；

2×21年应确认的利息费用=8802.35×8%×6/12=352.09（万元）。

会计分录：

借：银行存款　10000

　　应付债券—利息调整　1197.65

　贷：应付债券—面值　10000

　　　其他权益工具　1197.65

借：财务费用　352.09

　贷：应付债券—利息调整　102.09

　　　应付利息　250

（100×100×5%×6/12）

甲公司可转换公司债券相关负债成分在2×21年12月31日的账面价值=10000-1197.65+102.09=8904.44（万元）。

（3）

借：交易性金融资产—成本　600

　　投资收益　1

　贷：银行存款　601

借：交易性金融资产—公允价值变动　50

　贷：公允价值变动损益　50

（4）①假设认股权证于发行日即转为普通股，增加的普通股股数=（9×20）-10×（9×20）÷12=30（万股）。

增量股每股收益为0，小于基本每股收益，具有稀释性。

②假设可转换公司债券于发行日即转为普通股所确认的净利润增加额和股票数量增加额：

净利润增加额为352.09万元；

假设转换增加的普通股股数=100×5=500（万股）；

增量股每股收益=352.09÷（500×6/12）=1.41（元/股），小于基本每股收益，具有稀释性。

2×21年度：

基本每股收益=5000÷2000=2.5（元/股）；

稀释每股收益=（5000+352.09）÷（2000+30×9/12+500×6/12）=2.36（元/股）。

2×20年度：

基本每股收益=4000÷2000=2（元/股）；

稀释每股收益与基本每股收益相同，为每股2元。

【专题二答案】

（1）资料（1）会计处理不正确。

理由：合同开始日，因甲公司估计将提供48万元价格折让，所以交易价格=240×10-48=2352（万元）。2×21年12月15日应确认销售收入=2352÷240×120=1176（万元）。甲公司给予乙公司一定的价格折让，而后续实际给予的折让与初始预计的折让差异属于相关不确定性消除而发生的可变对价的变化，应作为合同可变对价的后续变动进行会计处理。因甲公司给予的价格折让与整个合同相关，应当分摊至合同中的各项履约义务，其中，已交付的120件配件的履约义务已经完成，其控制权已经转移，因此，甲公司在交易价格发生变动的当期，将价格折让增加额24万元（72-48）分摊至已交付的120件配件，冲减当期收入12万元（24×120/240）。甲公司已转让配件2×21年应确认收入=1176-12=1164（万元），应调增销售收入=1164-（1200-72）=36（万元）。

更正分录为：

借：应收账款　36

　贷：主营业务收入　36

资料（2）会计处理不正确。

理由：母公司为子公司的员工授予股票期权，母公司应确认为长期股权投资；甲公司用于结算的股票为丙公司的股票，站在甲公司的角度，属于使用其他方的股权进行结算，应作为以现金结算的股份支付进行处理；2×21年应确认的长期股权投资的金额=（20-2）×4×16×1/4×6/12=144（万元）。

更正分录：

借：长期股权投资　144

　贷：应付职工薪酬　144

借：资本公积—其他资本公积　126

　贷：管理费用　126

资料（3）会计处理不正确。

理由：采用成本模式后续计量的投资性房地产；其减值金额是账面价值高于可收回金额的差额，可收回金额为预计未来现金流量的现值与公允价值减去处置费用后的净额两者中的较高者，故该投资性房地产的可收回金额为65000万元。投资性房地产计提减值准备前的账面价值=90000-18000=72000（万元），应计提减值准备=72000-65000=7000（万元）。

更正分录：

借：投资性房地产减值准备　5000（12000-7000）

　贷：资产减值损失　5000

该投资性房地产2×21年7月至12月应计提的折旧金额=65000/（50-10）×6/12=812.5（万元）。

更正分录：

借：其他业务成本　62.5（812.5-750）

　贷：投资性房地产累计折旧　62.5

（2）资料（2），合并财务报表中甲公司该股权激励计划属于现金结算股份支付。

理由：甲公司（母公司）授予其子公司职工的股票期权，甲公司以子公司的权益工具结算，故属于以集团内其他方权益工具结算，属于现金结算股份支付，合并财务报表应当从母公司角度判断，作为现金结算的股份支付核算。

（3）甲公司合并财务报表中该办公楼应作为固定资产列示。

理由：站在集团整体角度看，甲公司将自有固定资产出租给丁公司的交易属于母、子公司内部交易事项，合并财务报表需要将其抵销，最终该项资产仍然作为固定资产列报。

（4）不属于资产负债表日后调整事项。

理由：对于在报告期资产负债表日已经存在的债权，在其资产负债表日后期间与债务人达成的债务重组交易不属于资产负债表日后调整事项，不能据以调整报告期资产、负债项目的确认和计量。在报告期资产负债表中，债务重组中涉及的相关资产、负债仍应按照达成债务重组协议前具有法律效力的有关协议等约定进行确认和计量。

会计分录为：

借：固定资产　　400
　　坏账准备　　60
　贷：应收账款　　450
　　　投资收益　　10

【专题三答案】

（1）在编制合并财务报表时抵销出售方对有关产品的未实现内部销售损益与购入方相应的存货账面价值时，因增值税进项税额产生的差额在合并财务报表中可以确认为一项递延收益，并随着后续产品实现向第三方销售时再转入当期损益。

①当年内部销售的抵销分录：

借：营业收入　　1000
　贷：营业成本　　800
　　　存货　　70（870-800）
　　　递延收益　　130

②当年对外销售部分的抵销分录：

借：存货　　63（70×90%）
　贷：营业成本　　63
借：递延收益　　117（130×90%）
　贷：其他收益　　117

（2）甲公司应在退货期满时确认收入。

理由：因客户有退货权，所以该合同的对价是可变的。由于甲公司缺乏新产品 W 的有关退货情况的历史数据，考虑将可变对价计入交易价格的限制要求，在合同开始日不能将可变对价计入交易价格，因此，甲公司在 W 产品控制权转移时确认的收入为 0，其应当在退货期满后，根据实际退货情况，按照预期有权收取的对价金额确认收入。

会计分录：

①在合同开始日，甲公司将 W 产品的控制权转移给客户

借：应收退货成本　　150
　贷：库存商品　　150

②退货期满日

借：长期应收款　　220
　贷：主营业务收入　　200
　　　未实现融资收益　　20
借：主营业务成本　　150
　贷：应收退货成本　　150

（3）①特种设备的设计和制造涉及一项履约义务，应当作为单项履约义务。

理由：甲公司向 B 公司提供的特定商品是其设计的特种设备，该设备的设计和制造高度相关联，不能明确区分。

②甲公司是主要责任人。

理由：甲公司负责该合同的整体管理，主导了 X 公司的制造服务，并通过必需的重大整合服务，将其整合作为向 B 公司转让的组合产出（特种设备）的一部分，在该特种设备转让给客户前控制了该特种设备。

③甲公司应确认收入 200 万元。

（4）丁公司授权 C 公司知识产权许可是属于在某一时段内履行的履约义务。

理由：企业向客户授予的知识产权许可，同时满足下列 3 个条件的，应当作为在某一时段内履行的履约义务确认相关收入：①合同要求或客户能够合理预期企业将从事对该项知识产权有重大影响的活动；②该活动对客户将产生有利或不利影响；③该活动不会导致向客户转让某项商品。

资料（4）中，由于 C 公司能够合理预期丁公司将继续参加比赛，丁公司的成绩将会对其品牌（包括名称和图标等）的价值产生重大影响，而该品牌价值可能会进一步影响 C 公司产品的销量，丁公司从事的上述活动并未向 C 公司转让任何可明确区分的商品，因此，丁公司授予的该知识产权许可，属于在某一时段内履行的履约义务。

（5）丁公司收取的 900 万元固定金额的使用费应当在 3 年内平均确认收入，按照 C 公司销售相关商品所取得销售额的 5% 计算的提成应当在 C 公司的销售发生时确认收入。

丁公司 2×21 年应确认的收入 =900÷3+1000×5%=350（万元）。

（6）母公司不丧失控制权情况下处置子公司部分股权时，不应终止确认所处置股权对应的商誉，即合并财务报表中确认的商誉仍为800万元，应确认少数股东权益＝20000×40%+800×1/4=8200（万元）。

【专题四答案】

（1）对于在报告期间已经开始协商、但在报告期资产负债表日后期间进行的债务重组，因报告年度资产负债表日不符合终止确认相关债权和债务的条件，所以不属于资产负债表日后调整事项。

①甲公司的会计处理：

固定资产入账价值＝1100×400/（400+600）=440（万元），无形资产入账价值＝1100×600/（400+600）=660（万元）

借：固定资产 440
　　无形资产 660
　　坏账准备 300
　　投资收益 100
　贷：应收账款 1500

②乙公司的会计处理：

借：固定资产清理 380
　　累计折旧 120
　贷：固定资产 500

借：应付账款 1500
　　累计摊销 200
　贷：无形资产 800
　　　固定资产清理 380
　　　其他收益 520

（2）甲公司2×22年2月5日购买丙公司股权不属于资产负债表日后调整事项，属于非调整事项。

相关会计分录：

借：长期股权投资 33000
　贷：银行存款 30000
　　　交易性金融资产—成本 2600
　　　　　　　　　　—公允价值变动 300
　　　投资收益 100

（3）甲公司会计处理不正确。

理由：丁公司无权主导该原材料的使用并获得几乎全部经济利益，并未取得待加工原材料的控制权，该原材料仍然属于委托方甲公司的存货，甲公司不应确认销售原材料的收入，而应将整个业务作为购买委托加工服务进行处理。

更正分录：

①2×21年

借：委托加工物资 100
　贷：其他业务成本 100

借：其他业务收入 120
　贷：应付账款 120

②2×22年

借：应付账款 120
　贷：库存商品 20
　　　委托加工物资 100

（4）甲公司建造该工程属于在某一时段内履行的履约义务。

理由：甲公司在戊公司的土地上建造工程，戊公司能够控制甲公司在建的工程，因此属于在某一时段内履行的履约义务。

甲公司2×21年确认的履约进度＝（8000−6000）/（12000−6000）×100%=33.33%；甲公司应确认收入＝（18000−6000）×33.33%+6000=9999.6（万元）。

借：合同结算—收入结转 9999.6
　贷：主营业务收入 9999.6

借：主营业务成本 8000
　贷：合同履约成本 8000

（5）甲公司所授予高管人员的限制性股票应作为股份支付处理，取得高管人员支付的价款应当确认为负债。

理由：因未来期间在没有达到行权条件时甲公司将以原价回购高管人员持有的股票，甲公司将产生不可避免支付现金的义务，应确认金融负债。

会计分录：

①授予日

借：银行存款 3600（60×10×6）
　贷：股本 600（60×10×1）
　　　资本公积—股本溢价 3000

借：库存股　3600
　贷：其他应付款　3600

②2×21年确认的成本费用=（12-6）×10×（60-2-3）×1/3=1100（万元）。

借：管理费用　1100
　贷：资本公积—其他资本公积　1100

③回购并注销

借：其他应付款　120（2×10×6）
　贷：银行存款　120

借：股本　20（2×10×1）
　　资本公积—股本溢价　100
　贷：库存股　120

【专题五答案】

（1）①甲公司购买乙公司股权的初始投资成本=1500×7.8=11700（万元人民币）；对乙公司进行企业合并支付的相关审计、法律等费用300万元人民币，在发生时直接计入当期损益（管理费用）。

②购买乙公司股权产生的商誉=11700-2300×60%×7.8=936（万元人民币）。

③乙公司2×21年度财务报表折算为母公司记账本位币时的外币财务报表折算差额=（2300+500）×8-（2300×7.8+500×7.9）=510（万元人民币）。

合并财务报表中的“其他综合收益”项目的金额=510×60%=306（万元人民币）。

（2）

借：资产处置收益　320
　贷：固定资产—原价　320

借：固定资产—累计折旧　32
　　（320÷5×6/12）
　贷：管理费用　32

借：少数股东权益　86.4
　　［（320-32）×30%］
　贷：少数股东损益　86.4

（3）①个别财务报表

甲公司于丧失控制权日，按新的持股比例32%确认应享有丁公司因增资扩股而增加净资产的份额8960万元（28000×32%），与持股比例下降部分所对应的长期股权投资原账面价值5040万元（10800×28%/60%）之间的差额3920万元计入当期损益。剩余32%股权由原成本法改按权益法核算，对该剩余股权视同自取得时即采用权益法核算进行调整。

注资以后按照新持股比例计算享有丁公司自设立日至注资期初之间实现的净损益为2560万元（8000×32%），调整增加长期股权投资的账面价值，同时调整留存收益；注资以后按新持股比例计算享有丁公司自注资期初至注资日之间实现的净损益640万元（2000×32%），调整增加长期股权投资的账面价值，同时计入当期投资收益。

②合并财务报表

甲公司于丧失控制权日，终止确认丁公司相关资产、负债账面价值，并终止确认少数股东权益账面价值。对于剩余32%股权，按照丧失控制权之日该剩余股权的公允价值19200万元进行重新计量，作为长期股权投资核算。剩余股权公允价值减去按原持股比例60%计算应享有丁公司自设立日开始持续计算的净资产账面价值的份额16800万元［（10800+7200+10000）×60%］形成的差额2400万元，计入丧失控制权当期的投资收益。

（4）股权激励计划的实施对甲公司2×21年度合并财务报表的影响金额=（50-2）×2×10×1/2=480（万元）。

会计处理如下：甲公司在其2×21年度合并财务报表中，确认应付职工薪酬和管理费用480万元。

◇中教科（保定）印刷股份有限公司